戦争と平和
朝鮮半島1950

朴明林
Park Myung-lim
【著】

森 善宣
Mori Yosinobu
【監訳】

社会評論社

故中村福治先生に本書を捧げる

著者　朴　明林

共同翻訳者一同
及川ひろえ
金　美花
金　世徳
本多　亮
宮本　悟
森　善宣
（アイウエオ順）

한국1950: 전쟁과 평화
박 명림
서울, 나남출판, 2002년

日本語版への序文

朝鮮半島、東アジア、世界平和のための韓日協力に向けて

〈1〉

　歴史的に韓国と日本は、非常に特殊な関係だと言える。地理的に最も近い距離であり、宿命的に「隣国」である外はないながらも、前近代と近代に各々「戦争」（1592～1597年の第1次東アジア戦争）と「植民地支配」（1910～1945年の日本の朝鮮統治）という不幸な経験を持っているからである。どちらか一方が領土を移さない限り、両国が互いに最も近い隣国である外ないという点は、避けられない運命的な条件である。しかし、韓国人たちの生の平和と安寧の観点から、日本による戦争と植民の経験は甚だしい悲劇だった。

　我々は今、過去の悲劇を未来の希望に変えねばならない時点に到達している。避けられない宿命が存在するならば、正にその宿命ゆえに両国が互いの間で、同時に世界と東アジアに向かって、未来に向かう和解と平和の手を取り合う必要性も、やはり避けることのできない行動指針にしなければならないからである。私は、これが我々の新しい宿命にならねばならないと信じる。この言葉は、過去の悲劇こそ明るく正しい未来のための省察の資料と見なすべきだということを意味する。

　宿命的な条件を踏み越える時、人間は個人であれ共同体であれ、我々が予想していたよりも遙かに大きな平和と平安を得ることができる。それこそ宿命が我々に要求する避けられない理想への挑戦ではないのか？　そのためには韓国と日本それぞれに、自国ならびに相手国の歴史、そして両国の関係史、この3つについての正しい理解が随伴しなければならないであろう。過去についての正直で正確な理解、すなわち真実への正面凝視こそ、現在と未来の行動の拠所だからである。いわゆる未来としての過去を言うのだ。過去の認識こそ現在と未来にとって実践の指針となる。

　著者は、過去10余年間しばしば日本を訪問し、講演、特別講義、発表、討論などを通じて、多くの対話を交わしてきた。そうして、韓国と日本が、そして究極的には中国、台湾、北朝鮮（朝鮮民主主義人民共和国）とが一緒に、東アジアと世界平和のため共に行わなければならないことが余りも多いという点を悟ることができた。韓国と日本は今、我々の宿命を世界平和に向かう材料のひとつとして転換させねばならない。それは、われわれ自身にかかっている。不足したところの少なくない拙著の翻訳を通じ、深い相互理解を基に、東アジアと世界平和に向かう韓日協力が更に強化されることを希望する。第1次東アジア戦争と植民地支

配を除外するならば、むしろ韓日両国の歴史は善隣友好の時期が遙かに長かった。これもまた地理的な宿命が胚胎した歴史だった。

〈Ⅱ〉

　本書は、ベトナム戦争と共に冷戦時代、現代の朝鮮半島・東アジア・世界で最大の戦争だった朝鮮戦争についての研究である。その中でも、国際的にも韓国内でも知られることの最も少ない戦争初期の6ヵ月間を扱う。回顧すると同時期は、朝鮮半島はもちろん東アジアと世界をひっくるめても、冷戦時代と20世紀の人間的な悲劇と惨状のほとんど全てが現れた時期だった。世界の悲劇、東アジアの悲劇の表象であると同時に、その圧縮としての朝鮮半島の悲劇だったと言える。私は、この悲劇をなぜ研究したのか？　人間は、成功よりも悲劇を通じて遙かに多くのことを学ぶ。したがって、研究の最も大きな目的は、過去の悲劇を決して再現しないという切実な願いを表現することだと言えるだろう。

　しかし、他の目的もまた存在する。現在に至るまで、この時期について欧米の学界と日本の学界、中国の学界、韓国の学界に多くの政治的、軍事的、外交的、経済的、社会的、イデオロギー的な諸研究が存在したが、当時の南北朝鮮社会の内面と朝鮮民族の苦痛を、戦争そのものの進行を直視しながら、韓国と北朝鮮を共に、また指導部と民衆の動きを同時に、加えて米国・ソ連・中国の指導部を含む国際次元の動きと連結して総体的に究明する研究は、未だ存在していない。世界と朝鮮半島を一緒に、また朝鮮半島では指導部と民衆を一緒に見たかったのである。著者は、この研究を通じて朝鮮半島と世界の最も劇的な衝突時期における朝鮮民族の生を、また朝鮮問題の短い爆発を、朝鮮戦争の初期6ヵ月間を通じて示そうと試図した。

　同時に、原書の翻訳書出版は、宿命的な隣国の日本に向けて未来へ向かう平和の道を一緒に歩んで行こうという実践的な提案の意味を盛り込んでいる。この問題は、現在執筆中の東アジアの永久平和のための次の著書でより体系的に提示される。その研究は、共同の平和実践の前提として、正しい歴史理解のための作業という意味を包含している。この東アジアの永久平和と共同体に関する著者の研究も、遠からず日本に紹介されることを希望する。

　朝鮮半島の植民地化を招来した日本の帝国主義が1945年に終息した時、世界冷戦の東アジアへの拡散過程で、この地域の国際政治からは劇的な地域的脱臼（dislocation）が発生した。戦争犯罪と戦争責任の劇的な不一致が発生したのである。すなわち、第2次世界大戦と戦争犯罪に責任のある日本ではなく、それとは

何の関係もない朝鮮半島が分断されたのだ。東アジアの帝国主義体制が東アジアの冷戦体制＝米ソ対決体制へ転移する中に発生した国際的な脱臼であった。朝鮮半島の分断は、このような国際冷戦の脱臼の直接的な産物だった。ヨーロッパでは脱臼が存在せず、戦争責任国家のドイツが分断された。もしもヨーロッパと同様、東アジアでも正常に日本が分断されたならば、戦後の東アジア冷戦の展開、民主主義、経済発展、戦後清算、朝鮮半島・日本・中国の国際体制の実際の姿は、決定的に異なっていたであろう。

米ソ冷戦の日本への直接の浸透を通じた分割占領とそれに伴う分断の代わりに、日本は国際社会に向かう戦争防止条項、つまり国際的な約束として平和憲法を受容した。要するに、戦後の東アジアで日本の分断回避と平和憲法の受容は、ひとつに噛み合った組み合わせだったのである。その点で日本の平和憲法は、第2次世界大戦の責任＝戦争犯罪に対する懲罰の産物であると同時に、未来の戦争防止のための国際強制であり、国際合意の意味を帯びる。朝鮮半島の分断という脱臼も、やはり日本の分断防止と連結された、世界冷戦の地域化・東アジア化の過程で現れた付属の産物だった。要するに、国際冷戦の東アジア化過程でも南北朝鮮と日本は、韓日の両国関係を越えて、平和憲法体制（日本）と分断秩序（朝鮮半島）が噛み合った交換関係を示していたのである。

冷戦の地域的な脱臼過程である分断により、南北朝鮮そして東アジアが被った最大の悲劇的な事件は、正に朝鮮戦争だった。朝鮮戦争は、脱冷戦の世界化時代である現在に至るまで、南北朝鮮が分断されていなければならない最も決定的な歴史的要因であった。換言すれば、朝鮮半島が依然として分断されていなければならない理由は、正にこの戦争ゆえだったのである。朝鮮戦争がなかったならば、朝鮮半島の分断はこのように長い間にわたり持続されることはなかったであろう。同時に朝鮮戦争は、それ自体が世界冷戦の産物であると共に、それにより東アジア地域を戦後に世界最強の冷戦地帯として縛っておいた要因のひとつだった。すなわち、それは世界戦争だったし、同時に東アジア戦争だったのである。

戦後に日本と韓国の両国は、今日まで東アジアと世界冷戦の日本的な圧縮である平和憲法体制と韓国的な反映である分断秩序を持続してきている。そして、両国は平和憲法体制と分断秩序の下で飛躍的な発展を達成した。現今の観点から見る時、日本と韓国の両国は、非欧米社会には極めて珍しく先進国に進入したり進入を目的に置いたりしている。日本は、既に大東亜共栄圏の建設という帝国の建設に意欲を燃やした経験を持っているだけでなく、相当な期間にわたり世界第2位の経済大国としての地位を享有した。韓国も、やはり植民地と分断を経験した国家の中で唯一、産業化、民主化、情報化に成功し、世界10位圏の国力を眺望す

る中強国家の水準に到達した。

　しかし、韓国と日本の戦後国際秩序への編入と急速な発展の背景には、朝鮮戦争という事件が存在していたことを我々は時に忘れがちである。日本は、朝鮮戦争によって与え置かれた、いわゆるサンフランシスコ体制と米日同盟体制、朝鮮特需、政治社会的な右傾化を通じて、アジア－太平洋戦争の影響をいち早く克服し、発展の大路を走ることができた。韓国も、やはり朝鮮戦争以後に韓米同盟の構築、分断の固着、激烈な南北対決や権威体制化の加速化と共に素早い発展を達成した。朝鮮戦争が世界の冷戦体制の爆発だったように、朝鮮戦争後の韓国と北朝鮮の対決も、やはり世界の資本主義陣営と社会主義陣営との間のグローバルな対決の最前方前線基地（*outpost*）だったのである。朝鮮半島は、19世紀後半の西勢東漸による第1次グローバル化以後、変わることなく東アジアと世界にとり、この地域における「葛藤の震源（*hub of conflict*）」であると同時に平和の要衝だった。朝鮮戦争は、朝鮮問題が持つ世界性と国際性の頂点を示してくれる歴史的な事件だったのだ。なお、朝鮮問題の第2次グローバル化は冷戦の到来、第3次グローバル化は冷戦の解体である。

〈Ⅲ〉

　朝鮮戦争は、たとえ戦場は朝鮮半島に限定されたものの、その参与範囲と影響は極めて東アジア的であり、世界的－地球的だった。朝鮮戦争は、世界4強（米中露日）はもちろん世界の主要な諸国家がほとんど全て参与しただけでなく、国際連合が最初に国際連合軍を結成して参戦した冷戦時代の世界最大の戦争として世界と東アジア、そしてヨーロッパの冷戦秩序を決定的に固着させた歴史的な事件であった。米ソ、米中が直接に衝突した戦争も、これが最初だった。この戦争により、ヨーロッパとドイツの東西の衝突可能性は終息したし、中国と台湾の分断もやはり固着した。東アジアの要衝であると同時に世界の片隅の朝鮮半島での戦争が、世界秩序の多くの中心を鋳造したのである。分断により世界から被害を被った朝鮮半島が、戦争により世界平和と人間生命に害を加えたことを悟った時、朝鮮民族は初めて国際秩序が与えた条件をどのように知恵深く克服できるのか分かるようになるであろう。私は、この言葉が持つ真に深い意味を南北朝鮮の指導層と国民が客観的に理解することを希望する。

　この点で私にあって朝鮮戦争研究は、朝鮮半島の平和のための研究であると共に実践であり、同時に東アジアと世界平和のための研究と実践の出発でもある。合わせてそれは、これ以上もう朝鮮半島が強大国の葛藤と戦争の震源となっては

ならないという願いを盛り込んでいる。さらにそれは、北朝鮮の核問題を含めて朝鮮半島の問題により、東アジアと世界が戦争の惨禍へ引き入れられても絶対にならないという切なる過去の省察と未来の希望の産物でもある。逆に今、朝鮮半島は東アジアと世界の葛藤の中心ではなく、平和の震源とならなければならず、平和思想と哲学、平和実践の発信地のひとつとならなければならないであろう。大東亜共栄圏とアジア－太平洋戦争、そして原爆被害を通じ、日本民族と朝鮮半島〜アジア〜世界の民衆に甚だしい被害を与えたことのある日本も、やはり今は、そのような過去との断絶を通じて東アジアと世界の平和の中心に立たなければならないし、また立つことができるものと信じる。

　そこから私は、韓国と日本が戦争ではなく平和の精神と実践の輸出国となり、一緒に東アジアと世界の平和の中心になろうと繰り返して呼びかけてきた。それは、今でも同じだ。この話は、一部の日本の右派が述べたように、軍隊派遣と武力介入を平和の輸出だと歪曲するのとは正反対である。両国は、現在まで自動車、電子製品、アニメーション、半導体、造船などの分野で世界に最高の製品を輸出してきた。これらの分野において、一級の輸出国家となったのである。しかし、そのような物質よりも更に重要なのが正に精神の輸出であり、戦争で苦痛を受けた我々が輸出しなければならない精神の中核は、正に人間愛、平和思想とその実践だと信じる。われわれ両国の過去の苦痛は、このような世界市民的な義務を果たすのに充分な労力と知恵を我々に要求している。私は、20世紀に戦争で苦痛を受けた韓国と日本が21世紀には一級の平和輸出国家となることを願う。

　ひとりの人間の生は、つまり世界そのものだと言える。ある人にとって生命の中断は、つまり世界の消滅を意味するからである。反対に、生が戦争のど真ん中に置かれているのであれば、その人の肉体と霊魂が平安であることはできない。世界戦争、国家戦争の状況で、個人の生と霊魂が安寧で平安であることはできない。われわれ個人の生の平安や平和と世界の平和、国家や社会の平和とは、直結されているのだ。したがって、国家と社会と世界の平和のための市民参与は、つまり我々自身の生の安寧と平和のための闘争である外はない。戦争は現実であり、平和は理想である。人類が最も切実に願ったのは平和だったが、それを最も悩ましたのは戦争だった。ゆえに、我々には戦争の現実と平和の理想を結合しようという努力が絶対的に必要なのである。

　世界・国家・社会の平和と個人の平和は、連結されたものである。平和のための闘争は、つまり自分自身のための闘争なのだ。生命が平和で、平和が生命である由縁は、ここから与えられる。したがって、平和のための闘争は世界のための闘争であるのに先立ち、つまり自分自身と家族と我々自身のための闘争となるの

だ。戦争により被害を受けたり与えたりした人々が平和建設、すなわち平和創造（peace-making）、平和維持（peace-keeping）、平和強化（peace-strengthening）に乗り出さねばならない所以は、ここにある。私は、戦争により苦痛を受けた韓国と日本の市民たちが、この道に一緒に歩み出せることを望む。それは、隣国と世界のための仕事であると同時に、正に韓国と日本、そして何よりも自分自身のための仕事だからである。

〈IV〉

　個人的に私は、私の不足したところの少なくない朝鮮戦争研究を通じて、成し遂げたい2つの所望を持っている。ひとつは実践的な所望であり、もうひとつは学問的な所望である。もちろん、この2つはひとつに連結されている。まず、実践的な次元では、歴史的な真実の究明に根拠を置いた南北朝鮮の篤い握手と和解に基づいて、戦争と葛藤の中心である朝鮮半島を世界と東アジアの平和と和解の中心へ転換するところに献身することである。学問的な次元においては、欧米と日本の朝鮮戦争を含む韓国学や朝鮮学との理論的、解釈的な対話を通じ、韓国内外の韓国学や朝鮮学の研究の間で意思疎通と相互発展に寄与することである。
　究極的に私にあって朝鮮半島と東アジアは、たとえ前者が出発の母体をなしているけれども、同時主体でありながら同時思惟であり、同時分析でありながら同時方法で、同時運動であり、かつまた同時志向の意味を持つ。この言葉は、どんな意味なのか？　すなわち、朝鮮半島と東アジアは、私にとっては分離できない二重の意味なのだ。それらは、主体としての朝鮮半島、主体としての東アジア、地域としての朝鮮半島、地域としての東アジア、思惟としての朝鮮半島、思惟としての東アジア、分析としての朝鮮半島、分析としての東アジア、方法としての朝鮮半島、方法としての東アジア、運動としての朝鮮半島、運動としての東アジア、志向としての朝鮮半島、志向としての東アジアという意味を持つ。このうち最も難しいのは、運動と志向としての朝鮮半島と東アジアなのであろうと信じる。分析と研究の結果として与えられる解答に根拠を置いて今後、著者は運動と志向としての朝鮮半島と東アジアのための歩みを速めようと思う。
　20世紀初期、安重根、申采浩、李承晩、呂運亨、趙素昂をはじめ朝鮮の多くの先覚者たちは、朝鮮半島の平和なしには東アジアの平和はなく、東アジアの平和なしには朝鮮半島の安定は不可能だと正確に認識し、東洋の平和運動を繰り広げてきた。日本と中国の多くの知識人と政治家たちも、やはり類似した考えを持っていた。だが彼らにとり、このような認識は少なからぬ場合、支配と占領のため

の問題意識につながっていた。いま私の著作が初めて日本に翻訳、紹介される時点を迎えて、このような夢に向かう覚悟と努力を更にしっかりと進めなければならないという心持ちを強くしている。戦争研究は、その始まりから平和志向的である外はない。同時に、戦争研究は平和実践を意味する。

　領土問題、歴史歪曲、慰安婦、靖国神社参拝……などの問題を含めて、韓日間の諸懸案は、決して両国の間の問題ではなく、普遍的な問題としての日本問題という特性を持つ。ドイツ問題は、ドイツとヨーロッパ個別諸国家との両国問題ではなく、ヨーロッパ（多者）問題であると同時に世界問題である。同様に日本問題も、やはり日本と東アジア域内の個別諸国家との両国問題では決してなく、人権・戦後清算・正義・平和・和解・生命の価値と直結された、東アジアや世界の市民たちと一緒に克服しなければならない普遍的な地域問題であると同時に世界問題だという認識が必要である。それらが普遍的な人権問題だという点を悟ること、これが日本問題解決の近道である。これは同時に、日本と東アジアがこの問題を現在の問題ではなく過去の問題として、21世紀にこれ以上20世紀の問題の遺産を引き摺って行かずに一緒に克服し、初めて世界文明国家となり得る最小の要件である。

　人間のための社会を創る第一歩は、正に人間の生命に対する愛情と哀惜から始まる。数多くの生命を虐殺と人権蹂躙で踏み付けても、罪悪を認定したり再発防止を確約したりせずに、世界で唯ひとつ、ここ東アジアでのみ過去問題が持続されている客観的な現実を冷静に直視する必要がある。この問題は、日本と東アジアの文明化、良心化、一級国家化を分かつ、それゆえ篤い和解の手を結び、一緒に世界に向かう良心と平和を訴えることのできる、ひとつのバロメーターとなるであろう。九州の佐賀県にある名護屋城博物館の日韓文化交流センターが李舜臣（イスンシン）と安重根の肖像画を掲げている精神から見て取れる、韓日の交流と協力の志向性を我々すべてが心に深く銘記しなければならないと信じる。

　私は、このような問題について将来、日本の良心的な知性ならびに市民たちと胸襟を開いて話してみたい。それは、我々のために必要なことであり、何よりも我々の後代のために切実なことでないはずがない。すなわち、相手方と自分自身、今日と明日のために全て必要なことである。責任ある市民であれば自分たちの後の世代に、先祖の戦争犯罪と歴史歪曲により他国から後ろ指を指されてはならない良心国家、正義国家、和解国家を引き渡してやるべきだし、それは正に未来の世代に堂々たる自負心と相互理解の心を植え付ける第一歩でもある。日本が人権、平和、過去清算に向かう諸問題において、自己に対する更に厳格で普遍的な批判的問題提起を通じ、21世紀の文明国家へ生まれ変わることを願う。最も近い

隣国である韓国の良心的な市民たちも、やはりそのような日本といつでも共に歩んで行く準備が出来ている。ひとつの隣国の一人の市民であると同時に知識人として、私は私の生がこのような道程に少しでも寄与できるようになることを望んでいる。

〈Ⅴ〉

　最後は、感謝の言葉を表さなければならない時である。まず、誰よりも感謝する人物は、本書翻訳の全過程を企画・推進して執行した佐賀大学の森善宣准教授である。彼は、自分が朝鮮戦争と南北朝鮮関係を含む朝鮮問題の正統な専門家でありながら、自分の研究を後に置いて、韓国の朝鮮戦争研究を日本に紹介するために、原書を翻訳するところに数年間すべての時間と熱情を投入された。衷心からの感謝と敬意を表するものである。森氏は、朝鮮問題に対する臨場感ある研究を進行するため、韓国はもちろんながら渡航が容易ではない平壤（ピョンヤン）と開城（ケソン）工業団地を含む北朝鮮地域を数次にわたり訪問もされた。

　彼は、自分の著書を書く時よりも、もっと大きな苦痛の伴うのが常である翻訳過程で、正確な翻訳のために韓国を8回も訪問し、その時ごとに著者との談話を通じて疑問点を繰り返して尋ねて、確実な意味を把握した後に翻訳文を確定した。また、地名と人名の漢字および日本語表記を把握するために韓国国会図書館、国立中央図書館、統一部北韓（北朝鮮）資料センターなどを直接、数次にわたり訪問された。春川（チュンチョン）と麟啼（インジェ）を含む地方の内地まで訪問し、地名を確認する真情に著者は感服を受けたことが一度や二度ではなかった。原書の翻訳にかける真心と労苦ほどに、森氏が夢見る韓日の善隣、朝鮮半島と東アジアの平和が速やかに来たらんことを望む。

　原書を直接に共同翻訳した若い研究者たち、及川ひろえ、金美花（キムミファ）、金世徳（キムセドク）、本多亮、宮本悟の各氏にも深い感謝を捧げる。彼らは、自分の多くの時間を投入して、退屈で労の多い草稿の翻訳作業を快く遂行してくれた。彼らの草稿の翻訳作業がなかったならば、現在のように立派な翻訳書が現れるのは不可能だったであろう。韓日協力のため、そして東アジアの平和のため、私は彼らが学問、政府、市民活動……など多くの分野で韓国の若者たちと一緒に心を開いて協力していくことを希望する。

　立命館大学の故中村福治教授にも深い謝意を表する。本書は、彼の最初の提案から出発し、現在の日本語版を取り揃えることになったと言っても過言ではない。彼は、10余年前から著者の全ての研究を日本語に翻訳しようと数次にわたり

試みられていた。特に、著者の朝鮮戦争研究は必ず自分が翻訳すると繰り返して語っておられた。ゆえに、しばしば彼は著者を日本へ招聘し、朝鮮戦争と東アジアの平和について発表する機会を下さったし、その時ごとに有益な批評と討論を行っていただいた。我々は、韓国と日本の多くの場所を一緒に訪問した。その中でも、特に慰安婦問題を含む韓日関係の歴史についての私の特別講義を終えた後、一緒に泣いた記憶は、とうてい消し去ることができない。彼が流した大粒の贖罪の涙が、依然として私の胸を泣かせるのである。

　しかし、数年かかる翻訳の日程と予算を組んだ彼は、突然の健康悪化により遂に翻訳を進行させ得ずに亡くなってしまわれた。著者には大きな悲しみだったが、韓国と日本の善隣友好と自らの歴史反省、そして東アジアの和解と人権と平和のために努力されていた、この日本人学者の生は、著者には大きな鑑であった。韓日の善隣と東アジアの平和のために心を合わせて、本書の出版を見届けられずに幽明を相隔てられた故中村教授に本書を献呈するものである。

　東京大学の名誉教授である和田春樹氏にも感謝を表する。彼の朝鮮戦争研究は、米国シカゴ大学のブルース・カミングス（Bruce Cumings）教授の研究と共に、若き日の著者には大きな知的刺激だった。長い期間を通じて、朝鮮戦争と朝鮮問題、韓日関係、過去史問題、東アジア共同体について、上下の格なしに交わした対話から多くのことを学ぶことができた。この場を借りて深い感謝を表するものである。

　本書を出版していただいた社会評論社の松田健二社長にも、真心から感謝を申し上げる。彼は、原書の翻訳草稿を見て原文そのままに翻訳出版を行うと決断を下してくれた。他の出版社が原稿の長さゆえにこれを短くするよう要求したため、日本語版の出版に最終決断を躊躇っていた著者を彼は大きく激励して下さった。事実、著者が日本語の翻訳版よりも遙かに先立って完成していた英語版の翻訳出版を躊躇った理由も、やはりその縮約がもたらす元来の意味伝達における困難さゆえだった。松田氏は、このような著者の心配を省いてくれた。韓日文化の交流と東アジアの平和に寄与しようとの意義を以て出版を決断した松田氏の厚意に、この場を借りて深い感謝の言葉を捧げないわけにはいかない。

　日本語版の出版を迎えて、畏友の金永基（キムヨンギ）氏にも感謝を捧げる。韓国と日本の両国についての深い理解を持っている彼は、本書の出版のために多くの激励と支援を惜しまなかった。

2008年9月15日　　　　　　　　　　　　　　　延世大学校研究室において

　　　　　　　　　　　　　　　　　　　　　　　　　　　　朴　明林

監訳上の留意点

　本書では、次のいくつかの方針に従い監訳を行った。

(1)　例外はあるものの著者が韓国人のため、原書では基本的に「韓国」「南韓」「北韓」「韓半島」「韓民族」などの用語が用いられている。監訳に当たり日本で通用する「韓国」「北朝鮮」「朝鮮半島」「朝鮮民族」などの用語に改め、「韓国」と「北朝鮮」は主に政治主体を指す意味の場合に用いた。反対に、地域名を指す場合は「南朝鮮地域」と「北朝鮮地域」としたが、南北朝鮮の統治主体が入れ替わった朝鮮戦争中の実態に鑑みて、これらの用語で可能な限り適宜に約し分けた。

(2)　韓国・朝鮮人の姓名と朝鮮半島の地名には序文、第1章と第15章ならびに各部ごとの本文における初出で原音に近いようにカナルビを振ったが、カタカナでは表出できない箇所も散在する。また、北朝鮮の資料では漢字表記のない固有名詞が多く、どうしても確認できない箇所はやむを得ず音訳したりカタカナ表記としたりした。

(3)　主要な欧米人の姓名にも同様な区切りで本文の初出ごとに括弧（　　）内に可能な限り英文表記を入れた。中国人の姓名と中国の地名は、四声（ピンイン）の問題などがあり、カナルビを省略することとした。同時に、漢字は中文でも韓文でも一部の固有名詞を除き、可能な限り全て日本語で用いる漢字を以て表記した。

(4)　原書にある強調箇所は太字表記とし、その後に（**強調**は引用者）のように記した。また、英文の斜体表記はそのまま監訳でも写し訳した。原書どおり監訳したという意味でカナルビ「ママ」を付けた箇所もある。

(5)　本文と脚注において主要な用語や資料名などの省略に際しては【　　】の中に略記した表記を入れて示した。基本的に各章の初出には略記前の全体の表記を掲げている。例えば「南朝鮮労働党」【以下「南労党」と略記】、南朝鮮労働党（南労党）のような具合である。

(6)　原書の脚注は各章末に掲げ、著者名―著書名―出版地―出版社―出版年―引用ページの順に記した。原書で散見される引用ページのない場合も、そのまま記した。また、原書で数多く引用される米国立公文書館付属米国立記録保管所に所蔵された資料については、National Archives, Record Group〇〇, Shipping Advise Number〇〇, Item〇〇, Box〇〇. のように記した。

(7)　韓国文献と朝鮮文献は全て日本語の漢字かな混じり文に直したため、かな（カナ）表記が含まれる場合は（韓国文）ないしは（朝鮮文）と但書を付けて原資料が邦文献でないことを示した。反対に漢字表記だけの場合、例えば朝鮮労働党機関紙『勞動新聞』は『労働新聞』として、特別の但書は付けていない。なお、脚注ならびに本文に掲載された図表や絵図などでは、固有名詞に付けるカナルビを省略した。

(8)　原書に掲載された図表や写真は、説明の記述と合致するように原書に従って配列したが、本書の版組との関係で若干は原書と異なる配列となった箇所もある。

(9)　著者の了解の下で一部ながら原書から割愛した箇所がある。それらの割愛は、原書の内容を全く損なわないばかりか、読者の不要な疑念を避けるためになされた。

(10)　原書の出版年との関係で状況が進展ないしは変化したことにより、その表現では読者の理解が困難な箇所については、監訳の際に著者と協議の上で監訳者の「訳注」を入れた箇所もある。

戦争と平和：朝鮮半島1950＊目次

日本語版への序文　1
監訳上の留意点　10

序文：戦争、暴力、分断を越えて―――――17
 1．「未来のための過去」　17
 2．代贖のレクイエム　18
 3．「韓国的な問題意識」と「普遍的言語」の結合を　20
 4．感謝の言葉　22

第1章　序論：「統一以後」分断時代研究のための方法序説―――25
  ―――朝鮮戦争研究の精神と方法の再論―――
 1．世界の朝鮮戦争理解：理論と解釈　25
 2．戦争、戦後、「歴史的な時間」　30
 3．過去と未来の連結の環：朝鮮戦争　38
 4．精神の問題：真実と和解、正義と寛容　44
 5．方法論的な諸考慮：普遍主義、構造／主体の問題、3層の分析水準　48

第1部　冷戦の爆発――――――――――67

第2章　攻撃と前進――――――――――70
 1．南進、停止、交錯　70
 2．米軍の参戦、そして「世界戦争」への転移　88

第3章　韓国の対応：混沌―――――――113
 1．初日：38度線からワシントンまで　113
 2．「事実上の国家」、李承晩の秘密脱出　129
 3．韓国の対応：「敗走」と「作戦」、「空間譲歩」と「時間確保」の結合　140

第2部　革命と統一 —————————————— 159

第4章　北朝鮮の韓国統治Ⅰ：人民と戦時政治 —————— 160

1．占領の目標と準備：第2の北朝鮮革命　160
2．動員と義勇：強制と自発の差異　166
3．戦時政治（1）：復旧、選挙、教育、宣伝　176
4．戦時政治（2）：自首と粛清と虐殺　191

第5章　北朝鮮の韓国統治Ⅱ：土地革命と社会経済の変革 —— 211

1．戦争と土地革命　211
2．戦争と農民と現物税制　225

第3部　戦争と人民 ———————————————— 235

第6章　戦争と国民：統合と分化と虐殺 ——————————— 236

1．戦争の到来と「国民」の分化　236
2．否定的な統合と虐殺の問題　248

第7章　国家と暴力と残酷行為 ——————————————— 275

1．国家と暴力　275
2．残酷行為と人種主義　284
3．歴史との和解：「最も難しい章」　295

第4部　反転 vs. 反転 ———————————————— 309

第8章　仁川上陸：極秘作戦と事前認知 —————————— 311

1．上陸の準備　311
2．奇襲？：北朝鮮の事前認知と準備　315
3．仁川からソウルへ（1）：事前認知と事前準備
　——1950年8月28日から「9・15上陸」まで　319
4．仁川からソウルへ（2）：奇襲上陸と準備された抵抗
　——「9・15上陸」から「9・28奪還」まで　329

第9章　中国参戦：世界史の転換 —————————————— 346

1．米軍・韓国軍の北進と北朝鮮の対応：
　絶滅の危機とソ連・中国への救援要請　346
2．絶滅の危機と北朝鮮指導層内部の葛藤の激化　353
3．「東アジア共産主義の三角連合」の協力と緊張（1）：中国の参戦——過程　359

4．「東アジア共産主義の三角連合」の協力と緊張（2）：中国の参戦——分析　372

第10章　金日成・北朝鮮政府の秘密脱出と後退 ———— 391
　　1．金日成の極秘脱出と逃避行路：秘密経路の再構成　391
　　2．北朝鮮内部の対応：高山鎮〜江界〜満浦、満州における対応と再逆転　403
　　3．拉北、北行、そして聖所・満州　408

第5部　解放と統一 ———— 425

第11章　韓国の北朝鮮統治Ⅰ：
　　　　統一と国際・国家水準の主要問題 ———— 427
　　1．北朝鮮の崩壊と対北進駐の問題　427
　　2．北朝鮮地域の統治主体：解消されなかった難題（1）　434
　　3．北朝鮮地域の統治主体：解消されなかった難題（2）　447

第12章　韓国の北朝鮮統治Ⅱ：
　　　　統一と社会水準の主要問題 ———— 457
　　1．準備なき進駐、そして混沌　457
　　2．統治の実態：虐殺と国民統合の問題（1）　470
　　3．統治の実態：国民統合の問題（2）　484
　　4．統一の切迫と統一対策機構の設置　490

第6部　均衡の回復、分断への行進 ———— 501

第13章　中国の参戦と再逆転：
　　　　スターリン、毛沢東、彭徳懐、金日成の構想と戦略 —— 503
　　1．参戦と逆転：乾坤一擲の勝負と文明・理念の大激突、そして世界の転換　503
　　2．第2次戦役と北朝鮮の救出：米軍による最初の長くも長い退却　516
　　3．再び岐路で：スターリン、毛沢東、彭徳懐、金日成の葛藤と異見
　　　　——38度線、再突破か停止か？　527

第14章　「1・4後退」、そして無勝負：スターリン、毛沢東、
　　　　彭徳懐、金日成の一致 ———— 542
　　1．「1・4後退」とソウル陥落　543
　　2．南下、撤収、そして妥協　552

第15章　結論：和解と統一、平和と人間の世紀に向かって──564

1．朝鮮半島1950：伝統主義、修正主義、制限戦争理論、誤認理論の問題と批判的な克服　564
2．国家利益、国際主義、地政学、そして朝鮮問題　580
3．大量虐殺、民族、民衆、そして指導者たち　590
4．自己同一性と連帯：平和と統一と人間の世紀に向かって　598

参考文献　609

監訳者の後書　654

索引　657

序文：戦争、暴力、分断を越えて

1．「未来のための過去」

　『韓国1950：戦争と平和』の原題目を持つこの本は、「6・25」から「1・4後退」まで朝鮮半島で展開された激変の事態に対する政治学的で社会学的な研究である。研究の目標は、その6ヵ月の経験を分析、戦争・暴力・分断を越えて平和・人権・統一を志向しようという問題意識に要約される。したがって、本文の著述は事実の叙述を越えて、事実を媒介とした意味の連結だと言える。

　朝鮮戦争は、活人と希望の歴史ではなく、殺人と絶望の歴史だった。その殺人と絶望を通じて韓国民は、苦難が与える鍛錬、鍛錬が与える忍耐を学び、その知恵を育てて、今や平和と統一の希望を語るようになった。2000年の南北首脳会談は、希望のひとつの絶頂のようにやって来た。しかし今日、平和と統一の希望に重畳たる感触は、世紀を越える分断に対する重い所懐である外はない。20世紀の植民地国家としては世界で唯一、オリンピックとワールド・カップをどちらも成功裏に開催するほど発展したという自負と歓喜の向こうに存在する、分け隔てられた数多くの母や父の断腸の恋慕と嗚咽を記憶するほどに、この戦争の影響は余りに大きく長かったのである。

　人間が持つ現在の希望の大きさは、しばしば過去の苦痛の大きさに比例する。ゆえに、歴史の復元は言語ならびに意識の復元と直結している。（過去に）我々に何があったのかを語らなければ、（未来に）我々は決してそれを乗り越えられない。未来に前進するために我々は、過去への旅行を避けることはできないのだ。したがって、この研究の基本精神は「未来のための過去」にある。生命、平和、人権が失われていた過去を「狭小な穴」として、それらを思いのまま享受する「広大な未来」を開いてみようというのである。この地において朝鮮戦争研究は、直ちに平和研究であると同時に統一研究であり、人権研究なのである。不足したところの少なくないこの研究が、将来このような問題を南北朝鮮の若者たちが一緒に苦悩する契機となり得ることを望んでいる。

　この研究は、朝鮮戦争についての3部作中、第2部を構成する。本書に続き、約100枚の分量の補論「歴史、現実、学問研究――朝鮮戦争研究の条件、傾向、争点、展望――」を執筆、1980年代以後の朝鮮戦争研究を整理したが、本の分量と

編集の関係上、掲載しなかった。この文章は間もなく、別の形式で整理され、発表されるであろう。3部作のそれぞれは「起源」、「展開」、「影響」についての内容を盛り込んでおり、最も難しい第3部は統計、政治、経済、軍隊、法律、社会、教育、宗教、文化、理念と精神、国際関係、戦後の復旧、戦後体制（＝7・27体制）、平和への努力などの内容で構成されるであろう。

その前に著者は、資料は確保したけれども余りに膨大で、この研究に部分的なりとも包含された朝鮮戦争中の南北朝鮮における虐殺、占領、動員、生活の問題を含む「戦争と人民」を主題とした研究を提出しようと思う。いわゆる「朝鮮問題」の起源、構造、特性を究明するための努力の一環である大韓民国【以下「韓国」と略称】と朝鮮民主主義人民共和国【以下「北朝鮮」と略称】の民主主義の起源と展開、南北朝鮮関係の構造とダイナミズムを解明する研究がその間に上梓されるであろう。一連の構想を予め明かす理由はひとえに、そのような覚悟を完成するための自己確認だという点を告白する。

1980年代中盤、朝鮮戦争を包含して現代朝鮮についての勉強を韓国内で始める時に抱いた夢は、能力不足を含んで学問と現実のいろいろな状況に突き当たって多くはぼやけてしまい、時間を更に長く費やしてしまった。第3部を終える時には「我々の問題に対する我々の視角」を提起してみようとした素朴な最初の夢の若干なりとも再び実現できるだろうか？　困難ではあろうが、韓国内における知的な訓練を通じて、海外の朝鮮研究と対話をしようとした最初の希望だけは叶えられることを希望している。

2．代贖のレクイエム

朝鮮戦争は冷戦時代、南北朝鮮の最大の事件であると同時に、それ自体が冷戦論のほとんど全部を盛り込んでいる歴史的な環である。韓国で冷戦論と脱冷戦論の衝突は結局、この事件に対する理解の問題に帰結する。朝鮮戦争自体がその前と後の時代を区分させる歴史的な分水嶺だった。1789年のフランス革命が近代フランスに及ぼした影響よりも、1950～53年の朝鮮戦争が現代朝鮮に及ぼした影響がもっと大きいという点は、歴史が流れれば流れるほど証明されるだろう。特に「6・25」から「1・4後退」までの期間は、南北朝鮮、左右翼が最も激烈に戦った時期だった。この短い時期は、微視的な諸事実の圧縮と解体を通じて、我が共同体の世界ならびにアジアにおける過去の位置と未来の進路に対する展望を共に考えさせるかも知れない。

我々がこの共同墓地に捧げるべき墓碑銘は何だろうか？　思うに、韓国人学徒

の朝鮮戦争研究は、集団死に対する代贖、霊魂の安息のためのレクイエム（requiem）の意味を持たねばならない。それは、真実の省察と温かい慰撫を通じて、戦争と暴力に反する代案を追求することであろう。暴力に対する反省、敵対者との握手の必要性は、どれほど強調しても足りない。相手の指導層を憎悪するため「和解」を拒否し、自分の理念に反するから「真実」を否定する、南北朝鮮に蔓延する相容れない2つの論理を分断の精神病理的な現象とだけ理解するならば、我々は普遍的な広い地平から和解と平和を追求できないだろう。

終わりなき死の黙祷は、ついに人と生命（いのち）に対する終わりも知らぬ愛情と畏敬に帰結するようである。拙著『韓国戦争の勃発と起源』の刊行以後、社会科学研究になぜそれほど多くの人々が登場するのかという質問をしばしば受けた。それは、方法論的な問題であると同時に、何よりも研究の出発をなす精神の問題だったという点を今や明かさねばならないようだ。こんな表現が可能であるならば「人間の顔をした社会科学」、「人の臭いがする社会科学」を模索しようという試図だったのである。事態の方向を左右する構造やリーダーシップは、余りに重要である。しかし、それを強調する余りに一般民衆の生きざま、意識、犠牲を取り逃してはならない。特定の条件、政策を分析する時と異なり、歴史的な事件に対して社会と人民を一緒に分析する場合、「具体的な人間たち」の生（と死）は、必ず取り込んで見なければならない。一人の（生と）死も慰撫できないならば、この研究は何の存在意味も持ち得ない。

著者は、この戦争が一般民衆にとって持つ重さとして、父と母の経験を挙例しようと思う。二人は大砲の音に驚き突然、驚気を起こした最初の子どもが避難途中に、丸薬の数錠を求め得なかったために「目の前で死んでいく」姿を苦痛に満ちて見守らねばならなかった。また父は、家門の大黒柱だった長兄を初戦に喪い、その立場を引き継がねばならなかった。彼は、生死の瀬戸際を越えて、7年を軍隊で送り、母はその時期、力およばずも一人で家族の面倒を見ねばならなかった。このような「個別の経験」が「普遍の一面」であるところに、現代朝鮮の特徴があるのではないかと思う。この本には一般民衆、兵士、中間幹部、農民、各層の人物たちが生の一定の典型性を帯びて、叙事と分析の地平の上に登場する。それは、彼らの「具体的な生」ひとつ1つをめぐる「事実」の再構成を通じた「事態」、更に進んで「意味」の再構成を志している。私は、この「具体的な生」が「歴史」となり得ることを希望する。

戦後の世代である若い著者が、能力の不足にもかかわらず朝鮮戦争を深く研究する理由は、現代朝鮮の枠組みを決めた世界的な事件から世界と地域における我が韓国の位置を知り、対応方略を模索して、更に進んで我が共同体が追求する人

権、平和、統一の精神と方法を抽出しようというところに由来する。過去を現在に表す行為は、過去の事実の再構成を越えて、その現在における重みと意味の再構成の問題だからである。「現在」の累積で構成される歴史は、「現在」が終わりなく振り落とす課題ゆえに決して感傷ではあり得ず、記憶の捕虜のみではあり得ない。現実が提起する諸問題に対する回答の提示を継続して要求されるからである。分かたれた精神が和解し、平和と統一へ進むところに少しでも寄与できるならば、最初の目的は達成されるであろう。

　南北朝鮮が悲劇の省察を通じ、過去の束縛から抜け出て、一緒に未来を考えることができるよう希望する。過去の痛みについての論議は、これを咎めて大きくするよりも、慰撫して大乗へ案内する解冤の意味を持たなければならないようだ。したがって、人間の集団死を含む戦争と革命などを研究する姿勢は、若干は宗教的である必要がありはしないかと思う。彼らの名篇がたとえ見るほどのものがなかったとしても、暗黒の時期に光も名前もなく消えていった生命のために祈祷する術を知る時、我々は初めて容赦と共生の心を育てていくことができるであろう。

　著者はこの研究を進行しつつ、終わりなき殺人と屍たちにより夜となればしばしば悪夢に襲われ、空言と汗で取り乱したまま眠れずに何度も執筆を中断した後、我も知らず宗教的になっていき、終いには神様の前に跪いて、死んだ霊魂のため懇ろに祈祷する変化した姿を悟ることができた。その変化と祈祷を通じ、私は我が韓国の問題を理解した。そして、アプローチする我々の社会と精神構造の未成熟と低発展を述べるのに先立ち、その単位が民族だったにしろ家族だったにしろ特定集団だったにしろ、人々の生と死に対面する私自身の未成熟、不完全の程度が余りにも大きかったという点に驚きを禁じ得ない。この話は、研究者として最も深い内面の自己告白であることを打ち明ける。私は、我が内面の霊魂の省察が随伴されない社会的、知的な発展に対して懐疑的だからである。したがって、外面的には重要に見える外的な地位、収入、条件を越えて「自己の霊魂と精神を育てる」問題、そうすることで「間違いなく正しく見る」問題が、我々の過ぎた日々と今日を研究する一人の知識人として最も重要だという点を悟ることになったのである。

3．「韓国的な問題意識」と「普遍的言語」の結合を

　『韓国戦争の勃発と起源』が刊行されて以降、国内と海外の多くの方面の読者、体験者、遺族の電話、手紙、証言、絶叫は、著者の研究に遅滞と思念を強制する

大きな刺激だった。そうであればあるほど、叙述と評価は更に真っ直ぐ正しくなるよう厳しく処理せねばならなかった。文章ひとつと単語ひとつにより多くの人々、いや一人の（生と）死だとしても、その意味を歪曲してはいけないという厳正さの掩襲であった。多くの分野の専門家たちと同学たちの討論と批判もやはり、それに相応する視角と方法を持続できるようにしてくれた。均衡を失わないように数次にわたり踏査した済州島、多富洞戦線、休戦ライン一帯、智異山に続き、北朝鮮の高原の戦場も一緒に見られるようになることを希望する。

　拙著『韓国戦争の勃発と起源』は、著者にいろいろな意味を持つ研究だった。何より朝鮮戦争研究が抱えている理念的な熱さや重圧と共に、内面的には真実と正直に対面しなければならないというある責任意識のようなものが育っていき、そうでありながらまた真実が持つ部分性、すなわち真実の絶対的ではない部分的な妥当性に少しずつ目覚めていって、それを通じて挫折する感じも受けることになった。しかしながら、これに劣らず重要なのは、多くの批判と注文を通じて我々の何をどのように書かねばならないかを少しずつ悟るようになったという点である。

　韓国政治学会では、国内の著作については異例の学術会議を通じた討論の機会を提供してくれ、批判を通じて視野を広げることができ、意図しなかった〈月峰著作賞〉受賞を契機として、外国留学を経験しなかった学徒による現代朝鮮研究に対して何が要求されるかを痛感した。韓国内の人文社会科学の博士論文としては初めて与えられた韓国国際交流財団（Korea Foundation）の支援を通じた英訳の機会と、また「専門家が選定した1990年代の本100選」で社会科学部門最多得票著作に選定されたという消息を聞いた時、これらの応援は喜びよりも圧迫として、つまり個人の研究ではなく国内における現代朝鮮研究に対する重い注文として訪れた。激励よりも批判がずっと重く受け入れられた由来は、そこにあったと言えよう。

　著者は海外における最近の現代朝鮮研究を見守りつつ、韓国的な問題意識を持って普遍的言語で彼らと対話せねばならないという当初の考えを更に一層、固めることになった。私は、我々の時代の成就と挫折、希望と絶望を含めて、我々の問題に対して我々が最もよく理解し、最もよく説明せねばならない、また説明できるという1980年代の希望と信念を依然として捨て切れないでいる。いつかは南北朝鮮の資料と問題意識を持ってしても、世界史（の部分としての朝鮮研究）をこのように立派に叙述できるのだ、ということを示してやれたら良いだろうという、未だ達成できていない所願を持って見たりもする。

　現代朝鮮研究で西欧の理論を以てそのまま我々を研究し、再び提示する剥製的

な循環過程は、学問の生産－消費、支配－従属関係を持続させるだろう。反面、我々の意思疎通体系で我々だけの対話のための研究を進行させる場合、現代朝鮮研究は我々を「学問の孤島」となしてしまうかも知れない。この研究のテキストを通じ、朝鮮戦争を見る西欧の主要な諸説明である制限戦争理論、修正主義、誤認理論に対し、我々の資料と事実と視角を土台に問題を提起する由来は、ここにある。今は始まりに過ぎないが、普遍的な理論と具体的な資料を土台に、我が社会の経験と特性を客観的に解釈する時、それがひとつの説明の枠組みとなり得るのではないか、と想念して見るのである。

4．感謝の言葉

　まず、恩師の高麗大学校・崔　章　集（チェジャンジプ）教授の学恩に深い謝意を表しようと思う。朝鮮研究を韓国内で深く掘り進めるよう初めて指導と刺激をいただいて以来、彼の長きにわたる啓蒙と励ましは、現代朝鮮に対する政治学的な研究の資料、内容、分析において深みと重みをいつも考えさせた。第2に、本書も内容的に足りない部分が多く、受けた指導に相応しくない点は、恥ずかしい限りである。次の本は指導に値する献呈が可能となるよう、切に希望している。崔　相　龍（チェサンニョン）教授は、著者を同大学校アジア問題研究所選任研究員、北韓（北朝鮮）室長に任命してくれた。白　英　哲（ペクヨンチョル）教授は1995年以後、北朝鮮との年例「統一会議」を企画して参席させて下さり、「研究」と「現実」を接ぎ木できるようしていただいた。

　現代朝鮮の主要な主題に対し、重要な研究をなしている先学の柳永益（ユヨンイク）教授は、いつも学問的な激励と挑戦意識を下さった。「朝鮮学の国際化」を追求する、ここ延世大学校で現代朝鮮について講義と研究を持続できるようして下さった金雨植（キムウシク）、鄭　暢　泳（チョンチャンヨン）の二人の総長、文正仁（ムンジョンイン）、李栄善（イヨンソン）教授たちに衷心から感謝を申し上げる。ここで著者は、さらに深い学問的な錬磨と普遍的な眺望の必要性を悟っている。一緒に討論してきた権　赫　範（クォンヒョクポム）、金東魯（キムドンノ）、金暎浩（キムヨンホ）、徐柱錫（ソジュソク）、柳相栄（ユサンヨン）、李承烈（イスンニョル）、李鍾奭（イジョンソク）、林　鍾　鳴（イムジョンミョン）、アームストロング（Charles Armstrong）、中村福治の各教授など、多くの先輩や同学たちの愛情と激励も忘れ得ない。

　初歩学徒の最初の研究を過分に評価してくれたカリフォルニア大学（バークレー校）の李鴻永（イホンヨン）教授に深い感謝を捧げる。彼は、著者が韓国人学者であることを忘れないよう、研究の根本精神と姿勢を教え悟らせてくれた。ハーバード大学の韓国学研究所々長エッカート（Carter Eckert）教授は、著者の現代朝鮮研究を奮い立たせてくれるためハーバード大学ハーバード－エンチン研究所の協同研究学者として招請してくれただけでなく、充分に豊富な研究費と一緒に2年間も

序文：戦争、暴力、分断を越えて

研究できる例外を施してくれた。温かい激励と夜遅くまでの討論に心からの感謝を表する。1980年代以来、世界学会のこの主題についての論議を主導してきたシカゴ大学のカミングス（Bruce Cumings）、東京大学の和田春樹の二人の教授との出会いと意見交換も、書き漏らすことができない。彼らは、著者との視角および分析の焦点の相異にもかかわらず、自分たちの研究を通じた刺激、そして討論を通じて南北朝鮮に対する深い関心と現代朝鮮研究を一緒に発展させようという姿勢を確認させてくれ、韓国人学徒としての競争的な自負心に基づき、いつも知的な緊張を弛緩できないようにしてくれた。

　制限なく昼夜、研究室で勉強できるハーバードの研究条件は、著者には最適だった。そこに行かなかったら、韓国的な現実で与えられた時間内にこの研究を終えるのは難しかったであろう。韓国学科のマッキャン（David McCann）教授、ハーバード－エンチン研究所のベイカー（Edward Baker）副所長に感謝を申し上げる。ハーバード－エンチン図書館の尹忠男（ユンチュンナム）先生、米国立記録保管所のボイラン（Richard Boylan）氏、参考文献整理と索引作成を助けてくれた延世大学校大学院の安相俊（アンサンジュン）君の助力にも感謝を表する。見るほどのこともない研究の完成のため、家族が支払った犠牲は最も大きかった。彼らは過去7年間、この本に全ての休日を奪われたのに加えて、毎週2日間は研究室で過ごすよう許諾してくれた。犠牲を甘受してくれた義母、妻の恩淑（ウンスク）、そして幼い憲民（ホンミン）と憲中（ホンチュン）に愛する心と済まない心が共に大きい。彼らの祈祷、愛情、献身がなかったならば、この研究は日の目を見られなかったろう。

　この研究を部分的に支援してくれた韓国戦略問題研究所、ハーバード大学ハーバード－エンチン研究所・韓国学研究所、韓国学術振興財団に感謝を申し上げる。韓国戦略問題研究所の支援とハーバード－エンチン研究所・韓国学研究所の招請は、この研究を始めて締め括ることができるようしてくれた。韓国戦略問題研究所の洪晟太（ホンソンテ）所長に感謝を申し上げる。初歩学徒の最初の研究である『韓国戦争の勃発と起源』の英訳出版を決定し、支援してくれた韓国国際交流財団にも特別な謝意を表する。韓国政治学会、韓国国際政治学会、韓国政治外交史学会、韓国戦争研究会、ソウル大学校国際問題研究所・米国学研究所、延世大学校国際学大学院現代韓国学研究所・統一研究院、高麗大学校アジア問題研究所、翰林大学校アジア文化研究所、建国大学校韓国政治社会研究所、歴史問題研究所、日本の立命館大学国際関係学部・現代韓国研究会・21世紀東アジア安保と人権研究会、ハーバード大学韓国学研究所・冷戦研究プロジェクト、ワシントンのウッドロー・ウィルソン国際研究所などの会議で、この研究の問題意識、または一部に対する発表、特別講義、討論の機会を持ち、批判を傾聴できたのも、大きな助け

であった。

　終わりに、この本の執筆過程で1つだけ特記すべきことは、現代機械文明と人間の生の否定的な関係についてである。1999年末、著者はこの本の原稿に結末をつけている途中、著者のコンピュータが全ての機能と資料を瞬時に失う意外な事故に遭遇した。ゆえに、原稿の復旧だけにも長い時間が所要され、本の出版が遅れたのはもちろん、一部の内容——そのうち、あるものは重要だと考えられていたものだった——は、消え失せた状態で作業を終えるしかなかった。残念だが、追って補完しようと思う。何年も待たせたにもかかわらず、再び出版を引き受けてくれたナナム出版の趙相浩(チョサンホ)代表に謝意を表する。彼らの洞察と忍耐がなければ、私の作業は更に遅くなったであろう。

　出版を前にして再び読み返すと、不足した点が多く見つかり、まだ短い研究期間なのに大きな問題を扱ったという恐れが押し寄せてくるが、まずは鞭で打たれる姿勢で出版を敢行しようと思う。戦争の世紀を過ごし、我々の時代が行く前に、ここに平和の体制を建設するための所望を盛ったこの小さな努力が、視角と視角、実践と実践を結ぶ飛び石の役割でもすることになれば、それ以上の望みはない。戦争を顧みるほどに、平和のための我々の渇望は永遠だろうからである。著者の手を離れたこの本は今、読者のものになったし、その精神的、学問的な弱点は、ひとえに著者のものとなった。その弱点に対する叱正を期待する。批判を通じて弱点は、この本の修正と次の研究により克服され、現代朝鮮研究を発展させるであろう。

2002年9月

延世大学校研究室で

朴　明林

序文：戦争、暴力、分断を越えて

第1章　序論：「統一以後」分断時代研究のための方法序説──朝鮮戦争研究の精神と方法の再論──

1．世界の朝鮮戦争理解：理論と解釈

　現代朝鮮で最も激変的だった1年は、疑うことなく1950年だった。「6・25」から「1・4後退」までの期間は、南北朝鮮、左右翼が最も激烈かつ残忍に対決した時期であった。世界の全ての列強は、ここへ集まり、ここで戦闘を行った。戦争と平和はもちろん、政治、国家、軍事戦略、リーダーシップ、国際関係、イデオロギー、虐殺、逃亡など、この6ヵ月は測量できない重力で朝鮮現代史の先立つあらゆることを飲み込み圧縮させた1つの歴史的な「ブラック・ホール」に該当する。

　理論問題に関する限り、短い時期を扱うこの研究の核心的な問題意識は、次のいくつかである。この研究は、朝鮮戦争に関する事実の再構成を通じ、事件の叙事を越えて、この問題に関する世界の歴史学会や政治学会の理論と解釈の問題を修正または補完できることを希望する。①戦争と政治の関係、②「制限戦争（limited war）」という既存の世界の国際政治学会における伝統的な朝鮮戦争理解、③いわゆる修正主義と伝統主義の朝鮮戦争解釈、④誤認（misperception）理論に基づく接近など。この研究は、朝鮮戦争について上述の一般的な諸理解を矯正するところにおいて、我々が長きにわたり慣れ親しんできた「戦争の起源」問題を以て検討しようというのではない。6ヵ月間の現場における実際の事態の内実を表して再構成しながら、再び経験しようと試図するものである。しかし、このような伝統的な解釈に対する理論的な問題提起を行う時、韓国的な問題意識は強調されないであろう。それは、研究の基底として横たわっているものだからだ。

　まず、世界の国際政治学会で朝鮮戦争は、米国の戦争政策と関連して常に制限戦争として解釈されてきた[1]。国際政治学会における制限戦争の研究自体が、その戦争の産物だと言えるほど朝鮮戦争を契機に本格化したのは、朝鮮戦争と制限戦争論との相関関係をよく示してくれる[2]。地域と物資動員と戦争目標において、米国の戦争政策は制限戦争だったというのだ。そして、それが朝鮮戦争を世界戦争へ展開しないようにした要因だったというのである。朝鮮戦争当時、米統合参謀本部議長のコリンス（Joseph Lawton. Collins）は「朝鮮戦争は、アメリカ合衆国が現代に遂行した最初の**制限戦争**、すなわち範囲、目的、使用された手段の

面で制限された戦争だった」[3] と陳述する（**強調**は原文どおり）。また「朝鮮戦争は、核時代に米国が経験した唯一の制限戦争だった」という指摘も提起される[4]。このような諸評価は全て、制限戦争理論から研究する代表的なある理論家が認定したように「朝鮮戦争は、米国の戦後戦略の発展において、たった1つの最も重要な事件」として「冷戦史が穏当に書かれる時、それは我々の時代の戦争と政治のパターンを決定した真に決定的な事件の中の1つだという点が表れるだろう」という位相を前提とした中で陳述される[5]。

　しかし事実に照らして、朝鮮戦争に対する国際政治学理論のこのような評価は、間違ったものである。マッカーサー（Douglas MacArthur）とワシントンが北朝鮮に事実上「無条件降伏（*unconditional surrender*）」を何度も要求し、何よりも中国の参戦にもかかわらず、敵の絶滅を追求する時、それは既に制限戦争であり得なかった。米国には基本的に制限戦争の概念がないだけでなく、朝鮮半島での制限戦争は能動的に選択された戦争戦略としてではなく、中国の圧迫により不可避的に強要された受動的な戦争戦略であった。朝鮮戦争は1943年以来、ローズベルト（Franklin D. Roosevelt）とトルーマン（Harry S. Truman）の時期に持続された米国の古典的な戦争政策である「無条件降伏」戦略が失敗し、妥協として終戦となった初めての事例だったのである。本書の諸事実が示してくれるように、小国である南北朝鮮における事態を積極的に活用し、自国利益の極大化を追求する制限戦争戦略を選択したのは米国ではなく、むしろソ連だった。それは、スターリン（Joseph V. Stalin）の構想と戦略の延長であった。

　この戦争を1つの社会内の互いに異なる2つの勢力、それらの持つイデオロギー間の歴史的な闘争の延長と見ようとする、いわば内戦、階級戦争、革命戦争（*revolutionary civil war*）と解釈する修正主義の主張は、一時期この主題と関連する世界学会の学問的な論争を主導した。しかし、戦争の展開過程を待つ必要もなく、朝鮮戦争前の38度線の複合的な性格、戦争の決定におけるスターリンと毛沢東の深甚な介入に留意する時、この戦争が内戦（civil war）という解釈は、同意を得難いのが事実である。内的な要因中ひとつだけ探求しようとすれば、修正主義で述べる土地問題こそ、韓国と北朝鮮という2つの社会の相違性の表象だったという主張が問題となる。すなわち、北朝鮮は土地改革が行われ、韓国は土地改革がなされなかったから、前者は高い脱植民地性と民衆性を持っており、後者は植民地性と反民衆性を持っていたという主張の妥当性の如何である。このような研究傾向の代表学者であるカミングス（Bruce Cumings）は、「韓国は警察国家であったし、それは地主という小さな階級の代理国家だった」、「1950年6月25日まで、わずか1エイカーの主人も替わらなかった」と陳述する[6]。

韓国は親日派と地主の国家である反面、北朝鮮は抗日独立運動勢力と農民の国家というのだ。これは、革命的な内戦として朝鮮戦争を見る理論の中心テーゼでもある。この差異が朝鮮戦争の１つの起源であり、その階級闘争的な性格を含蓄するというわけである[7]。この問題を含めて、戦争の性格問題はその実、戦争の起源においてだけでなく、正に戦争自体の展開過程についての論議を通じて究明されねばならない。結論から述べれば、経済変革についての本書の多くの統計と国際的な水準における絡み合った諸事実が示してくれるように、この戦争の性格は、始めから内戦のみでも階級戦争のみでもあり得なかった。戦争の展開についての解明は、戦争の起源と性格に対する修正主義の解釈が誤謬だったという主張を強化してくれるだろう。

修正主義の論旨の危機ならびにソ連資料の公開と共に最近、世界の国際政治学会で再び過去の伝統主義的な解釈の広範な復活を目の当たりにする。伝統主義の諸仮定とは異なり、スターリンは戦争に同意しながら、または同意を進行させながら、開戦決定時の同意はもちろん戦争の進行過程もそう示してくれるように、獲得可能と見えるソ連の国益を追求しつつも、小心さを越えて狡猾に介入を隠蔽して最大限、米国との対決を回避しようと努力した。金日成（キムイルソン）の統一への意志を活用するにしろ、または彼を捨てるにしろ、スターリンにとって最も重要なのは、ソ連の不介入ないしは最小の介入を通じ、それによって米国との対決を回避する中で追求されるソ連国益の確保だった。伝統主義が想定したスターリンの膨張戦略の延長としての朝鮮戦争という解釈、ソ連―中国―北朝鮮３ヵ国間が一列に整列した単一位階制的な（monolithic）社会主義秩序と利益の想定、金日成による民族主義の唯一の表出としての朝鮮戦争という解釈は、誤謬なのである。スターリン、毛沢東、金日成にとっては、それぞれ国際（international）、地域（regional）、民族（national）の水準における国益実現のための利害が存在し、これらは常に緊張する中で、時には衝突しながら妥協点を形成していった。

最近われわれは、朝鮮戦争の開始を含め、米国の北進ならびに中朝国境への進撃が全て誤認（misperception）の産物だったという伝統的な国際政治的解釈の明白な再台頭を目の当たりにする。これに従う場合、朝鮮戦争は終わりなき誤判の連続であった。南進は北朝鮮の誤判で、南進を阻止できなかったのは米国の誤判であり、北進と国境進撃もやはり中国の戦略に対する米国の誤判の産物で、1951年に38度線以南への再進撃は中国の誤判であり、休戦会談に先立ち戦争を制限しようという試図は、これまた米国の誤判の産物だった[8]。

このような解釈の再登場は、事実に符合するものであろうか？　それは資料が示してくれるように、誤認の産物だと言うよりは、一部はそれを包含して、その

実は一貫したある戦略と政策の産物、そして、それら戦略と政策は体制理念および世界観の産物だった。この巨大な事態が連累する諸主体の誤認の相互反復として規定される時、事態の連関する環（sequences）と因果関係（causation）、構造と行為の関係についての長い論議はさておいても、事態の論理的でありながらも一貫した再構成を試図する科学の領域自体が根本的に脅かされる外はない。

この研究は、世界の学会の長く、また常に再論される、この一般的な諸解釈に対する問題提起から始められた。我々は、この間の論争を通じて修正主義と伝統主義の長い論争の帰結の環は、学問的な論争の体系を超えて結局、理念的な正当性と歴史的な責任糾明の問題だったという点を悟った。しかし今、それはこれ以上、学問的な争論の焦点となり得ない。さらに大きな問題は、朝鮮半島における事態を知らないまま、朝鮮戦争のみならず東アジアおよび更に進んで世界の冷戦史を客観的に再構成するのは事実上、不可能だという点である。朝鮮戦争は、東アジアの冷戦と世界冷戦の同一の震源だったからである。この言葉は、我々が朝鮮戦争の歴史的な位相を強調しようという意図の産物ではなく、20世紀中盤に世界で進行した実際の事態の反映であるに過ぎない。

したがって、朝鮮戦争に正しく接近しようとする限り、全体として軍事、暴力、戦争の問題を正しく理解するため、また政治における軍事の比重や役割、政治と軍事の関係をありのまま理解するため、戦争と政治の関係についての通念的な認識の転覆または修正も、やはり緊要である。

戦争は一般的に、政治の連続として理解される。国際政治の不変の命題として受容されている「戦争は、他の手段による政治の単純な継続」というクラウゼヴィッツ（Carl von. Clausewitz）の古典的な言明ほど、このテーゼを簡明に示してくれる理論もない。そう言う時、戦争は「我々の敵対者に我々の意志を完璧に理解するよう強要せしめる暴力行為」として「敵の打倒という基本的な政治目的を達成するための手段」と理解される[9]。当時の北朝鮮が信奉していたマルクス─レーニン主義の戦争理解は、その範疇と射程を少しも越え出ない。

そのような理論的な化石化の延長に置かれている「戦争は、他の（暴力的）手段による政治の連続である。マルクス主義者たちは正しくも常にこのテーゼを戦争の意味についての見解の理論的な基礎と看取してきた」[10]というレーニン（V. I. Lenin）の理解は、戦争に対する社会主義的な見解を代表する。戦争に関するレーニンのこのような伝統な社会主義的な定義は、北朝鮮には少しの疑心もなく「戦争の性格規定のための真正な標準」と理解される[11]。順序を逆にして追跡すれば、戦争を始めた北朝鮮の認識、社会主義の認識、クラウゼヴィッツの定義、これら3つの中でより後者がその前のものの土台をなしてきたことが分かる。

戦争と政治を道徳と理念の唯一の物差しとしてのみ接近したレーニンの有名な「正義の戦争」と「不正義の戦争」の概念も、やはり北朝鮮には「標準」として受容される。レーニンに従えば「社会主義者たちは内戦を全的に正当で、進歩的で、必然的なものと看取する」、「もしも明日、モロッコがフランスに対し、インドが英国に対し、ペルシャや中国がロシアに対し宣戦布告するならば、先制攻撃をどちらがするかに**関係なく、正義の、**そして**防御的な戦争**となるだろう」[12]（**強調は原文どおり**）。このような陳述は、北朝鮮の公式的な戦争理解と完全に一致する[13]。

　しかし、戦争は政治の連続ではあり得ない。この研究は、戦争が政治の連続という通念的な理解を修正しようとする。その理解は、戦争の正当性を提供してくれる危険性があり、妥協を通じた平和の導出という政治の領域を絶対的に縮小させる。ビスマルク（Otto von. Bismarck）の言葉に従い、我々が政治を「可能の芸術（*the art of the possible*）」と理解する時[14]、アーレント（Hannah Arendt）が言明するように、暴力（*violence*）は即ち政治の失敗を意味し、戦争は正に暴力が最高に動員される人間同士の闘争である[15]。ゆえに、平和は政治の成功であり、戦争は政治の失敗と言えるかも知れない。この研究を支配する根本の問いは、ここに置かれている。戦争と平和の間で政治が行うことができ、行わねばならない役割は何なのか？

　1950年6月25日、朝鮮戦争の始まりは、政治の延長と言うよりは政治の失敗の産物だった。主要な局面での戦争の拡大の試図も、やはり全て軍事論理の優位、すなわち政治の失敗の結果であった。したがって、戦争を研究するのは直ちに平和のための企画となる。戦争研究は基本的に平和研究であり、平和のための模索でなければならないのだ。全ての朝鮮戦争研究は、朝鮮半島における究極的な平和のための企画の意味を持つ。すなわち、それは戦争研究を通じて平和理論、平和教育、平和哲学を導出するための努力となる。

　したがって、この研究は朝鮮戦争自体にぴったりと付き従い、事件を非常に小さく精密に刻んだ後、それら1つ1つを密着追跡する方式を通じて、事態の展開を「中から」表して理解する方法を取るであろう。この問題は、この間の朝鮮戦争研究が「外から」関連諸国家とリーダーシップの政策決定およびその要因に注目する間、実際の戦争における事実的な内容については、ほとんど関心を置かなかったという学問的な反省から出発する。おそらく、空中戦と接近戦の違いに比喩できるかも知れない。

　この点を理解する時に読者は、ある巨大な問題はそれが多く研究されたという理由からやり過ごされるけれども、他のある小さな事態については深く掘り下げ

られるという差異を理解することになるだろう。このような問題意識を反映し、資料もやはり実際の現場を示し表すものが中心となる。この間、朝鮮戦争と世界冷戦の研究において無視されていた韓国と北朝鮮の諸資料は、したがって当然にこの事態を再構成し解釈する核心資料の位置を占めることになる。本書の仁川上陸作戦についての内容が示してくれるように、南北朝鮮の資料に対する深い探求と理解なしに、この事件は決してありのままに再構成されない。

しかし、事態に「ぴったりと付き従うこと」がこの研究の唯一の接近方式ではない。著者は同時に「事態から距離を置くこと」を終わりなく試図するだろう。事態そのものに対する密着は、時に我々をして終わりなく展開される事態の泥沼に陥らせる危険があるからである。距離を置くことを通じて我々は、客観性を確保できるだけでなく、適切な均衡と普遍、現在の目を持てるようになるのだ。この問題を解くため、まずこの戦争の歴史的な位相を設定し理解する問題から始めねばならないであろう。

2．戦争、戦後、「歴史的な時間」

冷戦が朝鮮半島で初めて爆発した時、韓国人が経験した暴力は未曾有のものだった。「歴史的な時間」[16]の地平から眺める時、戦争が1つの社会に及ぼす傷跡と影響は、我々の考えよりも遙かに長く深い。それは、数世代はもちろん、時には数百年を超える。「時間」が「空間」と会う時、集団的な生の累積を通じて特定の厚みと重さを持つ時間は、ある時期にはその厚みと重さを遙かにより大きくし、次の時期に持ち越される。朝鮮戦争が韓国社会に及ぼした影響は、長く持続し、長い磁場を形成し残すであろう。

1876年に近代への移行のため出発して以後、この戦争は韓国社会に最も甚大な影響を及ぼした。1953年7月に戦争が終わった時、韓国社会は死体と絶望が充ち満ちた破壊の灰燼だった。国土を覆い包む屍と戦争孤児たちの姿は、未来に対する全ての希望が停止されたように見えた。しかし、廃墟の上から韓国民は急速な経済発展を達成し、市民的なイニシャチヴで民主化を成就した。戦争の世紀が過ぎるや、彼らは民主化と冷戦解体を基盤として憎悪の相手と握手した。戦争ゆえに招来された分断の克服に失敗したことを除外するならば、戦争の影響も極めて大きかったが、その克服の努力もまた熾烈だったのである。

1）分断の固着化と敵対

　朝鮮戦争が招来した最も顕著な影響は、民族分断の固着化だった。統一を目的に始めた戦争が、分断の強化と持続の要因となったのである。さらに戦後の朝鮮半島の休戦体制は、世界冷戦体制の下位秩序として明白に位置を占めた。韓国と北朝鮮による朝鮮半島の分断ラインは、世界的な水準では資本主義陣営 vs. 社会主義陣営の分割境界線として上昇し、東アジアの地域的な水準においては中国と日本の対立構図により担保された。「朝鮮半島」、「東アジア」、「世界」の水準へ順次に下降整列した分断秩序の３層水準の安定的な配列は、戦争再発の危険を弱化させ、休戦（ライン）の障壁を高めることにより、南北朝鮮それぞれの独自的な発展追求努力の空間を拡張させてくれた。同時に、分断による南北朝鮮の常時対決構造は、休戦ラインに沿って巨大な常備軍をもつ南北朝鮮どちらにも、戦時対決状態に準じる一種の非常体制を強要することにより、脅威の動員を通じた人民的／国民的な団結を呼び起こした。天を衝く相互の敵対と死活闘争的な競争は、南北朝鮮の人民それぞれの結集と集団精神の噴出に大きく寄与したのである。

2）冷戦の前方哨所

　朝鮮戦争は冷戦時代の間、世界戦争、地域戦争、内戦の性格を取り混ぜて揃えた珍しい戦争だった。この戦争で世界、東アジア、朝鮮半島の左派と右派、共産勢力と反共勢力は、それぞれ巨大な連帯を形成し、相手と闘争した。朝鮮半島における終戦体制、いわゆる「朝鮮戦争以後体制（*the post-Korean war system*）」【以下「戦後体制」と略記】は、この３つの性格をそのまま反映した。

　こうして朝鮮戦争は、韓国と北朝鮮を各々、米国―日本―韓国 vs. 北朝鮮―中国―ソ連へ至る位階的な東アジア冷戦体制の前方哨所へ変転させた。すなわち、世界冷戦の東アジア的な縮図が朝鮮半島の分断だったのであり、世界と冷戦の照応は朝鮮半島と分断を出会うよう強制した。したがって、世界冷戦の解体なしに、この戦争が生んだ構造である朝鮮半島分断の解体を語ることは不可能だった。

　特に戦後の韓米関係は、南北朝鮮の敵対構造と共に戦後体制の歴史的な双生児として特殊な関係に置かれざるを得なかった。在韓米軍の駐屯と韓米相互防衛条約に代表される強固な軍事安保と莫大な経済援助は、これを担保する２つの軸だった。韓国の指導者たちは、このような関係を活用しながら、朝鮮戦争後の韓国を資本主義の中心部に密着させ、これを通じていわゆる「招請による発展」を急速に達成できた。しかし、対米依存は、確固とした安保公約と経済発展を可能

とする間、長い歴史を持つ民族としての、そして主権国家としての軍事的、精神的、文化的な独立性と自己の問題に対する独自的な対応能力を、部分的に毀損する事態を甘受せざるを得なくなるよう要求した。

　北朝鮮も、やはりソ連―中国と連携し、長い間にわたり東アジア冷戦の前方哨所として位置した。初期の中ソとの連帯が緊密だった程度に従い、中ソ葛藤の結果、彼らとの不和が始まるや、北朝鮮は独特な自主国家を志向、閉鎖的な体制を固守した。しかし、閉鎖の固守は20世紀末、社会主義国家の解体の流れにもかかわらず、北朝鮮を持ち堪えさせてくれる逆説的な要素となった。東アジアの地政学から見る時、朝鮮半島における戦後体制の克服、つまり統一は「中華秩序」の辺境、「日本帝国主義」の植民地に続き「冷戦体制」が産んだ分断を乗り越えることを意味する。戦後体制の持続は、列強の利害が衝突する地政学的な位置から来る朝鮮半島の長い特性を引き受けたものだったからである。

3）均等化、平等主義、均質化

　朝鮮戦争が招来させた社会変動の問題と階級関係の変化も、やはり重大な含意を持つ。この戦争を経て韓国の伝統的な旧体制の支配階層は、物質的な土台を喪失した。朝鮮戦争は社会勢力関係の均等化をもたらしながら、韓国社会に存在していた従来の両班―常人の班常構造を解体する契機だった。伝統的な儒教の世界観に従う両班―常人の両分意識は、この戦争を契機に大きく弱化した。共産主義社会という身分秩序の逆転と世界的な規模の戦争の最初の経験、現代式の銃砲の前での差別なき死の目撃などは、平等主義を拡散させながら新しい社会に対する目覚めへと連結したのである。都市と農村、地域と地域、南北朝鮮間の激烈な人口移動と社会的な流動性の増加も、やはり伝統的な韓国社会の小規模な共同体意識を破壊させた。対面社会内で維持されていた人間関係は、更に広い共同体の単位へ拡大されて、狭い範囲での位階的な人間関係を解体させた。戦争は、平等意識と近代大衆社会の到来に1つの明白な転換点をなしたのである。

　体制の均質化も、戦争の決定的な影響の1つだった。南北朝鮮どちらでも体制反対勢力は全部、越北・越南するか体系的に除去され、彼らの要求は受容される空間が存在しなかった。これを契機として、それぞれの体制統合の程度は大きく高まった。南北朝鮮それぞれの体制統合の程度と相対立する体制の異質性の程度が、相互に比例的に高まったのである。このように戦争は、体制内の異質要素を根こそぎにする政治的な役割を遂行すると同時に、南北朝鮮の理念的な志向を左派か右派かの一色に整列させた。

民主的な空間を持つ韓国でさえ、市民たちは相違した利害を持つ階級として投票するよりは、ひとつの国民として投票しながら、階級性の表出において大変に微弱であった。韓国政治において階級的で理念的な要素が表出し難かった条件は、朝鮮戦争が招来した政治志向の歴史的な形成と連結されていたのである。

4）分断の精神構造──普遍の喪失

　戦後体制の初期、反共・反北主義と反米・反韓イデオロギーは、南北朝鮮における各体制で枯渇することを知らぬ正当性の源泉であった。これにより我々は、普遍的な理性を通じて世界と社会を眺めることができる目を喪失してしまった。何よりも戦争が設定した冷戦と分断の意識構造は、世界と社会の半分だけを真理と認識する隻眼者の認識構造を創出した。普遍的な価値の公準は、南北朝鮮の冷戦・分断秩序を通過する中で深刻な程度に歪曲された。一方で選択された思考体系と言語は、すぐに他方での禁忌事項となった[17]。強要された精神構造は、普遍へ進もうとする理性を遮断した。これは、2つの分断国家どちらでもそのようであった。他者に対する受容能力は、すぐに現実の法規の抵触を受けた。北朝鮮の場合、非正常の程度が韓国よりも遙かに酷く深刻であった。

　韓国で共産主義への反対は、国家の形成と守護の根本的な旗印だったのに加え、国家の存在理由それ自体でもあった。最も強力な反共が最も強い正当性を持つ認識が日常化し、行動の根拠を提供した[18]。反共主義は飛躍的に膨張した軍隊と一緒に、朝鮮戦争後の韓国で権威主義を持続させた核心要素だった。北朝鮮でイデオロギーの役割は、その社会が理念により動く社会だったということを記憶することで充分だろう。また、南北朝鮮の諸理念は分断秩序を持ち堪えさせた核心要素だった。我々の内面で分断秩序が倒壊する道程は、我々の意識が分断の加えた隻眼者の精神構造を打破し、普遍に目覚める過程を意味するだろう。1953年から現在への時間の進行は、非正常から正常への変化に他ならなかった。すなわち、それは非正常が次第に普遍へ進み行く「正常化」の過程だったのである。

5）軍隊：南北対決と体制守護の核心

　戦争を経る中で軍隊は、社会のどの部分よりも急速に膨張し、その構成要素においても社会の最下階層にまで巨大な網のように広がって行った。南北朝鮮の敵対構造を維持する最終的な力の根源は、200万に達する双方の軍部により担保された。国家の予算と力量の最も大きな部分は、相手を制圧するための軍隊に投入

され、これが社会の基本構造と性格、福祉体制にまで大きな影響を及ぼした。精神的な面でも軍は、強力な団結力に基づいて南北朝鮮で体制守護の核心として位置を占めた。要するに、南北朝鮮において組織、技術、理念の側面で戦後の短い時間に進行した軍隊重視と軍事革命（*military revolution*）は、軍隊を社会の最も先進的な部門へ変転させた[19]。これは近代以前、長久な時期にわたる朝鮮半島の伝統的なメンタリティおよび国家経営方式とは根本的に異なるものだった。

　軍の肥大化と政治化は、兵営内の問題としてだけに止まらず、民軍間の境界を越えて社会に介入する蓋然性を抱えていたから、民主主義に対し非常に威嚇的な要素だった。特に、民主制度を持つ韓国の場合、代議機構を含む民主政府の問題解決能力が弱められるならば、国家と市民社会は直接、衝突するだろう。そして、市民社会が分断国家の根本秩序を威嚇する可能性が見えた時、軍部の国家掌握の意志を制御する牽制の役割は社会に存在しなかった。

　要するに、朝鮮戦争は社会の部門別の発展速度の甚大な不均衡を招来することにより、冷戦時代の間に持続された権威主義の歴史的な基盤を提供したのである。北朝鮮における軍部の役割もやはり、たとえ社会主義体制の特性上、軍部の政権掌握は不可能だったけれども、彼らの体制が直面した危機の程度に比例して昇降を反復した。危機が大きくなれば軍部は全面に進出したし、危機が弱まれば背後へ退いて居座った。しかし、南北朝鮮の常時対決体制において、北朝鮮指導層による軍部依存と体制維持の最後の保塁としての軍隊の役割は、縮小されなかった。

6）反共主義と民主主義の分離──民主発展の1つの知恵

　「共産侵略」を阻止した政権を7年ぶりに打倒する1960年4月革命の成功が示してくれるように、韓国市民社会の挑戦の成功は、反共主義を通じた国家のヘゲモニー構築戦略が全知全能ではなかったことを示した。朝鮮戦争後の反共主義に立ち向かう他の1つの特徴は次第に増大する自由主義・民主主義であり、反共主義と自由主義・民主主義との間の分化が後者の成長に力を得て次第に深化していった。終戦の時点から反共主義と自由主義・民主主義は、同一であるかのように上から擬制された。

　しかし、「共産侵略」から自由民主主義体制を守護した戦争を経験したにもかかわらず、両者を分離し出した市民社会の慧眼により、韓国民主主義は朝鮮戦争後おおきく発展できた。反共主義と自由主義・民主主義の分離および後者の成長が朝鮮戦争後、韓国民主主義の発展の歴史だったのである。光州（クァンジュ）民主化抗争と6月

抗争を経て民主化を成し遂げた道程は、この2つを分離する能力を持った韓国民の集合的な知恵の産物だった。民主化と脱冷戦が同じ時点に重なったことも、韓国としては幸運だった。南北朝鮮の敵対の緩和は内部の民主主義の発展に大きく寄与するだろうが、そうであるほど分断の障壁が低くなることにより可能となった「南北朝鮮を頻繁に出入りしながら」全朝鮮半島の水準で展開される複合的な政治志向、つまり「秩序」と「変化」を一緒に追求する新しい知恵の必要性が更に大きくなるであろう。

7）絶対絶望と集団競争意志の形成

　朝鮮戦争の影響は、内面の精神構造においても明らかになった。戦争は「現実での極限的な絶望」とその反面的な表出である「未来に対する絶対希望」を一緒に抱かせてくれた。現実への絶望が未来の彼岸を追求するよう案内したのである。それは、生存への強力な意志として現れ、これを通じて朝鮮戦争後の韓国人たちは、強力な生存能力と競争意志を持つ集団へ変転した。戦後の韓国人たちの目は南北朝鮮を論ずることなく、どうやってでも生き残り前に進まねばならないという溢れる意志と競争意識で充ち満ちていた。苦難は忍耐を、忍耐は鍛錬を、鍛錬は生存の意志を涵養させ、恐ろしい凝集力を持って現実に対処していく集団意識構造として表出した。それは、時には驚くべき教育熱として現れ、時には急速な経済発展として、時には民主主義のための熱情の爆発として噴出した。韓国版ディアスポラ（Diaspora）と呼ぶべき、朝鮮戦争後の民族全体のほとんど10％に達する韓国民が世界の全大陸にわたって海外定着に成功したことも、やはり韓国民の生存能力と意志を示してくれる[20]。

　韓国の場合、競争的で集団的な精神構造により、1950年代の教育と宗教の発展、60～70年代の経済発展、80年代の民主化闘争など、近代の核心議題を成就しようという努力の表出において、朝鮮戦争後の韓国社会は全ての分野で「圧縮発展」と呼べるほど急速な変化を示した。朝鮮戦争直後に顕著となった現象である教育と宗教——特にキリスト教——の成長は、「奇跡」に近いほど爆発的だった。戦後の教育の記録的な成長は、植民、貧困、戦争を招来した自らの世代の無知と非理性を次の世代には引き渡さないという意志の産物だった。宗教の爆発も、やはり現実の絶望から脱出し、神に委託しようという絶対希望の表出だった。これは、鬱血が一度に弾けるような戦争の加えた衝撃により形成された集団的な意識構造に連結されていた。全てのものが破壊され、人間と意志だけが残った戦後の北朝鮮は、当初から1つの有機体のように一糸乱れずに動く体制へ変貌した。

8）文化革命、省察の不在：成功の要因と危機の要因

　1950年代から90年代にわたり近代化と民主化そして情報化に至るまで、他の社会が数世代の間に達成した変化を約1世紀半で成し遂げた韓国の変化は、一種の文化革命、文化転変と呼べるかも知れない。しかし、韓国の急速な発展は、代価のない成就ではなかった。「植民地統治」、「戦争」、「朴正煕」に代表される近代への暴力的な移行は、どの部分でも急速な疾走の裏面に伴走する省察を不可能とした。省察のない疾走は、朝鮮戦争後の現代韓国が抱えた最も大きな問題だった。そして、成功がもたらしてくれた問題の治癒に成功できないならば、韓国が「危機」と「危機克服」の反復の中に成熟社会へ進んで行くのは、困難であろう。

　政治、経済、社会、文化の全ての領域で、正当な過程よりも最終結果を重視する結果第一主義が蔓延し、愛情と共生よりも勝利と制圧を追求する競争と突進が最高の目標となった。伝来の共生主義は倒れて、戦争で捨てられた子どもたちを世話する公共機関と家庭はほとんどなく、自己と自己の家族が生存と成功の唯一の単位だった。個人と社会の全てにおいて、世俗的な成功は全てを蹴落とす第1の価値であり、評価基準となった。一定の目標を定めれば、教育と芸術の領域においてさえ目的を達成するための手続きと過程は重視されなかった。

　しかし、社会の成員たちの道徳的な下部構造の不在は、時間が経過するにつれて社会そのものの発展を阻止する障害要因として作用するだろう、という点を韓国人たちは悟れなかった。近代化は一旦、成功したけれども、韓国社会は近代化以後、質の高い社会のための統合の諸価値、すなわち新しい文化と思想と行動様式を構築するところに失敗してしまったのである。これは、近代化の成功以後の韓国社会の発展を遮る要素となるものだった。短期的な成功の要因が長期的な危機の要因となり得るという点を悟るには、韓国の近代化の期間が余りにも短かったのかも知れない。

9）戦争から遠ざかること：平和、人権、統一に向かって

　朝鮮戦争は、韓国社会の「急速な変化」を促進させた一方、長期間「変わらない」構造を同時にもたらした事件だった。社会の急速な変化が必ずしも成熟した社会への発展を意味するのではない、という点を韓国社会は表象的に示してくれた。この戦争の巨大な衝撃が加えた急速な変化が、むしろ内的な省察の時間を奪って行ったのである。内面の省察を通じた成熟社会への跳躍、すなわち省察的な発展は、競争心で武装し、戦争の傷跡を克服するのに汲々としていた世代から

次の世代に任された課業なのかも知れない。

　韓国の20世紀が国家形成と産業化、民主化のために捧げられたとすれば、21世紀の韓国社会が追及すべき新しい志向価値を平和、人権、統一とする時、南北朝鮮のどちらにおいてもそのような諸価値は、何よりも朝鮮戦争の遺産を賢く克服することから出発せねばならない。朝鮮戦争がもたらした警醒を失わない中で、その影響から賢明に遠ざかれば遠ざかるほど、南北朝鮮の社会は質の高い成熟社会へ進んで行くことができるだろう。2つの朝鮮は、真正な意味で「戦争から遠ざかる」練習をせねばならないのだ。

　朝鮮戦争研究も、やはり同様だと言い得る。平和、人権、統一が朝鮮戦争研究を案内する基底価値をなさねばならない理由は、それが現在の南北朝鮮の核心課題であるだけでなく、それに到達するため反省と清算が要求される核心事件が正にこの戦争だからだ。朝鮮戦争に平和の観点から接近するというのは、平和の視角から戦争を批判するという道徳的な意味を越えて、戦争の原因と過程を探求し、積極的な平和へ進み行くための主・客観的な条件を探索しようという問題意識を意味する。戦争研究で起源と影響についての探求が重要である理由は、平和のための模索がそこから始まり得るからである。

　朝鮮戦争を統一の観点から研究するという意味は、分断と統一を悪と善の対立として見ようという両分法的な思考ではなく、分断を固着化させた戦争過程と戦後の要因を究明し、統一のため必要な課題を抽出しようという実践的な意味を持つ。その時、朝鮮戦争研究は初めて統一研究を意味する。しかし、統一を目的論的に把握するのは、この研究の問題意識とは距離が大きい。むしろ、統一へ向かう過程と方法の問題が更に重く提起されるのは、この戦争が与える教訓ゆえである。

　人権の観点から朝鮮戦争に接近せねばならない理由は、戦時の虐殺の問題を究明するためだけではなく、それ自体が平和と統一の最も重要で究極的な志向価値の1つだからである。今や我々は、脱冷戦の時点を迎え、そして過去の朝鮮戦争研究の理念対立を通過した地点において、初めて平和と人権と統一の観点からこの戦争を探求する条件が揃っていると判断する。依然として持続される南北朝鮮の対立は、この戦争を客観的に探求するのを困難としている。しかしながら、最小限の条件は揃えられたと思うのである。

3．過去と未来の連結の環：朝鮮戦争

1）現在のための類推：戦争経験

　朝鮮戦争の遺産を克服せずには、南北朝鮮は究極的な和解と平和、そして統一に向かって進んで行けない。平和、人権、統一の未来は「この過去」を「現在に」どのように理解して受容するかという問題に直結している。過去を正しく理解し、代案を適正に模索するため、我々は反芻的な（retrospective）視野と展望的な（prospective）視野を「一緒に」捕捉しなければならない。過去へさかのぼり演繹する反芻的な方法だけを使用する場合、我々は因果的な決定論に陥るだろうし、未来に向かう展望的な方法のみを使用する場合、我々は数多くの任意性の前で彷徨うだろう。体系を備えた論理的な推論の領域で「反芻」と「展望」を結合できるならば、我々は現在の諸問題の根源を知り、未来の代案を抽出するのに助けを得る。

　その点で実用的な新しい世界観と学問体系を築くため苦闘した柳馨遠（ユヒョンウォン）の『磻渓隧録』の根本精神は、朝鮮戦争研究の1つの骨幹をなし得るのではないかと思う。柳馨遠が歴史から現在の経世のための解答を得ようと「古意を究明して今の事情を商量する（究古意揆今事）」を基本精神と見なしたように、我々は「古事を究明して今の事情を商量する（究古事揆今事）」を基本精神と見なせるはずである[21]。1950年「6・25」から51年「1・4後退」までの事態は、単純な古事ではなく、本書の展開が示すように今事、すなわち今日の諸問題である。

　今日、朝鮮半島における平和と統一問題の多くは、それが国際水準の問題であれ国家水準の問題であれ社会水準の問題であれ、南北朝鮮それぞれの主導で一度ずつ「短い統一」を達成したこの6ヵ月の期間に提起されていたのである。南北離散家族の再会問題はもちろんだろうが、忠清北道永同（チュンチョンブクドヨンドン）の老斤里（ノグンリ）と済州島（チェジュド）の百祖一孫をはじめとした残酷な良民虐殺の問題をめぐる葛藤が、直接この事態から由来したのは言うまでもない。分断体制、在韓米軍、軍備縮小、韓国の国家保安法ならびに北朝鮮の朝鮮労働党規約の全文改訂論争、敵対感情の解消など、我々の体制と民族の核心問題のうち、この戦争の結果として生成されなかったものはほとんどない。

　したがって、この研究は過去自体を探求する研究ではない。この研究のほぼ全ての陳述は、現在の状況と連結されている。さらに、平和と人権と統一を追及する時、「今日と未来のため」朝鮮戦争を研究せねばならないという点は、不可避的な理由となる。このような反芻的な叙述を要求する状況は、叙述者の意図ではな

く、当時と現在の条件がそのような関係に置かれているという客観的な事実を反映するだけなのである。しかし、我々が追求すべき理想と価値を前提とする、まだ決定されていない未来への展開の可能性を開いておく展望的な接近も、やはり放棄してはならない。代案の現実性を高めようとすればするほど、我々は未来についての抽象的なシナリオにではなく、実際の歴史的な事態に解答を模索せねばならないであろう。しかし、この言葉が未だ到来していない現実の展開が持つ任意性まで統制できるという意味にまで拡張されてはならないだろう。

　平和と人権を志向せねばならない統一の課題は1950年の夏と秋、北朝鮮と韓国により統一がなされた時に現れた諸問題と否定的であれ肯定的であれ連結している。反芻と展望の結合の上に過去を呼び入れる時、「類推」は社会科学探究で「因果的な説明」と共に１つの良い説明方法となる。1950年の事態は、今日のために類推の資料として使用され得るということである。しかし、「類推」は直接的な代入とは大きく異なる。類似性と連関した陳述は、相違した時間と場所に置かれている人々を体系的に検証し、彼らの行為を社会構造（理解）に対する糸口として使用できるようにする抽象化の過程を要求するからだ[22]。これゆえに類推を導入したとしても、長い時差を持つ諸条件の違いは考慮されねばならない。抽象化が一定の資料、条件、方法の案内を受けて、適切に統制されねばならない理由は、類推が非現実的な飛躍を盛り込んではならないからだ。「事実」が「説明」の土台をなさねばならない理由は、ここにある。

２）正当性の根拠を越えて

　苦痛が大きければ大きいほど、体制を誕生させた犠牲は貴重だと記憶される。ゆえに人間たちは、自身の正当性をもたらしてくれる過去を克服し難いのである。正当性への執着は、しばしば自己犠牲の大きさと一致する。しかし、我々が過去の遺産を克服するためには不可避的に自己犠牲の記憶を越えて、自己否定へ進まねばならない。自己否定の論理、つまり否定の否定を通じた肯定への止揚は、平和と和解のための有用な出発原理となり得るのである[23]。暴力と虐殺と戦争の記憶は、特別に一層そうすべきである。

　この戦争の影響が韓国と北朝鮮の両社会の現実にどれだけ強力にまとわりついているか、を示してくれる事例は遍在する。民族問題の解決のため越えて行かねばならない峠の最終審級は、いつでも朝鮮戦争の遺産の清算問題へ帰結する。百万の大軍が休戦ラインに沿って50年間も対峙してきた現実は、この戦争の遺産を清算する問題が平和と統一の基本前提だという点を雄弁に物語る。軍備の維持と

縮小の問題は、相手の「戦争」再発意志を見計らう信頼の問題へ直結する。

　1994年7月、北朝鮮の金日成主席死亡時の韓国での弔問波動は、正に「戦争責任」と「戦争勝利」という朝鮮戦争における金日成の役割をめぐる南北朝鮮の相反する理解の分化から発現したものだった。過去が現実を動かしたのである。世紀を越えて持続する長期囚の送還と韓国軍捕虜の送還問題は、朝鮮戦争の戦後清算問題に直結したものだった。例を挙げると1993年3月19日、北朝鮮に送還された朝鮮人民軍従軍記者出身の李仁模[24]、2000年9月2日に集団的に送還された63名の未転向長期囚たちの存在がある[25]。また、韓国国防部により失踪・戦死の処理をされたのち1994年10月23日、43年ぶりに「再び」生還して来た趙昌浩の事例のように、持続する韓国軍捕虜の脱北帰還は、我々がどれほど深く戦後体制に緊縛されているか、戦後の清算問題をどれほど看過していたかを雄弁に物語る[26]。趙昌浩以後、梁珣容、張茂環など2002年9月現在まで21名の韓国軍捕虜が脱北、帰還した。「戦死してから再び蘇生した」多数の韓国軍捕虜の存在のように、この戦争が生きている事とこの戦争を徹底して忘れて過ごした事を同時に証拠立てている事例も他にないであろう。

　朝鮮戦争は、南北朝鮮で体制維持を自らの任務としようとする時、理念的に動員可能な歴史材料の最終的な依拠源泉として機能する。南北朝鮮で戦争は、相手を制圧し、国家を守護した最大の記念要素となる。北朝鮮は長い間、事実歪曲に基づき「韓国と米国の北侵」の主張を体制守護の歴史的な資源として活用してきた。6・25記念を止揚すると合意した2000年6月の南北首脳会談以後にも北朝鮮は、変わることなく7月27日を祖国解放戦争勝利の日（戦勝節）として記念している。「百戦百勝の卓越した軍事思想と戦略戦術、優れた領軍力で祖国解放戦争を勝利へと導かれ、我が祖国を英雄朝鮮として世界に燦然たる光を輝かせて下さった偉大な首領金日成同志の不滅の革命業績」に対する称揚と全人民の敬拝は変わらなかった。金日成の銅像、祖国解放戦争勝利記念塔（戦勝塔）、烈士墓所（革命烈士稜、愛国烈士稜）には「勝戦」に感謝する党と国家と人民の意思の表現が列をなした。戦勝節の報道は、巨大な金日成の銅像の写真と一緒に、党機関紙『労働新聞』と最高人民会議常任委員会および内閣機関紙『民主朝鮮』の1面を飾る[27]。たとえそれが歪曲されていたとしても、「北侵」と「戦争勝利」の主張と記憶を削除するには、北朝鮮体制の正当性の資源は余りにも虚弱だからである。

　1998年の秋、にわかに突出した韓国のある強力な理念検証の試図が朝鮮戦争を主題にした研究に対してだったという点も、朝鮮戦争が占める無比の歴史的な位相を確認させてくれる。この論争は、脱冷戦の時点においてさえ変わりなく持続する、朝鮮戦争が韓国社会で持っている非常に大きな理念的な力を明白に示して

くれる。言葉を換えれば、冷戦言説と脱冷戦言説の分水嶺は、朝鮮戦争についての理解の問題にかかっている。

当時、使用された「国家観」、「国是」、「検証」、「国体」という用語は、正義、愛国、善悪の判定に関する公正な自任審判官の態度を看取させる。この時、特殊利益はしばしば社会全体の一般利益や普遍的な価値と等値される。特殊な主体が自身を一般利益と判定し、それに対する忠誠如何を検証する主体へ上昇させる時、論争は正統と異端をめぐる宗教の教理論争のように、共同体の本質的な性格論争へ転換されざるを得なくなる。例を挙げると、国体問題をめぐる論争は、治安維持法的な秩序をめぐる過去の日本の経験を彷彿とさせた[28]。この論争は、集団的な戦争経験が今日までも最も熱い理念的な遺産だったという点を例示した事例だった。

しかし、歴史理解の地平拡大、北朝鮮との和解・協力、そして民族の平和・統一を主張することが、北朝鮮の人権不在、経済破綻、軍事主義を擁護し、その体制が帯びた問題から目を背けることと同一なのではない。それは、いわゆる親北朝鮮の論理とは更に距離が大きい。万一そうであるならば、それは我々が追求する普遍的な理想と価値に違反する。自由と人権、民主主義が不在で、人民に破綻を招来した唯一体制を擁護するのは、責任性を持つ行動ではあり得ない。フュレ（François Furet）が述べたように、民主主義に抵抗していた共産主義の理想は死んだ。それは、我々の前に死んでいった形態で再び現れはしないであろう。プロレタリア革命、マルクス—レーニン主義科学、ひとつの党に対する理念的な選挙、帝国などは、ソ連の終息と一緒に確実に消滅した。我々の世紀（20世紀——引用者）に慣れ親しんだこのような諸特徴は、我々の時代に終息したのである。しかし、それが直ちに民主的な議題の終息を意味するのではない[29]。

平和と共存は、そのような理想が帯びる普遍妥当な価値の公準から追求されるものであって、親北朝鮮の主張とは異なるのだ。基本的に普遍的な価値と民主的な競争が不在である一党体制は、未来の統一国家の代案とはなり得ない。北朝鮮は自主、主体、人民解放、統一など、彼ら自身が押し立て追求していた体制の価値に照らして見ると「理念的には」既に死んだ体制なのである。その体制が「現実的に」存在すると言って、それが追求していた価値が生きているのではない。

冷戦時代、批判的な自由主義を追求した西欧の社会科学者たちは、社会主義への追従とは距離が遠かった。彼らは人権、民主主義、平和、平等のような普遍的な基準から資本主義社会が帯びた問題点を批判したのであって、社会主義を志向してそうしたのではない。冷戦論議を克服しようという論理と北朝鮮体制を代案として追求するのとは全く異なる次元だという点は、強調する必要もない。それ

にもかかわらず、両者を同一視したり反北朝鮮でなければ即ち親北朝鮮だとしたりする白黒論理は、我々が置かれている世界観と展望の過去志向性や狭窄性を示してくれるだけである。

　戦争を決行した北朝鮮の事例が明白に示してくれたように、何よりも善悪判定、正しさの独占、他者憎悪、他者攻撃の一連の行動体系が、朝鮮戦争を含む先の世紀の闘争の根源だったという点を記憶する必要がある。体制競争が終息した脱冷戦の時代にも変わりなく過去志向的な理念論争に陥るならば、韓国の言説体系が明確に北朝鮮に対して優位であるにもかかわらず、新しい価値を通じて正当性の基底をもっと広げることが疎かにされて来たことを反証する逆説が証明されるだけである。特定の秩序が樹立された最初の利益を譲歩しない時、社会変化に従い提起される新しい諸要求を受容する価値の空間は確保され難い。新しい共同体を建設しようとする時、常に提起される問題は、過去の価値と秩序を固守し、そこへ再び帰ろうという動きである[30]。

　理想と論理の体系を追求すべき全ての学問が「分断と理念競争の捕虜」だったり、「現実正当化の説明体系」であらねばならない必要はないはずだ。その場合、我々の意識は現実から一歩も前に進んで行けないだろうからである。分断の現在と統一の未来、敵対の現在と和解の未来へ進んで行く分かれ道で、この戦争の遺産は我々が越えなければならない最後の障害として作用するのは間違いないのだ。冷戦の解体と民主化以後、韓国から北朝鮮に包容の手を差し伸べ始めたのは、韓国社会が死活闘争という対北朝鮮との関係を脱し始めたことを示してくれる。彼らは、民主化と冷戦解体が開いてくれた空間において他者受容を通じ、自己を拡張し始めたのである。

3）見解と事実

　韓国社会で一旦、内面に形成された特定の理念とパースペクティヴは、しばしば事実を制圧する。自己の考えと方法、価値に背馳する事実は、わざと見なかったり認定しようとしなかったりする強い傾向が存在するのだ。明白に存在する事実の前でも、ある見解は韓国の虐殺を認定せず、他の見解は北朝鮮の虐殺を認定しない。事実の解釈をめぐる論争ではなく、事実自体の存在如何がしばしば争点をなす。したがって、過去についての解釈の場合、しばしば我々は事実（*fact*）の連結ではなく、意見（*opinion*）の連結である場合を見ることになる。その時、意見の事実的な土台は虚弱である。

　さらに大きな問題は、自身の理念と立地に従い選択された事実を真実なものと

擬製し、他者攻撃の材料と見なすことだ。それは、真実の論理ではなく権力の論理なのである。自身が支持していた国家を守護した指導者と軍人たちは全て善なる人々で、したがって彼らが同族を虐殺したという事実はあり得ない。そのような虐殺は、自己の行動と信念を根底から否認するものなので認定できなくなる。したがって、両者が共に自己側の虐殺は事実自体を否認する中、他者の虐殺だけを事実として問題にする。「過去の行為を埋没させておいてはならず、歴史的、法的な責任を問い質して処罰せねばならない」という主張が目指す対象は、虐殺をほしいままにした両者すべてではなく、懲罰しようとする他者に限定される。

しかし、アーレントが言明するように、政治と真実、権力と真実の構成原理は、それぞれ反対命題 (*antithesis*) に置かれている。時として真実は、しばしば1つの意見ほども自明ではない場合がある。そのような時、真実と意見を区別するのは、それだけ難しくなる。事実的な真実の発見者たちが他の事実的な真実を1つの意見として振り捨てることに、互いに慣れているからである[31]。真実が権力の論理により制圧される時、我々は和解以前に真実の門の前で争うことになる。ひとたび悪の対象となったり、ひとたび善の対象となったりすれば、あらゆる評価は現実の客観ではなく、正にその善と悪の両極的なアレゴリーにより首尾一貫して持続される。これは二分法、白黒論理、敵味方の区別など、二者択一論理の延長なのだ。不幸にも諸事実は、その論理に従い体系的に再び整列させられる。

真実がどうであれ、自己の見解の事実的な根拠を譲歩できなかったのである。どれほど客観的であろうとも、事実が自己の行動の根拠を破壊するならば、その事実により見解を修正することは従来できなかった。行動を主導する見解は、正に（自己が真実と認定したその）事実により強化されるからだ。こんな現象が持続する時、いつか我々は、我々自身の「蒙昧の歴史」を書かなければならないかも知れない。しかし、有利な事実だけを事実と認定しようという論理を抜け出す時、事実は初めて見解を越えて客観的に存在する。判明した事実に承伏する時、共存が可能であり、権力と見解を越えて存在する真実は、正に和解の出発点を提供するのだ[32]。冷戦の解体を契機として、韓国において権力を越える真実の論理が登場し、事実の存在空間が広がるのは、和解を可能とする歴史理解の幅が拡大される現象なのである。

4．精神の問題：真実と和解、正義と寛容

1）真実と和解

　「真実」と「和解」は、朝鮮戦争を研究し理解する2つの基底精神と言える。「真実」と「和解」の同時追求は、人間集団の間の葛藤を平和的に解消するほとんど唯一の行動の組み合わせだと考えられる。まず、歴史的な真実を糾明しようという努力は、中断されてはならない。和解のために真実を覆い隠しておく場合、葛藤は持続する。真実のない和解は、再び葛藤を呼び起こす一種の「似非和解」として、それはあたかも事実認知以前の理性と事実認知以後の理性が「似非理性」と「真の理性」へ分離する原理のようだと言える。特に悲劇から学ぼうとする時、我々が依拠することになるのは正に事実の力、歴史的な真実が伝えてくれる教訓だからだ。

　過去を隠した和解は、決して長く持続され得ない。和解のための出発点は真実であり、真実に根拠を持つ和解こそ共存のための強制条項と言える。反面、真実糾明が過去の葛藤を今日に再生させてはならない。真実は過去の事態に対する接近姿勢を意味し、和解は現実の要求に従った選択を言う。要するに、真実のない和解は不可能であり、葛藤を引き起こすための真実は不必要である。特定の事件で数多くの人々が死んだのならば、それは既に、その「人間的な費用（*human cost*）」の大きさの分だけでも真実の問題を譲歩してはならぬよう要求する。真実の糾明は、次のいくつかの理由から特別に必要である。

　何よりもまず、事件の清算と傷跡の治癒は、真実の糾明の後に可能だからだ。光州民主化抗争と済州島4・3事件をめぐる攻防は、真実の糾明が事件の終息のためにどれほど必須的か、また葛藤は真実が糾明されるまで時効なく持続するという点を示してくれる。我々は、平和と統一のため、そして統一以後まで共存し和解せねばならない。それは、虚偽の土台の上に構築され得ない。真実の糾明なしには、葛藤が蒸し返されるからである。

　2つ目に真実の糾明は、教育のために必要だ。過去の悲劇は、何よりも莫大な教育資料として活用されねばならない。先立つ時期の過誤を明かして教えるのは、そのような誤謬を反復しないために必要である。特別に過去の蛮行についての教育は、そのような悪行を繰り返さないために必須的だ。分断の道程における諸事態について徹底的に教育しない時、我々は統一の道程で類似した対立を反復するかも知れない。

　最後に過去の事実は、正しい政策決定のための資料として重要な指針を与え

る。過去の前例についての学習なしに、適正な政策決定は難しい。

　オーウェル（George Orwell）は「過去を支配する者が未来を支配する」と述べたことがある[33]。オーウェルの言葉は、常にそうだというわけではないけれども、ある程度は歴史と権力の本質を指摘したものだ。しかし我々は、未来を支配するためにではなく、未来を望ましく建設するため、真実を知らねばならない。人間は個人にしろ集団にしろ、過去の試行錯誤からずっと多く学ぶ。ゆえに我々は、過去をありのまま理解し、そのような理解の地平の上に、今日のために学べる指針を得るため努力せねばならないのだ。

　真実は、たとえ権力の論理に対して無力で、敗北に慣れ親しんできた人たちによるとしても、それ自体の力を持っている。真実を取り扱う行為は、既に政治をなしている。しかし、権力がその志向するところがどうであれ、真実に代替できる何か生命力ある代替物を考案することはできない。力による説得や暴力は、真実を破壊はできるが永遠に代替することはできないのだ。したがって、説明や陳述のうち真実に最も近いものは、疑心の余地なく歴史家、裁判官、記述者、報告者の不偏不党性（impartiality）と独立性（independence）から出て来る[34]。権力と慣習に対して不偏不党性と独立性を維持しようという記述者たちの努力を通じて、真実は現れるようになるのである。

　権力に対して真実を語るというのは、どんなことも当然のように受け入れてはならないという意味を持つ。我々は長い間、余りにも多くのことに対して「当然のこととして（take-for-granted）」受け入れてきた。社会科学において、懐疑なしに当然に真実であるものは存在し難い。我々は、歴史的な真実を忘れさせようとする「忘却陰謀」と闘争しなければならない一方、記憶を「国有化しようという試図」[35]とも闘争せねばならない。記憶の創作と国有化は、全体主義の顕著な特徴だった。民主主義が共産主義と比較して、圧倒的に優越する点の１つは、歴史解釈の多様性、すなわち思考の多様性を受容するという点だと言うにしても、ここでも記憶の統一のための圧力は常在する。我々はそれとも闘争せねばならない。然る後に我々は、和解のために進んで行けるのだ。

　相手の悪行に対する懲罰だけを要求してきた南北朝鮮の主張は、どのように和解の接点を探せるのだろうか？　それは、とりもなさず自己反省と自己否定である。自らの蛮行と誤謬を認定するのが苦痛に満ちたものであるとしても、それはミシュレー（Jules Michelet）の言明のように、救済手段を提供することにより発展と和解のために必要な１つの通過手続きとなってくれるであろう。「我々フランス人は、自身に向かって語るべき苦痛に満ちたことがあるならば、それを述べよう。心を打ち明け、悪い点は何ひとつ隠さず、大きく救済手段を探そう。」[36]

攻撃のために一方の間違いだけを表す場合、葛藤は持続する。南北朝鮮がほしいままにした悪行は、一緒に糾明されて批判されねばならない。ひとえに他者を否定するよう強要されてきた冷戦時代に、自己反省と自己否定は源泉的に不可能だった。しかし、和解と共存を追求する時、攻撃の主体は反省の主体へ変わり得る。攻撃の主体が反省の主体となるよう変化を誘導する役割は、市民社会に与えられた義務であろう。

我々が和解を語っても、実際の事態への接近において悲劇を「諦念（*pathos*）」の領域で受容した後、これを「論理（*logos*）」の領域で再構成するところには大きな困難が伴う。なぜならば、破片として存在する民衆の体験、記憶、記録は最初に、我々に諦念を通じて受容されるからである。その実、歴史的な主体についての研究が必要なのは、「論理」以前にまず「諦念」と「精神（*ethos*）」の問題でもある。したがって、戦争と虐殺についての研究は、初めに憤怒と熱情を持って接近することになるが、諦念を通過した後に「分析」の段階で我々は、論理の力を借りる外はない。理論に基盤を持つ分析を経過した後の精神は、憤怒へ戻るのではなく、慰撫の念でなければならないだろう。「真実を説明する領域」において理論に依存せねばならない我々は、「和解を追求する領域」では慰撫、つまり温かみに基づかねばならない。

温かみというのは、諦念をそのまま表したり、そこで座り込んだりするのではないどころか、社会科学が陥りかねない没人間性を克服することだと思う。「人間の生きる臭いのする」[37]「人間の顔をした」社会科学は、その１つの方法であり得るだろう。理論が持つ非人間性と諦念が持つ非分析性を越えて、「具体的な人間」を中心に置いて事態に接近する時、和解のための叙述を避け得ないであろう。叙述の単位が大きくなっても、このような基本精神は変化し難い。

2）正義と寛容：「最も難しい章」

和解へ進んで行こうとする時、葛藤する諸主体の歴史理解は、寛容（*tolerance*）に基づかねばならない。寛容とは、正に考えの異なる人間存在に対する認定を意味する。寛容なしに過去に対面するならば、衝突の再燃は不可避だ。寛容は共生を意味し、したがって、妥協は共生の前提となる。民主主義は基本的に、差異の認定と差異間の妥協から出発する。正しさを独占できないという問題意識が、民主主義の基本的な出発点になるのだ。この基本そのものが倒れる時、民主主義は威嚇を受ける。我々は共生のため不可避的に「分断の観点」ではなく「統一の観点」を、「戦争の過去」を通じて「平和の未来」を書かねばならない。おそらく、

これは「闘争の歴史」を覆して「共生の観点」から書くことに他ならないのだ。

社会で数多くの自由を定義し実現するところにおいて、寛容は核心的な役割を遂行する。それは、信念の自由、人種的・性的な平等、基本的人権の実現に必須的だ。しかし、それは単に社会正義 (justice) が存在するところにおいてだけ持続されるという点も、やはり忘れてはならない[38]。正義なしの寛容は、寛容自体を打ち倒す。換言すれば、原則のない寛容は、過去の罪悪に対する無限の放免を可能とし、寛容自体の基本精神を毀損して、罪悪の再燃を許容しかねない。寛容が正義と不可分の関係に置かれているのは、正にこの点においてそうなのである。罪は、主体が誰かに関係なく罪悪なのだ。現実の法規に従った責任の追及に言及せずとも、罪を善だと言うことはできない。

したがって、我々が寛容を述べるとしても、全ての人間悪 (human evil) が理解可能か、受容可能かという問題は、依然として残る[39]。歴史において加害者、犠牲者、そして傍観者が遺産として引き受ける問題は、だから重要なのだ。傍観者が寛容を主張するのは、容易かも知れない。しかし、加害者と被害者にとって解決されなかった過去の諸問題は、我々が理論的に理解と寛容を述べても、実践の領域で依然として困難で取り扱いにくいのだ。加害と被害についての実践意識を持つ時、すなわち正義の観点に立とうとする時、傍観者から介入者への転移は不可避だ。したがって、傍観で一貫した叙述は、我々の現実の観点から距離が遠くなるのは当然である。

加害者に対する容赦、加害者および被害者の関係再設定と連結された寛容は、単純に理論的な問題を越えて、現実的に先鋭化した葛藤の諸問題へ近づく。犠牲者たちが過去を再び記憶から呼び起こすのは、苦痛に満ちたことだ。しかし、彼らの犠牲は歴史が再び叙述される時、称賛へ変わり得るのである。過去に包み隠しと軽蔑の対象だった犠牲者たちは、今や自身を現すことができるようになる。反面、過去に勝利の歌を歌った加害者たちは、身をすくめることになる。特に、道徳的にそうである。そうであるならば、真実の糾明を通じて加害と被害が覆される時、過去の関係は逆転されねばならないのか？　加害が糾明される時、法的な懲罰と処罰は必ず随伴されるべきなのか？

問題の核心は、懲罰のない罪悪はまた再燃するという点と懲罰は葛藤を再生させるという点との鋭い衝突なのだ。現在の処罰は、未来の罪悪を遮断するという効果を持つ反面、同時に和解を困難にする効果を持つ。正義と寛容の関係ならびにその優先順位の問題は、正義と平和の関係およびその優先順位ほどに難しいのである[40]。したがって、我々は全ての過去との原則のない和解ではなく、過去の葛藤が再燃しない範囲での責任追及と和解を同時に志向しなければならないの

だ。著者は、この困難な問題が真実と和解のための「最終的な苦悩」にならねばならないと考える。それがまた、我々がこの戦争に対面する時、克服すべき最も難しい章となる[41]。万一、強いて１つを選択せねばならない避けがたい局面が到来するならば、我々はそれでも容赦を通じた和解を選択すべきであろう。

５．方法論的な諸考慮：普遍主義、構造／主体の問題、３層の分析水準

１）普遍主義：「全体」への考慮

　寛容と共生の精神は、方法の水準において必ずしも折衷主義を意味するのではない。寛容と共に正義を述べたように、方法においてやはり基準の問題は非常に重要だ。真実に関係なく韓国社会では長い間、北朝鮮と金日成・金正日（キムジョンイル）を批判すれば保守的・現実的であり、韓国と李承晩（イスンマン）・朴正煕を批判すれば進歩的・理想的であるかのように解釈しようという特殊な傾向が強く存在してきた。朝鮮戦争の場合、金日成の南侵を糾明し批判すれば保守的であり、李承晩の統一政策を批判すれば進歩的であるかのように理解された。虐殺の問題も、やはり一部は北朝鮮による虐殺だけを問題としたのに対し、これに反対する一部は韓国による虐殺のみを問題と見なす。平和、人権、虐殺の問題を扱っても、いわゆる批判的な観点の研究において、この諸問題と関連した社会主義体制の軌跡を批判的に探求した事例を探すのは難しい。

　韓国の学問的な論壇の世界では、世界的には既に代案としての価値を喪失した社会主義の実験に対する批判が依然として躊躇されているのが事実である。特に、進歩的な代案に悩む人々の場合、尚更そうである。この点は、世界でほとんど唯ひとつ残っている唯一体制として、深刻な人権蹂躙と独裁を固守する北朝鮮を眺める時も同様である。なぜ、そうなのか？　なぜこのような現象がいわゆる「進歩的な認識と言説」に強力に残存しているのだろうか？　「反北朝鮮でなければ即ち親北朝鮮」という冷戦論理の逆の思考体系、すなわち社会主義を批判すれば資本主義を擁護するという論理へ直ちに連結される冷戦的な両分法に自ら捕虜となっているか、さもなければ北朝鮮が社会主義を固守する現実において和解と統一を追及すべき民族主義の情緒が持つ役割ゆえであろう。２つの冷戦言説は、互いに相互捕虜となっているのだ。冷戦時代に国内と海外の現代朝鮮研究を支配した２つの中心言説は、民族主義と冷戦言説体系だった[42]。民族主義と冷戦言説体系から見る時、北朝鮮に対する批判は直ちに、多くの問題を持っている韓国、したがって批判されるべき韓国に対する肯定と理解された。

個別の意見と遊離して厳然として存在する真実の問題は置いておくとしても、「方法の問題」を考慮する時、我々が普遍の言語を持ち得なかった理由に留意して、統一以後における分断時代の韓国と北朝鮮の利害を考慮すれば、脱冷戦の時点においてこの問題は非常に複合的に絡まっている。このような傾向は、分断主義の精神と方法の表現として正当と不当、好悪の冷戦的な両分意識が浸潤した延長である。このような諸論理は、「現実」の名前で互いに反対の方向において強力な根拠を持ち、分断が最も強力に我々の内面へ浸透した正反対の民族主義により強化される。植民と分断を経験した民族として、そして強大国に取り巻かれている条件において、南北朝鮮の民族主義は、たとえ原理主義的な民族主義は的確性を持ち得ないゆえに変えられねばならないとしても、一定程度は望ましい役割を果たす。

　しかし、存在する事実を糾明し、問題を指摘するのを保守の視角と規定し、存在する問題を指摘せずに回避することにより問題から目を背けるのを進歩の視角として分かとうとする、かかる分断が強要した虚偽の民族主義に根拠を持つ特殊主義は止揚されねばならないであろう。この問題を韓国社会に持ち込んで考えれば、このような接近方法そのものが持つ自己衝突性と保守性は、直ちに表れる。過去の冷戦時代ならびに権威主義時代に対する批判的な研究は、分断と安保の特殊性を根拠として成長第一主義と独裁を正当化した朴正熙に対して非常に峻烈だった。しかしながら、反人権と反民主の根拠となった韓国の朴正熙体制の特殊性の主張を批判する民族主義の言説において、今日の北朝鮮における反人権と反民主の根拠となる金日成－金正日体制の特殊性の主張を批判する内容を探すのは容易ではない。韓国体制の問題に対する介入が実践ならば、北朝鮮体制の問題に対する放棄は実践とはなり得ない。民族主義は分割線を境界として、普遍的な価値と言説がそれを越え得ないよう遮断する最も強力な障壁の役割を遂行しているのである[43]。

　特定社会の特性（*peculiarity*）は、特性として客観的に糾明されればよい。しかし、特殊性が「現実的に存在するという理由で」擁護はされ得ないし、尚更ながら普遍を越える価値として常に想定され得るわけではない。要するに、反民主、反人権、独裁を以てしても、それが特殊性の名前で受容される、いわゆる「２つのレンズを持つ二重基準」は止揚されねばならない。相手の陣営を解放の名前で全く同様に占領した時、残酷な虐殺は南北朝鮮の双方により展開されたにもかかわらず、一方の虐殺だけを批判する場合、その批判が持つ理念的な偏向性を消すのは難しい。そうであればあるほど破綻性は強化されるが、民族と社会その全体の観点から追及せねばならない普遍的な実践性からは更に距離が遠くなる。それ

は、当時の戦争主体たちが正にそのような認識体系、すなわち理念的な偏向を持って人権、自由、民主主義と相反して、相手を支持する人民たちを無差別的に虐殺したことを記憶すれば、容易に理解される。

　他方、理念と民族主義を述べる代わり、しばしば北朝鮮の虐殺の事例は、米軍・韓国の虐殺の事例を攻撃するところに対する反対証拠として提示される。北朝鮮も虐殺したから米軍・韓国の虐殺もやはり理解され得るし、正当でもあり得るという前提が入っているこの時代錯誤的な論理を、我々が果たしてどのように理解できるだろうか？　韓国体制の正当性を主張する論理は、自分たちの虐殺に対する正当性の根拠を北朝鮮の虐殺に探し求めているのだ。このような人権と自由、民主主義に根本的に違背する論理体系を以て、そのような諸価値のために闘争したという主張を受容できるだろうか？　暴力が政治の失敗だと言う時、それが他者にだけ適用されてはならない。

　自分の悪行の根拠を他者の悪行に探し求める不埒な行為を反復する時、過去における自己の悪行は反省の資料ではなく正当性の資料となることにより、それと絶縁するどころか闘争が激烈化する時に再燃する可能性を持っている。独裁には独裁で、虐殺には虐殺で、悪行には悪行で立ち向かわねばならない、という報復の論理が行動の根拠となるのだ。そのような時、「悪をもって悪に報いず」、「ひとえに神により悪を克服し、全ての人と平和に過ごしなさい」[44]という容赦と平和のための究極的な教義の受容は、永遠に不可能である。

　このような両分法を持続する時、我々は統一以後に統一以前の事態を普遍的な基準で理解することも叙述することもできないだろう。そのまま、特殊主義という便利な方法へ隠れたら良いであろう。批判的な関与を意味する介入（*commitment*）は、介入することにより実践しようという問題意識の産物である。韓国と北朝鮮に対する不介入は、つまり実践の放棄を意味し、一切の保守主義の強化に寄与する。批判のない介入も、やはり権力の正当化の役割を果たし、傍観よりも更に深刻な保守的な役割を遂行する。差別的な介入も、やはり相対主義と特殊主義を受容し認定する正当化の論理へ連結する。問題の核心は、事実を明らかにし、また普遍的な基準から問題を指摘しながらも、これを思慮深く解消しようという実践の水準にあるのであって、事実に対して目を背けたり一部の事実のみを見ようとしたりする方式を通じた回避にあるのではない。我々が真実と和解を反復して強調することになる所以は、ここにある。

　北朝鮮社会の問題を指摘するのが、韓国社会の問題を隠蔽し看過しようという思考の産物であってはならない。反対に、韓国社会の問題を指摘することを北朝鮮肯定として誤解する必要はないだろう。そのような根の深い二重性は、単に冷

戦時代の白黒論理が提供した便宜的な理解の方式であるのみだ。敵対を越える和解を追及する時、分断主義と特殊主義は止揚されねばならない。韓国を批判する一部の視角は、北朝鮮に対する強い保守的な視角を持っている。ここで進歩は突然、逆転する。人権、民主主義、平和、平等などの普遍的な価値基準に批判の準拠を探し求めねばならない理由は、それが統一以後の観点から現代朝鮮の分断時代を叙述する方法の核心となり得るだろうし、またならねばならないだろうからだ。結局、方法論的に分断時代の代案は、統一主義ではなく普遍主義なのである。

　我々が自由、民主主義、平等、平和、人権のような普遍的な価値と理想の問題で譲歩し難いのは、一旦その多様な変移についての論議は除外するとしても、特定の信念と理念を追及する時に招来される、これら諸価値に対する根本的な犠牲の要求ゆえである。普遍的な価値を拒否する理念と体制は、常に特殊主義、例外主義または状況論理の傘に隠れる。朝鮮戦争を包含した南北朝鮮の諸問題に対する理解が理念問題ゆえに普遍的な地平へ進めなかったと言う時、その指摘はその実、本質的な世界観の問題を含蓄する。

　朝鮮戦争後の我々の世界観が持つ普遍性の喪失は、想像できない精神的な損失を招来し、思考の半身不随は言語の半身不随をもたらして来た。これは、制限された言語を通じて社会を説明せねばならない困難を加重させた。意識の限界は言語の限界であり、言語の限界は直ちに（我々が思考する）世界の限界を意味する。したがって、世界のための闘争は、歴史理解の地平を広げる闘争であり、それはつまり言語のための闘争なのである。

　普遍を見るために我々は、自ら閉じこめられている狭い意識世界を抜け出さねばならない。巨大な集団死を経験しても我々が、冷戦言説体系により自我（韓国）擁護＝他者（北朝鮮）憎悪、自我批判＝他者擁護という白黒論理的な、二者択一的な思考体系を強化している間、全体を一緒に見ないことにより集団死の衝撃はどんな昇華も示し得なかった。不憫ではあるが、否認できない現実である。朝鮮戦争後の韓国が経済と社会の外面的な発展以外に、それに随伴する精神と文化の領域で世界と対話できるどんな到達も示せなかった理由は、普遍を喪失した我々の思考体系の隻眼者という現象ゆえである。結局、普遍主義は韓国と北朝鮮が持つ問題点を、独立的なものはそのまま客観的に、また連結されたものは連結されたまま普遍的な基準から接近し、そのような地平の上から未来の代案を「南北朝鮮を越えて」一緒に模索することになるだろう[45]。

　しばしば特殊主義は、現実を認定する保守主義と連結している。分断主義と便宜主義の認識が持続する時、朝鮮半島で南北朝鮮を併せる真正な21世紀的な代案の構築は遼遠であろう。北朝鮮の人権問題を普遍価値の観点から提起しながら、

韓国社会の特殊性を挙げて国家保安法の存置を主張したり、また韓国の国家保安法の改廃を主張しながら、北朝鮮での人権の惨状については沈黙したり構造的な要因ゆえだという説明を持続したりする限り、冷戦論議が深く陥っている二重基準の便宜主義は治癒されないだろう。この2つのレンズの適用を止揚せねばならない問題は、我々が傍観者ではない主体だという点からして、更に切迫して必須不可欠なのだ。

我々は、傍観者ではない主体でありながらも公正で不偏不党な正義を主張できるまでは、すなわち観察者ではない当事者でありながらも党派性を越える正義を語れるまでは[46]、更にもっと長く待たねばならないかも知れない。この問題は、分断時代の言説を越えて、統一以後の言説体系を考慮する時、最も困難で複雑な問題であることは間違いなかろう[47]。

2）構造／主体の問題

普遍主義の問題は、事態を決定する構造と主体の関係または役割の問題へ連結する。歴史家で国際政治学者であるカー（E. H. Carr）が言及したように、スターリンに対する歴史的な評価がボルシェヴィキ革命の行程や結果と分離され得ないように[48]、当時の韓国と北朝鮮の指導者たち、とりわけ金日成と朴憲永（パッコニョン）は朝鮮戦争に対する評価と分離され得ないだろう。特に、金日成が戦争の結果および北朝鮮体制の経済破綻から放免されるというは、スターリンがソ連体制の進路と無関係だったという陳述に劣らぬほど非理性的な陳述である。指導層の決定とその位置の重みは、しばしば責任の大きさに比例する。

しかし、我々が朝鮮戦争のような巨大な事件を、間違った考えを持っていた何人かの指導者の間違いに帰するならば、そこから選び取って学ぶことはほとんどなくなるだろう。そのような指導者さえいなければ、平和は可能だろうからだ。そう考える時、憎悪は消え去り難く、構造に対する理解もやはり困難である。反対に、そのような問題をひとえに構造の発現へのみ帰着させるならば、人間とくに事態を主導した指導者たちの選択は、免罪符を付与されてしまうであろう[49]。特定の事態が主体の行動のない構造の顕在化に過ぎないなどということはあり得ないから、このような説明は同様に誤謬なのだ。

構造と行為、2つの要素の結合を通じた事態の説明は、それゆえ更に重要である[50]。特定の構造は人間の選択を制限するが、同時に人間は選択（の累積）を通じて、そのような構造を変えていく。また、人間の選択が累積される中で、その選択は再び後代の選択のための特定の構造を残し与える。引き受けた構造が1つの

打破不能な状況（fortuna）のように見えても、人間はそのような状況を克服しようと「積極的な能力（virtù）」の具現を通じ、これを打破していく。そうであるならば、打破不能な状況を克服しようという「積極的な能力」は、常に正当性と現実性を持ち得るのか？

　この問題は、最初の近代的な軍事科学（military science）を定立させたと言われるマキャヴェリ（Niccolò Machiavelli）が言及したところである。このような「積極的な能力」は、効果的な軍事的、政治的リーダーシップに必須的な資質である。したがって、それは敵対的な世界の中で人民を生存させて保護するところに不可欠なのである。さらに、マキャヴェリの「積極的な能力」を軍事的な能力と政治的な能力の結合、特別に軍事的な能力を意味するとしても、そうなのだ[51]。反対に、戦争の開始はもちろん、展開過程における悪行と惨状も、やはり構造の発現としてだけ説明できるだろうか？　そうはできない。我々は、構造と主体を同時に考慮した土台の上に「過去の」戦争の選択に対して批判する時、「現実で」ある一方の「主体」が陥るかも知れない非平和的な方式による統一の誘惑に対して批判する根拠を持ち得る。それは、実践の道徳的な土台となる。

　冷戦言説体系において南北朝鮮の構造と主体、指導層と民衆の関係についての二重陳述は、非常に深刻である。例を挙げると主体の失敗については、韓国の指導層とその主体の問題において上手くいったのは単に構造の産物であり、北朝鮮の犯した過ちの問題は外部要因・構造の産物で、指導層とその主体は単に構造の犠牲だと見ようとする説明方法は、説得力を持ち得ない。我々が慣れ親しんだ反対の観点、すなわち南北朝鮮の構造と主体の問題を逆に説明する方式をここで再び指摘する必要はないだろう。これも、やはり説得力を持ち得ない。南北朝鮮で構造と主体の役割は、ある程度は差異があり得るが、それが2つの中の1つの要因へ帰結する程度の反対現象ではなかった。冷戦言説体系は、特定の指導層を批判したり擁護したりする論理構造に連結しているのだ。我々が過去と同じ理念的な水準から継続して問題を見ようとするならば、構造と主体を南北で同時に考慮する接近に対し、左派は朝鮮戦争を決行した金日成と北朝鮮の指導層が留保なしに批判されねばならないという点、建国初期の北朝鮮が既に民主主義と人権、平和の観点から代案となり難かったという点で都合が悪いだろうし、右派は韓国の対米従属性と韓国の軍や警察の虐殺を批判せねばならないというところにおいて都合が悪いであろう。

　構造と主体を同時に考慮する接近方法は、両者を理念的な便宜に従い分離する伝統に対し、ひとつの代案的な説明の枠組みとして提示され得るであろう。すなわち、両者の相互作用を見ようとする時、我々は2つの動態的な関係に着目し、

構造か主体のどちらかに偏向した説明を止揚できるだろう。金日成の武力統一の試図を構造の発現と見ながら、従って朝鮮戦争を不可避な産物と見ながら、韓国の攻勢的な対北朝鮮政策を主体の意図の産物と批判する方法論的な衝突は、終息されねばならない。戦争を選択した金日成の「国土完整」政策は構造の産物だったが、北朝鮮を刺激した李承晩の「北進統一」政策は主体の好戦性の産物だったと見ることはできないのである。

しかしながら、特定の事態において構造と主体を一緒に連結した要素と見ざるを得ないものの、構造がより重要な作用をする条件と主体の選択がより重要な作用をする局面を我々は区別せねばならないだろう[52]。局面は際限なく変化するから、両者の相互関係において構造と主体のそれぞれの作用空間や役割は、時間の進行に従って両極間の特定の地点で転移して「ダイナミックな動態性」を示してくれるのだ。具体的な叙述において、これは恐らく構造差と時間差の結合として表出され得るであろう。

その実、これは特定の目的を成し遂げようという手続きと方法についての考慮を含蓄する問題意識である。平和、人権、民主主義のような理想は、これらの言葉が持つ物神主義ではなく、それ自体の普遍的な価値ゆえに正当である。また、それらを追及すべきだとしても、そこに到達する方法は、それに劣らず重要である。現在の時点でも戦争の方法を通じた平和と統一の目的追求が可能であり、望ましいのか？　朝鮮戦争を構造の産物とだけ見るならば、もしも韓国が構造的な条件を具備し、戦争を企図しようとする時、我々は批判し難くなるだろう。それは、構造の発現として説明されることになったり、そうでなければ構造が変化したと説明されたりしなければならないであろう。韓国社会で普遍的な価値に根拠を置いた批判は、しばしばこれを受容する人の理念的、個人的な性向により投射される。ここから、南北朝鮮間の構造と主体の均衡を強調しようという説明方式は、多くの差別的な理解と正面衝突することになる。そのような時、研究と実践の領域すべてにおいて「平和を通じた」統一を主張する根拠を持つのは困難だ。

我々が長く慣れ親しんできたとおりに、韓国と北朝鮮それぞれのあれこれの要因に対し、そして南北朝鮮の構造と主体に対して、それぞれ異なる基準を以て文節的な批判を加える叙述方式は比較的に容易であろう。しかし、統一以後の叙述を考慮するならば、これ以上そのような便宜主義を採択することはできない。それは、統一を語るが、依然として分断主義に安住する分断社会科学だからである。互いに連結した1つの方法的な組み合わせとしての普遍主義と構造／主体との連結という問題意識は、1945年以後の現代朝鮮についての統一以後の叙述方法として考慮され得る1つの代案となり得るであろう。

3） 3層の水準：世界―国家―社会

　この研究の分析水準は、朝鮮戦争自体がそうだったように世界、国家、社会の3つの水準を焦点として進行される。この3つの水準は、それぞれ独立して進行せず、「朝鮮半島における事態を要として1つの扇のように連結されて」叙述されるだろう。第1番目に世界水準の問題は、更に国際的な水準と地域的な水準に分かれるであろう。冷戦、すなわち米国とソ連の対立と中国の問題が登場するだろうし、朝鮮半島の地政学的な位置が言及されざるを得ないであろう。朝鮮半島の地政学的な問題は、安定的な時期よりも中華体制の解体、帝国主義の登場、冷戦の開始と解体など、周辺の情勢が激動の時期に遙かに顕著に現れる。

　1876年、朝鮮が世界体制に進入して以後、朝鮮半島は世界体制と高度に連携する変動を示した。開港以後、朝鮮半島の国際的な位相は、徹底して世界体制の下位要素としての存在だった。また、朝鮮人の生活は、世界体制と連動することが多かった。世界の巨大な変化が時差を置いて朝鮮半島に浸透し、その反応に伴う内的な激変と爆発を惹起し、新しい世界秩序への参与とそこからの脱落を強要した。朝鮮戦争は、朝鮮半島と世界が最も緊密に出会った事態だった。この研究が扱う6ヵ月は、朝鮮半島の地政学が盛り込んでいる特性をそのまま示してくれた時期である。朝鮮戦争時の朝鮮人たちの生は、彼ら自身の選択により、そして何よりもソウルならびに平壌（ピョンヤン）と連結したワシントン～東京とモスクワ～北京の決定に従い、左右された。

　第2番目に国家の問題では、南北朝鮮双方の指導層における対応問題、戦略と戦術、社会統制の領域が分析されるであろう[53]。朝鮮戦争研究で国家経営に関する政治学的な分析は、従来ほとんど行われなかった。1950年6月、植民地からの独立5年目に勃発した戦争は結局、断ち裂かれた2つの国家を1つの近代国家へ統一する問題と直結したものだった。したがって、この戦争の基本性格は南北朝鮮の双方にとり武力を通じた統一の試図、すなわち単一国家形成戦争であった。長い民族国家の歴史を持つ過去の伝統を復元し、ひとつの国家を造ろうという戦争だったのである。

　北朝鮮と韓国は1950年の夏と秋に各々、統一のほとんど一歩直前まで行く「事実上の統一状態」を実際に達成した。前者が成功した場合、朝鮮半島は「事実上の統一状態」に、後者が成功した場合、自由民主主義の国家へ統一を成し遂げたはずだ。しかし、2つのどちらも相手を後援する国際力量の阻止により、それぞれ失敗してしまった。結局、単一国家を形成しようという統一試図戦争は、強力な2つの国家を誕生させた分断固着戦争となってしまったのである。

戦時国家は、それぞれの国際的な連帯勢力と国内社会における中央地点に位置した力の最終的な結集点だった。自己の体制で統一を成し遂げるための国家の戦略は何であり、相手による統一を阻止するための戦略は何だったのか？　戦争指導はどんな方式で成し遂げられ、それぞれの国家は相手の戦略に対し、人民に対して各々どのように反応したのか？　事実上の統一状態へ接近した時に示された各々の国家の占領政策はどんな形で現れ、それは今日においてどんな意味を持つのか？　また、転移する戦線に伴う2つの国家と人民の関係は、どうであったのか？

　戦時国家は、朝鮮戦争勃発と同時に南北朝鮮の双方で人民にとって動員と忠誠の唯一の対象へ変転した。国家は、最高度に人民の財貨と支持を強制的に抽出できた。しかし、忠誠を抽出した国家は、次には人民に対し恐るべき敵味方の強権力として君臨した。南北朝鮮の指導者たちは、民衆よりも先に逃亡し、民衆の犠牲で再び戻って来ては国法に基づいて相手に忠誠を誓った反逆者を処罰すると言って、多くの国民を殺したり牢に閉じ込めたりすることを繰り返した。韓国は韓国なりに、北朝鮮は北朝鮮なりに、そのように行動した。広く言って、組織化された犯罪（organized crime）としての国家行為に他ならなかった[54]。

　韓国と北朝鮮の両国家は、多くの類型の戦争犯罪（war crime）を犯しつつ、国民を殺傷した[55]。ここで言う戦争犯罪は、その3つの下位範疇である法的、政治的、道徳的な範疇をすべて意味する。しかし、この研究の場合、著者は主に「政治的な範疇」に限定しようと思うし、また「平和に反する犯罪（crime against peace）」という広義よりもう少し狭い意味で「ヒューマニティに反する犯罪（crime against humanity）」に限定しようと思う。しかし、戦時国家の犯罪による人民の犠牲を代価として、南北朝鮮の各国家は朝鮮戦争後の基礎を造ることができた[56]。

　最後に第3番目の社会水準の問題は、当時を構成した社会成員たちの反応と被害、虐殺問題を扱うものとなるだろう。具体的な人間の戦争体験は政策水準についての研究ほど重要ではない、とは決して言えない。著者の研究を含めて朝鮮戦争研究は、依然として政策水準の研究を大きく抜け出せない状態である。政策水準を超える研究を我々は、ほとんど持ち得ていなかったのである。そうである時、この事件で戦い死んでいった具体的な人間たちは示されない。方法の問題を見る時、朝鮮戦争研究が社会水準において戦争を見るようになったのは1990年代に入ってからで、それに応じてその研究をめぐる理念的な攻防により功過をろくに克服できない限界を露してしまった[57]。この研究を含めて我々の朝鮮戦争研究は、方法論的に第2次世界大戦やベトナム戦争など他の戦争についての研究と比

較して、依然として初歩水準だと言っても大きく間違った話ではないであろう[58]。

　社会水準の分析では、何よりも農民の問題が扱われるだろう。農民の問題を含む方法は、一般の社会成員の観点から問題を見ようということを意味する。換言すれば、民衆または人民の観点を言う。民衆の観点から朝鮮戦争を見る時、核心は土地問題に代表される農民の問題と、虐殺に代表される人権の問題へ帰結する。農民の規模と役割が顕著に縮小している現代に入り、農民の政治的な行動を論議するのは、現在は存在しない歴史についての記述でもあろう[59]。しかし当時、農民の問題は事実、問題の貯水池だった。

　単一国民国家の建設問題、すなわち統一問題と一緒に土地問題は、北朝鮮が戦争を開始した重要な理由だった。また、それは人民の反応を分析したり、南北朝鮮の体制の性格を比較したり、この戦争の性格を糾明するところに必須的な問題である。ここから、土地問題は精密に扱われねばならない。しかし、我々が農民の問題を見るとしても、抽象的な政策の水準から言明された議題、スローガン、体制を分析する方法よりは、実際の現場で現れた農民の問題を探索したり、政策と現実を比較する方法を追及したりするであろう。朝鮮半島の南北を論ずることなく、農民の要求を受容した体制、農民のための履行という言明は、それを目標として追求された革命／戦争だった場合は更に一層、実際の事態に根拠を得て検証されねばならないのだ。

　民間人に対する南北朝鮮の大量虐殺、自首、逮捕と関連する戦時の統治方式の問題は、人権の問題と関連して朝鮮戦争研究が必ず通過せねばならない要諦となるだろう。朝鮮戦争で民間人大量虐殺の実相はどのようであり[60]、南北朝鮮、またそれぞれの救援のため参戦した外国は、どんな理由からどのように民間人を虐殺したのか？　この問題は、それ自体で戦争研究の主要部面を構成するだけでなく、我々が和解と平和を通じた統一を追及する時、特別に重要な過去清算の問題として扱われざるを得ないであろう。長きにわたり朝鮮戦争の遺産を清算できなかった後禍が、遅まきに現れているのだ。

　この研究は、世界から（国内）社会への浸透と（国内）社会から世界への拡散を一緒に考察しようとするものである。世界、国家、社会の3つの水準は、世界から国家を経て南北朝鮮の各社会へ浸透して来るにしろ、南北朝鮮の各社会から再び国家を経て世界へ拡散して行くにしろ、密接に連携していた。ワシントンとモスクワ、ソウルと平壌の対決はその対決のままに、またモスクワと平壌、ワシントンとソウルの関係はその関係のままに、さらに南北朝鮮それぞれで国家と社会の関係はその関係のままに、これら全ての水準と要素はソウルと平壌を環の要

として浸透と拡散を通じて、あたかも1つのオーケストラをなすかのように響き合い、互いに反響して渦巻いた。このダイナミクスは、これから扱う6ヵ月間、高い水準の交互作用を示した。1876年以後、朝鮮半島の問題は激動に陥れば陥るほど、国際水準から国内（社会）水準までが1つに整列されて関係付けられ展開したのだ。

　この3つの水準を分けて、ひとつずつ扱うならば、おそらく各々の領域でもっと詳細で一貫した説明を展開できるであろう。しかし、この方式は1つの事態を総体的に理解するところに困難があるだけでなく、ひとつの事態が関係付けられて展開していく全体の有様を示すのに障害ともなり得る。事実性（*reality*）と総体性（*totality*）が必ずしも相伴って行くものではないだけでなく、時には事実性は総体性を妨害するように、問題水準に伴う分類も、やはり総体的な理解に障害となり得る。それは、篤い叙述のためにも阻害要素となり得る。

　以上の論議を総体的にまとめると、我々は時間についての単線的な理解を克服して、それが可能ならば、歴史学の個別記述的（*idiographic*）な陳述と社会科学的な法則定立的（*nomothetic*）な陳述がこの研究の中で結合され得ることを希望する。歴史社会科学の新しい伝統を打ち立てないならば、我々の過去に対する我々自身の総体的な理解の試図は、いつも倒壊するであろう。1950年の6ヵ月は短いながらも、また非常に長い社会的－歴史的な時間だった。社会的な現象の分離された短編だけを見ようとしてはならず、その超歴史的な一般化もやはり止揚されねばならない。そこで我々は、初めて1つの事態についての微視的で現象的な理解と巨視的で構造的な理解を同時に可能とすることになる。時間は、いつも社会的で歴史的だからだ。

注

1) David Rees, *Korea: The Limited War* (New York: St. Martin Press, 1964). Allen Guttmann, ed., *Korea: Cold War and Limited War* (Lexington, Mass: Heath, 1972). 初版は、*Korea and the Theory of Limited War* という題目で1967年に刊行された。
2) Morton H. Halperin, "Limited War: An Essay on the Development of the Theory and an Annotated Bibliography", *Occasional Papers in International Affairs*, No. 3 (Cambridge: Center for International Affairs, Harvard University, 1962).
3) Joseph Lawton Collins, *War in Peacetime: The History and Lessons of Korea* (Boston: Houghton Mifflin Company, 1969), p. 382.
4) Martin Lichterman, "Korea: Problems in Limited War", Gordon B. Turner

and Richard Challener, eds., *National Security in the Nuclear Age: Basic Facts and Theories* (New York: Praeger, 1960), p. 31.
5) Robert E. Osgood, *Limited War: The Challenge to American Strategy* (Chicago: The University of Chicago Press, 1957), p. 163.
6) Bruce Cumings, *The Origins of the Korean War*, Vol. II: *The Roaring of the Cataract, 1947—1950* (Princeton: Princeton University Press, 1990), pp. 189, 455.
7) *Ibid.* ならびに、Bruce Cumings, *The Origins of the Korean War*, Vol. I: *Liberation and the Emergence of Separate Regimes, 1945-1947* (Princeton: Princeton University Press, 1981, 1990).
8) William Stueck, *The Korean War: An International History* (Princeton: Princeton University Press, 1995). 特に Chap. 10, pp. 353-360.
9) Carl von Clausewitz, *Vom Kriege*（金洪喆訳『戦争論』ソウル、三星出版社、1977年、51-77、414-424頁。)
10) V. I. Lenin, "Socialism and War", Robert Tucker, ed., *The Lenin Anthology* (New York: W. W. Norton & Company, 1975), p. 188.
11) 北朝鮮労働党中央本部宣伝煽動部講演課『正義の戦争と不正義の戦争に関するマルクス・レーニン主義的な学説（朝鮮文）』平壌、労働党出版社、1948年、18-19頁。National Archives, Record Group (RG) 242, Shipping Advice Number (SA#) 2007, Box 7, Item 36.【以下、順に NA, RG○○, SA#○○, ○○/○○ と略記】
12) Tucker, *op.cit.*, pp. 183-184, 185.
13) 北朝鮮労働党中央本部宣伝煽動部講演演課、前掲書。
14) David L. Sills and Robert K. Merton, eds., *International Encyclopedia of the Social Sciences*, Vol. 19 (New York: Macmillan Publishing Company, 1991), p. 21.
15) Hannah Arendt, *On Revolution* (London: Penguin Books, 1963, 1990), pp. 18-20. Hannah Arendt, *On Violence* (New York: Harcourt, Brace and World, INC., 1970), pp. 3-11.
16) Marc Bloch, *Apologie pour l'histoire ou Métier d'historien*（鄭南基訳『歴史のための弁明（韓国文）』ソウル、ハンギル社、1979年、45-46頁。)
17) １つの意味を持っていた「同志」、「人民」、「共和国」、「自主」などが韓国で、「自由」、「民主主義」、「人権」などが北朝鮮においてそれぞれ受容されている、実際とは全く異なる意味を想起すれば、一方の側の言語の独占による他方の側での言語の歪曲がどれほど強力に我々の意識を遮断、歪曲しているか、が分かるようになる。
18) 朝鮮戦争と韓国の理念志向、意識構造の変化については、孫浩哲『現代韓国政治：理論と歴史（韓国文）』ソウル、社会評論、1997年、121-149頁。姜仁哲「韓国戦争と社会意識および文化の変化（韓国文）」、韓国精神文化研究院編『韓国戦争と社会構造の変化（韓国文）』ソウル、白山書堂、1999年、197-308頁、を参照。
19) 軍事革命の概念については次を参照。Brian M. Downing, *The Military Revolution and Political Change: Origins of Democracy and Autocracy in Early Modern Europe* (Princeton, New Jersey: Princeton University Press, 1992), p. 10.

20) 1999年現在、韓国・朝鮮人は世界142カ国に564万人が居住している。米国206万、中国204万、日本66万、ロシア49万などの分布を示している。『在外同胞現況1999』ソウル、大韓民国外交通商部、1999年、参照。
21) 柳馨遠『磻渓隧録』「書随録後」158頁下 a、金洛真「柳馨遠の実学思想の哲学的性格（韓国文）」、韓国思想史研究会編『実学の哲学（韓国文）』ソウル、芸文書院、1996年、96-98頁。再引用。
22) Reinhard Bendix, *Nation-Building and Citizenship: Studies of Our Changing Social Order* (Berkeley and Los Angeles: University of California Press, 1972, New Enlarged Edition), p. 18.
23) 崔章集『韓国民主主義の条件と展望（韓国文）』ソウル、ナナム出版、1996年、140頁。
24) 卞松林（音訳）『金日成将軍様と李仁模（朝鮮文）』平壌、平壌出版社、1994年、5-14頁。
25) http://www.yangsimsu.or.kr/1eft_yunhuk2000.php.
26) 趙昌浩『帰って来た死者――趙昌浩の北韓（北朝鮮）生活43年（韓国文）』ソウル、チホ、1995年。
27) 『労働新聞』2000年7月28日。『民主朝鮮』2000年7月28日。
28) Richard H. Mitchell, *Thought Control in Prewar Japan* (Ithaca: Cornell University Press, 1976).
29) François Furet, Translated by Deborah Furet, *The Passing of an Illusion: The Idea of Communism in the Twentieth Century* (Chicago: The University of Chicago Press, 1999), pp. 502-503.
30) Alexander Hamilton, James Madison, John Jay, Edited by Clinton Rossiter with a New Introduction and Notes by Charles R. Kesler, *The Federalist Papers* (New York: A Mentor Book, 1961, 1999), pp.1-5.
31) Hannah Arendt, "Truth and Politics", David Spitz, ed., *Political Theory and Social Change* (New York: Atherton Press, 1967), pp. 3-22.
32) この点で第2次世界大戦時の1940年、西部ロシアのカチン地方（Katyn；当時はポーランド所属）でソ連秘密警察がポーランド軍将校数千名を虐殺したことに対するロシアの認定と懺悔は示唆的だった。ロシアは、この虐殺を数十年間ナチスによる虐殺と主張してきたが、1990年になって初めて自分たちの虐殺であることを認定した。*The New York Times*, July 29, 2000.
33) Mikhail Heller and Aleksandr Nekrich, *Utopia in Power: The History of the Soviet Union from 1917 to the Present*（金永植・南炫旭訳『権力のユートピア1：ソヴェト・ロシア、1917～1940（韓国文）』ソウル、清渓研究所、1988年、i頁。）
34) Arendt, "Truth and Politics", Spitz, *op. cit.*, pp. 31-35.
35) Heller & Nekrich、前掲書、i頁。
36) Jules Michelet, *Le peuple*（全基浩訳『民衆』ソウル、栗成社、1979年、31頁。）
37) マルク・ブロックの表現である。Bloch、前掲書、44頁。

38) Helena Kennedy, "The Politics of Intolerance", Susan Mendus, ed., *The Politics of Toleration in Modern Life* (Durham: Duke University Press, 2000), p. 117.
39) Charles S. Maier, *The Unmasterable Past: History, Holocaust and German National Identity* (Cambridge: Harvard University Press, 1997), pp. 160-168.
40) Richard A. Falk, *Human Rights Horizons——The Pursuit of Justice in a Globalizing World* (New York: Routledge, 2000), pp. 24-26.
41) これについては、本書第7章3節「歴史との和解：最も難しい『章』」を参照。
42) Carter J, Eckert, "Epilogue: Exorcising Hegel's Ghosts——Toward a Post-nationalist Historiography of Korea", Gi-Wook Shin and Michael Robinson, eds., *Colonial Modernity in Korea* (Cambridge: the Harvard University Asia Center, 1999), p. 370.
43) Myung-Lim Park, "Democracy, Nationalism and Peace in the Korean Peninsula: North and South in Comparison during the Post-Cold War Era", A Paper Presented to the Conference on "*Korea: Its International and Comparative Contexts*" (The Weatherhead Center for International affairs, Harvard University, March 2-4, 2000), pp. 30-34, 39-41.
44) 『聖書』「ロマ書」12章17～21節（韓国文）。邦訳には次を参照した。「ローマ人への手紙」第12章17～21節、『新約聖書』1954年改訳、日本聖書協会。
45) ここで普遍主義という言葉は、理論と実践において分断下の南北朝鮮に2つの基準を持って接近する両分法を越えて、統一以後の時代における分断時代の叙述を考慮した共通する（common）統合的な問題意識の産物であって、全ての社会の個別的な特殊性を否認する国際主義、世界主義としての普遍主義を意味するのではない。プロレタリア国際主義、世界革命のようなマルクス—レーニン主義の左派極端と歴史の終焉テーゼのような右派極端の両極的な普遍主義は、相異した社会と国家、民族の全ての特性を認定しないという点で互いに出遭う。事実上、単一の普遍的な理念に伴う歴史の終焉テーゼは、歴史発展の最後の段階としての社会主義の到来による歴史の終焉と自由民主主義の勝利による歴史の終焉という内容で、左派と右派のどちらにもあった。我々がこのような極端的な普遍主義を受容することはできないであろう。そうする時、普遍主義は達成できない世界統一（*world unification*）に根拠を置く1つの神話（*myth*）なのかも知れない。Antonio Cassese, "Are Human Rights Truly Universal?", The Belgrade Circle, ed., *The Politics of Human Rights* (London and New York: Verso, 1999), p. 152.
46) このアイデアは、ロールス（John Rawls）の問題意識から借用した。John Rawls, *A Theory of Justice* (Cambridge: The Belknap Press of Harvard University Press, 1999, Revised Edition), pp. 165-166.
47) 現代韓国の主要主題と関連して、普遍的な問題意識と連関する最近のいくつかの変化は、我々に民主化による歴史解釈の地平の拡大、社会科学研究の責任性、そして普遍主義が持つ妥当性などの問題について深く考えさせる。それらは、済州島

4・3事件の性格問題、6・25記念の問題、そして平和・統一のための実践的な準備と関連しているからだ。

まず、済州島4・3事件の場合、1980年代以来、韓国内の学術研究と済州島社会は、この事件の基本性格が韓国と北朝鮮の公式解釈とは異なり、また左右翼の理念的な解釈とは異なり、ソ連と北朝鮮の指令や共産主義の支持と連結した暴動・人民蜂起ではなかったとして、「左翼・共産イデオロギーから事件を解放させた後、真実糾明、名誉回復、適切な補償の課題を実現すること」を提起してきた。著者も、やはり済州島4・3事件に関する学位論文の提出以後、このような主張を持続的に提起した。事件勃発から半世紀ぶりの1999年に国会の立法を通じて「済州4・3事件真相究明ならびに犠牲者名誉回復に関する特別法」(済州4・3特別法)が制定された事実が示してくれるところは、済州島4・3事件の水準ではあれ、韓国が今や加害と被害の歴史を一緒に抱擁する寛容と共生の歴史を持つようになったことを意味する。『東亜日報』1999年12月16日。『ハンギョレ』1999年12月16日(韓国紙)。

1980年代に済州島4・3事件の性格と真実糾明についての問題が提起された時、この事件の始まりと北朝鮮との関連性が実証的に否定され、また事態の勃発と民間の犠牲との間の区別を強調したにもかかわらず、強い理念的な解釈が存在したことを考慮する時、これは極めて大きな変化だと言える。済州島4・3事件の立法事例は、統一時代に我々が敵対の歴史をどのように一緒に記録し共有できるのかを、被害民衆・市民社会の要求を国家が受容する姿を通じて示してくれる最初の出発点となったという点で、ひとつの歴史的な事件だと言える。済州島4・3事件は、勃発と展開、そしてその解消の過程全体が現代韓国の1つの縮図以外の何ものでもない。

2番目は「6・25論議」の克服問題である。1990年代中盤以後、著者が和解と平和のため憎悪と戦争の論議の源である「6・25」を記念することはできないと主張した時、このような見解は受容され得なかった。我々が特定事件を記念するのは、いくつかの重畳的な意味を持つ。第1に、特定の事件を記念して、現在の社会と体制を誕生させた、その精神を今日に蘇らせようという意味を持つ。要するに、フランス革命がそうである。第2には、一般国民と市民に対する歴史教育の意味を持つ。第3には、事件が提供した望ましい教訓ならびに政策的な先例の抽出のためである。これらに照らして、韓国が狭隘に「1950年6月25日」自体を記念する歴史的な意味は抽出されない。この日を記念するのは、北朝鮮の侵略行為を思い出させ、北朝鮮を憎悪する間、我々の正当性を主張しようという「消極的」、「負的(negative)」な努力の所産だと言える。この努力は「積極的」、「正的(positive)」な歴史理解へ変えられねばならない。正当性は、体制が追求してきた理想とその成就から見出されねばならない。とりわけ和解、平和、統一を志向する時、冷戦、憎悪、分断の論理である「6・25記念」論理を持続できはしない。韓国と北朝鮮の体制の現実が確認された以後まで、誰が普遍的な価値と理想を追求しているか判明した今日までも、「6・25」を動員し記念する必要は尚更ない。

しかし、この話は、我々が朝鮮戦争をありのまま記憶し、歴史的な教訓を抽出せ

ねばならない必要性を否認するものとして利用されてはならない。そうなれば、更にもっと問題である。我々は、この巨大な事件について勃発を含む全ての真実を糾明しようと最大限、努力せねばならないし、当時の行為主体に対する厳正な批判を通じて適切な教訓を探そうという試図を中断してはならない。したがって、我々は6・25を記念する狭い論理から抜け出て、この悲劇を現在の多くの社会的、民族的な課題を解決するための地平へ論理構造を変える必要がある。それは、6・25の戦争開始を越えて7・27の戦争終息を記憶し、「朝鮮戦争」全体を反省して批判することへの認識の転換を言う。そのようになる時、我々は初めて戦争が残した分断秩序の克服、戦後の清算、平和のための解決策を模索できるだろう。分断固着の契機である7・27を記憶するのは終戦、平和、統一の論議への転換を意味し、不安な「7・27体制＝戦後体制＝休戦体制」を克服するための課題の抽出努力を一緒に盛り込んでいる。

　「7・27」さえ記念する必要がない状況、すなわちこの戦争を「歴史として記憶する状況（＝統一）」が到来するならば、もうそれ以上は望むところがないであろう。朝鮮戦争50周年を迎え、その戦争での犠牲の意味を反芻して称える米国と中国で進行する数多くの記念式を見ながら、正に当事者である韓国民がこれを「記念するには」今だ余りに早い。解決すべき戦後課題が山積している、この戦争の遺産（＝分断）下にある韓国の現実は、錯雑し悲劇的なのである。彼らがもう終わったこの戦争への参戦を通じて、自分の支持国家を救援し、また自由民主主義と社会主義を守り通した業績を自慢する間に、韓国民は終わらなかった対決を終息させ、平和と統一のため行くべき遠い道が残っているからである。2000年6月、南北首脳会談を契機として南北朝鮮が共に「朝鮮戦争記念」を止揚することにしたのは、絶滅の歴史認識を克服するための努力を始めたことを意味する。依然として開始に過ぎず、逆転可能性は常在する。

　最後に韓国と北朝鮮は、民主主義と人権の発展、分断下の非正常事態から正常国家への進入のため、必要な措置を取らねばならない点である。著者も、やはり1990年代中盤以後、北朝鮮の学者および官吏たちとの年例統一会議で、韓国は平和と統一のための実質的な準備として分断秩序を再生産する内部的な既存の諸課題、例を挙げると国家保安法を改廃することを主張した。国家保安法を統一の根本障害と見なし、撤廃を主張してきた北朝鮮の学者と官僚の前で、韓国の学徒がその改廃を公開的に主張するというのは、既存の視角から見れば若干、異例的であり得よう。しかし著者は、北朝鮮の朝鮮労働党規約前文と刑法の反人権的、反民主的な問題条項もやはり改廃されねばならない必要性を条目ごとに指摘した。双方は、相手の要求によってではなく、人権、民主主義、統一の観点から積極的にこれらを改廃せねばならないであろう。南北首脳会談でこの問題についての論議と事実上の合意があったという報道は、南北朝鮮が次第に平和と統一のための準備に向かい進んでいるのではないか、という希望を持たせる。しかし、これが実際に実現されるには、南北朝鮮の和解と民主発展の程度、特に北朝鮮の民主主義が遙かに進展せねばならないであろう。『中央日報』2000年6月20日。

48) E.H.Carr, *Studies in Revolution*（金炫一訳『革命の研究：ヨーロッパ革命運動のイデオロギー的起源（韓国文）』ソウル、プルピッ、1983年、166頁。）
49) この部分は、いわゆるドイツでの「歴史論争」を念頭に置きながら叙述したものである。これについての紹介は、具升会『論争. ナチズムの歴史化？ ドイツ現代史論争の中間決算と批判（韓国文）』ソウル、オンヌリ、1993年。具体的な叙述は、Ralf Dahrendorf, *Society and Democracy in Germany* (New York: W. W. Norton & Company, 1967), pp. 17-30. Maier, *op. cit.* 参照。
50) Peter L. Berger and Thomas Luckmann, *The Social Construction of Reality* (Baltimore: Penguin Books, 1971). Alexander E. Wendt, "The Agent-Structure Problem in International Relations Theory", Andrew Linklater, ed., *International Relations: Critical Concepts in Political Science*, Vol. II (London: Routledge, 2000). Alexander E. Wendt, *Social Theory of International Politics* (Cambridge University Press, 1999).
51) Nicclò Machiavelli, *The Art of War*, a revised edition of the Ellis Farneworth translation with an introduction by Neal Wood (New York: Da Capo Press, 1965) , pp. Iiv- Ixv, 7 -8, 76-81.
52) 朝鮮戦争の起源と勃発に対してこれを適用した説明については、朴明林『韓国戦争の勃発と起源（韓国文）』Ⅰ、ソウル、ナナム出版、1996年、68-69頁。ならびに、同書（韓国文）、Ⅱ、859-864頁、参照。【以下『勃発と起源』と略記】
53) 戦時国家の研究で重要な戦時法令体系、軍隊の編成、俸給体系、指揮方式、人的な構成の問題は、第3部（戦争の影響）の研究として残したことを明らかにしておく。この間、研究されたことがない韓国と北朝鮮の朝鮮戦争時の軍事・政治教育、勲功の認定、処罰、軍隊内のイデオロギーと歴史教育の問題も、やはり戦後における南北朝鮮の両体制での軍隊の成長、軍事理念の問題と関連するゆえに第3部に残した。したがって、一般兵士と軍人たちの反応、士気、性向、募集、編制、配置の問題も、第3部に入っていく。これらの主題は、この間あらわれなかった南北朝鮮の両体制における戦時資料に根拠を置かなくては全く分析され得なかった主題である。
54) Charles Tilly, "War Making and State Making as Organized Crime", Peter. B. Evans, D. Rueschmeyer and Theda Skocpol, *Bringing the State Back In* (New York: Cambridge University Press, 1985), pp. 169-191.
55) このような問題についての理論的な論議は、Jovan Babic, "War Crimes: Moral, Legal, or Simply Political?", Aleksandar Jokić, ed., *War Crimes and Collective Wrongdoing——A Reader* (Malden, Massachusetts: Blackwell Publishers, 2001), pp. 57-71. 朝鮮戦争における戦争犯罪についての3つの範疇すべてに対する詳細な分析は、著者が続けて行う別の独立した研究でなされるであろう。
56) この研究は、問題時期の国家の対応、役割、戦略の問題を探索するのであって、国家形成の観点から朝鮮戦争を分析するのではない。それは、次の第3部の研究の内容をなす。朝鮮戦争と国家形成の関係についての注目すべき研究は、徐柱錫「韓

国の国家体制形成過程：第1共和国国家機構と韓国戦争の影響（韓国文）」ソウル大学校外交学科博士学位論文、1996年、ならびに、白鶴淳『国家形成戦争としての韓国戦争（韓国文）』城南、世宗研究所、1999年、を参照。

57) Cumings, *The Origins of the Korean War*, Vol. II. 韓国内で社会水準を分析した研究としては、次を挙げることができるだろう。韓国社会学会編『韓国戦争と韓国社会の変動（韓国文）』ソウル、プルピッ、1992年。金貴玉『越南民の生活経験とアイデンティティ（韓国文）』ソウル、ソウル大学校出版部、1999年。金東椿『戦争と社会（韓国文）』ソウル、トルベゲ、2000年。個別の論文は、最近になって相当数が提出されている。

58) 実際の研究状況を見る時、韓国内の多くの誤解、偏見、間違った批判とは異なり、韓国内の朝鮮戦争研究においてこの間に最も少なかった分野は、正に戦闘時である。戦闘は、戦争の最も重要な構成要素の1つだ。戦闘は、実際の戦争政策が執行される現場であり、また実際に人々が動いた記録である。しかし我々は、著者の研究を含めて未だにどんな朝鮮戦争研究も戦場の凄絶だった諸戦闘についての徹底した研究を持ち得ないでいる。世界の主要な戦争についての多くの研究は、機械 vs. 機械、銃剣 vs. 銃剣、作戦 vs. 作戦、人間 vs. 人間が直接衝突した戦闘について、驚くほど深い水準まで掘り下げている。ある小部隊の構成と指揮体系、戦闘記録、部隊員たちの心理描写を持ち、水準の高い構想力と深さ、微妙さ、全体相を見せてくれる研究がたくさんある。戦闘についての徹底した研究なしに、戦争の姿はありのまま構想されない。将来の朝鮮戦争研究が、そのような極微的な事実水準の内容を盛り込むことを期待する。

59) Eric Hobsbawm, "Peasants and Politics", *Journal of Peasants Studies*, Vol. 1. No. I (Oct. 1973), p. 20.

60) この研究でこれから使用される大量虐殺の用語は "massacre"、"genocide"、"holocaust" を全て通称する。しかし今日、"holocaust" が主にナチスによるユダヤ人虐殺を指称する現実において、我々の大量虐殺は "massacre" と "genocide" の意味をより多く持つことになろう。

第1部　冷戦の爆発

　第2次世界大戦の終戦以後、冷戦の最初の爆発は劇的だった。スターリン（Joseph V. Stalin）と毛沢東による同意の下に、密かに世界の分界線へ移動した朝鮮人民軍は1950年6月25日に電撃攻撃を開始した。第2次大戦の終戦以後、欧州のベルリンからアジアの朝鮮半島の北緯38度線まで連結された、米ソにより合意された世界分断（*division of the world*）の境界線が初めて壊れる瞬間であった。これは1950年、世界冷戦期間中における最初の世界的な熱戦の開始だった[1]。ベルリンと38度線は、欧州の冷戦とアジアの冷戦の中心であった。アジアの片隅で戦争が勃発するや、刃先のごとく緊張していた38度線の南側ラインからソウル〜東京〜ワシントンへ続く守備編隊は、モスクワ〜北京〜平壌（ピョンヤン）から発源して38度線の北側ラインへ連結された攻撃編隊に対抗して、素早く対応メカニズムを整えた。

　ダイナマイトのように爆発した戦争に対抗して、攻撃陣営の編制へ対応するため構成された守備陣営の編制は、驚くほど相手のそれと類似していた。攻撃を受けた当日24時間以内に、ソウル〜東京〜ワシントンへ続く守備編隊は、攻撃編隊と緊密に噛み合って回り始めた。欧州とアジアをめぐる冷戦の先鋭的な緊張がアジアの極端で爆発するや否や、爆発の瞬間にそれは直ちに国際化したのだった。38度線に沿う前線の軍事的な対峙、国内水準におけるソウル vs. 平壌、東アジア水準での東京 vs. 北京、そして世界水準におけるワシントン vs. モスクワ、冷戦時代の間にかくも歴史的に上手く噛み合った攻守の組み合わせはなかった。

　世界史において、このような様態の編隊構成は、故意に創り出そうとしてもほとんど不可能だったであろう。キリキリとした緊張であるほど、互いの手の内を読むことと攻守の対応は迅速だった。この国際的な力の配列と位階の構成は、どのような様態を示し、どんな戦略と政策で冷戦時代に最初の武力衝突の事態を鋳造していくのか？　1945年の終戦以後、互いに合意された境界線を明白な軍事行動を通じて越えた、この最初の事件に対する両陣営の攻防は以後、長い時間を置いて世界と朝鮮半島に長い影を残すのが明らかだった。

　38度線を越える問題がそれほど容易には決定できない問題であり、単純に朝鮮半島の統一を左右する問題ではなかったという点は、この線の壊れた以後に初めて確認された。換言すると、爆発以後の事態の展開を見て初めて我々は、6月25日以前の38度線で身を切る緊張が持続した理由を知るようになったのである。1876年以後、列強の利害が衝突する東アジアにおける地政学の要衝と変じた朝鮮

半島の分割線である38度線での対決は、世界冷戦の両大陣営の力量を吸い込む爆発導火線（*trip wire*）であり、強大国にとっては自国と相手国の意志と力量と戦略を試して見ることができる試験台だったのである。李承晩(イスンマン)は、38度線が世界の爆発導火線であると同時に試験台だということを分かっていたのみならず、何よりも6月25日早朝の事態の開始と共に、この戦争を自由主義陣営と共産主義陣営との間の世界的な戦争へ追いやった。反面、金日成(キムイルソン)は6月25日直前までもそうではない、そうではないだろうと信じようとした。

　南北朝鮮の対決の性格を把握することに関する限り、冷戦初期の国際政治を読むことに関する限り、金日成は李承晩の敵手となり得なかった。1945年8月に米ソによる朝鮮半島の分割占領を通じて登場した「朝鮮半島軍事分界線」は、5年にわたる東アジア冷戦の展開と噛み合いながら「世界冷戦の分界線」へ変貌していた。結局、38度線を越えた北朝鮮の幼い兵士たちは、民族の分断線と世界冷戦の分界線を同時に打破しようという戦士だった。しかし、彼らと彼らの指導者たちが前者を確実に分かっていたのは明白ながら、後者は理解できなかった。彼らと彼らの指導者たちが後者と38度線の同一性を知っていたならば、この戦争の意味を更に深く理解できたであろう。仮に知っていたとすれば、戦争開始の決断を下せなかったかも知れない。しかし、金日成と朴憲永(パッコニョン)をはじめ彼らの指導者たちさえも、後者の意味を努めて分からないふりをし、知っていたとしても無視しようとした。

　初戦は、革命的な熱情と意志、軍事的な優勢、初戦の攻撃者の有利さに基づいた北朝鮮の朝鮮人民軍の一方的な勝利だった。ソ連製の戦車を前に立てたまま大きな歩みを踏み出す攻勢は、時間が過ぎる中で立ち塞がった人々を圧倒する津波のように押し寄せた。人民軍は力強く押し進み、その年の夏に韓国は、ついに洛東江(ナクトンガン)沿岸の崖っぷちへ追いやられた。金日成、朴憲永と人民軍の兵士たちは歓呼し、米軍と李承晩、韓国軍の兵士たちは1日1日を持ち堪えるのに渾身の力を全て出し切った。戦闘が終わった夕方ごとに浦項(ポハン)から晋州(チンジュ)までの長い河を埋める死体は、その数を推測し難いほど夥しかった。血が血を呼び、河全体が血で染まった攻防だった。海に落ちれば、全てが終わりであった。洛東江は、世界の自由主義陣営と世界の共産主義陣営が正面から激突し合った最大の戦場となった。

　共産主義陣営が河を突破して勝利するならば、既に中国を掌握した事態において、韓国を越えて日本までほとんど手中に入れることができるという事実を意味した。冷戦解体後の時点で顧みる時、これは世界冷戦の方向を大きく変えてしまったであろうに違いなかった。洛東江の血闘の意味は至極、世界的なものだった。釜山(プサン)防衛線は、欧州のベルリンのように冷戦初期、自由主義陣営全体のもう

1つの最後の橋頭堡だった。米ソの冷や冷やする力の張り合いが、1ヵ月もの間にわたり持続されたのが洛東江前線だったのである。洛東江前線の防御は、朝鮮戦争の帰結はもちろん、その後の冷戦の展開にも密接不可分の影響を及ぼした。洛東江からの後退は、自由主義陣営が第2次大戦以後に中国に続いて再び共産主義陣営に領土を差し出すことを意味していた。

注
1) 世界分断、50年戦争（冷戦）の概念は、Wilfried Loth, *The Division of the World, 1941〜1955* (London: Routledge, 1988) ならびに Richard Crockett, *The Fifty Years War: The United States and the Soviet Union in World Politics, 1941〜1991* (London: Routleage, 1955) からそれぞれ借用した。

第2章　攻撃と前進

1．南進、停止、交錯

1）攻撃の開始

　医療部隊である人民軍第949軍部隊は6月24日午前1時、38度線沿線付近に野戦病院を設置し、医療要員を各該当部署に配置した。25日午前12時までに治療準備事業を完了した病院は、戦闘準備状態で待機した。6月25日午後2時から同部隊は、もう戦傷患者の取扱を始めた[1]。開戦翌日のソ連大使シトゥイコフ（Terentii Shtykov）の報告によると、人民軍の師団長たちは6月24日に攻撃開始日（D-day）と時間（H-hour）を下達された。ソ連は、韓国の情報機関が人民軍の展開を認知したようだとしながらも、攻撃計画と時間については秘密を固守していると考えた。もちろん将兵たちには、韓国の38度線侵犯により共和国政府は人民軍に反撃を命じたという民族保衛相の命令が読み上げられた。

　部隊は、24日24時までに出発地点へ集結した。師団級の作戦は、ソ連軍事顧問官たちの参加の下に遂行され、作戦は25日4時40分に始められた。攻撃最初の3時間で、部隊は3〜5kmを前進した。韓国軍がわずかに組織的な抵抗を始めたのは、初日の12時が過ぎてからであった。東海側沿岸からの上陸作戦は、5時25分に成功裏のうちに敢行された。しかし、部隊の前進と共に、上部から下級部隊への通信が途絶する現象が現れた。

　甚だしくは、人民軍総参謀部は戦争初日から戦闘を上手く指揮できなかった。その理由は、師団に対する確固たる通信を掌握できなかったからだった。人民軍指揮部は戦闘経験がないため、ソ連軍事顧問官が撤収した後、戦闘指揮を上手く行えなかった。しかし、人民軍と北朝鮮人民の士気は非常に高かった[2]。38度線を越える時、韓国軍による最初の抵抗は強力ではなかった。中隊規模のある人民軍部隊は、たった23発の射撃だけで38度線における最初の戦闘を簡単に終わらせた[3]。直進と表現しても良いほど38度線を越えることに対しては、ほとんど抵抗がないのと同様だった。朝鮮戦争前から衝突が絶えなかった問題の甕津半島（オンジン）は、25日の戦争開始と同時に占領されて即刻、北朝鮮式の政治体制が復旧された。

　北朝鮮は、6月26日に軍事委員会を組織した。これは「国内の一切の主権を集

1950年6月25日、北朝鮮人民軍の占領と共に当日、即刻に復旧された甕津郡人民委員会。資料：National Archives

中させた」戦時における北朝鮮の最高権力機関であった[4]。委員長は金日成で、委員たちが当時の北朝鮮政府の核心人物だった。労働党副委員長兼内閣副首相であると同時に外務相の朴憲永をはじめとして、副首相兼産業相であると共に前線司令官の金策(キムチェク)、副首相の洪命憙(ホンミョンヒ)、民族保衛相兼人民軍総司令官の崔庸健(チェヨンゴン)、内務相の朴一禹(パギルウ)、国家計画委員会委員長の鄭準澤(チョンジュンテク)、これら7名が構成員であった。

　続いて、27日には戦時状態を宣布した[5]。本格的な戦時体制への移行だった。戦時状態の宣布と一緒に「国家保衛、社会秩序および国家安全のための部門における国家主権機関の一切の業務は、地方軍政府へ移譲」された。地方軍政府は、道や市の人民委員長を委員長として、軍部当局代表および内務機関代表の各1名で構成された。これら地方軍政府は、中央の軍事委員会の指導を受けることになっていた。戦時状態の宣布と地方軍政府の組織は、軍事委員会の指示に従い中央から地方まで一切の政治と行政の組織を軍部が掌握することを意味した。特に、戦争を直接遂行する戦闘行為を除いては、戦時に必要な全ての業務を地方軍政府が掌握した。

　地方軍政府は、戦時に国家が必要とする全てのもの、例えば公民の義務労働への動員、建物の提供義務、自動車・牛馬車の動員義務、企業所と団体・公民の物品の収用、捜索と通行の制限および抑留、産業および公共機関の使用統制、特定地域の出入り統制、必要な者の移住処置などの権限を保有していた。また、地方軍政府は規定により、全ての住民が受け入れねばならない決定の発表と強制執行、地方主権機関および団体の統率指示と無条件的な執行要求の権利を保有した。要するに、それは軍事的な必要のために首尾一貫した制度的、法的な戦時動員体制の構築だった[6]。

　開戦序盤は、北朝鮮側の一方的な勝利であった。ソ連軍の報告によると、韓国軍は準備された防御態勢を整えられず、将校と部隊に対する教育訓練水準もまた非常に低かった。その結果、38度線上の防御線は「戦闘直後に全ての前線にわたって瓦解した」[7]。韓国の資料によっても、もう28日午前1時に人民軍の戦車部隊がソウル市内に進入した[8]。その日の午後5時に人民軍は、ソウルを完全占領することに成功した。金日成と北朝鮮の資料に従うと、この日の午前11時30分にソウルが「解放された」[9]。すぐさま金日成は、ソウル市臨時人民委員会の樹立を宣布し、委員長に朴憲永の側近で南朝鮮労働党【以下「南労党」と略記】出身の北朝鮮司法相である李承燁(リスンヨプ)を任命した。統治の主体は、軍事占領と同時に迅速に交代したのである。政治が軍事を動員し、今や軍事が政治を決定しているのだ。

　共産主義者たちにとってソウル占領は、1945年の解放に続く「李承晩傀儡徒党からの『第2の解放』」だった[10]。李承燁は、28日午後11時にソウルの放送局を通

第2章　攻撃と前進

じて「李承晩傀儡政府のいわゆる『国防軍』が、去る25日未明に38度線の以北地域へ不法侵入」し、「金日成将軍が領導する強力な朝鮮人民軍隊は反攻に出た」と語った。そして、この戦争は「祖国を米帝の侵略から防衛し、祖国の統一独立を実現するための戦争」であると主張した。彼らにとって戦争は、帝国主義防御戦争であると同時に統一戦争だったのである。自由で幸福な北朝鮮と飢餓や虐殺の韓国とを対比した李承燁は、全ての人民に「仇敵を最終的に撃滅するため、もっと勇敢に戦え」と呼びかけ、「金日成将軍万歳！」にすぐ続けて「統一された朝鮮人民万歳！」と叫んだ[11]。

　平壌から戦争を指導していた金日成も、やはりソウル占領を迎えて「全国の同胞と人民軍隊とソウル市民に贈る祝賀文」で喜びに溢れ、早くも「統一された朝鮮人民万歳！」と叫んだ[12]。また彼は、ソウルを占領したその日に、全権代表を派遣して人民政権を樹立し、戦時行政を樹立するように指示した[13]。戦時行政の主要事項は、民族反逆者の財産を正確に処理する問題、人民軍の通信保障、財政機関と財政文書の掌握、都市経営施設の復旧、兵器工場の掌握と円滑な武器生産、病院の正常な運営、放送と出版部門の掌握と宣伝事業の遂行、正確な幹部選抜と配置などだった。

　興味ある点は、親米派の財産もまた民族反逆者の範疇に入ったということだった。韓国政府の高位人士たちが含まれていることは、言う必要もなかった。しかし、中小商工人たちの財産を侵害することがないようにせよと指示した。人民軍部隊間の通信保障問題は、既にソ連側からも深刻に問題を指摘していた事項だった。もっと重要な問題は、この全権代表たちの派遣がソウル市臨時人民委員会とは全く異なる組織体系だったという点であった。彼らは、たとえソウル市臨時人民委員会と緊密に連携して事業を遂行せよという指示を受けていたとしても、自らの事業について2～3日に1回ずつ中央に直接報告せよという指示も一緒に受けていた。

　しかし、ソウルに侵入した後に北朝鮮軍は、しばらくグズグズしているように見えた。これは「攻撃的な戦争の本質は、少しも遅れることなく迅速かつ持続的な努力と行動によって勝敗を決定するところにある」という戦争の原則に全面的に違背するものであった[14]。もちろん、人民軍の核心的な命令書は大部分、作戦地域が朝鮮半島の南端まで包括されているものだった。一部の命令書には当初、作戦範囲内に全朝鮮半島の占領を目標に、韓国南部の釜山、木浦、群山、仁川などの地名が具体的に表記されていた[15]。

　1950年11月にソ連軍事顧問団長となるラズヴァエフ（V. N. Razuvaev）の報告によると、北朝鮮軍の南朝鮮解放作戦は4段階で成り立っていた。第1段階は、

ソウル占領以後に水原〜原州のラインまで進出するもので、作戦期間は5日、作戦距離が90kmであった。第2段階は、天安〜堤川のラインまで進出し、作戦期間が4日、作戦距離は40〜90kmだった。第3段階は、大田〜慶尚北道善山のラインまで進出するもので、作戦期間は10日、作戦距離は90kmであった。第4段階は、任実〜居昌〜倭館〜浦項のラインまで進出して、作戦距離が40〜80kmだった[16]。ある部隊には「漢江地域に到着すれば、まず渡河せよ。渡河資材があれば、まず渡れ」というソ連軍事顧問官の命令が直接、下達されもした[17]。金日成も、やはり後に見るように7月3日、漢江渡河の速度が遅いことに不満を募らせた。

ソウルに1番で進駐した人民軍第3師団は、漢江南岸に対する攻撃も真っ先に着手した。同師団は既に28〜29日に時たま攻撃を加える中、29日夜になって猛烈な砲撃を加え始めた。6月30日に砲兵と戦車の射撃援護を受けながら、人民軍第8連隊は西氷庫方面で漢江を渡った。一部は2.5t車または20〜30名を乗せられる船で河を渡ったが、大部分は泳いだり徒歩で渡河したりした[18]。渡河装備がどの程度ずさんだったか分かる。

戦闘記録によると、38度線の戦闘でただ23発だけを射撃した前述の人民軍中隊が、6月30日の漢江の鷺梁津戦闘では既に602発を射撃するほど、抵抗は大きく強化された[19]。当時、始興地区の戦闘司令官として初戦の漢江南岸防御を担当した金弘一（壹）によれば、漢江ラインにおける戦闘は6月28日夕方に人民軍の砲撃から始まった。彼に従えば、人民軍の本格的な渡河は6月29日午前からだった[20]。

人民軍第235軍部隊の工兵部隊による7月3日と4日の極秘「報告」によれば、「師団（原文どおり）は6月29日の夜間──3日の報告では30日からとなっている（引用者の注）──から八堂里区域の漢江渡河を開始したが、渡河装備の不足で4日になっても完了できない状態」に置かれていた[21]。装備の不足により、渡河におよそ5日間を越える時間がかかったのである。進撃部隊の先頭に立って道を切り開く人民軍工兵部隊の装備を見ると、次の〈表2−1〉が示すように、渡河装備のない点にまず驚かされる。人民軍第17連隊工兵部隊が6月17日に38度線へ入って来た後、作業を始めてから装備が不足して攻撃直前に上部へ申請した目録を見ると、装備のほとんど全てが不足した状態だった[22]。重要な意味を含む統計として、この報告書を上述した実際の渡河時の準備と合わせると、人民軍の漢江渡河は、装備の甚だしい不足状態の中で進行したことが分かる。

戦争勃発直前に「漢江に到着すれば、まず渡河せよ」という指示を出したにもかかわらず、装備の不足に相応して渡河は遅く、分散的になる外なかったのである。また渡河作戦における韓国の抵抗も、38度線の戦闘とは異なって早くも頑強になり始めていた。後に「近衛師団」称号を受けた強大な朝鮮人民軍第4師団は、

第2章　攻撃と前進

〈表2-1〉 工兵技術機材申請に関して

(原文どおり)

	工兵シャベル	大斧/斧鞘	鉄筋切断鋏	横挽き鋸	携帯小斧
編　制	518	168/9	76	30	282
接収量	200	2/2	2	17	0
不足量	318	168/7	74	13	282
	夏季偽装服	個人偽装網	偽装網No. 4	偽装網No. A	小シャベル鞘
編　制	120	1,500	40	2	1,800
接収量	0	0	1	0	1,700
不足量	120	1,500	39	2	100

	爆発道具	木工道具No. 2	鉄工道具No. 11	修理道具No. 68	小嚢中電灯
編　制	1	1	1	1	55
接収量	1	0	0	0	0
不足量	1	1	1	1	55
	携帯電灯	照明セット	地雷探知機	偽装網No. 5	偽装網No. B
編　制	3	1	5	15	3
接収量	0	0	2	0	0
不足量	3	1	5	15	3

出典：第235軍部隊5課『報告』NA, RG242, SA#2010, 3/43.

　漢江渡河作戦で既に死亡227名、負傷1,822名、失踪107名、総計2,156名の人命被害を記録していた[23]。戦争は始まって数日間で、もう死亡と負傷の数字が数百名から数千名の単位に至るほど拡大し始めていた。

　ソ連軍事顧問団が人民軍の初戦の作戦を評価する時、目立ったのは2つの点であった。ひとつは、各部隊に対する戦闘行動の指揮が平壌から直接なされるように計画されていたため、前線と総参謀部が遠く離れている状態で通信装備が不足し、そして各師団が総参謀部の直接指揮を受ける組織構造的な状況において、軍団および軍級指揮部が存在せず、各部隊の効率的な指揮が混乱していた。上級指揮官の命令がない場合、部隊が何らの行動もとれない状態がしばしば発生した。

　もう1つは攻撃作戦期間に、敵に対する追撃が効果的になされなかったという点だった。追撃時に部隊は迅速に行動しないことで、後退する敵が有利な地域で防御線を再構築することを許し、橋梁や道路などを破壊する余裕を与えた。特に、ソウルを占領した後に各部隊がとった極端に緩慢な行動と個別部隊指揮官の任務遺棄により、敵は漢江を渡河して橋を破壊し、南側の河岸に防御線を構築して人民軍の進撃を遅らせることができた[24]。

7月1日に平壌駐在のソ連大使に送ったスターリンの電文は、北朝鮮当局の意思が「続けて前進」なのか「進撃中断」なのかを問うている。そうしてスターリンは、ソ連の見解が疑問の余地なく前進である点を明白にした。南朝鮮地域が早く解放されればされるほど、それだけ米国の介入可能性が少なくなるからだというのであった[25]。このスターリンの電文は、北朝鮮軍の進撃が予想よりも遅かったために送られたものと見られる。

　翌日のシトゥイコフの電文によれば、金日成と朴憲永は米国の介入により招来される戦争の難関を理解していた。また、金科奉や洪命熹のような一部の指導者たちは、純粋に北朝鮮の軍事力だけでは米国を相手に戦争を遂行するのは難しいと見ていた。この報告に従うと、解放地域の住民の大多数が北朝鮮軍を温かく歓迎し、あらゆる方法で彼らを助けた。解放と同時に政治社会組織が構築され、いわゆる「反動」の抵抗は未だ展開されていなかった。同時に報告は、人民軍の進撃に伴い遊撃隊の活動がより積極化し、後方地域に遊撃隊の運動が広範に展開されていると述べた。しかし、この報告は事態の誇張だった[26]。

　7月2日のローシチン（N. V. Roshchin）駐中ソ連大使と周恩来との会談によれば、毛沢東は既に、ソウルを防御するため米軍が上陸する可能性のある仁川地域に強力な防御陣地を構築せねばならないと考えていた。また、この時点で周恩来は、米軍が38度線を越えて来るならば、中国軍は北朝鮮軍に仮装して米軍と対抗し、戦闘に参加するだろうと言及していた。彼に従えば、このため中国政府は、奉天（現瀋陽）地域に12万に及ぶ3個軍兵力を集結させていた。周恩来は、ソ連空軍がこれを掩護してくれ得るのかと問うた。参戦問題を非常に早くから考慮していたことが分かる発言だった。周恩来は、特に毛沢東が1949年5月と50年5月に米国の介入可能性について警告したにもかかわらず、北朝鮮がこれを過小評価したと言及した[27]。スターリンは周恩来に電文を送り、敵軍が38度線を越える時に義勇軍として北朝鮮で活動できるよう朝中国境に中国軍9個師団を即時集結させる対策は適切だと伝え、ソ連がこれを航空隊で掩護するだろうことに言及した[28]。

　この質問が示してくれる意味は、中国軍参戦の問題が非常に早くから取り上げられているという点と共に、何よりもソ連―中国―北朝鮮の間で共産主義の三角連合が戦争開始決定の時と同様、戦争開始以後にも緊密に活動しているという点である。3国間の緊密な連絡のため北朝鮮は、依然として北朝鮮に中国代表がいないことに不平を述べ、中国代表の迅速な派遣を要請しもした[29]。

　7月3日に金日成は、朴憲永と共にシトゥイコフとの会談で、初戦に軍隊の進撃が遅く、渡河作戦が上手く行われ得ないでいたことに不満を表出した。軍隊の

進撃は、中部方面で特に遅かった。民族保衛相が現地にいるにもかかわらず、渡河作戦が組織的に進行されず、金日成は彼の業務処理について不満を表した。この会談においては、たとえ戦争の初期だったものの金日成は、北朝鮮の重要な港口を通じた米軍上陸部隊の上陸または空輸作戦に伴う後方浸透の危険性を強調した。彼は同時に、このような危険性に備えて、もっと効率的な作戦遂行のためソ連に大量の武器供給を追加で要請する一方、作戦統制組織の構造についてソ連の諮問を求めた。

　驚くべきことに金日成は、戦争の開始とほぼ同時に米軍の上陸を予想していたのである。また、崔庸健に対する金日成のいち早い不満表出は、渡河の遅滞が決して意図的な選択の結果や作戦の産物ではなかったという点、北朝鮮指導部が戦争初期から最高指揮部の水準において葛藤を露呈していたという点を示してくれる。しかし、戦時の誤謬により粛清された朴憲永、許ガイ、朴一禹などとは異なり、金日成の満州抗日パルチザンの同僚である崔庸健は、このような誤謬にもかかわらず、後に何の粛清措置も受けなかった。

　シトゥイコフとヴァシリエフ（A. M. Vasiliev）ソ連軍事顧問団長は、金日成の最高司令官就任、前線司令部の創設、2個軍団の編成、そして民族保衛省の後方移転を助言した。これは、北朝鮮の初戦における編制変更に際し、そのまま受け入れられた。シトゥイコフは、前線司令部と2個集団軍の司令官をそれぞれ金策と武亭(ムジョン)ならびに金雄(キムウン)に、そして前線司令部参謀長に人民軍総参謀長の姜健(カンゴン)を推薦し、これもやはりそのまま受け入れられた[30]。

　金日成は、シトゥイコフと対談した翌日の7月4日、直ちに朝鮮人民軍最高司令官に就任した[31]。金日成の最高司令官就任は、彼が軍事指導の前面に立ち現れることを意味した。最高司令官の金日成―前線司令官の金策―前線司令部参謀長の姜健で最高指揮部の編制が整備され、日帝時代からの満州ゲリラ派の核心である彼らが二人の各軍団長である武亭と金雄の補助を受けて、各師団長を指揮して戦争を導いていったのである。

　金日成の不満とは異なり、韓国の軍史が示してくれるように、一部の地域では韓国軍の後退速度よりも北朝鮮軍の進撃速度がもっと速く、退路が遮断された場合も多かった。退路を遮断された韓国軍は、指導部はもちろん下部レベルでも分別がつかない不安な心から、更に速い歩行が催促された。追い越された韓国軍兵士たちには、戦意が潰えたまま、初戦から疲労と虚脱感が襲いかかった[32]。

　戦争直前に第1軍団と第2軍団の指揮を任された司令官は、金雄と金光俠(キムグァンヒョプ)だった[33]。しかし、ソ連の助言を受け入れて金日成が最高司令官に就任し、二人の軍団司令官のうち金光俠は軍団長から退き、その地位を武亭に譲ってからは軍

団参謀長を任された。第2軍団が担当した地域における初戦の作戦失敗に伴う屈辱的な降格であった[34]。第2師団長の李青松(リチョンソン)と第7師団長の全宇(チョヌ)も、やはり初戦の失敗の責任を負い、すぐに更迭された[35]。初戦の戦況が計画どおりになっていたならば、急迫した時点における指導部のこのような全面改編は想像もできない措置だった。しかし、ヴァシリエフを前線司令部に配置する要求は、スターリンによって受け入れられなかった。彼は、そのまま平壌に留まった[36]。

　金日成が最高司令官に就任した7月4日、北朝鮮は早くも朝鮮人民軍総司令部の「布告」を通じて「38度線の以北地域に侵入して内乱を挑発した李承晩傀儡徒党の最後の掃滅は、時間的な問題」として、最終的な勝利に対する強い自信感を表した。戦争開始から10日後だった。「布告」は「米国の奴らは、国連朝米(ママ)委員団と一緒に日本の東京へ逃走した」とし、「国防軍の**一部敗残兵**たちは抵抗をやめて、投降・帰順せよ」と要求した（**強調**は引用者）。この重要な「布告」の内容を詳しく見よう。

「一．人民軍は、銃を捨てて投降・帰順するいわゆる『国防軍』の生命と身体上の安全について絶対に責任を取り、同胞愛で歓迎する。

　二．銃を捨て、投降・帰順するいわゆる『国防軍』は将来、自分たちの希望に従い帰郷するなり、勉強するなり、職場で働いたりするようになるであろう。共和国政府は、貴方たちの将来の幸福を保障する。

　三．投降・帰順する方法は、武器を一定の場所に置いて、人民軍内務署または各所にある人民委員会を訪ねて、帰順する『国防軍』と言うだけで良い。集団的に帰順する時には、特別に優待する。

　四．本布告に背反して最後まで投降・帰順しない『国防軍』は、最終的に人民の審判を受けねばならない。人民軍は敗残兵の貴方たちを最後まで追撃して掃討するので、一刻も躊躇せず速やかに人民の側へ移って来い。」[37]

　7月9日に崔勇進(チェヨンジン)を司令官とするソウル市衛戍司令部は、「21時から5時までの通行禁止」と燈火管制を宣布する中で、更に強力な布告を発表した。「流言流布とビラ散布など反動宣伝をする者は、共和国政府の政策と人民軍の軍事行動に反対する者として厳重に処断する。民族反逆者および反動警察と傀儡国防軍の敗残兵は、速やかに自首、投降せよ。自首しない者は、7月4日の総司令部の布告により最後まで追撃、掃討されるであろう。武器弾薬を携帯した市民は、7月13日までに近隣の内務署へ返却するように。」

　布告の末尾には「以上の布告に違反する者は、戦時軍法により人民の仇敵として厳格に処分される」という虚仮威しが付けられていた[38]。

2）間近に迫る最終勝利

　金日成は、ソ連の助けにより戦争をより迅速に終わらせようとした。ソウル解放に続いて編制を再編した後、大田進撃を督励した彼は7月4日、スターリンに書簡を送り、初めから前線司令部と集団軍司令部本部に25〜35名のソ連軍事顧問団を配置してほしいと要請した。彼の支援要請の理由は、北朝鮮軍幹部たちが現代的な軍隊指揮に慣れていないからだった[39]。事実、抗日戦争時期に満州で精々のところ数百名のゲリラ部隊を指揮した人民軍指揮官たちにとっては、世界最先端の装備と大規模部隊に対する指揮経験を持っている米軍を相手とするのは手に余った。ヴァシリエフがたとえ平壌に滞在していたとは言え、金日成は米軍に対向して直接ソ連軍の前線現場支援を受けたかったのである。7月8日に金日成は、沿岸防衛のための基本資材として防御機雷2000個、魚雷艇10隻などをソ連政府に要請した[40]。

　38度線以南へ進出して以降にもソ連軍事顧問官たちは、人民軍のほぼ全レベルの部隊に配置されていた。朝鮮戦争が起こった当初スターリンは、戦争へのソ連の直接介入の印象を与えないように、現地に派遣された軍事顧問団の大部分を撤収させた。フルシチョフ（Nikita Khrushchev）は「このような措置は、我々の将校が1名でも生け捕られ、それを口実に米国が我々の戦争介入を批判するようになるかと恐れたために下されたもの」だったと診断した[41]。現地でソ連軍事顧問団の参観の下に攻撃を開始したある人民軍将校は「軍団指揮部が（38度）線を越えて芝村里(チチョンリ)に入るや否や、ソ連軍高級顧問官たちはアッと言う間に姿を消してしまった。彼らは、攻撃作戦が計画どおりに開始され、予定どおりに進行しているのを確認しながら、それ以上は南下せずに後方へ帰った」と伝える[42]。しかし、実際に現地の軍事顧問団が完全に撤収したわけではなかった。その一部は、38度線を越えて付き従って来た。

　多くの米軍の情報によれば、戦争直前にソ連軍の顧問は各師団本部に配置されていた。規模は、大略15名から17名程度だった。彼らは、軍事部門だけではなく宣伝部門にまでも配置されていた。特殊部隊、例えばタンク部隊や砲兵部隊などには、ソ連から提供された装備を充分に使用するため中隊レベルまでソ連軍事顧問官が配置されていた。米軍の情報では、38度線以南まで付き従って来たソ連軍が、北朝鮮軍の各師団本部あたり将校10名、兵士5名程度だったろうと推定されていた[43]。捕虜になった北朝鮮軍前線司令部通信局中佐の弓敏周(クンミンジュ)によれば、前線司令部通信局にはソ連軍事顧問官2名が配置されていた。また、ソ連軍事顧問官1名が8月10日ごろ黄澗(ファンガン)で第2師団司令部に配置され、9月1日さらに2名が

配置されたという情報も得られた。第566部隊小隊長の禹済玉に従えば、同部隊にはソ連軍事顧問官が各連隊あたり1名ずつ配置されていた[44]。

ソ連軍事顧問官は戦争序盤に直接、国連軍の捕虜が収容されている所を訪問しもした。しかし、彼らは軍人の服装ではなく民間人の服装をしており、ロシア人に見えなかった。国連軍捕虜は、北朝鮮軍人が彼らはロシア人だと話してやった時に初めてこれを知った[45]。これを通じて我々は、やはり緻密な隠蔽の企図がありはしたが、顧問官の形式を借りた小規模なソ連軍の参戦も初戦から明らかだったという事実が分かる。

南進する人民軍に付き従い、戦争中に金日成は、全部で3回にわたり南朝鮮地域を訪問した。それぞれ7月16日、8月1～2日、8月9～14日だった[46]。まず7月16日の訪問は、直接ソウルへ来て朝鮮人民軍前線司令部に入り、大田地域の解放作戦を指揮するためであった。彼のソウル訪問は、ソウルが解放されてから20日が過ぎた後の時点だった。この時に金日成は、前線西部の部隊は一挙に錦江を強行渡河して、大田地域の米第24師団を包囲、消滅させよと命令した。東部地域の部隊は、大胆に迂回機動して側面と背後から敵に打撃を与えることにより、敵の防御を瓦解させる中で攻撃速度を高めねばならないと強調した。彼は、一部の部隊は正面の攻撃部隊と呼応して大田南側から敵の退路を断ち、新しい部隊の増員を遮断せよと指示した。韓国軍と米軍を大田に閉じ込めて殲滅しようとする作戦だった。このような包囲作戦は、実はソウル作戦の反復であった。人民軍の錦江渡河作戦は、既に7月14日に始められていた[47]。

8月1～2日の南朝鮮訪問時に金日成は、遠く忠清北道の忠州市水安堡にある前線司令部を訪れた。米空軍機の絶え間ない爆撃の中に敢行された金日成の水安堡行きは、一見すると冒険だった。ある地点で金日成は、落ちた橋ゆえに危険であるにもかかわらず、渡河を強行した。爆撃により橋が壊れて、彼は自動車を押して渡河するしかなかった。水安堡で彼は自ら直接、作戦会議を主催した。水安堡は、金日成が最も遠く下って来た南朝鮮地域だろう。金日成は、都市攻撃を主とする大道路中心の作戦は山岳の多い我が国の実情にはうまく合わないと言いながら、敵の航空攻撃と山岳条件を考慮して、山道をうまく活用することと、歩兵だけの攻撃ではなく砲兵を活用した攻撃を敢行せよと指示した。また彼は、夜間戦闘の重要性を強調しながら、息つく暇も与えず敵を猛烈に追撃せよと命令した[48]。彼の作戦指示は、都市と道路を結ぶ「線」を中心にして攻撃していたそれまでの作戦の変更だった。しかし実は、このような彼の作戦は国土が狭く、今や前線が縮小されている状況において、それほど効率的な指示ではなかった。

8月9～14日のソウル訪問は、相当に長時間の訪問だった。洛東江作戦の最後

の決戦のため、力量の集中を現地に督励するための訪問だったのであろう。金日成は、この訪問において洛東江突破のための最後の攻撃を要求したに違いなかった。南朝鮮訪問時の金日成は直接、農民に会って対話もした。

一方、7月29日にウォーカー（Walton Walker）は、国連軍の全将兵に現在の前線を死守することを命令した。死守するか死ぬか（stand or die）の選択を要求したのだった。

「我々は、時間を稼ぐために戦っている。これ以上の後退や撤収や前線の調整はあり得ず、貴官たちが選ぶ他のどのような用語もあり得ない。我々の後ろには、我々が退くどのようなラインもない。ダンケルク（Dunkirk）やバターン（Bataan）はあり得ない。釜山への撤収は歴史上、最も残酷な殺戮の1つ（one of the greatest butcheries in history）を意味する（招来する）だろう。我々は最後まで戦わねばならない。敵の捕虜になるのは、死にも劣る。我々は一体（team）となって戦わねばならない。我々の中で誰かが死なねばならないのなら、我々は戦って共に死ぬべきである。」[49]

8月3日に人民軍第1軍団は、作戦命令121号により8月6日まで大邱（テグ）と釜山を占領せよと命令された[50]。しかし、8月4日を起点として南北160km、東西80kmのいわゆる洛東江防御線、つまり韓国軍と国連軍の頑強な防御陣地である釜山橋頭堡（Pusan perimeter）が形成された。この長方形の地域が北朝鮮軍に占領されれば、戦争は終わるのであった。釜山を起点として西から北までそれぞれ扇を広げたように、馬山（マサン）は48km、大邱は88km、浦項は96km、そして永徳（ヨンドク）は144kmの地点に位置する小さな橋頭堡だった。この中でも大邱が突破されれば、釜山まではほとんど無抵抗の直進が可能なぐらい、大邱の戦略的な位置は重要だった。大邱正面の多富洞（タブドン）では毎日、血戦が繰り広げられた。しかし、米軍は8月4日現在59,238名が朝鮮戦争の戦線に参戦しているほど増員されていた。

韓国軍は、初戦の莫大な被害にもかかわらず、継続的な充填を通じ、その損失を挽回していった。北朝鮮軍が享受した初戦の優位は、完全に消えた。北朝鮮軍は、必死に渡河を試図したが、その度ごとに失敗するだけであった。8月12日に人民軍第3師団は、第10師団と共に大邱占領を目標に突進したが、膨大な被害と共に失敗した[51]。近衛師団として猛威を振るった第4師団も、やはり8月2日、12日、31日に連続して洛東江渡河のため必死の努力を傾けたが、川幅を間においた張り詰めた力の対峙状態は解消されなかった[52]。8月25日に第2軍団は、総攻勢を展開したが失敗し、9月2日に再び行われた渡河の試図も、やはり失敗した[53]。他方、8月20日に第1軍団隷下の第2、4、6、7、9、10、105の各師団は、8月31日の総攻撃命令を受けた[54]。しかし、この総力攻撃もまた失敗した。

〈表2-2〉 第482軍部隊長　許　雄燕（音訳）『日々戦闘報告』
(1950年8月15日)

	将　校	下士官	兵　士	計
登録総数	250	624	2,172	3,046
総損失	117	421	1,383	1,921
現存兵力	133	203	789	1,125

　漢江渡河の時とは異なり、今回は渡河装備が不足していたのでもなかった。全ての部隊が全ての前線にわたり、緻密な偵察に基づいて詳細な渡河作戦と計画を持って何度も試図したが、死力を尽くした韓国軍の抵抗に押し戻されていた。人民軍の内部資料に従うと、洛東江岸に到着して以後、彼らは愚かなぐらい正面突破に集中しているという点を発見する。しかし、軍事的な状況が余りに進行して、北朝鮮指導部には既に他の選択がなかった。人民軍は、既に莫大な被害を記録していた。人民軍第482軍部隊による8月15日の戦闘報告によると、6月25日以降の同部隊の被害状況を一目で理解できる。現在の兵力が規定のほとんど3分の1に減少していることが分かる。これは、他の部隊にも同程度の比率の被害が記録されていたことを意味する。

　6月17日に38度線に到着し、戦争に参加した後、洛東江前線まで先頭に立って到達したある工兵部隊の記録を見れば、8月に入って部隊の前進が止まっていることが分かる。そのような状態において、死傷者だけが増えていった。攻撃を中断すれば、彼らは洛東江前線でも即刻、押し返されるようになっていった。毛沢東と金日成がそう思ったように、仁川をはじめとした港口の上陸に対する備えも心配だったが、洛東江前線の膠着も問題だった。つまり、北朝鮮指導者が直面していた洛東江での「前線膠着状態」と「後方上陸の脅威」という進退両難の状況は、朝鮮戦争全体の戦争指揮において最も大きな失策の1つであった。

　世界の戦史において、このような状況で勝利した戦争を見出すのは、ほとんど不可能である。洛東江まで押し下って行った状態において北朝鮮指導部は、どうすることもできない二重の桎梏に落ち込んでしまったのである。問題はどこにあったのか？　北朝鮮は、なぜ自らを二重の脅威に追い込んでしまったのか？　自分と敵の力量、特に自らの力量を考慮しなかった無理な急速前進が、問題の根源であった。これは、全ての戦争期間中に北朝鮮指導部が犯した最大の作戦上の失敗だった。戦争の決定に劣らず、戦争の展開過程で現れた北朝鮮指導部の非現実主義は、勝利の大きさに応じて敗退の可能性を内包する前進を敢行する外ないようにしたのである。換言すれば、前進と脅威が一緒に進行する異常な戦争となったのだ。

金日成は、前線の膠着状態において「即決銃殺」を含む史上最強の殺伐とした指示を下した。1950年8月15日以前にこれほど強力な命令が金日成から直接くだされたという点は、この時からもう人民軍の内部で逃走の動きや命令なき退却が繰り広げられていたことを示してくれる。
「1．全部隊と部隊長は、占領した地域と自分の陣地から一歩も退却してはならない。
　2．全ての卑怯者と戦場から逃走しようとする者は、職位の如何を問わず、その場で銃殺すること。
　3．前線司令官、軍団指揮部司令官および区分隊と部隊の長は、自分の戦闘陣地を捨て、上部の命令なく武器を捨てて退却する者を即時に軍事裁判に回付し、万一それが自分の区分隊や部隊の秩序と戦闘組織のため適合する対策を講究したのではない犯罪的な軍官に限っては、自部隊の軍官の隊列の前で銃殺すること。
　4．上部指揮官の命令なく退却して武器を失った師団長と連隊長は、自らの職務から更迭させて、軍事裁判にかける権限を前線司令官に与えると同時に、軍事裁判の結果とその執行は、私の批准がなければならない。
　本命令は、1950年8月15日前に全ての軍官に伝達し……」[55]（**強調は引用者**）
　一方で毛沢東は、次のように考えていた。すなわち、この時点で米軍が現在の戦力水準で戦争を遂行する場合、近いうちに朝鮮半島で敗退し、もう帰って来られないだろう。だが、勝利のため総力戦を繰り広げる場合、30〜40個の師団を必要とし、この場合は北朝鮮に対する中国の直接的な助けが必要であると[56]。8月28日にスターリンは、金日成に手紙を送り、ロシア内戦および対独戦争を例に挙げながら戦争で連戦連勝はあり得ないと述べ、困惑しないようにせよと忠告した。朝鮮人民の最も大きな成果は、朝鮮がいま世界で最も耳目を惹き付ける国であり、帝国主義の抑圧からアジア解放運動の旗印になっている点だと付言した。他の抑圧を受ける全ての民族は、朝鮮から学ぶであろうという言葉と一緒に。
　前進できないので失意に陥った金日成を激励するための手紙だったのであろう。同じ手紙でスターリンは、継続して航空隊を分散させず、前線に集結させることを忠告し、必要ならば地上攻撃機と戦闘機を補充して投入してやることもできると激励した[57]。
　手紙を伝達された金日成は、何度も感謝の意を表示した。彼は、一部の党政治委員の士気が低いので、彼らにこの手紙の内容を知らせる必要があると力説した。彼は、すぐ翌日に朝鮮労働党政治委員会を招集して、委員に手紙の内容を読んでやると語った[58]。米軍の空襲による指導部の危機意識、そして洛東江前線での膠着による焦燥感の中で、追加支援の意思を表示したスターリンの手紙1通が

書信が収録された北朝鮮の人民軍宣伝文化訓練局が発行する『勝利のために』(原本はカラー)。資料：National Archives

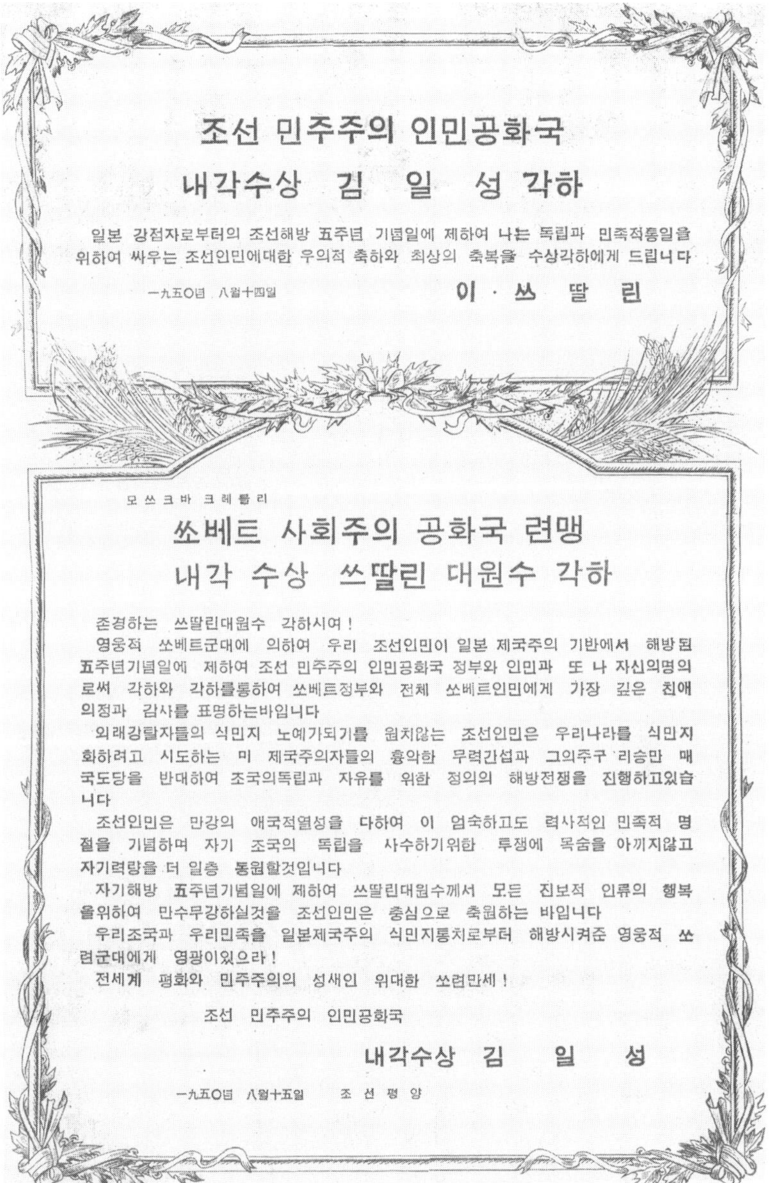

조선 민주주의 인민공화국
내각수상 김 일 성 각하

일본 강점자로부터의 조선해방 五주년 기념일에 제하여 나는 독립과 민족적통일을 위하여 싸우는 조선인민에대한 우의적 축하와 최상의 축복을 수상각하에게 드립니다

一九五〇년 八월十四일   이 · 쓰 딸 린

모쓰크바 크레물리
쏘베트 사회주의 공화국 련맹
내각 수상 쓰딸린 대원수 각하

존경하는 쓰딸린대원수 각하시여!
　영웅적 쏘베트군대에 의하여 우리 조선인민이 일본 제국주의 기반에서 해방된 五주년기념일에 제하여 조선 민주주의 인민공화국 정부와 인민과 또 나 자신의명의로써 각하와 각하를통하여 쏘베트정부와 전체 쏘베트인민에게 가장 깊은 친애의정과 감사를 표명하는바입니다
　외래강탈자들의 식민지 노예가되기를 원치않는 조선인민은 우리나라를 식민지화하려고 시도하는 미 제국주의자들의 흉악한 무력간섭과 그의주구 리승만 매국도당을 반대하여 조국의독립과 자유를 위한 정의의 해방전쟁을 진행하고있습니다
　조선인민은 만강의 애국적열성을 다하여 이 엄숙하고도 력사적인 민족적 명절을 기념하며 자기 조국의 독립을 사수하기위한 투쟁에 목숨을 아끼지않고 자기력량을 더 일층 동원할것입니다
　자기해방 五주년기념일에 제하여 쓰딸린대원수께서 모든 진보적 인류의 행복을위하여 만수무강하실것을 조선인민은 충심으로 축원하는 바입니다
　우리조국과 우리민족을 일본제국주의 식민지통치로부터 해방시켜준 영웅적 쏘련군대에게 영광이있으라!
　전세계 평화와 민주주의의 성새인 위대한 쏘련만세!

조선 민주주의 인민공화국
내각수상 김 일 성

一九五〇년 八월十五일　조선평양

1950年8月15日、金日成がスターリンに送った感謝の書信（原本はカラー）。資料：National Archives

もたらした雰囲気の転換だった。8月31日に金日成は、労働党中央委員会政治委員会の委任を受けて「貴下が贈られた至大な精神的な支持を受けた」と述べつつ「我々は、常に貴下の父のような配慮と援助を実感している」とスターリンに返事を送った[59]。

9月9日に共和国創立2周年を迎えて行った金日成の演説は、自信感に溢れる内容で充ち満ちていた。9月9日は、仁川上陸作戦がある直前の時点として、釜山防御線を越えさえすれば全ての地域が北朝鮮軍の占領下に入る状況であった。金日成は、祖国の全地域の95％と総人口の97％が朝鮮民主主義人民共和国の旗の下に統一されたと自慢した。人民委員会選挙と土地改革、人民の義勇軍参加についても、彼は最大限の表現で間近に迫った勝利を自ら祝した。そうして彼は「勝利は、正当な闘争に決起した朝鮮人民のもの」だと自信を持って結論付けた[60]。

事実、仁川上陸作戦の直前に朝鮮半島の南端まで到達した時、北朝鮮の政府と軍、支持者が抱いた勝利意識は、極めて大きかった。朝鮮人民軍前線総司令官（原文どおり）の金策は、全将校と兵士に贈った「8・15解放5周年祝賀葉書」で「李承晩に内乱を挑発させ、血に染まった侵略の魔手を伸ばした米国侵略者たちは……勇敢な人民軍の強大な武力の前に決定的な打撃を受け、最後の滅亡に直面している。祖国の統一と3千万人民の自由独立のための我々の正義の進軍を妨げる者はいない」のだと結論付けた[61]。

間近に迫った勝利を前にして彼らは、興奮を隠さなかった。朴憲永、李承燁と共に北朝鮮でアメリカ帝国主義のスパイとして罪に問われて処刑された林和は、次のように戦勝を歌っている。

「前へ、前へ
　洛東江を越え、倭館を過ぎ
　進んで行こう同務たちよ、ただ前へ
　前には大邱、その次にゃ釜山
　さらにその次にゃ仇敵どもが打ち叩かれる
　玄海灘の波高く、険しい海……
　戦友よ！前進だ、進撃だ」[62]

朝鮮義勇軍出身として、1945年8月15日の解放と共に先遣隊として中国から祖国に帰って来た金史良の『従軍記』は、更に激情的だった。

「全ての家からは歌声が聞こえる。戦いで勝利を祝賀し、勝利の中で戦いを催促する8・15！

我々は全て敬虔な心で、我々の栄光に輝く今日の祖国とこの日の勝利をもたらしてくれた、偉大な領導者であられ、最高司令官であられる内閣首相の金日成将

軍様の健康のため、戦士たちと一緒に祝杯を上げる。(1950.8.15)
『ああ！　同務たち、海が見える!!』
『南海(ナメ)の海だ！』……
　そうだ。正にあの海が南海の海だ。鎮海(チネ)湾は足下に曲がって見え、馬山はわずか咫尺の距離だ……　西海の流れをかすめ、数千里の道を『馬山へ、鎮海へ、釜山(ソブク)へ！』と、こう叫びながら、この南海の果て西北山まで死骸を越え、歩みに歩み、血に濡れて駆けて来た我が勇士たち!!……
　おお！　鳴らせ、我らの軍団砲！
　歌え、6連発！　マキシム砲！
　戦車よ！　仇敵どもの胸を撃て！
　オートバイよ、雲のように走れ！
　同務たちよ、突撃、前へ！
　我らは、魚鱗のような満身の傷跡を探り、まるで巨人のように山岳から下りて行かん！
　オリュンポス山から下りて行くゼウスの如く、満天下に光を撒き散らし立ち振る舞わん！
　五角星、三色旗をはためかし、偉大な領袖の歌を歌い、海に向かって進まん！
　海が見える。巨済島(コジェド)が見える。
　正にここが南海の海だ。(1950.9.17)」[63]
　しかし、暫くの後、これらの興奮は絶望に変わらねばならなかった。金史良の9月17日の『従軍記』は、事態がもう逆転していたにもかかわらず、その事実を知らない中に現れた興奮の発露だった。9月1日現在で国連軍は、9万8千名に達する北朝鮮軍兵力の2倍に達していた[64]。加えて、北朝鮮軍は相当数が新兵で、訓練を受けられなかった兵士たちだった。
　白善燁(ペクソンヨプ)の洛東江前線の回顧によると、高地ごとに死体が積まれ、死体を盾として更に戦う地獄図があちこちで展開された[65]。北朝鮮は、白浜に死体が積まれ、河の水が赤く染まっても、督戦隊が続けて兵士の背中を脅かし、河を渡って突撃させた。多富洞戦闘において白善燁の第1師団は、200〜300名の戦死者を出し、人民軍は5,690名が戦死したものと集計された。高地を米軍に引き渡す時、彼らは「死体を片付けなければ引き受けないと愚痴をこぼすほどだった」。彼は「生き残った者の勲章は、戦死者の犠牲の前で光を失う」と語る[66]。
　それは当時、参戦した初級将校の金士道(キムサド)の表現のように、敵味方が入り乱れて戦い突撃する、どんな映画でも見られない「阿鼻叫喚の修羅場であると同時に人間の屠殺場」だった。金士道と彼の部下たちは、闇に染まった夜ともなれば敵味

方の区別が難しく、頭に触って髪を剃っていた者は、その場で電撃的に刺殺した[67]。38度線からここまで前進を繰り返した人民軍部隊の前進が止まり、洛東江橋頭堡は、朝鮮半島分断と東アジア地域秩序を打破しようとする共産主義陣営とこれを維持しようという自由主義陣営の世界的な血戦場になったのである。無数の死体と臭気の震動を前に置いて、白善燁は「私は地獄の有様がどのようかは知らないが、これよりひどくはないだろうと思う」と告白する[68]。

2．米軍の参戦、そして「世界戦争」[69] への転移[70]

1）内戦ではあり得ない戦争の始まり

　朝鮮戦争に関する限り、実際の戦争を計画した主体の意図とその解釈において、米軍の介入問題ほど秘密に包まれたものはない。この問題は、朝鮮戦争の起源とそれを起こした主体の意図を探索しようとする研究者たちには解き難い難題である外ない。ともあれ、1950年6月25日の北朝鮮による全面的な軍事行動を正当に評価しようとか、またそれに対応して介入した行動を不当に評価しようとかいう意図が強ければ強いほど、これは更に深い迷路の中へ陥らせる問題である。その反対の場合も、同じである。

　しかし、この問題は非常に単純な論理構造を持っている。なぜならば、事後の道徳的な判断と南侵の正当化如何に関係なく、最初の行動主体でさえ現実的に最も深刻に悩んだ問題が、正にこれだったからである。結論から言うと北朝鮮は、米国は介入しないであろうという判断の下、介入したとしてもそれ以前に戦争を終えられると考えて、戦争を開始した。それは、明白な誤認（*misperception*）の産物だった。しかし、それは米国の参戦から結果的に現れた大きな誤判ではなく、出発からして一切の政治的な手段の遮断の中に始められた原因的な誤判であった。金日成は、戦争が終わった時、このような考えを人民軍の前に隠すことなく披露した。「先の戦争時期に万一、米帝とその追従国家の軍隊ではなく、李承晩傀儡軍だけを相手に戦ったならば、我々は既にそれを消滅させ、祖国の統一を成し遂げていたでしょう。」[71]

　朝鮮戦争中の金日成の命令と呼びかけ、数多い人民軍内部の文献、秘密指示、宣伝文は、この戦争を「米国侵略者を追い出す正義の戦争」としばしば強調した。李承晩の軍隊は、ただ傀儡軍と呼んだだけだった。戦争中の1950年7月27日のある記者会見で金日成は「万一、外国の武装介入がなかったならば、朝鮮での戦争は既に終息していたであろう」と答えた[72]。これは、戦争が勃発してから1ヵ月

後だった。朝鮮戦争に関する北朝鮮の公式解釈によると、金日成は米軍の介入以前に戦争を終えようとした。金日成はこの時、米本土の米軍が朝鮮半島に介入するのにかかる時間まで考慮して戦争開始の決定を下した。

「米帝の侵略者たちが奴らの本土から大兵力を連れて来ようとすれば、船に乗せて海で輸送して朝鮮に到着し、人員と武器を操って部隊を戦闘に投入させるまで約1ヵ月ないし1ヵ月半の日時が要求された。金日成元帥が出された戦略的な方針は、米帝侵略者が奴らの本土から大兵力を連れて来る前に、日本にいる4個師団を連れて来るとしても、高い機動力と連続的な打撃を加えるならば、充分に敵を撃滅、掃討できることを科学的に打算されたことに基礎を置いて立てられたものとして、米帝侵略軍の戦車、砲およびその他の最新武器により増強された歩兵師団を米国本土から連れて来る前に、高い機動力と連続的な打撃によって敵の基本集団を撃滅、掃討し、南半部を解放した後に三面が海に囲まれた我が国の海岸に兵力を機動的に配置することにより、米帝侵略軍が上陸を全て諦め、戦争の終局的な勝利を達成できるようにする唯一の正当な戦略的方針であった。

……金日成元帥は、米帝侵略軍の兵力が大々的に増員される前に敵の基本集団を撃滅するためには、高い機動性を保障しながら敵に息つく間を与えず、連続打撃により続けて攻撃し、敵を完全に受け身に陥れて苦しめねばならないと教えられた。」[73]

この陳述に従うと、北朝鮮指導部は少なくとも1ヵ月半以前に戦争を終える自信を持っていた。米軍の介入如何は、実際の戦争の展開過程で見られたように、戦争の方向を左右する最も決定的な要因だった。この問題に関する限り、北朝鮮の指導部は非常に楽観的であった。しかし、米軍が実際に介入するや、全ての対応は急激に変わった。最初の変化は、公式発表における侵略主体——北朝鮮が語る北侵主体——の変化だった。北朝鮮は、最初には「戦争勃発の主体」、彼らの立場における「侵略の主体」を明白に李承晩と彼の軍隊と規定した。しかし、米軍が介入するや、北朝鮮が主張する侵略の主体が急に変わった。

よく知られているように、戦争が勃発するや否や、緊迫して対応し始めた米国と国連は、勃発から5日目の6月30日に韓国に対する援助の提供と参戦意思を公開的に発表した。6月29日の日暮れ頃にはB-26軽爆撃機18機が平壌飛行場を爆撃し、地上と空中で26機の戦闘機を破壊した[74]。北朝鮮の資料によれば、6月29日に米軍の爆撃機27機が平壌に来襲して爆撃と掃射を加えた[75]。米軍の爆撃機が首都の平壌を大規模に攻撃したということは、今や朝鮮戦争への米軍の全面介入が避けられない事態になったという点を明らかに示してくれるものだった。

事態がここに至るや、鋭く米国の対応を見守っていた北朝鮮の対応は、すぐに

一変した。まず、米軍が参戦した日である7月1日、米国の参戦を激烈に非難する外務相の朴憲永の声明が発表された。この声明で侵略の主体は突然、李承晩が米国の指示によって侵略したものに変わった。つまり、そう創り出された。朴憲永は、7月1日の声明で6月28日の演説とは異なり、李承晩の侵略を明白に「米帝の指示によるもの」と規定、それ以前5日間の北朝鮮による全ての主張とは全く異なる主張を始めた。

「**アメリカ帝国主義者の指示により我が国で同族抗争を勃発させた南朝鮮傀儡徒党……李承晩政府は、自分の主人である米国の指示により**、6月25日に朝鮮で同族相争う内乱を挑発した。アメリカ帝国主義者は、この戦争を挑発しながら武力干渉の方法で朝鮮民主主義人民共和国を壊滅させ、全朝鮮を自分の手中に収めようと計画したのである。朝鮮における同族相争う内乱はまた……東方人民たちの民族解放運動を窒息させるため米帝国主義者に必要なものだった。」[76]

強調の表示は、それ以前の5日間になく全てが追加されたものだった。「李承晩の北侵」は、米国の指示によるもの、またはもう一歩を踏み出して、最初からアメリカ帝国主義者の挑発に変わっていることが分かる。この中で「アメリカ帝国主義者の挑発」という表現は、その後の40年間、今日に至るまで北朝鮮の公式的な表現であると同時に立場である。同日の最高人民会議常任委員会政令も、やはり変わって「万古逆賊の李承晩徒党が我が祖国を植民地化しようとするアメリカ帝国主義者の操作の下に挑発した冒険的な戦争」と規定した[77]。続けて北朝鮮の声明は、朴憲永の変化した対応と同様に「李承晩傀儡政府は、米国の主人の指示により6月25日に朝鮮で同族相争う内乱を挑発した」、「アメリカ帝国主義者は、この戦争を挑発しながら、武力干渉の方法で朝鮮民主主義人民共和国を壊滅させて、全朝鮮を自分の手中に入れようと計画した」と攻撃した。

ふたつ目の、そしてもっと大きな変化は、軍事的な変化だった。米軍の参戦を憂慮しはしたものの、それ以前に迅速に戦争を終えることができると判断していた金日成と朴憲永は、最も憂慮した事態が発生するや、急激に対応が変わった。まず、戦争の速決を予想して投入しなかった部隊を全て投入し始めた。当時の北朝鮮で完全に編成された部隊は、総勢10個師団に1個戦車旅団、5個保安旅団で構成されていた。後方には、予備師団も少なからず準備中だった。しかし、1950年6月25日に戦線へ実際に投入された師団は、7個歩兵師団、1個戦車旅団、1個保安旅団に過ぎなかった。実際の動員兵力も、やはり最大9万名を超えなかった[78]。ある師団は、戦争が早期に勝利で終結すれば「占領部隊として使用する明確な意図の下に」初めから攻撃に投入されていなかった[79]。

また、たとえ極めて多くの準備をするにはしたものの、北朝鮮が動員令を宣布

したのは、米軍の介入が明確になった7月1日になってからだった。外務相の朴憲永による「米帝の指示による北侵」声明が出た、その日であった。北朝鮮の指導部と人民は、最も憂慮した事態が発生するや、鋭敏に緊張したのである。前述したように、金科奉と洪命熹のような場合は、米国に対抗して戦い勝利する可能性に深刻な懐疑を表しもした。7月1日に北朝鮮の最高人民会議常任委員会は「朝鮮人民の不倶戴天の仇敵である万古逆賊の李承晩徒党が、我が祖国を植民地化しようとするアメリカ帝国主義者の操縦の下で挑発した冒険的な戦争とアメリカ帝国主義の侵略的な武装干渉により造り出された祖国の危急の情勢に際して……朝鮮民主主義人民共和国全地域にわたり動員を宣布する」[80]と全面的な動員を宣布した。米軍の介入と同時に全国的な動員を宣布したのだった。これに伴い、1914年から1932年の間に出生した人民は、全て動員の対象になった。

　米軍が介入する中で変化した今ひとつのものは、人民軍最高司令部の全面的な指揮体系の改編だった。北朝鮮は前節で見たように、ソ連の助言を受けて7月4日前後に金日成が「朝鮮人民軍最高司令官」として登場するなど、戦争開始時点の指揮体系を全面的に改編した[81]。この改編が持つ意味は、そしてこの改編にソ連が奥深く介入した意味は、米軍の明白な参戦とソ連の内深く隠れた介入により、戦争が次第に世界戦争としての性格をより濃く帯びていったという点である。

　もちろん、最初に米国は、ソ連の意図について細心の分析があるまでは適切な決定を取らなかった。しかし米国は、韓国における実際の侵略者（*the real aggressor*）をソ連と信じた。その結果、韓国のための決定要因は、常に「ソ連が何をしようとするか（*What will Russia do?*）」だった[82]。実際にフュレ（François Furet）の鋭い指摘のように、冷戦初期の時点でソ連は、未だ核兵器を持ち得ない状態において世界的な平和攻勢の裏で自らの軍事的な劣勢を隠していたのかも知れない。しかし、北朝鮮の韓国攻撃は、ソ連の平和努力を疑わせしめた[83]。

　この関鍵となる判断でワシントンは、ソウルに先んじていた。駐米大使の張勉（チャンミョン）と公使の韓豹頊（ハンピョウク）が北朝鮮による侵略の事実を本国政府の通報ではなく、かえってUPI通信と米国務省を通じて知ったぐらい米国は先んじていた。戦争勃発直後、彼らが米国務省の呼び出しでそこに到着した時、ラスク（Dean Rusk）米国務省極東担当次官補は、駐韓米大使ムチオ（John Muccio）の電報に従って北朝鮮の南侵事実を知らせてやり、「本国政府から何か連絡があったか？」と尋ねた。張勉の答えは「ない」だった[84]。

　米国が現地の韓国大使に戦争勃発を通報し、反面で韓国大使はその時まで知らなかったというこの事実ほど、韓米間の力と対応速度の劇的な差異を示してくれ

る象徴は他にない。彼らが米国務省で会ったのは夜10時40分という遅い時間だったが、ラスクを含めてジェサプ（Philip C. Jessup）巡回大使、ヒッカーソン（John Hickerson）国連担当次官補、ジョンソン（Alexis Johnson）東北アジア課長、ボンド（Niles W. Bond）朝鮮担当官が出て来ていた。

李承晩からの最初の電話は、彼らが米国務省を出た後にかかってきた。

「奴らが攻めて来た。我が国軍は、勇猛に戦っている。しかし、我々の力で撃退できるか心配だ。我々は、最後まで戦う決心と覚悟を持っている。どうやっても米国の援助が至急に到着するよう、積極的に努力せねばならない。」[85]

李承晩の声には、自信感がうかがえた。通話の後、25日未明の1時頃に二人が米国務省に再び入ったが、その時にもラスクらは全員、待機していた。

ムチオの報告と李承晩の要求に関係なく、ワシントンの米国務省情報調査室評価団は戦争が勃発した当日の6月25日、比較的に長い情報評価で「ソ連が6月初め以来、極東地域の全ての最高位ソ連代表をモスクワに呼んで特別会議を持ち、彼らの極東政策を再検討したという兆候が表れていた。したがって、朝鮮における動きは、極東の状況に関連した全ての要因を最も綿密に検討した後で下された決定だと推定される」[86]と診断していた。

駐ソ米国大使カーク（Alan G. Kirk）は、最初から米国務長官に次のような内容を打電した。「国務省に送るソウルの電文が正確であるならば、大韓民国に対する北朝鮮の侵略的な軍事行動は、明白なソ連の挑戦です。これは、自由世界においてソ連共産帝国主義に対抗する米国の指導力に直接的な脅威です。ゆえに米国は、確固かつ迅速に対応せねばなりません。大韓民国は、米国の政策と米国が指導する国連の行動の産物です。大韓民国の崩壊が米国に深刻な悪影響を与え、それは日本、東南アジアおよび他の地域で起こり得るでしょう。……本大使館の見解としては、韓国が希望する支援を提供するという米国の意思発表は、韓国の公式発議を待つ必要もなく、待ってもいけません。」[87]彼は同月27日、ソ連政府に北朝鮮軍が撤収するように影響力を行使してくれ、という意思を表明した[88]。

CIAの6月27日の報告は、北朝鮮の攻撃を「全世界にわたる、特にアジアにおける米国の威信と反共の士気に深刻な打撃を与えるためのソ連の努力を示すもの」と解釈した。「ソ連は、ソ連または共産圏の追加拡張のための計画を確定しようという見地から、米国の対応を確認して見ようと試みている。攻撃が効果的な米国の対応処置を生み出すことに失敗するならば、クレムリンは2つの点、つまり他の地域、特に東南アジアでもう少し野心に満ちた計画を推進し、また台湾を侵攻しようとする中国共産主義者にもっと多くの支援を提供できるよう鼓舞されるであろう。ソ連は、現在は世界的な戦争（*global war*）を受け入れようとはし

ないであろうし（しようというのではなく）、米国の確固かつ効果的な対応処置に直面するならば、朝鮮戦争を放棄したり、そうでなければ局地化（*localize*）したりしようとするだろう。」CIAは、最初から北朝鮮の攻撃をソ連の世界的で地域的な戦略の産物と見るだけでなく、米国の対応によって異なってくるものと見ていたのである[89]。

　世界的な水準で問題を見る時、6月25日以降に戦争は、戦争開始に至るまでのソ連主導とは反対に、今や国連と米国の主導下に展開され始めていた。この点で我々は、ひとつの興味ある比較点を発見することになる。朝鮮戦争前の戦争決定と勃発過程にはソ連が非常に奥深く介入して事態を指導した反面、米国はソ連に比べて、戦争の決定と開始に直接は関連がなかった。しかし、戦争がいったん始まるや突然、反対の現象が起こった。ソ連は、一歩たじろぎ後ろに足を引くように見え、米国が今までとは異なり、素早く近寄って来て朝鮮半島における事態に積極的に介入した。戦争の前と戦争の勃発以降とを分ける2つの大国による対応方式の劇的な転移だった。このようなソ連の二重的な選択、つまり深く介入しておいて表面的にのみ逃れようとする行動形態は結局、米国の選択を容易にした。

　例えば、朝鮮戦争勃発の直後、最初に出されたソ連の声明は注目に値する。ソ連は、米国の即時的な参戦により極めて大きな衝撃を受けたが、朝鮮戦争が勃発するや、素早くこの問題を国内問題に置き換えた。朝鮮における戦争の開始は、李承晩の北侵によるもので、国連での決定が無効ゆえに米国の介入が撤回されねばならず、特に警察行動は正当化され得ないというのだった。そうして「ソ連政府は、他国の内政に干渉しないという基本原則を遵守する政策には変わりがない」と主張した[90]。

　ソ連の「不介入原則」闡明は、すぐさまワシントンに報告された[91]。この声明は、自らの介入を隠蔽しようとする意図の産物だったが、むしろソ連がこれから介入する可能性を米国と国連に低く評価させる契機を提供した。つまり、和田春樹が鋭く指摘するように、むしろ米国は、この声明からソ連がこの戦争に介入しないであろうと確信するようになったのである[92]。戦争勃発直後には、ソ連の国連安全保障理事会への出席拒否も、やはり米国と韓国を助けるというソ連が意図しなかった、意図とは反対の結果を招来してしまった。グロムイコ（A. A. Gromyko）によれば、これはスターリンの意図であった。スターリンが「参加するな」と言い、自分が何度も「我が代表が欠席すれば、安保理は思い通り仕事を進行させ得るようになります。その中には他国から朝鮮に国連軍という仮面を被った軍隊を派遣することも含まれています」と忠告した。だが、それでもスターリンは、これを受け入れなかったと証言する[93]。

別の表現をするならば、国連軍の名前で軍隊が参戦しても、国連の決定に反対しないという話である。国連軍とは即ち米軍を意味したから、これは米軍が参戦しても反対しないということだった。スターリンは、この問題について初めから強硬に不参加の原則を持っていたのである。スターリンによる「国連不参加」の決定は、高度に戦略的な考慮の産物であった。すなわち、たとえ米軍が国連の名前で参戦すると決定することにより、米国が介入しないであろうという自分の予想は外れたとしても、ソ連が安保理に出席して北朝鮮の側に立つならば、それこそソ連が自らの介入を反証する行動に他ならず、それに伴う非難と介入の疑惑から逃れることはできないであろう。スターリンは、その点を恐れたのに違いない。中国の国連加入のような問題は、表面的な名分だった。彼は、朝鮮戦争を決定するまでの過程のように、参加の拒否により不介入を示そうとしたのである。

　両面的なこの人物にあって朝鮮戦争に対する同意の決定は、米国が参戦すればするに任せて、ソ連は予め介入しなかった、または介入しなかったと見えるから、恐ろしい相手である米国との直接対決を避けることができ、米軍が参戦しなければしないなりに、それは更に良い結果をもたらす決定に違いなかったのである。東洋の小さな共産指導者が決行する冒険によって自らの予想される損害が零で、予想される利益が百ならば、それは周到綿密な人物にとって冒険ではないのだ。スターリンは、国連における重要な決定への参加拒否という選択を通じ、介入疑惑を持たせないようにしたのである。なぜならば、結局は北朝鮮の側に立たねばならない参加を選択するかどうかではなく、むしろ初めから参加を拒否して、意思表示を撤回したからである。

　しかし、国連におけるソ連の参加拒否とソ連の不介入意思の闡明は、北朝鮮の行動を共産主義陣営全体の問題ではなく、ひとえに北朝鮮の問題としてだけ縮小させることにより、南北朝鮮間の戦争として描き出そうとしたソ連の意図とは正反対に、国連と北朝鮮の対決構図を創り出してしまった。ソ連が国連で拒否権を行使した場合、国連軍の決定および参戦問題は、大きく異なる方向に展開した可能性が高い。しかし、そうしないことにより、米軍は国連の傘を使えたし、何よりも韓国が国連の傘の下に堂々と入ることができた。冷戦の始まりと共に、今ちょうど出来上がったばかりの世界集団安全保障機構である国連は、自らに対する初めての挑戦に対向して、将来における適切な役割のためにも断固とした意志、行動の正当性、迅速な集合的決定などの先例を見せる外なかった。

　そのような点で、大韓民国政府の誕生を監視し助けた国連朝鮮委員団の最初の反応も、やはり重要だった。6月25日に国連朝鮮委員団が国連事務総長に送った緊急書簡によれば、25日17時15分に4機のヤク飛行機がソウル近郊の飛行場を爆

撃し、航空機、油類貯蔵タンク、車両などを破壊した。永登浦(ヨンドンポ)の鉄道駅も、また爆撃された。同委員団は、全面戦争の性格を帯びた、この国際平和と安全を脅かす重大な事態に対し、事務総長の注意を喚起させた[94]。翌日の書簡で同委員団は、北朝鮮による北侵の主張を証明するに足る何らの証拠も持っていないと語った後、北朝鮮の攻撃が秘密裏に準備され、秘密裏に開始された計画的かつ本格的な攻撃であることを示してくれると言明した[95]。南侵を証言しながら、適切な行動を要求したのだった。

26日の同委員団のいくつかの状況報告は、更に悲観的だった。「事態は急速度に悪化する可能性を持った危険な状況に置かれた」と見た同委員団は、明日ソウルの状況がどうなるか予測できないと報告した。彼らは、北朝鮮が国連の決議を遵守しないであろうと確信していた。そうして同委員団は「現在進行中の北朝鮮軍による軍事行動は、数日内にその目的が完遂される憂慮がある」と報告した[96]。戦争の勃発当日における全面戦争という規定に続き、翌日に状況の深刻さを報告していることが分かる。

国連朝鮮委員団と駐韓米国大使館の報告、李承晩、韓国の政府と国会の反応で共通したものは、この問題を国際化させることであった。すなわち、38度線が破られた時、現地の国連機構、米国大使館、韓国政府が即時に見せた反応の中で正確に一致するのは、この問題を国連に持ち込むことだった。彼らが見るに、この問題は韓国政府による単独対応で臨み得る性格の問題では決してなかった。このような戦争開始の初日に現れた対応の一致は、既に北朝鮮の戦争決定過程で現れたように、朝鮮半島分断の解消問題が、その登場の過程においてもそうだったように朝鮮半島内部の問題でありながら徹底的に国際的な問題だという点を示してくれるのであった。

ある歴史的な事件の本質は、その全体を通じても現れるが、決定的な契機に圧縮されている場合も多い。もちろん、戦争初期の北朝鮮は、国連のどのような決議と勧告も受容しなかった。彼らが理解するに、国連は米国の操縦を受け、韓国の傀儡政府を誕生させた機構だったからであった。北朝鮮は1948年、国連の決定に従い選挙を監視する国連朝鮮委員団の入国時から既に、これを「絶対排撃する」として決して認定しなかった[97]。

国連の立場から問題を見る時、この侵略は、38度線を分かち合う２つの政府の正統性の競争如何を越えて、国連の承認を受けた政府に対する、その承認を受け得なかった集団の武力攻撃を意味した。たとえ国連朝鮮委員団の監視可能な地域に限られていても、国連による韓国の承認と朝鮮半島における唯一の合法政府という事実を挙げて、北朝鮮軍の38度線以北への退却を要求する６月25日の国連安

全保障理事会の最初の決議には、かかる問題意識が明確に表れている[98]。この点は、韓国と米国にとって本当に幸運な問題であり、韓国政府はこの点を確固として認知していた。これは、韓国にとっては幸運だった。

　国連の立場は、そのまま米国の立場と同一であった。韓国政府の支離滅裂な反応の中でも、李承晩ほどこの問題を正確に認知して対応した人物も他にいなかった。彼は、自らの秘密逃亡という理解し難い初期の身の処し方にもかかわらず、問題を見る視野では全く異なる対応を見せた。第1には韓国に入って来ている米国と国連の代表機構、第2には東京のマッカーサー（Douglas MacArthur）司令部、第3にはワシントンの駐米韓国大使館を通じ、そして最後には自らが直接でて行って、李承晩は問題を素早くワシントンと国連が対応すべきものに昇格させることに成功していた。これは、中国とソ連の後援を受けはしたものの、朝鮮半島における戦争を自らの統一問題として認識してアプローチしていた金日成の接近方法と、似てはいても大きく異なるものだった。

　ソ連は金日成を後援する問題で、可能ならば北朝鮮の問題に限定しながら自らの利益を極大化させようとする腹黒い行動を見せた。反面、李承晩は全く異なり、朝鮮問題を初めから公開的に国連と米国の問題にしてしまおうとしていた。金日成がソ連と中国との関係では秘密めいた会合と隠密の意見交換の行動形態を示したのに反して、李承晩は朝鮮半島の問題を公開的に扱い、加えてこれを大げさに仕立て上げ、国際化させる能力を持っていた。彼は、特に状況が未決定のまま極めて混沌としている時、これを単純化させる能力を持っていた。混乱した戦争初期に、国際政治に対する李承晩の現実主義的な対処能力は、光を発していたのである。

　しかし、これはまた、他の代案を持ち得なかった状態における不可避の選択であった。国連と米国の立場も、やはり同様だった。戦争が勃発してから1日も経たずに、この戦争は東京のマッカーサーを経てワシントンへ移り、米国と国連の戦争、そして世界の戦争へ拡大して行った。この迅速な転移は、20世紀の他の戦争、例えばベトナム戦争や湾岸戦争と比較して、朝鮮戦争の大きな差異点だった。李承晩が大成功し、戦争は世界で初めて国連の警察行動により行われるようになった。結局、国連と北朝鮮の対決は、1991年に北朝鮮が国連に加入するまで継続された。

第2章　攻撃と前進

2）単一対決構図の創出：帝国主義 vs. 民族解放

　7月8日に金日成は、米国の介入を非難する特別放送を実施した。この放送は、外務相の朴憲永による7月1日の声明よりも遙かに過激で、敵意に充ち満ちていた。そうだとすれば、北朝鮮はなぜ最初から「米帝の指示による内乱挑発」と主張しなかったのだろうか。それは、戦争を韓国の北侵による韓国の李承晩との戦いに制限し、米国の介入を防ごうという意図からだった。すなわち、自らの攻撃を李承晩の攻撃に対する正当な反撃として規定することにより、いわゆる「正義の戦争（*just war*）」にしようとの意図からだった[99]。

　7月8日の演説で金日成は「万一、帝国主義者たちの直接的な武力干渉がなければ、その走狗たちが起こした同族相争う内乱は終わり、我が祖国が既に統一されて、南半部の人民たちは米帝と李承晩徒党の警察テロ統治から完全に解放されていたであろう」と言及した[100]。統一失敗の要因を米国の参戦と規定したのであった。また演説で金日成は、米帝の介入により戦争の性格が李承晩の侵略戦争から米帝の侵略戦争に変わったと強調した。

　7月27日にはフランスの左派新聞である『ユマニテ（*L'Humanite*）』紙との対談で、再び金日成は「朝鮮における戦争が長期的な戦争になると考えるか、でなければ短期的な戦争になると考えるか」という質問に答える中で「万一、外国の武力干渉がなければ、朝鮮での戦争は既に終息していたであろう」と語りながら「米国の侵略が、戦争を遅延させている」と主張した[101]。

　米軍が介入し、戦況が日ごとに熾烈になるや、7月17日に金日成は、この戦争を明白に「全朝鮮人民と米帝の対決」と強弁しようとした。つまり彼の立場からは、この戦争を米軍参戦以前までの「李承晩逆徒を打倒する統一戦争」から「朝鮮民族を侵略した米国に対抗する民族解放戦争」に仕立て上げる戦略だったのである。韓国軍の高級指揮官と将校に直接、背反を呼びかけた次の演説において、金日成は相当に興奮し、若干は感傷的で、内容の反復が多かった。

「李承晩傀儡軍の師団長と将校に

　人民軍隊の終局的な勝利と李承晩売国逆徒の終局的な滅亡は、もはや時間の問題である。……アメリカ帝国主義者たちは……横暴な武装侵犯を開始し、陸海空軍を動員して我が国の農村と都市と産業、企業を爆撃し、数千数万の我が父母兄弟姉妹と天真爛漫な少年少女と幼子たちを殺戮している。米国の強盗たちは、このような野蛮な爆撃と無差別の虐殺を敢行することにより、我が朝鮮人民を征服して自らの植民地の奴隷にしようと夢想した……。

　李承晩傀儡政府軍隊の師団長たちと将校諸君たちよ！

貴方たちには今、政府もなく、国会もなく、総参謀部もない。彼らはみな逃げてしまい、貴方たちの運命をアメリカ帝国主義者に預けてしまった。きょう貴方たちと貴方たちが指揮している軍隊を誰が命令し、誰が統率しているのか？……貴方たちは、米国の侵略者の側に立って、自分の同族と自分の父母兄弟に反対して戦うのではなく、同族と人民の側に立ち、外国の侵略者である米国軍隊に反対して戦わねばならない……。

　もしも、貴方たちに少しでも民族愛と祖国愛があるならば、米国の略奪者が我が同胞兄弟姉妹を無差別に殺戮し、都市と農村を爆撃する略奪的な戦争の道具になるのではなく、彼らに反対し、祖国と人民の側に必ず立たねばならないはずだ……。祖国と人民のために、人民の側に立って戦え！　人民軍隊の側へ移って来い！　貴方たちが指揮する軍隊をして米国の略奪軍隊に反対して銃を向けさせよ！

　祖国と人民は、貴方たちの義挙行動に対していつでも高く評価し、貴方たちの過去を許容するだろう。……万一、貴方たちが米国の強盗たちに反対して人民軍隊の側へ勇敢に移って来る時には、いま貴方たちが軍隊内で占めているその地位と階級をそのまま保障してやることを声明する。……躊躇せずに人民軍隊の側へ勇敢に移って来い。米帝の略奪的な軍隊を最後の一人まで我が祖国の領土から駆逐、掃討するため、全民族的な救国闘争に皆ともに手を取り総決起しよう！」[102]

　それは、韓国の政府と軍隊が消えたという主張、したがって、ひとえに戦争は朝鮮人民を代弁する唯一の政府である朝鮮民主主義人民共和国とその指導者である自分、そして彼を支持する朝鮮人民と米帝の対立だけが残ったという主張だった。前線司令官の金策も、やはり金日成の演説に従い「韓国政府と国会が崩壊した」と述べつつ、韓国の兵士たちに「祖国と人民の側へ移って来い」と同じ内容を呼びかけた[103]。人民軍隊に寝返って、共に米国に立ち向かおうという総力的な呼びかけだった。

　詩人の李庸岳(リヨンアク)は、憤怒そのものから満足を感じるように、冷血的な呪詛を浴びせかけた。それは、朝鮮戦争前は北朝鮮に滞在して南朝鮮地域のパルチザン闘争を煽動した朴憲永と李承燁の演説から感じとれる雰囲気と余りにも類似したものだった。

「また前へ
　　アメリカ帝国主義の盗人どもを打ち破って
　　虐殺者の米帝を打ち破って
　　たった1つの道を進む
　　人民の荘厳な進撃よ

鋼鉄よ

引き裂き、噛みちぎり

ずたずたに引き裂いて、噛みちぎって肝臓を食らっても

気が晴れない

仇敵の、仇敵の胸倉に

戦車を突っ込もう

……

美しい山裾と野原と青い川と海を

どれだけ多くの愛国者の

濃い血で染めたのか

……

最後のひとりまで、どいつの胸元にでも

戦車を突っ込もう」[104]

金日成による呼びかけの直後、ソウルに残留した韓国の国会議員は全て立ち現れて「北朝鮮支持＝韓国反対」の意思を公開的に表明し、人民共和国の旗の下に米国反対に集結しようと呼びかけた。ソウルに残留した国会議員48名は、7月25日に「李承晩傀儡政府国会議員に送る呼びかけ文」を採択し、「人民共和国を絶対支持する」と述べつつ、南方へ逃げた同僚たちに「1日も早く人民の側へ移って来い」と訴えた。呼びかけ文は「祖国と人民に反対する売国国会はもう完全に崩壊した。我が領土内には人民の国家である朝鮮民主主義人民共和国があるだけで、李承晩逆徒の売国的な反逆政権は粉砕された」と宣言した。自らの所属する政権を否認することにより、既に自分たちは李承晩政権に所属する国会議員ではないという話だった。

彼らは「朝鮮民族の前には全人民が一致団結し、祖国を米帝の武力侵略から1日も早く救援し、愛する父母兄弟をアメリカ帝国主義の野獣的な殺戮から1日も早く救出する以外にどのような道もない」と述べ、「米帝と李承晩逆徒を完全に掃討する、この聖なる戦争に決起参戦せねばならない」と語り、「帰って来い！祖国と人民と正義の側へ」と呼びかけた。

公開された48名の名簿には、金用茂（キムヨンム）、元世勲（ウォンセフン）、呂運弘（ヨウンホン）、安在鴻（アンジェホン）、白象圭（ペクサンギュ）、朴順天（パクスンチョン）、趙素昂（チョソアン）、尹琦爕（ユンギソプ）、梁在廈（ヤンジェハ）、呉夏英（オハヨン）、金雄鎮（キムウンジン）、趙憲泳（チョホニョン）、金始顕（キムシヒョン）、李教善（イギョソン）、趙圭髙（チョギュソル）、崔国憲（チェグクォン）などの名前が挙がっていた[105]。興味深いことに、この48名の名簿には1949年の国会スパイ事件に連座した少壮派議員たちが含まれていなかった。彼ら13名は、後述するように別の声明を発表した。

7月27日の放送に出演した趙素昂は、逃亡した国会議員たちに1日も早くソウ

ルへ帰り、李承晩反逆徒党の逆徒を掃討する人民軍の祖国統一戦争に加担せよと呼びかけた。彼は、米軍は「仇敵で、公の敵であると同時に民族の永遠なる魔鬼」と烙印を押してから「我が人民共和国の正義の旗の下へ、我が祖国統一路線へ立ち返り、アメリカ帝国主義の軍隊に銃口を回させよ」と訴えた。彼は、民族全体の解放のため闘争する道が「皆さんを救援する最後の方法であり、民衆の要望」だと呼びかける[106]。

すぐ続いて放送に出た前大法院長の金用茂は、同僚の国会議員たちに向かい、我々の前に2つのうち1つを選択する道しかないと述べながら、その選択を求めた。「アメリカ帝国主義者の側に立ち、継続して祖国と民族に反逆し、滅亡の深みに陥るか、そうでなければ人民の側へ帰って来て、米帝を我が領土から完全に撃滅する正義の闘争に参加するのか、これである。」[107]

1949年の「国会スパイ事件」に連座した少壮派の13名は7月31日、全員の名前で「米帝の駆逐と李承晩残党の撃滅に積極的な協力を誓約」する声明を発表した。声明は、李承晩の6・25北伐の試図を非難した後、「祖国の4分の3が既に解放されたと言い、李承晩傀儡徒党の滅亡と統一は時間の問題」だと主張した。米帝を駆逐することに総力量を全て捧げようという少壮派所属の議員たちは、他の国会議員と異なり「我が民族の英明な指導者である金日成将軍万歳」を筆頭に、人民軍と朝鮮民主主義人民共和国に対する万歳で声明の終りを結んだ[108]。人民軍将校と兵士に下された全ての命令、指示、そして教育は、もっぱら「米帝侵略者たちの駆逐」に焦点が置かれていた[109]。「朝鮮人民 vs. アメリカ帝国主義」へ構図をゴリ押しして行こうとする北朝鮮の戦略は、余りにも明らかだった。

米軍の介入問題と関連して、最後に検討を要する非常に重要なもう1つの問題は、現代戦の勝敗を左右する北朝鮮空軍の準備程度であった。戦争開始の時点における北朝鮮空軍の準備状況は、スターリンですら可能な限り公開的な支援を躊躇したほど、ソ連の戦争介入を明らかにする要因であると同時に、また北朝鮮が韓国軍だけ相手にしようという意図だったのか、米軍までも考慮していたのかを判別できる判別要因の1つだった。

戦争を始めた時、北朝鮮空軍は62機のイリューシン戦闘機（IL-10）と70機のヤク戦闘機（Yak-3およびYak-7B）など戦闘機132機、輸送機30機を含む総162機の航空機を保有していた。兵力は、約2,000名だった[110]。

このような北朝鮮の空軍力は機種、戦闘力と訓練水準において、日本に駐屯中の米第5空軍の敵手となるにはまるで不足しており、開戦直後からすぐに戦闘力を喪失した。北朝鮮空軍は、明白に韓国空軍だけを想定した空軍力であった。当時の米極東空軍は、1,172機の航空機を保有していた。このうち、戦闘機は553機

だった[111]。イリューシンとヤク機は、米極東空軍が所有したジェット機とは比較にもならなかった。朝鮮戦争が勃発した時、戦闘機は既にジェット機の時代に突入していた。朝鮮戦争は「最初のジェット機による空中戦（first jet air war）」だったのである[112]。しかし、北朝鮮が保有した機種は、ジェット機の時代以前の戦闘機だった。北朝鮮の空軍機は、航続距離が短く、200マイル（約322km）の戦闘行動半径しか持たず、IL-10だけが韓国の南端まで到達できた。

したがって、ある米国空軍兵士は「北朝鮮の戦争計画者は、攻撃を準備する中で自らの攻撃を韓国に想定して、国連が朝鮮戦争に介入しないであろうと判断したに違いない。そのような想定の下で北朝鮮は空軍の目標を、対南優位を確保することに置いただろうと推理できる」と述べ、開戦直後の6月29日に安養（アニャン）で逮捕された北朝鮮軍の操縦士の陳述でこれを確認した。この北朝鮮軍の操縦士は「ソ連軍事顧問官は、我々に南朝鮮爆撃を命令した。なぜならば、彼らは南朝鮮が小型航空機を何台かしか持っていないと明白に知っていたからだった」と語った[113]。したがって、北朝鮮空軍の無力化は予想外に早いものだった。未だ米極東空軍は全面動員されていなかったにもかかわらず、開戦から10日も経たない7月4日までに、北朝鮮軍が保有している航空機の約3分の1に達する47機が破壊された。米空軍の航空爆撃により被害を受けた北朝鮮軍は、もう7月最初の週に南朝鮮地域へ出撃できなかった。これは、彼らが受けた物理的な被害と共に、何よりも米空軍の介入と平壌爆撃に伴う心理的な衝撃を反映している。北朝鮮がこのような空爆があると予想できなかったことは、明らかである。

ソ連の資料によると、7月に入り北朝鮮空軍は、ほとんど戦闘能力を喪失した。6月25日〜7月3日に北朝鮮空軍は36機の飛行機を失い、7月5日の時点では撃墜された飛行機が57機に増加した。7月14日現在で北朝鮮空軍が保有した飛行機は、30機に激減した。このうち、14機だけが戦闘機で、16機は低空襲撃機だった。8月14日の時点で北朝鮮空軍は、たった6名の戦闘機操縦士と17名の低空襲撃操縦士しか保有せず、戦闘機はわずか2機を保有するだけであった。それも整備を完了した戦闘機は、1機のみだった[114]。この時点で北朝鮮空軍は「ないものと同じ」ではなく、既にもう「なかった」のである。

結局、米軍の公式記録は次のように陳述する。
「北朝鮮陸軍には、航空攻撃に対処するための訓練が全くなかったことは明らかだった。戦闘の序盤に第49戦闘爆撃機隊指揮官のスミス（Stanton T. Smith）大佐は『敵軍は、空軍の威力が何か全く教育を受けられなかったか、でなければ大変な勇気を持っているか、2つのうち1つである。なぜならば、我々が橋梁を破壊しても、破壊された橋梁の前に列をなして立っている、敵の車両隊列を攻撃す

る機会を再び得ることができ、機銃掃射を加えてもトラックの上の敵兵たちは避ける考えさえもせず、その場で小銃射撃を始めた』と述べつつ、北朝鮮軍の無知によるものでなければ、我々があのように強打を加えられるとは思えないと語った。」[115]

多くの北朝鮮軍の捕虜の陳述と権威ある軍史に従えば、北朝鮮軍の輸送体系は、もう7月中旬には米空軍の爆撃により壊滅状態にあった。戦争中の北朝鮮軍の内部秘密命令は、このような状態をもっと具体的に示してくれる。北朝鮮軍は昼間戦闘と昼間移動、特に戦車と車両の昼間移動を躊躇するようになり、前方に集積された補給品も分散させ、全ての戦闘員は偽装を徹底する外なかった。このような北朝鮮軍の戦術変更により、航空攻撃に伴う脆弱性は減少した反面、前進速度は遙かに鈍化した。

米極東空軍司令官ストラトメイヤー（George E. Stratemeyer）は「空中戦闘は、短くも簡単だった。朝鮮半島における制空権は、一気に確保された」、「もし北朝鮮が現代的な空軍を保有していたら、朝鮮半島における全体戦況は——陸海空の全ての面で——全く異なったであろう」と語った[116]。敵機による危険がなかったため、航空母艦はもちろん小型護衛空母も、海岸近くから安心して艦載機を投入できた。数的に劣勢だった米第8軍地上軍部隊も、一方的で大規模な航空機による近接支援のお陰で、共産軍が束縛されている昼には移動と機動が自由にできた。北朝鮮軍は、夜にのみ移動と攻撃をする外なかった。戦時に捕獲された北朝鮮軍の命令書が示しているように、航空作戦に対する徹底した準備だった。これは、空軍力の絶対的に劣勢な北朝鮮が地上軍だけで洛東江前線を突破するのはいかに難しいことだったか、をよく示してくれる。

部隊移動も、やはり昼にはトンネルや山岳地帯に隠れ、夜だけ移動が可能なほど米空軍の空襲の威力は莫大だった。部隊を新編成しても、最前線である洛東江岸まで到達するのに数週間から1ヵ月以上も時間がかかった。ある部隊は9月に入って到着、ほとんど戦力の足しになれなかった。序盤の革命の熱情が冷めていき、将兵たちの士気は時間を経るにつれて更に低下していった。士気低下の最も大きな要因は、食糧不足の問題（21.4％）で、空襲に対する恐怖（17.9％）がそれに続くほど、空軍の爆撃は恐怖であった。訓練不足（11.3％）、兵器・装備の不足（9.8％）、休憩不足（8.2％）、強制徴集（6.3％）、死傷者（6.2％）、戦争の名分なし（4.9％）、砲火（4.7％）、同僚の脱走（3.3％）、充員不足（1.5％）、将校の虐待（1.6％）、被服不足（1.2％）、その他（1.7％）などがその後に続く要因だった。食料、装備、兵器のような物質的な側面だけではなく、徴集、虐待、脱走、充員など人間的な側面の要因もまた、それに劣らなかったことが分かる[117]。

ある医務将校の言明は、彼らの士気の変化過程をよく示してくれる。「戦争の最初の1ヵ月間には士気が旺盛であったが、2ヵ月目からは国連空軍の活動が活発化するに伴い、士気が徐々に落ち始めた。8月末から北朝鮮軍は、銃殺されるのが怖くて前進しただけである。」[118]

　マッカーサーは、韓国における作戦の第1段階を整理する7月19日の戦況声明で、今や北朝鮮が勝利を得る機会はなくなったと述べた[119]。この時点で北朝鮮は、まだ支障なく進撃し、常勝し勢いづいていた時であった。スターリンと毛沢東、金日成の論議の過程においては、日本駐屯の米軍と日本軍の参戦問題は考慮の対象でなかったか、参戦したとしても勝利できると想定されていた。しかし、歴史的な実相はそうではなかった。在日米軍は独自に戦争を勝利へ導く能力はなかったが、本土の米軍が進駐するまでの時間を充分に稼ぎ得て、韓国軍と本土米軍の橋渡し程度の役割はできた。

　結局、金日成は後にこの問題と関連して、党内の討論で自ら次のように陳述せざるを得なかった。「我々は、アメリカ帝国主義者のような強大な帝国主義略奪者と闘争する条件の下で、自らの予備部隊を更に多く準備できず、多くの困難があることを完全には計算できなかった。」[120]

　この金日成の言葉は、部下たちを攻撃し非難するためのものだったが、自分自身にも事実を語るものだったのである。つまり戦争は、彼らの誤判により始まったのだった。しかし、その誤判は米国が参戦したゆえ結果的に誤ったというよりも、軍事急進主義が胚胎した帰結としての原因的な誤判であった。要するに、政治の連続ではなく、むしろ失敗の産物だったという点である。

　すなわち、戦争という手段そのものが、一切の政治的な手段を遮断させた非現実的で希望的な思考（*wishful thinking*）の産物だった。希望的な思考とは、政策決定者が特定の信念と価値体系ゆえに自ら見たいものだけを見て、その結果として情報機能で失敗したり、政策実現の過程での障害要因を過小評価したりして、自らが採択した政策の成功可能性だけを過大評価する傾向を言う。そうする時、自らが採択した政策に批判的な情報や警告に対しては目を背けるようになる[121]。北朝鮮の急進軍事主義が、彼らをこのような妄想的な執念に追い立てたに違いなかった。その点で、帝国主義 vs. 民族解放としての単一の対立戦線、単一の旗を創出しようとした試図も、やはり失敗したのであった。

　反面、米軍は表面的には勝利を確信しながらも、内部的にはソ連と中国の参戦に対して鋭く凝視していた。ある極秘文書によると、この一方的に押されていた時点で既に、満州にいる朝鮮族と中国軍、ソ連軍の参戦可能性を鋭意、注視していた[122]。7月11日に合同情報委員会が米統合参謀本部に提出した覚書に従えば、

共産軍が朝鮮半島全域に即時利用可能な外部兵力は、旧満州と華北の2つの地域に配置されていた。満州地域は7万名の朝鮮人兵士を含む56万5千名（16万5千名の前国民党軍を含む）に達し、華北では北京と天津地域において21万名に達した。一方で覚書によると、北朝鮮空軍の強化は、公開的な介入手段が欠如したソ連により初めて可能だった。空軍の強化は、充分な兵站支援を受ける航空隊、航空隊を維持するのに必要な地上兵力、監督要員、そして中国軍や北朝鮮軍に偽装した（under the guise of Chinese and Koreans；原文どおり）飛行乗務員などにより構成可能なはずであった。

　驚くべき内容である外なかった。述べる必要もなく、当時の北朝鮮軍には10月の中国軍の参戦以前に、予め中国に居住する朝鮮族の兵士が多数参戦している状態だった。ある中隊の兵士の履歴を追跡すれば、中国に住所を置いている兵士たちの数字は、実に多かった。つまり、彼らは実際の中国朝鮮族というわけである。ある朝鮮人民軍中隊の把握可能な144名の兵歴のうち、75名が満州地域に住所を置いている人たちであった。半分以上が中国出身だったのである。通化、寛甸、松江、安東、集安、遼東、磐石、瀋陽、吉林、延吉、蛟河など、出身地域も極めて多様であった[123]。

　覚書では、ソ連が極東地域に北朝鮮を支援する、適切な数の航空機と支援要員を保有していると見られていた。もちろん、彼らは極東における自らの位置を威嚇されない中で、南朝鮮地域における作戦を効果的に遂行できた。現代的な爆撃機と戦闘機の出現は、ソ連介入の指標になるであろう。覚書によれば、極東地域には約5,300機のソ連航空機があると推定された。我々は、この報告が後の10月と11月に実際に起こることになる中国地上軍とソ連空軍の参戦事実そのものと参戦の実際の様相という両側面すべてに余りにも一致することについて驚かざるを得なくなる。これは既に、7月6日に口頭で報告されたものだった。

　そうだとすれば米国は、戦争勃発後10日が過ぎた時点から予め中国地上軍とソ連空軍の参戦問題を深刻に憂慮し、準備していたことが分かる。この時点では、やはり驚くべきことだった。中国軍の参戦を具体的に予想した文書が7月の時点で作成されたにもかかわらず、10～11月の米軍による38度線の北侵や朝中国境進撃政策を「誤判（miscalculation）」や「誤認（misperception）」とする通説の解釈には同意できない。

　これと関連した米統合参謀本部のある極秘文書によれば[124]、1950年7月13日に米軍は、敵が7月25日には釜山の安全を威嚇するほどの能力を持っていると考えていた。加えて現在の人民軍は、5日ないし7日あれば満州にいる朝鮮族により7万名程度が増強できた。そのような増強がなされたならば、7月25日までに釜

山を脅かす能力はもっと強化されるのだった。北朝鮮軍はまた、北京〜天津地域の中国軍によっても強化される。約21万の兵力が利用可能であり、彼らが朝鮮半島の戦闘に参加するのに、参戦決定の時点から20日ないし30日程度が所要されるのだった。中国空軍は、わずか3日ないし5日もあれば参戦できた。初めから文書では、ソ連の地上軍と空軍の早期参戦を通じた共産軍のいっそう強化された事態についても深刻に考慮されていた。満州の朝鮮族─中国軍─ソ連軍へ対応の対象が拡大されていることが分かる。金日成の統一戦争の試図は、既に強大国の戦略家たちにとり世界的な規模の安保問題に変転していた。

しかし、前線の対峙は、時早くも均衡へ向かっていた。支離滅裂な様相だった韓国軍は、戦争勃発から1ヵ月後の7月26日、もう戦争前の水準を回復し、94,570名の兵力を揃えていた。そのうち、85,871名が前線に配置されていた[125]。韓国軍は既に、北朝鮮と対等に争えるほどの兵力を回復していた。以後この均衡は、崩れなかった。

加えて空軍力は、圧倒的に米軍が掌握していた。8月16日に米極東空軍は、98機のB-29を動員し、洛東江流域で攻撃準備中の4万名の北朝鮮軍に集中的な絨毯爆撃を加えた。爆撃に使用された爆弾は、500ポンド爆弾3,084発と1,000ポンド爆弾150発だった。この空爆は、地上軍に対する直接支援としてはノルマンディ（Normandy）上陸作戦以来の最大の作戦で、3万発の重砲弾と合わせて、凄まじい攻撃力を持った物々しい爆撃だった[126]。この絨毯爆撃により若木(ヤンモク)から亀尾(クミ)の間の横5.6km、縦12kmの長方形の区域が廃虚となった[127]。

北朝鮮が統一のために洛東江で最終攻勢を試図した8月31日〜9月1日前後における双方の兵力を比較して見れば、世界の両陣営の力が河の両岸からこの河に向けて幾重にも結集された洛東江の血闘は、南北朝鮮により均衡を形成していた。北朝鮮軍は97,850名で、韓国軍は91,696名だった。双方の兵力だけでも対等な水準を保っていた。後者には米第8軍78,762名、米第5空軍3,603名、米第1海兵旅団4,290名、英第27歩兵旅団1,578名などが加わり、国連軍は総計179,929名に達した[128]。ほとんど1対2の比率であった。そうだとすれば、洛東江大決戦の攻防は、仁川の上陸如何に関係なく、その帰結が既に定められていたのかも知れない。仁川上陸作戦の成功以前に、もう北朝鮮軍は押し返される外なかったのである。

退却命令は、そのまま執行されなかった。仁川上陸の成功は、国連軍が散布したビラを通じて洛東江前線にも伝達され、多くの人民軍がこれを知ることになった[129]。人民軍第13師団参謀長の李学求(イハック)は、9月21日に多富洞で米軍に投降した。第105戦車師団第849戦車連隊第1小隊長の金吉信(キムギルシン)（音訳）もまた、21日に自らの

小隊員を連れて集団的に投降した。9月22日に第3師団第1連隊の小銃手である韓相龍（音訳）は、同僚16名と共に韓国軍に投降した。彼らは、強制的に北朝鮮軍に編入された南朝鮮地域の出身者であった。
　後退命令を受けた第13師団第23連隊小隊長の朴鷹道（音訳）は、小隊員に後退せずに投降せよと説得した。中間幹部が投降を命令する人民軍は、既に腰を折られたのも同様、最前線では内部から崩壊していた。しかし、ある人民軍部隊は、仁川上陸の成功を知らないまま、続けて攻撃するように命令を受けた。彼らの一部は、塹壕の中で足首を鎖に縛られたまま、死ぬまで射撃するように追い立てられた[130]。命令なしに後退すれば、督戦隊による銃殺が待っていた[131]。縛られた鎖、それは、私は後退するが、お前は塹壕で死ねという上官の命令だった。

注

1) 『949軍部隊野戦病院綴』National Archives, Record Group (RG) 242, Shipping Advice Number (SA#) 2009, Box 8, Item 95.【以下、順に　NA, RG○○, SA#○○, ○○/○○と略記】
2) Kathryn Weathersby, "New Russian Documents on the Korean War", Woodrow Wilson International Center for Scholars, *Cold War International History Project (CWIHP) Bulletin*, Issues 6-7, Winter 1995-1996; *The Cold War in Asia*, pp. 39-40.
3) 『極秘――射撃（戦闘）日誌』NA, RG242, SA#2009, 6/116. 2.『極秘――射撃（戦闘）日誌』NA, RG242, SA#2009, 6/116. 3.
4) 朝鮮民主主義人民共和国最高人民会議常任委員会「占領――軍事委員会組織に関して（朝鮮文）」、『朝鮮中央年鑑』1951～52年版、平壌、朝鮮中央通信社、1952年、82頁。
5) 同上書、82-83頁。
6) 権泳臻「韓国戦争当時　北韓（朝鮮）の韓国占領地域政策に関する研究（韓国文）」高麗大学校政治外交学科修士論文、1990年、133頁。
7) 『ソ連軍事顧問団長ラズヴァエフの6.25戦争報告書（韓国文）』第1巻、ソウル、軍史編纂研究所、2001年、178-182頁。【以下『報告書』と略記】
8) 『韓国戦争史』第1巻（改訂版）、ソウル、韓国国防部、1977年、541頁。
9) 『韓国日報』ならびに『朝鮮日報』1950年7月2日、『パルチザン資料集』第6巻「新聞編」（1）、春川、翰林大学校アジア文化研究所、1996年、1、163頁。金日成「南半部民主建設経験」、『党熱誠者たちに与える週間報（朝鮮文）』第1号（平壌、1950年8月13日）、40頁。
10) 『朝鮮日報』1950年7月3日。
11) 『解放日報』ならびに『朝鮮人民報』1950年7月2日。
12) 『解放日報』ならびに『朝鮮人民報』1950年7月2日。金日成「ソウル市解放に際

して全国民と人民軍隊とソウル市民たちに送る祝賀文(朝鮮文)」、『金日成全集』第12巻、平壌、朝鮮労働党出版社、1995年、57-58頁。
13) 金日成「ソウル市に派遣される全権代表に与えた指示(朝鮮文)」、同上書、59-62頁。
14) Carl von Clausewitz, *Vom Kriege* (金洪喆訳『戦争論』ソウル、三星出版社、1977年、404頁。)
15) 朴明林『韓国戦争の勃発と起源(韓国文)』Ⅰ、ソウル、ナナム出版、1996年、411-414頁。
16) 前掲『報告書』136-137頁。
17) NA, RG242, SA#2010, 1/87.
18) Roy E. Appleman, *South to the Naktong, North to the Yalu* (Washington, D. C. : Office of the Chief of Military History, Dept. of the Army, 1961), p.53.
19) 『極秘――射撃(戦闘)日誌』NA, RG242, SA#2009, 6/116.2.『中隊戦闘経過』NA, RG242, SA#2009, 6/116.3.
20) 大韓民国国防部戦史編纂委員会『証言録――金弘一』1964年10月26日、添付手稿。
21) 第235軍部隊5課『報告』NA, RG242, SA#2010, 3/43. 第235軍部隊は、人民軍第2師団を言う。萩原遼著、崔兌洵訳『韓国戦争――金日成とスターリンの陰謀(韓国文)』ソウル、韓国論壇、1995年、181頁。
22) 第235軍部隊5課『報告』NA, RG242, SA#2010, 3/43. 北朝鮮と韓国では使われない中国の漢字がたびたび使われていたのを見ると、この報告書綴に入っている報告または命令を作成した将校たちの中、一部は中国で活動していた人物であることが明らかである。本文中の図表も、またそうだった。「電灯」のような用語は、中国の漢字で書かれていた。
23) Headquarters, Far East Command, Military Intelligence Section, General Staff, *History of the North Korean Army* (1952), p.57.【以下 "*HNKA*" と略記】
24) 『報告書』182-184頁。
25) 大韓民国外交通商部『韓国戦争(1950.6.25)関連ロシア文書:基本文献、1949~1953』出版年不明、98頁。【以下『基本文献』と略記】大韓民国外務部『韓国戦争関連ロシア外交文書』内部用翻訳本、1994年、29頁。【以下『外交文書』と略記】
26) 『基本文献』100頁。『外交文書』30頁。
27) 『外交文書』31-32頁。
28) 『基本文献』106頁。『外交文書』32-34頁。Weathersby, *op. cit.*, p. 43.
29) 『基本文献』108頁。Weathersby, *op. cit.*, p. 44.
30) 『基本文献』102-105頁。エフゲニー・バジャーノフ/ナタリア・バジャーノバ著、金光鱗訳『ソ連の資料で見た韓国戦争の顛末(韓国文)』ソウル、ヨルリム、1998年、79-81頁。Weathersby, *op. cit.*, pp. 42-43.
31) 「朝鮮民主主義人民共和国最高人民会議常任委員会政令 金日成首相を朝鮮民主主義人民共和国人民軍最高司令官に任命することに関して(朝鮮文)」(1950年7月4日)、『労働新聞』1950年7月6日。『朝鮮人民報』1950年7月7日。前掲『朝鮮中

央年鑑』1951〜52年版、84頁。
32) 李潤「陣中日誌（4）1960.6-8」、戦史編纂委員会史料342号。
33) *HNKA*, pp. 41, 43. 朱栄福『私が経験した朝鮮戦争（韓国文）』1、ソウル、高麗院、1990年、228-229頁。
34) *HNKA*, p. 95.
35) *HNKA*, p. 96. 呂政『赤く染まった大同江（韓国文）』ソウル、東亜日報社、1991年、15頁。
36) 『基本文献』107頁。Weathersby, *op. cit.,* p. 43.
37) 『朝鮮人民報』1950年7月8日、前掲『パルチザン資料集』第6巻、14頁。
38) 『朝鮮人民報』1950年7月11日、同上書、20頁。
39) 大韓民国外交通商部『韓国戦争（1950.6.25）関連ロシア文書：補充文献、1949〜1953』出版年不明、73頁。【以下『補充文献』と略記】Weathersby, *op. cit.,* pp. 43-44. バジャーノフ／バジャーノバ、前掲書、82頁。
40) 『基本文献』74頁。
41) Nikita Khrushchev, *Khrushchev Remembers——The Glasnost Tapes* (1990), Jerrold L. Schecter with Vyacheslav V. Luchkov, trans. and ed. (Boston: Little Brown and Company, 1990), p. 146.
42) 朱栄福、前掲書、268頁。
43) Daniel S. Stelmach, "The Influence of Russian Armored Tactics on the North Korean Invasion of 1950", Ph. D. Thesis, Department of History, Saint Louis University, 1973, pp. 123-125.
44) "Prisoner of War Preliminary Interrogation Report". この資料は現在、韓国国防部軍史編纂研究所（国防軍史研究所）が入手、保管している膨大な戦時捕虜調査予備報告書である。【以下『研究所文書』と略記】
45) "Statement of PFC. John E. Martin, 359th Engineer Aviation Supply Port Company, Bordeaux, France", *Korean War Atrocities ——Hearing before the Subcommittee on Korean War Atrocities of the Permanent Subcommittee on Investigations of the Committee on Government Operations United States Senate, Eighty Third Congress, First Session Pursuant to S. Res. 40, part* 1 (Washington, D. C.: United States Government Printing Office, 1954), p. 31.
46) 『朝鮮全史年表』II、平壌、科学百科事典出版社、1981年、180-181頁。呉基完によれば、金日成は6月29日の夜、平壌からソウルに来て三角池郵便局の建物の中で共産軍最高戦略会議を開いた。しかし、このようにいち早く金日成がソウルを訪問したというのは、信じ難い証言である。『民族の証言（韓国文）』第1巻、ソウル、中央日報社、1983年、336頁。
47) 『朝鮮全史』第25巻、平壌、科学百科事典出版社、1981年、175-176頁。『朝鮮全史年表』II、180頁。
48) 『朝鮮全史』第25巻、244-247頁。『朝鮮全史年表』II、181頁。『偉大な首領　金日成同志の革命歴史（朝鮮文）』平壌、朝鮮労働党出版社、1982年、326頁。『自主時代

の偉大な首領　金日成同志（朝鮮文）』第4巻、平壌、社会科学出版社、1988年、196-197頁。
49）　Appleman, *op. cit.,* pp. 207-208.
50）　*HNKA*, p. 41.
51）　*HNKA*, p. 56.
52）　*HNKA*, p. 57.
53）　*HNKA*, p. 53.
54）　*HNKA*, pp. 41, 63.
55）　前掲『研究所文書』41。
56）　前掲『外交文書』40頁。
57）　前掲『補充文献』77-79頁。
58）　『補充文献』80-81頁。
59）　『補充文献』82-83頁。
60）　金日成「朝鮮民主主義人民共和国創建2周年に際して陳述した放送演説（朝鮮文）」（1950年9月11日）、『金日成選集』第3巻、平壌、朝鮮労働党出版社、1953年、74-103頁。
61）　「8・15解放5周年祝賀葉書」、NA, RG242, SA#2009, 2 /127.
62）　林和「踏めばまだ熱い砂場を越えて（朝鮮文）」、「独占発掘『おまえ、どこにいるんだ』北朝鮮で米帝スパイとして追われた林和の最後の詩集（韓国文）」、『ハンギル文学（韓国文）』1992年夏号（通巻13号、ソウル）、186-187頁。
63）　金史良「洛東江畔の塹壕の中で（朝鮮文）」、「海が見える──馬山、鎮州で（朝鮮文）」、金在枏編『金史良作品集──従軍記』ソウル、サルリム、1992年、48、68-70頁。
64）　Appleman, *op. cit.,* pp. 382, 395.
65）　白善燁『軍と私（韓国文）』ソウル、大陸研究所、1989年、64頁。
66）　白善燁『長く長い夏の日1950年6月25日（韓国文）』ソウル、地球村、1999年、62、77-78頁。
67）　『老兵たちの証言：陸士八期生会（韓国文）』ソウル、陸軍士官学校第8期生会、1992年、614頁。
68）　『長く長い夏の日1950年6月25日』87頁。
69）　著者はこの言葉を世界大戦の意味よりも世界的な規模の戦争だったという制限的な意味で使用しようと思う。
70）　この問題についての詳細な論議は、朴明林、前掲書、305-318頁、を参照されたい。
71）　「朝鮮解放戦争の歴史的勝利と人民軍隊の課業について──朝鮮人民軍第256軍部隊管下の将兵たちの前で行った演説（朝鮮文）」（1953年10月23日）、『金日成著作集』第8巻、平壌、朝鮮労働党出版社、1980年、133頁。
72）　「ユマニテ新聞記者マニアン氏の質問と朝鮮民主主義人民共和国内閣首相金日成将軍の回答（朝鮮文）」1950年7月27日、『朝鮮中央年鑑』1951〜52年版、20頁。
73）　前掲『朝鮮全史』第25巻「祖国解放戦争史」第1巻、118-119頁。

74) Robert F. Furtrell, *The United States Air Force in Korea, 1950〜1953* (Washington, D. C.: Office of Air Force History, United States Air Forces, 1983, Revised Edition), p. 98.
75) 『朝鮮における米国侵略者たちの蛮行に関する文献集（朝鮮文）』平壌、朝鮮労働党出版社、1954年、5頁。
76) 前掲『朝鮮中央年鑑』1951〜52年版、91-92頁。
77) 同上書、83頁。
78) Appleman, *op. cit.*, p. 19.
79) *HNKA*, p. 23.
80) 『朝鮮中央年鑑』1951〜52年版、83頁。
81) 前節参照。
82) James F. Schnabel, *Policy and Direction: The First Year*, Korean War 40th Anniversary Commemorative Edition (Washington, D. C.: Center of Military History, United States Army, 1992, First Printed 1972), p. 67.
83) François Furet, Translated by Deborah Furet, *The Passing of an Illusion: The Idea of Communism in the Twentieth Century* (Chicago: University of Chicago Press, 1999), p. 421.
84) 韓豹頊『李承晩と韓米外交（韓国文）』ソウル、中央日報社、1996年、88頁。
85) 同上書、89頁。
86) United States, Department of State, *Foreign Relations of the United States*, 1950, Vol. Ⅶ (Washington, D. C.: U. S. G. P. O., 1976), pp. 149-150.【以下 "*FRUS*" と略記】
87) *Ibid*, p. 139.
88) *Ibid*, p. 204.
89) CIA, "Memorandum: The Korean Situation" (June, 27, 1950), Harvard University Lamont Library, *Government Documents* (Microfilm).
90) 「南朝鮮軍隊の北朝鮮地域に対する攻撃と関連して米国政府に送るソ連政府の声明」(1950年6月29日)、「米国の朝鮮に対する武力干渉に関するソ連外務省副相（次官）グロムイコの声明」(1950年7月4日)、ソ連科学アカデミー東洋学研究所、韓国国土統一院訳『ソ連と北韓（北朝鮮）の関係 1945〜1980（韓国文）』ソウル、110-119頁。
91) *FRUS*, 1950, Vol. Ⅶ, pp. 229-230.
92) 和田春樹著、徐東晩訳『韓国戦争』ソウル、創作と批評社、1999年、162頁。
93) Andrei. A. Gromyko著、朴炯奎訳『グロムイコ回顧録（韓国文）』ソウル、文化思想社、1990年、125-126頁。
94) United States, Department of State, *United States Policy in the Korean Crisis* (Washington, D. C.: U. S. G. P. O., 1950), p. 12.
95) *Ibid*, p. 20.
96) *Ibid*, pp. 20-21.

97) 「朝鮮人民は国連朝鮮委員会を絶対に反対する（朝鮮文）」、『旬間北朝鮮通信』No. 20（平壤、1948年2月上旬号）、1‐2頁、NA, RG242, SA#2005, 1/8.
98) "The Requestment of the Cessation of Hostilities in Korea" (S/1501)（原文どおり、1950年6月25日), Y. H. Chung, ed., *The United Nations and the Korean Question* (Seoul: The U. N. Association of Korea, 1961), pp. 162-166.
99) これについては、朴明林、前掲書、305-318、435-453頁。
100) 『朝鮮民主主義人民共和国軍事委員会委員長で朝鮮人民軍最高司令官であられる金日成将軍の放送演説（朝鮮文）』平壤、国立出版社、1950年7月13日、NA, RG242, SA#2010, 1/8. これは、7月8日の放送演説がわずか5日でパンフレットとして作られ、ばらまかれたことを示している。前掲『朝鮮中央年鑑』1951～52年版、18頁。
101) 『朝鮮中央年鑑』1951～52年版、19-20頁。
102) 朝鮮民主主義人民共和国人民軍最高司令官金日成「李承晩傀儡軍師団長たちと将校たちに（朝鮮文）」(1950年7月17日)、『朝鮮人民報』ならびに『解放日報』1950年7月18日、『パルチザン資料集』第6巻、33、195頁。
103) 朝鮮民主主義人民共和国人民軍前線司令官（原文どおり）金策「南朝鮮傀儡軍兵士たちに（朝鮮文）」(1950年7月17日)、『朝鮮人民報』ならびに『解放日報』1950年7月19日、同上書、35、197頁。
104) 李庸岳「敵の胸元に戦車を突っ込もう（朝鮮文）」、『朝鮮人民報』1950年7月20日、同上書、38頁。
105) 『朝鮮人民報』ならびに『解放日報』1950年7月26日、同上書、50、212頁。
106) 『解放日報』1950年7月29日、同上書、218頁。
107) 『解放日報』1950年8月2日、同上書、226頁。
108) 『解放日報』1950年8月1日、同上書、224頁。新聞に公開された13名の名前は以下のとおりである。金若水、盧鎰煥、李文源、朴允源、金沃周、黄潤鎬、徐容吉、金秉会、姜（康）旭中、李亀洙、裵重赫、崔泰奎、辛成均。
109) NA, RG242, SA#2009, 4/18. 1‐4/18. 3., SA#2009. 4/19.
110) Furtrell, *op. cit.*, pp. 19, 98.
111) *Ibid.*, p. 58.
112) Conrad C. Crane, *American Airpower Strategy in Korea, 1950-1953* (Lawrence: University Press of Kansas, 2000), p. 1.
113) Furtrell, *op. cit.*, p. 98.
114) ロシア国防省文書保管所文書群139、目録133、文書綴2830, pp. 13, 16, 29, 74. 田鉉秀「ソ連空軍の韓国戦参戦（韓国文）」、『韓国戦争史の新たな研究（韓国文）』1、軍史編纂研究所、2001年、634-635頁。再引用。
115) Furtrell, *op. cit.*, p. 85.
116) *Ibid.*, pp. 102-103.
117) Robert F. Furtrell, *United States Air Force Operations in the Korean Conflict*（韓国空軍本部訳『UN空軍史——韓国戦争』(上)、ソウル、空軍本部、1975年、87頁。）

118) 同上書、87頁。
119) "General MacArthur's estimate of the military situation, July 19, 1950", *Military Situation in the Far East ──Hearings before the Committee on Armed Service and the Committee on Foreign Relations United States Senate* (Washington, D. C.: U. S. G. P. O., 1951), pp. 3381-3382.
120) 金日成「現情勢と当面課業（朝鮮文）」（1950年12月21日）、『朝鮮中央年鑑』1951〜52年版、28頁。
121) Robert Jervis, *Perception and Misperception in International Politics* (Princeton: Princeton University Press, 1976), pp. 356-372. ニクソン（Richard Nixon）によれば、朝鮮戦争は「米国（アチソン；Dean Acheson）の不正確な陳述（*misrepresentation*）に基づいた北朝鮮の誤判（*miscalculation*）の産物」だった。Richard Nixon, *The Real War* (New York: Warner Books, 1980), p. 254. しかしニクソンは、アチソン演説と北朝鮮の戦争決定の間の事実的な相関関係を明らかにできないでいる。
122) "JCS 1924/17： Note by the Secretaries to the Joint Chiefs of Staff on Capabilities of Chinese Communist Forces, Including North Korean Communists now in Manchuria, to Intervene in the Korean Situation" (11 July, 1950. Top Secret), 前掲『研究所文書』369.
123) NA, RG242, SA#2009, 1 /54.
124) "JCS 1924/19: Estimate of the Situation in Korea (Top Secrete)" (13 July, 1950),『研究所文書』5.
125) Appleman, *op. cit.,* p. 191.
126) Furtrell, *op. cit.* (rev. ed.), p. 139.
127) 前掲『長く長い夏の日1950年6月25日』70頁。
128) Appleman, *op. cit.,* pp. 382, 395.
129) 以下の内容は、"Prisoner of War Preliminary Interrogation Report" に根拠を置いたものである。
130) 『長く長い夏の日1950年6月25日』86頁。
131) 林憲一「秘蔵手記──私は北傀（北朝鮮）軍の総佐だった（韓国文）」、『月刊世代』1970年9月号、ソウル、241頁。

第3章　韓国の対応：混沌

1．初日：38度線からワシントンまで

1）李承晩の最初の対応：「世界的な地域戦争」へ

　1950年6月24日、昼間のどかで麗らかだった春川(チュンチョン)の真向かいにある38度線の天候は、24時から薄霧がかかり、今すぐにでもじめじめとした雨が降るような天気に変わった。25日午前4時からは、霧と共に雨が降り始めた。同日午前5時からは暴雨に急変し、すぐに視界が遮られた。春川の真向かいにいた人民軍第2師団は、雨と共に戦車を先頭にして、滑るように38度線を越え始めた。韓国軍が判断するに、人民軍は訓練が立派になされていた。個々の装備は、大したものではないと思えた。しかし、士気は旺盛だった。敵の企図は「1ヵ月内に釜山まで占領する」（原文どおり）と言うほど、士気旺盛であった。長い間の38度線の警備と人民軍の度重なる越境事件、濃霧や暴雨、深い緑陰により、最初は敵の意図を即刻、把握するのは容易ではなかった。

　午前5時30分に韓国軍第6師団第2連隊第1大隊は、陰陽里マクチャンコル付近に侵入した人民軍と激烈な交戦を展開した。双方は、火花が散るような激戦を繰り広げたのである。しかし、砲の支援を受け、戦車を先に立てた人民軍は、3倍の優勢な兵力を以て力強く押し寄せた。同大隊は、午前6時まで持ち堪えたが、20分後の6時20分に撤収を開始した。力不足だった[1]。

　著者が春川地域における初の遭遇を例挙するのには、理由がある。今まで初戦において最も立派に戦ったと評価される第6師団がこの程度だったから、他の地域での状況は言う必要がなかった。ずんずんと大きな歩みで踏み出す敵の数は、時間が経つにつれて、これを防ごうと立ち上がった人々を圧倒する巨大な津波のように押し寄せた。朝鮮戦争前に足下がふらついていた韓国は、果たして彼らを阻止して生存できるであろうか？

　ソウルの正面を防御していた韓国軍第1師団（師団長・白善燁）第12連隊（連隊長・全盛鎬(チョンソンホ)）による6月25日から26日までの「開城地区戦闘」報告を見よう。この報告では、天候と地形条件が全て防御者に不利だと見ていた。当日の明け方の天気は、雨天と暗雲で攻撃者に有利であった。双方が置かれた地形も、やはり

防御者の機動に不利だった。しかし、もっと決定的なのは人的な要素であった。当時、第12連隊の総兵力は将校127名、兵士2,479名だった。しかし、臨時休暇中の兵力は将校14名、兵士316名、定期外出により部隊を4km以上離脱していた兵力は将校52人、兵士712人で、同部隊の残留兵力は1,461名であった。そのうち、連隊の戦闘地付近の84km内に配置された兵力は第2、第3大隊の「800名程度」（原文どおり）だった。全体の兵力のわずか3分の1だけが実際の防御戦闘に投入されたのである。この統計は「6月25日、38度線は空だった」という俗説が事実であることを示してくれる。

　同連隊が初めて攻撃を受けた時点は、午前5時45分だった[2]。当時の開城方面の攻撃を担当していた人民軍部隊は、方虎山（パンホサン）が率いる屈強の第6師団であった。

　ある部隊史によると、人民軍の第3師団は、抱川地区の梁文里（ヤンムンリ）で韓国軍第7師団第9連隊第6中隊を軽く一蹴、午前3時30分にもうこの地域を占領した。第6中隊は、人民軍の攻撃を受けて午前4時に後退していた[3]。25日午前1時には陸軍本部状況室に第17連隊から現在、国師峰（ククサボン）稜線から兵力未詳の北傀軍（ママ）が接近していると緊急報告が入った。午前3時と3時30分には第1師団および第7師団から、それぞれ渡河用の舟艇の運搬と戦車の轟音についての報告が入った。いくらか後、敵の砲弾が全陣地に継続して落とされているという緊迫した状況報告が入って来た。当日の朝、金鍾泌（キムジョンピル）と共に陸軍本部状況室を守っていた作戦局大尉の曺秉雲（チョビョンウン）によれば、江陵（カンヌン）、春川、甕津からほぼ同時に緊急報告が入って来た[4]。戦争であることが明白だった。

　在韓米軍事顧問団（Korean Military Advising Group: KMAG）の韓国軍第1師団第12連隊顧問官ダリーゴ（Joseph R. Darrigo）大尉は1950年6月25日の朝、開城の東北の近所にある松嶽山（ソガクサン）麓に留まっていた[5]。彼は6月25日、38度線沿線にいた唯一の米軍将校だった。砲声が空中を飛ぶ音に、大尉はハッと目が覚めた。彼は、片手にズボンと靴を、もう一方の片手には軍服の上着を持ったまま、寝床から飛び出した。開城に向けて南側に車を走らせたが、味方は見えなかった。開城駅の汽車からは、15両の車両から2〜3個大隊の兵力にあたる北朝鮮兵士たちが下車していた。開城は、もう敵兵に占領されていた。共産軍は、その日の朝9時に開城を占領した。

　第1師団顧問官のロックウェル（Lloyd H. Rockwell）中佐は、同師団長の白善燁から戦争勃発の知らせを聞いた。白善燁は、午前7時に師団作戦参謀の金德俊（キムトクジュン）少佐から前方で敵が全面的に侵攻して来たという報告を受けた[6]。沈着で緻密な指揮官の白善燁は、事前に準備されていた防御計画に従い、防御作戦の開始を指示した。

第6師団顧問官マックフェイル（Thomas D. Mcphail）も、やはり戦争の開始と共に敏捷に動いた。韓国軍第10連隊顧問官ケスラー（George D. Kessler）少佐が戦争勃発の知らせを聞いたのは、午前5時だった。彼はすぐ、敵が三陟（サムチョク）の南北2つの地点へ上陸しているという報告を受けた。同連隊長と一緒に東海岸沿線を迅速に視察するや、敵船が既に海岸に着き、大隊兵力が上陸して来ていた[7]。

　戦争勃発の現場にいた在韓米軍事顧問官たちは、韓国の軍や政府の誰よりも機敏に動いた。彼らと在韓米大使館と国連朝鮮委員団が、この戦争は北朝鮮軍の全面攻撃で始まったという判断を下し、東京、ワシントン、ニューヨークへ支援を要請するまでには、わずか一日もかからなかった。いったん戦争が始まるや、この地点へ全てが素早くも奥深く引き込まれていった。

　「来る、来る」と思いつつも人民軍が実際に押し寄せて来るや、韓国軍の初期対応は極めて混乱に満ちていた。6月25日明け方の午前4時30分頃、陸軍本部情報局日直将校の金鍾泌は、前方の抱川方面の第7師団情報処にいる日直将校から差し迫った声の「落ちています。正に落ちています」という北朝鮮軍による砲撃の報告を受けた[8]。彼は即刻、北朝鮮人民軍の全面南侵だと判断した。

　1948年の分断以後、どれほど繰り返して継続されていた南侵の噂や南侵の情報だったか。実際に陸軍本部情報局（局長・張都暎（チャンドヨン））では、1949年12月27日に朴正熙（パクチョンヒ）（文官、情報作戦室長）、金鍾泌、李永根の主導下に年末総合情報報告を作成、北朝鮮の南侵可能性に関して詳細な報告をしたことがあった[9]。しかし、北朝鮮の攻撃についての多くの情報は、反共政権による脅威動員戦略として記録されただけであった。そのような意味で見ると、李承晩政権は自らの度が過ぎた脅威動員戦略により、北朝鮮の切迫した攻撃可能性について信頼を提供できないことで、彼らに一種の奇襲を許容したわけだった。

　6月24日の北朝鮮軍の緊迫した動きは、韓国軍の情報関係者たちをひどく緊張させた。韓国軍は6月22日付の作戦命令により、翌日の6月23日24時を期して6月11日午後4時から維持されていた「作戦命令第78号」という非常警戒命令を解除した[10]。「作戦命令第78号」は、決定的に重要な内容を含んでいた。前方を任されている第1、6、7、8師団および第17連隊は、管轄下の非常警戒態勢に万全を期せと指示されていた。そして、38度線を往来する者は誰であっても逮捕して、応じなければ発射せよと命じていた。首都防衛を担当する首都警備司令官はじめ第2師団、機甲連隊も、やはり警備の万全という命令を受けた。以上の全ての部隊は、南北朝鮮間の秘密道路の封鎖には特別措置を講究すると同時に、情報の収集および夜間の警戒に万全を期すことも命じられていた[11]。

　命令どおりに執行されてさえいたら、いや命令が取り消されさえしなかった

ら、初期の攻撃に対する備えとしては相当に充実した内容であった。しかし、戦争直前のこの重要な命令は、前方部隊から北朝鮮軍の移動動向が継続して報告される、侵攻を受ける直前の時期に完全に解除された。38度線の北方ラインへ一度に全て展開した北朝鮮軍の大規模な動きが、いくら隠された秘密の展開だったとしても、咫尺の距離で向かい合った韓国軍に全く捕捉されないのは不可能だった。

　非常警戒が解除された翌24日午前、陸軍本部作戦情報室は逆に、北朝鮮軍の全面攻撃が切迫したとの判断を下した。最高首脳部の非常警戒の解除と情報当局の切迫した非常事態の到来予測、これは折り合わない流れであった。6月24日は土曜日だったにもかかわらず、陸軍本部は午後3時に陸軍参謀総長の蔡秉徳（チェビョンドク）をはじめとして緊急参謀会議を開いた。戦争開始の約12時間前だった。もちろん、この時点の特別な対応で事態を元に戻すには、もう余りに手遅れだった。いわゆる南北交易事件で解任されていた蔡秉徳は、1950年4月10日から再び陸軍参謀総長を任されていた。これに先立って情報局北韓（北朝鮮）班長の金鍾泌は、24日午後に情報局長の張都暎に切迫した侵略の兆しについて緊急敵情ブリーフィングを行った。緊急参謀会議には、人事局長の姜英勲（カンヨンフン）、作戦局長の張昌国（チャンチャングク）、軍需局長の楊国鎮（ヤングクジン）大佐が参加した。金鍾泌は「北朝鮮が38度線の全前線にわたり戦闘師団と戦車砲を展開、配置して今日か明日に攻撃して来るだろう。……敵が攻撃を敢行するならば今夜か、それとも明日になるだろう」と報告した[12]。

　会議で蔡秉徳は、情報将校たちを東豆川（トンドゥチョン）、抱川、開城地区に急派し、敵情を正確に収集して、25日午前8時までにその結果を総合報告せよと指示した[13]。彼も、ひどく不吉な予感を直感していたのだろうか？　ある資料は、彼が不吉な予感ゆえに自ら情報局に現れ、諜報収集の指示まで下したと記録している[14]。会議の直後に陸軍本部情報局は、敵の攻撃準備態勢とその活動を直接に確認するため攻撃の数時間前、戦闘情報課の金丙季（キムビョンゲ）少佐に38度線の北方に侵入して敵情を確認、報告せよと命令した。偶然にも情報局には、1961年の5・16軍事クー・デタを主導する張都暎、朴正熙、金鍾泌が全て布陣していた。

　金正淑（キムジョンスク）大尉が指揮する東豆川諜報派遣隊は、東豆川北方の全谷（チョンゴク）方面の敵情を探索するように命令を受けた。金京沃（キムギョンオク）大尉が指揮する開城諜報派遣隊は、開城北方の鶏井（ケチョン）方面へ浸透して入った。しかしながら、数時間後の侵略に備えた暴雨の中の敵陣への侵入は、全ての準備を終えた敵の侵略に、何とかして対策を立てるには余りにも遅い時点であった。敵陣に派遣された者たちが敵情を把握、報告もしないうちに、攻撃は始まった。金正淑の隊は、26日午前9時に陸軍本部へ帰って来て、把握した情報を報告したが、戦争はもう始まった後だった。金京沃の隊

は、やっと陸軍本部が大田へ後退した後になって帰任、報告できた[15]。

　人民軍が全て前線への投入を終えて、最後の攻撃命令のみを残している時点の24日夜、事態は極めて緊迫した状況へ至った。だが、蔡秉徳はじめ韓国軍の首脳部は同日、将校クラブにおける晩餐で次第に深く酒に酔っていった。一部は正体を失うほど酒に酔い、韓国の伝統的な酒文化そのままに深夜を過ぎて、2次会、3次会を楽しんだ。攻撃15日前の6月10日、電撃的に断行された人事異動により前方師団長と陸軍本部首脳部の大部分が交代して、自部隊の掌握や任務の把握をできない状態だった。加えて、北朝鮮の反復する侵略情報に備え、防御計画を主導した作戦局長の姜文奉（カンムンボン）もまた渡米留学待機の発令を受けていた。何よりも継続して維持されていた非常警戒の解除（6月23日24：00）に、約3分の1に達する兵士は、24日（土曜日）から休暇や外出に出て幕舎から離れていた。攻撃直前の時点の泥酔は、韓国軍の首脳部を北朝鮮の侵略初日の朝なおさら静かにさせた。首脳部のほぼ全員が、就寝または二日酔い状態にあったからだった。

　密かに移動した後、餌に向かい乾坤一擲の勝負をかける直前で待機している一方と、混乱した人事異動と再配置、休暇と外出、パーティと二日酔いを露呈した他方。爆発直前における南北朝鮮のこの相反した行動の組み合わせは、一般の理解を超越する到底かみ合わない組み合わせだった。

　25日夜明けに第7師団の報告を受けた金鍾泌は、北朝鮮による攻撃の事実を即刻、陸軍本部情報局長の張都暎に報告した。「局長殿、起こりました」。金鍾泌は「全前線で敵が猛砲撃中」だと報告した。前日の陸軍本部の深夜パーティに参加した後、夜おそく宿所に帰って来て就寝中だった張は、これが北朝鮮の総攻撃だと判断、拳銃を帯びて直ちに陸軍本部へ飛んで行った。張都暎自身の記憶によると、夜明け5時になる少し前だった[16]。戦争勃発の事実は、すぐ陸軍総参謀長の蔡秉徳に報告された。彼は最初、第6師団第7連隊長の林富澤（イムプテク）中佐から副官の羅最綵（ナチェグァン）中尉、夫人の白慶和（ペクギョンファ）を通じて侵攻の報告を受けたが、そのまま横になって寝ていた。彼は、昨夜の深夜パーティにより未だ酒から充分に覚めぬ状態で、しかも就寝中に戦争勃発の報せに接しなければならなかった。蔡秉徳は、戦争勃発の約2時間前である25日午前2時に家へ帰った。しかし、陸軍本部の日直司令から前線の切迫した状況の報告を受け、蔡秉徳は当直将校の金鍾泌を呼び出し、きつい平安道方言——蔡秉徳の故郷は平壌だった——で「全軍に非常召集をとれ」と命令した。もちろん、全軍に下された非常召集は、日曜日であるのに加えて外出中の兵士らが多く、「非常」に執行され得なかった[17]。

　事後記録によれば、6月25日明け方6時に陸軍本部は「作戦命令第83号」として攻撃に対する最初の対応命令を下した。陸軍本部は「北朝鮮傀儡軍は25日04時

を期して38度線全域にわたり南侵をほしいままに行った」と述べつつ、韓国軍が25日午前6時を期して非常事態に突入すると命令した。将兵たちの休暇、外泊、外出および教育は一切、中止された。休暇、外泊、外出中の将兵たちは全員、帰隊せねばならなかった[18]。蔡秉徳が陸軍本部に到着したのは、戦争の勃発から3時間が経った午前7時過ぎだった。陸軍本部には未だ情報局長の張都暎と作戦次長の李致業(イチオプ)大佐だけしか来ていなかった。陸軍本部の非常動員命令には、陸軍本部でさえ体系的な対応をできなかった。第1線の部隊でもまた、日直勤務者を除外しては大部分が外出中だったため、迅速に伝達されなかった。

　陸軍本部は、春川の第6師団、江陵の第8師団、甕津の第17連隊の状況を知る方法が全くなかった。国防長官の申性模(シンソンモ)は日曜日の休暇中で、即刻の連絡さえ取れなかった。本名が申チョルだった彼は、商船艦長をするうちに国防長官となった人物ゆえ、軍事と安保問題についての知識が全くない人であった。蔡秉徳も、やはり実際に兵士の指揮経歴がない、初代憲兵司令官を務めた張　興(チャンフン)の評価に従えば「大隊長の知識もない人」だった[19]。申性模から蔡秉徳へ連なる最初の韓国の指揮体系は、決して戦争の勝利のための体系ではあり得なかった。

　6月10日に作戦局長に新しく任命されて陸軍本部の最も重要な職責を引き受けていた張昌国は、家に電話が架設されておらず、当日の朝に戦争勃発の事実さえ連絡を受けられなかった。6月25日の朝9時に西大門(ソデムン)の近所にある彼の家を探そうと、憲兵の白い巡察車が流す「陸軍本部作戦局長張昌国大佐殿、非常事態です」という街頭放送を聞いて、彼は飛び出した[20]。最高首脳部の最も重要な補職である作戦局長の自宅に、電話さえ架設されていなかったのである。彼は、著者との数次の対談で「6・25はまるで、みすぼらしい防備ゆえ常に気を揉んでいるうちに、そのままうっかり眠ってしまった時に突然、泥棒に入られたような事件」だと評価した。

　しかし、そのうっかり眠った事件が疲れのためだったか、無意識的な不注意だったのか、そうでなければ、ある見えざる手の動きによったのかは、今だにベールに包まれている[21]。我々は、あれほど北朝鮮の南侵可能性を反復して強調していた韓国軍の余りに遅い初期対応に驚くことになる。「電撃的な攻撃──遅く出た対応」が1950年6月25日、北朝鮮と韓国が見せた相反する行動の組み合わせだった。南北朝鮮の軍指導部は「あふれる革命の熱情──朦朧とした二日酔い状態」と表現するほどに対比された。6月24～25日の韓国は、歴史の決定的な瞬間に現れる真空状態を連想させる。

　当時、李承晩の秘書だった黄　圭冕(ファンギュミョン)の証言によると、暴風が吹きつけた日の朝、38度線で戦争が勃発した時に韓国大統領の李承晩は、秘苑の半島池(ピウォン)でのんびりと

第3章　韓国の対応：混沌

釣りを楽しんでいた[22]。釣りは、日曜日になると李承晩がいつも行う暇つぶしだった。彼ともう一人の李承晩の秘書だった閔復基によれば、景武臺警察署長の金長興総警から李承晩は、午前9時に北朝鮮の南侵報告を受けた。しかし、国防長官の秘書を任されていた申東雨中佐に従えば、国防長官の申性模が午前7時に蔡秉徳の報告を受けてから、朝早く報告しようと景武臺にやって来たと証言する[23]。黃圭冕も、やはり大統領の秘書だったが、電話がなかった。ともあれ、官邸へ帰って来た李承晩は、戦争が勃発してから6時間が経った午前10時頃、臨時国務会議の招集を指示した[24]。

　最初に閣僚会議の開催を指示した李承晩は、駐韓米大使ムチオに会っていた。戦争が起こった日の午前11時35分、大統領官邸でムチオと会った時、李承晩が示した認識は、急迫した非常事態下における沈着さ、洞察力、事態の展望、そして緻密な戦略的な考慮など多くの面で我々を驚かす。この記録は、李承晩の初日の反応としては最も詳細なものである[25]。李承晩に会った時、ムチオは既に韓国軍本部を訪問した後だった。もちろん、彼は10時に、ワシントンと東京に向かい北朝鮮の全面南侵を報告した後であった。事態が勃発するやムチオは敏捷に動き、彼を環の接点として38度線〜ソウルの状況が即座に東京〜ワシントンと連結された。

　ムチオに会った時、初めに李承晩は極度の緊張状態を見せていた。ムチオは、東京の連合軍司令部が午前10時に状況を認知したという点を知らせてやり、ソウルの状況が平穏で正常である点も理解させた。李承晩は、韓国が更に多くの武器と弾薬を必要とすると言った。戦況に対する評価は、李承晩がムチオよりは少し悲観的だった。より多くの支援をもっと素早く引き出すための考慮も作用していたであろう。

　李承晩は、状況を議論するため午後2時に閣僚会議を開こうと思うと言いながら、ソウルに戒厳令（*martial law*；原文どおり）を宣布して国民に状況を知らせねばならないと述べた。彼は、この状況は自分が国民に長い間ずっと警告してきたので、人々に驚きとして迎えられないと言及した。この言葉は言い換えると、やはり自分も大きな驚きを持って事態を迎えなかったという意味だった。しかし、李承晩は戒厳令を宣布しなかった。その理由は、未だ明かされていない。

　李承晩は、必要ならば老若男女、国民に石と棒を持ってでも戦えと訴えようと考えていた。彼は、充分な武器と弾薬さえ与えられたら、その話が口から口へ広がり、国民の士気を奮い立たせると信じていた。驚くべきことに彼は、自分は韓国を「第2のサラエボ（*a second Sarajevo*）」にすることを避けようと努力してきたが、もしかすると現在の危機が「朝鮮問題を一挙に解決するための最善の機会

(the best opportunity for setting the Korean problem once and for all)」を提供してくれたのかも知れないと述べた。彼は、共産主義の侵略に対抗しようとする米国の世論が日々に強力になっていると言及しつつ、米国が台湾で現状を維持しようという措置を取ってくれることを希望した。なぜならば、中国の共産主義者たちを当分の間、縛っておきたいからだった。

第2のサラエボ回避についての言及、すなわち朝鮮がいつか世界大戦の発火点になるかも知れないという認識、朝鮮問題の究極的な解決である統一の機会として侵略を活用したいという構想、米国世論の判読、中国問題に対する認識は、正確な判断だった。彼は、歴史を環として電光石火のように韓国と世界を結び付けていた。この老練な現実主義者の頭の中では、北朝鮮の奇襲が統一の絶対的な好機として迫って来たのに違いなかった。6・25以前の単独政府の主張と勃発以後の一連の対応から推測して判断するに、李承晩は自分が6・25を始めたのではないが、6・25攻撃を統一の機会と見なす覚悟を固くしていたのが明白だった。北朝鮮は、この老反共闘士に「一度は張り合って見ようという意味で先に刀を抜いた格好」だった。

戦時に韓国政府が公式に配付した李承晩大統領の写真。
資料：National Archives

25日午後2時に開かれた国務会議は、大統領が主宰した。陸軍総参謀長の蔡秉徳は、後方の師団を進出させて反撃を敢行すれば、充分に撃退できるだろうと報告した。会議は午後3時30分に散会した。しかし、もう李承晩は自分の手下たちの話を深く信頼しなかった。彼は、国際政治について頑是無い若造である申性模と蔡秉徳を信じなかった。彼は問題の核心、すなわち台風のように押し寄せる、この巨大な共産の波高を超える力は、東京のマッカーサーとワシントンにあることを直ちに見抜き、問題をあの高い国際水準へ押し上げる構想を稲妻のように考え抜いていた。平素ゆっくりした李承晩は、非常な時期には誰よりも素早く決断を下す能力を持っていた。

朝鮮戦争前から彼は、金日成の背後にはソ連がいると意図的に声を張り上げていた[26]。1948年12月にマッカーサーの招請で東京に行った時、李承晩は多少唐突に「ソ連は、北朝鮮軍に物資を供給しており、中国で事態が落ち着き次第、即時に南侵するよう圧力を加えている」と攻撃した[27]。事実の如何に関係なしに李承晩は、意図的にソ連を挙げて非難しているのだ。彼は、この自分の言明について

朝鮮戦争直前に次のように言及している。

「今までモスクワから韓国を侵略せよという『青』信号（"green" light；原文どおり）を北朝鮮に下せないようにしたのは、ひとえに共産主義と妥協しないという韓国民の決意と共産主義に対する私の断固たる態度ゆえだ。

ソ連は継続して物品を送っていたので、その声明書に新しいことはなかった。しかしソ連は、このような共謀関係で非難されることを望んでいないし、**正にこれゆえ私がその声明を発表したのだ**。その結果、その後2ヵ月間に全てのソ連兵力を北朝鮮から撤収せよという命令が下されたのである。」[28]（**強調**は引用者）

李承晩は、自分の強硬な対ソ警告が北朝鮮に南侵の許可を下してやれなかった理由だと認識していたのである。これは、ソ連が韓国への介入によって非難されないようにするという事実を、正確に見抜いて非難したことを語ってくれる。彼は非常に正確にも、金日成ではなくスターリンを引っ掛けて釣り上げていたのである。我々は、李承晩が「韓国の安全は米国の安全に直接、関係する」と言いながら米国を引き入れ、「ソ連は中国で共産革命が成功すれば、北朝鮮をして即時に南侵させよと圧力をかけている」と攻撃してソ連を引き込むことにより、朝鮮問題を国際問題に上昇させようと努力しているのが分かる。

ソ連に対する直接的な攻撃は、ソ連が北朝鮮の戦争勃発に連累するのを望んでいないことを知り、北朝鮮ではなくソ連に向けて「南侵するように圧力をかけている」と公開的に攻撃し、ソ連を断念させようとする意図の産物だった。彼がソ連に食い下がった理由は、ソ連が共謀関係により非難されるのを望まないことを知っていたからであった。金日成が米国を理解していたのに比べ、李承晩はスターリンを遙かによく分かっていた。いや、ずっと前から李承晩は、旧韓末以来の朝露関係の歴史およびロシアの行動形態をよく知っていた。李承晩の青年時代の世界観と意識形成に関する最も優れた研究によると、反共思想に先立つ彼の反露思想は、既に彼が過激な改革思想により5年7ヵ月（1899年1月～1904年8月）間に漢城（ハンソン）監獄にあった時期からずっと確固たるものだった[29]。

柳永益（ユヨンイク）によれば、彼の反共思想の根になる反露思想の形成は、17～18世紀のロシアの対外膨脹政策の基本構想を盛り込んだピョートル大帝（Peter the Great）の遺言「俄彼得大帝顧命」を監獄の中で読み、自分のノートに写してからであった。この遺言は、歴史的にロシアの無限な領土への欲望を証明する材料として使用されてきた資料だった。彼は、自分の有名な著書『独立精神』でもこの文を要約して紹介するほど、長きにわたり徹底的な反露路線を堅持していた[30]。朝鮮の領土を虎視眈々と狙ってきたと鉄石のように認識してきた、そのようなロシアが支持して後援していると判断した戦争に遭った時の彼の対応は、予見されたもの

であった。もちろん、青年時代から李承晩の親米主義は確固としていた。したがって、彼が救国のため米国に走り寄ったのは、ソ連と対応する唯一の米国の力量から見て、そして国際情勢から見ても彼の歴史認識に照らして見ても、余りにも当然であった。

　金日成がソ連と中国の同意を求める時、統一の必要性と若干の哀願を織り交ぜたとすれば、李承晩は米国に援助を要請する時、反共の必要性と若干の脅迫を織り交ぜて押し付けた[31]。李承晩は、いつもそうであった。この点で朴正熙と彼は、似た者同士だった。朴正熙もまた反共と経済発展をごた混ぜにしたが、米国に対して東アジアの対共産安保における韓国の戦略的な重要性を誇張するのに熟達していた。二人はそのために、国民を適切に動員する術も知っていた。

　李承晩は、ギャアギャアと声をあげて騒ぎ、法螺を吹いて、自分たちの戦略的な重要性を浮かび上がらせて初めて、その時にこそ国際社会がこの格好の悪い小さな韓国に目を向けるということを、長年の米国生活を通じて生来的に認知していた。彼は、国家の生存方式を自分の政治生命と結合させる能力さえ保有していた。この高度の政治技術は、国家、民衆、民族、自分自身、その中でいずれの利害を最もよく反映したかという評価の問題を越えて、彼に勝利をもたらした第1の要素だった。国内政治においても彼は、いつも待っていたものが決定的になる時は、顔面の筋肉をびくっとして、息つく暇もなく事態を突然に自分が目標とした地点へ追いやり、貫徹する能力を繰り返して見せた。独立運動を通じて弱小民族の悲哀を切々と悟った彼が、第2次世界大戦の終戦以前に長年の米国生活で体得した最高の学習は、弱小民族の現実は自尊心だけではダメだという、ある種の冷徹な物悲しさだった。李承晩は、いつものろのろして、もどかしいような中にも、他の人が見つけ出せない術を先に見つけ出す、特に乱麻のように絡んだ事態の核心をまず把握する鋭さを持つ指導者であった。

　米国に対する最初の措置も、そうだった。国内的にはまた、非常事態に関する措置を宣布したことも、そうであった。李承晩の行動がのろくて敏捷でなく、また何よりも言葉が遅いため、彼の眼中の判断と頭の回転が遅いと考えるならば、それは李承晩を全く見誤ることだった。彼は常に、自分が事態の中心にいると考え、4月革命で権力の座から追い出される時まで、いつも事態を掌握していた。伝統的な君主のような朝鮮王朝の儒教的な自尊意識と権威意識に加えて、問題を見透かす彼の非常な現実把握能力は、ライバルたちを簡単に弾き出し、部下たちを身動きできないよう掌握した。それは、国際権力が衝突して渦巻く国内政治を持っている冷戦の前方哨所の国家において、彼に12年間も権力を維持させ得た秘訣だった。彼は何よりも、道徳ゆえに判断を躊躇する他の指導者たちとは異なり、

第3章　韓国の対応：混沌

政治の現実と道徳を分離する能力を保有していた。さらに進んで彼は、現実のために道徳を動員する術を知る指導者であり、その逆ではなかった。それは、彼に現実的な勝利と道徳的な非難を一緒にもたらした要素だった。

２）名分 vs. 現実、道徳 vs. 理想：首都死守と後退の間で

　６月26日にCIA局長ヒレンケッター（R. H. Hillenkoetter）が見るに、ソウルの陥落は差し迫り、ソウルの陥落以後に組織的な抵抗が維持される可能性は希薄だった。米統合参謀本部議長は、ソウルが陥落するならば、抵抗は意味がないと見なした。ヒレンケッターは、韓国の凝集された抵抗がこれから24時間を超えてまで継続され得るか疑わしかった[32]。ソウルの死守問題は、自由主義陣営の心臓部ワシントンにとっても深刻に迫って来ていたのである。しかし、未だ危機意識は、戦禍に陥っているソウルと比べるところにはなり得なかった。

　急迫した危機の到来と共に、ソウルは急速に分裂した。左派と右派の理念的な分裂はもちろん、指導層内の名分と現実の対立もまた、いち早く表面化した。戦争の到来と一緒に現れた閣僚たちの反応の中で最も面白いのは、統一と外交の問題を担当していた外務長官の林炳稷（イムビョンジク）による最初の反応だった。彼は、総務処長の全奎弘（チョンギュホン）から「38線の動向が怪しく、おそらく全面南侵のようだ」という戦争勃発の情報を聞いて「今や来るものが来たなあ」と思った[33]。まるで予想したかのような反応だった。

　当日、数多くの南侵情報に接していた陸軍本部情報局長の張都暎は、陸軍本部状況将校である金鍾泌の報告を受けて「来るものが来たな」と短く言った[34]。「来るものが来た」という言葉は、1961年５月16日にクー・デタ軍を迎えた尹潽善（ユンボソン）の言明として有名だ[35]。そんな言葉を彼が実際に発したか否かをめぐり、長い論争が進行しもした。しかし、このような言明は５・16に先立ち、既に６・25を迎えて林炳稷と張都暎が抱いた考えだった。尹潽善の言葉をクー・デタ勢力との内通として解釈できないように、彼らの言葉を戦争の到来に対する正確な事前認知として解釈するのは無理である。

　しかし、林炳稷や張都暎と尹潽善との10年の時差を置いたこの奇妙な一致は、自分たちの不足に対する反省、または相手の行為に対する正当性の付与如何を越えて、巨大な事態の到来以前から人々の口にしばしば上った切迫する予想可能な事態に対して、それが実際に到来した時に同一の認識を示してくれる点で興味深い。それは、余りにも大きな衝撃に伴う絶望の表現であり得るし、自暴自棄を含む表現でもあり得た。巨大な歴史的事件は、何の兆しもなく突然に出現しはな

い。

　多くの国民もやはり林炳稷と同じ考えを抱いたほど、当時の状況は戦争の兆しを多くの場所で示していた。問題は、そのような危険を乗り越える意志と能力を双方が持っているかということだった。李範奭は、最初から自分が6・25戦争を「予期していた」と証言した36)。戦争の到来を予測したという右派のこの言明は、後に南侵を誘導したという左派的な解釈の根拠となった。

　6月27日の夜中1時に非常国務会議が開かれた時、問題は既に「首都ソウルの死守」と「撤収」の如何に集約されていた。しかし、李承晩はこの国務会議に参席しなかった。会議に先立ち、外務長官の林炳稷は、事態をこのようにしたことについて「申性模、こいつ、殺すべき奴」と国防長官に悪口を浴びせた37)。安保に責任を負う二人の主務長官として、国防長官に対する外務長官の呪詛は、韓国政府の実像を加減なしに示している。非常国務会議の劈頭、国防長官の申性模による報告は、以前と同様に安逸で楽観的なものだった。前国務総理の李範奭による面責と制止で、申性模の締まりのない戦況報告は途中で中断された。李範奭は、ソウル死守、ソウル周辺における抵抗と時間確保、そして遷都する3ヵ所の中で1つを至急に決定せねばならないと述べて、座中を緊張させた。

　彼自身の証言によると、撤収後に敵が漢江を越える直前に、その速度を遅らせるため漢江鉄橋の爆発を提案したのも李範奭だった38)。これは、今日まで論争点となっている。会議に参加していた李允栄の回顧によっても、李範奭の証言は事実だった39)。ソウル上空には、既に北朝鮮軍のヤク機の爆音が聞こえて来ていた。李範奭は、現在の戦勢から見て代案はソウル放棄と撤収ではないかと述べつつ、問題はソウル市民に対する措置問題だと言った。彼はその実、問題の核心を読んでいたのである。対応策をめぐり国務会議の参加者たちは、首都死守論と首都撤収論に分れた。2つの見解は、激烈に対立した。寸陰を争う累卵の危機における2つの見解、理想と現実をめぐる愛国の2つの方法を詳しく見よう。

　首都死守論の代表者は、逓信長官の張基永だった。彼は「我々は今日、この席に身動きせずに残って死ぬ恨みがあったとしても、ソウルを守らねばならない。我々が死んで初めて、民主主義の芽は死なずに力強く伸びていくだろう」と絶叫した40)。現実主義者の李允栄は、国家の生存と外交の水準から問題に接近、遷都を強調した。

　「我々が気分だけでソウルにいるうち、大統領をはじめとして政府がなくなれば、主人のいない国家の危難を友邦が後援しようとしても、誰を相手にするのだろうか？　後退とは、捲土重来のための戦略上の後退だ。我々が市民と運命を一緒にしたとしても、ソウルが陥落し、政府の閣僚が捕まるとしよう。その後、こ

の国はどうなるのか？　悲憤慷慨だけで一時的な感情の満足は得られるが、国家を生かそうという程度にはなり得ないのだ。我々が一緒にいるとして、それが市民を生かす方途ではない。腕1本や足1本を切られても頭が完全ならば生きられるが、頭脳のない手足は死んだのである。」[41]

　明瞭な葛藤は、朝鮮戦争前に北朝鮮地域で最大の被害を受けて追い出されたことがある教会でも例外ではなかった。6月27日に開かれた会議で北朝鮮出身の牧師たちは、首都死守と殉教を主張した。新義州(シニジュ)から越南した韓景職(ハンギョンジク)牧師は、殉教できないならば日帝時代の神社参拝による罪過を贖罪する道がないだろうと強調した。反面、ソウルの金鍾大(キムジョンデ)牧師は首都死守を決意するとして何になるかと言いつつ、それならば、どうして北朝鮮地域で教会を守れずに出て来たのかを尋ねた。彼は、犠牲だけ増やし加えるのなら、避難が賢明な選択だと主張した。結果は、死守決意だった。これは、ほとんどの教派で同一であった。しかし、殉教を主張し、首都死守を主張した教職者も、やはり翌日には皆ソウルを脱出せねばならなかった[42]。暴力の恐るべき威力は、教職者たちに殉教か否かの問題として迫って来たのである。

　張基永と李允栄の2つの見解は、ひとつの国家の危機への対応が分かれる重大な含意を含んでいる。しかし、大部分の長官たちは、大変な事態の前に適切な発言をできず、ただ呆然と座っていた。この深夜の国務会議は、李允栄の提案に従い水原への遷都を決定した後、市民撤収問題は論議さえしないまま閉会してしまった。結局、結果は遷都決定だった。国家存亡の危機において、政府の移動は不可避なことだった。しかしながら、問題は正に後退自体ではなかった。問題は、自分たちは秘密裏に後退しながら、政府が首都死守を反復して表明したところにあった。李承晩もまた、大田へ逃亡した以後にも肉声録音を通じ、このような虚偽の決戦意志を継続して市民たちに流布した。市民たちは、政府を信じて最初はほとんど動かなかった。

　このような政府の職務遺棄という犯罪が莫大な市民の被害をもたらしたのは、もちろんであった。ソウル市民の相当数が残留した理由の1つは、このような政府の欺瞞による棄民と漢江橋の早期の爆破に伴う孤立にあった。しかし、国民を放棄した政府は、のちに戦局が逆転されるや、撤収せずに残った市民たちを対象に国家反逆行為の如何を調査し、厳重な処罰を下した。国民の立場から過去の奸臣と忠臣を基準に分類するならば、敵の侵入を迎え、国民を捨てて逃げた者たちこそ奸臣だった。だが、その奸臣どもは後に、残っていた国民たちを処罰しようと再び出て来た。愛国と売国が入れ替わる瞬間であった。国民を騙した政府が国民を審判しようと現れたのが、国家反逆者の処罰だった。

韓国の国会も、やはり遅い対応は同様だった。国会は25日の1日を無駄に送った後、26日午前11時から本会議を開いた。国会に出席した申性模と蔡秉徳は「敵が南侵を開始したが……少しも心配する必要はない。軍の苦情は、命令がないので38度線を越えて攻勢作戦を行えないことだ。もしも攻勢を取るならば、1週間以内に平壌を奪取する自信がある」と報告した[43]。しかし、国会は申性模の報告とは反対に「非常時局に関する緊急決議案」を採択した。「緊急決議案」で国会は、敵の侵攻を受けている38度線地域の軍警と住民たちを激励するため、国会議員で構成された慰問団の戦争地区への派遣を決議した。また国会は、緊急軍事費の支出のための権限を政府に付与した。午後2時に再び続開された国会は、国連と米議会および米大統領に送るメッセージを採択した。メッセージで韓国々会は「国家的な危機」を迎え、「世界平和に対する破壊行為」を防ぐための効果的で時宜適切な支援を訴えた[44]。国会も、やはり体制を維持してくれる力の根源がどこにあるかを正確に知っていたのである。

金龍禹（キムヨンウ）によると、蔡秉徳は国会で「4日以内に平壌を陥落させる」と豪語した。鄭一亨（チョンイリョン）は、申性模と蔡秉徳が国会で「3～5日以内に平壌まで占領できる万端の準備と強力な軍隊を備えている」と報告したと証言する[45]。彼らの報告は、事実であろう。戦争が勃発する以前から韓国軍の高位指導部の一部は「朝飯はソウルで、昼飯は平壌で、夕飯は新義州で」という言葉で北朝鮮に対する自信感を披瀝していた。実は、このような好戦性を同伴した統一意志の表現だった自信感の表出は、実際の戦争能力とは懸け離れた言辞だった。戦争が実際に勃発して敗走する時も、彼らの非現実的な嘘には変わりがなかったのである。

国会は、深夜時間の27日午前1時に非常国会を再び開いたが、議員たちが出席せず、ようやく議決定足数である過半数を満たせる程度だった。政府と同様に議員たちの間では首都死守論と首都撤収論がぶつかり合い、激論が繰り広げられた。死守論の論理は、国民を代表する国会が国民を捨てることはできないという主張であった。撤収論の根拠は、死守は戦術的にも戦略的にも無意味であるという立場だった。名分論と現実論への両分化は、危機に直面した時いつも現れる韓国政治の古典的な対応様態であった。しかし、このような論争の帰結が常にそうであるように、名分を主張する側が優勢なのが普通だった。

彼らは全く守れないし、死守する実際の意志もないのに「国会は、1百万の愛国市民と共に首都を死守する」という内容の「首都死守」を決議した[46]。「死守決議」直後、家へ戻った彼らは、自分の家族を呼び集め、寸刻を争ってソウルから抜け出す競争を繰り広げた。ある国会議員は、家族たちに早く脱出する支度をしろと予め電話で知らせていた。死守決議と実際行動の乖離が示す彼らの行動形態

第3章　韓国の対応：混沌

から、誰に向かって国家を死守しろという決議だったのか、我々は問わざるを得ない。国会が首都死守を決定する時点で李承晩は、もう既にソウルを去っていた。

韓国々会議長の申翼熙（シンイクヒ）と同副議長の曹奉岩（チョボンアム）がその「首都死守」決議を伝えようと景武臺に立ち寄った時、彼らは大統領がもう撤収したという話を聞かざるを得なかった。首都死守の決議を接受する政府が、逃亡を決め込んだのである。まるで互いが、誰がいち早くソウルを抜け出したかという脱出競争をするようだった。大統領は、まんまと国会までも騙してソウルを抜け出したのである。結局、申翼熙と曹奉岩は、再び国会へ帰って散会を宣布した。議員たちは、どよめきつつ急いで家へ帰り、家族と一緒に大慌てでソウルを抜け出す準備に忙しかった。李承晩に続き、政府と国会の高位層によるソウル大脱出が始められたのだった。

実は、申翼熙でさえ曹奉岩とは異なり、自分の部下である尹吉重（ユンキルジュン）に「君を置いて私が一人で行くものか」と一緒に避難しようと約束しておいて、何の連絡もなしに家族と一緒に先にソウルを抜け出して行った。しかし、以前に共産主義者だった曹奉岩は「今は政府の虚言を咎めている暇もない。死ぬか生きるか、政府がある所へ行き、政府と運命を共にするしかない」と強い忠誠心を示した。そう言いつつ彼は、ソウルに残って議員たちの避難費用を用意してやったり、重要国家機密文書を移したりするなど、急ぎの後始末をしてから何とかやっと脱出した。曹奉岩が命からがら脱出し、大田で李承晩に会った時、李承晩の最初の一言は「ソウルに残り、人民委員長になったとか……」であった。残って後始末をした人々を含み、政府と一緒に市民を捨てて慌てて逃げなかった人たちは、彼には親北朝鮮の共産主義者に見えたのである。尹吉重は、この事件を契機に申翼熙の部下から曹奉岩のそれとなった[47]。民衆に先立った指導層の脱出の試図は、大田でも釜山でも全く同じく反復された。

しかし、ソウルにおいて駐韓米国大使館の動きは、韓国政府機関の驚愕と混沌よりも秩序整然としたものだった。戦争勃発の当日ムチオ米国大使は、国連朝鮮委員団を訪問し、韓国軍が敵を撃退できるだろうという自分の期待を表明した[48]。ムチオは、ドラムライト（Everett F. Drumright）参事官を通じてKMAGから午前8時に初めて状況の報告を受けたが、過去2年間にわたり継続された38度線における武装衝突ゆえに、状況が正確に分からなかった[49]。ソウル時間で25日午前10時、ワシントン時間で24日夜9時26分、最初に打電したムチオのワシントン向け報告は、4時に甕津から始められて6時に開城、春川、東海岸の江陵へ拡大し、10時現在は開城が10台の戦車により陥落したことを知らせる、韓国に対する北朝鮮の全面的な攻撃を打電する内容だった[50]。もちろん、米国務長官アチソン（Dean Acheson）は、UP通信の緊急報道により朝鮮半島における戦争勃発

の事実を先に知っていた。この事実の接受後、米国政府の最初の動きは、この問題を国連へ持ち込むことだった。それは世界の歴史上、最初の国連軍の結成をもたらし、韓国をその最初の受恵国家とした。

今だ米軍の本格的な参戦が決定される以前だったが、ムチオは米軍の介入を成功させるため、在韓の米国人を撤収させながらも戦争の翌日、韓国人に向かい勝利の信念を植え付けるために努力した。1945年から48年まで我々がハッジ（John R. Hodge）の言明からワシントンの意思を予め読めたように、ムチオの言明はワシントンに先立ち現場でその意志を表明するものだった。ムチオは戦争勃発の翌朝、韓国の放送に出て来て「我々は、興奮の中で24時間を送った。我々は、長くも長い苦痛の一夜を耐えてきた」と述べながら、このように語った。

「民主主義の韓国軍の立場は、今日の夜明けにより強化され、昨夕の微弱な立場と比べれば、更に強固になった。私は、大韓民国の国軍将兵に最も深い感激と最高の尊敬を捧げるものである。彼らは、夜の暗い中で勇敢に戦った。……勇気と不屈の決意により、彼らは卑劣な敵が浴びせかける最も野蛮な攻撃を阻止した。……この場で確言できるのは、独立した大韓民国の国民の自由を愛護する正当な目的は達成されるだろうということである。」[51]

駐韓米国大使館は、韓国の政府および軍よりも遙かに落ち着いて対応した。彼らは、迅速に後退を準備し、実際にそれを実行に移した。非戦闘員の米国人たちは、戦争勃発の翌日6月26日午前1時に仁川へ後送を始め、27日午前9時には、もう全て安全に漢江を通過した。仁川からのラインホルト（Reinholt）号、釜山からのパイオニア・デイル（Pioneer Dale）号などを含み、29日まで総勢2,100名が海路ならびに空路で韓国から日本へ輸送された。そのうち1,527名が米国人だった[52]。このような撤収計画（*plan*）は、既に朝鮮戦争前に東京の連合国軍最高司令部と共同で作成されていたのだった[53]。しかし、民間人の輸送計画に劣らず迅速になされたのは、韓国政府の維持、米軍の参戦、そして国連軍の結成であった。

北朝鮮の脅威は大きく見え、ソ連軍の意図と力が深く介在したのが明白だったのに応じて、米国の対応は敏捷であった。そして、それは恐怖に包まれた韓国の混乱に比べれば、遙かに体系的だった。特に、初戦に見せたムチオの役割は、倒壊する韓国軍と政府を奮い立たせるのに決定的な役割を遂行した。傍らから見守ったノーブル（Harold Noble）の話を聞いて見よう。

「彼は、米国の実質的な支援が進行しているという点を挙げて韓国の指導者たちを説得しない限り、彼らの衝撃と恐れが彼らを圧倒し、彼らはもうそれ以上は指導者として生き残るのが難く、戦争は敗北して、自由大韓は死亡するだろうと

第3章　韓国の対応：混沌

いう点をよく知っていた。しかし、(米国の侵略阻止のための) 決定が下されもしない前に、大韓民国政府が崩壊してしまうならば、どうなるのか？　結局、侵略者を阻止できるよう米国が助けてやる人はいないだろうし、侵略者たちは征服に成功するであろう。……この決定的な時点に大韓民国政府が生き残れるのか死ぬのかという問題は、本当に冷や冷やする事だった。誰よりもムチオ大使こそ、この政府が共産軍により粉砕される前に倒壊するのを防いでくれた。……ムチオ大使が団結と希望の根拠を与えなかったならば、数日内に大韓民国政府が衝撃と敗北感に陥った人々の恐怖の中で消えてなくなったかも知れないと私は思う。」[54]

　ワシントンは、戦争の開始と同時にこの問題を自らの問題としてしまった。このようなワシントンの迅速な対応は、即ち李承晩の戦略の成功を意味した。以後、米国は戦争が終わる時まで、この戦争から一寸たりとも離れなかった[55]。

2．「事実上の国家」、李承晩の秘密脱出

　李承晩は1950年6月25日現在、韓国の国家と外交それ自体だった。戦争が勃発するや否や、李承晩は「自分が共産主義者たちの第1の目標だった点を知っていた。彼はまた、自分と自分の政府が戦争の初日に共産主義者たちの手に落ちると、それが自分の生の希望であると同時に夢だった大韓民国の終末だという点も分かっていた。彼は、大統領が生きている限り、新たな政府を構成できるだろうという点も知っていた」[56]。CIAもやはり27日、韓国の持続的な抵抗についての前日の悲観とは大きく異なってきていた。ソウルが陥落するならば、軍事状況と政治状況に対する韓国政府の確固たる統制は、深刻に悪化するだろう。しかしながら、そうだとしても、政府の高位官僚たちが大挙して脱出し、軍隊の中央統制が維持されるならば、抵抗は終息しないだろうと見ていた[57]。政府と軍隊統制の核心は、疑いの余地なく李承晩だった。

　戦争の開始と共に彼の安危は、あたかも韓国民の運命のように思われた。彼は、全ての対外交渉権と重要な命令権を独占した政府首班だった。そのような李承晩の安全と初期の選択は、韓国民には余りにも重要であった。李承晩の逃避行路は、戦争初期の韓国の対応における支離滅裂な混乱と急迫した混沌をそのままに示していた[58]。戦争のような事態を突然に経験する時に人々は、まるで地震に遭った昆虫のように一挙に身を竦めるか、肝を潰して右往左往する。韓国は、間断なく戦争の勃発を予告されたにもかかわらず、実際に戦争が勃発するや、国家全体が途方に暮れて慌てふためいた。決定的な一撃を受けて、気の抜けた人があたふたする有様であった。

6月25日の朝、戦争勃発の消息を李承晩は、由緒深い秘苑で釣りを楽しんでいる時に聞いた[59]。申性模の最初の報告は「ひどく心配することはない」という内容だった。しかし、李承晩は米国に対する憤怒で充ち満ちていた。自分が何回も戦争の勃発可能性を持続的に警告したにもかかわらず、米国がそれを受け入れない中、挙げ句の果て実際に戦争が起こってしまったのだった。彼の論理は単純であった。自分の責任ではなく、米国の責任だというのだった。フランチェスカ(Francesca Donner Rhee)によると、6月26日の夜中3時に李承晩は、東京の連合国軍最高司令部に電話をかけ、戦争勃発の事実を知らせてマッカーサーとの通話を要請した。

　武官が起こせないと言うや、李承晩は「マッカーサー元帥が起きたら、このように伝えてくれ。貴方たちが早く我々を助けてくれなければ、ここにいる米国市民たちが一人ずつ死んでいくところですから、将軍をよく寝かせてやってくれ」。夫人フランチェスカは、李承晩の言葉に驚き、受話器を自分の手で防だ。マッカーサーが電話を受けるや、李承晩は「今日この事態が起こったのは結局、誰の責任か？　貴方たちがもう少し関心と誠意を見せていたならば、こんな事態は起こらなかったろうよ。我々が何回も警告しませんでしたか？　どうか韓国を助けてくれ」[60]。もちろん、駐米大使の張勉に李承晩は、米国政府に緊急支援を要請せよと指示した。

　25日の景武臺には李承晩政府の前職と現職の高位官僚たちが集まって来たが、正確な情報を知らず右往左往していた。黃圭冕によると、李承晩は25日夜を一睡もできずに明かした[61]。26日に景武臺の上空には、既に北朝鮮の空軍機が現れ、李承晩は日帝時代に掘っておいた景武臺構内の防空壕の中へ身を隠さざるを得なかった。防空壕は、数年にわたり使用せずに不潔だったのみならず、甚だしい悪臭を放っていた。彼は、急に待避して身を隠したせいで、服をすっかり捨てねばならなかった。彼の大慌ての待避は、以後に始められる韓国の戦時における苦難の端緒を示してくれる兆候のように見えた。

　李承晩は26日午後3〜4時頃、機密書類を取りまとめた後、突然ソウル脱出のための特別列車を待機させるよう命令した。しかし、申性模、趙炳玉(チョビョンオク)、李起鵬(イギブン)などが事態の好転を報告するや、出発計画は突然、取り消された。深夜に国務会議が開かれたが、李承晩は参席しなかった。黃圭冕は、この日も李承晩が眼を開けたまま夜を明かしたと述べる。しかし、北進を壮語していた国防長官の申性模が27日夜明けに大慌ての避身を勧誘するや、李承晩は明け方3時30分に南行を決定した[62]。側近たちが李承晩に避身を勧誘する時の理由は、大統領の健在が政府の健在ゆえ、国家と政府の継続性を維持して、反撃態勢を整えるためであった。一

部は、西大門刑務所の左翼事犯たちの脱獄に伴う景武臺の治安の危険を取り上げもした[63]。機密書類は燃やされた。秘書たちは、くじを引いて大統領に随行する者を選抜しようとした。家族と自分の安慰を助けるためであった。驚くべきことだった。

　大統領の避難一行は、夫人のフランチェスカ、景武臺警察署長の金長興、秘書の黃圭冕、そして警護警察官1名など、たった6名に過ぎなかった。携帯品は、毛布1枚と数種類の書類が全てだった。これは、朝鮮半島の過去の歴史をひっくるめて、侵略を受けた国家元首としては、おそらく最も小さい規模の避難行列だったであろう。そして、この避難はまた、ソウル市民と政府閣僚たちを含め、最も早い事例の1つだったであろう。彼の突然の脱出は、極秘事項であった。申性模はじめ2〜3名の高位官僚と景武臺の職員の一部を除外しては、閣僚と国会議員はもちろん、軍の指揮官たちも誰ひとり知る者はいなかった。当然ながら、国会議長と大法院長、駐韓米大使、軍最高指揮官たちも全く知らなかった。27日朝、前夜に通報を受けて国務会議に参加するため景武臺を訪問した長官たちは、その時に初めて大統領脱出の事実を知った。もちろん、彼らも大統領脱出の事実を知るや、市民の安危に関する何らの対策の樹立もなく、皆が家族と一緒に大慌てでソウルから抜け出した。

　韓国の全記録によると、李承晩は避難に先立ち、市民たちを差し置いてソウルを離れることについて非常に躊躇したことになっている。部下たちの建議にやむを得ず離れながらも、彼はソウル脱出を願わなかったというのだ。フランチェスカによれば、申性模が27日夜中の2時に「閣下、ソウルをお離れにならなければなりません」と建議するや、李承晩は「いかん、ソウルを死守せよ！私は離れられん」と言って頑強に拒否した[64]。しかし実は、李承晩は戦争勃発の当日、もう脱出を考えていった。

　25日夜9時頃に李承晩は、申性模を通してムチオ駐韓米国大使に景武臺へ来いと呼び出しをかけた。李承晩は、政府をソウルから移す考えだと述べた。しかし、ムチオはこれに対して異議を提起した。政府がソウルを離れると、韓国人の士気に致命的な影響を与えるからだった。彼は、それまでの一日中ずっと韓国の軍隊が共産軍の侵略を迎えて1つの部隊も降服せず、本当によく戦っている点を想起させた。しかし、1時間以上も継続した対話で李承晩は、自分個人の安全のためではなく、もしも自分が共産主義者たちに捕まることになれば、韓国には災厄だと撤収に固執した。

　ムチオは、未だそのような絶望的な状態ではない点を強調しながら、彼と彼の政府が撤収すれば、ソウルには何らの政府も組織された兵力も存在しなくなる点

を強調した。ムチオは、結局「大統領閣下、決心は貴方が自らなさることですが、私はここに留まります」と明快に述べてから席を立った。後にソウルを離れる時、李承晩は彼に何の通報もしなかった[65]。戦争初期の記録に従っても、戦争が勃発した日の夜、李承晩は単独で政府を大田へ移す決定をし、ムチオと騒動を繰り広げた。大使が李承晩のソウル残留を説得したが、李承晩は、個人的な安全の問題ではなく、政府が捕虜となる危険を犯してはならないと繰り返しながら、決定を変更しなかった[66]。

　李承晩が搭乗した特別列車は、機関車1両と客車2両がついた、みな古い3等列車だった。窓ガラスは破れて風が入り、椅子はシートさえない木の椅子であった。彼の秘書だった黄圭冕が脱出の時に持参した現金は、やっと5～6万ウォンに過ぎなかった。当時、5万ウォンは米1俵の値段だった。パナマ帽を被り、サングラスを着用して、李承晩は他の人たちに全く見分けがつかないように変装した。たった4人の部下だけを連れ、変装したままソウルを脱出する国家元首たる李承晩の姿は、彼の迅速さと生存の意志の一端を読み取らせてくれる。真っ暗な夜明け4時、列車はソウル駅を出発した。ソウルを抜け出て、平均80kmの速度で南へ走る列車の中で、李承晩は国民を置いて出発する自分の立場を慨嘆しながら、再びソウルへ上って行こうという意思を披瀝もした。

　初めに李承晩は、釜山と鎮海に向かい出発したのだった[67]。しかし、11時40分に汽車が大邱に到着した時、李承晩は一時停止して、ソウルからの情報を取り集めた後、汽車を回して再び戻り始めた。彼は、余りに急いでソウルを離れたと考えた。フランチェスカによると、李承晩はこの時「私が一生で初めて判断を間違えた。ここまで来るのではないんじゃ」と言いながら、甚だしい悔悟に浸っていた[68]。12時30分に李承晩を乗せた汽車は、再び北上して午後4時30分頃、大田に到着した[69]。既に大田には、ソウルを脱出した3府の要人と高位官僚たちが相当数、来ていった。李承晩は、ここでもまた北上を主張し、安全のためにそれを止めさせようとする部下たちと一騒動を繰り広げねばならなかった。部下たちの間でも主張が食い違った[70]。大慌ての秘密脱出と頑固な北上の主張との間には、大きな不一致が存在した。李承晩は、大田でも米国に騙されたと言い、米国に対する深い不信感を表した[71]。

　彼は、米大使館のドラムライト参事官一行が大田に到着して面談する時、米国の軍事的な支援がないことを冷笑的に責め付けた。彼は、(韓国が)侵略を受ければ米国が助けてくれるといつも約束しなかったかと問い質した。そう言いながら彼はKMAGの存在と、米国は大韓民国を決して放棄しないだろうという1週間前のダレス(John Foster Dulles)による韓国々会での演説とを想起させた。しか

し現在、米軍はどこにいるのか、というのだった[72]。

　李承晩は続けて、結局は共産主義の侵略を予言した自分が正しかったではないかと言うように、米国に対する小憎らしい調子で一貫していた[73]。黃圭冕によると、ドラムライトは国連の決定を知らせてやりながら「今や（朝鮮戦争は）貴方たちではなく、我々の戦争」(This is not your war, but ours: 原文どおり）だと語った[74]。米国の参戦についてのドラムライトの通報で、暗澹としていた韓国政府の雰囲気は活気を取り戻した。

　大統領の不満と韓国政府の不安は、米国の参戦決定で大きく変わった。25日に北朝鮮軍による全面攻撃の事実報告を受けたマッカーサーは、ホワイトハウス6月26日の緊急会議の決定に従い、ムチオとKMAGを助け、韓国軍を支援する決定のため、自分の参謀であるチャーチ（John H. Church）准将を派遣することに決定した。これに伴い、チャーチ将軍は6月27日午前、東京から水原に到着した。彼は翌日マッカーサーに、韓国の状況を戦前に回復させるためには地上軍の派遣が不可避だと報告した[75]。駐韓米大使館は役割を分担し、ムチオとチャーチが蔡秉徳や韓国軍総司令部と共に水原にあり、ドラムライトは大田で李承晩と一緒にいた。その日ドラムライトが李承晩に、マッカーサーが送った「元気を出して！(Be of good cheer!)」という激励の電報を伝達するや、彼はマッカーサーが自分と韓国を考えてくれていることに喜ぶと同時に、この簡略なメッセージが相当な援助の兆候であることを希望した[76]。短文だったものの初戦の最も重要な、後に有名となったこのメッセージは、李承晩には絶望から抜け出す蘇生の根拠のように思えたであろう。

　大田到着後に李承晩は、現地から録音放送を通じて、自分がまるでソウルに滞留中であるかのように偽装し、ソウル市民を含む国民に安心せよと演説した。彼の隠密脱出を知らなかったソウル市民たちは、彼が依然としてソウルに留まっているものと錯覚した。演説は27日夜10時に始まり、何回も放送された。敵軍のソウル進駐4時間前の危急な瞬間に「安心せよ」という最高指導者の偽装録音の肉声を聞く市民は、不幸であった。戦争勃発66時間後に出た最高指導者の初めての肉声は、このように国民を騙す内容であった。これは、大統領の言葉を聞いて避難と脱出に失敗した市民たちを死と苦痛に追い込む要因の1つとなった。国家統治権の安危のための戦略的な選択として最高指導者の首都脱出を受け容れたとしても、このような偽装の詐欺行為を理性的に理解するというのは難しいのである[77]。後に平壌陥落の時、金日成もやはり「祖国の寸土を血で死守せよ」と述べておいて、自分はまんまと逃げて行った。

　28日にムチオが水原にいる時、彼はチャーチと一緒に水原郵便局で、東京の

マッカーサー司令部の参謀長アーモンド（Edward M. Almond）との通話を通じて、マッカーサーが「状況を把握するため（get a feel of situation: 原文どおり）」に29日木曜日、韓国を直接に訪問すると決定したという消息を聞いた。チャーチの報告ゆえであった。28日にムチオは、大田へ下りて来て李承晩を訪問し、臨時大統領官邸として使っていた忠清南道知事官邸に入って米国の参戦決定を知らせてやり、最善を尽くして総力的な努力に集中することを勧告した。同時に彼は李承晩に、大田を臨時首都と設定、政府の機能を回復せよと忠告した。この時、韓国人たちはひどく当惑し、失望状態に陥っていた。米国の実質的な援助が至急に行われていないことにも、彼らは大きく失望していた[78]。ムチオが米軍の参戦決定の事実を知らせてやるや、大統領はじめ韓国の高位人士たちの気分はひどく良くなった。

ムチオは、マッカーサーの韓国訪問に際して彼と大統領を会わせるため、李承晩と一緒に大田から水原へ移動した。外務長官の林炳穉と米第8軍特殊作戦審理部所属の張基鳳の証言によると、水原飛行場で李承晩がマッカーサーを迎接する時、ヤク機の空中からの突然の攻撃による一触即発の危機から一行は辛うじて逃れた[79]。実際にマッカーサーの到着と出発を前後して、午前と午後に全て水原飛行場は敵のヤク機の爆撃を受けた[80]。マッカーサーは、李承晩と蔡秉徳が参席した中で戦況ブリーフィングを受けた後、車に乗り漢江南端の前線を視察した。金日成の先制攻撃により、アジア共産主義の潰滅に対するマッカーサーと李承晩の長い同志意識が初めて出会う瞬間だった。

水原へ戻って来てからマッカーサーは、李承晩およびムチオと再び会った後、東京へ帰って行った。李承晩とムチオも、また大田に帰って来た。この時点でマッカーサーの訪韓および李承晩との面談は、決定的に重要であった。おそらく初戦の状況において最も重要な契機だったであろう。ムチオが残した唯一の記録によれば、マッカーサーはこの時、李承晩および自分との対談を終えた後、2個師団の正規米地上軍の派遣要請を決心した[81]。実際にマッカーサーは東京へ戻るや否や、直ちにワシントンに向かい「韓国軍は防御能力が全くない」と述べながら「現前線を守り、後日に失地を回復する唯一の保障は、米地上軍戦闘部隊の朝鮮戦線への投入のみ」と緊急支援を要請する電文を送った[82]。韓国の防御能力についてのマッカーサーの診断は、以後の戦争展開の方式を暗示した。

マッカーサーとの対話を終えた後、李承晩は2つの重要な決定を下した。ひとつは初戦の敗将の蔡秉徳を更迭して、丁一権を陸海空3軍の総司令官に任命したことだった。丁一権の3軍総司令官任命は混乱の初戦に、大統領により直接なされた[83]。自分が任命されたことについて丁一権は、著者との数次の対談におい

て、それは韓米両方が合意した事項だと語ったことがある。その要因を彼は、現代戦についての理解、そして韓米間の円滑な意見交換の必要ゆえではなかろうかと述べた。蔡秉徳では米国との円滑な意思疎通を期待できないし、何よりも現代戦を遂行できないとの判断からであるというのだった。後者は、米国による一定の影響を暗示する発言だったが、彼はこの問題について、それ以上は詳しく言及しなかった[84]。フランチェスカは、蔡秉徳から丁一権への交代は元々マッカーサーが提議したことだと証言する[85]。

2つ目の決定は、李承晩自身の大邱への再逃避だった。だが、彼の大田脱出行路は、最初のソウル脱出の時より更に不思議なものであった。短い時間でソウル〜大田〜大邱〜大田〜水原〜大田を急ぎ往復した李承晩は、大田に戻って来るや、また理解し難い逃避行路に上った。まだ大田は至極、安全な時だった。大田は、彼が脱出してから更に20日も過ぎた後に占領された。李承晩は7月1日夜中の3時、少数の警護要員および秘書たちだけを連れたまま乗用車に乗って、秘密裏に土砂降りの雨が降り注ぐ大田を抜け出した。そうしてから、釜山に向けて出発した。しかし、彼の行路は大田〜大邱〜釜山へつながる通常の経路ではなく、全羅北道の裡里（チョルラブクド　イリ）までは乗用車で移動した後、そこからは道が悪いため汽車に乗って木浦（モッポ）へ移動した。

一行は大統領夫妻、黄圭冕秘書、金長興署長、そして李哲源（イチョルウォン）などであった。警護要員たちは、車両の故障により大統領の一行と離れ、歩いて智異山（チリサン）麓を越えて釜山に到着した。しかし、李承晩がなぜ突然7月1日夜中に大田を離れて釜山へ向かったのか、また、その行路がなぜ一般的な大田〜大邱〜釜山の経路ではなく、複雑で険難な大田〜裡里〜木浦〜海路〜釜山の経路だったのかは知られていない。ただし現在まで、急迫した大田脱出の理由と関連しては、大田の切迫した陥落可能性および作戦上の必要に伴う米軍の要求、そして脱出経路と関連しては、大邱地方を中心とした嶺南（ヨンナム）地域の共産ゲリラ蠢動の可能性ゆえだという解釈が支配的であった。

しかし、これは説得力がなかった。まず前者は、大田の陥落が7月20日になって達成されたという点で、説得力がなかった。大邱地方のゲリラ蠢動の脅威も、説得力がない主張だった。6月27日には何の問題もなく通行していた道を状況に何も変化がない状態で、4日後の7月1日には突然に騒擾の脅威ゆえに行けないというのは、理解し難い説明であった。さらに李承晩は、木浦を通じて釜山へ移動するや否や、また大田へ行こうとする意思を披瀝した。最初のソウル脱出と比べても、7月1日夜中の大田脱出は、どんな名分でも説明され難い「逃亡」だった。一般市民を騙したことを除外すれば、国家元首のソウル早期脱出そのものは

理解可能な面もなくはないが、7月1日の大田脱出は理解できないことであった。何が李承晩をしてこのように突然、大田を捨てさせたのかは迷宮入りである。

　午前3時に大田を抜け出して来た李承晩は、1時間後に裡里駅に到着した。しかし、道路事情が悪く、一行はここから汽車に乗り換える外なかった。一国の国家元首が、初戦の危急な状況に裡里駅で8時間も待ち、正午になって3等客車2両をつないだ機関車をようやく求めることができた。大統領のお出ましだったが、悲劇的にも誰も知る者はなく、車両も全く準備されていなかった。駅で8時間も待たねばならなかったように、全く準備のない逃亡だったのである。大統領の大田脱出の噂が広がるかと思い、一行は裡里警察署にさえ連絡をしない状態であった。加えて、警護要員たちは既に、車両の故障により継続して随行もできない状況だった。景武臺署長の金長興ひとりで大統領を守っていた。李承晩は、8時間を裡里駅舎で待った。危機の連続だった。

　ひとしきり待った末に李承晩一行は、土砂降りの雨の中を抜けて午後2時、木浦に到着した。ここでもやはり、警察はじめ木浦のどの主要機関にも連絡を取らずに来たので、2時間の連絡と準備を経て午後4時にようやく李承晩は、小さい掃海艇に乗って木浦を出発できた。待つ間に彼は、鉄路の上の汽車の中に留まった。金長興署長が李承晩を乗せて運ぶ船を探すため、海軍の木浦地区警備司令官の鄭兢謨大佐に会いに行った間、李承晩は「たった一人の警護員もなく」夫人および李哲源署長、黄圭冕秘書などと一緒にいた。もちろん、李承晩到着の事実は木浦署長にさえ知らされなかった。何が国家元首をして、これほど荒唐な脱出を敢行させていたのか？

　李承晩は、黒い眼鏡を掛け、夏用の帽子を深く被ったまま汽車から降りた。そうして500t級の小さい掃海艇である第514艦に上がり、19時間の航海の末、釜山にたどり着いた。船は、乗務員30名の極めて小さな規模であった。木浦港を抜け出して、船が甚だしい風雨と波濤に揺れ始め、一行は全員ひどい船酔いに苦しめられた。全員が船の上に倒れ、大統領令夫人のフランチェスカは耐えきれず嘔吐までした。しかし、李承晩は船の激しい揺れにもかかわらず、75歳の年齢に動揺なく健在であった。李承晩の運命は一時、漆黒の海に漂っていたのである。当時は知られていなかった国家元首のこの危機は事実上、大韓民国の危機と同じだった。この緊迫した初戦において李承晩に突然の事故があった場合、韓国の運命は容易に予測し難かった。

　李承晩は、ほとんど1日かかる航海の末に7月2日午前11時、無事に釜山へ到着できた。李承晩が釜山へ逃亡するや、韓国の戦争司令部は4元化した。水原の前線司令部、大田の政府、釜山の李承晩、そして東京のマッカーサーで編成され

〈表3-1〉 戦時初期李承晩の秘密脱出と行路

日　　時	経　　路	その他の事項
6月26日 15:00～16:00	第1次ソウル脱出試図	取消
6月27日 03:30	ソウル出発	最初の目的地は釜山または鎮海
11:40	大邱到着	
16:40	大田到着	大邱から再び北上、偽装の録音放送
6月28日	大田と水原を往来	マッカーサーと会談
7月1日 03:00	大田出発	
14:00	木浦到着	大田〜木浦移動中、乗用車から汽車に乗り換え裡里駅で8時間待機
7月2日 11:00	釜山到着	19時間、南海航海
7月9日	大邱到着	戦争勃発14日ぶりの臨時定着、長期滞在の開始

たのである。李承晩の逃亡で韓国政府も、やはり二元化せざるを得なかった。このような編制が韓国の戦争指揮を更に困難にしたことは、強調する必要もない。李承晩は、釜山に到着して1週間も滞在しないまま、7月9日に再び危険だという理由で迂回した大邱へ行き、そこで戦争を指揮した。7月1日には大邱地域の治安が不安だという理由で、大邱地域の経由行路を回避して湖南(ホナム)地方へ回り、危険の末に海路で釜山へ来ていた彼が、7月9日からは大邱に滞在しながら戦争を指揮しているのだった。6月25日の戦争開始以来、特に6月27日のソウル脱出以後、7月9日に大邱へ移動するまでソウル〜大邱〜大田〜水原〜大田、そして再び大田〜裡里〜木浦〜釜山〜大邱に至る15日間の李承晩の行跡は、一言で述べると疑問だらけだった。単純に右往左往と呼ぶには、国家元首として余りにまごついていた。累卵の危機において李承晩は、2回も統治の空白、即ち事実上の統帥権行使不能の事態を醸し出したのである。初めには大邱へひとり逃亡して大田に到着するまで列車内で留まった12時間30分であり、二度目は遙かに長く大田〜釜山間の移動に所要した32時間だった[86]。この時間に彼は、どんな軍隊統帥機能も行使できず、戦争勃発の直後に李承晩の口だけを眺めていた閣僚たちが慌てて彼の行跡を追跡する間、政府として何らの正常な機能も遂行できなかった。

　大邱に到着した7月9日以後、李承晩と韓国は、もうそれ以上このような異常な行動を継続しなかった。ムチオとウォーカーはこの時、突然に攻撃を被り混沌に陥った韓国政府をどのようにもっと安全な場所へ移すかについて特別に関心が高かった。侵略を被った政府が破綻しないように助けてやるのも、彼らの役割

だった。7月10日にムチオは李承晩との会談で、李承晩が当分の間は大邱に留まる点に合意した。長官たちは、大田と大邱を往復するようにした。李承晩は、(国民と軍隊の)士気のために大田へ戻ろうとする意思を披瀝したが、結局は大邱に滞留するのが戦争遂行により良いというウォーカーの建議を受け入れた。またムチオは7月10日と14日に繰り返して、無能な内務長官の白性郁(ペクソンウク)をもっと強力で有能な長官と交代させるよう李承晩に要求した。李承晩は、白性郁を7月15日に趙炳玉と交代させた[87]。

大田でも政府の高位人士たちは、市民たちに分からないよう先に脱出した。朝鮮戦争の全体を通して見る時、継続して一般市民たちを見捨て置いたまま逃亡して回る、このような政府と官吏たちを守ってくれた国民の国家防衛精神は、記録するに値するものだった。守る術もない行動形態を示す政府官僚たちを彼らは、国家を守護せねばならないという精神で守り抜いた。国家を守護するために。

しかし、後に彼ら一般国民は、自分たちを捨てて脱出した政府から再び反逆、親共産、北朝鮮への協力などの嫌疑により処罰を受けたり処刑されたりせねばならなかった。正義は逆転されないが、それを執行する者たちは時に逆転する。厳密に言うと、国民と政府を捨てて逃亡した理由により処罰されるべき人々は、逆に彼らであった。処罰を受けるべき対象が処罰の主体となる転倒した現象は、朝鮮戦争時期の韓国における悲劇の1つだった。

政府守護の意志を判別するバロメーターとして作用する李承晩の脱出は、ひとえに彼だけを眺めていた政府と国会の幹部たちの行動形態を決定付ける最も重要な要素だった。大統領はじめ国家高位層の逃亡行列は、余りにも呆れた行動形態であった。大邱が威嚇を受けるや、李承晩は「二度と亡命政府をつくらず、ここで最後を終える」と言いながらも、夫人フランチェスカにはマッカーサー司令部がある東京へ行っておけと勧めた[88]。

釜山に結集した相当数の高位層と富裕層の人士たちは、船を釜山港に着けて置いて、戦況が不如意の場合、日本へ脱出する計画を立てもした。既に一部は、済州島(チェジュド)へ避難している状態だった。日本への密航は当時、言わば「豚狩り」と呼ばれた。密航の周旋費用は一人当たり50万ウォン、のちには100～150万ウォンまでになった。密航のための船舶貸借費は、500万～1千万ウォンに上った[89]。ソウル、大田、釜山からの逃亡行列を見る時、彼らの国家守護の意志がどの程度だったかを理解するのは難しくない。法務将校の太倫基(テユンギ)によれば、臨時首都の釜山における上級社会の甚だしい非理と腐敗ゆえ、ここに敢えて立ち寄りたくもないような有様だった[90]。

後方における軍人たちの非行も、やはり見くびれなかった。洛東江の橋頭堡が

累卵の危機に置かれていた9月8日、軍は戒厳司令官の丁一権の命令で「一部の将兵（特に後方勤務将兵）は、軍の使命を忘却し、脱線行為を行う者が少なくなく、軍の風紀紊乱と民衆に及ぼす弊害により軍に対する非難が人々の中で高」いとして、次のように命令した。
「1．将兵の料亭、食堂の出入りを厳禁する。2．入院患者の外出を厳禁する。3．軍人個人の立場での家屋借用を禁止する。4．本部将校は一切、兵営内に居住せよ。5．憲兵は特に夜間巡察を履行し、事件の摘発を徹底せよ。6．公用以外の車両使用を禁ずる。」[91]

軍人たちの軍紀紊乱は、国家の最高指導層の隠密脱出と共に、戦時における愛国心の問題を提起する。しかし李承晩は、ひとつの事実は明白に認識していた。彼は、戦争の勃発と同時に自分が北朝鮮共産軍に捕まっては決してならないと考えた。著者が考えるに、彼は当時、韓国を代表する政府首班として自分の逮捕と韓国の運命をほぼ同一視していた。

彼は、ソウル脱出に先立ち「私がソウル市民たちと共に死んでも、残って戦わねばならないのに……しかし、私が捕まるようなら、全てがお仕舞だ」[92]と言った。彼は、自分を即ち国家と認識していったのである。さらに、自分の朝鮮半島脱出を国家滅亡と考えていた。釜山橋頭堡が危機に直面した時、ムチオが政府を済州島へ移せと提案するや、彼は拳銃を抜き挙げて「私は、政府を朝鮮半島の外へ移す気はない……決して逃亡せん」と言いつつ、今までの一方的な逃亡とは反対に決然たる国土守護の意志を表した[93]。

この時点で米国は、韓国政府が全く予想できない構想をしていた。ある秘密文書によると、初戦に米国は、韓国政府の低い戦争遂行能力ゆえに高位職の人事を中心とした政府再編問題を考慮した[94]。米国は、政治連合を通じて韓国政府の政治的な基盤を広げる代わりに、能力ある人物を充員するのがより効果的だと見た。韓国内における人材数の極度の制限ならびに組織の散在は、韓国政府の強化に大きな制限を加えた。しかし、人気のある人士たちを充員して国会を招集することにより、まずは政府の支持度を高められるはずだった。それにもかかわらず、米国の助言や勧告がないならば、現在の危機状態において韓国政府の効率性を向上させるのは不可能なのだった。

米国は、大統領が李承晩―申翼煕、副大統領が李始栄（イシヨン）―金奎植（キムギュウシク）―呉夏英、国務総理が申性模―張勉―安在鴻、国防部長官が申性模―李範奭―池青天（チチョンチョン）、内務部長官が張暻根（チャンギョングン）―張澤相（チャンテクサン）―趙炳玉、外務部長官が曹正煥（チョジョンファン）―張勉―林炳稷、財務部長官が崔淳周（チェスンジュ）―白斗鎮（ペクドゥジン）、商工部長官が尹潽善―金勲（キムフン）―金栄柱（キムヨンジュ）の順で適切だと考えた。

何よりも米国が初戦に、後日に有名となった常備計画を立てる遙か以前に、既に李承晩の交替案を具体的に考慮していたという点が驚くべきであり、それに最も相応しい人物として穏健派の申翼熙を考慮した点も注目に値する。文献によると、李承晩はソウル陥落以後、時々パニック状態を示した。反面、申翼熙は李承晩に次ぐ第２人者として、指導者としての資質があり、野心に満ちた人物として評価を受けた。

　一方、趙炳玉と林炳稷など現職長官に対する評価を最下位の順位に置いている点も興味深い。極右強硬派の張澤相と趙炳玉は、張璟根よりも低く評価された。申翼熙と張勉に対する高い評価は、後日に彼らが実際に米国と関係が良かっただけでなく、主要な政治行為者になる点で興味深い。反面、韓国民主党―民主国民党を支配していた金性洙(キムソンス)が全てのポストにおいて考慮されなかった点も、注目に値する。他方、申翼熙、李始栄、金奎植、呉夏英、張勉、安在鴻など、穏健中道派は全て選考された。米国は、たとえ戦時だったにもかかわらず、穏健中道派に対する未練を捨てられなかった。

　文献では、穏健中道派の金奎植、安在鴻、張建相(チャンゴンサン)、呂運弘などを含む場合、韓国政府の支持度は大きく高まるだろうと見ていた。しかし、米国は彼らを確保すると、むしろ否定的な相殺効果をもたらすだろうことが分かっていた。1946～47年に米軍政が左右合作を試図した時、穏健中道派は米国の支持を基盤に、右翼から共産勢力までにわたる連合を追求して注目を浴びた。だが米国は、彼らに対する米国の支持が穏健派に対する右翼の敵意を強化させたことを知っていた。1948年に穏健中道派が共産勢力と連帯して選挙を拒否した時、右翼勢力は彼らに反対する共同戦線を構築した。1949年の国会スパイ事件、1950年の選挙における北朝鮮からの支持を名分とした弾圧など、穏健中道派に対する政府の措置は強力だった。現在は彼らの大部分が北朝鮮の占領地域に残り、北朝鮮のために演説して支持している点も、文献では指摘されていた。穏健中道派の大部分がソウルに残って北朝鮮を支持したことは、米国の構想が失敗する要因となった。したがって、米国は彼らの包容が韓国政府の能力向上よりも損害を一層もたらすだろうと見た。結局のところ文献によると、国民の支持を高める結論的な道は、統治の効率性を高めることが最善であった。

3．韓国の対応：「敗走」と「作戦」、「空間譲歩」と「時間確保」の結合

　北朝鮮の攻撃と韓国の後退は、南下する戦線に従い双方の優劣を明確に分けた。一方的な敗退を被り、韓国軍司令部は戦争序盤に「部隊の撤退は、軍最高指

揮官である陸軍総参謀長が命じるのみ」だと命令した[95]。その総参謀長の丁一権は、7月10日に「韓米協同作戦に関して」という命令を通じて、米軍の参戦を迎えて指揮官たちの「徹底的な反省と厳格な覚悟を要求」しながら「自分の流血を回避し、他人の鮮血を山野に散らそうという観念を一掃せよ」と命令した。彼は「時間と場所には一寸の譲歩もあってはならず、連合国の戦闘準備の完了時まで現在地を死守すること」を命令した。さらに丁一権は「全力を傾注して現在位置している地域を絶対保衛し、局部的な後退、自由な敵の侵入、便衣隊(訳注1)と遊撃隊の侵入、中心道路の遮断などは容認できないことであり、最後の抵抗が必要だ」と命令した[96]。

丁一権の命令のように、初盤を過ぎると積極的な防御に乗り出した韓国軍は、それにもかかわらず湖南地域の場合には意外と容易に後退した。戦争開始26日ぶりの7月20日、大田を占領した人民軍は、わずか3日後の7月23日に光州(クワンジュ)、7日後の26〜27日に麗水(ヨス)に無血入城した[97]。湖南の場合、一言で述べれば破竹の威勢だった。しかし、韓国軍の後退は一方的な敗走というわけではなかった。それは、作戦の産物でもあった。当時の陸軍本部作戦局長の姜文奉によると、当時の湖南を放棄したのは誘引作戦の産物だった。

加えて1950年7月8日、韓国が宣布した非常戒厳には異例的に全羅南北道地方は含まれていなかった。非常戒厳の対象地域が「韓国全域」へ変わったのは、7月20日になってからだった[98]。敵との全面戦を遂行しながら、治安が良好だという理由で敵の早期侵攻が予想される地域を戒厳地域に含めなかったのは、理解できない措置であった。湖南地域が含まれなかったのは、一般的にその地域の治安が当時の時点で比較的に良好だったからだと説明される。

しかし実際、湖南地方に北朝鮮軍はすぐに迫り入って、破竹の勢いで占領した。そうだとすれば、漢江以南における韓国の選択は、北朝鮮に対する誘引策だったのであろうか？ 彼らを更に奥深い所へ引き入れて、作戦を展開し易い地域を選択するため、国民の生命を担保とした誘因賭博だったのであろうか？

姜文奉の説明は、このような説明に重みを加える。当時の韓国軍作戦局長を任されていたから、この問題に関する限り最も信頼するに足る地位にいた姜文奉によると、新たに3軍総司令官に任命された丁一権は、米軍主力部隊が戦線に跳び入る時まで崩壊した味方の主力部隊を再建しながら、可能な限り前進と後退を反復しつつ、時間を稼ごうと努力した。姜文奉によると、湖南の放棄は一種の幻惑作戦だった。

「遅延作戦で見事な戦果を上げた丁総長は、北傀軍(ママ)による釜山進撃の手綱を緩めるために新たな幻惑作戦を用いることにした。……それは、人民軍を湖南地方

へ引き入れる作戦だったのである。釜山を持ち耐えるためには、人民軍を幻惑する作戦が必要であった。『湖南地区司令部』と大げさな名前を掲げることにより、著者は北傀軍を眩惑した。一種の陽動作戦というわけだった。

このような作戦に伴い、湖南地区司令官に申泰英(シンテヨン)少将を、そして副司令官に元容徳(ウォンヨンドク)准将を任命した。言葉だけ『湖南地区司令官』であり、看板だけの職責だった。しかし、このような幻惑作戦を看破できなかった申、元ふたりの将軍は、一緒に著者を訪ねて『兵力も与えず、普及品ひとつもなく、どうやって湖南地区を守れという話なのか？』と問い質した。私は、本当に哀れだった。作戦の底意を理解してくれるに足る人々をその職責に座らせたのに、あれほど分かってくれていなかったというのが本当に残念な出来事であった。」[99]

姜文奉の伝記によると、「国軍の作戦参謀として私は、いかにして北傀軍を少しでも多く湖南方面に誘導するかという問題に頭を使った」。これに従えば「湖南地区司令部を設置したのは、遅延戦と誘引戦を結合した陽動作戦として、これに引っ掛かった北朝鮮軍は、精鋭兵力を湖南地区に投入、分散、迂回させることにより、韓国は釜山橋頭堡を構築する時間的な余裕を得て、主力の再編成を完了できることになった。」[100]

韓国の誘引作戦の成功（？）の結果、北朝鮮は湖南地域を疾風のように席巻した。実際に、この部隊の湖南における進撃速度は驚くほどだった。7月3日に永登浦、4日に仁川に到着した部隊は、17日になってようやく忠清南道の論山(ノンサン)に到着した。しかし、忠清以南では無抵抗地帯を突破するようであった。21日に裡里、23日に光州、27日に求礼(クレ)など、第6師団の湖南席巻は速度戦を彷彿とさせた。北朝鮮は8月29日、湖南地区を破竹の勢いで突破した人民軍の第6師団に「突出した功勲を立てた」と近衛師団称号を授与し、師団長の方虎山には英雄称号を授与した[101]。

この突破は、誘引作戦に引っ掛かった結果なのか、攻撃作戦の成功だったのか？　湖南の解放直後、人民軍機関紙『朝鮮人民軍』は「このように同部隊が稲妻のように進撃し、広い地域を短い日時内に完全解放した結果、中部と海岸線の敵どもは孤立し、敵の協同防御と後送がことごとく挫折してしまったの」だと評価する[102]。「誘引および橋頭堡構築作戦の成功」と「破竹攻撃の成功と英雄授位」、この正反対の戦争指導において誰が果たして成功だったか判断し難い。

我々が李承晩の湖南迂回脱出、戒厳令からの湖南の除外、韓国軍の湖南放棄ならびに誘引作戦の間に、ある一貫した構想が存在すると結論を下すのは難しい。しかし、姜文奉の証言は、湖南放棄が作戦上の戦略的な考慮だったことを明白に示してくれる。すなわち、北朝鮮の湖南早期席巻は、北朝鮮の攻撃作戦の成功と

同時に韓国の誘引作戦の成功だったというわけだ。韓国の作戦成功が北朝鮮の成功を助けたのである。
　韓国軍の初期対応と撤収は、朝鮮戦争前に相当部分が準備されたものだった。初戦の後方部隊の逐次投入さえ、実は既に立てられていた作戦に従うものであった。ムチオが6月25日午後3時、国連朝鮮委員団に出頭して語ったところによると、攻撃は極めて組織的で、大韓民国は奇襲を被った。しかし「大韓民国の軍隊は、防衛不可能な地域を放棄し、予め準備された防衛地点へ撤収中だから、韓国政府は少しも驚かないと述べた」。国連朝鮮委員団によっても「韓国軍が撤収した大部分の地域は、防御計画に依拠して放棄されたもの」だった。1950年6月9日にソウルを出発して23日に帰還する時まで、38度線一帯を詳細に視察した国連朝鮮委員団現地監視員であるオーストラリアのランキン（R. J. Rankin）とピーチ（F. S. B. Peach）が後に提出した報告書によると、朝鮮戦争前に韓国軍が受けた命令は、攻撃を受ければ事前に準備された位置まで後退せよということ以外にはなかった[103]。もちろん、その報告書は、北朝鮮の「韓国の北侵」という主張を否認しようというところに焦点が置かれていたが、韓国の後退作戦を説明してくれる良い実例となる。
　韓国は、緊迫した戦争に備えて相当な防御または後退計画を立てていたに違いなかった。韓国軍の公式記録によると、陸軍当局で北朝鮮軍の南侵時に備えて防御計画を準備したのは1950年1月末で、前年12月27日の総合情報報告に依拠していた。戦争開始5ヵ月前であった。38度線警備地域の防御計画で、まず甕津地区の部隊は仁川へ撤収し、2つに開城地区の部隊は遅延戦をしながら臨津江南岸（イムジンガン）の防御線に撤収、その他の部隊は遅延戦の遂行、3つに後方予備師団を反撃部隊として運用するという内容であった。実際に戦争が勃発した時の最初の対応と、ほとんどそのまま同じだった。しかし、敵の侵攻を阻止できない場合には、漢江以南へ戦略的な後退作戦を敢行するものの、漢江ライン、大田ライン、洛東江ラインでこの順番に遅延作戦を行うと計画された。要するに、韓国軍は戦争が勃発して状況が不如意の場合、洛東江ラインまで予め後退する計画を立てておいていたのである。
　このような後退作戦は、在韓米軍事顧問団長ロバーツ（William L. Roberts）准将が直接に陸軍参謀学校の高級指揮班で将校たちを相手に講義したこともあった。ロバーツの講義の時、一部の将校たちは、この進撃作戦ではない後退計画に反発もした。陸軍本部作戦局でも、この後退作戦の概念に依拠してこれを研究し、後退作戦に随伴する橋梁および道路の破壊計画を含む工兵作戦計画まで作成し、防御計画を成文化していった[104]。

作戦局長を任されていた張昌国の証言を聞いてみよう。

「いわゆる高級指揮官の管理と言って、参謀学校があったんですがね。当時われわれ韓国人は、ただ北上！北上！ばかり言っていたわけで、いわゆる撤収だとか防御作戦には全く（関心が）なかったんですよ。顧問団長ロバーツ准将が直接でて来て、自ら小単位部隊の防御だとか戦術を直接に教えたんだな。その当時、私が参謀学校の時からずっと副校長をしていましたが、米国人はどのように見ていたのか、当時の教官たちは我々が北進（を主張）する代わりに、いわゆる撤収作戦を教えました。それで、これが後に考えると本当に笑い話のようだが、その撤収線というものは我々が6・25動乱を戦うライン全部を教えていたというわけですよ。大概、首都〇〇〇線（判読不能──引用者）、その次に洛東江線、それでれを教えた時、韓国人は相当に不快に思いました。その当時に、今は以北に行っていませんが、宋虎聲[105]のような方は学生として来ていて、とても憤慨していたという話だよ。『なぜ撤収みたいなことを教えるのか』とね。ところが、実際に我々が戦争を経験してみると、状況がちょうどそのように一致して展開していったんです。それで、わたし個人として述べることだが、後に考えると事前に（？）このようになると知っていて教えたんじゃないかというぐらいに防御線へ撤収することになったんだ。」[106]

当時、陸軍本部情報局長の張都暎は「敵がソウルを占領すれば、工兵隊の渡河計画により渡河することになっていた」と証言する[107]。張昌国の証言が具体的な後退計画ならば、張都暎の証言は包括的な後退計画を述べていると言える。

今日このような計画の全体を、当時の文書を通じて把握するのは容易ではない。しかし、一部は確認可能である。この計画が語ってくれるところは、韓国軍の敗退は北朝鮮の「攻撃」作戦と韓国の「後退」作戦が共に創り出した産物だという点であった。韓国の敗退は、たとえ一刀の下での敗退ではあったが、後日の反攻を内包した後退であった。葛藤する分界線に向かい合い、戦争の危険性が高い所で戦争に備えるのは常識である。葛藤の現場においては、常に状況対応戦略を立てていなければならないのが軍事の常識だった。米軍と韓国軍は、戦争の可能性をいつも憂慮していた。

韓国軍は1950年3月25日、本格的に具体的な防御計画を作成した。「陸軍本部作戦命令38号──附陸軍防御計画」として知られている命令がそれである[108]。秘密等級は「軍事極秘」である。この防御計画命令は蔡秉徳の時期ではなく、彼が解任されて申泰英が陸軍総参謀長代理を任されていた時に作成されたものである。蔡秉徳は、1950年4月10日に総参謀長に復帰した。

命令は「北朝鮮が攻撃すれば、後退後に反撃」するという内容が主要な骨子

だった。第1、6、7、8師団および第17連隊は、各々が前方の該当する地域別に防御区域を配当された。また、第2、3、5師団は陸軍本部予備師団として、前方師団を支援する増員部隊としての計画を作成せよと命令を受けた。もちろん、このような配当および増員計画は実際の戦争でも、ほぼそのまま執行された。この命令によると、「第1：方針」では「軍は、重点を議政府方面に志向し、面前で敵を撃滅せんとすること」になっていた。「第2：作戦指導要綱」は、「部隊配置」に関することと「戦闘各期の指導内容」だった。戦闘各期の指導内容は「初期（境界線戦闘）作戦」、「第2期（主陣地戦闘）作戦」、「第3期（最後の抵抗線戦闘、予備陣地戦闘）作戦」（以上は原文どおり）の3段階で構成されていた[109]。これを見る時、韓国軍の作戦計画は非常に具体的で詳細だったことが分かる。

　このような作戦計画は隷下の部隊、例えば第6師団のようなところでも計画されていた。やはり同一に「後退後に逆襲」する計画を立てていた[110]。もちろん内容は、実際の戦争が勃発した時を想定した命令だった。第6師団の命令が存在するという事実は、他の部隊でも前述した陸軍本部の命令を受け、防御計画を作成していたことを意味する。すなわち、戦争直前に韓国は、最高司令部はもちろん一線の部隊まで一律的な防御作戦を構想していたのだ。ただし、韓国軍が命令の内容のように準備を実際していたのかどうかは、もちろん別個の問題である。

　米軍も、やはり作戦を準備していた。ある極秘文書は、この問題と関連して興味ある事実を教えてくれている。米陸軍参謀部G－4戦略兵站分課計画室で1950年7月25日に起案した朝鮮半島全域収復案がそれである[111]。この案は、7月31日頃までに敵が釜山付近へ到達、段階的な反撃により進んで9月30日頃に仁川上陸作戦、1951年1月30日までに元山〜平壌付近に上陸するという作戦案、すなわち後日に実行されるマッカーサーの案とほとんど一致する内容を盛り込んでいる。

　もっと重要な問題は、この文書に添付された軍需研究シリーズLD－SL－17である[112]。これは、朝鮮半島全体を掌握するための作戦シリーズの1つとして、①現在は北朝鮮軍に占領されている領土を再び占領し、②北朝鮮軍を壊滅させ、③全朝鮮半島（the entire country of Korea）を占領するための全般的な計画だった。ところで問題は、この文献が戦争前に作られたことが明白な、このLD－SL－17以前の文書に依拠して作戦を樹立しているという点である。すなわち「作戦は1950年6月25日、北朝鮮軍による韓国に対する侵略日と同時に開始された」という表現が出て来ていることから見て、実際に展開されている作戦が既に6月25日以前に作られた文書に従い、そのとおりに行われていることを示してくれる。仁川上陸作戦も、同様であった。これは、1950年6月25日以前に作戦が準備されていたことを示してくれる。もう少し具体的に内容を調査して見ると、文献は非常

に驚くべき内容を含んでいる。

「北朝鮮軍は、7月31日までに光陽(クワンヤン)〜大邱〜浦項ラインを占領するだろう。北朝鮮軍の前進はこの線で止まり、前線はここで安定化するだろう。国連軍は、兵力の充分な増強がなされ、主防御線を安定させて、その主防御線から全朝鮮半島を掌握して占領するため、地上軍の上陸および空輸作戦による攻勢を始められる時まで、遅延行動により南部まで撤収(withdraw)するであろう。また、国連安保理は『世界平和のため全朝鮮半島を占領する決定』を通過させるだろう。前線が光陽〜大邱〜浦項ラインで安定すれば、釜山に基地司令部を設置し、逆攻勢のための兵力を増強し、占領された地域を奪取するため、地上軍、上陸部隊、空輸行動による攻撃を始め、北朝鮮軍を破壊し、究極的に全朝鮮半島を占領する。上陸作戦は、9月30日までに仁川付近で実施せよ。10月15日までソウルと金浦(キムポ)空港を掌握するための基地司令部を仁川に設置し、ソウルと金浦飛行場を掌握してから楊平(ヤンピョン)〜原州(ウォンジュ)〜平昌(ピョンチャン)〜旌善(チョンソン)ラインに沿って東へ進出し、北朝鮮軍を(洛東江ラインと)このラインの間に閉じ込める。北朝鮮を掌握、占領した後、随伴する作戦を遂行するため、平壌に基地司令部を設置せよ。」

文献は以後、段階別の兵力規模とそれについての詳細な軍需支援作戦を叙述している。

ブレアー(Clay Blair)によれば、「全ての想定可能な状況に対して戦争計画を作成した米国防省は、戦争直前の1950年6月19日にSL−17として知られた計画を承認して配布した」[113]。それは、北朝鮮人民軍の侵略を想定し、そのような場合に釜山橋頭堡まで後退して防御線を形成して、仁川から上陸するという内容だった。文書の作成者カーティス(Donald McB. Curtis)は、後に「1950年6月26日からの1週間に総司令部は、突然SL−17の50部のコピー本を要求したと記憶しており、彼はマッカーサーがここから仁川上陸作戦のアイディアを得たと主張した」[114]。したがって、ブレアーは仁川上陸作戦がそんなに素晴しいものではないと評価する。それは軍事的に1950年7月、他の参謀たちによっても既に充分に検討されたもので、半島地域においては標準的な作戦であるというのだ。すなわち、第2次世界大戦中にイタリア半島のサレルノ(Salerno)で連合軍が施行した上陸作戦のように、それは過度に拡張した敵の兵站線、空軍力および海軍力が欠如した状態における半島地域での戦争としては標準的な教理に分類され得るのである。

お互いに異なる場所と位置で作成され、違う時期に公開されたムチオと国連朝鮮委員団の報告、そして韓国の軍事記録、姜文奉の証言といくつかの関連文書の存在は、韓国と米国の後退が一方的な敗走ではなかったことを示してくれる。す

なわち、初期の極度の混乱を除けば、韓国軍と国連軍の後退は比較的に周到綿密な作戦の産物だったことを示している。奇襲で知られたマッカーサーが、上陸作戦を最初に思い浮かべた時点である6月29日の漢江防御線視察時の構想は、正に戦争前の計画に土台を置いたことが明確と思われる。自らの回顧録によると、彼は漢江南岸で江北を眺めながら、北朝鮮軍の進撃を水原線で遮断した後に仁川方面に部隊を上陸させ、敵の背後を攻撃する作戦を考え付いた[115]。つまり、6月29日の漢江防御線視察以前の6月26日に、予めマッカーサーは駐日総司令部でSL－17を見てから出発した可能性が高かった。漢江防御線視察を終えた後にマッカーサーは、米統合参謀本部に米地上軍の投入を建議すると同時に、参謀長アーモンド少将に上陸作戦の計画を樹立するように指示した。

しかし、米軍が初期戦闘で強力な北朝鮮軍により実際に押されたことも事実だった。初めに米軍は、長く見ても数日間のみ韓国に留まることになるだろうと考えていた。全ての米兵士たちは「奴らが米軍服を見る時までくらいは待て。見るや否や、背を向けて逃げ出すだろう」と述べた。第24師団第1隊アイレス（H. Ayres）大隊長は、中隊長を呼んで自信ありげに話した。「我々の北側に北朝鮮の兵士たちがいることになっている。彼らは、訓練をほとんど受けられなかった。彼らのわずか半数程度が武器を持ち、我々は困難なく防ぎ止められるだろう」。中隊長たちは部下たちに、今度の作戦は単に警察行動（*police action*）に過ぎず、遠からず日本へ帰ることになるだろうと述べた[116]。しかし、よく知られたとおり米軍は、北朝鮮軍との初戦である烏山（オサン）付近におけるスミス部隊の惨憺たる敗退から始まり、序盤から甚だしい出血を強要されていた。この戦争は次第に、米国にも決して「遊びではないもの」として迫って来た。

大田は、ソウル北方における初戦の激突以来、最も重要な決戦場だった。中部の交通の要衝である大田会戦でも、米国は敗退した。7月20日、大田が敵の手に落ちた。金日成は、金雄、李権武（リクォンム）、柳京洙（リュウギョンス）はじめ指揮官たちの名前を直接あげて、大田を解放させた人民軍将兵たちに感謝の命令を下達した[117]。ソウルに続いて中部の要衝の大田を陥落させた北朝鮮の気勢は、天を衝くようだった。

米国の初期戦闘の中でも、大田戦闘において発生した特異な事件の1つは、第24師団長ディーン（William F. Dean）の失踪であった。第24師団長ディーンは、米軍政期にハッジ司令官の下で在韓米軍政長官を務めるほど韓国とは因縁の深い人物だった。彼は、1947年10月から軍政長官として勤務し、1948年5月10日の総選挙と8月の韓国政府の出帆を直接に管理した人物であった。戦争が勃発する前日の夜、つまり6月24日の夜に彼は、自分が駐屯している日本で朝鮮の伝統的な両班の衣服である白い外套（トルマギ）に黒いカッという帽子を被り、ある仮装

舞踏会に参加していた。両班は、北朝鮮で封建秩序の支配階級として真っ先に廃止された制度だった。翌日の明け方、彼は朝鮮戦争勃発の消息を聞き、自分の夫人に「大変だ。これは間違いなく第3次世界大戦の始まり」だと叫んだ[118]。

　7月20日、人民軍の攻撃に対峙してディーンは、最後まで残って大田防御戦を指揮し、失踪した後に北朝鮮軍の捕虜となった。彼は3年後、戦争が終わった後にやっと釈放されて帰って来ることができた。大田防御戦の最後の瞬間、彼は孤立無援の状態で戦った。大田が陥落するや、ディーンは単身でバズーカ砲を持ち、進入する戦車に突進して、これを撃破しもした。彼は、7月20日に大田で失踪し、36日間さまよった末の8月25日、全羅北道の茂朱（ムジュ）で逮捕された。最後まで大田に残っていたディーンは、全員が後退するや孤立したまま、わずか17名の兵士たちと取り残されることになった。しかし、人民軍の占領状態における緊張した移動の途中、漆黒のような夜に喉の渇きを癒すため水を汲みに行き、そのまま崖へ転がり落ちた後、彼は意識を失ってしまった。それにより彼は、ついに一行とも別れ別れになり、孤立無援となってしまった。周辺には、敵兵が往来していた。ディーンは、避難民のテントに入り、まる一日を眠りもした。

　ディーンが避難途中に会った住民たちは、もう共産軍と米軍の間でどちら側を選択するのが賢明なのか分からず、ひどく当惑していた。彼は米軍の地域へ脱出するため、飢えの中で夜にだけ隠れて移動せねばならなかった。ある村でディーンは、英語をかなり話せる青年の密告により、眠っていた農家で夜明けに突然、近寄って来た人民軍に逮捕の一歩直前まで追い込まれもした。しかし、銃撃戦の末にディーンは、辛うじてトウモロコシ畑へ逃亡できた。村の田んぼから必死に脱出する途中、彼は逃亡中に出会って農家で一緒に泊まったある米軍中尉とも別れた後、以後3年間も米国人に会えなかった。彼の目標は、ひとえに北朝鮮軍に逮捕されず、何としても国連軍の作戦地域へ無事に脱出することだった。36日間の逃避生活の途中、彼が何かを手に入れて食べたのは、わずか12回しかなかった。彼は山苺、ジャガイモ、梨、水などで延命し、飢えの中で死地を彷徨った。

　彼が茂朱に至った時、彼は農民の朴鍾九（パクジョング）の助けで、彼の家で8月20日から4日間も過ごした。朴鍾九は、彼に鶏を取ってやり、彼の飢えて弱った腹を暫くではあれ満たしてやった。おそらく彼の逃避生活の途中において、最も安楽な時間だったであろう。全羅北道鎮安郡上田面雲山里（チナングンサンジョンミョンウンサルリ）で彼は、農民の韓斗圭（ハンドゥギュ）に会った時、自分を大邱まで連れて行ってくれれば、賞金として百万ウォンをやると提議した。しかし、韓斗圭と一緒にいた彼は、激闘の末に村の自衛隊員たちに逮捕され、以後は長くも長い捕虜生活を送らねばならなかった。ディーンが逮捕されて連れ

て行かれた全州(チョンジュ)刑務所は、彼が軍政長官をしている時、視察に来たことがある所だった。偶然にも彼が逮捕された８月25日は、彼の結婚記念日であった。韓斗圭は、後に不法逮捕罪で韓国政府により実刑を宣告され、服役中に転向して出所した。彼が服役途中、長い捕虜生活の後に戻って来たディーンは、韓国政府に韓斗圭の減刑を嘆願して、彼の釈放を助けもした。彼によって自分が逮捕されたにもかかわらず、ディーンは彼の減刑を嘆願したのである119)。

　逮捕の瞬間について、ディーンの手記の一部を引用してみよう。
「私が拳銃に手を触れようとした時、横に座っていた背の小さい奴が私の肘をつかんだ。私は銃を取り出そうと、彼を足で蹴飛ばした。しかし、拳銃が手に容易に握れなかった。我々は一緒に、地面の上に転がった。私は、そいつを小川の水の中に押し込んだ。しかし、既にそいつらの群は……迫って来て、三人が銃床で私を殴った。私は、ひどく怒りがこみ上がった。彼らは、うるさく騒ぎ立てた。

『撃てよ、撃て！　この乞食野郎！』私はこう叫んだ。私の頭には『このように死ぬのは不名誉なことだが、不幸にも状況がこんなになってしまったなぁ』という考えが浮かんだ。たくさんの者が、私の腕や痛い肩を無茶苦茶にねじ曲げた。しかし、この肉体的な苦痛は、精神的な憤怒に比べれば何でもなかった。私の頭には『この敵どもの捕虜になるとは！』という悔しい思いだけであった。……私の捕まったその日が、偶然にも私の結婚記念日である８月25日だった。」120)

　逮捕された後、ディーンは全州刑務所へ連れて行かれた。この刑務所は、彼が軍政長官であった時に視察したことがあり、見覚えがある場所だった。全州で彼が受けた最初の質問は「李承晩は、どこにいるのか？」というものであった。彼はそこで、自らが軍政長官だった時に政治犯として捕まって来ていて、視察の時に会ったことがある人から尋問を受けた121)。戦争が勃発するや、２年ぶりに彼らの立場が完全に逆転したのだった。韓国の最高統治者の一人だった者に対し、自らの統治下で監獄にいた者が今は反対に彼を尋問するという事実が、この戦争の基本性格の一端を示してくれる象徴だった。ディーンの立場では、数年前に自分が軍政長官という最高統治権者の一人として直接支配していた、今は彼らのために戦っているその国の人民により捕まえられることは、想像もできないことだったであろう。彼が前軍政長官のディーンである事実を確認してくれた人物は、逮捕された後にソウルへ移送されてから会った前民政長官の安在鴻であった。彼がディーンだという事実が確認されるや、彼はすぐソウルから平壌へ移送された。

　ディーンは以後、米国の北侵戦争命令、戦前の韓米による北侵計画、占領時の人民虐殺、米軍の朝鮮戦争における軍事計画と作戦などについて集中的な質問を受けた。また彼は、強姦と民間人虐殺をはじめとした米軍の戦争犯罪を認定する

ことを要求される一方、米軍による民間人虐殺防止のための米軍の爆撃中止、韓国人民たちの北朝鮮支持表明による米軍の戦争名分の喪失認定などを訴える声明に署名することを要求された。9月14日には政治保衛部長の方学世(パンハクセ)から直接、米国の極東における意図、米国の秘密武器部隊、米軍の朝鮮半島における軍事計画について尋問を受けた。仁川上陸作戦の前夜だった[122]。

　ディーンは以後、国連軍が北進した時は暫く満州まで移送されもした。彼は、反復される尋問の中で『レーニン主義読本』、『ソ連共産党史』、『反デューリング論』などを読むよう強要された。ディーンが3年間の捕虜生活の中、捕まえたハエの数は約4万匹を超えた[123]。彼がハエをこのように多く捕まえた事実とこれを几帳面に記録した点は、喜んで殺戮を行っていた軍人が捕虜として直面せねばならなかった生活の断面を語ってくれる。彼が平壌で尋問を受けた当時、彼の通訳を務めた李揆現(イギュヒョン)は、通訳を解任された後で国連軍が北進して来た時に脱出、南下して韓国に帰順した[124]。ディーンの失踪事件は、失踪と逮捕の過程自体が劇的な面を持っている。それと同時に彼の苦痛は、この戦争で米軍が経験した苦痛を圧縮的に象徴している。

　しかし、地上での敗退にもかかわらず、全般的な戦勢と戦況は既に均衡を取り戻しつつあった。米軍は、空軍と海軍での一方的な優勢を基にして、徐々に地上における敗退を相殺しつつあった。言い換えれば、地上での勝戦に酔い、空軍と海軍の戦略に備えられなかったことが北朝鮮軍の長期的な敗戦要因となったのである。マッカーサーは、朝鮮半島における作戦の第1段階を整理する7月19日の戦況声明で、今や北朝鮮軍による勝利の機会はなくなったと明白に述べた。この時点は、北朝鮮が依然として差し障りなく進撃し、圧倒的な勝利に沸いていた時だった。

　「韓国で米第8軍主力の展開完了と共に戦争の第1段階は終了し、北朝鮮軍が勝利する機会もなくなった。敵の計画と勝利の機会は、進撃速度にかかっている。(速い)進撃速度と共に敵は韓国軍を圧倒し、一時は漢江ラインを突破した。また圧倒的に優勢な兵力と優秀な武器を以て敵は、韓国の抵抗を粉砕した。しかし、第8軍が敵の進撃を阻止するため驚くほど速い速度で日本から出撃するや、敵はもう勝利の機会を喪失した」[125]。(括弧は追加)

　マッカーサーは、敵が今まで大きな勝利の機会を持っていたが、この機会を利用するのに失敗したと闡明した。彼は7月27日、大邱における記者会見を通じ、北朝鮮の攻勢が終わったことを誇示した。「依然として若干の新たな試練と敗北を経験せねばならない。しかし、本官は一生を通して、現在のように究極的な勝利に対する確信を持ったことは一度もない」[126]。

前線現場の韓国陸軍本部の命令綴を検討すれば、興味深い点が1つ見える。まず、6月25日以後いつも後退に対する備えを指示していた内容は、戦線を安定させた8月2日の「陸軍本部訓令第18号」に至って初めて反撃内容が出て来る。訓令は「攻勢を取る前に諸部隊では毎日、反撃作戦が展開される」であろうと指示している[127]。8月4日の「陸軍本部訓令第20号」は「戦勝の要（諦）は、有形無形の各種戦闘要素を要点に集中発揮することにある」とし、反撃を越えて初めて「戦勝」を語っている。命令は特に、現代戦における軍の機動力を、戦争の勝敗を左右する要素と見ていた[128]。8月6日には「戦争とは死をかけて行うこと」だという内容の米第8軍司令官ウォーカーによる8月3日の命令が、陸軍本部を通じて韓国軍指揮官たちに下達された。彼は「本官は、各指揮官に自分の部隊の諸人員の死をかけて行う戦争の重要性について強力に指導することを指示する」と命令した[129]。仁川上陸に先立つ9月7日、ついに国連軍と韓国軍は、待っていた反撃のための重大な訓令を下達した。「攻勢移動の時期が緊迫したことに臨み、米第8軍司令官から通牒が流れたので、第1および第2軍団は最短日時に敵を撃退して……」[130]。

　我々は、時に時間の観念を忘れる傾向がある。6月25日に戦争を始めた後、8月5日に主力部隊が洛東江沿岸に到着する時までにかかった時間は41日だった。そして8月5日から9月15日の仁川上陸作戦までにかかった時間も、やはり偶然にも41日であった。破竹の勢いで南朝鮮全域に押し寄せた時間と洛東江における攻防戦の時間が同じなのだった。このことは、洛東江前線の攻防戦が相当に長かった点だけでなく、38度線から洛東江までの時間が思ったよりも短くはなかった点を示してくれる。北朝鮮軍は、韓国軍の相当な抵抗を受けたのである。洛東江攻防戦の後半になると、既にそこでの戦勢もまた傾きつつあった。問題はただ、あちこちで今や戦力の優位を掌握した国連軍が、いつ北朝鮮軍の弱い地点を突破するかという時間の問題のみだった。仁川上陸作戦が始められるや、一方に傾いていた洛東江前線の不安定な均衡は、即刻に崩れた。

注

1) 歩兵第6師団戦史部「春川地区戦闘詳報、1950年6月25日04：00～30日24：00」、『韓国戦争史料』53巻「戦闘詳報、第6師団」、ソウル、陸軍本部、1987年、98-115頁。
2) 同上書、第43巻「戦闘史料：首都師団砲兵、第1師団、第11連隊」、267-271頁。
3) 歩兵第7師団司令部『七星略史、1949.6.10～1969.12.31』ソウル、陸軍印刷工廠、1970年、96頁。
4) 大韓民国国防部戦史編纂委員会編『韓国戦争史』1巻、改訂版、ソウル、1967年、

576頁。
5) Robert Sawyer, *Military Advisors in Korea: KMAG in Peace and War* (Washington, D. C.：Office of the Chief of Military History, Department of the Army, 1962),p. 115.
6) 白善燁『長く長い夏の日1950年6月25日（韓国文）』ソウル、地球村、1999年、30頁。
7) Roy E. Appleman, *South to the Naktong, North to the Yalu* (Washington, D. C.：Office of the Chief of Military History, Dept. of the Army, 1961), p. 21-28.
8) 『民族の証言（韓国文）』1巻、ソウル、中央日報社、1983年、27頁。他の資料では第7師団情報処の最初の報告時間が05：15と出ている。大韓民国国防部戦史編纂委員会編『韓国戦争史』2巻、ソウル、1967年、77頁。
9) 『北傀（北朝鮮）6・25南侵分析』ソウル、大韓民国陸軍本部情報参謀部、1970年、78-79頁。『韓国戦争史』1巻、749頁。同書、2巻、56-57、73頁。
10) 『韓国戦争史』1巻、764頁。
11) 同上書、764頁。
12) 同上書、2巻、75-76頁。『北傀6・25南侵分析』には、次のように記録されている。「北傀軍は38度線の全前線にわたり戦闘師団と戦車砲を展開、配置して攻撃して来るだろう。これは6月24日の夜か6月25日になるだろうし、平和統一を偽装して武力攻撃を敢行するであろう。」同書、79頁。しかし、当時の参与者だった張昌国によると、報告で金鍾泌は攻撃の日付と時間を特定しはしなかった。張昌国との面談、ソウル、1992年4月10日。
13) 大韓民国陸軍本部『歴代参謀総長年代記』陸軍本部（n. d.）、66頁。『韓国戦争史』1巻、改訂版、575頁。
14) 『歴代参謀総長年代記』66頁。
15) 『韓国戦争史』2巻、76-77頁。
16) 張都暎「張都暎回顧録1：私は朴正熙を信任した（韓国文）」、『新東亜』1984年7月号、ソウル、132-133頁。公式記録には彼が05：40に到着したことになっており、李致業はこれより10分前の05：30に到着した。『韓国戦争史』1巻、改訂版、576頁。
17) 『韓国戦争史』2巻、78頁と『韓国戦争史』1巻、改訂版、577頁には非常召集命令の時間がそれぞれ6時と5時で異なって出ている。蔡秉徳の未亡人である白慶和の回顧録には、彼が「6月25日夜明け、急に電話を受けたところ、何も言わずにそのまま出て行った」とだけなっている。「白慶和」（1977年3月27日）、大韓民国国防部戦史編纂委員会『面談史料――証言録』所収。【以下『証言録』と略記】
18) 「付録第10号：作戦命令第83号」、『韓国戦争史』1巻、改訂版、928頁。
19) 面談史料第163号「張興」（1967年2月22日）、『証言録』所収。
20) 面談史料第58号および添付手稿「張昌国」（1964年8月26日）、『証言録』7-8頁。
21) 1950年2月に李承晩に随行して東京に立ち寄った時、蔡秉徳は日本の陸士の同期にこんな言葉を残した。「韓国は上手くいかなくなっている。これから何らかの事態が発生するだろうが、そうなると私は死なざるを得ない。」『韓国戦争史』1巻、767

頁。李基東「青年将軍　蔡秉徳」、『世代』1971年11月号、ソウル、284頁。
22)　面談番号271（1977年7月30日）、『証言録』所収。
23)　同上資料。
24)　『韓国戦争史』1巻、610-611頁。
25)　United States, Department of State, *Foreign Relations of the United States (FRUS)*, 1950, Vol. VII; *Korea* (Washington, D. C. : U. S. G. P. O., 1976), pp. 129-131.
26)　朴明林『韓国戦争の勃発と起源（韓国文）』II、ソウル、ナナム出版、1996年、607-608頁。
27)　Robert T. Oliver, *Syngman Rhee and American Involvement in Korea, 1942～1960* (Seoul: Panmun Book, 1978), p. 273.
28)　*Ibid.*, p. 273.
29)　柳永益『若き日の李承晩──漢城監獄生活と獄中雑記研究（韓国文）』ソウル、延世大学校出版部、2002年、122-123、155-156頁。
30)　同上書、123、220頁。李承晩の著書は『独立精神』ソウル、太平洋出版社、1954年、を参照されたい。
31)　朴明林、前掲書、521-569、604-606頁。
32)　CIA, "Memorandum: The Korean Situation" (June, 26, 1950), Harvard University Lamont Library, *Government Documents* (Microfilm).
33)　前掲『民族の証言』1巻、31頁。
34)　『老兵たちの証言：陸士八期史（韓国文）』ソウル、陸軍士官学校第8期生会、1992年、253頁。
35)　尹潽善が自らこのような記録を残した文章としては、尹潽善「歴史的な辛丑年を送りながら（韓国文）」、国家再建最高会議『最高会議報』1961年12月号、No. 3、3頁。李範奭・尹潽善ほか『事実の全部を記述する──尹潽善編（韓国文）』ソウル、希望出版社、1966年、314頁。
36)　大韓民国国防部戦史編纂委員会所蔵資料『証言録　李範奭将軍』1964年10月23日。
37)　李允栄「前国務総理　李允栄回顧録──漢江鉄橋爆破は李範奭が提案した（韓国文）」、『新東亜』1984年6月号、ソウル、216頁。
38)　『証言録　李範奭将軍』1964年10月23日。
39)　李允栄、前掲記事、前掲書、218頁。
40)　『民族の証言』1巻、33頁。
41)　李允栄、前掲記事、前掲書、218頁。
42)　張炳旭『6・25共産南侵と教会（韓国文）』ソウル、韓国教育公社、1983年、190-193頁。
43)　『韓国戦争史』1巻、改訂版、613頁。
44)　同上書、613頁。
45)　『民族の証言』1巻、37-38頁。
46)　『韓国戦争史』1巻、改訂版、613-614頁。
47)　李英石『竹山　曺奉岩』ソウル、圓音出版社、1983年、181-182頁。

48) Department of State, *United States Policy in the Korean Crisis, July 1950～ Feb. 1951* (Washington, D. C.: U. S. G. P. O., 1951), p. 12.
49) http://www.trumanlibrary.org/oralhist/muccio1.htm.
50) *FRUS*, 1950, Vol. VII, pp. 125-126.
51) 『韓国戦争史』2巻、220-221頁。『民族の証言』6巻、247頁。
52) Appleman, *op. cit.*, pp. 39-40.
53) http://www.trumanlibrary.org/oralhist/muccio1.htm.
54) Harold Noble, Edited with an Introduction by Frank Baldwin, *Embassy at War* (Seattle: University of Washington Press, 1975), pp. 75-77.
55) 朝鮮戦争に関する米国の介入と国連の役割については、立派な研究が余りに多い。したがって、これを反復する必要はないだろう．
56) Noble, *op. cit.*, p. 19.
57) CIA, "Memorandum: Korean Situation" (June, 27, 1950), Harvard University Lamont Library, *Government Documents* (Microfilm). 興味深いことに、ソウルが陥落した28日（現地時間は29日）の覚書は、状況を更によく見ていた。「韓国軍隊は、再組織化する能力があるならば、今に甚だしく強力な戦闘の意志を持つことであろう。組織的な抵抗を維持する可能性は高まっている。」 "Memorandum: Korean situation" (June, 28, 1950), *Ibid*.
58) 以下、これについての論議は、釜山日報社『臨時首都千日』釜山、釜山日報社、1985年、22-49頁。「黄圭冕」、『証言録』所収。黄圭冕「側から見た李承晩――6・25は私の人生最初の失策だ（韓国文）」、『月刊朝鮮』1986年3月号、ソウル。『民族の証言』1巻。http://www.trumanlibrary.org/oralhist/muccio(1-3).htm. 金利均「韓国戦争の特性（韓国文）」(IV)、戦史編纂委員会所蔵資料、資料番号123番。Noble, *op. cit.* フランチェスカ備忘録「6・25と李承晩大統領（韓国文）」、『中央日報』1983年6月24日～1984年4月19日【以下「備忘録」と略記】などを参照せよ。李承晩の逃避方法と経路は、1950年10月の金日成の逃避時期および方法と比較すると非常に面白い。本書の第10章を参照されたい。
59) 「備忘録」、『中央日報』1983年6月24日。『民族の証言』1巻、18頁。
60) 「備忘録」、『中央日報』1983年6月24日。黄圭冕、前掲記事、前掲雑誌、216頁。当時、李承晩の秘書の一人で、後に韓国の大法院長を務めた閔復基の証言によると、李承晩は26日夜にマッカーサーの副官ホイットニー准将に次のような内容の話をしたとなっている（ニュアンスは若干、異なる）。「マッカーサー元帥が起きたら、このように伝えてくれ。貴方たちが早く我々を助けてくれないならば、ここ韓国にいる米国人を我々がみんな殺す。」 この証言は、彼が大法院長の時節にしたものだった。『民族の証言』1巻、19頁。三人の証言には、内容は大同小異ながら時間の差がある。しかし、李承晩の発言に対するフランチェスカ、黄圭冕、閔復基の証言は、マッカーサーが既に駐韓米大使館の報告で25日10時に状況を認知していた点を考慮する時、果たして李承晩がこのように強硬な発言を行ったのか、疑問が浮かぶ。
61) 「黄圭冕」、『証言録』添付手稿、8頁。

62) 「黃圭冕」、『証言録』14頁。「備忘録」、『中央日報』1983年6月24日。一部の資料には趙炳玉、李起鵬が避難を勧誘したとなっている.
63) 金利均、前掲資料。
64) 「備忘録」、『中央日報』1983年6月24日。
65) http://www.trumanlibrary.org/oralhist/muccio1.htm.
66) *FRUS*, 1950, Vol. VII, pp. 142-143.
67) Noble, *op. cit.*, p. 72.
68) 「備忘録」、『中央日報』1983年6月24日。金利均、前掲資料。
69) 「黃圭冕」、『証言録』添付手稿、18-22頁。
70) Noble, *op. cit.*, p. 72.「黃圭冕」、『証言録』21-22頁。
71) 釜山日報、前掲書、35頁。
72) Noble, *op. cit.*, p. 72.
73) *Ibid.*, pp. 72-73.
74) 「黃圭冕」、『証言録』22頁。
75) Appleman, *op. cit.*, pp. 43-44.
76) Noble, *op. cit.*, p. 73. Sawyer, *op. cit.*, p. 125.
77) 『民族の証言』1巻、52-56頁。
78) *FRUS*, 1950, Vol. VII, pp. 220-221.
79) 釜山日報、前掲書、45-48頁。
80) Appleman, *op. cit.*, pp. 44-46.
81) http://www.trumanlibrary.org/oralhist/muccio1.htm.
82) http://www.trumanlibrary.org/oralhist/muccio1.htm. *FRUS*, 1950, Vol. VII, pp. 248-250.
83) 「国本特別命令(陸)第1号」、『国防部特命綴、1949〜1950』大韓民国戦史編纂委員会史料26号。
84) 丁一権との面談、ソウル、1990年2月15日。
85) 「備忘録」、『中央日報』1983年6月24日。
86) 金利均、前掲資料。
87) Division of Historical Policy Research, Department of State, "American Policy and Diplomacy in the Korean Crisis," Part 2, July 8〜15, 1950, pp. 8-9. 国防軍史研究所資料番号103。「備忘録」、『中央日報』1983年6月27日。
88) 「備忘録」、『中央日報』1983年7月6日。
89) 釜山日報、前掲書、561-562頁。
90) 太倫基『軍人日記:1950年9月1日から1952年10月12日までの日記(韓国文)』ソウル、日月書閣、1985年、13-15頁。
91) 大韓民国国防部陸軍本部『韓国戦争史料』65巻「戦闘命令、陸軍本部」、133-134頁。
92) 「黃圭冕」、『証言録』添付手稿、18頁。
93) 「備忘録」、『中央日報』1983年7月16日。

94) NA, RG 59, Entry, Lot 58D245, Box 5, Department of State, Division of Research for Far East, "The Potential for Strengthening the Government of the Republic of Korea Through Changes of Personnel in High Executive Positions" (July 27, 1950).
95) 『韓国戦争史料』第65巻「戦闘命令、陸軍本部」、10頁。
96) 同上書、12-13頁。
97) 大韓民国国防部戦史編纂委員会『韓国戦乱1年誌』ソウル、1951年、B21-B22頁。『全南日報』光州・全南現代史企画委員会『光州・全南現代史』2、光州、実践文学社、1991年、215、238頁。
98) 「戒厳宣布」、「戒厳宣布に関する改定の件（韓国文）」、『韓国戦乱1年誌』C49、C51頁。
99) 姜文奉「深夜パーティから1・4後退まで（韓国文）」、『新東亜』1983年6月、ソウル、152-153頁。
100) 韓国歴代将軍伝編纂会編『韓国歴代将軍伝』2巻、ソウル、大亜文化社、1970年、11-12頁。
101) 『朝鮮人民軍』1950年9月4日。『朝鮮中央年鑑』1951〜52年版、平壌、朝鮮中央通信社、1952年、87頁。
102) 『朝鮮人民軍』1950年9月4日。
103) "Report of the United Nations Commission on Korea――Covering the Period from 15 December 1949 to 4 September 1950", General Assembly Official Records; Fifth Session Supplement No. 16 (A/1350), (Lake Success, New York: 1950).
104) 『韓国戦争史』2巻、56-57頁。
105) 宋虎聲は戦争が起こるや、北朝鮮側へ加担した。これについては、朴明林、前掲書、427頁。「張興」、『証言録』所収、を参照されたい。
106) 面談史料第58-1号「張昌国」（1964年8月26日）、『証言録』所収。
107) 面談史料番号把握不能「張都暎」（1968年2月6日）、『証言録』所収。韓国軍内部の資料は整理されてない状態である。この資料も資料整理過程であり、多数の番号が付けてある。2066番、26番、217番などである。
108) 「陸本作戦命令38号（1950年3月25日）」、「陸軍第6師団作戦命令42号（1950年5月18日）」、国防部戦史編纂委員会史料第562号、第740号。
109) この文献の内容は、朴明林、前掲書、587頁、を参照。
110) 「陸軍第6師団作戦命令42号（1950年5月18日）」、国防部戦史編纂委員会史料第740号。
111) "極秘", "Mobilization Requirements Program of the Army Logistic Study for Projected Operations", NA, RG 319, E97, Army―Operations General Decimal File 1950〜1951, 091 Korea Box 34.
112) "Logistic Study Covering Operations in Korea" (LD－SL－17)、1950年7月、陸軍省軍需参謀計画室戦略軍需分課作成。

113) Clay Blair, *The Forgotten War* (New York: Anchor Books, 1987), p. 87.
114) "Letter, Colonel Donald McB. Curtis to the Editor, Army (July 1985)", *Ibid.*, p.87. 997, f.n.2.
115) Douglas MacArthur, *Reminiscences: General of the Army Douglas MacArthur* (Seoul: Moonhak Publishing Co., 1964), pp. 333-334.
116) T. R. Fehrenbach, *This Kind of War* (New York: The Macmillan Company, 1963), pp. 109-111.
117) 「朝鮮民主主義人民共和国人民軍最高司令官の命令（朝鮮文）」、民族保衛省文化訓練局『宣伝員手冊』18（1950年8月1日）、1-2頁、NA, RG 242, SA #2009, 2/232.
118) William F. Dean, *My Three Years As a Dead Man*（白承喆訳『あぁ、死者の生活3年間——ディーン少将の手記（韓国文）』ソウル、春秋文化社、1954年、26-27頁。）ディーン少将の手記全文は、次を参照せよ。William F. Dean, *General Dean's Story* (New York: The Viking Press, 1954).
119) 『あぁ、死の生活3年間』35-70頁。
120) 同上書、70-71頁。
121) 同上書、75-77頁。
122) 同上書、85-103頁。
123) 同上書、37、94、159頁。
124) ディーンの平壌での生活についての李揆現の記録は、米国の雑誌 *Life* に掲載され、ディーンの回顧録の韓国語版に再び載せられた。李揆現「私はディーン少将と一緒に生きた（韓国文）」、同上書、200-216頁。
125) "General MacArthur's estimate of the military situation, July 19, 1950", *Military Situation in the Far East——Hearings before the Committee on Armed Services and the Committee on Foreign Relations United States Senate* (Washington, D. C.: United States Government Printing Office, 1951), pp. 3381-3382.
126) 『韓国戦争史』2巻、769頁。
127) 「陸本訓令第18号」（1950年8月2日）、『韓国戦争史料』第65巻、48頁。
128) 「陸本訓令第20号」（1950年8月4日）、同上書、51頁。
129) 「陸本訓令第26号」（1950年8月6日）、同上書、64-65頁。
130) 「陸本訓令第58号——攻勢準備に関する件」（1950年9月7日）、131頁。

訳注
（1）便衣隊とは、民間人の服装に偽装した人民軍の戦闘員を指す。

第2部　革命と統一

　1994年7月8日、北朝鮮の指導者である金日成(キムイルソン)が突然に死亡した時、韓国はすぐに死んだ金日成を弔問すべきかどうかという問題をめぐり激烈な論争に陥った。分断国家において、自分たちを侵略した相手の首魁の死亡をどう見なすべきなのか？　この論争は、韓国の反共主義を単純な支配理念としてのみではなく、それがどれほど深い歴史的な起源を持っているかを想起させた。論争の歴史的な起源は、解放から朝鮮戦争終結に至るまでの韓国政治がたどった特別な経験から由来する。

　特に戦争開始と戦時占領の経験は、最も大きな影響を及ぼした。金日成が死亡した時、戦争を試図し民族的な悲劇を招来したことに対する責任追及と統一のための和解や容赦との間に深く掘られた亀裂を狭めることができないまま、大衆は錯綜としていた。そうだとすれば、1990年代の北朝鮮の食料危機に際し、莫大な量の食料を支援した韓国の市民や宗教団体の行動は、過去の敵意を仕舞い込む和解の精神の産物として、評価を受けるに値するであろう。

　一般的に共同の経験は共同の記憶を持たせ、共同の記憶は共同の意識と行動志向性を産む。政治意識と選択がしばしば時代により異なって現れる最大の理由は、共存と時代の相異から来る類似した経験の有無如何に由来する。現代韓国において韓国の人々が共産主義の統治を経験した時期は、1950年6月28日から9月28日までの3ヵ月が全てだった。それにもかかわらず、強い反共主義が韓国に残っている理由は、この時の経験と衝撃がどれほど大きかったかを反証する。もちろん、解放直後の集団越南と1953年以後の南北朝鮮間の対立も多大な影響を及ぼした。しかし、韓国の民衆は、1950年6月25日に戦争を始めた北朝鮮により統治された特別な経験の記憶を他の何よりも強く心に銘記している。

第4章　北朝鮮の韓国統治Ⅰ：人民と戦時政治

1．占領の目標と準備：第2の北朝鮮革命

　北朝鮮が戦争を試図した目的は、単純に言って北朝鮮体制を朝鮮半島全土へ拡散させることだった。それは、北朝鮮で起こった脱植民地の急進革命を全国的に拡大することであった。我々は本章で、北朝鮮が南朝鮮地域に進駐して実施した占領政策を分析するだろう。だが、それに先立ち、占領政策を準備するためにどのような諸措置がまず講じられたのか調べて見よう。人民動員、土地改革、民衆蜂起の組織化のための事前浸透、これら3つに限定して見ても、それぞれ注目に値する諸準備が行われた。
　まず、人民動員の場合を見よう。次の文献は朝鮮戦争前の北朝鮮で発行されたものだが、戦争初期に〈始興郡内務署〉の判が押されている。したがって、これは北朝鮮内務省の文献が戦争勃発後、南朝鮮地域の郡単位の内務署に直接おりて来て、そのまま適用されたか準拠として適用されたことを意味する。「朝鮮民主主義人民共和国内閣決定第52号——軍事ならびに運輸登録制実施に関する決定書」として首相の金日成と内務相の朴一禹（パギルウ）の署名が入っている[1]。この「決定」は、他の多くの「決定」とは異なり、内閣の指示と決定を盛り込んで定期的に発行される『内閣公報』に掲載されていない。すなわち、公表されなかった秘密決定だったのである。この決定は、1949年5月になされた。この5月は、北朝鮮が6月に祖国統一民主主義戦線【以下「祖国戦線」と略記】を結成し、南北朝鮮労働党を合党して、対南攻勢を本格化する直前であり、また金日成と朴憲永（パッコニョン）がソ連を訪問して帰国した直後の時点である。これは、ソ連を訪問して帰国し、また米軍撤収を目前にして、体制を確実に動員体制に率いて行っているひとつの徴表であった。ここから、動員体制の制度化は非常に急速に達成されているのが分かる。
　決定によれば、内務省に軍事登録部を設置するに当たり、この軍事登録部の事業は全国的な動員を担当する部署の設置を意味していた。これによると「国家公民として軍事適齢者を全て登録する」、「国家ならびに個人所有の○○○（判読不能）船舶および牛馬匹（ママ）を全て登録する」、「国家有事の時に人員ならびに運輸動員計画を樹立し、平常時に登録された適齢者の各種訓練と輸送動員の組織を進行する」、「本決定は1949年5月20日より実施する」と規定した。軍事適齢者登録のみ

でなく牛馬匹までも登録せねばならなかった。また、添付された「軍事ならびに運送登録に関する規定」を見ると、第4条には「国家有事の時に重要な技術者・技能者、すなわち自動車運転手、旋盤工、機械修理工、医者、獣医、看護員、タイピスト、交換手、通信技術者および技能者、電気技術者および技能者、木工、土木建築技術者および技能者、そのほか軍事○（判読不能）方に重要な技術者および技能者は登録せねばならない」となっていた。第5条では「適齢者の技術者および技能者（の登録は）市郡の内務署軍事登録係で執行する」となっており、市郡内務署で軍事登録係を新設し、このような業務を行うようにした。

また、第6～7～8条によれば「登録された軍事適齢者と技術者および技能者が居住地から退去する時は、市郡内務署軍事登録係で退去申告を行い、申告を受けた軍事登録係は退去証明を行い、登録台帳に記録せねばならず、退去証明を受けた者は10日以内に新しい居住地の軍事登録係に申告しなければならない」。これは、移転したとしても国家がいつでも動員できるよう10日以内に新しい登録をしなければならないことを意味した。また、退去さえも「軍事」登録係に退去申告を行い、証明を受けねばならなかった。完璧なチェック・システムを読み取れる。第9条は「国家ならびに個人所有を問わず、運輸用具および牛馬匹は登録せねばならない」だったし、第11条は「登録された牛馬匹が移動する時には、所管の内務署軍事登録係に移動申告を行わねばならない」であった。牛馬匹さえも「移動」時には移動申告を行わねばならなかった。牛馬は、他の場所へ自由に引いて歩けなかった。

第14条と第15条は、動員体制としての性格を最も明白に示してくれる規定だ。「登録された者ならびに登録された運輸用具は、国家有事の時にはいつでも国家の命令により**義務的に**動員に応じなければならない。」（**強調**は引用者）、「動員命令を受けた者が正当な理由なく故意に動員を忌避したり拒否したりする時、または故意に他人の動員を妨害する者は、法的な手続きを踏み、これを処断する」。この規定は、命令権者が内務相の朴一禹であった。既にソ連占領時期から旅行令の実施で居住移転の自由まで強力に制限を受ける状態において、この動員令の実施は、動員可能な年齢の全国民と牛馬、運送手段および技能者に対する国家の完全な把握と掌握を意味した。

別のある事前措置は、戦争の勃発と同時に南朝鮮地域で効力を現すよう調整されていた。すなわち、ゲリラと左派の政治組織を秘密裏に韓国に浸透させ、戦争が始まれば各地域から呼応して蜂起させた措置がそれであった。戦争を決定するや否や北朝鮮は、その間に起こった38度線での小さな戦争と南朝鮮地域のゲリラ闘争を中断した。今やこれ以上、38度線を騒がせる必要がなかったのである。そ

の代わりに彼らは6月初め、本当の戦争に備えた事前戦争を開始した。これは戦争が起こる場合、これに呼応して南朝鮮地域の左派たちを組織し、後方を攪乱するための戦術的な措置だった。

まず、全国的に配当された該当地域の左派活動家たちによる事前浸透があった。既に4月から中央党の指示で、南朝鮮出身の共産主義者で北朝鮮に留まっていた者たちは、大挙して南朝鮮地域に派遣された[2]。北朝鮮指導部は、過去に南朝鮮地域で活動していた左派を地域的に配当して派遣した。切迫した時点の事前浸透のために左派の秘密活動家と地下のスパイたちは、1950年5月頃に北朝鮮の秘密指示を受けて相当数が越北しもした。彼らは、自分たちに対する北朝鮮の呼び出しが戦争のためだという事実を知らずにいた。彼らは越北後、予めそこに越北していた左派指導部の指示を受け、6月初めまでに再び南朝鮮各地へ浸透した。

二重スパイとして活動した安永達、趙鏞福、白亨福らも、この時期に全て越北した[3]。彼らは、5月7日に秘密裏に越北した。そうして、1ヵ月ぶりに再び南朝鮮地域へ派遣（南派）された。韓国の弾圧を避け、北朝鮮での再教育のため、いち早く越北した左派活動家たちも、やはり1950年5月末から6月初めまで集中的に再び南派された。彼らの大部分が1950年6月初め、過去に自らが活動していた地域へ秘密裏に浸透した。韓国を騒がせ、キムボール・スミス（Kimball Smith）号を奪取して1949年の秋に越北した後、会寧軍官学校で訓練を受けていた船員たちも、やはり1950年6月初め再び南派された。彼らは中央党に召還され、この浸透組に合流、対南浸透のため鎮南浦港を出発した[4]。

故郷や以前の活動根拠地など過去の縁故地へ共産主義者たちを派遣するのは、朝鮮戦争の終戦後から1960年代までも北朝鮮が長きにわたり使用した浸透戦術だった。北朝鮮の浸透戦術は、戦前から徹底して縁故主義によったのである。ゆえに終戦後までも、特に朴正煕政府の登場以後までも、韓国民は反共キャンペーンを通じて、疑わしい人物が現れたり、長く故郷を留守にした人物が突然あらわれたりすれば、必ず申告するよう教育を受けた。このような教育の集中的な対象は、学生たちだった。これは、韓国公安当局の手が届かない海岸や山岳地帯に根拠地を構築しようとする北朝鮮の努力を効果的に破壊するのに大きく寄与した。しかし、朝鮮戦争前の浸透は特別な浸透だった。それは、戦争開始以後に備えた政治的、軍事的な組織の事前南派であった。金泰奎（音訳）は他の事前南派者らと同様、これが戦争のための事前措置だという事実を知らずに南派され、後になって初めて戦争が勃発した事実を知った[5]。

全羅南道（全南）の場合、6月初旬に南朝鮮労働党（南労党）全南道党の前委員長を務めた後、弾圧を避けて越北していた金百東が南派された[6]。金百東は、数

名の同僚を伴い秘密裏に全南霊岩の法聖浦海岸に上陸、浸透した。全南に派遣された人物は金百東をはじめとし、趙亨杓、李康鎮、李譚来（音訳）、金尚河（音訳）、宋錦愛（音訳）らであった[7]。彼らは皆、全南を根拠地として活動していた者たちだった。金百東と趙亨杓は、全南地域で南労党ならびに遊撃隊の指導者として活動、後に越北した者であった。彼らのうち金百東と宋錦愛は、朝鮮最高人民会議代議員に選ばれて在職した後、再び浸透したのだった[8]。一方、全南霊光郡塩山面には戦争1ヵ月前の5月下旬、人民軍1個小隊が船に乗り、海岸に潜入しもした[9]。

　彼らは秘密浸透後、直ちに左派の再組織化に着手、光州の錦南路1街に潜伏しながら過去の左派組織を再構築するため秘密裏に活動した。また「人民軍がすぐ下りて来る」という内容のビラを散布しもした。これは、彼らが戦争勃発の事実を事前に知っていたからというよりは、人民軍の南下を宣伝して、左派と大衆を組織化しようという宣伝方式の一環だった。南朝鮮地域の左派は、1949年9月にも全く同様の宣伝戦術を使用したことがあった。1950年6月に戦争が勃発するや、金百東は直ちに全羅南道人民委員会委員長に任命され、趙亨杓は同委員会内務部長となった。彼ら事前浸透の左派は、大部分が戦争勃発後にその地方の政治組織の幹部として登用された[10]。これは、他の地域も同様だった。全羅北道（全北）へは17名が南派され、他の地域にもほぼ同規模の左派が南派された。

　ソウルには6月10日、朴憲永の代理で対南地下作業に責任を持った李承燁の指令により、李重業と安永達が秘密裏に派遣された[11]。安永達が5月7日に越北したことを考慮する時、1ヵ月ぶりの素早い帰還だった。また、忠清南道（忠南）地区は6月初旬に南労党中央の前幹部だった李冑相、忠南道党前委員長の呂運徹、論山郡党前委員長の郭海峰（音訳）をはじめ、忠南地域に責任を持った幹部たちが西海岸へ上陸し、大田地区に潜伏した。李冑相は道党委員長、呂運徹は道人民委員会委員長として南派されたのだった。全北には、朴勝源が1950年3月から南朝鮮地域で遊撃工作に参加していた。だが、彼は5月に越北し、6月初めに全北道党組織の責任を帯びて忠南の西海岸を通って上陸、全州に潜入していた[12]。

　左派活動家たちは切迫した戦争のため、いち早く動いていたのだ。このような事前浸透は、南朝鮮の地方で左派組織を予め構築しておき、戦争を開始しようとしたことを意味する。しかし、このような浸透の企図は大部分、成功に至らなかった。一部は海上で船舶故障により漂流して中国の海岸に上陸する中、戦争が勃発した後に南朝鮮地域へ入って来た場合もあった。また、大部分の浸透組は韓国当局の水も漏らさぬ監視の目と防御組織により、戦争が実際に勃発する時まで

地下に隠遁しながら、ほとんど何の活動もできないまま潜伏しなければならなかった。

　もう1つは、ゲリラの事前浸透だった。1950年の春から突然、南朝鮮地域内でのゲリラ闘争が急激に少なくなった[13]。それは、韓国の軍警が強力に実施した冬季討伐の効果でもあったが、ゲリラの自発的な闘争中断も、やはり大きな理由だった。これは「人為的に静かになった軍事的な状況」だった。ゲリラはなぜ突然、闘争をほとんど中断するように行動したのか？　闘争を小康状態にさせた多くのゲリラ部隊は、北朝鮮地域へ越北し始めた。米軍情報によると1950年3月、在韓米軍が「南朝鮮地域で第1のゲリラ指導者」と評価する金達三(キムダルサム)が率いるゲリラ部隊は、部隊強化と再教育のため北朝鮮地域へ向かっていた[14]。この部隊の副指揮者は、南道富(ナムドブ)だった。この部隊は、1949年7月から南朝鮮地域で活動しながら、最も強力にゲリラ闘争をした部隊であった。

　金達三は、済州島(チェジュド)4・3事件を指揮した後の1948年8月、朝鮮最高人民会議に参加のため済州島の他の代表たちと共に越北したことがあった。その後、彼は軍事的な指導力を認定され、南朝鮮地域におけるゲリラ闘争を指導するため再び南下した。闘争期間中、彼は済州島においてと同様、最も優れたゲリラ指導者であることを立証した。それにもかかわらず、彼は再び越北を試図しているのだった。彼らは過去と異なり、韓国の軍警と遭遇しても積極的に戦闘せず、激戦を避けつつ山岳を利用して北への行軍に没頭した。この部隊で逮捕された捕虜の陳述に従っても、自分らは「北朝鮮へ北上中」だと明かした[15]。金達三の部隊は結局、彼らの越北を必死に阻止しようという韓国の軍警を嘲弄しつつ、太白山脈(テベクサン)を越えて4月3日、越北に成功した。ロシア外交文書によると、4月10日付に「南朝鮮で戦死したものと発表されたパルチザン指導者の金達三が、南朝鮮での活動を報告するため平壌(ピョンヤン)に到着した。」とある[16]。

　金達三部隊の越北に先立ち、1950年3月末には江東(カンドン)政治学院の卒業生たちで構成された強力な2つのゲリラ部隊が、ゲリラの頻繁な浸透ルートである襄陽(ヤンヤン)地方へ浸透した。彼らは、過去とは異なり戦闘を展開する目的よりも、正規軍に近いゲリラ部隊を浸透させて、韓国軍警の能力を試験すると同時に、金達三部隊を帰還させようという目的から南派されたのだった。金武顕(キムムヒョン)と金尙昊(キムサンホ)が率いる各々360名で構成された強力な部隊である彼らは、実際に初期戦闘において韓国の軍警よりも優勢な戦闘能力を見せもした。これら大規模なゲリラ部隊は、先立って派遣された南朝鮮地域内のゲリラ部隊を助け、韓国の治安を破壊するところにその目的があるのではなく、これらゲリラ部隊の越北を助けてやろうという目的から派遣されたのであった。

この越北は、北朝鮮の指示によるものだった。北朝鮮指導部は当時、南朝鮮地域へ既に派遣されて活動していた主要部隊に全て戻って来いと指示した。1950年4月頃に金達三部隊をはじめ、彼らのほぼ全てが越北していたのである。4月3日頃に越北した金達三、南道富など南朝鮮地域にいた遊撃隊指導者たちは越北後、ゲリラの根拠地である裏陽にゲリラ部隊を置いたまま、4月5日に平壌へ行き、李承燁、李重業、趙斗元（チョウドウォン）などの南朝鮮の左派指導者たちと人民軍文化部司令官の金一（キムイル）、海軍司令官の韓一武（ハンイルム）らと会合し、韓国の軍事、政治情勢などを討議してからは、ゲリラ再浸透の指示を受けた。金達三は、それに従い部隊を再編成し、江原道（カンウォンド）の山岳地方を通って6月初めに再浸透した[17]。そして、残る他のゲリラたちは第766部隊に合流して海上を通り、6月24日に裏陽の栄浦口（ヨンポグ）を出発した。

　6月11日には、60名のゲリラが38度線を越えて第8師団の地域へ浸透、彼らは直ちに小部隊に再編された。逮捕されたゲリラの陳述によれば、彼らは「韓国軍と警察に遭遇しても戦闘してはならず、また五台山地域（オデサン）を迂回して真っ直ぐに原州（ウォンジュ）、洪川（ホンチョン）、清州（チョンジュ）、安東（アンドン）、栄州（ヨンジュ）地方に行け」と命令されていた[18]。この陳述から我々は、彼らが過去のゲリラとは異なり、奥深く内陸侵入を企図していることが分かる。その他にも、この時点では江原道地方へ浸透する多くの小規模なゲリラ部隊が目撃された。また、6月13日には約40名が第6師団の地域へ浸透した。彼らは皆、裏陽にいる部隊の一部だった。残りの部隊も、すぐに38度線を越えるだろうという情報であった。彼らは皆、新しい武装をしており、機関銃を所持していたのが特徴だった。韓国軍警の資料も、やはり彼らの新しい浸透を記録している。忠清地区へは500名が浸透した[19]。第8師団の地域には6月中旬から5名1組となり浸透、浸透と同時に小部隊に再編されて分散した。彼らは、安東〜青松（チョンソン）〜栄州のような内陸の奥深い所を目指した部隊だった[20]。

　彼らは、機関銃を所有していたということで「機関銃部隊」とも呼ばれた。韓国軍はゲリラの鎮圧が終了したと考えていたので、重武装した機関銃部隊の新たな浸透に緊張した。このようなゲリラの浸透再開は、全面戦争の開始に先立ちゲリラを事前に侵入させて、人民軍が攻撃した時、それに呼応して山岳と地方で韓国の治安組織を破壊するためのものだった。これと同様な事前浸透は、戦争中にも企図された。金南植（キムナムシク）によると1950年6月初め、各道別に越北者を組織して南派させた。だが、それが失敗するや否や、ゲリラ200名を組織し、人民軍が漢江（ハンガン）を越える前に予め大田に潜入させて、民衆蜂起を組織化しようと試みたりもした。しかし、彼らの進撃が遅れ、正規軍とほとんど同じ速度で大田に入ることにより、この時もこの戦術は失敗してしまった[21]。

2．動員と義勇：強制と自発の差異

　6月25日の戦争開始、26日の軍事委員会組織、そして27日の戦時状態宣布でいち早く戦時体制を整えた北朝鮮は7月1日に直接、全人民に対する動員を宣布した。全面的な戦時動員体制への移行だった。最高人民会議常任委員会の政令「朝鮮民主主義人民共和国全地域に動員を宣布するに関して」[22]を通じてだった。ここで言う朝鮮民主主義人民共和国の全地域とは、韓国と北朝鮮の全ての地域を意味していた。一部で言われるように、北朝鮮地域のみを対象にしたのではなかった。当時の北朝鮮憲法が首都をソウルと規定していただけではなく[23]、北朝鮮の公式規定と文献において朝鮮民主主義人民共和国という表現は、韓国と北朝鮮を全て含む意味で使われた。

　全人民に対する動員措置は、米軍による直接の参戦決定と攻撃に対応した措置だった。米軍は、既に6月29日から平壌を爆撃していた[24]。動員の対象は、1914年から1932年の間に出生した満18歳から36歳に該当する全ての住民だった。動員の開始は、宣布当日である7月1日からであった。言い換えれば、戦争と共に南朝鮮地域で最も早く開始された占領政策は、人民動員だったのである。北朝鮮のある内部資料によると、南朝鮮地域では戦争の勃発とほぼ同時期の7月初めに、もう朝鮮人民義勇軍本部がつくられていた。

　朝鮮人民義勇軍本部文化宣伝部が発行した『祖国の統一独立と自由のため正義の戦争に総決起しよう！』という宣伝煽動本は、1950年7月10日付で発行された[25]。既に「義勇軍」の全国的な本部がつくられたということは、正規軍のみでなく一般人民を動員しようという政策が極めて迅速に樹立されて執行されたことを示してくれるものである。これは言うまでもなく、米軍の介入に伴う措置だった。北朝鮮の労働党は同時期に「義勇軍召募事業に関して」という決定を通じ、①義勇軍は18歳以上の青年として、貧農、青年を多く引き入れること、②各道に割り当てられた徴募数に責任を持ち、完遂すること、③前南労党員として変節者（保導連盟加入者）も義務的に参加させること、を規定した[26]。

　全地域に動員を宣布してから朝鮮人民義勇軍が組織され、全国的な義勇軍召募事業に入ったのである。上の義勇軍本部の文献は南朝鮮地域の人民を動員するための方法として、戦争を韓国の李承晩傀儡党が挑発したことを強調した。ゆえに、人民軍の反撃は正義の戦争であり、それが今や米帝の武装干渉で米帝との戦争へ発展したから総決起しようというのだった。「米帝は……直接、侵略者として登場し、我が国と事実上の戦争状態に入った」、「祖国の情勢は、最も厳粛にも重要な時期に至り、我が民族の歴史発展において最も決定的な節目に到達してい

る」[27]のだ。文献は「米帝の侵略を掃討しよう！米帝は、我が祖国の統一と独立を直接的に妨害して破壊し、大陸侵攻の戦争に火を放つ戦争放火の元凶だ！米帝の侵略を掃討して我が祖国の完全統一と独立を達成するため総決起しよう！」と呼びかけた。

　また人民には「反日義兵運動と３・１運動と金日成将軍の反日パルチザン闘争の光り輝く愛国的な闘争の模範を手本としよう！我らの目標は釜山、木浦、麗水、済州島だ！全ての愛国者たちよ！全ての労働者、農民、青年、学生たちよ！米帝に反対し、朝鮮人民義勇軍にみな参加しよう！」、「米帝の侵略軍と李承晩売国徒党らの最後の１匹までも徹底的かつ無慈悲に掃討することにより、我が祖国の完全統一と独立を保障しよう！」[28]と煽動した。

　米国に反対して朝鮮人民義勇軍に参加するのは、金日成の抗日闘争はもちろん、義兵運動と３・１運動を受け継ぐものと宣伝された。北朝鮮は戦争の開始に先立ち、乙支文徳（ウルチムンドク）や李舜臣（イスンシン）のような歴史的な偉人たちを宣伝材料と見なし、これを人民の思想意識を教育する１つの重要な材料に使用した。それは、韓国の人民にも適用されたのである。米国の介入で祖国と民族が最も重要な岐路に直面しており、したがって国を守った先祖たちの足跡に従い、これに反対する闘争に参加せよ、というのであった。

　７月26日には軍事委員会決定第23号で「戦時義務労力動員に関して」が宣布された[29]。これは、７月１日の動員宣布に次ぐ朝鮮人民義勇軍本部の設置、義勇軍召募事業に関する労働党の決定を以てしても不足だったため、遙かにもっと強力な動員のために決定されたことが明白だった。戦争が熾烈となるにつれ、徐々に動員の強度が高まっていくのが分かる。これは「アメリカ帝国主義者たちの非法的な侵攻を退け、自由と独立のため正義の解放戦争を勝利のうちに遂行するため」下された決定だった。一段階さらに強力な動員が目標だったのである。これは、当初には北朝鮮地域のみを対象にした決定であった。北朝鮮地域に居住する住民のうち「18歳以上55歳未満の男子は、国家の指示なく任意に居住地域から移動できな」かった。ここには国家機関、協同団体、生産機関に勤務する女子までも含まれていた。

　労働者、農民、学生、事務員を問わず、子どもと老弱者を除外した全国民が現居住地から国家の指示なしに移動できず、移動する者は処罰を受けた。また、これら18歳以上55歳未満の男子は、国家の指示により戦争に必要な生産と復旧事業に義務的に動員されねばならなかった。決定は、これに違反する時には厳罰に処すると規定した[30]。つまり、国民は国家の動員を拒否できなかった。戦争がどれほど加熱しているか、を知ることができる。

人民軍として前線参戦の出動準備をしている表武源・姜泰武部隊。この部隊は韓国軍所属だったが、1949年5月4日と5日に越北した。
資料：National Archives

　7月30日には、更にもっと強力な措置が取られた。北朝鮮の軍事委員会は、軍事登録者に対する正確な登録と軍人動員事業の円滑を期するため「共和国公民のうち、18歳から37歳までの全ての男子に対し軍事証の交付を完了」、彼らをいつでも軍人として動員できるようにした[31]。戦争の開始から満1ヵ月後に、全ての適齢男子を軍人として戦線に投入するという決定であった。これに引き続き8月には、軍事委員会軍事動員局から「軍事動員に関する規定細則」を発表した。この規定の第13条によると、正当な事由なく動員に応じない時は法的な処罰を行った[32]。9月1日には軍事委員会決定第51号により、7月26日の軍事委員会決定を南朝鮮地域の各道市郡の所在地およびその他の必要地域でも北朝鮮地域と同一に実施するよう指示した。全ての適齢者は強制動員されねばならなかったのである。これは、今までのどんな動員措置よりも広範で徹底的かつ強力な措置だった。

　しかし、事実上このような指示は、もう既に実施されていた義勇軍の徴集を法的に裏打ちするに過ぎなかった。「李承晩傀儡徒党を打倒するため全員が人民軍とパルチザンに従って後援せよ」との金日成、朴憲永、李承燁の初期演説がなされた後[33]、放送と新聞は、青年や学生たちは祖国と人民を保衛する人民軍隊とパルチザン闘争に積極的に参加せよと訴えた。南朝鮮民主主義青年同盟【以下「民青」と略記】の盟員たちの義勇軍志願報道に続き、初戦から「全ての青年男女よ！祖国と人民を奴隷化する米帝と李承晩売国逆徒らを掃討する正義の戦線へ栄誉ある人民義勇軍となり総進軍しよう！」、「みな義勇軍へ！南朝鮮の愛国青年たち総決起」という煽動が後に続いた[34]。

新聞と宣伝文は、義勇軍の支援を訴える内容と志願状況に対する賛辞で溢れかえった。各機関、職場、地域、学校別に、集団的に義勇軍に志願しているという報道が相次いだ。北朝鮮は7月6日現在、全国的に10日余りの間で既に48万名の青年が戦線出動を嘆願したと主張した[35]。初戦から1日ごとにおよそ5万人近い青年たちが北朝鮮側を支持し、戦線出動を嘆願したという話であった。新聞も、やはり青年たちが人民義勇軍として「潮水のように殺到」していると興奮した[36]。
　義勇軍参加志願者に関するある中間報告によれば、法的、制度的な措置に先立ち、既に7月8日に始興郡東(トンミョン)面の場合、義勇軍が始興里15名、独山里(ドクサルリ)16名、奉天里(ボンチョルリ)29名、新林里(シルリムニ)2名、安陽里(アニャンリ)4名の総66名を記録するほどだった（この地名の大部分は今日のソウル市地域を言う）。すなわち、占領初期から動員が非常に組織的で緻密かつ広範囲に行われたことが分かる[37]。7月8日と言えば、始興が占領されてから未だ1週間も経っていない期間だった。1週間も経たない前に、緻密で組織的に動員を実施したのである。
　8月4日に始興郡内務署長は、各面分駐所長に「義勇軍募集事業についての緊急指示」を下達した。この下部実行機関の緊急指示を見る時、義勇軍は志願したのではなく中央から予め配当されて、下部単位へ下りて行ったことが明らかだった。始興郡の場合、各面は面義勇軍の募集組織を8月5日までに5～7名で組織完了せねばならなかった。これは、それ以前の7月30日における軍事委員会の決定に伴う措置であることが明白だった。募集資格は18～37歳までで、反動団体の幹部は除外された。人員は安養(アニャンミョン)面500名、秀岩面(スアムミョン)400名、西面(ソミョン)300名、果川(クワチョンミョン)面350名、新東(シンドンミョン)面400名、南(ナムミョン)面350名、東(トンミョン)面350名、君子(クンジャミョン)面400名で、総3,050名であった。期日は8月8日までだった。極めて迅速に募集せよ、との指示であった[38]。当時の始興郡は7月18日現在、総2,420世帯に12,989名の人口があり、そのうち男性は全部で6,591名だった。そうだとすれば、始興郡では男子全体の約50％を義勇軍に動員せよ、ということであった。これは、該当年齢である18歳から37歳までの人口のみで勘定するならば、その全員を動員せよ、という話だった。全面的な動員なのが分かる。
　東面の場合、8月10日に義勇軍組織委員会が結成され、義勇軍募集を組織的に担当した。表現は義勇であったが、事実上は徴兵だった。東面義勇軍組織委員会は5人で構成され、全ての党、政、内務、軍機関の最高責任者たちの組織体であった。義勇軍組織委員会委員長の柳錫源(ユソクウォン)(音訳)は面人民委員会委員長であり、副委員長の宋斗英(ソンドゥヨン)(音訳)は面民青委員長であった。そして、議員の徐東鶴(ソドンハク)(音訳)、朴仁求(パクイング)(音訳)、朴誠淑(パクソンスク)(音訳)は各々、面分駐所長、労働党面党委員長、面女性連盟【以下「女盟」と略記】委員長だった。義勇軍募集組織ではあったが、事実

169

上の国家の公式諸機構の合同組織であるのが分かる。民青委員長が副委員長であって、女盟委員長が委員として入っているのが目に付く[39]。これは、おそらく青年に対する動員のみならず、女性に対する動員も上から指示されたからだったのであろう。動員の強制実施の如何を証明する秘密文献によると、北朝鮮の朝鮮最高検察所は既に7月25日、「最高人民会議常任委員会政令──朝鮮民主主義人民共和国全地域に動員を宣布するに関して──による動員を忌避する者がいるかどうか監視せよ」との命令を下していた[40]。

戦時の北朝鮮の新聞報道によれば、パルチザン志願とその闘争もやはり活発であった。戦争初期の7月3日に平壌の放送は、既に智異山の人民遊撃隊が人民の積極的な援護下、全羅南北道地方で地署を襲撃、掃討するなど勢力圏を拡大していると報道した[41]。報道には、具体的な地署名が挙げられていた。また、平壌の朝鮮中央通信は7月4日と5日に連続して、慶尚南道(慶南)の梁山(ヤンサン)、東萊(トンネ)、居昌(コチャン)、蔚山(ウルサン)、全南の順天(スンチョン)、霊光、全北の全州、慶尚北道(慶北)の尚州(サンジュ)、奉化(ポンファ)などの地においてパルチザンが活躍を拡大しつつ、悪質な者どもを攻撃して、人民大会を招集していると報道した[42]。報道を信じるならば、初戦からパルチザンの活躍は猛烈だったことを示してくれる。

同通信は7月9日、パルチザン闘争について更に大きな意味を付与した。

「英雄的な共和国人民軍の熾烈な進攻に呼応して決起した南朝鮮パルチザン部隊は、大混乱と焦燥の中に陥っている李承晩逆徒の後方を至る所で威嚇しつつ、人民による熱誠的な支援の下に隊列を強化する一方、自己の活動範囲を〇〇(判読不能、飛躍?──引用者)拡大しているが、特に智異山の人民遊撃部隊と慶南地区のパルチザンたちは、道内全域において叛徒らの後方を撹乱している。」[43]

韓国南部のほぼ全地域が、パルチザンの活躍で治安撹乱状態に陥っているという報道であった。これ以後にもパルチザン闘争の猛烈な活躍の様子を知らせる、このような報道の論調が継続した。人民軍が到着する以前の状況について、初戦のいくつかの報道題目を見てみよう。「傀儡軍警を掃討──全南方面の人民遊撃隊の勇戦」、「パルチザンの活動範囲は日ごとに拡大──至る所で逆徒を掃討、全羅南北道地区で人民遊撃隊が英雄的な活躍」、「逆徒を捕捉し粛清──慶南の人民遊撃隊が各地区で攻勢」、「全南・慶南のパルチザンが猛攻撃──傀儡警察の大部隊を掃討」、「全南地区のパルチザンたちの傀儡警察掃討戦熾烈」[44]などで、相当に苛烈な闘争を展開していると報道しているのが分かる。

7月26日夕方、人民軍総司令部は公式報道資料で「人民軍部隊の進攻に呼応して、遊撃隊の活動が活発に展開されている。慶尚北道方面で人民遊撃隊は敵の後方で鉄橋、橋梁を破壊し、後方を撹乱させながら、敵どもに深い打撃を与えてい

る」と言及した[45]。

　自信に溢れた金日成は、1950年8月15日に平壌で開かれた解放5周年記念演説で、義勇軍とパルチザン支援について「共和国北半部では既に80万余名に達する青年たちが人民軍隊に志願兵として志願しており、共和国南半部では既に40余万名に達する労働者、農民たちが人民軍とパルチザンに志願しています」と主張した[46]。80万と40万を合わせれば、当時の韓国の兵力のほとんど10倍に達する、およそ120万の青年が闘争の力量として志願したという話だった。しかし、後に金日成は、この自分の言葉を完全に覆してしまった。

　義勇軍とパルチザン志願に劣らず、一般人民に強調されたのは人民軍の援護事業であった。これも、やはり広範囲にわたり活発に展開された。「人民軍隊をあらゆる方面から援護しよう！」、「全てのものを前線に！」というスローガンと共に、人民軍の援護事業に総力を傾けた。これは、1950年以前の北朝鮮における人民軍の援護事業と類似したものだった。労働者は生産品を前線へ送るのに忙しかった。また、農民も多くの農産品を人民軍へ送るのに忙しかった。女盟はまた女盟で、各種の物品を前線に送った。このうち、あるものは自分の意思による自発的な援護であり、あるものは強制的な収集であった。民青も動員された。また、人民学校と中学校の学生も援護事業に参与した。全ての家庭と職場において、人民軍の援護事業は最優先事業のうちの1つだった。

　〈表4－1〉は、職場別に人民軍の援護のために送った物品を朝鮮職業同盟全国評議会【以下「全評」と略記】の文化部事業報告書に7月26日付で掲載している現況である[47]。必要な物品の全ては、人民から提出を受けたり強制収用したりしたのである。実際に人民軍前線地区警備司令部後方司令官の李亨鍾（音訳）がソウルで下した「命令第1号」は、各部隊で必要な物品の一部を「自ら責任を持って解決せよ」というものであった[48]。

　この言葉は、該当物品を上部から支給しないので、人民から収用して充当せよ、という意味だった。いわゆる「民族解放」戦争においての物品強制徴収、少し強く表現して人民収奪を上から命令しているのであった。

　人民軍の援護事業の中には、貴金属献誠運動も含まれていた。全評は、7月12日から18日までを貴金属献誠強調週間に設定し、取り立てを行った。献誠（献納）貴金属の種類としては金、銀、銅、亜鉛などで、献誠者には領収証を発給した[49]。実際に当時の北朝鮮資料を見れば、人民軍の援護のため貴金属を提出した人々が少なくなかった。

　そうだとすると今、義勇と召募事業で人民軍に入った人々は、果たして自発的にそうしたのだろうか、という問題を考察せねばならないだろう。北朝鮮はこの

〈表4−1〉 人民軍援護事業集計——全評文化部事業報告
(1950年7月26日)

種　　類	職　場　名	数量
絵	教員文化職盟	439点
ハンカチ・煙草	鉄道検車区	131点
タオル・石鹸	麻浦漢城タオル工場	5点
手拭い・歯磨き粉	麻浦自由労働者	43点
薬品など	朝鮮化学	5点
手袋など	京畿運輸	17点
煙草など	大東火災	10点
ハンカチなど	商工部	61点
〃	楽正党（音訳）	10点
〃	合計社（音訳）	141点
煙草	西大門精米所	27点
薬品など	中区太陽社	18点
ハンカチなど	中央劇場	14点
万年筆など	自由新聞	8点
石鹸など	産業機械・国土皮革	33点
ハンカチなど	高麗被服	64点
靴下など	三星（音訳）ゴム	155点
ハンカチなど	通信	18点
石鹸など	電気	6点
合　　計	5,199点／現金900ウォン	

　間、南朝鮮地域における義勇軍の募集が全的に自発的だったと主張してきた。しかし、今まで検討した動員に関する上の内部指針と決定に関する諸資料は、この自発性の主張に対する明白な反駁資料となる。義勇軍事業を行い、兵力を充当した軍隊の実態について見てみよう。そうすれば、彼らの自発性と強制性の如何について、もう少し説得力のある解答を得られるだろう。

　義勇軍事業の結果、人民軍は数多くの兵士を南朝鮮出身者で埋め合わせた[50]。戦争捕虜の張琪華（チャンギファ）（音訳）は、1950年8月20日に原州で徴集された[51]。しかし、彼は9月16日に捕虜となった。第2師団（師団長・崔賢（チェヒョン））第17連隊医務中隊少佐の孫大光（ソンデグァン）（音訳）によると、9月12日に第2師団に補充された1,500名は、全て強制徴集された南朝鮮地域の出身者であった。第15師団の場合も、9月には兵力の70％が南朝鮮地域からの徴集兵で編成されていた。甚だしくは、人民軍主力師団である第4師団さえ、師団砲兵連隊参謀の崔周永（チェジュヨン）（音訳）の陳述によれば、1950年9月23日現在で師団兵力の70％が新兵により補充される中、その大部分は南朝鮮地域で徴集した訓練を受けていない新兵たちだった。驚くべき比率であった。

彼らは訓練もなく、直ちに前線へ投入された。訓練の不備とずさんさは、人民軍の量的な膨張に伴う戦力の増強を全くもたらし得なかった。膨大な捕虜調書を追跡して見る時、ある捕虜は戦闘のため部隊に配置された当日に捕虜となりもしたし、銃を撃つ術を知らずにそのまま銃を所持しているうち捕虜になった者もいた。新たに補充された徴集兵と既存の兵士との戦闘力の差異により、戦闘遂行は全く効果的ではなかった。

　戦闘ならびに思想訓練の不備は、将校たちにも逸脱現象をもたらした。7月14日に平壌で徴集された第105戦車師団所属の金吉信（音訳）キムギルシンは、中学校を卒業したという理由だけで特別な将校向けの訓練なしに少尉に任官された後の9月21日、自発的に自分の小隊員らを率いて米軍部隊に投降した。第13師団第23連隊所属の朴勝国（音訳）パクスングクは23歳で、国民学校卒業が学歴の全てだったにもかかわらず、7月16日に咸南ハムナムで徴集されて直ちに大尉に任官された。

　彼らの戦闘意欲と士気も、やはり極度に低かった。捕虜たちは、しばしば「共産主義思想に幻滅を感じながらも処刑が恐ろしくて脱出できなかった」と陳述しもした。新たに徴集された兵士で埋め合わされた人たちの比重が高ければ高いほど、部隊の統率に困難が多かった。自発的な戦闘参与と高い志気は、ほとんど期待し難かった。指揮体系も、やはり確立されなかった。師団ならびに連隊のような上級指揮部隊の指揮官はもちろん大隊、中隊のような中級部隊の指揮官も、やはり全て北朝鮮地域出身の将校たちにより構成された。直接に統率と指揮に責任を負う小隊長も北朝鮮地域の出身か他の正規部隊で任命された者たちであり、彼らと新たに徴集された一般兵士たちとの組織的、人間的な連携は皆無であった。後に有名な捕虜暴動事件の首謀者となる李学求イハックの陳述によれば、自らが参謀長として勤務した第13師団の70〜80％は、南朝鮮地域で徴集した兵士だった。しかし、軍官および下士官たちは北朝鮮地域の出身であった。

　彼らは軍事訓練をほとんど受けることができなかったばかりでなく、補給体系の崩壊により食事も1日に2食しか摂ることができず、武器はほとんど供給されずにいた。補給が特に問題となったのは、米軍の爆撃による補給体系の崩壊もあったが、準備のないデタラメな徴集と義勇による人民軍の量的な膨張も大きな理由だった。捕虜の陳述と米軍の情報に従えば、1日に握り飯ひとつで生き延びて戦闘を遂行した部隊も、ひとつ2つではなかった。初めから中央補給体系を完全に無視して、南朝鮮の現地で韓国の人民を動員し、彼ら自身の食料を運搬させて、それをそのまま人民軍部隊へ補給する場合も生まれた[52]。

　徴集は、北朝鮮地域でも継続された。例えば、第43師団（第695軍部隊）第1連隊本部所属の大尉だった李河燮イハソプ（音訳）によると、第43師団は17〜40歳の間の全

て徴集された新兵9,600名で構成された。彼らが徴集された地域は北朝鮮だった。第43師団は、9月12日に海州(ヘジュ)で創設された。目的は、連合軍の上陸作戦に備え、海州海岸を警備するためであった。李河燮は、師団が創設されてから5日しか経たない9月17日に捕虜となった。彼によれば、師団は戦闘に投入されるや、相当に高い比率で兵士が投降したり故郷に帰るため部隊を離脱したりした。また、軍紀を維持するため3時間以上にわたり部隊を離脱した者は、銃殺刑に処せられた。

　元来、戦争を開始する時から北朝鮮を出発した部隊の場合も、部隊に入隊した時期が遅ければ遅いほど、そのような兵士たちの離脱率は高かった。それは、北朝鮮地域で入隊した者たちも同様だった。人民軍の部隊別記録を見ると、南朝鮮と北朝鮮の各地域出身者を一緒に混合させていなかったものと見られる。しかし離脱率は、朝鮮半島南北の各地域出身の構成に関係なく同様に高かった。このような理由により、戦線で進撃が停止した場合や強力な部隊と衝突した時、人民軍の瓦解は、ほぼ完璧な程度に徹底的である外なかった。人民軍が1950年9月15日、仁川(インチョン)上陸作戦と同時に洛東江(ナクトンガン)で一挙に崩壊したところには、このような経緯も大きく作用した。ほとんど全ての部隊は、米軍と韓国軍の大規模な攻勢なしにも一瞬で倒壊してしまった。補給と訓練、思想武装なくデタラメに徴集された兵士たちは、継続する戦闘による疲労と恐怖の前に、急激に瓦解せざるを得なかったのである。

　ウォルザー（Michael Walzer）は「朝鮮戦争は、北部人たちが38度線を越えて進撃せず、代わりに南部の反乱と密かに接触していたならば、実際とは相当に異なっていただろう」と述べつつ、朝鮮戦争とベトナム戦争の差異を次のように指摘する。「ベトナムとは対照的に韓国で反乱はなく、政府に対する相当な支持があった」[53]。和田春樹によれば、釜山付近まで人民軍の占領地域は拡大されたが、「そこで南労党員を中心とした動きが起こらなかったのは確実である」[54]。CIA局長だったヒレンケッター（R. H. Hillenkoetter）によると、戦争初期に李承晩政府の切迫した崩壊の時点である6月29日（韓国時間6月30日）に「韓国は、明らかに秩序を維持しており、共産ゲリラの活動に関する報告は接受されなかった。」[55]

　金日成は、南朝鮮地域で志願入隊した義勇軍が40万名にも上ったと主張したが、後には自ら次のように告白せざるを得なかった。これを見ると、韓国人民の革命性と自発性を彼がどれほど非現実的に期待していたかが分かる。韓国人民の反応は、彼の期待には顕著に及ばなかったのだった。韓国人民の蜂起不在を歴史的な事実により証明してくれたのは、他の誰でもない金日成自身だった。朝鮮戦争が終わった1954年に金日成は、朴憲永に対する背信感をこのように吐露した。

「我々は、南半部人民が我々を支持し、米国の奴らと李承晩に反対し立ち上がるならば、米国の奴らがどんなに発悪しても出て行かざるを得ないことを知らなければなりません。1次反撃時、朴憲永は我々を騙しました。朴憲永は、南朝鮮に20万の党員が地下にいると嘘をつきました。南朝鮮に党員が20万どころか1千名ぐらいでもいて、釜山あたりで罷業を行っていたならば、米国の奴らは地に足を付けられなかったかも知れません。米国の奴らが上陸し侵攻する時、全ての南半部人民が米国の奴らに反対する闘争を展開していたとしたら、情勢は違っていたでしょう。万一その時に南半部における群衆的な基礎がしっかりしており、革命勢力が強かったならば、米国の奴らは我々に飛びかかってくることはできなかったでしょう。もし朴憲永、李承燁徒党が南半部で党をつぶさなかったならば、我々は既に祖国統一の偉業を成し遂げていたでしょう。」[56]

南半部の労働者、農民の40万が義勇軍とパルチザンに志願していると言ったのは、金日成自身ではなかったか？ しかし、彼は今や「1千名もいなかった」と憤怒を露にする。彼は、初めから朴憲永が自分を騙したと呪詛した。この問題についての金日成の口惜しさは、骨髄まで深く染み通って痛いものであった。彼は、戦争が終わってから10年が経った1963年にも、人民軍創設15周年記念演説で再び同じことを繰り返した。

「南半部の革命は、やはり南半部人民たちの闘争なしには出来ません。我々は第1次南進時に、これを切実に体験しました。米国の奴らの雇用スパイである朴憲永は南朝鮮に党員が20万名にものぼり、ソウルだけでも6万名もいると法螺を吹きましたが、事実は奴が米国の奴らと一緒に南朝鮮において我が党を全て破壊してしまいました。我々が洛東江の界線まで出て行ったが、南朝鮮では暴動ひとつ起こりませんでした。大邱(テグ)から釜山までは至近距離ですが、万一釜山で労働者たちが数千人も立ち上がって示威だけでもしていたら、問題は異なっていたでしょう。南半部の人民たちがちょっと立ち上がってさえいたならば、我々は必ず釜山まで全面解放していたし、米国の奴らは上陸できなかったでしょう。」[57]

朴憲永は、朝鮮戦争前に戦争を決定する時点で、スターリン（Joseph V. Stalin）の前でも20万と言ったと知られている[58]。金日成が上に述べた「20万」の主張と同一である。しかし、このような韓国人民の革命性に対する誇張した認識と期待は、具体的な数字と認識との細部状況の相違はあったかも知れないものの、朴憲永の認識であると同時に何よりも金日成の認識だった。韓国人民の革命性を強調し、彼らが北朝鮮の自政権を支持していると誇張して確信したのは、他の誰でもない金日成自身であった。彼は、常に韓国人民が北朝鮮を支持し、自分の政府の周囲に堅く結集しており、それゆえに李承晩政権は人民から絶縁、孤立して

いて、一握りにもならない反動派は人民の力でいつでもぶっ飛ばせると強調していた。しかし、彼の言葉に従う時、人民の反応はそうではなかったのである。

3．戦時政治（1）：復旧、選挙、教育、宣伝

　全面的な革命は、既存の政治制度の迅速かつ暴力的な解体、政治への新しい集団の動員、そして新しい政治制度の創設を伴う[59]。既存の体制による暴力的な変改の試図という点において、戦争は一層そのようなものであった。こうして北朝鮮は、軍事的な勝利を強固にするための政治的な諸措置に直ちに着手した。1950年に北朝鮮の戦争決定ならびにその試図の目標は、北朝鮮体制を南朝鮮地域で複製させるためのものだった。このために最も重要な措置は、南朝鮮地域の政治制度と組織を北朝鮮式に創り出すことであった。したがって、労働党と人民委員会が中心にならざるを得なかった。ここから北朝鮮は、前に考察したように、戦争直前に南朝鮮地域に縁故のあるゲリラと労働党活動家たちを大挙して南派した。そうして、人民軍が占領できなかった慶南の一部と済州島を除外しては、全地域において労働党と人民委員会を復活、復旧させた。

　進駐と共に北朝鮮は、労働党を復旧した。一部の地域では人民軍の進駐以後に下りて来た共産主義者たちにより行われ、一部の地域においては土着共産主義者たちが地上へ出て来る中で労働党組織が復活した。大衆にとって労働党よりも更に重要なのは人民委員会だった。人民委員会の復活速度も、やはり労働党に劣らなかった。金日成と北朝鮮政府は、ソウルに進駐した当日の6月28日、ソウル市臨時人民委員会を組織し、委員長には朴憲永の腹心で北朝鮮政府の司法相である李承燁を任命した[60]。金日成は李承燁を任命する中で、明白にソウルを「朝鮮民主主義人民共和国政府の共和国首都」と呼んだ。

　7月14日に朝鮮最高人民会議常任委員会は、政令「共和国南半部解放地区の郡、面、里（洞）人民委員会選挙に関して」を発表した[61]。この政令は、非常に大きく壁紙にされ、全国的に配布された。政令は「人民軍により解放された地域において共和国南半部の人民が、アメリカ帝国主義者の弾圧により解散されていた朝鮮人民の真正な政権機関である人民委員会を復旧している」と言い、「この人民委員会を将来さらに民主化して強化するため」選挙を実施するとした。この政令は、選挙が南朝鮮地域の人民による人民委員会復旧の努力を強化するためのものだと言っているのである。すなわち、南朝鮮地域の人民による措置を事後的に受容するという意味なのだ。また政令は、人民委員会選挙に関する規定を承認するとしつつ、選挙日を該当する道臨時人民委員会で決定するようにした。政令は、選挙

のための中央選挙指導部の構成も規定しており、委員は金元鳳(キムウォンボン)、張順明(チャンスンミョン)、金應基(キムウンギ)、李鍾甲(リジョンガプ)、玄勲(ヒョンフン)、丁七星(チョンチルソン)、方学世(パンハクセ)ら九人で構成されていた。

政令宣布の翌日7月15日には最高人民会議常任委員会から、16ヵ条からなる「共和国南半部解放地区の郡・面・里（洞）人民委員会選挙に関する規定」を発表した[62]。この規定は、1946年9月5日に北朝鮮臨時人民委員会で発表した「北朝鮮の面・郡・市および道人民委員会委員選挙に関する規定」ならびに「北朝鮮の面および里（洞）人民委員会選挙に関する規定」と似通っていた[63]。この2つは、大部分の点で同一または類似していたが、2つの点において重要な相違点が見られた。ひとつは1946年とは異なり、1950年の規定では親米派——韓国主要機関の責任者——右翼の選挙権および被選挙権が排除されたという点であった。もう1つは、1946年における白黒箱の投票から1950年には公開的な挙手で賛反を決定したという点だった。

つまり、1946年の選挙では各箱すべてに手を入れて、賛成する場合には白箱に、反対する場合には黒箱に選挙票を入れねばならなかった[64]。しかし、1950年には立候補者に対して、公開的な挙手を通じて個別に賛反を問う方法だった。立候補者に反対または除名の意見が提出された場合、候補資格の剥奪如何の可否さえ挙手により尋ね、多数決で決定した（1950年の規定の第3条、第11条、第12条）。もしも一般的に言うとおり、1950年の夏の特別な非常時期に北朝鮮が南朝鮮地域で行った裁判を人民裁判、公開裁判と言うことができるならば、この選挙と決定も、やはり公開選挙または人民決定と我々は言えるかも知れない。すなわち、人民裁判がそうであったように、このような決定の方式で真正な人民の意思が下から正当かつ正確に反映され得るという仮定は、成立し難かった。

解放直後の選挙を通じて、北朝鮮臨時人民委員会を北朝鮮人民委員会へ変えたように、この選挙はそれを通じて、急激な政治変動を強固にしようという措置だった。規定に従い、選挙は7月15日から9月13日まで実施された。北朝鮮の公式統計によると、実施地域は戦闘が進行中の慶尚北道の8つの郡、慶尚南道の9つの郡、そして済州島を除いた黄海道(ファンヘド)、京畿道(キョンギド)、南江原道(ナムカンウォンド)、忠清南北道、全羅南北道、慶尚南北道など9つの道における占領地域の108の郡、1,186の面、13,654の里（洞）で実施された[65]。占領された地域は例外なく、ほとんど全て選挙が実施されたのである。人民委員たちの構成比率は、言う必要もなく労働者と農民、特にその中でも農民の比率が圧倒的であった。農民の比率は、郡人民委員会の場合61.8％（3,878名のうち2,395名）で、面と里（洞）の場合は約79.1％（22,314名のうち17,646名）と90％（77,716名のうち69,865名）に達した。京畿道高陽郡(コヤングン)の9つの面の里人民委員会選挙結果を見ると、全部で549名の当選者のうち労働者

82名、農民422名、事務員17名、商人2名、企業家1名、その他24名だった[66]。

　この農民の占有比率は、北朝鮮の選挙よりも遙かに高いものであった。その理由は、次の2点ゆえである。ひとつは、北朝鮮地域で比較的に高い比率を占めていた事務員が急減したからだった。北朝鮮地域での1946～47年の選挙において、事務員の占有比率は22.2％だったが、南朝鮮地域における1950年の選挙では、やっとその5分の1程度にしかならない4.8％であった。道・市・郡と面の場合、北朝鮮地域の選挙において事務員が占める比率は各々30.6％と29.1％に達した。農民は北朝鮮地域では60.4％だったが、南朝鮮地域においては77％へ増加した。事務員の減少程度（17.3％）と農民の増加（16.6％）とがほぼ一致している[67]。占領は南朝鮮地域の北朝鮮化、「ソウルの平壌化」だったのである[68]。

　北朝鮮地域では事務員の比率が高かったが、南朝鮮地域で事務員が減少した理由は、何よりも過去5年間に事務員階層が既に韓国政権に加担し、政治と社会の多くの機関で中心的な役割を遂行することにより、もうこれ以上は北朝鮮のために働けなかったからである。もう1つの理由は、この選挙が公開的な挙手選挙だからであった。公開で全員に露出される意思を表示せねばならない選挙において、ひとたび意思がある一方向に決定されたならば、これを拒否して自分だけの意思を提出するのは不可能だった。人民的な決定が持っている大衆的な圧力、恐怖の存在が大きく影響を与えたであろう。農民が圧倒的多数を構成しており、農業社会であった当時は土地改革をはじめ農民問題の解決が最も重要だったから、彼らの意思が最も多く反映されるだろう、というのは疑心の余地がなかった。

　選挙の過程は、人民に対する徹底した政治的な動員と忠誠の結集過程であった。人民は1日に何度も、北朝鮮体制がどれほど優越して民主的な政治体制であるか、李承晩体制がどれだけ反動的で反民族的な政権なのかについて、耳が痛いほど反復して聞かねばならなかった。集会は息つく暇なく続けられ、この爆発する人民政治から抜け出ることは、誰にも不可能だった。必須的な参加の義務のみでなく、賛成の意思表示もやはり必須的なものだった。つまり、選択の余地は存在しなかった。

　当選した人民委員は、郡人民委員が3,878名、面人民委員が2万2,314名、里人民委員が7万7,716名であり、各々の賛成率は97.53％、95.56％、96.66％に達した。これは、北朝鮮地域における賛成率に肉薄する。北朝鮮地域の場合、道・市・郡それぞれ97％、95.4％、96.9％であった[69]。興味深いことは、代表者たちが選挙した面および郡人民委員会選挙と、人民たちが直接選挙した里人民委員会の賛成率とがほぼ同じという点だった。公開的な挙手で賛反を表示せねばならない状態において、個人の秘密意思が表現され得なかったからであろう。しかし、北朝鮮

ソウルのトクソムで開催された村の人民総会会場入口。
資料：National Archives

が韓国人民の忠誠度として宣伝して止まない投票率は、考慮の対象となり得なかった。朝鮮の南北すべてにおいて北朝鮮は、選挙を体制構築と拡散、忠誠のための人民動員の好機として使用したから、投票率はどちらでも99％を超える外なかった。選挙区によっては、100％に達する所も少なくなかった。

　ある地方の選挙事例を見てみよう。京畿道始興郡の内務署長だった姜龍洙（音訳）（カンヨンス）が下した「郡・面・里委員選挙事業を保障するため警備網を組織強化することについての指示」によると、里人民委員選挙日は7月25日、面は7月27日、郡は7月28日であった[70]。選挙に伴う特別警備週間は、7月20日から30日までだった。特に、選挙当日には「李承晩傀儡政権下で実施した強制的」選挙として認識されるとして、選挙会場では武装してはならないという指示が下された。これは、強制選挙ではなく民主選挙であることを誇示するための措置であった。選挙で重要なことは、被選挙権の剥奪者についての規定だった。それは大きく3つに分けられ、親米派、民族反逆者、親日派であった。

　親米派は国会議員、傀儡政府の大臣、警察署長、悪質警官、判事、検事、反動団体の責任者たちだった。ここで意味があるのは、国会議員であった。彼らを親米派として規定し、人民委員会選挙の被選挙権すら剥奪したのを見れば、韓国々会との連合を通じた統一国家の建設という1950年6月19日の最高人民会議常任委員会の提議が虚構だったことが立証される。すなわち、この提案は偽装提案だっ

人民軍の占領下、ソウル市庁前で北朝鮮支持の示威。参加者たちの表情が重苦しい。資料：National Archives

たのである。民族反逆者はテロル団長、悪質テロル団員、積極的に米帝を経済的に援助した者と規定された。3番目に親日派は、朝鮮総督府内での責任者、道責任者、道評議員、郡レベルの責任者、検事、判事、積極的に日本帝国主義を経済的に援助した者たちと規定された[71]。親日派の規定にあっては、北朝鮮革命時の北朝鮮における規定はもちろん、韓国での規定とも大きな違いがないのが分かる。しかし、前にも指摘したように、この問題で重要なのは、書類上の法的な範囲の設定やら規定ではなく、実際の処分であった。韓国と北朝鮮が書類と法律の面でこのようにほとんど差異がなかったのにもかかわらず、実際の親日派処罰において大変な差異が出たように、激変の時期に制度と規定はしばしば無視される。これは急激な変動時期、政治の一般的な特性だった。

　占領以後に統治の主体として出て来た人たちは、下層民や共産革命家だった[72]。前歴と出身成分は重要であった。戦争が勃発した後、全南と光州の労働党委員長に選出された人たちは、李承晩政権により収監中だった鞠琦烈（クッキリョル）と姜錫鳳（カンソクボン）（音訳）だった。だが、保導連盟の加入経歴がある彼らは、すぐに追い出された後、再び刑務所に収監されねばならなかった。彼らのポストは、正統共産主義者の金百東（キムヨンジェ）と金永才が占めた。木浦市党責任者として選任された金永佑（キムヨンウ）（音訳）は、貧農出身で正規教育の経歴もなく、書堂で漢学を学んだのが全てだった。しかし、彼は朝鮮戦争前にパルチザン闘争の経歴を持つ人物であった。麗水市党委員長の兪穆允（ユモギュン）は、麗水・順天事件以後に白雲山（ペンナムサン）に入山、逃避する中で戦争に伴って下山

第4章　北朝鮮の韓国統治 I：人民と戦時政治

した人物だった。兪穆允にとって戦争は、戦前の闘争の延長であった。麗水の人民委員会委員長として選出された人は、解放直後の朝鮮建国準備委員会の時節、麗水地域の治安隊長を任された有名な地域社会主義者でインテリ出身の金守評(キムスピョン)だった。

　左右闘争が激烈で夥しい死亡者を出した全南の島嶼地域で、人民委員会を構成した中心勢力は小作民だった。霊光郡の遊撃隊長として猛活躍し、1951年1月20日に韓国の軍警合同のパルチザン討伐で射殺される朴莫童(パクマクドン)の父は、作男であった。これらいくつかの事例は、戦争により敷かれた秩序を主導する人々がどのような階層の人々であったかをよく示してくれる。彼らにとって戦争は、既存秩序の暴力的であっても急激な転覆、すなわち革命を意味した。多くの地域の幹部たちは、地方土着の左翼と北朝鮮から下って来た要員との混合で構成されたものの、実権は大部分、後者にあった。

　面白いことに選挙では、分駐所で無関心な結果、前保導連盟関係者が選出されたりした[73]。これは、人民たちが李承晩政権に協力した者をも選出したことを物語ってくれる。全南和順郡の同福面(トンボクミョン)では貧農か土地のない農民の代わりに、巨大地主である河永泰(ハヨンテ)と呉範基(オボムギ)が農民委員会委員長と人民委員会総務として活躍した。これは、彼らが受けていた信望の上に、人民委員会の統治に参与をはばかる住民たちを広範に包含するための考慮からであった[74]。甚だしくは、ある場所では親日行為を行った者たちが人民委員会幹部として選出されたりもした。以上の事例を通じて見る時、人民に対する北朝鮮の徹底した教育は、短期間に完全に浸透するには失敗だったのみならず、体制の完全転覆が地方および基層の水準においては一定部分、不可能だったのが分かる。

　次に戦時政治の中、北朝鮮が短期間ながら集中的な努力を傾けた分野は、政治教育であった。8月1日、各道に下達した文化宣伝事業規定の核心は、軍事委員会の決定、中央政府の法令、政令、内閣の決定や指示など政府の全ての施策を人民に解説、宣伝するところに焦点が置かれた[75]。人民の愛国的な熱誠を鼓吹、高揚し、特に「李承晩売国逆徒らの思想の残滓、アメリカ帝国主義者らの思想の残滓、日本帝国主義者らの思想の残滓ならびに封建遺習を掃討し、人民の愛国精神と民主主義的な科学思想の普及について」宣伝事業を組織、指導せねばならなかった。また、人民の世論および政治的な情緒と動向を調査し、上部に報告して対策を樹立することも重要だった。

　各種の解説と報告会、討論会、人民裁判、反動処断に伴う階級意識の高揚、農民たちの経験の交換会、熱誠者の決起大会、増産競争運動、各種の群衆大会、デモなどを利用し、人民を教育することについての諸指針が下されていった。各職

場ならびに農村には民主宣伝室を設置し、宣伝員を配置して、各種の組織を指導した。民主宣伝室は人民委員会が中心となり、大衆と直接対面して彼らを意識化させる組織であった。農民は「先進的で民主主義的な教養」を習得するため、ほとんど毎日ここに立ち寄り、各種の政策と法令、イデオロギーについての教育を受け、討論を展開した[76]。これは朝鮮戦争前、北朝鮮革命の時に大きな効果を見た宣伝と教育の方法だった。

それぞれの村では、討論会と講習会が絶え間なく続けられた。直観物を利用した宣伝作業と称して、宣伝ポスター、標語、漫画、壁紙などが無数に散布されて貼られた。このような直観物による工作は、中央で作成して下りて行ったものだけでなく、各地方で独自に作成して配布しもした。文化宣伝省は、南朝鮮地域のための『煽動員手帖』を別途に作って配布した。創刊号の巻頭論文の題目は「解放された南半部人民たちは、共和国政府と金日成首相の周囲に固く団結し、力強く闘いに出て行こう」だった[77]。

演劇、映画、音楽、舞踊などの集体文化も、やはり広範に使用された。集体文化は北朝鮮で1946年の北朝鮮革命以後、大衆の教育と動員の重要な方法として使用していたものだった。これは「金日成式の事業方式」と呼べるものであった。今日まで北朝鮮のように、大衆集体文化を重要な文化様式と教育方法として使用している国はない。彼らは、これを通じて大衆を感動させ、大衆の革命的な心情と戦闘意欲、敵への敵対心を鼓吹させる。そして、これを自然な形で指導者に対する支持へ結び付けている。もちろん、諸団体は労働党と国家機関の事業方向から抜け出すことはできなかった。それらは、常に党の路線に忠実であり、国家機関との終りない会議を通じて路線を提示される。

闘争を鼓舞し、北朝鮮と金日成を褒め称える詩が作成されて下りて来たし、金日成の歌が至る所で鳴り響いて広まるように計られた。金日成の写真は、スターリンの写真と共に全国の主要な都市と村へ広がり覆った。全ての標語は、中央や道からその基本内容と形態が提示され、下りて来た。提示された基本標語としては、こんなものがあった。

「朝鮮人民の敬愛なる首領であられ、民族的英雄であられる共和国内閣首相・金日成将軍万歳!

平和と民主の城壁である偉大なソ連万歳!

真正な人民政権機関である人民委員会万歳!

ソウル市の全ての男女公民たちよ!朝鮮人民の最も優秀な息子・娘である人民軍とパルチザンを、全力を尽くして助けよ!至る所で人民軍隊とパルチザンたちを歓迎して、彼らにありとあらゆる物質的、精神的な幇助を与えよ!」[78]

戦時に全国的に散布された大型壁画。レーニン、スターリンの壁画も、同じ大きさで散布された（1/32）。下はソウル市内に立てられた金日成の称賛塔。
資料：National Archives

北朝鮮臨時人民委員会委員長当時の金日成。太極旗とソ連国旗を合わせた背景が印象的だ。
資料：A. Gitovich & Bursov. North of the 38th Parallel, trans, from the Russian by George Lenof (Shanghai: Epoch Publishing Company, 1948)

もちろん、これらは通りの至る所に掲示された。金日成には感謝の手紙とメッセージも無数に送られた。
　人民の憎悪と忠誠を動員するための方法の中には、署名作業も含まれていた。ちょうど1948年の建国と前後して、秘密裏に南朝鮮地域の人民から韓国反対－北朝鮮支持の署名を受け取る時のように、自発的または強制的な署名を通じ、人民の意思を表現しようというのだった。8月14日に祖国戦線中央委員会は「朝鮮に対する米帝の武力侵攻に反対し、侵略的な米軍を朝鮮から撤退させ、また朝鮮内戦に対する米国の干渉者らに積極的な幇助を与える朝鮮人民の反逆者たちを必ず裁判に回付することについての朝鮮人民の声明書に署名すること」を全ての人民に訴えた[79]。必ず裁判に回付される民族反逆者として名前を挙げられた者は、李承晩、李範奭(イボムソク)、金性洙(キムソンス)、申性模(シンソンモ)、趙炳玉(チョビョンオク)、白性郁(ペクソンウク)、尹致暎(ユンチヨン)、申興雨(シンフンウ)、申翼熙(シンイクヒ)、張勉(チャンミョン)などであった。
　これが有名な、いわゆる「朝鮮人民の声明書」だった。この訴えは、数百万部が単行本として作られて散布された[80]。そして、即刻これが全新聞に掲載される一方、核心内容は新聞に太い文字で反復された。「声明書」は、特別に「米国式『自由』」に対して強烈な憎悪と呪詛の言葉を浴びせた。「民主主義と朝鮮人民の自由と独立を追求する人々にとっては、監房と拷問と監獄と銃殺を意味する米国式、李承晩式『自由』は、我々に不必要なもの」だと主張する。「米国式『自由』」についてはまた、人民から蜘蛛のように膏血を吸い出して甚だ苛酷な貧窮と無権利に陥れているとして、米国が南アメリカ人民に付与した「自由」を拒否すると叫んだ。
　全ての主要国家機関と政党・社会団体の呼応を受けて、組織的に全国的な署名に入っていった。期間は、8月15日から27日までだった。全ての団体では、またもや署名の波濤を経なければならなかった。労働者と農民は、作業場と村別に署名支持の決起大会または群衆大会を開いた後、集団的に署名した[81]。前述の全評は、8月17日から22日までの5日間に全同盟員たちの署名を完遂せよと全国道評議会に指示した[82]。全国の人々は、全て署名に参与しなければならなかった。金日成は、16歳以上の朝鮮人民1,300万以上が全て「声明書」に署名したと自慢した[83]。
　許憲(ホホン)の公式報告書によると、正確な数字は南朝鮮地域791万9,761名、北朝鮮地域539万9,341名の計13,319,102名（数字は原文どおり）で、これは16歳以上の全人民の98％だった[84]。大変な数字だったが、当然に誇張であった。これによれば、未だ占領されていなかった釜山と慶尚道地方の人民も、ほとんど全部が署名した計算だからだった。事実である場合、98％の人民が米軍撤退と韓国政府反対、主

1945年5・1節に示威する革命家遺家族学院学生たち。この時点までもスターリン、金日成、ソ連国旗と一緒に掛けられた太極旗が大きく印象的だ。資料：National Archives

要人物の裁判回付を要求したにもかかわらず、韓国の政府、軍隊、警察が滅亡しなかったという点は、理解できないものであった。

　北朝鮮の愚にもつかない誇張は前歴があり、1948年に自政府の樹立時にも韓国の総有権者868万1,746名のうち673万2,407名が投票、およそ77.52％が自分たちを支持し、北朝鮮政府を樹立する選挙に参加したと主張していた[85]。当然に捏造された誇張であった。韓国の前主要人物としては金奎植、安在鴻、趙素昂、趙琬九、金用茂などの「声明書」が、彼らの署名を事実として示すため、署名する場面を撮った写真と共に公開された[86]。北朝鮮は、全部で50名の前韓国々会議員が署名したと主張した。彼らは、祖国戦線の「声明書」を支持する自分たちの声明書で「我が民族の絶世の愛国者であられる金日成将軍万歳」を叫び、その代わりに前述した李承晩らは「朝鮮人民の反逆者として必ずや裁判に回付せねばならない」と主張した[87]。

　連日つづけられた講演と集会も、やはり重要な人民教育の方法であった。講師には中央と地方の政府から講演提綱が提供され、彼らは一心不乱に金日成首相の教示と政府の政策を解説した。教育効果が最も高かったのはどれか、すなわち、どの方式が韓国人民を共産主義者や北朝鮮支持者または金日成支持者にするのに最も成功したか、おそらく判断できないだろう。しかし、純粋な共産主義者をつくり出す方式よりも北朝鮮と金日成を支持させることが、遙かに比重を置いて取

り計らわれたところには疑いの余地がなかった。

　偉大な首領、階級、帝国主義反対、社会主義などの言葉に劣らず溢れ流れたのは、明らかに李承晩傀儡徒党、反動、革命、民族、金日成将軍万歳だった。これは、おそらく金日成が回顧録で告白するように、明らかに自分と北朝鮮の共産主義が持っている民族主義的な特性から出て来たものであろう[88]。ソ連社会主義革命の偉大性とソ連社会の進歩性、スターリンに対する感謝に劣らず強調されたのは、愛国者たちの闘争、特に何よりも日帝時代の抗日闘争であった。この民族中心的な思考は、彼らがこの統一のための戦争を植民地時期の抗日闘争に続く「反米、反李承晩傀儡の民族統一闘争」と見たからだった。「金日成将軍が教える道へ、勝利に向かって前へ！」という題目の『解放日報』のある社説は、次のように文を結んでいる。

　「我々の敬愛する首領であられ、勝利の鼓舞者であられ、組織者であられる金日成将軍がお教えになる道へ勝利のために総進軍しよう！」[89]

　しかし、スターリンとソ連を褒め称え、前面に押し出そうという北朝鮮共産主義者たちの意図も、やはり緻密だった。ソ連なしには戦争を勝利できず、米国を防ぎ止められなかったからであった。ソ連の影響は溢れ返った。「ソ連人民の偉大で英明な首領であり、朝鮮人民の最も親密な友であり、解放者であるスターリン大元帥万歳！」、「大小民族の独立と自主権を擁護する偉大なスターリン的な対外政策万歳！」は、とても見つけ易いスローガンだった[90]。そのスターリンへ送る多くのメッセージの内容は「感謝、感謝、感謝」であった。社会主義国家のリーダーシップの認識は、標語とスローガンにより外部に表された。8・15の5周年記念標語は、全31個のうち1番から5番までがソ連関連の内容だった。ソ連は朝鮮人民の解放者であり、スターリンは解放の救いの星であった[91]。通りを一杯に埋めた宣伝と新聞の論調において、ソ連社会は発展の模範であり、ソ連軍隊は世界平和と安全の担保だった。

　スターリンの写真は、道々に掲げられて溢れた。主な行事場でスターリンの写真と金日成の写真は、常に中央演壇の左右を占めた[92]。労働者、学生、宗教人、女性たちの集会でも、スターリンと金日成の写真は前面に奉られた。労働法令の実施を祝う事業所の慶祝大会でも、前面はスターリンと金日成の写真が占め、敵を滅ぼす決意を行う学生たちの報告大会においてもそうであった[93]。甚だしくは「米帝完全駆逐、ソウル市キリスト教徒決起大会」の前面の壇上も、左右はスターリンと金日成の巨大な写真が占めた[94]。彼らの宗教に照らして「イエスを前に出して悪鬼と闘わねばならない」人々の一部が、逆に生きている人間であるスターリンと金日成を褒め称えているのだった。

金日成による8月15日の5周年記念報告も、やはり「偉大なソ連軍隊の武力により我が祖国が解放されて5年」と始める[95]。ソウルの各通りを華麗に装飾した解放慶祝記念物と花飾りの付いた戦車にも、やはりスターリンとソ連国旗は金日成の写真および北朝鮮の国旗と並んで掲げられた[96]。もちろん、ソウル市庁の前面にもソ連国旗と北朝鮮の人民共和国旗、そしてスターリンと金日成の大型写真は並んで掲げられた[97]。韓国の右翼たちが嘲笑した「この国がスターリンの国なのか金日成の国なのか人民の国なのか分からん」という朝鮮戦争中の多くの批判は、共産主義者たちの宣伝物を通じて見る時、誇張ではなかった。

　全国的に新聞と出版物も、やはり夥しく多量に溢れ入って来た。下の統計で興味深いのは、金日成とスターリンの肖像が各々7千、4千（単位未詳）も含まれているということだった。全体的にどれほど夥しい量の宣伝煽動の文件を配布したのか、次の統計を見ると常識の範囲では理解が不可能な程度の驚くべき量だったことが分かる[98]。全評の一団体がせいぜい10日程度の期間に製作、配布した量がこの程度ならば、全国的には想像しても余りあるだろう。6月30日と言えば、

〈表4-2〉　宣伝文件の製作、配布数量

(全評、6月30日～7月8日)

日時	文件の種類	数　量	日時	文件の種類	数　量
6/30	宣伝提綱	3000(×2)	7/2	全評スローガン	4,500
7/2	分委解説文	1,000	7/4	全評の歌	100,000
7/5	米帝駆逐決起ポスター/ビラ	15,000	7/8	米帝駆逐決文ポスター	8,000
7/8	米帝駆逐ビラ	80,000	計		222,000

（統計は原文どおり）

〈表4-3〉　ソウル市人民委員会で受け取った文件の配給数量

(全評、7月2～10日)

日時	文件の種類	数　量	文件の種類	数　量
7/2	祖国戦線ポスター	5,000	ソウル人民委員会報告書	200
7/4	四六種ビラ	28,000	金日成将軍の肖像	7,000
7/4	国旗	3,000	決起文	140,000
7/9	スターリン大元帥肖像	4,000	歌詞	40,000
7/10	布告分（衛戍）	500	土地改革政令ほか	37,500
			計	235,200

（統計は原文どおり）

既に多量の宣伝文件が製作され、配布されていたことが分かる。宣伝煽動に非常に早く着手したのである。

全ての団体、組織は文件を当日に製作した量、他の機関から受け取った量、当日に配布した量、残った量を詳細に記録し、上部に報告せねばならなかった。例えば、全評の文化事業部による7月13日の報告によると、それぞれ全評の歌16,000、ビラ2種11,000、金日成将軍の歌15,600、チラシ16種400、全評ポスター50の総4万3,050枚が前日に残っていたが、同日に各文件から1,500、2,000、1,000、400、50など総4,950枚を配布し、3万8,100枚を残していた。それほど、宣伝と煽動に重点を置いていたのだ。

1948年秩序で韓国についての秘密出版物を通じて、共産主義活動家と人民に対する意識化を強調していた北朝鮮が、公開的な状況において宣伝と煽動に重点を置いたのは当然である。各種の業績は、新聞と各種の出版物を通じて、いち早く農村の隅々まで知られた。しかし、当時の時点において北朝鮮指導部の意図のように、全ての浸透が徹底して成功的だったのではなかった。大衆媒体の制限、未だ低い識字率、ラジオひとつだけの電波媒体、加えて顕著に低いラジオ普及率、交通道路体系の混乱、既に李承晩政府を経験する中で保守化した農村などにより、このような出版を通じた宣伝事業は、それほど成功しなかった。

ここでまた、重要な点が1つ指摘されねばならない。教育と宣伝の常套性であった。その中の1つは、真実に立脚しない教育だった。戦況の報道も、やはり常に勝利のみ報道され、常に良いこと、上手くいくことだけが報道された。労働党員として戦争に参戦していた金定基(キムジョンギ)は「労働党は、良い点は発表しても、不利な話はしない」と言い、ゆえに情勢を知る術がなかったと陳述する[99]。彼は、仁川上陸作戦で決定的に追い込まれていたにもかかわらず、勝っていると報道したと陳述する。

実際に仁川上陸作戦の直後にも、朝鮮人民軍総司令部の報道と北朝鮮の新聞記事によれば、既に逆転されて押されていたにもかかわらず「進軍」、「粉砕」、「制圧」、「撃退」、「攻勢」の内容が主潮だった[100]。これは、朝鮮戦争をも勝利と主張し、今日にあっても依然として社会主義は継続して必勝不敗だと認識する、非現実的な楽観主義の原初的な起源であった。北朝鮮で社会主義、主体思想は、宗教以上に永遠不滅なのだ。金正日(キムジョンイル)は社会主義が崩壊し、自分の政権が危機に直面している今日にも、社会主義は必勝不敗だと主張している[101]。

北朝鮮は、9月15日には南朝鮮地域で人民的な民主教育を実施すると決定した。これは、米帝と李承晩傀儡徒党の反人民的な植民地奴隷化教育制度を根本的に粛清し、祖国と人民に服務する優秀な愛国的人材と民族幹部を養成するためだ

と主張された。新しい政治思想で武装した教育幹部たちを急速に養成するために、ソウル市と各道に教育幹部養成所が設置され、現職教員は再教育を受けた。また、人民委員会はもちろん各種の政党、社会団体が広範に動員されて、討論と学習に参加した。これは、民主主義政治教養事業と呼ばれた[102]。しかし、この時は既に、彼らがこのような教育を実施できない状況になっていた。戦争中にソウルの教育者たちに送られた、北朝鮮の教育を宣伝して韓国の教育が批判される内容を持つある資料は、金日成が放送演説で陳述した内容を反復している。金日成は、ここでも「朝鮮人民の敬愛する首領」と呼ばれた[103]。

戦時政治のうち興味ある事実のひとつは、韓国の政党と社会団体の反応だった。北朝鮮による南朝鮮地域の占領時、戦争開始直後の北朝鮮の指示に従い、多くの政党と社会団体の中でソウル市臨時人民委員会に183の政党と社会団体が登録をした[104]。これは極少数を除き、当時の韓国に存在するほぼ全ての政党、社会団体と言っても過言ではなかった。ここには政党だけでなく、労働、農民、学生、青年、宗教、保険、映画、文化、科学、技術、言論、女性、教育などの諸団体が含まれていた。登録項目としては団体の名称、代表者、住所、電話番号、政綱および政策、活動経歴、主要幹部などを詳細に作成して報告せねばならなかった。

このように韓国の政党、社会団体が一斉に登録をした原因は、ソウル市臨時人民委員会が「告示3号」として上記の事項を1950年7月5日午後5時までに同委員会の登録課に登録せよと布告したからだった[105]。これは、新たに進駐する占領軍が該当地域の政治団体の書面登録を要求、組織と性向を把握して、その後の政治秩序を左右しようとした点において、ちょうど進駐初期である1945年9月17日に公布された米軍政庁の「政党は来い」措置に比肩されるに値した。米軍政庁の「政党は来い」声明も、やはり政党の名称、組織、政見や政綱などを明記して、当局に書面で提出せねばならなかった[106]。

当時、ソウル市臨時人民委員会に登録した韓国の政党と団体は、主要なものだけ見ても次のようだった。親北朝鮮の性向を帯びる左派政党と団体、中間路線の政党と団体、そして李承晩系列を除外した右派団体で構成されていたのが分かる[107]。

勤労大衆党（姜舜〈カンスン〉）、社会民主党（張權〈チャングォン〉）、新進党（金朋濬〈キムブンジュン〉）、独立労働党（柳林〈ユリム〉）、韓国独立党（趙琬九）、社会党（趙素昂）、天道教青友党（金秉済〈キムビョンジェ〉）、朝鮮農民党（鄭東波〈チョンドンパ〉）、勤労人民党（李英〈イヨン〉）、民族共和党（金若水〈キムヤクス〉）、民主独立党（洪命熹〈ホンミョンヒ〉）、檀君聖蹟推進会（安在鴻）、成人教育協会（崔得得〈チェギドク〉）、民生会（李鏞〈リヨン〉）、朝鮮イエス教長老会総会（兪虎濬〈ユホジュン〉）、キリスト教民主同盟（金昌俊〈キムチャンジュン〉）、自主女性同盟（辛義卿〈シンウィギョン〉）、朝鮮労働組合全国評議会（玄勲）、朝鮮文化団体総連盟

(金南天
キムナムチョン
)、憂国老人会(明済世
ミョンジェセ
)、新生会(安在鴻)、革命闘士後援会ソウル市委員会(崔永植
チェヨンシク
)、朝鮮建民会中央本部(李克魯
イグンノ
)、民族自主連盟(金奎植)、儒道会(金昌淑
キムチャンスク
)、社会教育協会(呉世昌
オセチャン
)、ハングル文化普及会(李克魯)、朝鮮科学技術連盟(韓仁錫
ハンインソク
)、朝鮮化学協会(金勇虎
キムヨンホ
)、大倧教総本社(尹世復
ユンセボク
)、三均主義青年同盟(趙素昂
チョソアン
)、朝鮮新聞記者会(徐康白
ソガンベク
)、天道教中央教会(崔宗基
チェジョンギ
)、舞踊同盟(咸貴奉
ハムグィボン
)、民主女性日報社(朴順天
パクスンチョン
)、全国儒教連盟(金應燮
キムウンソプ
)、朝鮮聖書公会(任英彬
イムヨンビン
)、救世軍委員会(権慶燦
クォンギョンチャン
)、朝鮮学術院(白南雲
ペンナムン
)

　このうち一部は、単に団体の名称、代表、住所、綱領、目的、電話番号などを簡単に記載して提出したが、他の一部は反李承晩政府闘争の活動経歴を詳細に記録して提出した。彼らの過剰行為は、状況が北朝鮮に有利となったので忠誠の意思を確認してもらいたい意図からであるのが明白だった。

　金昌俊が率いるキリスト教民主同盟は、金旭、盧大郁
キムノデウク
などが中央委員であった。綱領によれば「我々はキリスト精神に立脚して」を前提に、「真正な自由独立の民主主義国家建設」、「朝鮮の当面する政治、経済および社会的な民主課業の積極的な実践」、「進歩的な民族文化の樹立および向上・発達を企図し、全人類の文化向上と世界平和の実現」へとつなげられていた[108]。この団体は、宗教団体というよりは政治団体であるのが分かる。

　過去に金九
キムグ
が率いていた韓国独立党【以下「韓独党」と略記】は代表が趙琬九で、委員は彼を含めて厳恒燮
オムハンソプ
、金学奎
キムハッキュ
、李文源
イムノオン
、申成均
シンソンギュン
などであった。1949年の国会スパイ事件に連累した李文源と申性均が含まれているという点は興味深い。韓独党の党綱は、祖国統一・独立の保衛、計画経済制度確立を通じた均等社会の保障、全民政治機構の建立を通じた民主共和国家体制の完成、国費教育の完備、平等互助を原則とした世界一家の実現を内容としていた[109]。統一、計画経済、民主主義、平等など、革新綱領が社会民主主義的な路線で形成されているのが分かる。

　金九の韓独党と決別した趙素昂が率いる社会党の党務委員は崔大英
チェデヨン
、朴允源
パクユノォン
、李亀洙
イグスウォン
、金秉会
キムビョンフェ
、裵重赫
ペジュンヒョク
、趙時元
チョシウォン
などだった。その中に国会スパイ事件に連累した国会議員たち(朴、李、金、裵など)多数が含まれている点は興味深い。ここから推し量って、1949年の国会スパイ事件には韓独党や社会党など反李承晩系列の人物たちが多数、加担していたのが分かる。社会党の党綱領も、やはり人民・人権・領土の統一と独立国家の完成、国費教育・全民政治、計画経済を通じた均智・均権・均富の社会建設、個人対個人・民族対民族・国家対国家の平等互助を原則とした世界一家の実現など、韓独党とほとんど同じだった[110]。

第4章　北朝鮮の韓国統治Ⅰ：人民と戦時政治

登録政党と団体の性向を見ると、既に北朝鮮体制の樹立に加担した団体も少なくなく、国家建設期に反李承晩路線を掲げたり統一運動を行ったりした諸組織、または左派・中道路線の組織も多く現れていた。反面、一部は1948年の建国以後から50年の戦争開始以前に李承晩政府を支持し、反左派闘争を行ったり強力な反北朝鮮性向の団体であったりした点から、少なからぬ人々と団体が暴力の威圧の前に屈服したり機会主義的な性向を見せたりしたのが分かる。そうでなければ、これは二者択一が強要される不可避な状況の反映でもあった。もちろん、李承晩政府の核心勢力を除外して、残り全てが自分たちを支持しているという北朝鮮の宣伝のために動員された団体も少なくなかったであろう。

　それにもかかわらず、ともかく金朋濬、趙琬九、趙素昂、金秉済、金若水、洪命憙、安在鴻、明済世、李克魯、金奎植、白南雲などが率いる中間路線を堅持した政党と団体は、その大部分が全て入っている点から、ある１つの一貫した流れを読み取ることができる。韓国の政府が「48年秩序」の時期に中間派を機会主義者だ、親北朝鮮勢力と同じだと強力に批判したのは、北朝鮮の把握と同様に韓国の政府も、彼らを親北朝鮮的な性向の勢力として把握していたからだったのかも知れない。ただし、前共産主義者の曺奉岩（チョボンアム）については「反逆者曺奉岩」という壁新聞が張られた[111]。

４．戦時政治（２）：自首と粛清と虐殺

　北朝鮮が南朝鮮地域で施行した戦時占領政策の中には、自首制度があった。進駐するや否や６月30日、ソウル市臨時人民委員会は「告示６号」により「過去に朝鮮民主主義人民共和国の主権に敵対する行動をとった者として、自らの過去の罪科を清算し、朝鮮民主主義人民共和国の政策を積極的に支持して、祖国統一に真心から献身しようという者は、市内務部か市内務署に過去の罪科の内容と一緒に自首申請書を提出すれば、過去の罪科如何にかかわらず寛大に処分する」と公布した。しかし「形式的に自首を仮装した者と自首せずに自分の罪科を欺瞞する者は、継続して敵対行為を行う者と認定」された[112]。北朝鮮は「潜伏者は、機を失うな」と威嚇した。

　「告示６号」は、内務省命令に従ったものだった。すなわち、北朝鮮政府の最高当局の公式政策として、進駐とほぼ同時に自首制度が施行されたという点を意味する。この命令は戦前の1949年、南労党員に対する韓国当局の自首運動／左派組織からの脱退工作／自首週間の設定と類似したものだった。戦前の1949～50年に韓国政府は、広範な自首運動を繰り広げ、これに伴い毎日のように左派の脱党－

脱盟－転向宣言が相次いだ。戦前の韓国で転向した数字は、10万名に達した[113]。しかし、自首を促す強度と処罰の威嚇という面では、戦時の北朝鮮のそれが遥かに強力であった。

朝鮮戦争前に北朝鮮は、韓国の自首強要を民族解放運動家たちに対する朝鮮総督府の弾圧の悪習を模範としたものだと猛烈に攻撃していた。しかし、北朝鮮の自首政策は、自らがそれほどまでに批判した韓国の宣撫工作や左派自首工作と同一だった。この措置はまた、1950年の冬に中国軍の参戦で戦勢を再び逆転させた後、北朝鮮が北朝鮮地域で展開した自首運動の先例となった。北朝鮮の1950～51年の冬は、韓国が1950年の秋にそうだったように、李承晩政府が残した雰囲気を洗い出すための粛清と処罰が荒々しく横行していた。韓国も、やはり仁川上陸作戦の成功以後、強力な自首政策を実施した。良心の自由どころか、人間の内面を徹底的に破壊する自首の強要は、戦時の南北朝鮮においては余りにも日常的だった。

北朝鮮の措置は、革命のためだという名分を辱めるように、その形式と内容において韓国の左派自首工作と差異はなかった。過去に右派だったり韓国政府の官吏だったりした者は、地位の高低に関係なく自首して初めて最小限の容赦を受けられた。自首せずに逮捕されれば、彼らは重罰を受けた。これは、1949年に繰り返し行われた自首週間の設定と非自首者の厳罰という敵対要素に対する韓国の方式を反復するものだった。自首者たちは「自首請願書」、「自叙伝」、「履歴書」、「保証書」を一緒に出さねばならなかった。自首請願書は、文字どおり自分の罪科を悔い、共和国と金日成首相に忠誠を誓うという請願書であった。自叙伝は、自分の罪科を詳細に書いて悔いる内容だった。また、履歴書は、簡単に自分の履歴を履歴書様式に合うよう書き出すものであった。「保証書」は、自首者の思想と良心を他人に連帯保証してもらえ、という要求だった。良心の連帯保証、これは到底あり得ない人権抹殺行為であった。

彼らは、自首請願書で自分が身を寄せてきた李承晩傀儡政府を高い強度で攻撃する。ちょうど昔の左派が金日成に騙されたと言って、大韓民国に忠誠を尽くすというのと同じだった。事態は正反対に逆転されたのだった。韓国軍第2師団長と「護国軍」総司令を務めた宋虎聲（ソンホソン）は、自首直後の7月4日にソウルの放送を通じて「私は、人民軍隊が人民の利益を徹底して擁護する軍隊だということと、人民政権は朝鮮人民のための政権だということをはっきりと知るようになった」と言いつつ、韓国軍兵士と軍官たち、3千万の同胞に人民軍とパルチザンの側へ帰順して来て「自分を手本に、銃口を返して人民の仇敵である米帝と売国奴の李承晩傀儡徒党を打倒せよ」と叫んだ[114]。

宋虎聲に続いて7月14日、米軍政の民政長官を務めた安在鴻が「私は米帝の走狗だった」と言って、自らの民政長官在職が「ひとえに米帝の侵略的な野望の道具に利用されたことを告白せざるを得ない」と放送した。また、彼は「1946年の鉄道罷業と48年の済州人民抗争の弾圧が、よしんば米軍の直接指示によるものだったにしろ、当時の軍政首班としてきちんと責任を取る」と述べた。李承晩政権の成立は「米帝の謀略」であり、自分はその成立以後「米国人から捨てられ、李承晩徒党から監視と迫害を受けた」。安在鴻は「民族主義者としての志操を守れず、1950年の5・30選挙に出馬し、国会議員になることにより傀儡徒党となったこと」に対しても謝罪した。

　極微な存在である自分にも罪悪を清算し、祖国と人民に余生を捧げる機会を開いて下さった朝鮮民主主義人民共和国の寛大な処分に感激するという安在鴻は「米帝の指示により今日、我が国は戦争状態に入ったところであり、米帝を撃退し、民主主義愛○（判読不能）理念から統一の大業を完遂しよう」と訴えた[115]。たとえ比較的に穏健な語調となっているものの、安在鴻の放送内容からは決してそれが自発的ではなかったことを読み取れる。金奎植と共に建国前後の数少ない合理的な民族主義者と呼ばれた安在鴻が、自分が忠誠を誓った祖国を傀儡徒党と烙印を押す、このような放送をせねばならない状況は、朝鮮民族主義の失敗を象徴する悲劇であった。

　李承晩政府の幹部を務めたり協力したりした自首者たちは、自分が愛国者（左派）の誰々をいつどこでどのように、誰の指示で誰と一緒に何回にわたり、どれだけ悪辣な方法で殺害し、殴打し、拷問し、暴行したかを詳細に記録せねばならなかった。もちろん、内容が不実な時は、その自叙伝と自首請願書は認定されなかった。「自首者が朝鮮民主主義人民共和国に忠誠を誓うことを保証する」という保証書は、必ず複数名から受け取らねばならなかった。

　全羅北道益山郡北一面玄永里342番地の李奉用（音訳）は、1948年2月8日から3月13日まで警察の嘱託をした以外には何もなかった。しかし、彼は自首請願書で「李承晩傀儡政府に反対して、38度線をなくし、自分と全く同じ無産大衆のために闘う革命家たちに捕を打つのに協力したこと」が第1の間違いで、「革命家の家族から酒、肉、飯を得て食べたこと」も間違いだと告白した。彼はまた、正しい道は警察の嘱託ではなく、革命運動をするところにあると知っていたが、空しい路線を断ち切る決断心がなかったと告白した。続けて彼は「このような私の罪を容赦して下さるならば、人民共和国の多くの先進者、先生方の指導の下に熱誠を以て国家のために闘う」と固く誓った。もちろん、履歴書と自叙伝には出生時からの全経歴を記録せねばならなかった。それら全ては、事実そのまま書かねば

ならなかった。

　裡里で警察に勤務した安丞憲は「小生は過去、李承晩傀儡政府の警察職に在った者として過去を悔い改め、人民共和国に固く忠誠を誓い、過去の罪を告白いたしますので、應許立地仰望するところでございます」と自首した。安丞憲は、韓国軍を北朝鮮軍の表現のまま「いわゆる国防軍」と表現した。彼はまた、北朝鮮の攻撃を「革命」と呼び、北朝鮮軍による占領を「解放」と呼んだ。他の人が彼について書いた保証書の内容は、こうだった。「右の者は過去、警察職に在って退職した者として、過去を悔い改め、1950年8月14日に自首し、衷心から自己の良心に訴えるに際して、本自首請願書及び自叙伝以外の犯罪事実が露れたり、以後に反動行為を行ったり、又は万一逃避する時には、保証人が此れに責任を負うことを茲に保証します。」[116]

　新しい犯罪事実が発見されたり、自首者が反動行為を行ったりすれば、それは連帯責任だった。また、彼が逃亡しても連帯責任であった。この内容と方式は、全国的に同一だった。

　ほとんど全ての人たちは、李承晩傀儡政府に協力したのは自らの意思ではなく、騙されてそうしたと言った。また、強制的に警察官、青年団員、情報員として加入させられたと告白した。さらに、多くの人々は李承晩傀儡政府の警察官でありながらも、常に北朝鮮と金日成将軍を慕ったと言いもした。この全面的で殺伐とした自首運動は、どんな名分でも正当化できないであろう。それは、その意図と方法において日本の転向制度や韓国の転向制度／自首運動と何ひとつ違うものではなかった。自首は、過去の全ての行動を自ら犯罪と規定させ、人間としての最小限の良心を破壊する。それはまた新しい政府、新しい服従対象に対する忠誠を強要する。また、それは連帯誓約として、どのような場合にも反対の権利を剥奪する。全ての自首者にとり、李承晩は直ちに逆徒となり、人民軍は解放の恩人だった。

　警察官だった金燦植（音訳）は「李承晩逆徒団の下で過ごし、偉大な人民軍の恩徳で解放されたことを栄光に思い、朝鮮の青年として国家に万が一にも報いさせて下さるならば、過去の精神を捨て、人民共和国に忠誠を捧げ」ますと固く誓った。もう一人の洪淳英（音訳）は、警察官でも軍人でもなかったが、自首した。彼は、多くの官辺団体に加入し、全北益山郡北一面の支署顧問だった。戦争が起こるや、彼は7月3日には人民軍の南進に備え、北一面の非常時局対策委員会の幹部を任された。その後、彼はこの地域に人民軍が進駐するに伴って逃避する途中、人民軍の電撃的な進撃で逃避に失敗するや自首した。彼は自叙伝において、団体では職位のみ任されたのであって、会議に参加したことはなく、幹部職

の推戴も受動的だったと書いた。そうして「人民共和国に忠誠を尽くすことを固く誓約」した。

李俊九(イジュング)(音訳)は、48年11月20日に陸軍士官学校に入学し、12月21日に卒業(陸士7期)して、韓国軍の将校として在職中であった。しかし、彼は李承晩政府とは理念が合わないと自首した。朝鮮戦争の当時、彼は始興の陸軍歩兵学校に入校して教育を受けていたが、戦争が起こって原隊へ行けと命ぜられるや、復隊せずにソウルで自首し、故郷へ戻って再び自首した。李俊九は「国防軍と言っても、逆徒の李承晩のため全部が戦っているわけでもなく、将校と言っても全部が右翼なのでもない」と陳述した[117]。李俊九の場合は、韓国軍の高位幹部たちの初期における理念的な志向が統一されなかったところから来た結果だった。初期における韓国軍の理念的な混乱を反映して、初期の軍番100番までの韓国軍高位幹部100名のうち19名が処刑または罷免された[118]。

金容民(キムヨンミン)(音訳)は、南労党と民主青年団に加入して活動したが、警察と青年団の経歴があることから自首請願書を提出した。また、原州の金修奉(キムスポン)(音訳)は南労党員として活動中、組織の決定で1948年4月8日に警察へ身を投じて細胞として活動した。金修奉も、やはり保証書が必要であった。崔英淳(チェヨンスン)(音訳)は、熱烈な左派組織員だったが、弾圧を避けて警備隊に偽装入隊し、軍隊内の暴動陰謀で収監中に戦争が勃発して、6月28日に釈放されるや自首した。彼の保証人は、里人民委員会の委員長と委員だった[119]。自首の書類は、内務署長や自衛隊長に提出された。この自首運動には、全国的な内務組織が全て動員された。

北朝鮮の指示によれば、韓国政府と体制の支柱は全て粛清対象だった。それは、韓国を打倒しようと戦争を試図した北朝鮮としては当然だったであろう。下部機関の文献をひとつ見よう。始興郡内務署は7月16日、各面の分駐所に次のような指示を下した。「反動政府機関の服務者、反動政党や社会団体、韓国軍および反動警察の密偵、米軍情報機関の密偵、以北(ママ)の探偵員たちをまず処断し、警官、悪質政府機関の服務者、国防軍の将校および情報員密偵、米国の軍事密偵、保導連盟の責任幹部、大韓青年団幹部、国防婦人会幹部、李承晩－申性模－李範奭－金性洙系列の政党や社会団体の責任幹部らを粛清すること」を指示した[120]。この指示は、上から下達された原則がないならば、下部機関が思うままに下せる内容では決してなかった。

そうだとすれば、粛清は指示した範囲に限定されたのだろうか？ 自首と同様、このような抑圧的な措置にあっては、その実際的な危険は、その条項においてと言うよりも、その適用において際立って明白に現れるのが普通なのである[121]。さらに、革命的なテロルが少数の反動を越えて一般人にまで拡散され、組

織化したテロへ変質したという点は、その実ほとんど全ての社会主義革命運動が帯びた一般的な特性だった。

ソウル市で奪還直後に発刊された次の統計は、我々にいくつかの重要な事実を示してくれる[122]。この公式統計によると、1950年6月25日から9月28日までの人命被害については殺害976名、拉致2,438名、行方不明1,202名など総4,616名であった。この被害調査は、戦勢の逆転直後の1950年12月に韓国政府の広報処統計局で公式的に調査、作成したものだった。これを被害月日別に追跡して見ると、次のようである。まず、月ごとの総殺害者を見ると、6月70名、7月188名、8月166名、9月524名となっている[123]。殺害が初期と後期に集中しているのが分かる。

月別の平均を見ると、6月は3日間に毎日20名ずつ殺害された。ただし、6月28～30日の間で、25～27日は除外される。この期間は人民軍の進駐以前で、総殺害者数は10名だった。7月は平均6名、8月は5.3名、9月は再び平均が急激に上がり、1日平均17.5名を見せている。6月と9月の3ヵ月間で7～8月の3～4倍に肉薄するのである。6月の初期に集中した後、9月の仁川上陸作戦の直後に再び急増したのが分かる。このような初期の暴力が一般人民に恐怖の拡散をもたらしたのは、疑い得ない。別の月の場合は拉致が最も多いが、6月の場合には行方不明が最も多かった。これは、おそらく思想的に確固とした左派が密かに北朝鮮側へ加担したからと思われる。

9月の統計を見ると、9月1日から14日までは平均5名（総69名）が殺害されたが、18日から28日までは平均39名（総392名）が殺害された。突然に約8倍も暴力の強度が跳ね上がったのが分かる。朝鮮戦争時に米第8軍戦争犯罪課長を任されていた大佐ヘンリー（James M. Hanley）に従えば、9月に起った全国的な虐殺の80%は9月26日から30日までの間で、残りの20%程度だけが9月中の他の時期にほしいままに行われた[124]。敗退と後退の切迫した状況が殺害を呼んだのである。『東亜日報』はソウル奪還時、監獄から2千余名が救出され、総8千名は拉致されて、3千余名が殺害されたと伝えられると報道した[125]。

また、ソウル市民の人口は、1949年5月1日現在の144万6,019名から1950年10月25日現在で120万2,487名となり、約24万余名が減少した[126]。このうち、女性は8万余名なのに比べ、男性は16万余名が減少した。統計によると、死亡者は総1万7,127名と集計されており、そのうち4,250名が空襲による死亡と出ている。これは、行方不明を除外すれば、他のどの死亡原因よりも多いものだった。米軍の公式記録が語っているように、1950年7月の第1週であれば、既に北朝鮮の空軍がソウルを爆撃できなかった点に照らし合わせて見ると[127]、この空爆による死亡

〈表4-4〉 北朝鮮による占領時のソウル市の人身被害

(1950年6月28日～9月28日)

月 別	行方不明	拉　致	殺　害	合　計
6 月	102	66	72	240
7 月	401	904	188	1,493
8 月	349	793	166	1,308
9 月	262	496	524	1,282
合　計	1,114	2,259	950	4,323

被害人員の総計4,616名（名簿自体の統計）中、日時確認不能221名、紙面数の忘失2ページ（52～53面）によるらしい記入漏れ72名を除外した統計である。単位は名。

〈表4-5〉 北朝鮮による占領時の人身殺害統計平均

(1950年6月25日～9月28日)

月別	6/25～27	6/28～30	7月	8月	9/1～17	9/18～27	総計/平均
総数	10	60	188	166	97	392	913
平均	3.3	20	6	5.3	5.7	39	10.6

6月の統計中、6/25より前の2名を除外、9月の統計中、9/28以後の35名を除外、平均は日々の平均を言う。単位は名。

者は、ほぼ全て米軍の攻撃による死亡と見なければならないだろう。この統計は、米軍による民間人死亡が戦争初期から夥しかったことを証明する資料である。

ソウルを離れた移動者数は、総9万2,894世帯に29万2,038名であった。このうち、6月25日から9月28日までのソウル脱出者は、24万9,366名だった。当時のソウル人口の約17％が離脱したのが分かる。ソウル脱出者の中には、北朝鮮地域の出身者が特に多かった[128]。彼らが一度は北朝鮮で共産統治を味わった経験が、この選択に大きな影響を及ぼしたのは明白だった。これはまた、越南者の反共という性向をよく示してくれるものでもあった。しかし、北朝鮮自体の統計によるとしても、労働者階級もやはり大挙してソウルを離れたり職場を離脱したりして、全てが共産統治を受容したのではなかった。労働者が密集した全評永登浦地区の報告によれば、高麗紡績、第一紡績、京城紡績を含む繊維産業に従事する労働者は、6月28日より前には1万1,772名だったが、8月9日現在は3,282名しか出勤していなかった。朝鮮皮革などの化学産業は1,751名のうち966名、東洋ビール、朝鮮ビールなど食料産業は803名のうち359名など、総37ヵ所の事業場1万5,541名の労働者のうち5,299名のみが出勤していた[129]。

ソウルを標本として、北朝鮮による南朝鮮地域の占領時における暴力の動員程度をひとつの図表で示すならば、次のようである。これは、北朝鮮による占領時、南朝鮮全域における一般的な傾向だったと言える。初期の暴力行使と中期の暴力

〈絵図4−1〉 韓国占領時の北朝鮮による暴力行使の程度
（1950年6月〜9月）、ソウル

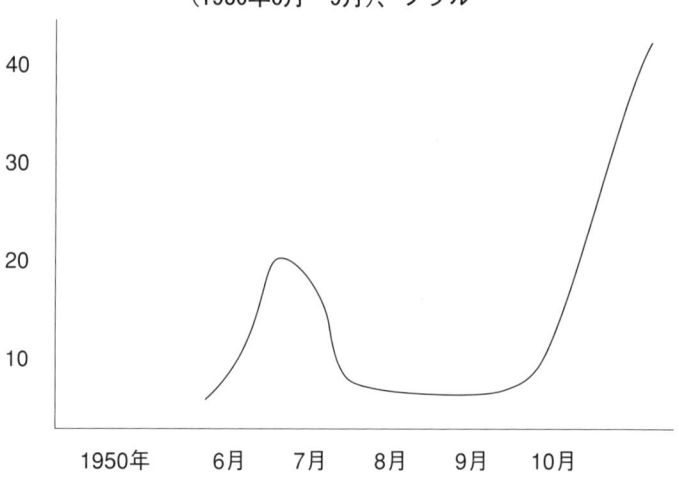

自制、後期の暴力急増がはっきりと表れている。

　1950年に調査されたソウル市被害者名簿のように、戦時の1952年に南朝鮮の全域的な範囲で調査されたある資料によると、朝鮮戦争中に5万9,964名の非戦闘民間人が北朝鮮の軍隊と左翼により殺害されたものとなっている[130]。この構成を見ると、全羅南道（全南）地域が4万3,511名、全羅北道（全北）5,603名、忠清南道（忠南）3,680名、京畿道2,536名、ソウル市1,383名、江原道1,216名、慶尚南道（慶南）689名、忠清北道（忠北）633名、慶尚北道（慶北）628名、済州島23名が殺害されたと表れている。男性は4万4,008名、女性が1万5,956名であった。北朝鮮軍により軍事的に占領されなかった慶南道と済州道地域の民間人被害が含まれたことから見て、この調査は北朝鮮の軍警だけでなく、地方の労働党や左翼による虐殺を含んでいたのが分かる。

　全南霊光郡の被害は、およそ2万1,225名に達した。後に見るように、取材によると霊光地域の左右闘争過程で被害者が3万5千名に達したことに照らして見れば、霊光郡は1つの郡単位としては最も大きな被害を記録したことが明白であった。2万1,225名の数字は、ここに含まれるものだったのであろう。同じ全南では霊岩7,175名、長城（チャンソン）4,306名、羅州（ナジュ）3,596名、咸平（ハムピョン）1,954名が虐殺された。なぜ全南でこのように他の地域と比較もできないほど特別に多数の人たちが人民軍と左翼により虐殺されたのか、知る術はない。

　しかし、他の統計によれば、この数字は更に増える。まず、1952年3月現在の

統計によると、南朝鮮地域から北朝鮮に拉致された人々の数字は8万2,959名に達した。北朝鮮への拉致（拉北）は、ソウル20,517名、京畿道15,958名、江原道10,429名など北朝鮮に隣接した地域が相対的に多かったが、忠南道9,973名、慶北道7,486名、全北道6,168名、全南道3,555名、慶南道1,815名、済州島45名など南朝鮮全域にわたり発生した。

　北朝鮮と左翼による被虐殺者数は、拉北者数よりも更に多く、総12万2,799名に達した。全南道がおよそ6万5,501名で最も多かった。ソウル8,527名、京畿道7,202名、忠北道3,358名、忠南道5,472名、全北道1万4,207名、慶北道6,501名、慶南道5,974名だった。その時までの死亡者は、総23万6,475名であった。そうすると、死亡236,475名、拉致82,959名、行方不明298,175名、虐殺122,799名だけを合わせても、総74万408名に達した[131]。全ての被害において全南道地域が圧倒的に多く、次にはソウル、京畿道、江原道など北朝鮮と隣接した地域だった。なぜ全南でこのように最も甚大な被害を受けねばならなかったのかは、更に深い分析を要するであろう。この夥しい数字の統計は、全国で死んでいく生命をただ1つの数字として表すのみで、その数字が持つ没人間性は言う必要もないだろう。

　戦争の初期と仁川上陸作戦の直後における次の事例は、初期と逆転時の残酷性を見せつける代表的な事例である。多数の捕虜と関係者たちの陳述を総合した米軍の情報のうち「朝鮮戦争の犯罪事件番号36番の法律的な分析」という文献において、6月28日のソウル大病院での韓国軍の被殺害者数を約150名から200名と概算している。証拠には事件関連の被疑者である人民軍第4師団第5連隊長大佐の李任鉄（リイムチョル）、第5連隊士兵の郭燦圭（クァクチャンギュ）（音訳）、文化部中隊長の李康国（リカングク）（音訳）の陳述が参考とされた。そのほか添付された詳細な多くの証拠に照らし、この事件は事実だと見られる。調査には、李任鉄と約50名の第5連隊兵士たちが180名を殺害したものと表れている。郭燦圭は、上部の命令に従い、第2小隊員と第3小隊員の約50名が病院の裏山で一度に180名を殺害したと陳述した。また文化部中隊長の李康国は、150名を殺害したと陳述した。ソウル大学校医科大学長の李済九（イジェグ）によると、自分は戦争勃発直後の10日程度は学校に出て行かないでいたが、職員たちが来訪して陳述したところによれば、6月28日に人民軍が進駐した後、韓国軍の負傷兵60名を殺害した[132]。このような初期の暴力が、一般人民にとっては人民軍に対する極めて大きな恐怖と畏れを醸し出したのである。

　次の沃溝郡（オックグン）の事例は、戦争初期ではなく占領最後の瞬間の実例である。朝鮮戦争の戦争犯罪文献（*war crime division document*）に含まれた沃溝の「築洞（チュクドン）虐殺事件真相調査書」（原文どおり）によると、人民軍は後退しながら急激に暴力を行使、無差別殺害を敢行した。群山（クンサン）警察署の調査によれば、朝鮮労働党細胞の

金快男(音訳)、李相基(音訳)、金昌玉(音訳)など43名が、1950年9月27日午後11時から翌日午前3時頃まで沃溝郡米面新豊里において就寝中の住民44名を人民軍駐屯に関する命令があると誘い、井戸2ヵ所に投げ入れ、埋蔵して殺害した[133]。事件直後に作成された走り書きの調査文献には、被害者と被疑者の詳細な個人別の人的な事項と事件の情況が記録されている。他の文献によると、沃溝郡では米面新豊里築洞の1地域だけでなく10余の部落において1つの村あたり数十名ずつ、9月27日の夕方から29日の朝までに地方人民委員会と朝鮮労働党の主導下に、ほとんど600名に達する右翼が竹槍、ライフル、農具によって撲殺、水葬などの方法で虐殺された[134]。後退を前にして、人民委員会と労働党が虐殺組織の役割を果たしたのである。

　沃溝の事例は、戦況の逆転がどれほど残酷な結果をもたらすかを示してくれる事例だった。しかし、荏子島[135]、大田など沃溝と類似した事例は、全国的に余りにも多かった。全南新安の荏子島では、1万余名の総人口のうち2千名から3千余名が3ヵ月間で死んだと推定された。この人民軍が進駐しなかった場所における余りにも夥しい死亡者数は、住民間の怨恨が極限に達していたことを語ってくれる、とうてい想像できない数字だった。彼らのうち相当数は、水葬を通じて虐殺された。

　韓国軍政訓局によれば、9月25日に竹嶺戦闘で人民軍が敗北するや、彼らは1千余名の負傷兵を竹嶺トンネルの中に追い入れ、火をつけたまま逃走した。彼らは、おそらく生きたまま火葬されたであろう[136]。全南の光州では、逮捕された右翼人士2千余名のうち500余名が人民軍の後退時に殺害された。ここで戦闘により死亡した者は、ほとんどいなかった。全南の長城では、大地主1家族30余名が彼らの小作人たちにより殺された。木浦の蓮洞にある米穀倉庫では、9月末に300余名が竹槍で殺害され、木浦石峴洞では、50余名ごと縛られてトラックに乗せられて行き、殺害された。

　務安郡清溪面卜吉里では、戦勢の逆転に伴う退却に先立ち、左翼は80余名の住民を火にかけて殺した。全南新安地方の海岸島嶼には人民軍が進駐しなかった状態で、地方の左翼により報復としての虐殺が広範に進められた。左右翼間の根深い感情は、至る所でそれを骨肉闘争へ導いており、ほぼ1万余の住民が正規軍の戦闘の全くない中で死んでいった。荏子島の人民委員会幹部を構成した姜慈遠、卓文洙、姜幸遠、姜東遠(以上すべて音訳)の中、三人の姜氏は互いに従兄弟の関係で、大地主の小作管理人の子弟たちだった。行き過ぎた虐殺過程で、人民委員長の姜慈遠と副委員長の卓文洙との間には甚だしい葛藤が繰り広げられもした。しかし、2年前の麗水・順天事件で既に焦土化したことのある麗水・順天地

方では、他の地方におけるような事態は発生しなかった。

　下層水準のリーダーシップが重要な作用をした事例もあった。全南の佛甲山地域は、朝鮮戦争と前後して、この地方のパルチザンの核心地のような場所だった。しかし、正に騒乱の目であった霊光郡佛甲面は、余りにも平和であった。当時65歳で一文不知だった姜乃元は、6・25以前に左翼活動をした息子3兄弟を韓国警察により全て失った。彼は、よく言う百姓の典型であった。彼の敵意と悲しみは到底、言葉で言い表せなかったに違いない。人民共和国の統治が始まるや否や、佛甲面民は満場一致で姜乃元を人民委員長に推戴した。警察と右翼は、見込まれる報復に緊張し、迫り来る事態に固く覚悟を決めたはずである。しかし、甚だしい個人的な苦痛にもかかわらず、驚くべきことに彼は、人民委員長に就任以後、警察と右翼人士の誰にも不利益を加えなかった。住民たちの証言に基づく記録に従えば、彼は報復虐殺どころか、誰ひとりにも不利益を与えなかった。村は平和であり、里長をはじめ6・25以前の右翼は、続けて自分の地位を守りもした。

　姜乃元は、戦争を始めた指導者たちのように民衆、民族、革命を大げさに語りはしなかった。しかし、彼の実践はそれを越え出るものだった。姜乃元の行動は、個人の傷を越える時、人間が到達できる徳性のある境地を見せてくれるのはもちろん、それが及ぼす社会的な波長について深く考えさせる。彼は我々に、平凡な人間がどのように戦争の渦中で理念を乗り越え、生命を救援するのか、人間精神のある感動的な境地を見せてくれる。この研究を通じて登場する数多くの国家指導者、エリート、民衆をひっくるめて、老人の姜乃元は、我々すべてに最も強烈な印象を、最も長い余韻を残す人物であるに違いないであろう。姜乃元の事例は、人間が歴史で見せてくれる昇華のひとつの美だと思う。

　しかし、霊光地方の全体では、霊光人口16万名の5分の1に当たる約3万5千余名が犠牲になった。他の全南地域と同様、霊光もやはり正規軍の戦闘なくして人民軍に占領された地域だった。そうだとすれば犠牲者は、ほとんど全てが正規軍の戦闘によってではなく、地域内部の左翼－右翼、地主－小作の葛藤から由来する虐殺によってだったのである。地主－小作の間の葛藤が非常に先鋭化した霊光の鹽山面では、ひとつの面でおよそ5千余名が無残にも災いを被った。ゆえに、鹽山と白岬地域では「血の水が流れる」というほどに殺傷劇が極限に達した。霊光という1つの郡の別々の2つの面である佛甲と鹽山で現れた、このような極めて大きな差異は、戦時の全ての虐殺が必ずしも統制不可能なものではなかったという点を意味している。

　地方によって虐殺の方法も、やはり残忍の程度を異にした。動員され得るほとんど全ての残忍な方法で、虐殺がほしいままに行われた。このような民間水準の

想像を超越する相互虐殺に、適切な説明を与える説明体系は未だないように思える。ある地域の同じ成員たちを何がここまで極度に憎悪させたのか、我々は問うことになる。全南珍島郡郡内面の同族村である細登里(セドゥンニ)では、親族内で左翼と右翼に分かれ、北朝鮮の人民軍と韓国軍警の進駐や退却を契機にして相互虐殺と報復が繰り返される中で大量虐殺へつながった。細登里では、郭氏の家門中で長派・仲派・季派という系列派の葛藤、日帝時代の協力派と運動派との葛藤、解放以後の左翼と右翼との葛藤という3つの水準が、戦争の到来と一緒に一度に重畳して爆発して、110戸600余名の住民のうち167名が虐殺される悲劇へ帰結した。そのうち110名は、人民軍により虐殺された[137]。家門内の派閥闘争で家門を没落へ導く事例において、韓国民が常に自慢する氏族、血族内の連帯と愛情の観念を探すのは、全く不可能である。

忠北清原郡南一面(チョンウォングンナミルミョン)の李相朝(イサンチョ)（音訳）の家族は、彼の父親が警察官だったという理由で人民軍から「悪質反動の家族」として目を付けられ、戦争勃発後に家族全員が苦しまざるを得なかった。山中へ身を隠した李相朝の父は突然、共産主義者に急変したごく親しい友人により逮捕されねばならなかった[138]。友人は、すぐに敵へ変転する可能性があった。「世界冷戦」から「民族分断」へ、「民族分断」から「南北朝鮮間の戦争」へ、そして挙げ句の果てに村の水準の「左右翼の闘争」へ下りて来る中、すなわち世界、民族、国家権力、地方の葛藤へ転化する中で次第に激化する暴力の増幅現象を目の当たりにするのだ[139]。

忠北沃川郡安南(オクチョングンアナム)の村は、北朝鮮軍とそれに対峙する自生的な遊撃隊の間で住民が苦痛を受けた事例に属する。人民軍は、人民軍の犠牲者1名に住民1名の命を取り換えてやると威嚇した。これは、恐るべき「歯には歯を、目には目を」(tooth for tooth, eye for eye)の法則（lex talionis）であった。ある村は、昼には人民軍が掌握していたが、夜になれば反共遊撃隊の占有地だった。次の日、その次の日にも、このような現象は繰り返された[140]。至る所で戦争前の怨恨関係や左右闘争が再び登場したりした。敗北して姿を消していたり潜伏していたりした左派は、人民軍の進駐を契機として再び登場し、公然と活動しながら過去の被害に対して復讐しようとしたからだった。戦争以前の左右翼の理念葛藤と対立が、戦争の勃発に伴って更に重複して現れ、血の報復が展開されたのであった。報復は再報復を呼び、それはまた他の報復へ連結した。京畿道高陽郡クムジョン窟では、左翼による右翼虐殺に対する報復として「奪還」以後、今度は最少でも虐殺の数十倍に達する左翼または左翼に連累する者たちが右翼により虐殺された。復讐が戦争の目標ではあり得ないが、過去5年間の左右翼の対決と戦争開始後の左右翼の闘争は、慈悲の心情を残して置けないようにしていた。

我々が見慣れた幾枚かの人民裁判の写真は、節制されなかった報復感情の表出をよく示してくれる。人民裁判と節制されなかった暴力の行使は、反共主義の蔓延に大きく寄与した功労者だった。至る所に設置された人民裁判所は、左派の立場からは過去の罪を懲罰する象徴だったが、それはまた恐怖の象徴でもあった。少なからぬ人々が、ひとたび人民の敵と断定されると人民の名で処断された。殴られて引き回された有名な写真を残した作家の金八峰に対する公開的な人民裁判は、その中でも代表的な事例だった。彼を裁いた判事と検事の李永基と盧東雲は、当時オフ・セット工と鉛版所の職工であった。労働者の裁判管轄、それは革命の１つの象徴的な姿だった。しかし、状況が逆転するや、彼らは全て牢屋の身の上となり、無期囚へ転落せねばならなかった[141]。もう一度の革命だったのである。

　革命は、それが大衆の同意を得て、それを通じて究極的な成功へ到達するためには、報復心さえも節制させる術を知る指導力から出て来る。節制されなかった暴力の噴出を防ぐために北朝鮮は、しばしば中央からこの根絶を指示した。しかし、それは反動ならびに親日派の処断についての強調と一緒になり、混乱を伴って下達された。仁川市内務署長の朴明求（音訳）は７月26日、不法拘束と人権蹂躙の根絶指示を下した[142]。他の地方でも同一の指示が下された。しかし、これらは、ほとんど守られなかった。

　ダワー（John W. Dower）の言明のように「殺すか殺されるか」、つまり「殺さなければ殺される（*kill or be killed*）」の原則は、戦争の残忍性を強める[143]。戦場の全ての人間にとり、生存の追求は当然、殺害の追求に連結する外なくなる。もちろん、戦争と占領それぞれの初期には、一定の温情主義を帯びることもある[144]。しかし、葛藤の激化と相互暴力の増加は、もはや温情主義の可能性を許さない。

　殺さなければ殺されるという二者択一の現象は、前線で対峙した軍人の場合は不可避ながらも理解可能なことだ。しかし、最も重要なのは、なぜ前線ではない地域で一般の民間人に対し、また民間人の間に、このような恐るべき暴力の行使が蔓延したかという点である。民間人に対する朝鮮労働党による体系的な集団虐殺は、疑いの余地なく国家の戦争犯罪（*war crime*）を構成する[145]。国家機構が戦争犯罪を先駆けて実現する時に、すなわち国家自体が犯罪者としての役割を果たす時、国家の統制が及び得なかったというのは、少しも弁明にはなり得ない。

　社会水準においても、朝鮮戦争前の抑圧と憎悪は、６・25と一緒に世の中が覆されるや否や、だしぬけに拡大した報復として現れた。そして、それは逆転と一緒に再び更に大きな報復を呼び起こした。暴力の増幅であった。６・25は統一を試図する契機であると同時に、社会の全ての水準に暴力の蔓延をもたらす契機

だった。個人水準における自己生存の追求と他者殺害の試図は、社会水準では絶滅主義に連結される。暴力の増加は恐るべき虐殺として現れ、事態が逆転した時は再び惨たらしい報復が待っていた。至る所で血の報復が進行し、数多くの人々が死んでいく「暴力の悪循環」であった。

注

1) 首相金日成、内務相朴一禹「朝鮮民主主義人民共和国内閣決定第52号――軍事ならびに運輸登録制実施に関する決定書」(1949年5月17日)、朝鮮民主主義人民共和国内務省『軍事登録に関する規定細則(朝鮮文)』National Archives, Record Group 242, Shipping Advice Number 2005, Box 6, Item 14.【以下 "NA, RG○○, SA#○○, ○/○" と略記】
2) 鄭鳴朝「私は証言する(韓国文)」、『韓国日報』1959年7月13〜14日。
3) 北朝鮮の事後のある記録は、彼らが米国の指示を受けて越北したと記述している。朝鮮民主主義人民共和国最高裁判所『アメリカ帝国主義雇用スパイ 朴憲永・李承燁徒党の朝鮮民主主義人民共和国政権転覆陰謀とスパイ事件公判文献(朝鮮文)』平壌、国立出版社、1956年。【以下『公判文献』と略記】
4) 金泰奎との面談。1990年4月9日、ソウル。金泰奎は当時、越北したのち再び浸透していたキムボール・スミス号の船員だった。会寧軍官学校に入り、軍事訓練を受けた他の船員たちの中、一部はゲリラとして派遣された。Korean Military Advisory Group (KMAG), *G-2 Weekly Summary*, No. 3, Apr. 20, 1950. 筆者が行った金泰奎の証言は、KMAGの情報と正確に一致し、彼の名前もやはり米軍情報に現れている。
5) 金泰奎との面談、ソウル、1990年4月9日。
6) 金奭学・林鍾明『全南の重要事件――光復30年(韓国文)』3巻、光州、全南日報社、1973年、146頁。
7) 金世源『秘密アジト(韓国文)』光州、イルグヮノリ、1993年、72頁。金奭学・林鍾明、同上書、140-152頁。金南植『南労党研究』ソウル、トルベゲ、1984年、441頁。
8) 『朝鮮中央年鑑』1949年版、平壌、朝鮮中央通信社、1949年、14-17頁。
9) 『全南日報』光州・全南現代史企画委員会『光州・全南現代史』2、光州、実践文学社、1991年、248頁。
10) 金世源、前掲書、72頁。金奭学・林鍾明、前掲書、146-152頁。
11) 『公判文献』261頁。
12) 金南植、前掲書、441頁。
13) John Merrill, "Internal Warfare in Korea", Bruce Cumings, ed., *Child of Conflict: The Korean-American Relationship, 1943〜1953* (Seattle: University of Washington Press, 1983), pp. 138, 156-157.
14) KMAG, *G-2 Periodic Reports*, No. 284, Mar. 23, 1950.

15) *Ibid.*, No.289, Mar. 31, 1950.
16) 大韓民国外務部『韓国戦争関連ロシア外交文書』内部用翻訳本、ソウル、1994年、23頁。
17) 「南道富事件記録」。この記録は、この部隊の指揮官である南道富が1954年に逮捕された時の裁判記録である。筆者は原文を入手することはできず、ここで参考にしたのはその判決文の要約である。
18) KMAG, *G-2, Weekly Summary* No. 11, Jun. 15, 1950.
19) 韓国国防部戦史編纂委員会編『韓国戦争史』1巻、改訂版、ソウル、1967年、245頁。
20) 同上書、193-194頁。
21) 中央日報編『民族の証言』1巻、ソウル、中央日報社、1983年、212頁。金南植は当時、3つの中隊で構成された同部隊の中隊長だった。
22) 最高人民会議常任委員会「政令――朝鮮民主主義人民共和国全地域に動員を宣布するに関して」、『朝鮮中央年鑑』1951～52年版、平壌、朝鮮中央通信社、1952年、83頁。
23) 北朝鮮憲法第103条「朝鮮民主主義人民共和国の首府はソウルである」、前掲『朝鮮中央年鑑』1949年版、12頁。
24) 「偉大な祖国解放戦争開始後1年間国内重要日誌(朝鮮文)」、『煽動員手帖』第5号、大韓民国教育部国史編纂委員会『北韓(北朝鮮)関係史料集』第11巻、ソウル、1991年、194頁。【以下『史料集』と略記】
25) 朝鮮人民義勇軍本部文化宣伝部『祖国の統一独立と自由のため正義の戦争に総決起しよう!(朝鮮文)』(1950年7月10日)、NA, RG242, SA#2009, 3/70.
26) 『労働新聞』1950年7月12日。
27) 朝鮮人民義勇軍本部文化宣伝部、前掲書、2頁。
28) 同上書、18頁。
29) 軍事委員会決定第23号「戦時義務労力動員に関して(朝鮮文)」(1950年7月26日)、『内閣公報』1950年版、第14号、185番、平壌、1950年、NA, RG 242, SA#2005, 2/114.
30) 同上資料、同上書、564-565頁。
31) 同上資料、同上書、565頁。
32) 朝鮮民主主義人民共和国軍事委員会軍事動員局「軍備-軍事活動に関する細則(朝鮮文)」。
33) 『朝鮮人民報』1950年7月2日、『解放日報』1950年7月2日、7月4日、『パルチザン資料集』6巻「新聞編」(1)、春川、翰林大学校アジア文化研究所、1996年、1-2、164、167頁。
34) 『朝鮮人民報』1950年7月6日、同上書、9-12頁。
35) 『朝鮮人民報』1950年7月9日。
36) 『朝鮮人民報』1950年7月12日、『パルチザン資料集』6巻、22頁。
37) 『史料集』11巻、217頁。

38) 同上書、233頁。
39) 同上書、218頁。
40) 朝鮮最高検察所「南半部解放地域においての当面の一般検察事業について（朝鮮文）」、『史料集』9巻、833-838頁。
41) 『朝鮮人民報』1950年7月3日。
42) 『朝鮮人民報』1950年7月7日、『パルチザン資料集』6巻、12頁。
43) 『朝鮮人民報』1950年7月11日、同上書、19頁。
44) 『朝鮮人民報』1950年7月12日、14日、17日、18日、同上書、21、25、31、33頁。
45) 『朝鮮人民報』1950年7月28日、同上書、53頁。
46) 金日成「8・15解放5周年平壌市人民委員会記念慶祝大会で陳述した報告（朝鮮文）」、『金日成選集』3巻、平壌、朝鮮労働党出版社、1953年、57頁。金日成『自由と独立のための朝鮮人民の正義の祖国解放戦争（朝鮮文）』平壌、朝鮮労働党出版社、1954年、58頁。
47) 「文化部事業報告書」、「朝鮮職業同盟全国評議会文献（指示書、報告書）」、『史料集』10巻、383頁。朝鮮労働組合全国評議会は1950年7月10日、呼称を朝鮮職業同盟全国評議会に変えた。しかし、略称は依然として全評という呼称をそのまま使用した。『朝鮮人民報』1950年7月12日、『パルチザン資料集』6巻、22頁。
48) NA, RG 242, SA#2009, 6/24.
49) 全評副委員長・玄勲「指示書」（1950年7月13日）、『史料集』10巻、360頁。
50) 以下の内容は、米軍の人民軍捕虜審問調書（英文）である大韓民国国防部国防軍史研究所、"Prisoner of War Preliminary Interrogation Report"を参照。文書番号なし。
51) 捕虜審問調書に出て来る張琪華（音訳）は過日、韓国MBCテレビに登場し、朝鮮戦争の捕虜問題について大きな反響を呼び起こした人物の中の一人である。著者は彼の一時帰国に際し、張琪華を彼の宿舎で直接面談したが、残念なことに彼の記憶と言語の障害で何ら意味のある会話を交わすことができなかった。捕虜審問調書中の張琪華との実際の対面には、人民軍内部記録で確認される名前を持った人物たちに直接対面する時に著者がしばしば経験した、ある種の感情と類似したものがあった。
52) 前人民軍第3師団第7連隊所属中尉で捕虜の全栄善（音訳）の陳述。
53) Michael Walzer, *Just and Unjust War*, 3rd ed. (New York: Basic Books, 2000), p. 100.
54) 和田春樹著、徐東晩訳『韓国戦争』ソウル、創作と批評社、1999年、96頁。
55) CIA, "Memorandum: Korean Situation" (June, 29, 1950), Harvard University Lamont Library, *Government Documents* (Microfilm).
56) 金日成「人民軍隊の幹部化と軍宗兵宗の発展展望について――朝鮮人民軍軍政幹部会議で行った演説（朝鮮文）」（1954年12月23日）、『金日成著作集』9、平壌、朝鮮労働党出版社、1980年、182-183頁。
57) 金日成「我々の人民軍隊は労働階級の軍隊、革命の軍隊である。階級的な政治教

養事業を継続して強化せねばならない（朝鮮文）」(1963年2月8日)、同上書、17、130頁。
58) Syn Song-Kill and Sin Sam-Soon, "Who Started the Korean War", *Korea and World Affairs*, Vol. XIV, No. 2 (Seoul, Summer 1990), p. 250.
59) Samuel P. Huntington, *Political Order in Changing Societies* (New Haven: Yale Univ. Press, 1968), p. 266.
60) 『解放日報』および『朝鮮人民報』1950年7月2日。金翊成（音訳）「南半部の民主建設の経験（朝鮮文）」、『党熱誠者たちに与える週間報（朝鮮文）』第1号（平壌、1950年8月13日）、41頁。金翊成は当時、ソウル市臨時人民委員会副委員長だった。
61) 最高人民会議常任委員会政令「共和国南半部解放地区の郡・面・里（洞）人民委員会選挙に関して（朝鮮文）」、『朝鮮中央年鑑』1951～52年版、85頁。
62) 『民主朝鮮』1950年7月15日。
63) 北朝鮮人民委員会司法局『北朝鮮法令集』平壌、1947年、26-36頁。
64) 「北朝鮮の面および里（洞）人民委員会委員選挙に関する規定（朝鮮文）」、同上書、33頁。
65) 『朝鮮中央年鑑』1951～52年版、87-88頁。
66) 『朝鮮人民報』1950年7月31日、『パルチザン資料集』6巻、60頁。
67) 以上の選挙統計は、筆者が次の2つの統計資料を比較して作成したものである。「北朝鮮の面および里（洞）人民委員会委員選挙に関する総決（朝鮮文）」、『史料集』11巻、570-670頁。「朝鮮民主主義人民共和国南半部解放地域の郡・面・里（洞）人民委員会選挙総決に関して（朝鮮文）」、『朝鮮中央年鑑』1951～52年版、87-88頁。
68) 「ソウルの平壌化」は和田春樹の表現である。和田、前掲書、97頁。
69) 「北朝鮮の面および里（洞）人民委員会委員選挙に関する総決」、『史料集』11巻、574頁。
70) 始興郡内務署長・姜龍洙（音訳）、「郡・面・里委員選挙事業を保証するため警備網を組織強化することについての指示（朝鮮文）」、『史料集』11巻、229-232頁。
71) 同上書、230頁。
72) 前掲『光州・全南現代史』2、212-266頁。
73) 『史料集』11巻、227頁。
74) 洪性讚『韓国近代農村社会の変動と地主層――20世紀前半期全南和順郡同福面一帯の事例（韓国文）』ソウル、知識産業社、1992年、303-304頁。
75) 朝鮮民主主義人民共和国文化宣伝省「南半部各道（ソウル市）文化宣伝事業規定（朝鮮文）」、NA, RG 242, SA#2010, 4/42.
76) 『朝鮮人民報』1950年9月6日、『パルチザン資料集』6巻、150頁。
77) 朝鮮民主主義人民共和国文化宣伝省『煽動員手帖』第1号、1-8頁、NA, RG 242, SA#2010, 5/86.
78) 「南半部各道（ソウル市）文化宣伝事業規定」、NA, RG 242, SA#2010, 4/22.
79) 『朝鮮人民報』ならびに『解放日報』1950年8月16日、『パルチザン資料集』6巻、88、254頁。「朝鮮人民に送る祖国統一民主主義戦線中央委員会呼訴文（朝鮮文）」

（1950年8月14日)、NA, RG 242, SA#2009, 7/124.

80) 同上資料。数百万部が印刷、配布されたというのは、許憲の報告である。『朝鮮人民報』1950年9月2日、『パルチザン資料集』6巻、121頁。
81) 『解放日報』1950年8月25日、同上書、268頁。
82) 『史料集』10巻、359頁。
83) 金日成「朝鮮民主主義人民共和国創建2周年に際して陳述した放送演説（朝鮮文)」(1950年9月11日）、前掲『金日成選集』3巻、90頁。
84) 『解放日報』1950年9月1日、『朝鮮人民報』1950年9月2日、『パルチザン資料集』6巻、121、285頁。
85) 『朝鮮中央年鑑』1949年版、327頁。これに対する解釈については、朴明林『韓国戦争の勃発と起源（韓国文)』II、ソウル、ナナム出版、1996年、325-332頁。
86) 『解放日報』1950年8月23日、『パルチザン資料集』6巻、268頁。
87) 『朝鮮人民報』ならびに『解放日報』1950年8月27日、同上書、110、276頁。
88) 金日成『世紀と共に（朝鮮文)』1巻、平壤、朝鮮労働党出版社、1992年、219頁。
89) 『解放日報』1950年8月18日、『パルチザン資料集』6巻、257頁。
90) 『朝鮮人民報』1950年7月23日、24日、同上書、43、45頁。
91) 『朝鮮人民報』1950年8月12〜16日、同上書、79-88頁。
92) 『朝鮮人民報』1950年8月7、13、15日、同上書、72、82、86頁。
93) 『朝鮮人民報』1950年8月31日、『解放日報』1950年9月5日、同上書、118、294頁。
94) 『朝鮮人民報』1950年8月22日、同上書、100頁。
95) 『朝鮮人民報』1950年8月17日、同上書、89頁。
96) 『解放日報』1950年8月16日、同上書、254頁。
97) 『朝鮮人民報』1950年7月28日、同上書、54頁。
98) 『史料集』10巻、420-421頁。
99) 金定基『密派』ソウル、大英社、1967年、50頁。
100) 『朝鮮人民報』1950年9月17日、18日、19日、20日、21日、『解放日報』1950年9月17日、23日、『パルチザン資料集』6巻、151-160、311-314頁。
101) 『労働新聞』1994年11月4日。
102) 「解放地区に共和国の人民的な民主教育制度を実施することに関する決定書（朝鮮文)」、『内閣公報』1950年版、584-585頁。
103) 許珉（音訳)「朝鮮民主主義人民共和国で実施されている民主教育制度について（朝鮮文)」、NA, RG 242, SA#2012, 5/20.
104) ソウル市臨時人民委員会文化宣伝部『政党社会団体登録綴』ソウル、ソウル市臨時人民委員会、1950年9月（韓国安保教育協会から1989年に復刻版発行)。
105) 『解放日報』1950年7月3日、『パルチザン資料集』6巻、166頁。
106) 『解放日報』1954年9月17日、大韓民国教育部国史編纂委員会『資料　大韓民国史』1、ソウル、1968年、114-115頁。
107) ソウル市臨時人員委員会文化宣伝部、前掲書、所収。

108) 同上書、439-444頁。
109) 同上書、106-128頁。
110) 同上書、129-152頁。
111) 李英石『竹山　曺奉岩』ソウル、圓音出版社、1983年、182頁。
112) 『解放日報』1950年7月3日、『朝鮮人民報』1950年7月4日、『パルチザン資料集』6巻、6、166頁。
113) 李起夏『韓国共産主義運動史』2巻、ソウル、国土統一院調査研究室、1977年、403頁。
114) 『朝鮮人民報』1950年7月5日。李範奭は自分が宋虎聲をよく知っているが、彼は「共産軍が（韓国に）送った人」だと証言する。大韓民国国防部戦史編纂委員会『証言録──李範奭将軍』(1964年10月23日)、15-16頁。この証言は他の資料では確認できなかった。
115) 『朝鮮人民報』1950年7月16日、『パルチザン資料集』6巻、30頁。
116) 『史料集』9巻、729頁。
117) 『史料集』11巻、767-772頁。
118) 韓鎔源『創軍』ソウル、博英社、1984年、75〜81頁。
119) 『史料集』9巻、767-772頁。
120) 「事業組織の強化について」、『極秘文書集』始興郡東面分駐所、1950年、『史料集』11巻、215-216頁。
121) Richard H. Mitchell, *Thought Control in Prewar Japan* (Ithaca: Cornell University Press, 1976), p. 67.
122) 広報処統計局『檀紀4283年自6月25日至9月28日（6.25事変中）ソウル特別市被害者名簿（韓国文）』(1950年12月)。
123) もちろん、統計集には月別、日別の統計は出ていない。そこには個人別の姓名、性別、職業、所属および職位、殺害の日時、殺害の種類、殺害の場所、略歴、住所などが詳細に記録されており、これを土台に著者が4千余名の全ての被害者を事々にひとつずつ追跡して統計を出したのである。以下の全ての統計は、追跡可能な範囲で著者が作成したものだ。
124) "Testimony of James M. Hanley, United States Army, Camp Atterbury, IND", *Korean War Atrocities ── Hearing before the Subcommittee on Korean War Atrocities of the Permanent Subcommittee on Investigations of the Committee on Government Operations United States Senate, Eighty Third Congress, First Session Pursuant to S. Res, 40*. Part 3 (Washington, D.C.: United States Government Printing Office, 1954), pp. 154-155.
125) 『東亜日報』1950年10月5日。
126) 以下の統計は、広報処統計局、前掲書、付録1-4、7-8頁。
127) Robert F. Furtrell, *The United States Air Force in Korea, 1950〜1953* (Revised Edition, Washington, D.C.: Office of Air Force History, United States Air Forces, 1983), p. 99.

128） 前掲『民族の証言』2巻、33頁。
129）「総合報告書（永登浦区）」（1950年8月9日）、『史料集』10巻、492-493頁。
130） 大韓民国広報処統計局『6.25事変被殺者名簿』ソウル、1952年。
131） 大韓民国広報処統計局『1952年大韓民国統計年鑑』ソウル、1953年、321-322頁。
132） NA, *War Crime Division Documents* 578; Korean Communications Zone, Office of the Zone Staff Judge Advocate APO 234, "Legal Analysis of Korean War Crimes Case Number 36" (14 June 1953), 国防軍史研究所文書番号215.
133） NA, *War Crimes Division Document* 123, 国防軍史研究所文書番号209.
134） 大検察庁捜査局『左翼事件実録』11巻、ソウル、大検察庁公安部、1975年、50-74頁。
135） John W. Riley, Jr. and Wilber Schramm, *The Reds Take a City* (New Brunswick: Rutgers University Press, 1951), pp. 155-158. 前掲『光州・全南現代史』231-234頁。
136）『東亜日報』1950年10月8日。
137） 朴賛勝「韓国戦争と珍島同族村細登里の悲劇（韓国文）」、『歴史と現実（韓国文）』38号（ソウル、2000年12月）所収。
138）「あぁ！世の中にこんな事があっていいのか（韓国文）」、『6・25悲話』ソウル、自由評論社、1979年、192-197頁。
139） 以上の内容中、事例ごとに脚注を付けていない全南地方の事例は『光州・全南現代史』2、212-303頁、から引用。
140）「あっぱれ！血死団の奮闘（韓国文）」、『6・25秘話』234-239頁。
141）『民族の証言』2巻、12-19頁。
142） 仁川市内務署長「不法拘束と人権蹂躙の根絶について（韓国文）」、『史料集』9巻、710-711頁。
143） John W. Dower, *War without Mercy* —— *Race and Power in the Pacific War* (New York: Pantheon Books, 1986), pp. 10-12, 60-67.
144） *Ibid.*,p.310.
145） Aleksandar Jokić (ed), *War Crimes and Collective Wrongdoing* —— *A Reader* (Malden, Massachusetts: Blackwell Publishers, 2001).

第5章　北朝鮮の韓国統治Ⅱ：
　　　　土地革命と社会経済の変革

1．戦争と土地革命

　北朝鮮が戦争を開始した理由の中には、統一を達成することにより韓国人民を解放するという意図が包含されていた。解放の焦点は2つだった。ひとつは、彼らが見るに親日派、民族反逆者だった韓国の指導層から人民を政治的に解放することだった。もう1つは、半封建的な支配の核心制度である地主－小作関係から農民を解放することであった。したがって、当然に統一の内容には、社会経済制度を北朝鮮と同一にすることも含まれていた。全ての革命において社会経済構造の改革は、革命の最も必須的な条件となる。南朝鮮地域における土地改革の法的な根拠は、朝鮮民主主義人民共和国憲法第7条だった。すなわち「未だ土地改革が実施されていない朝鮮内の地域においては、最高人民会議が規定する日時にこれを実施する」という規定に従うものだった[1]。

　北朝鮮は1949年5月9日、南朝鮮地域の土地改革を担当する機関たる「共和国南半部の土地改革実施のための法令起草委員会」を構成しただけでなく、『労働新聞』を通じてこの事実を公開し、韓国の左派勢力に遠からず北朝鮮主導で無償没収、無償分配による土地改革が実施されることを暗示した[2]。この「決定書」は、南朝鮮地域における農民の状態と土地改革の必要性について次のように言及している。

「共和国南半部でのアメリカ帝国主義の植民地化政策と李承晩傀儡政権の反動政策によって、封建的な土地制度はそのまま維持・保存され、未だに土地改革は実施され得ず、土地は依然として極少数の地主の手に残っていて、人口の絶対多数を占める南半部の農民たちは地主の高率な小作料と略奪的な糧穀の強制供出および強制買入ほか、あらゆる苛斂誅求に苦しめられ、農村経済は極度に疲弊しており、農民たちの生活はすっかり破綻に陥っている。（中略）共和国南半部の農民たちは……共和国南半部でも北半部のような最も民主主義的な無償没収、無償分配の土地改革を至急に実施することを要求し、このような苛烈な闘争を展開している。朝鮮民主主義人民共和国内閣は、共和国憲法と共和国政綱を基礎として、共和国南半部でも速やかな日時のうちに共和国北半部においてと同様に土地改革を実施する必要があることを認め（後略）。」

起草委員会の委員長は洪命憙であり、委員は朴文圭、宋鳳郁、姜鎮乾、李求勳、李承燁、金烈、李克魯、成周寔、李萬珪、金秉済、朴正愛、李仁同、崔璟徳、崔容達、劉英俊、蔡白煕、姜圭燦などだった。洪命憙と李承燁は言うまでもなく、済州島4・3事件を主導した姜圭燦はじめ、彼らの中の相当数が南朝鮮地域で活動していた人物であることが分かる。『労働新聞』には、起草委員会についての記事を反復して掲載した。4日後の5月13日には、南朝鮮地域の土地改革を実施するのに必要な法令を起草するため上の委員会が事業に着手したと報道され、すぐに続いて南朝鮮労働党（南労党）、全国農民組合総連盟【以下「全農」と略記】など、韓国の各政党や社会団体の支持声明書が載せられた。

　同時に、南朝鮮地域でも北朝鮮地域で実施したのと全く同じ無償没収、無償分配が至急に必要だという論説も、相次いで掲載された。6月初めに入ると、もう法令の草案が作成され、審議中だという報道が引き続いた[3]。これは、1946年に北朝鮮地域で実施された土地改革、いわゆる北朝鮮革命を南朝鮮地域で再演しようとしたものであるのは、強調する必要もない。全ての法令と制度の基準は、北朝鮮地域で実施されたものを南朝鮮地域で複製すれば良いのだった[4]。

　戦争を開始する中で北朝鮮は、韓国人民の植民地的な土地所有関係に言及、革命的に打破せねばならないと主張した。7月4日に北朝鮮は「解放された共和国南半部の農民たちに自由と幸福を与え、落後した農村経理を急速に発展させる目的」で最高人民会議常任委員会政令として「共和国南半部地域に土地改革を実施するに関して」を発表した[5]。

　土地改革政令の公布に際して、7月8日に全農は「2千4百万の農民を代表して、熱烈な感謝を捧げる」との決議文を発表した[6]。京畿道抱川の農民である李春用は「われわれ農民は、何百何千もの代々に及ぶ歴史において、自分が耕作する土地を手に入れるため、地主どもの無制限的な小作制度から解放されるために闘争してきた」と言いつつ、「政令は全くもって我々すべての農民の要望と一致する」、「政令の絶対支持賛同」、「人民政権の温かい施策に感激、感泣するばかり」だと強調した[7]。「2千4百万の農民を代表」、「何百何千もの代々に及ぶ歴史」という表現の中から、土地問題に対する農民の熱望を読み取れる。

　新聞は連日、土地改革に対する人民全体の感激と歓呼雀躍（原文どおり）する姿を報道した。実際に土地を分配し、農民の支持を創出するのは、戦時政策において重要な意味を持つのだった。農民たちは、土地改革過程に参与しながら金日成と北朝鮮体制に対する支持を要求されて決議し、人民委員会選挙への100％に近い投票と支持を通じて、満場一致で自発的な、または強要された意思を表出した。

政令によると、土地改革の原則は北朝鮮地域で実施したのと同様に、無償没収、無償分配であった。政令はまた、米国と李承晩政府が所有していた土地は全て没収すると規定した。朝鮮人地主と引き続き小作主だった者の土地も、やはり全て没収した。小作制度は永遠に廃止し、自作地は5町歩または20町歩までは没収しないと規定した。土地所有の上限を20町歩まで許容したのは、5町歩と制限していた北朝鮮地域に比べ、大きく緩和されたものだった。自作農と一部の地主からの支持を獲得することを念頭に置いたのは、明白であった。李承晩政府と地主から買い入れて自ら耕す土地も、没収しなかった。韓国の有償没収、有償分配の土地改革を一旦は認めるということだった。規定上、土地は分配を受けた農民の永遠の所有物となった。供出制度は廃止されたが、南朝鮮地域の農民も北朝鮮地域の農民と同じ比率の現物税を納付せねばならなかった。

　政令が発表された直後、北朝鮮政府の農林省には「南半部土地改革指導委員会」【以下「指導委員会」と略記】が組織された[8]。委員長は、農林相の朴文圭だった。つまり、北朝鮮農業の最高責任者が直接に南朝鮮地域の土地改革に責任を負ったのであった。北朝鮮からは南朝鮮地域へ500名の指導委員（または全権委員）が派遣され、全般的な土地改革の過程を指導した[9]。指導委員会は、7月14日からソウルに拠点を定め、事業を始めた。北朝鮮地域における土地改革の経験を学習した土地改革指導委員たちも、やはり7月14日にソウルに到着して以後、該当地域の道、市、郡、面へ派遣された[10]。典型的な下向式の事業方式だったのである。

　指導委員会は道、郡、面、里（洞）の各級実行委員会を構成するよう、具体的な要綱と一緒に下達した。道級の実行委員会には、道の労働党委員長、人民委員会委員長、農民同盟（農盟）委員長、民主女性同盟（女盟）委員長、職業総同盟（職盟）委員長、民主青年同盟（民青）委員長、各部署の責任者たちが含まれた。党と国家機構、大衆団体が総網羅されているのが分かる。これは、郡と面の場合にも同様だった。ただし、里（洞）は異なり、ここでは雇用農民、土地のない農民、土地の少ない農民が総会で選挙により「農村委員会」を組織した。各単位の実行委員たちは、総勢5〜9名であった。このような総力的な支援体系と言える組織体系は、北朝鮮体制が南朝鮮地域の土地改革に傾ける関心をそのまま見せてくれる。

　各級の実行委員会は組織部、宣伝部、審査部の3部署で構成された。しかし、実際に農村で小作農と共に最多の比率を占めた雇用農民は、農村委員会に多くは含まれなかった。反対に小作人は、何の検討もなく農村委員会に入る傾向があった。また、中農や富農まで農村委員会に入れる場合もあった。このような候補者たちは、指導委員会の指示により農民総会で就任が可決、通過する前に交替する

よう指示を受けつつも、既に通過した場合には面人民委員会でその批准を拒否することや再び選挙を行うことを指示された。

ひとつ重要なのは、各単位の事業は上級単位から徹底的に責任指導したことである。例えば、道の全体事業の責任は、中央から派遣された1名の全権委員にあった。彼は、中央派遣の組織責任指導員の補佐を受けた。ここで言う中央とは、指導委員会を指すのであろう。次に、郡の全体事業の指導に責任を持つのも、やはり中央派遣の郡責任指導員2名であった。彼らは、郡実行委員会の組織、郡講習組織および指導検閲事業など、土地改革に関する郡の全体事業に責任を負った。

行政上ひとつ段階の低い面には、中央派遣の指導員と道派遣の指導員が同時に派遣された。責任指導員は、この中のひとりが選定された。里には道派遣の指導員と郡面で選抜された指導員が各里当たり少なくとも3名以上配置され、彼らは土地改革が終結するまで駐在せねばならなかった。すなわち、最底辺の行政単位である里単位にまで地方最高の行政単位である道から指導員が派遣された。結局これは、里水準まで中央の指示が垂直的に下されて行ったことを物語る。

このような一貫した指導体系は、土地改革が実質上、上からの改革だったことを制度の水準において証明している。今や我々は、こうして南朝鮮地域における土地改革についての長い論争を終えられるようになった。北朝鮮による南朝鮮地域の土地改革は、組織と事業方式の2つの側面において下から上への方式ではなく、全て上から下への方式だったのである。このような陳述について、土地改革が実行された方式と制度自体よりも農民たちが望んでいたものが何だったのか、それをどのような体制が、つまり誰が受容してやったのかという問題が重要だとして、下からの革命だとか、または下から上への方式だとか主張するのは、意思の受容方式とそれを実際に収斂して執行する方式には該当しない、主観的で抽象的な水準における陳述なのが分かる。

指導委員会は、中央指導員を派遣しただけでなく、また南半部土地改革実行準備計画書を下達した。これは、事業段階別に事業の方法と執行主体、執行日時を詳細に記録した指示書だった。これによると、各級の実行委員会の組織、講習会の組織、警備および自衛隊の組織、通報連絡網の組織、土地改革総結会議の招集、各種の統計報告の順序で土地改革を実施するよう指示した。

この指示がどれほど詳細だったかと言うと、例えば各級の実務機構の編成と人員数まで中央で決定して下達された。警備の場合も、面には里自衛隊員を順番で毎日5名ずつ配置すること、里には特別自衛隊を組織するに当たり18才以上の雇用農民、熱誠農民たち39名程度で組織せよと指示した。これは、下部の自律性を

全く認定しない徹底した上意下達式として、1946年の北朝鮮革命以後に北朝鮮社会で固まった方式であった。おそらく、4年間の高度な組織的官僚制の形成と運営経験がなかったならば、このような統制方式は不可能だったであろう。

　宣伝事業の場合、子細な宣伝事業計画書が下された。最も重視したのは、群衆大会だった。群衆大会の場合、席順まで下達された。里の農村委員会が組織される前に部落群衆大会が招集され、各種の報告と討論そして金日成のメッセージが朗読された。農村委員会を組織するための農民総会が開かれ、また土地分与案と手続きを審議するための農民総会も開かれた。終わる時には土地改革実施慶祝群衆大会が再び開かれ、報告と討論と金日成のメッセージが朗読された。各種の座談会が組織され、土地改革の政令と金日成による6月26日、7月8日の放送演説も解説、討論した。国際国内情勢と戦争の性格、米帝と李承晩売国徒党の罪悪を暴露し、それに対する憎悪をかき立てた。また、人民軍隊の英雄的な闘争とその特徴、人民軍を支援するための課業が討議された。当然なこととして、北朝鮮での民主改革の成果と北朝鮮農民の向上した生活が紹介された。

　土地改革の各種の標語と壁新聞が直接、張り出された。村ごとに至る所で1946年の北朝鮮と同様に「土地は畑を耕す農民に」、「反動を打倒しよう」などのスローガンの壁紙が張り出された。金日成の演説や土地改革の政令なども、大型の壁新聞で至る所に張り出された。宣伝員たちは個別訪問を行い、農民たちを意識化させた。また、集体的な方式も動員された。そして、北朝鮮の土地改革、金日成の偉大性とソ連の実状、人民軍の闘争、各種の政令と細則と質疑応答書など、数多くの出版物が文字そのまま洪水のように溢れ出し、農村一面を覆った。おそらく1950年の夏のように、南朝鮮地域に印刷物と宣伝ビラと壁新聞と演説文が乱舞した時も多くはなかったであろう。それは、1945年8月はもちろん1953年以降のどんな時期よりも多かった。

　各農村にはまた、各種の農楽隊と娯楽事業組織、歌唱隊が随時に興を添えるのに忙しかった。劇団と移動映写隊も農村を巡回しながら、彼らを革命的な理念で武装させ、戦争の正当性を宣伝するのに熱中した。

　しかし、内部の文献によれば、実際の土地改革は「予定日時よりも遙かに遅延し、計画どおりに進行できな」かった。忠清北道（忠北）の場合、前述した京畿道ソウル一円についての朴文圭の調査で明らかになったように、ここでも実行委員たちは有名無実で、農村委員会の構成も規定どおりなされなかった。ゴロツキや不純分子たちが農村委員会に選出されたりもした。忠北道の土地改革実行委員会委員長の金龍岩〔キムヨンアム〕は、8月15日まで事業に着手すらしない里があると批判した。このような中央と地方の差異は、中央の指示が農民より先に進んで行ったり

準備不足だったり、そうでなければ農民が中央の指示について行けなかったと解釈できるだろう。

　報恩郡(ポウングン)の土地改革実行計画書を見てみよう。これによると、土地改革は実行委員会と農村委員会の構成と講習を含めて8月12日に始まり、里は8月24日、面は25日、郡は26日にそれぞれ事業を総和して終了することになっていた。基本単位である各里の水準では、土地改革は13日間で終了することになっていたのである。郡の水準においても、15日程度で土地改革は終わることになっていた。

　農民たちは、土地の分配を受けた後には土地所有権の証明書を交付された。もともと土地所有権の証明書は、道実行委員長が交付することになっていたが、朴文圭の指示で政治的な理由から迅速に発行するため道実行委員長が市・郡実行委員長に委任し、彼らが交付した[11]。全てのことは、驚くべきことに15日間でなされたのである。おそらく、これは世界で最も速い土地改革だろう。これを我々は革命と言えるだろうか？　もしくは解放と言えるだろうか？　1945年8月15日の旧植民地国家の完全な崩壊と解放の時期にも、人民はいち早く脱植民地という課題を実行しようと爆発的な政治参加を見せた。だが、その時でも読み取れるのは、人民の漸進的で非暴力的な参与、つまり彼らは一定の準備と節制の姿を示した。

　南朝鮮地域における北朝鮮の土地改革は、長く見積もっても一地域で全過程が約15日程度しかかからなかった。この速度は、果たして戦争という特殊な条件だったからなのか？　ある社会の経済構造と制度を変える問題が、果たして15日間に達成されることができ、また達成されたとするならば、それを正常な、または下からの意思を収斂した、真正な農民革命と見なせるだろうか？　北朝鮮革命の1946年当時に土地改革は、戦争の時期ではなかったにもかかわらず、20日という極端に短い期間で達成された。そうだとすれば、南朝鮮地域における土地改革も、やはり必ずしも戦争という特殊な条件ゆえのみではなかったという結論に到達することになる。1950年に使用された方式と急進主義の起源は、既に1946年の革命方式に内蔵されていたのである。

　1950年に南朝鮮地域の農村は爆発していた。それは、1945年とも比較にならなかった。それは、人民の力と指導部の力が結合されたところから生まれた爆発だった。しかし、人民内部から出た爆発力は強くなかった。それよりも遙かに強い力は、平壌から出て来た。これが1949年の韓国による土地改革よりも更に多くの参与と爆発をもたらしたのは、事実であった。しかし、ここでは漸進的で平和的な方式で進行する自由主義的な改革と、集団的で暴力的な方式で進行する革命的な方式との差異が、重く考慮されねばならない。全く同程度の改革を行う場合、欧州の場合で見るように、前者は平穏だが、後者は激烈である。しかし、後者が

必ずしも農民にとってより利益となる優越した方式だとは言えなかった。むしろ同程度の利益ならば、犠牲をより少なく払う改革が優れた方式だと言える。

ムーア（Barrington Moore. Jr）は、上からの改革と自由主義的な改革とを比較して「近代化過程での労働抑圧的な農業体制の確立が、必ずしも他の形態より農民にもっと大きな苦痛を産出するわけではない。日本の農民は、英国の農民よりも更に平穏な時期を享有した」と陳述する。彼は続けて「暴力的な民衆革命が……**封建的な**障害を除去するために必ず必要だという考えは、ドイツと日本の歴史が反証するように全く根拠がないこと」[12]だと言う（**強調はムーア**）。そうだとすれば、漸進的で自由主義的な方式と暴力的で民衆革命的な方式との間の差異も、比較的な語法で陳述が可能である。

封建的な矛盾を脱皮するための暴力的な移行の必然性はないのであり、それが自由主義的な移行よりも更に優れ、この方式を選んだ所の農民がより苦痛を受けなかったとは言えない。ロシア、中国、そして北朝鮮における農民の生に対する巨視的な考察は、暴力的な移行の実質的な効果について疑問を抱かせるものであった。もちろん、非暴力的な方式も、やはり農民の生活水準を急激に向上させたのではなかった。朝鮮戦争の戦前と戦後の韓国農村における農民たち、そしてグレッド（Andrew J. Grad）による戦後日本の土地改革についての緻密な統計研究を見ても、土地改革を経た後に地主の位置と影響は決定的に弱くなったが、それがすぐに農民の生活を向上させたのではなかった。彼らは長い間、以前と同様に貧困に苦しみ、虚弱な位置に留まっていた[13]。

しかし、このような複雑な理論的問題を越えて、「48年秩序」とくに1949〜50年の韓国による土地改革以後の状態において、経済的な問題を以て朝鮮戦争の起源または正当性を主張して説明すること自体が同意され得るか、という問題を検討して見ねばならない。著者が理解するに、それは同意され得ない主張である。社会経済構造の側面から見る時、1950年の時点で勃発した朝鮮戦争が経済的な問題を以て説明され得るならば、それは何よりもこの戦争が農民戦争または農民革命的な性格を持つと主張されねばならず、それはまた1950年の南北朝鮮の農業、そして双方の農民が正確に相反する条件と状態にいなければならない。

何よりもこの戦争が農民革命の性格を持つと言いたいのであれば、韓国は1945年以前の植民地社会経済構造から変わらないままであらねばならなかった。もちろん、北朝鮮の共産指導部は事態をこのように見ていた。しかし、南朝鮮地域の農村と農民は、1945年以前の植民地経済構造下のそれとは余りに多く異なっていた。特に朝鮮戦争直前、韓国は1949〜50年にもう上からの自由主義的な土地改革が相当に実現された後だった。韓国の土地改革が北朝鮮の主張する方式に未だ達

しなかったという理由で、北朝鮮による戦争の主張が正当だというのではなかった。土地問題は、北朝鮮の立場から戦争の正当性を主張し、人民とくに農民を動員するための根拠のひとつだったのである。

朝鮮戦争前に南朝鮮地域の植民地的な土地所有関係に言及した北朝鮮は、戦中における土地改革の実施と共に次のように煽動した。「南半部の農民たちよ！共和国政府は、貴方たちに土地を永遠に与えた。共和国政府と我が民族の敬愛する首領であられる金日成将軍の周囲に堅く団結し、強盗のような侵略者の米帝と李承晩逆徒を駆逐、掃討する救国闘争に総決起せよ！」[14]

実際に、各地方の土地改革完了慶祝群衆大会では「金日成将軍に対する感謝文」が殺到した。京畿道江華郡松海面申唐里（カンファグンソンヘミョンシンタンニ）の土地改革完了慶祝群衆大会で農民たちは、土地を与えた金日成に「戦争の最後の勝利を争い取るため最後まで戦うことを、敬愛する我らの首領であられる貴方の前に固く誓約します」と確認した[15]。

我々は今や、果たして農民すべてが宣伝を通じて素早く意識化され得るのか、問うことになる。農民たちは、革命的な理念を、社会主義を注ぎ込みさえすれば吸収するスポンジだったのであろうか？　また、1950年当時の彼らは、以前と同じく1945年の農民だったろうか？　そして、全ての農民は常に革命的なのか？朴文圭が委員長である指導委員会が採択した8月2日の事態調査報告書「農林省南半部土地改革指導委員会第2次委員会決定書」によると、そうではなかった。

まず日程を見れば、ソウル市実行委員会は7月23日から26日までに組織を完了し、ソウル市および開豊郡（ケプングン）をはじめ15の市・郡・区実行委員会は、7月20日から24日まで組織を完了した。農民を組織、動員するため、大部分の実行委員会は講習会を実施した。一例として、抱川郡実行委員会は7月20〜21日の両日間、郡幹部52名、里宣伝員139名、女盟幹部33名に講習会を実施し、7月27日には郡内640名の実行要員に政令および細則を講習した。

しかし、市・郡・区実行委員会は組織されたが、面・里事業を組織、指導できないでいた。事態調査報告書によれば、次のとおりだ。「政令に提示された範囲内で農村委員会が構成され得ず、ならず者らが委員に選抜された所もあった。ソウル市西大門区漢芹洞（ソデムングセグムドン）農村委員会委員の中には、10年以上も商売をしてきた朴甲東（パッカプトン）（音訳）が選出され、弘済洞（ホンジェドン）には企業主の金致範（キムチボム）（音訳）が選抜されて、また、広州郡草月面（クワンジュグンチョウォルミョン）内の農村委員の中には自作農8名が入っていた。また、開豊郡鳳東面（ポンドンミョン）内の農村委員の中には自作農が委員長で、過去に区長を務めた者が委員に選出された。」[16]

各種の責任者たちには、上部の意思をろくに知らなかったり理解できなかったりした者もいた。朝鮮戦争前に郡農産課長だった長端郡（チャンダングン）実行委員会組織部長の

池春成(チチュンソン)(音訳)は、検閲を受ける時まで自分が実行委員会組織部責任者であることを知らずにいた。また、同委員会審査部長の許憲(ホホン)(音訳)は、審査部事業が何であるのかを全く分からずにいた。最も早く解放され、したがって最も早く組織化されて準備したであろう京畿道がこの程度だったのなら、おそらく他の郡と地方は、これよりも遙かに甚だしくひどかったであろうことに疑いの余地はないと思う。長端郡津西面の場合、面実行委員会は実際に組織されたのではなく、ただ腹案としてだけ報告されたのだった。抱川郡青山面(チョンサンミョン)では、土地改革を支援する自衛隊に李承晩体制で青年団長を務めた者が任命されたりもした。

中央から発送された多くの宣伝物は、郡や面の事務所にそのまま放置された場合も少なくなかった。このような宣伝作業における不振は、中央の意図と政策が下部まできちんと浸透できないでいたことを反映(バジュグン)している。坡州郡と広州郡の場合は、7月29日現在で土地改革についての標語が1枚も掲示されていなかった。ゆえに、これについて北朝鮮の事態調査報告書は、衝撃的にも「農村で土地改革に対する雰囲気が全く醸成されていなかった」[17]と陳述している。土地改革について最もよく理解しているはずの農民ですら、ただ無償没収、無償分配ということを知っている程度であった。このような現象を以て我々が、これを一部地域だけでの現象だとは言えないだろう。京畿道は最も早く占領され、北朝鮮から最も近く、時間的にも地理的にも準備が最もよく整っている場所であるにもかかわらず、この有様であった。事態調査報告書は「このような事実は、単に指摘された市・郡実行委員会に局限された問題ではなく、一般的に存在した事実」だと指摘する[18]。これを以ては到底、下からの革命だと呼べないのである。

派遣された中央指導員、道指導員、農村委員会委員長はじめ責任者たちが土地改革の内容を知らず、ろくに説明できなかった場合も数多かった。これに伴い指導委員会では、群衆的な宣伝煽動方法のみでなく、農民の中に深く浸透して座談会、個別的な戸別訪問を実施せよと指示した。大衆的な宣伝事業方式の問題点を認識したのであった。指導委員会はまた「全農村に土地改革の雰囲気を醸成し、農民の気勢を高めることができる、ありとあらゆる方法と手段を利用すること」を指示した。

「共和国南半部地域での土地改革実施情形に関する決定書」によれば、農村で実際に土地改革を主導した農村委員会は、全体的に1万8千が組織され、約14万名の農民がこれに参与したと主張した[19]。この数字は、おそらく誇張ではないはずだ。土地改革が実施された面は、全体1,526ヵ所のうち1,198の面だったと主張された。ひとつの面に約15の農村委員会と117名の農村委員が存在したのが分かる。それは、実際の土地改革を推進する役割を果たした。北朝鮮の統計によると、南

朝鮮の占領地域にいた18歳以上の農民は、総333万141名のうち281万4,072名が農民同盟に加入し、84.5％の加入率を見せた[20]。極めて大きな数字と比率であった。この団体は、その規模の面において、あたかも解放直後の全国農民組合総連盟（全農）を連想させた。全農の規模も、やはり1945年11月現在で13の道連盟、188の郡支部、1,745の面支部、2万5,288の里部落班に、およそ332万2,937名の組合員数を持っていた[21]。共産主義の統計誇張を考慮しても、2つとも物凄い数字だった。しかし、戦時は強制的な加入が多く、平時には自発的な加入だった差異が考慮されねばならない。

　北朝鮮の統計によると、総没収地は59万6,202町歩であった。これは、占領地域の総耕地面積の43％に達するものだった。それぞれ米帝に属していた土地975町歩、李承晩政府とその機関の所有地3万9,627町歩、会社ならびに商社の所有地1万4,993町歩、地主および小作主の土地52万4,431歩、その他1万6,116町歩であった。そのうち57万3,343町歩が農民に分配され、残り2万2,859町歩は国有化された。土地の分与を受けた農戸数は、雇用農民8万1,579戸、土地なし農民34万1,407戸、土地の少ない農民84万4,892戸で、総126万7,809戸だった（原文どおり）。

　これは、占領地区の総農家の66％であった。少なくとも農家2戸のうち1戸は、土地の分与を受けたのだった。被分配農家は平均、約0.45町歩ずつ分配されたのが分かる。換言すれば、農家2戸のうち1戸は、北朝鮮の占領で恵沢を受けたのだった。彼らは、北朝鮮にとっては重要な支持基盤をなしたであろう。周知のように、土地を受け取った農民ほど忠誠の対象を素早く変える存在も他にないからだ。この全体の統計をもう少し低い水準で精密に検討して見よう。

〈表5-1〉　忠北地方の農家規模

（1947年末現在／比率単位：％）

規模	10町歩以上	5町歩以上 10町歩未満	3町歩以上 5町歩未満	2町歩以上 3町歩未満	1町歩以上 2町歩未満	5反歩以上 1町歩未満	5反歩未満
戸数	6	73	914	5,783	23,811	46,513	60,147
比率	0.004	0.05	0.6	4	17	34	44

出典：『農地改革統計要覧』ソウル、農林部農地局、1951年、6-7頁。

　忠清北道（忠北）の事例をひとつ検討して見よう。韓国農林部の調査によると、1947年末現在で忠北道の農家戸数は13万8,800戸だった。このうち、韓国人の農家戸数は13万8,785戸であった。そのうち、13万7,247戸が耕作農家であり、地主は4,277戸で全体の3％を占めていた。忠北地方における当時の土地所有の耕作規模別分布は、上のようだった[22]。零細農が大部分を占めているのが分かる。

このような所有規模を耕作形態による比率で検討して見ると、次のように純小作が総13万7,247戸に対して6万2,059戸を占め、全体の45.2％を記録していた。これは、全国の小作比率が総耕作農家210万6,249戸に対して91万4,367戸を記録することにより、43.4％に達していたことと非常に近似しているのが分かる。道民の半数近くが小作農民として暮らしていたのである。報恩郡の場合には、1946年末現在で総戸数1万1,722戸のうち4,075戸が純小作農だった。他の地方よりも若干すくない35％が純小作農だったのである[23]。

　当時、500石以上を秋に収穫する大地主は、1943年の日帝下において30名に2万8,612石という規模から、1946年12月現在で13名に1万5,170石へと顕著に減少した。解放と共に約半分に減少したのである[24]。

〈表5-2〉　忠北地方農家の耕作形態

（1947年末現在／比率単位：％）

耕作形態	自　作	自作兼小作	小作兼自作	小　作	計
戸　数	18,620	26,011	30,557	62,059	137,247
比　率	14	19	22	45	100

出典：『農地改革統計要覧』8頁。

　1946年8月25日現在、忠北地方の人口は111万2,894名で、そのうち農民は83万5,983名だった[25]。1949年6月には、農民数は92万2,753名に増加し[26]、農家戸数は15万8,304戸に変化した。農民数を1946年、農家戸数を1947年とそれぞれ比べると、各々8万6,770名と1万9,504戸が増加したのが分かる。海外へ行った道民、また都市に行った人々、北朝鮮から越南した人々が戻って来たからだったのであろう。そして、1947年現在で米穀生産収穫高は76万1,708石を記録していた。これは、当時の南朝鮮全域の収穫高1,385万石の5.5％であった。総耕地面積は15万4,337町歩で、そのうち田が7万4,308町歩、畑が8万3,029町歩を占めた[27]。畑がやや多かったが、ほぼ同規模だったのが分かる。1949年6月には、耕作形態も大きく変化する。次の〈表5-3〉を見よう。

〈表5-3〉　忠北地方農家の耕作形態

（1949年末現在／比率単位：％）

耕作形態	自　作	小　作	自小作	計
戸　数	60,076	30,428	67,800	158,304
比　率	38	19	43	100

出典：『農地改革統計要覧』44頁。

　2年前の47年と比べ、小作は45％から19％へ大きく減り、自作は14％から38％へ大きく増加したのが分かる。それぞれ半分以上も増減したのである。これは、

1950年春の戦争直前に実施された韓国による農地改革以前に、相当な比率で農地改革と同様な事態が実際に進行したことを意味している。我々の先行研究で明らかになったように、既に韓国は朝鮮戦争前に土地改革をほとんど終えていたのだった[28]。ただし、忠北道の戦争直前の統計は、入手できなかった。

北朝鮮が忠北道で実施した土地改革では、没収地の総面積が3万8,572町歩だった。そのうち畑は2万391町歩、田が1万7,375町歩、その他は306町歩であった。それ以外に、農民が地主から購入した土地6,847町歩に対する負債を廃棄した。没収地の総面積は、負債廃棄地の面積と合わせて4万5,419町歩になり、これは道内の総耕地面積の約32%に達した。没収地は、雇用農民に2,190町歩、土地なし農民に1万1,990町歩、土地の少ない農民に2万3,958町歩を分配し、434町歩が国有化された。合わせて9万7,614戸の農家が没収地の分配を受けた。これは、総農家戸数の61%に達する数字であった[29]。大略、1戸当たり0.39町歩ずつ分配されたのが分かる。以上を図表に示せば、次の〈表5-4〉のようである。

〈表5-4〉　忠北地方における北朝鮮による戦時の土地改革統計

土　地　没　収		土　地　分　配	
		対象／方法	面　　積
総没収土地面積38,572町歩		雇用農民に	2,190町歩
田	20,391	土地のない農民に	11,990町歩
畑	17,375	土地の少ない農民に	23,958町歩
その他	306	国有化	434町歩
負債廃棄面積　6,847町歩			
没収土地面積（負債廃棄含む）45,419町歩（総耕地面積の32%）		分配を受けた総戸数　97,614戸（道内総農家戸数の61%）	

出典：『朝鮮中央年鑑』1951～52年版、122頁。

そうだとすれば、問題の最も底辺へ降りて行き、その内部を一度のぞいて見よう。北朝鮮が調査した南朝鮮地域における最も低い水準の農村に対する土地改革統計をひとつ見ると、この問題についてもう少し客観的な解答が得られる。忠北道報恩郡の場合で、重要な内容を盛り込んでいる。報恩郡の土地改革実行委員長の李善禹（音訳）が、忠北道の土地改革実行委員長に報告している統計報告を見よう。李承晩政府の下での土地改革を意味している、農民たちが買い入れた土地統計によれば、総3,697戸が土地を買い入れた、つまり有償分配を受けた。そのうち、2,224戸は土地代金を全て支払い、1,473戸はその半分を支払った。約60%が完全に支払われたのが分かる。

たとえ有償分配だったが、北朝鮮の統計に従ったとしても、朝鮮戦争以前に農民が相当な水準で分配を受け、分配代金の支払いも予想より遥かに高いことが分かる。この3,697戸の農家が分配を受けた総面積は1,404町歩で、土地代金を全て支払った戸数の分配面積は906町歩、土地代金の半分を支払った戸数の分配面積が498町歩だった[30]。これは、1世帯当たり平均0.38町歩ずつ分配を受けたことを意味する。没収地に対する北朝鮮の分配は、この地域において7,117戸に対して2,567町歩（国有地とした14町歩を除外する場合は2,553町歩）、すなわち平均0.36町歩である。そうだとすれば、朝鮮戦争前の韓国による分配である平均0.38町歩とほぼ同じ水準なのが分かる。極めて重要な統計である。ちなみに、北朝鮮が分配した土地の南朝鮮地域における世帯当たり平均面積は、1,267,809戸に対して524,343町歩、すなわち0.45町歩である。

　報恩郡における他のいくつかの統計を、北朝鮮の調査を土台に原文どおり検討して見よう。報告によると、5町歩以上の土地を小作させた地主の総数は10戸で、そのうち李承晩政府の敗走と共に自分の居住地から逃走した者は5戸（50%）、逃走せずに暮らしている者もやはり5戸（50%）であった。逃走しない者で土地を全て没収された者は1戸で、土地の一部のみを没収された者は4戸だった。この統計に従えば、地主だからと言って全て逃げたのではなく、また土地を全て没収されたのでもないことが分かる。逃走した者は、全部で43町歩の土地を没収された。没収地は雇用農戸473戸、土地なし農戸1,812戸、土地の少ない農戸4,768戸、計7,053戸に分配された。なお、統計では7,053戸や7,117戸と記され、同じ資料に2つの数字が存在する。

　没収地の内訳はもちろん、大部分が地主と小作主の所有地だったが、宗教団体をはじめとして米帝、李承晩政府、学校、会社および商社など、その他の項目の土地もやはり狭いながら存在した。さらに興味あることは、没収地の内容と所有関係項目として、没収された農民の場合に5町歩以上を小作させていた地主は24戸（102町歩）に過ぎなかった反面、自作農として小作を受けていた農民は4,259戸（2,103町歩）に達したという点だ。大部分の場合に地主ではなく、自作農が土地を没収されたということが分かる。北朝鮮の統計によっても事実上、既に地主は李承晩政府の下で崩壊していたのである。

　分与状況を検討して見ると、自作兼小作農が4,819戸に1,581町歩、小作農が1,821戸に823町歩、雇用者（原文どおり）が477戸に149町歩の土地を受け取り、これは総7,117戸に対して2,553町歩であった。これを通じて、報恩郡の農家総1万3,209戸の土地改革実施後の土地所有を分析すれば、結果は〈表5－5〉のようである。

〈表5-5〉 土地改革実施後の土地所有分析表——報恩郡

(単位：町歩/戸)

0.5未満	0.5～1.0	1.0～2.0	2.0～3.0	3.0～5.0	合　計
4,494	5,532	2,912	335	25	13,209

出典：報恩郡土地改革実行委員会・李善禹（音訳）「統計報告について——報恩郡土地改革に関する統計」および「様式 No.10——土地改革実施後の土地所有分析表」、NA, RG242, SA#2010, 4/87. 統計および題目は全て原文どおり。原資料には報恩郡の管内11の面別に詳細な統計が提示されている。

　統計を通じて見る時、結局は韓国と北朝鮮の方式の中どちらを選択したとしても、農民たちの所有となる農地の面積において差異は大きくないことが現れる。北朝鮮の指導部は土地革命を通じて、あらん限り南朝鮮地域の農民に自分たちが反動傀儡政権と攻撃した李承晩体制と同じくらいの面積の土地を与えるために、このとんでもない戦争を辞さなかったのだろうか？　面積さえもそれほど多くは提供できなかったが、問題はこのような面積の比較が持つ意味を遙かに超えて存在する。実際に歴史上で統計は、そのような統計を生み出す人間の集合的な行為と選択、すなわち過程と方法についての考慮なしには無意味である。統計は常に、土地の争奪と獲得、死傷、根拠地からの追い出し、汗水の投入など、人間の生の痛ましい変化を含む計量的な指標に過ぎない。

　多くの統計と実態を比較検討した結果、北朝鮮が試図した1950年夏の南朝鮮地域における土地改革は、北朝鮮が主張する「公式統計においてのみの革命」だった。我々は、これを紙上革命と呼べるかも知れない。それは、実際の土地革命ではなかった[31]。

　経済的な側面において1950年夏の南朝鮮地域の革命は、あってないものと同じであった。それは、支配の主体が暴力的に急変したという意味での政治革命（の試図）であるだけで、進行していた韓国による土地改革を加速化させた促進要素に過ぎなかった。促進要素としての意味だけでも充分だという陳述は、この暴力の残酷さを考慮していない言葉だ。我々は、このような陳述がただ量的な比較の産物ではないという点を深く認識する必要があるだろう。むしろ重要なのは、競争する相異なる体制が農民に同様な土地を提供しながらも、そのうちの一方がこのように似通った結果を提供するため耐え難い暴力を行った場合、このような移行方法が持つ人間的、社会的な費用についての質的で道徳的な問題に対する着目なのである。そのような問題を放棄しない限り、我々は功利主義と結合した全ての工学的な思考が持つ危険性を克服できる。

2．戦争と農民と現物税制

　朝鮮戦争時に農民が土地から生産した作物を北朝鮮はどのように徴収したのか？　無償没収、無償分配と抱き合わされた制度として、戦争中に北朝鮮は、南朝鮮地域でいわゆる現物税制を実施した。北朝鮮革命を成功させた後、朝鮮戦争前に北朝鮮地域における現物税制の徴収実績は大変な成功で、穀物100.8％、綿花101％、芋類106.7％、青物100％、果実83.9％として、大部分が超過達成であった[32]。

　しかし、戦時の情況は全く違っていた。予め北朝鮮は、現物税制の実施に先立ち、戦争中の食糧問題が改善されないと見るや、この問題の重要性を反映して7月26日の内閣決定第141号で糧政局長の権英泰(クォニョンテ)を免職にした[33]。春と秋の本格的な食糧問題が提起されなかった戦争初期、国家食糧問題を総括する内閣糧政局長を免職とするのは、食糧問題が非常に深刻だったことを反映している。糧政局は、農林省所属ではなく内閣直属だった。

　7月30日に北朝鮮の内閣は、農林省と内閣糧政局長に農業現物税の実施を準備するため、解放地域の農産指導および収穫高判定事業の指導員ならびに糧政検査指導員を8月20日以内に充分に養成せよと指示した。そして、こうして養成された指導員たちを8月30日までに解放地区の各道に5名ずつ、各郡に○名（判読不能）ずつ派遣せよと指示した[34]。後述する農産物判定委員会にあって、面と里単位の判定委員のみ南朝鮮地域の出身者で充当したことが分かる。土地改革と同様、農業現物税も徹底的に中央集中制だったのだ。7月末にあった内閣糧政局長の交替と農業現物税の各種指導員の養成指示は、秋の収穫期に備えて食糧供出の準備をしたのである。北朝鮮は1946年の土地改革以後、賛出(誠出)制度を実施したことがあった。これも、指導員の養成とほぼ同じ方式だった。その名前がどうであれ、賛出制度と現物税制は、農民の生産物に対する強制徴収の性格を帯びていた。

　同じ7月30日、軍事委員会は北朝鮮地域において農業で増産を行い、現物税徴収を強化することについての決定を下した。この決定は、未だ南朝鮮地域は該当しない決定で、北朝鮮地域にだけ該当するものだった[35]。戦争により不振となった農業の播種面積と遊休地の増加に対して警告し、播種面積を増やして遊休地の除去に努力するよう決定した。また、戦時動員の結果として発生する労働力不足は、女子労働力および老人・子どもの労働力によって補充せよと指示した。農業現物税の徴収に必要な人力は、動員されていなかった都市住民および学生を投入するよう決定した。

8月18日に北朝鮮の内閣決定第148号「共和国南半部地域で農業現物税制を実施することに関する決定書」は、政令「共和国南半部地域に土地改革を実施するに関して」に根拠を置いて、農業現物税を賦課、徴収した。早期作物は免税とし、晩期作物は水稲で収穫高の27%、畑作物は23%、果実は25%、焼畑栽培物は10%を徴収した。農民が自力で開墾した3年未満の新規開墾地に対しては、現物税を免除した。また、戦争により被害を受けた農作物についても、その程度に従い現物税を軽減または免除できると規定した[36]。これは、北朝鮮地域で実施された「農業現物税の改定に関する決定書——北朝鮮人民委員会法令第24号」の規定をそのまま適用したものである[37]。この決定書は、1946年6月に公表された「農業現物税に関する決定書」を1947年5月に改定したものだった。つまり、北朝鮮地域で実施した比率をそのまま南朝鮮地域でも適用したのである。農作物の判定事業を正確に進行するためには、各里に農作物判定委員会を組織した。その委員は里農民会から選出された。もちろん、農作物判定委員会の判定により、そのまま現物税が賦課されるのではなく、道人民委員会委員長の批准を受けた後に賦課できた。

　「公正な農業現物税の賦課ならびにその徴収保障のための各道責任全権委員」8名が任命された。彼らの構成は、次のようだった。ソウル市と京畿道は朴景洙（パクギョンス）（労働党中央委員会農民部副部長）、忠南道は金正一（キムジョンイル）（音訳）（労働党中央委員会農民部副部長）、忠北道は金観植（キムグァンシク）（音訳）（農林省山林局長）、全南道は韓興国（ハンフングク）（北朝鮮農民同盟中央委員会副委員長）、全北道は文錫九（ムンソック）（農林省副相）、慶南道は金一浩（キミーホ）（農林省農産局副局長）、慶北道は玄七鍾（ヒョンチルチョン）（北朝鮮農民同盟中央委員会副委員長）、南江原道は崔民山（チェミンサン）（国家検閲省農林水産検閲処長）[38]。このような人物配置は、北朝鮮の農業部門の重要人物たちが全て南朝鮮地域における現物税の賦課ならびに徴収に投入されたことを示してくれる。北朝鮮は、土地改革の指導のために派遣した農産部門の指導員たちも継続して南朝鮮現地に駐在して、現物税の収納が完了する時までこれに協助させた。北朝鮮は、現物税の徴収に心血を注いだのである。

　北朝鮮の内閣は農林省に、農産物の生産高判定についての短期講習会を北朝鮮から南朝鮮地域に派遣した農産指導員には8月20日まで、市・郡・面単位の農産指導員の講習会は9月3日まで、里単位の講習会は9月5日まで、それぞれ実施させるよう指示した。最短2日から最長15日以内に終えろ、との指示であった。土地改革や人民委員会選挙と同様、やはり電光石火のような準備と実施だったことがうかがい知れる。このような各部門にわたる早急性は、北朝鮮の指導部が当時、上から押しつけて出来ないことはないと認識していたことを示している。文

化宣伝相には農業現物税の宣伝要綱を8月25日までに作成、各道に配布すると同時に新聞、雑誌、ラジオ、ポスターを通じて、これを広範に宣伝せよと指示した[39]。

　北朝鮮の内閣糧政局が8月25日に直接、全国市・道へ下した現物税の徴収準備に関する指導書によると、統一した様式で道・郡・面別に、穀物の種類に従い予想収穫高と徴収予想量を報告するようになっている[40]。これによると、米軍の空襲ゆえにひとつの収納場所の徴収量は、2千俵から5千俵の間を超過できなかった。ひとつの所に集中して保管するうちに空襲を被れば、被害が甚だしいからだった。収納場所は、空襲を避けられるように鉄道駅、橋梁および工場の所在地から2km以上、民家からも500m以上は離れていなければならなかった。また、農民による現物税の納付方法は個別納付か、各里の納付代表が部落の現物税を共同納付する方式であった。それぞれの収納場所ごとに国家検査員として、前述の糧政検査指導員が1名ずつ配置されねばならなかった。現物税の納付穀物は、必ず北朝鮮で実施する方式で包装せねばならなかった。国家糧穀倉庫には、昼夜を分かたず保衛する自衛隊が配置された。現物税の賦課事業は、各農戸別、作物別の収穫高判定が終わった後、直ちに現物税賦課台帳を作成し、これにより納付通知書を発行して配布した。現物税は、里・洞単位で徴収された。これら各級の実行委員長は直属の上級者に、徴収現場から区・面へは毎日、区・面から市・郡へは毎日、市・郡から道へは5日に1回、道から中央（ソウル駐在の全権代表）へは5日に1回ずつ、徴収内容を報告せねばならなかった。

　8月29日に報恩郡党部の「現物税制実施に関する報告書」によれば、地方党は金日成将軍により解放されて土地を持つことになったことに感謝しつつ、現物税の納付完了を確認した[41]。報恩郡党部は、今までは「地主の奴らの冷遇と蔑視の中で田畑を耕し、拳を折り固めて、一日も早く奴らの滅亡を願った」が、今や「現物税制を全人民は総決起して支持し、慶祝大会を盛況に実施するだろうし、除草を完全に行って最良の時期に収穫するようにするだろう」と誓約をした。報恩郡の土地改革実行委員長だった李善禹（音訳）が忠北道土地改革実行委員会委員長宛に送った統計報告によると、地主だと言って全てが逃亡したのではなかった。前述のように5町歩以上の地主10戸のうち5戸は逃げたが、5戸は逃走しなかった。

　現物税の賦課事業は、正確な「農作物実収穫高判定を根拠に実施されねばならない代わりに、単に上部の予算に合わせて割り当て賦課」（原文どおり）したと指摘された[42]。また、初期作物の徴収において8月25日現在、全体では1949年に比べて127.9％の増収を見せたが、野菜類は77.5％、果実は25.2％しか収穫できな

かった。無計画性と平時のような安逸性、戦争の勝利に陶酔した虚栄が辛辣に指摘された。現物税徴収の期限前完納と完璧な保管は、特に「共和国人民軍隊ならびに勤労人民の食糧を充分に保障するため」に必須的だった。内閣は、初期作物現物税を徴収できなかった所には、1950年9月5日以前までに徴収完了することを指示した。代穀の乾菜、乾果は10月20日までに徴収を完了するよう指示した。特記すべきことに、晩期の野菜と果実の現物税は予納せよと指示した。これは、未だ収穫していない農産物の収穫量を予め算定し、それに該当する現物税を納付することを意味する。

現物税の徴収場所および保管場所には防空壕の設置が指示され、防火用水を貯蔵し、防火道具も完備せよと指示した。敵機の空襲ゆえに使用不可能な既設の糧穀倉庫よりは、遊休倉庫と仮設倉庫の利用が勧奨された。徴兵による農村労働力の不足が深刻だったので、不足した農村労働力は都市民の婦女子や学生を農村支援に出て行かせることで補充せよと指示した。都市の農村支援、女性の男性補充が、当時のひとつの社会相だった。また、不足した検査員にも女性が動員された。糧穀倉庫には奪取を防止するため昼夜、自衛隊を配置し、有給の武装警備員が配置されたりした。南朝鮮地域の現物税徴収準備および事業指導のためには、北朝鮮の経験ある農産ならびに糧政指導員が派遣された。また、農産物の検査を中央集権的に行うため農産物検査員制を実施した。派遣された検査員は、南朝鮮地域の各道、市、面の地域に配置された[43]。

しかし、このような多くの指示は実施されはしたものの、円滑ではなかった。1946年の北朝鮮革命がソ連の後援の中に達成されたことを勘案するならば、軍事部門を除いて国家樹立初期の北朝鮮が、果たして高い水準の国家経営能力を持ち、それに適合する人的な資源を保有していたのか疑問である。選挙管理、土地改革、政策執行などで北朝鮮は、多くの人材不足を感じずにはいられなかった。軍事部門の迅速な勝利に続く、多くの政策の樹立と執行は、勝利の速度に反比例して、その分だけ困難である外なかった。

ある「確認証」によれば、判定委員会は委員長と委員全体の連名で特定作物の播種面積と予想収穫高を判定した後、各々が捺印することにより、この作物の現物税徴収に一切の連帯責任を負わねばならなかった。もちろん、予想収穫高と実際の収穫とで差異が生じる時は、懲戒と処罰を受けた。予想収穫高まで予め調査して判定委員全体に連帯責任を問うのは、農民による予想収穫高の縮小と実収穫の隠蔽を防止するためであった。しかし、これは事実上、非常に反農民的で過酷な徴収だった。自分たちの宣伝どおり農民の革命意志を信じたならば、そして、しばしば強調したように共和国と金日成首相を農民たちが全面的に支持している

と宣伝したのが事実だったならば、これは起こり難い農民不信の態度であった。北朝鮮労働党により朝鮮戦争前になされた次の極秘決定は、この点を事実どおりに認定し、農民の革命性と正直さに不信の態度を見せていた。

1949年の現物税徴収事業で現れた欠点を指摘する北朝鮮の内部文献を見よう。「一部の党・団体の中には収穫高判定委員会の構成を等閑視したところから、農村の里収穫高判定委員会の事業に人民委員会の指導員が直接参加するよう協助できず、大部分の農村収穫高判定委員会の事業を農民にのみ任せていた。また、農村の里収穫高判定委員会の中には、熱誠的な我が党員の力量配置が円満になされ得ないでいる。」[44]

農民にのみ任せておいた事実を批判するこの言葉は、北朝鮮革命における農民の自発性に対するひとつの批判的な根拠になると同時に、上からの指導を重視する北朝鮮指導層の思考方式を示してくれる。この決定書は、一部の地方では公正な賦課にならなかったと批判した。

富川郡蘇莱面米山里1区(プチョングンソレミョンミサルリ)の収穫高判定委員会は、統一した様式の農作物予想収穫高判定書で全ての耕作地の地番、地積を全て記入した後、播種面積、収穫面積を調査、記入した。予想収穫高についての「判定」は、実に身の毛がよだつ方式だった。該当地番の坪当たり株数、坪当たり穂数、1穂当たりの平均粒数、平均総粒数、1,000粒の目方、坪当たり収穫高、総収穫高を調査し、記入した。最後には耕作地の住所と姓名が記録され、判定委員の捺印が入った。調査内容に異常がある時は、判定委員会が責任を取った。米山里1区の地番622番・地籍780番の耕作地の粟についての調査を見よう。

播種面積は20、収穫面積は20で、坪当たり株数は75、坪当たり穂数は85、1穂に平均粒数は3,350、坪当たり総粒数は251,250,100、重量は2.2、平均収穫高は552.7、総収穫高は11.0、耕作者は李相龍(イサンニョン)(音訳)だった。なお、単位は表記されていない。ここに出て来ている総31筆の耕作地の予想収穫高判定書によると、項目別の判定が地番ごとに全て異なる。これは直接、地番ごとに粒を数えて、収穫高を判定したからであった[45]。もちろん、この農作物予想収穫高判定書は、前述したように面・市・郡の委員長を経由し、道人民委員長の批准を受けた後に現物税を賦課、徴収した。

また、農業現物税徴収作業とその過程については、検察機構が監視するよう措置した。農業現物税について人民委員会を通じて下達された全く同じ規定と書類が、最高検察所から各地方検察所へも下達され、これを徹底的に監視するようにした[46]。正確な徴収作業のための二重装置だったのである。それに加え、監視規定が追加で下達された。この監視規定は、収穫高判定についての規定より遙かに

緻密で子細だった。戦時にこれほど詳細な徴収を命令するところからは、北朝鮮の食糧事情を読み取れる。

　規定は「実際に調査して判定しているのか」という基本的な監視のみでなく、「検察所は、判定委員会が正しく組織されているか、生産高判定は対人的に行うものでなく対地的に行われることになっており、これを正しく実施しているか、作物別の播種面積を主作、間作、後作、混作、課税地、免税地の別に分け、詳細に判定しているか、また坪当たり収穫高の判定時には作物別、筆地別に実施するところ、作況が終了した所を選定して粒数、穂数、頃数（畝数）、本数を計算する方法で実施するのをきちんと実行しているか」といった諸問題を監視せよと命令した。

　さらに進んで「主作と混作をした時は主作物で判定する、間作は各々で判定する、検査員が自ら現地に入って検査せよ、本判定事業は土地改革の成果を強固にする政治的な意義を持っている、これに対する妨害策動は躊躇うことなく刑事処理せよ」と指示された。8月25日に下達された内閣糧政局のある指示は、南朝鮮地域の作物が集中的に収穫される秋を狙い、現物税の本格的な徴収を指示した。しかし、不幸にもこの指示が実行される時点では既に戦況が逆転し、北朝鮮軍と当局は南朝鮮地域を去った後だった。指示によると、各級の人民委員会委員長は現物税賦課の総結果を次のように提出せねばならなかった。第3期作物は面から市・郡へ9月25日まで、市・郡から道へは9月30日まで、道から中央へ10月5日までに提出するのであり、第4期作物は面から市・郡へは10月20日まで、市・郡から道へは10月30日まで、道から中央へ11月10日までに提出せよと指示していた。このうち、たった1つの報告も提出されない以前に、北朝鮮は南朝鮮地域から撤収せねばならなかった[47]。

　この南朝鮮地域における現物税の息も詰まるような実施は、戦争が熾烈になるにつれて北朝鮮地域における現物税の徴収と調達、準備した食糧だけでは食糧問題を解決し難かったことを反映している。農民を完全に自分たちへの支持に引き入れて、農民から歓心を買うためには、北朝鮮としては農業現物税を暫定的に実施しないのが良かったであろう。しかし、それは不可能だった。基本的に北朝鮮は、食糧が多く生産されない自らの領土のみでの食糧産出によっては、人民軍の食糧はじめ国家所要量を充当できなかった。戦争を始めた直後の7月初めに入り、既に食糧問題で非常に困難を経験するようになっていた。米軍の空襲で食糧の保管が難しいというところにも理由があった。農業問題と食糧問題を扱った当時の北朝鮮内閣による指示と決定は、全てこの点を反復して指摘しながら、食糧を備蓄するために発見されない新しい倉庫の使用、防空壕への食糧の隠蔽、遊休

倉庫の偽装使用を指示している。食糧検査および収穫時における米軍の空襲への露出の注意は、最も強調された指示事項の1つだった。

　後方から前方への補給の混乱も、やはり極めて大きな困難であった。米軍の空襲と道路の破壊により、鉄道と道路はほとんど使用が不可能になった。たとえ北朝鮮地域に食糧があったとしても、このような長距離を経て補給するのは米空軍機に露出する危険が高く、また露出せずに補給するのは、相当部分の輸送を牛馬車や人の背負子のような原始的な輸送手段を使っていた北朝鮮としては非常に困難なことだった。この点で朝鮮戦争は、人間と機械、原始と近代、伝統と文明の対決であったとも言える。

　北朝鮮による宣伝と新聞報道は、南朝鮮地域の農民が現物税制を熱烈に支持し、完納を決議して、早期納付を誓約したと繰り返した。しかし、現物税制は農民にとっては息の詰まるような徹底さで迫って来た。たった1粒までも数えに数え、予想収穫量を判定して、田畑のうち一定の部分を課税対象と定めて予め徴収することに、人民は呆れざるを得なかった。北朝鮮は、政党や社会団体の協力を得て現物税制の意義と優良な現物税の適期納付のための解説、宣伝事業を広範囲に展開せよと地方組織に命令を下達し、農民の同意を求めようと努力した[48]。しかし、戦争を経験した農民に従う時、現物税制は農民の支持を失わせた重要な理由の1つになった。

　自発性の可否を差し置いても、急進的な土地改革が、南朝鮮地域の農村地方において北朝鮮に対する支持を一時的に引き上げたのは事実だった。しかし、多くの農民は、たとえ北朝鮮の土地革命の肯定性を認定する場合にも、現物税制の息の詰まる徹底性と非人間性については同意しなかった。彼らの反応は、革命や戦争も良いが、それは本当に受け入れられない制度だという声だった。戦況が逆転するや、この全ての措置は原状復帰とならねばならず、その過程においてもう一度、恐るべき暴力が待っていた。

注

1) 『朝鮮中央年鑑』1951〜52年版、平壤、朝鮮中央通信社、1952年、1頁。
2) 「朝鮮民主主義人民共和国内閣決定第46号——共和国南半部の土地改革実施のための法令起草委員会組織に関する決定書（朝鮮文）」、『内閣公報』1949年版、平壤、1950年、216-217頁、National Archives, Record Group 242, Shipping Advice Number 2005, Box 2, Item 114.【以下"NA, RG ○○, SA#○○, ○/○"のように略記】.
3) 『労働新聞』1949年5月15日、5月17日、6月2日。
4) 北朝鮮革命については、朴明林『韓国戦争の勃発と起源（韓国文）』Ⅱ、ソウル、

ナナム出版、1996年、第4章、を参照。
5) 『朝鮮中央年鑑』1951～52年版、84-85頁。
6) 『朝鮮人民報』1950年7月8日、『パルチザン資料集』6巻、春川、翰林大学校アジア文化研究所、1996年、14頁。
7) 『朝鮮人民報』1950年7月8日、同上書、16頁。
8) 「土地改革に関する公文書（朝鮮文）」、『北韓（北朝鮮）関係史料集』7巻、ソウル、大韓民国教育部国史編纂委員会、1989年、490-512頁。【以下『史料集』と略記】
9) 『朝鮮人民報』1950年7月16日、『解放日報』1950年7月18日、『パルチザン資料集』6巻、30、196頁。
10) 孫全厚（音訳）『我が国の土地改革史（朝鮮文）』平壌、科学百科事典出版社、1983年、388-389頁。
11) 『史料集』7巻、504頁。
12) Barrington Moore. Jr., *Social Origins of Dictatorship and Democracy* (Boston: Beacon Press. 1966), pp. 435, 438.
13) Andrew J. Grad, *Land and Peasant in Japan: An Introductory Survey* (New York: Institute of Pacific Relations, 1952), pp. 201-202.
14) 『朝鮮人民報』1950年7月20日、『パルチザン資料集』6巻、38頁。
15) 『解放日報』1950年8月19日、同上書、260頁。
16) 『史料集』7巻、490-491頁。
17) 同上書、493頁。
18) 同上書、494頁。
19) 以下の統計は、朝鮮民主主義人民共和国内閣決定第168号「共和国南半部地域での土地改革実施情形に関する決定書（朝鮮文）」（1950年9月29日）、『内閣公報』1950年版、平壌、1950年、585-586頁。
20) 前掲『我が国の土地改革史』386-387頁。
21) 朝鮮民主主義民族戦線編『朝鮮解放1年史』ソウル、文友印書館、1946年、167頁。
22) 以下の統計は『農地改革統計要覧』ソウル、農林部農地局、1951年、1-46頁、を参考。
23) 報恩郡誌編纂委員会編『報恩郡誌』報恩、1994年、291頁。
24) 『農地改革統計要覧』9頁。
25) 同上書、15頁。
26) 同上書、44頁。
27) 同上書、32頁。
28) 朴明林、前掲書、475-517頁。
29) 「朝鮮民主主義人民共和国内閣報道――共和国南半部地域での土地改革実施総和に関して（朝鮮文）」、『朝鮮中央年鑑』1951～52年版、122頁。
30) 報恩郡土地改革実行委員会委員長・李善禹（音訳）「統計報告について――報恩郡土地改革に関する統計」、NA, RG242, SA#2010, 4/87.
31) このような主張に対し、土地台帳に根拠を置いた、徹底した事例研究を通じた1

つの実証的な反論が存在する。全南道和順郡同福面邑芝里について洪性讃の詳細な分析によると、1950年6月24日現在、土地無所有者が邑芝里全体の住民の53.1％にも上り、ここに500名以下の農地を所有した極零細営農層を合わせた比率は68.2％であった（1千坪以下で算定すると78.1％）。反面、住民全体の0.6％に当たる4戸の10町歩以上の層は、邑芝里住民全戸が面内に所有した総農地の23.1％を所有し、5町歩以上の層を基準とすれば、住民の1.0％の7戸が農地全体の31.8％を所有した。洪性讃は、この事例研究を通じて朝鮮戦争前でも旧韓末以来、日帝を経て悪化した土地所有の両極分配が全く改善されなかったと主張する。さらに驚くべき点は、人民委員会の統治時期を経たにもかかわらず、1950年12月末現在でも土地無所有農民層の比率が51.4％にも上り、0.5町歩以下の極零細農まで合わせるとその比率は85.3％にも上った。反面、彼らが所有した農地は邑芝里住民全体が面内に所有した農地の21.5％に過ぎなかった。しかし、洪性讃の研究は、北朝鮮による占領時の改革の可否、過程、結果については分析していない。洪性讃『韓国近代農村社会の変動と地主層──20世紀前半期の全南和順郡同福面一帯の事例（韓国文）』ソウル、知識産業社、1992年、300-311頁。

　膨大な基礎統計を基にした洪性讃による水準の高い研究は、著者の解釈とは異なるにもかかわらず、巨視的には韓国社会の内在的な発展論について、また短期的には朝鮮戦争内戦論の実証的な根拠と見なせるという点において、重要な意味を持つと言える。この問題は、現代韓国の全体的な発展の軌跡をどのように見るのか、という問題に直結した議論だと言える。しかし他方で、このような立論の主張は第1次資料自体からの誠実な推測の結果という点において、急迫した状況で土地台帳の記録まで変化させることができない現実の状況を考慮する時、立論の主唱者自身もこの問題を考慮したであろうという推論が可能である。最近の研究で洪性讃は、韓国による農地改革を経て「階級としての大地主層は、ほとんど完璧に消滅した」と陳述、当時の資料が示してくれた現実との不可避的な乖離という問題点まで認識し、この乖離を突破しているものと見える。洪性讃「農地改革前後の大地主の動向（韓国文）」、洪性讃編『農地改革研究』ソウル、延世大学校出版部、2001年、220-224頁。

32)　「1949年農業現物税徴収事業協助総決と当面の課業について（朝鮮文）」、朝鮮労働党中央組織委員会第28次会議決定書（1950年3月24日）、朝鮮労働党中央委員会『決定集　1949.7～1951.12党中央組織委員会』179頁。

33)　前掲『内閣公報』1950年版、548頁。

34)　「内閣指示第546号──解放地域の農産指導ならびに糧政指導のための幹部養成に関して（朝鮮文）」、同上書、556頁。

35)　軍事委員会決定第38号「農業増産ならびに農業現物税の徴収に関して（朝鮮文）」、同上書、556-567頁。

36)　「内閣決定148号──共和国南半部地域において農業現物税制を実施することに関する決定書（朝鮮文）」（1950年8月18日）、政令「共和国南半部地域に土地改革を実施するに関して（朝鮮文）」、同上書、550頁。もちろん、この決定は他の多くの土

地改革、現物税制の文献と一緒に、そのまま地方に配布された。次の鹵獲文書の綴を参照できる。NA, RG 242, SA#2010, 1/156.
37) 北朝鮮人民委員会司法局編『北朝鮮法令集』平壌、1947年、93-94頁。
38) 前掲「内閣決定148号」、『内閣公報』1950年版、551頁。同じ文献を筆写して地方に下達した鹵獲文書によれば、文錫九の職位は農林省部長で、崔民山は崔民相（音訳：Chae Min-sang）と出ており、職位もまた国家検閲省農林水産検閲署長と出ている。NA, RG242, SA#2010, 1/156.
39) 同上書、552頁。
40) 朝鮮民主主義人民共和国内閣糧政局「1950年度南半部晩期現物税の徴収準備事業についての指導書（朝鮮文）」、NA, RG242, SA#2009, 10/169.
41) 報恩軍党部「現物税制実施に関する報告書（朝鮮文）」（8月29日）、NA, RG242, SA#2010, 4/87.
42) 「内閣決定153号——1950年度初期作物現物税徴収情形と晩期作物現物税徴収準備に関する決定書（朝鮮文）」、『内閣公報』1950年版、578頁。
43) 「内閣糧政局直属農産物検査員制の設置に関する決定書（朝鮮文）」、同上書、582-583頁。
44) 「1949年農業現物税徴収事業協助総決と当面の課業について（朝鮮文）」、前掲『決定集　1949. 7〜1951. 12党中央組織委員会』180頁。
45) 「確認証」、NA, RG242, SA#2009, 7/47.
46) NA, RG242, SA#2010, 1/156.
47) 内閣糧政局「南半部晩期現物税の徴収準備事業についての指導書（朝鮮文）」、NA, RG242, SA#2009, 10/169.
48) 同上書。

第3部　戦争と人民

　戦争は常に人民のために、という名分で指導層により始められる。しかし、最も大きな被害を受けるのは、正にその人民である。これは、特定の人民が戦争を支持するか反対するかに関係のない現象である。また、これは彼らが明白な政治的な定向と意識を持つか持たないかとも関係ない現象だ。戦争が与える傷跡と影響は、単に死傷した人々に限定されはしない。与えられた領土に暮らす全ての人民が、戦争の射程内に置かれる外はない。

　1950年6月25日に始められた戦争は、全ての朝鮮民衆にとり理念を越えて避けられない事態だった。北朝鮮と韓国は、相手の指導層を人民の側から簡単に追い出せば、戦争に勝利できると見なした。だが、それは間違った判断であった。単に相手を支持するという理由だけで、南北朝鮮の数多くの民衆が死んでいかねばならなかった。ひとつの領土内に暮らす、血統と言語と文化と人種が同じ単一民族という彼らの長い歴史は、ふたつの国家の正統性の闘争の前で簡単に無視された。強力で長い民族主義の歴史は、恐るべき虐殺の相互交換を経る中で徹底して否定された。南北朝鮮は、なぜこのように多くの人々を互いに虐殺したのか？冷戦が襲いかかって来た恐るべき理念戦争の前で、彼らがあれほど信じてきた単一民族は、ひとつの観念に過ぎなかった。

　残酷な虐殺の歴史を踏まえて、彼らが和解できる道はないのだろうか？　虐殺は韓国を支援しようと参戦した米国によってもほしいままに行われて、人種主義の問題まで惹起した。冷戦の終焉以後、世界の至る所で冷戦時代の虐殺を糾明し、過去を整理しているのに比べ、朝鮮半島において虐殺の問題は、依然として解決の糸口を探し得ないでいる。民族内の虐殺の問題は、民族間や人種間の虐殺の問題よりも遙かに解決するのが難しいものかも知れない。最悪の場合、朝鮮半島では一方の体制と理念が消え失せない限り、虐殺問題は以前と同様に解答のない攻防戦のみを継続するかも知れない。歴史の共有なしに、現実の共存は不可能だからである。

第6章　戦争と国民：統合と分化と虐殺

1．戦争の到来と「国民」の分化

　戦争は、ある韓国軍中堅将校の狂気と共にやって来た。1950年6月25日、龍山(ヨンサン)砲兵学校のある少佐は、学校の運動場の真ん中で「戦争だ。戦争！」と大声で叫びながら素足で跳び回った。数日後、その少佐は拳銃で自殺した[1)]。爆風のように迫って来た戦争は、開始と共に一人の中堅将校を狂い死にさせるほど、とんでもない事態だった。部隊連絡兵から緊急復帰命令を伝達された第1師団第2大隊第7中隊選任下士官の李泰雨(イテウ)(音訳)は、6月25日午前9時に部隊復帰のため強制的にタクシーをつかまえて乗り、ソウルを突っ切って前方へ走った。彼の6月25日の日記に従えば、西大門(ソデムン)の霊泉(ヨンチョン)では既に前方の砲声が聞こえ、市民たちは面食らっていた[2)]。

　龍山の陸軍砲兵学校通信学教官だった申鉉奎(シンヒョンギュ)(音訳)は25日明け方、管内に非常サイレンが鳴るや儀礼的な訓練だと思い、集合場所に出て行った[3)]。一般市民たちは、未だ何が何なのか判断できなかった。しかし、軍人たちが大慌てでソウル北方へ集結するところから、市民たちは非常事態だと考えていた。新聞と放送が「敵撃退」を反復して知らせていた。だが市民たちは、このような政府の報道を信じなかった。反復される報道にもかかわらず、むしろ銃砲の音は近くなっていたからである。政府の発表を信じたかったけれども、彼らの理性は、それをそのまま受け入れなくした[4)]。

　政府発表に対する一般市民の反応は、政府の虚偽報道にもかかわらず、彼らが常識の範囲で虚偽と真実を判別できたことを意味する。ソウル大学校歴史学教授の金聖七は6月26日、すぐに戦争という事実を見抜いてからは「戦争がとうとう勃発してしまったなあ」、「5年間も民族の魂を悪夢に呻らせた同族の殺し合いがついにやって来てしまったのだなあ」と言うと突然、目の前が真っ暗になって道がくるくる回る眩暈を感じた[5)]。昼寝をしていた有名な詩人の趙芝薫(チョジフン)は、朴木月(パンモグォル)の叫びで眠りから覚め、戦争勃発の消息を聞いた。そうして「いつかは一度なければならん日がとうとう今日、来てしまったなあ」と叫んだ。しかし、趙芝薫は次の日「ソウル後退不可避」という消息に「我々は、どうするのだ。汚く生きまい。死んではならん」と言い、「志操を持って死を迎えよう」と念を押した[6)]。志

操は、彼の個人的な生の信条であると同時に、彼が韓国社会のエリートたちの第1の徳目としていつも強調してきたことだった。

　この戦争の開始は、軍人が狂い、詩人は死を覚悟し、歴史学教授は目の前が真っ暗になる、実にとてつもない大きさだったのである。市民たちは、韓国軍が北朝鮮軍の侵略を撃退し、追撃中だという政府の発表にもかかわらず、次第に近づく砲声と銃声に政府の発表ではなく自分たちの耳を信じた。李承晩（イスンマン）政府の発表に対する市民たちの反応は、親北朝鮮か反北朝鮮かの心性如何を離れ、政府の能力と清明に対する市民的な信頼の喪失を意味した。

　28日、市街戦の末に人民軍がソウル市内に進駐するや、金聖七はその日の日記に、戦争に対する自身の心の持ち方をこのように記録している。「いつから彼らの間に、そのように解き得ない怨恨が沈殿して、銃剣を以て死の原野で互いに対しなければならないのか。互いに抱擁して兄よ、弟よと言うべき立場にある彼らが今日、誰のために、何ゆえに戦うのか。私は、道端にへたへたと座り込んで、地を叩き慟哭したい心情だった。」7)

　前日に家族と別れた趙芝薫は、6月28日に「赤い旗と赤い歌とタンク」の「四面楚歌でどこへ行くべきなのか」と絶望的に問うていた8)。絶体絶命、慟哭したい心情、狂わざるを得なかった心情は、熱狂と歓喜としてこの戦争を迎えた人民とそんな彼らが一緒に共存していたことを示してくれる。万歳を叫び、進駐する共産軍を熱烈に迎える人民もいた。占領当日もうソウル市内に赤い腕章を腕に巻いた青年たちが道を行き来し、世の中が変わったことを示してくれた9)。李承晩の秘書である金珖燮（キムグワンソプ）は、その日「一晩の間に空の色は異なってしまった」10)と感じた。韓国の高位人士たちにとり戦争は、生と死の後先が変わる青天の霹靂だったのである。

　しかし、あるエリートたちは比較的に早く自分たちの政治的な選択を表明した。大韓民国臨時政府系列の人士たちが率いていた韓国独立党（韓独党）は、人民軍が進駐した6月28日に趙琬九、厳恒燮（チョワング、オムハンソプ）の二人の名前で「英勇的な人民軍に栄光と歓迎を捧げ、人民委員会を絶対支持する」という声明を発表した。29日に厳恒燮は、ソウル市臨時人民委員会を訪問し、このような意向を再び伝達した。6月30日に民族自主連盟【以下「民連」と略記】の金奎植（キムギュウシク）は、人民軍司令官とソウル市臨時人民委員長に民連を代表して手紙を送り、「全民族の念願だった南北統一が朝鮮人民軍の手で達成されたところに敬虔な感謝の意を表明し、諸手を挙げて歓迎する」という決議を伝達した11)。

　金奎植の書簡で興味あるのは、既に統一が達成されたものと見ている点である。7月16日の放送に出演した金奎植は、当初から李承晩が「全体の人民を差し

置いて、国会にさえ知らせないで逃走したのは、日帝時代に海外でハワイと満州を巡りながら大統領を自称したこと」に比喩されるとして、彼を「全人民の仇敵」と規定した。そう言いながら金奎植は、米軍の武装参戦の中止ならびに撤退、南北統一選挙の実行を通じた完全自主統一政府の樹立を主張した。彼は、全ての朝鮮人民がこの目的達成に総決起し邁進することを「絶叫するところ」だと懇切に訴え呼びかける[12]。

　中道路線を堅持していた韓独党と民連による北朝鮮支持の声明は、戦争という状況が初戦から中間派の存在を無力化させる点を示してくれる。大法院長を務めた国会議員の金用茂(キムヨンム)は放送を通じ、いわゆる法令の名前で祖国と民族に反逆するいろいろな陰謀に参加したことを反省し、平和統一を成し遂げようという愛国者たち(左派を意味──著者)に対して何の憚りもなく直接、投獄や虐殺を組織するなど、千秋の長い期間を置いても洗い流せない罪悪を犯したと告白した[13]。

　初戦において韓国最高の三星財閥総帥である李秉喆(イビョンチョル)と北朝鮮政権の第2人者で朝鮮労働党副委員長の朴憲永(パッコンヨン)との関係ほど、この戦争の根本的な断面と未来社会の方向をよく示してくれるものもない。朴憲永は朝鮮戦争前と日帝時代に共産革命家の象徴であり、李秉喆は朝鮮戦争後に成功した資本家の象徴だった。戦前にあって朝鮮最高の共産主義者と未来において韓国最高の資本家との間に、朝鮮戦争を置いてどんな関係があると言うのだろうか？　7月10日頃、未だソウルを脱出できなかった李秉喆は、ソウル恵化洞(フェファドン)ロータリーで新型シボレー自動車を発見した。思いがけずも、その車は戦争2日前の6月23日、李秉喆が在韓米軍公使から購入した車だった。その車には、正に共産革命家の朴憲永が乗っていた。李秉喆の車に朴憲永が乗っているという事実は、大資本家と共産革命家の身分逆転を示してくれるだけでなく、この戦争の一面を表象する事例と見なされる。事態がこのまま帰結する場合、戦後の社会で李秉喆と朴憲永の位置は、逆転されたまま固定化される外なかったであろう。しかし、事態が再び元の位置へ回帰し、李秉喆と朴憲永の位置は逆転しなかった[14]。

　詩人の崔貞熙(チェジョンヒ)による1950年6月28日付「乱中日記」──この日記の題目は興味深いことに朝鮮時代、最高の将軍と評価される李舜臣(イスンシン)のそれと同一だ──では、この戦争が民族の運命を慟哭する起源のように思えた。「おお、神よ、我々はどこへ行かねばならないのですか？　このように誰の指示もなく、この民族がこの巷で彷徨わねばならないのですか？　そうしているうちに、撃たれて死ねというのですか？」[15] 崔貞熙の日記が語るところとは異なり、ソウルに進駐する幼い人民軍兵士たちの、多少は得意揚々で多少は面食らった表情は、この戦争の迫り来る惨状を想像できなくした。

韓国軍のある部隊で起こった初戦の状況は、1950年秋の戦勢逆転後、北朝鮮軍と人民の反応がそうだったように、戦争が示してくれる万象の1つをいち早く示してくれる。1950年7月4日、最前方から後退中の韓国軍第6師団第2連隊第3大隊1等軍曹だった李潤（イユン）の殴り書きした日記を見よう[16]。
「再び歩いた。隊列は完全に均衡を失っていた。前進よりも何か食べる物を探して彷徨った。葛の蔓、山杏子、桃、ただ人が食べられる物なら、互いに先を争って取り入れた。道を催促する小隊長たちの大声も、今は真っ昼間、馬の耳に念仏の他は用をなさなかった。
　松鶴山（ソンハクサン）北側の稜線で暫くの休息時間に、尋常でない数名の下士官たちの行動が、収拾できない大きな衝撃を与えた。こいつらは38度線から上級部隊に不満を抱いていた者たちだったが、挙げ句の果てには反逆を煽動した。反逆主導者の李軍曹（慶尚北道金泉（キョンサンプクドキムチョン）出身）が述べた。我々はこれ以上、死の行進を継続できない。堪えて耐えるのも限界があり、希望のない道をこれ以上いかず、むしろ敵軍に投降して一日でも腹いっぱい食べて、穏やかに暮らそうという煽動が継続される瞬間、私は反逆を煽動する主導者の李軍曹に銃口を突き付けて『お前は、俺の先輩だ。だから、今の今までお前を軍隊格式どおりにちゃんと崇拝し、服従もした。だが今、お前が主張するその行動は容赦できんし、我々が出発当時、銃を持って誓った公約どおり、お前を殺す外はない』と李軍曹の銃を奪って、再び叫んだ。『いま我々は、敗残兵ではない敗残兵だが、大韓民国軍の身分であることを否認できないし、我々が軍に入隊する際にも手を挙げて誓った。死によって国を守るということだ。卑怯な奴ら！この場で不満のある者が他にいれば、出て来い。お前たちの主張が正しいと考えたならば、ここに立っている李潤を撃て』。」
　李軍曹は結局、顔が青ざめて、李潤の前に跪いてしまった。瞬間的な反逆から忠誠への再転換だった。このように、反逆と忠誠の分化は急速だったし、それは一部隊内の同志たちを生と死の間で分かってしまおうとしていた。李潤が所属する一部隊内の分化は、社会の他の広い領域、国民全体で広範に現れた問題の縮図だった。
　著者は「狂気の瞬間（*moment of madness*）」という表現を通じて1945年8月15日の解放の日、ひとえに発狂だけだった朝鮮人の爆発するような歓喜の心を記録したことがあった[17]。解放の最初の姿は、ひとつの流れだったのである。激烈な葛藤を経て5年の時間が流れた後、その歓喜は、鬱血が破裂するように迫って来た戦争の前で、混乱した多くの分節へと変わり現れた。
　しかし、衝撃の中にもう少し長く問題を見る人もいた。文学評論家の白鉄（ペクチョル）は6月25日、街頭の「人民軍全面南侵の壁新聞」を見て「とうとう来るものが来たな」

と胸にザクリと鉛の塊が落ちる衝撃を感じた。そうでありながら、彼は一方で「来るか、かえって上手くいった。この民族が運命的に一度は経験せねばならない受難だろうから、一日でも早くこの運命を解決してしまうのが良いかも知れない」と考えた[18]。白鉄の考えは事実、李承晩の考えに最も近接したものだった。

　戦争開始以後の初期の間、民衆は韓国体制に対する支持、傍観、反対の3分類にはっきりと分かれて反応した。ある民衆は韓国体制を支持し（第1分類）、他の人たちは急変する状況を追って曖昧な中立地帯に留まり（第2分類）、ある人たちは明確に北朝鮮の代案的な体制に追従した（第3分類）。民衆に対する韓国の国家政策は、3分類のうち主に曖昧な中立と親北朝鮮の性向を示した第2と第3の分類に集中された。韓国体制への支持という第1分類は、忠誠の動員を通じた参戦と支持の抽出対象だった。

　1950年6月に38度線が壊れた時、すなわち戦争が勃発した時、この消息を聞いた人々が示した反応は、やはりこれと同一だったであろう。左派の全てや李承晩体制に嫌気を感じていた人たちは北朝鮮体制を支持し、ある人たちは恐れを抱き、ある人たちはこれに抵抗意志を持ったであろう。これら諸反応をひとまとめにするのは、危険なことである。

　多くの韓国人たちに迫って来た最初の感情は、恐怖だった。すなわち、38度線が壊れた後、最初の反応は恐れだったのである。人民軍の侵略と急速な南進の消息は、いち早く噂として広がって行った。それは、あたかもフランス革命で「バスティーユ占領をめぐる虐殺と恐るべき戦闘に関する風聞は、地方の奥地にまで波及して歪曲された」というヴォヴェル（Michel Vovelle）の表現のようだった[19]。朝鮮戦争で歪曲はなかったが、もしも歪曲があったとしても、その歪曲までも含めて波及は速く、極めて広きにわたったのは間違いなかった。避難の行列は、ひとつの重要な指標となり得るであろう。人民軍の最初の進駐地域よりも南側へ下りて行くに連れて、避難民の比率は急速に高くなった。分界線の真下の人民たちは、ほとんど避難しなかった。しかし、それより更に南側にある地域の人々は、もっと多く避難のため居住地を離れた。

　ある未刊行の戦時手稿によれば、忠清道の公州地方の住民たちは6月25日、戦争勃発とほとんど同時に新聞とラジオを通じてその消息を知っていたが、当初には何でもないと受け取っていた。しかし、ソウル地域から下りて来る避難民たちの消息を聞いてからは、怪変の勃発を知ることになった。7月6日頃、砲声が聞こえ始めるや、恐怖の雰囲気が漂い、人々は家財道具をまとめて離れ始めた。市民たちが脱出して行くや、7月9日にもう市内は寂寞の風景に変わっていた[20]。

　ソウル付近で初戦から通りを一杯に埋めた避難の行列は、それが明白な反復し

た意思ではないとしても最小限、恐怖心を持っていることを示してくれた。6・25以前、北朝鮮から韓国に下りて来ていた人々の数字は最小限、百万名に達した。彼らの反共意識は、非常に強力だった。彼らは、全部が地主で親日派だというわけではなかった[21]。朝鮮戦争以前に彼らが流布させた北風の噂と、38度線が突然に崩れて迫って来た人民軍の素早い南進の消息は、韓国民衆の萎縮と恐怖を醸し出した。1950年10月に事態が逆転された時、北朝鮮の人民もやはり、必ずしも金日成(キムイルソン)支持者たちだけではなかったということが表面化した。いち早く反共主義の諸組織が復活され、彼らは共産主義者たちを処罰しようとした。所々では左派と右派、民族主義者と共産主義者の間の朝鮮解放後における葛藤が再燃した。

しかし、韓国民衆が示した反応は、恐れが全てではなかった。人民軍第6師団砲兵連隊第3大隊長を任されていた池基哲(チギチョル)によれば、彼の大隊が開城(ケソン)の裏山に至った時、「パルチザンたちは既に旗を揚げて騒いでいた」[22](原文どおり)。おそらく、朝鮮民主主義人民共和国の旗だったのであろう。韓国軍人の殴り書いた陣中日記に従っても、戦争の開始とほぼ同時期に一部の地域では、人民軍の進駐に先立って予めパルチザンたちが下山し、人民に農民会の倉庫にある物を分配してやり、人民解放万歳を叫びもした[23]。6月28日に未だ漢江(ハンガン)を渡河できなかった韓国軍将校の吉寛禹(キルグワヌ)が、南山(ナムサン)頂上から市内を屈んで眺めると、至る所で既に「人民共和国万歳!」の声が聞こえた[24]。

反面、忠誠の徴表も、やはり顕著な1つの流れだった。共産侵略に立ち向かう軍隊の増加を調べて見よう。7月8日に全羅南道(チョルラナムド)と全羅北道(チョルラブクド)を除外した全域に戒厳令を宣布した韓国政府は、7月22日に「非常時郷土防衛令」と7月26日に「徴発に関する特別措置令」を制定、公布して完璧な戦時動員体制を構築、事実上14歳以上の全国民を動員できた[25]。諸統計は、この戦争で韓国民衆が示した反応の一端を例証する。一刀の下に敗退していた7月26日、韓国軍は既に戦前の水準を回復、9万4,570名の兵力を揃えていた。そのうち、8万5,871名が戦線に配置されていた[26]。韓国軍は、1ヵ月ぶりに北朝鮮と対等に争うほどの兵力を回復していた。

戦争が勃発して以後1950年末まで韓国軍の兵力増加は、陸軍21万2,573名(将校10,483名、士兵202,090名)、海軍2,330名(将校17名、士兵2,313名)、空軍1,358名(将校159名、士兵1,199名)、海兵隊4,283名(将校25名、士兵4,258名)が補充され、総22万544名に達した[27]。1951年1月20日現在、その兵力は警察6万1,946名、訓練兵1万5千名を含んで総28万8,808名に達した[28]。戦争の開始時点で韓国の兵力は、陸軍9万4,974名、海軍7,715名、空軍1,897名、海兵隊1,266名、総10万5,752名を記録していた[29]。兵力の補充は初戦の混乱ゆえに非常に難しい状態

だったが、法令に従う徴集、志願兵、街頭募兵、団体別の集団入営、学徒兵、第2国民兵の募集など多様な方法が動員された。

わずか戦争1ヵ月後にソウル、京畿道（キョンギド）、忠清道、全羅道の各地方を完全に喪失した状態で、これほどの数字に至る兵力を拡充したのは、相当な事態だった。9月末までは慶尚道地域と避難民を中心とした拡充、それ以後は全国的な拡充だったが、兵力拡充の速度は速かったのである。したがって、韓国軍の兵力は開戦初期に比べてほとんど2倍の規模を維持できた。これは、北朝鮮軍を圧倒する程度にはなり得ないが、戦線における喪失は充分に相殺して余りある水準だった。この時まで韓国が喪失した兵力は、陸軍8万7,312名、海軍160名、空軍67名で総8万7,539名だった[30]。そうだとすれば、6ヵ月間で喪失した兵力の3倍以上を充員したのである。これを通じて韓国は、開戦直後の急激な敗退状況を除外すると、以後は持続的に相当な規模の兵力を維持できた。米軍の増員と空軍力が決定的な要因だったが、韓国軍が洛東江（ナクトンガン）で忍耐強く持ち耐えられた要因と、仁川（インチョン）上陸作戦以後は急速に逆攻勢に転じて大規模な追撃作戦を展開できた要因の1つも、やはりこのような兵力の拡充から出て来た。

北朝鮮軍が攻撃を開始して以後、進撃は一方的だった。しかし、それは自分たちが考えた速度よりも遙かに遅かった。初め人民軍は、ソウルと春川（チュンチョン）の2つの方向から進撃しようとした。しかし、韓国軍の頑強な抵抗は、彼らの作戦遂行を妨害した。韓国軍の抵抗意志とその力量は、簡単に処理できないという事実が証明されたのだった。特に、彼らの抵抗意志は、予想よりも堅固で強靱だった。初め戦争は既存の部隊で行ったが、押し寄せて入隊した新兵と志願兵そして学徒兵たちにより成長した大軍が戦争を遂行したのである。

何が韓国民衆に強力な抵抗意志を持たせたのか？ 過ぎし5年間の対決が彼らに、国家に対する愛国心と敵に対する敵愾心を植え付けたのは間違いなかった。愛国心は、必ずしも大衆の長い経験を通じて、そして彼らの理性的な判断を通じて形成、発展するばかりではない。大衆の愛国心は、むしろ特定の契機で集中的に、そして時には感情的に形成、発展する場合がもっと多い。押し寄せて来た突然の戦争による祖国の累卵の危機は、大衆の献身と愛国心の急速な集結を呼び起こした。大韓民国は建国して2年しか経っていなかったが、実際の南北朝鮮間の正統性競争と人民の支持確保競争は5年を越えていた。もちろん、民族主義者と共産主義者の競争は日帝時代からの根深いものだったが、そのことまでが戦争初期に大衆の政治意識と選択に直接的な影響を及ぼしたと見るのは難しい。

しかし、大衆の一部は、明白に代案体制である北朝鮮を支持した。すなわち、軍隊への加担に劣らず、抵抗への転換もやはり多かった。忠誠の急速な転移だっ

最初に人民軍に占領された甕津郡民たちの群衆大会。北朝鮮の軍旗、金日成とスターリンの大型写真が鮮明である。資料：National Archives

た。国民は、既に2つに分かたれていた。人民軍が進駐した後、ソウルは彼らを支持する団体、組織、示威隊の声明とデモ、決起大会、集会が波打つように溢れ流れ、通りはことごとく行進と旗とスローガンで一杯になった。人民軍の出兵を嘆願する決意も、やはり列をなして続いた。ソウル中区の人民たちは、南山公園で7月3日に「米帝駆逐人民決起大会」を開いて、義勇軍の組織を決議した[31]。米帝逐出と李承晩傀儡徒党打倒のための女性同盟、学生、労働者、文化芸術人の集会と示威、決議も一日も空くことなく続いた。

ソウルで発行された北朝鮮の新聞は、軍隊の進駐直後から一挙に爆発するこの流れを「新しい気運が溢れる首都」と報道した[32]。家庭の主婦だった許順玉(ホスノク)は「李承晩傀儡徒党のテロ、虐殺から解放してくれたところから、人民軍を温かい至誠で歓迎」しようと誓う。鉄道労働者の李承烈(イスンニョル)は、正に金日成に対する感謝を表す。

「一日千秋の想いで李承晩傀儡徒党の羈絆からの解放を渇望していた我々は、わずか2～3日で我々の首都ソウルが完全に解放された事実を目の当たりに見て、歓喜を禁じ得ないと同時に、我々を解放してくれた人民軍と北半部の民主力量をこれほどにも雄大に育ててくれた我が民族の英明な指導者・金日成将軍に無限の感謝を捧げる。」[33]

大韓青年団員だったソウル城東(ソンドン)に住む金富吉(キムブギル)は「李承晩傀儡徒党の銃剣で反人民的な行為を敢行することにより、洗い流せない罪悪を犯した」と言い、「青年たちが進む道を自覚した後」、人民軍の進駐と共に妻と一緒に人民委員会で仕事をする中、7名の同僚たちと一緒に義勇軍に志願した[34]。もちろん、韓国当局により収監された後に人民軍の進駐で出獄した左派たちと、李承晩政府から弾圧を受

けて虐殺された家族を持つ人々は、怨恨に充ち満ちた言説で米帝逐出と李承晩傀儡徒党の打倒を叫んだ。

済州島4・3事件に連累し、無期囚として収監中に出獄した金泰〇（判読不能）の決議には、断固たるものがあった。「奴らの銃剣で無数に虐殺された同志たちの怨恨を解くためにも、売国奴の李承晩と血に飢えた米帝を追い出し、待ち望んだ我が人民共和国の旗を漢拏山の山頂に翻して、地下で安らかに眠りについた同志たちの怨恨にきっと報答せねばならない。南半部の全てと一緒に済州島を奴らの残虐無道の警察政治から一日も早く奪還する念願の他はない。」

鄭英順は、夫が「ソウル解放（原文どおり）15日前に虐殺された」と言いつつ「私ひとりが家に残ってはいられない」と6歳になった息子を家に置いて、義勇軍に出て行った。彼女は「祖国の統一と自由のため闘い、仇敵どもの銃剣に倒れた夫の意思を受け継ぎ、怨恨の多い米帝と李承晩逆徒たちを完全に撃滅することにより、夫の怨讐を返すため」銃を担いだ[35]。

青年や学生たちの義勇軍への嘆願と参戦は、列をなした。前述したように、金日成が自ら1950年8月15日に平壌で開かれた解放5周年記念演説において「共和国南半部では既に40万余名近くに達する労働者、農民たちが義勇軍とパルチザンに志願している」と主張した[36]。この問題について北朝鮮の資料を以て述べれば、判明した事実について反共主義的な立場からの理念的な反撃は不可避である。ソウル市警局長の李益興によれば1950年の秋、ソウル奪還以後の1週間にソウルで逮捕された者は、既に4,849名に達していた[37]。このように、韓国の資料によっても志願者が多かったのが分かる。

最も反共主義的なキリスト教系においてさえ内部の分化が発生、7月10日にソウルYMCAでは300余名の教会人士たちが参席した中、人民軍歓迎大会が開かれた。キリスト教の教職者が共産主義の軍隊を歓迎する、想像できない事態が繰り広げられたのだった。親共産主義団体で委員長が金昌俊であるキリスト教民主同盟の主導であった。牧師の趙香禄は、これは「韓国キリスト教史上、最初で最後の汚名である外はなかった」と憤怒した[38]。しかし、牧師の金基鉉は、人民軍の威嚇の前に「主よ、罪人たちを容赦したまえ」とその面前で祈祷、自分を撃とうという兵士のため祈祷した。その兵士は、その姿に感動を受けて自ら屈服し、金基鉉の前で銃を降ろした[39]。

韓国の公式記録によれば、朝鮮戦争の全時期を通じて、親共産主義的な活動をしたという国家反逆者は、おおよそ55万915名に達した。検挙は15万3,825名、自首は39万7,090名だった。自首がこれほど夥しい数字に達したという点は、一般民衆が敵の統治下の行動ならびにそれに対する韓国当局による自首や告白の圧力か

ら非常に大きな恐怖を感じていたことを示してくれる。しかし、公式な警察記録に従えば、このうち北朝鮮軍1,448名、中共軍28名、遊撃隊9,979名、労働党員7,661名の合計1万9,116名を除外すると、大部分が共産主義者の強圧によりやむを得ず国家反逆行為をした人たちだった[40]。韓国の公式記録である『左翼事件実録』は、戦時の数多くの服役行為を表示してくれる。

　ソウル市警察局の検挙人員は、1万8千名に達した。非常警備司令部情報処の統計「後方地域共匪潜伏現況」（原文どおり）によれば、1950年9月30日から12月31日までの期間に武装兵力が総5万6,432名、非武装兵力は総計4千名に達した[41]。6万名に達するこの驚くべき数字の北朝鮮の後方兵力または対南抵抗勢力の存在は、彼らが人民軍だったにしろパルチザンだったにしろ、韓国の管轄区域において韓国に対する抵抗が極めて大きかったことを意味するのに違いはなかった。韓国の戦闘警察は、6月25日から12月31日までの期間に2万2,699名を射殺した[42]。かかる韓国自体による統計数字は、多くの国民が北朝鮮側へ加担したことを韓国の資料が自ら示す一種の自己分裂的な姿だと言える。

　国家反逆行為が発生することになった理由は、共産治下に入った韓国民衆の相当数が北朝鮮側に加担して行動したからだった。しかし、ここまで彼らの数字が多かった実際の理由は、戦況の電光石火のような急激な展開、初期戦況に対する韓国政府の虚偽宣伝と早期秘密脱出および民衆脱出手段の封鎖（漢江鉄橋の爆破）などに直結していた。すなわち、それは戦争初期の敗戦責任と直結している[43]。国家反逆者の急増は、このように首都ソウルの突然の喪失と充分な避難機会の封鎖から由来するのだった。もちろん、積極的に北朝鮮体制を支持したから残留し、共産統治を選択した人々も少なくなかった。

　分化は、北朝鮮地域でも戦争の開始と共にやって来た。やはり北朝鮮にとっても5年の時間は、完全な国民統合を成し遂げ、鉄の体制を備えるには短い時間だった。国連軍によるソウルの奪還以後、韓国にとっては戦争が前方と後方の二重戦線で展開されたように、韓国が北進した時に北朝鮮地域の人民が北朝鮮体制に抵抗し、全く同様な現象が再演された。韓国という代案体制が存在する事態において、忠誠ある国民だけを持つ社会主義体制を構築するというのは、初めから不可能な課業だった。この点に限って見ようとするならば、朝鮮戦争は前線の戦争と後方の戦争が絡み合った一種の人民戦争だった。

　ある地方の労働党による「逃避分子統計報告」は、戦争初期における人民たちの反応をよく示してくれる指標となる。北朝鮮労働党漣川郡党部の報告によれば、7月4日から20日までの期間に逃避した総38名の成分別分布を見ると貧農31名、中農3名、商業3名（原文どおり）の構成で、政党別の分布を見れば労働党

3名、民主党13名、青友党 2名、無所属20名の構成だった。農民のためという戦争だったにもかかわらず、貧農成分が圧倒的に多数だった。政党員たちの中、最多の逃避者は朝鮮民主党系列だったが、一部は労働党員さえも逃避していることが分かる。たとえ当時、南北朝鮮の社会構成の性格上、貧農が多数をなしていたとしても、貧農の逃避は平均的な貧農の構成と比べて遙かに高い比率だった。この分布が意味するところは、逃避者の構成が地主や富農だけではなかったという点である[44]。これら残存する統計が語る問題は、「民族解放戦争」や「階級戦争」といった1つの準拠で説明できない、この戦争が帯びた複合性である。

人民に対する北朝鮮の掌握措置は、徹底していた。中央の指示により各道は、後方の安全と社会秩序の維持のため市・郡の内務署長に山間僻地への捜索を強化せよと指示した。例を挙げると、江原道（カンウォンド）内務部長と政治保衛部長は極秘指示を通じ、共同名義で各市・郡別に10～15名の捜索班を組織して、各種の忌避者、例えば人民軍隊の忌避者、避難者、職場逃避者、不純分子たちを探し出して一掃せよと指示した。人民軍の忌避者は、帰家と共に軍事動員部に登録し、悪質な分子たちは処断された[45]。

江原道原州（ウォンジュ）市の指示によれば、現役勤務の召集忌避だけでなく義務労働忌避も、やはり特殊犯罪と規定、刑法の多くの条項に従い強力に処罰を受けた。職場無断離脱、無断欠勤、作業離脱、国家財産略取、戦時状態を利用した公民財産の侵害行為、デマ風説の流布行為も、やはり特殊犯罪に該当して処罰を受けた。一般労働者と言っても、直属責任者の承認なしに作業から離れる場合、処罰された。戦時状態を利用した暴利、買い占め売り惜しみ、脱税行為も、やはりまた処罰を受ける要素となった[46]。北朝鮮は戦時状態だったが、強力な措置を構築し、人民に対する確固とした戦時統制、動員体制を構築しようと試みたのである。完全に身を隠す以外は、このような戦時統制体制から自由であり得る人民はいなかった。義務動員を予見して居住所から退去する行為も、義務動員忌避に該当した[47]。

北朝鮮政府は各地方に、逃避者の探索に万全を期せとしばしば指示したが、円滑にはいかなかった。逃避者たちは、単純に消極的な逃避のみ行ったのではなく、一部は武装組織をつくって積極的に抵抗した。逃避者を捜索していて内務署員が、逆に昼日中に刺されて殺害されたかと思えば、父親に逃避者の息子を連れて来いと言うや、その父子が一緒に身を隠してしまったりもした。鉄原（チョルウォン）の平康（ピョンガン）楡井山（ユジョンサン）では逃避者13名が、李承晩の軍隊が北朝鮮に入れば歓迎しようと組織を立ち上げて暗躍していた。内務署は100名を動員して4日も捜索したが、6名だけ逮捕して結局7名は逮捕できなかった[48]。安辺（アンビョン）では山間の捜索を通じて自衛隊員たちが逃避者6名を摘発したが、彼らは護送中、自衛隊員たちを刺して脱出した。

結局、彼らは深く身を隠してしまい、逮捕できなかった。

　華陽郡内務署により反動団体を結成した嫌疑で逮捕された主犯は、組織を暴露しないために所持していた毒薬で自殺を決行した。利川では、自衛隊員が萩を刈りに行って殺害されたが、犯人は逮捕されなかった。9月1日には鉄原で、ある人は南朝鮮が勝利すると避難者や人民軍の逃避者を相手に宣伝煽動していた。彼は、朝鮮の伝統的な秘書『鄭鑑録』を信じる者だった。彼は、韓国が数多くの国の援助を受けたが、北朝鮮はソ連1国からしか援助を受けなかったから勝利できないと見ていた。さらに、この不純分子は、暴力が甚だしいほど山間に身を隠した自分たちには生きる道が生まれ、早く解放され得るし、帰還して立派に暮らしていけるだろうと言い、米軍の爆撃が好ましいと述べた。

　戦争が激しく戦われていた8月、鉄原の内務署長の「民心動態内査工作」によれば、住民の李ガプヒは、金日成はソ連へ逃亡し、大韓民国の李承晩が勝利するという不遜な言動をしたと報告された[49]。心臓部の平壌市から逃走していて8月8日に射殺された偵探分子（原文どおり）は、無数の暗号符号と放火用具を携帯していた[50]。戦線が洛東江まで押されている時点にも、平壌においてまで反体制分子が公然と活躍していたのである。南朝鮮地域が解放される中で越北が容易となるや、北朝鮮地域から逃走した者または悪質分子たちが義勇軍や住民に仮装し、再び越北して身を隠す事例が頻発した。前方への輸送中、汽車や訓練所から逃走し、身を隠す事例も多かった。身分証を所持していなかった人民軍と義勇軍が多く、逃走者と彼らを区別する問題も容易ではなかった。徹底した検閲が反復的に指示されたが、問題は解決されなかった。

　加えて、多くの反共主義団体は既に10月1日、国連軍の北進以前に北朝鮮地域において農村の秋収期が近づく中、農事を助けるという名目で至る所へ密かに浸透し、情報収集、民心撹乱、秘密結社作業を進行させた。国連軍の北進以前における北朝鮮の夥しい逮捕記録は、北朝鮮人民の分化を余りにも明確に示してくれている[51]。1950年9月15日以後の韓国が前線の北朝鮮軍との戦闘および智異山を中心としたゲリラとの戦闘により二重戦線に直面したように、北朝鮮もやはり戦争の開始以後、前線の韓国軍ならびに北朝鮮地域やその占領地域の抵抗諸要素との闘争という二重戦線に直面していたのである。各種の内部極秘命令と指示事項を見る時、北朝鮮の二重戦闘は、戦争の開始以後どれほども経たない時点から始められた。北朝鮮政府にとっては後方の人民たちの忌避、抵抗、逃避に伴う不安は、極めて大きな負担要素だったに違いなかった。

死んだ母親の髪の束ねをつかんで泣きじゃくる幼い兄妹。母親の身体は、頭だけ地上に出ている。資料：National Archives

2．否定的な統合と虐殺の問題

　韓国の右派を絶滅しようという戦争の開始と共に、韓国と北朝鮮を問わず左派と右派が一緒に生きられる空間は消え失せた。右派の立場から左派の権力掌握は、自分たちの死を意味したからである。1945年8月15日から50年6月25日までの5年間の不安な共存は、戦争の開始で完全に壊れてしまったのである。北朝鮮の資料と報道によれば、戦争勃発2日後の6月27日、既に西氷庫河岸では陸軍憲兵たちが左翼収監者たちを20～30名ずつ隊列を組ませて、西氷庫前方の山麓に設置された20余本の木製の柱に手錠をかけたまま、ひとまとめに立たせて処刑した。公開された写真は、遠く木製の柱に一列に集められた囚人たちが見え、こちら側から一列横隊で照準を合わせている射撃兵たちを見せてくれており、実際の説明と類似していた。こうして当日の夜ここで処刑された人数は、約200名に達した[52]。この戦時に出版された資料集には、残酷な場面が多く包含されている。資料は、李承晩政府が後退しながら、ソウルだけでも1万2千名の愛国者（左派を意味――著者）を虐殺したと主張する。もちろん、誇張が含まれていたであろう。

　李承晩政府の立場から見る時、逮捕された共産主義者たちが北朝鮮へ加担する場合、自分たちを殺そうとするのは火を見るより明らかだった。朝鮮戦争前に地下で南朝鮮地域の左派闘争を指導した有名な共産主義者の金三龍と李舟河は、1950年3月27日に逮捕されて収監途中、戦争直前になって北朝鮮に収監されている民族主義者の曺晩植と交換しようと北朝鮮が提案したにもかかわらず、戦争開

始の翌日6月26日に処刑された[53])。処刑は、憲兵司令部後門の500m地点にある2本の松の木に縛り下げておいて執行された。北朝鮮は、李承晩と申性模(シンソンモ)が憲兵司令官に共同命令書を下し、処刑を命令したと主張するが、確認できない。

　初戦の良民虐殺の事例について北朝鮮の新聞は、仁川で「愛国者と市民」700名をはじめ[54]、水原(スウォン)において6月27日から7月3日まで予備検束を通じて保導連盟員を含む370名が虐殺されたと報道した。水原監獄では銃器を乱射して37名の左翼が殺され、平澤(ピョンテク)と天安(チョナン)でも虐殺があった。北朝鮮は、韓国軍が倉庫に閉じ込めて放火惨殺するかと思えば、山麓に生き埋めにしたり、死体の上に跪かせて掃射したり、また処女を残忍無道に滅多突きに刺したりしたと非難した[55]。北朝鮮は米国を米鬼、虐殺魔米帝と表現し始めた。「李承晩傀儡徒党が、ムチオの直接指示で虐殺をほしいままに行っている」というのだった[56]。この時点から虐殺と報復を報道する北朝鮮の新聞表現は、最大限の刺激と最大限の復讐心を動員しようとした。虐殺現場を目撃したと証言するインタヴューにおいて、人民たちは「復讐の一念があるのみ」と叫ぶ。

　虐殺内容を報道する新聞には、ギョッとする戦慄と血の臭い――実際の虐殺記録であれ憎悪の動員のための刺激であれ――が充ち満ちており、読むに堪えないほどだった。社会科学者である以前に一人の人間として、どのように下のような事件または表現が可能なのか、依然としてよく分からない。これは、同族の同族に対する残忍性の極点を越えて、人間の人間に対する残忍性の極点だと考えられる。我々は、どこまで互いを同族だと言えようか？　写真と一緒に記録された新聞の中見出しを1つ引用する。

「仁川虐殺事件詳報：婦女子は鋸で足を切り惨殺、乳飲み子まで四肢を切る」

　この新聞に従えば、仁川虐殺事件の真相はこうであった。6月28日に人民軍がソウルを解放したという消息は、即時に仁川に入って来た。すると仁川地域の韓国軍と警察は、すぐに逃亡した。その日、午後9〜12時の間に仁川少年刑務所〇〇〇〇〇（判読不能）に収監されていた左翼170名は、監獄の門を壊して出獄した。29日明け方には各警察署に収監されていた左翼たちも、全員が留置場をぶち壊して出獄、「人民軍万歳！解放万歳！」を叫びながら市役所はじめ主要機関を接収し、人民委員会を復活させて、人民軍の歓迎準備をしていた。29日朝10時、どこからか人民軍万歳、人民共和国万歳の声が震動して、皆が歓呼し小躍りしながら通りへ飛び出して来た。しかし、人民軍だと思ったその軍隊は、韓国軍と警察で、人民軍が仁川にまで到達していなかったことを知って、再び帰って来たの

だった[57]）。

　残酷だが、原文そのままを見よう。「愛国闘士たちと脱獄闘士と愛国熱血の青壮年たち、そしてその家族たちをことごとく逮捕して船に乗せ、月尾島（ウォルミド）へ積んで行った後、機関銃を乱射して海の中にそのまま水葬した。婦女子たちは服を脱がせて、月尾島海水浴場に跪かせて座らせた後に鋸で足を切り、剣で下半身をでたらめに刺して、それでも足りずに、母親の乳房にしがみついた乳飲み子まで銃剣で刺して海の中に投げ込む……」[58]）

　新聞によれば、6月29日から人民軍が進駐する7月4日まで虐殺は継続された。他の地域での虐殺についても、北朝鮮の報道は終わりがなかった。また逆に韓国や米軍が持つ、北朝鮮共産軍と左翼たちが犯した残忍性の極点を示してくれる戦慄すべき資料も、やはり数多い。しかし、その全てに言及する必要はないだろう。

　初戦のソウルと前後する双方における混乱と虐殺は、臨時首都として機能していた大田（テジョン）でも再燃された。大田に留まっていた李承晩はじめ政府高位人士たちの突然の脱出により、7月1日から2日の間、大田はソウル以上の恐慌状態に陥っていた。ソウルでの失敗を政府は、大田において全く同様に反復した。市民たちは、突然に脱出した政府高位人士たちの行動により、あたかも今すぐにでも共産軍が押し寄せて来るかのような恐怖に包まれてしまった。ある証言録によれば、政府要人たちの避難の消息で「7月1日朝、大田市民たちは急に大騒ぎになった。」[59]）当時の陸軍本部政訓局長の李瑄根（イソングン）は「全員が、正常な精神状態ではなかった」と述べる[60]）。噂を通じてソウルの陥落と人民軍の南進、政府の欺瞞的な市民遺棄を知っている大田市民たちの恐怖は想像を超越し、臨時首都として機能していた大田は瞬く間に無政府状態に陥った。最高指導者の李承晩は既に脱出し、軍の主要指揮官たちは全部、水原付近の防御作戦に投入されていた。市民たちは恐怖に包まれて、どうしてよいか分からなかった。

　李瑄根によれば、大田刑務所には当時、2千余名の政治犯が収容されていた。彼らの大部分は、過去5年間の左翼事件の連累者だった。大田刑務所の収監者たち、体制に対する核心不満勢力である彼らが暴動を起こす場合、後方の核心である第2の首都たる大田は、収拾できない境地に陥るのが明白だった。前方の軍隊は簡単に退路を遮断され、韓国の遅延戦は成功を期待し難かったであろう。韓国は、おそらく前方の攻撃と後方の蜂起という、金日成と朴憲永が初期に構想していた最悪の二重状況に直面しただろう。韓国の最悪の状況は、北朝鮮の最善の状況を意味した。

　1949年から1950年序盤の4ヵ月に至るまで、国家保安法による逮捕者数は夥し

かった。1949年の間、4万6,373件に総11万8,621名が逮捕され、1950年の4ヵ月間は総3万2,018名が逮捕された。約15万名が逮捕されたのである。そのうち検察に送致された数字は各々8万5,414名と2万6,832名、裁判に回付された人がそれぞれ3万3,027名と5,186名に達した[61]。巨大な統制ネットワークとしての国家保安法は、実に国家の出帆時点からそれを守護する核心機制として作動していたのである。逮捕、送致、裁判回付の数字で推し量って見ると、戦争が勃発した時、韓国の監獄に夥しい数字の国家保安法違反者がいたことは間違いなかった。

当時の収監者について、ひとつの公式統計を調べて見よう。左翼事犯または国家保安法違反者を含み、「6・25当時」(原文どおり)全国各地の収監者の数字は次のようだった。開城少年刑務所1,500余名(開城少年刑務所長 端農場120余名)、ソウル刑務所7千余名、麻浦(マッポ)刑務所3,500名(議政府(ウィジョンブ)農場400余名)、富川(プチョン)刑務所は未詳、仁川少年刑務所1,300余名、春川刑務所1,250名、水原農場は収容者の数字について言及なしに収容者を7月3日の列車便で全州刑務所へ移送したとのみ言及、清州(チョンジュ)刑務所1,600名、公州刑務所1千余名、大田刑務所4千名、安東(アンドン)刑務所1千余名、金泉少年刑務所1千余名、大邱(テグ)刑務所では全国の在所者の移送受容で施設が甚だ不足、左翼事犯が数千名、群山(クンサン)刑務所900余名、全州刑務所1千余名、光州(クワンジュ)刑務所1,700余名、木浦(モッポ)刑務所1千余名、晋州(チンジュ)刑務所1千名、馬山(マサン)刑務所630名、釜山(プサン)刑務所1,600名などだった[62]。

統計が提示されなかった大邱、富川、水原を除外しても、3万2千余名に達した。もちろん、彼らのうち左翼事犯が処理の最も重要な対象だったことは、述べる必要もない。入手可能な当時の刑務所の秘密資料、膨大な各教導所の「在所者人名簿」、「在所者人員日表」、「矯正統計表」を追跡すれば、多くの収監者が虐殺されたことが分かる。戦争の進行と一緒に収監者が充ち満ちた釜山から大邱へ移動途中、また大邱刑務所から晋州刑務所と釜山刑務所へ移監途中にも、そして馬山刑務所や次に見る大田刑務所などで数多くの在所者たちが虐殺されたり失踪したりした[63]。

大田の一事例を検討して見よう。大田で韓国高位官吏たちは、政府の一部は撤収したが軍は残っているという事実を、状況が急迫する中で放送を通じて知った。しかし、政府逃亡の消息に伴う大田の混乱と共に、大田刑務所々長以下の幹部たちも、やはり逃亡してしまっていた。実際に刑務所の収監者たちは、脱出を試図した。罪囚たちの暴動と脱出を防ぐため、李瑄根は甕津(オンジン)半島から撤収して来ている白仁燁(ペギンヨプ)大佐の第17連隊の兵力を刑務所へ派遣した。刑務所の収監者たちは脱獄を試みたが、第17連隊の機関銃射撃を受けて失敗した。当時の憲兵部司令官の李益興(イイクフン)に従うと、事件当時に脱獄未遂事件の主導分子を即決処分するため、憲

兵10余名を現場に派遣した。彼によれば、大部分の罪囚たちは釜山へ移され、裁判を通じて量刑された[64]。しかし、裁判を通じて量刑されたという彼の証言は、事実に合わないことだった。

　公式記録に従う時、当時の大田刑務所には最初4千名の在所者が収監中だった。大田以北地域の収監者も、多くの人数が大田へ移送された。7月1日に軍当局から、大田の国家諸機関は緊急に疎開せよという通報を受け取ることになった。特警隊をはじめとした少数だけを残して、所長の金澤一（キムテギル）は職員たちに急いで疎開令を下した。特警隊とは、左翼の襲撃に備えて刑務所自体の警備のため前線に組織した一種の機動打撃隊だった。職員たちが逃避を急ぐ中、所内には騒乱が起こった。在所者たちが動揺するや、騒擾の危機が高潮した。このような騒擾の動きを把握した軍当局は、緊急に憲兵1個小隊ならびに警察1個部隊を刑務所へ派遣する一方、所長を職位解除した。7月1日03時から08時の間に起きたことだった。戦況が悪化するや、7月14～15日に政府は在所者を大邱へ移送した[65]。

　しかし、大田の真相は、長い間このように知られていたところとは全く異なっていた。第17連隊と憲兵部隊の派遣に照らして、看守たちが全て逃亡した状態において、脱獄を試図した彼らを当時の軍と憲兵が寛大に処理した可能性はほとんどなかった。ロンドンの『オブザーバー（The Observer）』紙の従軍記者として活動した後、1950年に北朝鮮軍の捕虜となったディーン（Philip Deane）は、自分が捕虜になった時に北朝鮮地域で会った72歳のフランス人神父カダール（Father Cadars）と『デイリー・ウォーカー（Daily Worker）』紙のウィニングトン（Alan Winnington）の話を借用して、大田での残酷な虐殺内容を自著『私は朝鮮で捕虜だった（I Was A Captive in Korea）』を通じていち早く公開したことがある。この本は1953年に刊行されたもので、朝鮮戦争の終息とほぼ同時にもう大田虐殺の真実は知られていたことが分かる。

　初めて平壌でウィニングトンに会った時、ディーンは彼から、裁判なしに処刑されて埋葬された数百名の共産主義者たちの共同墓地が大田付近で発掘されたという話を聞いた。彼に従えば、この過程は米軍将校たちの参観の下に（in the presence of American officers）なされた。カダール神父の話を聞く時までに限って言っても、彼はウィニングトンの話を信じなかった。共産主義者たちが大田を占領する時、カダールはそこにいた。カダールによれば、米軍が大田から撤収する直前、韓国の警察が1,700名の罪囚たちをトラックに幾重にも乗せて来ては、自分がいた教会付近の林に降ろしていた。連行されて降ろされた人々は、塹壕を掘るように命令された。カダールは、この光景を見守った。数人の米軍将校たちも、やはり見守った。塹壕掘りがある程度完了した時、韓国の警察は背後から罪囚の

半分を銃殺した。残りの半分は、死んだ者たちを埋めろと命令された。極度に怯えたカダールは、韓国の指揮官に近づいて行って尋ねた。
「彼らはなぜ銃殺されたのか？」
「奴らは大田教導所で暴動を起こした共産ゲリラたちだからだ。」
「彼らは裁判を受けたか？」
「ご老人。この事件について余り多くを知らないのが良いでしょうな。」
カダールは荒々しく脇へ押しやられた。草むらに跪いたカダールは、死んだ者たちのために祈祷を捧げた。残りの半分も、もちろん秩序整然と処刑されて埋葬された[66]。

ウィニングトン自身は、自分がそこで聞いた証言を土台に、この部分をより詳細に記録している。戦時記録だ。虐殺直後、大田朗月里(ナンウォリ)を訪問したウィニングトンは、6つの穴に7千以上の男女の死体が埋められていたと記録した。大きな穴は200ヤードに達した。虐殺された者たちは、収容所と監獄から鰯のように束ねられたまま、トラックに乗せられて渓谷へ来た。彼によれば、在所者の集団虐殺は7月4〜6日に起こった。残った罪囚たちは17日に処刑された。17日には37台のトラックがそれぞれ最小限100名、つまり女性を含め総3,700名が虐殺された。米軍は虐殺の時、毎日あらわれて見守った。ウィニングトンは、この事件が米軍の指示により起こった虐殺中の1つだと主張する。彼は、政治犯に対する虐殺が6月25日以後、総計20万から40万名に達するだろうと主張する。また、6月29日〜7月3日の間に仁川で1,800余名、水原で1,200余名、平澤130名、鳥致院156名が集団虐殺されたという主張も付け加えた。彼は、多くの場所の虐殺写真を貼付した[67]。ベルゼンに言及する彼は、自分自身の目で実際に見る前までは、米国人たちがナチスと全く同様に行動するだろうとは本当に思いもしなかったと記録している[68]。

北朝鮮も、やはり大田虐殺を非常に早くから知っていた。『朝鮮人民報』1950年7月27日の記事と、この記事とほとんど類似した朝鮮人民軍前線司令部文化訓練局の戦時資料に出て来ている金英龍(キムヨンニョン)(音訳)の記名記事によれば、大田で7月3日か4日頃から続けて5日間、米軍の指揮下に韓国の軍警が人民を大量に虐殺した[69]。記事によれば当時、大田刑務所には済州島、麗水(ヨス)、順天(スンチョン)、太白山(テベクサン)のパルチザンたちが収監されていた。この資料に従えば、収監者たちをはじめとして7千余名の人民が、貨物自動車に「明太のように」(原文どおり)折り重ねて乗せられて、最高1日80台まで動員して大徳郡山内面朗月里(テドングンサンネミョンランウォリ)(チャンオ里)[70]へ運搬され、ガソリンをかけて火が点けられて、または防空壕へ追い込まれて殺害された。ここには、日帝時代から有名な古参共産主義者の李観述(イグワンスル)も含まれていた。記事は

253

「世紀の野獣ヒトラー一派を断罪するニュルンベルクでも、アジア的な拷問の指揮者だった東条徒党を処断する東京裁判においても、我々はこれ以上の残酷事件を見ることができなかった」と憤慨する。

米軍の資料によれば、7月最初の週の3日間、韓国当局により大田刑務所の政治犯1,800名が集団虐殺された[71]。カダールが述べた数字とほぼ同じである。米軍は、ソウルが陥落した後の2〜3週内に数千名の政治犯が韓国により処刑されたと信じていた。虐殺が他の所でも進行したのは、間違いなかった。文献によれば、処刑命令は韓国の最上層部から下されたし、一部の地域に局限されなかった。まとめて公開された虐殺場面を盛り込んだ写真18枚の画面は、生かしてくれることを哀願する死ぬ直前の姿から始まり、穴に埋められた死体、処刑直前の生命、凄惨に広く散在した死骸など、残酷きわまりない。それは、見るに忍びない場面だった。4つの資料、すなわちカダールの証言、ウィニングトンと金英龍の取材、米軍の秘密資料の共通点は、大田虐殺を動かし得ない事実として証拠付ける。

1990年に大田虐殺の事実に初めて言及したカミングス(B.Cumings)は、上のウィニングトンの記事を引用し、分析している。ウィニングトンは、20余名の目撃者たちに会った。7月2日に村人たちは、警察の命令で200ヤードの長さの穴を6つ掘り、2日後に政治犯たちがトラックに乗せられて来て、銃を浴びたり首を絞められたりして処刑されて、死体は鰯のように穴に整然と積み重ねられた。大量虐殺は3日間、継続された[72]。カミングスは虐殺地点の朗月里を正確に指摘している。米軍は韓国当局の処刑だけに言及しているが、カダールによれば、現場では米軍将校たちも彼らと共に見守っていた[73]。米軍の存在は、ウィニングトンも言及したところである。現場を目撃した李圭熙(音訳)も当時、やはり米軍を見ていた[74]。しかし、米軍の資料には米軍将校の存在は言及されていない。李圭熙に従えば、死体は予め掘っておいた穴に整然と積み置かれた。

AP通信が発掘して報道したところによれば、韓国軍による大量虐殺は、当時マッカーサー(Douglas MacArthur)にも報告され、彼もやはり知ることになった[75]。大田と大邱地域の政治犯在所者の処刑事件について、マッカーサーは参謀を通じてムチオ(John Muccio)大使に、処刑が適切なものかどうか調べることを要求した。ウォーカー(Walton H.Walker)は8月18日、処刑についての米陸軍の報告書写本が同封された書簡をムチオに送った。ムチオは8月25日にウォーカーに送った手紙で、自分が李承晩大統領と申性模国防長官に不法的で非人間的な即決処刑を中止することを要求したという内容を記した。ムチオはまた「私は、申性模長官に韓国の陸軍、警察、青年団がゲリラを含め、逮捕された敵軍を処刑するのを充分に監視し、適切な法的手続きを守って、人間的な方法によってのみ

処刑がなされねばならないと要求した」と言明した。ムチオの手紙によれば、自分が8月23日に釜山で直接、李承晩を訪問して、このような憂慮を伝えた。李大統領は、可能な全ての措置を取ると答えたという。駐韓米大使館は8月25日、ムチオ大使が8月21日に申性模と会って米軍の処刑関連の報告を明かし、適切な措置を要求したという結果報告の文書をウォーカーに送った。文書には、マッカーサーが戦争捕虜に対する人道的な措置を北朝鮮指導部に追及した時点で、このような不法処刑がなされていることについての深刻な憂慮も含まれていた。実際にマッカーサーは8月19日、継続して繰り返される北朝鮮による非人道的な残酷行為の情報に根拠を置いて、金日成に「貴官と貴官の指揮官たちに対し、戦争の規則と先例に照らして刑事法的な責任を問い質すだろうこと」を強力に警告した[76]。

　第1師団ピアース（Frank Pearce）上士による1950年8月11日の報告に従うと、50年8月10日に大邱と倭館(ウェグワン)の間のある地方では、韓国軍憲兵たちが某大尉の指揮下に在所者200〜300名を処刑した。処刑は、極めて残忍に進行した。処刑された人の中には、成年女性たちはもちろん12〜13歳くらいの少女もいた。憲兵たちは、一度に20名ずつまとめて立たせた後、頭に向かって銃を撃ち処刑した。銃の性能が悪く、一度で死ななかった罪囚たちには、身体に向かって何度もの射撃が加えられた。死体は、絶壁の下へ捨てられた。処刑が終わった3時間後にも、数人は息があり呻吟していた。死体の山からは、泣き声が聞こえた。処刑を執行した韓国軍指揮官の話によれば、彼らはスパイだということだった。報告は、この地域を北朝鮮軍が占領するならば、韓国軍憲兵が残した全ての証拠は、この虐殺が韓国軍憲兵ではなく米軍により行われたように示されることになるだろうと憂慮した。死体は、全ての服が脱がされ、このため彼らが民間人なのか北朝鮮軍兵士なのか区別できなくなっていた[77]。

　北朝鮮の資料によれば、既に6月29日と7月3日、平壌に来襲した爆撃機により48名の住民が即死した。彼らは、米軍の爆撃による民間人被害について次のような調査資料を提示した。一部の地域の場合は韓国の統計と大きく異ならないという点から、これら統計は、誇張はあるだろうが事実自体の捏造ではないだろう。7月2日に咸鏡南道烟浦(ハムギョンナムドヨンポ)37名、7月2日から27日まで12回にわたり元山(ウォンサン)地区で1,647名（女性739名、児童325名）、7月2日から8月3日まで8回の間に咸興(ハムフン)と興南(フンナム)地区で297名、7月3日に黄海道鳳山(ファンヘドボンサン)の畑で農作業をしていた農民10名、7月3、4、6、8日に南浦(ナムポ)で400名、7月4日に平壌で30名が死亡した。7月16日にはソウルに来襲した米軍の爆撃で住民1,096名が死亡し、734名が重傷、458名が軽傷を負った。米軍の爆撃による民間人の死亡について、北朝鮮の統計提示は余り

に多くの事例で多過ぎる言及をしており、個々の引用と統計全体の集計が不可能な程度である[78]。元山では最初の空襲だけで1,249名が死亡し、数回の空襲で全く都市自体が消え失せてしまった[79]。これは、個別事態の規模に対する数値の正確性如何を越えて、そのような統計の語る傾向が持つ事態の一般的な流れと遍在性を述べようというのである。遍在が明白な時、ひとつ1つの事件を全部、個別的に言及する必要は、おそらくないであろう。

　ある資料によれば、北朝鮮は誇張を含め、後退時の米軍と韓国による民間人殺戮に関する統計を次のようだと主張した：水原1,146名、忠州(チュンジュ)739名、公州・平澤それぞれ6千余名、安城(アンソン)500余名、扶余2千余名、大田8,644名、清州2千余名、晋州4千余名、群山・安陽(アニャン)それぞれ400余名[80]。別のある北朝鮮の総合的な調査資料は、敗走する韓国軍と米軍による虐殺について次のような統計を提示する。6月28日から7月4日まで、京畿道水原では1,146名の住民が虐殺され、公州600名、平澤600余名、安城500余名、扶余2千余名、鳥致院158名、大田8,644名、清州2千余名、全州4千余名、群山400名、安養400余名、忠州2,060余名など[81]。このうち、どれかは誇張されているに違いない。実際に公州と平澤は6千名と600名で、差異が出ている。戦時の宣伝を含めた当時の北朝鮮の新聞報道に従えば、韓国の国軍と警察は後退時、永登浦(ヨンドンポ)で600余名、水原で1千余名、平澤で150余名、仁川で700余名、扶余で2千余名、大田で4千余名、忠州で2千余名、群山で400余名を虐殺した[82]。

　戦時における南北朝鮮地域での双方による戦慄すべき良民虐殺は、ナチスのユダヤ人虐殺と同様、地域別の位置と規模を推測する1つの虐殺地図（*massacre map*）を描かねばならない程度に大規模で全国的だった。北朝鮮の統計ではない韓国の証言と研究、報道によっても、後退時に韓国軍警の虐殺は戦慄すべきものだった。まず、戦争の勃発直後の1950年7月以後、忠清北道地方では少なくとも3千名以上の保導連盟員が集中的に虐殺されたものと推定される[83]。慶尚北道盈徳(ヨンドク)の知品面三和里(チプムミョンサムファリ)では、村民150余名が保導連盟員として追い詰められて殺害された[84]。京畿道利川郡のある村の戦争経験についての深層研究は、初めから住民たちの戦争体験が保導連盟員たちに対する虐殺と共に開始されたと陳述する[85]。

　4月革命直後の申告と言論報道に基づいたある研究によれば、虐殺は全国的で、規模もやはり莫大だった[86]。6月28日から2ヵ月間、忠武(チュンム)に駐屯の海軍、憲兵、そして警察は、合同で800余名を虐殺して水葬、密葬した。蔚山郡(ウルサングン)の虐殺被害者は800余名、梁山が700余名、金海で200～300余名に達した。密陽では8月12～15日の間に保導連盟員だという理由で320余名が虐殺され、東萊(トンネ)でもやはり数百

名の保導連盟員が虐殺された。星州は600余名に達し、慶州、月城、奉化、大邱、慶山、固城、亀浦、永川、迎日など慶尚南北道地方において、虐殺はほとんど全ての郡で発生するほど甚だしかった。これら地域を全て羅列するのは意味がないほど、大きく広がっていた。慶尚北道地域では総119の事件に1,670名以上の民間人が、朝鮮戦争と前後して米軍または韓国の軍や警察により虐殺された[87]。1950年の陰暦11月に第11師団第20連隊は、全羅北道の任実、淳昌、南原地域において600余名の住民を虐殺した。南原郡帯江面では、陸軍将校が日本刀で住民数十名を斬首する事態まであった。第11師団第20連隊は、1950年12月6日から1951年1月14日の間に全羅南道咸平郡月也面、海保面、羅山面で524名を虐殺した[88]。

ひとつ１つの生命が持つ貴重さを考える時、南北朝鮮双方の虐殺統計は、余りにも惨たらしい。居昌虐殺事件の時点で神院面長だった朴栄輔は事件当時、軍人たちへの誣告を通じ、多くの住民たちを無惨に死なせたとされて1960年４月革命の後、遺族たちに殺されて火あぶりにされてしまった。抑圧の実体が消滅した時のこの反応は、人間の憎悪が果たしてどこまで統制できるのか問い質す。すなわち、10年が過ぎた時点における住民たちによる朴栄輔の焼殺は、民主主義の空間が開かれた時に節制と理性を圧倒しても残る彼らの憤怒の大きさを語ってくれるのである。

1990年にカミングスにより初めて研究され、韓国では1994年前後にいち早く暴露された後、1999年にAP通信の報道で世界的に広く知られることになった忠清北道永同郡黄澗面老斤里における米軍による良民虐殺事件は、戦争が一般住民に初戦から強要する耐え難い被害を象徴する[89]。この虐殺事件も、やはり大田虐殺と同様、学問的にカミングスの研究で初めて明らかにされたのだった[90]。

７月20日に人民軍により大田が陥落した後、23日から永同地方一帯は、南下する人民軍と後退する米軍第１機甲師団の撃ち合う銃砲の音で騒々しく乱れていた。前線が近づくや、米軍は７月23日に主谷里の住民たちを２km離れた付近の林渓里へ避難させた。

７月24日10時、第８機甲連隊は第１機甲師団本部から「避難民たちが前線を越えて来られないようにせよ。前線を越えようとする者たちは全て射殺せよ（*No refugees to cross the front line. Fire everyone trying to cross lines*）」という命令を受けた。女性と子どもたちの場合、分別を持って対処せよという命令が後に続いた[91]。米軍が把握するところでは、北朝鮮軍は当時、避難民に仮装した浸透作戦を使用していた。

７月24日の第１騎兵師団の戦闘日誌を見よう。「避難民の統制は、困難な問題だった。誰も無辜の人民を射殺することは望まなかった。しかし、朝鮮人の伝統

的な白い服を着た、避難民と見られる多くの無辜の人たちが、牛車で弾薬と重武器を運び、背には軍事装備を担いだ北朝鮮軍人と判明した。彼らがしばしば軍服から民間人の服装に、再び民間人の服装から軍服に着替えるのが目撃された。調査の不可能な数多い避難民たちがいた。白服を着たある男性が女性と子どもを伴っており、女性は妊娠中だった。調査をするや、女性は妊娠していないことが明らかになった。しかし、妊娠したかのように偽装して、小型ラジオを服の中に隠して行く途中だった。第1騎兵師団が担当する地域の民間人と避難民たちは、厳格な統制下に置かれることになった。同師団は、彼らの移動を昼10：00〜12：00にだけ許容し、どんな小さな牛車、トラック、民間人車両の道路運行も許容されないと命令した。」[92]

報告によれば、戦争は初戦から前線と後方が絡まり、軍人と民間人が入り乱れて、一定程度は人民戦争的な性格を帯びていたことを示してくれる。実際に北朝鮮の詳細な「現地報告」(原文どおり)は、24日から26日までの「永同解放戦闘」が前進する人民軍の攻撃と後方パルチザンの大胆な作戦による敵退路遮断との結合で敵の大部隊を包囲、殲滅できたと報道する。報告は、稠密な合同作戦計画だと表現する[93]。忠清道地方と慶尚道地方を分かつ要衝地である永同地域に入って来て、米軍は前進する人民軍と後方のパルチザンの挟撃により困難な状態に陥っていたのである。

26日午前10時、米8軍の命令が各師団に下達された。「反復しない。いかなる時も、どんな避難民も前線を越えることを許容するな(*No repeat. No refugees will be permitted to cross battle lines at any time.*)」[94]。

26日と27日に米軍第25師団長キーン(William Kean)は、この地域——戦闘地域(*in the combat zone*)——で発見される全ての民間人を敵と看取し、それに伴う適切な措置を取れ(*All civilians seen in this area are to be considered as enemy and action taken accordingly*)と命令した[95]。この命令の内容は、5年前の1945年9月に米軍が朝鮮半島に初めて上陸する中で下した命令と類似するという点で、我々を驚かす。1945年9月4日、朝鮮半島に進駐する過程でハッジ(John R. Hodge)は自分の部下たちに、朝鮮は米国の敵だったから「降伏(*surrender*)」の措置と条件(*terms*)に服従せねばならないと命令した。米軍政の公式記録によっても、占領初期における米軍政の政府機構と活動は「敵国での経験」に基づいていた[96]。

7月26日の米第5空軍第8爆撃戦隊第35爆撃大隊情報将校ミーダーズ(Fletcher E. Meaders)の出撃報告によれば、虐殺があった26日の当日18：20に離陸し、20：05に帰還したF80戦闘機4台(操縦士；Sen?, Wimer?, Stark, Rogers)

は、龍岩里(報告書にはYonsan-riと誤記——著者)3マイル南方で50〜100名
ヨンアムニ
の部隊(troops;原文どおり)を撃滅した。ミーダーズの別の出撃報告によれば、
同部隊のF80戦闘機4台(操縦士;Meaders, Dougherty, Munkres, Boyce)が同
日18:40に離陸して20:30に帰還する時、この間に龍岩里の南東側3マイル地域
に出撃したと出ている。ミーダーズは、7月27日16:00に離陸して18:00に帰還
する間に、F80戦闘機4台(操縦士;Meaders, Dougherty, Munkres, Boyce)が
黄澗1マイル西側で「未確認物体(unidentified object)」を爆撃した後、結果が
「良かった(good)」と報告している[97]。老斤里の鉄橋は、黄澗の西側1.5マイル地
点だった。そうだとすれば、この諸地点は老斤里を指すのである。日付もやはり
証言者たちが、100余名が米軍の爆撃で死んだと語った、その日々であった。この
「部隊」と「未確認物体」が正に虐殺された老斤里住民たちを言うのではないか、
という推論は根拠と説得力を持つ。

　もちろん、韓米共同発表文に従えば「米第5空軍航空作戦日々要約報告によ
ると1950年7月26日、麗甕地域に3回の出撃記録が確認されるが、これに対する出
ヨオン
撃任務の結果報告書は探し出せない。1950年7月27日の朝早く、老斤里周辺の米
第7騎兵連隊第1大隊の担当地域で実際に空爆があった。したがって、老斤里の
周辺地域で1950年7月26日、空爆の発生可能性を排除できない」と結論付ける[98]。
しかし、資料は上の例示のように存在している。

　証言によると米軍は、人民軍の進撃と共に山中へ避難している住民たちに連絡
して、彼らを全て南側へ避難させてやると言い、再び下りて来させて、集団的に
出発させた。米軍は、村を隅々まで捜索して、歩けない人たちを除いては、全て
の住民たちを集合させた。当時、林渓里と主谷里は、それぞれ200名、300名程度
の住民が暮らしていた。彼ら500名に外地の避難民200名を合わせて、約700名の住
民が米軍の引率する避難隊列を形成した。7月26日から29日の間に米軍は、昼夜
にわたる爆撃と銃撃で自分たちが引率していた非武装の民間人のうち相当数を殺
害した。虐殺は、鉄路の上に住民たちを追いやって爆撃をしたり、またはトンネ
ルの中に閉じ込めたまま無差別射撃したりすることにより進行した。調査に応じ
た現地住民の被害数字は、死亡、負傷、失踪を含め248名だった。韓米合同調査報
告によれば、米地上軍は老斤里事件の発生期間、老斤里周辺で避難民に向かい射
撃をした。彼らは、1950年7月26日と29日の間にトンネル出入口双方の内部をは
じめ、多くの地域にいる避難民たちに射撃を加えた。その結果、数未詳の避難民
が死んだり負傷を負ったりすることになった[99]。

　CBSが発掘して報道した、米第5空軍前方指揮所作戦部長ロジャース(Tur-
ner Rogers)大佐が第5空軍副司令官ティンバーレイク(Edward J. Timber-

lake）将軍に送った7月25日のメモによると、米軍による韓国の民間人に対する攻撃は動かし得ない事実だった。メモは「陸軍は、我が軍の陣地へ接近して来る全ての民間人避難民（*all civilian refugee parties*）に向かい機銃攻撃を加えるよう要請している。今まで我々は、陸軍の要請に応じてきた」と言う。そして、陸軍は「北朝鮮軍で形成される、あるいは北朝鮮軍が統制する、大規模な民間人たちが米軍陣営に浸透している」として、民間人への射撃を合理化していると記録している。7月26日から良民に対する無差別射撃が始められたことに照らして、空軍により機銃掃射の圧力を加えたという事件前日の文献の存在は、以後の米軍による虐殺が一定程度は計画的だったことを示してくれる[100]。

参戦していたアンダーウッド（Horace G. Underwood）の陳述のように、投入された将兵たちの無知と恐怖が、やはり大きな影響を及ぼしたようだ。彼によれば、ある日の夕方は米軍3個部隊が3つの方向へ互いに銃撃を繰り広げたこともあった。誰かが恐怖に駆られて引き金を引くや、他の側では自分たちが射撃を食らったと思い、応射をして米軍の間に激烈な銃撃戦が展開されることになったのである。戦闘訓練をほとんど受けないまま朝鮮戦争に投入された兵士たちは、戦闘に未熟だった。彼らは、北朝鮮軍が民間人に変装をして前線へ浸透してくると信じ、軍服を着用しない朝鮮人男性は全て共産軍のゲリラと見ていた[101]。

無知と故意を越えて、生命殺傷に関する限り老斤里が示してくれたところの非武装民間人たちに対する無差別乱射、これはどんな名分でも正当化され得ない戦争犯罪だった。確認された死亡者には、65歳の老人から誕生1年目を過ぎた男児、2歳になった女児も包含されていた。彼らがこの時点で果たして敵として活動したであろうか？　生き残った人たちのある証言を引用して見よう。

「4日目となるや、米軍は今や鉄橋の正に直前まで来て、銃を乱射したよ。人民軍によって敗走しながら、最後の殺戮をしたんだな。疲労困憊した人たちは、生かしてくれと言う声も出せずに、ばたばたと倒れました。鉄橋の中で4日目まで生き残った者たちが1百名程度でしたが、おそらくこの銃撃で半分は死んだでしょう。」[102]

北朝鮮の戦時『朝鮮人民報』8月10日付によれば、米軍は忠清北道永同邑の林渓里と主谷里で7月12日頃から避難という名目の下に住民を山へ率いて行った後、7月21日の大田陥落直後に2千余名の人民を虐殺した[103]。誇張にもかかわらず、虐殺の事実自体は一旦、把握したものと見える。同紙8月19日付によると、7月29日夕方に黄澗で人民軍は約400余名の死体を発見した。記者の全旭（音訳）による記名記事に従うと、死体の山を発見した時、崔淳子（音訳）の名前を持つ幼い少女と金思朗（音訳）という1名の老婆は生きていた。彼らによれば、米軍

は付近の人民たちを全て避難せよと強制的に山と野へ引率して行き、防空壕を掘らせては食料もない状態で約10日を防空壕に留めさせた。6月29日の朝、北の方から大砲の音が聞こえるや、米軍は避難民たちを全て防空壕の中に入らせて後、空中の航空機に無線連絡を取り、空から機銃掃射を降り注いだ。残っていた数十名の住民たちは、鉄橋の下に引き連れられて行き、機関銃射撃を受けた[104]。

　方善柱(パンソンジュ)が入手した当時の鹵獲文書の英訳本によれば、北朝鮮軍の最高位指導部は、老斤里虐殺事件を知っていただけでなく、人民軍の敵愾心と憎悪を涵養するのに活用した。人民軍第1軍団本部は、8月2日に「永同付近のあるトンネルで約100名が処刑されたのを発見した。赤ちゃんが母親の胸にしがみついている惨状は到底、直視できない光景だった。10名の生存者たちは、涙を流しながら自分たちが受けた行為に怨恨を返してくれるよう訴えた」と言い、軍事委員の金在郁(キムジェウク)と文化部司令官の崔鍾学(チェジョンハク)の名前で次のように命令した。

「1）全ての文化部従事者たちは、英雄的に戦闘中の人民軍戦士たちに永同の民間人殺戮蛮行を宣伝し、敵を完全に掃討するよう憎悪心を高めること。

　2）各中隊の文化部担当者たちはこの命令により、この宣伝作業を徹底的に周知させること。

　3）文化部担当者たちは、敵が以後にもこのような蛮行を犯すことを戦士たちに知らせることにより、可能な限り早急な日時内にこのような状態から人民を解放するため戦うことが自分たちの責任だということを感じさせること。

　4）人民軍すべての戦闘員にこの事件を周知させること。」[105]

　老斤里事件についての論文によれば、老斤里事件において虐殺の主体は米軍で、虐殺規模は約400余名、虐殺の日時は7月26日から29日だった[106]。真相調査についての韓米共同発表文に従えば「切迫した朝鮮戦争初期の守勢的な戦闘状況下で、強要により撤収中だった米軍は、1950年7月の最後の週、老斤里周辺で数未詳の避難民を殺傷したり負傷を負わせたりした。」[107] これは、米軍による民間人殺傷を言い逃れることのできない事実と確定してくれる。しかし、米軍の調査報告書は最終結論で「米軍調査チームにより検討された文献的な証拠と退役軍人の証言のいずれも、韓国の民間人に対する故意の虐殺（*deliberate killing*）の仮説を支持しない」と言い、米軍による故意の民間人虐殺の可能性を一蹴する[108]。そうだとすれば、この間に公開された数多くの文献と証言は何だったのか、問い質すことになるのである。

　クリントン（Bill Clinton）米大統領は2001年1月11日、公式声明を通じて「本人は、米国を代表して1950年7月下旬、老斤里で韓国の民間人たちが命を喪ったことに対し、深い遺憾の意（*deeply regret*）を表明する」と述べた。クリントンは、

記念物の建立と追慕奨学基金の設置を約束した[109]。しかし彼は、謝罪はしなかった。コーヘン（William Cohen）米国防長官は、朝鮮半島の自由を守護するため3万6千名の米軍が生命を捧げたことを強調した後、50年の歳月が流れ、老斤里事件についての事実全部が明らかにされる可能性は少なくなったと述べた。彼は、この悲劇的な事件に対する遺憾表明の象徴的な措置として、老斤里近辺に記念物を建て、韓米記念奨学金（The United States-Republic of Korea Commemorative Scholarship）を設立するだろうともう一度、約束した[110]。

しかし、本書が出版される時点まで米国は、ふたつの約束事項についてどのような履行も事後措置も取らなかった。韓国政府も、やはり同様だった。他の事件に対する追加措置を一切排除したまま、ひとえにこの象徴的な1つの事件に対してさえ何もしないという我々そして彼らは、ドイツと日本の戦後処理の類題から何を学んだのであろうか？　無辜な民間人に対する明白な虐殺事件について、すなわち虐殺の事実と主体が動かし得ない事実である時、虐殺の故意如何の究明が事件自体の真実の方向を左右するのでは決してない。それは単に、犯罪における細部の主体と罪過の大きさに伴う量刑の大小だけを左右するのみである。つまり、歴史的、道徳的、そして政治的な問題についての判断と懲治は、既に内面の良心から厳重に事実と罪状を判定されており、ただ現実において法律的な問題を避け得るのみである。民間人虐殺問題に対する責任の糾明と真実の謝罪が、伝統的な韓米友好関係や軍事同盟体制を揺るがすものでも決してない。日本の過去史謝罪問題をめぐるアジア諸国民と日本の葛藤は、真実の告白と心からの謝罪こそ過去問題解決の捷径であることを示してくれなかったか？

1950年8月20日、済州島慕瑟浦（モスルポ）で予備検束により糧穀倉庫に閉じ込められていた収監者347名のうち250名が虐殺された。もちろん、裁判はなかった。遺族たちは、警察の威嚇で戦争が終わった時でさえ屍を譲り受けることができなかった。同年8月4日現在、済州島内の各警察署に予備検束された者の統計は840名だった。予備検束で公務員だった自分の父母を喪った、済州島出身の在米心理学者である李道英（イドヨン）の執念のこもった追跡によれば朝鮮戦争時、予備検束により虐殺された数字は済州島警察局傘下の4つの警察署別に済州400〜500名、西帰浦250名、慕瑟浦210〜250名、城山浦（ソンサンポ）6名で、ほぼ1千名に肉薄した[111]。

その2年前に発生した済州島4・3事件で耐えがたい残酷な死の行列を目の当たりにした済州島民たちにとり、戦争の到来は命からがら生き残った者たちをさえ再び死の深淵へ追いやっていたのである。遺族たちは、戦争が終了して3年も過ぎて初めて屍を収集できた。遺族たちは、もう1つ別の祖先を持つと言う。すなわち「同日、同時刻に同じ場所で死に、骨が混ざり合ったことで1つになっ

た」という、全てが１つの祖先を持ったという悲劇的な意味で、自分たちを百祖一孫と呼ぶ。そして、朝鮮戦争時に虐殺された彼らの先祖132柱が埋められた墓の名前は、百祖一孫之墓または百祖一孫之趾と呼ばれた。

　これらの言葉は、韓国語にはない単語である。つまり、新しい単語を創り出さなくては説明できない事態だった。東アジアの韓国を訪ねる外国人観光客たちは、白磁の曲線のように上手に創られた隆起とうねる波濤で形成された済州島の美しい風光は見て行くものの、この墓が含蓄する彼らの深い痛みを見ることはできない。陸地の韓国民も、やはり墓の存在さえほとんど知らない。このような現象は、恥部を教えず、隠して歪曲する現代韓国の歴史教育の慣行ゆえである。彼らは、自分たちが追及してきた反共理念と闘争の正統性を主張しようとして、自分たちの悲しみを悲しみとして教える知恵さえも持ち得なかったのである。

　韓国軍第11師団が無辜の民間人を瞬く間に集団虐殺した後、共匪討伐の戦果として報告した山清(サンチョン)、咸陽(ハミャン)、居昌の良民虐殺事件をはじめ、慶尚南北道と全羅南北道の至る所で類似の事件が続出した。1951年２月９日から11日までの３日間に発生した居昌事件の場合、共匪として追われ虐殺された住民719名（男331名、女388名）のうち、14歳以下の子どもが359名で半分を超えた[112]。詳細に分析すれば、３歳以下が100名、４〜10歳が191名、11〜14歳が68名だった。60歳以上は66名だった[113]。当時、文洪永(ムンホンヨン)（10名）と文洪漢(ムンホンハン)（８名）がそれぞれ集団で喪った家族の中、半分以上が９、７、５、２歳ならびに10、８、５、３、１歳の子どもたちだった[114]。別のある統計は、総752名のうち３歳以下がおよそ119名、14歳までの子どもは259名、60歳から92歳までの老人は70名だと主張する[115]。彼らは全部、軍の体系的な作戦でわずか３日間に虐殺された。子どもが半分以上を占め、その中でも特に「３歳以下」の子ども100名を含み、10歳以下の子ども291名が共産主義者と内通したという理由で集団虐殺されるところにあって、我々は外侵から国民を保護すべき国家機構の根本存在論理と行動様式を問い質すことになる[116]。

　国家が戦争を行う理由は、国家の守護と国民の保護にある。３歳以下の児童たちが通匪行為をなし得る認知能力を持っていたであろうか？　虐殺は、理性による理解を絶するほど戦慄の極に至ったのである。朝鮮戦争前に発生した済州島４・３事件の場合にも、被虐殺者たちの年齢別の分布を見れば、申告された全体の１万1,665名の被害者のうち１〜10歳が649名（5.56％）、11〜20歳が1,842名（15.79％）、61歳以上が673名（5.76％）に達した[117]。別の研究に従えば、済州島４・３事件で虐殺された民間人の中には10歳以下の子どもや身動きが不便な老人は、およそ各々676名、706名を占めた[118]。1949年12月24日に韓国軍第２師団第25連隊第３大隊第７中隊により民間人が虐殺された慶尚北道聞慶(ミンギョンシ)市山北(サンプクミョン)面石鳳里(ソクボンニ)

石達洞(ソクタルドン)の場合、総86名の被虐殺者のうち10歳以下が19名に達した。その19名のうち10名は、いま正に世の中に出て来た1〜3歳の幼児だった。この時、54歳の蔡周民(チュジュミン)は息子3名、娘1名、嫁1名、孫3名が一度に虐殺され、自分を含めて計9名の家族を一挙に喪い、家系自体がほとんど消え失せかけた[119]。生き残った彼の家族と子孫にとっては、これ以上の大きな悲劇はなかった。

　『港都日報』の追跡によれば、1951年2月7日に山清郡管内の8つの村では推定の虐殺人数が529名に達する、韓国軍第11師団のよる集団虐殺事件が発生した[120]。虐殺と同時に村は燃やされて、生存者は極少数に過ぎなかった。死体はあちこちに転がり、銃声と血の臭いが渓谷を越えて広がって行った。『港都日報』が伝える現場取材に従えば、国民保導連盟員たちの犠牲はもっと大きかった。軍警の後退過程で彼らの犠牲は、晋州、晋陽、馬山、昌原(チニャン)、金海、東萊、山清(チャンウォン)、巨済(コジェ)、義昌(ウィチャン)、南海(ナメ)、密陽、梁山、昌寧(チャンニョン)など慶尚南道地方だけでも、ほとんど全地域にわたり夥しい数字に達した。一言で述べて、全ての地域で虐殺がほしいままに行われたと見れば間違いないほどだった。

　その中には強制的に加入させられて「つくられた共産主義者たち」も数えられぬほど多かった。朝鮮戦争前には転向の確認を受けるため全国的に保導連盟加入を強要し、戦争が勃発するや今度は再び潜在的な抵抗要素と恣意的に判断して、裁判なしに処刑する二重性は、国家自体が自らの転向工作が失敗だったことを自認するか、そうでなければ彼らがもともと共産主義者でなかったことを証明する、どんな場合にも一貫性を認定され得ない自己矛盾的な行為だった[121]。この矛盾する国家の行為を説明できる、どんな理性的な根拠も我々は発見できないのである。

　理念を越えようとした理性の政治家である曺奉岩(チョボンアム)の言及を見よう。「6・25事変を迎えて見ると……むやみに保連(国民保導連盟の意味——著者)に加入していた人たちは、一律的に危険だと言って、共産党と一緒に国家に反逆するだろうという見解の下に我が方からは殺害を受けたし、一方の共産党からは共産党を離脱して大韓民国に入り、大韓民国を支持したという理由の下にやはり虐殺を被ったのである。……何らの意識もなしに、ただ生きるための欲求から、または無識の至すところから、あちこちでこの団体あの団体と加入した後に脱退した彼らがこのような惨変を被ったのを見るに、その本人たちがどれだけ抑鬱されたか、またそれがどれほど可哀想なことだろうか。」

　彼の洞察は、過去を越えて未来に向かい継続される。この彼の言葉は、戦争の傷跡と理念的な重圧がそのまま残っていた1954年の発言だった。「このことは、我々がそれこそ胸に手を当てて、もう一度かんがえてみる問題である。この思想

戦の神経戦で我々が非科学的、非政治的な事態を継続して演出するならば、誰が共産党を離脱して帰って来る人がいるのか、将来に南北が統一された時に、どうであれ共産党一色になっている北朝鮮の同胞たちに無用な恐怖心を与えることになる外ないのである。」[122]

　ここで衝撃的な事実を1つ見よう。この資料の存在とその内容は、充分に強調されねばならないと考える。資料に従う時、保導連盟員のうち少なくない人数が、以前に何らの左翼活動もしたことがない人たちだった。京畿道始興郡西面の李順○と薛鎮○は、左翼「団体に加入した事実が全然ない」(原文どおり)にもかかわらず、保導連盟に加入して「良心書」を提出せねばならなかった(○表示は匿名処理のためのもの——著者)。しかし、その「良心書」で彼らは「過去の過誤を遷善し、大韓民国に忠誠を尽くす」と誓った[123]。他の多くの「良心書」も、やはり「赤狗に騙され、団体に加入しただけ」と応答した。左翼活動をした経歴がなかったにもかかわらず、加入した事実が文書で証明される李順○と薛鎮○の事例が特別な例外ではなかったのは、強調する必要もないであろう。我々は長い間、保導連盟員たちが全て左翼だったのか、そうではなかったのかという論争を繰り広げてきた。この資料は、彼らのうち少なくない人数が左翼ではなかった点を明白に例示する。

　1960年4月革命で李承晩体制が崩壊した後に韓国々会で構成された良民虐殺事件真相調査特別委員会の「良民虐殺事件真相調査報告書」に従えば、虐殺された一般民衆は、申告された数字に限定しても慶尚南道3,085名、慶尚北道2,200名、全羅南道524名、全羅北道1,028名、済州島1,878名に達した[124]。しかし、生き生きとした現地調査は、智異山周辺など慶尚南道の一部地域の犠牲者だけでも4千余名に達すると告発する[125]。ヘンダーソン(Gregory Henderson)は、韓国軍と防諜隊が再び進駐して以後、10万名以上が裁判なしに処刑されただろうと推定する[126]。民主化以後に現れている各地の虐殺事例調査が示してくれるように、精密調査がなされる場合、このような数字は大きく増加する外はないであろう。朝鮮戦争前に李承晩政府は農地改革を通じ、物的な同意基盤を提供する方式で積極的な支持を抽出しようと追及し、国家機構を使用した強力な抑圧を通じて、抵抗の放棄を強要した。しかし、共産主義者たちによる電撃的な戦争の開始は、韓国政府が無制限の暴力を使用しても、何の制約も受けない状況を提供したのである。

　いわゆる「国民防衛軍事件」は、戦争を遂行する過程で国家機構が反体制的な国民ではなく、忠誠心ある(loyal)国民に向かってまでほしいままに行える犯罪的な行為をよく示してくれる。国民防衛軍とは、中国軍の参戦と戦況の再逆転による危機に直面して、1950年12月に既存の大韓青年団および青年防衛隊が引き継

公務員が記録した保導連盟員の李〇〇の良心書。左翼団体加入の事実が「全くない」にもかかわらず、保導連盟員となったことを明白に示してくれる（原文にある住所と名前は、著者が任意に削除した）。
資料：National Archives

がれる形で、これら国家主導の青年団体を代替して創設された軍事組織だった。「国民防衛軍設置法案」が1950年12月15日、韓国々会に提出されて同月16日に通過、21日に公布された。この法律制定を通じて国民防衛軍は、満17歳以上40歳未満の壮青で構成された公式の法的な組織だった[127]。

しかし、その実は、全国の青年組織が差し迫って軍事組織に変更されたものに過ぎなかった。この組織は、各地で50万名に達する青年たちをデタラメに徴集して構成され、第2国民兵と呼ばれた。だが国民防衛軍は、出発から高位幹部たちの想像を超越する不正と着服、予算の不正な政治資金化により、短い期間に夥しい数字の将兵たちが飢餓と疾病で餓死、凍死した[128]。前線で将兵たちが国家のために死んでいる時に国家防衛機構の幹部たちは、彼らの生命を奪っていく不正を犯していたのである。

最初の集結と南下行軍から「死の隊列」、「骸骨の行進」と呼ばれるほど、参加青年たちの状況は見るに忍びない惨状だった[129]。餓死した死体は、ただカマスで覆われたまま道端に放置された。ある資料は、千余名の第2国民兵が死亡したと記録している[130]。1951年に入るや否や、国会では国民防衛軍の惨状の原因と対策をめぐり激烈な論争が繰り広げられた。このため、国民防衛軍は真相調査を経て、

国会による1951年4月30日の法律制定で同年5月12日、公式に解体されざるを得なかった。創設されてから、わずか6ヵ月後のことだった。

　未曾有の戦時不正と非理を主導した国民防衛軍指導部は同年8月13日、死刑に処せられた。国民と国会による暴露と措置がなかったら、惨状は更にどれほど大きくなったか分からない。国防長官の申性模と後日死刑に処せられた国民防衛軍司令官の金潤根(キムユングン)は、国民と国会の攻撃に対して鋭意「不純分子の策動」だとか「第5列の蠢動」だとか言いつつ、共産分子たちの謀略だとしながら腹黒い不正と非理を糊塗しようとした[131]。

　戦時にどうしてこんな腐敗事件が可能だったのか、国家は何ゆえに第2国民兵を必要としたのであろうか？　前述したように、韓国は既に戦争勃発直後の7月6日に「徴発に関する特別措置令」と7月22日に「非常時郷土防衛令」を制定、公布して完璧な戦時動員体制を構築、17歳以上の全ての人的な資源を徴発、徴用できた。そうだとすれば、李承晩体制の腐敗相を示してくれる事例を越えて、この事件は単純に戦時、国家が無理な国民動員と彼らの軍事的な編制化のために犯した反人権的な行動の結果であった。

注

1)　文洪九（音訳）『私の軍、私の人生（韓国文）』ソウル、瑞文堂、1993年、204-205頁。
2)　李泰雨（音訳）「私の6・25日記（韓国文）」未刊行手稿
3)　『老兵たちの証言：陸士八期史（韓国文）』ソウル、陸軍士官学校第8期生会、1992年、404頁。【以下『老兵たちの証言』と略記】
4)　劉鳳栄「動乱初期の4日間　特集――私が経験した6・25（韓国文）」、『時代』1965年6月号、ソウル、112-113頁。金聖七『歴史の前で（韓国文）』ソウル、創作と批判社、1993年、56-64頁。
5)　金聖七、同上書、60頁。
6)　趙芝薫「絶望の日記（韓国文）」、『趙芝薫全集』1巻――詩、ソウル、ナナム出版、1996年、154-156頁。
7)　金聖七、前掲書、69頁。
8)　趙芝薫、前掲書、69頁。
9)　金聖七、前掲書、69頁。
10)　金珖燮「精神と覇気の形成を……　特集――私が経験した6・25（韓国文）」、『時代』1965年6月号、ソウル、117-118頁。
11)　『朝鮮人民報』1950年7月3日、『パルチザン資料集』6巻、春川、翰林大学校アジア文化研究所、1996年、3頁。
12)　『朝鮮人民報』ならびに『解放日報』1950年7月18日、同上書、34、196頁。

13) 『解放日報』1950年8月2日、同上書、226頁。
14) 李秉喆『湖巌自伝』ソウル、中央日報社、1986年、54頁。
15) 崔貞熙「乱中日記から（韓国文）」、梁柱東ほか『赤禍三朔九人集』ソウル、国際保導連盟、1952年、37頁。
16) 李潤『陣中日誌』（4）1950．6〜8（韓国文）、大韓民国国防部戦史編纂委員会資料342。
17) 朴明林『韓国戦争の勃発と起源（韓国文）』Ⅱ、ソウル、ナナム出版、1996年、第1章。
18) 白鉄「鉄鎖に繋がれ3ヵ月（韓国文）」、梁柱東ほか、前掲書、20-21頁。
19) Michel Vovelle, *La Francia rivoluzionaria. La caduta della monarchia. 1787-1792*（崔甲壽訳『王政の没落とフランス革命 1787〜1792（韓国文）』ソウル、一月書閣、1987年、148-150頁。）
20) 徐憙淳「避難実記」未刊行手稿、1950年。
21) 朝鮮戦争前における越南の詳細な規模、構成、意味、そして北風の内容については、朴明林、前掲書、353-365頁、を参照。
22) 面談番号0-21「池基哲」（1969年9月2日）、韓国国防部戦史編纂委員会『証言録』所収。
23) 李潤、前掲資料。
24) 前掲『老兵たちの証言』380-383頁。
25) 大韓民国国防部政訓局戦史編纂委員会『韓国戦乱1年誌（韓国文）』ソウル、1951年、C49, C51-C52, C54-C55頁。このうち「非常時郷土防衛令」は、議会の承認を受けられず廃棄されたが、8月4日に再び宣布された。同上書、C56-C57頁。
26) Roy E. Appleman, *South to the Naktong, North to the Yalu* (Washington, D. C. : U. S. G. P. O., 1961), p. 191.
27) 国防軍史研究所『韓国戦争支援史』ソウル、1997年、158頁。
28) "Top Secret: Utilization of Korean Man-power", National Archives, Record Group 319. Entry 97. Box 37.
29) 大韓民国国防部戦史編纂委員会『韓国戦争史』第1巻、改定版、1977年、108-109頁。
30) 国防軍史研究所、前掲書、158頁。
31) 『朝鮮人民報』1950年7月3日。
32) 『朝鮮人民報』1950年7月2日。
33) 『朝鮮人民報』1950年7月3日。
34) 『朝鮮人民報』1950年7月7日。
35) 『朝鮮人民報』1950年7月7日。
36) 金日成「8・15解放5周年平壌市人民委員会記念慶祝大会で陳述した報告（朝鮮文）」、『金日成選集』3巻、平壌、朝鮮労働党出版社、1953年、57頁。金日成『自由と独立のための朝鮮人民の正義の祖国解放戦争（朝鮮文）』平壌、朝鮮労働党出版社、1954年、58頁。

37) 『東亜日報』1950年10月12日。
38) 張炳旭『6・25共産南侵と教会（韓国文）』ソウル、韓国教育公社、1983年、207-213頁。
39) 『基督教思想』通巻第95号（ソウル、1966年4月）、90頁。
40) 大韓民国警察史編纂委員会『韓国警察史』Ⅱ、ソウル、内務部治安局、1973年、547頁。大韓民国大検察庁『韓国検察史』ソウル、1976年、287頁。『韓国戦争史』4巻、ソウル、1972年、759頁。最後者の統計は自首が397,080名で、総計でも10名の差異が出る。前二者の統計が合っているものと考える。
41) 『韓国戦争史』4巻、758-759頁。
42) 同上書、760頁。
43) 朴元淳「戦争反逆者5万余名どのように処理されたか（韓国文）」、『歴史批評』通巻第9号（ソウル、1990年夏）、184頁。
44) 大韓民国教育部国史編纂委員会『北韓（北朝鮮）関係史料集』ⅩⅥ巻、ソウル、1993年、88頁。
45) 同上書、102-121頁。
46) 同上書、122-127頁、146-147頁。
47) 同上書、122頁。
48) 同上書、139-140頁。
49) 同上書、114-115頁。
50) 同上書、145頁。
51) 一例として、愛国闘士会「愛国者被殺者名簿」、国防軍史研究所資料203〜205、National Archives (NA), War Crime Division (WCD), Doc. 17.
52) 『朝鮮人民報』1950年7月12日、『パルチザン資料集』6巻、22頁。朝鮮人民軍前線司令部文化訓練局『朝鮮人民は屠殺者米帝と李承晩逆徒どもの野獣的蛮行に復讐するだろう（朝鮮文）』平壌、刊行年不詳、30-33頁。当時、現場で生き残った金進久（音訳）は、総165名が5名ずつまとめられて6月28日早朝2時に監獄から引き出され、一旦は陸軍刑務所へ行ったが、西氷庫へ行って銃殺されたと証言した。自分は漢江に水葬されたが、もう一人と共にやっとの思いで生き返った。『朝鮮人民報』1950年7月23日、『パルチザン資料集』6巻、44頁。
53) 朝鮮人民軍前線司令部文化訓練局、同上書、27-29頁。この資料によれば、金三龍と李舟河の当時の職位は、それぞれ朝鮮労働党中央委員兼政治委員、中央委員兼組織委員だった。二人は6月26日18時頃、憲兵司令部後方の500m地点で松に縛られたまま銃殺された後、埋められた。彼らの殺害場所は8月3日に発見され、翌日に発掘された。
54) 『朝鮮人民報』1950年7月6日、『パルチザン資料集』6巻、9頁。
55) 『朝鮮人民報』1950年7月14日、同上書、26頁。
56) 『朝鮮人民報』1950年7月16日、同上書、30頁。
57) 韓国の公式記録によっても、その後退した場所の刑務官と韓国軍が再び復帰、脱走在所者たちを逮捕したとなっている。しかし、虐殺についての言及はない。韓国

法務部『韓国矯正史』ソウル、1987年、504-505頁。
58) 『朝鮮人民報』1950年7月15日、『パルチザン資料集』6巻、28頁。
59) 中央日報編『民族の証言（韓国文）』1巻、ソウル、中央日報社、1983年、315頁。
60) 同上書、316頁。
61) "Report of the United Nations Commission on Korea —— Covering the Period from 15 December 1949 to 4 September 1950: General Assembly Official Records: Fifth Session Supplement", No, 16 (A/1350) (Lake Success, New York, 1950), p. 26.
62) 以上の統計は、韓国法務部の公式記録から原文そのままに引用した。韓国法務部、前掲書、484-538頁。
63) 著者は、この諸資料の詳細な内容と統計を現在、分析中である。諸資料は次のようである。法務部大邱刑務所『人名簿』1950年度。釜山教導所『矯正統計』1950年度。『在所者人名簿』1950年。『在所者人員表』1950年。大田教導所『在所者人名簿』1950年。1960年度国会良民虐殺特別委員会『速記録』。
64) 李瑄根、李益興の証言を中心として。李益興は当時、憲兵副司令官だった。前掲『民族の証言』1巻、315-317頁。
65) 韓国法務部、前掲書、515-518頁。
66) Philip Deane, *I Was A Captive in Korea* (New York: W. W. Norton & Company. INC., 1953), pp. 91-92.
67) Alan Winnington, *I Saw the Truth in Korea* (London: People's Press Printing Society, 1950), pp. 4-6.
68) *Ibid.*, p. 3.
69) 『朝鮮人民報』1950年7月27日、『パルチザン資料集』6巻、52頁。朝鮮人民軍前線司令部文化訓練局、前掲書、40-41頁。
70) この問題について初めて登場する『朝鮮人民報』新聞記事には大徳郡サネ（사내）面ランウル（랑을）里と、文化訓練局の資料にはチャンオ（장오）里と表記されている。
71) National Archives, RG. 319, Entry 85, Dummy File, "Execution of Political Prisoners in Korea". 資料公開以後、この諸資料は元来の文書位置になく、集合資料（*dummy file*）で保管されていた。この資料ならびに写真の内容は、米州『韓国日報』2000年1月6日、7日、8日付にも詳細に掲載されている。大田での虐殺についての取材記事は『ハンギョレ21（韓国文）』第292号（ソウル、2000年1月20日）を参照できる。
72) 南朝鮮地域における南北朝鮮の双方による良民虐殺についてのカミングスの研究は、この主題に対するほぼ最初の糾明だと言える。Bruce Cumings, *The Origins of the Korean War*, Vol. II (Princeton: Princeton University Press, 1990), pp.690-707.
73) Deane, *op.cit.*, p. 91.
74) 前掲『ハンギョレ21』第292号。http://www.hani.co.kr/h21/data/L000110/1

pbfa4b. html,

75) 『韓国日報』2000年4月21日、電子検索。"Witness, 1950 Documents Say South Koreans Shot Thousands of Prisoners", http://www. wire. ap. org/ APpackages/nogunri/executions. html.

76) "Statement of Gen. Matthew B. Ridgeway, Chief of State. United States Army", *Korean War Atrocities —— Hearing before the Subcommittee on Korean War Atrocities of the Permanent Subcommittee on Investigations of the Committee on Government Operations United States Senate. Eighty Third Congress. First Session Pursuant to S. Res. 40*, Part I (Washington D. C. : United States Government Printing Office, 1954), pp. 4, 6.

77) "Shooting of Prisoners of War by South Korean Military Police", http: // www. wire. ap. org/APpackages/nogunri/executions_doc2. html.

78) 『朝鮮における米国侵略者どもの蛮行に関する文献集（朝鮮文）』平壌、朝鮮労働党出版社、1954年。

79) Winnington, *op. cit*., pp. 3 -4.

80) 『朝鮮人民に対する米帝国主義者たちの食人種的な蛮行（朝鮮文）』平壌、1952年、34-35頁。

81) 『朝鮮における米国侵略者どもの蛮行に関する文献集』1 -51頁。

82) 『朝鮮人民報』1950年8月10日、『パルチザン資料集』6巻、76頁。

83) 韓知希「国民保導連盟の組織と虐殺（韓国文）」、『歴史批評』35号（ソウル、1996年冬）、303頁。

84) 『ハンギョレ』2000年1月19日（入力記事）、電子検索。

85) 李庸起「村落での韓国戦争の経験とその記憶（韓国文）」、歴史問題研究所『歴史問題研究』第6号（ソウル、2001年6月）、31頁。

86) 韓相亀「被虐殺者遺族の問題（韓国文）」、4月革命研究所編『韓国社会変革運動と4月革命（韓国文）』2、ソウル、ハンギル社、1990年、173-202頁。

87) 慶尚北道議会良民虐殺真相糾明特別委員会『活動結果報告書』2000年、21頁。

88) 国会良民虐殺事件真相調査特別委員会「良民虐殺事件真相調査報告書」（1960年6月21日）、『第35回国会臨時会議速記録』第42号（付録）、7頁。金泳澤『韓国戦争と咸平良民虐殺（韓国文）』光州、社会文化院、2001年。

89) 鄭恩勇（音訳）『君よ、我らの痛みを知るや（韓国文）』タリ、1994年。呉連鎬「最初の証言6・25参戦米国の忠清北道永同良民3百余名虐殺事件（韓国文）」、月刊『マル』1994年7月号、ソウル、36-45頁。呉連鎬『老斤里その後（韓国文）』、ソウル、月刊マル、1999年、14-68頁。崔秉洙・鄭求燾「6・25動乱初期　忠清北道永同地区の民間人殺傷事件に関する研究（Ⅰ）——老斤里での米軍の対良民集団殺傷事件を中心に（韓国文）」、忠北大学校人文学研究所『人文学誌』第17集（清州、1999年2月）、245-283頁。方善柱「韓国戦争当時の北韓（北朝鮮）資料で見た老斤里事件（韓国文）」、『精神文化研究』第23巻2号（通巻79号）、（ソウル、2000年夏）、19-47頁。http://www. wire. ap. org/APpackage/nogunri……. http://www. hen-

ryholt. com/nogunri……. Charles. Hanley, Sang-Hun Choe and Martha Mendoza, *The Bridge at No Gun Ri: A Hidden Nightmare from the Korean War* (New York: Henry Holt and Company, 2001). Robert L. Bateman, *No Gun Ri: A Military History of the Korean War Incident* (Mechanicsburg, PA: Stackpole Books, 2002).

　鄭恩勇と呉連鎬は、この事件についての最も忠実な証言者で、記録者である。著者が知る範囲で、この事件が学会に初めて知られたのは1990年のカミングスの研究を通じてで、一般に知られたのは1994年5月4日『ハンギョレ』の報道と鄭の記録、呉のルポルタージュを通じてだった。外国学者の最初の言及、現地住民と言論の証言と報道、国際通信 AP による国際世論化という、事件の公開および世論化の過程は、重要な歴史的な問題に対する韓国学会の遅い対応を読み取らせる。済州島4・3事件も、やはり国内学会の努力よりも最初の研究が外国学者メリル（John Merrill）によるもので、その後に国内の研究が続き、現地世論と団体の主導で真相究明と名誉回復の努力が進行してきたという点で、我々の社会科学と歴史学が歴史に対面する姿勢に困惑を強いるのが隠せない現実である。この陳述を何よりも、このような主題を研究している著者自身に対する批判的な問題提起として理解していただくことを望む。

90) Cumings, *op. cit.*, p. 706.
91) http: //www. henryholt. com/nogunri/document02. htm. Hanley, Choe and Mendoza, *op. cit.*, p. 81.
92) "War Diary: First Cavalry Division, 25 June-November 1950.", NA, RG338, Records of United States Army Commands, 1942 〜, Entry 34407, Box 42.
93) 『朝鮮人民報』1950年 8月12日、『パルチザン資料集』6巻、80頁。
94) http: //www. henryholt. com/nogunri/document19. html. Hanley, Choe and Mendoza, *op. cit.*, p. 90.
95) http: //wire. ap. org/ APpackage/nogunri/documents. html.
96) Kang Han-Mu, "The United States Military Government in Korea. 1945 〜 1948: An Analysis and Evaluation of its Policy", Ph. D. Paper. University of Cincinnati, 1970, pp. 34-35. USAMGIK, "History of the United States Army Military Government in Korea, Period of September 1945 to 30 June 1946", 3 : 139 (Seoul: Office of Administrative Services, Statistical Research Division, 1946), Cumings, *op. cit.*, Vol. I, p. 126. から再引用。
97) http: //www. henryholt. com/nogunri/document14. htm.
98) 老斤里事件調査班『老斤里事件調査結果報告書』2001年、ⅷ-ⅸ頁。
99) 同上書、ⅹ頁。
100) http: //www. henryholt. com/nogunri/document31. htm. Hanley, Choe and Mendoza, *op. cit.*, p. 75. 老斤里事件調査班、同上書、39頁。
101) Horace G. Underwood, *Korea in War, Revolution and Peace: The Recollections of Horace G. Underwood*, edited and annotated by Michael J. Devine（朱章敦（音

訳）訳『韓国戦争、革命、そして平和（韓国文）』ソウル、延世大学校出版部、2002年、167頁。）
102) 呉連鎬、前掲記事、前掲書、41頁。当時の事件で生存した梁海燦の証言。
103) 『朝鮮人民報』1950年8月10日、『パルチザン資料集』6巻、76頁。
104) 『朝鮮人民報』同上書、94頁。
105) 方善柱、前掲論文、前掲書、21-24頁。
106) 崔秉洙・鄭求憲、前掲論文、前掲書。
107) 国務調整室老斤里事件対策団『老斤里事件関連資料集』ソウル、2001年2月、214-225頁。発表文の英文題目は、"Statement of Mutual Understanding" である。
108) Department of the Army, Inspector General, *No Gun Ri Review* (Washington, D. C., January, 2001), p. 192.
109) 国務調整室老斤里事件対策団、前掲書、226-227頁。
110) 同上書、228-231頁。
111) 李道英『死の予備検束：良民虐殺真相調査報告書（韓国文）』ソウル、月刊マル、2000年、43-45、70-71頁。
112) 盧民英・姜熙正（両人とも音訳）編『居昌良民虐殺――その忘れられた血の涙（韓国文）』ソウル、オヌリ、1988年、151頁。
113) 伸冤遺族会『居昌事件当時の死亡者名簿（韓国文）』。
114) 同上書。
115) 『港都日報』1989年1月25日。
116) 居昌虐殺事件についての詳細な内容は、徐丙珇「居昌良民虐殺事件」、『世代』1971年9月号、ソウル、220-229頁。金在明「居昌虐殺：被害者と加害者（韓国文）」、『月刊朝鮮』1988年9月号、ソウル、290-309頁。盧民英・姜熙正編、前掲書。『港都日報』1989年1月25日、1月26日、2月2日、2月11日、2月25日、3月24日。金東椿「居昌事件の展開過程（韓国文）」、第1回居昌事件学術大会発表文、2000年10月、1-18頁。韓寅燮「居昌良民虐殺の法的解決（韓国文）」、ソウル大学校法学研究所『法学』42巻4号（ソウル、2001年）、175-213頁。朴明林「国民形成と内的平定：『居昌事件』事例研究――脱冷戦以後の新資料、精神、解釈（韓国文）」、『韓国政治学会報』第36集2号（ソウル、2002年）、を参照。
117) 済州道議会4・3特別委員会『済州島4・3被害調査報告書（韓国文）』修正補完版、1997年、50頁。
118) 金栄訓「済州4・3解決のための努力過程と展望（韓国文）」、済州島中等社会科教育研究会主催「済州4・3の理解」（2000年5月1日、済州教育博物館講堂）主題発表論文、『済民日報』2000年5月2日（電子検索）から再引用。
119) 慶尚北道議会良民虐殺真相糾明特別委員会、前掲書、62-69頁。
120) 『港都日報』1989年4月24日、5月1日、5月8日、5月15日、5月22日、5月29日、6月12日、6月19日、6月26日。山清事件についての既存の研究と遺族たちの「2月8日」主張は、軍内部の命令書と秘密資料を追跡する時、2月7日の誤謬と思われる。これについては、朴明林、前掲論文、前掲書、を参照されたい。

121) 鄭熙相（音訳）『このままでは目を瞑ることができん——6・25前後の民間人虐殺事件の発掘ルポ（韓国文）』ソウル、トルベゲ、1990年、217-229頁。『港都日報』1989年9月8日、9月12日、9月18日、9月25日、10月2日、10月7日、10月16日、10月23日、10月31日、11月8日、11月17日、11月23日、11月27日、12月4日、12月13日、12月18日、12月26日、1990年1月3日、1月9日、1月15日、1月22日、1月30日、2月5日、2月12日、2月19日、2月27日、3月5日。

122) 曺奉岩「我々の当面課題（韓国文）」(1954年)、鄭太英・呉有錫・権大福編『曺奉岩全集』第1巻、ソウル、世明書館、1999年、215頁。

123) NA, RG242, SA#2009, 7/67.

124) 国会良民虐殺事件真相調査特別委員会、前掲報告書、1-13頁。

125) 『港都日報』1990年3月17日。

126) Gregory Henderson, *Korea: The Politics of the Vortex* (Cambridge: Harvard University Press, 1968), p. 167.

127) 東亜日報編『秘話 第一共和国』2巻、ソウル、弘字出版社、1975年、164-168頁。

128) 大韓民国国防部政訓局戦史編纂委員会、前掲書、A78頁。釜山日報社『臨時首都千日』釜山、釜山日報社、1985年、111-187頁。呉蘇白『解放20年——記録編』ソウル、世文社、1966年、384-387頁。『解放20年史』ソウル、文学社、1967年、574-579頁。

129) 東亜日報編、前掲書、171-179頁。

130) 呉蘇白、前掲書、384頁。

131) 李洪雨「50万の飢餓軍隊（韓国語）」、『新東亜』1966年12月、ソウル、310-311頁。

第7章　国家と暴力と残酷行為

1．国家と暴力

　1950年6月25日に戦争が勃発した後、戦争の初期局面の間、李承晩体制は押し寄せる北朝鮮軍の攻勢を阻止するところに総力を挙げた。国家自体が存亡の危機に置かれていた仁川上陸作戦以前の時期の間、全ての関心は体制の守護に集中された。事態の向かうところは、韓国の国家と民衆の対応能力と共に、何よりもワシントンと東京の決定にかかっていた。この時期の全ての焦点は、国家の存亡を決定する軍事だったのであり、政治ではなかった。しかし、戦争の勃発と共に李承晩は、迅速に反対勢力に対する最初の措置を取るのを忘れなかった。

　李承晩は、建国憲法第57条に従い大統領緊急命令権を発動、大統領令として緊急命令第1号「非常事態下の犯罪処断に関する特別措置令」【以下「特別措置令」と略記】を発した。李承晩が、なぜ一般的に予想可能な戒厳令の代わりに特別措置令を発動したのかは分からない。彼は、憲法第64条および戒厳法第1条と第4条に依拠し、戒厳を宣布して戦時体制へ転換する代わりに、特別措置令を宣布したのである[1]。実際に李承晩は、戒厳令を7月8日になって初めて宣布し、それさえ全国戒厳への拡大が7月20日だった。戦争の初日、李承晩は明白に戒厳令の宣布を検討していた[2]。

　特別措置令に従い、次のような犯罪に対しては証拠なしに単審で単独判事が「死刑」に処することができた。「①殺人、②放火、③強姦、④軍事、交通、通信、水道、電気瓦斯(ママ)、官公署ほか重要施設ならびにそれに属する重要文書または図面の破壊および毀損、⑤大量の軍需品そのほか重要物資の強取、喝取、窃取など略奪および不法処分、⑥刑務所、留置場の在監者を脱出させる行為」[3]などがそれである。他の諸条項、すなわち「他人の財物を強取、喝取または窃取する行為、他人の建造物の破壊、毀損または占拠行為、官憲の僭称または利敵目的で逮捕、監禁、傷害、暴行した行為、官権の侮辱または敵への情報提供や案内行為、敵に武器、食料、油類、燃料そのほか金員を提供して敵を自ら進んで幇助した者」など、やはり「死刑、無期または10年以上の有期懲役」に処すると規定、甚だしく厳しい処罰を賦課した。

　この特別措置令と「全ての将兵と人民は李承晩逆徒に対し滅敵の決意で銃口を

向けて闘争せよ」という北朝鮮の数多い煽動文とを比較すれば、この戦争が持つ極 vs. 極という対決の性格は余りにも明白であった。この特別措置令は、一般人民に該当する内容としては、建国以来いままで存在した韓国による民間人に対する措置のうち最も強力な処罰を盛り込む命令だった。同時に北朝鮮の攻撃を受けて、これが非常事態の下で超法規的な国家権力行使の最も重要な根拠となった。この特別措置令は、自分の直接的な犯罪ではない行為まで処罰できる根拠を置くことにより、敵の統治下で致し方なく協助した「生存目的の消極的な国家反逆者」まで厳重処罰を免れ得なかった[4]。戦争がもたらした、民主的な法律と手続きの完全な効力喪失だった。

　このような特別措置令は、1950年6月28日または29日に大田で公布されたのが明白であった[5]。しかし韓国政府は、この命令の公布以前の犯罪行為に対する処罰根拠を置くため、6月25日に効力が発生する事実上の遡及立法を措置したのだった。なぜならば、特別措置令が実際に発動された日時に伴い公布される場合、政府のソウル脱出以前における一般市民の行為に対しては処罰根拠を持ち得ないからであった[6]。しかし、遡及立法よりも更に大きな問題は、無限大に近い処罰範囲の「包括性」と「非民主性」だった。この命令により戦時政府に確固たる支持表明をしなかった国民の行為は「鼻に掛ければ鼻環、耳に掛ければ耳環」式にどんな形態でも処罰できる根拠を持つことになった。しかし李承晩政権は、命令の単審規定さえまともに守らず、数多い良民たちを正式な裁判なしに処刑した。

　依然として敵の統治下に入っていた地域が全部は回復されていなかったが、1950年9月15日に仁川上陸作戦が成功するや、韓国の国会は、民衆を欺瞞して首都を脱出した李承晩と政府高位人士たちの責任を追究する一方、国家機構の専横を制御するための諸法律を制定した。いわゆる附逆（国家反逆）行為の処罰問題は、戦時の政治と民衆の関係を示してくれる1つの指標になる。仁川上陸作戦の成功で北朝鮮に占領された地域を奪還することになるや、国家権力の交代、すなわち忠誠の対象と統治主体の交代により、敵の統治下における民衆の行動についての調査がすぐ後に続いた。軍事的な逆転に随伴する、統治権の回復に伴う国家の法律執行行為だった。つまり、軍事的な勝利の後に続く国家統治行為の回復措置であった。

　この時、国家が規定した国家反逆者というのは「共産独裁の思想を理念的に公然と言明したり、または理論的に盲信し、大韓民国の民主政治に反対するのはもちろん、国家の基本組織を破壊する行動をとったり、または彼らの行動に加担して反民族的、非人道的な行為を敢行した者」を言った[7]。逆徒とは即ち、傀儡に協力して反逆を謀った者たちを意味した。

9月17日に国会は、国家反逆行為の処理に慎重を期して、処罰の減免を目的とする「附逆行為特別処理法案」を法制司法委員会の立案で提出し、9月29日に本会議を通過させた。しかし、政府では「現在、軍・検・警の緊密な協力の下、本法の趣旨と同一の趣旨の下に事件を処理している」として、検察権の侵害を理由に附逆行為特別審査委員会（中央ならびに地方）設置を規定した同法律を制定する必要がないと国会の再審議を要求した。戦時の軍・検・警の活動に対して議会の統制のない独自的な権限を行使するという意思だった。実際に政府は1950年10月4日、戒厳司令官の指揮の下に軍・検・警の合同捜査本部を設置し、国家反逆者の検挙ならびに処理問題を専任して担当させた。これに対し11月13日、国会が再び128対2という圧倒的な票差で再可決し、同法案を政府へ送るや、政府は仕方なく12月1日にこの法律を公布した[8]。しかし、公布後にも政府は、この法律を施行する意志を示さず、軍・検・警の合同捜査本部は1951年5月24日に解体されるまで国家反逆者の処罰任務をほとんど独自的に担当した。戦争という非常局面を迎え、議会の統制は不可能だったのである。

　国会は、初戦の敗戦に対する政府の極めて大きな責任を質す一方、国家機構の超法規的な民衆弾圧を阻止するために特別措置令の「改正法案」、「私刑禁止法案」などの立法措置を取った[9]。このような国会の措置は戦時の間、滅共戦争を遂行するという名分で国家機構と準国家機構が民衆に対し、既に多くの私刑的、超法規的な措置を行使したことを示してくれる証左だった。民衆に対する超法規的な諸措置は、韓国政府による南下の時期と北進の時期の間、全てほしいままに行われた。国家の動員と虐殺も、やはり共産軍のそれと共に一般市民には戦慄すべき恐怖だった。市民たちは、共産軍と自国家からの威嚇という二重の圧力に直面せざるを得なかったのである。

　正式に裁判を経て処刑された事例もあった。記録として残っている一事例を見よう。1950年11月5日にAP通信の申化鳳（シンファボン）は、ソウル西側6km地点のある峠で男子16名、女子4名の戦犯処刑現場を目撃した。彼らは、軍法会議で死刑の言い渡しを受けた人々だった。西大門教導所から彼らが出て来て、トラックに乗って峠の麓に止まった時、長さ3m、幅1.5m、深さ1m位のくぼみが彼らを待っていた。30代の白い服を着たある女性は申化鳳に、自分は「今やお終い」だと言いつつ、8歳、6歳、6ヵ月になった子どもたちを依頼して啜り泣いた。憲兵大尉の話によれば、彼女は人民軍の占領期間中、女性組織の委員長として人民軍に提供する服を作らせた。彼ら20名がくぼみへ入れと言う指示を受けるや、この女人は最後に泣き叫んだ。「最後のお願いだから、一言だけ聞いて下さい。私は至らない母親だけど、子どもたちだけは立派になるのを願います。どうか子どもたちには

温情をかけてやって下さい。」

　ある中年の男は「一日だけでも良いから、待って下さいよ。明日になれば、私が潔癖なのが分かることになるでしょう」と叫んだ。しかし、時間は彼の味方ではなかった。最も年若い18歳の少女は、冷静だった。彼女は地に跪いて座り、目を閉じてから「天にまします主イエス様、貴方の娘をお見守り下さい」と祈祷した。彼女の罪目は、人民軍に志願してソウルへ進撃した米軍に対抗し、9月23日に手榴弾を投げた行為だった。この日に処刑された人々の職業は、多様であった。電話交換手1名、家政婦1名、大学生2名、農夫1名、肉体労働者2名、商人4名、会計士1名、公務員1名、大工1名、銀行員1名、鍛冶屋1名、俳優1名、印刷工1名、無職2名だった[10]。

　国会には1951年3月、国家の超法規的な虐殺と私刑を調査するため国会特別調査委員会が設置されるに至った。しかし、議会の調査は極めて制限的である外なかった。国会は、戦争を遂行するという国家機構の大義名分に押されて、軍隊と警察に対する牽制機能をほとんど遂行できなかった。居昌虐殺事件が暴露され、国会の「調査団」が現場調査のため訪問しようとしたが、軍は慶尚南道地区戒厳民事部長の金宗元(キムジョンウォン)大尉の主導下に調査団の現場訪問途中、共匪に偽装した軍隊を待ち伏せさせ、集中銃撃を加えて、調査を妨害した[11]。

　これは、国会の調査を阻止するため軍隊が計画的に捏造した襲撃だった。終戦以後にも民主化の局面でなければ、戦時の虐殺事件が国家により徹底して隠蔽され、真相糾明の努力は厳しく処分を受けた。民主化の進展と過去における国家の犯罪行為に対する真相究明ならびに処罰要求とが比例したという点は、国家の犯罪が権威主義統治によりほしいままに行われ、また隠蔽されることを示してくれる。この話は冷戦時代、洋の東西を問わず同一だった。旧体制の解体、民主化の空間が開かれる中で、権力により隠蔽された犯罪行為は暴露され処罰された。

　戦時に共匪に偽装して攻撃する行動形態は、虐殺自体が最初の犯罪行為とすれば、その隠蔽のために国家機構が自ら共匪を自任して立ち現れた2次的な犯罪行為だった。自分たちは共産主義者に偽装してでも目的を達成しようとしながら、国民は共産主義者になる可能性があると予め処刑する選択から、我々が法律的な根拠はさておき、このような行為の道徳的、理念的な正当性を発見する空間は毫も存在しない。比較的に強いこの表現の根拠を、代表的な反共軍人であると同時に民衆の恐怖の対象だった金宗元の事例を通じて証明して見よう。

　良民虐殺の真相を隠蔽し、調査を妨害した金宗元は、朝鮮戦争時期を通じて「虎の金（Tiger Kim）」、「白頭山(ペクトゥサン)の虎」として知られながら、極限の残酷さと水火も辞さない勇猛さで名声と悪名を同時に轟かせた人だった。しかし彼は、勇気が

真に必要な時は、一般兵士や民衆に比べて全くそれを示せないタイプの人間の一人だった。ムチオが作成して米国務省に報告した金宗元についての秘密電文を見よう[12]。

　1940年、日本軍に志願入隊した彼は、日本陸軍でも最も典型的な残忍性を示した下士官出身だった。フィリピン列島とニューギニアで勤務した後に帰国した彼は、警察と警備隊に入隊したが、部下たちと逮捕された者たちに余りにも残忍に振る舞い、しばしば解任されることを繰り返した。金宗元は、警備隊司令官の宋虎聲（ソンホソン）の配慮で再び警備隊に復帰し、麗水事件と智異山地域の討伐作戦における残忍で効果的な反ゲリラ戦術で注目を浴び、勝利に便乗して勢いづくようになった。現場を目撃した金鶏有（キムゲユ）によれば、麗水・順天事件の終了以後の国家反逆者の索出過程で、金宗元は「日本刀で首を切り、疲れると拳銃や小銃で射撃試験をするなど、それこそ人間としてはどうしてもなし得ない蛮行を犯した。」[13]

　戦争が始まった時に彼は、釜山の第23連隊長を任されていたが、すぐに前方へ投入された。一般民衆にとって残酷さを持つ者たちは大概、弱者には恐ろしく、強者の前では尻尾を垂れる属性を示す。彼の凶暴さの裏面に隠された卑怯さが現れるのに、多くの時間は必要ではなかった。彼の米軍顧問官は、前線付近で「虎の金」を探したり、彼が指揮する連隊の終わりない後退を中断させたりするのに最も大きな困難を経験せざるを得なかった。彼は、隠れて通り過ぎたり逃亡して回ったりするのに忙しかったのである。

　逆に彼は、米軍顧問官が見ているにもかかわらず部下を撃ってしまうほど、自分の部下たちには残忍さを倍加させて行使した。部下たちが金宗元を殺す考えを持つほどに、彼の卑怯さと残忍さは深刻な問題を惹起した。結局、つまらない戦果と指揮統率の問題により、初戦の1950年7月7日に金宗元は連隊長職から解任された。しかし、彼の不名誉な解任さえ、彼の未来の経歴を妨害はできなかった。彼は翌月、大佐に昇進して憲兵副司令官となり、後に解放された平壌を占領する目的で北朝鮮地域に派遣された。平壌で彼は、再び思う存分に自分の転倒した勇猛を振り回した。そして、平壌から後退した1950年11月には慶尚南道地区の戒厳民事部長となり、再び民衆に対し恐怖の存在として君臨した。

　ある軍記録によると金宗元は、第23連隊長を任されていた当時、不当な正面攻撃命令を下しては、これを受け入れずに迂回攻撃を建議した大隊作戦官（中尉）を現場で銃殺するよう憲兵に命令した。罪名は不敬と抗命だった。しかし、この作戦官は不当な命令に抗拒し、自分に照準を合わせようとする憲兵をまず狙い、間もなく憲兵が銃を降ろした。金宗元は、自分の不当な命令により部下たち同士で銃撃をさせる指揮官だった。この記録は、金宗元のような「蛮行」が当時の指

揮官の中にはざらにあったと指摘する。その記録は、更に進んで彼を「部下に過酷で、戦闘に卑怯だった。戦術的な頭脳がなく、部下の将兵たちから怨恨の声が高かった」と批判している14)。機会主義的で二重人格的な人間がしばしばそうであるように、強敵に対する卑怯さと弱者に対する残忍さとは一緒に相伴うという点を、金宗元はよく示してくれる。前者は自分を殺し得る武装を持っており、後者は自身を害する何らの手段も持ち得ない民草たちだった。その点が、金宗元の矛盾した行動をもたらした最も大きな要因だった。

　第8師団第10連隊の高根弘(コグンホン)の事例も、やはり金宗元に次いで戦時の虐殺事件をよく示している。陸士8期の金千萬(キムチョンマン)は、一方的に押された初戦において命令なしに後退したという罪目で連隊長の高根弘から銃殺命令を受けるや「大隊が全滅した高地において、単独で戦えはしなかった。連隊長殿は、安全な後方で観望しながら、対岸の火事と見ていたではないか」と言い、名誉を持って死ぬと自ら拳銃自殺をした。高根弘は、崔明徳(チェミョンドク)少尉と鄭求情(チョングジョン)中尉も、やはり名分なしに即決処分した。陸士2期出身の高根弘は、北朝鮮軍の波状的な攻勢を迎えて陣地移動の途中に命令もないのに後退したという名分で、数発の拳銃を全身に集中乱射して鄭求情中隊長を殺害した。

　ある中隊長は、命令不服従という理由で連隊長の前で銃殺を被ることになったが、不当な処刑に抗議する士兵による現場の奇襲と激烈な抗拒で救出された。大隊長の作戦命令により移動する小隊長を、命令なしに後退するとして即決処分した連隊長もいた。記録は「6・25前線で頻繁にあった一部の指揮官(連隊長、師団長)たちの過酷な即決処分乱用により、力のない初級指揮官たちの若い命は、名も分からない山野にどれほど多く埋められたことか！」と抗弁している。これらの諸事例は全部、北朝鮮や民間ではなく全て韓国軍の記録に表れているものだった15)。

　伝説的な反共闘争の記録を持つことで知られていた金宗元の事例は、韓国の軍人と民衆をして、そもそも誰ともっと熱心に戦うのが愛国だったのか、語れないようにする惨憺たる事例である外はない。一連の良民虐殺と蛮行について、政府は最後まで隠蔽、縮小、偽装、捏造を企図した。虐殺事件についての国会「調査団」による現場調査に対して、軍は共匪に仮装してこの調査団を襲撃し、この調査を極力妨害して、証人たちに千篇一律的な証言を強要して捏造した。この調査団が到着した時、住民たちは「部落民200名が射殺されたが、全て共匪と内通した人々で、老幼は一人もいなかった」という強要された捏造証言をする外はなかった16)。金宗元は、虐殺事件についての真相究明要求に対して「流言造言で軍を非難、または政治的に軍を侮辱する機関の謀略」と一蹴した17)。国民防衛軍事件に

第7章　国家と暴力と残酷行為

ついても国防長官の申性模は、国会の答弁で「不純分子の所行」、「第5列の策動」だと強弁した[18]。彼に従えば、居昌虐殺事件は「良民虐殺というのは事実無根であり、良民ではなく共匪を討伐したもの」に過ぎなかった[19]。彼らの答弁と認識において、国民の人権という最小限の概念を発見するのは不可能である。対共産主義戦争の遂行は、国家機構の明白な犯罪行為さえ正当化させようとする企図を可能としたのである。

共産主義との闘争を遂行するという国家安保（national security）の名分が戦慄すべき民衆虐殺を正当化してくれる中、人間の安全保障（human security）の最小限をも無と化したのである。このような虐殺作戦を指揮した幹部たちは処刑されず、大部分が再び国家機構の高位職に復帰した。戦争を起こした共産党の蛮行に膺懲するという名分により、国家テロルは残酷さの極点を示していたのである。しかし「共産党の蛮行を殲滅する」という名分が、我々の蛮行まで正当化してくれることはない。国家安保の基本目的は、人間の安全保障だからである。

この戦時における持続的で大規模な民間人虐殺は、いわゆる「国家テロリズム（state terrorism）」[20]の事例を構成する。統制されていない国家テロリズムについては米軍の資料に従う時、朝鮮戦争前の済州島4・3事件において討伐に成功した理由が「民間人大量殺戮作戦（a program of mass slaughter among civilians）」であった。それは、死亡者1万5千名のうち最小限80％が軍警により殺害された時、予め典型的に現れていたのだった[21]。1988年に著者が引用したこの米軍の資料と1997年の済州道議会の調査報告の資料とは、驚くほど似通っている。道議会の調査資料によれば、犠牲となった1万1,655名のうち国家権力により犠牲となった数字が9,674名（82.93％）、ゲリラにより犠牲となった数字は1,314名（11.26％）だった[22]。

国家の指示は具体的だった。朝鮮戦争時に中佐として海軍浦項警備司令部司令官を任されていた南相徽予備役海軍准将によれば、海軍浦項警備司令部は1950年7月初め、慶州、浦項、盈徳の一円で予備検束された住民200余名を軍艦3隻に乗せて浦項を出発、迎日湾長鬐灯台の東側3〜5km地点の海へ出て銃殺した後、全て水葬にした。彼によると当時、軍の処刑命令は、申性模国防長官が蔡秉德陸軍参謀総長、孫元一海軍参謀総長に下し、浦項警備司令部には海軍参謀総長名義の文書命令で下達された（原文どおり）。警察の処刑命令は、趙炳玉内務長官が金炳元治安局長を通じて各道警局長に下達した。南相徽は、司令官として自分もやはり直接、処刑を命令した[23]。

南相徽の証言は、当時の集団虐殺が国家最高位層の体系的な命令、または米軍の介入により行われたことを示してくれる。これは、つまり虐殺が全国的な範囲

で執行されたことを意味する。換言すれば、全国の虐殺は、国家の介入なしには行われ得ないものだったということである。中央情報部長と総理を歴任した金鍾泌（キムジョンピル）は、李道英との談話で当時、陸軍本部情報局4課（防諜隊、CIC）課長を任されていた金昌龍（キムチャンニョン）が虐殺を主導したと証言する。我々は、陸軍本部の直接介入を金鍾泌の口を通じて確認することになる。彼に従えば、予備検束者が蜂起を煽動したので彼らを処刑したという話を金昌龍から聞いた[24]。南相徽と金鍾泌の証言は、国家最高首脳部の直接介入を証拠立てる重要な内容を含んでいる。

済州島駐屯の海兵隊情報参謀で海軍中佐の金斗燦（キムドゥチャン）が1950年8月30日、城山浦警察署に下した「予備検束者銃殺執行依頼の件」という文献によれば、城山浦警察署に拘禁中のD級およびC級で銃殺未執行者に対しては貴署で銃殺執行後、その結果を9月6日までに陸軍本部情報局済州地区CIC隊長に報告せよとなっている[25]。この短い命令に従えば、陸軍本部情報局地方組織が直接、警察に虐殺を指示していることが分かる。もちろん、予めA級およびB級の拘禁者は銃殺が執行されたという点も示してくれる。文献によれば、城山浦警察署長の文亨淳（ムンヒョンスン）は、命令が不当だとしてその執行を拒否し、該当する予備検束者たちの処刑を防ぐことができた。しかし、おそらくこのような戦時の命令拒否の事例は、極めて一部に過ぎなかったであろう。

済州島4・3事件当時、極右団体である大韓青年団の村落副団長を任されていた金栄斗（キムヨンドゥ）（音訳）は、同事件の決定的な原因の1つをなした1947年3・10ゼネ・ストに加担したという理由で朝鮮戦争時期に予備検束の対象となり、CICへ渡されねばならなかった。幸い金栄斗は、右翼団体幹部たちの嘆願と身分保障により命からがら死の風を避けることができた[26]。彼は、おそらくCICへ身柄が移管された場合、処刑を免れ得なかったであろう。極右団体幹部の経歴がある金栄斗さえ示威加担の経歴があると予備検束になった点は、このような検束と逮捕の範囲がどれほど広範囲で無差別的だったかをよく示してくれる。

一般国民に対する国家テロルがこれほど極端に現れた理由は、国家の正統性をめぐって闘う国家形成のための北朝鮮との戦争が、それと連携した内部の挑戦勢力に対する鎮圧、すなわち国内平定（*internal pacification*）と結合されたところから由来する現象だった。このような戦時国家による国民の大規模虐殺は、近代国家権力の形成過程、主体、行使方法の問題と関連して、非常に重大な問題として迫って来る。特に、国家主導による国民保導連盟の結成とその参加者たちに対する虐殺という、戦争勃発と前後した時期の国家の政策は、自己の政策と正当性を自ら否認することにより、所与の領土内で暴力の独占体として近代国家が持つ暴力の合法性を根底から否認する行為だったのである。国家に対する過去の罪を

悔い改めるために参加せよと言っておきながら、再びその参加者の大部分を虐殺する二律背反的な行為が正当化されるはずはないのだ。

　国家は一般的に「強制力を使用する権利の唯一の源泉」として「所与の領土内において物理的な強制力の正当な使用を独占しようと（成功裏に）主張する唯一の人間共同体」と定義される。したがって、近代国家形成の過程は、暴力の独占過程、正当性をめぐり闘う諸勢力の領土内からの体系的な排除の過程を意味する。同時に、領土内の人民に対する国民的な統合、国民形成の過程を意味する。忠誠の独占的な確保を追及するのである。したがって、正当性の構築を通じて国家は、対内的、対外的な主権（sovereignty）の独占を構築する。主権は、国家が存在しない所では求められないからである[27]。この点に照らして朝鮮戦争は、単一の主権国家形成のための戦争という性格を持つと言えるのである。

　近代国家が伝統国家と異なる最も大きな特徴の1つは、統治権力と領土範囲の正確な一致だと言える[28]。ここから、領土内の主権の独占的な構築過程において挑戦勢力に対する攻撃は、一種の国内平定過程に該当する[29]。特定国家の形成過程で現れる暴力の強度は、領土内の国内平定の過程における挑戦勢力との衝突が強力だったことを証明する。しかし、平定の過程において領土内に「既に国民として存在する」、すなわち国民性（nationhood）を持っている同族を国家の正当性に挑戦する、国民ではない存在として擬制化して集団的に虐殺するのは、国家権力の構築過程だと言っても正当化され得ないのである。特定の領土内における正当性の競争過程で、排除を通じた競争勢力の除去は、物質的な暴力の使用手段を除外しては可能ではない。特に、内部の特定集団が外部と連携して主権に対抗する挑戦勢力として認識される時、弾圧は過酷である。戦争は双方の誰にも慈悲の心を許容しない。戦争の当事者たちにとり、勝利に代替するものは何もないからだ。その過程において真に苦痛を受け、被害を受けるのは、指導者たちではなく常に一般民衆である。戦争はいつも一般民衆のために、と始められるが、彼らに被害を与えるのみである。

　朝鮮戦争で力 vs. 力がぶつかり合う最前線の移動は、特定体制の中に所属する内集団と外集団、自己と他者、こちら側とあちら側、国民と敵を分かつ国境を形成するための分画線の極めて短い時間単位での転移を意味するものだった。しかし、その過程で領土内の一般国民は、敵または敵と連携する外集団として擬制され、過度の暴力行使の対象として変転した。これは、特定体制の暴力性の可否を超えて、権力一般または権力形成過程の本質的な正当性問題を提起させる。国家が合法的な暴力の独占的な実体として存在するという点は、権力の形成、維持、そして消滅を核心とする政治の衝突する2つの本質を構成するからである。国家

は、共同体の守護と秩序維持のため自身の構成員である人民から委任を受けた権力を人民に向かい行使する中で、抑圧の実体として迫って来ることになる。いわゆる法と秩序の維持の問題なのである。委任的な存在であると同時に抑圧的な存在（国家）、権力の主体であると同時に対象（国民）、この二重性が支持と抵抗、保護と抑圧の反復される政治過程を構成する。暴力の独占を通じた唯一の合法性が、国家権力のあらゆる行使方法を正当化してくれるのでは決してない。

権力の正当性は「形成的な正当性」だけではなく、この行使の「過程的な正当性」によっても接近されねばならないという点で、人権と民主主義のため権力行使において現れる不道徳性、暴力性、そして非人間性は際限なく制約を受け、監視を受けねばならない。いわゆる法統が正当性のあらゆる起源を提供してはくれないし、無抵抗を要求する根拠となりはしない。しかし、戦争と共に進行した2つの朝鮮の国家形成に随伴した国民形成は、分断という相手国家の排除と一緒に進行した負の統合（*negative integration*）だったから、過程的な正当性をほとんど考慮しなかった。要するに、反対勢力を「事実上の国境」の向こうに追い出すと同時に、内部の反対勢力を制圧しながら支持勢力を結集させる二重過程において、相違した理念を持つ者たちを排除する方法は、どんなことでも正当化されたのである。

負の統合は近代国家形成、政治統合過程における特定の階級、階層あるいは部門の敵対化と意識的な排除を意味する[30]。すなわち、韓国の国家形成は「韓国の国家としての統合」と「北朝鮮（傀儡）国家との敵対」が相互関数的に進行した過程として、それは1つの民族内において2つの国家と国民が形成されたゆえに、必然的に負の統合である外はなかった。この時、「統合」の理念は自由民主主義で、「敵対」の理念が共産主義だった。それは、内集団と外集団を分かつ政治的な基準だった。ここで我々は、韓国で現れた自由民主主義と反共主義の歴史的な結合関係を確認することになる。朝鮮戦争は、そのような負の統合の最終的な封印の契機だった。共産主義による占領の経験が、韓国の内的な統合を反対の方向から更に大きく高めて強くしてくれたからである。

2．残酷行為と人種主義

制空権を掌握した米軍の爆撃も、やはり良民虐殺の重要な要因だった。国連軍の戦況報告によれば、6月25日から9月15日まで国連空軍の出撃回数は2万8千回を越え、総1万7千tの爆弾を投下した。報告に従えば、国連空軍は北朝鮮の都市地帯を完全に破壊できた。その際、将来もそうするだろうが「常に注意した

ので、一般市民に対する破壊は回避され、軍事的な目標に対してだけ攻撃が加えられた。」[31] しかし、韓国のある統計は、このような国連空軍による民間人爆撃の回避努力を全く認定しない。

韓国の公報処の資料が語る、1950年9月28日現在のソウル市人名被害についての原因別統計を見れば、行方不明者を含む総1万7,127名の死亡者のうち4,250名が空爆（原文どおり）による死亡であり、負傷者5,114名のうち2,413名が空爆による負傷だった。行方不明者8,333名を除外する場合、死亡の1/2、負傷者の1/2が空爆による被害だったのである。空爆による死亡者が殺害された者の2倍を超えるという点は、死亡の主原因が何から来たかをよく示してくれる。負傷者の場合も、空爆による被害が最大を記録していた。前述したように、北朝鮮の空軍は、もう7月初めには完全に制空権を喪失し、38度線以南へほとんど出撃できなかった。そうだとすれば、下の統計の人命被害の大部分は、国連空軍の爆撃によるものだという点が容易に分かる。

〈表7−1〉　原因別死亡者数（ソウル市）1950年9月28日現在

（資料：公報処）

総　　数	空　　爆	銃　　砲	火　　災	殺　　害	行方不明
17,127	4,250	2,378	445	1,721	8,333

出典：『韓国戦乱1年誌』D12頁／（単位：人）

38度線以南のソウルがこの程度だったならば、北朝鮮地域の民間人被害を推測するのは難しくない。簡単に述べても最小限、南朝鮮地域と同程度の被害は、国連空軍の爆撃によるものだということである。韓国軍と北朝鮮軍は当時、何の空軍力も持ち得なかった。この被害は1950年9月28日までの被害だったという点を記憶する必要がある。北朝鮮は、1950年7月16日たった一日の間に、ソウルからの米軍爆撃機の猛爆で一般住民1,069名が殺害され、743名が重傷、458名が軽傷を負ったと主張した[32]。

〈表7−2〉　原因別負傷者数（ソウル市）1950年9月28日現在

（資料：公報処）

総　　数	空　　爆	銃　　砲	火　　災	そ の 他
5,114	2,413	1,958	314	402

出典：『韓国戦乱1年誌』D12頁／（単位：人）

北朝鮮のソウル市衛戌司令部（原文どおり）は、初戦の7月9日に「布告文」を通じて、米軍の猛爆に伴う強力な夜間灯火管制措置を取った。21時から05時までは通行を禁止し、夜間通行車両はライトの光が前方10m以上に伸びてはいけなかった。反航空対策のため、全ての家屋には防空壕を掘らねばならなかった。市

民たちにとり、5〜15秒単位の5連続サイレンの音は敵機来襲の信号で、1分間連続のサイレン音はその解除信号だった。市民たちは、この信号に従って一糸乱れずに動いた[33]。7月16日にソウル市衛戍司令部は、交替した司令官の朴孝三(パクヒョサム)の名前で再度、反航空対策を布告した[34]。空襲は、それほど威嚇的だというわけだった。

8月12日に米空軍は、北朝鮮に対し625tの爆弾を浴びせた。この爆弾の量は、第2次大戦中に250台のB-17機で構成された爆撃飛行隊が一度に投下できる爆弾の量と匹敵するものだった。8月末、B-29爆撃機は北朝鮮地域に一日800tの爆弾を浴びせた。投下される爆弾の大部分は、ナパーム弾だった。6月から10月までB-29爆撃機は、866,914ガロンのナパーム弾を投下した[35]。1950年11月末現在、国連空軍の爆撃戦果は、都市の損失度がそれぞれ満浦鎮(マンポジン)95%、江界(カンゲ)75%、会寧(フェリョン)90%、南市(ナムシ)90%、新義州(シニジュ)60%、楚山(チョサン)85%、朔州(サクジュ)75%、古仁洞(コインドン)90%に達する程度に甚だしかった[36]。北朝鮮地域の主要都市は、焦土化されていったのである。

米軍の空襲が深刻になるや、各地域では米国航空機の空襲による被害状況を詳細に調査し、一律に図表を作り、細目を発表して、地方の労働党、人民委員会、民青などの連名で地方ごとに空襲に反対する決議文を採択した[37]。米軍の空襲に伴う各種の施設、家屋、橋梁、道路の破壊は、復旧のための人民動員を必要とした。人民たちが復旧のため短期間、集中的に動員されたが、相当数の人民は動員を回避して逃避してしまった。

例えば漣川郡党は、戦時の義務労力動員を緊密に組織するため男子1万2,789名、女子1万4,812名、総計2万7,601名を予め組織しておいた[38]。しかし、漣川全谷(チョンゴンミョン)面党の報告によれば、敵機が来襲すると動員された人員数の30%から50%が逃避し、毎日夕方には平均20%以上が逃避した。強制動員だったにもかかわらず、動員の効率はひどく低下したのである[39]。

地方ではまた、上部の指示に依拠して「武装自衛隊」を組織、伏兵・奇襲・破壊戦術で敵軍を動揺、瓦解させて、敵の後方を撹乱する遊撃戦術を敢行した[40]。武装自衛隊と異なる一般の自衛隊員たちは、地方の施設に対する警備業務を担当した。内務員一人当たり自衛隊員4名が配置され、資源の保管倉庫と穀物倉庫施設を警備した。このような業務を担当した人々の中、地方では内務員よりも自衛隊員の役割が遙かに大きかった[41]。

朝鮮戦争における朝鮮人民の被害について切々たる記録を残した従軍記者トムプスン（Reginald Thompson）の『泣き叫ぶ朝鮮（Cry Korea）』によれば「一団の農民たちは……何丁かの小銃とカービン銃、そして見込みのない勇気を持って、この巨大な現代武器に手向かったのだが、……彼ら自身と全ての住民たちに

とっては、火炎爆弾の戦慄すべき恐怖、そしてロケットと重砲による破壊へ帰結した。空軍の支援を受けて米軍が前進する間、数百、数千の民間人たちが死んでいった。」[42]

　トムプスンが見るに、いま20世紀の真っ直中の時点において正気に向かって進むなり、または狂った絶望に向かって進むなりすると、屠殺者たちは引き金を引きさえすれば良く、そうすれば死が飛んで行って、容赦なく遠く離れた誰とも知らない人々を痕跡もなく消し去った。死のホロコースト、死の大量生産（*mass-productions*）が、全体の共同体と地上の生きている生命体に廃墟の深淵を弥漫させていた。単に一人の女性や子どもを殺すため、引き金を引く人もいた[43]。彼が見るところ、韓国の首都と村々の残酷な運命が新しい機械戦争技術の結果という点は、動かし得ない事実だった。最小限の抵抗は、破壊の津波をもたらし、その地域を押し流した。「我々はこれが、朝鮮民衆が遂行するよう要求されている残酷な代価の単に始まりに過ぎないという点を（ソウル奪還のその時点では）未だ理解できなかった。我々はそれが終わりだと考えたが、朝鮮人民の残酷な犠牲は今、ただ始められただけであった。」[44]

　米軍の無差別空爆と民間人の大量虐殺は事実、自由守護戦争、国際警察行為に付け加えて人種主義の問題を惹起する。共産主義者と自由民主主義者が互いを認定しないようにしていた事実に劣らず、米軍もやはり（共産主義者または）一般の朝鮮人民に人種的な偏見を持ち、自分たちと同等な人間としてその存在を認定（*to recognize*）したがらなかったことは否認できないだろう。この点で朝鮮戦争は、ベトナム戦争の前史だったと言えよう。

　米軍による朝鮮の民間人虐殺は、彼らが自由、正義、民主主義の伝播者としてのみでなく、東洋人に対して持っている白人優越主義を顕示する形態を表してくれる。たとえ彼らが「共産主義の侵略から自由大韓を守護し、民主主義への統一のため犠牲となっている」と言っても、人種主義的な虐殺、強姦、強奪、放火は正当化され得ない非人道的な行動である外はない[45]。非武装の民間人に対する虐殺は、たとえ戦争中の作戦遂行過程における産物だったとしても、主体が韓国と米国と北朝鮮の各軍隊の中どれだったにしろ、どのような名分でも正当化され得ない非人道的な戦争犯罪行為だった。

　その時、自由、平和、ヒューマニズムの具現という本来の参戦の名分は消滅する。しかし、このような米国の非人道的な行動は、朝鮮戦争がベトナム戦争とは全く異なり、世界の批判的な言論と世論からほとんど孤立したまま展開されたという特性ゆえに、外部に知られたり牽制を受けたりしなかった。言論の報道と学問的な研究も、全て同様だった[46]。この点が、ベトナム戦争と朝鮮戦争が持つ非

常に大きな差異であった。この問題が朝鮮戦争で注目され得なかった理由の中には、冷戦初期という時点上の特性により拡張一路にある共産主義を打倒するため、反共聖戦を遂行するという世界的な反共主義の流れも大きく作用した。ひとつの失敗として描き出された良民虐殺は、反共聖戦の大義に埋没させられてしまったのである。

米国の大国的な姿勢と韓国民の弱小国としての位置ゆえに、韓米葛藤の問題は、境界線以北での北朝鮮とソ連の葛藤のように、その実すでに戦前の占領時期から左右翼の理念を問わず進行し増幅されたのであった。すなわち、朝鮮戦争前に米国は、韓国の左右両翼と全て衝突した。朝鮮戦争の前、米国に対する韓国人からの非難は、単純に米国の中国放棄の経験ゆえのみではなかった[47]。韓国人は自分たちの歴史を通じても、米国の政策を深く認知していた。韓米葛藤は、西欧的な機能合理主義と東洋的な共同体主義が醸し出した対立でもあり、中心部における国際政治の論理と弱小国での自国生存の論理が産み出した衝突でもあった。それはまた、韓国人の強い民族主義と衝突する摩擦音だった。後に李承晩政府で外務部長官を経験した卞栄泰(ピョンヨンテ)は、米国の外交政策について世論を引用して早くも1948年、次のように批判している。

「我が国民は、不幸にも大変いぶかしがっています。ある者はただ否認のみしており、ある者は反駁までします。すなわち、初代ローズベルトは我々を援助するという協定の義務があるにもかかわらず、日本が我が国を併合する時に慮るところなく我々を願い下げにし、第2代ローズベルトは、数多くの国家の中でことさら日本よりも更に歯がガタガタ震える国家に朝鮮の半分を与えたわけだから、米国が我々をまたもや打ち捨てないということを誰が分かるものかと言うのだ……反発する彼らを、そうだからと言って非難はしないで下さい。欺瞞されて幻滅を感じ、因苦(ママ)に悩まされて失望して冷笑するようになってしまった彼らなのです。」[48]

彼が使用する欺瞞、幻滅、因苦、失望、冷笑などの語彙に、米国が自国の国際戦略によりいつでも韓国を捨てるかも知れないという強い不信と憤怒が込められている。それは、逆説的ながらも1945年10月にハッジが進駐する中で下した、朝鮮人民共和国に対する否認声明で使用された語彙とほとんど同一である。卞栄泰が挙げた2種類の実例中、前者は朝鮮半島に対する米国の長い帝国主義的で侵略的な属性を批判する時、北朝鮮において最もしばしば、最も強烈に引用された歴史的な実例だった。彼は「米国は、ポーツマスとヤルタで我々を打ち捨てた。したがって、生まれるのは不安感ばかりだ。今またもや米国が我々を打ち捨てないだろうと誰が担保できるのか？ これが現在のこの瞬間に、韓国人が胸を焦がす

疑問である」と直接的に言及していた[49]。

　反面、48年秩序の時期にずっと北朝鮮も、やはりしばしば米国が日本とつるんで朝鮮を売り渡したと強烈に攻撃した。日本が旧韓国を侵略して併合するのに、米国が黙認を通じて寄与したという事実は、韓国人にも朝鮮人にも全て知れ渡った秘密だった。この点で卞栄泰が指摘した韓国人の疑心や北朝鮮が指摘した旧韓国を売り渡したという攻撃は、歴史性を持つのだった。米国に対する韓国右翼の疑心と北朝鮮左翼の攻撃とが1つの地点で遭遇しているのは、面白い事実である外はなかった。

　48年秩序の時期に韓国の北進統一論は、極右主義者たちの好戦性の発露であると同時に、歴史的な実例による彼らの米国に対する疑心からだった。米国人たちは、たとえ外交的な修辞を使用しはするが、この時期に韓国人を余りに乱暴で粗野であり、甚だしくは国際政治を知らない世間知らずであるかのように見なしていた。時に彼らは「小さいのが、うるさく振る舞う」という式に対応した。韓国のある公式記録は、占領初期を当て擦って「当時、米軍は韓国人を米国の『インディアン』程度に扱った」と記録している[50]。彼らは、韓国人を単に「2等国民（sort of a second-class citizen）」としか見なしていなかった[51]。精錬された手続きを遵守し、外交的な用語を使用することを知る彼らが見た時、韓国人は未だ若造で、国際政治を知らなかった。しかし、韓国人は直線的で時には荒々しく性急だが、共同体的で新たに建設した国家を上手に運営してみようという意欲に充ち満ちていた。それは、北朝鮮でも同様だった。金日成は、ソ連に依拠しながらも限りなくソ連から抜け出そうとした。朝鮮民族は、北朝鮮ではソ連軍と衝突し、韓国では米軍と衝突した。

　米軍占領時期に韓国内で頻発した衝突は、単純に左派と右派、左派と米軍の間の衝突だけではなかった。米軍と右派指揮官たちとの衝突も少なくなかった。特に英語を知らず、強い民族主体意識と中国での闘争経歴を持った老民族主義運動家たちは、米軍に接近しようとせず、彼らとしばしば衝突した。このような運動家たちは、米軍が日本軍と満州軍の出身者で軍隊と警察を編制するや、そのような反民族的な組織に加担しないようにした。その排除と参加拒否は、そのまま初期において韓国の軍隊と警察の性格を決定した。彼らは、英語が分からないだけでなく中国的な基盤により、ずっと疎外されていた。ある韓国人将校たちは米軍占領時期、訓練に関して事ごとに参観する米軍下士官を、自分たちを「侮辱する」という理由で殴打してから辞表を投げつけてしまった[52]。この情況を伝える公式記録が使用した用語は、傲慢不遜、侮辱、矜持、民族的な主体意識などである。さらに進んで「今日、自分の国の国籍を持って新たに出発するのに、矜持まで打

ち捨てることはできなかった」と記録する。李承晩と彼の部下たちは、しばしば「我々は国力が弱くてそうなのだ」と自ら慰めねばならなかった。ここには国際政治の犠牲となった弱小民族としての悲哀と、それによる民族主義的な反発や生存の本能とが混在していた。

　米国人たちは1945年、進駐する時から左派的な抵抗であれ右派的な抵抗であれ、朝鮮人の歴史と悲哀の深さを理解できなかった。たとえ1948年には北朝鮮政権の樹立に参与するけれども、1945年当時は穏健で進歩的な抗日民族主義者だった有名な抗日法律家の許憲(ホホン)は1946年、朝鮮を取材したマーク・ゲイン（Mark Gayn）に次のように述べている。

　「アメリカの軍政部についての問題は、軍政部が情況を理解しないということです。そして、しばしば間違いをやらかす。例えば、その間違いの1つは、左派の人たちが民族主義者であって共産主義者ではないということを理解し得ないということです。そして、左派の連中を共産主義者と同等に圧迫しているんです。」[53]

　許憲は、問題の核心を突いていた。

　ゲインの記録は、穏健でありながらも客観的だった。取材に基づいた彼のいくつかの指摘を見よう。彼は、米国の占領政策について「改革とか復興とかへの情熱ではなく、共産主義に対する恐怖が我々の朝鮮革新の強固な基盤をなしていることを私は知った」[54]と書いている。これは、初期における米国の占領政策についての加減をしない直視だった。彼に従えば、プライス（Price）という名前を持った米軍大尉は、このように述べていた。

　「我々が朝鮮に到着した時、朝鮮人民共和国（人共）政府が統制していた。これは、日本の役人たちをその現職に留めておけ、という我々の命令に違反するものだった。そこで、我々はその政府をぶち壊した。私は、人共とか全農（全国農民組合総連盟）とかそういったものは、もはや問題ではなくなっていると思う。旧勢力の連中が住民を組織し、棍棒で武装させ、いろいろな施設を警備させている。このやり方に我々は、たいへん満足している。」[55]

　朝鮮人同士を争わせておいて、これを「満足している」と言うこの大尉の陳述から我々は、解放軍という認識を発見できはしない。ゲインは「朝鮮に関する真実の物語は、共産主義者たちの我々に対する嫌悪ではなかった」としながら、次のように述べた。

　「その物語は、我々が一民族に自由と独立をもたらす機会を持ったにもかかわらず、一方では我々の政策が恐怖に基づいたものであるゆえに、また他方では我々がここで間違った人たちにより代表されたために、我々がその機会を失って

しまったということなのである。(中略)我々の失敗は、明白に我々が直面する問題の複雑さゆえではなく、我々が建設的に行動できなかったところにある。我々とソ連との相違点は、朝鮮における単独の問題としてではなく、全世界的な問題の一部分としてのみ解決されなければならないというのは事実であろう。しかし、我が地域には緊急に解決されるべきであるにもかかわらず、放置されている諸問題が山積している。もし今までに我々が建設的な行動をとっていたら(中略)朝鮮農民の暴動を鎮圧するため日本の訓練を受けた朝鮮人警察官を米国人が運転する飛行機に乗せて運ぶ必要もなかったであろう。(中略)これは、私が取材経験した中で最も暗鬱な話だった。米国人として私が暴いた諸事実、我が国を代表して働く人々の不適任さや米国民に朝鮮で展開されていることを隠蔽するため傾注された協同一致の努力に対して、恥ずかしさを隠すことができない。」[56]

共産主義の阻止が、脱植民地改革の猶予や旧植民地国家の朝鮮総督府官吏たちの継続勤務を許諾する名分となり得はしなかった。しかし、米軍はこの改革をせずに植民地勢力を復活させて、穏健勢力を全て粉砕してしまった。結局、彼らは左派と朝鮮民衆の強力な抵抗に直面せざるを得なかった。米国は、独裁の条件を創り出したまま、またソ連と一緒にどんな統一の方案も準備しないまま両国とも去って後は、今度は政権の独裁的、民族主義的な属性を非難し、援助をするかしないか、捨てるかどうか論争を繰り広げていた。李承晩は、在韓米軍を更に駐屯させよと言う時も、国民には「我々が主張することからは、駐屯の延長に由来して、我が主権の使用には少しも侵損されるところがないはず」だと言明した[57]。

西洋人たちが朝鮮戦争で朝鮮人を侮辱的な表現である「黄色人(gook)」と呼びながら「一匹、捕まえる」と言う時、その言葉には既に人種的で非人間的な意味が入っているのであった[58]。特定集団が自己に比べて劣等な存在と認識される時、彼らを殺害する上で道徳的な障害は消え失せる。停戦直後の1953年12月、米上院政府活動委員会傘下の朝鮮戦争残酷行為常設調査小委員会 (The Subcommittee on Korean War Atrocities of the Permanent Subcommittee on Investigations of the Committee on Government Operations) 委員長を任されていたミズーリ州出身の上院議員ポッター (Charles E. Potter) による最初の聴聞会における終了発言と、1990年代の朝鮮戦争専門家のカミングスによる40年の時差を置いた次の発言は、この戦争の複雑性と世界性、人種主義の問題、韓米関係の歴史と現在が持っている絡みに絡んだ深い二重性を象徴する。強大な権力を行使していた政府活動委員会の当時の委員長は恐怖に満ちたマッカーシー (Joseph R. McCarthy) 上院議員、委員会にはケネディ (John F. Kennedy)、ハンフリー (Hubert H. Humphrey)、サイミントン (Stuart Symington) のような大物たち

も所属していた。まず、次はポッターによる発言である。

「おそらく朝鮮の歴史は、それが記録される時、米軍が参戦したどんな軍事的な経験の中でも最も勇気ある行動で後世に残るだろうと私は考えます。貴方たち朝鮮における戦争で戦った人々は、貴方たちがアイルランド人だったにしろユダヤ人だったにしろ黒人だったにしろ、貴方の人種が何であったとしても我が米国人に偉大な名誉である外ありません。我々すべては、混合人種です。私は、共産主義者たちがあるグループと他のグループを争わせようと、人種的な憎悪を煽動しようと非常に大きな努力、本当にとてつもない努力を傾けたという点を知っています。私は全ての人種の米軍人、そして黒人兵士たちの（朝鮮戦争での）足跡を誇らしく思います。朝鮮戦争で戦った黒人兵士たちは、誇り高い自尊心を持っても良いでしょう。貴方たちは、貴方の人種のためだけではなく、我が祖国にとって誇りです。」[59]

そして、次にカミングスによる発言を聞こう。「私は、残酷性の問題が言及されれば、朝鮮人が感じる深い恥しさを理解し、尊敬する。私は残酷行為が糾明されねばならないと信じるが、米国人もまた恥と感じることを願う。我々は米国人に何を願うのか？　我々は彼らの暴力をどのように考えるのか？　米軍兵士たちが朝鮮の民間人を撃ち、米空軍が朝鮮の村を燃やしてしまったという報道への米国人の反射的な対応は、戦争というのは地獄であり、朝鮮は非常に不慣れな地であって、敵と味方を区別するというのは不可能だったということだ。しかし私は、韓国と北朝鮮により犯された残酷行為は、市民戦争や革命的な状況では――米国の南北戦争を記憶することで充分だ――朝鮮人の間の葛藤において直接、当事者ではない米国人により、そして自由と民主主義を守護するという名分の下、国連が許諾した『警察行為』に従い米国人により犯された残酷行為よりも、遙かにもっと理解するに足るものだと考える。ある村で空中からナパーム弾を使用して数百名の農民たちを殺すことが、彼らを一列に並ばせて撃ち殺すことよりも、より残酷でない行為だとでも言うのか？」[60]

カミングスは1950年、米国人の大部分が朝鮮人の長所を見ようとせず、徹底して軽蔑的だったと批判する。ただ、一部だけが慌てて他の側面も見ようと朝鮮の長所を提示して、朝鮮の長い歴史、道徳的な価値に対する高い成就と深い愛情を想起させた。カミングスは結局、アジアについて何も知らず、自分たちが正しいという確信を持っていた米国人こそ正に野蛮人だったと批判する[61]。

第2次世界大戦に関する古典的な著作でダワー（John W. Dower）が述べているように「（日本と西側の）どちらも、野獣性の側面で相手方を攻撃できる独占性を持ち得なかった。たとえ西側がこのようなことを伝達する、もう少しそれらし

い修辞を持っていたとしても。」[62]　一種の「人種戦争の類型（*pattern of race war*）」を帯びていたのである。邪悪な人種主義は消え失せず、危機と緊張の時期に対立する両者により変形されて現れる。冷戦時代の朝鮮戦争、ベトナム戦争、第3世界の敵対的な運動は、具体的な状況は異なるけれども、パターンは持続された[63]。もちろん、朝鮮戦争の場合、少し声高の宣伝煽動術を持っていた共産側も、やはり同様だった。

　長い民族史を通じ、多くの強大国と関係を結んできた韓国人が、強大国の冷戦対決の産物である分断を越えて統一へ、戦争を越えて平和へ進み行こうとする時、ポッターとカミングスの相反する上述した2つの陳述を同時に読まねばならない彼らの現実は、覆い隠せない錯雑さを持っている。その錯雑さの根源は何なのか？　韓国人の立場から強大国は、時には不幸の種であり、時には不幸の救援者だった。米国の参戦により、韓国人は共産侵略を防ぎ得、自由と民主主義を守った。そして、それは後日の経済発展と民主主義発展の土台をなした。

　しかし、また多くの人々は米軍の手により死んでいき、各種の犯罪と不平等な行為が頻発した。米国は、不幸の種だった事実を不幸の救援者という功徳で覆い隠してしまうのではなく、それ自体として韓国人に対し正直に認定し、補償すべきである。この点と関連して、更に深刻な問題は、韓国と北朝鮮の政府だというのが韓国人研究者としての著者の考えだ。カミングスの発言は、米国に対してはもちろんだが、南北朝鮮の我々みずからにも、必ず翻って向けられねばならないというのが著者の考えである。

　もちろん、我々は共産軍による虐殺も、やはり数え切れないほど多かったことを述べないわけにはいかない。国連軍司令官リッジウェイ（Matthew Ridgway）と国連大使ラッジ（Henry Cabot Lodge）は、共産軍による良民虐殺の数字も、やはり計算できない程度（*the countless civilian victims*）だったと証言する[64]。朝鮮における戦争犯罪と残酷さの問題を扱った、米軍の朝鮮管区法務監室所属の大佐ウルフ（Claudius O. Wolfe）によれば、彼は後退する共産軍による韓国の良民と逮捕者に対する野獣のような戦争犯罪（*bestial war crimes*）に言及しながら、歴史はニュルンベルク（Nuremberg）と東京裁判を最後と記録できないように動いたと述べる[65]。北朝鮮による米軍および韓国の戦争犯罪に対する攻撃とほとんど同じなのが分かる。リッジウェイとウルフに従えば、総計1万1,622事例の犠牲が存在した。ウルフは、軍人の犠牲が2万785名に達し、民間人の犠牲は3万5,349名に達したと証言する[66]。もちろん、重複があり得るし、犠牲がそのまま死亡ではなかった。

　第504憲兵中隊所属の上士バイネル（Carey H. Weinel）が洛東江戦線で逮捕さ

れ、引き連れられて行ったのは大田だった。彼は、そこで60名の米軍ならびに49名の韓国人たちと一緒に収監された。北朝鮮が撤収する直前、建物は夜明かしができるほど明々と燃やされた。そうして、明け方4時にまず韓国人だけを束ねて、連れて行っては銃殺させてしまった。暫く後に戻って来た彼らは、今度は米軍人を6～7名ずつまとめ、連れて出て行った。バイネルは、前の人たちが銃殺されるのをはっきりと見た。前の人たちが銃殺された直後、彼はL字形の溝に引き連れられて行き、跪いて座らされてから、銃撃の洗礼を受けた。全てが死んだ後、スコップの音が聞こえたと思うと、溝は土で覆われた。

しかし、バイネルは幸い軽く覆われ、呼吸を維持する中で唯ひとり生き残れた。彼は唯一の生存者だった。2マイル離れた所で3百名が虐殺されたが、誰一人も生き残れなかった[67]。米軍の朝鮮管区法務監室戦争犯罪分課々長の中佐タッド（Jack R. Todd）によれば、バイネルの事件は大田刑務所で発生したのだった。タッドは、誇張と重複を除く時、米軍の犠牲が6,113名、死亡は4,514名に達し、この数字が正確だろうと証言する[68]。

大田では後退する北朝鮮軍による虐殺も、やはり韓国軍の後退時の虐殺に劣らなかった。大田虐殺は、対立する両者により2回あったのである。朝鮮戦争時に米8軍戦争犯罪課々長を任されていた大佐ヘンリー（James M. Hanley）の証言によれば、米軍調査官たちは大田虐殺以後3～4日間も現地調査を実施した。死体は多くの場所に広がっており、どれほど多くの人々が虐殺されたのか、正確に知るのは不可能だった。彼に従うと、誰も分からなかったし、誰も計算して見なかった。しかし、ヘンリーが見る時、記録に従えば推定値は大略5千から7千名の間だった。彼は、木浦と全州でも集団虐殺がほしいままに行われ、全州の場合は約2千名が虐殺されたとし、このようなことが南朝鮮地域の都市ごとに反復されたと証言する[69]。前述の従軍記者トムプスンによると、国連軍がソウルを再び奪還した時、民間人死亡者は5万名、敵は1万5千名以上が死んだものと推定された。彼は、占領の終わりの部分に憎悪と欲望に充ち満ちた共産主義者たちによって数日の間に虐殺され、でたらめに捨てられた多くの死体を大きな衝撃の中で直接に見た。それは、最近年に彼が見たベルゼン（Belsen）の死体の山や鳥肌が立つ（死体）倉庫と同じだった[70]。

アップルマン（Roy E. Appleman）によれば、大田へ帰って来た韓国軍と米軍は、勝利の喜びよりも集団虐殺に激憤した。その中には米軍捕虜も包含されていた。大田に戻る以前、国連軍は泗川（サチョン）では280名の韓国官吏、警察官、地主が刑務所に閉じこめられたまま燃やされたのを発見し、安義（アニュイ）、木浦、公州、咸陽、全州などの地でも婦女と児童を含む数百名が集団で埋葬された場所を発見した。大田飛

行場付近では500余名の韓国軍が、集団虐殺されたまま埋没していた。9月28日から10月4日まで大田地域で発見されただけでも、5千から7千名の民間人と17名の韓国軍人、40余名の米軍人が虐殺されていた。ヘンリーの証言と同一の数字である。

　この数字は、7月20日の大田占領直後からどれほど多数の良民が逮捕されて閉じ込められていたかを知らせてくれる。後退に先立ち、共産軍は9月23日から良民虐殺を開始した。手を後ろに縛った後に100名または200名単位で連れて行き、予め掘っておいた壕に詰め込んでは銃殺した。国連軍が大田付近へ進撃するや、虐殺は急激に増加した。人民軍南進時の韓国当局による対応と余りにも似た有様だった。彼らのうち民間人3名、韓国軍人1名、米軍人2名の総6名が生き返り、虐殺を証言した。前述のバイネルは、彼らの中の一人なのである。アップルマンによれば、原州でも10月1日から2日まで1千名から2千名に達する民間人が血に飢えた人民軍により虐殺された[71]。木浦刑務所では、700名の収監者のうち500名が虐殺を被った[72]。米軍のある資料は、米軍42名、韓国軍17名を含む5,000～7,500名が虐殺されたとし、大田虐殺事件を世界史の「南京大虐殺」や「ワルシャワのユダヤ人虐殺」と比較する。当時、大田教導所は150室の部屋で構成されており、部屋ごとに約40名から70名の罪囚が収容されていた。彼らが韓国体制の支持者だったのは、もちろんである[73]。

3．歴史との和解：「最も難しい章」

　時に統計の大きさは、単純な量の累積を越えない。事態の本質は統計を越えて、または統計を超越して存在する。たった1つの事例によっても我々は、本質に接近できる場合がある。我々は、虐殺の諸統計の完全性のため、もう少し多くの証言を聞き、資料を探さねばならない。しかしながら、統計の完全性が確保されないからと言って、虐殺の傾向と規模、主体の責任が放免されるのではない。統計は、真実の一部分である外なかったり、対立する統計の1つだけを強調するよう誘惑したり、真実を隠したりもする。我々は、前述した公州と平澤における虐殺についての北朝鮮の統計が、600名から6,000名までと差異が出る点を見た[74]。

　韓国もまた、1950年6月25日から10月31日までの北朝鮮による民間人拉致の数字を、戦時に非常警備総司令部情報処を通じて男1,108,073名、女60,776名の総計116万8,849名と発表したことがある[75]。しかし、戦時または停戦直後に刊行されたと推定される詳細な資料『6・25事変被拉致者名簿』（原文どおり）に従えば、拉致の総数は男79,145名、女1,516名の総計8万661名だった[76]。116万8,849名と

8万661名は到底、近づけられない統計数字である外はない。どうしてこのような差異があり得るのか？　後者の資料には地域別、性別の拉致統計だけでなく、ソウル地域の拉致者全体の個人別の姓名、性別、年齢、職業、拉致時点ならびに場所、住所などが詳細に出ている。そうだとすれば、前者の統計はどうしても信じられないものである。もちろん、両者ともに政府の公式統計だ。

　この研究で虐殺に関する数限りなく多い統計に全て言及することは、大きな意義を持ち得ないかも知れない。前述の米上院聴聞会で議員たちが共産軍による虐殺の正確な数字を執拗に尋ねるや、ヘンリーはこのように答えた。「私は、数字がそれほど重要ではないと考えます。我々が3万、4万、5万と犠牲者を述べる時は、数字はその意義を持ち得ません。共産主義者たちが残酷行為を行ったという事実は、少しも疑い得ない事実（fact）として確立されています。その残酷行為により特定のこの人が犠牲になったか、または特定のあの人が犠牲となったかという点は、重要な事実ではありません。数字は重要ではありません。」[77]

　ヘンリーの問題意識を裏返して、カミングスも全く同じ話をしている。「（特定の）情報が（自分に）非常に悪いものだが結局、戦争犯罪の確実な証拠となる場合、人々と政府は多くを隠そうとする。不幸にも我々は、このように述べねばならないであろう。もしも米国や英国または国連が内部文献により残酷行為を調査し、それを韓国人に提示した後、発見された事実を秘密として維持するならば、特に少なくとも米国人も、やはりそのような証拠を発見するのを躊躇するだろうから、韓国がそのような残酷行為の発見を否定したり、また実際には北朝鮮が犯したと主張したりすることよりも、もっと良いであろう。（知られた後に否定されるよりも秘密にするのがもっと良い——引用者の注）……その次には、回答を容易に下せなくさせる量的、質的な諸問題が存在する。万一、一方が1万名の非戦闘要員を殺害し、他方が500名の非戦闘要員を殺害したとすれば、前者が後者より更に悪いと言うのは難しい。残酷行為は、双方により犯された。数字遊びは、道理にもとるのである。朝鮮戦争では全ての当事者が、容赦され得ない残酷行為の罪を犯した。」[78]

　ヘンリーは、共産軍による蛮行の数字を超える真実性を語るため、カミングスは韓国軍と米軍の蛮行の数字を超える真実性を述べるため、同一の陳述をしている。双方は合わせて一緒にされるべきだというのが、著者の考えである。資料に根拠を置く時、ベルゼンとニュルンベルクを想起させつつ相手の虐殺を攻撃できる権利は、双方どちらも持つものと思われる。換言すれば、虐殺は双方どちらによっても体系的に進行された。両者はどちらも解放、道徳、平和の価値を高く掲げた。そして双方はまた、自分たちの実際の行動がどうだったにしろ、相手の残

酷さと虐殺を声高に非難した。しかし、我々は今までの統計だけでも、双方がどちらも相手の国家と体制、そしてそれを奉ずる人々の完全消滅を企図する絶滅主義（exterminism）を追求したことが分かる。

　ダワーが述べたように、予め相手を悪と描写する両極的な反対物（polar opposite）、白黒論理（black-and-white）、正反対のイメージ（mirror opposite）の相互構築の中に、敵に対する消滅の追求という「ひとえにただ1つの道」は終わりなく正当化される。実際の虐殺は、このような基底的な絶滅主義の表現であった[79]。朝鮮戦争研究において統計は、直ちに人間の生と死の問題である。ゆえに著者は「政治、経済、軍事、人口についての数多い諸統計は、数字ではなく正に人の生と死、移動、地位変動に関する記録である。数字が持つ非人間性を超える地点に、正に人の問題が置かれている」と書かないわけにはいかなかった[80]。全体を構成しようという統計は、時には生きている全ての「具体的な個人」の存在価値を剥奪する。そこから生きている生命ひとつ1つの息づかいを感じるというのは、不可能だ。

　朝鮮戦争についての痛切な記録を残したトムプスン一行が道を歩いていて見た場面は、この戦争の人間的な悲劇を全て圧縮するかのようである[81]。一行の右側近くで轟く銃声と一緒に二人の子どもを抱いた母親が死んで、子どもと一緒に溝へ倒れ込む。母親と彼女の横に座っている二人の子どもの姿についての彼の描写は、我々にとり衝撃的である。母親は平和に横たわり、まるで寝入ったように死んでいる。一人の子どもは母親が死んだとも知らず、腹の上に座り、彼女の胸へ入って行き、小さな手を伸ばして母親の顔を撫でて、唇をつかんで引き寄せる。子どもはその時までいつもそうだったように、愛する母親が何か話してくれることを待っていたのであろう。もう一人の子どもは、無表情に母親の膝に座っている。誰かがリンゴを与えて子どもたちを慰めようとしたけれども、何物も彼らの悲しみを慰められない。医療トラックが来て、ある下士が子どもたちを抱き上げた時、既に彼らの孤児としての生が始められた。母親は、溝にひとり残された。何が彼らを殺し、別け隔てたのか？　この場面は、我々に戦争の忘れ得ない含意を深く刻印する。

　朝鮮戦争の他の多くの写真がそうであるように、この写真もやはり叙述内容と重ね合わされて、我々を悲しみと涙と憤怒へ導く。写真の中の母親と子どもたちは全て、朝鮮人の象徴である白い服を着ていた。子どもを抱いたおくるみも、やはり白い。彼らの周囲にも白い布地が広げてあった。母親の腕は、乱暴に横へ伸びており、今や永遠に子どもを抱けなくなった。母親の顔は、余りに美しく奇麗で、平安に見えさえもし、頭の上には何も知らない草の葉が1枚かかっている。

写真の中の子どもは、うら悲しく泣いていた。戦争の渦中であちこちに放り出された子どもたちは、やせて脂気のない頭をしていたが、我々の多くの家庭にいる子どもたちのように、余りに可愛くて聡明に見えた。
　重ね重ね思い出す場面で流れ落ちる涙を堪え、どうやっても理性的に精神を整えて、沈着かつ客観的に叙述せねばならないという研究者の位置は、本当に苦痛に満ちたものである。この悲劇の現場から、むしろ逃亡したい心情だ。しかし、なぜ我々は向き合うのに最も苦痛に満ちたこの時期を糾明せねばならないのか？この悲しみを賢明に克服する準備なしには、いつかまたもっと大きな悲しみを経験せねばならないかも知れない。苦痛の時期を究明するのが苦痛に充ち満ちていても、我々は、もう二度とこのような苦痛を味わわないように準備の種を蒔かねばならない。悲しみは、しばしば理性の、そして知恵の端緒となる。『聖書』「詩編」の句節のように、戦争と戦争研究の両方において我々は、長い歴史発展の地平から未来のために「涙を流して種を蒔きに出て行く」[82]心情で狂風の時代の痛みと罪悪を暴き出し、批判して糾明せねばならない。
　しかし、事実の誇張と過度の懲罰は問題が多い。韓国の非常警備司令部情報処のある統計は、北朝鮮の占領時期だった1950年6月25日から10月31日まで約4ヵ月間の民間人虐殺の数字を106万968名と提示している[83]。この時に言うところの虐殺の主体は、北朝鮮を指すのは言う必要もない。しかし、この統計は信じられないものだった。地域別、事例別の犠牲者数を提示した後の総合でもなく、突然に総数だけを提示している。同様に南朝鮮地域において米軍と韓国軍警による良民虐殺の総数を百万名以上と述べている確認されない一部の主張も、やはり事実的な根拠が薄弱なのである。
　北朝鮮は、韓国民族民主戦線【以下「韓民戦」と略記】中央委員会の名前を借りて「6・25〈韓国〉戦争50周年」（原文どおり）を迎え、「米国侵略軍が韓国だけで総113万名の無辜の良民を虐殺した」とし、国際裁判所に起訴した。北朝鮮は、調査によれば米国侵略軍は慶尚南道25万名、慶尚北道21万名、全羅南道21万名、全羅北道19万名、済州島8万名、京畿道6万名、忠清北道5万名、忠清南道3万名、江原道3万名、ソウルで2万名を虐殺したと主張する[84]。これも、やはり信じがたい、見る価値のない誇張である。南北朝鮮の主張を合わせれば、南朝鮮地域だけで約220万名の良民が双方の軍人と警察により虐殺されたことを意味するからである。このような根拠のない誇張は、実際の良民虐殺の事例に対する真実性と憤怒の念まで低下させかねない行為だ。それは、戦争犯罪を構成する双方の軍警による民間人の虐殺だけでなく、左右翼の相互闘争過程で発生した全ての虐殺まで全部を包括する統計かも知れないが、そうだとしても全体の数字がこれ

ほど多いはずはない。民間人相互間の闘争と虐殺までも全て特定主体の軍警による良民虐殺だと攻撃する主張を資料と見なしてはならない。誇張は、確認された真実の価値までも低下させる。

韓国と米国による虐殺について、北朝鮮は起訴状を通じて、米国の戦犯者たちの国際裁判への出頭はもちろん「6・25良民虐殺蛮行をほしいままにした直接的な加害者たちと発砲命令を下達した軍関係者たち、当時の米軍事当局者たちと政府当局者たちを戦犯として極刑に処さねばならない」と要求した[85]。起訴と処罰の問題は、双方の戦時虐殺が夥しく存在する現実において、最も解決されるのが難しい問題を惹起する。なぜならば、韓国と米国による良民虐殺に対する起訴および処罰は、北朝鮮による虐殺の起訴および処罰の問題と連結される中で、この問題を「戦後処理」の最も熱い問題とするのが明白だからである。

真実を争う問題は横に置いておくとしても、判然と糾明された事件についてどの程度まで処罰するのが賢明なのか、すなわち正義と戦後処理の観点から戦争犯罪に対して必ず懲罰を下さねばならないのか、そうでなければ未来のための共存の観点から和解のために妥協せねばならないのか、この両極の間で真に困難な選択をしなければならないからである。この問題が増幅されれば結局、事態は金日成と北朝鮮指導層により虐殺された数多い被害者たちをして、彼らの戦争犯罪を処罰せずには決して和解と統一はあり得ないと主張させる状況へ拡散して行くであろう。この避けがたい論争は、南北朝鮮の双方による大量虐殺を通じた被害が厳然として現存し、また双方のどんな大量虐殺もありのままに糾明され処罰されたことがない状況において、和解、統一、平和に向かって進み行く時、朝鮮民族にとり最も解決が至難となる課題を残している[86]。それは、彼らの和解の意志と葛藤を越える知恵とを試すリトマス試験紙となるだろう。

韓国で民主主義の進展と一緒に、軍警ならびに米軍による虐殺の問題が糾明され、処罰の声が高いのは、民主発展と歴史理解の幅が共に広がっている証拠であり得る。居昌良民虐殺、済州島4・3事件を経て、百祖一孫の虐殺と全体の良民虐殺についての糾明と処罰の要求が高まるのは、明白に民主主義発展の産物である外はない。民主主義の進展なしに、過去の悪行は矯正され難い。また、北朝鮮による大量虐殺の存在と和解を追求するという前提ゆえに、真実が判然と糾明された米軍と韓国の軍警による虐殺事件に対する処罰の主張までも、予め引っ込めることはできないであろう。我々が人権を語るからには、大量虐殺をほしいままに行った戦争犯罪に対する厳正な処罰は不可避である。我々が寛容を語るからには、正義を予め引っ込めることはできない。

虐殺は、重大な戦争犯罪についての多くの国際規定に根拠を置いて、ありのま

まに処理されるべきだ。特に、良民虐殺の問題について真実と責任追及の問題を確実に糾明しないのは、民主国家の存立価値に違背する。したがって、連累する双方の戦争犯罪者たちを可能な限り全部処罰するのは、最も確実な懲罰方法となり、最も正義に満ちた戦後処理方法となる。日本に協力した前歴を持ち、処罰されなかった親日派民族反逆者に比べ、決して劣らない重大な戦争犯罪を行い、数多くの同族を虐殺した戦犯たちを処罰するのは、韓国社会の誤った長い慣習、すなわち過去の断絶と処理の不充分さという弱点を克服する方法であり得る。

　双方の誰によってであれ、不憫にも虐殺を被った家族とその子孫の立場から和解を受容するというは、真に難しいことであろう。そして、一研究者の立場から被害者たちに「和解を受容せよ」と主張する道徳的な根拠を持っているわけでもない。しかし、究極的に我々は、ノーベル平和賞を受賞したツツ（Desmond Tutu）大主教による南アフリカの事態に関する言葉に従い、我々の前に実質的に置かれている4つの選択（options）の中から1つを選ばねばならないであろう[87]。どれが最善、または次善であろうか？

　第1は、懲罰と報復である。この方式に従うならば、加害者と被害者の位置は、完全に逆さまになる。第2は、ニュルンベルク方式の選択である。ツツによれば、多くの人たちが述べるに、これはそれほど悪くない方式であり得る。しかし、ニュルンベルクとは異なり、求刑し判決を下す人たちと処罰を受ける人々が全て我々と一緒に暮らす同一の民族だという点が難しい要素として残る。第3は、何もしないことである。過去は過去（Let bygones be bygones, let's forget the past）という姿勢で過ぎた咎を全て忘れることである。しかし、過去を忘れる者たちは、それを再び反復するようになるだろうという点から、選択し難いであろう。最後には、南アフリカ式の道（the South African way）であった。誰も勝たなかった膠着状態において、これをどのように取り扱うのか？　加害者たちが真実を提供する代価として、彼らに赦免を与えるのである。真実（truth）と容赦（amnesty）の交換だった。

　我々は、どのようにこの難しい門を通過するのだろうか？　これを解決するための韓国式の道（the Korean way）とは何か？　おそらく南アフリカ式の「真実と和解の結合」も、やはり1つの方法であり、また第2と第4の方式を結合する「それ以上の何か」でなければならないであろう。しかし我々は、真実も犠牲にできず、和解も放棄できないという点において、今だ「それ以上の何か」が持つ内容を語るには時期尚早である。我々は、依然として分断されていて平和と統一のため和解せねばならないという避け得ない現実と直面する中、民族内の相互虐殺という問題に逢着している。

現実が正義の問題を譲歩するよう強要できはしないが、現実を考慮しない報復は新しい報復を呼び起こすであろう。処罰論争が制御し難く増幅されるならば、問題は激烈な理念論争、責任論争を経て、誰が正義を掌握し解釈するかという状況へ帰結するかも知れない。そして、それは正義と不正義の問題である以前に、再び誰が力を持つかという現実問題へ変転するであろう。すなわち、力と勢いの闘いへ突入する「葛藤の発火点」となってしまうだろうというのである。この研究の冒頭で、ひとつの困難な組み合わせという前提と一緒に、真実と和解を朝鮮戦争への接近で最小限の基底精神として提示していた所以は、ここにある。

　我々は真実、和解、補償のために3段階の接近方法を考慮できるかも知れない。民主主義の空間の存在により市民社会のイニシャチヴが機能した韓国から、まず「民間次元の真相糾明組織」を建設し、続いて「真実と和解のための民官合同の調査および補償機構」を設置して、最後には「南北朝鮮の共同による真実糾明、和解、補償のための合同機構」を設置するのである。民官合同段階からの名称は、合同した目的と精神を考慮して「真実と和解の委員会」または「葛藤治癒民族委員会」程度が良いであろう。真実糾明、名誉回復、補償の手続きを踏んで、譲歩を通じて和解へ進むのは、処罰の水準を決定する問題よりももっと難しい選択であるのは間違いない。韓国人はいま「歴史との和解」という最も難しい章を通過せねばならない時点に直面しているのである。

注

1)　金利均「韓国戦争の特性（韓国文）」(IV)、大韓民国国防部戦史編纂委員会資料123番。建国憲法第64条と第57条の内容は、次のようである。第64条：大統領は、法律に定めるところにより戒厳を宣布する。第57条：内憂、外患、天災、地変または重大な財政、経済上の危機に際して、公共の安寧秩序を維持するため緊急な措置を取る必要がある時には、大統領は国会の集会を待つ余裕がない場合に限り、法律の効力を持った命令を発したり、または財政上の必要な処分をなしたりすることができる。兪鎮午『憲法解義』ソウル、明世堂、1949年、145、133頁。戒厳法は1949年11月24日に法律第69号として制定、公布された。

2)　United States, Department of State, *Foreign Relations of the United Sates (FRUS)*, 1950, Vol. VII: *Korea* (Washington, D. C.: U. S. G. O. P., 1976), pp. 130-131.

3)　「大統領令（緊急命令第1号）非常事態下の犯罪処断に関する特別措置令」1950年6月25日、大韓民国国防部政訓局戦史編纂委員会『韓国戦乱1年誌』ソウル、1951年、C48-C49頁。

4)　韓寅燮「韓国戦争と刑事法：附逆者処罰および民間人虐殺と関連する法的問題を中心に（韓国文）」、ソウル大学校法学研究所『法学』41巻2号（ソウル、2000年）、135-179頁。

5) "The Ambassador in Korea (Muccio) to the Secretary of State" (Dec. 20, 1950), *FRUS*, 1950. Vol. VII: *Korea*, p. 1580. 金甲洙『法窓30年』ソウル、法政出版社、1970年、137頁。徐仲錫『曹奉岩と1950年代（韓国文）』（下）、ソウル、歴史批評社、2000年、678-679頁。韓寅燮、同上論文、同上書、135-179頁の再引用。ムチオは、制定の日時を6月28日、金甲洙は6月29日と見ている。

6) 韓寅燮、同上論文、同上書。

7) 韓国警察史編纂委員会『韓国警察史』Ⅱ：1948. 8〜1961. 5、ソウル、内務部治安局、1973年、547頁。

8) 大韓民国国会事務処『国会史：制憲国会、第2代国会、第3代国会』ソウル、大韓民国国会事務処委員局資料編纂課、1971年、350-353頁。

9) 同上書、347-378、350-355頁。

10) 申化鳳著、崔兌洵訳『休戦線が開かれる日（韓国文）』ソウル、韓国論壇、1993年、152-153頁。

11) 東亜日報編『秘話　第一共和国』ソウル、弘字出版社、1975年、344-357頁。呉蘇白『解放20年――記録編』ソウル、世文社、1966年、389頁。

12) 国防軍史研究所資料番号328、John Muccio〔"Tiger" Kim vs. The Press〕(5/12/1951), Dept. of State, 795b.00/5-1251.

13) 金鶏有「1948年　麗順蜂起」、『歴史批評』1991年秋季号、ソウル、290頁。

14) 『老兵たちの証言：陸士八期史（韓国文）』ソウル、陸軍士官学校第8期生会、1992年、318-319頁。

15) 同上書、312-320、385-386頁。

16) 呉蘇白、前掲書、389頁。

17) 東亜日報編、前掲書、346頁。

18) 呉蘇白、前掲書、384頁。

19) 同上書、389頁。

20) Michael Stohl and George A. Lopez, eds., *The State as a Terrorist: The Dynamics of Government Violence and Repression* (Westport: Greenwood Press, 1984).

21) HQ. USAFIK, *G-2 Periodic Report* (Apr. 1, 1949), "Chejudo Report".

22) 済州道議会4・3特別委員会『済州島4・3被害調査報告書』1997年（修正補完版）、51頁。その他および分類不能はそれぞれ1.40%（164名）、4.39%（513名）。

23) 『韓国日報』米州版、2000年1月11日。

24) 李道英『死の予備検束：良民虐殺真相調査報告書（韓国文）』ソウル、月刊マル、2000年、177-180頁。

25) 同上書、95頁。

26) 「予備検束者措置の件」、『済民日報』2000年1月20日、電子検索。

27) F. H. Hinsley, *Sovereignty*, 2nd edition (Cambridge: Cambridge University Press, 1986), p. 22.

28) Anthony Giddens, *The Nation-State and Violence* (Berkeley and Los Angeles:

University of California Press, 1985), p. 172.
29) *Ibid.*, pp. 181-192.
30) 「負の統合」の概念については、Hans Ulrich Wehler, *Das Deutsche Kaiserreich, 1871-1918*（李大憲訳『ドイツ第2帝国（韓国文）』ソウル、新書苑、1996年、173-180頁。）　Geoff Eley, "The British Model and the German Road: Rethinking the Course of German History before 1914", David Blackbourn and Geoff Eley, *The Peculiarities of German History: Bourgeois Society and Politics in Nineteenth-Century Germany* (Oxford: Oxford University Press, 1984), p. 142.
31) 「在韓UN軍作戦報告書」第5号、前掲『韓国戦乱1年誌』C279-C280頁。
32) 『朝鮮人民に対する米帝国主義者たちの食人種的な蛮行（朝鮮文）』平壌、朝鮮労働党出版社、1952年、30頁。
33) 『朝鮮人民報』1950年7月11日。
34) 『解放日報』1950年7月18日、『パルチザン資料集』6巻、春川、翰林大学校アジア文化研究所、1996年、196頁。
35) *New York Times*, July. 31, Aug. 11, Sep. 1, 1950. "Air War in Korea", *Air University Quarterly Review*, 4, No. 2 (Fall, 1950), pp. 19-40. "Precision Bombing", *Ibid.*, 4, No. 4 (Summer, 1951), pp. 58-65, Bruce Cumings, *The Origins of the Korean War*, Vol. II: *Roaring of the Cataract* (Princeton: Princeton University Press, 1990), p.707. から再引用。
36) 韓国戦争記念事業会編『韓国戦争史』第4巻、ソウル、杏林出版、1992年、459頁。
37) 『北韓（北朝鮮）関係史料集』XVI巻、ソウル、大韓民国教育部国史編纂委員会、90-99頁。
38) 同上書、104-106頁。
39) 同上書、100-104頁。
40) 同上書、109-110頁。
41) 同上書、111-115頁。
42) Reginald Thompson, *Cry Korea* (London: Macdonald & Co. LTD, 1951), p. 39.
43) *Ibid.*, p. 42.
44) *Ibid.*, p. 94.
45) 朝鮮戦争におけるこの点についての批判的な考察については、Cumings, *op. cit.*, Chap. 21. Callum Macdonald, "So Terrible a Liberation: The UN Occupation of North Korea", Bruce Cumings, *War and Television* (London: Verso, 1992), pp. 3-19.
46) この問題は、虐殺と人権のイシューについての重要な学問的な研究に限定したとしても、最近の西欧の研究もやはり同様である。朝鮮ではベトナム戦争と比較できない残酷行為が犯されたにもかかわらず、このように継続される研究傾向は理解できない現象である。20世紀の残酷行為についての1つの総合的な研究は「朝鮮戦争において南北朝鮮によりジュネーヴ協約（Geneva Convention）に違反する最も戦慄すべき残酷行為が犯された」と述べながらも、何ら実際の内容を含んでいなかっ

た。民間人を目標とした米空軍の絨毯爆撃も、やはりナチス・ドイツを荒廃化させた爆撃に比喩されたが、実際の内容は含まれていなかった。ただ、老斤里事件だけが簡単に言及されているだけだった。Geoffrey Robertson, *Crimes Against Humanity: The Struggle for Global Justice* (New York: The New Press, 2000), p. 37. この問題についての他の2冊の重要な著書も、やはり朝鮮戦争における虐殺についても何の内容も盛り込んでいなかった。Jonathan Glover, *Humanity: A Moral History of the Twentieth Century* (New Haven: Yale University Press, 1999), pp. 47-48. Isidore Wallimann and Michael N. Dobkowski, *Genocide and the Modern Age: Etiology and Case Studies of Mass Death* (Syracuse: Syracuse University Press, 2000). 少なくともこの点に関する限り、カミングスの次の2著書は例外だと言えるであろう。Bruce Cumings, *Korea: The Unknown War/ The Origins of the Korean War*, Vol. II. 虐殺、人権、民主主義、平和を研究する世界の学会による朝鮮問題についてのかかる惨憺たる研究現況を見ても、我々がいつまでも普遍主義に目を閉じて、理念戦争のみを行っていることはできないであろう。最近になってようやく研究され始めたのは余りに遅過ぎたのだが、それでも幸いだと言える。Philip D. Chinnery, *Korean Atrocity!: Forgotten War Crimes, 1950〜1953* (Annapolis, Maryland: Naval Institute Press, 2000). Chalres Hanley, Sang-Hun Choe and Martha Mendoza, *The Bridge at No Gun Ri: A Hidden Nightmare from the Korean War* (New York: Henry Holt and Company, 2001). Robert L. Bateman, *No Gun Ri: A Military History of the Korean War Incident* (Mechanicsburg, PA: Stackpole Books, 2002).

47) 朴明林『韓国戦争の勃発と起源（韓国文）』II、ソウル、ナナム出版、1996年、539-544頁。
48) 卞栄泰『私の祖国（韓国文）』ソウル、自由出版社、1956年、180頁。
49) 同上書、114頁。
50) 大韓民国陸軍本部軍史研究室軍史編纂課『創軍全史』ソウル、1980年、404頁。
51) Oral History Interview with Richard D. Weigle, Annapolis, Maryland, June 11, 1973 by Richard D. McKinzie, p. 14, Harry S. Truman Library.（車相哲『解放前後米国の韓（朝鮮）半島政策（韓国文）』ソウル、知識産業社、1991年、125頁、から引用。）
52) 前掲『創軍全史』128-130頁。
53) Mark Gayn, *Japan Diary* (New York: William Sloane Associates, Inc., 1948), p. 363. この部分の邦訳は、次に準拠した（監訳者）。マーク・ゲイン『ニッポン日記』下、井本威夫訳、東京、筑摩書房、1951年、106頁。
54) *Ibid.*, pp. 351-352. 同上書、95頁。
55) *Ibid.*, p. 401. 同上書、141頁。
56) *Ibid.*, pp. 440, 442-443. 同上書、168、179-180頁。
57) 大韓民国公報処『大統領李承晩博士談話集』2、ソウル、1953年、1頁。
58) Thompson, *op. cit.*, p. 39.

59） *Korean War Atrocities* —— *Hearing before the Subcommittee on Korean War Atrocities of the Permanent Subcommittee on Investigations of the Committee on Government Operations United States Senate, Eighty Third Congress, First Session Pursuant to S. Res, 40*, Part 3 (Washington, D. C. : United States Government Printing Office, 1954), p. 74.【以下 "*Korean War Atrocities*" と略記】
60） Cumings, *The Origins of the Korea War*, Vol. II, pp. 697-698.
61） *Ibid.*, pp. 696-697.
62） John W. Dower, *War without Mercy* —— *Race and Power in the Pacific War* (New York: Pantheon Books, 1986), p. 11.
63） *Ibid.*, pp. 13-14.
64） "Statement of Gen. Matthew B. Ridgway, Chief of Staff, United States Army", *Korean War Atrocities*, p. 4.
65） "Testimony of Col. Claudius O. Wolf, United States Army", *Ibid.*, p. 9.
66） *Ibid.*, p. 10.
67） "Testimony of SGT. Carry H. Weinel, 504 Military Police Company, Fort Eustis, VA", *Ibid.*, pp. 15-26.
68） "Statement of LT. Col. Jack R. Todd…", *Ibid.*, pp. 26, 82.
69） "Testimony of James M. Hanley, United States Army, Camp Atterbury, IND", *Ibid.*, pp. 154-155.
70） Thompson, *op.cit.*, pp. 89, 90, 92,
71） Roy E. Appleman, *South to the Naktong, North to the Yalu* (Washington, D. C. : Office of the Chief of Military History, Dept. of the Army, 1961), pp. 587-589, 599.
72） 大韓民国法務部『韓国矯正史』ソウル、1987年、534頁。
73） National Archives, RG153, Records of the Office of the Judge Advocate General, War Crimes Division, Historical Report of the War Crimes Division, 1952-54, Entry 182. Box No. l, "Historical Report － Judge Advocate Section, Korean Communications Zone" (31, Dec. 1952), pp. 23-24.
74） 前掲『朝鮮人民に対する米帝国主義者たちの食人種的な蛮行』ならびに『朝鮮における米国侵略者たちの蛮行に関する文献集（朝鮮文）』平壌、朝鮮労働党出版社、1954年。
75） 韓国戦争記念事業会編、前掲書、760頁。
76） 大韓民国政府『6・25事変被拉致者名簿』(n.d.)。名簿によれば、地域別の拉致者数は次のようである（単位；名）。ソウル18,330、京畿道15,871、忠清北道6,166、忠清南道9,972、全羅北道7,013、全羅南道3,554、慶尚北道7,483、慶尚南道1,805、江原道10,422、済州島45。
77） "Testimony of James M. Hanley, United States Army, Camp Atterbury, IND", *Korean War Atrocities*, p. 154.
78） Cumings, *The Origins of the Korea War*, Vol. II, pp. 697-698

79) Dower, *op. cit.*, Chap. 2. "Know Your Enemy", pp. 15-32.
80) 朴明林『韓国戦争の勃発と起源（韓国文）』Ⅰ、11頁。
81) Thompson, *op. cit.*, pp. 159-160. 本文および pp.192-193. の写真。
82) 『聖書』「詩篇」126篇5節〜6節（韓国文）。邦訳には次を参照した。「詩篇」第126篇5節〜6節、『旧約聖書』1955年改訳、日本聖書協会。
83) 韓国戦争記念事業会編、前掲書、760頁。
84) 「起訴状」、『労働新聞』2000年6月2日。しかし、各地域で発生した良民虐殺についての北朝鮮による最近の主張は、北朝鮮の主張だから書き留めるのではなく、最近の多くの主張と資料まで網羅し総合されたものとして受容と反駁のどちら側にも重要であるから、真実の糾明のため検討する必要がある。北朝鮮は、この全ての良民虐殺の主体を米国侵略軍と主張している。これは、韓国と米軍それぞれに対する北朝鮮の最近の認識を反映するものだろうが、米軍の参戦以前の統計までそのように主張しており、信頼性に極めて大きな疑問を投げかける。

◇平和的な住民に対する虐殺：忠清北道永同老斤里で300余名、7月8日に永同老斤里、17日に沃川面紙北里、18日に永同邑主谷里で数百名、7月4日に忠州で739名、6月28日から7月4日まで水原で1,146名、8月2日に倭館橋と徳崇橋で80余名、8月3日に同地で数百名。

◇収監者の虐殺：7〜9日に釜山刑務所で4,832名、大田刑務所で1,800名。

◇戦闘機による虐殺：7月5日に堤川郡錦城面活山里で50余名、7月9日に全羅北道金堤郡龍池面で170余名、7月10日に忠清北陰城蘇伊面と京畿道驪州驪州邑151名、15日に京畿道平澤と仁川で85名、7月16日と8月21日にソウルで約2千余名、7月20日から30日まで大田、春川、鋤山、清州、益山、金堤で1,153名、8月の1ヵ月間に龍仁、楊平、寧越、仁川、大田、益山、燕岐、大徳などで2,800余名。

◇敗走しながらほしいままに行われた虐殺：ソウルで1万余名、平澤で600余名、安城で500余名、安養で400余名、清州で2千余名、忠州で2,060名、公州で600余名、扶余で2千余名、鳥致院で158名、大田で8,644名、全州4千余名、群山で400余名、光州で3千余名。

◇共匪討伐を通じた虐殺：仁川で9月16日に1,300余名、9月28日〜11月13日に55,909名を検挙投獄虐殺、ソウル再占領以後72,390名を拷問虐殺、10月に高陽クムジョン窟で1千余名、11月と12月の間に堤川、清州、大徳、群山などで数百名、12月に全羅北道任実郡徳峙面と清雄面で805名、1950年10月〜52年6月に全羅北道淳昌で1,028名、1950年12月22日〜51年5月10日に全羅北道高敞で1,387名、1951年1月20日に丹陽で300余名、1951年2月に聞慶山北面石鳳里で150余名。以上『労働新聞』2000年6月2日。

このような北朝鮮による総合資料の提示と起訴は、明白に政治的な目的を持つ。しかし、北朝鮮が主張するゆえに虐殺の主体と内容が変質するのではないという点で、検討を要する。

北朝鮮は朝鮮戦争50周年を迎え、政府備忘録を発表、朝鮮戦争の挑発者が「米国と南朝鮮統治輩ども」、「米帝と南朝鮮傀儡」だとし、歪曲遊技を止めよと強調する。

「朝鮮民主主義人民共和国備忘録——米国は侵略と戦争の元凶である（朝鮮文）」、『労働新聞』2000年5月31日。姜泰武「挑発者、侵略者の正体は絶対に覆うことはできない（朝鮮文）」、『労働新聞』2000年5月28日。呉益済（音訳）「侵略戦争史歪曲遊技を今すぐ止めなければならない（朝鮮文）」、『労働新聞』2000年5月20日。どんな場合にも、彼らが戦争勃発と関連する真実に承伏したり、自分たちの虐殺を最小限でも認定したりするというのは、あり得ない。抗日民族解放闘争と朝鮮戦争についての事例で見るように、北朝鮮にとって歴史は、現実のための神話として正当化の材料であるに過ぎない。戦時の虐殺もやはり、それはただ米帝と南朝鮮傀儡徒党の蛮行であるのみで、遮断されるべきなのも彼らだけである。

85)　「起訴状」、『労働新聞』2000年6月2日。「起訴状」は1949年8月12日付のジュネーヴ協約第3条第1項、1968年11月26日の国連総会決議第2391号、1973年12月3日の国連総会決議第3974号を挙げて起訴している。起訴の根拠は、戦闘活動に参加しない良民に対する殺害、暴行、虐待、拷問、抑留、人間の尊厳に対する侵害、不法処刑を禁止する規定（1949年）、これに対する時効を適用しないという決議（1968年）、犯罪調査と有罪確認時の逮捕、裁判、処刑および犯人の引き渡しに関する決議（1973年）である。

86)　餓死、処刑、拉致、人権蹂躙、テロルなどを理由に、北朝鮮の金正日国防委員長に対する処罰を主張するため準備された、ある韓国言論の起訴状試案は、北朝鮮指導層に対する韓国保守社会の認識を顕著に示してくれている。「反人類犯罪者金正日告発状試案」、『月刊朝鮮』1999年10月号、電子検索 http://monthly.chosun.com/html/199911/1999112900 57_1. html-16html。事態がこうであるからには、大量虐殺の問題をめぐる敵意と責任追及の意志は述べる必要さえもないであろう。

87)　Archbishop Desmond Tutu, "Reconciliation in Post-Apartheid South Africa Experiences of the Truth Commission", Jeffrey Hopkins, *The Art of Peace —— Nobel Peace Laureates Discuss Human Rights, Conflict and Reconciliation* (Ithaca: Snow Lion Publications, 2000), pp. 96-103.

第4部　反転 vs. 反転

　1950年6月25日に戦争を始めた北朝鮮の共産主義者たちは、1950年の秋に滅亡の危機に追い詰められていた。勝勢期は、3ヵ月を越えずに終わった。秘密の準備と電撃的な攻撃、疾風の疾走と素早い占領、そして劇的な逆転と更に速い後退。最初に朝鮮半島全土を共産社会へ統一しようとしたソ連―中国―北朝鮮の共産指導者たちは、軍事的な敗北により逆に、朝鮮半島の38度線北半分の地域に存在する共産主義体制さえも崩壊する危機に追い込まれたのであった。崩壊の危機を招来する最初の軍事的な逆転に直面して、彼らはいかなる対応をどのように進めたのだろうか。

　1950年9月15日の仁川上陸作戦と米軍による10月1日の38度線北進は、戦争の新たな段階への進入だった。一般的に戦争は、極少数の秘密決定により始められる。公開的な決定は、攻撃を露出、予告して相手に事前準備をさせることで、初期の戦闘で得られる電撃性の利点を喪失させるからである。したがって、戦争の公開的な決定はあり得ない。朝鮮戦争の決定も、やはりスターリン（Joseph V. Stalin）、毛沢東、金日成、朴憲永の間の極少数の秘密会合でなされた。近代以降に戦争は、多くの戦争の事例が示すように、始まりだけではなく重要な作戦の決定も、やはり秘密裏になされるという特性を持つ。乾坤一擲の勝負をかける大作戦であればあるほど、より一層そうである。

　中国軍の参戦は、朝鮮戦争において仁川上陸に劣らないもう1つの転機だった。それは、それ自体が朝鮮半島はもちろん中国と東アジア、そして世界の歴史を変えた。1950年9月15日の国連軍による仁川上陸作戦を阻むのに失敗し、10月1日には38度線以北への北進まで許容した北朝鮮は、絶体絶命の危機に追い詰められたのである。最初は韓国を打倒しようとして始まった戦争が、逆に今や自らが打倒される立場へ変わってしまったのだった。戦争の目的は、最初の「全国」統一から「北朝鮮」守護へ修正されねばならなかった。最初の意図の完全な逆転、この激変する事態の反転に直面して北朝鮮は、どのような対応を取ったのか。我々は、今から1950年10月の戦勢の逆転以後の北朝鮮の対応と北朝鮮―中国―ソ連の関係を追跡しようと思う。ただし、この主題が持つ内容が厖大なのに照らして、我々が焦点を置いて追跡、解釈しようとする問題は、次のいくつかに限定する。

　第1は、危機に追い込まれた北朝鮮がソ連と中国を相手に繰り広げた外交的、軍事的な支援要請の過程を追跡し、第2に中国の参戦決定の過程と要因を追跡す

ることである。すなわち、金日成と朴憲永は生存のため彼らにいかなる要求をしたのか。また、1950年春に戦争の開始に同意したソ連のスターリンと中国の毛沢東は、いかなる反応をしたのか。第3は、北朝鮮指導層内部の対応の様相を追跡しようと思う。最後には、中国軍の参戦以後の北朝鮮地域における北朝鮮と中国との連合作戦や協助関係、そして軍事部分における戦略や対応が分析されるであろう。

第8章　仁川上陸：極秘作戦と事前認知

1．上陸の準備[1]

　1950年9月15日の仁川上陸作戦は、朝鮮戦争において最も劇的で、同時に最も成功した作戦の1つとして知られてきた。この上陸作戦を契機として先立つ3ヵ月の間、一方的に押されていた韓国軍と米軍は、逆転の足場を作れた。今まで世界の学界は、この上陸作戦について1つの通説を持っていた。すなわち、仁川上陸作戦が極秘裏に推進され、その成功は敵が認知できない完璧な保安の中でなされた電撃的な奇襲だったというのである。電撃的な奇襲作戦だったために北朝鮮軍は、これに何らの対応もできなかったのである。このような説明は、公式記録と研究の全てに該当する。

　しばしばそうであるように通説は、それが誤りだとしても、新たな事実の公開がないならば定説のように固められ、間もなく神話になることも多い。時に神話は、長きにわたり持続し、真理であるかのように受け入れられる。神話は、大きな真実と社会通念からのみ発生する現象ではない。小さな歴史的な事実ひとつ1つからでも、それは生成され維持されて再創造される。もう一方で、この間の大部分の研究は、仁川上陸作戦を米軍と韓国側の準備と計画を中心としてだけ行われてきた。この点で例外を発見するのは難しい。しかし、戦争は相互行為であり、したがって対応陣営の準備と計画を必ず分析せねばならない。そうする時、ひとつの事態についてのいわば総体的で均衡ある接近と解釈が可能になる。

　結論から言うならば、仁川上陸作戦は奇襲ではなかった。まず、米軍による仁川上陸作戦の準備について見れば、この間の朝鮮戦争研究は、戦争の勃発以後に初めて米軍とりわけマッカーサー（Douglas MacArthur）が仁川上陸作戦を構想したと叙述してきた。しかし、最近公開された秘密文献によれば、米軍は朝鮮半島で戦争が勃発する以前にもう、もしも戦争が勃発する時には半島の相当な地点まで後退して後、仁川から再び上陸しようと計画していた。戦争前にこれが既に樹立されていたことは、米軍の戦争挑発や誘導を意味するものでは決してない。だが、米軍が朝鮮における戦争勃発の可能性を非常に高いと見ていた1つの有力な証拠となるには充分である。すなわち、事態への対応戦略（contingency plan）を予め樹立しておいたものと言える。

第2～3章の秘密文献と証言で見たとおり、朝鮮戦争直前に米軍と韓国軍は、戦争勃発後の作戦計画を作成し、実際の戦争も、やはりこれと非常に類似して行ったのである。戦争直前に韓国は、最高指導部はもちろん第1線の部隊まで一律的な防御作戦を構想して備えていた。そして、それは偶然にも米軍の「後退後の逆襲」作戦構想と一致していた。問題は、それを実際に実行する段階にまで準備がなされていたかであり、計画自体が不在だったのではないという点だ。マッカーサーが上陸作戦を最初に思いついた時点であると一般的に知られている6月29日の漢江(ハンガン)防御線視察時の構想は、正に戦争前の計画に土台を置いたことが明らかだと見られる。前述のように彼は、漢江南岸から江北を眺めながら、北朝鮮軍の進撃を水原(スウォン)ラインで遮断した後、仁川側に部隊を上陸させて敵の背後を攻撃する作戦を考えていた[2]。すなわち、6月29日の漢江防御線の視察以前である6月26日、既にマッカーサーは、駐日総司令部でSL-17を見てから出発した可能性が高い。漢江防御線の視察を終えた後、マッカーサーは米統合参謀本部に米地上軍の投入を建議すると同時に、参謀長アーモンド（Edward M. Almond）少将に上陸作戦の計画を樹立するよう指示した。

　これを受けて東京では、アーモンド少将とライト（Edwin K. Wright）准将の主導で合同戦略企画作戦団（Joint Strategic Planning and Operation Group: JSPOG）が作戦樹立に着手した[3]。JSPOGは、漢江防御線で相当期間は敵を阻止できるだろうという仮定の下、上陸作戦を推進した。7月2日にマッカーサーは、ワシントンへ米海兵1個連隊戦闘団の極東派遣を建議して、米統合参謀本部は7月3日これを承認した。これに伴ってJSPOGは、当時の現前線南側から米第24師団と第25師団で反撃作戦を敢行し、それと併行して米海兵1個連隊戦闘団および第1騎兵師団を突撃上陸部隊と見なして、上陸作戦を敢行するというのだった。有名ないわゆるブルーハーツ（Blue Hearts）作戦であった。間もなく7月4日、米極東軍司令部において上陸作戦のための最初の会議が招集されるなど準備が進行する中、前線状況の急速な悪化によりブルーハーツ作戦は7月8日に中止されてしまった。北朝鮮人民軍の進撃速度が余りに速かったからだった。

　この7月初めの短い期間に推進された上陸作戦は、たとえ取り消されたものの、後で実際に実施された作戦の基礎となった。ブルーハーツ作戦の取り消し以後、JSPOGは引き続き上陸計画を推進し、時期と地域を検討し続けた。7月23日に「クロマイト（Chromite）」という名前で完成された作戦草案を米極東軍司令部が検討した。この草案は、西海岸の仁川に上陸する100-B計画、群山(クンサン)に上陸する100-C計画、東海岸の注文津(チュムンジン)に上陸する100-D計画など3つの案になっていた。このうち100-B計画が最も実行可能性が高く、8月12日にこの案は公式に確

定された。

　8月15日にクロマイト作戦計画を推進する特別企画団が構成され、翌日には第10軍団が創設された。マッカーサーの作戦構想は、洛東江(ナクトンガン)と仁川の2ヵ所から攻勢をとり、戦勢を一挙に逆転させるものだった。この時点で洛東江戦線の戦況は、北朝鮮による最後の攻勢で土壇場の熾烈さを加えていた。しかし、北朝鮮の攻撃は、長くなった兵站線と補給の混乱、米軍の爆撃により、仁川上陸作戦がなくても8月中旬からは既に前進が完全に停止されたまま守勢に追い込まれていた。上陸のために米軍は、東京の上陸作戦に歩調を合わせて、事前に仁川沖を精密調査せざるを得なかった。探査部隊は、秘密裏に仁川港の沖にある小島へ派遣されて活動した。仁川沖は、戦闘機と艦隊の継続する爆撃で、ほとんど火の海も同然であった。

　このような長きにわたる上陸準備は、秘密めいた計画にもかかわらず、頻繁に仁川沖を調査し探査する過程で北朝鮮軍に露出せざるを得なかった。東京でも米軍の上陸作戦は、ほとんど露出し、もう事実上は誰もが知っている「常識化された作戦（operation common knowledge）」になったのも同然だった。しかし、問題は「果たして、いつどこでか」ということであった。米軍は、仁川だけではなく平壌(ピョンヤン)から群山に至る地点のうち、どこから上陸するのか分からないよう欺瞞作戦に心血を注いだ。西海岸で上陸作戦の可能な地域にはことごとく爆撃を加えた上、特に群山により多くの爆撃を加えて、敵の関心を傾けるようにした。声東撃西の作戦だった。

　小さな兆候はいつも、背面にもっと大きな動きを隠している場合が多い。すなわち、常にそうであるように、巨大な変動は小さな波高を予め示してくれる。変動が大きければ大きいほど、予告の兆候は多いはずである。同様に軍事作戦でも、先制準備なしの行動はあり得ないから、大作戦はいつも予告の動きを事前に示してくれるのが常である。これに対する賢明な備えは、当事者たちの知恵の程度にかかっている。そのような点で9月15日の仁川上陸作戦の試図と対応は、6月25日の戦争の開始およびこれへの対応と非常に類似していたと結論を下せるだろう。米軍は、上陸作戦をずっと前から準備した。北朝鮮は、上陸作戦そのものはほぼ知っていたけれども、正確な日付を知っていたわけではなく、結局は完璧に備えるのに失敗してしまった。韓国も、やはり1950年6月25日、北朝鮮の攻撃をほぼ知っていたものの、日付そのものを正確には知っていたわけではなく、結局は完璧に対応するのに失敗した。

　最後の瞬間には北朝鮮指導部も、仁川と分かったのかも知れない。しかし、その時は、もう対応するには遅過ぎたのだった。仁川上陸作戦以前に、日帝時代に

中国で闘争していた北朝鮮労働党幹部部長の李相朝(リサンチョ)が、中国訪問時に毛沢東の私宅で交わした対話は、非常に重要な諸点を含んでいる[4]。人民軍が洛東江で苦戦している時であった。中国に行った時に李相朝は毛沢東、周恩来、朱徳に会って討議した。周恩来はその時、国連軍が仁川や元山(ウォンサン)へ上陸するだろうと考えて見たことがあるかと言いながら、洛東江防御線から退却する用意はないのかと尋ねた。李相朝は、自分はそのように考えて見たことがなく、朝鮮でもそういう話は聞いたことがないと答えた。

すると、毛沢東が地図を取り出し、仁川と元山の辺りが狭いのだが、ここに米軍が上陸することを考えて見たかと尋ねた。毛沢東は直接、地図に手を触れて、自分の手を開きながら、手をこのように開けば1つ1つ折れるが、拳をしっかり握ればひとつ1つ折るのは難しい。いま国連軍は、狭い所で防御権を握っており、拳を握ったのと違いはない。それを全滅させるのは、難しくなった。だから、あいつらを分散させ、ひとつ1つ消そうとすれば、後退して敵を引き出して来なければならない。その次に地形を利用し、山岳の両方から伏兵して道路を攻撃するのだ。中国側の立場は、国連軍の洛東江防御線は我々の拳のように力が最大に集結された所ゆえ突破が不可能だから、人民軍が一旦は退却し、彼らを北側へ誘い出して殲滅するのが良かろうというものであった。同時に制空権と制海権が米軍にあるから、彼らの上陸作戦に備えねばならないというのだった。

李相朝が帰国する途中で満州に寄った時、高崗は、韓国軍と米軍が上って来れば麻袋を引いて置き、そこに入って来る連中を拾い入れるだろうと述べた。彼らは後日、米軍と韓国軍が押し上って来ると、実際にそのようにした。李相朝は、中国の指導者たちが軍事指揮官であると同時に大いなる政治家であると言いつつ、周恩来が三国志の諸葛亮より遙かに優れていると評価する。

帰国して李相朝が金日成に上陸問題について話すや、彼はそんなことは考えないと答えたと伝えられる。しかし、李相朝の話とは異なり、金日成と北朝鮮指導部は、この問題について少なくとも約20日前から不充分ながらも予め備えていた。彼らは、8月28日頃ほとんど正確に上陸を予測して対応を準備したが、この時は洛東江と仁川の間で既に仁川に戦力を集中できる段階を過ぎてしまっていた。しかし、その程度の事前準備でもあったことで、強大な国連軍に立ち向かい、9月15日から28日まで10日以上も仁川からソウルまで国連軍の進撃に持ち堪えさせたのである。

2．奇襲？：北朝鮮の事前認知と準備

　米軍の上陸構想と作戦への北朝鮮の対応は、どのようなものであったか？我々は、この問題を理解するために1950年8月、9月、10月初めの人民軍内部の秘密命令書を分析せねばならない。下の諸文献は、人民軍の上部と下部の命令書として日付と状況に従う顕著な変化を教えてくれるものである。まず、未だ上陸作戦に言及していない第107歩兵連隊参謀部の『上級命令書綴』を見よう。

　1950年8月12日、前線地区警備司令官の朴勲一（パクフニル）と参謀長の白楽七（ペンナクチル）は「戦闘命令No. 71」で次のような命令を下した[5]。「戦闘命令No. 71」は、義勇軍部隊の統一的な指揮を行うための内容である。

　「アメリカ帝国主義の侵略軍と李承晩（イスマン）傀儡残党に反対する正義の戦争において、愛国的な朝鮮人民は前線部隊を支援する義勇軍に参加し、自己の献身性を発揮している。しかし、この部隊に対する統一的な指揮が打ち立てられずに混乱を与えているので、下のように命令する。①武装義勇軍（60％以上の武装）を収拾し、小隊・中隊・支隊（大隊）に組織し、指揮に便利な部隊に隷属させること。②我々の部隊と混合せずに別隊とし、義勇軍第何支隊と称すること。③指揮は補助指揮所あるいは連隊で行うこと。④敗残兵の討伐と海岸島嶼の討伐戦闘に動員すること。⑤非武装義勇軍は、軍事動員部で処理すること。」

　2日後の8月14日の命令書を見れば、のちに仁川上陸作戦の準備部隊へ転換される注目すべき新たな部隊1つが創設される[6]。この部隊の創設目的は、占領地域の敗残兵の掃蕩と前線輸送の保障だった。「日増しに拡大する広範な解放地区で敗残兵らを掃蕩し、前線部隊の輸送と後送を保障するため、新たに107連隊を編成する……その連隊長に崔漢（音訳）同志、文化部連隊長には蔡亨黙（チェヒョンムク）（音訳）同志をそれぞれ任命する。107連隊は、司令部直属の指揮を受ける。」

　今だ「敗残兵掃蕩と前線輸送の保障」が部隊創設当初の目的であることが分かる。後に見るように、この連隊長と文化部連隊長は、すぐに消える。更迭されたと言うよりは、おそらくは上陸作戦の渦中で死亡した可能性が高い。

　第107連隊は、京畿道（キョンギド）一帯と忠清南道（チュンチョンナムド）天安郡（チョナン）、牙山郡（アサン）、忠清北道（チュンチョンブクド）鎮川郡（チンチョン）一帯を担当し、第31、32、27大隊の3つの大隊に編成された。第32大隊は江華郡（カンファ）、金浦郡（キムポ）、始興郡（シフン）、水原郡（スウォン）、龍仁郡（ヨンイン）一帯、第31大隊は楊平郡（ヤンピョン）、広州郡（クワンジュ）、利川郡（イチョン）、驪州郡（ヨジュ）一帯、第27大隊は振威郡（チニュィ）、牙山郡、天安郡、安城郡（アンソン）、鎮川郡一帯を担当した。第31、32大隊は、新編部隊だった。第107連隊は部隊編成を完了し、8月14日にソウルを出発して徒歩行軍で8月15日までに連隊本部へ、第32大隊は水原に到着せよと命令された。

各大隊は、前線部隊の後送と輸送を保障するため、内務署と協議して地方住民を橋梁修理などに動員した。また、戦利品の収集保管と地方内務署機関の警備事業への協助を担当するようにした。特に、第27、32大隊は「海岸歩兵旅団の海岸防御組織に参加、監視を組織し、陣地を頑丈に掘設し、島嶼に残存する敗残兵の掃蕩を組織、進行すること」を命令された。これは、人民軍が南進する中で生まれた広範な後方の空白地帯を埋めるための努力として、独立部隊を創設したのであった。また、上の命令内容を見れば、既にこの時点で「海岸防御を担当する海岸歩兵旅団」が存在していたことが分かる。だが、この命令書は、第107連隊の創設を命じているものの、未だ上陸作戦とそれに備えた防御は示されていない。

　しかし、次の「京畿道防御地域軍事委員会」（原文どおり）の設置を見れば、この時点でまた別の軍事的な準備をしていたことが明白に表れる。まず、編制変化の事実を1つ見てみよう。北朝鮮は、1950年8月17日以前にもう同委員会を組織した[7]。これを指示した命令には日付が表記されていないが、京畿道防御地域軍事委員会の指示に従って郡・面防御地域軍事委員会を組織することを命令した始興郡内務署の命令書が1950年8月17日付で出ていることから見て、京畿道防御地域軍事委員会の設置は8月17日以前か、どれほど遅くとも8月17日だったことが分かる。

　同委員会の委員は七人で構成された。ソウル市衛戍司令官、京畿道人民委員会委員長、ソウル市臨時人民委員会委員長、同副委員長、京畿道内務部長、ソウル市内務部長、ソウル市党委員長、ソウル市警備司令官などがその委員であった。京仁（キョンイン）地域の郡―警察―行政―党の最高指導部が総網羅されて「防御委員会」を構成していたことが分かる。同委員会の司令官は、ソウル市衛戍司令官で、副司令官はソウル市党委員長と警備司令官だった。戦時だったため当然に軍人が最高職位を任され、党組織まで正式に軍事編制に編入されていたことが分かる。

　北朝鮮は、戦争の開始とほぼ同時に軍事委員会をつくり、中央の全ての党・軍・政の組織を軍事編制化したことがある。ところが、この「防御地域軍事委員会の司令官は民族保衛相に服従する」として、同委員会は平壌の直接的な軍事的指揮を受けた。すなわち、前線と後方を二元的に平壌から中央指揮したのであり、民族保衛相が後方の防御問題を指揮していたことが分かる。防御地域軍事委員会はまた、区域の郡・面・里委員会はもちろん職場自衛隊、一般自衛隊、突撃隊（武装自衛隊）に至るまで命令を下す権限を持っていた。区域内にある全ての武装組織に対する独占的な指揮権限を所有したのだった。各級の防御委員会も、もちろん当該の郡・面・里にある全ての軍隊および警備隊、保安隊、自衛隊、突撃隊を含む一切の組織に命令する権限を有した。この「防御」委員会は、地域内の最高

第8章　仁川上陸：極秘作戦と事前認知

指揮機関になったのである。

　京畿道防御地域軍事委員会の防御地域は、全部で6つの区域に分かれていた。第1区域は、ソウル市を中心に高陽(コヤン)、広州、楊州郡を含み、司令官にはソウル市衛成司令官が、副司令官はソウル市保安連隊長が任じられた。第2区域は、仁川を中心に富川(ブチョン)、始興、江華、金浦だった。第3区域は水原を中心に平澤(ピョンテク)、安城、龍仁で、第4区域が利川を中心に驪州、楊平であった。第5区域が加平を中心に抱川(ポチョン)を含み、第6区域は開城(ケソン)を中心に開豊(ケプン)と長端(チャンダン)だった。仁川〜ソウル〜京畿地域の海岸を含め、全てを防御地域と見なしていたことが分かる。郡以下には郡―面―里単位でそれぞれ三人から構成される防御委員会を組織せねばならなかった。面と里の防御委員会は警備組、監視偵察組、通信連絡組、工作組、救老組、消防組、輸送組、突撃組で構成された。以上に照らして見れば、既に8月15日以前に非常に緻密な地域防御組織が構築されていたことが分かる。

　京畿道防御地域軍事委員会の指示に従い、8月17日には各単位の委員長と内務省が合同で各郡防御委員会、各面防御委員会、各里防御委員会を組織するよう緊急指示が下された。これは、8月19日までに完了せねばならなかった。8月17日の命令を2日間で完了せよとの指示だった。もちろん、この地方の防御委員会は一般人民で構成される組織であった。郡には大隊を置き、大隊長は内務署長、面には中隊、里には小隊を置いて完全な防御組織を構築しようと努力した。もちろん、これには党と内務機関、行政機関が総動員された[8]。

　もう1つ地方の命令書を見よう。8月22日に京畿道始興郡防御委員会司令官である始興郡内務署長の姜龍洙(カンヨンス)(音訳)は「軍事防御委員会事業を強化するについての緊急指示」を下した。指示で姜龍洙は「米帝は、最近には仁川方面へ上陸を企図している」(**強調**は引用者)としながら、海岸線の警備および偵察、連絡組織、重要橋梁・鉄道に対する警備ならびに偵察の強化を指示した[9]。8月22日には、郡水準の防御組織まで米軍の上陸企図を知っていたことを意味する。これは、中央から米軍の上陸企図について準備せよという指示が下されたことに伴う対応だった。すなわち、中央は既に知っていたのである。

　姜龍洙は、この指示で海岸線の中で敵が上陸し易い地形には丈夫な防御施設を施すことを指示し、塹壕を三重に設置するよう命令した。彼は、命令で塹壕の長さと間隔まで提示し、具体的に指示した。各部落には警備を強化し、不純分子の潜入企図に対する鋭い注視と申告、連絡体系の構築が指示された。また、管内の地域には翌日までに重要な保護所、橋梁、海岸防御陣地に配置した人員、連絡網の距離と時間数などを具体的に表示した警備略図を提出するよう指示した。

　第107連隊の場合も、8月21日の命令からは内容が顕著に変わっていた[10]。8月

21日午後11時30分に下された命令を見よう。今や韓国軍と米軍の上陸企図について相当に認知されており、したがって配置を変更しているのが分かる。

「敵は50.8.20 6：00、霊興島(リョンフン)、大阜島(テブ)に艦砲射撃の援護下に米軍と南朝鮮軍の敗残兵約１個中隊が上陸したが、霊興島を警備する内務員と義勇軍により一部の力量が消滅させられた。引き続き艦砲射撃を加えながら、上陸を企図している。海岸からの敵の侵入を許さず、その企図を粉砕するため、次のように部隊の配置を変改すること。107連隊の31大隊の１個中隊を安仲里(アンチュン)に配置、牙山に駐屯している27大隊の区分隊と共に、牙山湾方面からの敵の侵襲を許さぬこと。32大隊は南陽(ナミャン)に駐屯、南陽湾方面からの敵の侵襲を許さぬこと。１個中隊は大阜島と霊興島に頑強に海岸防御を組織すること。１個中隊は唐津、瑞山(ソサン)、泰安(テアン)、海美(ヘミ)一帯の残敵を掃蕩すると同時に、27大隊本部を牙山に移動して牙山湾方面からの敵の侵入に対峙、海岸防御を組織すること。以上の部隊配置は、８月21日夜間中に移動を完了すること。」

この命令を見れば、牙山湾から霊興島に至るまで長い海岸防御線を張っていることが分かる。また、命令を下しながら命令が下達された当日すぐに部隊配置を完了せよと言っているのも分かる。非常に緊迫した対峙状態へ入っていたのである。特に、敗残兵の処理のため設置された第107連隊の場合も、８月21日から急激に対応が変化し、敵の上陸阻止へ任務が変わっていたのである。命令の内容に照らして、８月20日に米軍と韓国軍が部分的な上陸を企図し、これに今だ警察と義勇軍だけで対応している点も知ることができる。

８月26日午後６時には、前線地区警備司令部の「戦闘命令 No. 94」が司令官の朴勲一の署名の下で第107連隊長宛に下達された。第107連隊は、独立部隊として師団や軍団の指揮を受けず、直接に前線地区警備司令部の指揮を受けていたのである。ただし後述のとおり、２日の違いながら８月28日に下された後日の命令と注意深く比較して見れば、興味深い差異を読み取れる[11]。

「敵の敗残兵どもは、海岸に散在する島嶼に上陸し、あらゆる蛮行を敢行して海岸線まで上陸を企図しているので、第107連隊と管下の各大隊は次のように移動、配置することを命令する。第107連隊本部は32大隊と同じく富平(プピョン)、桂陽山(ケヤンサン)一帯に、31大隊は江華島に、第27大隊は南陽に、それぞれ1950. 8. 28. ５：00までに移動すること。」

この命令からは、上陸に備えて本格的に部隊を再配置しているのが分かる。命令は、続いて各々の管下部隊の一部を永宗島(ヨンジョン)、江華島、大阜島に上陸、配置することを指令した。上陸企図に備えて江華島と大阜島など仁川沖にまで前進、配置しているのである。配置の完了時間は８月29日午前５時までだったが、優先的に

1個中隊を翌日の8月27日午前5時までに配置せよと命令した。緊迫した配置であることが読み取れる。配置された部隊の任務は「諸島嶼と海岸線への敵の上陸を許さぬこと。敵が上陸した島嶼では討伐すること。その地域内に駐屯した海軍および衛戌部隊と協同作業を組織し、より頑強な防御陣地を構築すること」だった。

8月27日には、前線地区警備司令部の「戦闘命令 No. 100」が下達された[12]。

「第107、106連隊は、次のように配備を変更すること。107連隊本部は32大隊と共に金浦に、31大隊は江華島に、27大隊はハンダリ(開城南側10km地点)、33大隊は奉日川里にそれぞれ移動すること。第106連隊本部と24大隊は洪城に、17大隊はサンヤ里(南浦南側12km地点)、5大隊は瑞山に、22大隊は唐津にそれぞれ駐屯すること。部隊移動は、8. 28. 20：00から行動を開始して8. 30. 5：00までに完了すること。」

この命令を通して見る時、8月28日から人民軍が開城南方から江華〜金浦を経て瑞山〜唐津にまで至る長い防御線の構築を企図していることが分かる。同じ8月27日の戦闘命令101番は、もう少し明確に任務を指示した。

「新たに第33大隊を編成し、107連隊に所属させる。第33大隊は漢江下流の江岸一帯に防御陣地を掘設し、西海岸から奉日川里方向への敵の侵入を許さぬと同時に、その一帯の残敵を掃討すること。」

以上の京畿道一帯の人民軍の極秘命令を検討して見れば、8月12日頃には未だ上陸に対する準備内容はなく、残敵の掃蕩と敗残兵の処理程度が防御部隊の主要な任務だったことが分かる。しかし、軍隊と地域の防御委員会の両方で8月21日頃には、海岸上陸に備えた諸命令が下されていた。すなわち、8月21日以後が防御作戦変更の1つの転機だったと見られるのである。8月21日以降から27日に近づくに連れて、もっと急激に変化して、本格的な上陸準備へ移っていく。続いて後に見るように、8月28日に金日成の命令が下達されてからは、はっきりと異なる内容を持って備えを整え始める。すなわち、実際の上陸作戦は9月15日に始められたものの、それに備えた作戦指示が既に8月中旬から段階的に下されていた。

3．仁川からソウルへ（1）：事前認知と事前準備
——1950年8月28日から「9・15上陸」まで

漸進的に変化していた北朝鮮による対応の様相と速度は、8月28日に入ってから急に変化した。8月28日は仁川上陸作戦への北朝鮮の対応と関連して、ひとつ

の明白な転機となるに足る日だった。極めて興味深い命令が1つ存在する。極秘とされている8月28日、仁川防御地区司令部「戦闘命令No.1」(仁川防御地区司令官・朴勲一、参謀長・白楽七)で、題目は「仁川防御地区指揮開始について」である[13]。命令は「朝鮮人民軍最高司令官の命令を根拠に、1950.8.28に仁川防御地区の指揮は開始された」となっている。これが仁川防御地区司令部「戦闘命令No.1」の内容の全部である。すなわち、仁川防御地区の指揮の開始を知らせる内容が命令の全部をなしていた。

こんにち金日成が下した仁川防御地区の設置命令書を見つけ出すことはできない。しかし、上の命令を通じて見る時、我々は金日成の命令により1950年8月28日から仁川防御作戦が開始されたことが明白に分かる。また、この時までの朴勲一の職級が前線地区警備司令官だった点を考慮すれば、前線地区警備司令部がこの時点で仁川防御地区司令部へ変えられ、朴勲一はその司令部の司令官へ職位が変わったことが分かる。したがって、北朝鮮は遅くとも1950年8月28日にはソウルに「仁川防御地区司令部」を創設したのである。そして、この防御作戦は金日成による直接の指示に従うものだった。8月28日と言えば、米軍の仁川上陸作戦が実施される約20日前だったが、この時点で北朝鮮軍最高司令部は米軍の仁川上陸作戦をほぼ認知していたのである。

同じ8月28日の「戦闘命令No.2」は、「仁川防御地区の反上陸防御組織について」という題目の下に兵力、区域、機材の配置についての命令を具体的に下達する。金日成の命令が下されるや否や、直ちに実行命令を下達するのだった。「朝鮮人民軍最高司令官と私の命令により、私の指揮下に右翼は礼成江(レソンガン)河口、左翼は錦江(クムガン)河口を分界線にして仁川防御地区を創設する。この地区の防御のため、次のような力量と機材の割り当てを受けた。①76m/m師団砲の砲兵大隊が配属された第64海岸歩兵連隊、②国境警備隊第106、107独立連隊、③独立戦車連隊、④第18歩兵旅団の第5歩兵大隊。」

続けて命令は「仁川地区を3つの防御地域に区分する」とし、次のように分けた。「第1地域―錦江河口から挿橋川(サプキョ)河口まで。第2地域―挿橋川河口からコガン里と富平(除外)まで。第3地域―富平(包含)・コガン里から礼成江河口まで」。第2区域は第64海岸歩兵連隊が任され、指揮本部は仁川だった。国境警備隊第107独立連隊は第3区域の責任を任され、指揮本部が金浦であった。地域防御の責任を任された連隊長たちは「自分の地域の反上陸防御を組織すること」と「広い前線の海岸に沿い、そして防御を中心に界線を整備せねばならなかった」。

さらに、防御地域長官(将校)たちは防御地域を自ら指揮し、偵察を実施して、8月31日までに火力機材、戦術および作戦上の障害物の配置を指摘する確定済み

〈絵図8−1〉 1950年8月28日、北朝鮮軍による仁川上陸準備の最終防御作戦地図

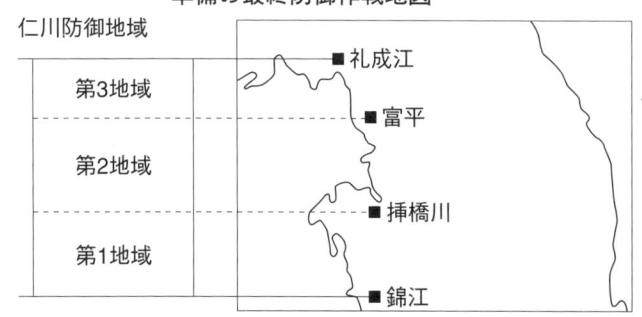

仁川防御地域
- 第3地域
- 第2地域
- 第1地域

■ 礼成江
■ 富平
■ 挿橋川
■ 錦江

出典：「仁川防御地区司令部戦闘命令 No. 2——仁川防御地区の反上陸防御組織について（朝鮮文）」、第107歩連参謀部『上級命令書綴』NA, RG242, SA#2009, 7/80.

の詳細な界線略図、要求される機材と力量を指摘する防御区域の設備計画を提出するよう指令を受け、「防御区域の設備は1950. 9. 15までに完了すること」を命令された。9月15日までに完了せよというのは、偶然の一致なのかも知れない。

ともあれ、実際の上陸作戦の時点と同一だという点で深い関心を呼び起こすのに充分だ。しかし、実際の上陸作戦日を15日だと知っていたならば、9月15日までに防御区域の設備を完了せよと命令するはずはないので、北朝鮮はこの時点までは実際の上陸日は知らなかったものと見られる。だが、たとえ北朝鮮軍の最高指揮部が米軍による仁川上陸作戦の開始日を9月15日と正確に認知していたとは言えないにしても、我々はこの1日の狂いもない一致に驚かざるを得ない。

今この命令を地図上に絵図で表せば〈絵図8−1〉のようである。

同日に連続して、もう1つの命令が下達された。8月28日に仁川防御地区司令部「戦闘命令 No. 3」は、上陸をはっきりと予見しつつ、命令を下している。序文で命令は、次のように予想している。「朝鮮半島の南東で敗北と急速な退却があった後、敵は陸軍および空軍の支援を受け、積極的に防御を維持しつつ、朝鮮半島南半部の慶尚道一角を保持している。敵の艦隊は、朝鮮の東海岸および西海岸で巡行しながら、大隊にまでなる力量で我が軍後方の個別的な島々と海岸地域に海兵隊（上陸隊）を上陸させている。前線から我が軍の力量の一部分を引き寄せる目的で、前線への供給路を切断する海軍基地の創設、ならびにソウルの威嚇を助成するため、仁川地区に敵側から作戦的上陸隊が上陸する可能性がある。」

継続して命令は、礼成江口から錦江河口に至る海岸地帯を占める仁川防御地区には76m/m砲兵大隊の配属を受けた第64海岸歩兵連隊、国境警備隊第106、107

独立連隊、第18歩兵旅団、第5歩兵大隊を配置した。
　これに続く命令は、次のとおりである。
　「仁川防御地区には朝鮮人民軍最高司令官の命令により、指摘された区域の反上陸防御を組織する任務が設定された。各地域防御の長官たち（原文どおり：将校の意――引用者）は、持ち合わせの全火力機材によりその上陸する機材と命ある力量を消滅させて、重要な海岸地域に配置された連隊と配属された区分隊の力量で敵の上陸隊の上陸を許さぬこと。敵が海岸に入って来た時は、決定的な反突

1950年7月31日に人民軍第317軍部隊参謀部が下した仁川港防御計画略図。原本はカラー表記で、1/4に縮小したもの。
資料：National Archives

第8章　仁川上陸：極秘作戦と事前認知

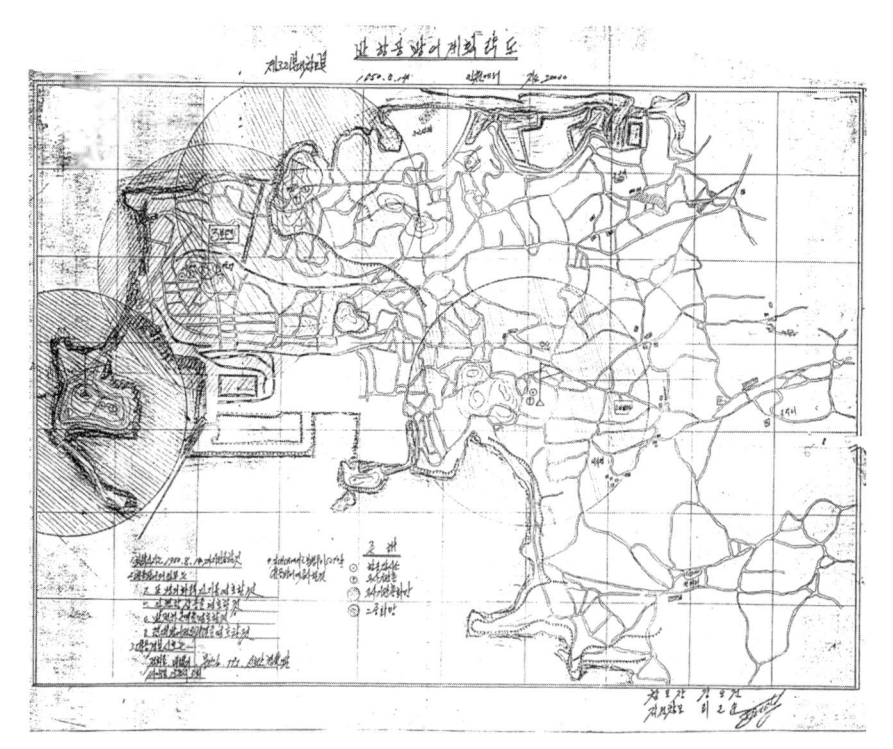

1950年8月14日に人民軍第321部隊参謀部が下した仁川港反航空防御計画略図。左側下段に火力陣地を8月14日まで完了せよという文言が見える。原本はカラー表記で、1/8に縮小したもの。資料：National Archives

撃により敵どもを海の中に掃き入れること。もしも力量でとてつもなく敵が優勢な時は、支援部隊が接近する時まで界線を維持し、支援力量と協同してこれを消滅すること。」

　9月1日に朴勲一は「頑強な海岸防御陣地の急速な構築のため」開城地区一帯の全ての木材、鉄条線、それに鉄条網を集結させ、江華島および仁川港付近へ移し、38度線一帯に設備していた移動鉄条網もそのまま運搬して集結させよと命令した。集結と運搬のため地方住民たちを動員し、運搬は一切の牛馬車を動員して実施せよと命じた。第107連隊第33大隊長は、直径15cm以上の丸木1万本と鉄条網、カマスなどの設備材料を9月6日午前5時までに集結させよと命令した。本格的な反上陸設備の設置に突入したことが分かる。

　米軍と韓国軍が本格的に仁川地区への事前偵察を実施していた9月9日、朴勲一は「戦闘命令No.4」を通じて次のように命令した。この9月9日の命令を見れば、北朝鮮は上陸作戦があるとしても、早くとも9月15日前後にしか開始されな

ある人民軍兵士の９月４日のメモ帳。日付が続いていないことから見て、間もなく死亡したものと思われる。資料：National Archives

いだろうと想定していたことが明白に分かる。

「①敵の艦隊は、仁川港の外で随時に巡航または停泊し、海岸島嶼と島々に艦砲射撃を実施して、部分的に島々に上陸しており、継続して大部隊の上陸を企図している。②仁川防御地区の海岸線防御施設を迅速に完成することにより、海岸線から敵の上陸を許さず、上陸する敵どもを消滅せねばならない。③各地域の防御責任副隊長は……自分の地域内の防御施設を予め指示された９月15日までに完成すること。④永久火点、土木火点、隠蔽壕などを、必ず敵の猛烈な航空爆撃と艦砲射撃から被害を避けられるよう堅固に設備すること。⑤防御作業の進行状況について毎日一度ずつ報告し、９月18日までに防御作業完了についての書面および略図の報告を提出すること。」

再び強調すれば、この９月９日の命令の③番と⑤番を見ると北朝鮮は、上陸作戦があり、早ければ９月15日前後に開始されるだろうと想定していたことが分かる。すなわち、準備はしたものの、洛東江への戦力集中と時間的な切迫、装備と部隊の不足などにより、実際の上陸作戦に対して完全には準備ができなかったのみならず、上陸の日時を正確に認知できなかったのである。また④番を見れば、単純な上陸準備ではなく大規模な部隊との全面的な反上陸戦闘を強く覚悟していたこともはっきりと分かる。以上の命令を下した仁川防御地区司令部は、ソウル

第８章　仁川上陸：極秘作戦と事前認知

に設置されていた。結局8月28日から9月9日までの上級命令を検討する時に北朝鮮軍は、日時こそ知らなかったものの、米軍の仁川上陸作戦自体をほぼ正確に予測して防御作戦に入っていたのである。

　このような判然とした変化の側面を、金日成の命令を以て推論して見よう。8月15日の金日成の「命令第82号」は、全ての部隊を前線に送り、最後の勝利を争い取ろうと煽動する内容だった。未だ後方を考慮したり準備したりする、どのような内容も看取できなかった。彼は命令で「戦闘は、最後の階段に至り、更にもっと熾烈になる」と言いつつ「我々は、新しい諸部隊を前線へもっと多く送り、凶悪な仇敵に対する最後の勝利を組織せねばならない」と煽動した。また、金日成は命令で「全ての朝鮮人民軍と海軍は、米国干渉者らの軍隊と李承晩傀儡軍の敗残兵部隊を終局的に撃滅、掃蕩し、1950年8月を我が祖国彊土の完全な解放のための月となるようにせよ」と命令した[14]。

　8月15日の北朝鮮政権樹立第5周年記念演説は、題目からして「全てを前線へ」となっていた。金日成は、演説で「全てのものを前線へ！」、「全てのものを前線の勝利のために！」というスローガンの下で「全ての後方の力量を、前線の勝利を保障することに回さねばならない」と力説した[15]。少なくともこの時点までは、明白に前線集中戦略だったのである。おそらく、こうした金日成の「後方粗略—前線集中」戦略は、後に朴憲永から攻撃を受けて、彼と朴憲永が葛藤を演ずる要因の1つになったのかも知れない。

　しかし、8月29日に内務省と民族保衛省の幹部たちをはじめ、各地方の人民委員会委員長と内務部長を集めて行った金日成のある公開された演説によれば、先に我々が検討した前日8月28日の秘密命令をはっきりと読み取ることができる、大きな変化が感じられる。

　「現時期に我々の前に現れた重要な課業の1つは、後方をしっかりと保衛することです。後方をしっかり保衛するためには、何よりも海岸沿線に対する全人民的な防衛体系を徹底的に打ち立てねばなりません。いま敵どもは大兵力を動員し、東西の海岸からの上陸を企図しています。このような状況において内務員と自衛隊員の力だけを以てしては、海岸沿線に対する防御を徹底できません。」

　こう述べつつ金日成は、東西の海岸の第1線防御は人民軍隊が、第2線と人民軍がいない所は内務員と自衛隊員を基本力量とし、人民を配合して防御せよと命令した。金日成は、具体的に「西海岸の仁川、椒島、南浦、安州、鉄山（チョルサン）、多獅島（タサド）と東海岸の元山、咸興（ハムフン）、新浦（シンポ）のような所が、敵どもの上陸しそうな地帯」としつつ「このような地帯に対する海岸防御組織を特別にしっかりとせねばならない」と指示した[16]。公開された命令と演説を追跡しても、現地部隊の秘密命令の内容

と大きな差異がないことを発見することになる。

　我々は今、人民軍の最上級部隊の命令と金日成の命令を見た。そうだとすれば、次に下級の現地戦闘部隊の命令を検討して見るべきである。3つの水準において、どのように上陸を準備していたかを比較して見よう。仁川に駐屯している第884軍部隊へ8月29日に下された「戦闘命令」[17]を見よう。命令は、敵の仁川港口への上陸企図を明記しつつ、翌日までに防御体制を完備せよと指示した。

　「敵は、共和国人民軍隊の猛烈な攻撃により無秩序に退却した後、再び軍事的な冒険として仁川港口に上陸して占領し、継続して前進して、我が国の首都ソウルを占領する目的で徳積（トクチョク）、龍游（ヨンユ）、霊興面一帯に站船を入港、滞留しているところで、敵どもは機会さえあれば仁川港に奇襲上陸を企図しており、そのうえ敵は航空で仁川市の上空を脅かしている。本大隊は旅団長同志から、本大隊の所有火力により敵どもの仁川港接近を許さず、海岸一帯に上陸する敵を海上で決定的に撃退、粉砕すると同時に、仁川市ならびに仁川市の右翼を固守する目的で右側の朱安（チュアン）塩田から左側の月尾島（ウォルミド）堤防までを防御する任務を受けた。防御作業完了は1950. 8. 30. 20時であり、火力体制完了は1950. 8. 30. 24時までである。」

　そうして同大隊は、各中隊の防御地域を担当させた後、反戦車防御まで命令している。反戦車防御は、戦車の上陸までも予想した非常に具体的な命令だったことを物語ってくれる。

　第884軍部隊参謀部による8月31日の命令である「監視指令 No. 4（極秘）」を見よう[18]。敵の具体的な接近の実況を知らせてくれるだけでなく、既に上陸を企図しているという内容を含んでいた。

　「敵は、共和国人民軍隊の勇敢無双の攻撃により無秩序に敗走し、一部は船舶で逃亡して、月尾島前方26kmにある徳積群島の島に到着して臨時根拠地とした。米海軍は駆逐艦、戦艦、警備艇など艦隊や航空部隊との協同作業が予見される。敵は、再び軍事的な冒険として機会さえあれば、仁川またはソウルを回復するため仁川港への奇襲上陸を企図している。敵のスパイおよび敵の偵察船舶の部隊が前面の海岸線へ侵入する企図が予見され、また敵の艦隊と陸戦隊および落下傘部隊の活動が予見されるので、管下の諸区分隊では指摘した監視所において規定に依拠した監視所設備により水も漏らさぬ鉄壁の監視勤務を昼夜にわたり実施して、敵の侵入企図を未然に防止せねばならない。」

　同じ第884軍部隊参謀部の指令として、日付が9月6日の「各区分隊監視区域の強化について」を見よう[19]。

　「敵はもう一度、軍事的な冒険として機会さえあれば、仁川またはソウルを回復するため仁川港への奇襲上陸を企図している。今日わが部隊は、このような企図

を適宜に発見し、奴らと猛烈な闘争を展開し、仁川港を防御して、我が祖国の首都ソウル市を防衛する重大な任務を遂行している区分隊として、軍隊内の耳になり目になろう。監視日時を適宜に記入し、2時間に1回ずつ電話で、午後5時には当日の監視事項を具体的にその発見地点、影響、商船・漁船・発動機船など何隻が往来していたか、その人員と物品、目的地について詳細に統計を出して報告すること。自分の監視区域内にある工場、社宅、個人の家の統計などを掌握していること。」

この前哨監視任務を帯びている部隊の指令は、8月31日と9月6日に米軍が仁川沖を根拠地と見なして奇襲上陸作戦を企図していると極めて具体的に認知していたことを示してくれる。また、監視結果を2時間に1回ずつ極めて詳細に報告するよう指令している。我々は今、日付別に追跡する中で若干の興奮を覚えることになる。それは、国連軍にあっても同じ緊張と速度で上陸を準備していた点を想起すれば、間もなく起こる衝突に先立ち双方がどれほど緊迫して相互に対応を準備していったかを脳裏に描き示してくれるから、より大きな緊張を醸し出すものと思われる。

次は、9月11日の命令である。今や実際の上陸作戦が切迫した日である。仁川上陸作戦に備えて第226部隊機動大隊が9月11日に下した「協同動作信号」は、上陸作戦について徹底的で詳細な対比を示してくれる[20]。これを1つの図表にすれば、次のようである。この図表によれば、既に人民軍は大隊水準においてまでも

〈表8-1〉 北朝鮮軍による仁川上陸準備のための信号体制

(1950年9月11日)

信号の内容	信　　号	各 区 分 隊 の 行 動
艦船発見	円形1回	非常召集で戦闘準備をする
艦砲射撃	円形2回	隠蔽壕に避身して戦闘準備
敵の上陸企図	円形3回	第1塹壕を占領すること
我が砲射撃	円形継続	各区分隊から砲を射撃させる
一斉射撃	円形継続	50～100mの所に接近すれば中隊長の指揮下に射撃する
射撃中止	円形4回	一斉射撃の中止信号をする
戦闘解除	下から上へ続けて	集合して兵舎へ行く
注　　意	灯りを点滅させる	信号を受けるため注意せよという意味
分からない	横に振る	再び信号を送ってやる
分かった	下から上へ1回	信号により分かったと信号を送る
実践する	下から上へ2回	何らか行動をとったとの報告

出典:「指令——槍激戦訓練」、NA, RG242, SA#2009, 7/135.

詳細な反上陸準備態勢を整えていることが分かる。
　この命令書は、続いて信号交換についての詳細な注意事項と信号使用方法を盛り込んでいた。これを見れば、9月11日にもなれば既に非常召集、戦闘準備、砲射撃信号まで完備していたことが分かる。仁川上陸作戦も、やはり第2次世界大戦のノルマンディ上陸作戦のように、似たような水準の戦略家であれば相手もまた事実上ほとんど認知した状態で敢行された作戦であり、その成功の可否は実施時期と軍事力量の問題だったことが分かる。言い方を換えれば、仁川上陸作戦が時間的に少し遅れていたならば、北朝鮮軍は仁川地域に鉄の要塞を構築し、上陸の成功はほとんど不可能だったであろう。それは、国連軍が仁川から上陸に成功して以後にも直ちにソウルへ進撃できず、人民軍と義勇軍の頑強な防御により13日もかかる激戦と遅延の中、9月28日になってやっとソウルに進撃することからも確認できるのだ。
　現地部隊の1つである自動銃中隊責任者の李明逸（音訳）による9月12日の報告書を見よう[21]。上陸直前の準備状況と覚悟を示してくれる。
　「我が区隊は、海岸防御に重大な使命を持っているのである。我が党員をして非党員を挙動させ、敵に対する敵愾心を培養させて、戦闘員に勝利できるとの確固不動の信念で教養を与え、奴らが企図している京畿道一帯の地区上陸を企図しながら（原文どおり：「阻止しながら」の間違い――引用者）、特に中心地ソウルの玄関である仁川に奴らを血のついた足で一歩も入らせないようにし、奴らが最後の発悪をすればするほど我が党員たちをして敵愾心を高度に高揚させ、全ての軍務者はマルクス・レーニン主義と愛国主義思想で武装することにより、戦闘員も自分の義務を遂行できるし、祖国と人民のために戦うであろう。」
　仁川防御地区が設置された後、防御に必要な材料と設備の請求および必要統計を見れば、仁川はもちろん南陽と安仲里も同じ比重で扱われている[22]。これを見ると、防御地域の3つの焦点は仁川、安仲里、南陽の3ヵ所だった。したがって、全ての装備と材料および機材は、3つの地域それぞれが必要な量を別々に申請した。これは、北朝鮮軍が米軍の上陸地点を仁川、南陽、安仲里の3地域と想定していたことを示してくれる。例えば、爆薬は全部で74tを注文し、仁川、南陽、安仲里が各々30、22、22tずつ配当された。他の全ての機材と材料も同様で、反戦車地雷の場合は各々3,500、4,000、3,000本ずつ、コールタールの場合それぞれ0.4、0.35、0.35tずつであり、電気雷管は各々750、1,100、1,100本ずつだった。こうして、第64海岸歩兵連隊は全部で20種類の材料と機材を中央に請求した。
　このような配分は、北朝鮮が3つの地域にほぼ同じ比重を置いていたことを意味する。かかる比率は「仁川防御地区反上陸防御陣地設備労力計算表」でも同じ

く現れる。塹壕と交通壕、一般銃座、永久火点、大隊訓練指揮所、鉄条網障害物、隠蔽壕、道路、交通など各種の作業に必要な設備労力計算表も、やはり同じ比率である。しかし、ある別の文献は、若干ことなる内容を示している。それは「仁川防御地区第2防御地域反上陸防御設備用中央供給材料計算表」で、この表によれば、中央に請求した物品が設備に必要な各種の木材、鉄線、板、セメント、鉄条網、鉄筋、砂利などになっている[23]。これらの物品からは、より長期的で堅固な第2防御地域を形成しようとしたことがうかがい知れる。先の請求書が即刻に使用できる爆薬、発破機、乾電池、雷管、導火線だったのに比べ、この第2地域に必要な物品は、内容が顕著に異なっていたのである。

それではここで、我々が今まで検討した命令書と多くの諸文献を中心に、8月12日から9月11日までの1ヵ月間の北朝鮮の反上陸作戦を、現地の対応を中心に考察して見よう。次ページのような興味ある日誌が作成される。

4．仁川からソウルへ（2）：奇襲上陸と準備された抵抗
——「9・15上陸」から「9・28奪還」まで

本格的な上陸に先立つ9月12日から、米軍の爆撃は猛烈に展開された。13日と14日にも継続された凄まじい爆撃で、月尾島と仁川港は廃墟となった。爆撃がどれほど激しかったか、仁川上陸作戦についてのある公式記録の表現のように、仁川沖の月尾島はこの爆撃で「形が変わってしまった」[24]。

爆撃の支援を受けながら、15日に米軍と韓国軍は月尾島へ前進した。当時の月尾島は約400名の北朝鮮軍が抵抗したが、108名を射殺、150名以上が生き埋めの被害を残したまま、15日午前11時15分に占領された[25]。

ある小隊長の記録によれば[26]、未だ9月17日までは仁川地区に米軍が完全には上陸できなかったことを示唆している。9月17日の大隊長の指示には「満ち潮の時、監視注意」という表現が見え、18日には323名を動員し、動員された人員に解説事業を展開したという表現が出て来る。急迫した戦勢の中でも、政治宣伝事業を一緒に進行させたことを示している。また、9月19日には「船舶は月尾島、霊興島の間に出て行っている。いま飛行機が仁川上空を巡回する音が聞こえる」という表現がある。さらに労力動員状態については、全動員人員が計画人員の50％となっており、原因は「食料が適時に供給されないこと、患者の続出、予定期日を超過している」と報告している。最後まで労力動員を試図していることと同時に、労力動員状態が顕著に悪いという点が分かる。動員不充分の原因は、食料不足が最も大きな要因であることを知ることができる。

〈表8−2〉 北朝鮮の仁川上陸作戦への事前対応——日誌と変化の内容

日付	対応内容
8/14	前線地区警備司令官朴勲一命令、敗残兵掃蕩と輸送保障のため第107連隊創設
8/15	金日成命令82号「8月を祖国彊土の完全な解放の月となるようにせよ！」／金日成演説「全てのものを前線へ、全てのものを前線の勝利のために！」
8/17	京畿道防御地域軍事委員会設置。6地域の道−郡−面−里の防御体系構築
8/21	第107連隊命令「8月20日霊興島に敵上陸企図、敵の海岸侵入を許さぬため部隊配置を変更せよ。8月21日中に完了せよ」
8/22	始興郡防衛司令官命令「米帝の仁川上陸企図、海岸線警備強化指示」
8/26	朴勲一命令「敵の海岸上陸阻止のため富平、江華島、南陽の3ヵ所へ部隊配置を移動させよ。頑強な防御陣地を構築せよ」
8/27	朴勲一命令、瑞山〜唐津から江華〜金浦を経て開城南方への防御線構築
8/28	金日成の命令で仁川防御地区指揮開始／仁川防御地区創設、右翼は礼成江河口、左翼は錦江河口、第1区域：錦江河口から挿橋川河口まで、第2区域：挿橋川河口から富平（外除）まで、第3区域：富平（含む）から礼成江河口まで、防御区域設備は9月15日までに完了すること／前線地区警備司令部、仁川防御地区司令部に改編（司令官に朴勲一）／仁川防御地区司令部の命令「仁川地区に敵の上陸隊が上陸する可能性、最高司令官の命令により指定された区域の反上陸防御を組織、持てる全火力により上陸を許さぬこと」
8/29	金日成「仁川・南浦・元山・咸興などに敵が上陸を企図している。これらの地帯に対する解放防御組織を特別にしっかり行え」
8/31	第884軍部隊指令「敵は機会さえあれば仁川またはソウルを回復するため奇襲上陸を企図、水も漏らさぬ監視により未然に防止せよ」
9/1	仁川防御地区司令部命令「海岸防御陣地構築のため開城一帯と38度線一帯の設備を強化および仁川付近へ移動せよ」
9/6	第884軍部隊指令「2時間ごとに1回ずつ電話で状況を報告せよ」
9/9	仁川防御地区司令部命令「敵艦隊は随時に巡行して艦砲射撃実施、海岸防御施設を迅速に完了する、防御施設は9月15日までに完成する」

出典：『金日成選集』3巻（1953）。『金日成著作集』6巻（1980）。『自由と独立のための朝鮮人民の正義の祖国解放戦争』（1954）。『北韓（北朝鮮）関係史料集』11巻。NA, RG242, SA#2009, 7/128.「朝鮮民主主義人民共和国人民軍最高司令官命令第82号」（1950年8月15日）、NA, RG 242, SA#2009, 7/80. 第107歩兵参謀部「上級命令書綴」、NA, RG242, SA#2009, 7/123. NA, RG 242, SA#2009, 7/133.

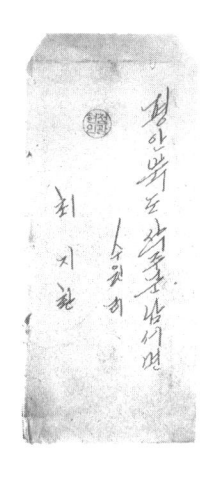

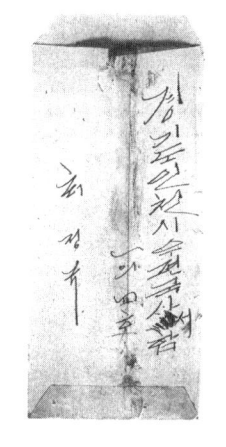

送られなかった数多くの手紙の一部。仁川に駐屯中だった人民軍の崔正圭(音訳)が父親の崔智煥(音訳)に書いた手紙(1950年9月14日)。父、母、妻、兄弟、妹、友人……に送るため書いた手紙は、仁川上陸作戦に伴う彼らの死去により、伝えられないまま全て原文そのままに保管されている。
資料：National Archives

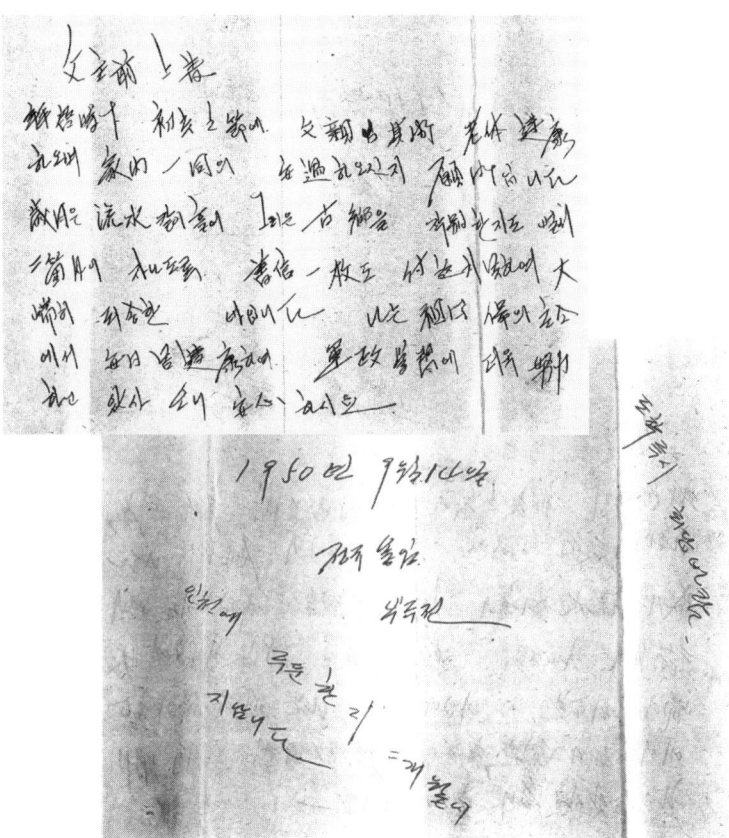

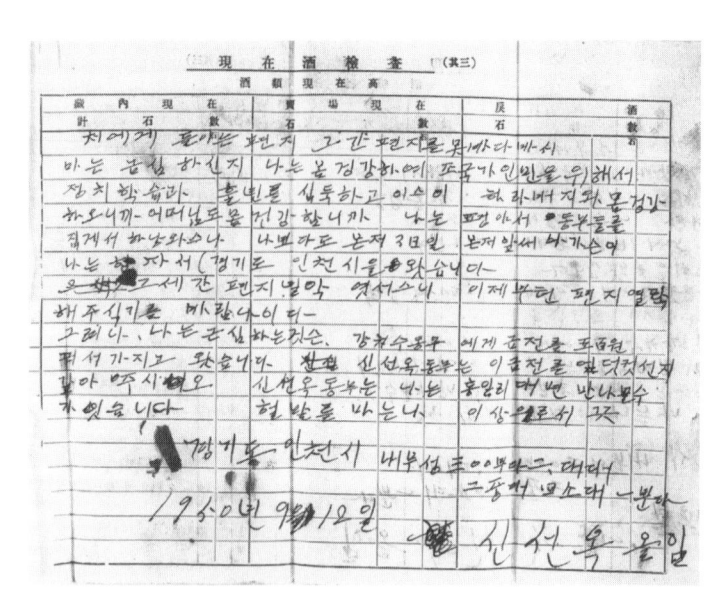

9月12日に仁川から夫の韓應洙（音訳）が慈江道満浦にいる夫人の申善玉（音訳）に書いた手紙。送られなかった。自分で書いたにもかかわらず「申善玉拝上」となっている。資料：National Archives

9月12日に仁川にいる息子の吉成熙（音訳）が平安北道義州にいる母親の崔仁玉（音訳）に書いた手紙。送られなかった。資料：National Archives

9月20日の記録には「9月25日から政治報道を実施、8・15解放5周年記念に際して人民委員会席上で陳述した金将（金日成将軍の意味――引用者）の報告、軍人宣誓は23日までに総結、檄文を浸透させる意味で軍官会議と初級活動家会議、熱誠者会議（党協議会）、民青会議を招集すること、10月から週間文化事業計画の樹立――政治上学・月火金、中隊情形報告――午前12時、午後10時」という表現が出て来る。この命令を見て急迫した状態であることが分かるのは、一旦は徴集した後に新兵の軍人宣誓を部隊の現地でさせているという点だ。また、それほど急迫したにもかかわらず、金日成の演説を全員が全て学習せねばならなかった。これは、政治思想的な武装を強調したからだった。大隊長の指示の中に「上部の命令なしには退却しないよう教育せよ」という内容があった。すなわち、既に上部の命令がなくても一部の部隊は退却をしているという意味だった。

　9月21日の参謀長の指示には、大阜島に出て行っている小隊を古浦里（コポリ）へ撤収させよという指示が出ている。上陸作戦を被り、以後は上部からの公式の指示により部隊が撤収し始めたことが分かる。また「軍官会議」欄には「我が区分隊は解散、敵艦6隻撃沈、釜山（プサン）・大邱（テグ）を解放」となっていた。軍官会議の指示または報告事項により部隊自体を解体するという内容であることが分かる。それでそうなのか、この部隊の文献は9月21日以後には内容がなかった。ひとつ指摘すべき点は、9月21日の時点までも釜山と大邱を解放したと教育していることも分かることだ。いつもそうであるように、北朝鮮は自らの兵士たちにさえ敗北を認定することが決してなかった。

　上位の部隊のある報告を見よう。まず、第5656部隊、すなわち第107連隊参謀部の『上級報告書綴』を見よう[27]。前述の仁川上陸作戦に対する準備状況を文献で詳細に残していた、正にその部隊である。9月21日午後11時ソウルの作戦参謀だった張仁駿（チャンインジュン）（音訳）の報告を見れば「情形を前線司令部に報告した結果、継続して隊伍を収拾、金浦方向から敵を打撃せよという命令です」。この言葉は、現状況を前線地区警備司令部に報告したが、後退せずに隊伍を収拾して金浦方向から進撃する敵と対峙して戦えという話だった。この命令は、前線地区警備司令部が仁川防御作戦を指揮している点も示してくれる。第5656部隊参謀部の『上級命令書綴』を見れば[28]、実際9月21日に前線地区警備司令部文化部司令官の金斗煥（キムドゥファン）は「戦闘命令」を下し、「金浦飛行場の敵は永登浦（ヨンドンポ）方向へ進撃している。第107連隊31大隊、33大隊、砲台隊は緊密な協同作戦をとり、迅速に昼間行動により金浦飛行場を攻撃して、敵の後面を打撃することを厳格に命令する」と第107連隊に直接指示した。

　9月21日の別の報告は、参謀長ではなく参謀長代理が行っていた[29]。

「21日4：00までに金浦飛行場を解放する任務を受けた32大隊は、21日午前2時30分に金浦市を完全に解放した。金浦市の敵兵力は極少数だった。日が明るくなり始めた時、急激に射撃を受け始めた。隠蔽を準備中、不意の攻撃を受けた我が諸部隊に戦闘開始命令を下達したが、砲射撃が甚だしく、部隊（員）たちが『新兵』である関係で隊員は分散し始めた。各指揮官たちはこれを収拾するのに努力したが不可能で、個別的に指揮官たちは退却命令を下した。通津(トンジン)に午後6時に到着し、31大隊に遭ったが、自部隊の損失人員および大隊長の行方も分からないでいた。」

上陸作戦を被った後、金浦飛行場を解放せよという命令により、第107連隊第32大隊が金浦を一時は再び解放したことを意味する。しかし、夜が明け攻撃を受けた時は、ほとんど無防備状態で退却する有様が詳細に描かれている。兵士の大部分が新兵という話は、南朝鮮地域で急に募集した義勇軍だという話であった。義勇軍で構成されていた諸部隊は、既に戦勢の逆転以前にほぼ崩壊状態に置かれていた。部隊によっては、70〜80％の兵士たちが離脱した所もあった。

9月22日には、進撃して米軍占領地域を完全解放したという報告もあった。おそらく、ある地域の一部を一時は解放したという話であろう。報告は、命令を受けた金浦解放について強い執着を見せた。

「9月24日に31大隊と33大隊は、9月25日23：00から9月26日4：00まで金浦市を解放する決心です。残っている2個大隊の力量は非武装隊員が大多数で、武装隊員は弾丸が不足し、戦闘を継続する弾丸が不足しています。各種の弾丸と後方組織で困難を被っています。」

この報告を見れば、武器の不足が深刻な状態であることが分かる。それにもかかわらず、命令どおりに金浦を解放するという意志を表明している。仁川上陸作戦以後、人民軍は今や手と精神だけで戦い始めたのである。

すぐ2日後の報告を見よう。9月24日に第107連隊長の金善玉(キムソノク)（音訳）、同参謀長の朴近萬(パックンマン)（音訳）は「文化部司令官同志宛」への報告で次のように明かしている。

「司令官の金浦解放命令に対して攻撃命令。しかし、敵の火力に慌てて、戦闘員たちは指揮官の命令に服さず……戦闘員たちは命令に応ぜず、本大隊は再び後退……金浦郡の人民たちは各政権機関がないので、反動派の治安隊が組織され、分散した我が軍を発見さえすれば無条件に銃殺しており、甚だしくは連絡兵さえも派遣するのが困難な状況にあります。……また、敵情を了解する決心で地方人民や戦闘員と共に派遣しても、治安隊の警備に発見され、帰って来られずにいます。この者たちは、我が軍が進撃する目的で行軍に出発したならば、即時に敵へこと

ごとく連絡を組織して、敵は万端の戦闘準備で待機しています。」

この報告を注意深く読んで見よう。いくつか注目するに値する点が画然として現れる。まず、戦闘員たちが指揮官の命令に服していない事実である。戦勢が逆転されるや否や、北朝鮮軍内では命令不服従の事態が頻発し始めた。人民軍は、内部から崩壊し始めたのである。彼らが鉄の革命思想で武装した革命軍隊という解釈は、単に彼らが戦争を勝利へ導く時だけであったという点が確認されるのだ。このような現象は1950年秋、38度線以北の北朝鮮地域でも継続して起こった。２つには「我が軍を発見さえすれば無条件に銃殺している」という表現の中に我々は、北朝鮮みずからが常に強調してきた「人民は朝鮮民主主義人民共和国の周囲に１つとなり、金日成将軍を奉じて固く団結している」とする主張のうち、どの程度が真実でどの程度が誇張で偽造なのかを知ることになる。人民軍は、正にその人民から包囲され、ほとんど行軍できない程度になってしまったのだった。彼らを発見すると人民は、申告するのはもちろん敢えて銃殺まで行っていた。内部からの崩壊、人民からの孤立と殺害、人民軍は両面から崩壊していたのである。

９月25日の参謀長趙　亮(チョリャン)（音訳）の報告「文化部司令官同志宛」は、状況を叙述した後「以上の困難な条件に対し、いかに処理したら良いか、処理命令を速やかに伝達して下さることをお願いします」と報告していた。急迫した状況に直面して、上部の指針と命令がないため処理できないでいることが分かる。換言すれば、上部―下部間の命令―報告系統までも崩れているという話だった。９月26日午前９時の第5656部隊参謀長である趙亮の報告「内務相同志宛」によれば、連隊が隷下の大隊の位置すら把握できない状態で戦闘を行っていることを示してくれる。３個の大隊のうち、わずかに１個の大隊だけが管掌されていたのである。

「5656部隊は現在、分散された32大隊を収拾、集中しています。９月23日までその行方が分からなかった31、33大隊の位置を９月23日午後４時頃に探知し、連隊本部と連携して部隊を集結中。各大隊の人数さえ把握できずにいる。現在、全部隊の士気は、前回の戦闘の失敗により若干は沈滞しているが、強力な文化工作で回復中にあります。」

９月26日に文化部司令官の金斗煥は、下からの報告を綜合して前線地区警備司令官に次のような装備および機材を要求した。この要求は、この時点における装備と武器の状態がどうだったかをよく示してくれる。38式弾丸10万発、99式弾丸10万発、82m/m砲弾500発、被服や戦士服１千着、軍官服200着、軍官戦士下着２千着、青年靴２千足、靴下２千足、帽子200個、石鹸２千個、ガソリン・ドラム缶10本、韓国貨幣800万ウォンなどだった。翌日に金斗煥宛に送られた要求物品を見

ると、戦闘と関連した全品目が不足していたことが一目で分かる。そして、この要求には9月だったにもかかわらず、もう越冬対策まで含まれていた。

9月28日午前4時の趙亮の戦闘情形報告「文化部司令官同志宛」を見れば、依然として戦果を誇張していることが表れる。前日の戦闘で一方的に敗北して後退したのに、報告は「敵の殺傷約120名、敵の集中場所に砲撃を浴びせ、莫大な損失を与えた。我が軍の損失は負傷者42名、戦死者22名、行方不明者2名を出した。人員は総員1,636名、負傷者42名、犠牲者22名、行方不明2名、現在1,570名」となっていた。これが実際の事態に対する歪曲であるのは、明白であった。

9月28日午後6時の趙亮の報告を見ると「命令を接受した時は、既に我が軍は通津へ後退した後だった」という内容が出て来る。下級の部隊が既に後退してしまい、上部の命令を執行できなかったという話だった。実際の事態は、上部の判断と命令よりも更に緊迫して展開されていたのである。次の報告書は、どれほど緊迫していたのか、走り書きした字が分からないほど状況の急迫をよく示してくれる。報告の場所と時間もない。

「武装なしのため手榴弾を持ってタンクに対する突撃進攻命令を下達したが利にあらず、手榴弾1個ずつでは到底、対抗できませんでした。」

今や戦争は、武装なしの戦争になりつつあったのである。10月1日の趙亮による2つの報告も、やはり同様だった。「既に時が遅過ぎました。我が軍には弾丸がなく、敵軍は大武力で我が軍を攻撃し、素手で戦闘はできず」、戦闘的な気勢は弾薬の断絶と一緒に低落し、自ずと命令系統が確立されず解散状態に直面することになったので「開豊郡に移動しました」。人民軍は、全く解散状態と同然だったのである。他のある報告書には「孤立した状態で防御するのは困難」、「部隊には弾薬が完全に切れた状態において、更に継続して戦闘するのは困難」、「隊員たちは自ら後退」のような表現が続出した。人民軍は、今や命令なしでも自ら後退していたのである。部隊の指揮官たちは、これを阻止できずにいた。

人民軍が徹底的に崩れ解体していたことを、彼ら自身の報告と命令を通して我々は知ることができる。鉄の規律と闘争意志は、どこへ行ったのか？ 著者が人民軍の下部実戦闘部隊の命令と報告を詳細に引用する理由は、彼ら自身の秘密命令書を通じ、内部の実際の認識と動きを精密に示すためである。我々はこの間、彼らが実際どのような状態で戦争を行っていたかを知らない状態で、単に推論に根拠を置いた歴史を叙述してきたからだ。

今は最上級の命令の内容を見よう。北朝鮮が戦争を始めた時のように、重要な人物たちの命令が意外に数多く残っている。第5656部隊参謀部の『上級命令書綴』である[30]。9月23日に内務相の朴一禹(パギルウ)は、第107連隊の連隊長と参謀長に直接、手

で書いた書信を下達した。任務は他の人を通じて伝達されるので、光栄に思って遂行してほしいという内容だった。余りにも急だったので、手で走り書きした命令を下達しているのだった。次に9月24日、ソウル防御司令官の崔　光の命令「文化部司令官同志宛」を見よう。やはり走り書きした短い命令だ。内容を見れば「通信は受け取って見た。その問題は解決できないので、緊急問題は敵どもの道路遮断とその方向の一切の敵を消滅できる待避対策をあらゆる方法で講究し、一歩たりとも後退しないことを厳格に命令する（議政府方向を特に）」となっていた。下級の部隊の要請を拒絶すると同時に、後退禁止命令が主内容だった。

　9月27日午前8時の前線地区警備司令部文化部司令官の金斗煥による「戦闘命令No.9」は「107連隊は、金浦市を解放して金浦飛行場を占領すること。金浦市を9.29.3：00までに解放すること。いかなる困難と難関があっても克服し、金浦を解放すること」を命令していた。すぐにソウルを引き渡すことになる9月27日の時点でも、金浦を占領しようとするなど、最後まで抵抗を試図しているのである。9月28日午前9時の金斗煥の命令「連隊参謀長宛」を見れば、今や命令と報告体系は崩れていたことが分かる。

　「50.9.27.8：00に戦闘命令No.9を、連絡軍官を（通じて）送ったが、未だ戻って来ないでいるから、戦闘命令で下達された戦闘計画をいかに執行しているのか不明のままだ。参謀長同志は、現在の敵情について報告すること。戦闘命令No.9を執行すること。戦闘（員）に勝利の自信感を宣伝煽動事業により活発に展開すること。」

　最上級部隊である前線地区警備司令部と連隊間でも、命令と報告体系が崩れていたのである。

　9月29日午後6時に下された前線地区警備司令部文化部司令官の金斗煥による「戦闘命令No.10――部隊制度の確立に関して」を見よう。主題は、軍風紀の取り締まりだった。人民軍は、今や無情にも崩れていた。

　「敵との戦闘が頻繁に継続されるに伴い、指揮官からして自分の隊伍を掌握せず、戦闘員からして軍服を脱ぎ捨て私服を着用し、甚だしくは軍官までも私服を着て回る現象が見られる。小隊長、中隊長が私服を着て歩き回っている。また、敵の産品として没収した被服を組織的に区分隊に割り当てず、軍官たちからして自分に合った被服を着用して、ボロをまとっている戦士には何らの関心も示さず、対策も講究していない。」

　「大隊から任命する部隊の総当直官は、自分の任務を形式的に執行して、甚だしくは自分の定位置にありもせずに、昼間は寝て夜間には巡察もしないでいる。また、警備小隊から派遣した潜伏兵3名は、9月29日3時頃みな寝ている。……私

服の着用は、私の批准なしには着用するのを禁ずる。」

人民軍が崩れる状況が、具体的かつ詳細に記録されている。まず、生き残るために将校たちまで私服を着て投降や脱出、自首の準備をしていたことが分かる。無理な義勇事業がもたらした結果だった。投降も、また夥しかった。また崩壊に直面して、獲得した被服すらボロを着た下部の戦士たちには下達されず、上部でだけ着用していた。急迫した状況にあっても派遣された兵士たちがみな寝ているところから分かるように、命令も聞かなかった。

少なくとも勝利を謳歌していた時点までは、鉄の規律を持った軍隊であるかのように自慢できたが、戦勢が逆転するや人民軍隊はつまらない軍隊へ転落したのである。なぜ、このようなことが起こったのか。なぜ人民軍はこのように内部から崩れていったのか。最も大きな2つの要因は、前述のように部隊の大部分が義勇軍から編成されていた点と、義勇軍の募集が強制的だったところにあった[31]。補給と訓練、思想武装なしに徴集された兵士たちは、打ち続く戦闘による疲労と恐怖の前で急激に瓦解せざるを得なかったのである。

9月29日午後11時の金斗煥の「戦闘命令No. 11」を見れば「各大隊の戦闘員は、ひとつの弾丸を決定的な段階にだけ使用すること」、「砲弾はタンク1台に砲弾1発で消費し、砲弾を節約すること」、「後方との連絡が断絶するに伴い、上級から弾丸の供給を受けられないので、戦闘力の力量を考慮して決定的な短期間に活動すること」を命令していた。

武器の支援を受けられないので、可能な限り使用するなという命令だった。そして、この命令を通じて見る時、今や前線警備司令部という最高司令部の最高級指揮官さえも上部との連絡が途絶える段階にまで至ったことが分かる。ソウルを明け渡した直後だったので、皆が生きるための逃亡に汲々として、命令―報告の体系さえ作動せず、徹底的に崩れていたのである。

洛東江前線の状況は、もっと悪かった。8月31日の総攻撃以後から仁川上陸作戦時点まで人民軍は、緊張した対峙状態において、どうにもこうにもできないでいた。結局、仁川上陸により袋の鼠という勘定になるや、洛東江前線は力なく崩れた。人民軍第1軍団は9月16日に連合軍が総反撃を敢行するや、若干の抵抗を試図した後すぐさま9月25日に総撤収命令を下した[32]。第2軍団は、9月16日に連合軍の反撃と共に軍団長の武亭(ムジョン)が解任されて崔賢(チェヒョン)に交代し、9月20日から撤収を始めた[33]。他の隷下の全師団も、やはり同様だった。勝利直前の大撤収を始めたのだった。慌てて作成されたこの時期の命令書と戦闘報告を見ると、ある人民軍部隊はもう9月23日に平澤へ、9月26日には烏山(オサン)まで後退していた。一部は既に、水原へ向かいもした[34]。攻撃速度より後退速度が遙かに速く、国連軍のソ

第8章　仁川上陸：極秘作戦と事前認知

ウル奪還前にもうソウルに接近していたのである。したがって、一部の後退した部隊は韓国軍と国連軍を避けて、38度線を越えて行けた。

1950年9月28日に国連軍は、上陸作戦13日ぶりにソウルを奪還したが、初戦の人民軍の進撃速度に比べれば余りにも遅いものだった。この時間の長さは、それほど人民軍の抵抗が強力だったという反証になる。アンダーウッド（Horace G. Underwood）に従えば、国連軍がソウルに再び進駐した時、ソウルは「どこに行っても死んだ北朝鮮兵士の死体が転がっていた」。アンダーウッドは延世大学校の中心部だけでも150体の死体を見た。その死体は、ほとんど全部その場所に埋葬された[35]。人民軍の強力な抵抗によりソウルの攻防戦は、韓国軍が簡単に敗退した去る6月とは比較にならなかったのである。

ソウルを放棄して38度線以北へ後退せざるを得なかった9月30日、内務相の朴一禹は、平壌で全ての内務員に次のような急迫した命令を下達した。戦勢逆転の危機から北朝鮮指導層が、どのような認識で対応を模索していたかをよく示してくれる重要文献である[36]。

「敵は最近に至り、前線における度重なる敗北を挽回する目的で、野獣的な無差別爆撃を敢行する一方、太平洋地帯のほぼ全ての軍事的な力量を動員して、ソウル・仁川地区に冒険的な上陸作戦を敢行するに至った。……戦争の長期性と苛酷性は朝鮮人民に、更に高尚で愛国的な犠牲と困難を克服する百折不屈の忍耐を要求し、アメリカ帝国主義の侵略軍隊をもっと徹底的に撃滅するための新しい戦闘態勢への急速な転換を要求する。」

上のように前提した朴一禹は、命令で「祖国の栄誉と自由・独立を固守するため」次のような内容を下達した。北朝鮮の指導層が、いかなる認識で対処を構想しているかが分かる指標となる。

第1は「現状況を深刻に認識し、高度の愛国的な犠牲性と勇敢性を発揮すること」を要求した。また「朝鮮人民の不敗性を自覚することで、勝利に対する確信性をより高めるようにすること」を命令した。この部分は、敗北意識を持たずに最後まで闘争することを要求しているのだった。続けて朴一禹は「戦争形勢の変化に伴って狼狽失色、意気消沈し、動揺して勝利の信心を失い、失望憂鬱して甚だしくは闘争の隊伍から落伍するなど、あってはならない諸現象に対して堅固に闘争して、あらゆる非革命的な思想傾向に……（判読不能）闘争すること」を命令した。部隊内で深刻に繰り広げられている憂慮すべき状況に対して闘争せよ、と督励していることが分かる。

第2に朴一禹は、戦争が多少の長期戦へ変わることを暗示しながら「多くの難関と隘路と困難が押し寄せて来る」と言いつつ、難関の前に回避して躊躇する思

想傾向に対しても無慈悲に闘争することを命令している。ひどく動揺する部隊員たちに容赦なく立ち向かえ、という命令だった。第3に朴一禹は、闘争隊列と戦闘力の強化、そして指導部の領導の集中性と任務遂行の責任性や原則性を強調し、下部の活動家たちが創発的な情熱を発揮せよと命令した。さらに彼は、連続して発生する突発的な状況に慌てず、堅忍不抜、百折不屈の姿勢を堅持せよと命令した。

第4には、反動たちの策動についての指示だった。情勢の悪化により反動の策動がもっと悪化するだろうと言いつつ、朴一禹はテロ、スパイ、妖言の伝播分子らと無慈悲に闘争することを指示した。また、警備網と情報網を強化し、人民の闘争隊列を金城鉄壁のごとく守護することを命令した。第5として朴一禹は、全国土を戦線と化して、愛国的な人民を総動員せねばならないと言いつつ、そのために共和国北半部と解放地域では山間捜索および宿泊通行取り締まり事業を強化して、動員忌避分子らを根絶して彼らが足を踏み入れる所がないようにせよと指示した。また、南朝鮮地域では人民との血縁的な連携を強化し、人民を動員して、遊撃闘争を至る所で展開せよと指示した。

ここで、10月の秘密命令が出て来る。10月1日に第107連隊参謀長には正反対の2つの命令書が同時に下達された[37]。ひとつは、部隊が金浦を後退してから長い時間が経ったにもかかわらず、依然として「金浦から後退しないこと」を命令していた。上級部隊が下級部隊の戦闘状況を全く知らないでいたのである。反面、同日に前線地区警備司令部文化部司令官の金斗煥による命令とは全く異なり、第107連隊参謀長に「未だ開城へ渡って行けなかった隊員および武器と軍糧を開城へ集中させること」、「協同作戦を行い、開城を防御すること」を命令していた。命令体系が崩れ、同じ部隊に「金浦防御」と「開城への後退」という正反対の命令を一緒に下しているのだ。

10月2日午前7時に金斗煥が出した「戦闘命令 No. 107」は、開城防御命令だった。敵は臨津江(イムジンガン)と漢江を渡河するであろうと言いつつ、詳細に部隊配置を命令した後、文化部司令官自身が総指揮を執ると命令した。元来、人民軍の文化部将校は軍内の政治組織であるから、直接は戦闘に加わらなかった。ただ、戦闘状況が急迫する時だけ直接、文化部将校たちが戦闘に加わり指揮もした。状況の切迫さを物語ってくれるものであった。この命令は、それをよく示してくれている。

10月4日午後7時の前線地区警備司令部参謀部の「戦闘命令 No. 109」は、第107連隊に対して漢江沿岸に責任を持つことを命令していた。また、人民を動員して10月6日までに防御陣地の構築を完了せよと命令していた。命令地は開城だった。ソウルにいた後、開城まで後退していたのである。

最高位級の命令を1つ見よう。まず、10月5日の「防御司令部防御司令官」崔庸健(チェヨンゴン)の「命令」は、通し番号がなく、部隊配属の変更についてのものだった。命令地は鉄原(チョルウォン)であった。10月6日午後5時に南川(ナムチョン)で下された「防御総司令部防御総司令官」崔庸健による「戦闘命令」の通し番号は、No. 02だった。この2つの命令を通して見る時、北朝鮮は38度線の北進を被る時点で防御総司令部をつくり、その司令官には崔庸健が座ったことが分かる。もちろん、防御総司令部をつくれという最高位級の決定や命令を探し出すことは未だできない。仁川防御地区司令官の朴勲一（内務省副相）、ソウル防御司令官の崔光（人民軍第1師団長）を経て防御総司令官の崔庸健（人民軍総司令官兼民族保衛相）まで来るところで、防御の責任者が次第に高くなっていることが分かる。また、仁川防御からソウル防御へ、ソウル防御から国家総防御へ、防御の単位と強度が高くなっていることも分かる。

　上述した崔庸健の命令は「開城半島の防御組織は、第19歩兵師団長同志に責任を負わせる。開城半島の防御組織を成果が上がるよう保障するため、107警備連隊と第37保安連隊を総指揮する警備局文化司令官の金萬益(キムマニク)同志は、50年10月6日から第19歩師長（歩兵師団長の意味——引用者）の指揮下に属する」という内容だった。開城防御体系の一元化であった。第19師団長は金昌鳳(キムチャンボン)だった。10月8日午後1時30分に前線司令部参謀部第19師団長の金昌鳳[38]は「松鶴山(ソンハク)は、38度線の防備に最も重要な要点」と言いつつ「それゆえ107連隊は、いかなることがあっても松鶴山を死守すること」を命令した。

　ここで、38度線突破と前後する下部の実戦闘部隊の命令と報告を検討して見よう[39]。9月27日に第5656部隊連隊参謀長の趙亮（音訳）がある大隊長に下した命令は「隊員および軍官の外出絶対禁止」、「分散された隊員たちの家屋に軍官を派遣して、軍事学を実施すること」、「絶対に人民たちの物質を窃取することのないよう強力に取り締まること」を内容としていた。さらに、9月27日に彼が出した別の命令書は通し番号もなく、でたらめに走り書きした字体で「大隊長は、速やかに自分の創意、創発力を発揮して、前にいる敵を勇敢に撃ち退けよ」となっていた。具体的な命令の内容もなしに、自らが弁えて敵を撃ち退けろというのだった。

　10月1日の走り書きした趙亮の命令書は「軍風紀を強力に取り締まること。絶対に私服の着用を許さない。また、航空機に対抗するため、外出勤務者は大隊連絡兵と連隊後方人員に限」るとなっている。私服を着用して逃走する兵士が頻発するのに伴う対応であった。10月5日の趙亮の命令書は「上部の命令により33大隊、36大隊は今日から部隊行軍を開始し、1950. 10. 5. 23：00までに38度線以北の

礪 峴駅まで到着すること」を指令した。
　10月8日午後8時に第107連隊参謀部参謀長の趙亮から出た命令書「戦闘命令 No. 100」は、次のように警告していた。「開城防御命令として我が軍の防御区域内には敵どもが一歩たりとも侵入できないよう、いかなる困難と難関があっても死守すること。過去の戦闘を見て今日、我々の38度線防御区域から命令なしに後退したり、我が軍の防御区域に敵が侵入したりして、決定的な勝利を争い取れない部隊には厳重に責任を問う忠告を加える。」
　38度線をもう1つの阻止線として、一歩も後退せず最後まで抵抗せよという命令だった。過去にしばしば命令なしに後退したことに照らして、今度は絶対にそうしてはいけないという指示であった。このような指示は既に、1950年8月に金日成が洛東江における戦闘を督励する時、秋霜烈日のように下していた命令だった。
　10月9日の第107歩兵連隊参謀部「戦闘命令 No. 101」は、前線地区警備司令部文化部司令官の金斗煥からの命令で「開城方面の38度線通行道路に奥深く溝を掘り、タンクが侵入時に溝の中に陥り、我が軍の戦闘的な勝利を争い取らねばならない。幅5m、深さ2.5mの溝を1本の通行路に38度線の向きで山の曲がり角ごとに掘り、道路に3つ以上掘ること」を指示した。さらに、10月9日の「戦闘命令 No. 102」は、再び「命令なしに後退する事実があり、厳重に責任を問う忠告を加える」と警告した。
　10月6日に第5656部隊第33大隊の孫政鎮（音訳）が第107連隊長に行った報告は「1個中隊を配属させようというのに、現在は存在していません。話を聞くに、10月5日に後退したと言います」という内容だった[40]。大隊長が、中隊が後退したことさえ知らず、戦争をしているのだった。おそらく10月8日の報告書と思われるが、日付と部隊が判読不可能な第107連隊所属のある大隊の報告書によると「50.10.7午後4時に増強した大兵力が開城に侵入しており、反動どもの万歳の声が聞こえて来ている」で終わっている。「反動どもの万歳の声が聞こえて来ている」、一方の万歳の声が他方の敗北を象徴する、この一言の表現は、1950年10月現在の戦争の状況を圧縮する歴史的な表現と呼んで不足はないだろう。すなわち、一方の万歳と他方の嘆き、これは6月の状況の正反対だった。
　要約すると本章の議論の結果、我々は朝鮮戦争で解けなかったいくつかの問題に対する解答を得られた。ひとつに、1950年9月15日に試図されて成功した仁川上陸作戦は、既に戦争の勃発以前から構想されていたという点である[41]。すなわち、米軍は朝鮮半島で戦争が勃発する場合、後方の奥深い所まで後退して、再び反撃しようという構想を戦争以前から持っていた。この構想は実際、戦争が起き

た時に実現された。そのような「後退後反撃」という構想は、韓国の戦前作戦でも発見された。軍事力が絶対的に劣勢にある韓国としては不可避で、やむを得ない選択だったであろう。

　次に北朝鮮は、遅くとも1950年8月28日からは仁川上陸作戦に対して徹底的に備え始めた。北朝鮮の秘密命令が示してくれたように、北朝鮮軍はそれ以前から包括的な上陸準備作戦を進行させてきてはいた。しかし、8月28日からは本格的に上陸作戦に対して準備した。要するに、仁川上陸作戦は予想できぬ奇襲ではなく、北朝鮮軍が徐々に準備態勢を高めて相当な程度に準備した状態で、上陸を迎えたのである。決定的な命令の場合、それは金日成の指示により準備され施行された。この点は、北朝鮮が最高司令部の水準で上陸作戦に準備したことを意味する。その結果、上陸以後に仁川からソウルまでの進撃に13日という短くない時間がかかった。

　仁川上陸作戦の成功以後、北朝鮮軍の壊滅状態は予想外に深刻だった。彼らは、ほとんど完全に壊滅し、事実上の指揮不能状態に陥った。人民軍は、ひとたび逆転を被るや、外部の攻撃によってのみならず、軍事的、精神的に内部から崩れ落ちたのである。これは、1950年の電撃的な攻撃を受けた韓国軍の後退と支離滅裂な様相よりも更に深刻な倒壊だった。将校たちは服を着替え、士兵たちは逃亡するに急であった。上下の部隊間には命令の伝達さえも容易ではなく、そのような命令執行の不能状態は最高司令部の水準でも現れた。ある下級部隊は、命令なしに自らいち早く後退してしまい、命令の伝達を受けることさえもできなかった。彼らの命令はまた、彼らに対する人民の敵意と攻撃性を示してくれる。彼らが長きにわたり宣伝してきたのとは異なり、自らの秘密命令書さえ一部の人民が彼らの味方ではなかったことを証明してくれているのだ。北朝鮮軍の倒壊に比べれば、韓国軍の後退は、むしろより体系的だったかも知れない。

注
1) 上陸作戦の初期準備は第2章の論議を参照されたい。
2) Douglas MacArthur, *Reminiscences: General of the Army Douglas MacArthur* (Seoul: Moonhak Publishing Co., 1964), pp. 333-334.
3) 仁川上陸作戦の構想と準備についての詳細な論議は省略する。これについては、よく整理された次の諸研究を参照されたい。大韓民国国防部戦史編纂委員会『韓国戦争史』3巻、ソウル、1970年、617-692頁。大韓民国国防部戦史編纂委員会『仁川上陸作戦』ソウル、1983年。Roy E. Appleman, *South to the Naktong, North to the Yalu* (Washington, D. C.: Office of the Chief of Military History, Dept. of the Army, 1961), pp. 488-514. James F. Schnabel, *Policy and Direction: The First Year*

(Washington, D. C. : Office of the Chief of History, United States Army, 1972), pp. 139-172.

4) 「李相朝（1990年6月28日）」、面談番号なし、分類108番、大韓民国国防部戦史編纂委員会『証言録』所収。

5) 第107歩連参謀部上級命令書綴「戦闘命令 No. 71」、National Archives, Record Group242, Shipping Advice No. 2009, Box 7, Item 80.【以下、NA, RG○○, SA#○○, ○/○と略記】これに先立ち、前線地区警備司令部命令 No. 65を見れば、前線地区警備司令部は新たに各大隊と連隊を組織、編成した。これは、前線地区警備司令部、第1補助指揮所（第101、103、108連隊、直属第20大隊）、第2補助指揮所（第102、104、105、106、107連隊、第10旅団）で編成されていた。

6) 第107歩連参謀部「戦闘命令 No. 72」、『上級命令書綴』NA, RG242, SA#2009, 7/80.

7) 京畿道地域防御司令官・金興（音訳）「京畿道防御地域軍事委員会組織要綱」（日付なし）、大韓民国教育部国史編纂委員会『北韓（北朝鮮）関係史料集』11巻、ソウル、1991年、222-226頁。

8) 始興郡内務署長・姜龍洙（音訳）「郡・面防御委員会組織についての緊急指示（朝鮮文）」（1950年8月17日）、同上書、220-221頁。

9) 始興郡内務署長・姜龍洙「軍事防御委員会の事業を強化することについての緊急指示（朝鮮文）」（1950年8月22日）、同上書、219-220頁。

10) 第107歩連参謀部「戦闘命令 No. 92」（極秘）、『上級命令書綴』NA, RG242, SA#2009, 7/80.

11) 第107歩連参謀部「戦闘命令 No. 94」（極秘）、同上資料。

12) 第107歩連参謀部「戦闘命令 No. 100」（極秘）、同上資料。

13) 仁川防御地区司令部「戦闘命令 No. 1」107歩連、同上資料。

14) 「朝鮮民主主義人民共和国人民軍最高司令官命令第82号」（平壌、1950年8月15日）、NA, RG242, SA#2009, 7/138. しかし、戦争を8月中に終えられなくなると、本文の引用のうち最後の部分「1950年8月を我が祖国彊土の完全な解放のための月となるようにせよ」という内容は、戦争が終わるや否や削除され、今日まで二度と載せられていない。したがって、命令第82号のうち戦争を8月中に終わらせよという部分は、原文にのみ残っている内容だ。『金日成選集』3巻、平壌、朝鮮労働党出版社、1953年、66-73頁。金日成『自由と独立のための朝鮮人民の正義の祖国解放戦争（朝鮮文）』平壌、朝鮮労働党出版社、1954年、67-74頁。『金日成著作集』6巻、平壌、朝鮮労働党出版社、1980年、51-56頁。この削除は興味あるもので、8月中に戦争を終わらせるとしながら失敗するや、金日成の偉大さに傷をつけるので削除したのだった。北朝鮮の典型的な歴史変造に該当する部分である。

15) 金日成「8.15解放5周年平壌市人民委員会記念慶祝大会で陳述した報告（朝鮮文）」、『金日成選集』3巻、40-65頁。『自由と独立のための朝鮮人民の正義の祖国解放戦争』41-66頁。『金日成著作集』6巻、57-74頁。

16) 金日成「後方を固く保衛しよう――内務省、民族保衛省の責任幹部たち、道人民委員会委員長および道内務部長協議会で行った演説（朝鮮文）」（1950年8月29日）、

『金日成著作集』6巻、75-85頁。
17) 「戦闘命令」、NA, RG242, SA#2009, 7/133.
18) 第884軍部隊参謀部「監視指令 No. 4（極密）」（1950年8月31日）、同上ファイル。
19) 第884軍部隊参謀部「指令——各区分隊監視区域の強化について（朝鮮文）」、同上ファイル。
20) 「指令——槍激戦訓練」（9月11日）、NA, RG242, SA#2009, 7/135.
21) 自動銃中隊○○○責任者（○は判読不能）李明逸（音訳）「報告書」（1950年9月12日）、NA, RG242, SA#2009, 7/123.
22) 第64海步連「仁川地区反上陸防御陣地設備統計」、NA, RG242, SA#2009, 10/60.
23) 第64海步連「仁川防御地区第2防御地域反上陸防御設備用中央供給材料計算表」、同上ファイル。
24) 前掲『仁川上陸作戦』132頁。
25) 同上書、138-139頁。
26) 文書題目なし、NA, RG242, SA#2009, 6/47. 5.
27) 第5656部隊参謀部「文化部司令官同志宛（1950年9月21日23：00分ソウルから作戦参謀・張仁駿（音訳）の報告）」、『上級報告書綴』NA, RG242, SA#2009, 9/66. 3.
28) 第5656部隊参謀部『上級命令書綴』NA, RG242, SA#2009, 9/66. 2.
29) 同上書、NA, RG242, SA#2009, 9/66. 3.
30) 同上書、NA, RG242, SA#2009, 9/66. 2.
31) 本書第4章を参照されたい。
32) HQ, Far East Command, Military Intelligence Section, General Staff, *History of North Korean Army*, 1952, p.41.
33) *Ibid*., p.43.
34) NA, RG242, SA#2009, 6 /28, 6/31. 1, and 6/31. 33.
35) Horace G. Underwood, *Korea in War, Revolution and Peace: The Recollections of Horace G. Underwood* edited and annotated by Michael J. Devine（朱章敦（音訳）訳『韓国戦争、革命、そして平和（韓国文）』ソウル、延世大学校出版部、2002年、175頁。）
36) 朝鮮民主主義人民共和国内務相・朴一禹「命令——現軍事政治情勢に対処する内務員軍務者たちの課業について（極秘）第520号、平壌市より（朝鮮文）」（1950年9月30日）、NA, RG242, SA#2010, 3/115.
37) 第5656部隊参謀部、前掲資料、NA, RG242, SA#2009, 9/66. 2.
38) 彼の職位は、走り書きした命令書によれば、前線司令官から第19師団長へ替っていた。
39) 第5656部隊参謀部『下級命令書綴』NA, RG242, SA#2009, 9/66. 1.
40) 同上書、NA, RG242, SA#2009, 9/66. 4.
41) これについては、本書第3章の論議を参照されたい。

第 9 章　中国参戦：世界史の転換

１．米軍・韓国軍の北進と北朝鮮の対応：絶滅の危機とソ連・中国への救援要請

　米軍と韓国軍による仁川上陸作戦の成功に続いたソウル奪還で、北朝鮮はその間の成果を一挙に喪失した。戦勢は突然に逆転し、攻撃一辺倒で押し寄せた北朝鮮には、どうにも手が付けられなかった。戦争は全て、勝利が予見される瞬間へより近づけば近づくほど、逆転されるとその衝撃は大きい。勝利が目前に迫っていた度合いに比例して、敗北の実際的、心理的な大きさは更に増す。北朝鮮が仁川上陸作戦を事前に予めほぼ正確に認知し、それに対して可能な限り徹底的に準備していたにもかかわらず、圧倒的に優勢な戦力を基に押し寄せる米軍の攻勢の前で、逆転は避けられなかった。金日成は、少なくとも1950年８月28日には仁川地区に対する防御に着手したのであった。

　翌８月29日には直ちに内務省、民族保衛省の責任幹部、各道人民委員会委員長および各道内務部長協議会が開催され、後方を防御する問題が集中討議された。主要な幹部たち全部を集合させた会議で金日成は、直接「後方を固く保衛せよ」という演説を通じて「いま敵どもは、大兵力を動員して東西海岸からの上陸を企図している。現時期われわれの前に出て来た重要な課題の１つは、後方を固く保衛すること」だと言いつつ、人民軍はもちろん内務署員と自衛隊員のみならず一般の人民まで動員して上陸を阻止せよと指示した[1]。総力対応を指示しているのである。これを見る時、８月28日に自分が直接下した反上陸防御命令に続き、即時に全該当幹部を集合させて、後方の防御を指示していることが分かる。非常に素早い対応だった。

　米軍による仁川上陸作戦の敢行２日後の９月17日、金日成は火急に朝鮮労働党中央委員会政治委員会を開き、対策を論議した。この会議で金日成は「急変する軍事情勢に対処するためのいくつかの課題」という演説を通じ、何よりもソウル地区の防御力量を増強することを指示し、最高司令部総参謀部の強化、鉄道の軍事化、南半部の人民遊撃闘争と党団体の事業強化、党内規律の強化、そして人民生活の安定のための努力などを指示した。特別にソウル地区防御のためには、洛東江界線に進出した諸部隊を速くソウル地区へ移動させよと指示した。また、至急に予備部隊を創設せよと指示しながら、南半部の解放地域で９個師団、北半部

で6個師団を組織せよと命令した[2]。

　ソウルを明け渡すことが明らかになり、国連軍が38度線を越える直前の時点である9月27日、金日成は道党委員長会議で「一時的な戦略的後退と党組織の任務」という題目の下で重要な談話を発表した[3]。国連軍による波状的な攻勢に直面し、やむを得ず後退を命令しているのだ。9月15日に仁川上陸作戦を被ってから10日余りが過ぎた後で、多くの措置にもかかわらず独自にこれ以上は持ち堪える力がない時点だった。談話で金日成は「我が党の戦略的な方針は、敵どもの侵攻速度を最大限に遅延させつつ時間を争い取り、人民軍の主力諸部隊を救出し、新しい後備部隊を編成して、強力な反撃集団を形成しながら、計画的な後退を組織すること」だと訴えた。金日成は、敵の後方で戦闘を展開し、同時に敵部隊を大包囲網の中に閉じ込めよと指示した。

　彼は特に、東部戦線から撤退する第2軍団が黄海道(ファンヘド)、江原道(カンウォンド)一帯の広い地域を掌握し、遊撃戦を展開して、敵の背後を撃てと命令した。しかし、当時の北朝鮮軍は、壊滅により電信連絡が途絶え、最高司令部から直接に大隊長級の軍官を東部戦線に派遣、この命令を伝達せねばならなかった。演説で金日成は、間もなく行うだろうソ連と中国に対する秘密の救援要請ゆえだったのかは分からないが「**全ての兆候**から見て、後退期間はそれほど長くないようだ」と、ある暗示を込めた言明を行った（**強調**は引用者）。強調の表示は、ソ連と中国の支援に対する確信の発露だった。けれども、ソ連と中国の支援決定が不可能ともなりかねない反転を重ねた末の実現だったことを顧慮する時、その確信は実際より余りにも先走ったものだった。

　3ヵ月前に全国的な革命達成のため、ソ連と中国の支援を受けて戦争を開始した北朝鮮の指導層は1950年秋、逆に崩壊の危機に直面せざるを得なかった。戦争の敗北は1945年以来、朝鮮の共産主義者たちが構築してきた体制の終焉を意味した。それはまた1920年代以来、約30年間つづけられてきた朝鮮共産主義運動の完全な終末を意味した。逆転による絶望的な瞬間に直面して金日成と朴憲永が取った最も重要な措置は、1950年春に戦争を決定する最終的な瞬間にスターリンと毛沢東の同意を得ることが最も重要だったように、スターリンと毛沢東に支援を要請することであった。彼らは、韓国軍と米軍による38度線の北進が切迫した9月30日、二人の共同名義でスターリンに次のような9月29日付の電文を送り、火急に救援を要請した。手紙のハングル電文を引用してみる[4]。

「尊敬するイ・ヴ・スターリン同志へ
　朝鮮解放の恩人であられ、全世界の勤労人民の首領であられる貴方は、自分の祖国の独立と解放のために戦う我が朝鮮人民を常に鼓舞、激励して下さり、我々

に配慮を施して下さり、各方面へ援助を下さることに対して、朝鮮労働党を代表して我々は衷心からの感謝を申し上げる次第です。

　米国の侵略者どもに反対する我が人民の解放戦争における今日の状況について、貴方に簡単に申し上げたいと思います。米国侵略軍が仁川に上陸する前には、我々の形勢が良くないとは思いませんでした。敵どもは敗戦に敗戦を重ね、南朝鮮の最南部の狭小な地域に追い込まれることになり、最後の決戦で我々が勝利する可能性が高く、米国の威信は余すところなく墜落したのであります。

　これに米国軍は、自らの威信を挽回し、朝鮮を自らの軍事基地化しようという本来の目的を一気に達成するための対策として、太平洋方面の米国陸海空軍のほとんど全部を動員し、9月16日（原文どおり、9月15日の誤謬——引用者）に大兵力を仁川に上陸させ、ソウル市に侵入して市街戦を進行しています。戦況は、真に厳しく重大になりました。我が人民軍部隊は、上陸侵入した米国軍の侵攻に対して勇敢に戦っています。しかし、前線には本当に我々に不利な条件があるということを申し上げます。敵どもは、約千台の各種航空機を、毎日昼夜を区分せずに出動させて、前線も後方もなく意のままに攻撃を絶え間なく敢行しています。しかし、我が方からは対抗する航空機がない条件の下で、敵どもが真に空軍の威力を充分に発揮しているのです。各前線では、百余隊で編成された航空部隊の掩護の下で敵の機械化部隊が活動し、また特〇、我が諸部隊を低空飛行により多数殺傷しています（〇は判読不能）。後方で敵の航空機は、交通、運輸、通信機関と他の諸施設を思いのままに破壊しながら、敵軍の機動力が最大限度に発揮される反面、我が人民軍諸部隊の機動力は弱化、麻痺しています。これは、各前線で我々が体験したところであります。

　敵どもは、我が軍諸部隊の交通、運輸、連絡網を遮断した後、進撃して仁川方面から上陸した諸部隊と南部戦線から侵攻していた諸部隊が連結することによりソウルを占領することができ……（判読不能）……諸部隊は、北半部から遮断され、南部戦線にいる諸部隊も切れ切れに遮断されました。そうして、我が軍諸部隊は武器・弾薬と食糧などの供給を受けられないでいるのみならず、いくつかの諸部隊は相互に分散されており、その中の一部は敵に包囲される状態に直面しています。ソウル市が完全に占領されるならば、敵は38度線を越えて北朝鮮に侵攻するでしょう。それゆえ、我々が今日のような不利な条件を継続することになれば、結局は敵の侵入が成功するだろうと我々は見ています。我々の運輸供給の問題を解決し、機動力を保障しようとすれば、何よりもこれに相応しい航空力を持たねばならないでしょう。しかし、我々にはもう、準備の出来た飛行士がいません。

親愛なるヨシフ・ヴィッサリオノヴィチ様！
　我々は、いかなる難関に逢着してもそれを克服する中で、朝鮮をアメリカ帝国主義者どもの植民地や軍事基地として明け渡さないでしょう。我々の独立・民主と人民の幸福のためには、最後の血の一滴までも惜しまず戦うことを我々は固く決心しています。我々は、全力を尽くし、新たな師団をたくさん造成して訓練し、南半部にいる十余万の人民軍部隊を作戦上で有利な……（判読不能）……してまで、長期戦を継続する全ての対策を講究して実施します。
　しかし今日、我々が直面している極めて重大で危急な状況を敵どもが利用し、我々に時間の余裕を与えずに進攻し続け、38度線以北に侵攻して来る時には、われわれ自身の力ではこの危機を克服する可能性はありません。それゆえ我々は、貴方に特別な援助を要請せざるを得なくなりました。すなわち、敵軍が38度線以北に侵攻する時には、ソ連軍隊の直接的な出動が絶対に必要になります。もし何らかの理由でそれが不可能となる時には、我々の闘争を援助するため中国と他の民主主義諸国家の国際義勇軍を組織して出動させるよう、ご援助くださることをお願いいたします。以上のような我々の意見を貴方に敢えてご提議いたしますので、これについての貴方のご指示がありますことをお願い申し上げる次第です。
　　　　　　　　　　　　　朝鮮労働党中央委員会　金日成・朴憲永」
　この手紙は、重要ないくつかの点を含んでいる。まず、韓国軍と米軍が38度線を越える直前に、金日成と朴憲永がスターリンに救援を要請している点である。これを見る時、北朝鮮の指導層は、韓米両軍の北進を覚悟していたことが分かる。また、38度線を越えて北進する時に援助をしてほしいと要請している点から推し量るに、もしも韓米両軍が38度線を越えない場合、援助をしてくれなくても良いと判断していたことが分かる。さらに、この手紙がソ連軍の直接参戦と武力援助が絶対に必要だと要請していることはもちろん、中国の参戦をさえスターリンに助けてくれと要請している点から見て、スターリンの決定にほとんど全的に頼っている点も示してくれる。
　10月1日に韓国軍は、38度線を越えて猛烈な気勢で突進した。連合軍司令官マッカーサーは、米国の古典的な戦争政策に従い、敗者に条件付きの退路を保障しない事実上の無条件降伏（*unconditional surrender*）を勧告した[5]。
「北朝鮮軍総司令官へ
　貴官の軍隊と潜在的な戦闘能力が遠からず全面的に敗北し、完全に破壊されることは不可避である。国連の決議が最小限の人命損失と財産破壊を要求していることから、本官は国連軍最高司令官として、貴官と貴官の指揮下にある軍隊が朝鮮のどの地点であっても、本官が指示する軍事的な監督下に武装を捨て、敵対行

為を中止することを要請し、また貴官の支配下にいる国連軍捕虜の全部および非戦闘員の抑留者を即時に釈放して、保護と加療と給養を加えて本官が指示する所へ即時に輸送することを要求する。……本官は、貴官がこの機会をとらえて、将来の不必要な流血と財産破壊を防止する決心を速やかに行うよう期待する。」

マッカーサーの声明は、体制の放棄を要求することにより、北進占領と統一を正当化する手順としての降伏の要求だった。しかし、マッカーサーの無条件降伏の要求にもかかわらず、金日成の反応はなかった。金日成の反応がないと知るや、予定された北進が敢行された。米軍までも越境を決定するや、北朝鮮指導層にとり戦争は、今や体制の滅亡へ追い込まれる局面になってしまった。北朝鮮指導部は、統一のための選択ではなく、敗亡の選択になるかも知れない戦争の決定を下したわけだった。

ソ連と中国も、やはり突然に展開される全く異なる戦局に戸惑い慌てた。9月30日に駐平壌ソ連大使シトゥイコフ（Trentii Shtykov）は、モスクワに大使館人員の撤収を要請せねばならなかった。
「米軍機の空襲により北朝鮮内のほとんど全ての工場が破壊された。このような状況下で業務を継続できないので、ソ連軍事顧問団と大使館職員のほぼ全員を本国へ帰還するよう許諾されたい。」

しかし、モスクワのグロムイコ（A. A. Gromyko）は「平壌の不安感を倍加させる憂慮があるので、撤収は不許可だ」と答えた[6]。この時までだけを言えば、モスクワの方針は未だ北朝鮮の放棄ではなかったのである。

金日成と朴憲永は、スターリンに救援を要請する一方、毛沢東にも火急の救援を要請した。10月1日に金日成と朴憲永は、両者の名前で毛沢東に支援を要請する親書を送った[7]。その電文は当日、毛沢東に伝達された。同日深夜に金日成は、平壌で大使の倪志亮と政務参事武官の柴成文に会い、中国の軍隊派遣を頼んだ。その中で金日成は、マッカーサーの降伏要求を「我々は、元来そのような習慣がない」と言いつつ拒絶する意向を明らかにした[8]。金日成と朴憲永が毛沢東に送った電文の内容を原文のまま見てみよう[9]。
「尊敬する毛沢東同志

　自分の祖国の独立と解放のため戦っている我が朝鮮人民に貴方がご配慮を払って下さり、各方面に援助をして下さることに対して、朝鮮労働党を代表して我々は衷心からの感謝を申し上げます。米国の侵略者どもに反対する我が人民の解放戦争の今日の戦況について、簡単に申し上げたいと存じます。

　米国侵略軍が仁川に上陸する前に、我々の形勢が良くなかったとは見えませんでした。敵どもは敗戦に敗戦を重ね、南朝鮮の最南部の狭小な地域に追い詰めら

れることになり、最後の決戦において我々が勝利する可能性が高く、米国の軍事的な威信は余すところなく墜落したかのようでした。これに米国は、自らの威信を挽回し、朝鮮を自らの植民地と軍事基地にしようとする本来の目的を一気に達成するための対策として、太平洋方面の米国の陸海空軍のほとんど全部を動員して、9月16日ついに大兵力を仁川に上陸させた後、ソウル市を占領しました。

戦況はまことに厳しく重大です。我が人民軍は、上陸侵入した米軍の進撃に対抗して勇敢に戦っています。しかし、前線には我々に極めて不利な条件があることを申し上げようと存じます。

敵は、約1千台の各種航空機で毎日昼夜を区分せず、前線も後方も問うことなく意のままに爆撃を絶え間なく敢行しています。しかし、我が方からはそれに対抗する航空機がない条件の下で、敵どもは真に空軍の威力を充分に発揮しています。各前線では百余隊編成の航空部隊の掩護下で敵の機械化部隊が活動し、また特に我が部隊の多数を低空飛行により殺傷しています。後方において敵の航空機は交通、運輸、通信機関と他の諸施設を思いのままに破壊し、敵どもの機動力が最大限度に発揮されている反面、我が人民軍部隊の機動力は弱化して麻痺しています。これは、各前線で我々が体験したところであります。敵どもは、我が軍部隊の交通、運輸、連絡網を遮断して、進撃を継続し、仁川方面へ上陸した部隊と南部戦線から進撃していた部隊とが連結することによりソウルを占領できるようになりました。

その結果、南半部にいる我が人民軍の諸部隊は、北半部から遮断され、南半部戦線にいる諸部隊も切れ切れに遮断されました。そうして、我が軍の諸部隊は武器と弾薬など供給を受けられないでいるのみならず、いくつかの部隊は互いに分散されており、その中の一部は敵に包囲される状況に直面することになりました。ソウル市が完全に占領されるならば、敵は38度線を越えて北朝鮮に侵攻するでしょう。それゆえ、我々が今日のような不利な条件を継続したままでいることになれば、結局は敵の侵入が成功するだろうと我々は見ます。

我々の運輸、供給問題を解決し、機動力を保障しようとすれば、何よりも相応しい航空力を持たねばなりません。しかし、我々にはもう準備の出来ている飛行士がいません。

親愛なる毛同志よ。

我々は、いかなる難関に逢着してもそれを克服する中で、朝鮮をアメリカ帝国主義者どもの植民地や軍事基地として明け渡しはしないでしょう。我々の独立、民主と人民の幸福のためには、最後の血の一滴までも惜しまず戦うことを我々は固く決心しています。我々は全力を尽くし、新たな師団を数多く組織して訓練し、

南半部にいる十余万の人民軍部隊を作戦上で有利な一定の地域へ収拾、集結する中で、さらに全人民の総武装までも行って、長期戦を継続するあらゆる対策を講究、実施します。

しかし、今日われわれが直面している厳しく重大で危急な状況を敵どもが利用し、我々に時間的な余裕を与えずに進攻し続けて、38度線に侵攻して来た時には、我々みずからの力ではこの危機を克服する可能性はありません。それゆえ我々は、貴方の特別な援助を要求せざるを得なくなりました。すなわち、敵軍が38度線以北に侵攻して来る時には、約束のとおり中国人民軍の直接的な出動が絶対に必要になります。

以上のような我々の意見を貴方に提議いたしますので、これについての貴方のご回答を我々はお待ちしております。

朝鮮労働党中央委員会　金日成・朴憲永
1950年10月1日　平壌市

この間に公開された手紙とは違い、原文を通じて見れば、この手紙で我々が注目すべき部分は「約束のとおり」という部分だ。この表現は、毛沢東と金日成・朴憲永との間に米軍と韓国軍が38度線以北へ進撃すれば、中国軍が参戦することについて事前の約束がなされていた点を強力に示唆する。これは、おそらく1950年5月13～16日の間の金日成・朴憲永による北京訪問時の討議内容を物語っているのかも知れない。当時の毛沢東は、米軍が参戦する可能性について言及しながら「もし米軍が参戦するならば、中国は兵力を派遣して北朝鮮を助けるだろう」と述べたことがある。そう言う中で彼は「ソ連は、米国側と38度線の分割に関する合意があるから、戦闘行為に参加するのは不便だろうが、中国にはそのような義務がないので、北朝鮮を助けてやれる」とまで添言した[10]。しかし、この戦争の開始以前の毛沢東によるこの言説が、包括的な意味における激励の発言だったのか、そうでなければ実際に参戦を確約した発言だったのか、推論し難い。著者が理解するに、真実は前者である可能性が高いと見るが、金日成・朴憲永は後者に解釈したのではないかと思慮される[11]。

スターリンと毛沢東への救援要請こそ、戦勢逆転直後の金日成と朴憲永の最も火急な事案である外なかった。10月9日にも金日成は、スターリンに再び手紙を送り、支援を要請した。手紙で金日成は、米国侵略者どもは全朝鮮を掌握し、それを将来の極東地域における自らの軍事戦略基地へ転換させる以前には攻撃を止めないであろうと言いつつ、至急の支援を要請した。要請の内容は、闘争が長期化するだろうと言う中で、①ソ連に留学中の北朝鮮学生中200～300名を飛行士として養成すること、②在ソ朝鮮人僑胞で戦車兵1千名、飛行士2千名、通信兵500

名、技術将校500名を養成することに対する許諾だった[12]。このような北朝鮮指導層による急迫した要求に対して、スターリンと毛沢東はどのように反応したのであろうか？

2．絶滅の危機と北朝鮮指導層内部の葛藤の激化[13]

　戦勢の逆転を被り、もう1つの興味ある重要な点は、危機が到来するや、指導層内に葛藤と分裂が発生したという事実だった。まず、韓国軍が38度線を越えて平壌へ向かい、速い速度で進撃して来ている50年10月8日、金日成と朴憲永は金日成の地下執務室で激烈に争った[14]。金日成は、米軍の爆撃ゆえ当時は偽装網に蔽われたまま砂袋で防弾壁を積んだ、牡丹峰(モランボン)にある地下室の執務室で執務を行っていた。この日は正に米軍の38度線進駐が決定された翌日で、中国大使の倪志亮と柴成文が毛沢東の電文を伝達しようと執務室に入って来た時、金日成と朴憲永は争っていたのである。倪志亮と柴成文はこの時、中国が参戦を決定したことを知らせる毛沢東の金日成に宛てた電文を持って来たのである[15]。

　しかしながら、外国の大使が入って来たのに中断しないほど、滅亡の火急の危機においても二人は争っていた。論争点は、山へ登って行き遊撃戦をするか否かという問題だった。金日成がこれを主張し、朴憲永は反対した。朴憲永が出て行くや、金日成は「朴憲永は山に登って行って遊撃戦をする決心が全くない」と詰難した。しかし、朴憲永が何か別の代案を提示したかは、知られていない。おそらく彼は、米軍に立ち向かうには遊撃戦では望みもないので、国際的な支援の達成にもっと多くの努力を注ぐべきだと主張したのかも知れない事件だった。フルシチョフ（Nikita Khurshchev）の回顧録によっても、金日成がゲリラ闘争をしようと決心したのは事実であった。彼は、シトゥイコフに「山へ入って行き、日本が朝鮮を占領していた時、彼らに対抗して遂行したゲリラ戦と同じ方式の戦闘を再び繰り広げていく」と述べた[16]。

　金日成と朴憲永の葛藤は、他の戦争においても戦勢が逆転されれば、戦争を始めた側で対応をめぐってしばしば現れる内部葛藤現象の1つだった。しかし、彼ら二人の葛藤は、権力序列1位の者と2位の者が半公開的に激烈に争っているという点で、異例的であった。危機の時、そうした葛藤は、しばしば下級水準でも類似して現れるものだ。ソウル市人民委員会軍事動員部の幹部で戦勢逆転後に長い北朝鮮行きの道を上りたどった金定基(キムジョンギ)によれば、38度線を越えもしない前に一部の機関と部隊の内部で内輪揉めが起こり、南朝鮮地域の山岳へ移動してゲリラ闘争をするか、隠れていて人民軍の再次南進を待つか、さもなければ越北して北

朝鮮軍と政府に従って行くかという問題で論争を繰り広げた[17]。

　次節で検討して見るスターリンと毛沢東の見解の差異と微妙な葛藤、金日成と朴憲永の葛藤、そしてこれら下層における内紛と葛藤を見れば、危機に際した人間の行動形態は、リーダーか一般人かを問わず、ある共通の特性を持っているに違いないようだ。すなわち、同一の主題をめぐって上層と下層で繰り広げられる葛藤は、国家の存亡と人間の生存の問題が、そしてそこから感じる危機意識と対処方法の選択肢が、大きく異ならずに迫って来ていることを示してくれる。

　金日成と朴憲永によれば、逆転を被った直後に北朝鮮軍内では韓国軍と米軍が北進しないだろうと考えた将校たちもいた[18]。つまり、これら北進の如何をめぐり軍隊内でも見解が食い違っていたのである。そうだとすれば、当然に対策も分かれ、論争を繰り広げたのであろう。寸刻を争う時点に、彼らは見解が分かれていたのだった。事実は綿密に検討して見れば、金日成と朴憲永がスターリンに送った前述の支援要請の書信にも、そのような内容が隠れていた。

「今日、我々が直面している極めて重大で危急な状況を敵どもが利用し、我々に時間の余裕を与えずに進攻し続け、38度線以北に侵攻して来る時には、われわれ自身の力ではこの危機を克服する可能性はありません。それゆえ我々は、貴方に特別な援助を要請せざるを得なくなりました。すなわち、敵軍が38度線以北に侵攻する時には、ソ連軍隊の直接的な出動が絶対に必要になります。」

　この内容を分析すれば、「無条件に支援してほしい」というのではなく「38度線以北へ敵どもが越えて来る時、支援をしてほしい」という要請だった。だが、彼らがこの手紙を送る時点と言えば、もう韓国軍が全ての北進準備を終えていた状態であり、また事実、一部は38度線の越境までしていた時であった。米軍もまた、事実上は北進を決定して以降の時点だった。そうだとすれば、金日成と朴憲永は、この時まで米軍と韓国軍が38度線を越境しない可能性もあると考えていたのかも知れない。3ヵ月前、自分たちは非現実的な熱情に押し流されて戦争を始めながらも、相手側は境界線で止まってくれることを願う意図は、浪漫的な判断以外の何ものでもなかった。

　10月の論争から1ヵ月後に、二人は再び争った。この時は遙かに激烈だった。北朝鮮の元外務副相だった朴吉龍(パッキルリョン)によれば、1950年11月7日のロシア10月革命記念日に北朝鮮指導部が避難していた満浦鎮(マンポジン)のソ連大使館で宴会があった[19]。当時は北朝鮮の政府と軍はじめ主要機関は、全て朝中国境付近または既に旧満洲へ避難していた。10月革命記念日の集会は、主要幹部たちが全て集まる集会だった。朴吉龍はこの時、金策(キムチェク)と一緒に彼の車に乗って行った。この時に金日成は、酒が回るや朴憲永に「おい、朴憲永。貴方が言ったそのパルチザンは、皆どこへ行っ

たのか。民衆がみな立ち上がるとそう言ったのに、どこへ行ったのか」と詰難しながら「貴方は、スターリンにどう報告したのか。我々が越えて行けば、すぐにも立ち上がると貴方は、そんな話をなぜしたのか」と責任を追及した。

すると朴憲永は、口を尖らせて「いや、金日成同志、どうして洛東江へ軍隊を全て送ったのか。ソウルか後方に兵力を1つも置けなかったのか。後方はどうしておいて、軍隊を送り出したのか。それだから後退する時、みんな袋の鼠になったではないか」と反問しつつ「だから、全て私の責任なのではない」と反駁した。洛東江に戦力全部を配置するか否かで、二人は作戦上の差異があったのである。しかし、金日成は更に甚だしく面罵を加えた。「やい、この野郎、この野郎め。何を言いやがる。もしも戦争が上手くいかなければ、俺だけじゃなくお前にも責任がある。お前、どんな情勢判断をそうしたんだ。俺は、南朝鮮の情勢は分からん。南労党が向こうにあって、そこで工作して送ることについて、どうして報告をあんなふうにしたのか」とそう言って、金日成は大理石で出来たインク瓶を壁に投げ、瓶を粉々に砕いた。朴吉龍は、二人の関係は「この時もう永遠に仲違いしていた」（原文どおり、「南労党」は南朝鮮労働党を指す——引用者）と陳述している[20]。

韓国情勢に対する認識と戦争過程中の対処という2つの核心的な問題をめぐる二人の争いについての朴吉龍の証言は、柴成文の回顧と証言に照らして事実と見られる。二人は早くも、失敗の責任を鋭く意識し始めたのである。金日成は、後日この問題をめぐり「1次反攻撃時（朝鮮戦争を言う——引用者）、朴憲永は我々を騙した」と言い、「朴憲永は南朝鮮に、20万党員が地下にいると嘘をついた」と正面切って攻撃した[21]。金日成は初めに「我々は、洛東江界線まで出て行ったが、南朝鮮において暴動ひとつ起きなかった」と言いつつ、これは朴憲永が「米国の奴らと一緒に南朝鮮で我が党をみな破壊してしまった」からだと最大の憎悪を浴びせた[22]。

しかし、正にこの間、南朝鮮地域の人民たちが朝鮮民主主義人民共和国を固く支持し、共和国と自分にみな固く忠誠を捧げていると常に強調していたのは、金日成自身だった。このような第三者の目に映った葛藤は、見えない内部葛藤のごく一部であろう。推論するに、金日成と朴憲永が公の場でほとんど露骨に対立し葛藤していた点は、戦勢が逆転される中から既に北朝鮮内部においては二人だけでなく指導部全体の水準で、徐々に逆転への対応方法や戦争失敗の責任をめぐり激甚な内紛に陥りつつあったことを意味する。戦争の失敗が権力闘争の様相へ飛び火し始めたのである。

しかし、皮肉にも権力の配分上この葛藤の時点における朴憲永は、表面的には

金日成の地位のすぐ下まで上り詰めていた。すなわち、危機を迎えて権力の最[ママ]配分をなしていたのである。朴憲永はこの時、党副委員長、内閣副首相兼外務相に加え、軍内で最高司令官に次ぐ人民軍総政治局長まで任されていた。人民軍内の党事業に総責任を負う地位にまで彼を任命し、その地位を上昇させているのは、金日成が朴憲永に相当な権力を移譲していることを意味する。大部分の研究は、朴憲永が軍事指導者の地位を有していなかったと断定する。しかし、人民軍内部の秘密命令書によれば、それは事実ではない[23]。

1950年10月に金日成と朴憲永は、人民軍が敗走する中に大部分の部隊で現れた支離滅裂と命令拒否、軍官たちの逃避と投降、将校たちの潜伏および将校に対する公然たる反乱、反党・反共産主義的な行動形態に大変おどろいた。この時期の金日成の命令は、良く言えば秋霜烈日のようで、悪く言えば理性を失った狂的な命令だった。結局、金日成と朴憲永は、人民軍内の党事業に深刻な問題があることを痛感し、人民軍内の党—政治—思想事業に総責任を負う総政治局を創設した。そして、人民軍総政治局長の座は、余人でもない朴憲永が引き受けた。直後から最高司令官の金日成と総政治局長の朴憲永による共同命令が下されていった[24]。10月15日には、朴憲永が単独で命令を下した。これは、今や北朝鮮が党—政—議会だけではなく軍隊までも、金日成と朴憲永が分担して指導していることを意味していた。

また、この時点で朴憲永は、当時の最大の懸案だった中国軍参戦問題を解決するため中国へ渡り、中国軍の参戦交渉を担当した。北朝鮮は、中国が参戦を決定した直後の10月8日に内務相の朴一禹を瀋[ママ]陽へ送り、参戦に関する事項を協議させたことがあった。それにもかかわらず、中国軍の参戦が遅れて更に守勢に追い込まれ、火急を争うようになるや、朴憲永は金日成と甚だしく争った後の10月15日に金日成の指示で直接、中国の瀋[ママ]陽へ渡って彭徳懐と会い、敵軍が既に平壌へ接近している事実、中国が直ちに出兵してほしいという金日成の要求、彭徳懐同志と早い日時に会談したいという意思を伝達した[25]。もちろん、この時は既に中国が最終的に参戦を決定した後だったが、当時の北朝鮮としては生存がかかった重要な問題だった。それを朴憲永が引き受けて出かけて、両者が役割を分担しているのであった[26]。

深刻な危機の瞬間に激烈に争いながらも、同時に最高の任務と職位を両分する、この二律背反的な現象は、ちょっと理解され難い奇妙な組み合わせである。すなわち、10月から11月の間中ずっと、二人は表では権力と役割の近接分担に、内幕においては激烈な対立と葛藤の関係に置かれていたのである。この時期は、後にやって来る朴憲永処刑の重大な分水嶺だった。その端緒は、戦争の失敗が予

見されるところからもたらされたのである。10月8日と11月7日の激烈な論争を記憶する時、我々はこの時点が北朝鮮における権力再編の1つの頂点期だったことが分かるようになる。以後2年間の持続的な没落期を経て、朴憲永はスパイとして仕立て上げられ、最高の共産主義者から一瞬にして最大の反革命分子という批判と一緒に処刑された。

　二人の関係は、1950年10～11月の絶頂期の関係を知らなければ解けない。朝鮮共産主義運動史上の最も大きな事件の1つであった朴憲永の処断と南労党系列の没落問題も、戦争の初期過程における二人の関係を知らなくては解けないものである。つまり、危機（目標）の程度と必要（役割）の程度が一致したという点である。危機が大きければ必要性も大きく、目標が大きいほど役割も大きくなる。しかし、危機の頂点を過ぎて権力闘争が深化し、力の推移が突然に傾き始めた。そして、それが決定的に傾くや一方は、最初の開戦決定において他方が負うべき半分の役割に付随する責任まで全て負わされることになった。

　この絶頂の時期を経るや、金日成は尊称語を受ける首領へ押し上げられて、朴憲永の役割は急に縮小された。もちろん、金日成だけが際立ち、その他のライバルたちの萎縮もやはり目立った。「我が首領金日成将軍」（原文どおり）のお言葉は大きく称賛され、彼の言葉が今や尊称語で書かれた。時に「**首領**」は、**太い字**で書かれた。彼の言葉は教示となり、既に後日のように「敬愛する首領」と呼ばれた。そして「朝鮮人民の敬愛する首領金日成将軍」に対する万歳は、スターリンに対する万歳に先立っていた[27]。

　しかし興味あることに、相当部分が事実と背馳する捏造の疑いを受けている北朝鮮の公式裁判記録にも、朴憲永の処刑理由中の3大犯罪の1つだった「共和国政権転覆陰謀行為」に該当する部分の中、朝鮮戦争期間中の犯罪事項として最も大きな役割を果たしたであろう同時期の活動や犯罪については、ひとつも表れていない。可能な限り朴憲永の全ての犯罪を発掘して羅列したはずなのに、ただ朝鮮戦争初期の南朝鮮地域における犯罪行為と1951年4月以後の転覆陰謀が出ているだけである[28]。

　換言すれば、少なくとも絶体絶命の危機の時期だった当時は、たとえ自分との争いがあったにもかかわらず、金日成が朴憲永の犯罪を構想するに足る内容は、ひとつも持ち得なかったことを反証すると言えよう。それは、この絶体絶命の危機の瞬間に朴憲永の役割がそれほど大きかった点、互いに心を合わせて総力対応をしている点を示してくれるものでもある。

金日成が人民軍人たちと一緒に薬山で記念写真を撮っている(1949年10月2日)。前列4番目の列の中央で中折れ帽を被った人物が金日成。

1949年10月2日、金日成が薬山で遠足に来た中学生と話をしている。学生は歌を歌っているか、何か返答をしているようだ。
資料：National Archives

3．「東アジア共産主義の三角連合」の協力と緊張（1）： 中国の参戦——過程

　1950年10月に中国軍が介入する中、朝鮮戦争の戦勢はもう一度、劇的に逆転された。結論から述べると、中国軍が朝鮮戦争に介入することになる背景と要因は、次のような諸要因が複合的に作用した結果だった。まず「歴史的に」は、日帝下における多くの朝鮮人の中国への移住、朝中抗日共同闘争、そして中国内戦過程における北朝鮮指導部と朝鮮人たちからの助力という要因。2つに「戦争勃発と関連した」要因としては、戦争決定過程における中国と毛沢東の介入および精神的、軍事的な後援。最後に「もっと直接的に」は、中国の安保に対する米国の威嚇とスターリンの慫慂。これらが、主要な諸要因だったと言える。

　1950年10月の中国軍参戦は、中国共産党と毛沢東の積極的で先制的な意図による決定の産物だっただけではなかった。それは、米国の威嚇に立ち向かい、スターリンを意識した高度に戦略的なゲームと火花が飛び散る駆け引きの産物だった。この問題についてロシアが選別して公開したソ連資料には、毛沢東が非常に積極的だったとされている。もちろん、中国の正統的な見解も、やはり帝国主義の侵略と国家安保の威嚇に直面した祖国を救うため、毛沢東と党指導部が英明な決定として積極的に参戦を決行した式に記録されている。この見解はこの間、世界の学界の定説のように言われ、相当部分が事態の真実を語っているのも事実である。

　しかし、ソ連—ロシアの解釈は、この決定における毛沢東と中国の責任を仕立て上げる意図の産物として、この間自らの責任を免除されるところからである。反面で中国の解釈は、自分たちが尊敬してやまない偉大な毛沢東と党中央の賢明さを称賛する意図から由来したものだ。各々は互いに相反する意図を持つが、どちらも毛沢東と中国の自発的な積極性を強調する点では同一である。これは、歴史解釈でしばしば現れる自己分裂症（schizophrenia）の典型的な実例に該当する。

　中国の参戦は、最後の瞬間までも反転に反転を重ねた一編の巨大なドラマだった。暗闇に便乗した農民軍隊の大規模な移動と米軍の撃退は、20世紀における世界現代史の最も劇的なドラマだったかも知れない。中国は、もし韓国軍だけが38度線を越えて進撃したとすれば、参戦しなかった可能性が高かった。もちろん、中国政府が戦争初期から参戦問題を深刻に考慮してきたのは事実である。だが、それが直ちに、最後の瞬間まで中国の参戦が自発的で積極的な選択だったと解釈する根拠とはならない。

1950年7月2日に周恩来は、駐中ソ連大使ローシチン（N. V. Roshchin）を呼び「もし米軍が38度線を越える場合、中国人民解放軍が朝鮮軍人に変装し、義勇軍として戦争に参戦すること」、「このために中国指導部は、既に牡丹地域に3個軍、総12万の兵力を集結させた」と言いながら、ソ連空軍がこの兵力のために空中護衛を提供してくれ得るかを尋ねた[29]。7月2日にもう、これほどの兵力を配置して、そのような意思を尋ねたとすれば、それは非常に早い時点における準備だった。このような素早い準備は、毛沢東はじめ中国指導部の朝鮮戦争に対する認識の一端を表現する。

　7月5日にスターリンは「敵軍が38度線を越える場合、義勇軍として北朝鮮に投入させるため中国軍9個師団を中朝国境に即刻集結させたのは正しい判断」だと言いつつ、この兵力に空中支援を提供するため努力するという返信を送った[30]。7月13日にスターリンは、ローシチンを通じて毛沢東と周恩来に再び電文を送り、中国軍9個師団を配置したか尋ねてから「配置することにしたならば、我々はジェット戦闘機1個師団、124隊を送る準備が出来ている」と約束した。スターリンは、2～3ヵ月間のソ連操縦士による中国操縦士の訓練、訓練後の装備の完全移譲にまで言及した。戦争初期からソ連と中国は、米軍と韓国軍の「北進」とそれに対する準備のため緊密に意見を交換していたことが分かる。毛沢東とスターリンは「7月初めにもう」米軍による38度線の越境がある場合、「参戦（中国）―空軍支援（ソ連）」に事実上は合意していたのである。この後にも毛沢東は、米軍の上陸作戦に対する細心な準備について何度も強調した[31]。

　毛沢東と中国指導部は、時々刻々と変化する朝鮮半島の戦況を鋭く注視しつつ対応に没頭した。ついに10月1日、韓国軍が38度線を突破し、マッカーサーが北朝鮮に無条件降伏を追求する最後通牒を送った直後の10月2日、周恩来は駐中インド大使パニッカー（Sadar K. M. Panikar）を外交部へ召喚した。そうして周恩来は、韓国軍の進撃は「取るに足らぬこと」と無視しながらも、もしも米軍部隊が北朝鮮の領土を侵犯するならば、中国は戦争に介入するだろうと宣言した[32]。米軍と韓国軍を明白に区別していたのである。この時は、金日成と朴憲永からの親書が毛沢東に到着して、火急な支援を要請した時点だった。

　金日成と朴憲永の救援要請の親書を受け取った毛沢東と中国共産党中央は、10月2日に一旦は参戦決定を下し、これをスターリンにも知らせた。参戦決定へ追い立てた主導者は、毛沢東だった。10月1日に金日成と朴憲永の親書が到着した直後、毛沢東は当日のうちに中国共産党中央政治局常務委員会を開催して、電文の内容、駐平壌中国大使館の報告、北朝鮮の戦争形勢などを論議した。会議は深刻で、夜が明ける時まで継続した。翌10月2日午後3時に毛沢東、朱徳、劉少奇、

周恩来、高崗および総参謀長の聶栄臻などは、再び会議を続開した。会議で毛沢東は「朝鮮の形勢がこれほど厳しく重大な時、今や出兵するか否かが問題ではなく、出兵の時刻と誰を主将とするかが問題」だと述べた。

　毛沢東の最初の構想では粟裕が総司令と考えられていたが、彼は病中で不可能だった。次に考えられたのは林彪だったが、彼は病気と称して拒絶したのに加え、米軍との戦争を覚悟せねばならない出兵自体に反対する立場だった。結局、会議は彭徳懐を総司令官と決定しつつ、出兵の日時を10月15日と決定した[33]。会議に直接参加した聶栄臻が表現したように、林彪による徴兵と参戦の拒絶、派兵反対、すなわち毛沢東の意思の拒否は、共同決定と共同闘争を自慢と見なしてきた中国共産党の伝統に照らして異常なものだった[34]。中国共産党の栄誉ある伝統を揺るがすほど、朝鮮戦争の参戦如何は、余りにも深刻な問題だったのである。しかし、参戦しまいとする林彪の意思は頑強だった。

　1980年代以来、公開された中国資料によれば、毛沢東は10月2日に中国共産党の決定をスターリンに送った。「我々は、志願軍の名義で一部の軍隊を朝鮮領土に派遣し、米国とその走狗である李承晩の軍隊と戦い、朝鮮の同志を支援することを決定した。我々は、これが必要だと考える。もし全朝鮮が米国人に占領され、朝鮮革命の力量が根本的な失敗を味わうことになるならば、米国侵略者は将来いっそう猖獗を極め、東方全体に不利に作用するであろう。」[35]

　こう述べつつ毛沢東は、朝鮮領土内で米軍その他の侵略軍を殲滅して追い出すために準備すべき問題を解決せねばならず、中国の軍隊が朝鮮領土内で米軍と戦う以上、米国と中国が戦争状態に入るという宣戦布告を準備すべきだと言及した。毛沢東の覚悟が非常に決然たることを読み取れる。ふたつの課題のうち優先的なのは前者だと、毛沢東は自分の見解を明らかにした。毛沢東は、南満州に配置した12個師団を10月15日に出動させ、北朝鮮の適当な地区に配置させて38度線以北の敵と戦闘する計画であることを明かした。しかし実際には、以上の内容はスターリンに伝達されなかった。

　10月4日に開催された中国共産党政治局会議では、参席者の大部分が参戦に反対する立場だった。建国初期の中国の困難な状況を挙げて、出兵問題は慎重に扱うべきだというのであった。しかし、毛沢東は参戦反対者たちに対し「貴方たちの主張には一理ある。だが、他国が危機に瀕しているのに、我々が見守るだけであれば、理由はどうあれ、我々の心は穏やかではないだろう」と述べながら、彼の心が既に参戦の方へ傾いていることをほのめかした[36]。当日の会議には、志願軍司令官に決定された彭徳懐が、西安から慌てて帰って来て参席した。毛沢東は当時、西安に滞在していた彭徳懐を急いで呼んで上京させるため、西安へ飛行機

を急派した。会議の参席後に彭徳懐は、終わりなく湧いて来る思いで眠りにつけなかった。特に彼は、上述した毛沢東の言葉がしばしば思い出され、眠れなかった[37]。

10月4日に毛沢東は、彭徳懐に「ひとたび敗戦でもする日には、ようやく建てた国さえ危うくなるかも知れない。そうなれば、この毛沢東は、歴史と人民の前に責任を免れ得なくなるだろう。……けれども、戦いは必ず行わねばならない」と言及した。毛沢東は「金日成が危急になったのに、我々が捨て置くとしたら、後に我々が危急の時もスターリンは関与しないだろう」と言いつつ「全てそうであるならば、社会主義陣営というのは単に中身のない殻に過ぎないじゃないか」と反問した。そう言いつつ毛沢東は、スターリンが中国共産党を真正なマルクス主義者と見るよりは、土地改革でも主張する農民運動家ほどに見なしている点も指摘した。スターリンの誤解に対する、重みある中国式の反発心の表現だった。毛沢東によれば、スターリンは空軍部隊の派遣を承諾したと言い、中国軍が志願軍であることを前面に出して参戦しようとしている事実も付け加えた。そうしてこそ、米国が中国に公然と宣戦布告できる口実を最大限に減らせるからだった[38]。

前日の会議で強い反対があったにもかかわらず、10月5日に彭徳懐は毛沢東に、我々に数多くの困難があるのは事実だが、自分は「繰り返し考えた末、毛主席が下された朝鮮を支援する英明な出兵の決断を擁護することにした」と明かした。彼は「敵が朝鮮半島全体を占領するならば、それは我が国に莫大な威嚇になる」と言いつつ、これ以上は躊躇する時間はないと主張した。毛沢東は、彭徳懐の見解に全面的に同意を表し、自分と分析が全く同じだという点を強調した。同日午後に続開された中央政治局会議でも、前日のような2つの見解の論争は継続した[39]。会議で彭徳懐は「出兵して朝鮮を助けることが必要だ」と述べながら「敗れる場合、せいぜい解放戦争の勝利を何年か遅らせただけと見なせば良い」と力説した。彭徳懐に続いて毛沢東は、自信に満ちた語調で「今や我々には唯ひとつの道しかない。敵が平壌を攻撃し占領する前に、いかなる風波や危険を押し切っても、どれほど大きな困難があっても必ず朝鮮へ即刻、出兵せねばならない」と声を高めた。会議が終わった後に毛沢東は、彭徳懐に10日間の時間を与えると言いつつ、最初の入境予定日は10月15日だと指示した。そうして、ソ連空軍の支援問題は、周恩来が即時にモスクワへ赴き、スターリン同志と協商して速やかに解決せよと指示した[40]。

一方、金日成と朴憲永の電文を受け取ったスターリンは、1950年10月1日にローシチンを通じて毛沢東と周恩来に電文を送り、中国の参戦を強力に慫慂し

た。スターリンは、自分がモスクワから遠く離れた所で休暇中である関係で、朝鮮における事態について継続して報告を受けられなかったと言いつつ、次のように要請した。米国と戦争を遂行するよう同意しておきながら、米国と戦う小さな国家が一方的に追い込まれているにもかかわらず、休養地で休暇を過ごすのがスターリンの態度だった。

「もしこの時点で中国の同志たちが北朝鮮に対する支援拡大を考慮中ならば、遅滞なく最小限5～6個師団を38度線へ移動させ、中国軍の掩護下で北朝鮮軍の兵力が38度線以北へ抜け出すように助けてくれることを願う。中国軍は、もちろん中国の司令官が指揮し、義勇軍に偽装するよう願う。」[41]

こう書きつつスターリンは、この事実を朝鮮の同志たちには知らせないと言葉を添えた。興味深いのは、中国軍の参戦を強く勧めながら、義勇軍に偽装せよと隠蔽戦術を忠告している点である。結局、毛沢東はスターリンの参戦圧力と金日成の救援要請という両面からの圧力に直面していたのである。

しかしながら、遅滞なく参戦せよというスターリンの要求に対し、毛沢東は「受容不可」を通報した。10月3日にローシチン大使がスターリンへ送った電文に含まれた、10月2日の毛沢東からの書信に彼の立場が明らかに表れている。10月1日の電文を接受したと言いながら、毛沢東は次のように自分の見解を明らかにした。

「最初に我々は、敵が38度線を越えて北へ進撃するや即時に、数個の義勇軍師団を北朝鮮に投入する計画であった。しかし、状況を綿密に検討した結果、そのような場合は非常に深刻な副作用が伴うだろうと判断する。第1に、数個師団では朝鮮問題を解決できないこと（我が兵力の装備は非常に脆弱で、米軍と戦って勝利できるか疑問である）。第2に、米国と中国の間に公開の衝突が惹起されるだろう。そうすれば、ソ連も戦争に介入することになり、問題が極めて大きくなる。中国共産党の多くの同志が、非常に慎重な考慮が必要だという意見である。もちろん、我々が兵力を派遣しなかった場合、北朝鮮の同志には深刻な事態である。しかしながら、我々が数個師団を送っても敵に追い込まれ、それだけでなく米中間の公開衝突まで惹起するならば、平和的な解決のための我々の計画全体が霧散するであろう。朝鮮の国民多数が不幸を味わうことになる。したがって、今は兵力の派遣より戦力を高め、より適切な時期を待つ方がもっと良い。朝鮮としては一旦、敗北をしているから、戦術を変えてゲリラ戦を展開するのが望ましい。我々は現在、党中央委員会の全体会議を招集中である。派兵問題についての最終決定は、未だ下されていない。同志が望むならば、周恩来と林彪を飛行機便で同志の休養地に送り、この問題を協議しようと思う。」[42]

衝撃的にも毛沢東は、参戦に反対するのはもちろん、北朝鮮にゲリラ戦を行わせるよう勧告までしている。ローシチンは、毛沢東からの返事の内容は中国指導部が初期の立場を変えたものだと述べた。
　同じ10月2日付の電文について、中国資料『建国以来毛沢東文稿』とソ連資料は完全に反対の内容を盛り込んでいる。すなわち、中国軍の参戦問題について毛沢東の電文は、同じ日付に「積極的な参戦意思」と「不参戦意思」という正反対の見解を盛り込んでいるのだ。ふたつの中の1つは事実でないか、さもなければ一方だけが送られたのかも知れない。しかし、文献内容の真偽および対外発表の如何に関係なく、スターリンへ実際に送った文書は、ロシアで公開された後者だったという点は疑心の余地がない。前者は、送られなかったのである。毛沢東の真意に関係なく、スターリンに伝達された彼の意思は「不参戦」だったのだ。
　毛沢東は、なぜ参戦意思を盛り込んだ手紙を送らなかったのだろうか？　これは、空軍支援を約束したスターリンとのゲームにおいて、もっと多くの軍事的な支援を確保するための戦略的考慮の産物だったものと見える[43]。これを通しておそらく、党内の出兵反対論と慎重論を説得しようとする意図も作用したのであろう[44]。スターリンの要求に緻密な戦略的考慮の下で抵抗する毛沢東の態度は、1年前にスターリンの反対を押し切って揚子江を渡河し、自力で中国革命を成功させた経験がなかったならば想像もできなかった。中国革命は、毛沢東の自律性を育ててくれたのに違いなかった。いったん拒否することにより毛沢東は、スターリンからもっと多くのものをより早く得られると考えたのである。
　中国軍の参戦が難しくなるや、10月5日にシトゥイコフは、状況が緊迫しているので大使館の職員およびその家族、軍事顧問団などソ連から派遣された人員をみな本国へ撤収させようと提案した。これに対しグロムイコは、ソ連共産党中央委員会政治局の承認を得て、ソ連専門家たちの撤収問題を朝鮮政府と相談したいというシトゥイコフの提案を承認した。翌日、陸軍大佐ヴァシレフスキー（A. Vasilevsky）とグロムイコがスターリンへ送る電文に添付された、シトゥイコフに下達した電文の内容は、遥かに具体的だった。
「①ソ連代表部派遣人員と専門家およびその家族を撤収させる決定は、既に指示したとおりである。②北朝鮮にいる在ソ朝鮮人（ソ連公民）たちの家族を撤収させる問題は、状況に従い大使が決定すること。③空軍司令部所属の全人員とソ連軍事顧問団の家族たちは、朝鮮領土から必ず撤収させること。④必要な場合、在ソ朝鮮人を含む全てのソ連市民たちは、ソ連と中国の領土へ撤収させるとする大使の提案に同意する。」[45]
　非常に具体的で、詳細な撤収の指示であることが分かる。ソ連は、今や北朝鮮

からの撤収を覚悟していたのである。これとは反対に中国は、参戦の決行へ進んでいた。10月6日に入朝作戦を論議するため、党政軍の高級幹部会議を主宰する中で、周恩来は「党中央、毛主席の決心は既になされた。こんなわけで現在は、出兵の如何を考慮するのではなく、出兵後どのように勝利を争い取るのかを考慮すべきだ」と発言、参戦を既定事実化した[46]。

ついに10月7日、国連において国連軍による38度線の越境を許容する決議案が総会で通過し[47]、越境を準備していた米国は、直ちに米軍の38度線突破命令を下した。米軍第1騎兵師団が38度線を突破し、他の米軍諸部隊も後に続いた。10月8日に毛沢東は、6日前にスターリンに送った電文内容とは反対に、中国人民革命軍事委員会主席の名義で彭徳懐を中国人民志願軍司令官および政治委員として公式に任命し、「朝鮮人民と協同で侵略者と戦い、栄光の勝利を争い取れ」と命令した。また毛沢東は、中国人民志願軍は東北行政区を総後方基地と見なし、全ての後方工作兵站事務と朝鮮同志の支援に関する事務を東北軍区司令官兼政治委員の高崗が指揮せよと命令した。毛沢東は「中国人民志願軍が朝鮮領土に進入すれば、必ず朝鮮人民、朝鮮人民軍、朝鮮民主政府、朝鮮労働党、その他の民主党派および朝鮮人民の領首金日成同志に友愛と尊重を表示し、軍事規律と政治規律を厳格に遵守せよ」という言葉を添えることも忘れなかった[48]。

毛沢東は、この志願軍の派遣を核心とする命令の内容を10月8日の当日に金日成へ伝達、目前の情勢を根拠にして、我々は志願軍を朝鮮領土に派遣して侵略者に反対する貴方たちを助けることに決定したと言いつつ「彭徳懐と高崗が今日、北京から瀋陽に行くので、朴一禹を瀋陽に派遣して二人の同志と会い、中国人民志願軍の朝鮮領土内における戦闘に関連する問題を協議するようにしてほしい」と注文を付けた[49]。同日ただちに大使の倪志亮と柴成文は、この電文を金日成に伝達した[50]。彭徳懐への命令と金日成への伝達を同時に執行していることが分かる。また、その日に毛沢東は周恩来をソ連へ送り、スターリンと会って中国軍の参戦に伴う空軍支援および武器・装備の購入問題を協議させるよう措置した[51]。三面同時の対応だった。

金日成は10月8日夕方、直ちに朴一禹を瀋陽へ派遣し、彭徳懐や高崗と会って参戦に伴う多くの問題と具体的な手続きを協議させた[52]。寸刻を争う緊迫した対応だった。朴一禹は、中国人民志願軍が早く出動したら良いだろうという金日成の意思を伝達した。そうして朴一禹は、同日の晩すぐに新義州(シニジュ)へ帰った。翌10月9日に彭徳懐は、軍団長級以上の幹部たちを集め、瀋陽で会議を開いた。彭徳懐に従っても、元来は林彪が部隊を率いて参戦することになっていたが、体調が悪いと主張する煽りを受けて、彭徳懐自身が来ることになったのだった[53]。会議で

彭徳懐は、入朝後ひとまず根拠地を確保し、相手を殲滅させる基地としようと言い、朝鮮の地形上かつて中国内戦で使用した機動戦ではダメなので、機動戦と陣地戦を適切に混ぜて戦闘に臨もうと指示した[54]。
　この時点でスターリンは、相反する内容の電文を金日成に送っていた。スターリンは、毛沢東の参戦拒絶により10月8日、金日成に彼の支援要請に対する回答もなしに次のような電文を送らざるを得なかった。この内容を見る時、毛沢東にも再三、強力な派兵要請の書信を送っていたことが分かる。
「10月1日、本人は毛沢東に最小限5～6個師団を即時に朝鮮へ派兵せよと要請した。毛沢東は、ソ連を戦争に引き込みたくないと言って、この要請を拒絶した。……（これに）本人は、次の手紙を毛沢東に送って応答した。
　①朝鮮の事態で見られるように米国は現在、大規模戦争をする準備が出来ていない。②日本は未だ軍事的な潜在力の復旧が出来ず、米国に軍事援助をする余力がない。③米国は朝鮮半島問題に関する限り、ソ連の支援を受ける中国に譲歩する外なく、そのような朝鮮問題の解決条件に同意するであろうし、したがって敵どもが朝鮮を自らの（侵略）基地と見なす可能性も与えないであろう。④同じ理由で米国は、台湾を放棄せねばならないだけではなく、日本の反動どもとの単独平和構想を捨てねばならないだろう。さらに付け加えれば、日本軍国主義を復活させ、日本を極東における自らの（侵略）基地へ転換させようとする計画も、やはり放棄せねばならない。
　中国は、受動的に待つという政策では、このような譲歩を全て勝ち取れない。深刻な闘争と自らの力を強烈に誇示する必要がある。そして米国は、たとえ大規模戦争を遂行する準備が出来ていないとは言うものの、自らの体面維持のために戦争に臨むかも知れない。もちろん、これを恐れる必要はない。中国は、ソ連と相互援助条約で結ばれており、米・英よりも我々がもっと強い。もし戦争が不可避ならば、数年後ではなく今おこなうのが有利だ。何年か後には日本の軍国主義が再建され、米国の同盟の役割を果たすであろう。
　この手紙に対する返信で毛沢東は10月7日、私の手紙に示された根本的な立場に同意を表した後、朝鮮に9個師団を送ると言った。しかし、今すぐに送るのではなく、もう少し後で送るということであった。彼はまた私に、自分が派遣する代表団を受け入れてくれることを要請した。もちろん、私は毛沢東の代表団を受け入れ、彼らと朝鮮についての詳細な軍事支援の計画を討議するという点に同意した。」[55]
　電文に従う時、10月1日のスターリンからの参戦要請に対し、翌日スターリンに「派兵不可」を通報していた毛沢東は、今や転換して「9個師団派遣決定」の

事実を知らせているのだった。ともあれ、スターリン―周恩来の会談に先立ち、毛沢東は参戦決定をスターリンに通報したのである。毛沢東の参戦通報を受けたスターリンは、金日成に祖国の寸土（マッ）を守るため米国占領者どもに立ち向かい、強力に闘争すべきだと激励した。ソ連軍事顧問団には撤収を指示し、金日成には強力に立ち向かい戦えと指示するのがスターリンの方式だった。

10月9日には、マッカーサーが金日成に「北朝鮮政府の名前で即時に回答がない場合には、本官は国連の命令を実施するのに必要な軍事行動をすぐに開始するであろう」と威嚇的に警告した[56]。10月10日に中国は、外交部代弁人の声明を通じて国連の北進許容決議案を、米国が操縦する国連においてその名前を盗用して行った、朝鮮侵略戦争を拡大する不法な決議だと非難しつつ、米国の朝鮮侵略戦争は当初から中国の安保に深刻な威嚇だったと攻撃した。戦争拡大の全責任は米国が負わねばならない、という警告も忘れなかった[57]。

ついに参戦が切迫した10月11日、彭徳懐が朝中国境都市の安東（現丹東）に来た。翌12日には北朝鮮内務相の朴一禹が、彭徳懐に会って参戦問題を相談するため再び安東へ来た。彭徳懐との面談で朴一禹は、朝鮮の戦況を説明した後、現在5万余の兵力は38度線以北へ撤収し、残りは南朝鮮地域に留まっていると伝えた。朴一禹は説明を終えた後、金日成と朝鮮労働党を代表して、もっと早く出兵してくれることを要請した[58]。彭徳懐と隷下の指揮官たちは、入朝直後の兵力配置を協議しながら切迫した参戦に備えた。しかし、正に当日の10月12日夕方8時頃、それまでとは全く異なる内容の電文が、北京から彭徳懐と高崗をはじめ参戦司令部に飛び込んで来た。急転だった。

「①10月9日の命令は暫時、執行せぬこと。13兵団の各部隊は現位置で訓練を継続するものの出動はしないこと。②高崗同志と彭徳懐同志は、明日か明後日のうちに北京へ来て、私と面談することを望む。」[59]

中国側の諸資料によれば、出動を保留した毛沢東の急変は、スターリンの約束違反ゆえだった。スターリンは「毛沢東が参戦しようとしない」と述べており、中国は「スターリンが約束を守らなかった」と説明しているのである[60]。洪学智によるとスターリンは、ソ連軍を出動させ、朝鮮を支援することにより米軍と向かい合うならば、戦争が世界へ広がり第3次世界大戦を引き起こすかも知れないと憂慮した。二度の世界大戦以後に形成された世界の力学構造を破壊するかも知れないと考え、それゆえ代わりに中国が出兵するのを望んだ[61]。そののち何回もの協議を経て、中国が出兵する代わりにソ連は、空軍戦闘機を送って支援することに合意したのである。

もちろん毛沢東も、やはり自分たちが直接参戦しても、可能ならば最大限にス

ターリンを利用しようとしたのは事実だった。ふたつの文書のうち、参戦を行うという内容を盛った文書を送らず、反対に参戦しないという内容の文書を送った10月2日の電文は、これをよく示してくれる。それにもかかわらず、ともかく毛沢東が10月8日に中国人民志願軍を構成し、彭徳懐に総司令官を任せるなど、最終的な準備をしていたのは事実だった。

周恩来の急訪でなされたスターリンと周恩来の緊急会談は、中国の参戦を強力に慫慂するスターリンとソ連空軍支援の確約を受けようとする周恩来との間の息詰まる駆け引きにより、容易には合意に到達できなかった[62]。スターリンが早期の空軍支援を躊躇し、参戦を慫慂する状況において、周恩来は中国の出兵を既定事実化し難かったのであろう[63]。結局、ソ連空軍の即刻投入が難しいという事実の通報を受ける中で、事態は急変した。
「スターリンの答弁は、現在ソ連空軍は出動準備が完備されていない状態なので、暫定的にしても中国軍の作戦を支援する方途がないと言う。中央は、出兵問題を再考することを望む。」[64]

彭徳懐は、既に越境参戦が既定事実化したまま毛沢東の指示である10月15日を待つこともできず、「金日成と直接あって解決する具体的な問題が多く、明日は入朝して金日成が滞在している徳川(トクチョン)へ行く」という緊急報告電文を毛沢東に送った状態であった[65]。

彭徳懐の伝える言葉によれば、スターリンが転換した真正な理由は、空軍出兵の準備不足ではなく、中国がこの戦争で果たして米軍を相手に勝利できるかどうかに対する懐疑ゆえだった。すなわちスターリンは、もしソ連が戦闘機を支援し、中国軍を掩護していて中国軍が敗北する場合、否応なく巻き込まれて米国と全面戦を繰り広げることになる可能性が高くなり、甚だしくは第3次世界大戦を引き起こすかも知れないと憂慮した。ソ連空軍の実際の戦闘突入は、中国軍が参戦した10月19日より10日以上も遅い11月1日からで、米軍と戦闘に突入したのは11月8日からだった[66]。空軍の特性上、そしてスターリンが即刻の参戦を決心していたのならば、長きにわたり準備してきたにもかかわらず、これほど遅れた戦闘突入は理解し難いものであった。スターリンは既に7月5日、参戦する中国軍に対する航空支援を約束し[67]、8月末にはローボフ（Georgi Lobov）が指揮するソ連第303航空防衛師団飛行編隊の一部をウラジオストックへ移動することを指示していた[68]。

事態の急変について、毛沢東と中国共産党中央委員会は当惑の色を隠せず、一旦10月12日に出兵を中止させたまま、周恩来とスターリンの会談結果を待っていた[69]。そうして、彭徳懐と高崗を北京へ呼び入れた。他の資料によれば、周恩来は

スターリンを説得したけれども失敗した。中国の記録に出て来る両国の対話内容を見よう[70]。
「スターリン；我がソ連空軍は出動できないということです。ひとたび飛行機が空へ上がれば、国境が曖昧になります。まかり間違って我々と米国との間に衝突事態が起きれば、大きく拡大するのは火を見るより明らかです。
林彪；このようにすれば、どうでしょうか。ソ連の操縦士たちが中国志願軍の服装をして参戦するのです。そうすれば、制空権の問題やソ米間の直接的な軍事衝突も避けられるでしょう。
スターリン；けれども、操縦士が捕虜として捕まる場合、その身に付けている中国人民志願軍の服装に何の意味があるでしょうか？　貴方の今回のモスクワ訪問は、朝鮮戦争参戦の留保を通報するためなのですか？
周恩来；そうです、スターリン同志。ソ連空軍の側面支援がないならば、我々は出兵を保留する外ありません。
スターリン；そうだとすれば、良いでしょう。この事実を金日成に通報してやるのは、いかがですか？　合わせて東北地区の通化に亡命政府を樹立せよと勧めることもできるでしょうね。
林彪；金日成がパルチザンを率いて山へ隠れ入り、遊撃戦を繰り広げられるのではないでしょうか？　北朝鮮は山が高く樹林が鬱蒼としている上、また中国の東北地区を背中に背負っていて、遊撃戦を拡大するには最適でしょう。とにかく、革命は必ず勝利するでしょう、スターリン同志。」
　洪学智は、この部分を「スターリンは、空軍支援の約束という当初の約束について確答せず、取り繕っていた。この消息を聞いて毛沢東は、これ以上ソ連空軍の支援を期待しないまま、参戦の決断を下した」と記録している[71]。
　急迫して展開する状況に照らし、毛沢東としてはソ連の支援を待ちながら、ただ問題を先送りにはできなかった。10月13日午後、中国共産党中央委員会は緊急政治局会議を開き、最後の大論争を交わした。彭徳懐は、ソ連空軍の支援なしの出兵に頑強に反対した。しかし毛沢東は、スターリンが中国本土の防衛を確認し、中共軍に大規模な武器の交換を約束した点を挙げ、彼を説得した[72]。結局、結論はソ連空軍の支援がなくても即刻、志願軍を出動させねばならないという側へ集まった。聶栄臻の回顧によれば、当時の毛沢東は「血を乾かすほどの深思熟考の末に」決断を下した[73]。
　ついに毛沢東は10月13日、スターリンを訪問中の周恩来に緊急電文を送り、参戦決断の事実を知らせた。「①政治局同志と協議した結果、みな我が軍が朝鮮に出兵するのが有利だと考えた。初めに傀儡軍を集中して打倒せねばならない。なぜ

ならば、我が軍が傀儡軍に対抗することは成功するだろうからだ。元山〜平壌ライン以北の山岳地帯に根拠地を構築せねばならない。②我々が上述した積極的な政策を取れば、中国・朝鮮の東方と世界に対して全て非常に有利である。しかし、我々が出兵せず、敵が鴨緑江（アムノッカン）まで押して来るのを捨て置けば、国内・国際の反動の気勢が増加し、各方面で全て不利になろう。何よりも東北側にとり不利に作用し、東北全体の辺方郡（ママ）を吸収するようになり、南満洲の電力は彼らにより統制されるだろう。結論的に我々は、当然に参戦すべきで、必ず参戦せねばならない。参戦の利益は大きく、参戦しない損害はもっと大きい。」[74]

　毛沢東はじめ中国指導部は悩んだ末、国家安保についての考慮とスターリンの慫慂を受け入れ、一旦はソ連空軍の支援なしの状態における参戦を決定したのである。もちろん、北朝鮮に対する配慮も、やはり大きかった。スターリンが空軍参戦を迷ったのは、ソ連による直接の参戦に伴う米ソ対決よりは、中国軍の優先的な参戦を望んだからだった。毛沢東にとっては、参戦をするにしても空軍の支援が約束されたとおり履行される中、参戦がなされたならばもっと良かったであろう。だが彼は、それが不可能であっても参戦それ自体を拒否するよりは、参戦を決行する方に勝負のサイを投げたのである。

　周恩来は毛沢東の電文を受け取ってから、スターリンに会ってこの事実を通報した[75]。同時に10月13日、北京のローシチンからモスクワへ急迫した電文が飛び込んだ。
「中国共産党中央委員会が朝鮮問題を再検討、中国軍は不充分な装備にもかかわらず、朝鮮の同志たちに軍事支援を拡大することを決定したと毛沢東が本大使に述べた。毛沢東が言うには、我々の指導的な同志たちは、もし米軍が中国国境まで進出する場合、朝鮮は我々に深刻な脅威地帯となるだけでなく、東北アジアは継続して深刻な脅威の下に置かれることになると考えると。以前に迷ったのは、国際情勢についての明白な判断が立たず、またソ連からの空軍支援の可否についての疑問ゆえだったという。毛沢東は、このような疑問が解けたので兵力を送らざるを得ないと語った。第1次として9個師団を送り、合わせて第2次の派兵を迅速に準備すると述べた。毛沢東は、自分たちに最も必要なのは空中支援だと言った。」[76]

　新生中国の朝鮮戦争参戦および米軍との一番勝負のための世紀的な決断は、最後の正念場を越えようとしていたのである。

　金日成への電文で毛沢東が派兵を拒否したことを知らせて、北朝鮮領土からの撤収を指示したスターリンは、再び電文を送り、中国指導部の参戦決定の事実を通報して「撤収保留」を指示した。この内容を検討して見よう。まず、中国が参

戦を躊躇するや、スターリンは10月13日、金日成に電文を送り、中国とソ連への完全撤収を指示した。
「抵抗を続けるのは無意味と考える。中国の同志たちは、軍事介入を拒否している。このような状況で貴下は、中国・ソ連へ完全撤収を準備せねばならない。全兵力と軍事装備を全て持って出ることが非常に重要である。これと関連した活動計画を詳細に報告すること。今後は、敵と向かい合って戦うための力量を維持せねばならない。」[77]

　シトゥイコフは即刻、この電文を金日成と朴憲永に伝達した。シトゥイコフがスターリンに送った電文によれば、金日成と朴憲永は不満が多いが、受容する態度を示した。10月8日に中国から参戦に関する電文を既に受け取っていた両者としては、非常に驚いたものの、やむを得ない選択だったのであろう。
「金日成と朴憲永は、この電文の内容を聞いて意外という反応だった。しかし金日成は、受け入れ難い決定ではあるが、スターリン同志がそのような忠告をするならば、これを履行すると答えた。金日成は、スターリンの忠告をもう一度よんでくれと要請した後、朴憲永にそれを聞いて書き留めるように指示した。金日成は、これと関連した準備作業に必要な支援をしてくれるよう要請した。」[78]。

　金日成は、完全撤収を覚悟して準備に着手しようとしたのである。しかしながら、シトゥイコフの報告に関係なく、全く異なる内容の電文が13日にスターリンから金日成に再び伝達された。「本人は今し方、毛沢東から中国共産党中央委員会が状況を再検討し、中国軍の不充分な武装力にもかかわらず、結局は朝鮮の同志たちに軍事支援をすることに決定したという電文を受け取った。私は、この問題と関連した毛沢東同志からの詳細な報告を待っている。したがって昨日、貴下に送った電文で指示した北朝鮮からの撤収と兵力の北方への後退は、暫定的に履行を保留する。」[79]

　そうして、10月14日に金日成に再び電文を送ったスターリンは、中国軍の参戦に関する最終決定がなされたと言いつつ、中国の同志たちと会って中国軍の参戦に関する具体的な諸問題を解決せよと述べながら、中国軍に必要な武器がソ連から提供されるだろうことを知らせた[80]。

　10月14日に彭徳懐は、中国人民志願軍の師団級以上の幹部動員大会における講演を通じて「いま朝鮮の戦勢は、極めて深刻である。我々は、兄弟党である朝鮮労働党と人民が侵略を被っており、また困難な立場にいる時、いかなる態度を取るべきかについて中央部署で繰り返し討論と考慮を重ね『ただ放置しておくことはできない』という結論を下した。中央部署のこの決定は、極めて妥当でもあり的確である」と言いつつ「我々は、共産党員であり国際主義者だ。今回、朝鮮に

派兵して朝鮮人民と兄弟党を助けるのは、我々の義務」だと結論付けた[81]。

毛沢東は同日、モスクワにいる周恩来に電文を送り、戦争の状況を知らせてやり、志願軍が10月19日に越境を始め、全軍26万名が10日後の28日までに鴨緑江の渡河を完了することを知らせた[82]。戦略と戦術、知略と陰謀、来襲と後退、攻撃と逃走、分割統治、そして直接の相手が複雑に交差しつつ絡み絡まれて反復された参戦をめぐるクライマックスは、このように終わったのである。それは、この戦争の、そして世界史の全く異なる新しい局面への進入を意味した。

4．「東アジア共産主義の三角連合」の協力と緊張（2）：中国の参戦──分析

金日成と朴憲永の救援要請にスターリンと毛沢東が示した反応は、ひとつではなく、また一貫したものでもなかった。特にスターリンの反応には、北朝鮮の放棄についての真摯な考慮が含まれていた。自分が同意して支援し、戦争を開始した北朝鮮を、滅びるに任せて捨て置こうという意図だった。初めにはスターリンも、やはり北朝鮮を支援する方向であった。しかし、それは、どこまでも自らは抜きにして、中国の直接参戦を前提としたものだった。

フルシチョフによれば、敗北の危機に直面した金日成と朴憲永の要求を受け、新たな支援をすべきではないかという建議に対し、スターリンは「金日成が敗北するとしても、我が軍隊を参戦させることはせんさ。（滅んでも）捨て置いてくれよ。今は、米国が極東で我々の隣人になるようにしましょう」[83]（括弧は追加──引用者）と述べた。北朝鮮を捨てることにより、米国との関係を改善すること、それがスターリンのこの時点における目的だった。ここには1950年春、戦争に同意する時の躊躇とは異なる断固たるものが満ちている。すなわち、戦争を許可しながらも金日成と北朝鮮を捨てることにより、米国に自分たちは最後まで介入しなかったことを認知させようとしたことが明白に示されている。

他の証言も、やはりフルシチョフの陳述が事実であることを示してくれる。陳毅によれば、米軍の仁川上陸作戦で朝鮮における情勢が危急となるや、スターリンは「金日成同志は将来、中国国境内に亡命政府を樹立するだろう」と中国に通報した[84]。生涯にわたり毛沢東と周恩来の通訳として従事した師哲は、中国軍の参戦がない場合、スターリンが1950年秋に北朝鮮を放棄することに決定していたと詳細に証言する。師哲によると、周恩来がスターリンに会った時、スターリンは中国が北朝鮮を支援してやれないならば、北朝鮮の指導層と兵力、武器、物資などを中国東北地方へ撤収させ、老弱者と負傷兵たちはソ連領内に撤収させて、後のことを計画させましょうと述べた。彼は、その場合に時間を遅延させられな

いから、金日成に即時このような内容を通報せねばならないだろうと言った[85]。スターリンは、北朝鮮を捨てる構想を固めただけではなく、事後処理の方針まで準備していたのである。

　フルシチョフ、陳毅、師哲の証言、そして最近公開された一連のソ連電文および中国資料など関連資料に従う時、スターリンは毛沢東の最終「参戦」決定がなかったならば、結局は北朝鮮を捨てたであろうことは明白だった。彼は実際に10月13日、北朝鮮の金日成に中国・ソ連へ完全撤収する準備を指示した[86]。スターリンに金日成と朴憲永の支援要請をそのまま受け入れてやる念は、毛頭なかったのである。金日成に対するスターリンの後退指示は、毛沢東の参戦決定により取り消された。だが、参戦を慫慂しておきながらスターリンは、再び梯子を外した。

　スターリンは、どうやっても中国を参戦させるところに全努力を傾けたのであって、直接に参戦して北朝鮮を救済してやる意思はなかった。毛沢東は、たとえ暫時ためらったとしても、最終的には参戦しようとした。しかし、スターリンは米国との対決を嫌い最後まで躊躇した。彼は、空軍の支援を約束しておいて、これを覆しもした。毛沢東が最終的な参戦決定を下して初めて、スターリンは中国に対する空軍支援に同意することになった[87]。

　スターリンは、米軍が朝中国境へ進駐していた時点においてまでも、中国の参戦がなければ、たとえ北朝鮮を捨てても直接に参戦する道は選ばないほど、米国との正面対決を極力回避した。周鯨文は、簡単に言って「最後は、やはりモスクワの決定を実行することにした」と記録している[88]。この言葉は、毛沢東をスターリンの意思だけを尊重する指導者として認識した、余りに強い表現であるのに違いない。だが、周鯨文にとり毛沢東の決定は、スターリンの決定に従ったものと見えたのである。長い時間が経って後、米国の主要な指導者として最初に中国を訪問したキッシンジャー（Henry A. Kissinger）も、やはり中国が「朝鮮で我々と向かい合ってソ連の負担を引き受けた」と述べたことがある[89]。彼の目には、中国の参戦がソ連の肩代わりをしたものと映ったのである。この点で、スターリンの対外政策と革命路線に対するジラス（Milovan Djilas）の指摘は、正鵠を射ている。

「モスクワは中国革命、スペイン革命、そしてユーゴスラビアの革命においてさえ、さまざまな方法で決定的な瞬間には常に指示を中断した。それで、当然にスターリンは、一般的に革命に反対するという見解が支配的だった。しかし、これは必ずしも正しいものではない。彼は、革命がソ連の利益を超え出る程度に応じて、ただ条件付きで反対しただけであった（すなわち、ソ連の反対は条件付きであり、ソ連の利益に害となる時だけ反対した——引用者の注）。スターリンは、本

能的にモスクワ以外の所に革命の中心部がつくられるのを、世界共産主義に対する彼の最高指導性（supremacy）を威嚇するものと見なした。それこそ、なぜ彼が革命を、ただ自分がそれを統制できる地点までしか支援しなかったかという理由である。革命が彼の手の中から抜け出る時は、スターリンはいつでも革命を困難な状況の中に捨て置く準備が出来ていた。私は今日においても、この点についてのソ連政府の政策には根本的な変動はないと主張する。」[90]

ソ連の国益を優先して思考するスターリンの態度は、変わりがなかった。スターリンは、1950年春の朝鮮戦争の決定時にも、やはり先に同意を示しておいてから背後に退いて、金日成に毛沢東との協議で最終的に決定することを要求した。10月の中国軍参戦についての決定方式も、朝鮮戦争開始についての決定方式の反復だったのである。事実上、1950年6月に戦争をさせるよう、また1950年10月に参戦させるよう、最高決定権を行使して事態をそこへ追い込みながらも、最終的な瞬間には責任を回避しようと背後に退いて、他人に責任を転嫁する方式だった。他国や他国民を犠牲にしても、米国との関係でソ連の国益を保護して向上させるのが彼の主な関心事であった。

1950年の秋以後、ソ連空軍は朝鮮戦争に相当な兵力と戦闘機を投入した。だが、それは完全な秘密のうちになされた[91]。このような事実は、当時はもちろん1980年代後半までヴェールに覆われており、ペレストロイカ以後の1980年代〜90年代初めに至って世に知られ始めた。1989年にソ連の『赤星』誌は、トクチャエフ空軍中佐の寄稿「朝鮮戦争にこんな事が——今は話す時だ」を載せ、ソ連空軍が満州に基地をおいて発進し、朝鮮戦争に参戦したことを初めて報道した[92]。この寄稿は、エヴゲニ・G・ペペリャエフ、グリゴリ・ローボフ、セルゲイ・M・クラマレンコなど、参戦した空軍操縦士たちの証言に基づいたものだった。

朝鮮戦争にソ連空軍指揮官として参戦した予備役隊長ローボフ（Grigori Lobov）と予備役大佐プロトニコフ（Georgi Plotnikov）の証言を基礎にしたハリディ（Jon Halliday）の研究によれば[93]、航空機には中国空軍機の色塗りを行い、操縦士が中国軍の服装をして、中国語を使うよう教育を受けた。ハリディに従えば、ソ連軍は朝鮮戦争に総勢7万名が参戦した。1950年11月1日から1951年12月6日までソ連軍は、戦闘機と対空砲により総計569台の米軍飛行機を破壊した[94]。ローボフによれば、スターリンはソ連空軍を参戦させつつも、これを隠蔽するためソ連空軍機をソ連領土の外から出撃させた。ローボフは当時、参戦したソ連空軍の主要な指揮官だった。ソ連空軍は、鴨緑江辺の丹東に基地を置いていたが、中国の指揮を受けず、ソ連の直接の指示を受けた。

参戦したソ連空軍操縦士は、全ての書類を返納して、身分証も捨ててしまった。

カーキ・ジャケット、オレンジ色の靴など、中国軍の服装に着替えた。上衣には、単にスターリンと毛沢東の顔が刻まれたバッジだけ付けた。隠蔽のためには、どの操縦士も逮捕されたり身分が露出したりしてはいけない点が、決定的に重要だった。前述のとおり、ローボフによるとソ連空軍は、11月1日から北朝鮮地域の上空に姿を現し、11月8日には米軍戦闘機との戦闘に突入した。中国地上軍の参戦時点、国連軍の緊迫した攻勢に伴う危機、そして中ソ両者間におけるソ連空軍の参戦をめぐる長い駆け引きを考慮すれば、この参戦は非常に遅いものだった。また、1950年6月の突然と思えた戦争の勃発に伴う在日米空軍の即刻の参戦と比較する時も、参戦をするか否かをめぐりスターリンと毛沢東が長く論議した、ソ連空軍による実際の参戦が中国軍の参戦以後13日も経ってから、米軍との戦闘は20日が過ぎてから行われたことは、スターリンの意思でなければ説明され得ない選択であった。

　1951年には前線が既に38度線付近で膠着していたが、ソ連空軍は平壌～元山ライン、すなわち北緯39度以南へ敵機を追撃することが禁止された[95]。参戦した操縦士として某小部隊の指揮官だったスモルチェコフ（Alexander Pablovich Smolchekov）は、韓国を訪問した時に著者と面談し、ソ連空軍の参戦問題について具体的に証言した。

「ソ連は空軍を参戦させながらも、飛行機にソ連のマークを付けられないようにした。最初に部隊が移動した時、私をはじめ操縦士は誰も朝鮮戦争に参加するとは知らなかった。誰も知らない状態で満州へ移動してから、朝鮮戦争に参戦したのである。戦闘中にも管制塔と交信する時、朝鮮語か中国語を使用せねばならず、軍服もソ連の軍服を着られないとされた。ロシア語の使用は禁止された。ゆえに、我々は朝鮮語に翻訳された号令の紙を持って搭乗せねばならなかった。それを見て、朝鮮語で交信するためだった。しかし、操縦士たちが慣れ親しんだ朝鮮語の実力は、極めて初歩的なものに過ぎず、緊迫した戦闘が遂行される時には無用の長物になった。我々は、結局すぐにロシア語を使用せざるを得なかった。」[96]

　この証言は、10年以上前に行われたものである。だが、それ以後に公開されたロシアの諸資料は、この証言と1つも異ならないという点を示してくれた。ローボフの下で指揮官を歴任した操縦士ドミトリー・パブロビッチ・オシギンも、やはり同じ証言を残している。この人物は、朝鮮戦争における嚇嚇たる武功で人民英雄の称号を授与された。

「我々は、中共軍の帽子と軍服を着て活動した。さらに、飛行中にはソ連語（ママ）を使えないとされた。必ず朝鮮語だけで交信するよう指針を受けていた。各飛行機には朝鮮語の辞典が配置されもした。参戦の功勲で勲章を受けたが、勲章授与式には

軍服を着て行けもしなかった。民間人の服装で勲章を受け、なぜそのような勲章を授与されるのか、他の人には説明されもしなかった。今も私の人民英雄の勲章証には、どこでどんな活動をして、そのような活動がソ連人民にどのような点で偉大な寄与をしたと認定されるから人民英雄の称号を授与する、という説明が抜け落ちている。理解できないことだ。なぜそうしなければならなかったか、今でも分からないが、朝鮮戦争は今だ我々には秘密めいた戦争として残っている。」[97]

著者がこれら証言を詳細に引用するところには、ふたつの理由がある。ひとつは、ソ連の直接的な介入の規模が決して小さくなかったという点、もう1つは、そのような大規模な参戦にもかかわらず、すなわちスターリンが大規模な空軍を参戦させながらも、どれほど執拗に介入事実を隠そうと努力したかという点を示すためである。いち早く西方へ脱出した前北朝鮮駐在ポーランド大使館武官モナト（Pawel Monat）の昔の証言は、最近の信頼するに足る諸証言と余りにも同一である[98]。彼の証言は、冷戦が絶頂にある時の証言であると同時に、彼が脱走者だという理由でほとんど無視されてきた。

「（奉天から鴨緑江へ行く）汽車の中でのある事件は、私にソ連人がどれほどこの戦争（朝鮮戦争——引用者）に深く介入していたかについて、新しい事実を悟らせてくれた。

私と一緒に汽車に乗って行く人たちの中には、発つ時間ぎりぎりになって汽車に乗った200余名が含まれていて、彼らは中国義勇軍の緑色の夏軍服を着ていた。しかし、彼らは中国人ではなかった。彼らは、ソ連の人々だった。そして、彼らは既に韓国（原文どおり、北朝鮮の意味——引用者）に数多く進駐しているソ連軍事顧問官でもなかった。彼らは、戦闘要員——防空歩兵、戦闘空兵、そして操縦士たち——として戦闘のため朝鮮へ行く途中であった。操縦士たちが朝鮮に投入された時に奉天で命令を下して、米軍の操縦士が見分けられないよう操縦士たちの軍服を偽装していたにもかかわらず、ソ連人たちは戦争における役割については意に介していなかった。汽車の中で彼らが好んだ冗談の1つは、次のようなものだった。

　ソ連人1；我々は世界最高の操縦士たちを有しているのさ。
　ソ連人2；どうしてそうなんだい。
　ソ連人1；彼らは手を触れずに操縦できるからだよ。
　ソ連人2；なんでそんなことするんだ。
　ソ連人1；彼らは、手では自分の目を吊り上げなくちゃならないからさ。そうすりゃこそ米国人は、彼らを北朝鮮の人々と見るじゃないか。」

スターリンは、この戦争に非常に深く介入していながらも、最後までこの戦争

へ介入した事実を隠そうと努力したのである。しかし、その実、米軍は空中戦において、すぐに少なくとも敵の一部がソ連の操縦士であると疑った。敵の戦術は、第2次世界大戦中におけるソ連の戦術を使用し、地上管制との交信についての情報は、少なくとも90％の共産空軍はロシアの信号体系および管制士らを使用していることを示してくれた。換言すれば、米軍はソ連空軍の参戦と同時に、彼らの参戦の事実を知っていたということである[99]。

ミグ－15機の出現は、米軍指揮官たちを驚かせた。ミグ機の出現直後の11月7日、ヴァンデンバーグ（Hyot S. Vandenberg）は、新たな脅威に対処し、また新型の米軍戦闘機を試験して見るため、F－84とF－86編隊でB－29を代替しようとストラトメイヤー（G E. Stratemeyer）に提案した。満州基地からの航空作戦は、ミグ機をして朝鮮半島北部における国連軍の制空権を次第に威嚇させるものだった。ミグ－15機は、直ちに中国の安東と北朝鮮の新義州の間の主要橋梁に対する効果的な防御を遂行できた。彼らは実際、戦闘において国連の航空機を制圧した。米ソ空中戦が開始された翌11月2日、ストラトメイヤーは即刻マッカーサーに、米極東空軍操縦士が満州のミグ基地を追撃できるようにしてほしいと要請した。すなわち、烈火の追撃（hot pursuit）であった。敵の攻勢が彼の軍隊の生存を威嚇しているというマッカーサーの訴えは、ワシントンに衝撃を与えた。もちろん、我々がよく知っているとおり、それは許容されたものの、満州への越境追撃は禁止された[100]。

ソ連は、スターリンの死後までも空軍の参戦を徹底して隠蔽しようとした。彼らは、ペレストロイカにより自らの歴史を否定し始めた1980年代後半〜90年代初めになって、やっとこのような諸事実を告白し始めた。その間に我々は、1950年6月の中・ソの決定と1950年10月の中・ソの決定について、ひとつの疑問を持っていた。表面的に見る時、毛沢東は1950年6月には消極的だった後、どうして1950年10月には積極的に変わったのか、反対にスターリンは6月には奥深く介入した後、なぜ10月には背後に引き下がったのかという問いが、それだった。このような相互矛盾して一貫していないように見える選択は、朝鮮戦争をめぐる秘密の中で、どうしても解けない問題であった。しかし事実は、転換は起こらず、この二人のどちらも変わってはいなかった。

スターリンによる最高指導性の保有と慫慂、そして背後へ引き抜ける行動と、毛沢東の気は進まないものの積極的な同意と決断の行動との組み合わせが、6月と10月に連続されたのである。6月と10月の両方でスターリンは狡猾で二重的だったが、躊躇の後ひとたび決心するや毛沢東は、より積極的で正直であった。6月と10月に、スターリンと毛沢東を貫く転換は起こらなかったのである。決定

の過程は、決定後の対応にも多くの影響を及ぼす。一口で言ってスターリンは、周到綿密だったが狡猾であった。毛沢東も、やはり深思熟考を重ねたが、ひとたび決定を下すや積極的で、東洋的な義理があった。

　スターリンにとって重要なのは、朝鮮半島の統一ではなく、米国との関係だった。朝鮮での戦争開始を許諾しながらも、彼の最も主たる関心は、戦争の成功如何よりも米国の介入如何とそれに伴う米ソ関係の悪化如何であった。ウラム（Adam B. Ulam）が指摘したように「２つの両大陸（欧州とアジア──引用者）において、ソ連の戦術を左右する決定的な要素は、米国の意図と能力に対する評価だった。」[101] そして、スターリンはジラスの言明のように、基本的に国際連帯や理念よりは国益を中心に思考し行動する人物だった。ギリシャと中国を比較するスターリンの次の言明は、彼の認識と政策を過不足なく把握させる見事な事例となる。

「そうだな、中国の同志たちは成功したね。しかし、ギリシャは全く異なる状況だ。そこには、正に世界最強の国家米国が直接介入しました。中国は異なる場合として、極東の関係は違います。事実、我々はまた失敗することもあり得ます！ここで我々は、日本との戦争が終息した時、どのように蒋介石と暫定妥協（modus vivendi）をなし得るかという問題について合意を達成するため、中国の同志たちを招請しました。彼らは言葉の上では我々と合意しました。しかし実際には、彼らは帰ってからは自分たちの方法を固守しました。中国の同志たちは兵力を集め（蒋介石を）打ち負かしました。彼らは正しく、我々はそうではなかったことが立証されました。しかし、ギリシャは場合が異なります──我々は躊躇せずに蜂起を中止せねばなりません。」[102]

　スターリンは、ギリシャの事態について、これほどまで断固として語っている。「いいえ。彼らは、全く成功の展望を持ち得ていません。大英帝国と米国──世界最強の国家である正にその米国──が地中海で自分たちのコミュニケーション・ラインが切断されるのを許容するだろうと考えますか？　ナンセンスです。そして、我々には海軍がありません。ギリシャにおける蜂起は、可能な限り早く中止されねばなりません。」[103]

　スターリンは、中国革命の場合については自らの過ちを認定していながらも、ギリシャは全く異なるケースだと述べている。その理由は、もちろん米国という要因ゆえだった。大陸における中国革命は、海軍と空軍なしにも成功できた。しかし、台湾解放問題は全く違っていた。ソ連の海軍と空軍の支援なしには成功し得ないのはもちろん、試図さえ難しいだろうことは明白だった。空軍と海軍の支援は、直ちにソ連の介入（が知られること）を意味した。スターリンが見るに北

朝鮮は、おそらく台湾よりは遥かに容易だったのであろう。すなわち、1950年にスターリンは、毛沢東による台湾解放の試図に最後まで同意しなかった。だが金日成には同意した理由は、朝鮮半島と台湾の両方とも米国ゆえに危険性が高かったものの、後者よりは前者が成功の可能性が高かったことがある。また、何よりも台湾攻撃には海軍と空軍の絶対的な必要性ゆえにソ連の明白な介入を避けられない反面、北朝鮮にはそのような武器が絶対的に必要ではなかったので、ソ連の明白な介入を隠しても戦争を開始できたからだった[104]。

　1950年6月にスターリンは、北朝鮮の統一戦争がソ連と米国の関係にどのような影響を及ぼすであろうかを心配した。反面で金日成と朴憲永には、祖国統一が主たる焦点であった。結局、過度に急進的な戦争の意志を持った金日成と朴憲永という二人の現地共産指導者が、沈着かつ狡猾で計算高い世界戦略家の掌中から抜け出すことはできなかったのである。朝鮮戦争をめぐるスターリン─毛沢東─金日成の関係を集中的に探求したある研究者は「簡単に言って金日成は、スターリンの雄大な長期ゲーム（*grand chess game*）において、単に一兵卒に過ぎなかった」と陳述する[105]。この陳述は、ひとえにスターリン（の戦略）を中心に事態を解釈する限界を持っているものの、スターリン─金日成の関係の一面をよく表している。スターリンは、高度の戦略的な熟考の末、戦争に同意してから背面へ奥深く抜け出してしまった。したがって、表だけを見た時、スターリンは見えなくなる外なかった。

　1950年10月の参戦時にも、中国はスターリンの空軍支援の約束が取り消されるや、参戦を深刻に再考しもした。この時、ソ連に対する中国の不満と口惜しさは、小さくなかったであろう。中国は北朝鮮との強い歴史的な紐帯により、果たして「参戦しなかったならば、歴史家たちがその理由を説明するのに混乱したほど」[106]だったであろうか。歴史的な紐帯だけを見ようとすれば、そのように解釈もできるだろう。しかし事実に照らして、1950年6月と同様に1950年10月の決定も、やはり中国としては先制的な参戦決定ではなかった。この時も中国は、自国安保の脅威に対処する側面と一緒に、これに劣らずスターリンの慫慂に従い参戦した側面が大きかった。米国の脅威、スターリンの勧告、北朝鮮による支援の訴えという多くの要因が複合的に作用して、中国の参戦がなされたのである。

　彭徳懐は、中国軍の参戦決定後も渡河が切迫した最後の瞬間まで、参戦か不参戦かの論議が完全に解消されはしなかったことを率直に吐露した。
「この問題について党内で依然として視角の差が大きく、同志の皆さんは全て党員なので、もし異なる意見があるならば虚心坦懐に討論してもらうことを望む。今は2つの意見がある。ひとつは派兵不可、または暫くの間は派兵をしないとい

う主張だ。その理由は、①我々の戦争の傷跡が未だ治癒できずにおり、②我々の土地改革政策が未だ完遂できずにおり、③国内にいる土匪（国民党内のスパイ）とスパイどもを未だ徹底的に掃蕩できずにおり、④軍隊の防備と訓練が未だ充分でなく、⑤一部の軍隊と国民に厭戦の情緒がある。結論的に述べれば、未だ準備ができていないので、暫くの間は軍隊を派遣せぬようにしようという主張である。他方の主張は、派兵して積極的に朝鮮を支援するというものだ。その理由は、我々の準備だけが充分でないのではなく、敵の準備も充分ではないという理由からだ。特に米帝の準備は、もっと不足しているというのである。」[107]

参戦をめぐる討論の過程に参加していた周鯨文によれば、参戦声明以降にも中国は激しい論争に陥っていた。彼に従えば「北京政府は、朝鮮戦争を座視できないという声明を発表した後、北京の高級幹部は私まで含め、参戦するかしないかという問題に関して数日間、激烈な討論を行った。」[108]。激烈な論争が展開されたのである。賛成者の理由は、それが反侵略戦争で、朝鮮と中国は唇亡歯寒の関係にあるからというものだった。反対者の理由は、革命政権が樹立されてから今だ日が浅く、国内の建設に没頭せねばならず、また敵は強大な米国であるからには、対外戦争はできないというのであった。

このような論争は、毛沢東はじめ最高指導部が事前に、参戦について定まった立場を明確に持っていなかったことを意味する。すなわち、参戦決定は予め決定された方針ではなく、事態の推移に従い対応の方式を決定したのだった。周鯨文は、毛沢東がこの参戦をめぐり「3日の昼夜にわたり、行ったり来たりしながら方案を思索した」[109]と表現する。これは、毛沢東がどれほど深く苦悩を重ねたかを示してくれる。

事実、中国指導部は国共内戦の時期から、いつか米国と一戦を交えるのは避けられないものと認識していた。問題は、どこで一戦を交えるのかであった。彼らは、ベトナム、台湾海峡、朝鮮半島など3ヵ所の可能性が高いと見ていた。彼らの立場からは、地形、交通、物資および人力の支援、政治動員、ソ連の間接支援などを考慮する時、これらのうち朝鮮が最適な場所だった。加えて米国の参戦と北進は、中国に対する深刻な安保の威嚇を可視化させたのであった[110]。この点から見れば、米中対決は国共内戦以降、特に米軍の中国革命許容の歴史的でアンチ・クライマックス的な展開の爆発であり、「中国革命の帰結としての米中戦争」の始まりだった[111]。しかし米軍の参戦、米軍の北進だけが直ちに中国の必然的な参戦と米中戦争を結果したのではなかった。ソ連による参戦の慫慂もまた、このような対決構造を実現させた圧力であった。スターリンの奇計ゆえに、毛沢東と中国指導部は最後の瞬間まで苦悩し、最大限のソ連の後援、特に空軍支援を受け

ようと努力した。

　表面的には、スターリンは1950年春の戦争開始の決定時のように、この時も徹底して後ろへ隠れた。中国軍の参戦時にも、スターリンと毛沢東の二人のうち直接的な参戦は後者が決断したが、内幕としてより積極的に慫慂したのは前者だった。これは、あたかも最終同意は毛沢東がしたものの、実際にまず同意して戦争を激励したのはスターリンであった、1950年6月の開戦決定の反復のように見える。参戦決定後に毛沢東は、最善を尽くして北朝鮮を助けてやり、中国が多くの面で戦争を主導した。長きにわたり毛沢東の警護室長を勤めて直接に彼の話を聞いた李銀橋によれば、自分の子どもである毛岸英の参戦を決定したのも毛沢東だった。江青はじめ周辺の人物たちは、毛岸英が現在あたっている任務も参戦に劣らないほど重要なので、戦線へ送らないよう毛沢東に建議した。

　しかし、毛沢東は断固として次のように言った。「岸英は、毛沢東の息子だ。岸英が死を恐れて行かないならば、誰が行くだろうか？」[112] 毛岸英は1922年、毛沢東と楊開慧の間に生まれた長男だった。彼は参戦後、中国人民志願軍総司令官の事務秘書、ロシア語の翻訳、司令部作戦処理参謀を務めた。しかし、毛岸英は不幸にも1950年11月25日、米軍機の志願軍司令部爆撃で死亡してしまった[113]。毛岸英の死亡後、報告を受けた周恩来は、岸英の死亡事実を毛沢東にとても知らせられなかった。かなり時間が経って後、この事実を知らされた時に毛沢東は、信じられないという表情だった。彼は、煙草2本を吸ってから、胸が張り裂けるように大きなため息を吐いて、独り言をつぶやいた。「あいつは毛沢東の息子だから……」。しかし、毛沢東は決して泣かなかった。毛沢東の指示で毛岸英の死体は中国へ戻れず、北朝鮮の地に葬られた[114]。毛岸英の参戦と死に対する毛沢東の反応は、子どもに対する父親の限りない愛と痛みを内に秘めた大革命家の隠れた意志、断固さ、決意を読み取らせてくれる。

　参戦後に毛沢東は、彭徳懐との緊密な協議を通じて、12月4日に中国人民志願軍と朝鮮人民軍の連合司令部を創設した[115]。これにより毛沢東は、北京に座っていたものの直接すべての主要な作戦を指導できた。朝中連合司令部の創設は、金日成の秘密訪問に伴う合意の結果だった。12月3日に金日成は、戦時下だったにもかかわらず極秘裏に直接、北京へ毛沢東を訪問した[116]。金日成は、瀋陽で高崗の案内を受け、北京へ来た。金日成としては毛沢東と中国共産党中央に、参戦に伴う謝意を表すためであった。

　金日成との対談で周恩来は、朝中両軍の統一的な指揮体系について彭徳懐から数度にわたり電文が来たことを想起させながら、この問題を解決するのが至急だと主張した。高崗も、やはり彭徳懐の意見を伝え、両国軍隊の作戦指揮が分けら

れたゆえに誤解が生じ、甚だしくは仲間割れに陥る弊害まであると述べた。高崗は、志願軍と人民軍が衝突した事例もあったと紹介した。事態は、あたかも米軍と韓国軍の初期における個別的な軍事作戦を見るようである。毛沢東も、やはり両国の軍隊を一括して指揮管理する統一された司令部を至急に構成せねばならないと結論付けた。金日成は、スターリン同志も両国軍隊の作戦指揮権を統一すべきだと強調したと言いながら、中国の同志たちが正職を引き受け、朝鮮の同志たちは副職を任される連合司令部を構成しようと提案した。そう言いつつ金日成は、この意見は既に朝鮮労働党政治委員会拡大会議の議決を経た事項だと付け加えた。ほとんど一方的に中国主導で連合司令部がつくられ、作戦指揮権が移っていることが分かる[117]。

朝中連合司令部をつくることにより、北朝鮮の全兵力まで毛沢東と中国指導部の指揮を受けざるを得なくなった。人民軍にも朝中連合司令部の名義で命令が下達された。司令官と政治委員は彭徳懐が任され、北朝鮮はただ副司令官（金雄(キムウン)）と副政治委員（朴一禹）を引き受けただけであった。もう一人の副司令官は、中国の鄧華が任された。結局、朝中連合軍の最高指揮者は北京の毛沢東であり、彼の指揮を受けて戦争を実際に指揮したのが彭徳懐だった。北朝鮮側で中国の命令を伝えたのは朴一禹であり、金日成は最高司令官という名前を有するだけで、軍事的には完全に除外されていた[118]。

朝中連合司令部をつくるため金日成が中国を訪問する以前の11月23日、毛沢東は瀋陽にいた高崗を直接、戦線へ派遣して協議させもした。おそらく現地の戦線における実際の軍事作戦と指揮問題について直接、彭徳懐の意見を聞いてみようという意図からだったのであろう。朝中連合司令部の創設は、対外的には秘密だった。しかし、たとえ朝中連合司令部の設置は極秘裏に推進された作業だったけれども、事実上は秘密でなかった。換言すれば「知られた秘密」だったのである。

朝中連合司令部の設置は、その時点に北朝鮮の臨時首都があった江界(カンゲ)地方では下級将校や共産党幹部たちも知っているほど流布している話だった[119]。彼らは当時、その合同機構の名称までも正確に知っているほどであった。ある証言も、部分的な若干の事実的な誤謬にもかかわらず、やはり中国と北朝鮮との間で連合司令部が設置された点、その北朝鮮側の副司令官に朴一禹が任命された点を非常に早く明らかにしてくれたことがある。この証言者に従えば、連合司令部の設置を強力に主張したのは毛沢東であった[120]。1970年代に発行された韓国のある公刊史も、やはり中国と北朝鮮の連合司令部の設置を記録している点に照らして見れば、完全に秘密に付されたわけではなかったのである[121]。

東洋的に表現して毛沢東の行動は、たとえ内面に苦悩を深く秘め、瞬間ごとに揺れもしたが、義理があり同志愛的なものだった。参戦を決定するや、躊躇っている時とは違う断固さが湧き起こり、ひとたび参戦する以上は最善を尽くして助けてやるという方式、これが中国式の行動様態だったのである。これが、中朝関係の核心の1つだった。中国は「躊躇」と「断固さ」を反復したにもかかわらず、実際に戦争では最も大きい役割を果たした。これは、中国の指導部としては「意図せざる結果」だったかも知れないが、その意図せざる結果により、戦後の朝中関係は緊密な歴史的紐帯を維持できた。戦争に同意しておいて最後まで自分は連累しなかったことを証明しようと狡猾に抜け出し、他人を戦わせておいて背後から操縦して計算するスターリンの方式は、中国には合わなかったのである。1950年10月に向かってスターリン、毛沢東、金日成の各々が示した深思と行動形態は、1950年春に戦争の起源と決定過程において現れた各々のそれの再現であった。

注

1)　『金日成全集』12巻、平壌、朝鮮労働党出版社、1995年、248-257頁。
2)　同上書、308-313頁。
3)　同上書、322-331頁。
4)　『韓国戦争関連ロシア外交文書』内部用翻訳本、大韓民国外務部、1994年7月20日、に所収。【以下『外交文書』と略記】この手紙は、次の諸資料にも翻訳文の形態でそれぞれ載っている。"Letter to Stalin from Kim Il-sung and Pak Hon-yong, 29, Sep. 1950", *The Journal of American-East Asian Relations (JAEAR)*, Vol. 2, No. 4 (Winter, 1993), pp. 452-454. Katheryn Weathersby, "New Evidence on the Korean War", Woodrow Wilson International Center for Scholars, *Cold War International History Project ,Bulletin* Issues 6～7, *The Cold War in Asia* (Winter, 1995/1996), pp. 111-112.【以下"CWIHP"と略記】「6.25内幕：モスクワ新証言──『ソウル新聞』発掘、蘇文書の中の秘史 (11)」、『ソウル新聞』1995年6月8日。【以下「新証言」と略記】大韓民国外交通商部『韓国戦争（1950.6.25）関連ロシア文書：補充文献1949～1953』出版年不明、96-101頁。【以下『補充文献』と略記】
5)　マッカーサーは10月1日に東京から放送を通じて金日成に降伏を要求した。大韓民国国防部戦史編纂委員会『韓国戦乱1年誌』ソウル、1951年、C120-C121頁。"The Commander in Chief, Far East (MacArthur) to the Joint Chiefs of Staff", United States, Department of State, *Foreign Relations of the United States (FRUS)*, 1950, Vol. VII (Washington, D. C.: U. S. G. O. P., 1976), pp. 796-797.
6)　「新証言」(11)、『ソウル新聞』1995年6月8日。
7)　洪学智『抗美援朝戦争回憶』北京、解放軍文芸出版社、1990年（洪寅杓訳『中国が見た韓国戦争（韓国文）』ソウル、高麗院、1992年、28頁）。張希「彭徳懐受命率師　抗美援朝的前前後後」、『中共党史資料』31号（北京、1989年10月）、123頁。洪

学智によれば、朴憲永は親書を持って直接、北京へ来て毛沢東と周恩来に会い、中国の支援を要請した。しかし、この内容は他の資料では未だ確認されていない。

8) 柴成文・趙勇田『板門店談判』北京、解放軍出版社、1989年、80頁。
9) この稀な電文の内容は、著者の知る限り最初、葉雨蒙の『黒雪：出兵朝鮮記実』1989年、48-50頁、で公開され、この本の韓国語訳が1991年に出版された。安夢弼訳『黒い雪（韓国文）』ソウル、杏林出版、1991年、69-71頁。そこにもやはり全文が載っている。葉雨蒙の著書である新版の『出兵朝鮮——抗米援朝歴史記実』北京、北京十月文芸出版社、1990年、39-40頁（金澤訳『あぁ、鴨緑江（１）；黒雪（韓国文）』黎明出版社、1996年、59-60頁）にもまた、この全文の内容が載っている。中国丹東の抗米援朝戦争記念博物館から手紙の原文（上記の本文引用内容）を入手して下さった李鍾奭博士に感謝を申し上げる。
10) 前掲『外交文書』10-11頁。
11) 中国と北朝鮮の間で、米軍の参戦に伴うまた別の秘密約束をした可能性も完全には排除できないだろうが、未だそのような約束についての資料や文献は確認できない。
12) "Letter to Stalin from Kim Il-sung and Pak Hon-yong, 29 Set. 1950", *JAEAR*, Vol. 2, No. 4 (Winter, 1993), pp. 456-457.
13) 朴明林『韓国戦争の勃発と起源』Ⅰ、ソウル、ナナム出版、1996年、279-282頁。
14) 柴成文・趙勇田、前掲書、84頁。柴成文との面談、1994年11月8日（通訳・段超）。
15) 「関于派遣志願軍入朝作戦問題給金日成的電報」（1950年10月8日）、『建国以来毛沢東文稿』北京、中央文献出版社、1988年、545頁。【以下「文稿」と略記】
16) N. Khrushchev, *Khrushchev Remembers——The Glasnost Tapes*, Jorrold L. Schecter with Vyacheslav V.Luchkov trans. and ed. (Boston: Little, Brown and Company, 1990), p. 147.
17) 金定基『密派』ソウル、大英社、1967年、58-59頁。
18) 「朝鮮人民軍最高司令官命令0070号」絶対秘密（1950年10月14日）、National Archives, Record Group 242, Shipping Advice Number 2012, Box 6, Item 8.【以下"NA, RG○○, SA#○○, ○/○"と略記】この稀な命令は、金国憲により学界に紹介された。Kim Kook-Hun, "The North Korean People's Army, Its Rise and Fall, 1945〜1950", Ph. D. Thesis, King's College, the University of London, Aug. 1989. p. 179.
19) 北朝鮮の公式記録には、11月6日夕方に高山中学校（当時の高山人民学校）講堂で「社会主義10月革命33周年記念報告会」が開かれたとなっている。『偉大な祖国解放戦争時期の革命史跡地（朝鮮文）』平壌、金星青年出版社、1981年、43-44頁。日付（11月6日と7日）、場所（高山中学校とソ連大使館）、そして名称（報告会と宴会）が互いに異なる。著者は、この２つの集会が同じものかどうか未だ確認できていない。
20) KBSドキュメンタリー「金日成の参謀たちが明かした６・25秘史（韓国語放送）」1992年６月23日。朴吉龍は、ソ連系朝鮮人で1945年にソ連第25軍団政治将校として

入北し、北朝鮮の駐東ドイツ大使、駐チェコ大使を歴任して外務副相まで昇進してから1959年の大粛清の時にソ連へ亡命した。
21)「人民軍隊の幹部化と軍宗兵宗の発展展望について──朝鮮人民軍軍政幹部会議で行った演説（朝鮮文）」(1954年12月23日)、『金日成著作集』9巻、平壤、朝鮮労働党出版社、1980年、182-183頁。
22)「我が人民軍隊は労働階級の軍隊、革命の軍隊である。階級的な政治教養事業を継続して強化せねばならない（朝鮮文）」(1963年2月8日)、同上書、17巻、130頁。
23) 朝鮮人民軍最高司令官・金日成、朝鮮人民軍総政治局長・朴憲永「朝鮮人民軍最高司令官命令0070号」絶対秘密（1950年10月14日）、NA, RG242, SA#2012, 6/18.
24) 同上資料、同上ファイル。この秘密命令を通じて見る時、10月14日に総政治局長・朴憲永という表記があることから、北朝鮮の公式説明のとおり10月21日の朝鮮労働党中央委員会政治委員会で民族保衛省文化訓練局を総政治局に改編する決定を行うに先立ち、もう総政治局が実際には先に創設され、活動していたことが分かる。そうでなければ、朴憲永の職位だけ先に付与したのかも知れない。この問題についての北朝鮮の公式説明は、次を参照せよ。『金日成著作集』6巻、145-152頁。『偉大な首領　金日成同志の伝記（朝鮮文）』2巻、平壤、朝鮮労働党出版社、1982年、286頁。
25) 張希、前掲論文、前掲書、152-153頁。
26) ある研究は、インタヴューに根拠を置いて仁川上陸以後、朝鮮労働党の反金日成派閥が中国に自分たちの代表を派遣し、軍隊派遣を要請すると同時に、仁川上陸以後の破局的な事態に責任がある金日成を除去するのに協調してくれるよう中国指導部に要請したと主張する。しかし、深思熟考の末に毛沢東が、北朝鮮の国内問題に介入しないことにし、同意しなかったのである。この研究は、毛沢東の通訳だった師哲も、やはりこのような証言を裏付けてくれたと主張する。非常に衝撃的な主張である外ない。Chen Jian, *China's Road to the Korean War: The Making of the Sino—American Confrontation* (New York: Columbia University Press, 1994), pp. 162-163, 277.

この研究は、その証言が正しいならば、反金日成派の動きは朴一禹や朴憲永の訪中と関連があったに違いないとし、両者の関連可能性を強力に提起する。また、この研究は、金日成が直接支援を要請した時点である10月初めまで待って、初めて中国が最終決定を下した理由を説明してくれると主張する。しかし、我々はこのような主張には同意し難い。なぜならば、このような主張を裏付ける資料が未だない点、そして戦時の尖鋭化した危機の時点に他派閥が国家元首を除去してほしいと外国に要請できるのか、理解し難いからである。
27)『報告者および煽動員に与える資料──8・15解放6周年に際して（朝鮮文）』朝鮮人民軍総政治局、1951年8月、10、14、24、29頁、NA, RG242, SA#2012, 6/149.
28) 朝鮮民主主義人民共和国最高裁判所『アメリカ帝国主義の雇用スパイ朴憲永・李承燁徒党の朝鮮民主主義人民共和国政権転覆陰謀とスパイ事件公判文献（朝鮮文）』平壤、国立出版社、1956年、39-52頁。

29)　「新証言」(13)、『ソウル新聞』1995年6月14日。
30)　Weatherby, *op. cit.*, pp. 112-113.
31)　「新証言」(13)、(14)、『ソウル新聞』1995年6月14日、16日。Weathersby, *op. cit.*, pp. 42-46.
32)　Sadar K. M. Panikar, *In Two Chinas*, p. 110, Allen S. Whiting, *China Crosses the Yalu: The Decision to Enter the Korean War* (Stanford: Stanford University, 1968), p. 108. から再引用。
33)　張希、前掲論文、前掲書、124-127頁。
34)　Nie Rongzhen, *Inside the Red Star——The Memoirs of Marshal Nie Rongzhen* (Beijing: New World Press, 1988), p. 636.
35)　「関于派遣志願軍入朝作戦問題給金日成的電報」(1950年10月2日)、『文稿』539-541頁。この本は、1988年に刊行された。中国人民解放軍軍事科学院毛沢東軍事思想研究所譜組編『毛沢東軍事年譜、1927～1958』南寧、広西人民出版社、1994年、798頁。
36)　張希、前掲論文、前掲書、132頁。
37)　Peng Dehuai, *Memoirs of a Chinese Marshal——The Autobiographical Notes of Peng Dehuai* (Beijing: Foreign Languages Press, 1984), pp. 473-474.
38)　葉雨蒙『あぁ、鴨緑江』61-64頁。
39)　当時の会議における賛成派と反対派の詳細な構成、主張内容については、朱建栄『毛沢東の朝鮮戦争』東京、岩波書店、1991年、202頁、を参照。
40)　張希、前掲論文、前掲書、133-136頁。
41)　『外交文書』55頁。「新証言」(15)、『ソウル新聞』1995年6月21日。Weathersby, *op. cit.*, p. 114.
42)　『外交文書』55頁。「新証言」(15)、『ソウル新聞』1995年6月21日。Weathersby, *op. cit.*, pp. 114-116.
43)　相異した内容を盛り込んでいる10月2日の電文についての詳細な検討は、金暎浩、沈志華、李鍾奭の分析がある。金暎浩「韓国戦争とクサビ戦略理論の批判的考察（韓国文)」、韓国国際政治学会1998年度春季学術発表会発表論文（1998年5月30日)、11頁。金暎浩『韓国戦争の起源と展開過程（韓国文)』ソウル、トゥレ、1998年、94-97頁。Alexander Y. Mansourov, "Stalin, Mao, Kim, and China's Decision to Enter the Korean War, September 16～October 15, 1950: New Evidence from the Russian Archives", *CWIHP Bulletin*, Issues 6～7; *The Cold War In Asia*, (Winter, 1995/1996), pp. 100, 106-107. Shen Zhi-hua, "The Discrepancy Between the Russian and Chinese Versions of Mao's 2 October 1950 Message to Stalin on Chinese Entry into the Korean War: A Chinese Scholar's Reply", *CWIHP Bulletin*, Issues 8～9 (Winter 1996/97). http://www.seas.gwu.edu/cwihp/bulletin/b 8 - 9 a22/htm. 李鍾奭「韓国戦争と北韓（北朝鮮）―中国関係（韓国文)」(１)、『戦略研究』第Ⅵ巻第1号（通巻第15号)（城南、1999年)、234-235頁。
44)　李鍾奭、同上論文、同上書、235頁。

45) Shen Zhi-hua, *op. cit.*, p. 117.「新証言」(11)、『ソウル新聞』1995年6月8日。前掲『補充文献』102-105頁。
46) 中共中央文献研究室編『周恩来年譜、1949〜1979』(上巻)、北京、中央文芸出版社、1997年、84頁、李鍾奭、前掲論文、前掲書、238頁、から再引用。
47) *Year Book of UN, 1950* (New York: Columbia University, 1951), pp. 263-265.
48) 「関于組成中国人民志願軍的命令」(1950年10月8日)、前掲『文稿』543-544頁。
49) 「関于派遣志願軍入朝作戦問題給金日成的電報」(1950年10月8日)、同上書、545頁。
50) 柴成文・趙勇田、前掲書、84頁。
51) 張希、前掲論文、前掲書、142頁。
52) 葉雨蒙『あぁ、鴨緑江』91頁。洪学智、前掲書、36頁。一部資料には当時、朴一禹が瀋陽に常駐したと出て来るが、彼が中国軍の参戦以前からそこに常駐していたかどうかについては確認されていない。
53) 洪学智、前掲書、32頁。
54) 同上書、37頁。
55) 「新証言」(15)、『ソウル新聞』1995年6月21日。Weathersby, *op. cit.*, pp. 116-117. 手紙の末尾でスターリンはシトゥイコフに、極度の保安上この手紙を金日成に直接貴方が読み上げ、渡してはやるなと指示した。
56) 『韓国戦乱1年誌』C122頁。*FRUS*, 1950, Vol. Vll; *Korea*, pp. 913-914.
57) 「外交部発言人関於連合国大会非法通過八国提案事的声明」(1950年10月10日)、中国人民抗美援朝総会宣伝部編『偉大的抗美援朝運動』北京、人民出版社、1954年、28-29頁。
58) 洪学智、前掲書、40頁。
59) 「関于十三兵団内在現地訓練給彭徳懐等的電報」(1950年10月12日)、『文稿』552頁。洪学智、前掲書、41頁。葉雨蒙『あぁ、鴨緑江』107頁。
60) マンスーロフは「スターリンの空軍支援の約束違反」という説明を虚構(*fictional*)と主張する。スターリンは、決して約束に違反したり背反したりしたことはないというのだ。むしろ彼は、そのような説明の責任は伝達を担当した周恩来にあると主張する。Mansourov, *op. cit.*, p. 105.
61) 洪学智、前掲書、41頁。
62) 両者の会談についての紹介は師哲・李海文『在歴史巨人身辺──師哲回憶録』修訂本、北京、中央文献出版社、1995年、459-499頁。この会談についての優れた分析は、李鍾奭、前掲論文、前掲書、241-243頁、を参照。
63) 李鍾奭、前掲論文、前掲書、242頁。
64) 葉雨蒙『あぁ、鴨緑江』118頁。張希、前掲論文、前掲書、147頁。
65) 張希、同上論文、同上書、146-147頁。
66) Jon Halliday, "Secret war of war of the top guns", *The Observer*, 5 July 1992, p. 53. Jon Halliday ,"Air Operations in Korea: The Soviet Side of the Story", William J. Williams, ed., *A Revolutionary War: Korea and the Transformation of*

    the Postwar World (Chicago: Imprint Publications, 1993), pp. 149-170.
67) Weathersby, op. cit., pp.112-113.
68) Halliday, "Air Operations in Korea: The Soviet Side of the Story", Williams, op. cit., p. 150.
69) 洪学智、前掲書、44頁。葉雨蒙『あゝ、鴨緑江』119頁。
70) 葉雨蒙、同上書、128-129頁。著者は、未だ当時の二人の対話記録を入手できていない。したがって、この記録を他の資料によっては確認できなった。
71) 洪学智、前掲書、44頁。
72) 朱建栄、前掲書、288-289頁。
73) 張希、前掲論文、前掲書、150頁。
74) 「関于十三兵団内在現地訓練給彭徳懐等的電報」（1950年10月13日）、『文稿』556頁。
75) 洪学智、前掲書、45頁。葉雨蒙『あゝ、鴨緑江』137-138頁。
76) 「新証言」(15)、『ソウル新聞』1995年6月21日。Weathersby, op. cit., pp. 118-119. モスクワでこの電文を受領した時間は、現地時間では14日01時38分だった。
77) 「新証言」(12)、『ソウル新聞』1995年6月10日。
78) 同上記事。
79) Weathersby, op. cit., p. 119.
80) Ibid.
81) 「在中国人民志願軍師以上幹部動員大会上的講話」、彭徳懐伝記編写組『彭徳懐軍事文選』、北京、中央文献出版社、1998年、320-327頁。
82) 「関于志願軍入朝作戦的方針和部署給周恩来的電報」（1950年10月14日）、『文稿』560-561頁。
83) Khrushchev, op. cit., p. 147.
84) 姚旭「抗美援朝的英明決策」（李鴻永訳「米国に対抗して朝鮮を支援した賢明な政策（韓国文）」、『中ソ研究』8巻4号（ソウル、1984年冬）、227頁。）
85) 師哲・李海文、前掲書、497頁。
86) 「新証言」(12)、『ソウル新聞』1995年6月10日。
87) スターリンと毛沢東の関係を含めて中国軍の参戦については、次を参照。Hao Yufan and Zhai Zhihai, "China's Decision to Enter the Korean War: History Revisited", China Quarterly, 121, Mar. 1990, pp. 94-115. 葉雨蒙『あゝ、鴨緑江』1～3巻。Chen Jian, "The Sino-Soviet Alliance and China's Entery into the Korean War" (1992), The Woodrow Wilson Center, Cold Waw International History Project, Working Paper No. 1. 朱建栄、前掲書。Shu Guang Zhang, Mao's Military Romanticism: China and the Korean War 1950~1953 (Lawrence: University Press of Kansas, 1995). Chen Jian, China's Road to the Korean War: The Making of the Sino—American Confrontation (New York: Columbia University Press, 1994). Mansourov, op. cit., pp.94-119. 李鍾奭、前掲論文、前掲書、222-251頁。また、朴斗福『中共参加韓戦原因之研究』台北、黎明文化事業服分有限公司、1975

年、99-169頁、もいち早くこの主題について深く探究した研究である。
88) Chow Ching-wen（周鯨文）、*Ten Years of Storm――The True Story of the Communist Regime in China*（金俊燁訳『共産政権下の中国（韓国文）』ソウル、文明社、1985年、158頁。)
89) Henry A. Kissinger, *White House Years* (Boston: Little, Brown and Company, 1979), p. 744.
90) Milovan Djilas, *Conversations with Stalin* (New York: Harvest Book, 1962), p. 132.
91) 以下の内容は、朴明林、前掲書、206-213頁。
92) この寄稿文は、次に掲載されている。『中央日報』1989年7月11日、12日。
93) Halliday, "Secret war of the top guns", *The Observer,* 5 July 1992, p. 53. Halliday, "Air Operations in Korea: The Soviet Side of the Story", Williams, *op. cit.*, pp. 149-170.
94) "Note to A. N. Poskrebyshev from Shtemenko" (9 Dec. 1951), Kathryn Weathersby, "The Soviet Role", *JAEAR*, Vol. 2, No. 2 (Winter, 1993), pp. 457-458.
95) 全鉉秀「ソ連空軍の韓国戦参戦（韓国文）」、『韓国戦争史の新たな研究（韓国文）』1、ソウル、軍事編纂研究所、2001年、649頁。
96) 朝鮮戦争参戦ソ連空軍操縦士スモルチェコフとの面談、京畿道光陵、1992年6月23日（通訳／韓マルクス）。
97) 『中央日報』1990年6月25日。
98) Pawel Monat with John Dille, *Spy in the U. S.* (New York and Evanston: Harper & Row Publishers, n. d.), pp. 159-160.
99) Conrad C. Crane, *American Airpower Strategy in Korea, 1950―1953* (Lawrence: University Press of Kansan, 2000), p. 88.
100) *Ibid.*, pp. 48-49.
101) Adam B. Ulam, *Expansion and Coexistence: Soviet Foreign Policy, 1917〜73* (New York: Praeger Publishers, 1974. 2nd ed.), p. 514.
102) Djilas, *op. cit.*, p. 182.
103) *Ibid.*
104) 青石「金日成沮止了」、『月刊明報』1994年7月号、香港、86頁。
105) Sergei N. Goncharov, John W. Lewis and Xue Litai, *Uncertain Partners: Stalin Mao and the Korean War* (Stanford: Stanford University, 1993), p. 142.
106) Bruce Cumings, *The Origins of the Korean War*, Vol. II: *The Roaring of the Cataract, 1947〜1950* (Princeton: Princeton University Press, 1990), p. 350.
107) 「在中国人民志願軍師以上幹部動員大会上的講話」、彭徳懐伝記編写組、前掲書、320-327頁。
108) 周鯨文、前掲書、157頁。
109) 同上書、158頁。葉雨蒙もまた同じ表現をしているのが興味深い。葉雨蒙『あぁ、鴨緑江』131頁。

110)　姚旭、前掲論文、前掲書、217-222頁。
111)　和田春樹著、徐東晩訳『韓国戦争』ソウル、創作と批判社、1999年、43-53、89-104、189-226頁。和田によれば「朝鮮戦争は中国革命の帰結であった」(52頁)。
112)　権延赤『衛士長談毛沢東』(李晟旭訳『人間毛沢東』ソウル、緑豆、1993年、154-155頁。)また別の研究も、やはり毛沢東が自分の息子を連れて行かせようとしたと記録している。この時、毛沢東が押し立てた派遣理由は、岸英のロシア語通訳能力、機密維持の必要性、軍事的な鍛錬などだった。張稀、前掲論文、前掲書、137-138頁。
113)　譚錚『中国人民志願軍人物史』北京、中共党史出版社、1992年、66-67頁。
114)　権延赤、前掲書、155-156頁。洪学智、前掲書、79-80頁。
115)　柴成文・趙勇田、前掲書、116頁。洪学智、前掲書、76、101-102頁。葉雨蒙『あぁ、鴨緑江』第2巻、9-22頁。
116)　金日成は1951年6月、休戦協商の始まりと前後して極秘裏に毛沢東を再び訪問し、続いてスターリンをも訪問した。「新証言」(19)、『ソウル新聞』1995年7月4日。
117)　和田春樹は、朝中連合司令部がソ連の指示によりつくられたと見ている。和田、前掲書、202頁。
118)　同上書、226頁。
119)　金定基、前掲書、63-64頁。
120)　朴甲東『韓国戦争と金日成(韓国文)』ソウル、パラムグァムルギョル、1990年、124-127頁。
121)　大韓民国国防部戦史編纂委員会『韓国戦争史』5巻、ソウル、1972年、34-35頁。この韓国の代表的な公刊史は、10月14日の金日成による極秘命令の内容まで正確に引用しており(36頁)、我々に驚きを醸し出す。

第9章　中国参戦：世界史の転換

第10章　金日成・北朝鮮政府の秘密脱出と後退

　戦勢の逆転直後に北朝鮮が取った措置の1つは、指導層と政府の極めて秘密めいた首都脱出だった。今まで金日成の脱出と後退行路は全く知られていなかった。金日成は、米軍と韓国軍の進駐に対抗して、いつ、どこへ、どのように脱出し、どこで何をしていたのだろうか？　南から北へ拉致されたり、または越北したりして、長い北行の道に上った人々の行路は、いかなるものだったか？　また、北朝鮮軍はどこに留まり、どこで再び結集して、戦勢の再逆転の後に南進攻撃に改めて加担したのか？　日帝時代と中国革命を経て朝中共産主義者たちの共同闘争の場所だった満州は、朝鮮戦争でどんな役割を遂行したのか？

1．金日成の極秘脱出と逃避行路：秘密経路の再構成

　10月9日に北朝鮮政府は、山岳の江界を臨時首都と決定して以後、機関と団体を全て撤収させてから、外国公館は満浦鎮へ移転するよう措置した[1]。すぐ続いて10月11日に金日成は、後退と共に「祖国の寸土を血で死守しよう」という放送演説を発表した。何日間もの懇切なる要請にもかかわらず、中国とソ連からの支援決定が遅れるや、結局は後退という最後の手段を選択せざるを得なかったのである。演説で金日成は、次のように述べて退却を命令した。
「アメリカ帝国主義の侵略者どもは、数10万の莫大な数量の兵力を朝鮮戦争に動員し、去る9月16日（原文どおり、9月15日の誤謬——引用者）には4万名の軍隊を仁川に上陸させました。……は、他の前線区域でも優勢な地位を占めるようになりました。このようなところから人民軍隊は、やむを得ず退却することになりました。」
　しかし、金日成は決してそのまま退かなかった。ソ連と中国の支援を暗示しつつ、彼は更に決死的な抗戦を促した。
「全人民は、敵の後方を撹乱し、やむを得ず退却を余儀なくされる場合には、全ての物資と全ての鉄道運輸手段を移動し、敵に1両の機関車、1台の車両も残して置いてはならず、1gの米も残して置いてはいけません。……人民軍隊の各将兵たちと敵の後方にいる各々のパルチザンおよび各々の朝鮮人たちは、我々の偉大なる闘争がソヴェト連盟と中華人民共和国と人民民主主義諸国家の絶対的な支持

と、また全ての進歩的な人類の支持を受けていることを知らねばなりません。今日われわれの重要課業は、我々の一幅の土地も血で守り、新たな決定的打撃を敵に与えるため全ての力量を準備し、また外国の武力干渉者どもとその走狗李承晩徒党を我々の彊土から一気に、また永遠に掃討するところにあります。」[2]。

　共産主義者たちは、完全敗北の一歩手前まで来ても、表向きは決して敗北を認定したり発表したりしない。その点に照らして、この程度の表現を通じた敗北の認定さえも、金日成にとっては非常に苦痛に満ちたことだった。金日成の演説は、彼らが当時に感じたであろう切迫感をよく示してくれる。1ヵ月前の9月9日の演説と比較して見れば、金日成の心情が余りにも率直に表れている。彼は10月12日、誰にも知られないよう平壌を抜け出し、徳川方向へ撤収した。金日成はじめ最高指導層が平壌を離れ、10月16日に最初の脱出地として到着した所は玉泉(オクチョン)だった。

　玉泉に到着するに先立ち、金日成と朴憲永は重要な命令を1つ下達した。10月14日に下した「絶対秘密」となっている「朝鮮人民軍最高司令官命令0070号」がそれであった。これは、平壌脱出の直後に下したもので、日付から見て平壌から玉泉へ移動しながら下した命令だった。すなわち、平壌を脱出しながら下した特別命令の性格を帯びるものであった。命令権者は、朝鮮人民軍最高司令官の金日成と朝鮮人民軍総政治局長の朴憲永だった。ここには、北朝鮮指導層の自己批判が入っており、事実上は金日成と朴憲永が自分たちの過誤を認定する内容となっている。今日まで残っている金日成と朴憲永の共同名義になった珍しい命令であり、軍事命令としては異例的で相当に長い命令である。その内容に照らして、長く引用されるに充分な必要がある命令である。

「……朝鮮人民軍は、敵の侵攻を阻止しただけでなく反攻戦に移って行き、敵をことごとく滅ぼし得る能力まで持っていることを示してくれた。2ヵ月間の戦闘で朝鮮人民軍は、南半部全地域の92％以上を解放し、李承晩傀儡軍の基本力量を撃滅して、米国の武力侵攻者どもの有生(ママ)力量と火力機材に莫大な損失を与えた。

　だが、我々の多くの軍官と政治活動家たちは、初めの成果について慎重ではなく、初めの成果に陶酔することにより、敵の力量を過小評価する過誤を犯した。我々の一部の軍官と政治活動家たちは、朝鮮民主主義人民共和国に反対して米国が戦争に参加した結果、力量比例と戦闘行程において重要な変遷が発生したことを計算できなかった。

　それゆえ、進攻戦における初めの勝利に陶酔した軍官と政治活動家たちは、進攻作戦において我が部隊と連合部隊を将来に起こり得る敵どもの発悪的な反抗に準備させられなかった。このような誤謬としては第1に、包囲殲滅する代わりに

敵を押し退けて進むことにより、敵に退却しつつ自己の力量を保存する可能性を与えた。第2に、占拠した陣地を更に堅固にしつつ、さまざまな手段を尽くして、すなわち具体的には塹壕作業、道路交差点に地雷を埋めること、我が部隊と連合部隊の側面を保障することにより、敵の反撃に相当な打撃を与える代わりに、敵の反撃の試図を挫折させられず、既に占拠した陣地を維持できず、敵に壊滅的な打撃を与えられなかった。
　このようなことは、敵をして我々の戦闘陣地に浸透させ、側面へ攻撃を敢行させて、我々の部隊に不利な情勢を造成させ得る可能性を与えた。また、このようなことは、米国侵略者どもに彼らが反撃を開始するために、自らの力量を集中する可能性を与えた……。
　敵どもの進攻を挫折させる防御戦闘において、我々のある部隊と連合諸部隊は防御に備えられず、反動分子どもが我が軍隊内部で起こす混乱に慌てて、指揮部の命令なく敵に陣地を明け渡すことにより、敵の進撃に頑強な反撃を加えている我々の部隊と連合部隊を困難な形勢に直面させた。
　ここに必ず指摘すべきなのは、我々の一部の軍官と兵士たちは、38度線へ退却する自らの非堅固性を、敵が38度線以北へは進撃しないだろうと未練にも考える中で、これを説明しようとしたことである。
　敵は凶悪で狡猾であり、奴らは北朝鮮を占領しようとし、そうすることにより南朝鮮に奴らが樹立していた警察制度を北朝鮮にまで樹立しようとし、人民が創設した民主主義制度を破壊しようとする。
　我が軍官の一部は、悪化した新情勢に慌てて、敵との戦闘において卑怯さを露して、軍隊の指揮を捨て、敵と闘争する代わりに兵士に仮装して身を隠し、武器を捨て、肩章を剥がし捨てることにより、自分の醜悪な生命を敵から救った。そのような部隊の指揮官と政治幹部たちは、兵士から離脱し、軍隊内部で発生する混乱に対処して適切な方策を取ることにより軍隊の志気を高揚させ、警覚性を高めて卑怯者と憂鬱分子に反対するなどの闘争を組織できず、自らの部隊を防御戦に有効、適切に動員し得なかった。
　このような結果として、前線においては困難な情勢が造成され、敵は個別的な地点から38度線を越えて進撃を継続している。敵は凶悪にして奸計に富み、我々の弱点を利用して、我が部隊が自分たちに反抗せず慌しく退却する地点から多くもない力で攻撃をしている。その結果、1,700万以上の人口が居住する地域がアメリカ帝国主義侵略者どもに強占された。……朝鮮人民は、我が人民軍隊を愛と尊敬の念で眺めており、我が人民軍隊がアメリカ帝国主義者から必ずや祖国の独立と自由と栄誉を死守することを信じている。これは、既に南半部の解放地区で全

人民が我が人民軍隊を熱狂的に歓迎し、真心から支持、声援した事実により一層、明白になった。……

　我が人民軍隊は、終局的な勝利を争い取るところにおいて必要な一切の条件を備えている。我が人民軍隊は、どのようにしても米国侵略者どもの発悪的な進攻を阻止せねばならず、一撃で敵を最後の一人まで我が祖国疆土から撃滅、掃討するよう強力な反攻撃準備のため時間を稼がねばならない。

　敵に対する終局的な勝利のため、朝鮮人民軍の全戦士、下士、軍官および将兵に次のように命令する。

　第1に、一歩も退却するな！我々には、これ以上もう退却する所はない。祖国と人民は、自らの武装力である人民軍隊が最後の血の一滴までも尽くして陣地を死守することを要求している。

　第2に、憂鬱分子、妖言分子は戦闘において危険な我々の敵だ。部隊内で混乱を起こし、武器を投げ捨て、命令なしに戦闘場を離れる者たちは、職位如何を問わず全て人民の敵として、その場で死刑にすること。（第3項目は原文で省略——監訳者）

　第4に、区分隊部隊および連合部隊の政治活動家たちは、軍務者の中で日常的な政治教養事業を展開し、今後の後退が死と同じであることを強力に解釈してやること。

　第5に、敵の後方に区分隊と偵察隊を頑強に粘り強く、継続的に絶えず浸透させ、迅速で正確な偵察を組織すること。敵情について充分で正確な資料を迅速に持ち得ないままならば、犯罪的で非戦闘的な事実と認定し、軍事裁判に回付して処罰部隊へ送る厳重な処罰を実施すること。

　第6に、前線または戦闘場から逃走する分子、妖言分子たちを捕まえるため、前線または軍団・師団の指揮官たちは、今年10月15日前に督戦隊を組織して後方界域で防御する部隊と連合部隊に所属させること。督戦隊の指揮官たちは、祖国の統一独立と自由のための戦争で特出した兵士、下士、軍官を選抜して組織すること。督戦隊の指揮官には軍事検察所、裁判所の活動家と一緒に、戦闘場から逃走する一切の軍務者に対し、その場所で彼らの罪状に根拠を置いて死刑あるいは処罰部隊へ渡し、または彼らの元の部隊へ搬送させる処罰を執行する権利を付与すること。」3)

　事態についての分析と反省、対応策についての命令という、この2つの部分からなる命令は、当時の北朝鮮内部の状態と金日成、朴憲永の心理状態を理解させてくれる。まず、事態分析の部分を見ると、北朝鮮内部の多くの政治、軍事の指導者たちは、初期の勝勢に陶酔し、敵の力量を過小評価して、特に米国の参戦以

後に発生する力量の変化を考慮できなかった。この言葉をよくよく子細に調べて見れば、事実は金日成と朴憲永が自分たちの判断錯誤を自らに告白しているものだった。韓国がすぐに崩壊するかのように過小評価し、浪漫的な革命主義に陥って戦争を押し進めたのも彼らであり、米軍の参戦にもかかわらず勝利できると漲る自信感を披瀝して、人民と軍隊を更に強く追いやったのも彼らだった。

殲滅の代わりに進攻を選んだのは、勝利感に陶酔し、ひとまず押し進めてみようという勝利一辺倒主義を選んだ金日成と朴憲永の戦略であった。これは、毛沢東の予見的な忠告を思い出させる。毛沢東は1950年5月15日、自分を訪ねた金日成、朴憲永にこう述べていた。

「北朝鮮軍は、迅速に行動せねばならず、主要都市を包囲して、これを占領するのに遅滞してはならず、敵軍の兵力を殲滅させるため、軍事力を集中せねばならない。」[4]

また仁川上陸作戦についても、金日成と朴憲永はじめ北朝鮮の指導層も事前に備えていたが、毛沢東は戦争の開始とほぼ同時にもう「ソウルを防御するためには、米軍が上陸する可能性のある仁川地域に強力な防御陣地を構築せねばならない」と見なしていた[5]。

分析と反省において際立っている第3の点は、軍隊内部の反動分子による混乱策動と命令なしの後退だった。軍隊内へ明白に異質分子が浸透していた点と、上部の命令なしに後退するほど命令体系がバラバラになっていたことを示してくれる。軍官たちが兵士に仮装して隠遁したり、武器を捨てたり、肩章を剥がし捨てたりした。総体的な崩壊だったのである。さらに進んで金日成と朴憲永は、韓国軍と米軍は38度線以北へ進撃しないだろうと考えた軍官たちがいたことを告白している。おそらく当時の北朝鮮内部では、果たして彼らが北進するかどうか、について深刻な議論を繰り広げたのであろう。しかし、一部は北進しないだろうと主張して備えを疎かにしたのである。

命令部分は、非常に厳しく重かった。退却絶対不容、命令なく戦闘場を離れる者に対する即刻の死刑、督戦隊の組織と即決処分権の付与などがそれだった。朝鮮人民軍は人民の息子、娘で組織され、将校と士兵の対立がなく、共和国と金日成首相に対する忠誠心は確固としていると主張してきた彼らとしては、これは明白に当惑する措置でないはずがなかったろう。しかし、このような命令を下さねばならない状況に直面したことを、この命令は如実に示してくれている。

戦争はいつも双方にとり、ひとえに唯一の目標は勝利だけだという認識の下に、可能な全ての支援と方法を動員させる。戦争の遂行中、その方法と手段において人間的な考慮が介在する可能性は、本当にないのだった。事実、金日成はこ

のような命令を、戦勢逆転を被って今回はじめて下したのではなかった。彼は早くも8月に、これに劣らぬ非常に厳しく重い命令を下したことがあった[6]。

翌10月15日に朝鮮人民軍総政治局長の朴憲永は単独で指令を下し、人民軍の全部隊で上述の命令を「最後の血の一滴まで尽くして必ず実践せねばならない」という覚悟で完遂することを指令した[7]。前述の命令が発布地が明記されていないのに比べ、この命令は発布地が平壌となっている。この「平壌」の表記には、ふたつの解釈が可能である。ひとつは、この時点まで依然として朴憲永が平壌に留まっていたという話なのか、さもなければ他の場所にいたにもかかわらず、わざと意識的に指導部が平壌に残っているかのように偽装して示そうとしたのかも知れない。北朝鮮の政府が10月12日に平壌を脱出したことから見て、真実は後者のようである。その上また先に見たように、この時点で彼は、実際には中国に行っていた。

10月16日に玉泉に到着した金日成は、10月20日まで留まりながら戦争を指揮した。金日成と共に、最高司令部も一緒に移動して来た。最高司令部を野辺に設置したのだった。当時、最高司令部の地は通路から石水が流れ落ち、電気さえも架設されていなかった。ここで金日成と北朝鮮指導層は、いくつかの重要な軍事的措置を取った。まず、彼らは平壌に対する防御と反航空対策を命令し、東海岸の防御のための組織を編成するよう指示した。また、金日成とその同僚たちは満浦線、平義線（ピョンウィ）、平徳線（ピョンドク）、開城〜新義州方向の鉄道復旧の命令を下した。推論するに、この命令は中国軍の参戦を念頭に置いた輸送網の整備だったものと見える。また金日成は、国連軍の背後を攻撃し、その進撃を遮断する目的で第2戦線の編成を指示して、その司令官に抗日パルチザン時節からの側近である崔賢を任命して派遣した。第2戦線の強化措置は、それまでの時期の戦争過程において後方からの攻撃の重要性を悟ったことに由来する措置だった。

一方、中国大使館は10月9日の北朝鮮政府の通知に従い、10月10日に平壌を離れた。中国大使館は10月18日夜、北京から彭徳懐司令官が北朝鮮地域に戻って来た後で金日成と会って協議するための具体的な措置を取るよう、金日成に急いで伝えよという急電を本国から受け取った。この時点は、既に参戦を決定した以後だったことが分かる。電文を受け取った後、代理大使の柴成文は[8]、急いで徳川へ行き金日成に会った。夜通し走って10月19日12時に金日成が留まっていた鉄道トンネルに到着し、彭徳懐の面談意思を伝えた。金日成は「中国こそ、我々が信じ得る後援者」と言いつつ「彭将軍の到着は、至極混乱した状態にある朝鮮人民に力を与えて鼓舞してくれるだろう」と感謝を表示した。金日成は当時、鉄道トンネル内の客車で作戦を指揮していた。米軍の恐るべき爆撃ゆえであった。

20日から21日までは移動時間だった。金日成は10月21日夜明け、彼の政府と共に東倉(トンチャン)に到着した。東倉は以前には大楡洞(テユ)と呼ばれた地域で、植民地時期から有名な鉱山地域だった。分断されて半世紀を超えたが、南朝鮮地域の多くの韓国人たちは、今日もこの地域を有名な鉱山の1つとして記憶している。しかし今日、彼らの中で誰も、ここで金日成が隠遁しながら戦争を指揮していた事実を知る人はいない。この地の3つの農家が各々、金日成の最高司令部、彭徳懐の志願軍司令部、中国大使館が留まり、反攻作戦を繰り広げた所だった。

　彭徳懐が新義州から大楡洞に到着するや、彼は暫く待機した後、朴憲永の案内を受けて金日成との会談場所へ案内された。彭徳懐が入朝する前の19日には、朴一禹が安東（現丹東）で彭徳懐に会って戦況を説明し、党と政府が新義州と江界へ移動中であるほど切迫していることを訴えた。朴一禹は、出動時間を尋ねる彭徳懐に、早ければ早いほど良いと答弁した。しかし、金日成の現在の位置を尋ねる彭徳懐の質問に朴一禹は、自分は知らないと答えた[9]。金日成は、朴一禹さえ知らないほど極秘裏に移動していたのである。

　10月21日、彭徳懐と金日成の歴史的な緊急会談が開かれた。会談の前に金日成は、巧みな中国語で挨拶を交わした。会談には朴憲永と柴成文だけが陪席した。この上なく緊迫した会談の内容を、中国資料を中心に要約すれば、次のとおりである。

「金日成；いま我々は、最も困難な時期です。本当に良くおいでになりました。

彭徳懐；ご苦労様です。貴方たちの闘争は、貴方たち自身のためだけではありません。貴方たちは、既に甚だ貴重な民族的犠牲を払ったわけで、我々が支援するのは当然ですね。もしも感謝するならば、当然に朝鮮人民と朝鮮人民軍に対して我々が感謝すべきです。

金日成；有り難うございます。情勢が非常に緊迫しています。中国共産党中央委員会の決定と計画をまずお話し下さい。

彭徳懐；我が部隊は19日夜、それぞれ安東、長甸河口、輯安などの地から鴨緑江を渡り始め、朝鮮の戦線に向かって進撃しています。今回の出動は急なことで、部隊の装備も全て替えられませんでした。参戦の訓練も、ある部隊は未だ出来ていません。第1次朝鮮参戦部隊は4個軍、12個歩兵師団、3個砲兵師団で大略26万名、予備隊として継続して充員される兵力は2個軍、約8万名が数日内に到着するはずです。万が一のため中国共産党中央委員会は、既に20余個の師団を選抜して第2次、第3次の派兵部隊を編成する計画です。全部で60余万名に達するでしょう。

金日成；結構です。

彭徳懐；我々はまず、平壌〜元山ライン以北、徳川〜寧遠(ニョンウォン)ライン以南の地区に防御線を構築し、防御線を二重三重に編み、今後は敵を殲滅する革命の根拠地とする計画です。

金日成；厚く感謝いたします。毛主席に感謝いたします。中国共産党中央委員会の決定については、私は全的に賛成です。

彭徳懐；現在の問題は、部隊が河を渡り進駐するまでには時間がかかるであろうし、陣地構築工事も時間を要します。いま敵が狂ったように進撃しているので、我々の計画を実行できるかどうか心配です。それで我々は、人民軍が継続して組織的な抵抗をしてくれ、敵の進撃を遅滞させて、時間を戦い取れることを希望します。

金日成；敵は、勢いがとても激しく、怖いものなしに暴れています。（各前線の状況を説明した後——引用者）東部戦線の多くの場所とは電信連絡が途絶えました。大変な困難を経験している様子です。私は人を送り、東部戦線の軍団が黄海道、江原道の地区を占領して遊撃戦を展開し、敵を牽制せよと命令しました。ところが、送った者から未だ連絡がありません。

彭徳懐；現在、手中に作戦可能な兵力がどれくらいありますか。

金日成；現在すぐに作戦できるのは、4個師団しかありません。

彭徳懐；毛主席と党中央が決定を下すまで、本当に苦しかったです。中国大陸が解放されてからいくらも経たず、困難がとても多いのです。現在もっとも重要な課題は、米国侵略軍を殲滅できるかどうかで、次は米国が中国に宣戦布告する場合に対して準備せざるを得ません。少なくとも東北と我が国の工業都市、沿海地区の爆撃に対して準備をせねばなりません。これに対する備えは、全て出来ています。現在われわれが当面する問題は、部隊が河を渡って、果たして足を着けられるかどうかで、3つの可能性があり得ます。①拠点を確保して敵を殲滅し、朝鮮問題の合理的な解決を争い取ること、②足を着けはするが、敵を殲滅はできず対峙状態に入ること、③拠点を確保できず追い払われること。この3つですが、どうやっても第1の可能性を実現せねばなりません。」[10]

　この二人の間の対話には、短いが非常に重大な陳述が所々に隠れている。まず、中国軍による最初の鴨緑江渡河の時点が1950年10月19日だという点、その地点は安東、長甸河口、輯安などだった点、第1次参戦部隊の26万名という規模、平壌〜元山と徳川〜寧遠の間を根拠地に逆転攻撃を繰り広げるだろうという最初の作戦構想、金日成が事実上の国家元首であると同時に最高司令官だったにもかかわらず、戦線と連絡が途絶え、彼の派遣した連絡員からさえも適期の連絡がないほど人民軍の敗走は完全な崩壊状況だった点、当時の北朝鮮軍の可用兵力が4個師

団に過ぎなかった点、そして中国が参戦を決行する中で東北と沿海地区に対する爆撃はもちろん、米国の宣戦布告に対する覚悟までしていた点などがそれである。ひとつ1つが非常に重要な内容である外ない。

　一方、北朝鮮の資料に従えば、金日成はまず、朝鮮と中国は山と川が続いている隣邦である点、両国の人民は早くから共同の敵に反対して一緒に闘争してきた点、長きにわたり抗日共同闘争を展開した点、日帝の敗亡後には朝鮮の優秀な息子、娘たちが中国人民を助けて中国革命の勝利のため血を流して戦った点を挙げ、両国の友誼と親密性を強調した。彼はまた、国内戦争を今し方おえた建国草創期の困難にもかかわらず、抗米保家為国の旗印の下に志願軍を派遣した中国人民の支援が真正な国際主義的な援助であり、両国人民の戦闘的な意義と同志的な協調の表示だと言い、中国共産党と政府、人民、そして毛沢東に謝意を表した。金日成によれば10月21日現在、既に中国人民志願軍の最初の部隊が鴨緑江を渡っていた。

　金日成は、渡って来た部隊を早く進出させるのが重要だという点を強調した。敵の機動速度が非常に速いので、敵どもが有利な地域を占める以前に中国人民志願軍が有利な地域を占め得るよう、人民軍部隊は敵を牽制している点も付け加えた。また金日成は、我が軍の防御界線は地形上、敵が攻撃するには不利で、我々が防御するには有利な地域だと言いつつ、このような地形条件を巧みに利用して山岳戦や夜間戦を組織、進行すれば、侵略者どもの数的、技術的な優勢を上手く粉砕できると主張した。最後に金日成は、朝鮮人民軍と中国人民志願軍の緊密な共同作戦を強調しながら、敵情変化についての相互の通報、反航空対策への格別な注意、敵情変化に伴う敏活な作戦計画の樹立、そして中国語の達者な者を選抜して志願軍部隊に連絡員や通訳として派遣すると述べた[11]。最高首脳部の対話だったが、儀礼的な対話ではなく、互いの間で相当に具体的な対話が行き交ったことが分かる。

　彭徳懐との会談で危機を乗り越えるや、金日成は10月21日、大楡洞鉱山分鉱の事務室で朝鮮労働党中央委員会政治委員会に参席した。会議では、ひとつの秘密めいた決定が採択された。それは、人民軍隊内に党団体を組織することであり、人民軍隊内の文化部を政治部に改編することについての決定だった。金日成は、会議の結論でまず、今まで人民軍隊内には軍官学校と一部の部隊を除外しては党団体がなかった、人民軍隊内においては文化部が軍人たちに対する教養事業を担当してきた、戦争の開始後には軍隊に対する党の領導と政治教養事業のため軍隊内に軍事委員たちを派遣してきた、しかし軍隊内に党団体がなかったので、党が領導の実現と戦闘力の強化事業を上手くできなかったという点を強調した。金日

成は、したがって戦時に軍人たちは勝利の信心を失って動揺し、軍隊内に無規律的で無秩序な現象が存在し、一部の部隊長と軍官たちは命令をきちんと執行しなかったと批判した。つまり、人民軍隊内に党団体がないから、批判事業や欠陥の適宜の是正がなされないでいると彼は診断した。

こう述べつつ金日成は、人民軍隊はひとえに朝鮮労働党によってのみ領導されねばならず、人民軍隊内には我が党組織の外にどんな他の党組織もあり得ないと言い、人民軍隊内に党団体と政治機関を組織せよと指示した。それに従い、民族保衛省文化訓練局を総政治局に改編し、各級の文化部を政治部に改編し、区分隊と部隊に政治部の部隊長・区分隊長の職制を新設した。中隊には党細胞、大隊には大隊党委員会、連隊には連隊党委員会を設置し、師団と軍団、総政治局には党組織問題を審議、決定するため非常設委員会を設置することにした[12]。

これは、我々が前述の「朝鮮人民軍最高司令官命令0070号」で検討して見たとおり、将校と士兵を問わず人民軍の規律と軍紀が崩れたことに伴う措置だった。この措置がどれほど火急に必要だったかは、後退の渦中において、それも政府と軍隊、党の指導部が分離して後退している時点で党中央委員会政治委員会を招集し、決定を下したことで反証される。北朝鮮の記録を引用して見よう。
「党の軍事、政治的な要求を然るべき時に看破なさった偉大な首領様は、前線指導の日々に熟成された偉大な構想に基礎を置きになり、党中央委員会政治委員会において人民軍隊内に党団体を持ち込んで、文化部を政治部に改編することについての賢明な方針を提示なさった。偉大な首領様は、新たに組織される党組織と政治機関が、武装力の構成において決定的な意義を持つ党員と軍人の政治思想的な優越性を最大限に発揚するよう、部隊内で政治思想教養事業をあらゆる方法で強化することについての方向と課業を提示なさった。会議ではまた、人民軍隊内の党組織と政治機関を創ることと関連して、その機能と役割を最大限に発揮するよう党政治事業規定を作ることについての諸問題が討議、決定された。」[13]

我々は前に、10月14日の命令に朴憲永の職位が朝鮮人民軍総政治局長と明記されたのを見たことがある。そうだとすれば、10月21日の党中央委員会政治委員会の決定で文化部が政治部へ改編されたことを考慮する時、朴憲永は党の決定に先立ち、金日成と朴憲永の政治的な決定により総政治局長を任されたことが分かる。党の決定に先立って二人の最高権力者が機関を創設し、その中の一人がこれを引き受けたのである。

金日成は、東倉に滞在する間の21日から25日までの中、22日から25日まではある農民の家で起居しながら作戦を指導し、米軍の攻撃から身を隠していた。彼はまた、大楡洞坑の中で作戦会議を指導しもした。彼は、ここで10月23日、28日、

そして11月14日の3回にわたり作戦会議を指導した。彼は、12月7日にも大楡洞で作戦会議を指導した。この時、金日成は30mを超える33度傾斜の地下坑道の木製梯子を直接、上ったり下りたりして会議を主宰した。坑の中は、石水が落ちるほど深く湿った所だった。彼は、慈江道高山鎮(チャガンドコサンジン)に滞在する時にも渭原(ウィウォン)、楚山(チョサン)、零時(ウシ)、碧潼(ビョクドン)を経て、700里以上の夜道をそこまで来ては、作戦会議を指導して戻ったりした。

　東倉に留まり戦争を指導していた金日成は、米軍の速い北進により10月25日の夜中に東倉を出発して再び移動、その日の夜に昌城(チャンソン)に到着した[14]。金日成は10月26日、昌城から国境の方へ40余里離れた楡坪(ユピョン)に行って一日とどまった後、10月27日には再び昌城へ戻って来た。昌城は、既に寒風が強く吹きつける国境付近の都市だった。北朝鮮の多くの指導層の構成員たちは、植民地時代にここを頻繁に越えて戦った当時の抗日闘争を思い出したであろう。金日成は、10月27日から11月3日まで昌城に留まった。彼が留まっていた所は、昌城の農家だった。彼は移動しつつ、主にトンネル、坑道でなければ農家に宿泊していた。これは、米軍の爆撃から完全に身を隠すためであった。また金日成は、当時だけに限って言っても庶民的な指導者であり、常に一般人民や兵士たちと同じ水準で生活しようと努力したからでもあった。

　そこに留まっている間に金日成は、トウモロコシで食事もした。10月30日に金日成は、そこの昌城中学校で朝鮮人民軍最高司令部軍官将帥会議を開き、300余名が参加した中で作戦を再検討して、新しい指示を下した。10月30日と言えば、中国軍が参戦した直後の時点だった。したがって言うまでもなく、この会議は中国人民志願軍の参戦と10月25日から始まった第1次戦役に伴う戦勢の根本的な転換を受けて、新しい事態に備えるための措置であった。もちろん、戦争の全ての重要な指示は、彭徳懐との緊密な連絡の下に北京に座している毛沢東が下していた。中国軍の参戦以後の戦争は、具体的な作戦に至るまで実際ほとんど全部を毛沢東が主導していた。

　金日成は、この時の会議で「いま戦争狂信者マッカーサーが速戦即決の方法で共和国北半部の全地域を完全に占領し、クリスマスの祝杯を自国に行って挙げると大言壮語しながら、雇用軍隊を狂ったように戦場に追い立てているが、これは妄想に過ぎない。朝鮮人民は正義の祖国解放戦争において必ず勝利するし、米帝侵略者どもが恥ずべき惨敗を喫して我が疆土から完全に追い払われてしまうであろう」と言いつつ「人民軍の諸部隊は、全力を挙げて短い期日内に米帝侵略者どもに決定的な打撃を与えるための新たな反攻準備を徹底して整えねばならない」と力説した。

しかし、彼は1945年の解放以後に初めて、常に人民軍は無敵不敗だとしていたところから遥かに後退して「戦争は、負けることもあるもの」と言いつつ、次のような言葉を添えざるを得なかった。これは、金日成としては極めて例外的な発言だった。
「戦争においては、勝利する時もあれば一時的に失敗する時もあり、前進する時もあれば後退する時もあるのです。人民軍の将兵たちは、勝利に慢心したり一時的な失敗に悲観したりしないようにし、どのような逆境の中でも、自分の全てを捧げて仇敵と勇敢に戦う思想的な覚悟を堅固に持たねばなりません。」[15]
　金日成は、この時点で人民軍の最大の問題点である規律遵守の問題を特別に強調した。
「規律は、軍隊の生命であり、戦闘力の原則です。最高司令部から区分隊に至るまで、全ての単位で革命的な規律を確立し、指揮命令体系を徹底的に打ち立てねばなりません。全ての軍人たちは、困難で複雑な時であればあるほど軍事規律を自覚的に守り、無規律的な現象と強い思想闘争を繰り広げねばなりません。そうして人民軍隊を、党の指示ならば万難を排して無条件に遂行し、いかなる難関や試練も勇敢に切り抜け進む鋼鉄の隊伍、不敗の革命武力にしなければなりません。」[16]
　金日成は、重ねて「軍の無規律的な現象」を指摘しており、これこそが中国軍の参戦問題と共に当時の北朝鮮軍の最大の問題だった。彼は、10月30日の最高司令部会議に続き、11月2日から3日までは朝鮮労働党中央委員会政治委員会を再び招集した。一刻を争う真に緊迫した戦時であるにもかかわらず、余りにもたびたび会議を開いていることが分かる。これは、彼がそれほど戦局を掌握できないという反証であった。会議で金日成は、反攻のための人民軍部隊の再編成、作戦と戦闘を指揮してきた経験ある将校たちによる総参謀部の構成、中国人民志願軍部隊との緊密な協同作戦、人民軍隊内の規律強化、最高司令部遊撃指導処の構成、軍内党組織の強化方針などを提示した。
　金日成は、この会議で特別に、当時は第7軍団長を任されていた武亭を無規律的で自由主義的だと峻烈に批判した。国家建設の時点から絶えず金日成の牽制を受けてきた伝説的な抗日闘争の指揮者である武亭は、これにより再起不能の状態に陥った。北朝鮮という社会主義国家の主要人物の一人が脱落する瞬間だった。
「第7軍団長の武亭同志は、自らに任せられた軍事的な任務を誠実に遂行する代わりに、権勢を振うのを好み、無規律的で自由主義的な行動を数多く行いました。この同志は、過ぎる期間にも無規律的で自由主義的な行動で以て批判を受けたことがあり、第2集団軍司令官であった時も軍事命令をそのまま執行せず、解任さ

れたことがあります[17]。

　党において信任し、再び第7軍団長の責任ある職責に登用したのならば、当然に軍事規律を厳守し、任された任務を自らの責任で遂行せねばならないでしょう。しかし、第7軍団長は、一時的な後退過程で造成された混乱状態を機会に、何の法的な手続きもなく自分の好みに少しだけ逆らうと、戦士だろうと小隊長だろうと選ぶことなく厳罰に処するというような甚だ過酷な軍閥官僚主義的な行動をとりました。これは、帝国主義国家の軍隊でこそ見られる行動です。人民の軍隊である我が軍隊内では、軍閥官僚主義は絶対に許容されません[18]。」

　武亭は、すぐに高山鎮の最高司令部の離れに監禁された。しかし、武亭は自分の過誤を決して認定しなかった。可愛がっていた部下の林憲一(リムホニル)に監禁中の武亭は、自分を粛清した金日成を次のように激烈に非難した。
「私は、絶対に過誤を犯したことはない！　犬のごときソ連の敵どもが私をこんなふうにしたんだ……そもそも私が何の罪を犯したと反省しろというのか？　私の人生は、最後まで祖国のために行動したのだから、少しも呵責を感じることはない。」[19]

2．北朝鮮内部の対応：高山鎮～江界～満浦、満州における対応と再逆転

　長きにわたる脱出と移動の果て、戦線の首都に到着した金日成は、長期間そこで滞留して戦争を指導した。昌城に留まっていた金日成は、11月初めには再び移動し、鴨緑江に沿って北方へ避難、ついに11月4日に高山鎮へ移動した。ここで彼は、12月19日まで長期間とどまった。これは、平壌以外の地域としては戦争中における最長の滞留だった。彼は、そこを最高司令部として使用した。そこには、北朝鮮が10月9日に臨時首都と定めた江界が隣接しており、満浦が隣にあるので、北朝鮮の主要な指導部が全て移動して来たわけだった。彼は、12月19日まで滞留し、彭徳懐と共に大逆転のための乾坤一擲の反攻を構想して執行した。中国軍が入って来て戦勢は逆転したものの、金日成はじめ北朝鮮指導部はすぐに帰っては来なかった。

　金日成は、その地で11月6日に再び朝鮮労働党中央委員会政治委員会を招集した。非常にしばしば党会議を開いているのが分かる。これは、それほど急迫していないながらも、同時にまたやることがないという、釣り合わない二律背反的な現象の並存を意味する。すなわち、絶滅の危機に駆り立てられて火急ではあったものの戦争は、ほとんど全部を中国軍がやっていたからだった。ゆえに、やるべきことは余りに多いものの、また彼らには、やることが余りなかった。ここで金日成

403

は、再び党の指導、革命的な規律、反攻を強調した。彼は「軍隊内で党の領導的な役割を高め、各界各層の群衆を党の周囲に固く束ねて押し立て、屈することを知らぬ戦闘隊伍に仕立てねばならない」と主張した[20]。金日成は、力量の再編成、訓練の強化、軍需工場の安全地帯への避難、武器・弾薬・冬服の準備などについて指示を行った。

金日成が最も長く留まったのは、高山鎮の林姓宙(リムソン)だった。ここでも彼は、一般農家で寝食した。そこで彼は、11月8日から12月19日まで42日間の長期間を滞留しつつ、戦争を指導した。そこで金日成は後述のように、党中央委員会政治委員会および軍事委員会、党中央委員会第3次全員会議、朝鮮人民軍連合部隊長会議および政治部長会議、内閣全員会議をはじめ数多くの会議を開き、戦時政治を主導した。11月8日と27日には民族保衛相の崔庸健を呼び、部隊の創設および訓練強化を指示しもした。また金日成は、そこで11月7日と10日に海岸部隊、11月17日に敵後部隊、11月19日には航空部隊、そして12月1日に歩兵部隊など、それらの司令官たちを直接に呼んで、戦闘を指示しもした。

11月17日に敵後部隊司令官の崔賢が到着した時は、敵後において第2戦線を形成し、正規戦と遊撃戦を配合して闘争することを指示した[21]。これは、金日成に南朝鮮地域における経験が骨身に染みて切実に迫って来たからだった。毛沢東は既に10月10日、今だ参戦以前の時点であるにもかかわらず、金日成と彭徳懐に送る電文で、後退せずに南朝鮮地域で第2戦線を強化することを次のように勧告したことがあった。「現在、敵軍の大部分は北進して、後方はカラの状態である。北へ撤収できる人民軍が全て南朝鮮に留まりながら敵の後方を攻撃することは、戦略的に必要であるのみならず有利だと考える。もし人民軍4～5万名が南朝鮮に留まり、このことを担当するならば、北部の戦闘に将来、大きな助けとなるだろう。」[22]

当時、部隊を率いて高山鎮に到着し、金日成に会って直接、作戦指示を受けていた第2戦線責任者の崔賢の回想を聞いて見よう。金日成は直接、色鉛筆で地図を描いて、作戦方針を指示した。彼は、主力部隊と第2戦線部隊との配合作戦により敵を清川江(チョンチョンガン)、咸興、清津(チョンジン)一帯で包囲、消滅させて北朝鮮地域を解放するという基本方針を明らかにした。その後、第2軍団は基本任務として黄海道と江原道の一帯に足場を置き、積極的な敵後闘争を繰り広げて、敵の後頭部に打撃を加えよと命令した。すなわち、第2戦線の諸部隊が既に敵陣の奥深くへ前進した国連軍の背後を討つことにより、押し返した主力部隊が中国人民志願軍と共に攻撃する時、両面攻撃を加えようという構想だった。加えて、金日成は崔賢に、抗日武装闘争の経験を活かし、遊撃戦を立派にやらねばならないと強調した。崔賢も、

やはり日帝と戦っていた時と同様に米帝を掃討するだろうと確約した。住居に用意された当時の金日成の作戦室には、事務用の机と大きくはない作戦台が置かれているだけであった[23]。

　11月のある日には、金日成は内閣副首相兼前線司令官の金策を呼んで、国連軍の占領から再び解放した地域の党や政権機関の復旧問題を討議し、中央と地方の幹部たちを選抜して派遣するよう決定した。金策は、金日成と討議した後すぐに高山鎮を出発したが、この時すでに彼の健康が悪化していた。金日成は直接、金策に護衛兵を付け、彼を江界まで案内するよう指示しもした。朴憲永とは既に少なくとも二度も激烈に言い争い、事実上は決別と同然の状態だった上、満州ゲリラ派の核心内においても戦争の決定と進行過程で崔庸健からは大きな協力を得られず[24]、また姜健(カンゴン)まで2ヵ月前に喪っていたので、金日成が金策を頼りにする心持ちは、この時が恐らく最も切実な時期だったであろう。その実、国家崩壊の危機に加え、内部的にも金日成の権力は侵食されていた。

　まず、朴憲永との激烈な葛藤、武亭の除去に加え、金日成の最側近であった姜健が死亡してしまった。姜健は、植民地時代から金日成の長きにわたる同僚であると同時に部下だった。1918年生まれの姜健は、植民地時代には1932年にわずか14歳という年齢で抗日闘争に参加し、33年からは武装闘争を展開した[25]。金日成系列の核心人物だったのである。帰国後に彼は、朝鮮人民軍総参謀長を任される中で、金日成の権力構築と戦争遂行に重要な役割を遂行した。死亡当時にも姜健は、民族保衛省副相、朝鮮人民軍総参謀長、朝鮮人民軍前線司令部参謀長という重職を任じていた。しかし、金日成の期待と頼りにする心持ちにもかかわらず、彼は9月8日に戦死してしまった。

朝鮮人民軍総参謀長の姜健。
資料：National Archives

　姜健が死亡するや、すぐに金日成は翌日の朝鮮労働党中央委員会政治委員会で、彼の戦死は「我が党と国家と人民軍隊にとり巨大な損失」だと言いつつ「彼の生涯は、人民軍将兵たちの模範になり、祖国の自由と独立のための闘争で彼が残した業績は、祖国の歴史に長く輝くだろう」と述べて、彼に朝鮮民主主義人民共和国英雄の称号を授与した[26]。金日成は、翌日「最高司令官命令第0152号」を下し、葬礼式を9月11日に平壌で執り行うこと、第1中央軍官学校（陸軍軍官学校）を姜健軍官学校と改称すること、全人民軍将兵は姜健同志の模範を見習うことを

405

命令した[27]。また内閣は、姜健の功勲に賛辞を呈して、平壌市に姜健の銅像を建立し、平壌市に姜健公園を設置すると決定した[28]。当時、姜健の年齢はわずか33歳で、彼は最も若いグループに属していた。これは、金日成の同僚たちがどれほど若い年齢で構成されていたかを示してくれる事例となる。姜健が死ぬや、総参謀長には姜健の跡を継いで金雄が任命された[29]。

金策。朝鮮人民軍前線司令官（日時未詳）。左側はソ連軍将校。
資料：National Archives

金日成と北朝鮮指導層にとっては真に哀しむべきことに、金策もまた、その冬を越せずに1951年1月31日午前8時30分、心臓麻痺で死亡してしまった。紹介の必要がない人物である彼の死は、姜健の死よりも更に哀痛深く金日成と北朝鮮政府に打撃を加えた。彼の死を知らせる北朝鮮の訃告は、金策を「朝鮮人民の最も卓越し、熱烈な革命家の一人であり、全生涯を祖国と人民のために最後まで捧げた高貴な愛国闘士」と紹介し、人民軍総司令部は彼を「朝鮮人民の首領・金日成総司令官の最も親近の戦友」と紹介した[30]。死亡当時に金策は、党中央委員会政治委員、共和国軍事委員会軍事委員、内閣副首相兼産業相、前線司令部前線司令官を引き受けていた[31]。金日成の核心同志たちは、彼が起こした戦争で立て続けに死んでいった。これら核心人物以外にも1950年7月30日に崔春国、7月24日に崔昌満、9月8日に金萬益、10月4日に趙正哲、11月1日に朴長春、11月30日に韓昌奉、そして同年12月には金炳洙など日帝時代からの金日成の同僚と部下たち、または抗日闘争経験をもつ軍事指揮官たちが相当数、戦争初期に戦死した[32]。

　金日成は、11月18日には高山鎮で再び党中央委員会政治委員会を招集し、祖国統一民主主義戦線（祖国戦線）と党の強化を指示した。続けて翌日には、最高人民会議常任委員会と祖国戦線の所在地だった満浦の別午里に行き、祖国戦線中央委員会拡大常務会議を主宰した。この会議では「全朝鮮人民に送る祖国統一民主主義戦線中央委員会宣言文」を採択した。宣言文は、例のごとく非常に鋭くもソ連と中国を引き入れていた。
「アメリカ帝国主義者らの凶悪な目的は、我が国だけを略奪しようとするのではなく、我が国を偉大なソ連と中華人民共和国に反対する侵略戦争を進行させるための軍事戦略上の基地にしようとするところにあるのだ。」[33]
　そうして宣言は、敵どもは清川江以南へ撃退されたとしつつ「勝利は、我々にある」と結論付けた。清川江以北地域における中国軍の連続する勝利に伴う、久しぶりの自信感の表現だった。

そうして前で見たように、金日成は12月3日、秘密裏に中国へ毛沢東を訪問し、中国人民志願軍の参戦に感謝の意を表示し、朝中連合司令部を設置する問題に合意をして戻って来た[34]。12月9日に金日成は、12月6日の平壌奪還にあたり得意の心情で「平壌市解放に際して」という呼びかけ文を発表した。呼びかけ文で彼は、我々の後退は偉大な祖国解放戦争を勝利へ引導するための戦略上の一時的な後退だったと言いながら、再び特有の過剰な自信を表した。「人民の力は、無尽蔵です。この無尽蔵な力は、百戦百勝の力です」[35]。しかし彼は、興味深いことにも平壌を決して朝鮮民主主義人民共和国の首都と表現しなかった。彼は、ただ「半万年の歴史の由緒深い我が祖国の古都であり、新しい人民朝鮮の強力な民主基地である平壌市」と紹介していた。彼らの憲法によれば、当時の北朝鮮の首都は、もちろんソウルだった。「朝鮮民主主義人民共和国の首府はソウル市である」[36]。

　高山鎮に滞在しながら金日成は、議会と内閣が留まっていた江界へ行き、12月10日から12日の間には朝鮮民主主義人民共和国内閣第30次全員会議を主宰し、会議後に高山鎮へ戻ってから再び江界へ来て、12月19日から20日まで党中央委員会政治委員会を開いた。金日成はこの時、健康が悪化して苦戦していた。米軍の爆撃により、会議は防空壕で開かれた。後者の会議は、すぐ続いて開かれる、北朝鮮の戦時政治において決定的に重要な党中央委員会第3次全員会議に備えたものだった。金日成は12月20日、江界に隣接した長江郡（チャンガン）の香河（ヒャンハ）へ来て、21日から23日まで党中央委員会第3次全員会議を開いた。ここで彼は「現情勢と当面の課業」という重要かつ有名な演説を行った[37]。

　12月20日から26日までは長江郡香河里に滞在しながら、労働党中央委員会第3次全員会議と政治委員会、組織委員会を招集する間、金日成の運転手である金徳三（キムドクサム）（音訳）が24日に心臓麻痺で死ぬ事件が発生しもした。興味あることに、最高司令部を高山鎮に移した後から、米軍飛行機が高山鎮に絶え間ない爆撃を敢行した。特に、金日成がそこに到着してから3日目になる1950年11月6日、最高司令部指揮所で労働党中央委員会政治委員会を開いている時、米空軍飛行機が突然、高山鎮に馳せ参じて機銃弾と爆弾を浴びせ始めた。北朝鮮の資料は「最高司令部を高山鎮へ移した後から、米帝の空中飛敵（ママ）どもは一日も休みなく連続して爆撃を加えた」[38]と記録している。これは、おそらく米軍の情報機関が北朝鮮の最高指導部の移動経路と駐屯地を正確に認知していたからかも知れず、または北朝鮮政府内の高位スパイが最高司令部の移動を暗号で米軍に提供したからかも知れなかった。いずれにしても、秘密めいた移動を追跡し、北朝鮮の最高指導部の位置を把握して、米軍が継続的に爆撃を浴びせたのは事実だった。

　結局、北朝鮮は当時、三角指導部を構成していたのである。金日成と最高司令

部は高山鎮に、最高人民会議と祖国戦線は満浦別午里に、そして党と内閣は江界に駐屯して、高山鎮～江界～満浦別午里と続く三角指導部を構成して対応していたのである。この３ヵ所は、朝鮮共産主義者たちにとっては滅亡のどん底から自分たちを救ってくれた、朝鮮半島内の一種の聖域だった。この聖域における蘇生を契機に、彼らは再び反撃を加えることができた。高山鎮～江界と満浦、満州における北朝鮮の対応と戦勢再逆転の過程を追跡する中で余り知られていなかったいくつかの事項は、細密な追加検討を要する。ひとつは当時、越北したり拉致されたりした高位人士たちの問題であり、もう１つが北朝鮮の軍隊と政府の満州への越境の問題だった。特に後者は、未だ子細に知られておらず、詳細な再構成を要する。

3．拉北、北行、そして聖所・満州

　戦勢の逆転と共に、多くの高位人士たちが38度線を越えて北朝鮮地域へ行った。一部は自らの意思で、一部は強制で。この問題と関連しては、いくつかの重要な経験者の証言が存在する。光復軍系列の独立運動家の出身で、朝鮮戦争期間中の1950年８月に北朝鮮に拉致（拉北）され、北行人士たちで組織された「在北平和統一促進協議会」の総務部の仕事を見ていた趙　澈（チョチョル）、元南朝鮮労働党（南労党）員で朝鮮人民軍政治部連隊長の任にあった趙石虎（チョソクホ）、北朝鮮の祖国戦線副局長、政務院副部長を歴任した申　敬完（シンギョンワン）（仮名）の諸証言がそれである[39]。もちろん、これらの証言を基礎とした以下の内容は、第１次資料の補充を経て更に補完されねばならないだろう。

　７月下旬にソウル市臨時人民委員会がある旧ソウル市庁舎には、金奎植（キムギュウシク）、趙素昻（チョソアン）、安在鴻（アンジェホン）、呉夏英（オハヨン）、尹琦燮（ユンギサプ）、厳恒燮（オムハンソプ）をはじめとした、いわゆる中間派または協商派を含む有名政治家たちと、金時昌（キムシチャン）、李升基（イスンギ）などの著名な学者たち、そして金若水（キムヤクス）、盧鎰煥（ノイルファン）、李文源（イムノォン）、金沃周（キムオクジュ）など1949年夏の国会スパイ事件と関連した議員ら80余名が集合した[40]。戦争の勃発以後それぞれ自宅に留まり、北朝鮮の内務署員たちの監視を受けて生活していた彼らは、内務署員の案内で暫くの間だけソウル市臨時人民委員会に行って来れば良いものと考え、長期の旅行に対する何の準備もなしに集合した。こうした彼らの前に労働党中央の組織幹部の金天明（キムチョンミョン）が現れ、平壌の建設と発展相を見聞した後に再びソウルへ帰って来るだろうと述べて、平壌行きを知らせた。それが彼らには、二度と戻れない北行の道となったのである。

　米軍の爆撃を避けるために彼らは、平壌への移動中に車両の灯火も点けないま

50年11月4日～12月19日
・鴨緑江に沿って北上し、8日に高山鎮へ移動（以後、高山鎮は事実上、北朝鮮の「戦線首都」の役割を担当）
・11月6日、朝鮮労働党中央委員会政治委員会招集（会議の途中に米空軍が高山鎮に集中的な爆撃）
・金日成は高山鎮から近隣の満浦と江界を往来しながら主要な政治・軍事上の決定を下す

50年12月19～20日
・江界で党中央委員会政治委員会招集（江界は10月9日、北朝鮮の臨時首都に決定される）

満浦
高山鎮
香河里
江界

50年10月26日
・楡坪で一日起居
・再び昌城へ出発

楡坪
昌城

50年10月25日
・昌城に到着

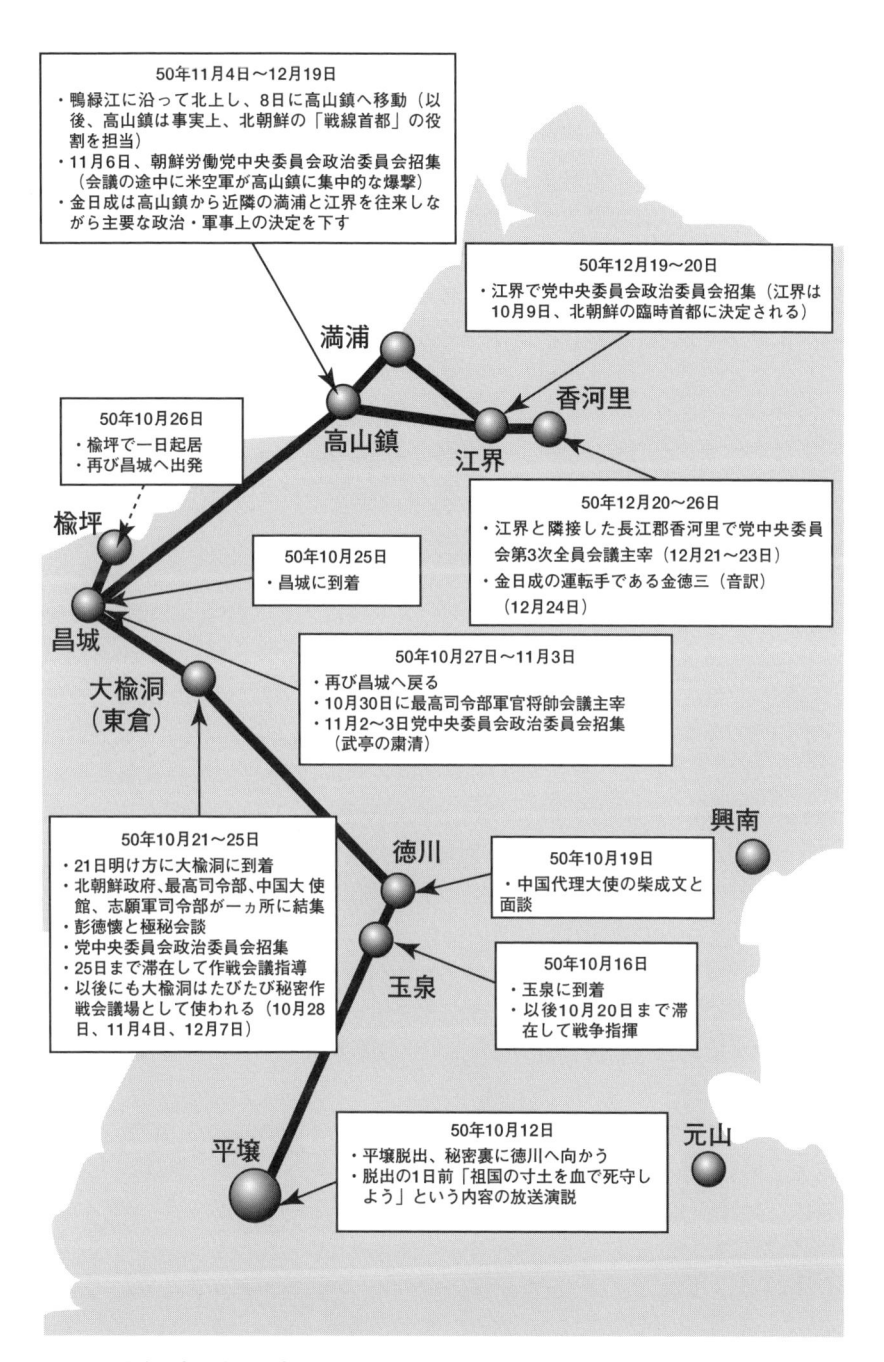

50年12月20～26日
・江界と隣接した長江郡香河里で党中央委員会第3次全員会議主宰（12月21～23日）
・金日成の運転手である金徳三（音訳）（12月24日）

大楡洞
（東倉）

50年10月27日～11月3日
・再び昌城へ戻る
・10月30日に最高司令部軍官将帥会議主宰
・11月2～3日党中央委員会政治委員会招集（武亭の粛清）

50年10月21～25日
・21日明け方に大楡洞に到着
・北朝鮮政府、最高司令部、中国大使館、志願軍司令部が一ヵ所に結集
・彭徳懐と極秘会談
・党中央委員会政治委員会招集
・25日まで滞在して作戦会議指導
・以後にも大楡洞はたびたび秘密作戦会議場として使われる（10月28日、11月4日、12月7日）

徳川
玉泉

興南

50年10月19日
・中国代理大使の柴成文と面談

50年10月16日
・玉泉に到着
・以後10月20日まで滞在して戦争指揮

平壌

50年10月12日
・平壌脱出、秘密裏に徳川へ向かう
・脱出の1日前「祖国の寸土を血で死守しよう」という内容の放送演説

元山

戦時の金日成の秘密移動経路および戦争指揮、1950年10月12日～12月26日

ま闇の中を走った。夜通し走り、夜が明けると道端に降りて寝て、夜になると再び走ることを反復した。彼らは、北行第1陣の人士として平壌に到着した後、人民病院に集団収容された。平壌に到着した後、彼らは共産党の幹部と金日成大学の教授たちから金日成の演説集、マルクス―レーニン主義の理論、政治経済学、ソ連および中国共産党の歴史などの教育を受けた。平壌到着後に彼らは、教育の中で詳細な自叙伝を作成して提出せねばならなかった。自叙伝には、自分の活動経歴だけではなく、父母兄弟、親戚、友人に関する話まで可能な限り詳細に記録せねばならなかった。これは、北朝鮮が南朝鮮地域に下って来て占領政策を敷く時、しばしば数多くの人々に対して使用した方法だった。この記録に従って根掘り葉掘り問い質して人の過去の行跡を追跡し、反省を要求して、現支配体制に対する忠誠を強要するのだ。

しかし、彼らが北朝鮮から受けた待遇は、北行第1陣という点に加え、比較的に中間的な政治路線を歩んだという理由で、後に来る人士たちよりも好意的であった。

8月に入ってからは本格的に強制拉北が実施され、国会議員、高級官僚、学者たちが広範に含まれた。その大部分が反動と規定された彼らは、ソウル市内の多くの機関に分散、収容された後、やはり夜に乗じて北へ移動させられた。約100名に達する彼らの中には、前ソウル大学校総長の崔奎東、高元勲、3・1運動時の33名の中のひとり崔麟、有名な儒学者であると同時に高麗大学校総長だった玄相允、著名な小説家の李光洙、国学者の鄭寅普、具滋玉、金東元、孫晋泰、明済世などが含まれていた。彼らは平壌到着後、西平壌第18人民学校に収容されて、反動という理由で第1陣よりも更に厳しい監視と警備の中、劣悪な処遇と反復される共産主義教育を受けねばならなかった。知的な水準が非常に高い彼らに誰かが常套的な教育をするというのは、ちょっと滑稽なことだった。彼らは、自分の人生について終わりなく反省することや統一への協力を要求された。約50名に達する宗教家たちは、最も強力に反発し、宗教儀式を強行する方式で彼らの教育に抵抗した。

この時、拉北者に含まれていた国会議員の中には、金長烈、金義煥、柳驥秀、金用鉉、崔丙柱、許永鎬、鄭仁植、辛容勲、崔錫洪、趙玉鉉、金禹植、具中会、洪淳玉、辛錫斌、趙鍾勝、鄭光好、曹圭晧、呉宅烈、趙重顕、李宗聖、李亀洙、金景道、張連松などがいた。彼らは、人民学校に収容された後、民家へ移動して収容された。文化人としては金起林、柳子厚、方漢駿、李白水、金億、李明雨、金炯元、金東煥などが含まれていた。彼らを教育した人の中には、戦争前に越北して金日成大学教授になっていた哲学者の申南哲もいた。これら北行第2陣

も、やはり詳細な自叙伝を記録して提出せねばならず、それを土台とする審問と確認の攻勢に苦しめられた。

趙澈は、このような有名人でなくとも７月末から８月末までに多くの人々が強制で拉北されたと言い、その人数が約10万を超えるか少し足りないかというところだと見ていた。彼らも、やはり夜には歩き、昼には寝て、北への行進を継続した。北行の道中、一部の平民は移動途中の海州(ヘジュ)で８月17日に反乱を起こし、抵抗を試図しもした。だが、大部分が再び逮捕され、死刑を受けたり懲役刑を受けたりした。海州反乱事件以後、監視は更に徹底した。

北行後に彼らが担当すべき任務は、軍事訓練、防空壕の掘削、道路および橋梁の修理、糧穀の運搬などであった。一部の若い青年たちは、人民軍にも編入された。北朝鮮の当時の多くの命令と指示文に照らして、多くの人々が軍事的な理由であれ労働力の補充のためであれ、北朝鮮へ招待されるか拉北されるかしたのは事実だった。北朝鮮は、戦時の最高権力機関である軍事委員会が直接「命令第74号」を下し、ソウル市民を北朝鮮地域の職場へ転出させるよう命令したことがあった。この技能者、技術者、労働者を含む転出命令は、各工場、鉱山、企業所に下達されて、下部機関でも徹底して執行せよと指示された[41]。この文書は、戦時に頻発した数多くの拉北を解明する、ひとつの重要な根拠となり得るだろう。

朝鮮戦争の初期から韓国体制を支持したり公的な地位にあったりした人たち、北朝鮮体制に抵抗していた多くの人々は、北行に先立って各刑務所、監禁所、それに学校などに収容されていた。北朝鮮軍による急激な前進と韓国の李承晩による虚偽放送のために避難できなかった人々は、自分の意思に関係なく逮捕されざるを得なかった。彼らは仁川上陸作戦の成功以後、大挙して強制北行に合流せざるを得なかった。もちろん、一部は積極的な支持の表示として北朝鮮側に加担したであろう。しかし、疾病や身体的な理由などにより北行できない人々は、多数が処刑される運命に遭ってしまった。

国連軍の追撃を受けて緊迫した人民軍は、行進速度が遅いと隊列を急き立てた。しかし、米軍による北朝鮮軍の退路を遮断するための爆撃は、更に甚だしくなっていた。長きにわたる急速度の行軍は、年寄りや虚弱者にはひどい負担であり、重患者が続出して、彼らは北行の途中で対策もなく死んでいった。そのうち一部は、退却に障害になると言って、国連軍の追撃を避けて素早く北朝鮮の内陸地方まで奥深く退却せねばならない人民軍により虐殺を被りもした。金允実(キムユンシル)、全仁善(チョニンソン)などの牧師、警官の姜遂昌(カンスチャン)、言論人の朴潤準(パクユンジュン)などが北行の途中で犠牲となった人たちである[42]。判事の鄭義和(チョンウィファ)、内務長官秘書の崔林(チュリム)なども、こうして処刑された。多くの北行隊列の中の一部は、時間に追われて平壌を経ずに直接、江

界または元山などへ行きもした。

　海州に滞在していた一般人からなる北行隊列の一部は、10月に上部の指示で再び北行の道に出発せねばならなかった。国連軍の北進により、それ以上は海州に留まれなかったからである。北行の一般人たちに北朝鮮軍の敗走の事実が初めて知らされたのも、この時だった。この事実を知ることになった人々の中の一部は、執拗に脱出を企図した。そのうち一部が成功し、一部は逮捕されて処刑を被った。また、人民軍は別の脱出の企図を封鎖するため、逮捕された者たちに公開的な銃殺刑を実行したりもした。後退する人民軍の敗残兵と一般人の北行隊列は、入り乱れて混雑しており、敗戦と後退の道程で押し寄せる疲労により、人民軍さえもあちこちで倒れて眠りについた。個人や集団を問わず、勝勢期には自信感に充ち満ちて襲っては来ない疲労が、敗退期に一度にやって来るのが常例だった。敗北が与える心理的な効果は、他のどんなものよりも大きいのが常である。

　平壌に拉致され、前述の第18人民学校に収容されていた崔麟、孫晋泰、白寬洙（ペクガワンシュ）、徐延禧（ソヨンヒ）、玄相允、高元勲、鄭寅普、呉龍国（オリョングク）、金尚徳（キムサンドク）、金昌徳（キムチャンドク）などは、10月9日から10日にかけて歩いて安州（アンジュ）方面へ出発した。そして、白象圭（ペクサンギュ）、金用茂、金東元（キムヨンム）、明済世などは江界方面へ発った。崔麟や鄭寅普などは、病気でまともに歩けなかったので人民軍に背負われて発ち、李光洙と崔奎東など立てもしない重病患者は平壌に残留した。彼らは、他人の助けがなければ用便も足せないほど衰弱していた。

　李光洙の家族によれば、彼が拉北されたのは1950年7月12日だった。担架に載せられて平壌を出発した李光洙は、健康の悪化で悪戦苦闘の末、慈江道江界に到着した。途中で崔奎東は、米軍機の空襲により爆死した。李光洙も、また持病の肺結核が悪化し、慈江道江界郡満浦で死亡した。亡父の死亡経緯を追跡し、平壌を訪問した李光洙の三男の李栄根（イヨングン）によると、平壌市三石区域元（サムソク）（ウォンシン）新里に位置する墓には「1950年10月25日、慈江道江界郡満浦面コゲ洞（現在の慈江道満浦市コゲ里）にて死亡」と書かれていた。おそらく、これが正確な記録であろう[43]。

　趙澈によれば、10月15日には著名な民族主義指導者の曺晩植が、内務省内で韓圭満（ハンギュマン）少佐が率いる一団の内務署員たちにより殺害された。この時は、大部分の北朝鮮政府の高位幹部が平壌を抜け出した時点だった。曺晩植が戦争以前の5年間、一度も公式の席上に現れなかっただけではなく、1948年の平壌会議にさえも参席しなかった事実は、彼と北朝鮮政府との葛藤がどの程度だったかをよく示してくれる。また、これは彼の反共民族主義の強度を示してくれるもので、曺晩植が北朝鮮の共産主義者たちとは決して妥協しようとしなかったことを意味する。

　朝鮮戦争の勃発後に曺晩植は、心臓衰弱に腹膜炎が重なり、病院に入院せざる

を得なかった。国連軍が北進するや、曺晩植は他の北行人士たちと一緒に内務省へ移され、上部の指示を受けた内務署員たちから、平壌を離れて北側への後退の道に合流することを要求された。しかし、曺晩植は「死んでも平壌を離れることはできない」と言い、「離れたところでどうせ死ぬ身なのだから、ここで殺せ」と抵抗した。内務署員たちは、曺晩植を無理やり引き摺り出してでも北行の道に合流させようとした。だが、曺晩植は「身体に指一本さわるな」と頑強に拒絶した。韓圭満は結局、当時の平壌防衛司令官だった武亭に連絡し、いかなる措置を取るべきかを尋ねた。武亭は「なるだけ生かして連れて行くようにするが、もし避けられない場合には射殺してしまえ」と指示した。ついに韓圭満は、曺晩植を銃殺してしまった[44]。

　信託統治問題によりソ連軍政および北朝鮮の共産指導層と正面から葛藤を起こして監禁されていた曺晩植は、戦時に悲劇的な最期を迎えたのである。朝鮮戦争後の韓国で金九(キムグ)の民族主義と曺晩植の民族主義が持つ内容と性格の差異は、決して小さいものではなかった。朴吉龍の伝えるところに従えば、北朝鮮軍は政府高位指導層の指示で曺晩植を平壌から脱出させながら、10月18日に他の500余名と一緒に銃殺した[45]。趙澈と朴吉龍の証言には日付の差異はあるが、ともかく北朝鮮の政府と軍隊が平壌から後退しながら、いわゆる反動分子を処刑する中で一緒に曺晩植も処刑したのは事実と見られる。

　初期に北行した協商派議員をはじめとする人士たちも、みな北朝鮮政府の移動決定に従い、北側の山岳地方へ移動するため平壌を離れた。北朝鮮政府の遷都決定で全員が移らねばならなかったからだった。平壌を離れた北行第1陣は、ソ連製3輪自動車に分乗し、昼に寝て夜は移動する行動を反復した。初め价川(ケチョン)に到着した彼らは、直ちに徳川を過ぎて山岳へ入るや車を捨て、険しい妙香山(ミョヒャン)麓を徒歩で越えて熙川(フィチョン)に到達した。

　老人たちが歩いて険峻な山岳を通過するのは、至極むずかしいことだった。早くも北朝鮮地域に追い迫る寒さに耐えるのも、彼らには大きな困難であった。熙川を離れ、寒さの中で高い山岳地帯へ強行進する間、金奎植や趙素昻などは重態となり、昏睡状態に陥ったり凍傷で足が化膿して噴き出したりした。老人にとっては、実に耐え難い苦役だった。11月初旬に彼らが艱難辛苦の末やっと江界に到着した時、そこには既に避難民と敗残兵たちが押し寄せ群がっていた。

　北行第1陣は、北朝鮮政府と最高人民会議の幹部たちが江界に来ることになるや、江界から20里ほど離れた薬水洞(ヤクス)へ移されて行った。金日成は11月1日、内閣副首相の金策に金奎植はじめ安在鴻、趙素昻、崔東旿(チェドンオ)、趙琬九(チョワング)、呉夏英など満浦に来ている北行人士たちの寝食と生活全般を世話してやれと指示した。特に金日

成は、健康状態が良くない金奎植のためには早く対策を立てよと指示した[46]。ある証言によれば、病気を患って寝込んだ金奎植は、結局11月下旬に満浦近郊の軍病院に入院したが、12月10日ついに死亡してしまった。

金奎植は、統一を成し遂げられずに死ぬことについて、周囲に切々たる悲痛を吐露して死んでいった。趙素昂、厳恒燮、崔東旿、安在鴻などは、彼の死に悲しみを抑えられず涙を流した。洪命憙(ホンミョンヒ)はじめ北朝鮮の高位人士たちも、やはり故人の霊前を訪ねて焼香し、故人の冥福を祈り、北朝鮮政府は洪命憙を委員長とする葬礼委員会を構成して礼遇した[47]。金奎植の墓碑に従っても、彼の死亡日は証言と全く同じ12月10日だった[48]。

大韓民国臨時政府主席の金九は韓国政府の将校により暗殺され、副主席の金奎植は戦争の渦中に北朝鮮政府と共に移動する途中で死亡してしまった。二人の死亡は、臨時政府の悲劇的な終末であると同時に、南北朝鮮ふたつの政府から受けた民族主義の待遇を象徴する事件だった。満浦に留まっていた洪命憙、洪増植(ホンジュンシク)、具在洙(クジェス)、金元鳳(キムウォンボン)、成周寔(ソンジュシク)などの北朝鮮高位幹部たちは葬礼委員会を組織して、金奎植が最後に往く道に冥福を祈ってくれた。だが、北行人士たちが北朝鮮から何らかの職位や同僚意識の提供を受けたのではなかった。北行人士は、いつも別に扱われ合宿せねばならず、指示に従って集団的に移動する「逮捕された者たち」に過ぎなかった。

残りの一行は、12月初旬に別午里に到着して合宿所に収容された。そこで北朝鮮幹部たちは北行人士を分類し、趙素昂、呉夏英、尹琦燮、安在鴻、崔東旿(チョトニョン)、厳恒燮、元世勲、李亀洙、趙憲泳、金若水、盧鎰煥、姜旭中(カンウクチュン)、金炳喜(キムビョンヒ)、李文源、崔泰奎(チェテギュ)など社会的に重要な人士たちと国会スパイ事件関連者だけを残して、他の人々を別の場所へ移動して収容した。この一行に恵山鎮の別の収容所に収容されていた宋虎聲(ソンホソン)、金東元、金用茂などが後に合流した。

国境付近の江界へ移動する途中、最も多くの被害を被った人々は、北行第2陣だった。彼らは安州、泰川(テチョン)を経て雲山(ウンサン)に至った時、国連軍の急速な追撃の知らせを聞いてからは、山道に沿って歩いた。徒歩で温井(オンジョン)(雲山)を過ぎて熙川に向かっていた彼らは、国連軍がもう熙川に到達したという噂を聞き、更に険峻な狄踰嶺(チョギュリョン)山脈を越える方向へ行路を変えた。高山峻嶺を歩いたり背負われたりして越えるというのは、苦役中の苦役だった。狄踰嶺山脈を越える間に、鄭寅普と高元勲などが死亡した。北行第2陣は11月中旬、江界に到着した。

宗教界と文化界の人士たちは、寧辺(ニョンビョン)を経て温井まで到着した後、国連軍の追撃により2組に別れ、それぞれ山岳を通ったり熙川〜狄踰嶺を経たりして江界に到着した。一般の国会議員たちも安州、泰川、雲山を経て、大楡洞〜碧潼〜渭原

を過ぎて満浦に到着した。彼らが楚山付近に到着した時は、既に韓国軍がそこに到着していたので、入られずに迂回して渭原へ向かったのである。北行人士たちが平壌から江界地域へ移動する時に越えた山岳と峻嶺は大部分、海抜1,500から1,800mに達するほどの高さを持つ、とてつもなく険悪な地帯だった。北朝鮮政府─議会─党─軍の高位幹部たちは、ほぼ全員が江界、満浦、慈城（チャソン）を中心に集結した。そこには、韓国の親北人士や拉致された人士たちも全て集結していた。

当時の北朝鮮がこれら人士を北行させるため、いかなる命令や訓令を下したかは、未だ確認されていない。ただ、このことに関与していたある証言によれば、戦争の開始直後に北朝鮮の最高指導部から6月28日に「南半部の政治・経済・社会系（ママ）の主要人士たちを包摂して再教養し、統一戦線を強化することについて」という決定と「軍事委員会第8号決定」を下し、韓国の主要人士たちを北朝鮮へ連れて行くため、いわゆる「招待工作」を始めたとなっている。それによれば、ソウルで招待工作は既に7月4～5日から始められた[49]。別のある証言では、9月後退の急境（ママ）に至って労働党中央は「38度線以南の全ての物的、人的な資源を全て38度線以北地域へ動員せよ」と指令した。それによれば、金日成は9月20日に「混乱を利用して跳梁する反動分子を即決処分せよ」と命令し、この処分を免れたソウル・京畿地域の人々が9月20日から25日にかけて秘密裏に北朝鮮へ移送された[50]。

この証言を確認してくれる、北朝鮮の内部秘密命令を探すのは難しい。ただ最近刊行された金日成の全集に、仁川上陸作戦2日後の9月17日に彼が直接、党、政、祖国戦線の幹部たちに「南朝鮮の愛国的な政界人士たちの入北を安全に保障することについて」という指示を下したという記述が出ている。この指示で金日成は、朝鮮労働党中央委員会秘書、内務相、祖国戦線書記局長に金奎植、趙素昻、趙琬九、崔東旿、厳恒燮などの名前を挙げ、彼らをはじめとした「愛国的な人士たちを連れて来なければならない」と指示した[51]。金日成は、彼らが自発的に北行を願っていたと主張するが、それは金日成らの宣伝だったのであろう。

韓国の指導的な人士だけが長い北行の道に上ったのではなかった。遥かに多くの人々が、北朝鮮を支持したり韓国に反対したりした理由で、北行の道に上らねばならなかった。金定基は、人民軍が南進して来た時、ソウル市軍事動員部の幹部として活動したので、北行の道に上らねばならなかった。彼は、北行の道中で「途中で逮捕されれば、捕虜になる。言うまでもなく即決処分されるだろう」という怖さに震えていた。ちょうど北進への対処方案をめぐり最高指導部内で金日成と朴憲永が衝突したように、北行の道中その一行にあっても意見の衝突が起こり、南朝鮮地域の山岳へ移動してゲリラ闘争をしたり身を隠したりして人民軍の

再次の南進を待つのか、さもなければ越北して北朝鮮軍と政府に従って行くのかという問題で論争が繰り広げられることもあった。
「江界まで行かねばならない。そもそも江界とはどこだ？　江界まで行かねばならないという言葉に、一行の敗戦意識が急に高潮し始める。失望、憤怒、敗北感が一度に会議場を支配する。大邱が故郷と言う片隅に座っていた李某は、自分の腫れ上がった足を見せながら『山を越えて江界まで行軍する勇気はなかです。衣服と米を持って山の中へ入りましょうや。人民軍隊が再進撃して来るまで、パルチザン闘争でもやりやしょう。オラの意見です』と勇敢に意見をぶちまけた。
我々の雰囲気は、妙になっていた。故郷を北に置いた人々は上部の指示どおりに江界まで行こうと言うのであり、故郷を南に持つ人々は山の中へ入りましょうということだった。甲論乙駁、異論が紛々としたが、主導権はやはり平壌から派遣されて来た人々にあった。」[52]。

この短い引用文が伝える、戦争の実相と人間の心は重い。朝鮮民族が特有に持っている、生の根拠地に対する理念を超えた愛着が強く表れているかと思えば、最高水準における金日成と朴憲永の葛藤の帰結を暗示でもするかのように、下層水準においても決定の主導権は、やはり平壌から来た人たちにあった。生き残る可能性は、いずれにしても後者すなわち越北を選択する時がいっそう高かった。北朝鮮地域の出身者はもちろんだったが、南朝鮮地域において北朝鮮の軍と政府に協力していた韓国人たちの北行も、やはり不可避であった。彼らは、韓国の軍と政府が再び治安を掌握する場合には生き残るのが難しいからだった。これは、戦争がもたらす避けられない状況であった。ひとたび一方の側を選択したならば、それは次の選択までも明白に制限する。

彼らの北行の途中、多くの機関、部隊、人々にどこそこへ来いという壁新聞が通りごとに乱舞するように貼ってあった。金定基は、次のように伝えている。
「熙川、江界へ行く道路際の電柱と木、石などには人を捜す壁新聞があちこちに貼ってあった。それも貼っておく所がないため、板に文句を書いて木の枝に結び付けて行ったものもあった。『○○○部隊は○○へ来い。』『○○○機関員は江界へ行く。』『平壌○○○江界へ来い。』

数限りなく列をなして行く隊列の中に、私の友人たちは一人も見られなかった。この地方の住民たちは、粛川(スクチョン)における米空軍の落下傘作戦を見て完全に怯えていた。民家に行って見ると、みな家事の道具までそのまま置いて山の中へ逃亡し、誰もいなかった。……どれほど驚いたと言って、村がこんな姿なのか。これが全部、反動分子ではなかろうに。」[53]

金定基の脱走が「敗走２千里」と命名されたのに比べ、『解放日報』所属の記者

だった金佳仁(キムガイン)の敗走は「敗走５千里」に達した[54]。

　戦勢が逆転されるや、『解放日報』所属の記者たちはソウル市党の後に従い、北への行進を始めた。彼らは、米１升ずつ配給を受け取り、背負って出発した。共産主義者の宣伝作業は、後退しながらも中断されず、彼らは「自分たちだけが唯一の読者である」新聞を発行して出発した。苦難の避難の道においては、途中で脱走者が発生した。革命の大義さえも、時には生存のための選択に先立てなかった。「〇〇〇所属の同志たちは〇〇〇へ集結せよ」、「〇〇〇家族は〇〇〇へ来て下さい」など、哀切な「連絡の言葉」が通りと壁を埋めていた。後退の途中で散り散りになった隊列や家族たちによる断腸の思いの訴えであることは明白だった。

　後退の途中にも新聞社からは、戦闘要員に該当する年齢の青年たちが人民軍部隊に差し出されて出て行った。新作路(シンチャンノ)は、兄弟や姉妹を呼び叫ぶ声で充ち満ちていた。彼らが平壌に到着した時、そこは混乱と廃墟の塊だった。革命の首都であると同時に統一意志の震央である平壌は、黄昏にさしかかった運命のように引っ繰り返っていた。彼らが到着した日時は、10月17日であった。金日成はじめ北朝鮮の高位指導部は全部、平壌を脱出した後だった。1950年10月中旬の平壌は、７月初めのソウルと余りに似ていた。極度の混乱と恐怖が街中を陰湿に包み込み、生きようとする人々の姿は、われ先に発とうとする争いの中に阿鼻叫喚を彷彿とさせた。革命の意志で立ち上がった人民共和国の首都は、そのように倒れていた。

　大同江の橋が爆破されるという噂と共に、撤収の動きは更に早まった。もちろん、残っている人々も少なくなかった。わずか３日で記者たちの一行は平壌を離れた。22日に順川(スンチョン)に到着した時は、市街には入られず、迂回して价川へ向かい、行く途中で一行はソ連軍将校を目撃した。所々では人民軍が、党証と軍人証を土に掘り埋めている姿が発見された。米軍と韓国軍に発覚する場合、それは「捕えて行け」という証明書と同様だったからである。金定基は、そもそも大部分の北朝鮮住民が出発する時、党証を家に置いて逃亡したと証言する。道端の農家は、爆撃を避けるための灯火管制により灯光ひとつ点けることはなかった。人民軍隊は、軍事規律も崩れ落ちた。前述した金日成の命令と余りに似た内容の金定基の証言を聞いてみよう。

「当時の人民軍は、軍事規律もなかった。敗走する道で軍官が下士服を着るかと思うと、下士が軍官の肩章と帽子を身に付け、堂々と自分の軍人登録をするのだ。こいつらがひとたび仮装しておいて、前日の軍官たちに報復するのである。彼らは、自分の部隊がみな死んだものと思い、自分の所属部隊を欺いていく中で進級しようとして、翌日ばれて銃殺される。規律に違反し、前方で非法な脱出をしたと言って銃殺する、封建帝王でもやるような暴力行為を、私が最も渇望していた

417

共産主義の治下で始終一貫して見てきた。」[55]

　中国軍の参戦と共に進行した興味ある事実の1つは、北朝鮮軍の満州への後退と駐屯および再整備だった。北朝鮮の一部幹部たちは、初めから家族と一緒に国境を越え、満州へ身を隠しもした。彼らは家族を大部分、満州に避難させていた。許ガイの娘である許ガイリラ・アレクセイエヴナによれば、許ガイの家族はハルピンへ移動して生活した[56]。

　北行の道に上った朝鮮労働党ソウル市党下級幹部の金定基は、満浦で第7軍団に編入され、国境を越えて満州へ移動した。彼によれば、満州には第7軍団軍官講習所があった。第7軍団軍官たちは、磐石県樺甸に集結して軍官訓練を受けた。樺甸市内では、南朝鮮地域のソウルと京畿道で義勇軍として徴発された青年たちを中心に編成された人民軍第32師団が、訓練を受けていた。この師団の師団長は許成澤(ホソンテク)だった。彼は、朝鮮戦争前に南朝鮮地域で朝鮮労働組合全国評議会(全評)委員長、南朝鮮労働党中央委員を歴任した朴憲永系列の共産主義者であった[57]。

　金定基に従えば、当時の人民軍最高司令部は、満浦の向かい満州地方の通化にあった[58]。朝鮮労働党ソウル市党は満州へ移動した。金定基は通化に到着して、軍団政治部から個人別に与えた派送状を総政治局へ提出したところ、通化にある朝鮮労働党中央委員会へ行けという指令を受けた。彼は、トラックと汽車で通化に到着した[59]。自分が直接に訪問して確認した事実なので、彼の証言は事実であろう。これを見る時、北朝鮮指導部のうち金日成はじめ極少数だけが高山鎮～満浦に残り、全員が通化へ越境したか、さもなければ最初から金日成までも越境したかも知れないのだった。しかし、金日成の越境を証明する資料は、未だ発見されていない。または、最高司令部自体は高山鎮に位置し、総政治局だけが通化へ移動したのかも知れなかった。

　『解放日報』の金佳仁一行が長い北行の末に鴨緑江を眺める渭原に到着した時、現地の幹部たちは満州へ発った後だった[60]。彼らも、やはり満浦へ移動して渡河の準備をした。『解放日報』の社員たちは、第7軍団に所属して満州へ移動した[61]。党幹部の家族も、やはり満州へ移動した。金佳仁の一行は11月10日、汽車に乗って祖国を離れて越境、満浦から集安～通化を経て第7軍団本部がある磐石で降りた。しかし、党と政府の高位幹部たちの家族は、更にハルピン、牡丹江、吉林へ移動するため汽車から降りなかった。ソ連系朝鮮人2世はハルピンへ、党幹部と機関幹部の家族たちは牡丹江と吉林へ向かった[62]。許ガイの娘がハルピンへ移動していたことから見て、金佳仁の証言は正確なものである。

　彼によれば、当時の解放村には第7軍団隷下の第75師団が駐屯していた。後に第75師団は明城へ移動した。金佳仁の一行は、磐石の軍団本部から40里も離れた

解放村へ行けという冷遇を受けた[63]。金佳仁は、北朝鮮が「麻痺した神経と軍事と全行政を、砲火が及ばない東北で悪辣に整備していた」と表現する。彼に従えば、金日成は高山鎮に、崔庸健が東北に位置していた。末端の共産主義者である金佳仁、金定基などの証言を見れば、高位幹部たちの行程、位置、組織も、当時の一般人にほとんど知られていなかったことを意味する。金佳仁によれば、第6軍団は黄仁、第8軍団は延吉、第2軍団と姜健軍官学校は通化に位置していた。また、通化には最高司令部総政治局が駐屯していた[64]。金定基の証言と同一である。

満州で移動中に金佳仁の一行は、汽車内でソ連軍事顧問官に会った。顧問官たちは、瀋陽（旧奉天）から通化にある最高司令部へ移動する途中だった。金佳仁は、これを以て朝鮮の動乱は完全にソ連が操縦していて、作戦上の全ての指示もソ連が下すということを推測できたと証言する。金佳仁は、中国軍に会った時よりも更に甚だしい羞恥心を感じた。当時のソ連軍事顧問官たちは、実際に北朝鮮軍の各級編制に配置されて戦争を指揮していた。通化の総政治局に到着した時の印象を金佳仁は、このように記録している。

「総政治局は、通化駅から10里にもなる所に位置を占めていた。レンガ造り3階の建物は今日、韓国動乱を操縦する赤い陰謀の総本山であり、クレムリンの極東別宮のような所だった。金日成も、ここと緊密な連絡下にいろいろな罪悪の歴史をつくり出しており、ここと彼がいる高山鎮とは、頻繁な連絡が取られていたことをうかがうことができた。」[65]

米軍の当時の情報によれば、満州に駐屯する朝鮮人民軍の分布は次のようだった。1950年10月初めに前第13師団長の崔勇進（チョンジン）の指揮下に編成された第18、19、36師団からなる第6軍団は、11月初めに満州の寛甸へ移動、再編された[66]。前第3師団長の李永鎬（リョンホ）の指揮下に編成された第7軍団は、満州で編成および徴集、訓練を継続して後、1951年1月に新義州へ入韓（ママ）した[67]。第13師団は、満州の吉林省へ後退して部隊を再編成した後、同年3月中旬に戻って来た[68]。これは、この部隊の所属員だった金真啓（キムジンゲ）（音訳）の証言と同一である。金真啓によれば、自分が属していた第13師団は、後退して1950年11月4日に満浦鎮から通化へ移動した。同月6日には、通化から吉林へ師団全体が汽車に乗って再び移動した[69]。第7軍団所属の第37師団は、満州の吉林で訓練および再編、1951年1月末に再び北朝鮮地域へ戻って来た[70]。一方、第45師団は満州へ移動、第8軍団の所属として再整備した後、51年1月末に再進入し、第46師団もまた満州の延吉へ移動してから51年に再進入した。第105タンク師団も、やはり一部は満州へ移動した[71]。そうだとすれば、北朝鮮地域内で作戦可能な人民軍は、ほとんど残っていなかったのである。

ソ連の文書により、当時の朝鮮人民軍の配置状況を検討して見よう[72]。11月11

日現在のソ連軍クドゥリヤチョフ中将の報告に従えば、人民軍の配置状況は次のようだった。まず、満州地方には第6軍団（第18、68、36歩兵師団）、第7軍団（第13、32、37歩兵師団）、第8軍団（第42、45、76歩兵師団）が移動、駐屯していた。これら各師団の兵力は、1万名の水準であった。これを見れば、総3個軍団に9個師団、約9万名の兵力が満州地方に駐屯していたことが分かる。また、北朝鮮地域には第1軍団（第8、46、47歩兵師団、第17機械化師団）、第3軍団（第1、3、15歩兵師団、第26歩兵旅団、第105タンク師団、第10師団、第6旅団）、第5軍団（第1、12、24、38歩兵師団）、そして4個の独立師団（第2、4、5、7師団）など、総20余個の師団が駐屯していた。金日成の陳述より遥かに多くの数字だったのである。しかし、ソ連の資料には、これら部隊の子細な位置は表れていない。

　北進する韓国軍および米軍の後方に残留していた兵力は、第2軍団として第31師団、第27旅団、そのほか独立海兵旅団がここに所属していた。当時の時点で総兵力の約25〜27万名の中、少なくとも1/3以上が満州に駐屯していたことが分かる。1951年1月30日の時点でも北朝鮮の総28個師団のうち19個師団は前線に、9個師団は満州に駐屯中だった[73]。満州は歴史上、朝鮮と中国の共産主義者たちによる3回目の共同闘争の場所となったのである。最初は日帝時代に抗日戦争の場所として、2回目が第2次世界大戦の終戦直後の国共内戦時に反国民党闘争の場所として、そして3回目は朝鮮戦争を迎えて、米国に対する共同闘争を展開しているのだった。日本、国民党、米国という闘争相手の変化は、それぞれ「帝国主義」、「共産革命」、「冷戦」という世界歴史の変化を含蓄するものであった。

　このような帝国主義時代から冷戦初期にかけての3回にわたる共同闘争の歴史は、中国、朝鮮、そしてアジアの共産主義運動がソ連から一定の自律性を持ち得るように誘導、東欧の共産主義運動と比べて非常に大きな独立性を持たせることにより、冷戦の終焉以後までもこれらが生存し得る巨視的な土台を造ってくれた。すなわち、ソ連の直接の衛星状態に置かれていた諸国家がソ連の崩壊、冷戦の解体と一緒に滅亡していったのと比べて、冷戦時代におけるソ連からの影響の縮小は、中・朝・アジアの共産主義運動にその崩壊の余波を遮断させ得るようにした。ソ連による直接の支配下に置かれていた場合、その崩壊もまた避けられなかった。

　アジアの社会主義国家である中国、ベトナム、北朝鮮における社会主義国家の建設は、東欧とは異なり植民地や半植民地の状態で社会主義の思想と運動を導入することにより、階級の解放よりは民族の解放および国民国家建設の課題といっそう緊密に連結されており、ゆえに強い民族主義の性向を帯びる外なかった。ア

ジア社会主義諸国家の強い民族主義の性向は、これら諸国家にソ連から一定の距離を維持するように案内した。これは、ソ連と東欧の「全ての」社会主義国家が滅亡した以後にも社会主義国家を維持させ得る歴史的な要因になった。東欧社会主義とアジア社会主義の決定的な差異の１つは、正に対ソ関係において現れる民族主義の如何だったのである。

注

1) 柴成文・趙勇田『板門店談判』北京、解放軍出版社、1989年、92頁。
2) 金日成『金日成選集』3巻、平壌、朝鮮労働党出版社、1953年、104-115頁。
3) 「朝鮮人民軍最高司令官命令0070号、絶対秘密」(1950年10月14日)、National Archives, Record Group 242, Shipping Advice Number 2012, Box 6, Item 18.【以下、NA, RG○○, SA# ○○, ○/○と略記】
4) 大韓民国外交部『韓国戦争関連ロシア外交文書』内部用翻訳本、26頁。
5) 同上書、31頁。
6) 本書第2章を参照されたい。
7) 朴憲永「指令——朝鮮人民軍最高指令官命令第0070号執行のための事業組織について(朝鮮文)」(1950年10月15日)、平壌市、NA, RG242, SA#2012, 6/18.
8) 大使の倪志亮は、後退途中の喘息再発と米軍機の爆撃により北京へ行って治療を受けていた。こうして、柴成文が代理大使を任されていた。
9) 洪学智『抗美援朝戦争回憶』(洪仁杓訳『中国が見た韓国戦争(韓国文)』ソウル、高麗院、1992年、50-51頁。)
10) 柴成文・趙勇田、前掲書、97-98頁。葉雨蒙『出兵朝鮮——抗美援朝歴史記実』(金澤訳『あぁ、鴨緑江(韓国文)』1巻、ソウル、黎明出版社、1996年、171-176頁。)
11) 「中国人民志願軍司令員と交わした談話(朝鮮文)」(1950年10月21日)、『金日成全集』12巻、平壌、朝鮮労働党出版社、1995年、350-353頁。【以下『全集』と略記】
12) 「人民軍隊内に朝鮮労働党団体を組織することについて(朝鮮文)」(1950年10月21日)、同上書、354-360頁。
13) 『偉大な祖国解放戦争時期の革命史跡地(朝鮮文)』平壌、金星青年出版社、1981年、15-16頁。【以下『革命史跡地』と略記】
14) 同上書、25頁。
15) 金日成「新たな反攻撃準備を徹底して整えよう(朝鮮文)」、『金日成著作集』第6巻、平壌、朝鮮労働党出版社、1980年、162-163頁。
16) 同上書、162-163頁。
17) 武亭は、東部戦線の初戦失敗の責任を取って戦争初期の7月10日に解任された金光侠の後任として第2集団軍司令官に任命されたが、再び9月に同職から解任され、崔賢に交代させられた。そうして、第7軍団長に任命されたのである。つまり、彼は戦争勃発後、民族保衛省歩兵部司令官、第2集団軍司令官、第7軍団長を経て、この時点で完全に除去されたのである。他方、金光侠は解任直後、同部隊の参謀長

に降格させられたが、1週間後に第1師団長に転補された。Headquarters, Far East Command, Military Intelligence Section, General Staff, *History of the North Korean Army* (1952), pp. 95-96, 98-99.【以下 "*HNKA*" と略記】

18)　金日成「反攻撃準備を立派に行い、人民軍隊内の規律を強化することについて（朝鮮文）」（1950年11月2〜3日）、『全集』378-385頁。

19)　林憲一「秘蔵手記――私は北傀軍の総佐だった（韓国文）」、『月刊世代』1970年9月号、ソウル、246-247頁。

20)　前掲『革命史跡地』36-37頁。

21)　金日成「敵後闘争を強化することについて（朝鮮文）」（1950年11月17日）、『全集』416-423頁。

22)　「関于開辟敵後戦場等問題給金日成、彭徳懐的電報」（1950年10月10日）、中国共産党中央文献研究室編『建国以来毛沢東文稿』北京、中央文献出版社、1988年、547頁。

23)　金一、康良煜、呉振宇、李鍾玉、朴成哲、崔賢、林春秋、呉白龍、金仲麟、金永南、全文燮、玄武光、李乙雪、金満金『赤い向日葵の下　創造と建設の40年（朝鮮文）』2巻（1950.6〜1953.7）、平壌、朝鮮労働党出版社、1981年、101-104頁。

24)　戦争決定過程における崔庸健の立場については、朴明林『韓国戦争の勃発と起源（韓国文）』Ⅰ、ソウル、ナナム出版、1996年、287-304頁。

25)　星湖「朝鮮大成山革命烈士陵圓及烈士名簿」、延辺大学朝鮮問題研究所編『朝鮮研究論叢』（一）、延吉、1987年、302頁。

26)　「姜健同志の功績を記念するために（朝鮮文）」、『全集』294-296頁。当時の新聞報道には、英雄の称号を授与した主体は朝鮮民主主義人民共和国最高人民会議常任委員会となっている。『解放日報』1950年9月13日、『パルチザン資料集』6巻、春川、翰林大学校アジア文化研究所、1996年、307頁。

27)　「姜健同志の功績を永遠に輝かせることについて（朝鮮文）」、『全集』297-298頁。

28)　『朝鮮民主主義人民共和国内閣公報1950』平壌、1951年、584頁、NA, RG242, SA #2005, 2/114.

29)　*HNKA*, p. 94.

30)　『解放日報』1951年2月4日、『パルチザン資料集』6巻、319頁。

31)　『民主青年』1951年2月2日。

32)　星湖、前掲論文、前掲書、300-302頁。

33)　『朝鮮中央年鑑』1951〜52年版、平壌、朝鮮中央通信社、1952年、170-172頁。

34)　戦争中のこの時点の北朝鮮内における金日成の行動記録は、他の時期とは異なり存在しない。中国を訪問したからと見られる。『全集』を参照。

35)　『朝鮮中央年鑑』1951〜52年版、23-24頁。

36)　「朝鮮民主主義人民共和国憲法」第103条、『朝鮮中央年鑑』1949年版、平壌、朝鮮中央通信社、1949年、12頁。

37)　『朝鮮中央年鑑』1951〜52年版、24-37頁。

38)　『革命史跡地』38頁。

39)　趙澈『死の歳月――拉北人士たちの生活実態（韓国文）』ソウル、聖峰閣、1964年。

趙石虎『解剖された黒幕——南労党員が見た北韓（北朝鮮）（韓国文）』ソウル、ソウル新聞社、1953年。李泰昊著、申敬完証言『鴨緑江辺の冬——拉北要人たちの生と統一の恨（韓国文）』ソウル、タソッスレ、1991年。

40) 趙澈、同上書、23頁。
41) 「平南政3第2751号——軍事委員会命令第74号執行保障についての指示（朝鮮文）」（原文どおり）、『北韓（北朝鮮）関係史料集』18巻、ソウル、大韓民国教育部国史編纂委員会、1994年、472頁。
42) 趙澈、前掲書、46頁。
43) 中央日報社特別取材班『秘録 朝鮮民主主義人民共和国』（上）、ソウル、中央日報社、1992年、350-353頁。鄭尚進によれば、李光洙は健康が悪化した本人の要請で、江界にあった洪命憙の臨時の自宅で治療を受けていたが、治療中に死亡した。しかし、朴吉龍は李光洙が満浦の人民軍病院で治療を受けていて、12月初旬に死亡したという話を聞いたと証言する（同上書、342-350頁）。他のある証言者は、10月25日に満浦面コゲ洞マルトクで死亡したと記録している。おそらくは、李栄根が伝える墓碑の記録が正確であろう。趙澈はこの部分を、李光洙が平壌残留後の10月16日に内務署員によって銃殺されたと記録しているが、誤謬と思われる。李泰昊、前掲書、38頁。趙澈、前掲書、52-56頁。
44) 趙澈、前掲書、59-66頁。
45) 中央日報社特別取材班、前掲書、331-341頁。
46) 「金奎植先生をはじめとする南朝鮮政界人士たちの生活を立派に世話してやることについて（内閣副首相の金策に与えた指示、1950年11月1日）（朝鮮文）」、『全集』375-377頁。
47) 李泰昊、前掲書、71-76頁。
48) 安東壹「初公開；平壌愛国烈士陵には誰が埋められたか」、『歴史批評』1991年秋、ソウル、109頁。この稀貴な公開によれば、他の主要な北行者たちの死亡日は次のとおりだった。柳東悦；1950年10月18日、趙琬九；1954年10月27日、趙素昻；1958年9月10日、尹琦燮；1959年2月27日、呉夏英；1960年9月2日、崔東旿；1963年9月16日、厳恒燮；1962年7月30日。
49) 李泰昊、前掲書、12-26頁。
50) 趙石虎、前掲書、36、54-55頁。
51) 「南朝鮮の愛国的な政界人士たちの入北を安全に保障することについて（朝鮮文）」（1950年9月17日）、『全集』314-316頁。
52) 金定基『密派』ソウル、大英社、1967年、57-58頁。
53) 同上書、60頁。
54) 金佳仁『敗走五千里』ソウル、太陽文化社、1952年、13頁。
55) 金定基、前掲書、66-67頁。
56) 『週刊朝鮮』1328号（ソウル、1994年11月10日）、26頁。
57) 金南植『南労党研究』ソウル、トルベゲ、1984年、541-542頁。
58) 金定基、前掲書、65、79-80頁。

59) 同上書、79-80頁。
60) 金佳仁、前掲書、81-83頁。
61) 同上書、95頁。
62) 同上書、96-100頁。
63) 同上書、103頁。
64) 同上書、115頁。
65) 同上書、123頁。
66) *HNKA*, p. 49.
67) *HNKA*, p. 50.
68) *HNKA*, pp. 72-73.
69) 金真啓（音訳）・金鷹教『祖国』（上）、ソウル、現場文学社、1990年、136-146頁。
70) *HNKA*, p. 76.
71) *HNKA*, pp. 77, 79-80.
72) 「6・25内幕：モスクワ新証言『ソウル新聞』発掘：蘇文書の中の秘史（韓国文）」（12）、『ソウル新聞』1995年6月10日。
73) 同上記事（18）、『ソウル新聞』1995年6月27日。

第5部　解放と統一

　北朝鮮が絶滅の危機に直面し、韓国軍と米軍が北朝鮮の領土に進駐した時、どのようなことが発生したのであろうか？　これまでこの時期は、韓国と米国が北朝鮮を占領していた唯一の時期に該当するだけでなく、甚だしくは、たとえ短かったけれども冷戦時代に資本主義陣営が共産統治地域へ進駐して占領、統治した最初であると同時に唯一の経験でもあった。すなわち、北朝鮮は「冷戦時代の間、共産主義から解放された最初であると同時に唯一の国家（the first and only country）」だった[1]。冷戦が解体される時まで、この事実は変わることがなかった。社会主義の崩壊でこれ以上は資本主義国家が共産国家を統治してみる機会を持ち得ないという点に照らして見れば、韓国と米国による北朝鮮統治は、歴史上で初めてであると同時に最後の共産主義統治だったのである。

　1950年9月15日の仁川（インチョン）上陸作戦以後に北朝鮮が38度線以北へ敗走する時、最初に最も深刻に台頭した問題は、韓国軍と米軍による38度線北進の問題だった。今日の北朝鮮で深刻な急変事態が発生する場合、または韓国を含む外部勢力の一定の関与が不可避な事態が発生する場合、韓国の選択はどうあるべきか？　直接的な責任を負う介入のような、ある特定の選択をせねばならないのか、さもなければ北朝鮮の急変事態がそれ自体として収拾される時まで、いわゆる「内部でゴミが沈む時まで」待たねばならないのだろうか？

　1950年秋に韓国による北進の主張と決行は、北朝鮮の南侵に対する膺懲（ママ）を超えて、この契機を統一の絶好の機会と見なそうという統一意志と直結していた。共産主義を打倒し、民族を統一するのが最大の目的だった韓国は、敵どもが挑発した戦争における逆転勝利が目前に迫って来ると「今や時が来た」と見なした。さらに、朝鮮半島の半分から共産主義を完全に追い出して北朝鮮を除去しなければ、いつまた再び戦争が勃発するか分からないのだった。

　南北分断で登場した48年秩序の下で、李承晩（イスンマン）は持続的に北進統一を主張した[2]。北進統一と失地回復を念願していた彼と彼の政府の官僚、軍人たちにとって38度線北進の機会は、統一のために決して逃してはならない好機だった。金日成（キムイルソン）と朴憲永（パッコニョン）の南侵が絶好の機会を提供し、米国は提供を受けた機会を実現可能な現実に変えてくれていた。

注
1) Callum MacDonald, "So Terrible a Liberation: The UN Occupation of North

Korea", *Bulletin of Concerned Asian Scholars*, Vol. 23, No. 2 (1991).
2) 朝鮮戦争前の李承晩による北進統一の主張とその性格および意味については、李昊宰『韓国外交政策の理想と現実（韓国文）』ソウル、法文社、1986年、337-347頁。朴明林『韓国戦争の勃発と起源（韓国文）』Ⅱ、ソウル、ナナム出版、1996年、594-619頁、参照。

第11章　韓国の北朝鮮統治Ⅰ：
　　　　　統一と国際・国家水準の主要問題

1．北朝鮮の崩壊と対北進駐の問題

　韓国にとり民族分割線としての38度線は、北朝鮮が開始した戦争の到来とほぼ同時に、既にその意味を消失したのだった。戦争勃発からわずか15日しか過ぎていなかった時点の7月10日、駐米大使の張　勉（チャンミョン）は「38度線は意味を喪失し、全朝鮮の解放と統一は必須的」だと主張した[1]。7月13日には李承晩が、米国CBS放送とのインタヴューにおいて「北朝鮮軍の行動は、38度線を除去してくれ、38度線による分断が持続する限り、朝鮮半島における平和と秩序は決して維持され得ない」、「侵略者を撃退するところにおいて韓国軍は、決して38度線で止まらないであろう」と主張した[2]。この李承晩の言明は、米国を大きく驚かせ、アチソン（Dean Acheson）をしてムチオ（John Muccio）にそのような言明を全力でどうやっても阻止せよという電文を火急に打たせた。米国は38度線で停止し、北朝鮮軍をそうしたように、韓国軍をそこで妨げるだろうとの米軍の声明も発表された。しかし、ムチオによれば、老政客の李承晩の口は塞げなかった。ムチオに従えば、共産主義者たちによる中国国民党政府の没落以降、韓国人たちは朝鮮戦争前から深い絶望に陥っており、いかにして共産主義者たちを阻止するのか心配していた[3]。

　7月19日に李承晩は、直接トルーマン（Harry S. Truman）に書簡を送り、「ソ連の後援を受ける北朝鮮政権が6月25日の明け方、韓国軍を一挙に攻撃して以後、彼らは自由韓国と奴隷韓国の間の政治的、軍事的な分割線としての38度線の維持を要求できる全ての権利を失った。戦前の状態（*status quo ante*）だけを回復し、結局は敵どもに再武装する時間と今ひとたび攻撃できる喜びを与える試図は、完全な愚行となるだろう」と言いつつ、世界の共産主義者たちにより人為的に祖国のど真ん中に植え付けられた癌を一挙に掃き捨てる時が来たのだと主張した。そうして彼は「大韓民国の政府と国民は、今回が韓国を統一する適宜だと考えている」と強調した[4]。李承晩と張勉の言明の中から我々は、韓国指導層が6月25日の侵略を一方的に押し付けられた時点から既に統一の好機ととらえていたことが分かる。

　8月20日に米国で行った駐米大使の張勉による以下の言明は、38度線問題につ

いての韓国政府の最も整理された見解を示してくれている。そして、この演説は歴史的な事実に対する深い認知はもちろん、彼の国際的な視野と感覚をそのまま示してくれている。李承晩を除外して当時の韓国で張勉は、林炳稷(イムビョンジク)と共に国際問題について自らの見識を持った稀少な人物だった。38度線問題についての韓国における最も総合的な見解を示してくれる演説なので、長く引用する価値がある。
「真実で永続的な平和は、侵略が完全に鎮圧され、武装解除された時にだけ可能なものです。……韓国にいる我々は、国連の全ての要請に服従したにもかかわらず、北朝鮮で1/3の人口は全体主義的な侵略勢力に抑圧を被っていました。ソ連が北朝鮮の選挙に関して、国連と合意に達する兆しは少しもありませんでした。ソ連は、国連委員団が北朝鮮に入ることを峻拒したばかりではなく、それを承認しようとさえもしませんでした。国連が何とか朝鮮問題を解決しようと努力しましたけれども、38度線は越えられない障壁となりました。ついに38度線は、世界平和に対する危険な脅威として爆発しました。どのような観点から見ても、38度線は除去せねばならない悪です。これは、国連が率直に認めねばならない目的です。

38度線は、どのような意味でも法的な根拠を持ったものではなく、誰もそれを主張した人はいません。ソ連と米国は、単純に日本軍隊の武装解除のため暫定的に38度線で朝鮮を区分することに合意したのです。米国のトルーマン大統領と歴代の国務長官たちは、繰り返して38度線が単純に暫定的な軍事的意味以上は何の意味もないということを言明しました。それと同様にソ連も、38度線が何か真実の朝鮮分断を意味するということを否認しました。ロシアと北朝鮮にあるその傀儡政権は、いわゆる『人民共和国』が朝鮮全体に対する管轄権を持っていると、再言すれば彼らの目にも38度線は政治的な境界線として存在していないということを何度も主張してきました。我が政府すなわち大韓民国は、韓国人に昔から伝来の統一性という事実の上に立脚しています。我が政府は、世界53の自由国家から全朝鮮の唯一の政府だという認定を受けました。38度線というのは、いかなる根拠も持っていないものなのです。」[5]

張勉は、1945年8～9月の分割占領決定はもちろん、それ以降の米ソの朝鮮政策までを明確に理解し、彼らの言葉を通じて米ソの政策を否認しているのだった。

民衆の政治的な熱望も、やはり大きく異ならなかった。9月15日に臨時首都である釜山(プサン)では、仁川上陸作戦の成功に時を合わせて統一促進国民大会が開かれた。指導層の北進意志を一般国民の水準でも確認できる行事だった。同時に「防御」から「統一」へと戦争の目標が転換する瞬間であった。大会では国民の名で決議文を採択すると同時に、統一に向かう国民的な意思を盛り込んだメッセージ

を国連事務総長に送った。決議内容の要旨は、大韓民国は国連総会の決議により自由選挙を実施し、国連の承認を受けた唯一の中央政府であり、朝鮮半島の統一が全韓国民の要望であって、国連軍はこれを機会に朝中国境まで突進して、完全統一が実現されることを3千万人の名で要請するというものだった[6]。

李承晩は、9月20日に仁川上陸慶祝大会の席上で、38度線の北進問題について明白に立場を表明した。

「いま世界の人々が38度線問題についていろいろと言っているが、これは全て水泡に帰するものであるから、本来われわれの政策は南北統一を行うところに限定されるのだ。……ソ連が朝鮮の内乱に参与して民主政府を侵略したのは、民主世界を討伐せんとするものとして、国連軍が入って来て共産軍を追い払い、我々と協議して戦うのだ。そのため、我々が38度線に行って停止する理もなく、また停止もできないことゆえ、今から以北の共産徒輩を全て掃討し、38度線を豆満江(トゥマンガン)、鴨緑江(アムノッカン)まで押し上げて行き、鉄のカーテンを打ち壊すであろうから、そんな後には我々を侵損(ママ)する者がいないだろう。」[7]

李承晩は、38度線で停止せよとの要求を決して受容しようとしなかった。彼にとって重要なのは、豆満江と鴨緑江で形成される分断以前の自然国境を回復することだった。この彼の言葉は同時に、その自然国境の範囲を越えてソ連および中国の領土まで進撃はしないという意思表示であった。

9月21日と25日、そして10月2日に張勉は、アチソンに送る書簡で韓国の38度線以北に対する統治権を反復して強調した。「我々は、この侵略者どもは彼らの犯罪に相当する罰を受けねばならず、大韓民国とその国民に被らせることになる将来のいかなる種類の追加侵略の根源も、今回の機会に除去されねばならないと見なします。さらに進んで、韓国についての将来のいかなる議論においても、38度線が考慮されねばならないというのが、我が政府の見解です。我々は、大韓民国政府が自由な環境で成功した選挙を通じて樹立された、朝鮮半島で（*in Korea*）唯一の合法政府と表明された事実に鋭敏な関心を持ちます。したがって、大韓民国政府は戦争が終息してから実践可能な最も早い時間内に、我が政府が38度線以北の彼らの領土の該当地域に対する管轄権（*jurisdiction*）を行使せねばならないという見解を持っています。その地域において自由な雰囲気が確実に保障されて以後、国連の監視下の選挙が実施されねばならない、というのが我が政府の見解です。その選挙は、空席として残しておいた大韓民国々会の100議席を満たす代表たちを選出せねばならないというのが、我が政府の見解です。」[8]。

もう一歩さらに踏み込んで張勉は「我が政府としては、いかなる状況においても大韓民国の主権（*sovereignty*）を侵害する、いわゆる信託統治という構想を受

け入れられないということを明らかにしておく」と付け加えた。解放政局において信託統治の論争により苦い屈辱を味わったことがあったので、この問題に予め釘を刺しておこうというのだった。

後に見るように李承晩は、米国内の論議により38度線の北進問題が深刻な混線を引き起こし、またマッカーサー（Douglas MacArthur）の命令により韓国軍も北進できずに38度線でにわかに停止するや、9月30日には直々に釜山の執務室で韓国軍の陸軍首脳部を局長級まで緊急召集して「どちら側か？　米国側か？　韓国側か？」と尋ねながら「38度線が、どうなったというのか？　何か鉄条網でも張ってあるというのか？　障壁でも積まれているというのか？　越えられない谷でもあるという話か？」と激しく怒鳴りつけた。そう言いながら彼は直接、その場において筆で命令書を書き、3軍総司令官の丁一權（チョンイルグォン）に「大韓民国国軍は即刻、北進せよ」と北進を命令した。

彼は、マッカーサーへの作戦指揮権の移譲を挙げて慎重であるよう要求する軍幹部には「作戦指揮権は、私が自ら進んで任せたものなので、いつでも思いのままに戻って来るもの」だと述べながら「大韓民国国軍である皆さんは、大韓民国大統領の命令だけ忠実に守ってくれれば良いの」だと正面から叱り罵った[9]。国防部の公刊史も、やはり韓国軍が暫くではあれ国連軍司令官の命令により北進を止めることになるや、李承晩が丁一權に直接「韓国軍単独で38度線を突破せよ」と命令したと記録している[10]。李承晩と韓国政府の主張は明白だった。米軍との衝突さえ辞さずに北進するという意思であった。

『東亜日報』は世間と共に「勝利だ、統一だ、打ち壊そう38度線／復興だ、建設だ、君も僕も働こう」というスローガンを打ち出し、既に戦後復旧を強調していた[11]。38度線北進にあたり韓国公報処が制定した勝利の歌は、前に見た金史良（キムサリャン）の従軍記と正反対の立場から「南北統一の大通りへ先駆けて走ると、白頭山（ペクトゥサン）の霊峰に新時代が来る」と言いながら、力一杯に勝利を歌っていた。新聞は「白頭山の峰に太極旗が翻る時まで、油断せずに総突撃しよう」と急き立てていた[12]。北朝鮮には永遠の聖地だった白頭山の占領は、韓国にとっては勝利の象徴であった。滅亡の危機から劇的に再生した後、今や統一を目前にした李承晩の心は「戦後の建設に総力を傾けよう」という言葉を述べるほど、もう勝利を超えて戦後復旧にまで行っていた[13]。

李承晩による強力な北進の主張は、北朝鮮軍の侵略を38度線以北へ撃退した状態で止まろうという米国内の一部の反対に直面することになった。だが、戦争を主導していた米国内の論争も、やはり実は帰結が定まった論争だった。最初に米国内の政策は、戦争の目的が単に北朝鮮の侵略行為のみを撃退し、戦前の元来の

韓国軍の丁一権3軍総司令官と金白一第1軍団長。
資料：National Archives

状態へ戻す「戦前原状回復（*status quo ante bellum*）」を通じた分断秩序の再構築か、あるいは北朝鮮軍を単純に撃退するのではなく完全に粉砕して北朝鮮地域を占領するのかという問題に鋭く分かれていた。この論争は、米国と韓国だけではなく、世界的な水準における自由主義陣営全体の論争であった。朝鮮半島の戦略的な価値を低く評価していた米軍部の立場は、朝鮮戦争前には比較的に消極的だった。しかし、米軍部は戦争が勃発した後に立場を変え、積極的な姿勢へ転換した。ここには、北進＝北朝鮮壊滅を追及するマッカーサーの見解が強力に入り込んでいた[14]。米国が北朝鮮を絶滅させるのに成功するならば、世界を2つの陣営に分けたヤルタ体制は初めて崩れるのだった。今や北朝鮮の没落は、社会主義陣営にとっては第2次世界大戦以後に確保した領域を固守できるか否かの問題として、自由主義陣営にとっては社会主義陣営へ一歩踏み込めるか否かを分ける世界的な問題として迫って来た。北朝鮮は冷戦初期、領域競争の核心的なバロメーターになったのである。

　米国内の論争の結果は、比較的に早い時点の9月1日に提出され、同月7日に採択された米安全保障会議（NSC）決定NSC81に帰結した。この決定は、同月9日にNSC81/1へ修正された。NSC81は、北朝鮮軍の撃退後、中ソの介入がない時にだけ北進し、軍事的な勝利の後に国連主導の下で朝鮮問題を解決するものの、中ソの介入如何についての情報が確認される時まで最終決定を留保することを内

容としたものだった。ソ連と中国の軍隊が北朝鮮を占領する場合、38度線以北における国連軍司令官の地上作戦は禁止された[15]。それは、いわゆる「条件付き北進論」として基本的には北進賛成側の主張を堅持しながらも、部分的には北進反対側の慎重論を受容したものだった[16]。トルーマンは、韓国の北進要求で戦争初期から論争が起きるや、7月17日に予めNSCに「38度線以北への北朝鮮軍の撃退以後、米国が取るべき措置について研究せよ」と指示したことがあった[17]。彼も、やはり非常に早い時点から北進を検討し始めたことが分かる。

以後、米国の北進決定は、次第に北進賛成の方へ合意を形成していき、米統合参謀本部により仁川上陸作戦当日の9月15日と9月27日の二度にわたりマッカーサーに指示された。その訓令の内容は、次のようであった。
「①作戦の目標は北朝鮮軍の撃滅にある。②満州とソ連の領土に対する軍事作戦を一切禁止する。③ソ連や中国が北朝鮮地域に介入した場合、これを攻撃しない。④中国軍が南朝鮮地域に進出した場合、これを撃退する。⑤北朝鮮軍の武装解除と残敵の掃討は韓国軍に一任する。⑥（大韓民国）主権の北朝鮮地域に対する公式的な拡張のような政治的問題は、朝鮮半島の統一を完成させるための国連の措置を待たねばならない」[18]。

続いて、マッカーサーが提出した北進計画案は、米政府内の最高水準の検討を経た後、9月29日に米統合参謀本部が承認することにより、また同日にマーシャル（George C. Marshall）国防長官がマッカーサーに「元帥一人だけが知っておけ」と言いながら「貴官は38度線以北へ進撃するにおいて戦術的に、そして戦略的にどんな制止も受けたことがない点を了知するよう望む」という内容の北進許容の極秘電文を送ることによって、北進は米国の全面的な同意の下で実際に施行されることになった[19]。これに伴い10月1日、韓国軍が38度線を越えて北進することになり、同月7日には国連軍が後に続いた。38度線は、今や敵対する双方により完全に消滅したのだった。38度線を越えようという人々にとっては、6月25日の北朝鮮による全面的な南侵と、それに対する国連の原状復帰勧告を北朝鮮が完全に無視したことにより、それは意味がなくなったのである。アチソンは、論争的な2つの見解を紹介した後に「38度線の越境に対するいかなる人為的な禁止措置も賦課されてはならない」と言いつつ「境界線としての38度線は、何ら政治的な効力がなかった」と陳述する[20]。

北進を決定するや、10月1日と同月9日にマッカーサーは、北朝鮮の金日成に完全敗北を認めるよう事実上の「無条件降伏（unconditional surrender）」を要求した。米軍の古典的な戦争政策である、敵の全滅を通じた軍事的な完全勝利の追及だった。38度線北進の目的は北朝鮮体制の完全解体にあることが明らかになる

瞬間であった。10月1日にマッカーサーは、このように要求していた。「本官は国連軍最高司令官として、貴官と貴官の指揮下にある軍隊が朝鮮半島のいかなる地点においても本官が指示する軍事的な監督下に武装を捨て、敵対行為を中止することを要請……する。」[21]。

10月9日には「北朝鮮政府の名前で貴官から即時、回答がない場合には、本官は国連の命令を実施するのに必要な軍事行動を直ちに開始するであろう」と、マッカーサーは更に威嚇的に警告した[22]。この2つの通牒が与える含意は大きい。強大なドイツと日本を完全に敗退させた無条件降伏政策が北朝鮮にも適用される場合、彼らは決して生き残れないだろうからだった。さらに、マッカーサーこそ太平洋戦争で日本を降伏させた張本人だった。小国の北朝鮮が、世界最強の米国の無条件降伏政策に耐え抜けるだろうか？ ソ連と中国が背後にいるという点、そこからこの戦争を両陣営間の対決へ上昇させ得るという点は、金日成の幸運であった。

金日成と朴憲永は降伏を選ぶ代わりに、秘密裏に平壌(ピョンヤン)を脱出する決定をした後、スターリン（Joseph V. Stalin）と毛沢東に粘り強く緊急救援を要請していた。金日成は、マッカーサーの二度目の通牒を受けるや否や、戦闘行為の中止を通じた降伏どころか、10月11日の放送を通じて北朝鮮の人民と軍人たちに「祖国の寸土を血で死守しよう」と言いつつ、総力戦の姿勢を追求して、マッカーサーの降伏要求を正面から拒絶した[23]。「北進」と「降伏拒絶」により、今や韓国軍および国連軍と、北朝鮮軍ならびに彼らを後援する国家との新しい戦争は、戦場を移して38度線以北の地域で行われざるを得なくなった。

しかし、準備のない急な北進は、初めから多くの問題を惹起していた。急に広い空間を占領するにはしたものの、拡大された空間に統治力が行使されるには力不足だった。1950年11月1日に韓国々会の非公開会議で韓国国防次官の張暻根(チャンギョングン)は、韓国はもちろん北朝鮮における多くの問題が「韓国軍が非常な速度で北進、進撃したので起こった必然的な結果」（原文どおり）だと把握していた。ここに、韓国当局の苦悩の一端が含まれていることが分かる。彼は、このような急激な進撃が、後方を考慮しない無謀な作戦だと理解しながらも不可避だったと陳述した。治安と安全のため徐々に進撃をしながら、占領地域を確実に掌握して行かねばならないのか、さもなければ機会が来た時、迅速に進撃して一旦は空間を占領して見なければならないのか、すなわち漸進的な進撃か電撃的な突進か、38度線が開かれた時に李承晩は躊躇なく後者を選んだ。

張暻根の陳述を見てみよう。「これを韓国軍が予想しなかったのではありませんが、一般情勢と戦術に従って進んで行ったとするならば、到底10月10日その日

に、平壌に入城はできなかったでしょう。敵が…（中略）…防衛陣を張る前に、我々が先に前へ行って後へ回り、引き返して平壌までの防衛線を広げられないよう、そのような時間的な余裕を与えなかったゆえに、ここに今日の成功を成し遂げました。平壌、咸興(ハムフン)の前線に加え、一定の防衛線を広げる時間的な余裕を与えず、急速度で進撃させて、これは断片的に見れば大変に無謀で、後方に対する何の考えもなしに進んで行ったのですから……もう１つは、小を犠牲にして大を取るという意味で、これは意識的に無理な作戦だったので、後方の治安、これは必然的に真空状態が生じたのです。」[24]。

小（後方の真空状態）を犠牲にし、大（急速な進軍による統一）を取るため、意識的に無理な作戦を展開したという陳述には、急進的な統一追及の興奮と熱望が読み取れる。鴨緑江辺の楚山(チョサン)に韓国軍部隊が到達したことについても、張暻根は無謀な作戦だと認定しながらも「これは、知っていながら無謀な作戦をしたもの」だと答弁していた。同会議において国会議員の徐珉濠(ソミンホ)は、我が韓国軍が多くの事情から果たして豆満江まで作戦を遂行できるのか否かについての答弁を求めたりもした。

最善の道は、平和を通じた統一ではある。だが、万一いつか北朝鮮体制が1950年のように主権の危機を招来するほどの急変事態に直面した時、韓国は果たしてどうするのだろうか？　すなわち、北朝鮮で急変事態が発生する場合、韓国は平和統一のため内部で事態がそれ自体として整理される時まで待たねばならないのか、さもなければ何か別の措置を取らねばならないのか？　または、米国と中国の何らかの措置を待ちながら、その後の政策を選択せねばならないのか？　でなければ、韓米合同の何らかの共助体制を構築し、合同措置を取らねばならないのだろうか？　この問題は、いかなる場合にも選択が容易ではない、難しいものである外ない。加えて、北朝鮮の混乱がすぐに1950年６月25日のような分割線解体の意味を持つものでもないからだ。「1950年の北進」の経験に照らして、米国の政策が１つに統一されるのか否かも、やはり予断が難しい。この機会に我々は、この問題と関連して発生可能な諸事態を検討し、対応策を模索せねばならないであろう。

2．北朝鮮地域の統治主体：解消されなかった難題（1）

誰が冷戦の開始以後、最初に崩壊した社会主義国家を統治するのだろうか？　1950年秋に北朝鮮が崩壊した時、最も先鋭に浮上した争点は、実際に解放された北朝鮮地域に対して誰が主権を行使するのかという問題だった。すなわち、占領

の主体と方式に関する問題が最も重要な問題として浮上した。本当に重要で深刻なのは、この問題が解消されるどころか今日までも韓米間の核心的な問題として残っている点である。韓国政府は、北朝鮮地域を「未収復地区(ママ)」と規定し、朝鮮戦争前から北朝鮮地域に対して道知事を任命したり、100の国会議席を空席にして置いたりして、韓国の統治権が行使される領域として規定していた。

　1948年の韓国の建国憲法も、やはり第4条の領土に関する規定で「大韓民国の領土は朝鮮半島とその付属島嶼とする」とし[25]、北朝鮮地域が韓国の領土であることを明らかにした。この条項は、明白に北朝鮮を意識して意図的に挿入したものだった。建国憲法を起草した兪鎮午(ユジノ)によると「大韓民国憲法は、決して韓国にだけ施行されるのではなく、我が国固有の領土全体に施行されるものだということを明示するため、特に本条項を設置した」[26]のだった。したがって北進の結果、38度線以北の地域は、当然に韓国の統治権が拡大されることを意味した。

　戦争初期には人民軍の攻勢に対する防御に汲々とした状態において、北朝鮮地域に対する占領の主体問題や具体的な政策は、韓米両国とも想像できなかった。しかし、仁川上陸作戦の成功により、北朝鮮地域への進駐とその占領は現実として迫って来た。これに多くの占領と進駐の経験を持っているワシントンの政策担当者たちは、北朝鮮地域に軍政を実施する計画を次第に整えていった。9月22日に米国務省の朝鮮担当官エマーソン（John K. Emmerson）は、「朝鮮終戦計画（Program for Bringing Korean Hostilities to an End）」を作成した。その主要な内容は、次のようであった。

「韓国軍を含む国連軍が北朝鮮の主要地域を占領し、北朝鮮軍を武装解体する」、「38度線以北の占領地域に対する韓国による管轄の時期と方法は、国連軍司令官が韓国政府と協議して決定する」、「（それ以前には）38度線以北の地域において法と秩序を維持する責任は、国連軍の監督下に北朝鮮民政当局が負う」、「国連朝鮮委員団の主管下で適切な時期に、今まで韓国政府の実質的な管轄と統治が及び得なかった地域における選挙を実施する」、「米国は（統一された）朝鮮の国連加入を推進する」[27]。

　この計画では、北朝鮮の既存の統治権限を明白に認定していることが分かる。同じ9月23日の時点における米国務省と米国国連代表の間の連席会議でも「問題を更に複雑にしているのは、我々（米国——引用者）や国連加盟国の誰も、大韓民国が全朝鮮半島を代表する政府だと認定しておらず、ただ38度線の以南だけを代表する政府として認定しているという事実」ゆえだと認識していた[28]。

　韓国憲法と「朝鮮終戦計画」が示してくれる差異点は事実、問題の核心部分だった。国連決議により韓国は、北朝鮮に対する管轄権の認定を受けたのか？

1950年現在、韓国は全朝鮮半島にわたる統治権を行使する唯一の合法政府だったのか？　韓国は、1947年11月14日と1948年12月12日の国連決議に根拠を置いて、いつも肯定的に主張した。逆説的にも、米国と国連もまた正にこの諸決議を根拠に、韓国の北朝鮮統治権を否認した。

しかし、その実は国連の決定に根拠を置いて事実のとおり正確に言うとすれば、韓国はただ「国連臨時朝鮮委員団が監視および協議可能だった地域に対して実効的な統治と管轄権を持つ合法政府として樹立された」との宣布を受けた状態だった（Declares that there has been established a lawful government ((the Government of the Republic of Korea)) having effective control and jurisdiction over that part of Korea where the Temporary Commission was able to observe and consult and……原文どおり）。」[29]。韓国があれほど強調して主張していた北朝鮮に対する統治権は、国連により保障されたことはなかったのである。しかし、韓国が国連から北朝鮮地域に対する統治および管轄権の認定を受けられなかったからと言って、同地域に対する北朝鮮のそれを認定するものではなかった。それゆえ、朝鮮半島で韓国が国連から合法政府として認定された唯一の政府だったという韓国の主張は、間違ったものではなかった。

9月26日に米国務次官のウェブ（James E. Webb）は、駐韓米大使に「貴下は、李承晩や他の大韓民国人士が大韓民国の38度線以北に対する主権の一方的な拡大に関し、公開的な発言をすることを慎むよう全ての努力を尽くすこと。……大韓民国からのどんな一方的な公開発言も、ただ国連加盟国の態度に有害な刺激を加えるだけであろう。……大韓民国の未来と関連して最も重要なこの時点に、国連と協調することを李承晩に強調すること」を指示した[30]。

同日、アチソンは米国防長官代理に送る極秘電文で、マッカーサーに送る米統合参謀本部の指示草案に次の内容を追加することを要求した。
「たとえ大韓民国政府は、朝鮮半島の唯一の合法政府であると（ソ連圏を除外して）一般的に認定を受けているが、そうだと言って38度線以北の地域に対する大韓民国の主権（sovereignty）は一般的に認定されていない。大韓民国とその軍隊は、国連軍の一員として38度線以北の地域において軍事作戦と軍事占領に参与できるが、（大韓民国の）主権の北朝鮮地域に対する公式的な拡張のような政治的な問題は、朝鮮半島の統一を完成するための国連の措置を待たねばならない。」[31]。

もちろん、9月27日にマッカーサーに送る指針には、この内容が強調されて正確に包含された[32]。軍事作戦と政治的な主権の問題を分離し、国連を通じて占領政策を展開しようとする明白な意思の表現だった。

10月2日にエマーソンは、備忘録『北朝鮮占領（The Occupation of North

Korea)』という草案で、北朝鮮占領の段階を「組織的な抵抗の終息から国連委員団の到着まで、国連委員団の到着から全国的な選挙の実施まで、選挙の実施から占領軍の撤収まで」の3段階に分け、各段階別に必要な政策と措置を作成した。草案の要件は、国連委員団が到着するまでは国連軍司令官が占領統治権限を持ち、以後は国連委員団が選挙を監督、施行して、選挙後には大韓民国が全朝鮮半島にわたる統治権を持つという内容だった。この草案によれば、韓国人は重要な役割を果たさねばならないが、選挙が実施される時までは北朝鮮地域に対する大韓民国の主権は法的に拡大され得なかった[33]。この草案は以後、米軍の北朝鮮占領と統治の最も重要な根幹をなすことになる。

　この草案は、10月3日に米陸軍省でも受け入れられ、マッカーサーに送るため軍政実施についての具体的な指針として詳細に作成される。基本骨子は同じだが、占領目的、任務、権限、諸般の関係、一般事項、政府の構成、個人の権利、経済、司法、指揮組織、再教育と再訓練などを追加で添付し、各々の事項について詳述した点が大きく異なっていた。この文書でも、やはり大韓民国の38度線以北の地域に対する主権は明示的に否認された[34]。10月3日の米陸軍省草案は、若干の事項だけが追加されたり変更されたりしたまま、ほぼそのまま10月28日に米国の大統領、国務長官、国防長官、統合参謀本部の承認を受け、マッカーサーに指示された[35]。同草案は、国連の名で北朝鮮地域を占領し、国連が最高権威を持つ点をもう一度、明確にした。戦争法と慣習に違反したり残虐行為に加担したりした者たちは、そのような法律と慣習に従って裁判を受けねばならなかった。しかし、単純な北朝鮮政府の官吏、軍人、そして政党の成員たちは、処罰を受けないだろうというのであった。自由選挙の下で朝鮮半島を再統一させるための強度の高い再教育と再教習（*reorientation*）は、依然として重要なものとして強調された。

　以上の諸草案によれば、占領の第1段階は北朝鮮地域内に秩序が回復され、内的な安全を取り戻す時までの時期だった。この段階では、マッカーサーが国連と米国政府の統制下に最高統治権を行使するようになっていた。第2段階は、全国で自由な選挙が実施される段階だった。マッカーサーが完全な権限を行使するものの、国連朝鮮委員団の建議と忠告を受けて、その兵力を使用して社会秩序を維持するようになっていた。第3段階は、選挙が終わり、統一された政府が樹立され、朝鮮半島に派遣されていた外国軍が撤収して、新しく誕生した朝鮮政府に対する統制を次第に緩めて行く段階だった。占領期間中にマッカーサーが遂行せねばならない主要任務は、公共秩序の回復、疲弊した国民経済の復旧、朝鮮半島の国民に統一を準備させることなどであった[36]。

マッカーサーは、北朝鮮政府を完全に崩壊させても、それを李承晩が率いる大韓民国政府に代替させようとはしなかった。彼はその実、北朝鮮地域に占領機構以上の意味を持つ中央政府機構を置こうとも考えていなかった[37]。要するに米国や国連は、李承晩政権に北朝鮮の解放地域を統治させる意図を全く持っていなかったのである。前述した9月27日の指針に続いて10月7日の国連総会は、論争に楔を打ち込むかのように、38度線以北の地域に対する韓国政府の管轄権を公式に認定せず、全朝鮮半島で国連の監視下に選挙を実施して、統一朝鮮政府を樹立すると決議した。後続して10月9日、ワシントンは更に強力に「大韓民国の北朝鮮地域に対する主権は認定されなかったので、国連軍司令官の資格としてそのような主権を認定してはならない」と再び指示した[38]。

　しかし、李承晩は決して援助提供者、戦局主導者の思い通り動く従順な指導者ではなかった。彼は、全朝鮮総選挙説が広がるや、もう10月8日に選挙は「以北の百席だけ補充すれば良い」と一言で切り捨てた[39]。建国々会で北朝鮮地域のため空席にして置いた議席だけを満たせば良いとの話だった。政府代弁人は10月9日に「韓国が唯一の主権国家」だと言いつつ、国連で話されていた選挙は北朝鮮地域だけを意味すると、国連で議論されている事実とは相反する主張を提起した[40]。

　10月12日にアチソン米国務長官は直接、駐韓米大使に電文を送って「韓国の国家警察は、大韓民国軍隊により解放された赤色北朝鮮の9つの地域で既に巡察活動をしている。内務長官の趙炳玉(チョビョンオク)は、その地域に入っている警察は共産統治から解放される時、赤色地域における秩序を維持するために募集された3万名の兵力の一部だと明らかにした」という報道と関連して、次のような指示を下達した。「彼ら警察の軍事的な性格と、したがって彼らは（国連軍）統合司令官の指示下に行動せねばならないという事実を強調せよ。民間の警察活動を通じ、大韓民国が自らの統治権を北朝鮮地域に拡大しようと試みているという印象を国連加盟国が受けてはならない、という点が重要である」[41]。

　10月7日に国連総会が「朝鮮の統一は未だ達成されていない」としながら、38度線以北の地域に対する韓国政府の管轄権を認定せず、全朝鮮半島において国連の監視下に選挙を実施し、統一朝鮮政府を樹立すると決議した後、これを再び確認する決定的な意思表示が、10月12日の国連総会臨時委員会（the Interim Committee）の小総会（the Little Assembly）から出て来た。同臨時委員会は「朝鮮半島全域を合法的に、そして効果的に統治できる政府として、国連が公式に認定した政府はない」と明白に闡明した後、朝鮮半島の統一とこれに伴う韓国政府の統治権の拡大を公式に否認した。また同臨時委員会は、統合指揮権を行使してい

る国連軍司令官が北朝鮮地域の統治と行政面において国連朝鮮統一復興委員団と懸案問題を議論し、全責任を遂行してくれることを米国に要請した[42]。正確な理解のため、この部分に関する国連決議の全文を引用すれば、次のようである。
「朝鮮に関する臨時委員会小総会は、
1. 1950年10月7日付で総会において採択された決議文の規定下に、朝鮮に関する臨時委員会小総会で同決議文に包含された勧告に従い、国連統合軍司令部と協議して助言するよう要請されることを考慮しつつ、
2. 主権国家の朝鮮に統一され独立した民主政府を樹立するため、国連主導下に総選挙の実施を含む全ての所要活動が取られるという同総会の勧告に留意しつつ、
3. 大韓民国政府は国連臨時朝鮮委員団が監視し協議できた朝鮮地域に対する実効的な支配権を持った合法政府として国連により承認されたこと、ならびに**結果的に朝鮮のそれ以外の地域に対する合法的で実効的な支配権を持つと国連により承認された政府はないことを想起しつつ**、
4. 戦争行為の勃発当時、大韓民国政府の実効的な統治下にあると国連により承認されず、また現在は国連軍の占領下にある朝鮮地域の政府と民政に対する全責任を、国連朝鮮統一復興委員団がこの地域の行政を考慮するようになる時までは、統合軍司令部が臨時に担当することを勧告し、
5. 統合軍司令部が本決議に依拠して、朝鮮の統合軍司令部指揮下にある数個の国連加盟国軍隊から出た現在の復興担当の将校たちと一致して、民政のために設置された全機関と協力するため速やかな措置を取るよう勧告し、
6. 朝鮮統一復興委員団が到着する時まで、本決議に応じて取られた措置を臨時委員会に継続して報告するよう統合軍司令部に要請する。」（**強調**は引用者）[43]。

要するに、米軍は国連を借りて、韓国の北朝鮮地域に対する統治主権を明白に否認したのである。

しかし、1950年10月15日のウェイク島会談でマッカーサーは、国連総会臨時委員会の決定が国連と韓国との関係に悪影響を与えないか、深刻な憂慮を表明した。彼は、トルーマン米大統領はじめハリマン（Averell Harriman）、ペイス（Frank Pace）陸軍長官、ブラッドレー（Omar Bradley）元帥、ラッドフォード（Arthur W. Radford）太平洋艦隊司令官、ムチオ大使、ジェサップ（Philip Jessup）巡回大使、ラスク（Dean Rusk）国務次官補などが参席した会談において、次のような見解を披瀝した。
「アジアにおいて最大の災難は、国連の李承晩政府への反対により、韓国人が我々

に抵抗する時の状況であろう。彼らは、自らの軍事的な問題を扱う充分な能力を持っている。万一、彼らが我々に反対して結集していくならば、それは（本当に）遺憾な状況となるであろう。私は、彼ら（韓国——引用者）を正確に北朝鮮と同格に取り扱う国連の諸決定を見た後、甚だ憂慮してきた。ムチオ大使が言ったように、韓国人は敏感な国民であり、我々は（注意しなければ——引用者追加）容易に彼らを我々に抵抗させることにもなりかねない。そのように立派に持ち堪え、大きな苦痛を耐え忍んできた政府を追い出すならば、また彼らを北朝鮮と全く同格に取り扱うならば、それは穏当ではない。我々は、この政府を支持し、そのために２万７千名の人命を捧げた。彼らは、国連の名の下で適法に（duly）樹立された政府であり、したがって、決してそれを倒してはならない。」

マッカーサーは、北朝鮮地域の占領問題に関する限り暗黙的に、ワシントンではなく韓国の立場を支持していたのである。トルーマンは、マッカーサーの見解に同意しながら「そうもできず、そうしても駄目だ（This can not be done and should not be done）。我々は、この政府を継続して支援するだろう」と明かした。これに対し、ラスクは「我々は、国連で我々の立場を提示して説明しているが、何名かの国連代表の間には広範な反李承晩政府の宣伝運動が存在している」と報告した。もちろん、トルーマンは「我々が李承晩政府を支持している事実を明白にすれば、そのような宣伝は**簡単に潰れるだろう**」（強調は原文どおり）と自信感を披瀝した[44]。

ラスクの言明からも見られるように、たとえ李承晩政府を支持して北朝鮮と同格に扱わないとしても、その政府が帯びた38度線以南だけでの合法性と警察国家的な属性により、全朝鮮半島にわたり主権を行使する唯一の合法政府として支持を受けるのは、依然として難しい問題である外なかった。李承晩政府の警察国家的、非民主的な属性は、戦時の西側陣営内で深刻な国際的論争まで呼び起こしていた[45]。韓国政府は、米軍官吏から「反動的な警察国家（reactionary police state）」という評価を受けもした[46]。

国連の軍政が決定されたという知らせを聞き、李承晩は即刻「何の話だ。北朝鮮も厳然として大韓民国の地ではないか。そこに住む住民たちも、大韓民国国民ではないか。国連軍も北進しているが、彼らは、どこまでも我々を助けようと来た軍隊であって、大韓民国国軍ではない。それだから北朝鮮に対する主権の行使は当然、我々が行使せねばならない」と指示した。そうしながら彼は、趙炳玉内務長官に夜を徹してでも施政方針を出しておけと指示した[47]。国連軍の主権を認定しないという意思だった。

10月12日に韓国政府は、国務会議で採択した「北朝鮮施政方針」を内務長官の

趙炳玉の名で公表し、北朝鮮地域に派遣する行政官を任命するなど、積極的な対応措置を取った[48]。機敏な対応により韓国が、米国や国連の決定と措置に即刻、正面から対抗しているのが分かる。趙炳玉によれば、彼は米国の『軍政実施要綱』を入手して李承晩に報告、対策を熟議した。趙炳玉は、暫定的な軍政実施は受け入れるとしても、人事措置は大韓民国の関与なしには許されないと見なしていた。彼に従えば、マッカーサーに抗議電文を送るよう李承晩に進言したのも彼自身だった[49]。

韓国軍では翌日の10月13日、国防長官の主宰下に軍最高位関係者会議が開かれ、国務会議の決定どおり内務部行政官が収復地区の都市・郡に派遣される時まで、軍がその地方の住民自治機構を臨時編成すると結論を下した。これに従って陸軍本部は、軍団と師団にある民事部へ収復地区ごとの市郡単位で自治機構を編成するよう指示した[50]。しかし、米第1軍団司令官ミルバーン（Frank W. Milburn）少将は、北朝鮮の統治権を認定するという正反対の指示を下した。彼は10月13日に布告第1号を通じて、北朝鮮の現行法令と規律が占領軍当局によって廃止、停止、禁止されない限り効力を持ち、警察を含む北朝鮮の行政当局は連合軍当局により代替される時まで法令の効力下でその行政区域内の法令と秩序を維持する責任があると命令した[51]。北朝鮮当局の管轄権の否認と認定とに完全に分かれているのだった。

10月14日付のAP通信の報道によれば、李承晩は国連の決定に対し「これが国連の政策だとは信じられない。大韓民国政府は、かくのごとき措置に関する何らの通告も受け取れなかった。同計画の全構想は、韓国民としては受諾できないこと」だと正面から反発した[52]。同日、韓国政府の公報処長は「我々は、早々と国連が超政府的な政府だと考えることはできない。実際的に同提案は、実現が不可能なものだ。韓人は、同提案を受け入れず、協力もしないであろう。我々は同提案が、我が政府を通じて自ら選挙を施行できるという、譲渡できない我々の権利に対する侵害だと考えている」[53]と言いつつ、国連の権威自体にまで挑戦して出た。

李承晩は、マッカーサーにも強力に抗議した。彼の抗議電文を見よう。
「国連の新しい委員会の決定は受け入れられない。韓国国民は、国連委員団の監視と協力の下に、自らの自由意志に従って選挙を実施し、いかなる政府でも樹立できるという、自分たちの譲渡できない権利を所有すると主張できる。しかし、外勢により（韓国）人民に強要された現在の共産主義機関と協力して（韓国）内政に干渉しようとするならば、どんな国家と国民であれ、甚だしくは国連であれ、これを受け容れられない。国連と韓国軍の高貴な血の代価で共産主義を撃退した今、北朝鮮地域で共産主義を保護して再生させようという（国連の）新しい委員

会の決定は、考慮さえもできない。

　本政府は、戦闘が終わる時ごとに平和と秩序を回復するため、2年前に任命しておいた北側5道の道知事たちを派遣し、民事行政を担当するであろう。選挙を実施できる状況になれば、人民は自由な雰囲気の中で彼ら自身の道知事を選出できるだろうし、南側の市民たちが享受している立派な市民的権利と特権が、全く同じく北側の全人民にまで拡大されるだろう。国連の新しい委員会の意思を尊重する意味で、本人は適切な最短日時内に辞任するであろうが、それに先立って必ずこの戦争の唯一の目的だった共産主義者問題を処理せねばならず、ソ連やその他の外勢の影響から自由な状態で北と南の人民の意志が実現されねばならない」[54]。

　国連臨時委員会の決定が共産主義を再び復活させて保護してやる結果になったと言いながら、李承晩はその決議案を頑強に拒否しているのである。そう述べながら彼は、敵対行為が終わると共に、彼の政府が北朝鮮地域に行政権を行使すると主張しているのだ。マッカーサーは、李承晩の抗議覚書を即刻トルーマンに送った。マッカーサーは「私は、ワシントンでその問題に関する徹底した検討が進められる間は、その問題を以てまた再び世界の悶着を起こさないよう注意するのが有利だろうと彼に忠告した」と付言しつつ「李承晩の感情は、昨日のウェイク島会談で私が心配していたそのまま」だとの見解を付け加えた。彼は重ねて「我々は、無用に李承晩政府を疎外してはならない」という言葉も忘れなかった。基本的に李承晩の路線を支持していたマッカーサーは、李承晩に対する「戦術的な警告」とワシントンに対する「戦略的な説得」を併行しているのだった。

　10月16日にドラムライト（Everett F. Drumright）駐韓米代理大使は、10月12日のアチソンの指示と関連して李承晩を訪ね、北朝鮮の地方における韓国警察の活用と関連して抗議した。しかし、ドラムライトによれば「李承晩の態度は、その抗議を好意として受け取らず、国連に対する一種の挑戦のようなものであり、可能な限り速やかに北朝鮮地域を大韓民国に編入しようという決心だった」。彼は李承晩に、自らを国連との関係において窮地に追い込むことになる発言や行動を慎むよう強調した[55]。ワシントンの訓令を受けた、李承晩に対する強度の高い警告通報だったのである。同日に韓国外務長官の林炳稷の訪問を受けた米国務省朝鮮担当官エモンズ3世（Arthur B. Emmons, 3rd）も、やはり「38度線以北の北朝鮮地域を大韓民国へ窮極的に統合するのは、国連の（決定）事項」と述べつつ、今のように行動するのは大韓民国の名分と立場をむしろ大きく害する結果を招来するだろうと警告した。そう言いつつ彼は、朝鮮の統一問題と関連した国連の行動に反応する時、正確に理解して自重自愛することを要求した。彼の要求は、事実上の通牒に近かった[56]。

李承晩の正面対応の反応が翌17日付のUP通信報道でワシントンに知られるや、アチソンは駐韓米大使に最強の指示を下した。「適切な手続きを通じ、朝鮮統一問題を能率的で公正に解決しようという国連によって提示された原則に李承晩が正面から挑戦して出て来るのであれば、米国政府は、全朝鮮半島の選挙を主張する国連と国連以外の多くの分野からの圧力に対抗して、李承晩政府を継続して支持して擁護するのが不可能にはならないとは言え、次第に困難な立場に置かれることになるであろう。……臨時委員会の委員たちが問題の通信報道で特別に興奮しており、米国代表団は、即刻の措置を取ろうという（委員会内部の）主張を止めさせるのにかろうじて成功した。……貴下は即刻、大統領に会って国連の朝鮮政策と衝突する（彼の）恣意的な行動が帯びる重大な危険性を指摘し、また、そのような行動が国連の内外で彼を支持してきた我々の立場を深刻に侵食している点を認識させよ。未来のための計画と関連して、国連が韓国人の全面的かつ完全な協力を受けるのは、絶対的に重要である。今はその問題に関する国連の議論において決定的な時期なので、大韓民国の性急で分別のない行動は、最も破壊的な影響を与えてしまうであろう」[57]。
　アチソンの言明は最悪の場合、米国が李承晩に対する支持を撤回する可能性もあることを婉曲に暗示したとも解釈できるほど、強力な警告を盛り込んだものだった。
　韓米葛藤、正確に述べて李承晩とワシントンの葛藤は、今や頂点に向かい駆け上っていた。李承晩は米国時間の21日、ロイター通信の特派員に「韓国政府は、国連の介入なしに北朝鮮地域に統治権を樹立するだろう」と言いつつ「大韓民国は国連と協力する。だが、国連の関与は協助と監督に限定されねばならない」と釘を刺した[58]。李承晩は、最後まで放棄せずにいたのである。トルーマンは10月20日、マッカーサーに送る電文で直接「10月12日の国連臨時委員会の決議案に対する李承晩大統領の最初の反応は、同決議案の正確な目標に対する充分な情報が欠如していたばかりではなく、不完全で不正確な言論報道に基づいたから」だと記述した[59]。また彼は「米国政府は、大韓民国政府の統治権が自動的に北朝鮮地域まで拡大されるのではなく、国連（朝鮮）委員団が統一国家を樹立するために必要な選挙とその他の関連行動を遂行するだろうという国連の立場を継続して支持している」と闡明した[60]。ワシントンとソウルで同時に、北朝鮮地域に対する統治権の主張を撤回するよう、韓国にあらゆる水準で強度の高い総力的な圧力を加えていることが分かる。この問題において韓国は、国連と米国という2つの核心的な戦争支持、後援勢力と葛藤し、深刻に対立していたのである。
　理解し難いのは、失地回復を叫んでいた韓国はそうだとしても、なぜ米国が北

朝鮮地域の統治主体の問題について時間の経過の中で次第に確固となる、ここまで強硬な立場を固守したのかという点である。激烈な戦争が進行する時点で、管轄権の問題がそれほどまで重要で至急な問題だったのか？　敵は未だ消滅もせず、前線の戦闘は熾烈を極めた。回答は比較的、簡単に見える。ひとつは問題の歴史的な所在で、もう1つは現実的な理由からだった。

　ひとつの理由は韓国、米国、国連のいずれも朝鮮戦争前に、この問題について明白な結論を下していなかったからであった。国家の樹立を優先するところから、1948年の時点で北朝鮮地域に対する統治権の問題を曖昧に処理してやり過ごした暫定的な状態において、北朝鮮消滅の可能性の時点が余りにも早く来たのである。すなわち、問題は最初に2つの分断国家が出発する時からその素地を抱えていたのだ。本当に重要なのは後に見るように、この問題が朝鮮戦争時の激烈な葛藤経験にもかかわらず、今日までも持続しているというところにある。1950年の経験にもかかわらず、48年秩序と憲法の統一関連の核心的な争点は、今日までも未解決で持続しているのだ。

　もう1つは、米国が戦争と新しい統一政府の樹立過程を主導しながら、そしてその過程で李承晩政府を徹底して統制しながら、同時に制度的には国連の名前を借りて無理なく統一政府を樹立するよう誘導する中で、統一以降の朝鮮半島と東アジアに対する影響力の極大化を追求したからであった。米国としては、戦争を自らが主導する状態において、北朝鮮の消滅以後における北朝鮮地域の管理主体と影響力の行使に相当な神経を使わざるを得なかった。この問題は、単純に北朝鮮地域の占領と管理権を確保するという次元を超える問題だった。これは、今後のソ連圏への進駐について自由主義陣営による統治の先例となるばかりでなく、何よりも朝鮮戦争終息後の東アジア秩序における米国の能力と主導権の問題に直結していた。しかし、韓国政府の強烈な反共主義的で民族主義的な性向は、それがいかに短いとしても、米国による占領と統治を通じた分断の持続状態を容認しようとはしなかったのである。

　問題の深刻性ゆえ、米軍内における論争も熾烈だった。マッカーサー麾下のセムス（C. F. Sams）准将のような場合は国家の政策とは反対に、米軍が38度線以北に対する韓国政府の管轄権を認定しなかったのは失策だと言いつつ、それゆえに2つの組織とチャンネルが必要だという点を指摘していた。もう一方で彼と同じ東京駐在のヴァンダーハイド（H. J. Vander-Heide）大佐は、既に10月18日に事態の進行を予測していた。彼は、韓国軍をして前進に伴う後方の空白を埋め、38度線以北に対する事実上の統制を確保させる政策が究極的に招来する結果について、深刻に憂慮していた。彼が見るに、このような後方が空白として現れる中

で発生する事態は、問題になる素地があった。彼は、具体的な占領政策上の問題が現れる以前にもう「後方と北朝鮮地域が実際に韓国軍により占領され、行政機構が樹立されれば、最高司令官（マッカーサー——引用者）は、このような状況を覆し、受容可能な別の統治形態を樹立すべき必要性に直面するかも知れない」と言明している[61]。

　戦争の一方的な米国による主導は、この葛藤の帰結を予定していた。マッカーサーに送るトルーマンの電文が発せられた10月20日を契機として、韓米間には妥協が形成されていった[62]。それは、李承晩の屈服に近い譲歩を通じてだった。李承晩は、ムチオとの対談で北朝鮮地域における統治主権の問題に関し、これ以上の公開的な言及をしない点と、国連軍最高司令官の要求がある場合を除外しては北朝鮮地域にこれ以上の官吏と警察を派遣しない点に同意した[63]。北朝鮮に対する統治主権という長きにわたる主張を放棄したのだ。

　10月20日にノーブル（Harold Noble）との対談で李承晩は、韓国政府が国連朝鮮委員団を協助することに決定したと語った。同時に李承晩は、北朝鮮地域に対する官吏の任命にこれ以上は固執しなかった。しかし李承晩は、国連軍当局が北朝鮮統治のため共産主義者、元共産主義者、前北朝鮮官吏たちを採用することには明白に反対した。彼は、道知事をはじめとした人々が朝鮮戦争以前に任命された人たちであり、彼らは大韓民国の官吏として北朝鮮地域に派遣されたのではないと述べた。同時に李承晩は、韓国政府が明白な利害当事者ゆえ、韓国政府と事前に協議しないならば国連臨時委員会の決定に完璧に協力して行動することを期待してはならないという点、そして韓国政府が北朝鮮地域におけるいかなる軍政（*military government*）の樹立にも反対するという点を明らかにした。彼は、ソウルにいる前米軍政の官吏たちが既に、韓国政府には敵対的なものの米軍政には好意的だった人物たちを北朝鮮地域の統治のために募集していると主張した。李承晩は、統治権の主張を撤回する代わりに、韓国政府との協議、軍政の実施反対、既存の官吏認定、北朝鮮官吏の使用反対などを主張したのである[64]。

　このような主張は、以後にも李承晩により反復される核心的な内容だった。しかし、その実は10月25日にも李承晩は「国連が選挙実施の時まで北朝鮮地域の管理を主張する何らの理由もない」と、部分的には自分の主張を曲げないでいた[65]。さらに深いところで進行した内幕によれば、いかなる理由からか、マッカーサーさえも1950年10月に米軍内で北朝鮮占領について議論する時、軍政（*military government*）という用語に対して至極つよい拒否感を持っていた。軍政という用語の使用に対するマッカーサーの拒否は、占領政策を執行する米軍将校たちの中で混線と葛藤を招来していた[66]。彼は、この用語を使用することに強い個人的な

抗議を提起しもした。北朝鮮地域の統治について、なぜマッカーサーが個人的に軍政という用語の使用にこれほど強い拒否反応を見せたのかは知られていない。NSC81では軍政を民事（*civil affairs*）と変えて表現したことから見て、彼の意図は占領を、単純な軍事行動を超える何らかの政府の統治行為と考えたのかも知れない。

ともあれ、10月30日に李承晩は、統一問題に関する包括的な談話を発表して「韓国政府は、10月7日の国連総会決議に従って行動するだろうし、国連朝鮮統一復興委員団に積極的に協力する決心」を明らかにした。北朝鮮統治のために任命されていた知事と官吏たちの北朝鮮地域への派遣は、自由意志に任せると後ろに退いた。統治主権の主張を明白に放棄したものだったから、李承晩としては結局、国連を通じて北朝鮮地域の占領を実施しようという米国の基本政策を受け入れたのだった。そう言いながらも李承晩は「韓国の政府や国民は、我々と何の連絡もなく決定された計画に自動的に拘束されはしないの」だと言いつつ、韓国が利害当事者であり、必ず韓国と協議せねばならないという点を強調した。また、彼は「共産党員や前に共産党員だった者たちを官公職やその他の責任ある職責に残留させたり雇用したりすることには絶対に反対する」と再び強調した[67]。10月20日の対談内容を公開的に確認するものだった。

米国の政策が確定して韓米間に妥協がなされるや、10月29日にワシントンは、北朝鮮地域における李承晩政権の権威を認めてはならず、国家的な次元の諸問題については韓国とムチオ大使を通じて政府間交渉により処理せねばならないとマッカーサーに指示した[68]。しかしマッカーサーは、この指示が事実上、現実とは余りに乖離しており、ワシントンが認識しているとおりになるかいう疑問を持った[69]。ワシントンは、マッカーサーがワシントンの指示を、北朝鮮地域で一般公共業務に韓国人たちを採用するのを完全に禁止したものと解釈するのではないかと憂慮し、11月2日に再び敷衍した説明を与えた。

「今まで下した指示や何らかの指針では、韓国の官僚や警察、そして軍隊やその他の利用可能な資源が韓国政府の統制を受けているというよりは、国連機構と国連軍司令官の指示を受けていると見ている。これが公式に明白になっている限り、韓国人たちを利用できなくする何らの意図も含まれているのではない。」[70]。

マッカーサーは10月30日、韓国政府が北朝鮮地域にまで統治権を拡大できないようにする措置を取った。この措置は、韓国が任命した5名の北朝鮮地域の道知事の行動を禁止するものだった[71]。しかし、中国軍の大挙参戦により韓米間の合意が実際に守られる中、占領政策を繰り広げる時間はほとんどなかった。11月28日に韓国政府は、国連朝鮮統一復興委員団の来韓と時を合わせ、同委員団と一緒

に北朝鮮地域の占領問題を協議する政府代表に趙炳玉内務長官、白楽濬文教長官(ペンナクジュン)、崔淳周財務長官(チェスンジュ)、張基永逓信長官(チャンギヨン)、曺正煥外務次官(チョジョンファン)などの主要閣僚を選任した。趙炳玉によれば、主権の回復が双方の議論のテーマだった[72]。しかし、中国軍の参戦で既に時は遅れていた。実際に可能でもない無為の占領行為について韓国—米国—国連は、これほどにも激烈な葛藤を繰り広げる、力比べをしたのである。結果的には、無為に向かう闘争だった。

3．北朝鮮地域の統治主体：解消されなかった難題（2）

　真に最も深刻な点は、この朝鮮戦争時における韓米間の最大の争点中の1つだった問題が、平和時である戦後にも解決されなかったのはもちろん、統一の可能性が高まっていく中で次第にもっと深刻な問題として迫って来ているところにある。問題には、2種類が存在する。ひとつは韓国軍に対する戦時作戦統制権の問題であり、もう1つが北朝鮮地域に対する韓国の統治権の問題である。

　まず、1950年7月に国連軍司令官への韓国軍の作戦指揮権の移譲が及ぼした影響は、今日の統一問題においても実に決定的なものに思える。米軍の参戦と国連軍司令官への韓国軍の作戦指揮権の移譲は、全く別次元を構成する問題として、前者があったとしても必ずしも後者がなければならないというものではない。米軍の参戦以降、7月7日に国連軍が構成されたのに続き、同月9日にはマッカーサーが駐朝鮮国連軍総司令官に任命された。マッカーサーの命令により、13日には駐朝鮮国連軍司令部が設置された。

　その後、李承晩大統領は1950年7月15日、作戦指揮権の移譲書簡を通じ、戦時中の韓国軍に対する包括的な作戦指揮権（*command authority*）を国連軍司令官の作戦指揮麾下（*under your operational command*）に移譲した。7月18日にマッカーサーがこれを受諾する答申を李承晩に送ることにより、韓国軍に対する作戦指揮権が国連軍最高司令官のマッカーサーに公式に移譲されることになった[73]。しかし、この譲渡は二度と韓国に返されないまま、脱冷戦の時点である今日まで韓米関係の最も熱い論争点として残っている。

　国連軍最高司令官が行使していた作戦指揮権は、休戦協定が成立し、続いて1953年10月1日に締結された韓米相互防衛条約が1954年11月18日に発効する前日の17日に締結された「韓米合意議事録」により国連司令部（the United Nations Command）麾下に移譲された。「韓米合意議事録」とは「1954年7月27～30日にワシントンで開催された韓米両国大統領および補佐官の間の会談とその後に韓米両国代表者間になされた協議に立脚した韓米合意議事録とこれに対する修正」を

言う。また、作戦指揮権が作戦統制権（operational control）に縮小され、1950年7月15日の書簡の中で「現在の戦争状態が継続する期間（during the period of continuation of the present state of hostilities）」が「国連司令部が大韓民国の防衛のための責任を負担する間（while that Command has responsibilities for the defense of the Republic of Korea）」へ変更された[74]。作戦指揮権が軍隊の作戦、人事、行政および支援など作戦全般に対する直接的な指揮行使であるのに比べ、作戦統制権は単に上部の戦略指示に従って純粋に軍事作戦だけを協助、調整するものであり、人事、行政および指揮事項は自国軍に帰属する[75]。

1961年5月の軍事クー・デタ時、韓国軍部隊の一部が国連司令部の承認なしに軍隊を移動して単独行動をとるや、国連司令部の作戦統制権の範囲と行使条件および内容は再び縮小、修正されて「国連軍司令官は、韓国を外部の共産侵略から防衛することにおいてのみ、韓国軍に対する作戦統制権を行使できる」と合意した。その後、国連司令部が実質的な機能を喪失するや、韓米両国は国連司令部を解体し、韓米連合司令部（Combined Forces Command: CFC）を設置することで合意して、これは1978年に創設された。以後、国連軍司令官を兼任する在韓米軍司令官が韓国軍に作戦統制権を行使してきたのを、韓米連合で行使することになり、作戦統制の面における韓米連合時代に突入した。1990年代に入ってからは、80年代の光州（クァンジュ）の悲劇および反米感情の激化と共に、平時の作戦統制権を韓国側へ移譲する問題が集中的に議論された。最初この問題は、米国側の提案で議論が始められたが、在韓米軍撤収の名分として作用することを憂慮した韓国側により、決定は後日に猶予された。しかし結局、平時の作戦統制権を1994年12月に移譲すると1992～93年の協議で完全に合意した[76]。

このように韓国は、持続的に自国軍の作戦指揮と統制の問題において、次第に独自の領域を拡大してきた。しかし、戦時の作戦統制権は依然として回収できない状態である。現在は1992～93年の合意に伴い、戦時の作戦統制権は、戦争状態への突入と同時に両国の合意に従って、予め定められた手順に則って韓米連合司令部が行使することになっている。問題は、ここにあると言える。戦時の作戦統制権の未回収により、南北朝鮮間の葛藤が戦時状態へ激化する時は、1950年秋のような状態への発展は避け難いのである。問題は、実際の戦時状態への突入だけではなく、統一過程への突入による朝鮮半島事態の不安定状況に対しても米国が北朝鮮地域に戦時状態を宣布する時である。その時に我々は、独自に北進して統治権を行使できるだろうか？　現在の状態で、それは不可能に思われる[訳注2]。

作戦指揮権の移譲が李承晩と韓国軍の自発的なイニシャチヴによってであれ、米軍とマッカーサーの拒否できない要求によってであれ、韓米間の戦争指揮の経

第11章　韓国の北朝鮮統治Ⅰ：統一と国際・国家水準の主要問題

験と軍隊の規模、北朝鮮に対する劣勢、指揮体系の非合理性など多様な問題を考慮する時、戦争の遂行過程における作戦指揮の統一は一定程度、不可避な側面を抱えていた[77]。しかし、戦争の終息以後が問題だった。極端に述べて今日、北朝鮮に突発的な事態が発生したり南北朝鮮間の緊張が極度に高潮したりして大小の武力衝突が進行する場合、もしも米国や国連が北朝鮮地域に戦時状態を宣布する場合、韓国軍に対する作戦統制の権限は韓米連合司令部に移って行く。それは事実上、米軍に作戦統制権が移って行くことを言う。ゆえに戦時状態が宣布される時、韓国軍が北朝鮮地域に進駐するという問題は、再び甚大な論争に陥らざるを得なくなる。米軍の許諾なしには、あたかも1950年秋の場合のように、北朝鮮地域に進駐できない状況が来たり、論争の末にやっとのことで進駐できるようになったりするかも知れない。

当時は頑強な反対がなかったわけではないものの、北朝鮮の先制攻撃があったので反撃を名分に、すなわち北朝鮮が自ら国境としての38度線の存在を先に解消させたことで比較的に困難なく越境できた。だが、そうではない現時点で統一のために軍隊が進駐せねばならない状況が来るならば、当時よりも遥かに困難な状況に直面するのは明白である[78]。韓国の軍隊と警察が進駐できない状態で、米軍が単独で進駐するならば、北朝鮮地域に対する占領の主体は米軍となり、それは自然に米軍の統治に連結されるだろう。そうだとすると、短期的には韓国が北朝鮮地域の主権を回復するという問題は非常に解決困難となり、相当な期間の対米交渉を通じなければ解決しないであろう。ひょっとすると、①韓国＋米軍の占領下の北朝鮮地域、②韓国＋米国＋中国の共同占領下の北朝鮮地域、または③韓国排除の状態において米国と中国が主導する国際共同管理という「新しい分断状態」が長期化するかも知れない。1950年当時の北朝鮮進駐の直後、国際的に議論された内容の中には北朝鮮中立地帯案も存在し、韓国政府と国会も、やはりこれに対して敏感に反応した。想定し得る統一法案は、もう当時ほとんど全て出ていたのである。

北朝鮮地域に対する統治主権の問題は、依然として不確実であり、論議の素地を抱えている。韓国は、現行憲法においても領土に関する条項である第３条で「大韓民国の領土は朝鮮半島とその付属島嶼とする」とし、北朝鮮を明白に自らの統治主権が及ぶ地域と想定している[79]。しかし、この条項は韓米間にはもちろんだろうが、国連をはじめとするいかなる国際機構にも未だ受け入れられたことはない。ただ韓国政府だけが、北朝鮮の領土を大韓民国の統治主権が及ぶ地域と主張しているのだ。加えて同憲法は、第４条に過去にはなかった「大韓民国は統一を志向し、自由民主的基本秩序に立脚した平和的統一政策を樹立し、これを推進

する」[80]という統一体制の性格に関する内容を新設した。この条項と第3条を結合すれば、自由民主主義により全朝鮮半島を統一するという意思を明白にしているのが分かる[81]。

しかし、韓国の憲法上の規定にもかかわらず、北朝鮮という国家と主権が厳然と存在する今日の条件において、韓国が全朝鮮半島にわたる合法性を認定されたり主張したりするのは、困難な構造となっているのが事実である。この点を米国は、北朝鮮の国家認定を含め、極めて敏感に認識している[82]。米国による北朝鮮の国家認定は、また別の次元の問題を含んでいる。内的な暴力の合法的な独占、すなわち北朝鮮政府が自らの統治地域の領土と人口に対する独占的な統治能力を行使できなくなり、国家としての性格が揺らぐ時、韓国は朝鮮半島全域にわたる「合法政府」と「統治能力の独占」を主張するであろうが、国際的にそれが受け入れられる可能性はほとんどない。

米国は既に、北朝鮮における事態の急変に対応し、大韓民国憲法の領土条項に根拠を置いた韓国による排他的な統治主権の主張の可能性を考慮、「北朝鮮における政変の発生時、政府に抵抗する勢力に武力を支援する行為も、国連憲章第2条第4項に違反する行為となる。したがって、現在としては国際法に背かないで北朝鮮地域に足を踏み入れるためには、国連を通じた人道主義的な介入の他にはないの」だと規定している[83]。それは、1950年秋と同様、北朝鮮に対する韓国の特殊性が認定されない点を意味する。1950年のように、再び国連に言及している点も同一である。

国力の逆転と冷戦解体、それに伴う統一条件の変化にもかかわらず、いくつかの核心問題において状況は、1950年秋と大きく異なっていないのである。内部的に暴力の合法的な独占を喪失しない限り、北朝鮮の国家と主権を認定した状態において、国際的、国内的に漸進的な方法を通じて平和統一が志向されねばならない必要性は、今まで成長してきた韓国の民主主義と経済発展の力を尽きさせず、南北朝鮮の国民の生命と安寧を害さないためにも必須的だと言わざるを得ない。万一、北朝鮮が崩壊の危機に直面し、実際の崩壊状況へ突入するならば、おそらく1950年秋の論争は避けられないであろう。ただ、韓国内部の問題と関連して当時と今日が決定的に異なるのは、現在の韓国は李承晩政府が国際的に受けていた非民主的な体制または警察国家だという批判を受ける可能性がなくなったという点である。当時の李承晩政府は、このような問題と関連してアジアで共産主義を防ぐという大義名分にもかかわらず、世界的にはまるで村の太鼓のように大勢の国々から叩かれていた。しかし、韓国が警察国家という理由から、北朝鮮地域にまで統治権を行使するところに対し、国際的な反発を受ける余地は今日ではなく

なった。

　現在の条件から見る時、万一にも北朝鮮で急変事態が発生しても、そのような状況が直ちに統一へ連結される可能性は、そうでない可能性よりも遥かに少ない。そして、実際にも1950年10月の決定以降、国連の特定の決議や韓米条約のどの水準によっても、未だ北朝鮮地域に対する韓国の合法的な統治主権が認定されたことはない。しかも、もっと難しい問題は、韓国の戦時作戦統制権まで米国に渡っている状態である。朝鮮戦争の終結以後、韓国政府が今日までこの問題について深く留意し、緻密に外交的な準備をしてきたという証拠はない。問題は、1950年の時点よりも更に複雑になっている。なぜならば現在、南北朝鮮は、国連に同時加入している同等の加盟国だからである。1948年の国連選挙と50年10月の国連の諸決定を無効化するどんな措置も、未だ取られていない時点である。

　ここで我々は、自己衝突的で相互矛盾する二重性を１つ指摘せねばならないようだ。1950年代と60年代の場合から分かるように、米国による作戦統制権の掌握が、むしろ南北朝鮮軍の衝突意志と南北朝鮮の互いの好戦意志を統制する平和維持的な機能を行使する側面と、反対にそれが民族的な主権を侵害するばかりでなく、決定的な時期に統一に否定的な機能を行使する側面、この両面性についての理解の必要性である。特に1950年の戦争直前、ソ連軍と米軍が順に朝鮮半島を離れる時、統一意志に燃える韓国軍と北朝鮮軍の高位将校たちの溢れ出る意欲によって38度線における緊張が高潮し、衝突が激化したことを考慮する時、平和志向的でない時の自主性は必ずしも望ましいものだとは言えないだろう。

　米軍は一定の期間中、韓国軍と北朝鮮軍の武力使用を同時に抑制する二重抑制（*double deterrence*）勢力としての役割を遂行して来たのが事実である[84]。我々はこの微妙な問題を、二重の接近を通じて解消できるであろう。すなわち、南北関係における対立解消の努力と対米関係における自主性の確保を通じ、平和と統一へ進んで行ける合理的な慧眼を導き出さねばならないだろう。言い換えれば、民族内部では平和志向的に進めて行く状態で、戦時の作戦統制権までを回収する自主性の追及に連結されねばならないという点である。そこで我々は初めて、対内平和と対米自主・民族主義が結合する接点を発見できるであろう。

注
1) "The United States Representative at the United Nations (Austin) to the Secretary of State" (July 10, 1950), *Foreign Relations of the United States (FRUS)*, 1950, Vol. VII; *Korea* (Washington, D.C.: U.S.G.P.O., 1976), pp.354-355.
2) *Ibid.*, pp. 373, 387.

3) http://www.trumanlibrary.org/oralhist/muccio1.htm.
4) *FRUS*, 1950, Vol. VII; *Korea*, pp. 428-430.
5) 大韓民国国防部戦史編纂委員会『韓国戦乱1年誌』ソウル、1951年、C106-C110頁。
6) 大韓民国国防部戦史編纂委員会『韓国戦争史』4巻、ソウル、1971年、277頁。
7) 大韓民国公報処『大統領李承晩博士談話集』1、ソウル、1952年、39-42頁。
8) *FRUS*, 1950, Vol. VII; *Korea*, pp. 748-751.
9) 丁一権『6・25秘録：戦争と休戦（韓国文）』ソウル、東亜日報社、1986年、156頁。丁一権『丁一権回顧録』ソウル、高麗書籍、1996年、258-262頁。
10) 『韓国戦争史』4巻、268頁。
11) 『東亜日報』1950年10月5日。
12) 『東亜日報』1950年10月5日。
13) 『東亜日報』1950年10月6日。
14) 38度線北進と戦争目的をめぐる米国内の論争について、よく整理された研究としては次を参照。徐柱錫「韓国戦争の初期展開過程（韓国文）」、河英善編『韓国戦争の新しい接近（韓国文）』ソウル、ナナム出版、1990年、354-360頁。小此木政夫著、現代史研究室訳『韓国戦争：米国の介入過程（韓国文）』ソウル、清渓研究所、1986年、125-165頁。
15) NSC81 (Sep.1, 1950), *FRUS*, 1950, Vol. VII; *Korea*, pp. 685-693. NSC81/1 (Sep. 9, 1950), *Ibid*, pp. 712-721.
16) 徐柱錫、前掲論文、前掲書、357頁。
17) *FRUS*, 1950, Vol. VII; *Korea*, p. 410.
18) *Ibid.*, pp. 781-782, 785, 792-793. James F. Schnabel and Robert J. Watson, *The History of the Joint Chiefs of Staff*, Vol. VIII: *Korea*, Part I (Washington, D.C.: Historical Division, Joint Secretariat, Joint Chiefs of Staff, 1978), pp. 229-230. James F. Schnabel, *Policy and Direction: The First Year* (Washington, D.C.: Office of the Chief of Military History, United States Army, 1972), pp. 180-183. Roy E. Appleman, *South to the Nakdong, North to the Yalu* (Washington, D.C.: U. S. G. P. O., 1961), p. 607.
19) *FRUS*, 1950, Vol. VII; *Korea*, p. 826.
20) Dean Acheson, *Present at the Creation: My Years in the State Department* (New York: W. W. Norton & Company, 1969), p. 445.
21) 『韓国戦乱1年誌』C120-C121頁。*FRUS*, 1950, Vol. VII; *Korea*, pp. 796-797.
22) 同上書、C121頁。*Ibid*, pp. 913-914.
23) 『金日成選集』3巻、平壌、朝鮮労働党出版社、1953年、104-115頁。金日成『自由と独立のための朝鮮人民の正義の祖国解放戦争（朝鮮文）』平壌、朝鮮労働党出版社、1954年、75-86頁。
24) 大韓民国国会事務処『第7回、8回国会速記録』第1号、第2号、第40～54号、第40号、ソウル、27-28頁。著者によれば、この速記録は散逸していた各号を編集し

てページ数を付けたものであるという（監訳者）。
25) 兪鎮午『憲法解義』ソウル、明世堂、1949年、22頁。
26) 同上書、23頁。反面、北朝鮮も、やはり政府樹立当時の憲法で首都をソウルと規定、韓国政府を認めず、韓国を含めた全朝鮮半島にわたる中央政府であることを主張した。朝鮮民主主義人民共和国憲法第103条「朝鮮民主主義人民共和国の首府はソウル市である」、『朝鮮中央年鑑』1949年版、平壌、朝鮮中央通信社、1950年、12頁。
しかし、北朝鮮は1972年の南北共同声明直後、いわゆる社会主義憲法を制定してからは首都を平壌と規定して大幅に後退、事実上は韓国の実体を認め始めた。『北韓（北朝鮮）法令集』1巻、ソウル、大陸研究所、1990年、40頁。したがって、1972年以後の法体系上における分断状況に対する認識は、たとえ南北朝鮮関係の逆転を反映した不可避な選択だったとしても、北朝鮮がより現実的だったと言える。
27) *FRUS*, 1950, Vol. VII; *Korea*, pp. 756-759.
28) *Ibid.*, pp.759-762.
29) Y. H. Chung, ed., *The United Nations and The Korean Question* (Seoul: The U. N. Association of Korea, 1961), p. 8. Se-Jin Kim, ed., *Korean Unification: Source Materials with an Introduction* (Seoul: Research Center for Peace and Unification, 1976), p. 109.
30) *FRUS*, 1950, Vol. VII; *Korea*, p. 785.
31) *Ibid*.
32) Schnabel, *op. cit.*, pp. 183, 220.
33) *FRUS*, 1950, Vol. VII; *Korea*, pp. 835-837.
34) *Ibid.*, pp. 854-858.
35) *Ibid.*, pp. 1007-1010.
36) *Ibid.*, pp. 835-837, 854-858, 1007-1010. Schnabel, *op. cit.*, p.219.「国連韓国統一復興委員団報告書（1951）」、『国連韓国統一復興委員団報告書（1951、1952、1953）』ソウル、国会図書館立法調査局、1965年、36-37頁。
37) Schnabel, *op. cit.*, p.219.
38) *Ibid.*, p.220.
39) 『東亜日報』1950年10月9日。
40) 『東亜日報』1950年10月11日。
41) *FRUS*, 1950, Vol. VII; *Korea*, p.939.
42) Schnabel, *op. cit.*, p.220.『韓国戦乱1年誌』C127-C128頁。
43) Chung, *op. cit.*, pp. 186-189. 翻訳は原文どおりである。結果的に今日まで朝鮮の統一問題をめぐり、大きな論争の素地を残したこの決議文の英文全文を引用して見る。

The Administration of the Territories Occupied by the United Nations Forces (October 12, 1950)

The Interim Committee on Korea,

1. *Considering* the Provisions of the resolution adopted by the General Assembly on 7 October, under which the Interim Committee on Korea is requested to consult with and advise the United Nations Unified Command in the light of the recommendations contained in that resolution;
2. *Having* regard to the General Assembly recommendation that all constituent acts be taken, including the holding of elections under the auspices of the United Nations, for the establishment of a unified, independent and democratic Government in the sovereign State of Korea;
3. *Recalling* that the Government of the Republic of Korea has been recognized by the United Nations as a lawful Government having effective control over that part of Korea where the United Nations Temporary Commission on Korea was able to observe and consult, and that there is consequently no government that is recognized by the United Nations as having legal and effective control over other parts of Korea;
4. *Advises* the United Command to assume provisionally all responsibility for the Government and civil administration of those parts of Korea which had not been recognized by the United Nations as being under effective control of the Government of the Republic of Korea at the outbreak of hostilities, and which may now come under occupation by United Nations forces, pending consideration by the United Nations Commission for the Unification and Rehabilitation of Korea of the administration of these territories; and
5. *Recommends* that the United Command take immediate steps to associate with all authorities established for civilian administration in accordance with the present restoration officers from the several forces of members of the United Nations under the United Command in Korea;
6. *Invites* the United Command to keep the Interim Committee informed of the steps taken in response to this resolution, pending the arrival of the Commission in Korea.

44) Schnabel, *op. cit.*, p.220. *FRUS*, 1950, Vol. VII; *Korea*, pp. 948-960.
45) これについては、羅鍾一「北韓（北朝鮮）統治の反省：1950年秋（韓国文）」、韓国戦争研究会編『韓国戦争の再照明（韓国文）』ソウル、白山書堂、2000年、347頁。
46) *FRUS*, 1950, Vol. VII; *Korea*, p. 744.
47) 丁一権『戦争と休戦』18-199頁。
48) 前掲『韓国戦乱1年誌』A77、B53頁。
49) 趙炳玉『私の回顧録（韓国文）』ソウル、民教社、1959年、310-311頁。
50) 丁一権『戦争と休戦』199頁。
51) 『東亜日報』1950年11月4日。
52) 『韓国戦乱1年誌』C17頁。

53) 同上書、C17-C18頁。
54) "The Commander in Chief, Far East (MacArthur)to the President" (Oct. 16, 1950), *FRUS*, 1950, Vol. VII; *Korea*, pp. 963-964. この電文は、ほぼ同じ内容のまま10月17日付 UP 通信ソウル発で報道されもした。*Ibid.*, pp. 979-980.
55) *Ibid.*, pp. 964.
56) *Ibid.*, pp. 970-972.
57) *Ibid.*, pp. 979-980.
58) "Chronology of Principal Events Relating to the Korean Conflict. No. 212- October 1950", p. 27. NA, RG 59, Entry, Lot. 87 D236, Box 13.
59) *FRUS*, 1950, Vol. VII; *Korea*, p. 984.
60) Schnabel, *op. cit.*, p. 220.
61) Hoover Institution Archives, *Alfred C. Bowmar Papers*, Box. 1.
62) 徐柱錫、前掲論文、前掲書、363頁。
63) *FRUS*, 1950, Vol. VII; *Korea*, pp. 984-986.
64) *Ibid.*, pp. 990-991.
65) 「北韓（北朝鮮）臨時統治、国連管理説は未接受（1950年10月25日）（韓国文）」、大韓民国公報処、前掲書、42頁。
66) Hoover Institution Archives, *op. cit.*
67) 『韓国戦乱1年誌』C23-C24頁。
68) Schnabel, *op. cit.*, pp. 220-221.
69) *Ibid.*
70) *Ibid.*, p. 221.
71) "Chronology of Principal Events Relating to the Korean Conflict. No. 212- October 1950", p. 37. NA, RG 59, Entry, Lot. 87 D236, Box 13.
72) 『韓国戦乱1年誌』B70-B71頁。『大韓民国歴代三府要人総鑑』ソウル、韓国政経社、1979年、53頁。
73) 『韓国戦争史』2巻、ソウル、1968年、466-468頁。各々の書信内容については、Chung, *op. cit.*,, pp. 216-219. 参照。
74) 『大韓民国外交年表——附主要文献、1948～1961』ソウル、外務部、1962年、334-341頁。
75) 柳在甲「駐韓米軍に対する韓国の立場（韓国文）」、『駐韓米軍と韓米安保協力（韓国文）』城南、世宗研究所、1996年、109頁。
76) 朝鮮戦争以後の作戦指揮権と作戦統制権の変化とその意味についての議論は、呉淇坪「韓（朝鮮）半島の平和政策と国際環境（韓国文）」、高麗大学校平和研究所編『南北分断の克服と平和（韓国文）』ソウル、法文社、1990年、259-264頁。柳在甲、前掲論文、前掲書、106-113頁、を参照のこと。
77) 当時の3軍総司令官だった丁一権によると、作戦指揮権の移譲は、装備と武器の絶対的な不足により初戦から死んでいく韓国軍兵士が夥しいにもかかわらず、独自の対応が不可能な状況において編制の分離により米軍の効率的な支援さえも受け

られなかったところから、彼自身の判断で李承晩大統領に建議して不可避的に取られた措置だった。李承晩は、彼の建議を聞いてからは躊躇することなくその場で受容、作戦指揮権を米軍に譲り渡した。すなわち、作戦指揮権の移譲は、軍事的な次元の考慮から急迫して下された措置だったという。この証言は、資料によりもう少し綿密に検討される必要があろう。丁一権との面談、1990年2月15日、ソウル。

78) この問題と関連し、1997年のある学術討論会における李富栄議員の発言は示唆的だった。彼によれば、ハーバード大学のフェアバンク・センターが主催した「アジア太平洋フォーラム（Asia Pacific Forum）」に参加して、米国の官僚および学者たちと話す中で、北朝鮮が急速に崩壊する場合、北朝鮮で内戦や殺戮戦が繰り広げられる時、韓国軍がいかなる役割を果たせるのかという問題に関して、彼は韓国軍が介入すべきだと主張した。この時に彼らは、それは全くあり得ないことだという反応を示した。それは、更に大きな殺戮、更に大きな南北朝鮮間の戦争に発展するだろうからという反応だった。しかし、彼らはそのような事態が発生する場合、在韓米軍はどうするのかとの問いには、公式の場では答えられないという反応を示した。ただ、私的な場で彼らは、中国との間にはそのような事態発展の可能性と備えについて事前の議論を行っていると答えた。高麗大学校亜細亜問題研究所、国際学術会議報告書『韓（朝鮮）半島の平和体制構築：南北韓（朝鮮）の立場および周辺4ヵ国の立場（韓国文）』ソウル、高麗大学校亜細亜問題研究所、1997年7月25日、104-105頁。

79) 金哲洙『韓国憲法史』ソウル、大学出版社、1988年、676頁（付録Ⅲ：第6共和国憲法）。

80) 同上書、676頁。

81) 憲法、領土規定、統一問題についての体系的な説明は、諸成鎬「憲法上の統一関連条項の改廃問題（韓国文）」、『統一研究論叢』創刊号（1992年6月）、ソウル、民族統一研究院、263-306頁、参照。

82) 米国議会調査局「北韓（北朝鮮）の国際的承認に関連した法的分析（韓国文）」（1996年12月6日）、『戦略研究』第Ⅳ巻2号（城南、1997年6月）、191-192頁。

83) 同上資料、同上書、193頁。

84) この微妙な問題に対する指摘は、呉淇坪、前掲論文、前掲書、262-263頁。高麗大学校亜細亜問題研究所、前掲論文、前掲書、98頁。李鴻永「現国際情勢と可能な統一法案の模索（韓国文）」第3次南北海外学者統一学術会議発表論文、北京、1997年8月29〜30日、11頁、参照。

訳注

（2） 現在は、この戦時における作戦統制権の問題は韓米間で基本的に解決し、2012年に米国側から韓国側へ返還されることになったが、李明博政府では返還時期を米国政府と調整している。

第12章　韓国の北朝鮮統治Ⅱ：
　　　　　統一と社会水準の主要問題

1．準備なき進駐、そして混沌

　統治主権をめぐる上層部の葛藤は、占領現地でも再燃された。韓米双方は、北朝鮮地域に対する支配権を決して放棄しようとしなかった。おそらく深刻化した場合、李承晩の固執に照らして見て、共産軍との戦争だけではなく韓米間にもまた別の武力衝突を排除できなかったであろう。戦線は敵と戦う一方、同志とも争う二重戦線になるかも知れないのだった。このような状況の到来は、最悪の状態を意味した。主権（sovereignty）の問題に関する限り、李承晩は一言で言うと固執不通だった。彼は、しばしば米国と争うかと思えば、朝鮮戦争後にはまた日本ともよくいがみ合った。固執が強く非妥協的な李承晩の主権意識は国内的な独裁と共に、渦巻く冷戦の現場において韓国を支え抜いた指導層の1つの主軸だったのかも知れない。彼は、強力な国内的な基盤を武器に、しばしば米国および日本に対しても気に障る声を繰り返し張り上げた。

　韓国は、北朝鮮を追い出す中で10月10日から北朝鮮の全地域に戒厳令を宣布した[1]。これは、北朝鮮地域が韓国の軍事戒厳統治下に置かれることを意味した。続いて10月12日に趙炳玉は、北朝鮮における全ての司法および行政が韓国の主権下に実施され、軍の進撃と共に各道別の戒厳司令官の下に民政官が派遣されて末端の行政を担当し、治安が確保されるに伴って行政官を収復地区に派遣する計画だと明かした[2]。

　同月21日に李承晩は直接、北朝鮮占領に関する構想を明らかにした。既に任命された5道知事の派遣と治安責任の履行、民心安定後の道知事および国会空席議員の選出、治安と啓蒙を担当する西北青年団の派遣、不忠不義者への法的な措置、食料救済事業の実施、農地の農主への還元と農民への有償分配という韓国方式の農地改革、金融・商工・帰属財産の韓国方式による処理などが、その核心的な内容だった[3]。我々は、これを通して李承晩が北朝鮮地域で夢見ていた体制の内容を完璧に把握できる。それは、韓国体制の拡張だった。

　その重要性に照らして、彼の構想は詳細に引用される必要がある。

「　1）他国の勢力に頼って民族を威嚇し、他人の奴隷をつくり出そうと威嚇していた者の中、過激な分子どもは包容してはならず、国法どおりに罪を判定

せねばならない。
2) 他人の煽動に従い動き回っていた者どもや、または脅威に負かされて服従していた者どもは、全て改心悔過し、愛国愛族の精神で国法を守り、職責を行うと誓約した後に、全て解放して前禍を蕩滌するであろう。
3) 以南へ下りて来て統一達成のために奮闘していた指導者の中から任命された5道知事は、解放された該当する道に入り、治安と厚生を主管しつつ知事の責任を履行し、道内の民心が安定すれば、該当する各道民は自由な雰囲気の中で国連の監視下に道知事選挙を再び実施するであろう。
4) また、民心が安定したら人口10万人当たり一人の国会議員を選出し、韓国々会の空席を補充させるであろう。
5) 統一促進と反共闘争に功が大きい西北青年団は、以南の青年団の一部分であり、以北の戦線の後方で軍警を助け、治安と啓蒙を担当することになるので、北朝鮮地域の青年たちはこれに協助せよ。
6) 不忠不義の者どもは摘発されて当局に送られ、法に従い処理され、民間に強要する犯罪行動は戒厳軍法により処理し、国法と生命・財産を保護するであろう。
7) 飢える人には、まず政府から白米と雑穀を配給する救済事業を実施するであろう。
8) 今秋に収穫される食料は、韓国で実施する法により2～3割の地税およびその他の税金を政府が徴収し、残りは農民たちが分け持つことになるであろう。
9) 秋の収穫が終わった後には農地改革法を実施し、農地は以前の農主に返してやり、農主はこれを適当な価格で政府に売り、政府は法に従い、これを公定価格で農民たちに分配した後、公定価格で代金の全額を支払った者は、農地を完全に自分の所有とすることができる。そうできない者は、毎年いくらかずつ返済し、全額を返済すれば自分の所有となり、農主たちは地価で政府から債権を受け取り、その債権で工場や営業資本をつくることができる。
10) 金融、商工および帰属財産の処理は、以南で行われた政策と同一に実施されるであろう。」

最後に「我々は合わされば生き、分かれれば倒れる」（原文どおり）と彼は言いつつ、例の「ひとつになれば生き、散らばれば死ぬ」という自分の長年の言明を再び強調した。この李承晩の構想は、北朝鮮占領に対する韓国最高指導者の明瞭な大綱を提示したものだった。1950年6月から9月まで北朝鮮が徹底して南朝鮮

地域に自らの体制を複製しようとしたのと同様に韓国も、やはり戦勢逆転後に38度線以北の地域から北朝鮮の要素を除去し、韓国体制を複製しようと試図していたことが分かる。

韓国は1949年2月15日、以北5道知事を任命したことがあった。当時、任命された人たちは平安南道に金炳淵（キムビョンヨン）、平安北道に白永燁（ペクヨンヨプ）、黄海道に李雲（イウン）、咸鏡南道に康基徳（カンギドク）、咸鏡北道に徐相庸（ソサンヨン）などだった[4]。ある記録によれば、金炳淵は植民地統治下の3・1運動と以後の抗日闘争により数回にわたり投獄されたことがあり、朝鮮日報平壌支社長を務めた人物であった。解放後、彼は曺晩植の指導を受け、平安南道人民政治委員会財政部長、朝鮮民主党政治部長などを務めた後、ソ連軍政と北朝鮮政府による民族主義者の弾圧を避けて越南した人物であった[5]。すなわち、北朝鮮から追放された、徹底した曺晩植系列の民族主義者だったのである。北朝鮮で弾圧を受けて越南した民族主義系列の人物たちの戦況逆転後における道知事としての派遣、これは、韓国の弾圧で越北した共産主義者たちが北朝鮮の初期攻撃の成功と共に1950年夏、朝鮮労働党道党委員長や道人民委員会委員長に任命されて下って来た状況の正確な逆転を意味した。戦争の勝敗は、何よりも支配の主体たる人間を替える問題として現れているのだった。

韓国軍も、やはり進駐に伴う施策を準備していた。北進初期の時点である10月5日、陸軍本部は北朝鮮地域の住民たちについて次のように把握していた。
「多数の人民の態度は、5年間にわたる強力な宣伝の影響を確実に受けて、また土地分配の恵沢を被った連中は特に、北朝鮮政府を強力に支持するであろう。敵の防衛軍を支持、援助する敵意を抱いた民間人と遭遇することになるであろう。」[6]。

戦時だったが、冷徹な状況判断が入っていた。南朝鮮地域の全人民が李承晩に反対し、自分たちを支持していると強弁していた北朝鮮の宣伝物よりは、遥かに冷静に現実を認識していることが分かる。

そうでありながらも、陸軍訓令第86号で下達された北朝鮮地域における韓国軍の行動指針は、強力に規律の遵守を注文していた[7]。
「訓令：北朝鮮地域内における韓国軍の行動原則（1950年10月7日）
3千万民族の宿望であり、我が国軍の渇望だった38度線の突破問題は解決され、軍は天を衝く士気と共に一路、北へ進撃を重ねているこの機会に、軍は北朝鮮地域の同胞に接する時は下記の原則により行動するであろう。したがって、各級の指揮官は次の原則の励行において、部下の将兵に強格（ママ）な忠告と監視、監督を行い、万一つぎの原則違反の事実を発見したり、または調査した結果、違反事実が発生したりした時は、遅滞なく即時にその事実を陸軍本部へ報告せねばならない。
イ、北朝鮮地域の民間人は、解放された兄弟であって、敵ではない。

ロ、将来、韓国国民になる彼らの権利と彼らの私的ないし公的な所有権は、尊重されねばならない。
ハ、国軍は、北朝鮮地域の民間人の守護者であり、征服者ではない。
ニ、国軍は、すべからく民主主義国家の軍隊として国民の軍隊であり、国民を弾圧する軍隊ではなく、国民に信頼を受けるよう行動する軍隊にならねばならない。
ホ、国軍の全将兵は、民主主義の使徒である。全将兵は、すべからく立派な行動の実例と親切心で以て、民主主義の原則は共産主義独裁下の警察国家の規律より遥かに優秀であることを表示せねばならない（見せてやらねばならない）。」

　最後の文章は、軍自体が民主主義の使徒として、民主主義が共産主義より優秀だという点を行動で示してやれという注文だった。「解放された兄弟」、所有権の認定、「北朝鮮地域の民間人の守護者」、「国民の軍隊」という表現の中には、北朝鮮を敵対視する多くの実定法の存在にもかかわらず、韓国軍の指導部が相当な苦心の末にこれを超越する訓令を下したことが分かる。しかし「情実と寛容と脱落は絶対にあり得ない。共匪とその走狗を無慈悲に掃討しよう」（原文どおり）という『東亜日報』の相当に大きな囲み見出しから見て取れるように、今回の機会に共産主義者を根絶やしにすべしという主張がもっと強力であった[8]。

　帰順の勧誘も、また進駐後の韓国による主要な統合政策の１つだった。国連軍は、このため北朝鮮の兵士たちに帰順を勧誘する「安全保障証明書」を大量に散布した。

「貴方たちが生命と健康を大切に考えるのならば、この良い機会を逃さず、早く帰順せよ。良い食べ物と暖かい衣服と美味い上質のタバコがたくさん準備されている。」

　金日成と北朝鮮地域の住民たちとを引き離すことも、ひとつの方法だった。金日成を偽者だと攻撃する、興味深いビラを見てみよう。

「金日成だと自称する者は、いろいろな意味で朝鮮人を騙してきたのであり、その中でも最も悪質なのは、この者が朝鮮の偉大な英雄である金日成だと偽ってきたことである。この者は、絶対に金日成ではない。真正な金日成は、1885年に生まれ、15年前に満州で亡くなった方である。この偽金日成は、1910年までは生まれてもいなかった。この者の本名は、金成柱だ。共産主義者として1945年にソ連から朝鮮へ送った者である。この者は、金日成だと権勢を振いながら、人々の信望を得ようとした。暫くの間は成功したが、今は誰もがこの者についての事実を知るようになった。真正な金日成は、朝鮮の敵と戦った偉大な軍事的指導者だった。

この金成柱は、朝鮮人をして同胞同士の殺し合いをさせた。この者は、権勢欲とその無能さで以て朝鮮を荒廃させた。この者は、真正な全朝鮮人の敵である。」[9]

北朝鮮地域を占領する中、韓国政府の公報処は「時は来た」としながら北朝鮮地域の同胞に去る5年間の共産統治を慰労してから、韓国軍と連合軍が北朝鮮の侵入を阻止し、逆に38度線を越えて北進していることを知らせた。ビラは「韓国軍と連合軍が入城する所ごとに、感激の太極旗の海と化している熱烈な歓迎」は「涙なしには見られない光景」だとし、韓国軍に対する積極的で決死的な協力を促した。ビラは「不義を行う者が敗亡しなかった歴史はなく、正義は必ず勝利する」として、共産悪鬼の偽宣伝に騙されず、順応せず、どんな方法でも生きて、光明の天地で自由を享受しようと訴えた[10]。

一方、米軍の北朝鮮占領構想は、10月1日の北進決定の直後すぐに下達された10月2日のマッカーサーによる国連軍司令部作戦命令第2号、その10月7日付の付録および10月9日の米8軍による行政命令を通じて現れた[11]。もちろん、これらは10月2日のエマーソンの備忘録と翌3日の米陸軍省草案の指針の範囲内に納まっていた[12]。この最も詳細な占領構想および政策を盛り込んでいる文献によれば、38度線以北における軍事作戦の期間は、基本的に「韓国と北朝鮮の領土を1つの共和国に統合する時期と方法を決定する期間」と規定されていた。

文献に従えば、現地にいる米軍の監督下に北朝鮮の現地民間当局による法と秩序の維持、軍事作戦の保護・軍隊の安全確保・現地住民の安定と福祉促進・疾病の予防・生活必需品の提供・現地住民の生産活動への早期復帰推進、以北の住民・官僚・軍隊に対する報復の防止、住民の救助および福祉・衛生普及・食料・燃料および医療などに対する支援、現地の民間当局による現地人の統制と民間秩序維持の責任、北朝鮮地域の住民に対する北朝鮮の法廷による裁判権の行使、米軍による軍事法廷の設置および維持の責任、北朝鮮貨幣の継続的な流通などを核心的な内容としていた。もちろん、韓国と同様に「共産統治から解放された」彼らを民主主義体制への支持の方向へ向かわせるため、北朝鮮地域の住民の再教育と再訓練もまた外すことができなかった[13]。米軍にとって北朝鮮占領の問題は、韓国と同様に社会主義体制との競争において、どちらが優れているか優劣を争う問題だったからである。しかし、北朝鮮の現地民間当局による法と秩序の維持、北朝鮮法廷の裁判権行使、北朝鮮貨幣の継続流通などにおいて、韓国の政策とは相当な差異があった。この差異は、決して無視できないものだった。現地の占領政策を論議する中で、この極秘文献は米軍将校たちによって実際に継続して回し読まれた[14]。

だが前述のとおり、このような指針の少なからぬ部分は、韓国側の反発で実行

され得なかった。加えて占領地域の軍政は、米第8軍管轄地域である平安道や黄海道と米第10軍団管轄地域である咸鏡道との間にも、その体制と実施方法で大きな差異があった。第10軍団は、マッカーサー司令部の直属部隊だったので、米8軍の指揮は受けなかった。したがって、ふたつの部隊の占領政策も、縦の指示や緊密な横の連帯と協助のないまま形成された。西部では10月21日、平壌に米第1軍団所属の軍政部が設置され、米軍の高位将校が軍政官となり、第8軍により金聖柱が平安南道知事に任命された。韓国政府からは既に金炳淵を同道知事に任命してあったため平安南道知事は2名になったが、同道が第8軍の占領地域だったので、金炳淵は追い出されてしまった。

　米第1軍団司令官のミルバーンは、平壌占領の翌日である10月21日に「平壌市政委員」を任命し「全市民は……本委員会の命令に服従せねばならない」と声明した。平壌の市長に林正得、副市長に禹済順、呉振煥、警察部長に金永一をはじめ、消防、保健、厚生、社会、交通、財政および農商、法務、文教部門の責任者たちが全て任命された[15]。これは、統治のための1つの完璧に代案的な施政機構、すなわち共産統治機構を代替する下部単位の行政組織の構成を意味した。132名に達する平壌の代表たちは、大部分が企業家と専門家により構成されていた[16]。主に農民と労働者の代表たちで構成されていた北朝鮮による韓国占領とは、正反対の現象が現れているのである。

　しかし、このような行政機構の構成にもかかわらず、体系的な占領政策は形成されなかった。また、憲兵副司令官の金宗元大佐が米軍の統制を受けない中で独自に治安を担当したので、占領政策に対する米軍政当局、軍政が任命した道知事の金聖柱、そして金宗元の3者間の意見の差異により衝突と不和がしばしば起こった。一例として11月27日、米軍政当局は中国軍の参戦に直面し、平壌市民を避難させるよう道に指示したが、金聖柱が反対するや結局、自分の部下たちに命じて避難の壁紙を貼らせざるを得なかった。すると今度は、金聖柱麾下の道行政官吏たちが後を追い駆け、これを除去した。なかなか制御されない金宗元は、任意で布告文を掲載するかと思えば、独自に処罰方針を明らかにしもした。赤色分子の逮捕においても憲兵、治安隊がそれぞれ分離、運営されて試行錯誤を起こし、軍人の脱線、略奪、報復殺人などにより住民たちの被害が加重された。要するに、体系的な占領政策がほとんど施行されなかったのである[17]。

　東部地域も、やはり同様だった。計画も未だよく整っておらず、その分しばしば変えられた。東部、西部の全占領がもう少しだけ継続されたならば、ある文献が鋭く指摘するように、米軍が巨大な混沌（great confusion）に陥ったであろうことは明白だった[18]。初期にも彼らは、体系的な占領政策を執行できなかった。

東部地域では、韓国軍が米第10軍団より約15日も先立って北進したので、韓国軍第1軍団の民事処が中心になって初期の占領政策の実施を推進した。米第10軍団が進駐した後には、韓国軍第1軍団の民事処も米第10軍団の民事処長の指揮を受けるようになり、軍政は米第10軍団の民事参謀に引き継がれざるを得なかった。しかし、その過程において韓国軍と米軍および米軍が任命した咸興市長との間の葛藤は、互いに身柄を抑留するほど非常に深刻だった[19]。次の対話は、そのような葛藤の一端をよく示してくれている。

「ある日、私に全ての執政業務を彼らに引き継がせよと述べた時は、余りにも大きな衝撃で苦痛に打ち克てなかった。私は到底、納得できなくて初めには拒絶した。

『ここは、大韓民国憲法に明示されたように「朝鮮半島とその付属島嶼」の一部分です。したがって、厳然として大韓民国政府の領土なのに、どうして国連が管理するというのですか？ 大韓民国第1軍団の民事処が空白期間を埋めているので、当然に大韓民国政府が引き継ぎを任されねばならないことです。我々は、助けは必要ないので、大韓民国の主権を侵害しないで下さい』。

私はこのように強硬に主張したが、彼らの話は意外にも異なっていた。

『ここは国連軍の占領地区であって、大韓民国の領土ではない。大韓民国の主権は、ここでは認められないのだ。相当な期間が経過した後、住民たちの投票によって帰属が決定されるだろう』。

彼らの話では、韓国軍第1軍団は、大韓民国の国軍として進駐したのではなく国連軍の一部分として北朝鮮地域に進駐すると同時に、失地を収復したのではなく単純に国連軍の占領地に駐屯したのだという話だった。私は、この時ほど弱小民族の悲哀を感じたことはなかった。断腸の思いのする心情を隠した私は、軍団長の命令により城津（ソンジン）へ移動するため荷作りをした。」[20]

当時の第1軍団民事処長を担当した柳原植（ユウォンシク）の回顧には、当時の占領主体をめぐる双方の葛藤とそれにまつわる韓国当局と軍の隠し切れない悲感が含蓄されている。

柳原植によれば、第1軍団民事処は北朝鮮労働党咸興市党の場所に位置していた。柳原植は当時、民事処でなすべき最初の課題は「共産治下で苦しめられた住民たちに民主主義の政治体系を確立させてやり、大韓民国の施政方針を知らせてやること」だったと陳述する。共産統治を受けた住民たちに民主体制の優越性を教育するのだった。彼は、急ぐままに占領の具体的な方案を揃えるため、行政機構の組織、主権の行使、金融通貨政策、土地政策、産業復興方案などを盛り込んだ「北朝鮮施政要綱」を独自に作成したものの、思い通りに施行され得なかった[21]。

第1軍団民事処は、占領地域の行政の基礎を整えるために咸鏡南道自治委員会を組織し、委員長には李亀河を選出して、隷下には調査、商工、農林、文教、保社、警察、建設、財務など8つの部を置き、また各部の傘下には課と係を置いて、一旦は1つの完璧な行政体系を備えた[22]。一般的に韓国政府が樹立した都市と農村の地方行政機構は、2名の秘書がついた1名の市長または委員長、そして14の部署で構成されていた[23]。

　韓国国防次官の張暻根は、1950年11月1日の戦時国会で北朝鮮地域における政訓工作問題について言及しながら、韓国政府の苦悩の一端を次のように吐露していた。「政治工作の必要性についておっしゃりましたが、ここについては、本当に我が軍としても苦労が多いです。今、一切の政訓工作隊員を北朝鮮地域に送るのが困難です。北朝鮮地域に対する軍政実施の方向が未だ明確にならなかったので……皆さんもよく御存知でしょうが、この点については多くの苦労を感じています。」

　統治主権についての合意が終わった時点であったにもかかわらず、米国の軍政方針が定まった後に初めて、体系的な北朝鮮地域に対する工作と占領政策を施行できるだろうという答弁だった。上層部の合意が占領現地の問題までも解消してくれたのではなかったのである。

　さらに張暻根は、たとえ戒厳状態ではあるけれども、軍隊の完全動員は難しく、道知事の会議を通じて各道の公報機関、情報機関を動員するのはもちろん、国民班まで細胞に組織化する方案を検討していると答弁した。彼の答弁を通じて見る時に韓国政府は、それが可能ならば一般国民を組織化し、北朝鮮地域に投入する計画を立てていたことが分かる。そう述べながらも張暻根は、下のように答弁せざるを得なかった。

「北朝鮮地域については、国際関係が明確にならなかったので困難を感じています。けれども、近い将来に明確になるであろうし、また我々の望み通りになるようです。したがって、そこに我々が速やかに所要人員を送って、実際の運営をしようと万全の準備が着々と進行中であります。」[24]。

　この張暻根の答弁は、北進を成し遂げた状態における韓国政府の困難をよく示してくれているものだった。要するに、やはり問題の核心は、下部水準における具体的な占領政策の施行と実行方法にあったと言うよりは、もう少し高い韓米間の外交的な水準にあったことが分かる。

　国会議長の申翼煕は国会議員たちに、自分もまた平壌奪還の直後に議長として平壌と咸興の2ヵ所を訪問し、情況を巡視して報告しようとしたが実現されずにいると陳述した。この言葉は、重大な意味を含んでいる陳述だった。申翼煕は「その理由は、以北に関する問題が、どうにも単純なようではない」と言いつつ、次

のように報告した。

「国防部、米国大使館、米国軍部の何ヵ所か関係ある人たちに頼んで、その関係ある方々が何回か議長の所に行き来しました。ところで、その単純ではないというのは、正に独り言なのです（正に一人の言葉のようです）」。

そう述べながら彼は、結論的に「今、そこ（北朝鮮地域——引用者）に政治形態として、国会の人だとか政府の人だとか、何人かでも行こうとするのは、それほど容易ではないようだ」と言明した[25]。申翼熙の発言を通じて見る時、既に韓国政府と米軍の間には韓国の高位人士による北朝鮮地域の訪問問題をめぐっても、北進と同時にとても緊張した複雑な問題が発生していたことが分かる。

驚くべきことに、我々には広く知られた戦時中の李承晩による北朝鮮地域と平壌の訪問も、やはり韓国大統領としての資格ではなく、李承晩「個人の資格の訪問」だった。申翼熙によれば、大統領の李承晩が北朝鮮地域を訪問すると言うので同行しようと申請するや、李承晩は自分も行きたいが、（米国と）交渉が上手くいっていないと言い、議長が先に行くのならば元気に行って来いと述べたというのである。しかし、大統領は国会議長に通告もなしに単身まず行って来た。申翼熙や他の人を同伴できない、または同行してはならないという米国からの要求に直面したのであろう。申翼熙は、このように話している。

「大統領がそこにいらっしゃることになったのも、何か変わった形態の経緯に……（省略；原文どおり）……**純全と個人の資格**で行って来られたと言います。それが、我が国土に行って来るのに何でも個人資格というのだから、何かあるのだろうかと言うけれども、そこまで微妙になっています。」（**強調**は引用者）[26]。

李承晩は屈辱を感じただろうが、米国との合意の下に解放された北朝鮮地域を訪問したいという強い渇望の心から、対外的に公表しない条件で個人の資格ではあっても訪問を強行したのであろう。強烈な反共主義者であると同時に統一の熱望者である彼には、解放された北朝鮮地域を訪問するという、そうして統一国家の首班として歓呼を受けるという事実自体が、一切の現実的な制約を跳び超える象徴的な意味があった。韓国の国家元首としての公開的な平壌訪問は、独立運動家たちが海外で長い期間にわたり独立運動を行った後、解放を迎えて帰国した時の感激のようなものだったのであろう。

しかし、彼の個人資格としての北朝鮮地域の訪問は、まるで1945年に金九(キムグ)と大韓民国臨時政府の要人たちが帰還時、米国の頑強な反対により個人の資格でそうしたのと全く同じだった[27]。当時も金九の一行は、執拗に政府資格で帰還しようとしたが、米国の反対に直面して実現され得なかった。しかし今、李承晩は1つの独立国家の首班として占領地域を訪問しようというのだった。それにもかかわ

らず、それは不可能であった。戦争中の国家元首による個人資格としての北朝鮮地域の訪問、この想像し難い事態は力の主体、戦争遂行の主体が米国だという点を明確に示してくれる事件だった。李承晩と韓国政府は、主権国家間には到底あり難い屈辱的な待遇を被っていたのである。

　米国との葛藤、そして安全を憂慮した周囲の強力な反対にもかかわらず、李承晩は10月30日に平壌訪問を強行して「李承晩大統領平壌入城歓迎大会」に参席した[28]。その実、平壌現地では既に10月23日、現地で勤務する韓国軍将校たちに、翌日に李承晩が訪問する予定だとして、彼が大衆の前で演説できるように支庁前の広場を整頓しておけとの指示が下された。その前日の22日には白楽濬文教長官、申性模（シンソンモ）国防長官、金活蘭（キムファルラン）公報処長などが、米第5空軍から丁一権に提供された飛行機に乗って平壌を訪問した[29]。おそらく、実際に李承晩の訪問が切迫していたからかも知れない。

　平壌で李承晩は、平壌市庁広場を埋め尽くした聴衆に、39年ぶりに平壌を訪問した所懐を披瀝してから「共産統治の下でどれほど苦労が多かったか」と彼らを慰撫した後、特有の反共演説と大同団結の主張を吐き出した。大会場には「大韓民国政府だけが我々の政府だ」、「我が領導者　李承晩大統領万歳！」をはじめとした多くのスローガンが市庁建物の正面に掲げられていた[30]。李承晩は、米国に滞留中だった1910年、ソウルのYMCAの依頼で帰国する時に立ち寄った後は日帝と共産統治により果たせず、ほぼ半世紀ぶりに再び来たのだった。その時、彼は9月3日にニューヨークを発ち、リバプール、ロンドン、パリ、ベルリン、モスクワを経てシベリア横断鉄道に乗り、満州を通って鴨緑江を越え、平壌を経てソウルへ下って行った[31]。

　彼は「朝鮮民族として共産党になった者は、朝鮮民族の扱いを受けられない」という平素の持論を反復しつつ、北朝鮮地域の同胞に統一のための反共愛国の道へ乗り出せと促した。「以北の同胞の皆さん、私と共に決心しましょう。共産党が、どこから入って来ても、それがソ連でも中共でも、入って来るのなら入って来い。我々は死に物狂いで戦って追い払い、この地では足を付けて生きられないことを世界に宣言します。過去に知らないで共産党の誘惑に陥って入った者たちは、みな悔い改め、悔い改めて立ち戻った者は、包容し容赦して包摂するでしょうし、国家と民族に背反して他国につこうとする者は、我々が決して包容しないでしょう。

　皆さん、勤勉に働いて下さい。以南でも以北でも、みな一緒に働こうというのが政府の意図なので、ひとつの血族として進んで行きましょう。我々の後ろに国連と米軍が構えていて民主政府と自由国を後援しているので、みな一丸となり、

この空前絶後の機会に唯一無二の国家をつくりましょう。機会があるままに私を呼んで下さい。私が来ましょう。語りたい話は多いのだが、ここで全てお話できず、ひとえにお願いしたいことは、ひとつに団結しましょう。」[32]。

　李承晩が演説する途中、横に立っていた丁一権と申性模は涙を流した。この涙は、当時の北朝鮮解放を成し遂げた韓国エリートたちの感情をよく表わすものだった。ソウルへ帰る道で李承晩は「我が人生を通じ、今日ほどうれしい日はなかった」と言いながら、次のように語った。
「私が共産侵略に対抗してきた国民に戦うことを訴えた時、私は勝利を祈願した。今日その勝利が現実化するのを実感した。我が国土の一寸さえも、共産主義の赤い手中にあってはならない。たった一人でも、共産統治下で奴隷生活をしてはならない。平壌の人々も、今は自由な生活をするようになった。これは全て、神の加護があったからだ。我々を共産侵略者から守ってくれた国連と、米国など軍隊を送ってくれた16ヵ国に深く感謝する。特に、マッカーサー将軍の指揮下で血を流して戦う国連軍と我々の勇敢な将兵に、全国民の名で感謝する。」[33]。

　戦争中の金日成による南朝鮮地域の訪問[34]が極秘訪問だったのに反し、李承晩の訪問は公開訪問であり、また大群衆の前で直接に演説までしたという点で、二人は劇的に対比される。甚だしくも李承晩は、平壌の歓迎式で群衆の中に交じっているかも知れないテロ分子による暗殺の危険性にもかかわらず、演説後に側近たちが制止する中でも直接、大衆の中へ歩いて行って握手し、抱擁までした[35]。これが、李承晩式の大衆政治が持つ頑固な無謀さであり、同時に対民衆的な力だった。しかし、統一を成し遂げ、再び平壌を訪問したい李承晩の夢は、ついには霧散して死ぬ時まで実現されなかった[36]。

　当時、最も微妙な問題だった韓米間の統治主権問題は、ついに戦時国会でも深刻に議論された。呉緯泳（オウィヨン）は、この問題を次のように正面から取り上げて論じた。彼は「国際情勢、北朝鮮地域の選挙、軍政の実施などをめぐるいろいろな風説が出回るこの機会に、我々は我が主権を確保するために国会として用意せねばならない条件がある」と述べて、次のように発言した。呉緯泳は、問題の焦点を鋭くつかんだのだった。そうしながら、大衆を下から動員する方法を提案していた。
「大韓民国は、韓国民衆の意思を代表する韓国政府というよりは、過去30年間3千万国民が共に祖国光復のために努力して来た結果として、国連の援助により独立したのに間違いありません。そうだとすれば選挙は、たとえ国際情勢に頼って韓国だけで行って大韓民国を樹立したとしても、この大韓民国は確実に3千万の総意、南北朝鮮の総意として樹立されたことだけは間違いない事実です。そうだとするならば今、国際情勢が微妙な今日、北朝鮮の国民だとして北朝鮮地域の人々

が、果たして大韓民国は南北朝鮮を代表した祖国統一の主権国家であることを彼らが自ら進んで運動し、国連だとか国際的に、その全てのことを反映させるようにその話を伝えて、彼らが自ら進んで、我が北朝鮮と大韓民国の一員の中に包含されたと自ら進んで運動するように、我々は行って話を伝えて意思を疎通する、それが大変に我が国会としての使命だろうと思います。」[37]

　この言葉は、大韓民国が民族の総意で樹立された全国的な正統政府なので、国際情勢が微妙な今日の時点に、北朝鮮の国民をして彼らが大韓民国の国民だという事実を自ら進んで国連だとか国際的に訴える運動をするように激励、後援しようという提案だった。韓国の北朝鮮に対する主権問題が米国および国連との関係から複雑に絡み合っているので、北朝鮮地域の住民たちを動員して、これを突破して行く方法を提案したのであった。相当に周到綿密な発言であることが分かる。今日の北朝鮮で何らかの事態の変動がある場合、このような方法の使用は、事態の肯定的な展開に助けとなるか、否定的な展開に助けとなるか？　ドイツの統一過程を念頭に置く時、このような動きが事態の肯定的な展開に影響を与えるのは明らかだが、そこには少なくとも3つの前提がなければならないだろう。東ドイツ政府と同様な北朝鮮政府の統治力の喪失、北朝鮮の人民による明白な韓国への支持、そして西ドイツと同様な韓国の外交力による対露・対米の国際的な安全装置の準備、これらが必須的なのだ。1950年秋の場合から分かるように、韓国と西ドイツは、特に最後者において重大な差異が存在する。西ドイツは、米国のどんな牽制も受けなかった。

　国会議員の朴永出（パクヨンチュル）は「大統領が大統領の資格で行けず、個人資格で行ったという事実は、我が韓国が持っている国連との全ての問題がそこに含まれたもの」[38]だと言及してから、大統領がそうだとすれば、国会議員も国会議員の資格では行けないのではないかと尋ねた。前半の陳述は、事態に対する核心的な言明だった。そうして彼は、このようになった責任が行政府と立法府のどこにあるのかは知らないが、以北の問題がこのようになるほど、今だ我が国会が確固とした何ものもなしに行って見るというのは、国際情勢も知らない中で行ったという批判があり得るので、38度線以北の政治問題が充分に微妙なことを考慮して、民間が個人資格で行くのをまず調べて見なくてはならないだろうと提案した。しかし、申翼熙は国会議員ならば、当然に大韓民国の国会議員であると言いながら、彼の憂慮を余りに過度な表示だと簡単に片付けてしまった。

　1950年11月4日には国会で、国会専門委員の李宣教（イソンギョ）による平壌視察に関する報告があった。占領直後の公式報告としては、ほぼ唯一残っている興味ある記録である。彼は、同僚の専門委員1名と一緒に10月27日から11月1日までの間、平壌

とその付近を視察して帰って来たのだった。視察報告を李宣教は、現在の平壌の実情よりは戦争勃発直前の状況についての事項から始めた。彼は、主要機関と連結されていた人々は6月25日の10日前に、もう6月25日に事変が起こることを知ることになり、平壌市民の半分以上は6月25日の1週間前には当日に何か大きな戦乱が起こることを知っていた模様だと報告した。6月25日の2～3週間前から軍隊と装備が南へ移動し、牛車を動員して行っていた事実ゆえだというのである。

　李宣教は、占領政策の命令系統が2種類になっていると指摘する。自由民主軍隊により解放された、分断下の共産国家の緊張し急迫した政治状況を直接、聞いて見よう。
「あちら側では、国連の決定により軍政長官に権限があるといろいろな布告を下しており、またこちらの軍隊機関からは、これは大韓民国の一部分だから大韓民国に服従せよとして、いろいろな布告を下しています。ところが、この2種類の布告が、軍政から発する布告と南から出た機関の発する布告とは、いろいろな矛盾がある模様です。

　その次に、政党社会団体についてはどうかと言えば……あちらの今の状態が8月15日直後のソウルのそれと同様だと言います。南から上って行った団体があり、以前からあった団体があって、何々の団体だ、何々の団体だと言いながら、いろいろな標語を貼り付け、いろいろなスローガンを貼り付けておいて、人々を受容して（引き込んで）います。その受容するところの内幕にあっては、軍政に賛成だ、軍政に反対だ、このようなことが裏側で動いています。」[39]。

　差し迫った統一独立に先立ち、既に米軍の軍政統治をめぐる賛成と反対の鋭い対決の動きが登場しているのが分かる。現実主義的な国際主義者たちは、米国の実体を認定して軍政に賛成しただろうし、理想主義的な民族主義者たちは、即時の自治を望みながら反対したであろう。前者は、米国との葛藤が現実的に得るものがないと主張したであろう。後者は、独立した状態でさえも北朝鮮地域に対する統治権を行使できないのは話にならないと主張しただろう。これは、まるで信託統治の受容をめぐり現実主義と理想主義が対決した1945年末～1946年初頭の状況と余りにも類似していた[40]。歴史は、長い時期の時差を置いても反復されるが、ほぼ同じ時期の間にも全く異なる状況において正に同じイシューをめぐり繰り返されもする。

2．統治の実態：虐殺と国民統合の問題（1）

　韓国軍と米軍が進駐した時、北朝鮮地域の住民たちが見せた反応は大略3つであった。1番目は、北朝鮮体制に忠誠を捧げるものだった。彼らは、国連軍と韓国軍に強力に抵抗した。2番目は、韓国を支持するものであった。国家形成過程において北朝鮮体制に抵抗した階層は、韓国体制に忠誠を捧げるのだった。そして3番目は、どちら側の反応も見せないまま事態の推移を見守るものであった。縮こまった状態での沈黙と臨機応変な対応が彼らの態度だった。韓国軍が羅南と清津に到着した時、一般市民は見出せなかった。ほぼ全員が更に深い北側の地方へ避難したからだったのであろう。爆撃によるその破壊相は、韓国軍でさえも驚くほどだった[41]。我々は、北朝鮮でも韓国と似た様相が再現されていることを見て取れる。しかし、沈黙を通じた中間的な態度、すなわち3番目の反応は、韓国においてと同様、次第に顕著に現れながら対立する1番目と2番目の反応の間に埋もれてしまった。

　韓国の初級将校の記録によれば、白骨部隊が通り過ぎて行く咸鏡道新興地方で住民たちは、部隊に向かい「（なぜ）今やっと現れるか」という支持と一緒に「白骨部隊は邪悪で、人さえ見れば殺す」と言って当惑する、劇的に相反する反応を同時に見せた。この記録は、北朝鮮地域の住民たちの反応を率直に表わしたものだったであろう[42]。韓国軍法務将校の太倫基によれば、韓国軍が北進を始めるや、数時間前まで人民軍のために諸手を挙げて万歳を叫んでいた人民たちは、再び韓国軍を見て歓迎の万歳を叫んだ。韓国軍は、所々で巨大な歓迎の人波に直面した。しかし彼は、革命だとか自由の回復よりは生命への執着または恐怖の別の表現が、彼らの豹変した実際の理由だと見ていた。彼によれば、韓国軍が進駐した時、一部の住民たちの反応は「ありがたいとかうれしいとか、また憎いとか怖いとか、何らの表情もなく、ただただ死ぬのも嫌で希望もないという、蹂躙された人民の典型的な無言、無表情それ自体だった。」[43]

　戦勢逆転の後、ソウル市臨時人民委員会の軍事動員部にいた幹部たちが長い北行の道に発ち、後退する途中に労働党員たちが殺害されたという噂も広まり、反対に敗退しながら反動分子たちを殺害したという話も出回った[44]。戦勢の逆転は、互いに反対方向からの虐殺を急き立てる。葛藤は、解放直後の左右翼の闘争をそっくりそのまま再現していたのである。朝鮮戦争以前に南北朝鮮で3年間にわたる国家形成と国民形成の初期過程は各々、左派と右派、民族主義と社会主義に対する排除の過程と重なり合ったという点で、北朝鮮における統合もまた、我々が既に検討した韓国においてと同様、否定的な統合（*negative integration*）

の概念に正確に近似する[45]。

それは、各々の体制と理念が帯びた肯定的で積極的な長所に対する訴えとその拡散を通じた国民形成、国民統合（*national integration*）の過程でもあったが、もう一方では相手方の体制と理念に対する否定的で排斥的な宣伝とその刻印を通じた国民形成、国民統合の過程でもあった[46]。反対勢力を排除して弾圧すればするほど、自らの勢力の団結と結集の程度は高くなる。すなわち、相手との敵対が高まれば高まるほど、内部の統合の程度は高くなる。コーザー（Lewis Coser）が述べるように、葛藤は近い関係で起こるほど、更に猛烈で過激である。そのような関係では、団結と敵対の共存が葛藤を一層さらに先鋭化する。また敵意は、それが発生する集団への没頭が大きければ大きいほど、更に深く激烈な反応を呼び起こす。そして、ある同一の共同体内における葛藤では、一方が他方をその共同体の統一と一体性に対する脅威だと認識すればするほど、互いの間では一層もっと猛烈に憎悪するようになる[47]。要するに、韓国と北朝鮮の国家形成と国民形成の過程は、内的な団結と相手の憎悪という2つの過程の並進的な深化過程だった。したがって、韓国が北朝鮮を占領した時、このような国民形成過程の特性が発現するのは当然であった。もちろん、それは北朝鮮による韓国の占領時も同様だった。

相互間には虐殺も頻発した。太倫基の10月13日の日記には、元山(ウォンサン)刑務所の虐殺事件が記録されている。韓国軍が元山刑務所を訪れた時は、30名の罪囚たちが刑務所の管理人になっていた。彼らによれば、約870〜880名の収監者のうち約550名が政治犯で、この人々は刑務所付近の防空壕で全員が虐殺された。太倫基は直接、虐殺現場に立ち寄って見た。5〜6名が一組にされて、太い針金で手首を後ろに縛られたまま銃殺された多くの死体が無数に山積みされているのを見て、彼はその場で失神しそうになった。銃殺後、ダイナマイトで入り口を密閉したが、2名が生き残り、その中の一人である牧師と対話を交わして経緯を聞いた[48]。10月15日、太倫基が高原(コウォン)に立ち寄った時、そこの第1人民学校で韓国軍捕虜の約100名が3〜4日前に虐殺されていた。現場に到着した時、50〜60名の死体があちこちに散在していた。彼に従えば、彼らの息を引き取った表情は、形容し難い現代文明の地獄相だった。彼は、ユダヤ人虐殺が消すことのできない人類史上の罪悪相だと言うが、ここにもそれに劣らない罪悪があったと証言する[49]。

咸興刑務所に立ち寄った時は、数多くの政治犯たちが残酷に処刑された後、井戸の中に暗葬されたことが発覚し、死体を引き揚げている最中だった。井戸の中の水は血の色で、引き揚げられた死体だけでも100体に達した。刑務所付近の防空壕からは200余名の死体が発見され、並んで横たわっていた。彼によれば、目をい

残酷に虐殺された子どもたちの死体（平壌、1950年9月5日）。
資料：National Archives

からせたまま死んでいった人相こそ冤死者の表情であり、それは野蛮としか表現できないのだった。虐殺場面を目撃した太倫基は、自首して韓国軍の手伝いをしていた人々を労働党員だという理由で、理性を失い棍棒で容赦なく殴った[50]。共産主義者たちが犯した戦慄する血の殺戮を前に、彼は思わず自分に対する統制力を失ってしまったのである。

　北朝鮮政府が平壌から撤収しながら、1,800名に達する右派と民族主義者たちを虐殺したという現地視察の報告があるかと思えば[51]、平壌郊外はじめ至る所で共産主義者たちが行った残酷な集団虐殺についての証言もある[52]。我々は、このような証言を終戦以降から今まで無数に耳にしてきた。ある若干の誇張が含まれた証言に従えば、平壌では監獄の井戸に押し込んだり防空壕に引っ張って行ったりして、虐殺をほしいままに行った。平壌のチルゴル里2,500名、勝湖里付近の泗島里（サドリ）で400余名など、多くの場所で虐殺がなされた。所々では埋葬された虐殺被害者たちの頭部が外に現れていたりもした。咸興では、咸興監獄で700余名、忠霊塔の地下室で200余名、政治保衛部の3つの部処の地下室で300余名、徳山鉱山で6千余名、盤龍山窟（パルリョンサン）で数千名など、咸興地域だけで計1万2,700余名の良民が共産政権とその支持者たちにより虐殺された[53]。

　10月16日、従軍記者でUPI東京特派員のチャップマン（W. F. Chapman）が永興（ヨンフン）に到着した時に見た光景は、残酷だった。その日の彼の日記によれば、300名の韓国軍捕虜が学校で虐殺された。

「山の下から既に死の匂いがした。……建物の内部には死体が積まれており、腸がねじれる気分を我慢できなかった。どんなに内臓が強く、無感覚になった軍人だ

としても、息が詰まった。各教室は死体の山で、痩せ細った骸骨が積まれていた。本当に恐るべき光景だった。頭や胸や腰に銃傷を受けて死んだ者がいるかと思えば、銃剣や銃床でずたずたに切られて死んだ者もあった。『これら韓国軍の捕虜たちは、体調がすぐれなかったり負傷したりした軍人でしたよ』。韓国軍第3師団主席顧問のエメリッチ（Emerich）大佐が述べた。『これ以上は歩けなかったんです。そんな折、我々が余りに近くまで進撃して来るや、アカどもは、そのままここで処置してしまったんだな』。」

チャップマンは、少し離れた果樹園の溝で、ガソリンで燃やされた500名の韓国軍人のまた別の死体群を見た。現場にはぞっとすることに、依然としてガソリンのドラム缶が死体の上に引っ掛かっていた。唯一の生存捕虜は、死体の山の一番下に置かれていた幸運で生き残り、チャップマンに北朝鮮軍が自動小銃、ライフル、銃剣、手榴弾を以て無惨に殺害した後、溝に押し入れてからガソリンを撒いて火を点けたと証言した。チャップマンに従えば、その惨たらしい場面は、ブーヘンヴァルド（Buchenwald）、ダッハウ（Dachau）、ベルゼン（Belsen）の再現だった。これらの都市における戦慄すべき虐殺場面は、正に世界史で最後の出来事と告げられようとした、その場所ではなかったのか。彼は、国連軍総司令部の集計を引用しつつ、北朝鮮共産軍が敗走しながら2万名の韓国軍と300余名の米軍捕虜を虐殺したと主張する[54]。

多くの写真と一緒に虐殺事件を体系的に集めていた第1次資料を通し、いくつかの事件を検討して見よう。惨たらしい場面を数多く残した咸興虐殺事件は、300名の政治犯が洞窟の中で窒息させられて虐殺され、別の65名の「反動ども」は井戸の中に放り込まれたまま石で埋められた。反共政党に加入したと告発された他の482名は、殴打と石での乱打を受けて死んだ後、徳山ニッケル鉱山付近の竪抗に投げ捨てられた。咸興の雰囲気は、共産主義には確実に敵対的だった。鎮南浦（チンナムポ）の鉱山では68名の罪囚たちが棍棒で殴られ、銃剣で突かれて処刑され、捨てられた。彼らは、1950年10月24日に発見された。

元山では同年10月6〜8日の間に、500余名の罪囚たちが虐殺された。その中の300名は、洞窟の中で殺害された後、入り口をダイナマイトにより閉鎖された。韓国軍第1師団が進駐する時、この2つの事件のうち何名かの生存者は劇的に救助された。極めて大きな死体の山、燃やされて最後にはもう揚げられて焼かれてしまった人肉、それを井戸の中から引き揚げる場面、探している家族の呆然自失して絶望的な姿、洞窟の中の惨状……は真実、両眼を開けて見るのが難しい[55]。咸興と元山の虐殺は、多くの証言と資料から同時に言及されているのが分かる。

彼らを全部「反動」だと言う必要はないであろう。ある地域の多くの人民たち

が体制に抵抗する、いわゆる「反動」だったならば、彼らは正に一般「良民」、「人民」なのである。この韓国でもほしいままに行われたことがあり、北朝鮮でも再び反復された大量虐殺は、少数の反動に対する正当な抑圧を名分に始められた革命的な暴力が、必ず一般人民にまで拡散する点を示してくれる。最初の革命的な暴力は、革命勢力が打倒しようとする旧体制の核心だけに限定されたかも知れない。しかし、革命的な暴力は、すぐさま一般人民にまで拡散される[56]。スターリン治下の共産統治が見せた恐るべき実態は、革命的な暴力の典型的な姿だった。北朝鮮における残酷な良民虐殺は、その代表的な事例の1つであった。解放直後にその大部分は一掃されたり南に逃げて来たりした、最初の打倒目標だった旧体制の支配階層、親日派、民族反逆者が、依然としてこれほどまで多く北朝鮮地域に残っていたなどというのは、あり得ないことだった。この北朝鮮地域にいた多くの人々が、新しい打倒対象である韓国政権の核心階層であるはずもなかった。したがって、彼らは正しく一般人民だったのである。人民解放を目標に戦争を始めた政権が、夥しい人民虐殺をほしいままに行っているのだった。

　韓国内務長官の趙炳玉は、元山地域の集団虐殺を目の当たりにした後、北朝鮮地域を「人間の地獄」と表現した。彼は、遺族たちに葬礼費として死体1体当たり3万ウォンずつ支給すると約束して、内務部予算から約3千万ウォンを支給したと言い、被害者は約1千2百余名に達したと陳述している。「人間の地獄」だという趙炳玉の陳述は、韓国エリートによる当時の北朝鮮地域の状況に対する核心的な認識を含蓄して示してくれている[57]。彼らの立場から見る時、この地獄への救援者が正に自分たちだったのである。したがって、38度線の北進以後、韓国にとってこの戦争は、当然に解放戦争である外なかった。

　北朝鮮当局により投獄されて虐殺された者の一部は、戦争勃発後に検挙された人々であり、一部は戦争以前から収監されていた者たちだった。また、ある人たちは「戦争直前」の予備検束で引っ張られて入り、ある人たちは韓国から捕まえられて行った人々であった。罪名は、主にスパイと反動分子だという理由だった。戦争中に北朝鮮で記録された、次のいくつかの希少で重要な1次資料を見よう。この諸資料は手で殴り書きされた、収監者および被害者の名簿である。

　まず、北朝鮮内の反共団体である「愛国闘士会」が記録した「愛国者被殺者名簿」を見よう[58]。これは、教化所と言われた監獄に収監されていた罪囚の中で、戦争当時に北朝鮮により殺害された人々を記録した一名簿である。殺害された総計265名の罪囚の姓名、年齢、住所、罪名、刑期、それに入所年月日が詳細に記録されている。最初に期間を見れば、1946年から50年6月25日の戦争勃発以前までの収監者は、計61名だった。彼らを罪名別に見れば、結社7、テロ1、反動46、

宣伝4、脱営1、スパイ2名に分類されていて、非常に長期の刑を受けた者たちであった。刑量は、最高の死刑から最低3年まであり、17年から20年の長期囚も多数だった。年齢分布は、10代から60代まで多様であった。56名のうち15年以上の刑期から死刑までの重刑を受けた人だけでも15名にもなった。本籍および住所は、ほぼ全員が北朝鮮地域の人々だった。

　1950年6月25日以後にも、検挙は途切れなかった。これは、戦争中にも北朝鮮地域における抵抗が少なくなかったことを分からせてくれる。検挙罪名、検挙時期、検挙者の住所など、3つの水準に分けて分析できる。

　まず罪名を見れば、分析可能な計140名のうち結社6、反動110、宣伝9、スパイ4、テロ2、暴動1、予備検束が8名だった。この中には、戦争勃発直後の6月に検挙された者も少なくなかった。1950年6月にも結社と宣伝があり、スパイもいた。予備検束の8名は、特定の反体制事件によるものというよりは、戦争中に反体制の性向がある者を予め検挙したものと推論される59)。韓国と北朝鮮において全く同様に進行した予備検束は、潜在的な反対勢力に対して韓国と北朝鮮の取った措置が同一だったことを示してくれる。

　2番目は検挙の時期で、ほぼ全員が1950年の逮捕者だった。同年9月までの検挙者を含んでいるこの資料では、同年6月に検挙された者だけでも27名に達した。全体の140名のうち、これは19％に達する数字だった。この数字は、この資料全体の期間である約100日のうち、序盤の5日間だけで他の時期の何倍にも達する検挙があったことを示してくれる。すなわち、戦争開始の序盤に集中的に逮捕したのである。この中には、6月27日のスパイ事件もあった。驚くべきことに、9月に入っても検挙は途切れなかった。これは、1950年秋の北朝鮮において国連軍が進駐する以前から内部の抵抗が少なからず強力だったことを示してくれる。9月下旬に入ってから検挙者が急増したが、これは仁川上陸作戦の成功以後、北朝鮮地域における反体制活動の増加、韓国からの浸透の急増、そして地下で活動中だった反共組織の復活と関連が深いであろう。

　3番目は、検挙者の住所または居住地だった。この分析が重要な理由は、逮捕者たちの住所が全て南朝鮮地域ならば、この文献の分析に大きな意味がないからである。なぜならば、それは全部、反共闘争のために韓国から派遣された人物たちだろうからであった。特に、戦争勃発後に検挙された者たちの住所が南朝鮮地域ならば、それは韓国から派遣された者と見て間違いなかった。しかし、住所を追跡して見れば、彼らは全て北朝鮮地域の出身だった。それも北朝鮮のある特定地方の出身ではなく、全地域にわたり多様に分布していた。これは、北朝鮮地域の至る所で自発的な抵抗が発生したことを意味する。入手した罪囚の名簿には咸

鏡道、元山、江原道の出身者が集中的に多いところから見て、それは元山教化所や咸鏡道地方のどこかある地方教化所の名簿だったと見られる。この名簿が、多くの他の教化所でも見られる一般的な傾向の一事例を示すことを疑う余地はない。

次の名簿は、計78名からなる「満浦方面移送者名簿」である[60]。この名簿には、前の資料で見た項目に、個人別の罪囚番号が追加されている。同様に3つの水準で分析すれば、まず1950年6月25日以前の検挙者は11名だった。したがって、この名簿は大部分が6月25日以降の検挙者たちで構成されていたことが分かる。66名（85％）が戦争勃発以後の検挙者たちだった。次に、罪名を分類して見よう。ただし、この集団の罪名分類は容易ではない。なぜならば、二重三重の罪名の検挙者が多いからであった。例えば、反動・結社・スパイなど三重の罪名による検挙者をはじめとして、反動・スパイ、反動・武装暴動、反動・テロル、テロル・武装暴動など二重の罪名による検挙者たちはもっと多かった。したがって、罪名を分類するのは、大きな意味がない。だが重要なのは、その大部分が1950年6月25日以降の逮捕者からなる集団にも、反動結社と武装暴動が少なからず現れるという点だった。これは、戦争勃発以後に北朝鮮地域において北朝鮮に反対する結社と武装抵抗が、かなり頻繁に起きたことを意味する。この集団は、ほぼ全部が20代で相当に若く、刑量もまた非常に重かった。全員が10年以上で、彼ら全体の平均刑量は14年に達した。

3つ目の名簿は「阿吾地方面移送者名簿」である[61]。計414名が記録されている。この名簿は、1950年6月25日以降を除いては、全員が49年から50年6月25日の間の検挙者たちで構成されている。計414名のうち406名が49年から50年6月25日の間の検挙者たちだった。大部分が49年度の検挙者で、50年6月1日から25日の戦争勃発直前までの検挙者たちは計128名であった。1950年の検挙者の比率は、32％だった。彼らの罪名は、スパイと反動、武装暴動、結社、宣伝、テロルなど反体制抵抗のほぼ全項目が網羅されている。1950年までも、反動と結社とスパイで逮捕される者が途絶えなかったのである。また、住所が北朝鮮地域で、罪名がスパイになっている者たちが非常に多かった。彼らは、秘密裏に韓国と連繋していた親韓国的な人々なのだろう。

数名だけを例に挙げて見よう。41歳の崔賢徳は、スパイの罪名で1949年12月25日に逮捕され、刑量は15年、住所は通川郡だった。24歳の金鍾学は、罪名が暴動で刑量は17年の宣告を受けた。1949年9月8日に逮捕され、住所は襄陽であった。49年3月23日に逮捕された崔相善（音訳）は、住所がソウル敦岩洞で、スパイの罪名に26歳で刑量は10年だった。崔相善は、住所からして韓国から浸透した

スパイと見られる。しかし、このような者は極少数だった。スパイの住所も、やはりほぼ全員が北朝鮮地域の住所になっている者たちであった。20歳の卓東春（タクドンチュン）（音訳）は、1950年3月5日に逮捕され、罪名が宣伝で住所は元山、刑量は5年であった。50年1月26日に逮捕された金学基（キムハッキ）は、26歳でスパイの罪名だった。彼の住所は平安南道南浦（ナムポ）、刑量が10年であった。

　3つの罪囚名簿の全てに共通する2つの事項は、1949年はもちろん50年初めから6月25日までも検挙者が途絶えなかったという点と、彼らの罪名もまたスパイ1つだけに止まらず、反動、結社、宣伝、武装暴動など非常に多様だったという点である。明白なのは、金日成体制が北朝鮮を1950年6月25日までも完璧に掌握できなかったということだ。結社と武装暴動は、どうであれこの時期にも北朝鮮に持続的な抵抗が存在したという事実を意味する。これは、48年秩序の時期に韓国だけで共産勢力の抵抗が強力だったと解釈してきたことに対する1つの反証であり得る。金日成体制も、やはり反共勢力の抵抗に苦しんでいたのである。他方、これは金日成体制が戦争を開始するため、1950年に入ってから体制に反対する勢力を予め検挙し、監獄に入れて置いたことを語りもする。

　これらの名簿を見る時、逮捕された反体制的な人士たちを、急迫した後退の開始を迎えて北朝鮮政権が各種の罪名で集団虐殺したり更に遠い北部地域へ移送したりしたことが分かるのである。反動分子という一律的な烙印付けを通じた後退時の超法規的な民間人の大量虐殺、これは、いかなる名分によっても正当化できない国家による戦争犯罪だった。それは、疑心の余地なく国家テロリズム（state terrorism）であり、集団虐殺（genocide）だった。戦争中に越南した北朝鮮地域の住民たちにより反復される残酷な証言は、韓国社会に広く流布される中で、共産主義者たちの蛮行と悪辣さをしばしば繰り返して知らしめることになった。

　反面、北朝鮮は北朝鮮で、平壌で1万5千余名、襄陽で25,300名、殷栗（ウルリュル）1万3千余名、安岳（アナク）1万9,072名、海州（ヘジュ）6千名、松禾（ソンファ）5,545名、碧城（ピョクソン）5,998名など全国的に米軍による凄まじい虐殺が行われたと主張した。特に彼らは、黄海道信川郡（シンチョン）では、軍民12万名のうち1/4に当たる3万5,383名がわずか4～5日の間に無惨に殺害されたと主張した。有名ないわゆる「信川虐殺事件」だった。その中の1万6,234名は子どもと老人、婦女子たちであった。北朝鮮に従えば、虐殺の方法の中には防空壕に閉じ込められた後の残酷な集団生き埋めや焼殺が含まれていた[62]。しばしば「朝鮮版ゲルニカ」と呼ばれてきた信川虐殺事件は、ピカソ（Pablo Picasso）が1951年に描いた「朝鮮における虐殺（Masacre en Corea）」の素材になったことで知られるようになった。この絵は、軍人たちが裸になった妊婦と子どもたちに銃刀を突き付けて狙っている構図であった。

今だ統計が不確実な戦争当時の時点で、外務相の朴憲永の主張によれば、平壌7千余名、海州2,700余名、載寧1,400余名、松林1千余名、順川1,200余名、价川700余名、安州900余名、定州800余名、楚山900余名、熙川800余名、宣川と博川で1,400余名が米軍と韓国軍により虐殺された[63]。これによれば、虐殺がほぼ北朝鮮全域にわたり進行していたことが分かる。北朝鮮はまた、婦女子に対する無数の強姦と強奪の事例を暴露、宣伝した。さらに彼らは、国連の総会議長と安全保障理事会議長に送る書信で「米軍と韓国軍が15歳から35歳までの女性たちを募集し、事実上の私娼である、いわゆる『米軍慰安隊』を組織した」とまで主張した。

　順川では19歳の娘が、彼女の兄は労働党員だという理由で殺害された。米軍は、平壌で労働党員と人民委員会幹部たちの家族である1千余名の婦人たちを逮捕し、拷問と強姦をほしいままに行った後に銃殺した。略奪は、中国軍の参戦により後退を余儀なくされた時点に、特に目立った[64]。朴憲永は、江原道だけで2万5千名が銃殺されたと主張した。彼によれば、その中には妊婦と児童が含まれていた。彼は平壌市の場合、朝鮮戦争前の人口50万名が1951年1月6日現在、5万余名しか残っていないと主張した[65]。彼の声明が事実ならば、平壌市人口の90％が死んだり脱出したりしたことになる。脱出の詳細な構成と理由がどこにあったかにかかわらず、この統計が信じ難いほど驚くべき数値なのは事実だ。

　民間人の虐殺を糾弾する彼の声明は、米軍に対する極度の憤怒と呪詛を盛り込んでいる。

「米軍の干渉者らと李承晩傀儡軍隊らが早急に退却した道路には、どんな狂人が見ても何ら罪のない婦人、児童、老人など非武装の一般住民たちを彼らが野獣のように全て虐殺した数千の死体が放置されている。……周知のとおり、このような非人間的な方法でヒトラーのファシスト式の人種どもは、世界制覇の妄想的な計画を実行するに当たり、全人民を全滅させようと試図したのである。歴史は、ヒトラーの冒険が何を以て終わったかをよく知っている。ウォール街の住民どもとホワイトハウスの彼らの忠僕らも、これを想起してみるのが良いだろう。……朝鮮人民にこのような前代未聞の暴行を加えた犯罪者は、歴史の審判を受けねばならず、彼らが犯した蛮行に責任を負わねばならない時は来た」[66]。

　外国の女性たちで構成された共産系列の団体による当時のある調査も、やはり北朝鮮地域における虐殺、爆撃、そして抑圧が広範で残酷だったことを示してくれる。17ヵ国の代表により構成された国際民主女性連盟は、北朝鮮地域を広範に調査した後、報告書を発表した[67]。彼女たちは主に、民間人に会って情況を聞き、証言を聴取した後、報告書を作成した。報告書に従えば、1万4千戸に12万6千

名の住民が暮らしていた新義州(シニジュ)は、11月8日の米軍による空襲で3,017戸の国有および私有の家屋のうち2,100戸、1万1千戸の住宅のうち6,800戸、17の初等学校のうち16校、14の中等学校のうち12校、17の教会のうち15棟が破壊された。死亡者は5千余名に達し、その中には4千名を超える女性と幼児が含まれていた。ある病院では、焼夷弾の炎により26名の患者が焼死した。調査団は、北朝鮮の中心地「平壌の破壊の程度は実地で100%に達している」と表現している。ある日は、焼夷弾により市内が火の海と化したこともあった。実際に米軍側の資料によっても、戦争が終わった時、平壌は恐るべき爆撃により残っているものがほとんどなかった。

調査団はまた、黄海道では爆撃により12万名が虐殺されたと主張した。安岳と信川を調査した団員たちの報告によれば、各々1万9,092名、2万3,259名が殺害された。その中には、焼死した者、ガスで窒息死した者もいた。調査団が2つの墓を掘り起こした時、ひとつの墓からは70名の幼児の死体が、もう1つからは200名の女性の死体が発掘された。全て焼け焦げた死体だった。平安南道地域を調査した団員たちは、南浦の人口6万名のうち50%ぐらいしか残っておらず、戦前は2万棟に達していた建物ほぼ全てが破壊されたとする。報告書は、南浦は都市の3/4が墓と化したと記録している。江西の新井(カンソ シンジョン)面では1,561名が虐殺され、その中には女性452名と8歳以下の児童352名が含まれていた。

もちろん、我々は真実と宣伝、誇張、政治的な攻防が混合した北朝鮮側の声明と会見の内容を完全な事実だとは信じ難いであろう。しかし、1950年代末まで北朝鮮は、しばしば虐殺現場の発掘事実を繰り返し公開した。1958年6月3日には、黄海道長淵(チャンヨン)郡楽淵(ラギョン)鉱山から500余名の死体が発掘されたと公開したかと思えば[68]、6月29日には問題の信川郡龍塘里(ヨンダンニ)で母子60余名の死体が発掘されたと公開した[69]。この発掘以前にも、既に信川郡龍塘里は850余名の死亡者を記録している場所だった。発掘を紹介する記事は、常に残忍な形体をしている死体の写真と発掘現場の写真を添付し、信頼度を高めようとしていた。

反面、当時の事件に関与した韓国右翼の記録によれば、信川虐殺事件の主体は反共主義に燃える北朝鮮地域の民間右翼だった[70]。この記録は、重要な意味を持っている。すなわち、信川虐殺事件は米軍や韓国軍による虐殺ではなく、左右翼の闘争の産物だったという点である。その実、北朝鮮は北朝鮮地域の全ての良民被害、すなわち左右翼の闘争の過程において左派の被害はもちろん、甚だしくは右派の被害さえも全て米軍と韓国軍による虐殺だと主張してきた。土着の左右翼の対決過程における被害や土着右翼の攻撃による労働党員の被害までも、北朝鮮はこのように説明してきた。このような誇張は、自らの主張を宣伝に格下げす

るのはもちろん、実際に米軍と韓国軍によって発生した事件さえも区別できないようにする。「どちら側によるものだったにしろ、全て反動どもの仕業だという点で全く同じである」と主張すれば、どうしようもないであろう。しかし、ふたつが明白に異なるものだという点は、強調する必要もない。

　信川地方では韓国軍の北進に先立って「光復同志会」を結成、共産主義者たちが退却する以前の10月13日に蜂起を決行した。彼らは「共産政権に加担した者を手当たり次第に粛清した」（原文どおり）。信川に国連軍が進駐したのは、10月18日だった。しかし、押しつ押されつの攻防戦の持続により、安岳中学校、載寧の西河面では多くの右翼人士たちが殺害された。それは、更なる報復を呼び起こした。右翼の治安隊の主要任務は、加担者の粛清と残匪の掃討だった。原文を引用して見よう。北朝鮮の資料で南侵、即決処分など北朝鮮みずからの行動を説明したように、韓国の資料そのものに自らの行動を語らせよう。

「毎日のように血の復讐が継続した。**友軍が進撃した後、即時に大韓民国が北朝鮮を接収していたならば、このように凄惨な血の復讐はなかったろうと推測されるが**、自治的な治安隊に任せっ放しにしたせいで、無数の名もなき加担者の家族が露と消えてしまった。……日帝に40年間の搾取を被っても、解放後は一人の犠牲も出さず、何事もなく日本人を送り返したこの地区の純朴な農民たちが、敵の統治5年後にこれほどまでも惨たらしい同族間の血闘を繰り広げる理由がどこにあるのか。繰り返して言う必要もなく、共産統治が過去5年間、北朝鮮においてどれほど悪く人民に反映されたかということが如実に証明される。治安隊員たちが共産党を残忍なほどに処断するのは、彼らがそれを学んでいったからで、そのまま復讐するばかりだと言い……この戦慄すべき血の復讐の潮流が狂ったように全北朝鮮地域を襲ったが、その中でも反共熱が最も甚だしい九月山地区で第一に犠牲者は多く、全人口の1割ないしは2割が加担者として追われて処断された。」[71]
（**強調**は引用者）

　上の引用文で言う加担者とは、共産主義に共鳴する加担者を指す。信川虐殺事件についての別の韓国側の資料によっても、この事件は共産主義者たちによる右翼人士の大量虐殺に対する報復だった。この資料は、事件に直接関与した民間人たちが詳細に記録した冊子である。未だ他の資料で確認はできなかったが、この資料によれば、労働党中央が後退に先立って黄海道地方へ極秘裏に反動分子に対する即決処分の口頭命令を下し送った。この時、被害者は安岳地方の場合、安岳政治保衛部の防空壕で242名、安岳内務署の井戸で63名、安岳大杏面小峴峠で77名、安岳西河面載寧江で80名などに達した[72]。

　朝鮮解放から朝鮮戦争までの期間に、既に民族主義が強力だった黄海道地方で

は、1950年秋に戦勢が逆転する中で土着の右翼の抵抗が強くなった。韓国軍が開城(ケソン)まで入って来た、開城を越えて進撃して来ているという知らせは、右翼たちを大きく鼓舞した。各地方の右翼の「救国同士会」と「反共遊撃隊」は、左翼陣営の政治保衛部員、内務署員、自衛隊員たちと一戦を交えようと目論んでいた。新旧キリスト教系の人士と教師、学生たちが右翼陣営を構成していた。10月13日に信川、載寧、安岳をはじめとして黄海道の多くの地方で広範な反共蜂起が発生し、この過程で左翼と右翼は互いに数多く殺し合った。地域別に異なるが、一日に少なくとも10余名から多くは80余名に至るまで死亡者が続出した。10月13日の蜂起決行以後16日までに殺害された左翼は、600余名に達した。反面、左翼は右翼400余名を殺害した[73]。ふたつの資料によれば結局、信川虐殺は右翼の反共蜂起過程における左右翼の相互殺戮戦だったことになる。左右翼が直接の参加者で、彼らはまた民間人でもあった。被害者の身上についての記録まで詳細に添付しているところから見て、著者が考えるに、信川事件の真実は左右翼の記録、すなわち土着の左右翼の闘争過程における事件だという見解が真実により近いと思う[74]。

　北朝鮮は、終戦5年後の1958年8月、信川郡信川邑に信川博物館を建設した。北朝鮮側の記録によれば、博物館の建設は金日成による直接の教示でなされたものだった。今日、北朝鮮がこの博物館を「信川一帯で米帝侵略者らが敢行した天人共怒の野獣的な虐殺蛮行を実物の資料と直観資料、映画で示してやることにより、米帝の暴悪性と野蛮性を暴露し、米帝に対する憎悪思想で教養する博物館」[75]と定義したところから見て取れるように、彼らはこの博物館を、戦争の経験を思い起こさせ、反米思想を教育するのに最も明白な歴史的資料として使用しているのである。韓国のある政治学者がここを訪問した時、平日だったのに多くの北朝鮮住民が観覧のため列を作っていた。ここで米軍の蛮行に抵抗して犠牲になったという李憲洙(リホンス)(音訳)少年は、北朝鮮の最高人民会議常任委員会の決定により彼の母校が李憲洙中学校と改称されて呼ばれるほど、反米抵抗の象徴のように奉られていた。北朝鮮版の李承福(イスンボク)少年だったわけである[76]。

　北朝鮮の資料に従えば、博物館には数百平方mに達する陳列場と数百席の座席を持った映画館がある。陳列場には主に、朝鮮戦争時に敢行された米軍の虐殺と犯罪、特に信川における虐殺を暴露する諸資料が展示されている。陳列室の一部には、米国が朝鮮と接触し始めた後の100年間にわたる犯罪を暴露する資料が展示されている。また、博物館の周辺には、愛国烈士たちを合葬した墓地をはじめ、信川邑のパムナムコルに400名の母親と102名の幼児の墓が安置され、見る者の憎悪を掻き立てるようにしている。設立直後から北朝鮮の学生や青年、労働者や人民たちは、ほぼ全員がこの博物館を訪れて行く。必須的な歴史教育の場所に

なったのである。外国の訪問客たちにも、ここは主要な観光コースの1つとなって久しい。その結果、北朝鮮は信川博物館が「人民を徹底した反帝反米思想で教養しているだけではなく、ここを訪問する世界の革命的な人民にも殺人鬼の米帝に対する呪詛と憎悪を掻き立てさせる」と主張する[77]。

　南朝鮮地域における北朝鮮軍の行動に対する韓国民衆の反応と記憶がそうだったように、北朝鮮地域における韓国軍と米軍の行動に対する北朝鮮住民の反応と記憶も憤怒と嫌悪だった。金日成は1952年に「人の頭脳を以てしては、ヒトラーの悪党が敢行した蛮行よりもっと邪悪で更に恐ろしい蛮行を想像できない。しかし、朝鮮でヤンキーどもは、ヒトラーの徒輩を遥かに凌駕した」[78]と言いつつ、米軍に最大の呪詛を浴びせかけた。このような呪詛は、引用する必要もなく戦争の終息と共に絶えることなく呼び起こされ、最も強力な体制正当化、反米・反韓国の歴史的な資料として動員され活用された。脱北したある北朝鮮外交官の証言によれば、北朝鮮は1990年代の危機の時点にこの事件を再び呼び起こし、刺激的な用語と方法により広範に宣伝しながら、韓国と米軍に対する大衆的な敵対感を動員するのに使用した[79]。これは、韓国と米国に対する激烈な憎悪を蘇らせ、全人民を団結させようという意図の産物だった。

　北朝鮮外相の朴憲永は「他国に輸出しようとする米国式民主主義の真正な面貌は、正にこのような帝国主義的な植民地略奪者に転換した米国強盗輩どもの秩序なのだ」と非難する[80]。我々が朴憲永の非難を受容はできないとしても、共産主義の阻止と民主主義の守護は、無差別な暴力と民間人虐殺の正当化を通じては追及され得ないのである。それは、民主主義の信念と原則はもちろん、自己の行動の名分を自ら侵食させる行動である外ない。しかし、彼らは、自分たちの行動が自己背反だという事実を知り得なかった。

　同族間でほしいままに行われた民間人虐殺は、我々に近親憎悪、近隣憎悪の現象を思い起こさせ、米軍の虐殺に劣らない戦慄を呼び起こす。長い共通の歴史、文化、そして血統を持つ同族だったがゆえに、むしろその同族性を破壊した共産主義者たちに対する憎悪と殺意は更に大きかったのかも知れない。ひとたび分けられた過去の同一体は、その分けられた半分の消滅が元来の自己同一性を回復する近道だと思考するようになり、敵意は増幅される。右翼が思考するに、共産主義者さえ消えれば民族の一体性、同一の民族性は回復し、彼らさえいなくなれば民族の平和と幸福は保障されるのだった。もちろん、共産主義者たちは過ぎし1950年夏に韓国に攻め下って来た時、正反対に思考して行動した。彼らは、親日派、民族反逆者、李承晩徒党だけ打倒して全滅させれば同一の民族性、民族の一体性は回復し、民族の和解、平和、そして幸福は保障され、持続されると見なし

た。

　そのような信念は双方ともに、一般民衆に対するテロルと虐殺さえも大きな良心の呵責なしに敢行させる土台として作用した。右派は左派を爪先までも根絶やしにしようとし、左派もやはり右派の種を絶やそうとした。正に相手方こそ分断と殺戮、この戦争の全悲劇を招来した病菌であると同時に元凶だからであった。一体性が破壊された時、歴史においてしばしば現れるこのような思考は、人間を虐殺し、集団を破壊する、極端主義の行動を正当化してくれる恐るべき論理に連結された[81]。韓国の場合、それは既に戦争以前から鮮明に現れていた。しかし、敵対勢力に対する包容のない和解と平和というのは、どんな場合にも可能ではない。

　虐殺に対する北朝鮮人民の記憶と憎悪は、今日までも非常に根深い。例えば信川虐殺事件について、ある脱北者は韓国に脱出して来てからさえも記憶を蘇らせ、米軍に対する呪詛を隠さなかった。匿名の脱北者が韓国に脱出して来た後に記録した日記を見よう。北朝鮮当局による反復教育と憎悪の注入、それに伴う記憶の強度と持続の程度が分かる。

「脱北44日目。また米国人と事業をする。彼らが犯した**信川蛮行**を考えると、敵愾心と復讐心が湧くのを禁じ難い。米国の奴らに対する復讐心が噴き上がる。」（**強調は原文どおり**）[82]。

　この短い日記は我々に、長く持続される教育と記憶の強さを読み取らせる。我々は、これを戦慄すべき記憶だと言わざるを得ないであろう。このような憎悪を双方で一緒に浄化させないまま統一がなされた時、我々はどのような姿で相手方と向き合えるだろうか？　憎悪の治癒のための浄化の過程が絶対的に必要なのである。

　相反する内容が盛り込まれている双方の主張を比較対照して確認できる他の1次資料や調査報告は、未だ多くない。また、自らの虐殺と戦争犯罪の記録を詳細に残しておいたはずもない。しかし、人民軍の進駐後の韓国における激烈だった左右翼の闘争と双方による虐殺を思い起こす時、北朝鮮でもやはりそのような事態が発生した蓋然性は非常に高い。共産主義者たちに対する粛清と虐殺は、右派の粛清および排除という解放後3年間の逆過程だった。すなわち、正確に反対の否定的な統合の過程であった。突然のように統一が迫って来る時、暴力に対する適切な統制の方法と手段を備えられない場合、我々が統一の過程でつくり出す、このような災難を反復しないという保障はない。

3．統治の実態：国民統合の問題（2）

　1950年11月1日には韓国々会で国会議員の李宗鉉(イジョンヒョン)ほか13名により「国会以北奪還地域実情調査慰問団」派遣の提案があった。国会としては、差し迫った統一に備えた非常に重要な措置だった。調査対象の予定地域は海州、平壌、沙里院(サリウォン)、安州、順川、咸興、元山、永興とその他の要地で、調査日程は11月10日頃から1ヵ月以内の期間と見なしていた。調査団の活動目標は5つと提示され、窮境および被災同胞の慰問、軍政情況の視察、一般民政の詳細な視察、産業再建の資料収集、講演会および座談会による民主政治についての啓蒙指導および宣撫などであった。対民(マミン)講演会および座談会と関連し、彼は「南側の民主主義が何なのか、このようないろいろな話をあちらでは、とにかく目を覆い、耳を塞いだから知る道理もなく過ごしてきたので、ただ行って来るよりも行く所々でこのような会合をしたら良かろう」と提案した。民主主義への統合のため努力をしようというのだった[83]。

　李宗鉉は提案の理由として、行政各部と大統領が北朝鮮地域を訪問し、実情を調査しているのに国会だけが何もせずにいる点と、北朝鮮同胞たちの韓国に対する嘱望を重要な理由として挙げた。平壌と元山を「奪還」（原文どおり）してから1ヵ月にもなる間、誰も国会を代表して北朝鮮地域に行った者がなく、行く計画もなかったので提案をすることになったというのだ。李宗鉉は、国会が北朝鮮地域に行ってなすべき仕事の内容を次のように要約した。何よりも統一と産業再建のための国連朝鮮統一復興委員団の入国が差し迫ったので、彼らとの協議のためには国会の水準で事前に準備する必要性があるというのであった。調査をせずにはただ抽象的な答弁しかできないので、具体的な答弁と協議のためには現地調査が不可避だというのだった。同委員団が入国する日も遠くなかったから、李宗鉉はこの調査が至急だと主張していた。李宗鉉は、調査団の構成は国会の各分科から二人ずつとし、産業分科だけは四人にしようと提案した。

　李宗鉉の提案に対して全国会議員は、北朝鮮地域を訪問する必要性と至急性に全的に同意を表示した。蘇宣奎(ソソンギュ)は、全員が至急に北朝鮮地域の実情を見ようと言うのだから、交通の便だけ解決されるならば、初めから訪問の規模を希望する全議員にしようと提案した。特別に国会議員の任興淳(イムフンスン)は、秘密裏に一人で北朝鮮の占領地域を訪問し、帰国してから北朝鮮地域の実情を語りながら「一日も早く実現されねばならない」と訪問の必要性を強調した。任興淳は、奪還地域の鉄原(チョルウォン)地域を訪問し、3日間滞在して出て来た。そうして「驚くべき自省と反省をして帰って来た。」（原文どおり）

まずもって彼は、北朝鮮地域の同胞たちが全て共産主義化したと思っていたが、3日間で多くの方面で接触する中、我々ソウル市民は3ヵ月だけ苦労したが、彼らは5年間も苦労したことを明白に見て取って帰って来たと陳述した。苦労しながらも彼らは、全部が共産主義化してはいなかったというのだった。任興淳はまた、北朝鮮地域における韓国軍と住民の関係は信頼が少ない点も付け加えた。現在は軍と民が会う外ないが、ブルブルと震えながら会って話をするというのは実情ではないようだと言明した。彼は更に、軍事秘密ではないかと心配しながら、鉄原地域に韓国軍人が余りに少ないので、憲兵と軍人の何人かで多数の敵が進入するのを防いでいると報告した[84]。大部分は、市民が立ち現れて防いでいるのだった。

　韓国軍進駐後の平壌の事情と関連して、前述した李宣教は、仁川上陸の時点で従前になかった大規模な空襲により、平壌市民たちは自分たちを全て共産党だと思って無差別な爆撃をしたのではないかと考えて、その大部分が避難したと報告した。米軍による空襲の脅威が、避難の主要な要因だったのである。彼は、市街に残っている人々は極少数だったと述べた。大部分が家財を捨てて避難し、一部は家財を持って避難した。彼によれば、10月6日からは北朝鮮の高官が上からの序列に従い、密かに一人二人と江界（カンゲ）方面へ避難した。

　10月14、15日頃には自分たちが必ず勝つと宣伝をしながら、その時から全ての文書を燃やしてしまい、南朝鮮地域から連れて来て監獄に入れて置いた要人たちを一部は殺害したり一部は北方へ連れて行ったりした。平壌の右翼人士たちをも、やはり一部は殺害したり一部は連れて行ったりした。そのような作業が、大略10月19日には終わったのである。李宣教によれば、大空襲にもかかわらず、平壌の各官公署の大きな建物は大体、破壊されなかった。彼は、幹部たちが重要な建物で執務せず、人々は目につかない機関に多くいたので、むしろそのような機関が無惨に破壊されたと報告した。しかし、ソウルのような広範な火災もなく、住宅の破壊もやはり多くはなかった。

　李宣教が「解放」（1950年秋の韓国による北朝鮮の解放を指す：原文どおり）された後の平壌の実情について述べるに、残っている人々は、韓国でも見られないほど反共思想の最も強力な人々だと強調する。なぜならば、過去5年間の共産統治を経験しながら誰が共産党員なのかをみな知っているので、戦勢が逆転する中で彼ら共産党員は全部、咸鏡道の出身者は咸鏡道へ、他地域の出身者は江界など更に遠い北朝鮮地域へ家族らと共に脱出し、そうではない人々だけが残ったからだ。李宣教は、ゆえに韓国軍と国連軍が北進した時、しがみついて泣きながら「なぜ今になっていらしたのですか」と言いつつ、食事まで準備して歓呼した

のだと報告する。しかし李宣教は、すぐ翌日からは彼らが幻滅と悲哀を感じたと見ていた。

「入って行くと、韓国軍の非行があり、やはり国連軍の非行も多少あった模様です。何をするのか？　もちろん、婦女子を凌辱したこともあったでしょうし、物を奪って行くこともあっただろうし、または家屋を接収すると言って避難して未だ帰って来られない人の家屋に張り紙を付けて置き、また、ただ共産党員がそこに賃借で居たとか、南下した右翼の人々の家にいた共産党が逃亡した時にここは共産党の家ではないかとか、それを以て接収を始め、さらに老人や婦女を問わず『こいつ』、『この野郎』という、そんな言葉を使うので……韓国でもそのような時がありますが、人民軍は以北で訓練する時、料亭に出入りさせず、また、その地方の人民に対する言辞を非常に親切で美しくせよと言って、それを実行してきたのです。それで、その人たちの方針が変われば、人命を奪うのはありふれたことで、物を奪い、人を殺しもしますが、上官の命令があって最後の発悪がある時以外は、人民軍が親切なのは事実です。

ところが、ここで『こいつ』、『このアマ』と、このように言うので、待ちに待った我々の迎えたお客様がこうなのかという悲哀を感じ始めた模様です。そうして、国連軍については、平壌に行っても平壌市の責任者である米国人司令官にも二度三度お話しました。同行して監察委員長が行ったので幾度も自省を要求し、韓国軍関係者にも話をして、憲兵を動員して報告を下ろし、10月28日以前に接収した家屋は全部無効だ、韓国軍で使う事務所や合宿所として正式に決めたもの以外で、個人的に接収したものは全部無効だ、今後このような行動をとる者は厳罰に処するという、このような布告文を貼ったのを見ました。それで、家屋については、そのために一時、混乱を免れましたけれども、物品の略奪は大変な有様です。……

今回、韓国軍が入って行き、工場その他の倉庫から略奪し、それに便乗して平壌にいる悪質徒輩らが韓国軍と一緒になってうろつき回りながら、共産党の建物なので奪う、こんな行為を重ねるので、その市街の混乱というものは限りがありません」[85]。

「罵り、無断占拠と接収、略奪……」、廃墟と恐怖の上に追加されたこの現象は、無計画と無規律がもたらした混乱の一端だった。李承晩は、占領構想を明らかにしながら「法外の行動をほしいままに行う犯罪行動は戒厳軍法により処理する」[86]と警告し、軍隊と警察、青年団の行動に強力な注意を与えもした。だが、戦時下にこのような警告は、現場ではほとんど守られ難かった。

『ニューヨーク・タイムズ』のグルツナー（Charles Grutzner）によれば、11月

2日に27名の国家反逆者たちが市街の墓地付近で銃殺された。その中には北朝鮮の占領時にソウル共産警察総帥の情婦だった職業女性の李昌好（音訳）も含まれており、労働党女性組織の地域支部を任されていた47歳の女性も含まれていた。12月7日の朝、ロイター通信のコウルス（John Colles）特派員は、韓国の警察が70名の民間罪囚たちを処刑するという知らせを聞き、AFPのガリーン（Georges Gallean）と共に沙里院へ駆け付けた。韓国の警察は沙里院の鉄道駅で当日午後、56名を裁判なしに銃殺したが、17名は生き残った。この内容は、12月7日付『デイリー・ウォーカー』と『デイリー・ヘラルド』、『マンチェスター・ガーディアン』などで詳細に報道された。この記事をワシントンに送る駐英米国大使館の報告によれば、記事の内容に根拠を置く時、北朝鮮地域の反共諸集団は、明白に国連軍司令部麾下の警察のように行動しながら銃殺を執行した。しかし、国連軍がこれら韓国人たちから罪囚たちを隔離して、それ以上の銃殺は防ぐことができた。継続する報道によりロンドンからワシントンへ送る報告によれば、1950年12月に英国の多くの言論には、女性と児童に対する韓国当局による頻繁な虐殺についての憤怒が充ち満ちていた[87]。

　東京の連合国軍最高司令部が米国務長官に送る1950年12月19日の報告によれば、国連軍司令部も、やはり政治犯に対する韓国当局の非人道的な処遇について、継続する報道に極めて当惑していた[88]。国際赤十字社韓国支部は、この問題についての報告をジュネーヴ本部へ送り、類似した報告を李承晩大統領にも伝達した。問題は、ソウルの監獄で依然として持続される残忍な情況、そして女性と児童を含めた政治犯に対する韓国当局の残酷で専横的な大量殺傷を中心に提起された。大量殺傷は、そのような作戦が自らの管轄地域で発生した英国軍の士気を深刻なほどにくじいていた。報告によれば、国連軍司令部は国家反逆者と政治的な反対者への裁判と処罰を韓国の内部問題（internal matter）と看取し、その残酷さに関して韓国当局に伝達する水準を越える行動はとらずにきていた。

　敵意に燃える右翼青年団の場合、李承晩と趙炳玉が自ら言及しているように[89]、その派遣自体が国家の公式的な許諾と慫慂の下に施行されたので、解放直後に共産主義者から受けた被害、蔑視、そして抑圧に伴う彼らの透徹した反共理念と報復の意志に従った行動を制御するのは事実上、困難だった。当時、韓国政府では北朝鮮地域に血縁のある越南人士たちが組織していた西北青年会を中心に、大韓青年団北韓（北朝鮮）総団部を結成、派遣して、北朝鮮地域が出身の多くの人士に治安維持と対民宣撫の業務を任せた[90]。また、全国学連救国隊総本部所属の右翼学生も内務部宣撫工作隊に配置され、北朝鮮地域に派遣された[91]。これに伴い、数千名に達する韓国の右翼人士たちが北朝鮮地域のあちらこちらに入

り込みながら、反共闘争を通じて地方を隈なく掌握して行っていた。統治の主体が逆転するや、1950年夏とは反対に北朝鮮の韓国化、平壌のソウル化が急速に進んだのである。

そうだとすれば今日、突然もしも南北朝鮮関係が急激に進展し、北朝鮮が危機に直面することになる時、北朝鮮地域に血縁のある私的な組織や反共団体をまず派遣するのが暴力の制御、民族統合、そして社会統合に助けとなるだろうか？55年前の経験を考慮する時、決してそうではなかろう。共産主義者たちから被った半世紀前の経験の記憶は、彼らからいち早く平時の忍耐を奪い去るだろう。憎悪に燃える、訓練のない私的な団体の派遣は、むしろ「目には目を、歯には歯を (lex talionis)」式の残忍性を同伴した報復を呼び起こす可能性が大きい。ゆえに、中央の徹底した統制を前提に、軍隊と警察など訓練された国家公式機構の派遣がより望ましいであろう。訓練された国家公式機構が、より良い節制と統制の規律を持ち得るからだ。

とにかく、軍警の進駐に加え、数多くの自生的な組織および派北の右翼諸団体の活動により、北朝鮮地域における実質的なヘゲモニーは、米軍側ではなく韓国側が掌握していた。両者がそれほどに葛藤した末、書類と口頭上では米国の意図が貫徹されはしたものの、実際の現地情況は李承晩が望んだとおりになりつつあった。言い換えれば、米国と韓国の上層部における葛藤にもかかわらず、急速な進駐により現地にあっては、既に実質的なヘゲモニーは韓国の軍警と団体が掌握する外なかった。国際的で法的な力関係上の理由ゆえに、国家の水準においては李承晩の譲歩で米国がそのヘゲモニーから事態を掌握したが、裸になった赤裸々な力 vs. 力、敵意 vs. 敵意が鋭くぶつかる現場では、より多く、より即時に人員を動員できる李承晩がヘゲモニーを掌握する外なかった。突然に戦争地域が拡大するや、力は奇妙にも二重構造を帯びざるを得なかったのである。

終わりに李宣教は、軍警が進駐する以前に治安隊が現れ、いろいろな略奪と非行を犯したと告発した後、「平壌の市街は完全に死の都市」だと次のような言葉を添付する。

「治安について言えば、治安の任に当たらねばならない軍隊の一部が、かえってこのような害を引き起こし、また依然として警察には、私が発つ日まで署長と署員が大体いるけれども、その時まで治安は治安隊に任せたので、治安が不完全になっている状態です。夜間の通行時間は、午後6時から通行できなくしています。午前7時から午後6時まで普通は通行をして、その後には通行できないように、そのようになって、平壌の市街は完全に死の都市だ、そのような状態です。」[92]。

他の多くの人々と同様に彼も、やはり北朝鮮地域で現れた極めて甚だしい貨幣

の混乱相を指摘する。張暻根もまた軍隊の作幣(ママ)問題について、そのような貨幣の偽造が多かったことを国会で是認した[93]。

進駐後の極度の混乱相を、韓国の高位関係者の口を通じて直接に聞くのは、非常に説得力がある。李宣教は混乱した平壌の有様を伝えながら、収拾を任された責任者は命令が韓米の両方から出るために困難を経験し、生命の危険があるので進み出てやろうとする者は少ないと報告している。彼は、この間に共産体制による統制ゆえに命が惜しくて従ってきた北朝鮮地域の住民たちは、今や上から指導さえ上手くやれば順従に服従するだろうと述べつつ、良い方向へ動くのは間違いないと確信していた。彼は、北朝鮮地域の住民たちの韓国支持と自由民主主義に対する憧憬について確信を持っていたのである。

米軍も、やはり北朝鮮地域の住民たちを教育するため国連を広報し、自由・民主・統一朝鮮の建設という国連の目的を宣伝するビラを1億枚以上も配布した。10月24日の国連デーを記念するためには、特別放送と共に312万枚のビラが散布された[94]。北朝鮮の全地域は、爆弾による攻撃と共に、体制の宣伝と広報のための放送やビラの絨毯爆撃を同時に受けていたのである。北朝鮮地域の住民たちの民心を変えるための集中的な宣伝作業の一環だった。このような作業は、住民たちの同意さえ得ていけば、おそらく統一を成し遂げた場合、国民統合に大きな支援を与えたであろう。

一方、李宣教は報告で、北朝鮮における過去5年間の状況の中に、次の2つの点については明白な肯定を示した。まず彼は、北朝鮮の建設に言及しながら「それが相当に良い」と見ていた。ふたつには、北朝鮮の官吏に対する厳格な内部粛清により「それが市民たちの頭に打ち込まれていた」という点を指摘した。これは、革命主義者たちが初期に持とうと努力した革命と国家建設における勤勉性、公務執行における厳正な原則と厳格性、違反時の容赦のない粛正を指すものであろう。彼は、このような点を見誤ってはならないと指摘する。彼は、北朝鮮地域への進駐後の混乱と非行を目の当たりにしながら、たとえ我々が占領をしたけれども、韓国が北朝鮮社会の持っていた初期の長所から学ばねばならないという点を指摘しているのだった。最後に李宣教は、政治的な解放はしたが、衣食住の脅威を相当に感じているので、速やかに解決して欲しいという哀願は並大抵ではないと追加した[95]。

現地を訪問した後に報告した李宣教の陳述は、たとえそれほど長い報告ではなかったにしろ、あり得る事態の多くの側面を詳細に見せてくれる。国民統合の問題、軍隊の進駐後に発生しかねない非行の問題、治安確保の問題、左右翼の葛藤の問題、米国との葛藤の問題、そして具体的な人民生活の支援と対策の問題など

について、ほぼ全て指摘しているのが分かる。今日、我々が統一に心を留める時に、必ず念頭に置かねばならない諸問題についての半世紀前の経験だったと言える。こんにち統一の興奮以後に我々は、その興奮が幻滅に連結しないように、できる限りの精神的、現実的な準備と土台を備えているだろうか？　この問いに対する答えは、現在のところは少し否定的だ。そのような時、国民統合の前提自体が崩れるものだと言わざるを得ない。

　李宣教は、軍隊の非行を報告した後「それを見る時、この国の将来がどうなるのか、そのように一般民衆が記憶を持つようになった」と警告する。もしも今日、急速な北朝鮮への進駐が不可避な時、韓国の軍隊はどの程度まで統制された行動を見せてくれるだろうか？　突然に進駐、北朝鮮を管理せねばならない状況が来る場合、韓国の軍隊と警察、行政機構は果たして準備された機構と人員、法令と制度を以て北朝鮮の統治を実行できるだろうか？　それは、ほとんど準備のない状態だと言っても良い程度だろう。統一過程とその後の国民統合を考慮する時[96]、暫定的で段階的な平和統一の重要性は、どんなに強調されても足りない。国家形成の過程における国民統合が否定的な統合、負の統合だったならば、我々は統一過程における国民統合の過程が肯定的な統合、正の統合となるよう努力しなければならないからだ。したがって、戦争による占領だったゆえに、不可避的に一種の否定的な統合である外なかった1950年秋の経験が、ひとつの反面教師にならねばならないであろう。真正な国民統合が成し遂げられないならば、我々は結局のところ統一以後にも、極端に言えば内部植民地（internal colony）を、そうでなければ少なくとも韓国が賦課した社会構造と元来の北朝鮮社会が互いに統合されないまま共存する2つの国民を抱えた、一種の平行社会（parallel society）によって成り立つ「統一された分断国家」を持つことになるかも知れない[97]。

4．統一の切迫と統一対策機構の設置

　韓国軍の北進後、今や可能性ではなく実際の事態として現れた統一問題を扱うため、韓国々会では1950年11月14日に「南北統一対策委員会」の設置問題が集中的に取り上げられて論議された。国民の代議機関である韓国々会が、統一の実現に備えて何を準備し検討せねばならないかを議論するためのものだった。前述のとおり、李宗鉉の提議が北朝鮮実情調査団の派遣提議だったとすれば、この委員会設置のための提案は、制度的な準備のための遥かに進展した段階だと言えた。提案者は、權仲敦（クォンジュンドン）議員の他10名だった。主文によれば、提案の理由は、国会に委員会を構成し、南北統一についての政治、経済、産業、文化、社会など各分野

に関する研究を行い、間もなく入国する国連朝鮮統一復興委員団に提示して、南北統一事業を推進、協助しようというのであった。

　権仲敦は提案説明で、この委員団が数日内に入国する時点まで、我々は何ら対策もなしにただ漠然としてはいられないと主張した。加えて彼によれば、韓国政府では行政対策委員会を作ったというのである。国会議員の郭義栄（クァクウィヨン）も、やはり韓国政府では既に北朝鮮対策委員会を作り、9つの分科委員会が各々の占領政策を専門的に検討し始めていると主張した。実際に当時、韓国政府では北朝鮮の占領政策を担当するための対策機関として「北朝鮮行政対策委員会」を各部処の長官および処長により構成した。政府内の最高位級の人物たちで構成されたことが分かる。

　同委員会は組織、法政、公報、内務、財務、商業、保健厚生、交通通信など9つの分科委員会により構成され、占領政策と関連したほぼ全ての分野の業務を分掌していた。11月8日に国務総理室で第1次会議を開催した同委員会は、国連朝鮮統一復興委員団が訪韓すれば、占領政策を協議するよう予定していた[98]。権仲敦は、南北統一対策委員会を17名で構成し、政治分科4名、財政分科4名、産業分科3名、文化分科3名、社会分科3名という案を提示した。彼は、この委員会で学術的に研究し、北朝鮮地域の選挙問題、通貨問題、交通問題、その他の問題などを国連朝鮮統一復興委員団に提示せねばならないと提案した。この提案があるや否や、論争が始まった。

　権仲敦の提案に対して徐範錫（ソボムソク）は、国会に各分科があるので、そこで南北統一問題について各々の対策を整えた後、これらを集めて国会全体の意思として外部に表示するのが良いだろうと特別委員会の設置に反対した。しかし郭義栄は、韓国政府の北朝鮮対策委員会の設置、国連による国連朝鮮再建委員団の設置に照らし合わせ、むしろ遅いと述べつつ、再論の余地がないと反駁した。彼は、このような問題についての議論が実際に大田（テジョン）と釜山へ逃げ回る時も既になされていたと言いながら、ただソウルへ復帰した後に正式に会議を行い、決定することにしたではないかと反問した。

　郭義栄の議論を見る時、国会議員たちは北朝鮮の攻撃を受けて、相当に早い段階から北進統一問題を真摯に苦悶していたことが分かる。これは、李承晩が北朝鮮の南侵をまたとない統一の好機と見たのに比喩される。韓国の自由民主主義者たちにあって、戦争は共産主義者どもを除去し、統一を成し遂げる機会として訪れたのに違いなかった。

　郭義栄は、国会の8つの分科から全て参与し、内治、外交、経済、産業問題などをこの特別委員会で総体的に扱うことを修正提議した。彼は、国連朝鮮統一復興委員団との協商に先立ち、「我が国家の運命がひとえにここに掛かっていると

いう、この運命の重要性を考え」ねばならないと力説した。彼が明白に、米ソ合意の失敗に伴う朝鮮問題の国連移管、2年前の1948年の単独選挙の決定という帰結、そして、それに伴う民族分断の苦痛と後に続いた悲劇的な戦争を念頭に置いているのは間違いなかった。したがって、差し迫った統一を前にした時点における国連朝鮮統一復興委員団との協商を極めて重要視したのである。

続いて鄭在浣(チョンジェワン)は、我々が常に夢にも忘れ得なかった国土統一の課業は、今こそ実現段階になったと言いつつ、ひとえに民族的な伝統と大韓民国の基盤の上に統一が成し遂げられねばならないと前提した後、そうしようとすれば最も緻密で組織的な研究の表現がなければならないだろうし、そのためにこれを担当する一種の委員会の構成は必然的だと主張した。彼は、委員会の存在理由をみっつ掲げていた。ひとつは統一再建問題において国民と院内意見の総合と反映、ふたつに具体的な法案において多様な意見の提出を予防し、国内外に統一された法案を組織的に提出、みっつには国連朝鮮統一復興委員団に対する迅速で統一した対処、がそれであった。委員会の組織方法として鄭在浣は、既存の各分野に従うのではなく、いろいろな世論を広く収斂するという意味で、院内の交渉団体が今まさに胎動しているのが現実なので、最初から院内の交渉団体を早急に構成させて、交渉団体の規模に従う比率で自ら選出させて構成しようと提案した。まさに胎動している院内の交渉団体別に任せ、議会主義の原則に忠実であろうとの意見だった。表決では、委員会の設置自体については圧倒的な多数で可決されたが、組織方法においては依然として論議が分かれ、多くの意見が提出された。

最後に論争となった問題は、委員会の名称だった。この問題は、単純な名称の論争ではなく、当時の事態と統一問題を眺める、もう少し深い認識の差異を反映するものであった。池青天(チチョンチョン)は、提案の題目がたいへん縁起が良くなさそうだと述べつつ、南北統一対策という言葉は適当でないと主張した。彼はまず、南北統一は既にほぼ完成したではないかと言うのだった。また、その場合、地方によっては南北朝鮮が分裂の様相を表わす可能性もあると主張した。そうして彼は、統一と復興を目的にするという意味で、委員会の名称を「韓国統一復興対策委員会」にしようと主張した。しかし、提案者の権仲敦は、これに正面から反論しながら、受け入れられないと対立した。その理由は、この問題は極めて政治的な問題であるにもかかわらず、韓国統一復興対策委員会という名称が余りに経済的な意味合いが大きいというのだった。その上、復興を除く問題は、恒久的な面よりも暫定的な措置として行うものだと主張した。意味のある陳述であった。

しかし、他の委員たちの見解は、統一という言葉そのものが持つ重要性と「南北」という表現が持つ問題ゆえに、修正された提案を支持する側にあった。修正

理由の中には、朝鮮時代の南人と北人の長い党争も引用し、その名前は避けようという内容もあった。統一がもう成し遂げられようとしているのに、南北の区別自体に意味があってはならないという説得力のある主張も提起された。また、今や統一それだけではダメで、経済復興が必ず伴って来なければならないから「復興」が入らねばならないというのだった。加えて、国連が設置した機構、行政府の対策機構の名称もそのようになっているので、一致するのがいろいろな面で良いという意見も提示された。さらに、国内で「韓国」という2文字を敢えて入れる必要があるのか、そのまま「統一復興対策委員会」にしようという意見も提出された。

最終的には結局「韓国統一復興対策委員会」に修正され、可決された。この委員会は、たとえ中国軍の参戦に伴う戦勢の再逆転と占領の終息により実際の活動はほとんどできなくなってしまったものの、北朝鮮の崩壊と差し迫った統一に先立ち、韓国々会でそれを準備するため多くの面から徹底して準備しようとしていたことを示してくれる[99]。これに先立ち、国連では朝鮮半島の統一と復興のため1950年10月7日、総会決議により国連朝鮮統一復興委員団を創設したことがあった[100]。

今日でも我々は、単純な政策的な準備のためだけではなく国民意思の収斂、長期的な計画の樹立、そして対外的な交渉の必要性ゆえにも、このような組織の設置は必須的である。国会の場合も1950年の経験を考慮する時、各分科委員会により構成される一種の統一対策特別委員会を構成せねばならないであろう。既存の委員会の編制と日常的な活動では、多層的で複合的な性格を持つ北朝鮮・統一問題に対処できない。1950年秋の政治的、軍事的な当惑と右往左往、立法部による問題の放置、米国との葛藤、情報の不足と対処の未熟などを考慮する時、統一準備のためには全ての機関と部処の知恵を集めてこそ対処が可能であろう。

したがって、特別対策委員会には、外務、統一、行政、財政、交通、農業、司法、建設、文化、教育など関連した国会内の全分野の議員たちと該当の専門委員たちが参画せねばならないのはもちろん、政府の各行政部署、そして青瓦台と国家情報院、検察と警察、軍情報機関など北朝鮮・統一問題を扱う国家重要機関の責任者と官僚たちも、やはり一緒に参画せねばならないであろう。もちろん、市民団体と民間の専門家たちも、やはり一緒にこれらの論議と対策の準備に参加できれば更に良いだろう。一言で述べて、統一問題と北朝鮮問題を総体的に扱う統合中央管理機構が絶対的に必要なのである。そして、外交関係、軍事、行政上の問題をはじめとして客観的な北朝鮮情報の収集と共有、統一過程において要求される事項に対する各部処と各分野の準備事項と準備程度の点検、各種の法律と制

度の改編および新設問題、土地と財産の問題などを総合的に扱わねばならないであろう。

　1990年代末には、このような機構設置の必要性についての認識が広がる中で、多様な水準における具体的な準備が始められたことがある[101]。徹底した事前の準備がないならば、今まで検討した多くの問題により北朝鮮・統一問題は一旦、険しい急流に乗り始めれば、韓国の政府と国会の正常な統制管理能力から抜け出して展開するかも知れない。それは、いち早く韓国政府の統制圏を抜け出し、国際問題へ飛び火し、強大国間の外交的な処理問題になるかも知れない。外交的、法的、軍事的な問題への対処法案を模索し準備する間、実際の情況は、その期間に応じて事態に先立って進むこともあるからだ。韓国は、無理に吸収統一を追及したり企図したりする必要はない。しかし、発生可能性のある事態に対する徹底した準備までも怠ってはならない。望ましい方向に対する希望的な展望と予測不可能な事態に対する徹底した準備。この2つは、ひとつの問題の互いに異なる次元を構成しつつ、したがって同時に、一緒に対処せねばならない。

注

1)　『東亜日報』1950年10月13日。
2)　『東亜日報』1950年10月14日。
3)　大韓民国国防部戦史編纂委員会『韓国戦乱1年誌』ソウル、1951年、C318-C319頁。
4)　江西郡誌増補版編纂委員会『江西郡誌』1987年、増補版、458頁。
5)　同上書、462-463頁。
6)　「陸軍本部作戦命令第205号付録第2号（情報事項）」、大韓民国国防部戦史編纂委員会『韓国戦争史』4巻、1972年、775頁。
7)　「陸軍訓令第86号：北韓（北朝鮮）内における国軍の行動原則（1950年10月7日、陸軍本部）（韓国文）」、同上書、807-808頁。
8)　『東亜日報』1950年10月6日。
9)　KBS 6・25 40周年特別製作班『ドキュメンタリー韓国戦争（韓国文）』（上）、KBS文化事業団、1991年、299頁。
10)　同上書、324-325頁。
11)　GHQ, UNC, UNC Operations Order No. 2, Annex I, 国防軍史研究所、SN100. EUSAK Administrative Order No 26, 国防軍史研究所、SN 1358.
12)　これについては、前章の内容を参照されたい。
13)　United States, Department of State, *Foreign Relations of the United States (FRUS)*, 1950, Vol. VII; *Korea* (Washington, D.C.: U.S.G.P.O., 1981), pp. 854-858.
14)　Hoover Institution Archives, *Alfred C. Bowmar Papers*, Box. 1.
15)　『東亜日報』1950年10月26日。和田春樹著、徐東晩訳『韓国戦争』ソウル、創作と

批判社、1999年、178-179頁。
16) Hoover Institution Archives, *op. cit.*
17) 北朝鮮地域における占領政策の具体的な内容についての叙述と分析は、今だ探し出すのが難しい。また、理論的な分析だとか現実的な統一問題を念頭に置いた研究は、更に見出し難い。次のいくつかの研究だけが存在する。中央日報編『韓国戦争実録：民族の証言（韓国文）』3巻、ソウル、中央日報社、1983年、125-139頁。権炳基「北韓（北朝鮮）地域の自由化時の民事政策に関する研究（韓国文）」、延世大学校行政大学院外交安保専攻修士学位論文、1988年、30-42頁。カミングス、マクドナルド、徐鏞瑄、和田春樹、羅鍾一の研究は、このテーマと関連して大きな進展を成し遂げた研究だと言えよう。
18) Hoover Institution Archives, *op. cit.*
19) 柳原植『5・16秘録：革命はどこへ行ったのか（韓国文）』ソウル、人物研究社、1987年、195-199頁。
20) 同上書、200-201頁。
21) 同上書、188-191頁。
22) 中央日報編、前掲書、130-133頁。
23) Hoover Institution Archives, *op. cit.*
24) 大韓民国々会事務処『国会速記録』8回、40号、36-37頁。
25) 同上書、8回、42号、4-5頁。
26) 同上書、8回、42号、5頁。
27) これについては、宋南憲『解放3年史』1巻、ソウル、カチ、1985年、239頁、参照。
28) 李承晩の平壌訪問の日時は、資料により10月27日、29日、そして30日と相違して記録されている。学者たちも、やはり引用資料により互いに異なって主張する。したがって、関連資料を比較検討せずには日時の確定は容易ではないだろう。

まず、公式記録である『韓国戦乱1年誌』（A77、B60頁）と当時の李承晩に随行していた3軍総司令官の丁一権の回顧『戦争と休戦（韓国文）』（194頁）によると、10月30日となっている。やはり李承晩に随行して当時は唯一、飛行機に同乗していたAP通信の申化鳳もまた10月30日と見ている。申化鳳著、崔兌洵訳『休戦線が開かれる日（韓国語）』ソウル、韓国論壇、1993年、169-170頁。

しかし、『東亜日報』には、李承晩の出発時間、到着時間、随行人士、歓迎人士、演説内容まで詳細に出ており、日時は10月30日ではなく29日と見ている。新聞によれば、29日午前7時40分に景武臺官邸を出発した李承晩は、9時30分に平壌の綾羅島飛行場、10時45分に平壌市庁広場に到着し、群集の前で演説をした。『東亜日報』1950年10月31日。和田春樹はこの新聞を引用しているものの、訪問日時を10月27日と見ている。和田、前掲書、181頁。KBSの『ドキュメンタリー韓国戦争』（上）も、やはり10月27日と見ている。KBS、前掲書、326-327頁。

この問題と関連し、著者は1つの資料を更に検討した。米軍の戦時日誌は、李承晩の平壌訪問日時を10月30日と見ている。著者は、以上の比較検討を土台に、李承

晩の平壌訪問日時を10月30日にしようと思う。"Chronology of Events Relating to the Korean Conflict. No. 212 —— October 1950", p. 37, NA, RG59, Entry, Lot. 87 D236, Box 13.

29) Hoover Institution Archives, *op. cit.* 文献に金活蘭は、"Madame Kim"と表記されている。

30) KBS、前掲書、326-327頁。

31) Robert T. Oliver, *Syngman Rhee: The Man behind the Myth*（朴瑪利亜訳『李承晩博士伝』ソウル、合同図書、1956年、200-203頁。）

32) 前掲『韓国戦乱1年誌』C19-C21頁。

33) 申化鳳、前掲書、171-172頁。

34) これについては、『偉大な首領　金日成同志の伝記（朝鮮文）』2巻、平壌、朝鮮労働党出版社、1982年、267-279頁。『朝鮮全史年表』Ⅱ、平壌、科学百科事典出版社1981年、180-181頁、を参照。

35) 丁一権『6・25秘録：戦争と休戦（韓国文）』ソウル、東亜日報社、1986年、195-196頁。

36) 李承晩の平壌訪問前後の内容については、同上書、188-197頁。一方、平壌に続いて李承晩が咸興を訪問したとの主張があるが、彼の咸興訪問については両説がある。丁一権によると、李承晩は平壌に続き、11月22日には咸興を訪問した。同上書、196頁。当時AP通信の従軍記者だった申化鳳も、やはり同じ主張を展開している。申化鳳、前掲書、171頁。しかし、当時の陸軍政訓局長を任されていた李瑄根の証言によれば、李承晩は咸興に行かなかった。李承晩は、飛行機で咸興に行くと定めたものの、中国軍の参戦によりやむなく行けなかった。李瑄根に従えば、咸興では既に歓迎式を全て準備している状態だったので、行かないわけにも行かず、自らが大統領代行として詩人の毛允淑を同行して参席し、歓迎を受けた。大韓民国国防部戦史編纂委員会『証言録』1967年5月20日証言、面談資料番号——把握不能。

　ある米軍資料は、李承晩が10月29日に咸興を訪問するとして、5〜6千名の群集が彼を待っていたが、現れなかったと記録している。同文献は、李承晩はその日、咸興の代わりに元山を訪問したという情報があると付け加えた。Hoover Institution Archives, *op. cit.*

37) 前掲『国会速記録』8回、42号、8-9頁。

38) 同上書、8回、42号、11頁。

39) 同上書、8回、43号、10-11頁。

40) 現実主義と理想主義、国際主義と民族主義の対立という観点から信託統治紛争を分析したものについては、李昊宰『韓国外交政策の理想と現実（韓国文）』ソウル、第5版、法文社、1986年、152-177頁。崔相龍『米軍政と韓国民族主義（韓国文）』ソウル、ナナム出版、1988年、197-281頁。朴明林『韓国戦争の勃発と起源（韓国文）』Ⅱ、ソウル、ナナム出版、1996年、137-148頁、を参照されたい。

41) 太倫基『軍人日記：1950年9月1日から52年10月12日までの日記（韓国文）』ソウル、日月書閣、1985年、49-51頁。

42) 金鍾敏「開戦から休戦まで最前線で（韓国文）」、『老兵たちの証言：陸士八期史』ソウル、陸軍士官学校第 8 期生会、1992年、741頁。
43) 太倫基、前掲書、19、27-29頁。
44) 金定基『密派』ソウル、大英社、1967年、59-60頁。
45) 否定的な統合の概念は、元来は政治統合過程における労働者階級の排除を意味する。これについては、Geoff Eley, "The British Model and the German Road: Rethinking the Course of German History before 1914", in Robin Blackbourn and Geoff Eley, *The Peculiarities of German History: Bourgeois Society and Politics in Nineteenth-Century Germany* (Oxford: Oxford University Press, 1984), p. 142. しかし、著者はこの概念を拡大して国家形成、国民統合過程における特定階層の集団的な排除の意味として使用したいと思う。
46) 国民形成の問題意識と理論を通じ、韓国と北朝鮮の解放直後の時期を分析した論考としては、次を参照せよ。Hak Soon Paik, "North Korean State Formation, 1945-1950", Vol. I, II, Ph.D Thesis, The University of Pennsylvania, Political Science Dept. (1993). 白鶴淳『国家形成戦争としての韓国戦争（韓国文）』城南、世宗研究所、1999年。全相仁「韓国の国家：その生成と歴史的推移（韓国文）」、『社会批評』5（ソウル、1991年）、371-422頁。朴璨杓『韓国の国家形成と民主主義（韓国文）』ソウル、高麗大学校出版部、1997年。徐柱錫「韓国の国家体制形成過程：第 1 共和国の国家機構と韓国戦争の影響（韓国文）」ソウル大学校大学院博士学位論文、1996年 2 月。徐柱錫「韓国戦争と南韓（韓国）国家の形成──財政分析を通じた歴史社会学的理解（韓国文）」、『脱冷戦時代　韓国戦争の再照明（韓国文）』ソウル、白山書堂、2000年、231-262頁。朴明林「韓国の国家形成、1945〜48：微視的接近と解析（韓国文）」、李愚振・金成柱編『現代韓国政治論』ソウル、ナナム出版、1996年、97-137頁。
47) Lewis A. Coser, *The Functions of Social Conflict* (New York: The Free Press, 1956), p. 71.
48) 太倫基、前掲書、29-30頁。この牧師は多分、元山事件を証言した韓俊明であろう。韓俊明の記録については、本書13章を参照されたい。
49) 同上書、32-33頁。
50) 同上書、35-36頁。
51) 『国会速記録』8 回、43号、13頁。
52) 『6・25実証資料』ソウル、文教部、1976年、66-70、371-376頁。
53) 朴啓周『自由共和国最後の日（韓国文）』ソウル、正音社、1955年、77-78頁。
54) William. F. Chapman 著、興南日記編纂委員会編訳『興南日記』大邱、大邱大学校出版部、1988年、44-47頁。なお、原著の該当部分は、pp.48-50.
55) National Archives, RG153, Records of the Office of the Judge Advocate General, War Crimes Division, Historical Report of the War Crimes Division, 1952-54, Entry 182, Box. No. 1, "Historical Report-Judge Advocate Section, Korean Communications Zone" (31, Dec. 1952). 著者は、北朝鮮の多くの虐殺につ

いての米国立記録保管所の記録を入手して現在、分析中である。

56) Barrington Moore, Jr., *Reflections on the Causes of Human Misery and upon Certain Proposal to Eliminate Them* (Boston: Beacon Press, 1973), p. 66.
57) 趙炳玉『私の回顧録（韓国文）』ソウル、民教社、1959年、312-313頁。
58) 愛国闘士会「愛国者被殺者名簿」、国防軍史研究所、資料番号204、NA, War Crime Division (WCD), Doc. 17.
59) 以上の201名は分類と分析が可能な人々であり、残りの64名は記録の不備により分析に含められなかった。
60) 愛国闘士会「満浦方面移送者名簿」、国防軍史研究所、資料番号203、NA, WCD, Doc. 16.
61) 愛国闘士会「阿吾地方面移送者名簿」、国防軍史研究所、資料番号205、NA, WCD, Doc. 15.
62) 『朝鮮全史』26巻、平壌、科学百科事典出版社、1981年、124-134頁。
63) 『朝鮮中央年鑑』1951〜52年版、平壌、朝鮮中央通信社、1952年、102-103頁。
64) 同上書、102-103頁。
65) 同上書、104、106頁。
66) 同上書、104-105頁。
67) 「米帝侵略軍と李承晩傀儡軍が敢行した蛮行についての国際女性調査団の報告書（朝鮮文）」、同上書、200-215頁。
68) 『労働新聞』1958年6月3日。
69) 『労働新聞』1958年6月29日。
70) 金宗文編『九月山』ソウル、国防部政訓局、1955年、6-7頁。
71) 同上書、7-8頁。
72) 趙東煥、黄海十・一三義挙同志会『抗共の火花（韓国文）』ソウル、普文閣、1957年、191-192頁。
73) 同上書、281-415頁。
74) ある官僚出身の脱北者は信川虐殺事件について、この事件は現地の左右翼による闘争の産物だと理解していた。もちろん、著者はこれに関するいかなる資料も予め示してやらなかった。彼は、北朝鮮の少なくないエリートたちが信川虐殺事件を自分と同じように理解していると言いつつ「北朝鮮政府の主張は、反米・反韓国の教養を与えるためのもの」だと考えていた。
75) 朝鮮民主主義人民共和国社会科学院歴史研究所『歴史辞典』Ⅱ、東京、学友書房、1973年、翻刻発行、185頁。
76) 李在峰「北韓（北朝鮮）の場合――ピカソが告発した信川虐殺（韓国文）」、呉連鎬『老斤里その後（韓国文）』ソウル、月刊マル、1999年、103-109頁。
77) 『歴史事典』Ⅱ、平壌、百科事典出版社、2001年、184-186頁。
78) 『金日成著作集』7巻、平壌、朝鮮労働党出版部、1980年、178頁。
79) 前北朝鮮外交官の玄成一の証言、1997年6月25日、韓国戦争研究会学術会議。
80) 『朝鮮中央年鑑』1951〜52年版、106頁。

81) Barrington Moore, Jr., *Authority and Inequality under Capitalism and Socialism* (Oxford: Clarendon Press, 1978).
82) 「ある脱北者の日記（朝鮮文）」、金英秀「脱北者問題の現況と課題（韓国文）」付録の発表論文、亜洲大学校社会科学研究所主催『統一問題セミナー：統一韓国の当面課題（韓国文）』水原、亜洲大学校、1997年11月12日、34頁。
83) 前掲『国会速記録』8回、41号、3頁。
84) 同上書、8回、41号、6-7頁。
85) 同上書、8回、43号、8-9頁。
86) 前掲『韓国戦乱1年誌』C18-C19頁。
87) Department of State, 795B.00/12-2250, 795B.00/11-850, 795B.00/12-850. *Daily Worker*, Dec. 7, 1950. 国防軍史研究所、資料551番。
88) 国防軍史研究所、資料274番。
89) 『韓国戦乱1年誌』C318-C319頁。趙炳玉、前掲書、311頁。
90) 鮮于基聖『韓国青年運動史』ソウル、錦文社、1973年、753-756頁。
91) 韓国反託・反共学生運動記念事業会『韓国学生建国運動史』ソウル、韓国反託・反共学生運動記念事業会出版局、1986年、550-558頁。
92) 『国会速記録』8回、43号、10-11頁。
93) 同上書、8回、40号、37頁。
94) 「在韓国連軍作戦報告書」第7号（1950年10月1日～15日）および同第8号（1950年10月16～31日）。『韓国戦乱1年誌』C284-C290頁。
95) 『国会速記録』8回、43号、11-13頁。
96) 最近、この問題については多くの研究が提出されている。そのうち注目に値するものとしては、張慶燮「統一韓（朝鮮）民族国家の社会統合：社会的市民権の観点から見た準備された統一（韓国文）」、朴基徳・李鍾奭編『南北韓体制比較と統合モデルの比較（韓国文）』城南、世宗研究所、1995年、419-455頁。全相仁「統一と南北韓の社会統合（韓国文）」、『統一問題研究』8-1、1996年、236-252頁。徐載鎮「北韓（北朝鮮）の社会変動：第2社会形成の展望を中心に（韓国文）」、『統一研究論叢』3-2、1994年、133-167頁。徐載鎮『もう1つの北韓社会（韓国文）』ソウル、ナナム出版、1995年。金遇鐸「統一後予想される北韓住民たちの統一社会適応に関する研究（韓国文）」、『'95北韓および統一研究論文集（韓国文）』Ⅴ「統一対備関連分野」、ソウル、統一院、1995年、1-65頁。金学成「ドイツの事例を通して見た文化的異質性の克服方向（韓国文）」、『統一文化と民族共同体の建設（韓国文）』1994年、97-114頁。高晟豪「統一韓国の社会体制と社会統合に関する研究（韓国文）」、建国大学校付設韓国問題研究院編『韓半島統一論：展望と課題（韓国文）』ソウル、建国大学校出版部、1997年、127-173頁、を参照。
97) この概念はスミス（Anthony Smith）から、若干異なって変容させたものである。Anthony Smith, *State and Nations in the Third World: The Western State and African Nationalism* (Brighton, Sussex: Weatsheaf Books, Ltd., 1983), p. 29.
98) 徐鏞瑄「韓国戦争時の占領政策研究（韓国文）」、『韓国戦争研究――占領政策・労

務運用・動員』ソウル、国防軍史研究所、1995年、96頁。
99) 韓国統一復興対策委員会の設置をめぐる韓国々会での議論については、第 7 回及第 8 回『国会速記録』自第一号〜至第二号、自第四十号〜至第五四号、第五十一号、9 -17頁、を参照。この速記録の中、第 8 回国会速記録は全部、1950年11月初めの北進直後の戦時国会における論議の内容を盛り込んでいるものとして、今日の統一論議にも大いに参考となる。
100) 国連朝鮮統一復興委員団の創設については「国連韓国統一復興委員団報告書」1951、『国連韓国統一復興委員団報告書、1951、1952、1953年』ソウル、国会図書館立法調査局、1965年、7 -19頁、を参照されたい。
101) その中の一例は金大中政府の出帆以後、1998年 6 月 1 日から発足した国家安全保障会議の事務局設置だと言えよう。事務局は青瓦台外交安保首席室に設置され、政府の統一、外交、安保、北朝鮮政策の最高議決機構である国家安全保障会議の常設執行機構として同会議を実務的に支援しつつ、危機管理および外交・安保政策研究を総括担当した。さらに進んで、政府は国家安全保障会議そのものの参与範囲と機構を拡張し、統一問題を幅広く深度あるように扱ってきた。1990年代以後、いくつかの国家機構でも極秘裏に該当機関の業務について、非常に具体的な水準まで統一問題について詳細な対策を樹立しようと努力しているものと思われる。

第6部　均衡の回復、分断への行進

　中国軍が参戦する1950年10月19日から国連軍の慌ただしいソウル脱出があった1951年1月4日までの80日にもならない期間は、時間単位の側面において最も短い時期に、世界に最も大きな衝撃と興奮、波長を広げて行った時期の1つであろう。冷戦時期の間、多くの場所の多くの諸事件が短い時間に世界を激動させた。この時期の朝鮮半島も、やはり最も短い期間に最も強烈に世界で興奮と失望の瞬間を交差させた。世界の最強大国に浮上し、冷戦以後に世界秩序を心のままに創り出そうとした米国は、中国軍の出現を前に虚しく後退せざるを得なかった。

　我々は、今から中国軍の参戦以後に「無条件降伏」政策の押し返しから「1・4後退」と呼ばれる国連軍のソウル大脱出までの内容を共産主義陣営の動きを中心に扱おうと思う。知略 vs. 知略、戦略 vs. 戦略、決定 vs. 決定、作戦 vs. 作戦が息も詰まるように衝突した緊迫の瞬間、参戦を決定した東アジア共産主義三角同盟の指導者たちは、どのように考えながら、どんな意見を交換していたのだろうか？　戦争の開始、中国軍の参戦という決定的な局面で見せた緊張と協力の二重奏が、実際の決戦においてもまた再燃するのか？　それとも、緊張と協力の2つの中、どちらか1つだけが現れるのだろうか？　主導権は、誰が掌握するのだろうか？　以前のように、相変わらずスターリン（Joseph V. Stalin）が状況を主導するのか、そうでなければ自国軍隊の大挙参戦を理由に毛沢東が掌握するのだろうか？　二人の指導者の火花が散る知略は、どのように展開するのだろうか？　また、戦争遂行の実際当事国家の首班として、金日成は今までのように相変わらず戦争を指揮するのか、それともそうできないのか？

　スターリンと毛沢東の認識と作戦の差異如何を究明することも重要だ。スターリンは、中国革命に先立っても毛沢東の揚子江渡河に反対し、結局は毛沢東が勝利するや、中国共産主義者たちの力量と業績を認定したことがあった。結果に対する追随だったのである。今回も、事態は同一なのだった。勝利すれば認定を受けるが、失敗すればその全責任は毛沢東に帰結するはずだった。スターリンは、何も責任を負わないに違いなかった。それほど二人の間には切迫さにおいて顕著な差異があった。それが、おそらく優越者（top dog）たちが常に享受する有利な点かも知れない。人間と国家関係において優越者たちは、いつも指揮だけすれば良く、結果に対する苦悩と苦悶を排除される。それは、ひとえに下位者（under dog）たちが背負い、負担せねばならないものだった。

　中国軍の参戦という大決断を前にしても、毛沢東は3日間、昼夜を通じ眠らず

に夜を明かすほど苦悩を重ねたが、スターリンはその時点にクリミア半島へ休暇に行って休息を楽しんでいた。米軍との決戦、この乾坤一擲の勝負で毛沢東は成功するだろうか？　彼は、前年の４月にもスターリンが引き止めたにもかかわらず、勝負のサイを投げたことがあった。しかし、当時は米軍が参戦しなかったのだった。今回は、米軍が前にいるという事実を知りながらも、勝負のサイを投げたのであった。１年半前に遭遇せねばならなかったのが、延期されたのかも知れなかった。マッカーサー（Douglas MacArthur）はどのように反応し、米軍が敗北することになった根本要因は何だったのか？

第13章　中国の参戦と再逆転：スターリン、毛沢東、彭徳懐、金日成の構想と戦略

1．参戦と逆転：乾坤一擲の勝負と文明・理念の大激突、そして世界の転換

　10月19日に中国人民志願軍が参戦した日、米軍と韓国軍が敵軍の熾烈な抵抗を突破して平壌(ピョンヤン)を占領した[1]。この時、韓国の陸軍本部状況室では歓声が湧き起こった[2]。平壌入城を最先頭で指揮した白善燁(ペクソニョプ)第1師団長は「一介の越南青年が将軍になり、韓米の将兵を指揮しながら、故郷を奪還しようと進軍する感懐をどうして筆舌で表現できようか。私の生涯最高の日が正にこの瞬間だった」と回顧する[3]。当時の3軍総司令官を任されていた丁一権(チョンイルグォン)も、やはり共産主義に反対して越南した青年だった。

　平壌に真っ先に進入しようとする韓国軍と米軍の競争意識は、熾烈だった。特に韓国軍第1師団と米第1騎兵師団の先頭突入競争は、一刻寸刻を争う緊張の連続であった。李承晩(イスンマン)もまた丁一権参謀総長に「我ら韓国軍が、必ず先に入城せねばならない」と言いつつ「どんな手を使っても米軍に先頭を奪われないようにせねばならない」と指示した[4]。実際、平壌に先に入城しようとする韓国軍の焦りと性急さは、米軍より遙かに強かった。それは結局、装備が米軍に比べて劣勢な韓国軍をして先頭入城を可能にした第1の要素だった。加えて、韓国軍の進入作戦を指揮する白善燁は、そこの出身として平壌へ行く近道に精通していた[5]。

　敵同士の間で「首都占領」と「越境参戦」が同日だという点は、偶然と言うには余りに奇妙な一致だった。しかし、ひとつは「見えること」であり、もう1つは「見えないこと」であった。越境参戦は隠密な行動で、平壌占領は公開された行動だった。一方は勝利を目前にした敵の首都への入城で、他方は疾風のように進駐して来る敵を撃退しようと注意深く秘密裏に国境を越えていた。数十万が大移動を通じ、多くの経路を通って、国境を越える大規模な軍事行動を敢行したにもかかわらず、世界最高の情報能力を持つ米軍がこれを知り得なかったのは、今でも解けない20世紀の世界現代史における最も大きな秘密の1つだ。我々は、些細なことはよく分かるが、遙かに大きなことは分からない時が多く、その些細なことゆえに行動する場合が余りにも多い。結局は熾烈な激突の末に「見えること」（平壌占領）が「見えないこと」（越境参戦）により無駄になってしまった。

　中国が参戦を最終決定する時点の10月12日前後にも、全く同じことが繰り広

られた。一方は参戦を決定し、他方は彼らが参戦しないだろうという最終見解を確認する10月12日の極秘文書であった。この文書でCIAは、中国地上軍が朝鮮戦争に効果的に参戦する能力を持ってはいるが、必ずしも決定的なことではないと見ていた。中国の介入は、恐らく北朝鮮に対する秘密支援を持続する程度に限定されるものと見ていた。反面、極東ソ連軍は、警告なしにも朝鮮半島に参戦する圧倒的な能力を持っていた。しかし彼らは、単に朝鮮半島における状況に根拠を置くだけでなく、全般的な状況を考慮して、今の時点で世界戦争 (*global war*) が自分たちの利益に寄与するという決定をした時だけ朝鮮戦争に参戦するだろうというのだった[6]。不思議なことに後日、この情報失敗の根拠の1つとして有名になった文献は、1950年7月11日と13日の米統合参謀本部の極秘文書より遙かに後退した内容を盛り込んでいた。この点で情報の失敗というよりは、むしろ意図の転換だと見るのが、すなわち世界戦争でない限り押し寄せて勝利できると見ていたという解釈が、より良いかも知れない。

　北朝鮮の絶滅を通じた終戦という米軍の意志は、余りにも明白だった。10月20日には米軍の第187空輸旅団が粛川（スクチョン）と順川（スンチョン）に投下され、平壌から撤収する北朝鮮軍と政府の退路を遮断しようとした。平壌北方35マイル地域の粛川とその東方17マイル地域の順川に工兵隊を投下し、北朝鮮の政府と軍の退路を断つためだった。韓国軍首脳部の参謀たちも、やはり金日成の生け捕りを狙っていた[7]。マッカーサーは、既に国連軍が38度線を突破して平壌へ進撃している時点から、共産政権の首脳と主力部隊の退路遮断、国連軍捕虜の救出のために空挺部隊を投下する構想を持っていた。しかし、空挺部隊の敵地投下は、地上部隊と連結され得ない場合は非常に大きな危険を随伴するため、投下時期の決定が大変に重要だった。2回の延期の末に10月20日から2～3日の間、4千名の兵力と6百t以上の装備が投下された。

　マッカーサーは、ストラトメイヤー (George E. Stratemeyer)、ライト (Edwin K. Wright)、ホイットニー (Courtney Whitney) はじめ参謀たちと一緒に機上からこの投下作戦を眺めた。1ヵ月前に仁川（インチョン）上陸作戦を成功させたマッカーサーは、この空輸作戦により敵を完全に奇襲したと主張し、残存兵力3万名の半分である1万5千名が罠に落ちて撃破されたり捕虜になったりするだろうと語った。彼は、空輸作戦は素晴らしい作戦だと言いながら「敵が包囲網で圧縮され、戦争は確実に (*very definitely*) すぐ終わるだろう」と得意揚々だった[8]。この時点で彼の言葉を疑う人は、ほとんどいなかった。しかし、既に詳細な検討を行ったように、北朝鮮の政府と軍の指導部は、山岳を退路と定めて他の道へ抜け出ていたり、もうこの地域を脱したりした後だった。前に見たように、彼らは遅

くとも10月12日、つまり米軍が入って来る1週間余も前に平壌を全て抜け出していた。

平壌陥落は、マッカーサーはじめ国連軍指導部を更に意気衝天させた。丁一権も、やはりマッカーサーと同様に、平壌陥落により戦争が既に終わったのと違いはないと考えた。彼によれば「平壌陥落は、つまり戦争終息で、戦争終息は、即ち統一」を意味した[9]。それは、当時の将校と士兵の大部分の一般的な考えだったのである。平壌に進駐した米軍将校が金日成の執務室に入った時、その時までも金日成の頭上すぐ正面にスターリンの写真が掛かっていた点は、この戦争に占める共産主義陣営内の力の配分関係を象徴する姿の1つのように見えた[10]。戦争で敵の首都占領は、勝利を目前に控えた自信感をもたらしてくれるのが普通である。首都占領が帯びる政治的、心理的な効果は、軍事的な効果を超える。さらに、この一方的に押されていた状態から逆転を通じて敵の首都を占領した時の心理的な効果は、比較できないほど大きい外はない。去る6月にソウルを占領した時の北朝鮮の軍と政府人士たちの歓喜は、極めて大きいものだった。その反対の状況が今、現れていた。

ワシントンと東京、そしてソウルと前線の雰囲気は、戦争がすぐ終わるだろうとの楽観的な展望が支配的だった。極端な楽観に陥ったマッカーサーは、合同戦略企画作戦団（Joint Strategic Planning and Operation Group; JSPOG）に（終戦後）朝鮮半島から兵力を撤収させる具体的な計画と占領軍として残して置く部隊について計画を樹立するよう命令するほどだった。JSPOGは10月20日、極東軍司令官作戦命令第202号により戦闘行為が減り、戦線が安定した以後に実施されることになる国連軍の撤収計画を発表した。もちろん、ソ連軍や中国軍は介入しないものと仮定された[11]。前線の米軍の間でも、平壌さえ奪還すれば米軍は日本へ撤収するという噂が広がった[12]。韓国軍の最高指揮官である丁一権は個人的に、この噂が余りにも時期尚早だと思った[13]。

米軍指揮官たちは、戦争がほとんど終わったような気分に包まれていた。兵士たちは、感謝祭の七面鳥の肉を東京で食べることになり、黄色のマフラーを巻いたまま東京の繁華街を闊歩できるだろうと考えて、心を躍らせていた。朝鮮半島に派遣される兵士たちの派遣計画が取り消され、朝鮮半島へ行く砲弾と弾丸も日本へ転送されたり米本土へ再び送り戻されたりした[14]。マッカーサーは、早期に戦争を終結させる戦略を貫徹させるため、最後の攻撃を敢行しようとした。彼は10月24日、国連軍の先導部隊が清川江(チョンチョンガン)を渡っている時、朝鮮内の全地上軍に以前に下達していた命令を大きく変更する新しい命令を下した。彼は、38度線以南の国連地上軍の使用に関する全ての制限を撤廃して、全指揮官が隷下の全部隊を

動員して朝鮮半島北端まで進撃することを指示した。これに伴い、全国連軍が朝中国境線へ進撃し始めた[15]。

しかし、北朝鮮軍の歓喜が彼らの最も憂慮していた事態である米軍参戦により絶望へ急変したように、韓国軍と米軍の歓喜もまた最も心配していた中国軍の参戦により挫折へ急変せざるを得なかった。参戦直後の10月21日明け方に毛沢東は、連続して3回も電報を送り、指示を下した。「元来の計画を放棄せよ。代わりに機動戦を展開しながら敵どもを殲滅せよ」[16]。戦況がどれほど火急だったかを示してくれる。明け方2時30分、毛沢東は彭徳懐や鄧華、洪学智、韓先楚、解方などに電報を送って「この時間まで米軍と韓国軍は、我々の志願軍が参戦するだろうと考え及ばず、敢えて東西ふたつの道へ分かれて、安心して前進している」と言いつつ「我が軍の主力師団を集中させ、韓国軍3個師団（第6、7、8師団）を各個に撃破せねばならない。今回は韓国軍3個師団を撃破し、出兵後に初めての前線で勝利を収めたら、朝鮮の戦勢を変化させ得る最もよい機会となるだろう」と指示した。電報で毛沢東は、韓国軍の予想進路についてまで詳細に知らせてやっていた[17]。

この電報内容は、最初の毛沢東の決心と兵力配置、作戦を大きく変更したものだった。最初に毛沢東と中央軍事委員会は、積極的な防御として陣地戦と運動戦を結合、一定の根拠地を確保して陣地を構築した後、防御戦を進行させようとした。そうして一旦、局面を安定させた後に引き続いて、その後の作戦を駆使しようとしたのである[18]。このような作戦方針は彭徳懐にも既に伝達され、彭徳懐もやはりそのような防御作戦を準備中だった。参戦直前の10月14日、スターリンと会談するためモスクワを訪問中の周恩来へ送った電文でも、やはり毛沢東は「現在の決心は、傀儡軍（韓国軍——引用者）を討ちながら（その次に）一団の孤立した米軍も討てるだろう」と言いつつ「時間が許すなら塹壕を継続して増強し、6ヵ月内に敵が平壌と元山を固守したまま進まないなら、我が軍もまた平壌と元山を攻撃しないであろう。再言すると、6ヵ月後に攻撃問題を再論するのである。我々には、このようなことが成功的だし有益だ」と述べた[19]。長期間の駐屯後に攻撃しようという構想を持っていたことが分かる。

加えて毛沢東は「米軍は、現在38度線に止まっている」と言いながら「米軍が平壌を攻撃するには、時間が必要だ」と判断していた。しかし、米軍は迅速に平壌へ進撃し、引き続き更に進んで国境へまで進撃しようとした。毛沢東は「万一、平壌の米軍が徳川に向かって攻撃せず、元山の韓国軍も単独で攻撃するのが難しいと判断されれば、これは我が軍の進駐と防御線を構築するのに時間を稼ぐもの」だと述べた。彼は、周恩来に「我が軍は、10月19日に移動する」と言いなが

ら「先頭軍は、徳川まで200kmを7日間行軍して1～2日の休息が必要であり、10月28日に徳川～寧遠(ニョンウォン)以南の地区で塹壕を構築するのにも10日が必要だ。すなわち、10月28日にやっと渡河を完全に終えられる」と見ていた。しかし、10月25日にはもう、中国軍は戦闘を始めていた。毛沢東は、甚だしくは「敵が平壌～元山を固守して攻撃して来ない状況になれば、投入された軍隊の半数を再び中国領土内へ送り、大きな戦闘が起これば、また派遣しようと思う」とまで話していた[20]。

　しかし越境直後、最初の戦闘直前に作戦方針を突然に変更、即刻出動して機動戦を通じて敵を殲滅せよというのだった。毛沢東は、ひとたび参戦した以上、米軍との決戦は不可避との判断を下したに違いなかった。米軍の国境への素早い進撃が毛沢東に心境の変化を招来させたのは、明白だった。

　毛沢東は「現在の問題は、戦機を捕捉し数日内に戦役計画を立て、作戦を開始することであって、先に一定の時期を防御した後、また攻撃を準備する時ではない」と指示した[21]。全く異なる内容の電報であることが分かる。同日の1時間後である10月21日明け方3時30分、毛沢東は彭徳懐、高崗、そして鄧華に再び電報を送って「13兵団は即時、彭徳懐同志がいる所へ行って行動を共にしながら、中国人民志願軍司令部に改編、組織すること。それに続いて後、部隊配置を終えること」を指示した[22]。電報で毛沢東は、数度にわたり13兵団司令部が彭徳懐と一緒に行動することを強調した。中国人民志願軍司令部の設置と彭徳懐への指揮統一についての反復する指示だったのである。毛沢東は北京にあって、指揮系統についての編制と位階を初めから繰り返し確固として整理してやっていたのだ。30分後の明け方4時、毛沢東は彭徳懐と鄧華に再び電報を送った。そこでは、防空壕を掘って司令部の安全を図ることと、北朝鮮地域を東西に分けている東西の制高点を占領して、東西両方の敵を分離するようにせよと指示した[23]。

　毛沢東の指示は、いつも非常に具体的で詳細だった。1時間半の間におおよそ3回にわたり連続的な指示を下しているところから我々は、参戦と同時に毛沢東がこの戦争に対して、特に初戦の勝敗如何に対して傾けた関心の程度を知るようになる。大胆な革命家としての毛沢東にも、最強の米軍との歴史的な最初の遭遇は、恐らく唾が乾いて唇が燃える心情を強要したのであろう。そうでなくては、短い時間に連続3回の作戦指示を国家元首が首都から海外の戦線に向かって下している事実は、説明し難い。

　10月21日、金日成や朴憲永(パッコニョン)と秘密裏に会同中だった彭徳懐は、鄧華と洪学智を呼び、具体的な戦略を熱議した[24]。洪と鄧が秘密会談の場所を訪ねた時、金日成と彭徳懐はまだ会談中だった。彭徳懐は、入朝するや否や金日成と朴憲永に会い、

戦争に関する対策を熱議したのである。洪学智によると、金日成は戦況が切迫しているという感じを全く受け取れないほど泰然自若としていた。金と彭の会談では、中国人民志願軍司令部を大楡洞（テユ）に設置することとした。志願軍と朝鮮人民軍との協助問題、指揮系統の統一問題も、やはり金日成と彭徳懐の会談で合意された。19日に越境したことを勘案すると、金日成と彭徳懐の間の最高首脳部会談が非常に迅速に開かれたことが分かる。彭が入朝する時に朴憲永が直接、新義州（シニィジュ）まで出て来て彼を案内し、緊急会談が開かれることになったのである。しかし、当時は権力の第1人者と第2人者である金と朴の間でも、互いに連絡がままならないほどだった。以後にも金日成と彭徳懐は、たびたび会って作戦を相談し、対策を樹立して意見を調整した。

　鄧華と洪学智を呼んだ彭は彼らに、何よりも先に毛沢東の変更させた作戦についての同意如何を尋ねた。もちろん、二人は完全な同意を表示した。彭も、やはり既に毛沢東と同じ意見に到達していた。また彭は現在、自分たちが3個師団の兵力を保有しているだけだという金日成の告白を伝えながら「朝鮮の状況は、今や我々に掛かっているようだ」と言った[25]。23日に毛沢東は電文を送り、絶対に初期には接触せずに一定の地域を譲歩、敵を誘引して殲滅せよと指示した[26]。毛沢東の指示があった直後、そしてマッカーサーの攻撃命令が下達された10月24日、志願軍司令部が設置された大楡洞で最初の指揮官戦略会議が開催され、中国人民志願軍司令部が正式に構成された。巨大な作戦 vs. 作戦は、同じ日に火花を散らしていたのである。志願軍司令官ならびに政治委員は彭徳懐が引き受け、鄧華が第1副司令官および副政治委員として幹部管理と政治工作を、洪学智が第2副司令官として司令部業務と特課兵・後方補給を、韓先楚が第3副司令官として最前線の作戦督励を、解沛然〔解方〕が志願軍参謀長を任された。杜平は、志願軍政治部主任を引き受けた。会議ではまた、毛沢東と党中央の指示に従って彭徳懐を書記に、鄧華を副書記に、洪学智、韓先楚、解沛然、杜平を常任委員とする志願軍党委員会も組織した[27]。結局これら六人が初期の志願軍司令部の最高幹部たちだった。金日成と彭徳懐は、両国軍の協助のため北朝鮮内務省の朴一禹（パギルウ）を志願軍副司令官兼副政治委員、志願軍党委員会副書記に任命した。

　司令部の六人それぞれの朝鮮戦争における経歴を簡略に検討して見よう。最高指揮者の彭徳懐（1898～1974年）の朝鮮戦争における経歴は、特に言及する必要がないだろう。入朝後、彼は志願軍司令官兼政治委員、志願軍党委員会書記、中朝高級幹部連席会議主席団、中朝連合司令部司令官兼政治委員を歴任、名実ともに最高指揮官だった。初戦でマッカーサーを撃退したことは、毛沢東の知略と彼の作戦指揮がきっかり噛み合ってもたらされた結果だった。北朝鮮から彼は「朝

鮮民主主義人民共和国英雄」称号を付与され、1級国旗勲章を4個も受けた[28]。
　中国現代史と関連した彼の経歴は、現代中国の激動ほど浮沈が激甚であった。毛沢東と同郷の湖南省出身として順風満帆だった彼は、1959年7月に開催された中国共産党政治局拡大会議、かの有名な廬山会議で三面紅旗運動、大躍進運動と人民公社を正面から批判して毛沢東の激憤を買い、次々に全ての職位から解任されて極度の苦難の道へ入った[29]。彼は後日、林彪と四人組による残酷な迫害を受ける中で死去した。
　鄧華（1910～80年）は、本名が鄧多華で、1950年の朝鮮戦争参戦以後、順に志願軍13兵団司令官兼政治委員、志願軍第1副司令官兼第1副政治委員、志願軍党委員会副書記、中朝高級幹部連席会議主席団、中朝連合作戦司令部第1副司令官、休戦会談中国人民志願軍主席代表、志願軍代表団副団長、志願軍司令官代行兼政治委員代行、志願軍司令官兼政治委員、志願軍党委員会書記を歴任した。朝鮮戦争における寄与で、彼は北朝鮮から朝鮮民主主義人民共和国1級国旗勲章を3個、1級自由独立勲章も3個を受けた[30]。
　解方は、元の名が解沛然で、解如川とも呼ばれた。入朝後、彼は志願軍13兵団参謀長、志願軍参謀長、志願軍司令部弁公室秘書長、志願軍党委員会常任委員、中朝連合司令部参謀長、休戦会談志願軍代表団党委員会委員・志願軍代表を歴任した。北朝鮮の1級国旗勲章と1級自由独立勲章を2個ずつ受けた[31]。
　韓先楚（1913～86年）は入朝後、志願軍13兵団第2副司令官、志願軍第3副司令官、志願軍党委員会常任委員、志願軍副司令官、志願軍前進指揮所指揮、志願軍右攻撃集団司令官、西線指揮所主任、朝鮮西海岸防御指揮所司令官、志願軍19兵団司令官を歴任した。3次戦役で38度線を突破して、ソウルを占領する殊勲を立てた。北朝鮮から1級国旗勲章と1級自由独立勲章を2個ずつ受けた[32]。
　洪学智（1913～2006年）は入朝後、志願軍13兵団第1副司令官、志願軍第1副司令官、志願軍党委員会常任委員、志願軍副司令官兼後方勤務司令部司令官、後方勤務司令部党委員会書記を歴任した。彼は特に、後方保障事業において卓越した業績を残した。北朝鮮から1級国旗勲章を4個と1級自由独立勲章3個を受けた[33]。
　一方、杜平（1908～99年）は本名が杜豪平で、入朝後に志願軍13兵団政治部主任、志願軍政治部主任、志願軍党委員会常任委員、中朝高級幹部連席会議秘書長兼主席団秘書長、休戦会談中朝代表団代表、休戦会談中国人民志願軍代表団党委員会副書記、中国人民志願軍代表団党委員会書記兼代表団々長などを歴任した。やはり北朝鮮から朝鮮民主主義人民共和国1級国旗勲章を2個、1級自由独立勲章も2個を受けた[34]。

10月25日に毛沢東は、党中央の名前で司令部の構成を承認し、志願軍司令部が正式に成立することになった。中国軍は、参戦直後の10月24日になって初めて志願軍司令部を完全に組織するほど、最後の参戦の瞬間には慌しく国境を越えたのである。彭徳懐は25日、一度の戦闘で敵を殲滅するのは不可能だと判断し、分散して前進する敵を各個撃破することに決定、その日の夜から戦闘が始められた。相手は、韓国軍第1師団と第6師団の先頭部隊だった。午前7時に第1師団の先頭部隊および同10時に第6師団の先頭部隊との遭遇において、中国軍は全て勝利を収めた。歴史的な最初の接戦で中国軍が勝利したのである。しかし国連軍は、誘引後に奇襲と待ち伏せを通じて大逆襲を加えようとする中国軍の作戦を認知できないまま、マッカーサーの命令どおり継続して北進していた。10月27～28日、志願軍司令部は最高司令部会議を開き、初期作戦を熱議した。もちろん、毛沢東も電報を送り、作戦を指示していた。毛は兵力を分散させず、一度に集中して戦役を展開せよと指示を下した。

　中国軍の初期作戦も、構想どおりになったばかりではなかった。避難民は北へ北へと押し寄せていたので、彼らに逆らって逆方向へ前進せねばならない中国軍としては、大変に大きな困難を受ける外なかった。奇襲と待ち伏せのためには密かにも迅速に移動し、要衝地点を掌握することが何よりも重要だった。相手が先に進撃して掌握してしまえば、待ち伏せと奇襲は根本的に不可能な作戦であった。会議で彭徳懐は、他の全部隊の進撃が正常だったにもかかわらず、避難民ゆえに進撃速度が遅く相当な障害を与えている第38軍に対して大怒しながら叱責した。第38軍は、北朝鮮の臨時首都である江界(カンゲ)を経て熙川(フィチョン)に到着し、韓国軍第6師団と第8師団の退路を断つ任務を受け持ったが、江界方面へ押し寄せて来る避難の兵士と人民により兵力を充分に移動させられなかったのである。山岳が険しい北朝鮮地域において、地形的な要因ゆえにも要衝の適時の掌握は必須的だった。熙川へ進入する道の場合だけ見ても、左側には妙香山(ミョヒャン)があり、右側には清川江が流れていて、迂回する道さえなかった。彭徳懐は大怒して声を上げたが、牛馬車を駆って押し寄せる避難の兵士と人民が道路を掌握している状態で、第38軍はどうすることもできなかった。

　11月1日、大楡洞の志願軍司令部の作戦会議では、最初の大規模攻撃を控えた戦雲が漂った。当時の国連軍と韓国軍は、清川江以北に約5万余名の兵力が進駐していた。しかし、中国人民志願軍は総12～15万名を投入でき、少なくとも2～3倍の優位を示していた[35]。加えて更に重要な点は、中国軍が韓国軍と米軍を含む敵軍の規模はもちろん、その配置、動態を正確に把握しているのに反して、韓国軍と米軍は全くそうできなかったことである。中国軍が判断するに、マッカー

サーはじめ国連軍司令部の指揮官たちは、参戦初期に中国軍の大挙参戦の事実さえも知らずにいたに違いなかった。10月25、27日の前哨戦における打撃にもかかわらず、彼らは莫大な規模の兵力投入の事実を全く知らないままだったのである。戦争において相手の規模と対応を知っているか否かは、勝敗を分ける要因の１つになる。北京の毛沢東は、最初の攻撃に対する作戦指示も欠かさなかった。
　ついに11月1日夕方、中国人民志願軍の各部隊が一斉に攻撃を開始した。晴れた空に月が浮かんでおり、攻撃には最適だった。雲山(ウンサン)で第39軍と正面衝突した米軍第1騎兵師団は、2日間にわたる熾烈な攻防の末に敗退し、撤収してしまった。常勝の米軍としては、虚しく追い出されたのだった。2日にも毛沢東は、2回も作戦指示を下し、清川江の南と北の敵兵力の連結の環を断つのが最も重要だと言いつつ、具体的な陣地構築と占領地域を選定してやった[36]。中国軍の強力な反撃に直面した米軍第1軍団は、それ以上は持ち堪えられず、11月3日に一旦は全前線にわたり撤収を開始した。退路が遮断されることを憂慮したからだった。彭徳懐は、退却する敵を迅速に捕まえろと命令したが、機械で後退する部隊を徒歩で追撃するのは容易ではなかった。
　一方、東部戦線では国連軍が北朝鮮の臨時首都である江界と豆満江(トゥマンガン)に向かい、ひたひたと進撃して来ていた。戦闘地域の地形は、高山峻嶺が整然と並ぶ山岳地帯だった。ここで中国軍指揮官たちがソ連軍事顧問団と出会った時に交わした次の対話内容は、この戦争に対する両国の参戦者たちの認識をよく示してくれている。そこでは、ソ連軍の中国軍に対する蔑視と無視の念も入っていた。表現の１つ１つにおいて我々は、ソ連の高圧的な態度と中国の表現し難いほろ苦さが色濃く滲み出ているのを看取できる。しかし、このような戦争の現場における対話は、モスクワと北京、スターリンと毛沢東をはじめとした両国の指導層の朝鮮戦争に対する認識の縮図であるのみだった。ソ連軍事顧問団が戦場の第一線の現場にまで出て来て、戦争を指揮している点も示してくれるのは、もちろんだ。

「ソ連軍事顧問団：ご苦労様です。どこへ行く途中ですか。
　中国軍指揮官：黄草嶺(ファンチョリョン)一帯の兵力配置がしっかりなされているのか、見に行きます。
　ソ連軍事顧問団：ところで、中国から大規模な兵力が朝鮮戦争に参戦しに来たという話を聞きましたが、まともな装備を取り揃えたのか、気掛かりです。
　中国軍指揮官：そうですね。ご覧のように、充分ではありません。
　ソ連軍事顧問団：それなら、中国には戦闘機があるにはありますか？
　中国軍指揮官：戦闘機は、１台もありません。

ソ連軍事顧問団：それなら、我々のＴ−34のようなタンクは、何台あります
か？
中国軍指揮官：全くありません。中隊ごとに迫撃砲があるだけで、大砲もほ
とんどありません。ただ小銃程度の個人火器と手榴弾くらい
は揃えています。
ソ連軍事顧問団：そうなんですね。」[37]

　ソ連軍事顧問団の対話と表情には、中国軍がそれほどひどく劣勢な装備しか持たずに、果たして現代化した装備を揃えた米軍と充分に戦えるのかと思う疑惧心が歴然としていた。しかし、ソ連軍事顧問団の疑いにもかかわらず、東部戦線でも初戦の勝利は中国軍のものだった。米軍は、極めて大きな火力にもかかわらず、中国軍の昼夜にわたる粘り強い攻撃を食い止められなかった。11月5日に彭徳懐は各軍に攻撃中止を命令[38]、これを以て第1次戦役は終了した。戦争を早期に終結させるとしたマッカーサーの戦略は、挫折したのだった。鴨緑江辺まで驚くべき速度で押し寄せた国連軍は、清川江以南へ後退せざるを得なかった。米軍との歴史的な最初の遭遇において、中国軍の勝利は非常に意味が深いものだった。常勝の軍隊、世界最強の国家アメリカの軍隊の敗北は、情報の不在と傲慢がもたらしたそれであった。その点で第1次戦役の結果は、中国軍の勝利というより米軍の敗退という意味が遥かに大きかった。

　彭徳懐は、第1次戦役で成功して以後、追撃を実施せず、主力部隊を各々30〜50km後方へ後退させた。他の指揮官たちは、このような彼の作戦指揮に簡単には同意しない立場だった。しかし、彭徳懐に従えば、追撃中止と暫定後退を決定した理由は、今だ敵の主力が撃破される前段階として、敵は我が軍の戦闘力に対する正確な判断がなく、彼らの空軍を頼って鴨緑江進撃の野心を放棄しないことにより、敵を奥深く誘引、不必要な労力を避けられるからだった。彼は、万一追撃を敢行したならば、それは敵の殲滅でなく、単に敵を追跡する結果にしかならなかったろうと付け加えた[39]。これは、この戦争全体に対する彭徳懐の構想をうかがい知れる陳述だった。しかし米軍は、この敗退が遥かに苦痛に満ちた敗北と後退の序章に過ぎないという事実を未だ知らないでいた。長く久しい革命戦争を行いつつ今日まで駆けて来た毛沢東は、初戦の勝利感に陶酔しなかった。

　国連軍側からする中国軍の参戦についての最初の明白な証拠は、1950年10月25日に現れた。同日の総攻撃に参加した韓国軍第1師団は、清川江から雲山へ向かう道路に進出したものの、過酷な寒さの中で夜を明徹した戦闘の末に、それ以上は進撃できなかった。同日に米第1軍団は、全部隊に鴨緑江の国境線へ進撃せよとの命令を下達した。同日、韓国軍第1師団は、西部戦線で中国軍と衝突し、最

初に中国軍捕虜を生け捕った。第1師団長の白善燁が射殺された中国軍の死体を発見し、彼はこのような事実を米第1軍団長ミルバーン（Frank. W. Milburn）将軍に報告した。彼はまた捕虜たちから、彼らが完全に編制された部隊に所属しており、多数の中国軍が朝鮮戦争に参戦した事実を明らかにすることにより、中国軍の参戦についての充分な資料を持つことになった。東部戦線でも、第10軍団は中国軍部隊に遭い、彼らを捕虜として生け捕った。10月30日の戦闘後、中国軍により彼らの長津湖への進撃は阻止された。10月31日までに捕えられた捕虜は、全部で25名に達した。アーモンド（Edward M. Almond）は、その中で何名かを直接、尋問までした[40]。

　しかし、このような証拠はワシントン、東京、そしてソウルにおいて、米国の政府と軍上層部により中国軍の参戦を証明する明白な資料として受け入れられなかった。ウィロビー（Charles A. Willoughby）は10月28日、中国軍の兵士たちが生け捕られ、彼自身は編成された中国軍部隊が朝鮮に入って来ていると信じるとワシントンに報告した[41]。しかし、勝利感に陶酔した米国は、敗北の不吉な前兆にもかかわらず、戦略を変更しなかった。特に、マッカーサーの計画には何の変化もなかった。前に見たように、彼は全兵力を動員して国境まで進撃するように計画していた。ワシントンの統合参謀本部も、やはり同様だった。彼らは、中国軍の大規模参戦そのものを認定しようとしない態度を堅持した[42]。それは、実際に彼らが参戦しなかったであろうという判断の産物というよりは、むしろそのような事態を認定しない中で現在進行している自らに有利な状況を持続させたい、そうして最終勝利を達成したいとする人間心理の一般的な動きの反映だったのかも知れない。

　この問題と関連した、ひとつの重要な秘密文書が存在する[43]。既に10月5日の時点で米統合参謀本部は、現在の状況で中国軍の朝鮮戦争参戦が可能で（*possible*）、このような事実がマッカーサーにすぐに知らされなければならないと判断していた。加えて米統合参謀本部は、中国軍の参戦時点に国連軍が38度線以北地点に位置しているならば、勝利に対して妥当な機会がある場合、マッカーサーが引き続き前進せねばならないと判断していた。米軍は、マッカーサーだけでなくワシントンまでも、中国軍参戦の事実を知らなかったので敗北したのではないと分かっていた。だが、最終の勝利を放棄できない誘惑ゆえに、最後まで追い込んで結局は押し出されてしまう致命的な自滅の手を打ったのである。人間は、誰もが事態を自分に有利な状況として解釈し、不利なことは受け入れないようにする属性を持っており、そのような時、客観的な判断は失われる。

　丁一権の回顧によれば、マッカーサーは中国軍の参戦が差し迫った10月13日、

李承晩に送った手紙で中国軍が必ず参戦すると見ていた[44]。李承晩もまた「ソ連はいざ知らず、中国の介入可能性は非常に大きい」と見た。中国軍が参戦した時、李承晩は「やはり出て来たな。もう弱虫トルーマンもへそに少しは力が入るじゃろう」と言いつつ「心配することはない。マッカーサーがよく弁えてやるだろう」と述べた[45]。丁一権に従うと、マッカーサーは表面的には中国軍の介入可能性を否認したが、これはトルーマン（Harry S. Truman）の北進阻止策略を防ぐための高度に偽装されたジェスチャーだった。マッカーサーは、李承晩の要求を受け入れ、中国軍が必ず参戦するものの、自分は2日後に迫ったウェイク島会談でトルーマンにも分からないと述べようと答えた。マッカーサーは、ソ連を背後に持つ中共が近い将来にアジア民主主義の最大の脅威になるだろうと言いつつ、中共の潜在的な軍事力を叩くに足る機会は今でなくてはならないだろうと見ていた。彼は、中国軍が参戦する場合は「原爆使用も辞さない」と語った。

今回の機会に初めから中国を呼び入れて「大一番」を繰り広げることにより、北朝鮮と満州地域で確実に共産主義の根を絶やそうとするマッカーサーと李承晩の巨大な構想を読み取らせてくれる内容に他ならなかった。この李承晩とマッカーサーの構想は、敵の更に大きな挑発を誘発して、世界戦争も辞さない発想だった。戦争は、まるでアジア民主主義とアジア共産主義との全体の生死をかけた決戦のようにエスカレートした。彼らの構想のとおりになった場合、朝鮮戦争は名実ともに相伴う世界戦争になったか、そうでなければ朝鮮半島と満州が核戦争の舞台になり、更に残酷な破壊と殺傷の場所に変転したであろう。彼らの核戦争も辞さない決戦の意思は、朝鮮戦争の時期に現れたもう1つの非現実的なロマン主義の表出だったと言えるだろう。

このようなマッカーサーの意志、戦略、戦争政策は、根本的には米軍が第2次世界大戦でドイツと日本に適用して勝利した「無条件降伏（unconditional surrender）」戦争原則の延長だった。朝鮮戦争でマッカーサーが38度線の北進時に、そして中国軍の参戦以後にも現れた、押し寄せた敵の絶滅を通じた「無条件降伏」政策は、第2次世界大戦における米国の戦争政策に独特で顕著な特徴の1つだった。そうする時、敵の完全な敗北（complete defeat）は、米国の大戦参戦以後に連合国が追求した必須的な目的になった。これは、ローズベルト（Franklin D. Roosevelt）米大統領が米国の南北戦争時のグラント（Ulysses S. Grant）将軍の使用から借りた言葉として、1943年1月のカサブランカ（Casablanca）会談でローズベルトとチャーチル（Winston Churchill）により、ドイツに対して結末をつけるために第2次世界大戦において初めて闡明された戦争原則だった。

ローズベルトがこの言葉を使用して以後、他の戦争目的は重要ではなかった。

ナツィ政権を完全に根絶し、二度と再起して戦争を行えないようにするというのであった。つまり、第1次大戦以後に再起して再挑戦した前例を許容はしないということだった。無条件降伏は、領土的な完全占領のような目的を持つから、更に多くの軍事的な介入へ連結せざるを得なくなる。実際に第2次世界大戦におけるローズベルトとチャーチルによる大部分の決定は、基本的に軍事的な観点から選択された。交渉、妥協、休戦会談のような政治的な考慮は、ほとんど影響を及ぼさなかった。完全敗北と完全勝利を通じた終戦は、敵との一切の妥協の領域を残して置かないのである[46]。1943年11月にローズベルトとチャーチルは、カイロ（Cairo）で会い、今度は日本の無条件降伏を確認した。1945年にトルーマンが日本の降伏を受ける時に追及した政策も、やはりローズベルトの無条件降伏政策を確固として堅持したものだった[47]。

ワシントンとマッカーサーの意志を反映して、戦線における選択は、ひたすら突進の一路だった。たとえ韓国軍第6師団の一部が敵の中心に深く分け入り、鴨緑江の楚山（チョサン）に到達したものの、勝利の絶頂は暫くの間だった。それは、むしろ四方が敵に取り囲まれた「包囲された突進」に過ぎなかった。攻撃者も分からないほど広い範囲で網を打ち掛けて待っていた敵陣への航海だった。このような勝利の絶頂感は、全体の戦争における苦痛の時間に比べては刹那のように短いものであった。不幸だったが、それは現実だった。北朝鮮の青年将校と士兵たちに1950年の夏、南海（ナメ）に到達して革命戦争の勝利を予感する正にその瞬間から、敗北に向かって長くも長い逆転が待っていたのと同様であった。南海に到達した北朝鮮軍の兵士たちの歓喜は、形容できないものだった。だが、彼らはすぐに、その歓喜より更にもっと大きくも長い敗北の行列を準備せざるを得なかった。

中国軍の第1次戦役により国連軍が押される状況が到来するや、ウォーカー（Walton H. Walker）は一旦、進撃を中断し、清川江に橋頭堡を設置しておき、兵力を後退させるよう命令した[48]。しかし、マッカーサーの構想は変わらなかった。第8軍と離れている第10軍団の陣営でも、状況は類似していた。アーモンドは、米軍兵力を上陸させて、可能な限り速い速度で国境線に向かって進撃しろというマッカーサーの命令を遂行しようとしていた。進撃計画によれば、韓国軍第1軍団は東海岸の国道に沿って北東側の国境線へ進撃するようになっていた。また、利原（リウォン）に上陸した米第7師団は、豊山（プンサン）と甲山（カプサン）、北青（プクチョン）を経て恵山鎮（ヘサンジン）から鴨緑江まで到達するようになっていた。しかし、前に見たように、10月25日に韓国軍部隊の進撃は、中国軍の阻止により遮断されていた。

中国軍は、今や東西にわたり広範に布陣していることが明白になったのだった。それほど長い間、ワシントンと東京、ロンドンをはじめとして西側世界の政

治家と軍事指導者たちが論議を繰り広げていた中国軍の大規模な直接参戦は、今や明白になった。それにもかかわらず、敵と直接遭遇した少数の兵士たちを除外しては、第8軍と第10軍団の司令部、東京の極東軍司令部、そしてワシントンの最高指導者たちは、このような厳然たる事実をありのまま（fait acompli）受け入れようとしなかった。それほど長い間にわたり論争した最も破滅的な事態が実際に到来したのに、なぜ彼らはこの事実をいち早く認定しなかったのだろうか？ 敗北の死神が彼らを待っていたからなのか、あるいは勝利への誘惑がこのような事実を認定できないほど妨害したからなのか？ 米軍は、独ソ戦争で泥濘に落ち込んだドイツ軍のように、少しずつ泥沼に陥って行った。

2．第2次戦役と北朝鮮の救出：米軍による最初の長くも長い退却

　第1次戦役が勝利に終わる直前の11月4日、彭徳懐は司令部の会議を開いて「相手が反撃を試図するならば、彼らを誘引して奥深く引き入れた後、殲滅する」という作戦方針を樹立した。前線の正面で機動防御戦を展開しながら、一定の兵力で遊撃戦を進行、相手の数が少なければそのまま攻撃し、多い場合にはひとたび退き、相手の兵力を奥深く引き入れた後、側面と背後から討ち入って行き、主力部隊に打撃を被らせる作戦だった。彭徳懐は、このような作戦内容を毛沢東と党中央に報告し、指示を待った。同時に彼は、兵力の追加派兵も要求した。

　毛沢東は、11月5日の明け方1時に電文を送り、彭徳懐の作戦に同意しながら平壌〜元山線を前方、そして徳川、球場、寧辺（クジャン、ニョンビョン）の北方と西方を後方として、長期戦を展開するのが有利だと付け加えた。同日夜10時、毛沢東は再び電報を送ってきて、宋時輪が率いる第9兵団の派兵を知らせつつ、第9兵団をこれから志願軍司令部で直接統制せよとの命令と共に、相手を奥深く引き入れて打撃を被らせ得る機会をうかがえと指示した[49]。東西の両前線でそれぞれ相手を誘引し、側方を討った後、猛烈に攻撃を拡大せよというのだった。ここで我々は、この戦争が北朝鮮首相の金日成と前線司令官の金策（キムチェク）が指揮するのではなく、中国主席の毛沢東と中国人民志願軍司令官の彭徳懐が指揮している点を理解することになる。

　不幸にもマッカーサーは、初戦の敗北を認定しようとも受容しようともしなかった。マッカーサーは11月4日、米統合参謀本部に送る報告で中共軍の介入類型を、①公開的で完全な介入、②外交的な理由による密かな介入、③義勇軍の使用、④韓国軍とだけの遭遇の可能性を想定した介入の4種類に分けながら、中国軍の完全な介入が「国際的に最も大きな重要性を帯びた極めて由々しい決定（momentous decision）になるだろう」と見ていた。彼は、表面的な豪語とは異な

り、中国軍介入の政治的、軍事的な意味を正確に把握していたのである。しかし「私は、性急な決定が時機尚早だと考えるし、最終評価のためには、より完全な軍事的諸事実が収集されねばならないと信じる」という結論を盛り込んでいるところから分かるように、マッカーサーの報告は、ある権威ある戦史の評価のように参戦の重大性を知ってはいたが、緊急だとか統制不能で暴走する状況だという意味よりは、むしろ自己確信的なものだった[50]。彼は、たとえ意味は評価したけれども、相変わらず自信感を持っていて、中国軍の介入が確認できた後にも継続的な北進を準備していた。

　中国軍の攻勢を阻止する勝利のためのマッカーサーの選択は、空軍そして戦争拡大への模索だった。米極東空軍司令官ストラトメイヤーは、11月4日に江界を、5日に朔州(サクジュ)と北鎮(ブクジン)を、そして7日に新義州を爆撃するよう命令した。米極東空軍司令官オドネル（Emmett O'Donnell）は、これらの都市を焦土化させる計画だった。しかしマッカーサーは、これら司令官が考える以上の強力な空襲計画を指示した。11月5日にマッカーサーは、ストラトメイヤー将軍に全極東空軍乗務員を2週間にわたり動員して、北朝鮮軍とその同盟軍を撃滅するよう指示した。彼は、必要ならば空軍の全乗務員を投入しろと命令した。彼は、朝中国境線にある国際橋梁の朝鮮側沿線を破壊するように命令した。もちろん、彼は攻撃途中、朝中国境を越境することがあっては決してならないと強調した。江界が雲に覆われていると、11月4日にB－29爆撃機は清津(チョンジン)に焼夷弾を投下し、5日には天気が好転した江界に焼夷弾170tを投下、市内の建物の65％を破壊した。7日にはB－29の70台が新義州の上空に現れ、500ポンド焼夷弾584tを投下した。しかし、満州に連結される新義州の鉄橋は、B－29はもちろん海軍の急降下爆撃機の爆撃にも微動だにしなかった[51]。

　爆撃にもかかわらず、敵の動揺は捕捉されず、次第に深刻になる韓米軍の補給も問題だった。敵陣に奥深く入って来た国連軍と韓国軍は補給においても、あたかも過ぎし夏の北朝鮮軍が直面していた困難に逢着した。何よりも補給線が余りに長かった。加えて、道路事情と寒さは最悪に近かった。平壌以北へ移動して以来、第8軍は主に空輸により物質の補給を受けていた。鉄道は、単線である上に途中の鉄橋が破壊されており、軍需補給通路としては落第点だった。北朝鮮共産軍の攻撃と補給通路を遮断するために敢行していた無差別爆撃が、今や逆に国連軍の進撃に障害要素として作用していたのである。

　米第1軍団は、わずか1日分の弾薬を持って作戦を遂行しており、1日と半日分の油類を備蓄しているのみだった。ウォーカーは、制限された輸送能力と貧弱な道路、そして遠い距離ゆえに、鎮南浦(チンナンポ)の港口が完全に開港されない限り、この

ような危険な事態を好転させられないだろうと考えた。ボルト（Charles L. Bolte）は、ワシントン当局に「貨物輸送は麻痺状態に陥っている」と支援の即時増大を強力に建議していた[52]。兵士の歩みはのろく、初めて出くわす道路は乱麻のように入り乱れていた。敵陣の奥深くに入って行くや、所々で飛び出して来るゲリラは、やはり兵士を恐怖に追い込むのがしばしばだった。

11月7日にマッカーサーは、更に多数の戦力を補充してくれるよう米統合参謀本部へ強力に建議した。同時に彼は、同じ報告で中国軍の介入が戦況を完全に変えてしまったと報告してから、自分に送ってくれる全兵力の派遣計画を即刻実行してくれるよう要請した。もっと多くの戦力の支援がないならば「それ以外の手段では苦境に立つか、さもなければ今まで獲得した全てを失うことになるだろう」と警告した[53]。マッカーサーは、ワシントンへ徐々により強度の高い要求をしていた。なぜ国連軍は、ひたすら攻撃一辺倒にだけ出たのだろうか？　初めて遭遇した中国軍の攻撃が手厳しくなかったからか、そうでなければ参戦にもかかわらず、継続して追い込んだら勝利できると思ったからだろうか？

マッカーサーは、ウォーカーが中国軍の主力は既に鴨緑江を渡った事実を何回も報告したけれども、深く考慮もせず、対策を立てようともしなかった。ひょっとすると彼は、自分の過去における無比の戦功に照らして、自分がこの戦争を主導している事実だけでも、中国軍が早々に恐れて退くだろうと考えたのかも知れなかった。実際に当時の韓国社会には、このような噂が広がっていた。これは、まるで去る6月末に米軍が参戦しながら持っていた初戦の考え、すなわち自分たちが参戦しさえするだけでも北朝鮮軍の兵士たちは恐がって逃げるだろうと考えていたほどに、愚かで傲慢なことだった。

6月の北朝鮮軍と同様、10月の中国軍もまた強い革命精神で団結しており、したがって米軍の傲慢に飲み込まれなかった。彼らは、むしろ米軍の自信感と傲慢を逆利用するほど賢明だった。歴史上で最初に社会主義の軍隊と遭った時、彼らの強烈な革命精神を知らなかったことが米軍の反復される決定的な失敗であった。朝鮮戦争は、社会主義の中国と資本主義の米国との最初の激突という意味を持っていた。機械、文明、ジェット・エンジン、このようなものだけが戦争の勝敗要因ではなかった。指導者の意志、兵士の精神、人民の団結、戦場と後方の距離をはじめとする地理的な要因なども、重要な要素だった。中国人民の献身と総力対応の姿勢も、やはり重要だった。米軍は、このような点が見えなかったのである。

中国革命で蒋介石の失敗要因がひとえに米軍の不参戦のみだったと考えるならば、それは甚だしい誤判であった。蒋介石の国民党政府は、誰よりも多く米軍の

武器支援を受けた勢力だった。すなわち、米軍の介入さえあったならば、国民党中国は救済可能だったのだろうか？　それは、必ずしもそうではなかった。6月には金日成の傲慢が事態を誤らせた決定的な要因だったとすれば、今回はマッカーサーのそれが事態を大きく誤らせていた。ワシントンの政策当局者たちも、やはり大きく揺れ動いていたものの、依然として初戦の敗北を認定しようとせず、作戦を修正しようともしなかった。11月9日に米国家安全保障会議は、中国の出兵意図が確認される時までは全朝鮮半島を軍事的な手段で迅速に占領するという元来の計画を引き続き実施すると最終的に確定し、国連軍総司令官としての任務を変更させないことを決定した。同時に、マッカーサーに軍事作戦の面で状況に従って事態を裁量のまま処理できると通報し、鴨緑江の橋梁に対する爆破計画も承認した[54]。

　第1次戦役で遭遇した後ゆえワシントンと東京が深刻な葛藤に陥って対応できない間、北京の毛沢東と戦線の彭徳懐は、緻密に彼らを誘引して撃退する構想を整えていった。彭徳懐は、米軍の攻撃一辺倒の作戦に対して「マッカーサーが明らかに我々を見くびっているのは間違いない」と興奮しながら、彼が正気ではないと猛烈に非難した。彭徳懐は「マッカーサーは、中国軍の大部隊が既に鴨緑江を渡り、朝鮮に入って来た事実を全く知らないようだ」と言いつつ、自分たちは正にこの点を狙わねばならないと強調した。相手の判断の錯誤を利用、相手にわざと弱点を見せた後、奥深く引き入れた後に討つのが上策だと見なしていたのである[55]。第1次攻勢の勝利に続いた、第2次戦役についての作戦構想だった。彭徳懐を横で見守っていた洪学智は、このような作戦を敢えて想像もできない冒険であり、賭博だったと記録している。猛烈に追い寄せている国連軍に対抗して強力な反撃作戦を敢行しても不足だろうところに、かえって相手に誘引作戦を仕掛けるのは、失敗する場合に相手の勝利を手伝ってやるだけだからであった。

　加えて彭徳懐は、誘引作戦のためのおとり部隊に最精鋭部隊である第38軍第112師団を使用することに決定した。第112師団は、抗日戦争と国共内戦の当時は敗北を知らない「鉄軍」として知られた第4野戦軍第1師団であり、当時の第4野戦軍の先鋒師団だった。古今を問わず軍事作戦において誘惑のため、おとりとして使用する部隊は一般的に弱体部隊に任せるのが常例であった。その次に主力部隊が逆襲を通じて勝勢を掌握するのが、誘因作戦の一般的な戦術だった。しかし、彭徳懐は冒険的な反対戦術を駆使しているのであった。この冒険的な作戦は、失敗すれば初戦の戦勢を取り戻せない状態へ導いて行くに違いなかった。それにもかかわらず、果敢に投げた初戦の一大勝負手だったのである。

　一般的な戦争指揮の原則とは全く合っていなくても、当時の米軍は指揮体系が

二元化されていた。西部戦線の第1軍団と第9軍団からなる米第8軍と、東部戦線の米第10軍団とに分けられて、前者がウォーカー中将の指揮を受けていた反面、後者は東京のマッカーサーの指揮を直接うけていた。編成上は第10軍団も、やはりウォーカーの指揮を受けねばならなかったものの、そうではなかった。その結果、東部戦線と西部戦線の米軍の間には、隙間が存在した。ほぼ100kmに達する非常に広い空白地帯だった。この広い隙間を韓国軍が埋めてやりはしたけれども、力不足だった。金日成もまた、この点を正確に知っていた。

「軍事的に見る時、敵どもの作戦計画と指揮体系には本質的な弱点があります。敵どもが占有した清川江の漁区（オグ）から漁郎川（オランチョン）までの前線の幅は千余里にもなり、それも大部分が険しい山岳地帯です。それゆえ、敵どもは前線に数十個師団の大兵力を注ぎ込んだけれども、前線の西部と東部にいる敵集団の間には隙間が生まれています。また、奴らが主に大道路に沿い攻撃したので、敵の翼側は既に我々に暴露されました。これと共に、敵の指揮体系が混乱しており、敵集団の間の協同がよく保障されていません。敵の主力集団である米第8軍と米第10軍団が、日本にいる米極東軍司令官マッカーサーの指揮下にそれぞれ独立的に行動しています。マッカーサーがいくら飛び跳ねたところで、日本に座って前線にいる軍団を上手く指揮統率はできないのです。そのため、前線集団に対する指揮と集団の間の協同においては、常に混乱が起こっています。我々は、敵どものこのような軍事的な弱点を上手く利用し、敵の攻撃企図を破綻させて決定的な反撃に移って行くでしょう。」56)

軍事的に金日成より遙かに老獪な彭徳懐は、国連軍の決定的な弱点を逃さずに鋭く突いて入り、「誘引後の逆襲」という第2次戦役の作戦構想を樹立したのである。大兵力の一部は罠を掛ける誘引作戦に投入され、一部が韓国軍の退路遮断に動員され、残りは上陸作戦に備えて「西海岸警備」に投入された。これは、おそらく仁川上陸作戦の経験ゆえだったのであろう。当時の西海岸地区の防御について、中国軍の詳細な作戦内容と司令部の構成は今だ知り難い。しかし、彭徳懐を除外した最高司令部の人物たちの経歴において、彼らがこの機構から任されていた職級から見て、やはり最高指揮官たちが直接、西海岸の防御を担当していたことが分かる。彼らの経歴に従う時、この機構の名称は「（志願軍）朝鮮西海岸防御指揮部（所）」だった。また、同様に「朝鮮東海岸防御指揮部（所）」も存在した57)。中国軍と北朝鮮軍との大きな差異だった。

毛沢東は11月9日、電報で「12月初めまで攻勢を繰り広げ、前線を平壌〜元山間の鉄道まで拡大するならば、一旦は成功」だと指示した。同日の電報で毛沢東は、充分な物資が補給されるよう寒さを勝ち抜く衣服、食料、弾薬の充分な提供

のために東北軍区主席の高崗に方法を講究して見よと指示したと述べつつ、直ちにソ連車両が大規模に供給されるという事実まで知らせてやった。毛沢東は、敵機の空襲により毎日39台、1ヵ月に平均9百台の車両損失があることになっても、1年に多くても1万余台だとしながら、その程度の損失はソ連政府の車両提供と故障した車両の修理、米軍車両の捕獲で充分に補充できると語っていた。この陳述は、毛沢東の極めて大きな規模の構想、そしてソ連軍の介入の程度を推量させる内容の指示だった。国連軍にとって日本がそうだったように、中国軍や北朝鮮軍にとっては、満州こそ朝鮮戦争の最も重要な後方補給基地であった。また満州は、これにより3回目の朝中共産主義者たちの共同闘争の場所となったのである。第1回は抗日戦争、第2回が国共内戦と中国革命、そして今回の抗米援朝戦争が第3回目の共同闘争だった。満州は、金日成と北朝鮮共産主義者たちに救援のための一種の聖所であると同時に、朝中連帯の象徴だったのである[58]。

　11月13日の大楡洞鉱山の渓谷に位置した志願軍司令部作戦状況室、それは電柱を切って大まかに叩いて作った平屋だった。この日、中国人民志願軍党委員会の成立後、初回の党委員会が開かれた。志願軍の幹部が全員集合したのだった。第1次戦役の勝利に皆は笑いを禁じ得ず、喜色が満面に表れたまま集まっていた。しかし、最高司令官の彭徳懐だけは、固い顔をして入って来て、第1次戦役で任務を果たし切れなかった第38軍団長の梁興初を激しく責めつけた。常勝将軍と呼ばれていた梁興初は、一言の反論もできないまま最高司令官の激しい叱責を受け入れていた[59]。これは、彭徳懐式の部隊掌握方法だったのかも知れない。よく働いた残りの将軍たちを賞賛するよりは、失敗したたった一人の将軍を甚だしく叱りつけて軍紀を掌握し、将来どれほどになるか分からない最強の米軍との長期戦に備えた序盤の軍隊統率の一方法だったかも知れない。戦場における一度の失敗は、すなわち敗退と死を意味するからだった。彼は、去る数十年間の戦争を通じて誰よりもこの事実を痛切に感じて悟っていたであろう。彼は、そうでなくては米軍を相手にすることはできないと思ったのかも知れない。

　会議で彭徳懐は、マッカーサーが初戦で恥をかいて、秋の感謝祭までに朝鮮を占領するのが不可能になるや、今度は「クリスマスまでに全朝鮮を占領する」と大口を叩いているが、これは「とんでもないこと」だと自信ありげに声を高めた。続けて彼は「驕慢な軍隊は、必ず敗れるもの」だと言いながら「私は、この席で貴官たちに明白に約束する。決して米軍は、全朝鮮を占領できない。天下のマッカーサーも、両手をさっと挙げるようになるだろう」と強調した。彭徳懐のマッカーサーに対する敵意と決意、自信感を読み取らせてくれる。最高司令官ふたりの間における意志と意志の火花が散る対決も、読み取れるのである。

彭徳懐は会議の途中、マッカーサーが自分たちの誘引作戦どおり押し寄せて来ない場合にはどうするかという部下の質問を受けるや、「心配するな」と言いつつ「彼らは、必ず来るだろう。マッカーサーの考えでは、食事のスプーンをちょうど口に入れようとするところなのに、止めるわけがない」と簡単に返答した。彭徳懐のこの言葉は、押し寄せるのが好きなマッカーサーの心中を自分は既にのぞき見ているかのような発言だった。しかし、彼は「万一にもマッカーサーが押し寄せて来なければ、我々が討って出る」と言葉を付け加えて、「今年の内に戦場を平壌～元山まで押し下げて行かねばならない」と強調した。そう言いながらも彼は、繰り返して後へ退いて餌を投げれば、必ず大魚が釣れるだろうと確信していた。

　11月13日の会議では、全面戦に備えて朝鮮人民軍と合同で遊撃戦を展開する問題についても決定があった[60]。第2戦線の構築問題だった。志願軍第42軍第125師団の2個歩兵大隊と朝鮮人民軍1個連隊を合わせて遊撃隊を構成し、国連軍側の後方である孟山（メンサン）、楊川（ヤンチョン）、成川（ソンチョン）地域に浸透させ、その地域に散らばっている朝鮮人民軍と一緒に敵の後方撹乱作戦を繰り広げるようにしたのであった。また、国連軍側の後方に残っている朝鮮人民軍第2、第5軍団隷下の11個師団、3個旅団は、鉄原（チョルウォン）平野地帯の周囲で遊撃活動を繰り広げるよう措置した。実際に第2戦線の諸部隊は、国連軍に甚大な打撃を与えながら、後方部隊としての役割をよく遂行した。我々が今まで知っていた北朝鮮軍の二重戦線構築戦術は、実は中国軍首脳部の頭の中から出たものだったのである。このような二重戦線の構築は、スターリン、毛沢東、そして金日成の作戦構想に照らして見ても、人民戦争戦術を駆使する毛沢東の作戦に最も近いと言えた。人民軍の役割が補助部隊に転落する瞬間だった。中国軍の参戦以後の戦争は、南北朝鮮間の統一をめぐる戦争だったにもかかわらず、その対決の様相と力の比重に照らして、本質的に米中戦争だったという和田春樹の規定は正確である[61]。

　後方における北朝鮮軍の戦闘までも、実は中国軍最高司令部の作戦に従って動かざるを得なかった。しかし今日、北朝鮮の全公式記述は、第2戦線構築戦術がひとえに金日成の天才的な作戦だったかのように叙述している。北朝鮮の公式記録に従えば、11月17日の敵後部隊司令官の崔賢（チェヒョン）が到着した時、金日成は敵後で第2戦線を形成し、正規戦と遊撃戦を配合して闘争することを指示した。彼は特に、主力部隊が反撃に移る時、第2戦線の部隊は積極的な敵後闘争を繰り広げ、敵の後頭部に打撃を加えねばならないと指示した[62]。これは、金日成が南朝鮮地域における経験が骨身に浸みて痛切に迫って来たからだった。この時は、この部隊が第2戦線で実際に後方闘争を展開している時点であった。毛沢東は、参戦以前10月10日の時点で、既に金日成と彭徳懐に送る電文で、後退せずに南朝鮮地域で第

２戦線を強化することを次のように勧告したことがあった。
「現在、敵軍の大部分は北進して、後方は空いた状態だ。北へ撤収できる人民軍は全て南朝鮮に留まりながら敵後方を攻撃することが、戦略的に必要なだけでなく有利だと思う。万一、人民軍４〜５万名が南朝鮮に留まりながらこの仕事を担当するならば、北部の戦闘にこれから大きな助けとなるだろう。」[63]

当時、部隊を導いて高山鎮に到着し、金日成と会って直接に作戦指示を受けた第２戦線責任者の崔賢の回想によれば、金日成は抗日武装闘争の経験を活かして、遊撃戦を上手くやらねばならないと強調した[64]。第２戦線の構築問題について、最終的な決定に金日成が関与した可能性はあるが、この作戦が金日成のものである可能性は低かった。第１には当時の北朝鮮で実際に運用可能な兵力が余りにも少なかった点、第２に中国軍と北朝鮮軍の指導部の作戦決定における実際の影響力、第３にこの作戦が毛沢東の伝統的な軍事指導方式に近似するという点だった。

第２次戦役を控えた時点で当時の国連軍と中国軍の兵力は、大略22万 vs. 38万で中国軍が圧倒していた。東部戦線が９万 vs. 15万、西部戦線は13万 vs. 23万で、両戦線の全部で中国軍が1.7倍程度の優勢を見せていた[65]。しかし、マッカーサーの極東軍総司令部は、敵軍の総兵力は北朝鮮軍が約８万３千名、中共軍が４万〜７万935名と信じていた。甚だしく間違えて把握している数字だった。当時の中国軍は、最小限30万名に達していた[66]。

11月25日に第２次戦役を始めるに先立ち、中国軍は一貫して後退作戦だけを駆使した。しかし中国軍は、むしろ余り容易に退くのを国連軍が疑うかと見て、非常に用心深く、それゆえ故意的な後退でない点を見せてやるために細心の配慮をした。中国軍は、第１次戦役で占領していた高地さえ明け渡しながら、注意深く後退していた。第１次戦役後、戦略的な後退だけを繰り返していた彼らは、長い袋の形態の編隊をなしたままで、この袋の中に敵軍が入って来ることのみを待っていた。11月16日に彭徳懐は、各部隊に指示を下し、敵が予定された戦場に前進するよう誘引するために引き続き北方へ撤収して、進撃する敵への反撃を一切中止することを命令した[67]。進撃すればするほど、敵軍は自らこの袋の中へ入って来る計算だった。同日に中国の中央軍事委員会は、彭徳懐に第２次攻撃に先立つ最終指示を下した[68]。

しかし、マッカーサーはこれと近い時刻、正反対の報告を上げていた。11月18日に彼はワシントンに、11月24日に攻勢を始める計画であることを知らせ、それまでの10日間の空爆で国連軍が戦場を敵の追加的な増員から孤立させるのに大きく成功し、敵の補給も大きく減少したと報告した[69]。もちろん、この北方に向か

う新たな攻撃計画は、米統合参謀本部のどんな反対にも逢着しなかった。アチソン（Dean Acheson）は「大変に憂慮した（deeply apprehensive）けれども」、彼自身がその攻撃を取り消したり延期させようとしたりはしなかった[70]。

　自ら敵軍の袋の中へ更に深く入って行くとも知らず、国連軍は最終攻勢に先立ち継続して前進した。前進は即ち、包囲網の中への陥入を意味した。つまり、後退を通じて既に集結を完了した後、口を大きく開けたまま闇の中に身をすくめている猛獣のように、反撃の機会のみをうかがっていた敵が打って置いた袋の中へ徐々にもっと奥深く吸い込まれて行ったのである。そのような事実を知らない彼らとしては、前進すればするほど袋の中から脱出して来ることは難しくなり、反面で中国軍の攻撃は容易になるはずだった。彼らは、袋の口を閉めさえすれば良かったからだ。

　11月23日は米国の秋の感謝祭として、兵士たちは遙か遠い異国の地で七面鳥を食べながら、すぐに始まることになる攻撃を待っていた。ついに24日、国連軍の最終攻勢が開始された。攻撃を開始しながら、国連軍司令部は特別コミュニケを発表した。

「北朝鮮地域で行動中の新しい共産軍に対する国連軍の大規模包囲殲滅作戦は、今こそ決定的な段階へ入って行こうとしている。……もしも本作戦が成功すれば、戦闘が事実上は終息し、朝鮮の平和と統一は回復して、国連軍の迅速な撤退が可能になり、また朝鮮の人民ならびに国家が完全にその主権を回復して、国際的に他の諸国と平等な地位を獲得することが可能になるだろう。我々は、このような目的のために戦っている。」[71]

　マッカーサーは同日、米軍の極東空軍司令官ストラトメイヤー、極東軍司令部作戦部長ライト准将、情報部長ウィロビー少将、民政局長ホイットニー准将など高位参謀たちを同行して、平安北道の新安州（ピョンアンブクド シナンジュ）飛行場に到着した。総攻勢に先立つ戦意を直接、見せてやるためだった。マッカーサーは、声明を通じて中国軍に対する国連軍の大規模包囲殲滅作戦を発表しながら、今やその決定的な段階に到達したと言明した。彼は、この作戦が成功すれば戦闘は事実上おわり、国連軍の迅速な撤収も可能になるだろうと自信満々に述べた。

　丁一権によれば、現地前線の参謀会議では「雲山地域の敵情が予想より強い」というミルバーン軍団長のマッカーサーに対する意見提示があったものの「私は、私の軍歴において米陸軍に勝利の記録のみを捧げてきた。私の部下たちもそうだった」というマッカーサーの言葉に簡単に制圧されてしまった。丁一権は直接、当時の参謀会議に参席した。マッカーサーは、クリスマスまでに我が将兵たちを家へ帰らせる約束を守りたいと言いつつ、だから今度の総攻勢を早く終わら

せようと急き立てた。彼の言葉が風のように米軍の間に広がって行き、米軍人たちは「クリスマスは家族と一緒に」と歓呼した。現地の従軍記者たちにより、この話は米国と韓国、そして全世界へ広がって行った[72]。そうして、マッカーサーが直接くだした命令に従い、敵軍に全面的な攻撃を開始した。国連軍は即時、定州(チョンジュ)、泰川(テチョン)、徳川地域へ押し寄せて来た。

　しかし中国軍は、即刻には対応しなかった。作戦上の後退を継続していた中国軍は、ついに11月25日に待っていた第2次戦役を開始した。総攻勢だった。中国軍は、偽装のため夜にのみ移動をしたものの、第2次戦役の時点からは速度を出すため昼にも移動した。行軍中の空襲を避けるため、身体に掛けていた偽装も脱いでしまった。なぜならば、米軍と韓国軍が偽装をしなかったので、中国軍だけ偽装をするのは、かえって空襲の標的になり得るからだった。米軍の優れた盗聴技術を勘案、盗聴を防止するため一部の中国軍部隊（第113師団）は、無線機を使用しない作戦も立てた。行軍時間を惜しんで一刻も早く目的地に到着するため、別途に食事時間を持たないで行軍途中に穀物の炒り粉を食べた。その結果、第113師団は14時間の間に何と72kmを行軍する記録を立てもした。

　第2次戦役の戦況も、やはり第1次戦役と同様だった。韓国軍と米軍は、巨大な力を使って見ることもできず、押されていた。全く最強の米軍らしくなかった。彭徳懐は、敵に対する即刻の包囲殲滅と逃走遮断を命令した。毛沢東も、やはり28日に「今が敵を殲滅する絶好の時期」だとしながら、米軍の主力部隊の殲滅を指示した[73]。本格的に組み合った両陣営の対決を反映して、戦闘は激烈で極めて大きな轟音を出した。しかし、故意に押されていた中国軍がひとたび力を出すや、たった2～3日で戦勢は明白に優劣が出てしまった。マッカーサーは11月28日、米統合参謀本部に次のように報告した。

　「我々の攻勢から招来された事態の進展により、状況が明らかになった。朝鮮戦争を名目上の外国人部隊と北朝鮮軍で構成された敵軍に極限させようとする全ての希望は、いま完全に放棄されることになった。中共軍は、大規模に北朝鮮地域に投入され、現在は増強中にある。……我々は、完全に新しい戦争（an entirely new war）に直面している。（中国の究極的な目的は）**朝鮮において全国連軍の完全な撃滅にある。**」（強調は引用者）

　結局、彼は「中共軍の参戦が招来する状況は、現地司令官の範囲を超える世界的な考慮をせねばならない新しい局面」だとしながら、自分の報告を「攻勢から守勢に転換すること」だと結論付けざるを得なかった[74]。

　11月30日に米統合参謀本部は、国連軍の安全上で必要ならば、朝鮮半島の北半部地域を放棄もできると指示することにより[75]、去る数ヵ月間に堅持していた

「北朝鮮崩壊〜朝鮮統一」という戦争目的を放棄する外なかった[76]。米軍は、苦痛に満ちた呻吟と共に後退し始めた。最初の戦闘で敗北した米軍が、中国軍の参戦に対する何の備えもなく、ただ進撃だけをした結果だった。中国軍が参戦して1ヵ月が経ったにもかかわらず、米軍は中国軍全体の規模はもちろん作戦、位置、指揮官について、ほとんど何も知らないでいた。彼らは、2回にわたり連続的な失敗をしているのだった。彭徳懐は、退路を遮断して敵軍を殲滅せよと指示した。米軍は、夥しい火力を動員して猛攻を加えたが、地上軍は力不足だった。前線は、総体的にもつれ始めた。西部戦線で中国軍が押し出して来ている時、東部戦線では国連軍が引き続き敵陣の中へ進撃していた。東部戦線で中国軍の攻撃が若干おそくなったことにも、原因があった。

　西部戦線において全戦線から後退し始めたのに続いて12月1日、ついに東部戦線からも国連軍は大規模な後退を始めた。ほぼ同程度の好敵手同士で最初の力の競い合いが終わり、一方へ傾いた力は再び回復されなかった。長津湖の戦闘では双方が夥しい被害を記録する中、完全包囲された国連軍は、必死に包囲網を突破して興南(フンナム)へ退却せざるを得なかった。長津湖の戦闘で米第1海兵師団は戦死463名、後送後死亡98名、失踪182名、負傷2,872名の戦闘損失と3,659名の非戦闘損失(凍傷患者)を記録し、四方に散り散りバラバラになってしまった。必死の脱出を試図する間、同師団の第5連隊は一晩に兵力が437名から194名に激減し、米第7師団の1個連隊は一日の間に兵力の75%を喪失した[77]。一言で表すと、地獄からの脱出だった。

　12月3日ついに国連軍は、総退却を開始した。ひとたび後退を始めるや、朝鮮半島の北方地域の急傾斜ほど戦勢は急激に一方へ傾いていった。前線は摂氏零下数十度を下回る酷寒で、強い北風に乗って降りしきる雪は、激しく飛び回っていた。寒さと吹き荒ぶ雪で、兵士たちは前をほとんど見られなかった。肉をえぐる寒さの中に展開された長津湖と赴戦湖(プチョンホ)の戦闘では、近代戦争で現れ得る全ての惨状がことごとく演出された。タンクの破片と人間の肉体が一緒に付いたまま直ちに凍りつき、機械と肉片が多くの場所で一緒に散らばっていた。死と同時に死体は凍りついた。恐らく「死にながら凍りつく」という表現がもっと正確であろう。生命を推し動かした熱い心臓は、止まると同時に冷たく、こちこちに硬くなってしまったまま、あちこちで数多く積まれていった。終わりなく広がった朝鮮半島の北半分の高原を覆いながら。

3．再び岐路で：スターリン、毛沢東、彭徳懐、金日成の葛藤と異見
　　——38度線、再突破か停止か？

　勝機をつかんだ毛沢東は、荒々しく押し寄せた。党内の権力闘争でも革命と戦争でも、彼は長く思索するものの、ひとたび機会をつかめば、餌食に向かい執拗で猛烈に押し寄せる習性を持っていた。11月30日に毛沢東は「冬の間、休息する」というスローガンを出せないようにせよという指示を彭徳懐はじめ志願軍司令部に下し送った[78]。この電報指示を受けた人が彭徳懐、鄧華、朴一禹、洪学智、高崗（中国人民解放軍東北軍区司令官兼政治委員）、賀晋年（中国人民解放軍東北軍区副司令官）、宋時輪、陶勇（中国人民志願軍第9兵団副司令官）など現地高位指導者たちのほぼ全部だったことから見て、前線と東北地方ではそのような噂が広範に広がっていたものと推論される[79]。一旦は2回の戦役で勝利した彼らとしては、無理な期待に根拠を持った噂ではなかったであろう。

　12月3日に国連軍が総退却を開始するや、毛沢東は翌日「志願軍が先に平壌を討つ準備をするようにするものの、もし平壌の敵が既に後退していたら、すぐ38度線に向かって攻撃に入って行くこと」を指示した[80]。彼の作戦構想には、もう38度線を回復する問題が入り始めていたのである。今だ比較確認が更に必要な内容だが、ある本によれば、同日に金日成は中国に毛沢東を訪問し、会談を持った。金日成は、秘密裏に中国へ毛沢東を訪問し、中国人民志願軍の参戦に対する感謝を表示して、朝中連合司令部を設置する問題について合意して帰って来た[81]。翌日に中国と北朝鮮は、中国人民志願軍と朝鮮人民軍の連合司令部をつくった[82]。

　彭徳懐は12月3日、毛沢東に3個師団が3つの道に分かれて平壌を威嚇するのはもちろん、「もしも敵が平壌〜元山線を自ら放棄すれば、我が軍はすぐ38度線へ進撃し、機会を見てソウルを占領する」という計画を提示した[83]。毛沢東は、この作戦に同意した。戦況は、毛沢東と彭徳懐が正に数週間前に構想していたよりも遙かに速く進行していた。毛沢東による平壌攻撃の指示があった同じ12月4日に中国共産党中央委員会は、この戦争についての次のような毛沢東の見解を彭徳懐に伝達した。まず、毛沢東は長期戦への準備を強調した。「戦争は、おそらく迅速に解決されるかも知れず、また延長されるかも知れないから、我々は少なくとも1年間の戦争準備をせねばならない。」

　また彼は、停戦要求に対する備えも講究していた。毛沢東は「敵軍は、おそらく停戦を要求するだろう」と言いつつ、しかしその時に「アメリカ帝国主義は、朝鮮から撤収することを必ず認めねばならないが、まずは38度線以南まで撤収して初めて、我々が停戦会談に応じられる」として「最も良いのは、我々が平壌を

手に入れるだけでなくソウルも奪還することであり、重要なのは敵を殲滅すること」だと話した。続けて彼は「まず、全ての南朝鮮軍を殲滅して初めて、アメリカ帝国主義の撤収を促進させるのにより大きな力となる」と参戦初期からの既存の見解を反復した。休戦協定問題と関連しても彼は、米帝は信じられないと言いつつ、最悪の状況を基準に検討せねばならないと添言した[84]。

毛沢東の指示直後の12月6日、中国軍はついに平壌を奪還した。国連軍としては、約1ヵ月半ぶりの平壌喪失だった。12月9日に金日成は、12月6日の平壌奪還にあたり得意の心情で「平壌市解放に際して」という声明文を発表した。声明文で彼は、我々の後退が偉大な祖国解放戦争を勝利へ引導するための戦略上の一時的な後退だったと言いながら、再び特有の過剰な自信感を表した。「人民の力は無盡蔵です。この無盡蔵な力は、百戦百勝の力です。」[85] しかし、彼は平壌を決して朝鮮民主主義人民共和国の首都だと表現しなかった。彼はただ「5千年の歴史の由緒深い我が祖国の古都であり、新しい人民朝鮮の強力な民主基地である平壌市」と紹介していた。彼らの憲法によれば、当時の北朝鮮の首都はソウルだった。「朝鮮民主主義人民共和国の首府はソウル市である。」[86]

しかし、全く想像もつかなかったことが発生した。12月8日に彭徳懐が、毛沢東の最近の指示および自分の数日前の見解とは大きく異なる意見を提示したのである。彼は、38度線の突破に反対していた。

「もしも上に叙述した地域（中和、祥原、隧安地域）で敵を殲滅したり、あるいは打撃を被らせたりするのに成功すれば、我が軍はすぐに38度線を越えて、機会を見てソウルを奪い、そうできなければ、38度線を越えない予定だ。我が軍が遠く南方へ前進して敵軍を大邱、大田の一帯まで撤収させるのは、以後の作戦に困難を増加させるだけだ。したがって、**38度線以北の数十里の地域で進撃を中止し、敵軍をして38度線を占領するよう誘引して、来年の新しい作戦時、敵の主力部隊を殲滅し易くする。**」（強調は引用者）

彭徳懐は、毛沢東の指示とは完全に異なり、38度線以北における進撃の中止を建議しているのだった[87]。

38度線突破の問題は、過ぎし秋の米国と韓国、そして国連における激論に相応するほど難しい問題であった。この問題は、毛沢東と彭徳懐を短い間でもトルーマンとマッカーサー以上に激烈に対立させて、葛藤状態に追い込んだ。もちろん、この葛藤は中国軍の伝統的な「軍事の政治への従属」という命題に従って解消されはした。しかし、そのような葛藤が存在した事実だけでも、朝鮮戦争の展開において占める意味は特別であり、社会主義国家ではほとんど想像し難いことだと言えた。しかし、11日の電文で毛沢東は、この問題については何の言及もしな

かった。反面、毛沢東は詳細に米軍の撤収準備および退却開始の事実に言及することにより、追撃の意志を強力に表した[88]。

彭徳懐の反対にもかかわらず、毛沢東の38度線突破の意志が頑強だという事実がすぐに表れた。彼は「12月8日の電報を確かに受け取った」と言いつつ、12月13日に次の強力な指示を下した。
「（1）現在、米英各国は我が軍が38度線以北で停止することを要求しながら、同時にこれを利用して軍隊を再整備し、再び戦争を継続しようとしている。それだから我が軍は、必ず38度線を越えねばならない。もしも38度線以北で我が軍が停止するならば、次第に我が国の政治に極めて大きな不利益を負わせることになろう。

（2）今回の南進では開城（ケソン）の南北地区、すなわちソウルから遠く離れていない地域で敵軍の相当部分を再び殲滅せねばならない。そうした後に状況に従い、もしも敵軍がソウルを頑強に固守すれば、我が軍の主力は開城の一線とその以北地区へ後退して休息、整備しながらソウルを攻撃する条件を準備し、数個師団を漢江（ハンガン）中流の北岸に接近させて活動させ、漢江を越えて傀儡軍を殲滅する人民軍を支援せよ。もしも敵軍がソウルを放棄すれば、西部戦線の6個軍は平壌とソウルの間で休息と整備の時間を持つようにする。」[89]

彭徳懐の反対にもかかわらず、38度線の南進に対する毛沢東の意志は確固たるものだった。現地の中国軍司令部は、毛沢東の指示を受けた後、深刻な論議を重ねた。特に彭徳懐は、いま自分たちが攻撃を続けることは合理的なのかについて深く悩んでいた。彭徳懐は、軍事的な見地から見る時、今すぐ攻撃を再開するのは無理だと判断していた。自分たちは、北朝鮮地域に入って来てから1ヵ月余りにもなり、既に連続して二度も大きな戦役を行いながら38度線に到達していた。戦争の速度がこんなに速く進行されるとは、全く予想できなかった。彭徳懐が判断するに、西部戦線の6個軍はへとへとに疲れ果てて、休息と兵力の補給が切実に必要だった。再充電の時間が必要だというのであった。さらに国連軍は、たとえ後退しはしたが、兵力と武器をそのまま保存した状態だった。北朝鮮軍が一刀の下に敗退する時とは、全く違った状況だったのである。

彭徳懐は、国連軍が38度線以北とは異なり、38度線以南の地域では頑強な防御線を構築するのに有利なので、すぐ後に続いて追撃戦を展開することについて望ましくないという立場だった。現地の軍事状況と最高指導部の政治的な立場との間に衝突が発生したのだった。しかし、結論は予定されていた。軍事的な見地から見る時、攻撃は無理だったけれども、毛沢東の決定だったから従わねばならなかった。彭徳懐は、中国軍の古典的な軍事思想のとおり「軍事は、政治に従属せ

ねばならない」と見なしていた。「軍事の政治への従属」という思想は実際、中国では実に根深い淵源を持つ思想だった。

　彭徳懐は、軍事的な困難と兵士たちの苦労を理解しながらも、結局は作戦準備に着手し、第３次戦役に突入せねばならないと結論を下した。12月15日に彭徳懐は朴一禹、韓先楚、解沛然参謀長を集合させた会議で論議を重ねた末、正式に決定を下した。冬の間の再整備時間を持とうとした既存の計画を撤回して、人員不足、補給の困難などの障害にもかかわらず第３次戦役を始め、38度線を越えねばならないと指示した。しかし、この内容は決して快く同意されるものではなかった。何か不満であり、多くの留保がある内容だった。指示で彭徳懐は、今回の戦役の目的が韓国軍を先に制圧し、米軍を牽制するところにあることを明白にした。

「今の状況で戦闘を再開するのは、現実的に難しいことだ。しかし、今の政治的な状況が我々にもう一度、戦闘をせよと要求している。毛沢東主席も、我々に攻撃を再開せよという命令を下した。政治の現実が軍事上の要求に先立つのだから、攻撃の可否を今の段階であれこれ言うことはできない。今や38度線を攻撃することだけが残った。ただし、現実的な困難を勘案し、慎重に仕事を企てねばならない。……余りに遠く、余りに奥深く攻め込んでは絶対ならん。そうでなければ甚だしい困難を被ることになり、我々に不利だ。結論的に言うと、38度線を突破した後、状況を見て適当な線で止まろうかと思う。」[90]

　毛沢東の指示があったにもかかわらず、彭徳懐は気の向かない同意をした見解を深く抑え込んでいた。公刊史によれば、その日に彭徳懐は、毛沢東の指示に依拠して、各部隊に38度線以南へ進撃する準備計画を下達した[91]。しかしながら最後に彭徳懐は、そのままでは退かなかった。彭徳懐は、19日に「慎重に攻撃をせねばならない」と再び異議を提起した。毛沢東に対する連続的な異議の提起だった。彭徳懐によれば、二度にわたる作戦の連続的な成功により、中国と朝鮮の関係者たちの間には迅速に最後の勝利を争い取ろうとする性急な雰囲気が澎湃としていた。駐北朝鮮ソ連大使は、米軍が素早く逃走すればするほど、志願軍は更に迅速に進撃せねばならないと主張した。朝鮮労働党中央委員会の多数も、やはりそのように主張していた。

　しかし、彭徳懐は「朝鮮戦争は、相当に長期的で難しい戦争になり得る」と言い、慎重でなければならない諸理由を詳細に提示した。「敵軍は攻撃から防御に転換し、戦線が縮小されて短くなり、兵力は集中されていて、防御の正面が狭小で自然と縦深が強化され、合同作戦に有利となった。……政治的に見る時、敵軍がこの時点で朝鮮を放棄することになれば、帝国主義には非常に不利となるはずだ

から……敵は１、２回の敗退を経験しても……おそらくいくつかの橋頭堡の陣地（釜山、仁川、群山）まで退きながら防御するはずで、決して朝鮮から撤収はしないだろう。それだから我が軍は、慎重に攻撃せねばならない。」

そう言いつつ彭徳懐は、まず韓国軍を攻撃するものの、状況が順調でなければ適当な時期に兵力を収拾しながら「38度線を統制する如何は、必ずその時の具体的な状況を見て、改めて決定する」と報告した[92]。

毛沢東は12月21日、細部的な軍事作戦については彭徳懐の見解に同意したけれども、38度線問題についての自分の認識は確固不動だという点を明白にした。毛沢東は「米国と英国は、依然として人々の頭の中に残っている38度線についての古い印象を利用し、政治宣伝を継続しながら我々を政治会談へ引き入れようとする」と言いつつ「我が軍は、いま38度線を越えて再び攻撃した後、休息および再整備に入らねばならず、これは必要なこと」だと切り捨てた[93]。毛沢東は、米軍と英軍を攻撃するのは不利であり、全的に韓国軍を目標に攻撃せねばならない点を強調した。韓国軍の全部または大部分を一旦、無力化させれば米軍は孤立状態に陥り、やむを得ず朝鮮に長期間は留まれなくなると述べ、米軍の数個師団をもう少し攻略できれば、朝鮮問題がもっと容易に解決できると見ていた。しかし、毛沢東は手綱を引くだけではなく、緩める術も知る人だった。電文の末尾で彼は、全体的に見る時に主導権が我々にあるので、過度に無理をする必要はないと言うのだった。

彭徳懐はそれ以上、異見を提示しなかった。これにより、短くも激しかった二人の間の論争は終息した。しかし我々は、中国軍参戦当時の国家首脳部内の大論争と類似して、38度線の突破攻撃に先立つ最終的な瞬間にも国家首脳部と戦線の軍指導部の間に根本的な見解の差異が存在したことが分かる。この見解の差異は、国家首脳部が強硬で軍部は穏健な、米軍の場合とは逆転した姿を見せてくれていた。最終攻撃が差し迫る中、毛沢東は12月24日、人民軍の第2軍団と第5軍団を利用して第2戦線を形成、敵後闘争を展開しようとした作戦を突然に撤回した[94]。敵兵力が分散すれば、むしろ自分たちの作戦に困難が招来されて、敵を殲滅するのが難しくなるだろうという理由からだった。したがって最終的に、朝中両国の軍隊が合同して集中攻撃を実施しようという戦略が採択された。毛沢東の電文は、兵力の配置と運用についてまで指示を下すほど具体的で詳細だったのである。攻撃に先立って中国軍は、不足した食料問題を解決するために北朝鮮各地の一帯で糧食3万tを借り、部隊作戦のための需要に充当した。

異見が解消されて切迫する第3次戦役を控えた12月22日、中国外交部長の周恩来は声明を発表し、12月14日に採択された国連の休戦提議を「米国侵略軍が仁川

港口に上陸し、38度線を越えて鴨緑江まで肉薄して上がって行った時ならば、彼らは絶対に即時休戦することに賛成せず、休戦会談を挙行することも願わなかったはず」、「米国侵略軍が失敗した今日になって初めて、彼らはやっと即刻休戦することに賛成し、休戦後に会談を挙行しようと言うの」だと述べ、一言の下に拒絶した。周恩来は「非常に明白にも、きのう平和に反対したのは、米国が引き続き侵略を拡大しようということだったし、きょう休戦に賛成したのも、やはり米国が暫く休む間を取った後、また戦争を準備するためのもの」だと非難した。彼は更に進んで、アメリカ帝国主義が朝鮮人民、アジア人民、米国人民の利益には関心がなく、どのように軍隊を残して置いて侵略行動を開始するのか、中国領土の台湾を侵略して占領できるかにのみ関心があると非難した[95]。12月14日に国連は、いわゆる「朝鮮休戦三人委員会」を設置し、中国軍の進撃を阻止して、休戦を模索しようと試みた[96]。

　既に12月初め、中国軍の攻勢により米軍が全面的に後退せざるを得ない状況に直面するや、国連では休戦問題が論議され始めた。12月7日から始まる1週間のうちに、インド大使パニッカー（Sadar K. M. Panikar）は中国外交部副部長の章漢夫と会い、「インドをはじめとした13ヵ国が数日中に国連安全保障理事会に38度線で休戦した後に協商しよう」という建議書を提出する計画だと述べた。パニッカーは、続けて「中国がもし38度線を越えないと保障するならば、これらの国家から歓迎と支持を得ることになるだろう」と付け加えた。前年9月と同様、38度線の越境問題が再び提起されたのだった。12月4日にグロムイコ（A. A. Gromyko）は、中国軍の38度線越境が望ましいかどうかを尋ねた駐ソ中国大使の王稼祥の問いに同意を示した。7日にスターリンも、やはり休戦条件に関する中国の立場に全的に同意し、このような諸条件が充足されない限り、軍事活動は中止され得ないと勧告した[97]。

　この言葉は、38度線の越境問題をモスクワ〜北京〜平壌が一緒に協議しただけでなく、38度線を越えて軍事作戦を継続することについてのソ連の意志は確固としていたことを意味する。12月11日に周恩来総理は「米国が先に38度線を越えた、したがって38度線をマッカーサーが破壊したので、もうこれ以上は存在しない」と反駁した[98]。38度線を越えないという意思を先に表示できないというのだった。我々は、1950年9月に国連軍が38度線を越えるか否かを論争する時の状況および論理と余りにも類似するのに驚かされることになる。当時の38度線越境を正当化した米軍の論理もまた、金日成がこの線を先に越えて、もうこれ以上は存在しないという主張だった。

　しかし、休戦を模索すること自体が、余りに時期尚早の発想であった。そのよ

うな結論へ進んで行くには、全ての面で余りに早い時点だった。それは、何より も力がほぼ同程度であるという事実が確認される時までは、そして双方が自分の 力で敵を完全に制圧して統一できないという事実が確認される時までは、不可能 な可能性だった。中国軍と米軍の力比べは未だ終わらず、それが中国に休戦を受 け入れさせなかった最も重要な要素であった。したがって、攻撃は継続される外 なかった。過ぎし第1次、第2次の戦役で確認されたように、中国軍は制空権が なかったので、夜間に戦闘をするしかなかった。月が昇っていれば、夜間戦闘に は最適の条件だった。

　彼らは、中国古代戦史によく出て来る自然条件の問題まで細心に考慮し、戦役 全体の期間まで考慮した中で陰暦日数を計算して、攻撃開始日を決定した。この 点で中国軍に対する米軍の敗退は、機械と文明は人間と自然に勝てるものの、い つも勝つのではないという平凡な真理の確認だったかも知れない。中国軍は、十 五夜の月が出る直前であると同時に1年の最後の日なので、韓国軍と国連軍の兵 士たちの警戒心が崩れた師走大晦日の陽暦12月31日に定めて、奇襲の効果を最大 限度に高めようとした。第3次戦役は、鄧華が負傷により治療のため帰国して参 戦できず、右翼と左翼をそれぞれ韓先楚と呉瑞林が引き受けて指揮した。

　前の戦役と同様、今回の戦役でも彭徳懐は、最前方に進んで戦闘を指揮しよう とした。しかし、部下たちの反対により彼は結局、司令部に留まった。彭徳懐は 既に、前線の移動に伴って司令部と前方の間の距離が余りに離れるや、志願軍司 令部を平壤の北方へ移動するよう決定したことがあった。こうして志願軍司令部 は、成川南西側の君子里（クンジャリ）に位置を占めた。金日成との連絡を円滑にするための目 的もあった。金日成は、平壤付近の西浦（ソポ）へ移った状態だった。彭徳懐は、個人的 に司令部を前線から更にもっと近い所へ移そうと試図した。しかし彼の提案は、 安全を憂慮した参謀たちの強力な反対で実現しなかった。既に米軍の空襲を通じ て司令部が爆撃を受け、また毛沢東の息子である毛岸英まで喪った状態だったの で、彭徳懐の固執は引き下がる外なかった。

　彭徳懐は、常に前線の最前方に出て戦おうとして部下たちを苦しめた。第2次 戦役の時にも彼は、最前線へ出て行くと言って、これを引き止める参謀たちと一 頻り口論を起こさねばならなかった。また、司令官のための防空壕の設置問題で も彭徳懐は、極めて強く反対する立場だった。彼は、後ろから「突撃、前へ！」 と叫ぶステロ・タイプの指揮官ではなく、先頭で「私について来い！」と叫ぶ戦 闘的な将帥の概念に近かった。

　12月29日に毛沢東は、攻撃に先立つ最終電文でもう一度、38度線突破の重要性 を強調した。「38度線に対して人々が持っていた古い印象をこの機会に完全に洗

い流してしまわねばならない。我が軍は、38度線以南や以北のどこで休息を取っても構わない。しかし、今回の戦役を起こさず、我が軍が冬の間ずっと休息を取るならば、資本主義国家に無用な自信感を植え付けてやる憂慮がある。民主陣営の各国でも、大部分は自然ではないと見なすはずで、議論が紛々とするだろう。」[99]

続けて毛沢東は、攻勢を取る場合は帝国主義諸国にも新しい打撃を被らせ、失敗感を抱かせるだろうと見た。電文に従う時、毛沢東は民主陣営に言及することにより、ソ連の反応と態度を相当に意識していたことが分かる。今や、38度線突破のための最終攻撃だけが残ったのだった。

この中国軍が留まりつつも忙しく活動している期間、ワシントンと東京は戦争拡大と休戦、攻勢と後退の岐路に置かれていた。マッカーサーは12月6日に米統合参謀本部に、もしも実際的な兵力増強が近い日時になされないならば、朝鮮半島にいる軍隊は可能な限り早く撤収せねばならないと警告した。戦争拡大か撤収かの選択を強要しているのだった。しかし、米統合参謀本部議長コリンス（Joseph L. Collins）は、近い将来に相当数の増員は期待できないだろうと答えた。マッカーサーに派遣する米陸軍の派遣能力は当時、実際に貧弱だった。それが、マッカーサーにとっては不幸であった。中共軍の攻撃に直面して、マッカーサー麾下の軍隊は、士兵と将校が共に30％程度は不足した状態にあった。マッカーサーは既に11月28日、このような状態が中国軍と相対するには手に余る水準だと明らかにした。12月に入って彼は、7万4千名の兵力補充が必要だと主張した[100]。しかし、彼の要求は受容され得なかった。

マッカーサーは、朝鮮における戦闘のため3万3千名の兵力を派遣するという蒋介石の1950年7月の提議を米統合参謀本部に想起させた。最初の蒋介石の提議は、マッカーサーと米統合参謀本部により黙殺されたことがあった。そのマッカーサーが、中共軍の参戦は全く異なる状況をもたらしたと考えて、11月28日に米統合参謀本部に台湾の国民党政府軍の使用についての承認を要請した。最初の拒絶は、朝鮮における台湾の国民党政府軍の使用は中共が朝鮮戦争に介入する口実を与えることになるという理由からだった。また、他の理由は、台湾の国民党政府軍が中共による台湾攻撃の脅威に対処する能力を保有するようにするためだった。しかし、実際に中共軍が参戦するや、マッカーサーの立場から見る時、今はどんな理由も妥当性を持ち難かった。彼は、台湾の国民党政府軍が中共軍の新たな攻撃に対抗して、早くから戦った経験のある訓練された兵力の唯一の源泉だと強調した。彼は、最初の提議だった3万3千名より遙かに多数の兵力が派遣され得るだろうと主張しながら、台湾軍の派遣についての承認を強力に提案し

た。ワシントンは、このようなマッカーサーの提案を受け入れなかった。彼らは、台湾の国民党政府軍の参戦が中共との全面戦を促進させるし、結局は米国が準備していなかった世界戦争を誘発させるだろうと考えた。ワシントンは、とりわけ蒋介石の軍隊を参戦させるのは朝鮮戦争に参戦している国連の諸国家にも受け入れられないだろうと見た。マッカーサーの巨大な戦争構想は、挫折したのだった。結局マッカーサーの増員要求は、彼が米本土の州防衛軍を日本に派遣するように要求したことを含めて、全て拒絶された[101]。

しかし、ワシントンの最大の苦悶は、朝鮮半島からの全面撤収か、そして中国軍の参戦がソ連の世界赤化野欲の最初の試験段階となるかどうかの可能性の如何だった。世界大戦が迫って来る場合、何ができて、またしなければならないのかが、至急に決定されねばならない問題だったからである。事実、中国軍の進撃に対する米国における朝野の反応は、衝撃と恐怖そのものだった。新生軍隊により世界最強の米軍が形無しに敗走したのは、驚くべき事実である外なかった。

12月初めに米軍の高位指揮官たちは、すぐ迫って来るかも知れない全面的な世界大戦に備え、軍事的な準備を整えられる措置を取れ、との命令を受けた。ペイス（Frank Pace）米陸軍長官は12月6日、中国軍の介入により米国人は現在、1週間前とは本質的に違う世界に住んでいると話した。将軍たちは、大統領が国家非常事態を宣言せねばならないと主張した[102]。たとえ強い否定を含んではいたが、トルーマンは11月30日の記者会見で開戦以来はじめて記者の質問に答える形で、公開的に原子爆弾の使用可能性に言及した。これに続いて、ついに12月15日にトルーマンは、米国全域に国家非常事態が到来したことを宣言した[103]。

同じ時期に東京では、中国軍の攻勢に伴う朝鮮半島からの米軍の撤収作戦について、真摯な考慮の下に検討がなされていた。マッカーサーの構想には、戦争拡大と撤兵の両極が一緒に存在していたのである。撤収の地点としては、より多くの人員と装備が安全に撤収できるよう、仁川よりは釜山が望ましいとされた。しかし、余りに釜山は遠かった。まずは目前の中国軍の甚だしい圧迫から脱け出して、その後に考えて見る話であった。マッカーサーは直接、撤収が差し迫った第8軍を興南近くの煙浦(ヨンポ)飛行場へ訪問し、状況を検討した。差し迫った勝利から退かねばならない、常勝の伝説を心に秘めたマッカーサーとしては、沈痛な作業である外なかった。余りにも旭日昇天する気勢で押し寄せる中国軍ゆえ、詳細で徹底した撤収計画と指針は何もなかった。38度線付近までの中国軍の急速前進により、完全に孤立した米第10軍団の撤収は余りにも火急な問題だった。咸興(ハムフン)〜元山〜東海岸を経て38度線に至る陸路は、遮断された。第2次世界大戦のダンケルク（Dunkirk）撤収作戦を連想させる興南撤収は、現代戦争の全ての撤収の中でも悲

劇の圧巻であった。

　結局12月14日から24日に至る10日間、空軍と海軍の降り注ぐ砲撃が進行する中、10万5千名の兵力と10万余名の韓国の民間人、1万7,500台の輸送車両、そして35万tに達する貨物が移動した[104]。物々しい規模として、歴代の戦史上も珍しい大撤収作戦だったのである。興南撤収作戦は、朝鮮戦争の全時期を通じて最も悲劇的な事態の1つだった。この撤収の光景は、文字どおり見るに忍びないほどの騒乱であった。船に這い上がろうと落ちて死んだ人たち、家族の中で一人は乗って他は乗れなかった人々、余りに夥しい人波に子どもと父母の手が離れて泣き叫ぶ人たちでごった返し、阿鼻叫喚の観を呈していた。朝鮮戦争史上で最大の撤収作戦だった興南の姿は、戦争がもたらす全ての混沌と惨状の縮図だった。チャップマン（W F. Chapman）が言うように、興南は「朝鮮戦争のダンケルク（*Dunkirk of the Korean War*）」で、興南撤収は「米軍史上、最大の海洋撤収（*the greatest American sea evacuation in history*）」であった[105]。

　撤収を準備しながらも中国軍が追撃作戦を展開しないと見るや、ワシントンは面食らわざるを得なかった。現在なにが進行中なのか、敵が何を準備しているのか、分からなかったのである。12月19日にウィロビーは、慌てたままワシントンに「中国軍の所在と彼らの部隊が、それほど長く接触しない理由を継続して検討中である」と報告した[106]。不安なのは、前線の兵士たちも同様だった。攻撃と中止、前進と停止を反復する中国軍の戦術は、ワシントンと東京を混乱に陥れていたのである。泣き面に蜂のように12月23日、議政府（ウィジョンブ）付近で第8軍司令官ウォーカーが交通事故で死亡した[107]。クリスマスになっても疑問に包まれたまま隠遁中の新たな敵、中国軍の攻勢は再開されなかった。12月26日、第8軍参謀長アレン（Leven G. Allen）は、米極東軍司令部の将校たちに電話報告で「我々は、また別の敵を迎えた。ほぼ毎日、新たな敵を迎えている。彼らは、陣地を構築している。しかし、彼らがいつ攻撃するかは分からない。これが我々の知っている全部だ。ただ死のような静寂だけだ」と語った[108]。

　結局、苦痛の中のマッカーサーはリッジウェイ（Matthew Ridgway）に、自分が望む最善のことは可能ならば韓国を固守して防御する戦術的な勝利だと話した[109]。彼は既に、戦争拡大を通じた勝利という自分の構想を放棄したのかも知れない。彼は、余りに大きなことを追求したのではなかったろうか？　金暎浩（キムヨンホ）の指摘のように、何よりもマッカーサーの問題点は、朝鮮戦争を通じて米国が共産勢力を壊滅させ、アジアでソ連との冷戦対決を終結させねばならないと信じていたところにあった[110]。それは、金日成が戦争を通じて韓国を壊滅させ、朝鮮半島で分断を終息させねばならないと信じていたのと同一だった。しかし、共産勢力と

民主勢力のどちらも、戦争を通じて消滅されず、消滅され得もしなかった。

注

1) 韓国軍と米軍の平壌入城については、次を参照せよ。Roy E. Appleman, *South to the Naktong, North to the Yalu* (Washington, D.C.: Office of the Chief of Military History, Dept. of the Army, 1961), pp. 646-653. 大韓民国国防部戦史編纂委員会『平壌奪還作戦』ソウル、1986年。白善燁『軍と私（韓国文）』ソウル、大陸研究所出版部、1989年、98-112頁。
2) 丁一権『6・25秘録：戦争と休戦（韓国文）』ソウル、東亜日報社、1986年、184頁。
3) 白善燁、前掲書、103頁。
4) 丁一権、前掲書、181頁。
5) 白善燁、前掲書、105頁。丁一権、同上書、184頁。
6) CIA, "Top Secret. Critical Situations in the Far East" ORE58-50, 12 Oct. 1950.
7) 丁一権、前掲書、185頁。
8) Appleman, *op. cit.*, pp. 654-658. James F. Schnabel, *Policy and Direction: The First Year* (Washington, D.C.: Office of the Chief of Military History, United States Army, 1972), pp. 215-218. 中央日報編『民族の証言（韓国文）』3巻、ソウル、中央日報社、1983年、110-116頁。
9) 丁一権との面談、ソウル、1990年2月15日。
10) この写真は、Appleman, *op. cit.*, p. 653. に掲載されている。
11) Schnabel, *op. cit.*, p.222.
12) 丁一権、前掲書、182頁。
13) 丁一権との面談、ソウル、1990年2月15日。
14) Appleman, *op. cit.*, pp. 669-670.
15) *Ibid.*, p. 670.
16) 洪学智『抗美援朝戦争回憶』北京、解放軍文芸出版社、1990年（洪寅杓訳『中国が見た韓国戦争（韓国文）』ソウル、高麗院、1992年、61頁。）
17) 「関于打好志願軍出国第一仗及彭徳懐等的電報」、『建国以来毛沢東文稿』北京、中央文献出版社、1988年、575-576頁。【以下『文稿』と略記】
18) 軍事科学院軍事歴史研究部編著『中国人民志願軍抗美援朝戦史』北京、軍事科学出版社、1988年（韓国戦略問題研究所訳『中共軍の韓国戦争史（韓国文）』ソウル、世経社、1991年、18-19頁。）
19) 「関于志願軍入朝作戦的方針和部署給周恩来的電報」、『文稿』560-561頁。
20) 同上。
21) 『中共軍の韓国戦争史』20頁。
22) 洪学智、前掲書、62頁。「関于十三兵団部改組為志願軍司令部的電報」、『文稿』577頁。
23) 洪学智、前掲書、62頁。

24）同上書、64頁。
25）同上書、67頁。
26）前掲『中共軍の韓国戦争史』22頁。
27）洪学智、前掲書、70-71頁。
28）譚錚『中国人民志願軍人物史』北京、中共党史出版社、1992年、614-615頁。
29）廬山会議における彭徳懐の攻撃と引き続いた彼の粛清については、金河龍『中国政治論』ソウル、博英社、1984年、192-193頁。
30）譚錚、前掲書、72-73頁。
31）同上書、658-659頁。
32）同上書、604-605頁。
33）同上書、492-493頁。
34）同上書、185-186頁。杜平は、朝鮮戦争と関連して価値ある回顧を残した。杜平『在志願軍総部』北京、解放軍出版社、1989年。
35）前掲『中共軍の韓国戦争史』30-31頁。
36）洪学智、前掲書、86頁。
37）同上書、89頁。
38）同上書、88頁。
39）「三个戦役的総結和今後任務」、彭徳懐伝記編写組『彭徳懐軍事文選』北京、中央文献出版社、1988年、366頁。
40）Appleman, *op. cit*., pp. 675-688.
41）Schnabel, *op. cit*., p. 233.
42）*Ibid*., p. 234.
43）Assistant Chief of Staff, G-3 (Charles L. Bolte), "Memorandum for the Chief of Staff, U.S. Army; Chinese Communist Intervention in Korea" 5 October, 1950 (Top Secret)、国防軍事研究所、文書546。
44）丁一権『丁一権回顧録』ソウル、高麗書籍、1996年、305-306頁。
45）同上書、304-305頁。
46）Bernard Brodie, *War and Politics* (New York: Macmillan Publishing Co. Inc., 1973), pp. 38-40. Russell F. Weigley, *The American Way of War: A History of the United States Military Strategy and Policy* (New York: Macmillan Publishing Co. Inc., 1973), pp. 238-240, 280-281, 325-326. Maurice Matloff, *Strategic Planning for Coalition Warfare, 1943〜1944* (United States Army in World War II: The War Department) (Washington, D.C.: Office of the Chief of Military History, 1959), pp. 38-42.
47）John W. Dower, *Embracing Defeat: Japan in the Wake of World War II* (New York: W. W. Norton & Company, 1999), pp. 40-41.
48）Schnabel, *op. cit*., p. 235.
49）洪学智、前掲書、96-97頁。『中共軍の韓国戦争史』44頁。宋時輪については、譚錚、前掲書、326-327頁、を参照。

50) Schnabel, *op. cit.*, p. 240-241.
51) Robert F. Futrell, *The United States Air Force In Korea, 1950〜1953* (Washington, D.C.: Office of Air Force History, United States Air Force, 1983. Revised Edition), pp. 220-224.
52) Schnabel, *op. cit.*, pp. 257-258.
53) *Ibid.*, p. 238.
54) Harry S. Truman, *Year of Trial and Hope* (New York: Doubleday & Company, Inc., 1956), pp. 378-380.
55) 洪学智、前掲書、98頁。
56) 「敵後闘争を強化することについて（朝鮮文）」（1950年11月17日）、『金日成全集』12巻、平壌、朝鮮労働党出版社、1995年、417頁。
57) 鄧華は朝鮮西海岸防衛指揮部司令官兼政治委員、杜平が副政治委員および政治部主任、梁興初は志願軍朝鮮西海岸防御指揮所副司令官、中朝連合西海岸防御指揮部第1副司令官、司令官代理、韓先楚は朝鮮西海岸防御指揮所司令官、宋時輪は朝鮮東海岸防御指揮所司令官兼政治委員。つまり、中国軍は西海岸防御指揮部と東海岸防御指揮部を同時に構成していたことが分かる。譚錚、前掲書、73、185、327、599、605頁。
58) 彼らに満州が聖所であり得た理由は、最も長くは日帝時代の朝中共産主義者たちの抗日共同闘争に由来した。これについての優れた研究としては、和田春樹著、李鍾奭訳『金日成と満州抗日武装戦争（韓国文）』ソウル、創作と批評社、1992年。李鍾奭「北韓（北朝鮮）指導集団と抗日闘争（韓国文）」、金南植ほか『解放前後史の認識（韓国文）』5巻、ソウル、ハンギル社、1989年、35-154頁。辛珠柏『満州地域の韓人の民族運動史、1925〜40（韓国文）』ソウル、アジア文化社、1999年、を参照。
59) 梁興初については、譚錚、前掲書、599-600頁。
60) 洪学智、前掲書、107頁。
61) 和田春樹『朝鮮戦争』東京、岩波書店、1995年、181-219頁。
62) 「敵後闘争を強化することについて」（1950年11月17日）、『金日成全集』12巻、416-423頁。
63) 「関于開辟敵後戦場等問題給金日成、彭徳懐的電報」（1950年10月10日）、『文稿』547頁。
64) 金一、康良煜、呉振宇、李鍾玉、朴成哲、崔賢、林春秋、呉白龍、金仲麟、金永南、全文燮、玄武光、李乙雪、金満金『赤い向日葵の下 創造と建設の40年（朝鮮文）』2巻「1950.6〜1953.7」、平壌、朝鮮労働党出版社、1981年、101-104頁。
65) 前掲『中共軍の韓国戦争史』47頁。
66) James F. Schnabel and Robert J. Watson, *The History of the Joint Chiefs of Staff,* Vol. III, *The Korean War,* Part. I (Washington, D.C.: Historical Division, Joint Secretariat, Joint Chiefs of Staff, 1978), p. 334.
67) 『中共軍の韓国戦争史』49頁。
68) 同上書、51頁。

69) Schnabel and Watson, *op. cit.*, p. 322.
70) *Ibid.*, p. 322. Dean Acheson, *Present at the Creation: My Years in the State Department* (New York: W. W. Norton, 1969), p. 468.
71) 大韓民国国防部戦史編纂委員会『韓国戦乱1年誌』ソウル、1951年、C142頁。
72) 丁一権『戦争と休戦』250-252頁。
73) 前掲『中共軍の韓国戦争史』58頁。
74) United States, Department of State, *Foreign Relations of the United States*, 1950, Vol. VII; *Korea*. (Washington, D.C.: U.S.G.O.P., 1975), pp. 1237-1238.
75) *Ibid.*, pp. 1253-1254.
76) 徐柱錫「韓国戦争の初期展開過程（韓国文）」、河英善編『韓国戦争の新しい接近（韓国文）』ソウル、ナナム出版、1990年、371頁。
77) 陸軍士官学校戦史学科『韓国戦争史』増補版、ソウル、1987年、496-499頁。
78) 「関于部隊整訓和新兵征訓給彭徳懐等的電報」、『文稿』692-693頁。
79) 平松茂雄著、黄仁模訳『中共と韓国戦争（韓国文）』ソウル、兵学社、1989年、170-171頁。
80) 同上書、67頁。しかし、『文稿』に出て来ている12月4日の電報原文には、38度線を攻撃して入って行くことを指示した内容は出て来ない。「おおよそ平壌の敵は撤収していると確定できる。その主力は、既に平壌から38度線まで撤収しており、その後衛は依然として平壌以北および東北地区にある。皆さんは明5日に1個師団あるいは1個師団の主力を派遣し、平壌に向けて前進し、機会を見て平壌を占領せよ。」『文稿』709頁。
81) 葉雨蒙『出兵朝鮮——抗美援朝歴史紀実』北京、北京十月文芸出版社、1990年（金澤訳『あぁ鴨緑江（韓国文）』2巻、ソウル、黎明出版社、1996年、9-22頁。）しかし、この内容は未だ他の資料では確認されない。『金日成全集』に従う時、1950年11月19日から12月9日まで金日成の活動記録が何もない点に照らして見て、彼が臨時首都や戦線を離れていた可能性が高い。1950年6月25日に戦争が始まって以後この時まで、このように長い時間にわたり彼が平壌や臨時首都または戦線を空けたことはなかったからである。『金日成全集』12巻、433-434頁。
82) 柴成文・趙勇田『板門店談判』北京、解放軍出版社、1989年（尹永茂訳『中国人が見た韓国戦争』ソウル、ハンベク社、1991年、131頁。）洪学智、前掲書、156-157頁。葉雨蒙、前掲書、9-22頁。
83) 『中共軍の韓国戦争史』67-68頁。
84) 同上書、79-80頁。
85) 『朝鮮中央年鑑』1951～52年版、平壌、朝鮮中央通信社、1952年、23-24頁。
86) 「朝鮮民主主義人民共和国憲法」第103条、『朝鮮中央年鑑』1949年版、平壌、朝鮮中央通信社、1950年、12頁。
87) 『中共軍の韓国戦争史』68頁。葉雨蒙、前掲書、26-27頁。後者の本によれば、12月7日に北京から帰って来た金日成は、直ちに大楡洞の志願軍司令部を訪ねて来て、彭徳懐との会談を要請、毛沢東のように継続的な南進を強力に要請した。金日

成は即刻、38度線を越えて継続して進撃することにより、敵に息をつく暇も与えまいと繰り返して強調した。この点も、やはり更に確認して見ねばならない内容である。

88) 葉雨蒙、前掲書、27-28頁。
89) 「関于我軍必須越過三八線作戦給彭徳懷的電報」、『文稿』722-723頁。
90) 洪学智、前掲書、154頁。
91) 前掲『中共軍の韓国戦争史』80頁。
92) 葉雨蒙、前掲書、60-62頁。『中共軍の韓国戦争史』80-81頁。
93) 葉雨蒙、前掲書、62頁。『中共軍の韓国戦争史』81頁。
94) 『中共軍の韓国戦争史』82頁。
95) 「外交部周恩来部長関於連合国大会非法通過成立『朝鮮停戦三人委員会』決議一事的声明」、中国人民抗美援朝総会宣伝部編『偉大的抗美援朝運動』北京、人民出版社、1954年、82-84頁。
96) UN, *Year Book of the UN 1950* (New York: Columbia University Press, 1951), pp. 245-250.
97) エフゲニー・バジャーノフ／ナタリア・バジャーノバ著、金光鱗訳『ソ連の資料で見た韓国戦争の顛末（韓国文）』ソウル、ヨルリム、1998年、131-133頁。
98) 洪学智、前掲書、151頁。
99) 同上書、161頁。
100) Schnabel, *op. cit.*, pp. 294-295.
101) *Ibid.*, pp. 295-296.
102) *Ibid.*, pp. 298-300.
103) Truman, *op. cit.*, pp. 395-396, 427-428.
104) 興南撤収作戦とその統計については、大韓民国国防部戦史編纂委員会『韓国戦争史』5巻、ソウル、1972年、279-301頁。Schnabel, *op. cit.*, pp. 300-304. Malcolm. W Cagle and Frank A. Manson, *The Sea War in Korea* (Annapolis, Maryland: Annapolis, 1957), pp. 172-192. Schnabel and Watson, *op. cit.*, pp. 386-387. を参照されたい。
105) William. F. Chapman 著、興南日記編纂委員会編訳『興南日記』大邱、大邱大学校出版部、1988年、209頁。
106) Schnabel, *op. cit.*, p. 304.
107) 米軍と韓国の全公式記録は、彼の死亡が交通事故によると出ている。しかし、中国資料に伴えば、彼の死亡は漣川地区で人民軍の遊撃隊に撃たれて死んだとなっている。前掲『中国人が見た韓国戦争』120頁。
108) Schnabel. *op. cit.*, pp. 306-307.
109) *Ibid.*, p. 307.
110) 金暎浩『韓国戦争の起源と展開過程（韓国文）』ソウル、トゥレ、1998年、273頁。

第14章 「1・4後退」、そして無勝負：
スターリン・毛沢東・彭徳懐・金日成の一致

　1950年の最後の日である12月31日、中国軍は予定された計画に従い、200kmにわたる前線で砲撃と共に第3次攻撃を開始した。兵士の叫び声と太鼓の音は、猛々しく北風と寒雪が吹き荒ぶ半島北半部の冬の夜を鋭く裂いて広がって行った。参戦2ヵ月ぶりにもう3回目の戦役だった。既に2回の戦役で敗北した米軍と韓国軍は、強力に抵抗できず押されていた。彼らは、2回の敗戦で四方のどこから攻撃して来るか分からない中国軍を非常に恐れていた。第一線を担当した部隊は、ほぼ全て韓国軍だったものの、韓国軍が中国軍の攻勢を阻止するには力不足であった。中国軍は、戦略的に韓国軍だけを集中的に攻略して破竹の勢いで押し寄せていた。事態は、まるで1950年6月25日直後の状況を反復するかのように見えた。

　新年の初日に北朝鮮人民軍の前線司令部は、戦勝を祝おうと彭徳懐、洪学智、それに解沛然を招請して犬肉でもてなした。彭徳懐は真っ赤に酔って、女性接待員たちが勧める杯を繰り返して飲み干し、舞踏会まで開かれた。その瞬間にも司令部の上空では、米軍の戦闘機が絶えず旋回していた。新年に入っても、第3次戦役に伴う攻勢と後退は続けられた。

　ソウルを死守しようとした国連軍の作戦は、ついに崩れてしまった。しかし、事実は中国軍さえ、米軍がこれほど形無しに敗退するとは思っていなかった。彼らは、その点が正に毛沢東と彭徳懐の猛烈な論争の焦点だったにもかかわらず、米軍がこのように簡単にソウルを重ねて放棄するだろうとは思いも寄らなかった。韓国軍が北朝鮮軍に敗退した時よりも、米軍が中国軍に敗れてソウルを明け渡す時の衝撃は、更により一層おおきかった。

　前者は、局部的な対決における李承晩の金日成に対する敗退だった。だが後者は、全く次元が異なる敗退であった。中国軍の参戦以来の米軍の長くも長い後退は、世界最強の米軍の国際的な威信にも決定的な打撃を加えていた。6月25日の後退が小さな韓国の後退だったとすれば、1月4日の後退は大きな帝国たる米国の後退であった。全ての面で優越な側は、米軍ではなかったのか？

1．「1・4後退」とソウル陥落

　1月5日に北朝鮮人民軍は、ソウルに得意揚々たる容貌で再び入城した。1951年1月6日付の北朝鮮の新聞は、これを「**我が祖国の首都ソウル市解放万歳！**」（強調は引用者）という題目と一緒に、特筆大書して報道していた[1]。1月5日にはソウルを解放したことについての金日成の命令により、ソウルと平壌で同時に24発の祝砲を発射した[2]。同日に北京の天安門広場では、戦勝を祝賀する人民たちが夜を明かして熱狂した[3]。米軍を相手にした勝利だったから、モスクワと北京は前年の春に金日成が李承晩を敗退させる時とは比較できない、ビリビリした勝戦感を味わったことだろう。仁川上陸作戦を経験した共産側だったので、第2の上陸作戦を憂慮した彭徳懐は、ソウル占領後に漢江を渡り、後退する敵を追撃するものの奥深くは必要でないという判断の下に、注意深く進撃を開始した。そして7日に水原（スウォン）、8日に仁川と原州（ウォンジュ）を占領した後、敵を37度線付近の平澤（ピョンテク）〜安城（アンソン）〜堤川（チェチョン）〜三陟（サムチョク）線まで追い出した後、1月8日に追撃停止命令を下した。補給線が余りに長くなり、後方が空になった時に備えるためだった。またもや中国軍が勝利した第3次戦役の終息であった。

　中国軍は、完勝を追い求めていた前年秋の米軍とは違い、38度線を越えて敵を撃退しようとも更にそれ以上は追撃しない用意周到さを見せていたのである。この点が中国軍と米軍、彭徳懐とマッカーサーの決定的な差異だった。完全勝利の追及は、しばしば逆攻を呼び起こすからであった。これにより、休戦会談を開始させ、38度線で戦争を小康状態にして、時間を確保しようとした国連と米国の意図は挫折した。

　しかし、中国軍の側では追撃停止に反対する意見が少なくなかった。ソウルを占領して敵軍は一刀の下に敗退しているのに、追撃を停止する理由が分からないというのだった。ある指揮官たちは、更に荒々しく攻め寄せて、完全に米軍を朝鮮半島から永遠に追い出そうという意見も提示した。しかし彭徳懐は、このような勝利至上主義に決して同意しなかった。彼は、そんな見解が実際に合わず、軍事的な側面から見る時、根本的にあり得ないと考えていた。彼は、何回も次のように言いながら、このような要求を拒否した。

「一息に可能なようだと？　とんでもない。あんなに多くの装備を取り揃えた相手を一息に海へ叩き落とせるか？　不可能だ。同様に相手も我々を押し出せないだろうよ。」[4]

　しかしソ連大使ラズヴァエフ（V. N. Razuvaev）は、彭徳懐の見解に反対しながら、誰が戦闘で勝ってから敵を追撃しないものか、こんな作戦を指示する司令

官はそもそも誰なのかと述べて、公然と非難した。彼は中国軍に、継続して追撃し、釜山まで押し入って行き、相手を海に叩き落とせと促した。しかし、彭徳懐は自分が人民に責任を負っている限り軽率ではあり得ないと拒絶した。彼は、自分たちの力量で相手を海へ叩き落とすのは不可能だと言うのであった。彭徳懐は、2ヵ月余りの連続戦闘に伴う極度の疲労と兵力の損失により、休息と再整備の必要性、相手の主力に打撃を加えられずに我彼の戦力対比に大きな変化が起こらなかった点、補給線が5百〜7百kmに達した点、続けて南進する場合の敵の背後上陸作戦の可能性などを挙げて、追撃中止命令を下したのである[5]。

　ラズヴァエフは、自分の固執を曲げず、この問題をスターリンにまで飛び火させて、問題を更に拡大させた。結局、四人の間で合意に至る過程は、押したり引いたりする非常に長い見解の調整過程を経ねばならず、国連軍の抵抗意志が頑強だという事実を確認する時まで待たねばならなかった。毛沢東は1月4日に「ソウル、済物浦(チェムルポ)、水原、利川(イチョン)、楊平(ヤンピョン)、そして洪川(ホンチョン)市を占領して以後、我が部隊は攻勢を中断して、戦力の補充および再編のため休息を取ることになるだろう」という要旨の彭徳懐からの1月3日付の電文をスターリンへ伝達した。そして、1月8日に再び「もしも敵が南側方面へ引き続き退却するならば、彼らの後ろをぴったりと追撃しながら水原を占領し、その後に追加の指示を待つ」という金日成に送る彭徳懐などの電文を伝達した。スターリンは「本人は、彭徳懐と他の同志たちが金日成に提示した提案は正確であり、履行されねばならない」と指示した[6]。

　金日成もまた直接、戦争を主導する彭徳懐の作戦計画を聞きたがった。金日成の提議に従い、彼と彭徳懐は1月10日の夕方に在北朝鮮中国大使館武官の柴成文を同行し、君子里の朝中連合司令部を訪ねて来て、会議を持った。38度線突破とソウル再占領以後の作戦を論議した重大な会議だった。会議で彭徳懐は、過去3回の戦役で志願軍の死傷者が多く、輸送が難しい上、兵士たちの栄養が足りず、休息と補充が切実だと指摘して、道路輸送のために復旧が至急だと明かした。彼はまた、相手は20余万名の兵力で平澤、安城、堤川、寧越(ニョンウォル)、三陟を結ぶ線に防御線を構築し、ある程度は腰を据えたと紹介して、我々がこの線で相手を攻略するのが彼らを釜山のような狭小な所へ押し込めるより有利だという見解を明らかにした。彼は、充分な準備過程を通じ、この線でより多くの相手に打撃を被らせることが必須的だと言いつつ、この点を特に強調した。多くの面から見る時、相手の7〜8万名を再び殺傷したり重大な政治状況の変化がなかったりするならば、彼らは朝鮮半島から退かないだろうという点も強調した。この言葉は、裏返して解釈すれば、彭徳懐が金日成を説得したという意味に解釈できるのだった。

二人は、次の戦役は２～３ヵ月後の春に実施し、この期間は部隊を訓練するという作戦問題についても意見の一致を見た。さらに二人は１月25日、朝中両国軍の高級幹部連席会議を開催する問題についても合意を見た[7]。
　１月14日に毛沢東は彭徳懐に、客観的な理由から２月に我々はもう１回の攻勢を取った後、次の攻勢のための準備を完遂するため再び休息と再整備をせねばならないだろうと話した。彼はしかし、この攻勢が不可能な場合、必要な準備を終えた後の２～３ヵ月内に、必要かつ実現可能な最後の決定的な攻勢を取らねばならないだろうと指示した[8]。１月19日の毛沢東に対する彭徳懐の報告によれば、１月16日から18日の間の対談で金日成は、米軍と韓国軍を南方へ敗走させるためには北朝鮮軍の兵力だけでは不可能だと言い、最小限２ヵ月は休息を取りながら兵力再編成に着手する必要があると語った。朴憲永は、これとは異なる立場を示したが、彭徳懐の追加説明を聞いた後、納得した。ソ連軍事顧問団も、これから起こる追加の大攻勢は決定的な締め括り作戦にならねばならないので、北朝鮮の党中央委員会政治委員会の意見に従って完璧な準備を取り揃えるのが望ましいというところに同意した[9]。
　しかし、彭徳懐と金日成が意見の完全な一致を見たのでは決してなかった。中国の資料によると、当時の北朝鮮指導層とソ連軍事顧問官たちは、彭徳懐に圧力をかけて、完全勝利を通じて戦争を終息させ得るよう、継続的な攻勢を要求した。金日成もまた同様だった。毛沢東に送った彭徳懐の電文に従う時、米軍を朝鮮半島から追い出さねばならないと希望していた金日成は、彭徳懐が攻撃中断の決定を下すや激憤した。彭徳懐によれば、金日成はじめ北朝鮮指導層は彼の決定を不快に思い、在北朝鮮ソ連軍事顧問官たちを通じて自分たちの不満を提起した[10]。彭徳懐は、ソ連と北朝鮮の圧力を同時に受けていたのである。
　１月25日に朝中両国軍の高級幹部会議が、予定どおりに君子里で開かれた。会議は、多くの階で分けられている炭鉱坑道の一番下の広い広場で開かれた。参席者は、北朝鮮側から金日成、朴憲永、金枓奉（キムトゥボン）はじめ朝鮮労働党の主要幹部、朝鮮人民軍総司令部と各軍団指揮官、中国側からは彭徳懐、東北人民政府主席の高崗をはじめとする各級の志願軍指揮官たちであり、全部で122名だった。戦時の最高首脳部と指揮官たちが全て参席したのが分かる。おそらく、朝鮮戦争の進行過程で戦争の指揮と関連した、そして朝中両国の歴史で最も大規模な集団会議だったであろう。以後にも、このような会議は二度と開かれなかった。
　25日午前、北朝鮮の金枓奉の開幕辞を始めとして会議が開始された。続いて彭徳懐が「３回の戦役の総結と今後の任務」という題目の重要な報告を行った。25日午後から26日まで北朝鮮の朴憲永、中国の鄧華、杜平、解方、韓先楚、洪学智

が順番どおり主題発表を行った。27日には戦闘経験の結論を簡単に導出し、理解を助けるために両国の人士を交ぜて6つのグループに分け、分科討議を行った。28日から29日までは金日成と高崗が基調発言を行った。そうして、中国の宋時輪と北朝鮮の方虎山(パンホサン)をはじめとした主要な指揮官たちが各自、自分の作戦上の経験事例を紹介した。

　彭徳懐による25日の報告は、非常に重要な意味を盛り込んだ報告だった[11]。彭徳懐は、まず3回の戦役で敵7万余名を殲滅し、朝鮮領土の3分の2を奪還したと報告した。彼は第1に、この勝利の意味を更に大きな勝利のための基盤の構築、中国国防の強固化、米帝の極東地域への侵略陰謀の粉砕達成はもちろん、米帝内部および帝国主義陣営内部の紛争と分裂を助長して、全世界人民の反帝闘争を鼓舞した偉大な勝利だと評価した。しかし彼は、敗退にもかかわらず米帝が依然として朝鮮から退いておらず、極東および世界で政治的な地位を維持するため、そして自らの装備を以て朝鮮半島南部の陣地固守に有利だと信じているので、自らは朝鮮から退かないのだと診断した。

　勝利の原因として彭徳懐は、基本的に正義感と兵力の優勢および装備の劣勢という条件において、この戦争が朝鮮人民、中国人民および友邦人民と世界人民の支持と援助を受ける正義の戦争だった点を最も先に挙げた。次に彼はまた、中国人民志願軍と朝鮮人民軍との指揮官や兵士たちの一致団結と正面突破の勇気を勝利の要因として挙げた。軍事指導上では兵力集中、分割包囲、各個撃破の指導原則が勝利の要因だったと指摘した。

　彭徳懐は、第1次戦役から第3次戦役に至るまで中国軍内部でさえ激烈に論争が提起されていた争点である、戦役に相伴う追撃戦を実施しなかった問題について「交通運輸、補給問題、戦闘力回復、海岸防御および後方安全の保障などの切迫さに照らして見る時、中国軍が猛烈な追撃および連続的な攻撃の方針を取らなかったのは、非常に適切だった」と主張した。自分の戦略戦術の正当性を主張したのだった。彼はまた、敵の装備優勢にもかかわらず3回も勝利できた要因は、敏活な作戦指揮と勇敢で頑強な歩兵作戦の結合にあったと分析した。中国は、機械に対して人間で立ち向かったのだった。彼は、これから展開される戦闘に備えて徹底した臨戦態勢を強調しながら、特に思想的な準備と後方支援業務の重要性を強調した。

　最終的に29日午後には、彭徳懐が会議の結論を下した。彼は会議の結論で、去る3回の経験に照らして見る時、相手がいくら優秀な装備を取り揃えているとしても、我々が弾力性ある部隊運用と勇敢無双な歩兵作戦を結合して押し寄せるならば、勝利を保障できると強調した。装備が戦争の勝敗を決定するのではないと

いう自信感の表現だった。洪学智は、兵站と補給の不足問題について報告しながら、中国軍がこの問題においてどれほど不足した中で戦争を行っているかを詳細に列挙した。東北地方でこの戦争の補給に責任を負っていた高崗は「歴史的に見る時、軍隊が補給を上手くできずに惨敗したことが多かった」と述べ、前線の補給に責任を負っている者として前方の状況をありのまま理解できない点に対して謝罪、最善を尽くす補給を誓った。

一方、前方で朝中両国軍の最高首脳部会議が開かれるのと同時に、東北軍区は瀋陽で志願軍第1次後方勤務会議を開いた。やはり、中国最高首脳部が全て参加した会議だった。中央軍事委員会副主席の周恩来、解放軍総参謀長代理の聶栄臻、総後方勤務部長の楊立三、空軍司令官の劉亜桜、砲兵司令官の陳錫聯、運輸司令部司令官の呂正操、鄧華などが参席した[12]。中国は、北京の毛沢東・周恩来―瀋陽の高崗―平壌の彭徳懐が渾然一体となって戦争を行っていたのである。

現地で深刻な論議をしている間、毛沢東は1月28日、第4次攻勢に先立ち再び強硬な指示を下し送った。「第4次攻勢作戦の準備に即刻、着手すること。大田～安東(アンドン)北部地域を占領すること。済物浦とソウル、そして漢江以南を確固として掌握した後、前線を南下させること。中国軍と北朝鮮軍の兵力を15～30km後退させた後、休戦協商に臨むのは我々に不利である。敵どもは、我々の兵力が北方へ後退し、漢江を自分たちが掌握した後、軍事行動を中止したがるからだ。第4次攻勢以後、敵どもは朝鮮問題の解決のために平和協商を提議するだろうこと……我が軍が大田～安東北部地域を占領した後、2～3ヵ月の休息と準備期を経た後、決定的な最後の第5次大攻勢を敢行するであろう。」

彼は1月29日、スターリンにこの電文を送る中で「米軍のソウル付近への進撃の試図により、我が軍は休息および再編を試図する暇がない」と述べ「即刻、第4次作戦を準備し始めねばならない」と主張した。スターリンは、これに同意を表して、中国軍と北朝鮮軍が強力な撃退作戦を継続せねばならないとした[13]。

しかし、中国軍と人民軍の攻勢は、必死に立ち向かう国連軍と韓国軍の抵抗を今までのように続けて打ち抜いて成功することはできなかった。戦勢が不利に帰するや、ついに3月1日に毛沢東は、今までとは異なる深刻な内容を盛り込んだ電文をスターリンに送る外なかった。彭徳懐の北京への一時訪問を受けて、二人が多くの対話を交わした後だった。毛沢東は、電文で次のように述べた。
「甚大な敗北を喫しない限り、敵軍は朝鮮から退くようではない。そして、彼らに大きな敗退を被らせてやるまでは、多少の時間が必要なようである。長期戦となる可能性が生じ、最短2年は戦う備えをせねばならないようだ。敵は、我々を消耗戦に追い込んでいこうとしている。……長期戦に備えて中国軍は、中断のない

兵力投入戦術を駆使する。……現在、我々が苦戦する主な理由は、敵が火力の優位を占めているからだ。……結論的に我々は、数年間にわたる長期戦に備えねばならない。米軍を追い出さなくては、朝鮮問題は解決され得ない。」[14]

戦勢についての最初の悲観的な診断と長期戦の構想を披瀝したのだった。結局、現地の司令官として彭徳懐は、戦争拡大について変わらぬ躊躇の意思を持つ中で、初めて最高指導者の方針転換を勝ち取ったのだった。そして、この方針転換は徐々に拡散して、終局的にはスターリンすら攻撃意思を中断せざるを得ないところにまで連結した。休戦会談への行進、すなわち妥協と共存の受容だったのである。

結局は長い論争を経て、現地司令官の意思が政治指導者たちの強硬路線を変化させたのである。しかし、それは軍事的な膠着以後に初めて可能になった変化だった。洪学智によれば、スターリンは最後の瞬間、ラズヴァエフではなく彭徳懐の手を挙げてやった。彼は「劣勢な装備で世界最強のアメリカ帝国主義を打ち破った彭徳懐は、当代の天才的な軍事専門家」だと言いつつ「彭の意見が正しい」と語った。そうして彼は、ラズヴァエフを非難しながら、二度とむやみに発言できないようにすると述べた[15]。地上軍の作戦を総括する彭徳懐は、ソ連と北朝鮮の圧力にもかかわらず、結局は自らの意見を貫徹させたのである。後日、文化大革命期間中の弔辞を根拠とした彭徳懐の回顧録には、この問題について次のように記述されている。第3次戦役以後の「継続攻撃」の主張に対する明白な反対の論拠だったのである。彭徳懐の考えが比較的よく表れているので若干、長く引用する。

「敵の機械化部隊は毎日、我々が一晩に追撃できる距離である30kmずつだけ後退した。敵の計画は、どうやっても我々を誘引して、自分たちの強力な陣地を攻撃させることだった。それに続いて我々が疲れた後、我々に向かって正面攻撃を開始し、同時に自らの部隊を我々の側方へ、我々の後退路を遮断するため上陸させるのだった。

中国人民志願軍は、朝鮮に入って来た去る3ヵ月間、酷寒の中で連続3回の戦役を行った。我々は、空軍力もなく、敵の爆撃から保護を受け得る充分な高射砲もなかった。敵は昼夜、航空爆撃と長距離砲撃を加えた。我々の部隊は、昼間には移動できなかった。また、去る3ヵ月間ただ一日も充分に休めなかった。我々がどのくらい疲れたのかを容易に想像できるだろう。

我々の兵站線が長くなるに連れて、補給問題も非常に難しくなった。戦闘要員と非戦闘要員の損失により、我々の兵力はほぼ半分近くに減った。我々は、再び攻撃に先立って兵力補強、休息、そして再整備が切実に必要になった。」[16]

彭徳懐の現地作戦だけでなく指揮方針においても、実は中国軍の戦争方法はソ連軍および北朝鮮軍とは異なるところがあった。したがって、彭徳懐による1月25日の演説で特別に注目すべき内容は、追撃中止の理由と共に38度線以南における政策についての部分だった。金日成の演説ならびに政策とは、どのような差異があるのか、また中国共産党と朝鮮労働党、中国と北朝鮮の共産主義者たちの階級政策と戦争政策にはどのような相違点が発見されるのか、注目に値する内容でないはずがない。まず、彭徳懐は朝鮮労働党中央および朝鮮民主主義人民共和国政府の決定に依拠、多数の支持を獲得して少数を孤立させるため、そして矛盾を利用、各個撃破するため「**我々は**」（中国軍を指す。原文どおり。**強調は追加**）38度線以南の地域で地方政府と共同で次の政策を実施するという点を前提とした。中国軍が北朝鮮政府と一緒に、南朝鮮地域の占領政策にも参与するという明白な意思表示だった。少し長いが、引用する充分な価値がある演説だった[17]。

「1）戦争の終息前には、地主階級の土地没収に関する宣伝を暫く禁止すること。一般地主の中で、特に地主の家庭出身の知識青年の中で、反米軍および反李承晩軍の感情を持っている者たちに対して、このような感情を捕捉、利用して米軍と南朝鮮を孤立させること。土地を既に分配した地域では、農民が土地没収者に支持を送ることを要求するものの、そうでない場合でも暫くは不問に付すこと。

　2）地主の武装は、原則的に必ず徹底して掃蕩すること。ただし、戦争期間中には段階的に、そして個別的に対応すること。武器を携帯して反抗する者は即刻に掃蕩し、投降する者は漸進的に改造していき、中立を標榜する者は自ら転向できるよう助けることにより分化、争取、改造の目的を達成すること。

　3）米軍と南朝鮮が組織した反動党派は、一律的に解散を命令し、その中で罪が重い悪質な反動の首魁は厳重に処断すること。一般の付和雷同分子の中で罪質が軽い者は、悔改者に分類、官公署に登録した後に寛大な処理あるいは免責にすること。他人の誘惑により加担した労働者および知識青年は、教育後に吸収すること。解放戦争に貢献した有功者は、功と罪を相殺すること。無断拘禁、逮捕、殺害、殴打などの行為を一切厳禁すること。

　4）各地に保管中の公共糧穀は、最大限に徴発すること。不足する場合あらかじめ借用するものの、合理的な負担と民主的な評議手続きを経ねばならないこと。負担基準は貧農5/100、中農20/100、富農30/100、地主50/100に決定すること。糧穀借用時の労働群集には秋収期まで生計を支えられる最小量を残し、地主および富農にも無理しないよう適切な参酌の下、人民の実情を最大限に考慮すること。

　5）軍紀を確立し、軍民の団結を強固にすること。中国人民志願軍は他国で作

戦を遂行するのに応じて、更にこれについての注意が要望されること。軍紀評価運動を必ず展開して、3大紀律、8項注意の実践に当たる模範部隊を確立するため毎炊事単位別に軍紀巡察小組を編成して運用すること。特に偵察部隊、購買人員、そしてその他の雑務人員に対して、軍紀教育を徹底的に実施すること。落伍兵は組織的に収容管理し、民間の損失に対して必ず補償すること。一方、民衆に対する組織的な宣撫工作を強化、朝鮮人民の勝利を弘報し、朝鮮労働党および朝鮮民主主義人民共和国政府の政策を宣伝して、敵の流言飛語の流布を積極的に封鎖すること。言語疎通の問題がないように中国人民志願軍の宣伝物にできるだけハングルを多く使用すること。」

　38度線以南の地域における占領政策についての内容を陳述した後、彭徳懐は次のような内容で演説を締め括った。中国の立場と態度はもちろん、両国関係の歴史と現在、そして未来まで推測させる歴史的な発言だった。
「中国人民志願軍は、朝鮮労働党ならびに朝鮮人民軍を積極的に模範とせねばならない。中国人民志願軍は、朝鮮戦争で多くの功績を残した。これは、名誉ある当然のことである。抗米援朝は即ち保家衛国として、朝鮮人民と中国人民の利益は完全に一致する。過去に朝鮮の多くの同志たちが中国革命戦争に参加、中国人民のため多くの血を流した。我々は、これを当然、模範とせねばならない。中国人民志願軍は、朝鮮で作戦任務の遂行中、多くの欠点を露出した。それは正に、群衆規律遵守の不充分さであり、朝鮮労働党および朝鮮人民軍についての学習不足である。金日成同志をはじめとした朝鮮労働党と人民軍は、朝鮮建国5年間の闘争で偉大な業績を残した。彼らは、帝国主義と封建主義に決然と反対、人民のための政権を建立し、勇敢な人民軍を創設しただけでなく、ソ連、中国、そしてその他の人民諸国家と友好関係を樹立し、今は米国の侵略軍および李承晩の軍隊に立ち向かって勇敢な闘争を展開している。したがって、朝鮮に派遣された中国志願軍の全同志たちは、朝鮮の同志たちを誠実に模範とし、専心全力で朝鮮人民を、朝鮮民主主義人民共和国政府を、朝鮮人民軍を、そして朝鮮人民の指導者である金日成同志を擁護せねばならない。

　中朝両国の同志たちは、兄弟のように一致団結し、生死を共にする運命共同体であることを肝に銘じて、共同の敵と戦い、戦勝を期するため最後まで善戦奮闘せねばならない。中国の同志たちは朝鮮の事情を自分の事情と見なして、指揮官、戦闘員の全ては朝鮮の山ひとつ、河ひとつ、草の一握り、木の1本を自分のもののように愛し、朝鮮人民の針1本、糸1筋でも我が国で思うのと全く同じく思って行動するよう教育せねばならない。」

　最後に彭徳懐は「これは、正に戦勝を期する無形戦力の基盤」だと述べながら

「我々がこのようにさえできたら、最後の勝利は必ず我々のもの」だと結論付けた。この長い演説に表れた重要な点の中の1つは、破竹の時期だったにもかかわらず、この戦争の究極的な完全勝利と敵の消滅についての絶対的な強調がない点だった。北朝鮮の高位指導者たちがほぼ全て参席していたにもかかわらず、彼は全く性急でもなかった。彭徳懐は、既に適切な妥協を想定していたのかも知れない。初めは毛沢東の38度線突破の指示までも反対していた彼としては、米軍と韓国軍の駆逐と完全撤収を通じた戦争の終息は、ほぼ不可能だと認識していたのかも知れない。

　我々は、軍事と政治についての彭徳懐の詳細な指示内容を追跡しながら、1949年の中国共産党の成功と1950年の朝鮮労働党の歴史的な失敗が、ひとえに米軍の参戦如何のためだけだったのかという問いに到達することになる。果たして、それだけだったのであろうか？　ふたつの共産主義政党が持っている内部政策とリーダーシップの差異も、やはり明白に存在していたのだ。中国共産党が長く人民中心の政策や、人民と共有された経験ある闘争の歴史を持っていたのに比べ、北朝鮮の共産主義者たちは朝鮮民衆とそのような経験をほとんど持ち得なかった。人民、特に南朝鮮地域の人民に検証を受ける時間がなかったのである。

　また我々は、北朝鮮地域に進駐する1945年のソ連軍と1950年の中国軍の態度に、極めて大きな差異があることを悟るようになる。ソ連軍は北朝鮮地域に進駐しながら、中国軍ほど強度の高い軍紀を強調もしなかったのはもちろん、頻発する初期の軍紀紊乱に対しても儀礼的な指示の他にはどんな特別な禁止措置も取らなかった。彼らは、冷たく占領政策を執行する執行官のように見えた。ソ連軍が威圧的な「占領軍」だったとすれば、中国軍は対等に接しようと努力して北朝鮮の党と軍を尊重してくれる「志願軍」だった。以後、北朝鮮がソ連より中国に更に傾くようになり、両国関係を兄弟国、姉妹党の関係として持続させた理由の1つは、このようなソ連と中国が北朝鮮に見せてくれた差異が大きく作用した。

　革命運動の初期から毛沢東にとって軍隊の任務は、単純に戦争を遂行する武力の意味を越えて、大衆に宣伝して彼らを組織化して武装化し、革命政権の樹立を支援するだけでなく、共産党の建設を組織する問題まで包括するものだった。紅軍の存在こそ、毛沢東には中国革命の中枢勢力なのであった。したがって、毛沢東は厳格な規律と政治教育を実施し、軍隊の民主化を実践することにより、紅軍を自分の歴史的な任務を自覚する本当の人民の軍隊として建設せねばならないと力説した。毛沢東は、たいへん劣悪な状況で強力な敵との戦闘を継続しながら生き残るためには、紅軍兵士ひとり一人が赤の他人のため戦うというのではなく、自分のため、そして人民のため戦うという自覚がなければならず、また人民大衆

に紅軍が他の軍隊と異なる本当の「人民の軍隊」という点を認識させざるを得なかった[18]。

彭徳懐の演説は全体的に、このような毛沢東の軍事思想が奥深く溶け交じっている内容だった。毛沢東は、革命運動の初期から特別に軍隊の革命規律教育について常に重視し、強調した。ひたすら人民のためでなければならないという原則は、彼の全ての行動準則の基本だった。彭徳懐が言及した3大紀律、8項注意は、そのような毛沢東思想の徹底した反映であった。3大紀律は1927年10月に井岡山で宣布し、6項注意が1928年初めに提示されたのだった[19]。3大紀律、8項注意は、それが初めて作られた1927〜28年の井岡山時節には3大紀律、6項注意で、1929年以後に3大紀律、8項注意として定着した[20]。この紀律と注意は、何回も修正された後、1947年10月に中国人民解放軍司令部により次のような内容で確定した[21]。

「3大紀律：①一切の行動は指揮に従う。②人民の物は針1本、糸1筋でも持たない。③一切の捕獲は国に捧げる。

8項注意：①人民に対する言葉は柔らかくする。②物は公平に売買する。③借りた物は返さねばならない。④物は壊したら賠償せねばならない。⑤人を叩かず、悪口を言わない。⑥耕作物を損傷しない。⑦婦女子を戯弄しない。⑧捕虜を虐待しない。」

全ての条項ひとつ1つが、中国軍の精神と姿勢を読み取れる内容だった。3大紀律、8項注意は、紅軍の歌の中に歌詞として込められていて毎日、歌で歌われた[22]。我々が3大紀律、8項注意を詳細に検討する理由は、この規則が中国軍の最も重要な行動準則だったからであった。中国軍は、朝鮮に出て来て戦争を行いながらも、自分たちの革命精神の起源と気風を失わないよう努力していたのである。

2．南下、撤収、そして妥協

「1・4後退」直後の時点で南朝鮮地域へ追われて来た全国の避難民の総数は489万369名に、集団収容者は123万7,820名に達した[23]。この夥しい数字は、去る6ヵ月間の朝鮮民衆の非常に急激な強制移動を物語るものだった。しかし、350万名以上の避難民は、収容さえままならず、町を流れ歩かねばならなかった。1951年1月末から2月初めに調査した韓国政府の統計を見れば、避難民は総489万369名に達した。これは、その前週と比べて125万869名が増加した数字だった[24]。戦勢が小康状態に入った直後、北朝鮮は米軍と韓国軍が平壌から敗走しながら「原

子爆弾を使用する」という欺瞞宣伝で人民を導いて行ったと非難した[25]。北朝鮮地域からの越南の理由が、米軍と韓国軍の脅迫ゆえだというのであった。戦後に多くの論争をもたらした「原子爆弾の脅威に伴う越南の増加」という主張が、既に戦時からあったことが分かる。同じ資料で彼らはまた、南方へ導いて行ってから平壌の大同江(デドンガン)辺で米軍と韓国軍が4千余名の無垢の市民たちを虐殺したと主張した。

　李承晩政府の法務次官は1・4後退直前の12月20日、米第8軍司令部と駐韓米大使館に電話をかけて、ソウル監獄に収監されている罪囚4,700名を大田、大邱、釜山地域の監獄へ移動させられるよう助けてほしいと言った。前年6月、西大門(ソデムン)刑務所と麻浦(マッポ)刑務所の収監者たちが共産主義陣営に加担した前例を知っている韓国政府は、ソウルがまた陥落した時に左翼性向の罪囚たちが共産主義者たちの手に渡らないようにする問題について、特別に気を遣っていた。李承晩は12月12日、内務長官と法務長官を同行したまま突然、西大門刑務所を訪問して罪囚たちの食料と衛生、監獄の状態と医療体系を向上させて、無垢の良民たちが釈放され得るように裁判を迅速に進行せよと命令した。しかし、李承晩の指示とは異なり、既に多くの罪囚たちは処刑され、その中には幼い少年2名と少女1名も含まれていた。裁判なく大量処刑が執行されもした[26]。

　1945年8月に解放となり、数多くの人々が海外から朝鮮内へ帰って来て、生活の安寧を追求したが、すぐに始められた分割占領と左右翼闘争に巻き込まれた彼らの生活は、戦争により完全に破綻してしまったのである。前年夏の間に、多くの人々は共産主義を避けて半島の南方へ避難し、冬には共産主義者たちが北方へ追われて行った。戦勢が再び逆転するや、一般民衆はまたもや移動を強要された。中国軍の参戦以後、撤兵する韓国軍と国連軍に従い幾多の人々が南下した。韓俊明(ハンジュンミョン)と鄭東奎(チョンドンギュ)の事例は、この短い時期に朝鮮民衆が経験した悲劇の深さと影響の時間的な長さを示してくれる。

　韓俊明は12月、米軍の元山大撤収の時、一緒に撤収した牧師だった。韓俊明が米軍の輸送船と一緒に撤収しようと埠頭に出て行った時点で、遠い田舎へ避難していた義母が帰宅したという言葉を聞き、妻の朱恩善(チュウンソン)は母を連れて行こうと慌ただしく家へ駆け付けた。しかし、妻が帰って来る前に輸送船が出発しようとした。韓俊明は、子ども三人を連れて、焦燥した心で待った。だが、妻は輸送船が発つ時間までも帰って来なかった。韓俊明は、苦痛の中で躊躇った。妻がいる元山に残らねばならないか、それとも残って見て死刑だとすれば、子ども三人を連れて米軍と一緒に南へ発たねばならないか。彼は結局、自分が死刑にされた後、幼い子ども三人がどうやって生きていくのかに苦悩して、妻が生きていることを願い

つつ、いつか会える希望を抱いて、涙を呑んで船に上がらざるを得なかった。韓俊明の悲劇は、数多くの離散家族の1つの事例に過ぎなかった。

韓俊明が船に乗る瞬間、更に別の悲劇が阿鼻叫喚のごとく展開された。国連軍を熱狂的に歓迎し、自治隊を組織して共産軍と戦い、自由と民主主義に万歳を叫びながら市街を行進していた市民たちが元山にそのまま残るとすれば、彼らが共産党員と北朝鮮体制から受ける待遇は火を見るよりも明らかだったからであった。そのような事実を知る人民は、船に乗せてくれと押し寄せて揉み合い、大声で喚き立てていた。船に上がろうとして米軍憲兵の棍棒に当たり、また落ちる人もいたかと思えば、海に落ちて溺れ死ぬ人もいた。韓俊明によれば、人民は次のように米軍を呪いまでした。

「アメリカ野郎ども、米国の野郎どもよ、お前らがいっそここに来なかったら、俺たちは死ぬことはないんだ。お前らは、俺たちを殺して行くのか!

お前ら米国の野郎どもを信じた俺たちが悪かったんだな。お前たちを信じて打倒共産主義と民主主義万歳を叫んだら、俺たちは今や死ぬことになるんだな。俺たちは、米国の野郎に騙された。呪われろ、アメリカ野郎ども!」

韓俊明は戦争勃発直後の6月30日、元山から政治保衛部に連行された。それからは教化所へ拘禁された。戦勢が逆転されて北朝鮮の軍隊と警察が拘禁者に集団処刑を敢行する時、元山地域もまた例外ではなかった。数百名に対する集団処刑は、防空壕としてつくられた暗黒のような洞窟の中で進行した。そして、その暗黒が数名を救い出す闇の中の一条の光だった。彼は、これを「人類の罪悪史から永遠に消し去れない**元山の悲劇**」(強調は原文どおり)だと命名する。北朝鮮の共産主義者たちに対する彼の憎悪が滲む批判は、ある体制反対者の厳重な歴史告発的な性格を帯びている。ひとりの人命と関連しては、まるで運命のように存在していた悲劇的な歴史記録の1つの集団的な圧縮版に見える。彼の恐るべき証言を聞いて見よう。

「共産主義者ではなかった罪で、牧師で神父だった罪で、事物を批判できる知識人だった罪で、過去に地主だった罪で、そして進撃して来る国連軍を歓迎して米国が好きなのだろうという仮想的な罪で、20世紀後半期に入る1950年に倫理と道徳が謳歌されて、科学と芸術が絶頂に至った地球上で、最も残虐な悲劇は繰り広げられたのである。野蛮は野蛮どおり、素朴で純真なところがある。野蛮の理想である血と肉を噛み砕く野獣としての共産党は、人民のためだという理想と文明の仮面を被って、20世紀の地球上に現れたのである。

私はひどく精神が利口なので、むしろ恨めしい心が込み上げるほどだった。死体の上に上げて座らせておいてから、うなじの襟を左手でねじりつかみ、右手に

握ったバルカン（25発機関銃）で後頭部を撃ってしまうので、死ぬ人にはかえって幸運なことと言おうか、苦痛と呻吟をする暇もなく死刑は上手く進行するのだった。われわれ四人1組の中で一番左側の人である金京緑（40歳の電気技術者）氏の頭が壊れる模様が、伏せた私の目にもはっきり見える。血が吹き出して脳髄が私の顔にも降りかかった。その次、私と手をひとつに縛られた呉明朗（61歳の医者）氏の半白の頭も、すぐ私の鼻の前で割れて血を吹き、白い脳醤を振りまいた。

　次は私の番だ。話が長いのであり、時間は2、3秒の瞬間にしかならない。『パン』という1発の銃声に私も永遠の道へ去るのかと思うと、50にもならない身として、妻子を持つ者として、恨みも大きく、悲しみも大きかった。しかし、私はこの死の杯を飲まざるを得なかった。私は、私の霊魂を神様に任せる祈祷と共に、この呪われるべき人間たちを憎まないようにしてくれと祈った。そして、彼らにも御加護のあることを祈祷せずにはいられなかった。私が銃殺される番だった時である。私の右側前方1m前に、既に射殺された死体の中から、何かしら学生のように髪を刈った頭ひとつが、あたかも暗い夜に水蛸が頭を上げようとする様子が見えるや、横で火を持っていた看守が『おい、あの頭を撃て！』と声を張り上げる。

　『何？　どれだ？』と言いながら銃を持った中尉が、目をむいて既に倒れている私の首筋を踏み付けて、頭がピクピクうごめく死体に向かい、1発パン！と撃つ。その時までも傀儡軍中尉の右足は、私の首筋を踏んでいた。銃を撃ち終わると、体を帰して私を撃つ番なのにもかかわらず、私の右側の人――私と右手が縛られている人――を撃ってから、私の体の上から降り立ちながら『もう一人よこせ！』と雷のような号令を下す。彼は、もう百余名以上を射殺したので、興奮もしたし狂的な殺戮に酔いもして、うつ伏せにされているだけでなく自分の足下にいた私を既に殺したものとばかり見なしたのである。

　私の横の人を撃って殺すや、私の顔の上には彼の破裂した頭蓋骨の骨片と血と脳醤がすっぽり被さり、私の鼻と口へは脳醤と血が息の詰まるほど流れ入って来る。咳とくしゃみが出そうなのを私は死ぬ以上に耐えようと、尽きることのない努力をしながら、ただ死んだふりをしてへばったまま、ピクリとも動かなかった。」[27]。

　人民軍の兵士が自分の左側の人を銃殺した後、偶然に右側へ飛び越えるや、韓俊明は劇的に生き残った。洞窟の中で余りに多くの人を殺したので、つい順番を逃したのだった。彼は虐殺事件以後、韓国軍が進駐する11日午後4時までピクリとも身じろぎしなかった。この戦慄すべき10月9日の新豊里防空壕虐殺事件の直

後10月11日に国連軍が進駐するや、鬱憤に堪えられない遺族たちの強力な主張により死体発掘作業が進行した。発掘された死体は298体で、生存者は全部で6名だった。当時の元山虐殺の死体発掘作業は、長編記録映画『正義の進撃』として製作、上映されて、多くの人々の興奮と憤怒を引き起こした。

　南下後の1962年に渡米、米国で医者として成功した鄭東奎の回顧は、一般人民による人民軍と韓国軍、双方のうちの１つの選択が必ずしも特定の信念によるばかりではないことを分からせてくれる。鄭東奎は1950年当時、咸鏡北道の朱乙で清津医科大学に通いながら人民軍の徴集を逃れ、隠れて過ごしていた。
「（1950年）11月21日、その日も私は谷川に隠れて戦争が終わることだけを待っていて、とても近くから聞こえてくる数発の銃声が私の鼓膜を打った。私はもっと大きな恐怖に包まれて、甕の中に跳び込んで息を殺していた。ところが、母の声が聞こえた。母は、私の耳に手を当てて、やや低く話した。『お前、向こうに多くの軍人たちが歩いて来ているね』

　私は谷川の外へ出ないで、隠れて彼らを見た。200名以上になる人民軍が列も作らないで大郷村の南方から北方の山に向かい、冷たい霜が敷かれた田圃道を歩いて行っていた。

　彼らが行ってしまった後、30分ぐらい経っただろうか？　今度は間歇的に聞こえてくる銃声と共に、もう一群れの軍人たちが歩いて来ていた。外に出ていた母が、谷川の中へ駆け込みながら大きな声で言った。『お前、見ているかい？　南朝鮮の軍人たちが来ているんだ。』私は、ひとつ深い呼吸をついて、また甕の中に隠れた。

　母が、甕の中に入った私に出て来いと言った。私は、庭へ出て行った。１個中隊ぐらいになる南朝鮮の軍隊が銃床を堅固に握り、列をなして村内に入って来ているのだった。私はその時、初めて青い戦闘服を着た南朝鮮の軍人たちを見た。世の中は、わずか30分の間隔を置いてひっくり返った。」[28]

　鄭東奎は、双方の軍隊を全て信じられなかった。しかし、後で韓国軍が後退する時、彼は彼らに従って同行、思わぬ刹那に韓国軍人になった。このような彼の選択は、彼の運命を完全に変えてしまった。

　人民軍が後退した後、朱乙温泉付近では数十名の女たちが裸体で虐殺されたまま捨てられていた。彼女たちが虐殺された理由は、青年たちが人民軍の徴集を忌避したまま山に隠れている間にしばしば保安隊を襲撃し、銃器を奪取したり食料を調達したりするのに助けを与えたからだった。保安隊員は、このような事実を知り、後退する直前デタラメに彼女たちを捕まえて強姦し、裁判もなしに処刑したのである。そこには、鄭東奎の叔母も含まれていた。同じ村落では韓国軍が進

駐する中で、村で最も美しい処女2名が強姦されてしまった。鄭東奎の叔父の鄭吉龍(チョンギリョン)(音訳)は、1946年に南朝鮮の放送を聞いたという理由で逮捕され、5年の刑を言い渡された後に炭鉱へ配置されて虐殺された。彼は後退直前、炭鉱警備兵たちが炭鉱入口にダイナマイトを装置し爆破してしまう弾みに、他の人々と一緒に炭鉱内に閉じ込められて死んでしまった。鄭東奎の上の姉は1945年、ちょうど進駐した無知で暴悪なソ連軍人に強姦されたことがあった。彼は「神は、余りにも無気力だ」と言い、「こんなに惨たらしい悲劇がなぜ起きねばならず、また起きる外なかったのか、とうてい答えを見つけ出せない」と陳述している[29]。

　12月2日に鄭東奎は、作戦上の後退をするものの3日後には再び戻るという韓国軍の言葉を信じて、母に「3日後に帰って来る」と約束して、彼らと一緒に故郷を去った。子どもとの長い別離を知っていたのか、どんな逆境と苦難の中でも喜怒哀楽を表さなかった鄭東奎の母は、息子の服の裾をつかんでむせび泣いた。出発と一緒に準備した食料は、すぐに底をついた。12月6日に吉州(キルジュ)へ到着した時、彼は余りに腹が減り、国民学校の校庭に数十名の青年たちが集結している隊列に密かに合流した。彼らは、義勇軍という腕章を付けていた。以後、彼は彼らと行動を共にした。

　3日後の9日に彼が所属した隊列は、一緒に行こうと慟哭しつつ叫び立てる人たちを後にしたまま、米海軍の輸送船に乗って城津(ソンジン)港を出発した。その日、興南に到着した隊列は、翌日ふたたび東海(日本海)に向かって出発した。12日に船は、浦項(ポハン)付近の九龍浦(クリョンポ)に到着した。同日に彼らは、韓国軍の入隊に必要な身元調査書を書き、すぐに軍人となった。韓国軍第3軍団第3師団第23連隊捜索中隊という正式編成の充員兵力だった。自ら進んで入隊した格好になったのである。鄭東奎は戦争勃発後、人民軍に入隊しないように避けているうち、余りにも偶然に韓国軍人になったのである。頑強な理念を持っていて、そうなる人たちも多かったが、もっと多くの人々は、偶然の契機により特定の側に加担することになった。

　九龍浦から慶州(キョンジュ)まで徒歩で来る間に、一晩の間に20余名が逃亡していなくなった。それが余りに速く急造された、軍隊ではない軍隊の姿だった。慶州で列車に乗った部隊は、安東～栄州(ヨンジュ)～堤川を経て原州で下車した後、再び徒歩で洪川に向けて行軍を始めた。クリスマス・イヴに彼らは、第23連隊が駐屯中の洪川に到着した。そこまで来る間に再び少なからぬ人数が脱走し、九龍浦から洪川までは計50余名が脱走して、残った人数は150名ほどであった。約1/4が逃亡したわけだった。到着と共に1951年1月1日から鄭東奎の部隊は、人民軍との激烈な戦闘に参加した。初めての戦闘で12名の戦友たちが死んだり捕虜になったりした。鄭東奎も、やはり村老の助けで命からがら死の危機を乗り越えながら、かろうじて逮捕

を免れた。

　彼が清津医科大学の時節に他の多くの同僚たちがそうしたように、人民軍に加担していたならば今頃、彼は間違いなく韓国軍に銃口を向けていたであろう。しかし彼は今、韓国軍の所属として自分の父母兄弟たちに銃口を向けねばならなかった。それは、単純に神の悪戯だけではなかった[30]。3日の約束で故郷を離れて来た鄭東奎は、母が死んだ後の1980年代になって、ようやく故郷の地を訪問できた。しかし、北朝鮮地域に故郷がある韓国人たちの中で、鄭東奎のような事例は余りにも多かった。ほぼ大部分の離散家族たちは、別離後は全くお互いの生死さえも分からないまま人生を終えねばならなかった。

　当時の李承晩はじめ韓国人をとらえた最も大きな恐怖は、共産軍の進撃よりむしろ他のところにあった。それは、米軍の韓国撤収だった。1949年6月に米軍の撤収がもたらした明白な事実を知っている韓国人としては、凄まじい勢いで押し寄せる共産軍を前にした状態で米軍の撤収が何を意味するのか、よく分かっていた[31]。米軍が撤収するならば、韓国はわずか一瞬もそれ以上は持ち堪えられなかった。韓国人にとり、それは悲劇だったが、また真実であった。固執の強い現実主義者の李承晩は、この点を正確に理解していた。平壌を明け渡しても依然として韓国軍が北朝鮮地域に留まっている時から既に、米軍が韓国を放棄して日本へ撤収するという風聞が巷に流れ始めた[32]。国連軍が韓国から撤収するだろうという噂は、瞬時にして韓国軍の将校や兵士たちに広がって行った。したがって、実際の政策に関係なしに米軍の重要な任務の1つは、韓国人に自分たちがそこに継続して留まるだろうという事実を周知させることだった。

　朝鮮半島における中共軍の勝利は、他の地域に対する共産主義者たちの軍事的な攻撃心理を助長させたように見え、また共産主義陣営と自由主義陣営の緊張をエスカレートさせたのが事実であった。新生中国の軍隊が米軍はじめ国連軍を破竹の勢いで制圧していくや、世界は突然の共産主義者たちの威力の前に震えていた。中国軍の攻勢は、前線の兵士たちやワシントンの政策当局者たち全てにとり、実に恐るべきことだったのである。ワシントンの感触と作戦がどうだったにしろ、前線の米軍と韓国軍に押し寄せる敗北感と恐怖感は、比較できない脅威の要素だった。寒さと共に急に襲って来る恐怖感、包囲から来る孤立感、死んでいき離れ離れになる真横の同僚、自身に迫り来る死への意識などは、敵の攻勢に劣らない恐怖であった。敵は我々の位置と作戦を知っているが、我々が彼らの位置と作戦を知らない時、危機意識は更に大きくなるのが普通である。

　ワシントンは既に、秩序整然と撤退できる最後の機会を決定すべきだと圧迫を受けていた。特に、中国軍がソ連と連合して日本までも脅威できると考えられ

第14章 「1・4後退」、そして無勝負：スターリン・毛沢東・彭徳懐・金日成の一致

からだった。実際に12月28日付の「極秘」文書によれば、米国防総省は韓国軍の疎開（evacuation）を深刻に考慮する方案を検討した[33]。この文書は、韓国軍の疎開が抵抗を持続するという表示であるばかりか、大韓民国を放棄しないという事実を追加すると判断した。韓国軍は、訓練された兵士たちで構成されているので、他の地域で兵力が不足する時に使用可能だろうというのだった。この話は、韓国軍を疎開させ、他地域の紛争にも投入できるという意味にも解析できるものだった。李承晩と韓国政府の憂慮は、全く根拠がないものではなかったのである。さらに、同文書に従うと、韓国軍は中国軍との全面戦や世界戦争（global war）が勃発する場合に使用され得た。特に、フィリピンやインドシナ地域で使用され得た。

　著者が理解するに、米国がインドシナ半島で韓国軍の使用如何について最初に検討したのは、1960年代のベトナム戦争の時期ではなく、朝鮮戦争の真っ最中の時期ではなかったかと思う[34]。この文書では、しかし李承晩政府を済州島（チェジュド）へ疎開させるのは好ましくない（undesirable）と述べていた。その理由は第1に、李承晩政府が同盟国の大部分から人気がなく、蒋介石政府の前轍を反復する（duplicating）問題となり得るからだった。第2に、済州島に亡命政府を樹立することは、我々（米国――引用者の注）にその島の防御義務を負わせ、それがもう1つの台湾問題を創出することになるだろうからだった。この文献を通じて我々は、米国が李承晩政府を捨てる構想を、その除去まで積極的に考慮した1952年以後ではなく、非常にいち早く戦争開始6ヵ月の時点から検討したこと、また蒋介石政府の前例は朝鮮問題を検討するのに持続的に他山の石となったことが分かる。

　12月29日に米統合参謀本部は、沈痛した語調でマッカーサーに次のように指示した。「中国は、彼らが選択さえするならば、国連軍を朝鮮半島から追い出す能力を保有しているというのが、利用可能な全ての判断から出て来ているようだ。……国連の他の加盟国から韓国へ送る相当な追加的な軍事力を確保するというのは、実現可能性がない。我々は、朝鮮半島が主要な戦争を遂行する場所ではないと信じる。……（大韓民国に対する）武力攻撃を撃退し、その地域の国際平和と安全を回復するのに必要な支援を韓国に提供するため、貴下に与えられた基本指針は、現在の状況に照らして修正を必要とする。……事態が朝鮮半島から我々の撤収を強要するかも知れないので、特に日本に対する継続的な脅威を考慮し、秩序整然とした撤収に備えて、我々に最も適切な最後の機会を予め決定しておくのは非常に重要である。我々は万が一、貴下が錦江（クムガン）とそこから東方にある前線へ後退するよう強要される場合、またその後に大規模な中共軍が我々を朝鮮から明白に退くよう強要できる充分な能力を持ち、貴下の陣地を攻撃してくる場合、貴下に日本へ撤収を始めるよう指示するのが必要になるだろうと考える。」[35]

マッカーサーは、このメッセージを「朝鮮で**勝とうとする意志**（*will to win*）の喪失を示唆するもの」のように受け取った（**強調**は原文どおり）[36]。米統合参謀本部の指示にもかかわらず、彼は翌日に「中国の海岸封鎖、中国工業の戦争遂行能力を海空軍の爆撃で破壊、自由中国部隊で国連軍を増員、自由中国に中国本土に対する牽制攻撃を許可」の4つの選択可能な代案を述べながら、過去の拒否事実を想起させつつ、中国が今や完全に戦争に介入したので、状況を更に悪化させるものは何もないと主張した。彼は、朝鮮からの撤収についても強力に反対した。彼は、国連軍が撤収すれば韓国の一切の潜在力は分解し、韓国を喪失するならば日本の防衛もそれだけ弱化されるだろうと警告した[37]。

しかし、戦況はマッカーサーの意志どおりにならなかった。新年に入り、国連軍はソウルを放棄せねばならなかった。有名な1・4後退であった。最初の経験から出て来る恐れと政府の宣伝の混合効果で、ソウルは再びガランと空になった。李承晩が金日成に敗北したとすれば、今度はマッカーサーが毛沢東に敗北したのだった。ソウルを再び明け渡すや、韓国民衆と指導者たちの恐怖は極に達した。リッジウェイは1月8日、マッカーサーに韓国軍の兵士たちが彼らの将来に対して持つ憂慮が危険な程度だと言いつつ、そのような念慮を除去できるように公式声明を発表することを建議した。しかしマッカーサーは、そのような声明の基礎が政府水準において政策決定により確立されない限り不可能だと答え、問題を米統合参謀本部に委ねてしまった。そうしながらマッカーサーは、もう彼の参謀に撤収の手続きを継続して計画するよう指示した。海軍将校たちは、釜山からの撤退について考慮すべき要素を検討し始めた。もちろん、どんな部隊も未だ撤退のための任務を行うよう配置されてはいなかった。ある撤退に関する報告書は、朝鮮半島から撤収される総容積量を200万ｔと計算する時、縮小された防衛線内にある全ての港口を使用しても、最も起こり得そうな積載所要時間として50日はかかるだろうと判断した[38]。

1月15日にコリンス米統合参謀本部議長はマッカーサーに直接、もしも国連軍の撤収が必要になるならば、韓国政府、韓国軍、そして韓国警察など全ての要員たちが一緒に撤収することを要望するというトルーマンの意向を伝達した。マッカーサーは、このような指示に満足を表示した。撤収する韓国人には3万6千名の政府官吏とその家族、60万名の警察（原文どおり。6万名の誤謬と思われる――著者の注）および26万名の軍隊、そして軍警の家族40万名が含まれていた。コリンスとマッカーサーは、撤退後にも朝鮮における戦闘を継続するための法的な地位を確保するため、可能な限り多くの韓国軍が済州島に留まることに合意した[39]。

米軍が撤収を考慮している間、韓国政府は韓国人の軍隊と警察が敵と更に効率的に戦えるよう武器の支援を要請した。しかし結局、米軍は朝鮮半島から撤退せず、戦争が始まった季節を再び迎えて、戦争は韓国 vs. 北朝鮮、米軍 vs. 中国軍の間に引き分けた戦争へ帰結してしまった。1回ずつの力比べが終わるや、約束でもしたかのように運命のごとく戦争が始められた最初の地点へ再び集まり寄せたのである。

　中国軍の攻勢は、第1、2、3次の全てが緩慢で広範囲なようだったが、凄まじい集中力と破壊力があった。それは、中国大陸を掌握した巨大な革命の力が依然として残っていることを意味した。戦争の起源をなしていた分断という事態が世界から朝鮮半島への「収斂」による到来だったとすれば、戦争の進行過程における諸問題は、朝鮮の戦場における事態が世界へ「拡散」することによる現象だった。しかし、それが「収斂」にしろ「拡散」にしろ、朝鮮半島における事態の帯びた悲劇の大きさが更に増幅された理由は、そのような事態の進行において朝鮮民族が占める決定権が余りにも小さかったところにもあった。しかし、最大の被害と犠牲を払ったのは、彼らであった。

注

1) 『朝鮮人民軍』1951年1月6日。
2) 同上紙。
3) 洪学智『抗美援朝戦争回憶』北京、解放軍文芸出版社、1990年（洪寅杓訳『中国が見た韓国戦争（韓国文）』ソウル、高麗院、1992年、168頁。）
4) 同上書、170頁。
5) 同上書、170-171頁。
6) エフゲニー・バジャーノフ/ナタリア・バジャーノバ著、金光鱗訳『ソ連の資料で見た韓国戦争の顛末（韓国文）』ソウル、ヨルリム、1998年、134-135頁。
7) 洪学智、前掲書、174頁。『金日成全集』にはこの対話内容が記録されていない。『金日成全集』第13巻、平壌、朝鮮労働党出版社、1995年。
8) "16 Jan. 1951, ciphered telegram, Mao Zedong to Filipov (Stalin)", *Cold War International History Project (CWIHP) Bulletin,* Issues 6～7; *The Cold War in Asia* (Winter, 1995/1996), pp. 55-56.
9) 「6・25内幕モスクワ新証言（韓国文）」、『ソウル新聞』1995年6月25日。*CWIHP Bulletin,* Issues 6～7; *The Cord War in Asia,* pp. 56-57.
10) Chen Jian, *China's Road to The Korean War: The Making of the Sino-American Confrontation* (New York: Columbia University Press, 1994), pp. 212, 289.
11) 「三个戦役的総結和今後任務」、彭徳懐伝記編写組『彭徳懐軍事文選』北京、中央文献出版社、1988年、364-370頁。

12) 洪学智、前掲書、176頁。
13) *CWIHP Bulletin,* Issues 6～7; *The Cold War in Asia,* p. 57.
14) 「6・25内幕モスクワ新証言（韓国文）」、『ソウル新聞』1995年6月27日。
15) 洪学智、前掲書、172頁。
16) Peng Dehuai, *Memoirs of a Chinese Marshal —— The Autobiographical Notes of Peng Dehuai (1898～1974)* (Beijing: the Foreign Languages Press, 1984), p. 478.
17) 「三个戦役的総結和今後任務」、『彭徳懐軍事文選』364-370頁。
18) 徐鎮英『中国革命史』ソウル、ハヌウル、1992年、140-141頁。
19) 丁世尤『毛沢東建軍思想研究』北京、軍事科学出版社、1990年、48頁。
20) 徐鎮英、前掲書、175頁。丁世尤、同上書、48頁。初期の3大紀律、8項注意の内容は、次のとおりだった。3大紀律：①行動は指揮に従う。②労働者、農民の物には少しも害を与えない。③土豪どもを打倒し、共同所有化する。8項注意：①人家を離れる時は全ての戸を元の場所に掛けておく〔木で作った中国の家屋の戸は簡単に剥がせるので、夜に人々が戸を剥がし、木の支え台の上に掛けておき、即席の寝台としてしばしば利用する。〕②眠る時に使用した藁束は束ねて元の場所に置く。③人民には礼儀正しく丁重に対し、可能な場合にはどのような用事でも助けてやる。④借りて使った物は全て返してやる。⑤破損した物は全て弁償せよ。⑥農民たちとのあらゆる取引は正直に行う。⑦購買したあらゆる物には代金を支払う。⑧衛生に気を遣い、特に便所は人家に被害を出さない遠く離れた所に立てる。以上はスノー（Edgar Snow）が伝える毛沢東自身の言葉と次の諸研究を引用し、著者が表現を若干ととのえた。初期の3大紀律、8項注意については、周鯨文著、高麗大学校亜細亜問題研究所訳『毛沢東の軍隊（韓国文）』ソウル、東亜出版社、1964年、350頁。Samuel B. Griffith 2nd, *The Chinese People's Liberation Army* (New York: McGraw-Hill Book Company, 1967), p. 323、を参照されたい。毛沢東によれば、最後の2つは林彪が追加したものだった。これらについての毛沢東による直接の言及は、Edgar Snow, *Red Star Over China*（慎洪範ほか訳『中国の赤い星（韓国文）』上、トゥレ、1995年、改訂版、199-200頁）、特に脚注1番を参照されたい。
21) 周鯨文、同上書、350頁。Griffith 2 nd, *Ibid.*, pp. 323-324.
22) 『中国の赤い星』上、200頁、脚注2番。
23) 大韓民国国防部戦史編纂委員会『韓国戦乱1年誌（韓国文）』ソウル、1951年、D33頁。
24) 同上書、D34頁。
25) 朝鮮人民軍総政治局『報告者及び煽動員たちに与える資料——8・15解放6周年に際して（朝鮮文）』1951年8月、6-7頁、National Archives, Record Group 242, Shipping Advice Number 2012, Item 6, box 149.
26) "The Ambassador in Korea (Muccio) to the Secretary of State" (Dec. 20, 1950), United States, Department of State, *Foreign Relations of the United States (FRUS),* 1950, Vol. II; *Korea* (Washington, D.C.: U.S.G.O.P., 1981), pp. 1579-1581.
27) 韓俊明「地獄幽閉130日（韓国文）」、朴啓周編『自由共和国最後の日（韓国文）』

ソウル、正音社、1955年、51-54頁。牧師の韓俊明の貴重な肉筆調査記録（英文翻訳文添付）は、次の資料「大韓民国国防軍史研究所、資料202番」を参照できる。内容は本文に引用した記録とほぼ大同小異だ。この記録は、韓俊明が北朝鮮を脱出した直後の1951年2月21日、釜山広安里第3捕虜収容所で直接作成したものである。韓俊明は当時44歳だった。このような当時の調査資料と事後記録の一致は、著者の面前で会っている証言者の話とその昔の人民軍内部の書籍や文件とを比較して確認する過程で著者がしばしば感じた、ある表現し難い感想を思い浮かばせるのに充分なものだった。

28) 鄭東奎『3日の約束（韓国文）』ソウル、青石、1990年、105-106頁。
29) 同上書、109-112頁。
30) 同上書、121-169頁。
31) 1949年の在韓米軍の撤収についての詳細な研究は、金徹範『韓国戦争と米国（韓国文）』ソウル、平民社、1990年。李元徳「韓国戦争直前の駐韓米軍撤収（韓国文）」、河英善編『韓国戦争の新しい接近（韓国文）』ソウル、ナナム出版、1990年、189-262頁、を参照されたい。
32) 白善燁『長く長い夏の日1950年6月25日（韓国文）』ソウル、地球村、1999年、152頁。
33) 国防軍史研究所、所蔵文書番号317、NA, DC/R Central Files, 795B.00/12-2850 CS/W.
34) 1960年代の韓国軍のベトナム派兵問題を追跡する時、この問題はもっと深く検討せねばならないであろう。
35) *FRUS*, 1950, Vol. II; *Korea*, pp. 1625-1626. James F. Schnabel and Robert J. Watson, *The History of the Joint Chiefs of Staff*, Vol. III: *The Korean War*, Part. I (Washington, D.C.: Historical Division, Joint Secretariat, Joint Chiefs of Staff, 1978), pp. 397-399. Douglas MacArthur, *Reminiscences* (Seoul: Moonhak Publishing Co., 1964), pp. 377-378.
36) MacArthur, *Ibid.*, p. 378.
37) *FRUS*, 1950, Vol. II; *Korea*, pp. 1630-1633. MacArthur, *Ibid.*, p. 379.
38) James F. Schnabel, *Policy and Direction: The First Year* (Washington, D.C.: Center of Military History, United States Army, 1992), pp. 312-313.
39) *Ibid.*, p. 313.

第15章　結論：和解と統一、平和と人権の世紀に向かって

1．朝鮮半島1950：伝統主義、修正主義、制限戦争理論、誤認理論の問題と批判的な克服

1）戦争と平和、軍事と政治

　朝鮮戦争の6ヵ月は、我々に何を残したのか？　攻撃を開始した朝鮮人民軍が洛東江(ナクトンガン)に到達した時、戦争は北朝鮮の勝利に終わるように見えた。「共産」統一の成功だった。反面、韓国軍と米軍がその年の秋、北朝鮮のほぼ全地域を掌握した時、北朝鮮の消滅は時間の問題と思えた。「自由」統一の成功だった。しかし、南と北のどちらも、相手が彼らを後援する国際勢力と連帯した時、相手の絶滅を通じた戦争の方法では統一に成功できなかった。構造的な次元で見ても、朝鮮半島において戦争は、統一の道ではなかったのである。

　朝鮮戦争から得られる1つの教訓は、まず戦争と軍事についての「政治優先の原則（the primacy of politics）」であろう[1]。戦争が平和の条件とは決してなり得ない。軍事的な勝利は、必ずしも政治的な勝利の前提条件となるわけではない。全ての事態の進行過程で支払う代価は、特定の時空間に存在する具体的な人間の生と死として現れる。ゆえに、他の選択と同様に戦争も、やはり結果のみで評価されてはならない。結果以前にもっと重要なのは、特定の結果（目的）の達成のために選択する手段が持つ問題である。

　戦争は、それが持つ野蛮性と暴力性により、それを通じて達成しようとする目的自体を侵食する。アーレント（Hannah Arendt）の言明のように、暴力の本質は、手段―目的の範疇（the means-end category）により支配される。したがって、その基本特徴は、常に目的がそれを正当化してくれる手段により支配される危険にさらされている点である[2]。正にこの点で戦争は、政治の延長ではあり得ず、目的の正当性ほどに手続きと過程は重要である。手続き上の正当性が欠如する時、目的が持つ正当性は消滅する。不可避的に目的―手段の転倒現象が発生するのである。朝鮮戦争は、その典型的な事例だった。

　もしも我々が指導層に、特に「国家統治術（arte della stato）」の1つの方法として理想的で勇猛な「積極的な徳（virtù）」の実践を想定するとしても、または軍

事的な意味の「積極的な徳」を指導者の最高の実践規範と行動律として受容するとしても、それが最悪の暴力としての戦争、特に恐るべき攻撃戦争を正当化したのではない点を重く認識する必要がある[3]。

　それを受け入れる正にその地点で、ひとつの深刻な逆説が直ちに台頭するからだ。すなわち、「国家統治術」の一要諦として戦争防止＝国家防御、すなわち平和（または政治）のための「積極的な徳」自体の役割は存在できないからである。防御を通じた国権の保全と国民の安全が不可能ならば、我々がこの逆説を丁寧に深く認識する時、戦争を政治の延長として把握した認識と論理の誤謬を発見することになる。その点で、レーニン（V. I. Lenin）の古典的な定義で代表される社会主義の戦争理論は、誤謬で反平和的なのである。

　道徳と現実、動機と結果、目的と手段を分離し、後者を重視するとしても、統一という「ひとつの結果」は当然に実践されねばならない価値であり、「もう1つの結果」であるこの実現のため捧げられた多くの死が当然に割愛されるべき存在だったとすれば、それもやはり「ふたつの結果」を解釈する論理の矛盾によって持ち堪えられ難いのである。この言葉を決して道徳と現実、目的と手段の分離への拒否と理解する必要はない。この地点で我々は初めて戦争を、政治はもちろんだろうが平和の通路としては尚更、受容できないようになる。それは、国家の政策や指導層の選択を越えて、市民的な価値として確定されねばならない。平和のために指導層の徳性に劣らず集合的な市民の徳性が緊要な理由はここにあり、またそこから平和の社会的な条件、すなわち政治体制的な条件構築のための実践が持つ意味は発見される。これに留意する時、初めて我々は「平和を望むなら戦争を準備せよ（*Si vis pacem, para bellum*）」[4]が転倒された知恵の言明へ、おそらく「平和を望むならば平和を準備せよ（*Si vis pacem, para pacem*）」という言明に変じ得るだろう。

　戦争を通じて統一の目的を成し遂げようとした試図は、むしろ分断を固着化させた。ひとつの国民を形成しようとした目的は、ひとつの民族、ふたつの国民の間で更に大きな敵意を積み上げるようにしただけだった。「民族統一」と共に今ひとつの戦争目標として強調した土地改革などの「社会経済変革」においても北朝鮮は、南朝鮮地域の農民に韓国政府よりも別に何も多くは与え得なかった。これは、大きなアイロニーだった。民衆にその程度の恵沢を与えるために戦争を試図したとすれば、それは余りに小さいことのために余りにも大きな被害を考慮せず、全人民の命をかけた冒険を敢行した行動である外はないからである。

2）制限戦争理論と誤認理論の問題

　戦争が始まるや、韓国の最高指導者である李承晩(イスンマン)はソウルにいるかのように放送し、民衆をまんまと騙したまま逃亡しながら、戦争を世界的な戦争として創り出すのに成功した。米国と手を結ぶや、戦争は少なくとも軍事的な水準では李承晩の戦争から米国の戦争になった。それは、この戦争を世界的な戦争とし、韓国の防御を東アジアの自由主義陣営全体の防御問題へエスカレートさせようとした朝鮮戦争前の李承晩式戦略の成功だった。しかし、李承晩が国家生存のため米国に依存していったのは、国際政治と歴史に対する彼の認識に照らして、彼自身としては避けられない一本道の選択であった。

　李承晩は、旧韓末以来の韓露関係の歴史ならびにロシアの行動形態をよく知っていた。反共思想に先立つ彼の反露思想は、彼が5年7ヵ月間（1899年1月〜1904年8月）、漢城(ハンソン)監獄にいる時節から確固としたものだった[5]。反共思想の根幹となる反露思想の形成は、17〜18世紀にロシアの対外膨張政策の基本構想を盛り込んだピョートル大帝（Peter the Great）の遺言を獄中で読み、自分のノートに書き写してからだった。朝鮮の領土を虎視眈々と狙って来たと鉄石のように認識してきた、正にそのロシアが指示し後援していると判断した戦争を被った時、彼の対応は予見された範囲だった。彼が救国のため米国に依存していったのは、ソ連に対応する唯一の米国の力量および国際情勢によると見られるが、彼の歴史認識に照らして見て余りにも当然なことだった。

　李承晩は声を張り上げて自分たちの存在の確認を受け、世界および地域における戦略的な重要性を刻印付けて初めて、国際社会がこの小さな韓国に目を向けてくれるということをよく理解していた。彼にとって国家守護は、全てに先立つ絶対命題だった。マキャヴェリ（Niccolò Machiavelli）が戦争の要諦を説明して『ローマ史論（*The Discourses*）』で「恥辱を被る時にも栄光に輝く時にも、祖国は防御されねばならない。何をどうしても、それを防御するのは善だ」と言った時[6]、攻撃を被った韓国で李承晩ほど、この言葉の重みと意味をよく理解する者は他にいなかった。加えて、自分の逮捕と国家の運命を同一視した彼は、国家の生存方式を自己の政治生命と結合させる非常な能力を持っていた。この熟練した政治技術は、国家・民衆・民族・自分自身の中どの利害を反映したのかという評価の問題を超えて、彼に国内政治で勝利を抱かせてくれた第1の要素だった。さらに、それが世界冷戦の巨大な渦中へいち早く入る小国、韓国を支えてくれた決定的な要素の1つであった。その点で李承晩は、現実と道徳を分離したマキャヴェリの忠実な弟子だった。とりわけ彼は、共産主義者たちの先制攻撃を韓国に

よる統一の絶好の機会と認識し、天が下したこの好機を逃そうとはしなかった。
　韓国が崖っぷちに追い込まれた1950年7～8月、洛東江の河岸における2ヵ月間の対決は、巨大な死体の山を埋める攻防戦だった。戦闘が終わった夕方ごとに浦項（ポハン）から晋州（チンジュ）まで、長い河を塞いだ死体を数えるのが難しかった。川の水が全て血で染まった攻防戦だった。比喩すれば、洛東江はアジアのビストゥラ（Vistula）川となったのである。いや、戦後の世界史に及ぼしたその影響と意味に照らして見る時、ビストゥラ川よりもむしろスターリングラード攻防戦に正確には比喩され得るかも知れない。1942年7月から1943年2月までの約7ヵ月間にわたったスターリングラード攻防戦は、ヒトラー（Adolf Hitler）とスターリン（Joseph V. Stalin）の勝敗に伴い、第2次大戦と戦後秩序の向背に決定的な影響を及ぼすものだった。スターリンの敗北でそこが落ちるならば、ヒトラーの旭日昇天の気勢を遮るものは当分の間なかった。第2次世界大戦と戦後の世界の方向を分けるこの分岐点で、劇的に危機を乗り越えたスターリンは終に勝利し、対枢軸国の連合戦線は維持された。この勝利は、第2次世界大戦で連合国が収めた初めての主要な勝利であり、以後すぐに彼ら――ローズベルト（Franklin D. Roosevelt）、チャーチル（Winston Churchill）、スターリン――は、戦後世界を構想し始めた[7]。冷戦の開始であった。
　戦後、最初の戦いで海へ落ちれば、全てが終わりだった。洛東江は冷戦初期、世界の自由主義陣営と世界の共産主義陣営が対峙した最大の戦場となったのである。共産主義陣営が河を突破し勝利するならば、既に中国を掌握した状態で日本までほとんど手に入れられるという事実を意味した。彼らの伝統的な憂慮のように、朝鮮半島が日本を攻める匕首となるのだった。したがって、洛東江の血戦の意味は極めて世界的なのであった。釜山（プサン）の防御線は欧州のベルリンのように、冷戦初期に自由主義陣営全体のもう1つの橋頭堡だった。
　しかし、1948年6月から49年5月にわたり絶頂に達した、欧州を緊張に追い込んでいたベルリン封鎖（Berlin Blockade）、ベルリン危機（Berlin Crisis）と朝鮮戦争の大きさと影響は、比較され難かった[8]。実際に米国は、東アジアで韓国喪失の危機が鼻先に切迫して来るや、1950年7月19日に韓国の事態ゆえ正に先行していた欧州のベルリン危機を参照、ふたつの大陸における事態を世界的な水準で一緒に考慮する迅速さを示した[9]。米ソの冷や冷やする力の張り合いが1ヵ月以上も継続された洛東江戦線の防御は、朝鮮戦争の帰結はもちろん世界冷戦の展開にも決定的な影響を及ぼしたのである。冷戦が終わった時点で見る時、韓国の喪失が世界冷戦の方向を大きく転じてしまったであろうことに間違いはなかった。
　冷戦時代にアジアの3大戦争と言える、したがって冷戦時代に世界の3大戦争

と言える1940年代の中国革命、60～70年代のベトナム戦争の間に位置していた朝鮮戦争だけが唯一、自由主義陣営が勝利し、共産主義陣営が敗北した戦争だった。国家を喪失した国民党政府と南ベトナムとは異なり、どのように韓国は国家を防御できたのか？　この問題は、将来の長い間、比較考察を必要とするだろう。順番に国際政治の水準、戦争指導の水準、国内対応の水準に分けて見る時、中国の喪失に伴う自由世界の全アジア共産化への危機感、戦争指導の一元化を通じた編制・動員・装備・訓練体制の統一、韓国の軍隊と民衆の参加・動員・士気などの諸要素がまとまり組み合わさって、冷戦時代の最初の共産主義陣営による協同の攻撃を辛くも防ぎ得たのである。特に長い間、米国の支援のみで説明されてきた勝利の要因に加えて、韓国の軍隊と民衆の士気と参加は、今こそ注目され論究される必要があるだろう。戦後の韓米関係の桎梏として残っている作戦指揮権の問題も、戦時には指揮体系の一元化を通じた勝利に大きく寄与した要素だった[10]。

洛東江における南北朝鮮間の決戦は、国民党政府の敗退で終わった１年半前の中国における揚子江の国共対決とは大きく異なっていた。揚子江の対決が何年間も進行した中国における国共内戦の最後の決戦だったとすれば、そして米ソの直接介入なしに展開された革命的な内戦だったのに反して、朝鮮戦争は国際的な同意を得た分画線を再び合わせようと試みた戦争だったのに加え、直接介入した米ソの影響が比較できないほど大きかったからである。洛東江からの退却は、自由主義陣営が中国に続き再び共産勢力に領土を奪われることを意味した。反対に、国連軍が鴨緑江～豆満江の河岸に到達、北朝鮮を崩壊させて統一を成し遂げるならば、自由主義陣営は戦後最初の共産主義陣営の領土を掌握することになるのだった。そうだとすれば、中国はもちろんソ連まで米軍と直接、国境を連ねる外なくなるのであった。

仁川での劇的な勝利以後、マッカーサー（Douglas MacArhur）は朝鮮半島から共産政権を掃き捨てるため押し寄せ、韓国による統一が達成直前までたどり着いた。金日成と北朝鮮政府は、絶滅の危機においてソ連と中国に援助を要請しながら山岳地帯へ秘密裏に後退し、民衆は捨てられた。金日成は、民衆に祖国の寸土を血で死守せよと命令してから、自分は秘密裏に逃亡した。李承晩の対応とほぼ全く同じだった。また、この危急な時期は朝鮮共産主義運動史上、最高指導者だった金日成と朴憲永、二人の間の最終的な関係形成の――ひとりの処刑へ帰結する――最も決定的な局面となった。もちろん、中国軍が参戦する中で金日成は、戦争の主導権を喪失した。1950年冬に北朝鮮地域は、肉と機械がごちゃごちゃになり凍り付く酷寒の中に、過ぎ去った夏の洛東江両岸に劣らぬ死と血闘が反復され、再び世界冷戦の方向を左右する前線となった。甚だしく寒かった1950年冬、

北朝鮮地域の攻防も、やはり洛東江戦線に劣らぬ世界的な意味を帯びていたのである。

　自由主義陣営が第2次世界大戦直後に合意された境界線を越えて共産主義陣営の領土へ戦後最初に押し入って行った時、戦場は最悪の状況だった。戦線は摂氏零下数十度を下回り、強い北風に乗って降りしきる雪は猛々しく飛ばされた。寒さと吹き荒ぶ雪により兵士たちは、前をほとんど見られなかった。身を切る寒さの中に展開された戦闘では、近代戦争で現れ得たあらゆる惨状が演出された。タンクの破片と人間の肉体がごちゃ混ぜに絡まったまま凍りつき、機械と肉片が多くの場所で一緒に倒れ固まった。高原のあちこちで死んでいく兵士たちの身体は、ある部分は依然として温かいものの、ある部分は既に凍っていた。生と死がひとつの身体に共存していたのである。死と同時に死体は凍り付いた。おそらく「死にながら凍り付いていく」という表現がもっと正確であろう。生きている心臓は、停止と同時にこちこちに凍り付いてしまったまま、半島北部の高原のあちらこちらに数多く積まれていった。

　しかし、中国軍の参戦が確認された以後にも持続されたマッカーサーの攻勢は、結局「災難への行進」となってしまった。この破局的な災難は、誤認の産物だったと言うよりは一貫した戦略の表現であり、もっと根本的には米国が第2次世界大戦でドイツと日本に適用して勝利していた敵の絶滅という戦争原則「無条件降伏（unconditional surrender）」の延長だった。したがって、それは今まで一般国際政治学理論と朝鮮戦争についての経験的な研究が主張する制限戦争では決してない。米統合参謀本部議長コリンス（Joseph L. Collins）が「朝鮮戦争は、アメリカ合衆国が現代に遂行した最初の『制限戦争』、すなわち範囲、目的、使用された手段の面で制限された戦争だった」と述べる時[11]、そして朝鮮戦争以後の諸研究が制限戦争の言明を不変の定言として反復した時、それは朝鮮戦争における米国の実際の目的、戦略、武器使用、被害と一致しなかった。

　述べる必要もなく米国は、朝鮮半島で世界戦争（world war）を遂行しなかっただけでなく、朝鮮半島とアジアにおける水準と条件で遂行できる局地戦争としての朝鮮戦争において、最大限に可能な総力戦（total war）を繰り広げた。それは事実上、戦後どのような戦争よりも総力的な世界化した局地戦争（globalized local war）だった[12]。朝鮮戦争の勝利のために米国が投入した資源と兵力は、当時の欧州における共産主義陣営との鋭い対峙状況に留意する時、動員できるほぼ最大限の水準であった。すなわち、決して制限的ではなかった。38度線以南における停止という戦争目標の制限も、やはり米国が自ら解体した戦争だった。この戦争による被害と影響の大きさは、述べる必要もない。この点で代表的な制限戦争

理論書が朝鮮戦争を第1次、第2次の世界大戦と比較して、後者ふたつをあらゆる面で無制限戦争（unlimited war）だったと規定し、前者を制限戦争だと規定するのは、矛盾である[13]。この点に関する限り著者が理解するに、制限戦争の範疇設定への対応概念は、無制限戦争ではなく総力戦だからである。

もしも米国が朝鮮半島でソ連ならびに中国と、その数年前にドイツならびに日本と遂行していた世界戦争を再び遂行しなかったことを挙げて制限戦争だと述べるならば、この話は論理的にも事実に照らしても正しいと言える。制限戦争の概念自体が、戦争発生地域の当事国の観点からではなく、戦争に介入した強大国の立場から考案されたものだったからだ[14]。しかし、そのような主張は更に危険な、米国が北朝鮮の攻撃を理由に全人類を5年ぶりに再び世界大戦の惨禍へ追いやる、それも核戦争の惨禍へ追いやる、最も反ヒューマニズムの恐るべき目標を正当化しようとするものでなかったとすれば、不可能な想像だと言えるであろう。その主張どおりだとしても、理論的な問題は依然として残る。その場合に国際政治の諸理論は、おそらく制限戦争理論や誤認理論を通じ、朝鮮半島における事態を事例として米国の戦略を説明しようとするのではなく、今度は国際政治学のもう1つのそのような仮説である「葛藤の相互上昇」現象に関する理論によりこれを説明したり正当化したりしようとするだろう。ひとつの事態で局面が変化する時ごとに説明が変化するならば、それが科学でないことは強調する必要もなかろう。

「制限戦争」政策ではなく「無条件降伏」政策の観点から朝鮮戦争を見れば、この問題は解けるはずである。朝鮮戦争で現れた、マッカーサーが38度線の北進時において北朝鮮に反復して要求した事実上の「無条件降伏」政策は、歴史的に第2次世界大戦の顕著な特徴の1つだった。敵の完全な敗北（complete defeat）は、米国の第2次世界大戦への参戦以後に連合国が追及した必須の戦争目的となった。これは、ローズベルトが米国の南北戦争時、グラント（Ulysses S. Grant）将軍の言った言葉を蘇らせたもので、1943年1月にカサブランカ（Casablanca）会談でローズベルトとチャーチルがドイツに対して終末を告げるため闡明した戦争原則だった。ローズベルトが第2次世界大戦に臨む米国の基本的な戦争政策としてこの言葉を闡明して以後、他の戦争目的は重要ではなかった。

ナツィ政権を完全に根絶して、もう二度と再起して戦争を行えないようにするというのだった。すなわち、第1次大戦以後に再起して再び挑戦した前例を許容しはしないというのだった。ナツィを絶滅させないならば、米国と英国は他の目的を持てなかった。無条件降伏は、領土的な完全占領のような目的を持つゆえに、更に多くの軍事的な介入へ連結されざるを得なくなる。実際に第2次世界大戦の

ローズベルトとチャーチルの大部分の決定は、基本的に軍事的な観点から選択された。交渉、妥協、休戦会談のような政治的な考慮は、朝鮮戦争の6ヵ月間のように、ほとんど影響を及ぼさなかった。完全敗北と完全勝利を通じた終戦は、敵との一切の妥協の領域を残さないのである[15]。1943年11月、ローズベルトとチャーチルはカイロ（Cairo）で会い、今度は日本の無条件降伏を確認した。
　1945年にトルーマン（Harry S. Truman）が日本の降伏を受ける時に追及した政策も、やはりローズベルトの無条件降伏政策を確固として堅持したものだった[16]。戦後に無条件降伏政策が最初に適用されたのが朝鮮戦争であり、これは制限戦争政策と両立できなかった。それも世界戦争ではない、ある局地戦に適用されたのだった。朝鮮戦争でマッカーサーが「勝利に代わるものは何もない」と述べた時、それもやはり敵の壊滅というローズベルトのビジョンをそのまま受容したものだった[17]。この場合に無条件降伏政策ではなく、圧倒的に優越な軍事的攻勢の時点で北朝鮮に妥協や条件付き降伏を提示した場合、そして38度線と朝中国境の間のどこかで政治的な妥協の地点を確保したならば、中国の参戦は不可能だったであろう。少なくとも実際の戦争の帰結のような北朝鮮の原状回復は、想像し難かっただろう。ひとえに軍事的な勝利だけを追及する時、それは逆に敗北へ連結されたり最小限の目的達成に失敗したりすることにもなりかねないのだ。そのような点から見れば、朝鮮半島における休戦交渉の開始は、無条件降伏政策の挫折による協商を通じた終戦、すなわち小さく見ると第2次世界大戦の終結方式の修正、そして大きく見ると終戦方式における政治の復元の意味を持つ、国際政治と世界外交史の重大な転換点の意義を持つのだった。換言すれば、朝鮮戦争で休戦交渉の開始は世界戦史、更に進んで世界史の一大転換点だったのである。
　制限戦争理論を無と化す「無条件降伏」政策の理念的、道徳的な基盤として、米国例外主義（American Exceptionalism）についてのリップセット（Seymour Martin Lipset）の洞察は、深い響きを持つ。
　「米国の道徳主義、愛国主義は戦争への反対だけでなく、それに対する賛成にも表れる。ここから、いわゆる敵に対する**無条件的な**降伏（unconditional surrender）の原則が出て来た。この要求のために原則を遵守する国家である米国は、道徳的な理由のため戦争に出て行かなければならない。民主主義のために世界を安全にするという道徳的な目的は、米国を戦争へ出て行かせる理由となった。我々は常に**悪の帝国**（evil empire）と戦ってきた。……我々が悪の帝国と戦うならば、我々がサタンと戦うならば、それは生存を許され得ない（生き残れない）。共産主義の拡張に対する米国の初期の反応は、しばしば非妥協（no compromise）を意味するものだった。ロシア、中国、北朝鮮、キューバ、ベトナムにおける共産主義

者たちの主要な勝利の直後、米国は一定期間この我慢できない悪の勝利を**認定すること**（*to recognize*）を拒否する政策を堅持した。このような行動は、共産主義者たちが執権して以後、彼らへの反対に**不認定**（*non-recognition*）を包含しなかったチャーチルのような英国の保守主義者たちやドゴール（Charles de Gaulle）ならびにフランコ（Francisco Franco）のようなカトリック右翼主義者たちの行動形態と対比される。……米国人たちは、邪悪な外国政権に対する不承認を強調するところで独特だった。この原則は、戦争は悪魔のような敵の無条件的な降伏と一緒に終息されねばならないという主張へ連結される。」（**強調は原文どおり**）[18]

本書の論議が示した諸事実に照らして、朝鮮戦争の期間に制限戦争戦略を採択したのは米国ではなくソ連だった。それは、次のような3つの点でそうだった。この3点の全てで、スターリンは米国と異なっていた。第1に、スターリンは米国との戦争拡大を極めて憂慮して、どのようにしても直接参戦を忌み嫌った。のみならず自分たちの参戦の代わりに、中国軍を参戦させようと誘導し、教唆して、説得しようと努力した。それさえも上手くいかなければ、スターリンは北朝鮮を見捨てようとした。第2に、空軍の参戦を決定、実行したが、規模も小さかっただけでなく、何よりも米国との直接衝突を避ける意図で、参戦事実を隠蔽しようと中国空軍に偽装して参戦をした。初期にソ連軍事顧問団も参戦したものの、彼らは軍人の服装ではなく民間人の服装をしており、ロシア人ではないように行動した。第3に、参戦した空軍の軍事作戦範囲が北緯39度線以北と厳格に制限されていたという点だ。ソ連空軍は、全く38度線以南への進出を試図しなかった。

以上の歴史的な諸事実を考慮する時、①米国の基本的な戦争戦略は無条件降伏政策だったという点、②米国の戦争制限戦略が能動的で積極的な政策選択の結果ではなく、受動的で消極的な政策強要の結果だったという点、③ソ連の戦争戦略がむしろ制限戦争戦略だったという点から、この間に国際政治学会で一般的に受容されてきた、ソ連膨張主義の延長として朝鮮戦争に接近する伝統主義の解釈はもちろん、朝鮮戦争における米国の政策に対する一般的な解釈である制限戦争理論は、事実と異なる誤謬だった点が証明されたのである。朝鮮戦争に投入された米国の人命と資源、その被害、そして欧州でソ連と同等だった対峙状況を考慮するならば、この戦争における米国の目標、戦略、政策はより一層、制限的ではなかったのである。これは、この研究の事実的で理論的な結論の1つである。

制限戦争のテーゼ、修正主義以後の最近になって再登場した朝鮮戦争の主要決定ならびに局面を全て誤認（*misperception*）理論に基づいて解釈する理論枠組みも、やはり理論と事実の間の乖離が深刻な問題を投げかける。もちろん、朝鮮戦

争の開始のように、この戦争には部分的ながら政策決定に誤認の要素が介在したことを否認できない。しかし、もっと重要なのは、誤認ゆえだったという規定よりも、指導層による誤認の条件、根源、論理体系、政策的な連続性に対する探究であり、また誤認と遊離したある一貫した本来的な要素を判別し分ける問題である。朝鮮戦争が限りない誤判の連続である時、すなわち南侵は北朝鮮の誤判であり、南侵を阻止できなかったのは米国の誤判の産物であり、北進と国境への進撃もやはり中国の戦略についての米国の誤判の産物であり、休戦会談に先立ち戦争を制限しようという試図は再び米国の誤判の産物だったという時[19]、このような解釈は論理的にも矛盾であり、歴史的な事実にも一致しない。

　それは、本書の資料と論議が示すように誤認の産物というよりは、その実は一貫したある戦略と政策、そして、それらが基盤とした理念ならびに世界観の産物だった。仁川上陸作戦は、成功したから誤認ではなく世界戦史上で最も輝かしい奇跡的な成就であり、反対に朝中国境への進撃は失敗したから誤判だったとすれば、ひとつの主体により推進された高度に政策的な一貫性を持ち、極めて短い時間に採択された政策を説明する方式としては、全く間違いとなる外はない。反対に、もしも仁川上陸作戦が北朝鮮軍の頑強な抵抗で失敗していたとすれば、この理論はそれをまた誤認だとして説明しようとするだろう。本書の極微な諸事実が表してくれるように、北朝鮮はマッカーサーの仁川上陸作戦に作戦以前から予め極めて緻密に準備していた。彼らは、そのような事前の準備ゆえに短い時間ではあれ頑強に抵抗できた。そうだとすれば、マッカーサーの上陸作戦の成功は、判断の正確性の有無ではなく、すなわち誤認の如何ではなく、圧倒的な力の優位ゆえだった点が証明されるのである。ひとつの事態の連続する、分離され得ない2つの契機だけを比較して見ても、誤認理論が朝鮮戦争をどれほど間違えて探求しているか、すぐに露になるのだ。

3）革命的な急進主義、修正主義を越えて

　1950年の秋と冬、それぞれの勝勢が終わった事態において北朝鮮の軍人たちと韓国の軍人たち、そして一般の人民たちの長くも長い北行きの道と南行きの道を追跡しながら、我々は戦勢の逆転が人々の選択を真に難しくしたという点を確認することになる。現在のある選択は、予測できない未来が方向をつかんだ時、それに対する代価を支払わせる。その方向が分からない時、人間の選択は混乱する外はない。誰が勝つだろうか？　どちらに加担すれば生き残れるのか？　正義の問題に先立ち、生存の問題がまず迫って来るのである。戦争は一寸先の方向さえ

も分からないよう進行するから、人々の選択を極度に困難にした。彼らは、どうやっても生きたいという意志のために自身の決定を猶予したり隠したりしたまま終わりなく歩いたり、こちらに引っ掛かりあちらに引っ掛かりして生存していく。戦争が最も残酷に創り出す存在は、正にそのような暴風に翻弄される一般の民衆なのである。

朝鮮の民衆が世界冷戦の方向を分かつ戦線の先頭に立って殺したり殺されたり、押したり押されたりしたという事実は、彼らの犠牲を大きくした第1の要素だった。彼らの統一戦争の試図は、なぜ世界冷戦の方向を左右する標柱となってしまったのか？　この点は、遠くは1876年の開港以後の朝鮮半島の地政学的な位置、そして近くは1945年8月以後の東アジア地域における冷戦の深化と朝鮮半島の分断、さらに直接的には南北朝鮮の対決と戦争開始の国際性に連結されていた。朝鮮戦争は起源、展開、帰結の全てにおいて国際、東アジア、国内の3つの水準が密接に噛み合っていた。したがって、それは既に言及したように世界的な戦争、地域的な戦争、市民的な戦争の性格を一緒に持っていた。3つの水準の重畳を更に顕著にしたのは、戦争の展開で現れた3層の交織とそれによる朝鮮民族の被害だった。

長い植民地統治から解放された1945年の8月と9月、押し寄せて来る巨大な変革の波の中心は、ソウルだった。ソウルが左派の中央で、平壌（ピョンヤン）は同年10月に朝鮮共産党北朝鮮分局の設置さえ、たとえ形式的だったけれどもソウルの承認を受けた。革命の性格も、やはり民族主義と社会主義が結合された脱植民地社会革命だった。しかし、社会主義か資本主義かの体制問題さえ、つまり革命の性格さえも、その実はまず独立国家を建設せねばならないという議題の次に来る問題だった。この時に国家建設は、すぐに民衆の一般意志に接近する第1の議題だった。

しかし、単一国民国家建設の論理は、社会（主義）革命論理の圧倒により受容され得なかった。韓国で反共民主政府樹立の論理が単一国民国家樹立の論理を制圧したように、1946年初めに入り、共産勢力内部のソウルと平壌の力関係は逆転され、1948年に北朝鮮の建国以後、南朝鮮地域の共産主義者たちは北朝鮮労働党と統合する中で完全に北朝鮮へ吸収された。こうして、彼らが追及する革命の性格も変わり、既に北朝鮮で民族主義者たちは体系的に弾圧を受けていた。

独立国家建設の問題は、北朝鮮にまず「民主基地」ないしは「革命基地」を建設せねばならないという革命優先の論理により後へ延期された。社会革命の問題が民族国家建設の問題に優先する中で、ソ連の助けを受けた北朝鮮は先立って分断体制を構築していった[20]。革命優先の論理を通じて先に分断国家を建設しようと試図してから5年後に、戦争を通じて革命を全国へ拡散しようとした最大綱領

路線は、朝鮮共産主義運動の最人の失敗要因だった。初めから単一国家樹立のために革命を譲歩できなかったのだろうか？　朝鮮共産主義のこのような徹底した失敗は、イタリア分断を防ぐためファシストとの大妥協を追及、階級利益に先立ち民族利益を、社会（主義）革命に先立ち統一国家樹立を優先していたトリアッティ（Palmiro Togliatti）による1944年の劇的な「サレルノの大転換」を可能とした最小綱領路線に比較される[21]。しかし、朝鮮の共産主義者たちは全くそのように行動しなかった。

　朝鮮の共産主義ないしは左派運動において、目的と手段はしばしば倒置されてきた。例を挙げると、北朝鮮で「自主」が目的となりながら、その手段を通じて高揚されるべき人民の目的たる生は、正にその「自主」ゆえに飢餓の苦痛を強要される。1950年にも朝鮮の共産勢力は「反帝民族主義」を「目的」として、その目的の実現のために「手段」として民族を戦争の惨禍へ追い込む決定を押し付けた。1945年に極めて強力だった北朝鮮地域の民族主義を完璧に清掃した後、1950年に戦争で突然また民族主義を主張する時、自らの理念として「共産」統一に成功せねばならないという権力の論理を超えて、我々が探し求める民族主義の要素とは果たして何なのであろうか？

　1950年6月に戦争が勃発した時、韓国は革命の主体ではなく対象だった。革命の中心は、平壌であった。力の根源は、南朝鮮地域の人民の革命意志よりも、ソ連と中国の国際的な支援を背負った平壌の軍事力から出て来た。「解放」と「戦争」という、1945年の事態と1950年の事態の決定的な差異は、ここにあった。これは、単純に平壌の武力が革命の中心的な役割を果たしていたという点だけを言うのではなく、1950年の事態の性格を物語るのである。実際に革命という名前の占領政策の執行指針も全部、平壌から下りて来た。

　土地改革についての政策要綱と指導要員たちは、戦争開始直後に平壌から集団的に下りて来た。共産党と人民委員会の建設方針と指導人物たちも、同様だった。遙かに困難な条件に置かれていたにもかかわらず、南朝鮮地域に残って闘争していた一定の共産活動家たちは、李承晩政府に協力したかどうか、帝国主義との関わりの疑惑があるか否か、の如何を検討されるため、進駐した北朝鮮の情報機関による調査を受けねばならなかった。その中のある人たちは、不幸にも自述書を書かねばならなかった。宣伝と解釈の基準は、全て平壌の指針に従わねばならなかった。南北朝鮮の革命同志たちの間の上下関係は、余りにも明白だった。

　朝鮮戦争について水準が高く影響力のある研究は、1950年の人民委員会の復旧を1945年秋の米軍進駐により破壊された朝鮮建国準備委員会（建準）や人民委員会の復活と見ようとする[22]。しかし、1950年の戦争が1945年の解放の性格、すな

わち挫折した脱植民地の社会革命の遷延された爆発の性格を帯びているとすれば、少なくとも次の比較の質問に肯定的な答弁をできなければならない。

まず、1950年は1945年の状況と人民の意思に接近する行為だったのか？ 1945年8月の建準と人民委員会は、民族主義を包括して左右翼が連携した民族的、民衆的な集団意志（*national-popular collective will*）の実現体だった。反面、1950年の人民委員会は、民族主義者たちが排除されただけでなく、徹底して弾圧を受けねばならなかった。それは、徹底して単に階級意志の実現体であるのみだった。要するに、前者は民衆的、民族的な訴え（*interpellation*）だったが、後者は階級的な訴えだった。また、1945年の建準と人民委員会が下からの意志の結集体だったとすれば、1950年の人民委員会は6月25日の暴力が開き置いた空間で上から結成された組織だった。下からの政治と上からの政治で区分され得る差異であった。

次に、革命的な急進主義のある有力な主張である。果たして米国の介入がなかったならば、北朝鮮の戦争試図は合理的で正当な決定だったのだろうか？ 朝鮮戦争における米国の介入は、明白にこの戦争の展開と帰結を決定した核心的な要因の1つだった。米国の介入がなかった場合、この戦争が韓国と北朝鮮、李承晩と金日成の間の戦争として進行して終結しただろうという点は、反事実的な仮定（*counter-factual*）を越えて実際の事実に一致する。朝鮮戦争前は朝鮮半島に対して比較的に弱かった米国の軍事的な意志と比較する時、この介入は、米国の朝鮮半島に対する以後の戦略と韓米関係の礎を定めるほど、決定的な意味を持つ契機だった。同時に、それは世界ならびに地域水準の戦略的な地平から見る時、米国の戦後における戦略が東アジアにまで拡大されて世界化（*globalization*）する決定的な契機であり、20世紀の前半と後半でアジア地域での政治と安保における米国の位相と役割の差異を分かつ分水嶺だった[23]。

したがって、事態の大きさと重要性に照らして、米国の介入がなかったならば朝鮮戦争は民衆の大きな被害なしに成功し得ただろうという反事実的な仮定は、依然として非常に説得力がある。米国の介入を批判するため、また反米民族主義的な観点から、北朝鮮の戦争開始の決定が持つ正当性と合理性を主張するためのこの仮定は、戦時の初期には社会主義諸国家と北朝鮮の指導層により、それ以後には急進左派の解釈により、継続して提起されてきた。すなわち、ひとえに韓国との戦争だったならば、米国の介入意図なしと予想した北朝鮮の戦争決定は合理的な判断ではなかったのかという主張である。道徳的に危険な推論だが、この仮定は歴史的な事態の因果関係からは部分的に事実かも知れない。

しかし、この危険な仮定が成立するためには、論理的に次の前提がまず成立せ

ねばならない。そして、ここから、この仮定は事実的に倒壊する。ソ連ならびに中国との緊密な論議と莫大な支援なしに、北朝鮮が単独で民族統一の観点から戦争を決定し始めたのならば、上の主張は成立可能な側面もなくはなかった。単一国家建設のための相違した展望と路線間の内戦、革命戦争ではなかったのかというのである。しかし、スターリンの同意を得るため金日成による長期間にわたった刻苦の考慮と努力は、そしてスターリンの究極的な同意と後援の以後に初めて戦争を開始できたという事実は、米国の介入を非難した自分たちの、そして以後の主張の正当性を自ら侵食する。我々の研究の第1部が明らかにしたように、スターリンの同意と支援がなかったならば、この戦争は不可能だった[24]。

　論理的に述べるならば、「原因行為」に予めソ連と中国という外部要因を奥深く引き入れていながら、それへの「対応行為」に外部要因が介入したことを非難するのは、成立不可能な論理矛盾である。それは、父母を自分の横に置いたまま、その父母の掩護に力を得て友達を殴った後、暴力を被った不可抗力の友達が父母を呼びに行く行為を非難するような、人間と国家行動の暴力の原因と誘発責任、または上昇の螺旋形的なメカニズムだけを必ずしも言っているのではない。暴力の原因と対応の後続関係（sequence）は、しばしば事態の「第1原因」を追跡するところまで連結されるのを繰り返す。この点がやはり重要だというのは、明白である。しかし、ここでの陳述は、それ以上を含意する。露になった歴史的な事実によってだけでも明白な、米国の介入を挙げて北朝鮮による統一の試図を正当化したりその失敗を非難したりする論理が持つ、自己の信念と理念を歴史に投入しようという根本的な方法的誤謬をまず指摘しようというのである。したがって、上の反事実的な仮定は、科学の領域だというよりは、むしろイデオロギーと政治の領域なのだ。

　そうであるならば、実際の事実に照らして、1950年夏の「戦時政治」の様相は1945年秋の「解放の政治」のそれと類似していたのか？　粛清と自首が乱舞した1950年夏、韓国の状況は1945年秋の全国の状況を再現したものでは決してなかった。ここでは、過ぎた5年間の韓国と北朝鮮で展開された事態の変化の内容が重要視され、考慮されねばならないだろう。その戦争の試図は、相互間に大きく変化した5年後の「北朝鮮を韓国に暴力的に押し付けること」だったのであって「1945年の朝鮮半島全体の状況を再演すること」ではなかった。次ページの絵図を見れば、1950年6月の戦争が1945年の朝鮮半島の復元ではなく、1950年6月の北朝鮮の全国的な拡散である点が更に明らかになるだろう。すなわち、この戦争は1945年の解放から経過した5年間で互いに離れて行った後、全く違った社会となっていた1950年の社会主義の北朝鮮を韓国にまで拡散しようという試図だった。

〈絵図15－1〉 朝鮮戦争の性格の図解

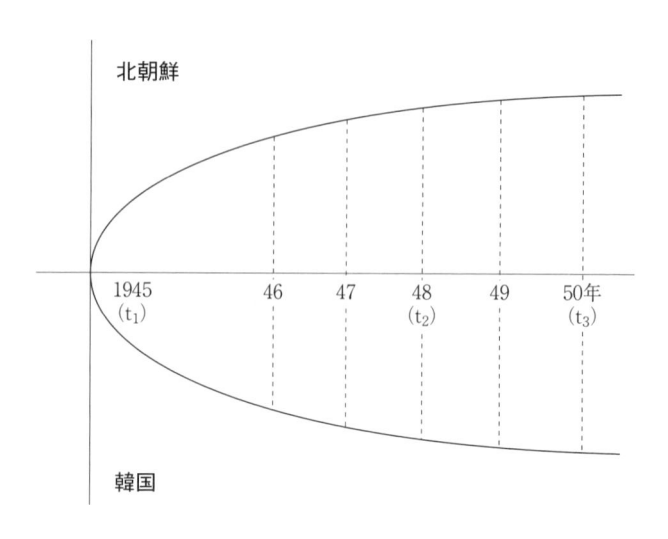

　戦争は t_3 時点の「北朝鮮体制の複製試図」だったのであって、t_1 時点の「南朝鮮地域の社会復旧」ではなかった。t_1 時点で同一だった南朝鮮地域と北朝鮮地域の社会的な性格は、時間が経ち次第に離れて行き、t_2 を経て t_3 に至っては絵図の線の幅ほども遠く離れていた。この遠く離れた空間ほど、ふたつの体制は異質的だった。この戦争は、1946年に北朝鮮で行われた北朝鮮革命とも異なっていた。北朝鮮革命も、やはり1945年の状況で民族主義と右派を排除した中で試図された事実上の社会主義的な革命だったけれども、38度線という脱出（exit）の通路が存在する中で実施されたゆえに、そして大きな流血手段を動員しなかったゆえに、比較的に平和裏のうちに推進され得た。しかし、この戦争は始めから最高の暴力に依存したもので、脱出の通路はどこにも存在しなかった。それは、そっくりそのまま人民の被害に連結した。
　韓国の民衆は1950年夏、最初で最後の北朝鮮の共産統治を経験した。しかし、その経験は、そののち長きにわたり人々の認識と行動に影響を及ぼした。個人ならびに集団の経験は、どれだけ近い時期に体験したのかという時間の接近性の問題ではなく、どれほど徹底して集中的に経験したかという徹底性と集中性がより重要であることを悟らせる。1945年秋、朝鮮の民衆は、どんな理念と体制を持つのかをめぐり依然として未決定の状態に置かれていた。しかし、3年間の葛藤を

経て、韓国は自由民主主義体制を、北朝鮮は社会主義体制を採択した。1950年の相手の国民と領土に対する一度ずつの統治の経験は、その両極化の道に最終的な封印を施した。

　もっと大きな問題は、韓国と北朝鮮の脱植民地革命に対する両極的な理解に基づき、南朝鮮地域の土地革命を戦争の重要な目標の１つとして追及した北朝鮮が、戦争の過程で韓国の農民たちに李承晩政府より何も多くは与え得なかった点である。北朝鮮が韓国で戦時に施行した無償没収、無償分配は、その急進性を除外すれば有償没収、有償分配を選択した朝鮮戦争前の韓国政府の土地改革に比べ、経済的にどんな恵沢もより多く与え得なかった。この話は、結果的に朝鮮戦争における急進改革の試図が韓国の封建的な遺産を撤廃するところに寄与し、徹底した土地改革と資本主義発展の促進剤として作用したという「意図しなかった結果」を否定するものではない。そうではなく、北朝鮮の戦時の急進的な社会経済変革の試図は、実際の資料と諸事実が示してくれるように失敗し、暴力性を相殺するに足るどんな優位も示し得なかった点を強調するためなのである。38度線以南で進行した朝鮮戦争前の韓国と戦争時の北朝鮮による土地改革との相互比較は、修正主義の仮説の誤謬を実証する。

　歴史的にファシズムのイデオロギーも、その大衆的な基盤を持つ。すなわち、歴史的な経験から抽出された理念は、政治権力の構築に先行して政治的な行動の礎石を置いてくれる[25]。そうだとすれば、韓国の反共主義は圧倒的に上から与えられた側面だけが存在したのか、我々は尋ねることになる。韓国で停戦後、際限なく政権による反共主義の利用が可能であった理由は戦争の経験、その中でも共産統治の経験が存在する。反対の場合、すなわち上からの理念的な動員がより強い北朝鮮社会ながら、そこでの反米・反韓のイデオロギーも1950年秋に国連軍と韓国による占領の経験と分離され得ない。北朝鮮地域の住民たちはこの時、最初で最後の韓国による統治を経験した。停戦後の両者による理念的な呼び起こしは、そのような動員を可能とする歴史的な経験なしには想像し難かった。

　本人たちの立場から見ても、巨視的―歴史的に２つの点で金日成と朴憲永の戦争指導は、徹底した失敗だった。ひとつは分断の固着であり、もう１つは韓国の反共体制の強化だった。統一を目標に試図された戦争は、統一を招来したのではなく分断を固着させ、韓国に共産体制を移植させたのではなく反共体制を強化させた。この点に照らして見れば、急進主義は統一に寄与したのではなく、分断の固着に寄与したのである。欧州における革命の歴史でもしばしば確認されるように、原理主義的な急進主義は革命ではなく反革命に、進歩よりも反動に寄与する。

　この点において朝鮮戦争の教訓を抽出する作業が、非現実的な急進主義の教義

が持つ問題を把握するところから出発できるならば、それは未来の平和のための、特に未来の平和企画を可能とする望ましいリーダーシップのための努力となるだろう。戦争研究が平和研究である外ない所以は、ここにあるのではないかと思う。統一以前に重要なのが統一に条件を付けることならば、その条件として最も重要なのは過去の理念対立が掘り出した葛藤を治癒し、民族の同一性を回復する仕事であろう。ゆえに、戦争が残した理念的な亀裂を治癒する仕事は、統一の必須不可欠な前提となる。戦争についての共通の反省は、その最も重要な要素となる。

　戦時の人民の生きざまを見ながら、我々は特定の目的のために選択される暴力がどれほど深くも徹底して人間と社会を破滅させるのかを目の当たりにした。戦争が残した憎悪の治癒なしには、統一は災禍かも知れない。戦時の選択が示してくれるように、人民は政治意識を明確に自覚する意志の主体であると同時に、変化する状況に便乗する客体という両面を一緒に持っている。自らの選択が不可能な時、人民は受動体へ転落したり、そうでなければ自分を騙したりするだけだった。深くも大きな亀裂は、その大きさに比例する治癒の時間を必要とする。歴史において飛躍はないから、どれほど憎悪が大きくても、歴史的な経験として失敗した相互の殺戮と呪詛を緩和するため、相手を受容できる時まで忍耐の期間が必要だという点である。朝鮮戦争は、平和と統一に対する反面教訓の事例として受容される時、もっと大きな意味を持つようになるだろう。

2．国家利益、国際主義、地政学、そして朝鮮問題

　朝鮮戦争の初めの6ヵ月は、朝鮮半島の置かれた東アジアにおける独特な地政学的な位置が顕著に現れた時期だった。米軍の参戦による共産統一の失敗と中国軍の参戦による自由統一の失敗ほど、この点を明白に示してくれるものもない。平和の時期より戦争の時期に、地政学的な要因は戦略的な考慮において遙かにより大きく作用する。

　米国の迅速な参戦は、冷戦の要衝として浮上した韓国をソ連陣営に決して渡せないという意志の表現だった。1949年の中国の喪失は、逆に韓国の喪失を防止する役割を遂行したのである。金日成 vs. 李承晩の戦争は、分割線の性格と戦争準備におけるソ連―中国の介入により、初めから国際的な性格を帯びていた。米軍が参戦するや、戦争は傍目にも明白に世界的な戦争となり、東アジアで資本主義陣営 vs. 社会主義陣営の勝敗を分ける巨大な一番勝負へ変転した。

　朝鮮戦争への参戦を契機として米国は、冷戦時代に朝鮮半島と東アジアの版図

を決定する要素となった。米国は「日本占領」時に一歩おおきく入って来て、「中国革命」で歩を引いた後、朝鮮戦争により再び奥深く入り込む契機をとらえたのである。米軍の参戦と一緒に朝鮮半島の背後にある日本は、米軍の前線基地の役割を果たしながら帝国主義時代の戦犯国家からいち早く脱出、冷戦の最大の受恵国家として米国―日本―韓国の連帯における中間要所を担当する中で再生の支度を整えた。

　吉田首相が朝鮮戦争を「天佑である」と表現したように[26]、日本は朝鮮戦争を契機として経済的、軍事的に決定的な利益を得た。「戦犯国家」日本にとり、朝鮮戦争は「自由盟邦」への変身と蘇生の劇的な契機だったのである[27]。結果的に、ソ連―中国―北朝鮮の「東アジア共産主義の三角連合」による韓国攻撃は日本を復活させ、米国―日本―韓国の「東アジア反共主義の三角連合」の堅固化を促進した。したがって、朝鮮戦争は開戦の意図とは異なり、戦後に持続された東アジアの反共連帯形成の最も決定的な契機であり、これを契機にこの三角連合体制と北朝鮮の対決が脱冷戦時代まで持続されざるを得なかった。

　1950年秋に国連軍が38度線以北へ進駐するや、北朝鮮の金日成と朴憲永は李承晩が米国に行ったように、スターリンと毛沢東に生死を一任するほど積極的に援助を要請した。彼らは、スターリンと毛沢東に自分たち二人が直接署名した手紙を送り、懇切に参戦を哀願した。毛沢東に参戦を訴える一方、中国軍の参戦を慫慂する要請さえも彼らはスターリンに行った。この点は、戦争の決定と進行過程で金日成と朴憲永が、実際の最高決定権と指導性（$supremacy$）は誰にあるのかを知っていたからだった。それは1950年6月の決定と同様に、当時の東アジア共産主義の三角連合諸国家間の位階ならびに世界共産主義陣営におけるスターリンの位置を反映するものだった。スターリンは、自分が事態を掌握した状態において国内外の部下たちを分割統治して、彼らが独自に意思疎通して主要な問題を決定することは許容しなかった。

　戦況の逆転後に金日成と朴憲永、スターリン、そして毛沢東の各々が示した反応は、戦争を決定する時の過程とほぼ同一だった。金日成と朴憲永ほど切迫した人たちはいなかった。戦争を始める時も彼らは、早急な統一への熱情と無謀な軍事的勝利主義を前面に押し出してスターリンと毛沢東にせがんだ。しかし、実際の戦争の決行は、スターリンの戦略的な考慮と同意、毛沢東の賛同があった時点で初めて可能だった。戦勢が逆転するや、金日成と朴憲永は、大慌てで彼らに支援を要請しておいてから、一般の予想を超えて敵が押し寄せて来る状況において自分たちだけで互いに非難し合っていた。

　外国の大使が訪ねて来ても中止せずに争うほど、戦勢が逆転するや、彼らは早

くも敗戦の責任を意識して、責任転嫁のために争いを始めたのである。そうしながらも二人は、外国との交渉のために重大な任務を分担し、また権力を両分して敵に立ち向かった。彼らのこの食い違う行動から我々は、権力と革命の何を学べるだろうか？ 外部の敵に向かった革命的なテロルが革命の安定期に共産主義の同志に振り向けられたロシアのように、国家消滅の危機を乗り越えて安定局面に入るや、攻撃の刃は韓国の反動徒輩ではなく、むしろ内部の同僚である共産革命家たちに向けられた。武亭、許ガイ、朴憲永、李承燁など多くの伝説的な朝鮮共産主義の指導者たちは、金日成という同僚の共産主義者の攻撃により全部、帝国主義のスパイや大小の罪状を被ったまま消え去り始めた。

　スターリンの行動形態は、真に戦慄的だった。人間に対する考慮が排除された彼の冷たく緻密な対応は、世界共産主義史の３分の１を指導した人間から何かヒヤリとするものを感じさせる。人間と国家の間の関係において、信頼というのは果たして何であろうか？　スターリンは直接、参戦する念はなかったが、毛沢東が参戦して米国と争ってくれるならば、それよりも更に良いことはなかった。中国が参戦を躊躇するや、スターリンは未練なく金日成と北朝鮮政府を捨てようとした。しかし、北朝鮮の指導層と朝鮮共産主義者たちにとり、スターリンは解放の恩人であると同時に戦争勝利の鍵だった。「朝ソ親善の日」に際しての北朝鮮の叫びは「偉大なソ連との兄弟的な親善は、祖国解放戦争の勝利の道だ！」であった[28]。問題を正確に見ている声だった。朝鮮戦争時に解放５周年が迫り来ると、スターリンは全ての宣伝と新聞、放送で「我が民族解放の救星」と呼ばれた[29]。

　新聞の表題、標語、スローガンには、金日成と一緒にソ連とスターリンが溢れ返った。政府の諸機構はもちろんながら労働者、農民、女性、文化芸術の全ての組織と団体による数多くのソ連称賛声明とスターリンに送る公開メッセージは、それらが人間の自由な精神作用の産物としての文章ではなく、精神が麻痺した１つの「機械音」を聞く感じを与えた[30]。これらも異口同音に「ソ連」と「スターリン」の称賛だった。反面、「悪鬼米帝」は鋭く対比された。

　朝鮮半島で米国とソ連は、実に世界を２つに分けて巨大な両群大戦を行っているのだった。このようなスターリンへの賛美は、述べる必要もなく戦争の展開におけるソ連の後援に対する絶対的な必要性からだった。ソ連に対する称賛は、痛ましい程度のおべっかと屈従を盛り込むものだった。新聞に公開されたスターリンに送る夥しい「メッセージ」（메쎄지；原文どおり）は、彼の偉大さを賛美する内容一色だった。戦争時期に彼の絶対的な支援が必要な北朝鮮の指導層と朝鮮共産主義者たちにとってスターリンは、一般人民には金日成がそのように受け入れられるよう宣伝されて要求されたのと同様、現実の政治家ではなく、あたかも朝

第15章　結論：和解と統一、平和と人権の世紀に向かって

鮮民衆の運命と世界史の方向を左右する絶対精神の具現者のような高みに上っていた。北朝鮮は、朝鮮戦争時に「ソ連を首位とした国際民主力量の鋼鉄のような団結万歳！」を叫んだが[31]、既にその戦時にソ連は北朝鮮を捨てようとしていた。北朝鮮の戦後の主体路線は、単にこの時期における従属の極端から自主の極端への移動だった。それは、偽善的な国際主義が盛り込む外ない予定された振幅（*oscillation*）だった。朝鮮戦争時に北朝鮮の指導層は国際政治、特にスターリン外交の本質を余りに知らなかったり、知っていたとしても早急な統一の欲望ゆえにありのまま見えなかったりしたのに違いなかった。

　どんな場合にもスターリンは、常に聞こえてくる他地域の共産主義者たちの口に上ったお世辞の称賛に動かされなかった。決定的な局面において彼が取った姿勢で感じられるのは、冷たくも冷たいヒヤリとする現実感と利己性が感知される「冷酷性と金属性」だった。彼の判断は鋭利であった。彼は、決定のほぼ全てに空虚な国際プロレタリア主義ではなく、実際にとらえられるソ連の利益の観点から接近した。彼にとり最善の選択は、米国との直接対決を回避しながら国益を達成することだった。そうして、スターリンは徹底的に偽装された空軍作戦においてさえ、中国の指導者たちを充分に満足させる程度には大きかったが、米国との敵対は充分に回避する程度に小さい空軍介入を維持する「周到綿密に指揮された砲弾（*a carefully orchestrated ballet*）」を演出したのだった。もちろん事実は、彼は中国さえもそれほど満足させてはやらなかった[32]。

　そのような点で彼は、虚しい言葉に過ぎない国際プロレタリア主義者ではなく、徹底したソ連国益優先主義者だった。彼はまた、見えない理念を追求する理想主義者ではなく、確実に見える利益を追求する現実主義者であった。共産主義が理想に基づいた国際主義的な行動論理であると同時に哲学だというのは、スターリンには該当しなかった。民族主義は「単にブルジョアにだけ発見される」というマルクス（Karl Marx）の古典的なテーゼは[33]、スターリンの事例が示してくれるように、全的に間違ったものである。スターリンの行動形態は、徹底して国際主義を超えて、権力の現実に根拠を置く行動論理だった。

　しかし彼は、他の共産主義者たちには常に国際共産主義の連帯、プロレタリア共産主義者として行動することを要求する二重性を持っていた。彼は、ユーゴスラビアのチトー（Marshal Tito）の事例で見られるように、他国の共産主義者たちが民族主義的な路線と利益を追求するのを決して容赦しようとしなかった。元来のマルクス主義的な意味から見る時、国際主義は、特定の国家の民族利益を擁護して増進させる意味を持つ通常的な民族主義とは両立できない。しかし、再び元来のマルクス主義的な意味から見る時、国際主義は反帝民族解放運動と両立可

能で、この運動が社会主義的な定向を帯びた時には特にそうである。明確にマルクス―レーニン主義の理論において社会主義の諸政府は、互いに衝突する利益を帯びないだろうと見なされた。しかし、実際において社会主義の諸国家は、互いに衝突する国家利益を明確に帯びており、このような国家利益が他の国や他の革命の利益より常に優先視された[34]。

　中国軍の参戦をめぐるスターリンの秘密電文は、毛沢東と金日成を分離、操縦して、そうして中国人民を直接参戦させようとしながらも自分の意思は奥深く隠す、徹底した一雄の邪悪な戦略家の面貌を示してくれる。しかし、彼は当時、共産主義陣営内部でその程度の鉄面皮性は充分に忍耐し、持ち堪えるほどの力と権威を持っていた。力と権威なしに人間の鉄面皮性はつくられず、維持されなかった。特に、それは反復される習慣の中で、下の者たちの受け入れにより日常化する。スターリンは、過去数十年間の共産主義陣営内の挑戦不可能な最高指導性により、そんなことくらいは朝飯前だった。

　毛沢東と中国指導部は「理想」と「現実」の間で苦悩したというより「ふたつの現実」を前にして深刻に躊躇した。ひとつは建国初期の国家の現実で、もう1つは安保上の危険と社会主義の連帯だった。社会主義の連帯は、たとえスターリンには他者に圧力をかけるための「理想」だったが、毛沢東にとってはスターリンの圧力を意味する「現実」であった。それは、彼には決して理想ではなかった。問題は、建国初期の国家の現実と、安保上の威嚇ならびにスターリンの要求という現実、ふたつの中どちらがより重要かに置かれていた。

　毛沢東は、スターリン治下では他の全ての社会主義国家の指導者たちのように、第2人者の位置を快く享有した[35]。それは、越え得ない現実だった。彼は、新生祖国の難関にもかかわらず、また別の現実であるスターリンの要求を受容し、米国の威嚇に立ち向かうため北朝鮮を支援する乾坤一擲の選択を敢行した。米国への対応を見れば、スターリンは法螺を吹いたものの小心で注意深く、毛沢東は恐れていたものの豪胆で勝負をかけた。

　毛沢東の参戦決定は結局、彼が「理想主義的な現実主義者」というよりは「現実主義的な理想主義者」という点を示してくれた。彼の決定には義理、連帯、兄弟、隣邦など浪漫的な思考も大きく作用した。この「理想主義的な現実主義者」ではなく「現実主義的な理想主義者」という差異は、毛沢東にスターリンより遙かに大きい代価を支払わせた。彼が息子まで参戦させ、結局は死に至るほどの結果を招来するのは、古来の東洋的な君主の面貌に近い。彼は、参戦を強力に勧誘しながらも、殊更に背後からのみ操縦しようとするスターリンの行動形態に舌を巻いたろうが、万象についての遠慮の末に結局は参戦の決断を下した。

1950年10月の中国参戦問題で現れたソ連―中国―北朝鮮の関係を検討する時、我々は、この決定の過程が国際プロレタリア連帯、社会主義の連帯、民族解放の支援というスローガンの背後で、自分たちの国益を追求するための火花散る計算と葛藤が内在したゲームだったことが分かる。ジラス（Milovan Djilas）が指摘したように「当時の共産指導者たちが科学的、マルクス主義的などという用語の中に（国益のため）極端なスターリンへのおもねりを隠蔽していたように」[36]、国際プロレタリア連帯、社会主義の連帯、民族解放の支援というスローガンは常套的な言説で飾られた、各々の国家利益のための隠蔽と計算の言語であるに過ぎなかった。

　1930年代のスペイン、1940年代のユーゴスラビアとギリシャ、そして1950年代の朝鮮戦争におけるスターリンの一連の政策は、彼が声高に主唱した社会主義の国際主義がどれほど徹底してソ連の国益優先主義路線を飾る偽装された言説だったかを示してくれる。第2次世界大戦直後、ギリシャについてスターリンは、国際社会主義革命よりはチャーチルとローズベルトとの（ヤルタにおける）協商にもっと多く関心が向いていた。スターリンは、ギリシャの共産ゲリラたちが民族主義的であると同時に社会主義的な革命を展開するよう激励しなかっただけでなく、彼らがユーゴスラビアの助けを受けて革命に成功するように見えるや、ギリシャの共産主義者たちとユーゴスラビアを敵対するように仕向け、彼らの間の協力基盤を破壊した。ユーゴスラビアの協力がなくてはギリシャのゲリラ闘争が成功できなかったにもかかわらず、である[37]。朝鮮半島でもスターリンと毛沢東の協力は、単に米国の威嚇が自分たちの鼻先まで迫って来た、その短い瞬間にだけ持続され得た。

　1950年の朝鮮戦争時におけるスターリンの対応から、何か共通の利益や第三世界の民衆に対する支援、世界平和の旗を探し出そうと努力しても不可能である。朝鮮戦争が終わって長く経たずに、これら3ヵ国が全て「国益」ゆえに分かれて鋭く葛藤した点は、彼らが押し立てた共通の旗が持つ空虚性を反証してくれる証拠だった。激烈だった中ソの葛藤は論外としても、北朝鮮もやはり主体路線を旗として、中ソとの分離、離脱を明白にした。国際プロレタリア主義や社会主義の連帯のように「各民族の利益をより高い共通の目的よりも下に置く限り、それは民族主義体制ではないもの」だった[38]。徹底して国家利益を追求する中で前面に押し出された、どのような共通のスローガンも真実ではないであろう。

　今日の朝鮮半島の平和ならびに統一問題と関連して、朝鮮戦争当時の核心問題は、そっくりそのまま連続する。どんな場合にも南北朝鮮間の武力衝突を防ぎ、平和と統一を追及せねばならないが、次のいくつかの諸要因についても考慮する

ことにより、事態が望ましくない方向へ展開する時の準備も進めていかねばならない。それは、責任性の要諦をなす。

まず、戦時に移譲された韓米間の戦時作戦指揮と統制権限を韓国へ回収する問題は、国家的な主権と平等の問題であるのみならず、実際の南北朝鮮間の関係展開に対応するためにも重大な問題となる外はない。韓米関係は、南北朝鮮の分断と共に戦後体制の歴史的な双生児だったから、対内的な平和体制を堅固にしながら対外的な主権性を確保せねばならない二重の接近が重要である。平和と主権の同時追及なのである。この言葉は朝鮮戦争前、朝鮮半島からの外国軍の撤収による自主性の増大が反平和、すなわち南北朝鮮間の衝突の増大へと、究極的には戦争へとつながった経験の反面教訓を物語っている。

問題を反対の側面から見ようとすれば、1950年当時にソ連と中国の対応問題は、今日にも一定程度は考慮の必要がある。たとえソ連は滅亡したけれども、もしも朝鮮半島で急変事態が発生するならば、中国は何の反応も示さないであろうか、さもなければ1950年のように直接その事態を取り仕切ろうと試みるであろうか？　中国は当時、大規模な兵力が直接参戦しただけでなく、当初から朝中連合司令部を設置し、朝中両軍が単一の合同指揮体系下に戦争を遂行して、休戦協定の署名当事者となった。ゆえに中国は、朝鮮半島の戦後体制の変化にはどんな形態でも介入する外はない。歴史的な伝統に照らしても、戦争の経験から現れたように中国という変数は、朝鮮問題の解決で決定的に重要な要素なのだ。

朝鮮戦争時の38度線解消の問題は現在、休戦ラインの解消問題へ変化したけれども、それは単純な民族内の問題では決してない。冷戦解体にもかかわらず、朝鮮半島の統一問題は、依然として国際的で地域的な問題なのである。韓国民衆の主体的な活動の空間が過去に比べて大きく広がったが、この問題は国際的、地域的な条件の適切な活用能力にその成功の如何がかかっている。「平和を通じた統一」という理想を除外するならば、韓国と北朝鮮が休戦ラインの撤廃のために戦争を開始する可能性はほとんどない中で、問題は危機に直面した北朝鮮が内部の激動に陥る時である。この問題と関連して、我々は北朝鮮自体の問題解決の可能性と条件、それが不可能な時の対処方式、中国の反応、韓米協調の方式と共同対応の如何などを綿密に考慮せねばならないだろう。

問題を巨視的─歴史的に見ようとすれば、1950年10月に中国軍が朝中国境を越えて参戦したのは、1946～47年に蒋介石の国民党政府に押されて後退する時の小規模な越境を除外すれば、1894年の清日戦争で日本軍の参戦に備えて参戦して以来、半世紀ぶりであった。東アジアの覇権をかけて、19世紀末には中国に対する日本の挑戦を防ごうと参戦し、今回は米国の挑戦を防ごうと参戦している点が異

なっていた。1895年の戦争で清国は、日本に見る影もないほど敗退してしまった。それは、アジアにおいて日本のヘゲモニー国家としての浮上と伝統的な中華帝国の弔鐘を意味した。

　しかし、今回は世界最強の米国と向かい合うものとして、勝利すれば巨大帝国へ上昇できた反面、敗北すれば久しぶりに達成した新生の統一中国は再び消え去るかも知れない事態だった。古い帝国たる中国はアヘン戦争、清日戦争、中日戦争、国共内戦、そして抗米援朝戦争により１世紀の間、息つく暇もなく継続される大戦争に突入しているのだった。しかし、毛沢東の一世一代の勝負手が結果的に成功し、老衰していた中国は米国を阻止した偉業により世界の列強に浮上できた。近代中国は、中国革命と朝鮮戦争という２つの大きな契機を分岐点として、衰退から再生と勃興の時期へ移行したと区分され得るかも知れない。1953年以後から今日に至るまでの中国大陸の相対的に長期にわたる安定は、この時期の歴史的な代価による効果としての安全なのかも知れない。

　地政学的な観点から見る時、中国にとって満州と北朝鮮は、本土を守る外線地帯だった。李鴻章の言及に見られるように、歴史的にも中国は、朝鮮半島をいつも自分たちの囲いとして唇歯相依、唇亡歯寒の関係から見てきた[39]。中華体制下において、このような認識は変化し得なかった。これに対する日本の挑戦は、朝鮮半島のヘゲモニーをめぐる両国の激烈な衝突へつながった。日本人も、やはり朝鮮半島を日本の安全に死活的な利害を持つ要衝と理解したからだった。中華体制の没落以後、朝鮮半島を他の列強が占領するのは、日本の観点を明確に表現した当時の政治・軍事指導者である山県有朋の言明のように、彼らが日本の心臓部を狙う匕首を持つことになり、日本の安保は決定的に威嚇を受けると見なした[40]。唇歯 vs. 匕首、これが朝鮮半島をめぐる中日の歴史的な対決の核心的な認識だった。

　東アジアの共産連合であるソ連―中国―北朝鮮の合同対応が展開された中国の満州（と朝中国境）の山岳地方は、南方ベルトに対峙する巨大な北方ベルトの要衝であった。そこは、北朝鮮政権にも一種の聖所だった。そこは、日帝時代の抗日闘争の戦場だっただけでなく、絶滅の危機に直面して自分たちの一部と軍隊の大部分が越境、後退して整備した後に再び進入して再起できるよう配慮した、いつも苦難の時期に自分たちを包んでくれる聖なる大地だった。北朝鮮の政府と軍隊は、満州という後背の基地がなかったならば、遙かに困難な条件で戦争を行ったり事実上は壊滅したりしたかも知れなかった。満州は朝鮮戦争時、ソ連―中国―北朝鮮の連帯の要衝であると同時に北朝鮮蘇生の根拠地だったのである[41]。

　東アジア秩序の激変が朝鮮半島を基軸として進行する時、朝鮮民衆の運命は特

別に地政学的な位置ゆえに、なおさら苦痛に満ちたものだった。金日成と朴憲永は、朝鮮半島をめぐる地政学と国際政治の現実を意識できないまま戦争を決行した。だが、6ヵ月間の朝鮮半島の事態が示してくれた意味は明白だった。1876年に中華体制から離脱して以後の朝鮮問題は、その政治的な支配と影響力の問題を大きく変更しようというどんな試図も東アジア地域の力関係の改変をもたらすゆえに、単純な朝鮮半島内の問題ではあり得ないのだった。ホブスボーム（Eric Hobsbawm）はいち早く、世界の大部分の人々は自分たちの運命を自ら決定する位置にあり得ないと述べたことがある。彼らは精々、次第に大きな重みで近づいて来て、彼らを踏み付けにする外の力に反応するだけだった[42]。この言葉は、世界体制が登場して以後、特別に冷戦時代とそれ以後の時代の朝鮮半島のような弱小民族と国家にぴったり適合する。

1951年1月4日の後退を契機として、事態は明白になった。韓―日―米の連合と朝―中―ソの連合のどちらも、相手による朝鮮半島の独占的な掌握を許容する意図が少しもないことが明確になったのだった。互いにその能力がないという点も明らかになった。ソウルは最初、韓国から始まって北朝鮮―韓国―北朝鮮へと3回も主人が入れ替わり、平壌は北朝鮮―韓国―北朝鮮と主人が替わった。わずか6ヵ月という短い時期に現れた激変だった。それも、米国とソ連という世界最強の軍隊が参戦した中で進行する攻防の結果だった。

しかし、1951年春に共産指導部は、スターリン―毛沢東―彭徳懐―金日成の間の内部葛藤にもかかわらず、前年夏の北朝鮮の後退を鑑として、国連軍を最後の窮地へは追い込まなかった。それは、マッカーサーの無限の欲望から逆に学んだのかも知れなかった。おそらく勝利を独占できない点が明白になるや、互いが妥協を模索し始めた。このように莫大な代価を支払って初めて、この単純な事実を悟る外なかったのか？　軍事が支配していた6ヵ月間の犠牲は、相互間に妥協が必要だという点を悟るまで必要な血の代価だったのであろうか？　軍事力が解答とならない事実を悟るや、彼らは妥協のための協商を始め、この時点から政治は復活した。我々が彼らの無知を非難はできても、この疑問に正しく答えるのは容易ではない。

この6ヵ月は、現代の朝鮮半島のある特徴を圧縮して鮮明に現してくれた。それは、伝統的な中華体制が解体期に近づいて以後、東アジアの地政学が包胎していた朝鮮半島の特別な位置と関連したものだった。伝統的な中華体制下の朝鮮は、属邦国家として比較的に長期間の安定を享受できた。しかし、ひとつの世界としての中華体制（*the Chinese World Order*）解体以後、朝鮮半島は列強の勢力争いの震源（*vortex of empires*）に変転した[43]。中華体制に代替した米国―英国―

中国―ロシア―日本という諸列強の「不安定な東アジア勢力均衡体制 (unstable balance of power system in East Asia)」が維持される間、朝鮮半島はこれら諸列強の力の釣り合った集結点として不安定な独立を維持できた。

　東アジアの勢力均衡体制が崩壊し、日本が地域のヘゲモニーを掌握するや、朝鮮半島の不安定な独立は終息した。結局、日本帝国主義体制下で朝鮮半島は日本の植民地へ転落せざるを得なかった。東アジアの地域秩序が中華体制から日本帝国へ変転するところにおいて、米国と英国によるその許容は決定的な要素だった。米国と英国は、日本が中国を取り除き、東アジア地域のヘゲモニー国家として君臨するのを容認したのである。しかし、地域帝国を構築した日本が東アジアのヘゲモニー国家を超えて米国とソ連の世界覇権に挑戦するや、世界大戦は不可避となり、そこで日本が敗北した。

　日本の敗北は、旧帝国主義体制を崩壊させた力の源泉である米国とソ連を必然的に世界の両強大国として登場させた。戦後の冷戦体制は、両国により主導される外なかった。特定秩序の形成に投入された力は、その秩序の維持にもそれ相応の影響として作用する。日本の旧植民地だった朝鮮半島は、米ソの占領国家に変転し、間もなく両国の強い影響を受ける分断国家へと整序された。露日戦争の敗北と共に東アジアの列強から駆逐されていたロシアは、第2次世界大戦と冷戦に便乗してソ連という名前で地域の盟主として再登場した。第2次世界大戦後、中国革命と日本占領問題で連続して直接的な影響力の行使を遮断されていたソ連は、朝鮮戦争を契機に東アジア地域で再び極めて強大な力の行使に成功した。スターリンとソ連の将軍たちの意図は、朝鮮半島における戦争を契機として、ここで最小限の犠牲を通じ、ソ連の力を最大限に確保するところに焦点があった。

　ソ連の共産主義者たちは、浪漫主義者ではなく冷徹な現実主義者だった。彼らは、国際プロレタリア主義者ではなくソ連国益優先主義者であった。彼らは、自分たちが持っている力の適切な使用ではなく、協助者たちの助けを得たその使用の威嚇と最小限の使用だけでも国益の実現に成功したのである。1950年の事態でソ連は、日本と共に最も小さな犠牲で最も多くを得た国だった。朝鮮半島は自らの犠牲を通じて、ソ連と日本が世界強国と地域強国として登場する、その花道を提供してやった他者繁栄の助力者となったのである。

　冷戦時期いつも東アジアでソ連と米国が中国と日本を「中間媒介」として、北朝鮮と韓国を「前方哨所」として米国―日本―韓国 vs. 北朝鮮―中国―ソ連の3層対立構図を維持できる条件が形成されたのは、この戦争の、特別には初期6ヵ月間の緊迫した攻防の産物だった。20世紀末、冷戦の解体は、このような対称的な東アジア3層冷戦構造の消滅を意味した。すなわち、それは両陣営の3層構図

の均衡から資本主義陣営への非対称的な傾斜を意味した。ソ連がロシアへ改変される中、ロシアは再び1945年以前へと戻り、東アジア地域でソ連が帯びていた力と偉容を喪失した。

ソ連がロシアへ縮小、変転するや、中国と日本が再び東アジアのヘゲモニーをめぐり競争する構図も、やはり19世紀末と類似した状況の再演である。朝鮮戦争は、帝国主義時代と冷戦時代を分かつ、巨視的には東アジア地政学の展開にも分水嶺だったのである。朝鮮半島が持つ地政学的な位置は「朝鮮戦争以後体制」解体、つまり「脱戦後体制」の方向に沿い、もう一度さらに未来の東アジア地域秩序を左右することになるであろう。朝鮮民衆がこの点を悟るならば、東アジアの地政学により苦痛を被った彼らの過去は、知恵の源泉として作用することになるだろう。

3．大量虐殺、民族、民衆、そして指導者たち

事態の大きさは、しばしば犠牲の大きさに比例する。この戦争の傷跡を治癒しないまま、朝鮮民衆の和解、平和、統一を語れるのか？ それは、不可能だ。家族を喪った人たちの痛恨と離散家族たちの嗚咽は、我々にこの戦争の遺産が果たしていつ終わり得るのかを尋ねさせる。この戦争により「南と北で」死んだ人々、追われ出た人たち、別れて離れ離れになった人々、精神に障害を被った人たち、目がつぶれて手足が折れた人々のため、南北朝鮮の人民が一緒に黙然として祈祷する心を育てていく時、そこから彼らの傷跡は治癒され始めるだろう。南北朝鮮がこの歴史的な犠牲を迂回したまま、正常に発展するのは困難だ。そのような発展は、現代の朝鮮半島の歴史と精神が帯びた不具性の拡大再生産であるに過ぎない。

特に、朝鮮戦争における大量虐殺についての追跡は「戦後体制時代（*the post-Korean War age*）」の終息を意味する「脱戦後体制時代」＝「統一時代（*the age of unification*）」の姿が「戦争時期」とは反対の現象として位置を占めねばならない点を要求させる。暴力による大量虐殺は、この戦争の全ての傷跡の中でも圧巻である。一民族の2つの分断国家への分化を超えて、一国民の分化に伴う忠誠と反逆の交差は、朝鮮戦争が複合的な性格を含蓄した民族分裂の派生物だという点、すなわち、それが体制間、国家間の戦争であるだけでなく相反する理念を追求する集団間の対決として招来された民族内の闘争だという特殊性から由来するのだった。

排他的な正統性を争う諸勢力が国家形成のため競争する戦争で、民衆の体制選

択は決定的な要素となる。国家形成が国民形成の過程を包含するゆえ、民衆の選択は競争する体制の優位如何を判別する基準となる。理念を理由に展開される民族内の戦争は、尚更そうである。結局、理念の葛藤は体制の性格をめぐる葛藤であり、したがって、体制形成の戦争は特定の領土内で民衆の選択を要求する最も暴力的な形態の国家形成過程なのだ。

軍隊が前進したり後退したりするに伴い移動する前線は、その中に包含された国民の忠誠の強弱に従い、内的な統合（一致）と外的な敵対（区別）を区画する界線として固着化していく。一致と区別は生死、好悪、敵と味方、自己と他者、内集団と外集団を分かつ分割線になる。前線はつまり、戦勢に伴い転移する忠誠と反逆の分画線となるのだ。したがって、前線の移動は空間の移動であると同時に忠誠の領域の移動なのである。しかし、それだけではなかった。「我々」を支持していた人民が「相手」を支持する時、その人はすぐに国民から敵へ転換される。

単一の近代国家の形成に失敗して登場した一民族内の2つの政府が遷延された単一国家形成の問題でその正統性をめぐり競争する時、国家形成過程は直ちに国民掌握過程を意味する。ゆえに、権力と統治の単位として「民衆」と「国家」の一致の可否は、最も重要である。朝鮮戦争は、単純に2つの水平的な闘争主体間の暴力の交換ではなかった。朝鮮戦争で暴力の交換体系は、深く嚙み合った4つの水準の複合的な交換体系だった。それが国民と人民の分化をもたらした重要な要因であった。

最も顕著に現れた国家 vs. 国家の暴力交換は、軍隊と警察をはじめとした韓国と北朝鮮の国家機構間の問題として現れた。この水準において南北朝鮮は、相手の制圧のために近代国家が動員できる最高水準の暴力を行使した。南北朝鮮は互いに、特に北朝鮮は先に、軍事的な勝利を通じて相手を絶滅させようとした。しかし、レイモン・アロン（Raymond Aron）が述べたように、戦争という残酷な帰結は、どんな代価を支払っても必ず軍事的な勝利を得るという妄想的な執着（*obsession*）の産物である場合が多い[44]。

2番目の水準は、南北朝鮮の国家が自らの領土と権力の管轄範囲内で自らの体制に反対する要素との間で暴力を交換するものだった。これは、それぞれ抑圧と抵抗の様相として現れた。南北朝鮮の内部で進行した民衆の抵抗や反乱、左右翼のゲリラ闘争がこの範疇に該当する。

3番目の水準は、異なる理念を持つ人民の間の暴力の交換であった。これは、朝鮮社会の伝統的、社会的、理念的な諸特性が結合されたまま、非常に複雑な要因により進行した。未来の統一を考慮する時、単純に国家権力の統一問題を超えて社会の、そして国民の統合に留意することになるのは、戦争の時点でこの水準

において現れた残忍な暴力の交換ゆえなのである。

　4番目は、朝鮮戦争に参加した米国ならびに中国のような外部勢力と南北朝鮮の民衆との間の暴力の交換だった。中国軍が一般の朝鮮民衆との直接的な暴力の交換関係に置かれる条件を多く持ち得ない状態で、米軍は南北朝鮮の一般民衆と直接、暴力を交換する関係にしばしばさらされた。

　朝鮮戦争で朝鮮民衆の被害が想像を絶したのは、このような4つの水準の暴力が短い時間に集中されたからだった。同族に対する格別な共同体的な愛情と連帯意識を持っていると主張し、5千年の単一民族の共通意識を持つという彼らが、どうしてそれほど残忍かつ残酷に互いを殺傷できたのか？　平和愛護、民族愛、相互扶助の伝統は、実際の検証機会を持ち得なかった抽象的な神話だったのかも知れない。加えて、戦争が勃発するや否や、充分に付き従い難い国際政治の論理が作動する中で、戦争が世界的な次元へと転化して、朝鮮民衆の苦痛は倍加された。

　この全ての水準の暴力が交換される中心の地点には、韓国と北朝鮮の国家が置かれていた。両方の国家は、各々を支持する民衆により下支えされ、また米国とソ連に代表される世界の両陣営と連合して相手に立ち向かう過程で、世界的な衝突の最前方に位置した動く核心だった。換言すれば、民衆の対立と世界の対立との連結の接点が南北朝鮮の国家であった。李承晩と金日成という指導者に代表される南と北の国家は、朝鮮民衆が戦争の時点で民族内の2つの国家として「主観的に」認識したか否かという問題を超えて、既に客観的な水準で国際的にも国内的にも戦争という形態の暴力対決を完全に担い支えている最も中心的な要素だった。

　単一の国家樹立の問題なしに、最高水準の暴力の交換を説明するのは不可能だ。この言葉は、ふたつの分断国家がこの戦争において実際の役割がそうだったかどうかとは無関係である。それは、そのように擬製され、存在し、役割を果たした。ふたつの分断国家の実体が存在しない時、民衆の忠誠の対象は消滅する。国際的な支援と参戦の名分も、やはり消え失せることになる。それは、支援ではなく純粋な形態の介入の意味を越えないことになるだろう。李承晩と金日成が密かな逃避を通じても、また民衆の欺瞞を通じても、どうしても国家を維持しようとしていた理由は、ここにあった。

　大韓民国と朝鮮民主主義人民共和国は、自らに忠誠を捧げて相手に敵対する人民、軍隊、警察、青年団体にとっては、命よりも大切に死守すべき存在だった。初の銃声が響いた後、次第に対決が深化するや、相手による統一は直ちに自らの体制と自らの死を意味した。ふたつの分断国家を支持する各々の国民は、国家と

自分たちを一致させたのである。反面、南北朝鮮の数多くの文献が示してくれているように、「南朝鮮傀儡徒党」と「北韓（北朝鮮）傀儡集団」は、互いに処断せねばならない共生不能の不倶戴天の敵となっていった。

理論的に見る時、戦時の持続的で大規模な民間人虐殺は、いわゆる「国家テロリズム (state terrorism)」[45]の事例を構成すると同時に、集団虐殺 (genocide) の性格を帯びている。すなわち、国家テロルの犠牲者たちが転覆行為に加担したという疑いで選択されるとすれば、集団虐殺の犠牲者たちは、ある集団の構成員として選択される。この差異を強調する場合[46]、朝鮮戦争時期に南北朝鮮による民間人の虐殺事件は、国家テロルの犠牲者だと言える。同時に特定の信念、信条、イデオロギーの実現のため、このような支配的な体系から抜け出す逸脱集団に対する恣意的な選定を通じ、国家がその絶滅を企図するのは、集団虐殺の一定の下位類型と見られる。この点で、このような一連の虐殺事件は、典型的な集団虐殺の事例だと言えるだろう[47]。

特に、国家の軍警により虐殺がほしいままになされた地域の場合、特定地域の理念地図 (ideological mapping) についての誤解が大きい時、被害もやはり莫大となった。かかる理念的な誤認 (ideological misconception) は、国家の不法で反人間的な行動を正当化してくれる重要な根拠となる。そして、国家の支配的なイデオロギー体系と異なるという誤解は、彼らが実際にそうだったにしろ権力執行者たちの想像の中でそうだったにしろ、国家の生存を威嚇する汚染的な要素と受け取られて大虐殺へつながっていく[48]。そうする時、理念的な浄化 (ideological purification) を人間の掃除と同一視し、大量虐殺による加害者の個人的、集団的な罪意識を除去してくれる。彼らにとって理念的な浄化は、人間虐殺として迫っては来ず、国家に対する不忠の要素を除去する忠誠行動として受け入れられるのである。

大量虐殺は相手の同一性、集合性に反対する罪悪ゆえに、社会の成員たちを両極化した部門へまとめる効果を持つ諸政策が大量虐殺の可能性 (potentiality) を増加させる。理念、宗教、集団、民族の両極化は、衝突が発生する場合、大量虐殺の蓋然性を大きく増大させる[49]。朝鮮戦争において南北朝鮮の対決は、理念による民族の両極化の典型的な事例だった。大量虐殺は、本質的に国家の罪悪である。しかし、それは国家だけの罪悪ではない。大量虐殺への国家の連累は、すなわち虐殺を組織して執行した支配階層やエリートの役割に注目せねばならなくさせる。したがって、エリートの戦略と目的は、大量虐殺の決定的な要因となるのだ[50]。

20世紀における多くの大量虐殺への国家とエリートの介入は、大量虐殺を構想

し、それを可能とする決定を選択して、行動を実行するのは人間の行為者だという点を我々に想起させる。すなわち大量虐殺は、特定の社会的な条件の不可避の結果ではなく、人間による選択の産物なのである[51]。しかし、虐殺の責任と戦争犯罪は、戦争を計画して主導し、また大量虐殺を指示して執行した指導者たちとエリートたちに帰するものであって、一般の民衆と社会の成員たちには帰せられ得ないのである。これは、彼らの中の一部が少し情熱的に関与したとしても同様である[52]。一般の兵士たちも、やはりそうである。

戦争は「人民の名前で人民のために」という名分で、指導者たちにより試図されるが、死んでいくのは常に人民である。歴史上で大量虐殺のような問題と関連する解釈の適切な方式は、個々の全事実の表出がなくても、一部の事実の確認でも可能な歴史的意味の抽出であろう。戦争で誰が、どんな方法で、なぜ、どれだけ多くの人たちを殺したのかの問題は、余りに重要である。しかし、それは事件の始まりと常に同一に連結された問題ではない。虐殺は、それ自体で事態の1つの独立的な側面を構成する。したがって、双方の大量虐殺は、それ自体で問題とならねばならない。例を挙げると「済州島4・3事件」の場合、事態そのものの開始と事態の進行過程における良民虐殺は同じ問題ではなく、したがって、両者は分離されて糾明されねばならない[53]。

1948年4月3日に「共産ゲリラ」が事態を始めたという点が、1948〜49年の冬季時点に事態の開始と関連のない良民を大量に虐殺しても良いという権利を国家に付与してくれたのではない。民主主義のための光州市民の決起と、事態の鎮圧過程における国家による大量虐殺とは、互いに異なる水準を構成する。朝鮮戦争、光州民主化抗争、済州島4・3事件が我々に投げかける一貫した意味の1つは、事態の開始が持つ正当と不当の区別、そして事態の進行過程における非人道的な虐殺の両者は、それぞれ厳正に糾明され、批判されねばならないという点である。これを認識しない時、戦時の多くの独立した諸側面は捕捉されない。

1950年6月25日に暴力的な方法を通じて統一を追及した北朝鮮指導層の試図は、どれほど峻厳に批判されても不足する。研究と実践において、その点に対する批判を猶予するのは、この事態に対して依然として普遍的な地平から問題を見ようとしない理念的な偏向を持っているか、そうでなければ特定の説明方式が持つ欠陥を自ら表す非正直性に他ならない。目的達成で方法と手段の問題を排除する、すなわち平和と民主主義の問題意識の欠如は、もう述べる必要もないであろう。朝鮮戦争の開始に対する批判の猶予は事実上、他の主体による戦時の悪行に対する批判の根拠を剥奪する。

同様に、朝鮮戦争の開始の責任が戦時に執行された大量虐殺の責任を全て負担

せねばならないという陳述は、第 2 次世界大戦の開始がその戦争の全戦場で現れた民間人虐殺の責任を引き受けねばならないという意味と同じである。そのような方法は、自らの悪行の原因を他者の行動に転嫁する、二重基準に立脚した接近として妥当ではない。相手に責任を転嫁して自分の明白な責任まで放免されようという姿勢は、当時の対決構図から脱出できなかったことを証明するものだ。特定の名分、すなわち共産統一、自由民主主義の守護のような名分が、直ちに一般民衆を虐殺しても良いという権利を付与したのではない。

　ここから反動的なテロルと革命的なテロルを区別する一切の根拠は、正当性を喪失する。むしろ、体系性と持続性では革命的なテロルが、より長期にわたり広範囲だったかも知れない。革命的なテロルは、最初に旧エリートを打倒するため使用されたり、後には革命を祝賀して支持した一般の人民、同僚たちにまで拡散されたりした。そして、そのような「組織化されたテロル」は、北朝鮮を含めて事実上ソヴェト体制の本質だった[54]。今やテロルは、もう過去のように敵対者たちを絶滅させて威嚇する手段ではなく、人民大衆を絶滅させて威嚇する手段として使用される[55]。それは事実上、全体主義の起源をなした全ての革命的なテロルの本質だった。

　この陳述は、外部支援勢力の場合にも全く同様に該当する。特定の名分ゆえに虐殺の権利を持つかのように行動するのは、戦争に参加する基本の大義に反する。問題を根本的に見る時、道徳、自由、人権が重要で参戦したと主張しても、米国の場合にもそれらが参戦理由の全部では決してなかった。ソ連が国際主義の連帯よりも自らの国益の観点から朝鮮戦争の多くの局面で主要な決定を下したように、米国もやはり国益こそ最も重要な決定の準拠（*rationale*）だった。重大な国益なしに莫大な犠牲を出しつつ、ひとえに善を成し遂げるために戦争に介入するというのは、想像し難い[56]。

　いち早くトルーマン（Harry S. Truman）は、朝鮮戦争における米国兵士たちの虐殺と蛮行に対し、今世紀に起きたことのうち「最も反文明的な事件（*the most uncivilized thing*）」だと性格付けた[57]。それが、正義のために戦う時に現れる逆説だった。悪魔との戦争を遂行する米国は、自分たちの立場から見た時、悪い奴らを善良な人々へ変えねばならない必要性を常に感じる[58]。しかし、現実において手段と方法を考慮せず、唯一主義を実現しようという試みは、共生と共存ではなく単に他者の処断と排除の哲学を提供し、一貫してそのような役割を遂行しただけであった[59]。

　自らの体制の唯一主義を追及しようとして、異なる考えを持つ一般人民を虐殺する時、人民解放のために始めたという戦争の本来の意味は忘失される。「民族解

放」を名分に始められた戦争が実際の事態の展開過程で「民族虐殺」として現れる時、誰がその解放の意味を受容できるだろうか？　一部の人民の虐殺が全体の人民の解放を保障するというのは、社会主義革命の歴史が示してくれたように虚構である。人民の虐殺を通じて人民の解放は可能でもないけれども、そのような解放を我々が果たして受容できるだろうか？　我々が現時点で統一のために統一戦争を辞さずとするならば、これを果たして受け入れられるだろうか？

　他者に対する大量虐殺は、人間の意識の中において自分と異なる集団を社会の「最下劣等グループ（'pariah' groups）」と見なし、そうして後に強化される彼らへの敵対（意志）と関連がある[60]。大量虐殺の実行者たちにとり「最下劣等グループ」は、人間社会の範疇の外に位置すると看取される。彼らにとって人間としての本質を付与しないことは、すぐに虐殺へ連結して、大量虐殺を正当化する。実際、人間と動物や禽獣との差異が消えてなくなるのである[61]。戦慄すべき論理となる外はないのだ。他者も、やはり自分と全く同様に身中に温かい血が流れ、愛する父母、妻、子どもがいる人間だという考えが前提とされるならば、それほど残酷な殺傷は想像できないのである。

　したがって、南北朝鮮、外部の参戦勢力を問わず、人権を破壊し、人間愛（humanity）に反する戦争犯罪、大量虐殺をほしいままにした国家と指導者たちは、その実「全人類に対する敵（*hostis humani generis*）」なのである[62]。戦争を遂行する過程で不可避的に発生する、いくつかの偶発的な良民の犠牲を述べようというのではない。戦争が随伴する派生的な被害としての最小限の一般人の死亡は、戦争という最高水準の暴力行為の本質に照らして、若干は不可避だと言えるかも知れない。しかし、意図的で体系的な大量虐殺は、これとは全く次元を異にする。それは、戦争犯罪なのだ。

　朝鮮戦争があった世紀を過ぎたけれども、韓国と北朝鮮の当局、国民の戦時虐殺についての考えは、大きく変わらなかった。韓国と北朝鮮のエリートと民衆は、自分のイデオロギーに立脚して相手を攻撃するところに慣れ親しんでいる。そして、自分の主張を受け入れよと声を張り上げる。老斤里（ノグンリ）虐殺についてはもちろん、韓国と北朝鮮の政府は老斤里よりも更に多くの事例に対して絶対に変わらない。我々は、老斤里を克服できるだろうか？　米国もやはり、これを被害民衆が要求する水準で処理しはしないだろう。現在のような対決の念を持続するならば、我々は決して老斤里を克服できない。克服するどころか、老斤里以前にへなへなと座り込んでしまうだろう。老斤里を除外して、済州島の百祖一孫と元山（ウォンサン）虐殺をはじめとした南北朝鮮による数多くの良民虐殺事件に対しては、南北朝鮮の当局から一言も出て来ないでいる。彼らは、依然として隠蔽を企図し、相手の戦争犯

罪のみをあげつらっている。市民的なイニシャチヴがないならば、国家の犯罪は露出されも認定されもし得ないのである。

　光州民主化抗争と済州島4・3事件の問題を克服するのに、韓国社会は甚だしい努力を傾けた。しかし、ふたつの事件は一定程度、韓国内部の問題だった。朝鮮戦争における虐殺を糾明して克服するのは、南北朝鮮の双方にかかっている遙かに大きな問題である。この問題は、進歩的な視角と保守的な視角の問題が持つ差異を明確に超えている。また、韓国は北朝鮮によるものだけを、北朝鮮は韓国と米国によるそれだけを非難して糾明せよと声を上げる。しかし、死んでいった生命の価値を差別する行為を持続する場合、和解を追及する精神に決して到達できないであろう。

　それにもかかわらず、この研究の序論で述べたように、現実において加害者に対する容赦、加害者ならびに被害者の関係再設定と連結された寛容は、単純に理論的な問題を超えて先鋭化した現実的な葛藤の諸問題として押し寄せて来る。犠牲者たちが過去を再び記憶し直すことは、苦痛に満ちたことだ。しかしながら、彼らの犠牲は歴史が再び叙述される時、称賛へ変えられ得るのである。過去に包み隠しと軽蔑の対象だった犠牲者たちは、今や自身を現すことができるようになる。反面、過去に勝利の歌を歌った加害者たちは、身をすくめることになる。特に、道徳的にそうである。そうだとすれば、真実の糾明を通じて加害と被害が覆される時、過去の関係は逆転されねばならないのか？　加害が糾明される時、法的な懲罰と処罰は必ず随伴されるべきなのか？

　問題の核心は、懲罰のない罪悪は再燃するという点と、懲罰は葛藤を再生させるという点との鋭い衝突なのである。現在の処罰は、未来の罪悪を遮断する効果を持つ反面、和解を困難にする効果を同時に持つ。正義と寛容の関係ならびにその優先順位の問題は、正義と平和の関係およびその優先順位ほどに難しいのだ[63]。したがって、我々は全ての過去との原則のない和解ではなく、過去の葛藤が再燃しない範囲における責任追及と和解を同時に志向せねばならないだろう。この困難な問題が、真実と和解のための我々の「最終的な苦悩」とならねばならない。それがまた、我々がこの戦争と対面する時、乗り越えねばならない最も困難な章となるだろう。もしも敢えて1つを選択せねばならない避けられぬ局面が到来するならば、我々はそれでも容赦を通じた和解を選択せねばならないであろう。

　窮極的に我々は、南アフリカの事態についてノーベル平和賞を受賞したツツ（Desmond Tutu）大主教の言葉に従い、我々の前に置かれている4種類の選択肢（*options*）の中から1つを選ばねばならないだろう。①懲罰と報復、②ニュル

ンベルク（Nuremberg）方式（裁判）、③何もしないこと、④南アフリカ式の道（*the South African Way*）、すなわち真実（*truth*）と容赦（*amnesty*）の交換がそれである[64]。そうだとすれば、韓国式の道（*the Korean Way*）とは何であろうか？　おそらく、南アフリカ式の「真実と和解の結合」であるか、または「それ以上の何か」でなければならないであろう。

4．自己同一性と連帯：平和と統一と人間の世紀に向かって

　20世紀における朝鮮社会の変化は、世界で最も急速に進行した事例の1つだった。その20世紀全体を通じて1950年6月25日から1951年1月4日までの6ヵ月は、隔世遺伝的な現代朝鮮の軌跡中でも、最も暴力的に過ぎた時期だった。殺し殺され、追い追われる場面が反復されたこの期間は、朝鮮現代史において最も不幸な時期だった。この不幸な時期は、前の時代の多くの流れが集まり入って爆発し、次の時代の方向に枠組みをつくった歴史的な分水嶺であった。特定の始まりと終わりを持つ時間の範囲で我々が1つの敵対の頂点を想定するならば、開始時点の自己同一性から敵対の頂点までの上昇的な事態の展開と、敵対の頂点から再び自己同一性の再回復までかかる下降的な事態の展開とを比較する時、下降は上昇よりも遙かに難しく、長くかかる。朝鮮戦争は、上昇と下降の分水嶺として敵対の頂点だった。

　肯定と否定の両面で今日の南北朝鮮を存在させた朝鮮戦争に我々が対面する方式は、歴史理解の問題を超え出る。過去の研究が過去そのものの探求に止まっては、現実的な意味を持ち得ない。特に、現在の状況が過去の事態に基礎付けられるのであれば、我々は過去に提起された問題から今日のための教訓を得る。そうして我々は、代案の模索が必要であればあるほど、歴史的な経験を顧みることになる。半世紀前に戦争を通じて韓国と北朝鮮が崩壊した後に発生した国際、国家、社会の諸問題を考慮する時、今日の平和と人権の理想は更にずっと重い。平和に根拠を置かないならば、たとえ統一が近づいても解決されない多くの諸問題は、複雑に今日と未来の負担として作用するだろう。我々が戦争を通じた韓国と北朝鮮の崩壊時の諸問題を検討したのは、平和と人権が保障される統一のための反面類推のためだった。

　絶滅を追及した戦争以後、韓国と北朝鮮は3回の顕著な関係進展を成し遂げた。1953年の終戦は、休戦体制を固着化させ、南北朝鮮の戦後体制の枠組みを造り上げた。これは、戦後体制が統一時代までの南北朝鮮の基本体制となる礎を据えたことであった。朴正熙（パクチョンヒ）と金日成が推進した1972年の7・4南北共同声明は、

韓国と北朝鮮が相手を1つの権力主体として国家性（stateness）を相互認定した最初の行為だった。相手を絶滅する哲学を暗黙的に相互廃棄したのであった。1991年の南北基本合意書の採択と国連同時加盟は、たとえ韓国憲法の領土条項と北朝鮮の朝鮮労働党規約との根本的な衝突にもかかわらず、相互認定を成文化、国際化した行為だった。金大中（キムデジュン）と金正日（キムジョンイル）の2000年6月13～15日の南北首脳会談は、相互の認定に基盤を置いて敵対から和解へ、銃撃から握手へ進み行こうという、すなわち敵対的な依存から協力的な依存へ進もうという転換の模索であった。南北朝鮮が実際に平和と統一に到達するまでは今だ遠いけれども、分断の公式化、すなわち共存なしに平和の根拠は導き出されないという点で、南と北のこのような漸進的な接近は現実的な選択だった[65]。

　民族問題の解決方法とその過程は、民主主義と経済発展、民衆の福利に決定的な影響を及ぼす。朝鮮戦争後の冷戦時代に南北朝鮮の関係の道程が対立の中の葛藤緩和過程だったと言う時、冷戦以後を平和的に克服できない理由はない。戦争を通じた平和は、決して可能でも望ましくもない。戦争を通じて設定され得る平和体制というものはなく、平和のために戦争を辞さないという言説は虚偽である。我々は必ず「平和的な手段を通じた平和（peace by peaceful means）」を追及せねばならない[66]。平和は「近づいて来る」ものではなく、ヒューマニズムに基礎を置いた人間たちにより「創造されるもの」だからだ。平和は、維持されるというよりは継続して創造されるのである。同様に我々が確認したように、戦争を通じた統一も、やはり不可能なだけでなく試図されてはならない。平和と統一へ進み行くためには、朝鮮半島の戦後体制が根差している国際関係、南北朝鮮の関係、南北朝鮮の内部という3つの水準で「戦後体制の解体」のための適切な措置が取られねばならない。

　特に、脱冷戦という外部条件の到来を迎え、現時点で最も必要なのは、韓国と北朝鮮が第1に朝鮮戦争後の対立過程で強化されてきた「内的な戦後体制」を解体する仕事だと言える。その仕事は、戦後処理過程で極めて不充分にしかやり尽くせなかった。戦争が国際条件と内部状況の出遇いにより到来したとすれば、戦後体制の解体も、やはり2つの方向からの克服努力を同時に包含せねばならないだろう。冷戦の到来のように脱冷戦の流れにあっても、やはり歴史的な時間の前後関係（sequence）は世界水準の平和が先にやって来た。しかし、窮極的に特定の社会を変化させようという動きは、その社会内部に存在する諸問題から発現する。したがって、脱冷戦の時点において内的な問題の解消は、分断という2つの朝鮮が置かれた秩序を変化させる最も重要な作業となる。南北朝鮮の関係は、国際条件と内的条件の「連結地点」として存在する。韓国と北朝鮮の内部問題から

の出発は、韓国と北朝鮮の戦後体制が阻止してきた「民主主義の発展」、「内部の和解」、「正常国家への転換」を通じて、南北朝鮮の関係改善と平和や統一を準備する端緒となるだろう。「世界」の脱冷戦に続く「内部」の脱冷戦を通じ、「連結地点」である南北朝鮮の関係を変化させるのである。

　我々は、そのような措置を「第2の戦後処理」と呼べるかも知れない。「第2の戦後処理」には政治的、法的、軍事的な諸問題についての戦後処理だけでなく、人的な問題に対する戦後処理が含まれる。それは、同族内の争いが奥深く破裂させた社会の統合のために必要な事前の措置となる。戦後処理とは、つまり戦後の清算を意味する。戦争の過程で国家に寄与した人々への「補償」と戦争で反対の側に立った人々の「包容」は、一緒に追及されねばならない。これは、それ自体が歴史との和解という精神に一致する。正にその地点から我々は、初めて寛容を語れるようになる。

　しかし、韓国は「包容」に先立ち「補償」自体がほとんどないに等しい。彼らの犠牲で今日の韓国の土台が築かれたにもかかわらず、国家のために忠誠を働き、国家を守って命を犠牲にした「報勲対象者」に対する韓国の国家としての待遇は、果たして未来の国家の危機時期において誰に再び忠誠を要求できるのか、心苦しい程度である。そう言う時、そもそも韓国のこの物質的な発展は、彼らの死にどんな意味を持つという話なのか？

　換言すれば、「敵対者たちの包容」のための措置の先決課題として「忠誠者たちに対する報勲」を、まずもって大幅に増大させねばならないということだ。その増大には、物質的な増大と精神的な高揚が共に包含される。「相争」（ママ）から「共生」へ転換する時、哲学的に述べて忠誠者への「補償」と敵対者の「包容」は、決して両立不可能な関係だとは言えない。「補償」と「包容」は、主体の心理状態に存在する現実の葛藤を歴史化し、後ろへ退かせて位置付ける。政治的、軍事的対決として現れる分断の最終審級は、何よりも体制とイデオロギーの分断により外化された人間の分断であると同時に精神の分断だからである。

　過去を容赦するのが現在を容赦するための基本前提となるように、過去の闘争に対する補償は、闘争を記念して今日に蘇らせようという意味よりも、むしろそれを歴史として記憶することにより、現実では和解の念を育てる出発点となる。これは、過去の葛藤と現在の和解が常に持つことになる、ひとつの普遍的な逆説である外はない。我々は光州民主化抗争をめぐる解消過程で、この方式を通じた清算過程を目の当たりにしたことがある。40年の間、忘却を強要された後に登場した済州島4・3事件の問題解消の過程も、やはりそうである。2つの事態の解決過程が示してくれたとおり、真実の糾明のない和解がないように、犠牲への補

償と敵対の包容なしにも和解は困難だ。犠牲への補償と敵対の包容という、この至難の行動の組み合わせを我々が内面の心で受容できるだろうか？　韓国と北朝鮮それぞれの当局と民衆は、光州民主化抗争と済州島4・3事件の経験から抽出されたこの言葉が持つ真に重い意味を深く吟味せねばならないだろう。南北朝鮮間には戦争による傷跡が最も大きく、したがって、それは統一以後まで長きにわたり南北朝鮮の国民の精神をとらえているだろうからである。

困難な行動の組み合わせである「補償」と「包容」を併行するのは、実践の領域では「連帯」を形成するレベルの問題に連結している。敵意は、それが発生する諸集団の執着が大きければ大きいほど、更に深く強力な反応を呼び起こす。そして、ひとつの共同体内の葛藤では、一方の側が他方の側をその行動体の統一と一体性に対して威嚇と認識すればするほど、相互間で更に猛烈に憎悪する。相手だけ除去すれば、過去の統一と一体性は回復されると見なすからである[67]。この古典的な社会学の命題に留意する時、つまり部分的な人間の連帯（*partial human solidarity*）は、もっと広い人間の連帯を妨害するのである。内的な団結が他者との連帯を妨げるからだ。家族、種族、部族、地域、国家、理念「内の」強い連帯は、それらの「間の」連帯を難しくし、民族や世界市民の連帯のような更に高いレベルへの連帯を妨げる。

部分的な連帯が強ければ強いほど、自己が所属しなかった存在との連帯は難しい。そうする時、連帯は寛容ではなく、むしろ不寛容へ接近する[68]。強い連帯が強い敵意の源をなすのだ。したがって、更に高いレベルへの連帯のためには、敵対を随伴する狭隘な連帯をまずもって解体せねばならない。部分的な連帯を解体し、他者を受容できる時、初めてより広い自我が確保される。窮極的な平和の到来は、我々がそのように最初の自己否定から出発して、個人、集団、民族、社会、地域、世界に向かって連帯を次第に広げて行く時、ついに可能となるだろう。他者の受容は、自我の縮小ではなく拡大だからである。自我の拡大としての他者受容の哲学を持つ時、我々は初めて連帯の逆説を飛び越えられるだろう。この研究の冒頭で述べた自己否定の哲学は、このような意味を盛り込むものだった。

他者の受容なしに統一を迎える場合、武器を携帯した戦争は終わったのに、内面の戦争は新たに始められるかも知れない。半世紀前に我々が露呈した混乱、敵意、恐れ、殺戮に対する反省を土台に、連帯を通じて自我を拡張する時、我々は自らの愚かさが産んだ苦痛から抜け出せるだろう。1950年夏の韓国と同年秋の北朝鮮は各々、民族の半分には「革命」と「自由」の絶頂であり、残り半分には絶望と暗黒だった。半分の勝利が半分の絶望を意味する時、ひとつの共同体を構成する人間たちの特定の目的は、その追求過程で価値を喪失する。これは、ほとん

ど絶対命題に近い。なぜならば、自分が持っていると考える、他人をことごとく滅ぼす権利を、それを実行する自らの行動を通じて、その他人にも同じように提供するからだ。

この時期の追撃、追放、翻弄、虐殺、報復が、単に特定の時期に限定された非正常的な旋風として記憶されてはならないであろう。そのような記憶方式は、未来のまた異なる非正常を胚胎するからだ。韓国と北朝鮮のエリートと民衆は、この戦争についての理性的な理解に基づいた和解の手続きを経ない場合、統一の可能性が高くなればなるほど、戦時の残酷だった殺戮を思い出すだろう。それは、過去への回帰を強要し、共存と統一を妨害するはずだ。共存というのは、人間本来の姿に対して差別ではなく差異を認定する政治を言う[69]。人間は、全て自らの尺度を持つ自己忠実性（authenticity）を持っており、そのような尺度を認定する他者との対話を通じて自己同一性を形成していく。

なぜならば、わたし自身の自己同一性は必須的に他者との対話的な関係（dialogical relations）にかかっており、また自己忠実性は社会、すなわち「一緒に生きていく」という意味を包含するからだ。つまり、我々の行動原理が順に自己同一性、尊厳、社会、対話、認定の段階を構成していく時、共同体は共存の政治を実現できるのである。結局、問題は（自己）同一性（identity）と（他者との）連帯（solidarity）、（自己）存在と（他者との）関係という2つの根本範疇をどのように見るかというところへ帰結する。人間は、何よりも自己同一性を持つ存在であるのみならず、個人と集団の個別的なアイデンティティ間の対話的な存在である。対話を通じて人間としての尊厳の確認を受けようという「自己同一性認定の政治（a politics of identity—recognition）」から我々は、共存の論理を発見し発展させるようになる。相異した思考を持つ人間同士の共存の論理は、つまりは和解の論理であると同時に平和の論理となる。

どんな現代も、過去に紐帯を結び付けずしては存在し得ない。しかし、どんな現代も過去を修正しなくては発展できない。過去の修正は、過去における自己の特定の行動形態を矯正するという自己反省と自己否定の意味を持つ。そこから我々は、他者の受容と寛容の哲学を発展させ始めるようになる。すなわち、自己反省は他者受容の出発点になる。対立していた他者への容赦は「自己の正当性の適切な領域に対する譲歩」を通じて共存へ連結される。和解と平和を語る時、我々の内面は既に若干そこへ向かっているのだ。現在の言語というのは、しばしば未来の意志の表現だからである。寛容さえも事実は、寛容を受ける集団や個人が劣等な位置に置かれている不平等な関係から発生する。時には他者を寛容するのが権力の行為であれば、寛容を受けるのは弱者の受容となる。したがって、

我々は窮極的に「寛容(to tolerate)と寛容を受けること(to be tolerated)の関係さえも超えて」、相互尊重(mutual respect)へ進まねばならない[70]。

この恐ろしかった時期に対する結論として、我々は一緒にユネスコ憲章を記憶しよう。

「戦争は人の心の中で生れるものであるから、人の心の中に平和のとりでを築かなければならない。」[71]

戦争は、人間に対する人間の全ての悪行と悲劇の表出を要求する。今まで我々は、我々が同族として、人間として語ってきた数多くの人々が自民族に対して、人間に対してどれほど愚かで、どれほど残忍だったかを見た。彼らを同じ民族、同じ人間ではないと言う必要はないであろう。和解と統一、生命と平和の世紀を建設するため、何よりも「人間は、人間に対して人間的であらねばならない(Homo homini homo)」[72]。

注

1) Raymond Aron, Translated by Richard Howard and Annette Baker Fox, *Peace and War: Theory of International Relations* (New York: Frederick A. Praeger Publishers, 1966), p. 28.

2) Hannah Arendt, *On Violence* (New York: Harcourt, Brace and World, INC., 1970), P. 4.

3) この部分は「積極的な徳(virtù)」、軍事と政治、国家理性(raison d'état)、国家統治術を中心に、マキャヴェリに対する著者独自の解釈を土台に陳述したものである。テキストは、Niccolò Machiavelli, *The Prince*, Translated with an Introduction by George Bull (London: Penguin Books, 1961). Niccolò Machiavelli, *The Discourses*, Edited with an Introduction by Bernard Crick, Using the translation of Leslie J. Walker, S. J. with revisions by Brian Richardson (London: Penguin Books, 1983). Niccolò Machiavelli, *The Art of War*, a revised edition of the Ellis Farneworth translation with an introduction by Neal Wood (New York: Da Capo Press, 1965). Quentin Skinner, *Machiavelli: A Very Short Introduction* (New York: Oxford University Press, 1981). Felix Gilbert (1951), "On Machiavelli's Idea of Virtu", John Dunn and Ian Harris, eds., *Machiavelli*, Vol. I (Cheltenham, UK: An Elgar Reference Collection, 1997), pp. 248-252. J. H. Hexter (1964), "The Loom of Language and the Fabric of Imperatives: The Case of II Prince and Utopia", *Machiavelli*, Vol. II, pp. 48-71. John Plamenatz (1972), "In Search of Machiavellian Virtù", *Machiavelli*, Vol. II, pp. 139-160. Russel Price (1977), "The Theme of Gloria in Machiavelli" *Machiavelli*, Vol. II, pp. 161-204. しかし、ここで彼の理論を詳論する余裕はない。朝鮮半島における平和の国内的、体系的、社会的な条件を究明する次の研究でこの問題を本格的に扱おうと思う。

4) Edward N. Luttwak, *Strategy: The Logic of War and Peace* (Cambridge: The Belknap Press of Harvard University Press, 1987), p. 3.
5) 柳永益『若き日の李承晩――漢城監獄生活と獄中雑記研究（韓国文）』ソウル、延世大学校出版部、2002年、122-123、155-156頁。
6) Machiavelli, *The Discourses*, pp. 514-515.
7) スターリングラード攻防戦以後、戦勢は完全に逆転、1943年5月には北アフリカでドイツ軍とイタリア軍が敗北し、7～8月にはクルスク（Kursk）戦闘でソ連軍が再びドイツ軍を撃破した。そして、9月にはイタリアが降伏した。スターリングラード攻防戦については、David Irving, *Hitler's War* (London: Hodder & Stoughton, 1977), pp. 453-488.
8) ベルリン封鎖については、Avi Shlaim, *The United States and the Berlin Blockade, 1948~1949: A Study in Crisis Decision-Making* (Berkeley: University of California Press, 1989) を参照。
9) National Archives, Record Group 59, Entry, Lot 87D236, Box. 11, Department of State, Division of Historical Policy Research, Foreign Policy Studies Branch, 〔Research Project No. 158 ―― United States Policy Regarding Korea〕に添付された2つの文献、"Top Secret. The Berlin Crisis", "Top Secret. The Berlin Crisis ―― A Report on the Moscow Discussions".
10) ある比較研究によれば、朝鮮半島における戦争の経験と学習は、米国のベトナム戦争の政策決定に特別に決定的な影響を及ぼした。それは介入だけでなく、その形態まで決定した。Yuen Foong Khong, *Analogies at War: Korea, Munich, Dien Bien Phu, and the Vietnam Decisions of 1965* (Princeton: Princeton University Press, 1992). しかし、依然として上の主題についての比較研究は全くなされていない。
11) Joseph Lawton Collins, *War in Peacetime: The History and Lessons of Korea* (Boston: Houghton Mifflin Company, 1969), p. 382.
12) その点で、朝鮮戦争を他の実際の小さな制限戦争と同一に範疇化して説明する制限戦争理論の説明方式は、誤謬だと言える。Seymour J. Deitchman, *Limited War and American Defense Policy ―― Building and Using Military Power in a World at War* (Cambridge: The MIT Press, 1969), p. 27. したがって、このような諸研究さえ結局は、朝鮮戦争が制限戦争だったが、米国の支援動員、人命被害、戦後の影響の側面で決して小さな戦争ではなかったとして「恐るべき独特な（*a horrible and unique*）制限戦争の事例」と陳述せざるを得なかったのである。*Ibid.*, pp.2-3. この言葉は、その実は内容的に他の多くの実際の小さな制限戦争の事例と朝鮮戦争の差異を認定したものである外はない。
13) Robert E. Osgood, *Limited War: The Challenge to American Strategy* (Chicago: The University of Chicago Press, 1957), p. 3.
14) Robert E. Osgood, *Limited War Revisited* (Boulder: Westview Press, 1979).
15) Bernard Brodie, *War and Politics* (New York: Macmillan Publishing Co. Inc.,

1973), pp. 38-40. Russell F. Weigley, *The American Way of War: A History of United States Military Strategy and Policy* (New York: Macmillan Publishing Co. Inc., 1973), pp. 238-240, 280-281, 325-326. Maurice Matloff, *Strategic Planning for Coalition Warfare, 1943〜1944* (United States Army in World War II: The War Department) (Washington, D.C.: Office of the Chief of Military History, 1959), pp. 38-42.

16) John W. Dower, *Embracing Defeat: Japan in the Wake of World War II* (New York: W. W. Norton & Company, 1999), pp. 40-41.
17) Aron, *op. cit.*, pp. 28.
18) Seymour Martin Lipset, *American Exceptionalism: A Double-Edged Sword* (New York: W. W. Norton & Company, 1996), pp. 65-66.
19) William Stueck, *The Korean War: An International History* (Princeton: Princeton University Press, 1995). 特に第10章で、pp. 353-360.
20) Eric Van Ree, *Socialism in One Zone: Stalin's Policy in Korea, 1945〜1947* (Oxford: BERG, 1989). 朴明林『韓国戦争の勃発と起源（韓国文）』II、ソウル、ナナム出版、1996年。
21) 崔章集「イタリア共産党の路線分析（韓国文）」、『経済と社会（韓国文）』第2巻第1号（ソウル、1989年春）、12-47頁。
22) Bruce Cumings, *The Origins of the Korea War*, Vol. II: *Roaring of the Cataract* (Princeton: Princeton University Press, 1990), Chap. 20, "The Political Character of the War: The People's Committees and White Pajamas", pp. 666 -707.
23) Chung Min Lee, "The Strategic Consequences of the Korean War: Implications for North East Asia", *Fifty Years After the Korean War: From Cold War Confrontation to Peaceful Coexistence* (KAIS, 2000), pp, 189-224.
24) 朴明林、前掲書、を参照されたい。
25) Zeev Sternhell, Translated by David Maisel, *The Birth of Fascist Ideology — From Cultural Rebellion to Political Revolution* (Princeton: Princeton University Press, 1994), p. 3.
26) Richi Maeda, 'Yoshidasan to Kankoku', "Kasekikaikaiho" 295 (September, 1970), p.16, Seizaburo Shinobu, *Sengonihonseijishi* Vol. IV (Tokyo: Keiso-shobo, 1965), p. 1151, John W. Dower, *Empire and Aftermath: Yoshida Shigeru and the Japanese Experience, 1878-1954* (Cambridge: Harvard University Press, 1979, 1988), pp. 316, 551. 再引用。なお、邦訳に当たっては原文を用いた（監訳者）。
27) 朝鮮戦争と日本の関係についての立派な研究は、南基正「朝鮮戦争と日本『基地国家』における戦争と平和」東京大学大学院総合文化研究科国際社会科学専攻博士論文、2000年3月。南基正「韓国戦争と日本──『基地国家』における戦争と平和（韓国文）」、高麗大学校平和研究所『平和研究』第9号（ソウル、2000年）、167-188頁。金南均「米国の日本経済政策に及ぼした韓国戦争の影響（韓国文）」、『米国史研究』第8集（ソウル、1998年）、249-284頁。金南均「米国の日本安保政策に及ぼし

た韓国戦争の影響（韓国文）」、『米国史研究』第4集（ソウル、1996年）、263-294頁、を参照されたい。
28) 『朝鮮人民報』1950年8月7日、『パルチザン資料集』6巻、春川、翰林大学校アジア文化研究所、1996年、72頁。
29) 『朝鮮人民報』1950年8月9日、同上書、73頁。
30) 同上紙、同上書、74頁、に載せられているこれら諸団体の声明を見よ。
31) 『解放日報』1950年8月27日、同上書、275頁。
32) Mark Andrew O'Neil, "The Other Side of the Yalu: Soviet Pilots in the Korean War, Phase 1, 1 November 1950−12 April 1951" (Ph. D. Dissertation, Florida State University, 1996), pp. 13-51. Conrad C. Crane, *American Airpower Strategy in Korea, 1950〜1953* (Lawrence: University Press of Kansas, 2000), pp. 48-49. 再引用。
33) Karl Marx, *The German Ideology* (Moscow: Progress Publishers, 1976, Third Revised ed.), p. 497.
34) Horace B. Davis, *Toward a Marxist Theory of Nationalism* (New York and London: Monthly Review Press, 1978), pp. 17-19.
35) François Furet, translated Deborah Furet, *The Passing of an Illusion: The Idea of Communism in the Twentieth Century* (Chicago: The University of Chicago Press,1999), p. 462.
36) Milovan Djilas, *Conversations with Stalin* (New York: Harvest Book, 1962), p. 30.
37) Davis, *op. cit.*, pp. 19-21.
38) Eric Hobsbawm, *Nations and Nationalism since 1780* (Cambridge: Cambridge University Press, 1990), p. 172.
39) 「韓米——関係修交100年史」、『新東亜』1982年1月号特別付録（ソウル、1982年)、48-50頁。
40) Key-Hiuk Kim, *The Last Phase of the East Asian World Order: Korea, Japan, and the Chinese Empire, 1860〜1882* (Berkeley and Los Angeles: University of California Press, 1980), pp. 95, 105, 108, 114, 124, 128, 136. Robert R. Simmons, *The Strained Alliance: Peking, Pyongyang, Moscow and the Politics of the Korean Civil War* (New York: The Free Press, 1975), pp. 12-15.
41) 抗日時期から現在に至るまでの朝中関係について、両国の1次資料に基づいた説得力ある説明については、李鍾奭『北韓—中国関係、1945〜2000』ソウル、中心、2000年、79頁。
42) Eric Hobsbawn, "The Losers", Hamza Alavi and Teordor Shanin, eds., *Introduction to the Sociology of "Developing Societies"* (Hong Kong: Macmillan Press, 1970), p. 79.
43) Kim, *op. cit.*, p. 350.
44) Aron, *op. cit.*, pp. 28-30.

45) Michael Stohl and George A. Lopez, eds., *The State as a Terrorist: The Dynamics of Government Violence and Repression* (Westport: Greenwood Press, 1984).
46) Helen Fein, "Genocide, Terror, Life Integrity, and War Crimes: The Case for Discrimination", George J. Andreopoulos, ed., *Genocide: Conceptual and Historical Dimensions* (Philadelphia: University of Pennsylvania Press, 1997), pp. 95-107.
47) Kurt Jonassohn and Frank Chalk, "Typology of Genocide and Some Implications for the Human Rights Agenda", Isidor Wallimann and Michael N. Dobkowski, eds., *Genocide and the Modern Age: Etiology and Case Studies of Mass Death* (Syracuse: Syracuse University Press, 2000), pp. 14-15.
48) *Ibid.*, p. 14.
49) Leo Kuper, *Genocide: Its Political Use in the Twentieth Century* (New Haven: Yale University Press, 1981), p. 55.
50) *Ibid.*, p. 55.
51) *Ibid.*, p. 56.
52) John Rawls, *The Law of Peoples* (Cambridge: Harvard University Press, 1999), pp. 94-105, "§14. Just War Doctrine: Conduct of War".
53) 朴明林「民主主義、理性、そして歴史理解：済州4・3と韓国現代史（韓国文）」、歴史問題研究所編『済州4・3研究』歴史批評社、1999年、425-460頁。
54) Barrington Moore, Jr., *Reflection of the Causes of Human Misery and upon Certain Proposals to Eliminate Them* (Boston: Beacon Press, 1970). Barrington Moore. Jr., *Terror and Progress in the USSR* (Cambridge: Harvard University Press, 1954).
55) Hannah Atendt, *The Origins of Totalitarianism* (New York: Harcourt Brace & Company, 1979, New Edition with added prefaces), p. 6.
56) Eric Hobsbawm, in Conversation with Antonio Polito, Translated from the Italian by Allan Cameron, *On the Edge of the New Century* (New York: The Free Press, 2000), pp. 16-18.
57) Barbie Zelizer, *Remembering to Forget: Holocaust Memory through the Camera's Eye* (Chicago: The University of Chicago Press, 1998), p. 168.
58) Lipset, *op. cit.*, p. 66.
59) Barrington Moore Jr., *Moral Purity and Persecution in History* (Princeton: Princeton University, 2000).
60) Kuper, *op. cit.*, pp. 40-41.
61) *Ibid.*, pp. 40-41.
62) Howard Ball, *Prosecuting War Crimes and Genocide: The Twentieth-Century Experience* (Lawrence: The University Press of Kansas, 1999), p. 91.
63) Richard A. Falk, *Human Rights Horizons —— The Pursuit of Justice in a*

Globalizing World (New York: Routledge, 2000), pp. 24-26.
64) Archbishop Desmond Tutu, "Reconciliation in Post-Apartheid South Africa: Experiences of the Truth Commission", Jeffrey Hopkins, *The Art of Peace — Nobel Peace Laureates Discuss Human Rights, Conflict and Reconciliation* (Ithaca : Snow Lion Publications, 2000), pp. 96-103.
65) 北朝鮮に対する認定は、未だ公式の外交関係の樹立がない米国もやはり同様である。米国議会調査局「北韓（北朝鮮）の国際的な承認に関連した法的分析（韓国文）」(1996年12月6日)、『戦略研究』第Ⅳ巻2号（ソウル、1997年6月）、191-192頁。
66) Johan Galtung, *Peace by Peaceful Means: Peace and Conflict, Development and Civilization* (Oslo: International Peace Research Institute, 1996).
67) Lewis Coser, *The Functions of Social Conflict* (New York: The Free Press, 1956), p. 71.
68) Garrett Fitzgerald, "Toleration or Solidarity", Susan Mendus, ed., *The Politics of Toleration in Modern Life* (Durham: Duke University Press, 2000), pp. 13-25.
69) 以下の論議は次を参照。Charles Taylor, *The Ethics of Authenticity* (Cambridge: Harvard University Press, 1992), pp. 15-16, 43-53, 66-68, 72-73.
70) Michael Walzer, *On Toleration* (New Haven: Yale University, 1997), p. 52.
71) http://www.unesco.org/general/eng/about/constitution/pre.html. なお、邦訳に当たっては標準的な日本語訳文を用いた（監訳者）。
72) Ernst Bloch, *The Principle of Hope*（朴雪湖（音訳）『希望の原理（韓国文）』4巻「自由と秩序（韓国文）」、ソウル、ソル、1993年、308頁。

参考文献

(以下、欧米文献を除いて原書に可能な限り適合する日本の漢字による邦訳とし、主に文献の刊行地や所在地に従い韓国・朝鮮文献、中国文献、日本文献、欧米文献、ロシア文献の区別を適宜付す。漢字表記の不明な韓国・朝鮮人の著者名は音訳した後に丸括弧の中に（音訳）と記す。一部に出版地等のない表示もあるが、原書に忠実を期して訳出した。このため、不明な点は原書により確認していただきたい。2002年当時の分類によるため、未刊行資料のうち現在は既刊の資料も一部ある。なお、南韓＝韓国、北韓＝北朝鮮、韓民族＝朝鮮民族、南北韓＝南北朝鮮、美（国）＝米（国）を意味する）

1．1次資料

（1）未刊行資料

△韓国・朝鮮文献
- 国会良民虐殺事件真相調査特別委員会「良民虐殺事件真相調査報告書」（1960.6.21.）、『第35回国会臨時会議速記録』第42号（付録）。
- 大田教導所『在所者人名簿』1950年。
- 大韓民国公報処『韓国政・戦日誌』1952年。
- 大韓民国公報処統計局『檀紀4283年自6月25日至9月28日（6・25事変中）ソウル特別市被害者名簿』1950年。
- 同上『6・25事変被殺者名簿』1952年。
- 同上『6・25事変総合被害調査票』1953年。
- 大韓民国国防部陸軍本部『韓国戦争史料』1～85巻、1985～1990年。
- 大韓民国国防部軍史編纂研究所（前戦史編纂委員会／国防軍史研究所）所蔵資料。
- 同上『陸軍将校自歴表』軍番10001～10300番。
- 同上『戦死、戦傷者、殉職、死亡将兵　階級別　部隊別統計表』1950～1953年、史料129.5～21号。
- 同上『国防部特命綴、1949～1950』史料26号。
- 同上『面談史料──証言録』
- 同上「陸本作戦命令38号」、「陸軍第6師団　作戦命令42号」、史料562号、740号。
- 同上『陸軍本部　高等軍法会議　命令』史料842号。
- 同上『陸軍歴史日誌、1949～1950』史料280号。
- 同上『陸軍歴史日誌、1945～1950』史料番号なし。

- 同上、"Prisoners of War Preliminary Interrogation Report".
- 同上、史料番号 5、100、103、203、204、205、209、215、274、317、328、369、551、546、1358。
- 大韓民国国会事務処『国会速記録』1948～1951年。
- 大韓民国内務部『1951 北韓行政要覧 名簿』1951年。
- 大韓民国政府『6・25事変被拉致者名簿』(n.d.)。
- 法務部大邱刑務所『人名簿』1950年。
- 歩兵第7師団司令部『七星略史、1949.6.10～1969.12.31』陸軍印刷工廠、1970年。
- 釜山教導所『矯正統計』1950年。
- 同上『在所者人名簿』1950年。
- 同上『在所者人員表』1950年。
- 北朝鮮人民委員会司法局編『北朝鮮法令集』1947年。
- 伸冤遺族会『居昌事件当時の死亡者名簿』。
- 朝鮮労働党中央委員会『決定集（1946.9～1951.11）』党中央委員会。
- 同上『決定集（1947.8～1953.7）』党中央政治委員会。
- 同上『決定集（1949.7～1951.12）』党中央組織委員会。
- 朝鮮民主主義人民共和国内閣事務処『内閣公報』1949～1951年。
- 『南道富事件 裁判記録』要約。
- 『労働党中央委員会定期会議文献集』平壌、労働党出版社、1950年。
- 北朝鮮労働党中央本部宣伝煽動部講演課『正義の戦争と不正義の戦争に関するマルクス－レーニン主義的学説』平壌、労働党出版社、1948年。
- ソウル市臨時人民委員会文化宣伝部『政党社会団体登録綴』ソウル市臨時人民委員会、1950年9月、韓国安保教育協会による複製版、1989年。
- 朝鮮人民軍前線司令部文化訓練局『朝鮮人民は屠殺者米帝と李承晩逆徒どもの野獣的蛮行に復讐するであろう』(n.d.)。
- 朝鮮人民義勇軍本部文化宣伝部『祖国の統一独立と自由のため正義の戦争に総決起しよう！』
- 『報告者および煽動員たちに与える資料――8・15解放6周年に際して』朝鮮人民軍総政治局、1951年8月。
- 『朝鮮民主主義人民共和国軍事委員会委員長であられ、朝鮮人民軍最高司令官であられる金日成将軍の放送演説』平壌、国立出版社、1950年7月13日。
- 中央学徒護国団『戦歿学徒名単』ソウル、中央学徒護国会、1957年。

△欧米文献

- CIA, "Memorandum: The Korean Situation", Harvard University, Lamont Library, *Government Documents* (Microfilm).

- CIA, ORE 58 50, "Top Secret. Critical Situations in the Far East" (Oct. 12, 1950).
- Department of the Army, Inspector General, *No Gun Ri Review* (January, 2001).
- Headquarters, Far East Command, Mililtary Intelligence Section, General Staff, *History of the North Korean Army* (HNKA), 1952.
- *Korean War Atrocities ——Hearing before the Subcommittee on Korean War Atrocities of the Permanent Subcommittee on Investigations of the Committee on Government Operations United States Senate Eighty Third Congress, First Session Pursuant to S. Res. 40,* Part 3 (Washington, D.C.: United States Government Printing Office, 1954).
- *Military Situation in the Far East——Hearings before the Committee on Armed Services and the Committee on Foreign Relations United States Senate* (Washington, D.C.: United States Government Printing Office, 1951).
- National Archives,
——, Record Group 59, Entry Lot 58D245, Lot 87D236.
——, Record Group 153, Records of the Office of the Judge Advocate General, War Crimes Division, Historical Report of the War Crimes Division, 1952~54, Entry 182.
——, Record Group 242, "Captured Enemy Documents", Shipping Advice No. 2005~2013.
——, Record Group 319, Entry 85, 95, 97, Army—— Operations General Decimal File 1950~1951 091 Korea.
——, Record Group 330, Entry 18, 199.
——, Record Group 338, Records of United States Army Commands, 1942~, Entry 34407.
- National Archives, National Archives and Records Service, Central Services Administration, Record Group 242 ——Annotated Lists (National Record Center, 1977).
- Hoover Institution, *Alfred C. Bowmar Papers.*
- "Report of the United Nations Commission on Korea——Covering the Period from 15 December 1949 to 4 September 1950," General Assembly Official Records: Fifth Session Supplement No. 16 (A/1350) (New York: Lake Success, 1950), in Compiled by Ministry of Foreign Affairs, Report of the United Nations Commission on Korea, IR-IO No. 9-5 (Nov. 1961).
- The Republic of Korea Delegation to the United Nations, *Towards Triumph:*

Korea and the United Nations(1952).

△ロシア文献
- 大韓民国外交通商部『韓国戦争（1950.6.25）関連ロシア文書』「基本文献」1949～1953年。
- 同上、同上文書、「補充文献」1949～1953年。
- 大韓民国外務部『韓国戦争関連ロシア外交文書』内部用韓国語翻訳本、1994年。
- 『韓国戦争関連ロシア秘密外交文書』ソウル新聞が入手、韓国語翻訳した朝鮮戦争関連の旧ソ連の秘密外交文書。

（２）既刊資料

△韓国・朝鮮文献
- 慶尚北道議会良民虐殺真相糾明特別委員会『活動結果報告書』2000年。
- 国務調整室老斤里事件対策団『老斤里事件関連資料集』2001年2月。
- 国防軍史研究所『韓国戦争支援史』1997年。
- 金日成『自由と独立のための朝鮮人民の正義の祖国解放戦争』平壌、朝鮮労働党出版社、1954年。
- 老斤里事件調査班『老斤里事件調査結果報告書』2001年。
- 大検察庁捜査局『左翼事件実録』1～9巻、大検察庁公安部、1965～1975年。
- 大韓民国公報処『大統領李承晩博士談話集』1～2集、1952～1953年。
- 大韓民国公報処統計局『1952年大韓民国統計年鑑』1953年。
- 大韓民国教育部国史編纂委員会『資料　大韓民国史』1～15巻、1968～2001年。
- 同上『北韓関係史料集』1～19巻、1982年～。
- 大韓民国国防部戦史編纂委員会『韓国戦乱1年史』1951年。
- 同上『韓国戦争史』1～11巻、改訂版1～2巻、1967～1978年。
- 同上『仁川上陸作戦』1983年。
- 同上『平壌奪還作戦』1986年。
- 大韓民国国会事務処『国会史：制憲国会　第2代国会　第3代国会』大韓民国国会事務処委員局資料編纂課、1971年。
- 大韓民国農林部農地局『農地改革統計要覧』1951年。
- 大韓民国大検察庁『韓国検察史』1976年。
- 大韓民国法務部『韓国矯正史』1987年。
- 大韓民国外務部『大韓民国外交年表——附主要文献、1948～1961』1962年。
- 大韓民国陸軍本部『歴代参謀総長年代記』陸軍本部（n.d.）。
- 大韓民国陸軍本部軍史研究室軍史編纂課『創軍全史』1980年。

- 大韓民国陸軍本部情報参謀部『北傀6・25南侵分析』1970年。
- 朝鮮民主主義民族戦線編『朝鮮解放1年史』ソウル、文友印書館、1946年。
- ソウル地方法院刑事部「国会フラクチャー事件判決文」、『月刊タリ』1972年4～8月。
- 陸軍士官学校戦史学科『韓国戦争史』ソウル、日新社、1981年、1987年（増補版）。
- 済州道議会4・3特別委員会『済州島4・3被害調査報告書』修正補完版、1997年。
- 『国際連合　韓国統一復興委員団報告書（1951、1952、1953）』ソウル、国会図書館立法調査局、1965年。
- 朝鮮中央通信社『朝鮮中央年鑑』1949、1950、1951～52（合本）、1953年版、平壌、朝鮮中央通信社、各年別。
- 韓国警察史編纂委員会『韓国警察史』Ⅱ：1948.8～1961.5、内務部治安局、1973年。
- 翰林大学校アジア文化研究所編『パルチザン資料集』6巻、春川、翰林大学校アジア文化研究所、1996年。
- 『6・25南侵真相』文化公報部、1989年。
- 『6・25実証資料』文教部、1976年。
- 『6・25　原因と真相』公報処、1990年。
- 『南北韓経済社会相比較』統計庁、1995年。
- 『実証資料で見た韓国戦争』公報処、1990年。
- 『在外同胞現況、1999』大韓民国外交通商部、1999年。
- 『証言と資料で見た韓国戦争』公報処、1991年。
- 『韓国戦争におけるUN軍の遊撃戦』陸軍本部、1988年。
- 『韓国戦争』国防部戦史編纂委員会、1987年。
- 『韓国戦争』上・下、陸軍本部、1990～91年。
- 『韓国戦争――要約』国防部戦史編纂委員会、1986年。
- 『韓国戦争――証言と資料』公報処、1992年。
- 『韓国戦争捕虜』国防部戦史編纂委員会、1986年。
- 『韓国戦争休戦史』陸軍本部、1989年。
- 『金日成選集』2～4巻、平壌、朝鮮労働党出版社、1953～1954年。
- 『金日成著作選集』1～6巻、平壌、朝鮮労働党出版社、1969～1973年。
- 『金日成著作集』1～35巻、平壌、朝鮮労働党出版社、1979～1987年。
- 『金日成全集』12～13巻、平壌、朝鮮労働党出版社、1995年。
- 『偉大な首領　金日成同志の革命歴史』平壌、朝鮮労働党出版社、1982年。
- 『偉大な祖国解放戦争時期の革命史跡地』平壌、金星青年出版社、1981年。
- 『自主時代の偉大な首領　金日成同志』4巻、平壌、社会科学出版社、1988年。

- 『朝鮮における米国侵略者どもの蛮行に関する文献集』平壌、朝鮮労働党出版社、1954年。
- 『朝鮮人民軍』平壌、北朝鮮人民委員会宣伝局、1948年。
- 『朝鮮人民に対する米帝国主義者たちの食人種的な蛮行』平壌、朝鮮労働党出版社、1952年。
- 『解放後10年日誌』1945〜1955、平壌、朝鮮中央通信社、1955年。
- 朝鮮労働党中央委員会党歴史研究所『朝鮮労働党略史』平壌、朝鮮労働党出版社、1979年。
- 同上『朝鮮労働党歴史教材』平壌、朝鮮労働党出版社、1964年。
- 同上『金日成同志の革命活動略歴』平壌、朝鮮労働党出版社、1969年。
- 朝鮮民主主義人民共和国国家計画委員会中央統計局『朝鮮民主主義人民共和国人民経済発展統計集 1946〜1960』平壌、国立出版社、1961年。
- 朝鮮民主主義人民共和国最高裁判所『アメリカ帝国主義の雇用スパイ朴憲永・李承燁徒党の朝鮮民主主義人民共和国政権転覆陰謀とスパイ事件公判文献』平壌、国立出版社、1956年。

△中国文献
- 毛沢東『毛沢東選集』第5巻、北京、人民出版社、1977年。
- 中国共産党中央文献研究室編『建国以来毛沢東文稿』1〜2、北京、中央文献出版社、1988年。
- 中国人民解放軍軍事科学院編『毛沢東軍事文選——内部本』北京、人民解放軍戦士出版社、1981年。

△日本文献
- 日本外務省調査局第一課『朝鮮事変の経緯』1952年。

△ロシア文献
- 大韓民国国防部軍史編纂研究所編『ソ連軍事顧問団長ラズヴァエフの6・25戦争報告書』1〜3巻、国防部軍史編纂研究所、2001年。
- ソ連科学アカデミー東洋学研究所、国土統一院韓国語訳『ソ連と北韓との関係、1945〜1980』ソウル、大韓民国統一院、1987年。
- ソ連外務省編、国際問題研究会朝鮮語訳『ソヴェト連盟と朝鮮問題——文献集』平壌、国際問題研究会、1949年。

△欧米文献

- Appleman, Roy E., *South to the Naktong, North to the Yalu* (Washington, D.C.: U. S. G. P. O., 1961).
- Cagle, Malcolm W. and Flank A.Manson, *The Sea War In Korea* (Annapolis, Maryland: Annapolis, 1957).
- Chung, Y. H., ed., *The United Nations and the Korean Question* (Seoul: The U. N. Association of Korea, 1961).
- Etzold, Thomas H. and John Lewis Gaddis, eds., *Containment: Documents on American Policy and Strategy, 1945～1950* (New York: Columbia University Press, 1978).
- *Facts Tell* (Pyongyang: Foreign Language Publishing House, 1960).
- Field, James A. Jr., *History of United States Naval Operations ――Korea* (Washington, D.C.: U. S. G. P. O., 1963).
- Kim, Se Jjn, ed., *Documents on Korean-American Relations, 1943～1976* (Seoul: Research Center for Peace and Unification, 1976).
- ――, ed., *Korean Unification: Source Materials with an Introduction* (Seoul: Research Center for Peace and Unification, 1976).
- *Korea and the United Nations* (New York: Department of Public Information of the United Nations, 1950).
- *Resolution of the United Nations Organs Relating to Korea (1947～1963)*, (Seoul: Ministry of Foreign Affairs, Republic of Korea, 1963).
- R.O.K., M.N.D., War History Compilation Committee, *History of the U.N. Forces in Korea*, Vol. 1～6 (1972～1977).
- Schnabel, James F., *Policy and Direction: The First Year* (Washington, D.C.: Office of the Chief of Military History, United States Army, 1972).
- ――, *Policy and Direction: The First Year*, Korean War 40th Anniversary Commemorative Edition (Washington, D.C.: Center of Military History, United States Army, 1992).
- ――, and Robert J. Watson, *The History of the Joint Chiefs of Staff*, Vol. III: *The Korean War*, Part. I (Historical Division, Joint Secretariat, Joint Chiefs of Staff, 1978).
- Suh, Dae-Sook, ed., *Documents of Korean Communism, 1919～1948* (Princeton: Princeton University Press, 1970).
- United Nations, *Year Book of the UN 1950* (New York: Columbia University Press, 1951).
- *United States Air Force Operations in the Korean Conflict* (空軍本部韓国語訳

『UN空軍史——韓国戦争』上、空軍本部、1975年。)
・U. S. Congress, Senate, Committee on Foreign Relations, *The United States and the Korean Problem*, Documents 1943~1953 (Washington, D.C.: U. S. G. P. O., 1953).
・U. S., Department of State, *United States Policy in the Korean Crisis* (Washington, D.C.: U. S. G. P. O., 1950).
――, *United States Policy in the Korean Conflict* (Washington, D.C.: U. S. G. P. O., 1951).
――, *The Conflict in Korea* (Washington, D.C.: U. S. G. P. O., 1951).
――, *American Foreign Policy, 1950~1955: Basic Documents* (Washington, D.C.: U. S. G. P. O., 1957).
――, *North Korea: A Case Study in the Techniques of Takeover* (Washington, D.C.: U. S. G. P. O., 1961).
――, *Foreign Relations of the United States*, 1945~1951 (各年度の関係する該当巻), (Washington, D.C.: U. S. G. P. O., 1976~1983).

2．単行本

△韓国・朝鮮文献

・4月革命研究所編『韓国社会変革運動と4月革命』2、ソウル、ハンギル社、1990年。
・江西郡誌増補版編纂委員会『江西郡誌』増補版、1987年。
・金仁哲『韓国基督教と国家・市民社会、1945~1960』ソウル、韓国基督教歴史研究所、1996年。
・姜禎求『挫折した社会革命』ソウル、ヨルム社、1989年。
・同上『分断と戦争の韓国現代史』ソウル、歴史批評社、1996年。
・孔提郁『1950年代　韓国の資本家研究』ソウル、白山書堂、1993年。
・具昇会『論争、ナチズムの歴史化？　ドイツ現代史論争の中間決算と批判』ソウル、オンヌリ、1993年。
・具永禄『人間と戦争：国際政治理論の体系』ソウル、法文社、1980年。
・郡誌編纂委員会『定平郡誌』1986年。
・極東問題研究所『北韓総覧、1945~1968』ソウル、極東問題研究所、1968年。
・同上『北韓全書』1～3巻、ソウル、極東問題研究所、1974年。
・金佳仁『敗走五千里』ソウル、太陽文化社、1952年。
・金甲洙『法窓30年』ソウル、法政出版社、1970年。
・金啓東『韓半島の分断と戦争：民族分裂と国際介入葛藤』ソウル、ソウル大学校

出版部、2000年。
- 金貴玉『越南民の生活経験と正体性：下からの越南民研究』ソウル、ソウル大学校出版部、1999年。(「正体性」は「アイデンティティ」の意味：監訳者)
- 金基鎮『終わりなき戦争　国民保導連盟』ソウル、歴史批評社、2002年。
- 金南植『南労党研究』ソウル、トルベゲ、1984年。
- 金道英『赤い葉』瀋陽、遼寧民族出版社、1990年。
- 金東椿『分断と韓国社会』ソウル、歴史批評社、1997年。
- 同上『戦争と社会』ソウル、トルベゲ、2000年。
- 金炳淵編『平壌誌』ソウル、古堂伝・平壌誌刊行会、1964年。
- 金峰『燃える蓋馬高原——ゲリラ隊長の手記』ソウル、自由社、1972年。
- 金碩中『朔風』ソウル、極東問題研究所、1991年。
- 金奭学・林鍾明共著『全南の重要事件——光復30年』1～3巻、光州、全南日報社、1973年。
- 金成甫『南北韓経済構造の起源と展開——北韓農業体制の形成を中心に』ソウル、歴史批評社、2000年。
- 金聖七『歴史の前で』ソウル、創作と批評社、1993年。
- 蒋尚煥ほか『農地改革史研究』ソウル、韓国農村経済研究院、1989年。
- 金世源『ピトゥ』光州、イルグヮノリ、1993年。(「ピトゥ」は「秘密アジト」を意味する短縮形の韓国語：監訳者)
- 金新朝『私の悲しい歴史を語る』ソウル、東亜出版社、1994年。
- 金彦鎬『本の誕生』Ⅱ、ソウル、ハンギル社、1997年。
- 金泳澤『韓国戦争と咸平良民虐殺』光州、社会文化院、2001年。
- 金暎浩『韓国戦争の起源と展開過程』ソウル、トゥレ、1998年。
- 金容燮『韓国近現代農業史研究』ソウル、一潮閣、1992年。
- 金麟瑞『亡命老人李承晩博士を弁護する』ソウル、信仰生活社、1963年。
- 金一ほか『赤い向日葵の下　創造と建設の40年』1～2巻、平壌、朝鮮労働党出版社、1981年。
- 金日成『世紀と共に』1～4巻、平壌、朝鮮労働党出版社、1992～1993年。
- 金在枏編『金史良作品集——従軍記』ソウル、サルリムト、1992年。
- 金點坤『韓国戦争と労働党の戦略』ソウル、博英社、1973年。
- 金定基『密派』ソウル、大英社、1967年。
- 金宗文編『九月山』国防部政訓局、1955年。
- 金鍾碧（音訳）『韓国のレジスタンスとその後』議政府市、ソウル印刷株式会社、1967年。
- 金俊燁・金昌順『韓国共産主義運動史』5巻（新版）、ソウル、清渓研究所、1986年。

- 金真啓（音訳）・金應教『祖国』上、ソウル、現場文学社、1990年。
- 金瓚洛『獄中手記　ある知識人の死』ソウル、杏林出版、1991年。
- 金徹範『韓国戦争と米国』ソウル、平民社、1990年。
- 同上『真実と証言』ソウル、乙酉文化社、1990年。
- 同上編『韓国戦争：強大国政治と南北韓葛藤』ソウル、平民社、1989年。
- 同上編『韓国戦争を見る視角』ソウル、乙酉文化社、1990年。
- 同上・ジェイムス・メットレイ共編『韓国と冷戦』ソウル、平民社、1991年。
- 金哲洙『韓国憲法史』ソウル、大学出版社、1988年。
- 金弘大『大陸の憤怒』ソウル、文潮社、1972年。
- 金洪喆『戦争論』ソウル、ミドゥム社、1991年。
- 金河龍『中国政治論』ソウル、博英社、1984年。
- 金学俊『韓国戦争』ソウル、博英社、1989年。
- 盧民英・姜熙正（両者とも音訳）編『居昌良民虐殺――その忘れられた血の涙』ソウル、オンヌリ、1988年。
- 大韓民国公報処宣伝対策中央委員会編『自由大韓』ソウル、国民会中央総本部、1951年。
- 東亜日報社『韓米修交100年史』ソウル、東亜日報社、1982年。
- 同上編『秘話　第一共和国』1～2巻、ソウル、弘字出版社、1975年。
- 羅鍾一『終わらなかった戦争：韓半島と強大国政治、1950～54』ソウル、伝芸苑、1994年。
- 同上編『証言で見た韓国戦争』ソウル、芸進、1991年。
- 李羅英『朝鮮民族解放闘争史』平壌、朝鮮労働党出版社、1958年。
- 李承晩『独立精神』ソウル、太平洋出版社、1954年。
- 李海植（音訳）著、金哲煥・金相革（両者とも音訳）朝鮮語訳『38線で戦った日々に』延辺、延辺人民出版社、1991年。
- 文学峰（音訳）『米帝の朝鮮侵略戦争の正体と内乱挑発の真相を暴露する』平壌、朝鮮中央通信社、1950年。
- 文洪九（音訳）『私の軍、私の生』ソウル、瑞文堂、1993年。
- 朴甲東『韓国戦争と金日成』ソウル、パラムグァムルギョル、1990年。
- 朴啓周『自由共和国最後の日』ソウル、正音社、1955年。
- 朴明林『韓国戦争の勃発と起源』Ⅰ・Ⅱ、ソウル、ナナム出版、1996年。
- 朴聖河『雩南　李承晩』ソウル、明世堂、1956年。
- 朴聖煥『波濤は明日も立つ』ソウル、東亜出版社、1965年。
- 朴元淳『国家保安法研究』Ⅰ、ソウル、歴史批評社、1989年。
- 朴燦杓『韓国の国家形成と民主主義』ソウル、高麗大学校出版部、1997年。
- 白南雲『ソ連の印象』平壌、朝鮮歴史編纂委員会、1950年。

- 白峰『民族の太陽　金日成将軍』1～3巻、平壌、人物科学社、1968～1971年。
- 白善燁『韓国戦争一千日』東京、Japan Military Review、1988年。
- 同上『軍と私』ソウル、大陸研究所、1989年。
- 同上『実録　智異山』ソウル、高麗院、1992年。
- 同上『長く長い夏の日1950年6月25日』ソウル、地球村、1999年。
- 白鶴淳『国家形成戦争としての韓国戦争』城南、世宗研究所、1999年。
- 卞松林（音訳）『金正日将軍様と李仁模』平壌、平壌出版社、1994年。
- 卞栄泰『私の祖国』ソウル、自由出版社、1956年。
- 釜山日報社『臨時首都千日』釜山、釜山日報社、1985年。
- 社会科学院歴史研究所『革命の偉大な首領　金日成同志が領導なさった朝鮮人民の正義の祖国解放戦争史』1～3巻、平壌、社会科学出版社、1972年。
- 徐鏞瑄ほか『韓国戦争研究──占領政策・労務運用・動員』ソウル、韓国戦争研究所、1995年。
- 徐載鎮『もう1つの北韓社会』ソウル、ナナム出版、1995年。
- 徐仲錫『曺奉岩と1950年代』下、ソウル、歴史批評社、2000年。
- 徐鎮英『中国革命史』ソウル、ハヌル、1992年。
- 鮮宇基聖『韓国青年運動史』ソウル、錦文社、1973年。
- 徐鎮徹『韓国戦争の起源』益山、円光大学校出版部、1996年。
- 孫世一『李承晩と金九』ソウル、一潮閣、1970年。
- 孫全厚（音訳）『我が国の土地改革史』平壌、科学百科事典出版社、1983年。
- 孫浩哲『現代韓国政治：理論と歴史』ソウル、社会評論、1997年。
- 宋建鎬ほか『解放前後史の認識』全6巻、ソウル、ハンギル社、1989年～。
- 申福龍『韓国分断史研究、1943～1953』ソウル、ハヌルアカデミー、2001年。
- 愼鏞廈編『社会史と社会学』ソウル、創作と批評社、1982年。
- 辛珠柏『満州地域の韓人の民族運動史、1925～40』ソウル、アジア文化社、1999年。
- 申化鳳著、崔兌洵韓国語訳『休戦線が開かれる日──AP記者が見た東京・ソウル・平壌』ソウル、韓国論壇、1993年。
- 沈之淵『忘れられた革命家の肖像：金枓奉研究』ソウル、人間サラン、1993年。
- 同上『許憲研究』ソウル、歴史批評社、1994年。
- 同上『山頂に布を結んで：老村　李九栄先生の生きてきた話』ソウル、蓋馬書院、1998年。
- 梁大鉉『歴史の証言──休戦会談秘史』ソウル、螢雪出版社、1993年。
- 梁柱東ほか『赤禍三朔九人集』ソウル、国際保導連盟、1952年。
- 呂政『赤く染まった大同江』ソウル、東亜日報社、1991年。
- 呉蘇白編『解放20年──記録編／資料編』増補版、ソウル、世文社、1966年。

- 呉連鎬『老斤里その後』ソウル、月刊マル、1999年。
- 呉制道『追撃者の証言』ソウル、希望出版社、1969年。
- 同上『赤い群像』ソウル、希望出版社、1969年。
- 柳永益『若き日の李承晩――漢城監獄生活と獄中雑記研究』ソウル、延世大学校出版部、2002年。
- 同上『韓国近現代史論』ソウル、一潮閣、1992年。
- 柳原植『5・16秘録：革命はどこへ行ったのか』ソウル、人物研究社、1987年。
- 兪鎮午『憲法解義』ソウル、明世堂、1949年。
- 陸軍士官学校第8期生会『老兵たちの証言：陸士八期史』ソウル、陸軍士官学校第8期生会、1992年。
- 李起夏『韓国共産主義運動史』2巻、ソウル、国土統一院調査研究室、1977年。
- 李南元（音訳）『流れていった群像――西部戦線記』釜山、慶南警察局、1950年。
- 李胎根『韓国戦争と1950年代の資本蓄積』ソウル、カチ、1987年。
- 同上『解放後・1950年代の経済』ソウル、三星経済研究所、2002年。
- 同上・鄭雲暎編『韓国資本主義論』ソウル、カチ、1984年。
- 李道英『死の予備検束：良民虐殺真相調査報告書』ソウル、月刊マル、2000年。
- 同上『良民虐殺真相調査総合報告書：50年の恨――百祖一孫』済州、済州島百祖一孫遺族会、2000年。
- 李範奭・尹潽善ほか『事実の全部を記述する』ソウル、希望出版社、1966年。
- 李秉喆『湖巌自伝』ソウル、中央日報社、1986年。
- 李三星『米国の対韓政策と韓国民族主義』ソウル、ハンギル社、1993年。
- 李洙勲『世界体制論』ソウル、ナナム出版、1993年。
- 同上『世界体制の人間学』ソウル、ナナム出版、1996年。
- 李英石『竹山　曺奉岩』ソウル、圓音出版社、1983年。
- 李完範『38線確定の真実』ソウル、知識産業社、2000年。
- 同上『韓国戦争――国際戦的眺望』ソウル、白山書堂、2000年。
- 李愚振・金成珠編『現代韓国政治論』ソウル、ナナム出版、1996年。
- 李元淳編『人間　李承晩』ソウル、新太陽社、1988年。
- 李應俊『回顧90年』ソウル、汕耘紀念事業、1982年。
- 李仁模著、辛俊英（音訳）整理『前人民軍従軍記者手記：李仁模』ソウル、月刊マル、1992年。
- 李鍾奭『朝鮮労働党研究』ソウル、歴史批評社、1995年。
- 同上『新しく書いた現代北韓の理解』ソウル、歴史批評社、2000年。
- 同上『北韓－中国関係、1945～2000』ソウル、中心、2000年。
- 李泰昊著、辛慶王（音訳）証言『鴨緑江の冬――南北要人たちの生と統一の恨』ソウル、タソッスレ、1991年。

- 李亨根『軍番1番の日陰人生』ソウル、中央日報社、1993年。
- 李昊宰『韓国外交政策の理想と現実』ソウル、法文社、1969年（初版）、1986年（5版）。
- 同上『韓国人の国際政治観』ソウル、法文社、1994年。
- 自由評論社『六・二五秘話』ソウル、自由評論社、1979年。
- 張炳旭『6・25共産南侵と教会』ソウル、韓国教育公社、1983年。
- 張昌鍾『バイカルは流れているか？』ソウル、高麗院、1991年。
- 『全南日報』光州・全南現代史企画委員会『光州・全南現代史』ソウル、実践文学社、1991年。
- 全相仁『頭を垂れた修正主義』ソウル、伝統と現代、2001年。
- 鄭慶謨・崔達坤編『北韓法令集』1～5巻、ソウル、大陸研究所、1990年。
- 鄭東奎『3日の約束』ソウル、青岩、1990年。
- 鄭恩勇（音訳）『君よ、我らの痛みを知るや』ソウル、タリ、1994年。
- 丁一権『6・25秘録：戦争と休戦』ソウル、東亜日報社、1986年。
- 同上『丁一権回顧録』ソウル、高麗書籍、1996年。
- 鄭太栄『曺奉岩と進歩党』ソウル、ハンギル社、1991年。
- 同上・呉有錫ほか『曺奉岩全集』第1巻、ソウル、世明書館、1999年。
- 丁海亀『10月人民抗争研究』ソウル、ヨルム社、1988年。
- 鄭熙相（音訳）『このままでは目を瞑ることができん──6・25前後の民間人虐殺事件の発掘ルポ』ソウル、トルベゲ、1990年。
- 済民日報『4・3は語る』1～5巻、ソウル、伝芸苑、1994～98年。
- 趙東煥、黄海十・一三義挙同志会『抗共の火花』ソウル、普文閣、1957年。
- 趙炳玉『私の回顧録』ソウル、民教社、1959年。
- 趙相浩『韓国言論と出版ジャーナリズム』ソウル、ナナム出版、1999年。
- 趙石虎『解剖された黒幕──南労党員が見た北韓』ソウル、ソウル新聞社、1953年。
- 朝鮮民主主義人民共和国社会科学院歴史研究所『歴史事典』II、東京、学友書房、1973年（翻刻発行）。
- 趙芝薫『趙芝薫全集』1巻「詩」、ソウル、ナナム出版、1996年。
- 趙昌浩『帰って来た死者──趙昌浩の北韓生活四十三年』ソウル、チホ、1995年。
- 趙澈『死の歳月──拉北人士たちの生活実態』ソウル、聖峰閣、1964年。
- 朱栄福『私が経験した朝鮮戦争』1～2巻、ソウル、高麗院、1990～91年。
- 中央日報編『民族の証言』1～6巻、ソウル、乙酉文化社、1972～73年（中央日報により1983年に再販版、全8巻）。
- 同上、特別取材班『秘録　朝鮮民主主義人民共和国』（上）・（下）、ソウル、中央日報社、1992～93年。

- 車相哲『解放前後米国の韓半島政策』ソウル、知識産業社、1991年。
- 崔相龍『米軍政と韓国民族主義』ソウル、ナナム出版、1988年。
- 崔章集『韓国現代政治の構造と変化』ソウル、カチ、1989年。
- 同上『韓国民主主義の理論』ソウル、ハンギル社、1993年。
- 同上『韓国民主主義の条件と展望』ソウル、ナナム出版、1996年。
- 同上編『韓国戦争研究』ソウル、苔岩、1990年。
- 崔哲友（音訳）『990日――反共捕虜の手記』ソウル、公友社、1954年。
- 太倫基『軍人日記：1950年9月1日から52年10月12日までの日記』ソウル、日月書閣、1985年。
- 河英善編『韓国戦争の新しい接近』ソウル、ナナム出版、1990年。
- 韓国教会史研究所編『黄海道天主教会史』1984年。
- 韓国反託・反共学生運動記念事業会『韓国学生建国運動史』ソウル、韓国反託・反共学生運動記念事業会出版局、1986年。
- 韓国社会学会編『韓国戦争と韓国社会の変動』ソウル、プルピッ、1992年。
- 韓国歴代将軍伝編纂会編『韓国歴代将軍伝』2巻、ソウル、大亜文化社、1970年。
- 韓国戦争記念事業会編『韓国戦争史』第4巻、ソウル、杏林出版、1992年。
- 韓国戦争研究会編『脱冷戦時代 韓国戦争の再照明』ソウル、白山書堂、2000年。
- 韓国精神文化研究院編『韓国戦争と社会構造の変化』ソウル、白山書堂、1999年。
- 韓国政治研究会韓国政治史分科『韓国戦争の理解』ソウル、歴史批評社、1990年。
- 韓鎔源『創軍』ソウル、博英社、1984年。
- 韓徹永『李承晩大統領』ソウル、文化春秋社、1953年。
- 韓豹頊『李承晩と韓米外交』ソウル、中央日報社、1996年。
- 許政『雩南 李承晩』ソウル、太極出版社、1970年。
- 洪性讃『韓国近代農村社会の変動と地主層――20世紀前半期全南和順郡同福面一帯の事例』ソウル、知識産業社、1992年。
- 同上編『農地改革研究』ソウル、延世大学校出版部、2001年。
- 黄世俊『新生の日：六・一八反共愛国青年釈放記録』附「一・二〇中立地帯解放反共愛国青年名簿」、ソウル、公友社、1954年。
- 『大韓民国歴代三府要人総鑑』ソウル、韓国政経社、1979年。
- 『誰が朝鮮戦争を起こしたか』平壌、1993年。
- 『偉大な首領 金日成同志の伝記』1～2巻、平壌、朝鮮労働党出版社、1982年。
- 『朝鮮全史』25～29巻、平壌、科学百科事典出版社、1981年。
- 『朝鮮全史年表』2巻、平壌、科学百科事典出版社、1981年。

△日本文献
- 丸山真男著、金碩根韓国語訳『日本政治思想史研究』ソウル、トンナム、1995年。
- 小此木政夫著、現代史研究会韓国語訳『韓国戦争：米国の介入過程』ソウル、清渓研究所、1986年。
- 日本陸戦史研究普及会編、大韓民国陸軍本部軍史研究室韓国語訳『韓国戦争』1～10巻、ソウル、明成出版社、1986年。
- 佐々木春隆著、姜昶求韓国語編訳『韓国戦秘史』1～3巻、ソウル、兵学社、1977年。
- 朱建栄『毛沢東の朝鮮戦争』東京、岩波書店、1991年。
- 萩原遼著、崔兌洵韓国語訳『韓国戦争――金日成とスターリンの陰謀』ソウル、韓国論壇、1995年。
- 平松茂雄著、黄仁模韓国語訳『中共と韓国戦争』ソウル、兵学社、1989年。
- 和田春樹『朝鮮戦争』東京、岩波書店、1995年（徐東晩韓国語訳『韓国戦争』創作と批評社、1999年。）
- 同上『朝鮮戦争全史』東京、岩波書店、2002年。
- 同上、李鍾奭韓国語訳『金日成と満州抗日戦争』ソウル、創作と批評社、1992年。

△中国文献
- 軍事科学院軍事歴史研究部編著『中国人民志願軍抗美援朝戦史』北京、軍事科学出版社、1988年（韓国戦略問題研究所韓国語訳『中共軍の韓国戦争史』ソウル、世経社、1991年。）
- 権延赤『衛士長談毛沢東』（李晟旭韓国語訳『人間　毛沢東』ソウル、緑豆、1993年。）
- 譚錚『中国人民志願軍人物史』北京、中共党史出版社、1992年。
- 杜平『在志願軍総部』北京、解放軍出版社、1989年。
- 朴斗幅『中共参加韓戦原因之研究』台北、黎明文化事業服分有限公司、1975年。
- 師哲・李海文『在歴史巨人身辺――師哲回憶録』北京、中央文献出版社、1995年（修訂本）。
- 邵毓麟著、河正玉韓国語訳『勝利前後』ソウル、民潮社、1969年。
- 柴成文・趙勇田『板門店談判』北京、解放軍出版社、1989年（尹永茂韓国語訳『中国人が見た韓国戦争』ソウル、ハンベク社、1991年。）
- 葉雨蒙『黒雪：出兵朝鮮記実』1989年（安夢弼韓国語訳『黒い雪』ソウル、杏林出版、1991年。）
- 同上『出兵朝鮮――抗美援朝歴史記実』北京、北京十月文芸出版社、1990年（金澤韓国語訳『あゝ、鴨緑江』1～3巻、黎明出版社、1996年。）
- 同上『黒牛』済南、済南出版社、1991年。

- 丁世尤『毛沢東建軍思想研究』北京、軍事科学出版社、1990年。
- 周鯨文著、金俊燁韓国語訳『共産政権下の中国』（上）・（下）、ソウル、文明社、1985年。
- 同上、高麗大学校亜細亜問題研究所韓国語訳『毛沢東の軍隊』ソウル、東亜出版社、1964年。
- 中国人民抗美援朝総会宣伝部編『偉大的抗美援朝運動』北京、人民出版社、1954年。
- 中国人民解放軍軍事科学院毛沢東軍事思想研究所譜組編『毛沢東軍事年譜、1927～1958』南寧、広西人民出版社、1994年。
- 彭徳懐伝記編写組『彭徳懐軍事文選』北京、中央文献出版社、1988年。
- 洪学智『抗美援朝戦争回憶』北京、解放軍文芸出版社、1990年（洪寅杓韓国語訳『中国が見た韓国戦争』ソウル、高麗院、1992年）。
- 斉徳学『抗美援朝紀実』北京、華夏出版社、1996年。
- 沈志華『中蘇同盟与朝鮮戦争研究』桂林、広西師範大学出版社、1999年。
- 呉瑞林『抗美援朝中的第42軍』北京、金城出版社、1995年。
- 楊得志『為了和平』北京、長征出版社、1987年。
- 徐京躍『日出日落三八線』北京、軍事科学出版社、1995年。
- 王蘇紅・王玉彬『空戦在朝鮮』北京、解放軍文芸出版社、1992年。
- 中国民主同盟総部宣伝委員会編『朝鮮帰来』北京、中国民主同盟総部宣伝委員会、1951年。
- 文匯報社会大学編輯室編『抗美援朝保家衛国』上海、文匯報、1950年。
- 陳沂『我們従朝鮮回来』北京、中国青年出版社、1954年。
- 黎家健『朝鮮停戦前後見聞』上海、華東人民出版社、1954年。
- 田間『板門店紀事』北京、人民大学出版社、1953年。

△ロシア文献
- ソ連アカデミー経済学部編、崔東和（音訳）ほか朝鮮語訳『社会主義工業経済学』平壌、国家計画委員会出版社、1949年。
- スターリン『10月革命とロシア共産主義者たちの戦術』モスクワ、外国文書籍出版部、1949年（朝鮮文）。
- エフゲニー・バジャーノフ／ナタリア・バジャーノバ著、金光麟韓国語訳『ソ連の資料で見た韓国戦争の顛末』ソウル、ヨルリム、1998年。
- Gromyko, Andrei 著、朴炯奎韓国語訳『グロムイコ回顧録』ソウル、文化思想社、1990年。

△欧米文献
・Bloch, Ernst 著、朴雪湖（音訳）韓国語訳『希望の原理』4 巻、ソウル、ソル、1993 年。
・Bloch, Marc 著、鄭南基韓国語訳『歴史のための弁明』ソウル、ハンギル社、1979 年。
・Carr, E. H. 著、金炫一韓国語訳『革命の研究：ヨーロッパ革命運動のイデオロギー的起源』ソウル、プルピッ、1983 年。
・Chapman, William. F. 著、興南日記編纂委員会韓国語編訳『興南日記』大邱、大邱大学校出版部、1988 年。
・Clausewitz, Carl. von. 著、金洪喆韓国語訳『戦争論』ソウル、三省出版社、1977 年。
・Conde, David. W. 著、陸井三朗日本語監訳『朝鮮戦争の歴史、1950～53』（上）、東京、太平出版社、1967 年。
・Dean, William F., *My Three Years As a Dead Man*（白承喆韓国語訳『あぁ、死者の生活 3 年間──ディーン少将の手記』ソウル、春秋文化社、1954 年。）
・Geer, Andrew 著、洪東善韓国語訳『血の洛東江、凍りついた長津湖：韓国戦争と米海兵隊』ソウル、正宇社、1981 年。
・Heller, Michel & Alexander Nekrich 著、金泳植・南炫旭韓国語訳『権力のユートピア』Ⅰ「ソヴェト・ロシア史、1917～1940」、ソウル、清渓研究所、1988 年。
・Hughes, H. Stuart 著、黄文秀韓国語訳『意識と社会──ヨーロッパの社会思想、1890～1930』ソウル、弘盛社、1979 年。
・Michelet, Jules 著、全基浩韓国語訳『民衆』ソウル、栗成社、1979 年。
・Oliver, Robert 著、朴瑪利亜韓国語訳『李承晩博士伝』ソウル、合同図書、1956 年。
・Snow, Edgar, *Red Star Over China*（慎洪範ほか韓国語訳『中国の赤い星』（上）、改訂版、ソウル、トゥレ、1995 年。）
・Underwood, Horace G. 著、Michael J. Devine 編、朱章敦（音訳）韓国語訳『韓国戦争、革命、そして平和』ソウル、延世大学校出版部、2002 年。
・Volkogonov, Dmitri 著、韓国戦略問題研究所韓国語訳『スターリン』ソウル、税経社、1993 年。
・Vovelle, Michel 著、崔甲壽韓国語訳『王政の没落とフランス革命、1787～1792』ソウル、一月書閣、1987 年。
・Wehler, Hans-Ulrich 著、李大憲韓国語訳『ドイツ第 2 帝国』ソウル、新書苑、1996 年。
・Acheson, Dean, *Present at the Creation: My Years in the State Department* (New York: W. W. Norton, 1969).

• ──, *The Korean War* (New York: W. W. Norton & Company, Inc., 1971).

• Andreopoulos, George J., ed., *Genocide: Conceptual and Historical Dimensions* (Philadelphia: University of Pennsylvania Press, 1994).

• Arendt, Hannah, *On Revolution* (London: Penguin Books, 1963, 1990).

• ──, *On Violence* (New York: Harcourt, Brace and World, INC., 1970).

• ──, *The Origins of Totalitarianism* (New York: Harcourt Brace & Company, 1979, New Edition with added prefaces).

• Aron, Raymond, Translated by Richard Howard and Annette Baker Fox, *Peace and War: A Theory of International Relations* (New York: Frederick A. Praeger Publishers, 1966).

• Ball, Howard, *Prosecuting War Crimes and Genocide: The Twentieth-Century Experience* (Lawrence: The University Press of Kansas, 1999).

• Bateman, Robert L., *No Gun Ri: A Military History of the Korean War Incident* (Mechanicsburg, PA: Stackpole Books, 2002).

• Beloff, Max, *Soviet Policy in the Far East, 1941-1951* (London: Oxford University Press, 1953).

• Bendix, Reinhard, *Nation-Building and Citizenship: Studies of Our Changing Social Order* (Berkeley and Los Angeles: University of California Press, 1977).

• ── and Guenther Roth, *Scholarship and Partisanship: Essays on Max Weber* (Berkeley and Los Angeles: University of California Press, 1971).

• Berger, Peter L. and Thomas Luckmann, *The Social Construction of Reality* (Baltimore: Penguin Books, 1971).

• Black, Jeremy, *War and the World: Military Power and the Fate of Continents 1450~2000* (New Haven and London: Yale University Press, 1998).

• Blair, Clay, *The Forgotten War* (New York: Anchor Books, 1987).

• Boulding, Kenneth E., *Stable Peace* (Austin: University of Texas Press, 1978).

• Breuilly, John, *Nationalism and the State* (Chicago: The University of Chicago Press, 1994, Second Edition).

• Brodie, Bernard, *War and Politics* (New York: Macmillan Publishing Co. Inc., 1973).

• Chalres, Hanley, Sang-Hun Choe and Martha Mendoza, *The Bridge at No Gun Ri: A Hidden Nightmare from the Korean War* (New York: Henry Holt and Company, 2001).

• Chen, Jian, *China's Road to the Korean War: The Making of the Sino-American Confrontation* (New York: Columbia University Press, 1994).

• ──, *Mao's China and the Cold War* (Chapel Hill: The University of North

Carolina Press, 2001).
• Chinnery, Philip D., *Korean Atrocity!: Forgotten War Crimes, 1950~1953* (Annapolis, Maryland: Naval Institute Press, 2000).
• Cohen, Warren I., *The Cambridge History of American Foreign Relations, Volume IV: America in the Age of Soviet Power, 1945~1991* (Cambridge: Cambridge University Press, 1993).
• Collins, Joseph Lawton, *War in Peacetime: The History and Lessons of Korea* (Boston: Houghton Mifflin Company, 1969).
• Coser, Lewis A., *The Functions of Social Conflict* (New York: The Free Press, 1956).
• Courtois, Stéphane, Nicolas Werth, Jean-Louis Panné, Andrzej Paczkowski, Karel Bartošek, and Jean-Louis Margolin, Translated by Jonathan Murphy and Mark Kramer, *The Black Book of Communism: Crimes, Terror, Repression* (Cambridge: Harvard University Press, 1999).
• Cowart, Glenn C., *Miracle in Korea: The Evacuation of X Corps from the Hungnam Beachhead* (Columbia: University of South Carolina Press, 1992).
• Crane, Conrad C., *American Airpower Strategy in Korea, 1950~1953* (Lawrence: University Press of Kansas, 2000).
• Crockatt, Richard, *The Fifty Years War: The United States and the Soviet Union in World Politics, 1941~1991* (London: Routledge, 1995).
• Cumings, Bruce, *The Origins of the Korean War,* Vol. I: *Liberation and the Emergence of Separate Regimes, 1945 ~ 1947* (Princeton: Princeton University Press, 1981).
• ——, *The Origins of the Korean War,* Vol. II: *The Roaring of the Cataract, 1947~1950* (Princeton: Princeton University Press, 1990).
• ——, *War and Television* (London: Verso, 1992).
• ——, *Parallax Visions: Making Sense of American-East Asian Relations at the End of the Century* (London: Duke University Press, 1999).
• Dahrendorf, Ralf, *Society and Democracy in Germany* (New York: W. W. Norton & Company, 1967).
• Davis, Horace B., *Toward a Marxist Theory of Nationalism* (New York and London: Monthly Review Press, 1978).
• Dean, Philip, *I was a Captive in Korea* (New York: W. W. Norton & Company, 1953).
• ——, *I should have died* (Atheneum and New York: Graphon Inc., 1977).
• Dean, William F., *General Dean's Story* (New York: The Viking Press, 1954).

- Deitchman, Seymour J., *Limited War and American Defense Policy: Building and Using Military Power in a World at War* (Cambridge: The M. I.T. Press, 1969, Second Edition).
- Djilas, Milovan, *Conversations with Stalin* (New York: Harvest Book, 1962).
- Dower, John W., *War Without Mersy —— Race and Power in the Pacific War* (New York: Pantheon Books, 1986).
- ——, *Empire and Aftermath: Yoshida Shigeru and the Japanese Experience, 1878~1954* (Cambridge: Harvard University Press, 1979, 1988).
- ——, *Embracing Defeat: Japan in the Wake of World War II* (New York: W. W. Norton & Company, 1999).
- Downing, Brian M., *The Military Revolution and Political Change: Origins of Democracy and Autocracy in Early Modern Europe* (Princeton, New Jersey: Princeton University Press, 1992).
- Ely, John Hart, *War and Responsibility: Constitutional Lessons of Vietnam and Its Aftermath* (Princeton: Princeton University Press, 1993).
- Endicott, Stephen and Edward Hagerman, *The United States and Biological Warfare: Secrets from the Early Cold War and Korea* (Bloomington and Indianapolis: Indiana University Press, 1998).
- Evans, Graham and Jeffrey Newnham, *The Penguin Dictionary of International Relations* (London: Penguin Books, 1998).
- Evans, Michael, and Alan Ryan, eds., *The Human Face of Warfare: Killing, Fear and Chaos in Battle* (NSW: Allen & Unwin, 2000).
- Falk, Richard A., *Human Rights Horizons——The Pursuit of Justice in a Globalizing World* (New York: Routledge, 2000).
- Fehrenbach, T. R., *This Kind of War* (New York: The Macmillan Company, 1963).
- Finer, S. E., *The History of Government from the Earliest Times*, Volume III: *Empires, Monarchies, and the Modern State* (Oxford: Oxford University Press, 1999).
- Furet, François, Translated by Deborah Furet, *The Passing of an Illusion: The Idea of Communism in the Twentieth Century* (Chicago: The University of Chicago Press, 1999).
- Futrell, Robert F., *The United States Air Force In Korea, 1950~1953* (Washington, D.C.: Office of Air Force History, United States Air Force, 1983, Revised Edition).
- Gacek, Christopher M., *The Logic of Force: The Dilemma of Limited War in*

American Foreign Policy (New York: Columbia University Press, 1994).
• Gaddis, John Lewis, *We Now Know: Rethinking Cold War History* (Oxford: Clarendon Press, 1997).
• ———, *Strategies of Containment: A Critical Appraisal of Postwar American National Security Policy* (Oxford: Oxford University Press, 1982).
• Galtung, Johan, *Peace by Peaceful Means: Peace and Conflict, Development and Civilization* (Oslo: International Peace Research Institute, 1996).
• Gayn, Mark, *Japan Diary* (New York: William Sloane Associates, Inc., 1948).
• Gellner, Ernest, *Nations and Nationalism* (Ithaca and London: Cornell University Press, 1983).
• Giangreco, D. M., *War in Korea 1950~1953* (Novato: Presidio Press, Inc., 1999).
• Giddens, Anthony, *The Nation-State and Violence* (Berkeley and Los Angeles: University of California Press, 1985).
• Glover, Jonathan, *Humanity: A Moral History of the Twentieth Century* (New Haven: Yale University Press, 1999).
• Goldstein, Donald M. and Harry J. Maihafer, *The Korean War: The Story and Photographs* (Washington, D.C.: Brassey's, 2000).
• Goncharov, Sergei N., John W. Lewis and Xue Litai, *Uncertain Partners: Stalin, Mao, and the Korean War* (Stanford: Stanford University, 1993).
• Goodman, Allen E., *Negotiating While Fighting: The Diary of Admiral C. Turner Joy at the Korean Armistice Conference* (Stanford: Hoover Institution Press, 1978).
• Gordenker, Leon, *The United Nations and the Peaceful Unification of Korea: The Politics of Field Operations, 1947~1950* (Hague: Martinus Nijhoff, 1957).
• Grad, Andrew J., *Land and Peasant in Japan: An Introductory Survey* (New York: Institute of Pacific Relations, 1952).
• Griffith, Samuel B. II, *The Chinese People's Liberation Army* (New York: McGraw-Hill Book Company, 1967).
• Haas, Michael E., *In the Devil's Shadow: UN Special Operations during the Korean War* (Annapolis: Naval Institute Press, 2000).
• Hamilton, Alexander, James Madison and John Jay, Edited by Clinton Rossiter with a New Introduction and Notes by Charles R. Kesler, *The Federalist Papers* (New York: A Mentor Book, 1961, 1999).
• Hansen, Kenneth K., *Heroes behind Barbed Wire* (Princeton: D. Van Nostrand Company, Inc., 1957).
• Hashmi, Sohail H., *State Sovereignty: Change and Persistence in International*

Relations (Pennsylvania: The Pennsylvania State University Press, 1997).

• Heller, Francis H., ed., *The Korean War: A 25-Year Perspective* (Lawrence: The Regents Press of Kansas, 1977).

• Henderson, Gregory, *Korea: The Politics of the Vortex* (Cambridge: Harvard University Press, 1968).

• Herf, Jeffrey, *Divided Memory: The Nazi Past in the Two Germanys* (Cambridge: Harvard University Press, 1997).

• Hermes, Walter G., *The United States Army in the Korean War, The Last Two Years, July 1951~July 1953* (Washington, D.C.: Office of the Chief of Military History, Department of the Army, 1966).

• Higgins, Trumbull, *Korea and the Fall of MacArthur: A Précis in Limited War* (New York: Oxford University Press, 1960).

• Hinshaw, Arned L., *Heartbreak Ridge: Korea 1951* (New York: Praeger, 1989).

• Hinsley, F. H., *Sovereignty* (Cambridge: Cambridge University Press, 1986, 2nd edition).

• Hobsbawm, Eric, *Nations and Nationalism since 1780* (Cambridge: Cambridge University Press, 1990).

• ——, in Conversation with Antonio Polito, Translated from the Italian by Allan Cameron, *On the Edge of the New Century* (New York: The Free Press, 2000).

• Hoffman, John, *Sovereignty* (Minneapolis: University of Minnesota Press, 1998).

• Holober, Frank, *Raiders of the China Coast: CIA Covert Operations during the Korean War* (Annapolis: Naval Institute Press, 1999).

• Hong, Yong Pyo, *State Security and Regime Security: President Syngman Rhee and the Insecurity Dilemma in South Korea* (London: Macmillan, 2000).

• Hoyt, Edwin P., *On to the Yalu* (New York: Stein and Day, 1984).

• ——, *The Pusan Perimeter: Korea, 1950* (New York: Stein and Day, 1984).

• ——, *The Bloody Road to Panmunjom* (New York: Stein and Day, 1985).

• ——, *The Day the Chinese Attacked: Korea, 1950: the Story of the Failure of America's China Policy* (New York: Paragon House, 1990).

• Huntington, Samuel P., *Political Order in Changing Societies* (New Haven: Yale University Press, 1968).

• Hutchinson, John and Anthony D. Smith, eds., *Nationalism* (Oxford and New York: Oxford University Press, 1994).

• Iklé, Fred Charles, *Every War Must End* (New York: Columbia University

Press, 1991).
- Irving, David, *Hitler's War* (London: Hodder & Stoughton, 1977).
- Jervis, Robert, *Perception and Misperception in International Politics* (Princeton: Princeton University Press, 1976).
- Jokić, Aleksandar, ed., *War Crimes and Collective Wrongdoings——A Reader* (Malden, Massachusetts: Blackwell Publishers, 2001).
- Kennan, George, *Memoirs, 1925~1950* (Boston: An Atlantic Monthly Press Book, 1967).
- Khong, Yuen Foong, *Analogies at War: Korea, Munich, Dien Bien Phu, and the Vietnam Decisions of 1965* (Princeton: Princeton University Press, 1992).
- Khrushchev, Nikita, *Khrushchev Remembers—— The Glasnost Tapes*, Jerrold L. Schecter with Vyacheslav V. Luchkov, trans. and ed. (Boston: Little, Brown and Company, 1990).
- Kim, Chum-Kon, *The Korean War* (Seoul: Kwangmyong Publishing Company, 1973).
- Kim, Gye-Dong, *Foreign Intervention in Korea* (Aldershot: Darthmouth, 1993).
- Kim, Key-Hiuk, *The Last Phase of the East Asian World Order: Korea, Japan, and the Chinese Empire, 1860~1882* (Los Angeles and London: University of California Press, 1980).
- Kim, Myung-Ki, *The Korean War and International Law* (Claremont: Paige Press, 1991).
- Kim, Nam G., *From Enemies to Allies: The Impact of the Korean War on the U.S.-Japan Relations* (San Francisco: International Scholars Publications, 1997).
- Kissinger, Henry A., *White House Years* (Boston: Little, Brown and Company, 1979).
- *Korean Revolutionary Museum* (Pyongyang: Foreign Languages Publishing House, 1963).
- Kuper, Leo, *Genocide: Its Political Use in the Twentieth Century* (New Haven: Yale University Press, 1981).
- LaFeber, Walter, *America, Russia, and the Cold War 1945~1975* (New York: John Wiley and Sons, Inc., 1976, Third Edition).
- Lang, Berel, *Act and Idea in the Nazi Genocide* (Chicago and London: The University of Chicago Press, 1990).
- Leffler, Melvyn P. and David S. Painter, eds., *Origins of the Cold War: An International History*(London and New York: Routledge, 1994).
- Lewis, John Wilson, ed., *Peasant Rebellion and Communist Revolution in Asia*

(Stanford: Stanford University Press, 1974).

• Lider, Julian, *Military Theory: Concept, Structures, Problems* (Hants, England: Gower, 1983).

• ——, *On the Nature of War* (Famborough, England: Saxon House, 1977).

• Lipset, Seymour Martin, *American Exceptionalism: A Double-Edged Sword* (New York: W. W. Norton & Company, 1996).

• Loth, Wilfried, *The Division of the World, 1941~1955* (London: Routledge, 1988).

• Luttwak, Edward N., *Strategy: The Logic of War and Peace* (Cambridge: The Belknap Press of Harvard University Press, 1987).

• MacArthur, Douglas, *Reminiscences* (Seoul: Moonhak Publishing Co., 1964).

• MacDonald, Callum A., *Korea: The War Before Vietnam* (New York: The Free Press, 1986).

• ——, *Britain and the Korean War* (Oxford: Basil Blackwell, 1990).

• MacDonald, Donald Stone, *U.S.—Korean Relations from Liberation to Self-Reliance: The Twenty-year Record* (Boulder: Westview Press, 1992).

• Machiavelli. Niccoiò, *The Discourses*, Edited with an Introduction by Bernard Crick, Using the translation of Leslie J. Walker, S. J. with revisions by Brian Richardson (London: Penguin Books, 1983).

• ——, *The Prince*, Translated with an Introduction by George Bull (London: Penguin Books, 1961).

• ——, *The Prince and the Discourses* (New York: The Modern Library, 1950).

• ——, *The Art of War*, a revised edition of the Ellis Farneworth translation with an introduction by Neal Wood (New York: Da Capo Press, 1965).

• Maier, Charles S., *The Unmasterable Past: History, Holocaust, and German National Identity* (Cambridge: Harvard University Press, 1997).

• Malcom, Col. Ben S. with Ron Martz, *White Tigers: My Secret War in North Korea* (Washington, D.C.: Brassey's, 1996).

• Manzo, Kathryn A., *Creating Boundaries: The Politics of Race and Nation* (Boulder and London: Lynne Rienner Publishers, Inc., 1996).

• Marshall, S. L. A., *The Military History of the Korean War* (New York: Franklin Watts, Inc., 1963).

• Marx, Karl, *The German Ideology* (Moscow: Progress Publishers, 1976, Third Revised ed.).

• Mastny, Vojtech, *The Cold War and Soviet Insecurity: The Stalin Years* (Oxford: Oxford University Press, 1996).

- Matloff, Maurice, *Strategic Planning for Coalition Warfare, 1943~1944* (United States Army in World War II: The War Department) (Washington, D.C.: Office of the Chief of Military History, 1959).
- McCann, David and Barry S. Strauss, eds., *War and Democracy: A Comparative Study of the Korean War and the Peloponnesian War* (New York: M. E. Sharpe, 2001).
- McClintock, Robert, *The Meaning of Limited War* (Boston: Houghton Mifflin Company, 1967).
- McCune, George M., *Korea Today* (Cambridge: Harvard University Press, 1950).
- McFarland, Keith D., *The Korean War: An Annotated Bibliography* (New York: Garland Publishing, Inc., 1986).
- Melson, Robert, *Revolution and Genocide: On the Origins of the Armenian Genocide and the Holocaust* (Chicago and London: The University of Chicago Press, 1992).
- Mendus, Susan, ed., *The Politics of Toleration in Modern Life* (Durham: Duke University Press, 2000).
- Merrill, John, *Korea—— The Peninsular Origins of the War* (Newark: University of Delaware Press, 1989).
- Mitchell, Richard H., *Thought Control in Prewar Japan* (Ithaca: Cornell University Press, 1976).
- Monat, Pawel with John Dille, *Spy in the U.S.* (New York and Evanston: Harper & Row Publishers, n.d.).
- Moore, Barrington, Jr., *Terror and Progress in the USSR* (Cambridge: Harvard University Press, 1954).
- ——, *Social Origins of Dictatorship and Democracy* (Boston: Beacon Press, 1966).
- ——, *Reflection of the Causes of Human Misery and upon Certain Proposals to Eliminate Them* (Boston: Beacon Press, 1970).
- ——, *Authority and Inequality under Capitalism and Socialism* (Oxford: Clarendon Press, 1978).
- ——, *Moral Purity and Persecution in History* (Princeton: Princeton University Press, 2000).
- Nelson, Keith L. and Spencer C. Olin, Jr., *Why War?: Ideology, Theory, and History* (Berkeley and Los Angeles: University of California Press, 1979).
- Nie, Rongzhen, *Inside the Red Star ——The Memoirs of Marshal Nie Rongzhen*

(Beijing: New World Press, 1988).
- Nixon, Richard, *The Real War* (New York: Warner Books, 1980).
- Noble, Harold, Edited with an Introduction by Frank Baldwin, *Embassy at War* (Seattle: University of Washington Press, 1975).
- O'Ballance, Edgar, *Korea: 1950~1953* (Florida: Robert E. Krieger Publishing Company, 1985).
- Oberdorfer, Don, *The Two Koreas: A Contemporary History* (New York: Basic Books, 1997, 2001, New Edition).
- Oliver, Robert T., *Syngman Rhee and American Involvement in Korea, 1942~ 1960* (Seoul: Panmun Book Company Ltd., 1979).
- Osgood, Robert E., *Limited War Revisited* (Colorado: Westview Press, Inc., 1979).
- ——, *Limited War: The Challenge to American Strategy* (Chicago: The University of Chicago Press, 1957).
- Paterson, Thomas G., ed., *The Origins of the Cold War* (Lexington: D.C. Heath and Company, 1974, Second Edition).
- Pease, Stephen E., **Psywar**: *Psychological Warfare in Korea, 1950~1953* (PA: Stackpole Books, 1992).
- Peng, Dehuai, *Memoirs of a Chinese Marshal——The Autobiographical Notes of Peng Dehuai* (Beijing: Foreign Languages Press, 1984).
- Podhoretz, Norman, *Why We were in Vietnam* (New York: Simon and Schuster, 1982).
- Porter, Bruce D., *War and the Rise of the State* (New York: Macmillan, Inc., 1994).
- Pruitt, Dean G. and Richard C. Snyder, eds., *Theory and Research on the Causes of War* (NJ: Prentice-Hall, Inc., 1969).
- Rawls, John, *A Theory of Justice* (Cambridge: The Belknap Press of Harvard University Press, 1999, Revised Edition).
- ——, *The Law of Peoples* (Cambridge: Harvard University Press, 1999).
- Rees, David, *Korea: The Limited War* (New York: St. Martin Press, 1964).
- ——, Allen Guttmann, ed., *Korea: Cold War and Limited War* (Lexington, Mass: Heath, 1972).
- Reitzel, William, Morton A. Kaplan, and Constance G. Coblenz, *United States Foreign Policy, 1945~1955* (Washington, D.C.: The Brookings Institution, 1956).
- Riley, John W. Jr. and Wilber Schramm, *The Reds Take a City* (New Brunswick: Rutgers University Press, 1951).

- Robertson, Geoffrey, *Crimes Against Humanity: The Struggle for Global Justice* (New York: The New Press, 2000).
- Rotberg, Robert I. and Thomas G. Weiss, eds., *From Massacres to Genocide: The Media, Public Policy, and Humanitarian Crises* (Cambridge: World Peace Foundation, 1996).
- —— and Theodore K. Rabb, eds., *The Origin and Prevention of Major Wars* (Cambridge: Cambridge University Press, 1989).
- Roth, Michael S. and Charles G. Salas, eds., *Disturbing Remains: Memory, History, and Crisis in the Twentieth Century*(Los Angeles: Issues & Debates, 2001).
- Russ, Martin, *Breakout: The Chosin Reservoir Campaign, Korea 1950* (New York: Fromm International, 1999).
- Sawyer, Robert K., *Military Advisors in Korea: KMAG in Peace and War* (Washington, D.C.: Office of the Chief of Military History, 1962).
- Schaller, Michael, *Douglas MacArthur——The Far Eastern General* (New York: Oxford University Press, 1989).
- Shin, Gi-Wook and Michael Robinson, eds., *Colonial Modernity in Korea* (Cambridge: Harvard University Asia Center, 1999).
- Shlaim, Avi, *The United States and the Berlin Blockade, 1948~1949: A Study in Crisis Decision-Making* (Berkeley: University of California Press, 1989).
- Sills, David L. and Robert K. Merton, eds., *International Encyclopedia of the Social Sciences*, Vol. 19 (New York: Macmillan Publishing Company, 1991).
- Simmons Robert R., *The Strained Alliance: Peking, Pyongyang, Moscow and the Politics of the Korean Civil War* (New York: The Free Press, 1975).
- Singlaub, John, *Hazardous Duty*(New York: Summit, 1991).
- Siracusa, Joseph M., *New Left Diplomatic Histories and Historians: The American Revisionists* (California: Regina Books, 1993).
- Skinner, Quentin, *Machiavelli: A Very Short Introduction* (New York: Oxford University Press, 1981).
- Smith, Anthony, *State and Nations in the Third World: The Western State and African Nationalism* (Brighton, Sussex: Weatsheaf Books, Ltd., 1983).
- ——, *Nationalism in the Twentieth Century* (Oxford: Martin Robertson, 1979).
- Spector, Ronald H., *At War At Sea: Sailors and Naval Combat in the Twentieth Century* (New York: Viking, 2001).
- Spurr, Russell, *Enter the Dragon: China's Undeclared War Against the U.S. in Korea, 1950~51* (New York: Newmarket Press, 1988).

- Sternhell, Zeev, Translated by David Maisel, *The Birth of Fascist Ideology──From Cultural Rebellion to Political Revolution* (Princeton: Princeton University Press, 1994).
- Stohl, Michael and George A. Lopez, eds., *The State as a Terrorist: The Dynamics of Government Violence and Repression* (Westport: Greenwood Press, 1984).
- Stone, I. F., *The Hidden History of the Korean War* (New York: Monthly Review Press, 1952).
- ──, *The Hidden History of the Korean War* (Boston: Little, Brown and Company, 1988, Reprinted ed.).
- Stoessinger, John G., *Why Nations go to War* (New York: St. Martin's Press, 1985, Fourth Edition).
- Stueck, William, *The Korean War: An International History* (Princeton: Princeton University Press, 1995).
- Syngman Rhee, *Japan Inside Out: The Challenge of Today* (New York: Fleming H. Revell Company, 1941)(朴瑪利亜韓国語訳『日本内幕記』ソウル、自由党宣伝部、1954年。)
- Taylor, Charles, *The Ethics of Authenticity* (Cambridge: Harvard University Press, 1992).
- Thompson, Reginald, *Cry Korea* (London: Macdonald & Co. LTD., 1951).
- Thornton, Richard C., *Odd Man Out: Truman, Stalin, Mao, and the Origins of the Korean War* (Washington, D.C.: Brassey's, Inc., 2000).
- Tomedi, Rudy, *No Bugles, No Drums: An Oral History of the Korean War* (New York: John Wiley & Sons, Inc., 1993).
- Truman, Harry S., *Years of Trial and Hope* (New York: Doubleday & Company, Inc., 1956).
- Tunstall, Julian, *I fought in Korea* (London: Lawrence & Wishart, 1953).
- Turner, Gordon B. and Richard D. Challener, eds., *National Security in the Nuclear Age: Basic Facts and Theories* (New York: Fredrick A. Praeger, Inc., 1960).
- Ulam, Adam B., *Expansion and Coexistence: Soviet Foreign Policy, 1917〜73* (New York: Praeger Publishers, 1974. 2nd ed.).
- Unger, Roberto Mangabeira, *Law in Modern Society──Toward a Criticism of Social Theory*(New York: The Free Press, 1976).
- Volkogonov, Dmitri, Harold Shukman, ed. and trans., *Stalin──Triumph and Tragedy* (Rocklin, CA: Prima, 1992).

- Wallimann, Isidore and Michael N. Dobkowski, eds., *Genocide and The Modern Age: Etiology and Case Studies of Mass Death* (Syracuse: Syracuse University Press, 2000).
- Walzer, Michael, *On Toleration* (New Haven: Yale University, 1997).
- ──, *Just and Unjust Wars* (New York: Basic Books, 1977, 2000. 3rd ed.).
- Weigley, Russell F., *The American Way of War: A History of United States Military Strategy and Policy* (New York: Macmillan Publishing Co. Inc., 1973).
- Weisberger, Bernard A., *Cold War, Cold Peace: The United States and Russia since 1945* (New York: American Heritage, 1985).
- Weiss, Lawrence Stephen, *Storm Around the Cradle: The Korean War and the Early Years of the People's Republic of China, 1949~1953* (MI: University Microfilms International, 1981).
- Wendt, Alexander E., *Social Theory of International Politics* (Cambridge: Cambridge University Press, 1999).
- Whiting, Allen S., *China Crosses the Yalu: the Decision to Enter the Korean War* (Stanford: Stanford University Press, 1960, 1968).
- Winnington, Alan, *I Saw the Truth in Korea* (London: People's Press Printing Society, 1950).
- ──, and Wilfred Burchett, *Plain Perfidy* (Peking: Published by the authors, 1954).
- Woo, Meredith-Cumings, ed., *The Developmental State* (Ithaca: Cornell University Press, 1999).
- Zelizer, Barbie, *Remembering to Forget: Holocaust Memory through the Camera's Eye* (Chicago: The University of Chicago Press, 1998).
- Zhang, Shu Guang, *Mao's Military Romanticism: China and the Korean War, 1950~1953* (Lawrence, Kansas: University Press of Kansas, 1995).
- van Ree, Eric, *Socialism in One Zone──Stalin's Policy in Korea, 1945~1947* (Oxford: BERG, 1989).
- *Records of Great Victory* (Pyongyang: Foreign Languages Publishing House, 1960).

3．論文

△中国文献

- 星湖「朝鮮大成山革命烈士陵圜及烈士名単」、延辺大学朝鮮問題研究所編『朝鮮研究論叢』(一) (延辺、1987年)。
- 姚旭「抗美援朝的英明決策」、李鴻永韓国語訳「米国に対抗して朝鮮を支援した賢明な政策」、『中ソ研究』8巻4号 (ソウル、1984年秋)。
- 張希「彭徳懐受命率師 抗美援朝的前前後後」、『中共党史資料』31号 (北京、1989年10月)。
- 青石「金日成沮止了」、『月刊明報』1994年7月号。

△韓国・朝鮮文献

- 姜文奉「深夜パーティから1・4後退まで」、『新東亜』1983年6月号。
- 姜仁哲「韓国戦争期、反共イデオロギーの強化、発展に対する宗教人の寄与」、韓国社会学会編『韓国戦争と韓国社会変動』ソウル、プルピッ、1992年。
- 同上「韓国戦争と社会意識および文化の変化」、韓国精神文化研究院編『韓国戦争と社会構造の変化』ソウル、白山書堂、1999年。
- 同上「韓国戦争と宗教生活」、『アジア文化』16号 (2000年)。
- 姜禎求「韓国戦争の性格に関する再認識」、『現代社会』36号 (1990年春・夏)。
- 同上「南北韓農地改革の比較研究：民族主体的視角から」、『経済と社会』第7号 (1990年秋)。
- 同上「韓国戦争と北韓の社会主義建設」、『韓国戦争と南北韓社会の構造変化』ソウル、慶南大学校極東問題研究所、1991年。
- 同上「韓国戦争と北韓社会の社会構造変化」、『韓国戦争と北韓の社会主義体制建設』ソウル、慶南大学校極東問題研究所、1992年。
- 同上「韓国戦争前後 民間人虐殺の実態」、『戦争と人権——虐殺の世紀を越えて』韓国戦争前後民間人虐殺シンポジウム資料集 (2000年)。
- 高麗大学校亜細亜問題研究所国際学術会議報告書『韓半島平和体制構築：南北韓の立場および周辺4ヵ国の立場』ソウル、高麗大学校亜細亜問題研究所、1997年7月25日。
- 高晟豪「統一韓国の社会体制と社会統合に関する研究」、建国大学校付設韓国問題研究所編『韓半島統一論：展望と課題』ソウル、建国大学校出版部、1997年。
- 孔済愚「韓国戦争と財閥の形成」。
- 同上「1950年代国家の財政——金融政策と大企業の成長」、『韓国社会史研究会論文集』第36集 (1992年)。
- 同上「1950年代資本蓄積と国家：私的資本家の形成を中心に」、『国士舘論叢』58

号（1994年）。
・権炳基「北韓地域の自由化時　民事政策に関する研究」延世大学校行政大学院外交安保専攻修士学位論文（1988年）。
・権泳臻「韓国戦争当時　北韓の南韓占領地域政策に関する研究」高麗大学校政治外交学科修士学位論文（1990年）。
・金啓東「韓半島冷戦構造の解体」、韓国戦争研究会編『脱冷戦時代　韓国戦争の再照明』ソウル、白山書堂、2000年。
・同上「韓半島の分断・戦争と周辺国の勢力均衡政策」、『韓国戦争と21世紀韓半島の平和の模索』発表論文（2000年）。
・金鶏有「1948年　麗順蜂起」、『歴史批評』1991年冬。
・金光燮「精神と覇気の形成を……：特集——私が経験した6・25」、『世代』1965年6月号。
・金貴玉「韓国戦争と北韓の社会主義建設」、『韓国戦争と韓国社会変動』ソウル、ピルピッ、1992年。
・同上「下からの反共イデオロギー崩壊：定着村越南人の口述史を中心に」、『経済と社会』43号（1999年）。
・同上「失ったもう1つの歴史：韓国戦争時期　江原道襄陽郡の米軍政統治の反省」、『経済と社会』46号（2000年夏）。
・金洛真「柳馨遠の実学思想の哲学的性格」、韓国思想史研究会『実学の哲学』ソウル、芸文書院、1996年。
・金南均「米国の日本安保政策に及ぼした韓国戦争の影響」、『米国史研究』第4集（1996年）。
・同上「米国の台湾介入と韓国戦争」、『米国学論集』29集1号（1997年）。
・同上「米国の日本経済政策に及ぼした韓国戦争の影響」、『米国史研究』第8集（1998年）。
・同上「米国の歴史家たちと韓国戦争：解釈の弁証法」、『米国史研究』第12集（2000年）。
・同上「米国の日本再武装政策」、『韓国戦争史の新しい研究』ソウル、国史編纂研究所、2001年。
・金東椿「居昌事件の展開過程」、第1回居昌事件学術大会発表文（2000年10月）。
・同上「民間人虐殺問題：なぜ、どのように解決されるべきか」、『戦争と人権——虐殺の世紀を越えて』ソウル、プレス・センター、2000年10月。
・金明燮「冷戦の終息と研究の熱戦」、韓国戦争研究会編『脱冷戦時代　韓国戦争の再照明』ソウル、白山書堂、2000年。
・同上「韓国戦争研究のための多国史料の交差分析法とその国内的基盤」、『精神文化研究』23巻2号（2000年夏）。

- 同上「韓国戦争直前のアチソン宣言に対する再照明」、『軍史』41号（2000年）。
- 金成甫「北韓の土地改革と農村階層構成の変化」、『東方学誌』87号（1995年）。
- 同上「土地改革後　北韓の農業政策論」、『国士舘論叢』70号（1996年）。
- 同上「北韓の農業協同化時期　農村社会の葛藤と変動」、『韓国現代史研究』1巻（1998年）。
- 同上「1950年代　北韓の社会主義移行論議と帰結──経済学界を中心に」、『1950年代南北韓の選択と屈折』ソウル、歴史問題研究所、1998年。
- 同上「立法と実行過程を通じて見た南韓農地改革の性格」、洪性讃編『農地改革研究』所収。
- 同上「北韓の主体思想、唯一体制と儒教的伝統の相互関係」、『史学研究』61号（2000年）。
- 同上「李承晩政権期　糧穀流通政策の推移と農家経済の変化」、『韓国史研究』108号（2000年）。
- 同上「21世紀の韓国現代史研究の方向」、『韓国史論』30号（2000年）。
- 金英秀「脱北者問題の現況と課題」、亜洲大学校社会科学研究所主催『統一問題セミナー：統一韓国の当面課題』水原、亜洲大学校、1997年11月12日（発表論文）。
- 金暎浩「韓国戦争とクサビ戦略理論の批判的考察」、韓国国際政治学会1998年度春季学術発表会発表論文（1998年5月30日）。
- 同上「韓国戦争の原因の国際政治的再解釈：スターリンのロール・バック理論」、柳永益編『韓国現代史研究の反省と展望』所収。
- 金遇鐸「統一後予想される北韓住民たちの統一社会適応に関する研究」、『'95北韓および統一研究論文集』Ⅴ「統一対備関連分野」、ソウル、統一院、1995年。
- 金利均「韓国戦争の特性」(Ⅳ)、戦史編纂委員会所蔵資料、資料番号123番。
- 金益成（音訳）「南半部の民主建設経験」、『党熱誠者たちに与える週間報』第1号（1950年8月13日）。
- 金一栄「李承晩統治期　政治体制の性格に関する研究」、成均館大学校政治学博士学位論文（1991年8月）。
- 同上「階級構造、国家、戦争、そして政治発展」、『韓国政治学会報』26巻2号（1993年）。
- 同上「釜山政治波動の政治史的意味」、『韓国と国際政治』第9巻1号（1993年）。
- 同上「農地改革、5・30選挙、そして韓国戦争」、『韓国と国際政治』11巻1号（1995年）。
- 同上「農地改革をめぐる神話の解体」、『韓国政治外交史論叢』22集1号（2000年）。
- 同上「李承晩政府における外交政策と国内政治の連係性」、『国際政治論叢』39巻3号（2000年）。
- 同上「戦時政治の再照明：韓国戦争中の北進統一論と二度の改憲論議の関係」、

『韓国政治外交史論叢』23集2号（2002年）。
- 金在明「居昌虐殺：被害者と加害者」、『月刊朝鮮』1988年9月号。
- 南基正「朝鮮戦争と日本：『基地国家』における戦争と平和」、東京大学大学院総合文化研究科国際社会科学専攻博士学位論文（2000年）。
- 同上「韓国戦争と日本：『基地国家』における戦争と平和」、高麗大学校平和研究所『平和研究』第9号（2000年）。
- 同上「韓国戦争と在日韓国・朝鮮人の民族運動」、『民族研究』5号（2000年）。
- 同上「日本の再軍備と基地国家論」、『韓国戦争史の新しい研究』1、ソウル、軍史編纂研究会、2001年。
- 羅鍾一「北韓統治の反省：1950年秋」、韓国戦争研究会編『脱冷戦時代　韓国戦争の再照明』ソウル、白山書堂、2000年。
- 米国議会調査局「北韓の国際的承認に関連した法的分析」（1996年12月6日）、『戦略研究』第Ⅳ巻2号（1997年6月）。
- 朴明林「韓国の国家形成、1945～48：微視的接近と解析」、李愚振・金成珠編『現代韓国政治論』ソウル、ナナム出版、1996年。
- 同上「民主主義、理性、そして歴史理解：済州4・3と韓国現代史」、歴史問題研究所編『済州4・3研究』ソウル、歴史批評社、1999年。
- 同上「分断秩序の構造と変化：敵対と依存の相互関係の動学、1945～1995」、『国家戦略』第3巻1号（1996年）。
- 同上「国民形成と内的平定：『居昌事件』事例研究——脱冷戦以後の新資料、精神、解釈」、『韓国政治学会報』第36集2号（2002年）。
- 朴元淳「戦争附逆者5万余名どのように処理されたか」、『歴史批評』通巻第9号（1990年夏）。
- 朴賛勝「韓国戦争と珍島同族村細登里の悲劇」、『歴史と現実』38号（2000年12月）。
- 方善柱「鹵獲北韓筆写文書解題」（Ⅰ）、『アジア文化』第1号（1986年）。
- 同上「美国第24軍G-2軍事室資料解題」、『アジア文化』第3号（1987年）。
- 同上「1946年北韓経済統計の一研究」、『アジア文化』第8号（1992年）。
- 同上「韓国戦争当時の北韓資料で見た老斤里事件」、『精神文化研究』23巻2号（通巻79号、2000年夏）。
- 白俊基「1950年代　北韓の権力葛藤の背景とソ連」、歴史問題研究所編『1950年代の選択と屈辱』ソウル、歴史批評社、1998年。
- 同上「ソ連の北韓戦後復旧支援」、『韓国戦争史の新しい研究』1、ソウル、軍史編纂研究所、2001年。
- 同上「停戦後1950年代　北韓の政治変動と権力再編」、『現代北韓研究』2巻2号（1999年）。
- 徐東晩「北朝鮮における社会主義体制の成立、1945～1961」、東京大学大学院博士

学位論文。
- 同上「北韓の農業集団化に関する研究」、韓国政治学会月例発表論文（1996年）。
- 同上「北韓の党－軍関係の歴史的形成、1946〜1961」韓国政治学会夏季学術会議発表論文。
- 同上「北韓研究に対する反省と課題」、『現代北韓研究』創刊号（1998年）。
- 同上「1950年代　北韓の政治葛藤とイデオロギー状況」、『1950年　南北韓の選択と屈折』ソウル、歴史批評社、1998年。
- 同上「韓国戦争と北韓体制の変化」、韓国戦争研究会編『脱冷戦時代　韓国戦争の再照明』ソウル、白山書堂、2000年。
- 同上「韓国戦争の解消と北韓社会主義の変化」、『韓国戦争50周年国際学術会議：韓国戦争と21世紀韓半島の平和の模索』ソウル、世宗文化会館、2000年6月24日（発表論文）。
- 徐惠淳『避難実記』未刊行手稿、1950年。
- 徐丙珇「居昌良民虐殺事件」、『世代』1971年9月号。
- 徐鏞瑄「韓国戦争時の占領政策研究」、徐鏞瑄・梁寧祚ほか『韓国戦争研究――占領政策・労務運用・動員』ソウル、国防軍史研究所、1995年。
- 徐載鎮「北韓の社会変動：第2社会形成の展望を中心に」、『統一研究論叢』3-2（1994年）。
- 徐柱錫「韓国戦争の初期展開過程」、河英善編『韓国戦争の新しい接近』ソウル、ナナム出版、1990年。
- 同上「韓国の国家体制形成過程：第1共和国の国家機構と韓国戦争の影響」、ソウル大学校大学院外交学科博士学位論文（1996年2月）。
- 同上「韓国戦争の起源と原因――冷戦解体後の再照明」、『韓国政治外交史学会論叢』16集（1997年）。
- 同上「韓国戦争と南韓国家の形成――財政分析を通じた歴史社会学的理解」、韓国戦争研究会編『脱冷戦時代　韓国戦争の再照明』ソウル、白山書堂、2000年。
- 同上「韓国戦争と韓半島安保構図の変化」、同上書。
- 同上「韓国戦争と韓国近代国家の再形成」、『韓国戦争と21世紀韓半島の平和の模索』発表論文（2000年）。
- 蘇鎮轍「韓国戦争と中・ソ同盟の対日包囲戦略」、ソウル、外交安保研究院、1984年（発表論文）。
- 同上「韓国戦争：国際共産主義者たちの陰謀」、金徹凡編『韓国戦争――強大国政治と南北韓葛藤』ソウル、平民社、1989年。
- 孫浩哲「ブルース・カミングスの韓国現代史研究批判」、『実践文学』第15号（1989年秋）。
- 同上「5・18光州民衆抗争の再照明」、韓国政治学会編『韓国現代政治史』ソウル、

法文社、1995年。
- 申福龍「韓国戦争の原因に関する一考察——D. アチソンの演説をめぐる論争を中心に」、建国大学校社会科学研究所『社会科学』第12集（1988年）。
- 同上「韓国戦争の休戦」、韓国政治外交史学会編『韓国戦争の政治外交史的考察』ソウル、平民社、1988年。
- 同上「『韓国戦争の勃発と起源』書評」、『高大新聞』1996年8月26日。
- 同上「韓国戦争の起源：金日成の開戦意志を中心に」、『韓国政治学会報』30集3号（1996年秋）。
- 安東壹「初公開：平壌愛国烈士陵には誰が埋められたか」、『歴史批評』1991年秋。
- 安秉吉「解放と韓国の世界体制編入」、河英善編『韓国戦争の新しい接近——伝統主義と修正主義を越えて』ソウル、ナナム出版、1990年。
- 梁性祚「書評——Bruce Cummings, The Origins of the Korean War」、国土統一院『統一問題研究』第1巻第3号（1989年秋）。
- 梁寧祚「韓国戦争と日本の役割」、『軍史』27号（1993年）。
- 同上「韓国戦争時　労務運用研究」、徐鏞瑄・梁寧祚ほか『韓国戦争研究——占領政策・労務運用・動員』ソウル、国防軍史研究所、1995年。
- 同上「38度線衝突と李承晩政権、1949～50」、『歴史と現実』27号（1998年）。
- 同上「ソ連の対北韓軍事政策、1948～50」、『軍史』39号（1999年）。
- 同上「韓国戦争直前　南北韓の軍事政策比較」、『戦史』1号（1999年）。
- 同上「韓国戦争以前　米国の韓半島軍事政策、1948～50」、『軍史』41号（2000年）。
- 同上「南北韓の軍事政策と6・25戦争の背景研究」、国民大学校文学博士学位論文、2001年。
- 同上「北韓の和戦両面政策とその性格、1948～50」、朴斗福編『韓国戦争と中国』ソウル、白山書堂、2001年。
- 同上「避難民政策」、『韓国戦争の新しい研究』1、ソウル、軍史編纂研究所、2001年。
- 同上「中共軍の正月攻勢と米軍の38度線維持戦略」、『戦史』4号（2002年）。
- 呉淇坪「韓半島平和政策と国際環境」、高麗大学校平和研究所編『南北分断の克服と平和』ソウル、法文社、1990年。
- 呉連鎬「最初の証言6・25参戦米軍の忠北永同良民3百余名虐殺事件」、『マル』1994年7月号。
- 呉有錫「1950年代の政治史」、『韓国史』17巻、ソウル、ハンギル社、1994年。
- 同上「韓国社会の亀裂と政治社会構造形成の研究：第1共和国総選挙を中心に」、梨花女子大学校社会学科博士学位論文（1997年）。
- 同上「ソウルの過剰都市化過程：性格と特徴」、『1950年代　南北韓の選択と屈折』ソウル、歴史問題研究所、1998年。

- 柳鳳永「動乱初期の4日間：特集――私が経験した6・25」、『世代』1965年6月号。
- 柳永益「修正主義と韓国現代史研究」、『韓国史市民講座』第20集（1997年2月）。
- 柳在甲「駐韓米軍に対する韓国の立場」、『駐韓米軍と韓米安保協力』城南、世宗研究所、1996年。
- 尹潽善「歴史的な辛丑年を送りながら」、国家再建最高会議『最高会議報』1961年12月号（No.3）。
- 李基東「青年将軍　蔡秉徳」、『世代』1971年11月号。
- 李大根「6・25の世界経済史的認識」、李大根・鄭雲暎編『韓国資本主義論』ソウル、カチ、1984年。
- 同上「6・25が及ぼした経済的影響」、『現代史をどう見るのか』Ⅱ、ソウル、東亜日報社、1988年。
- 同上「韓国戦争の社会経済史的意味」、『成均』第40集（1988年）。
- 同上「韓国戦争の社会経済的影響」、『韓国戦争の歴史的再照明――国際政治論叢』特集、1996年6月。
- 李三星「韓国現代史と米国の対外政策研究方法論」、『社会と思想』第15号（1989年11月）。
- 李洙勲「韓国戦争と世界資本主義」、『アジア文化』16号（2000年）。
- 同上「韓国戦争と世界体制」、『現代北韓研究』3巻2号（2000年）。
- 李完範「韓国戦争研究の国内的動向：その研究史的検討」、『韓国と国際政治』第6巻2号（1990年秋）。
- 同上「韓国戦争勃発の原因についての有機的解釈：金日成の国際的力学関係変化への便乗とスターリンの同意」、『国際政治論叢』第39集1号（1999年）。
- 同上「中国軍参戦以前の米中関係」、『韓国戦争史の新しい研究』1、軍史編纂研究所、2001年。
- 同上「中国の韓国戦争参戦：中国－ロシア資料の比較を中心に」、『精神文化研究』23巻2号（2000年夏）。
- 李庸起「村落での韓国戦争の経験とその記憶」、歴史問題研究所『歴史問題研究』第6号（2001年6月）。
- 李元徳「韓国戦争直前の駐韓米軍撤収」、河英善編『韓国戦争の新しい接近』ソウル、ナナム出版、1990年。
- 李潤「陣中日誌（4）1960.6～8」戦史編纂委員会史料342号。
- 李允栄「前国務総理　李允栄回顧録――漢江鉄橋爆破は李範奭が提案した」、『新東亜』1984年6月号。
- 李在峰「北韓の場合――ピカソが告発した信川虐殺」、呉連鎬『老斤里その後』ソウル、月刊マル、1999年。

- 李鍾奭「韓国戦争と北韓－中国関係」（１）、『戦略研究』第Ⅵ巻第１号（通巻第15号、1999年）。
- 同上「北韓指導集団と抗日武装闘争」、金南植ほか『解放前後史の認識』5、ソウル、ハンギル社、1989年。
- 李泰雨（音訳）「私の６・25日記」未刊行手稿。
- 李鴻永「現国際情勢と可能な統一方案の模索」、第３次南北海外学者統一学術会議発表論文（北京、1997年８月29〜30日）。
- 李興雨「50万の飢餓軍隊」、『新東亜』1966年12月号。
- 林憲一「秘蔵手記――私は北傀軍の総佐だった」、『月刊世代』1970年９月号。
- 張都暎「張都暎回顧録１：私は朴正煕を信任した」、『新東亜』1984年７月号。
- 張慶燮「統一韓民族国家の社会統合：社会的市民権の観点から見た準備された統一」、朴基徳・李鍾奭編『南北韓体制比較と統合モデルの比較』城南、世宗研究所、1995年。
- 張美承「北韓の南韓占領政策」、『韓国戦争の理解』ソウル、歴史批評社、1990年。
- 蔣尚煥「農地改革に関する実証的研究」、『解放前後史の認識』2、ソウル、ハンギル社、1985年。
- 同上「農地改革」、『韓国史』18巻、ソウル、ハンギル社、1994年。
- 同上「韓国戦争期 進駐地域の社会変動」、『慶尚史学』12号、1996年。
- 同上「農地改革による農村社会構造の変化」、金容燮教授定年記念論文集『韓国近現代民族問題と新国家建設』ソウル、知識産業社、1997年。
- 同上「韓国戦争と韓国資本主義：国家保安法体制の成立と没落」、慶尚大学校社会科学研究所編『韓国戦争と韓国資本主義』ソウル、ハヌル、2000年。
- 同上「韓国戦争と経済構造の変化」、姜仁哲『韓国戦争と社会構造の変化』ソウル、白山書堂、1999年。
- 全相仁「韓国の国家：その生成と歴史的推移」、『社会批評』5巻（1991年）。
- 同上「スカッチポールの革命、ティリーの戦争、そして韓国の国家（１）」、『延世社会学』12巻（1991年）。
- 同上「1946年南韓住民の社会意識」未刊行論文（1996年）。
- 同上「歴史社会学的方法論と歴史研究」、『人文科学』26集（成均館大学校人文科学研究所、1996年）。
- 同上「統一と南北韓の社会統合」、『統一問題研究』8‐1（1996年）。
- 同上「『うなじを垂れた』修正主義：韓国現代史研究の新しい始まり」、延世大学校国際学大学院付設現代韓国学研究所国際学術会議論文集『韓国現代史研究の反省と展望：修正主義以後の新しい出発』1997年10月31日。
- 同上「ブルース・カミングスの韓国史・韓国社会の認識」、『韓国と国際政治』第8巻第1号（1992年春・夏）。

- 同上「世界体制の中の戦争と革命──韓国とベトナム」、翰林大学校社会調査研究所研究論文シリーズ＃96-77。
- 同上「カミングスの韓国戦争研究と韓国政治学」、『社会科学論評』第19号（2000年）。
- 同上「韓国戦争の社会学：社会の変化と社会的遺産」、『韓国戦争と21世紀韓半島の平和の模索』発表論文。
- 全鎮浩「李承晩の南韓単独政府樹立路線」、河英善編『韓国戦争の新しい接近──伝統主義と修正主義を越えて』ソウル、ナナム出版、1990年。
- 全鉉秀「ソ連空軍の韓国戦参戦」、『韓国戦争史の新たな研究』Ⅰ、軍史編纂研究所、2001年。
- 丁海亀「休戦会談膠着と米国の戦略」、『歴史批評』5号（1989年夏）。
- 同上「韓国戦争に対する認識」、安秉佑・都珍淳編『北韓の韓国史認識』（Ⅱ）、ソウル、ハンギル社、1990年。
- 同上「北韓社会主義体制の登場と韓国戦争」、『韓国史』21巻、ソウル、ハンギル社、1994年。
- 同上「南北韓分断政権樹立過程研究、1947.5～1948.9」、高麗大学校政治外交学科博士学位論文（1995年8月）。
- 諸成鎬「憲法上の統一関連条項の改廃問題」、『統一研究論叢』創刊号（民族統一研究院、1992年）。
- 趙成勲「韓国戦争時　捕虜教育の実相」、『軍史』30号（1995年）。
- 同上「韓国戦争中　民間の抑留者の処理に関する研究」、『軍史』32号（1996年）。
- 同上「韓国戦争中　共産側のUN軍捕虜政策研究」、『韓国近現代史研究』6号（1997年）。
- 同上「韓国戦争中　UN軍の捕虜政策研究」、韓国精神文化研究院韓国学大学院博士学位論文（1998年）。
- 同上「米国資料を通じて見た休戦協商の遅延要因：捕虜問題を中心に」、『精神文化研究』23巻2号（2000年夏）。
- 同上「南北協商派の撤軍論研究」、『軍史』40号（2000年）。
- 同上「韓国戦争の細菌戦論争批判」、朴斗福編『韓国戦争と中国』ソウル、白山書堂、2001年。
- 同上「未帰還国軍捕虜」、『韓国戦争史の新しい研究』1、軍史編纂研究所、2001年。
- 同上「韓国戦争期　第3国行き捕虜の定着過程とその性格」、『戦史』3号（2001年6月）。
- 蔡龍基「韓国戦争の終戦過程」、河英善編『韓国戦争の新しい接近──伝統主義と修正主義を越えて』ソウル、ナナム出版、1990年。

- 崔光寧『韓国戦争の原因』、同上書。
- 崔炳洙・鄭求焄「6・25動乱初期　忠北永同地区の民間人殺傷事件に関する研究（Ⅰ）——老斤里での米軍の対良民集団殺傷事件を中心に」、忠北大学校人文研究所『人文学誌』第17集（1999年2月）。
- 崔章集「イタリア共産党の路線分析」、『経済と社会』第2巻第1号（1989年春）。
- 同上「韓国現代史研究のための理論的考慮」、『韓国現代政治の構造と変化』ソウル、カチ、1989年。
- 同上「韓国戦争についての1つの理解」、崔章集編『韓国戦争研究』ソウル、苔岩、1990年。
- 河英善「冷戦と韓国」、ソウル大学校国際問題研究所『論文集』第10号（1986年）。
- 同上「北韓の韓国戦争解釈」、河英善編『韓国戦争の新しい接近——伝統主義と修正主義を越えて』ソウル、ナナム出版、1990年。
- 韓相亀「被虐殺者遺族の問題」、4月革命研究所編『韓国社会変革運動と4月革命』2、ソウル、ハンギル社、1990年。
- 韓寅燮「韓国戦争と刑事法：附逆者処罰および民間人虐殺と関連する法的問題を中心に」、ソウル大学校法学研究所『法学』41巻2号（2000年）。
- 同上「居昌良民虐殺の法的解決」、ソウル大学校法学研究所『法学』42巻4号（2001年）。
- 韓知希「国民保導連盟の組織と虐殺」、『歴史批評』35号（1996年冬）。
- 許萬鎬「韓民族の単一性の持続性：韓国戦争に対する新しい一解釈」、『韓国政治学会報』第23集1号（1989年）。
- 同上「解放から韓国戦争までの韓国の対北方関係——分断体制の構築と韓国戦争へのソ中の介入要因を中心に」、韓国政治外交史学会編『韓国北方関係の政治外交史的再照明』ソウル、平民社、1990年。
- 同上「休戦体制の登場と変化——統一条件の歴史的模索」、韓国政治外交史学会学術会議（1997年6月19日）発表論文。
- 同上「休戦協定の平和体制化」、『脱冷戦時代　韓国戦争の再照明』ソウル、白山書堂、2000年。
- 同上「韓国戦争の人権遺産：民間人集団虐殺と北韓抑留韓国軍捕虜」、韓国政治学会・東亜日報21世紀平和研究所・韓国戦争研究会・韓国政治外交史学会共同主催『韓国戦争50周年国際学術会議：韓国戦争と21世紀韓半島平和の模索』ソウル、世宗文化会館、2000年6月24日（発表論文）。
- 洪性讃「農地改革前後の大地主の動向」、洪性讃編『農地改革研究』ソウル、延世大学校出版部、2001年。
- 洪容杓「国家安保と政権安保：李承晩大統領の安保政策を中心に、1953〜1960」、『国家政治論叢』36集3号（1997年）。

- 同上「戦争展開過程における韓米葛藤」、『脱冷戦時代の韓国戦争の再照明』ソウル、白山書堂、2000年。
- 同上「韓国戦争が南北韓関係に及ぼした影響」同上書。
- 黄圭冕「側から見た李承晩——6・25は私の人生最初の失策だ」、『月刊朝鮮』1986年3月号。

△欧米文献
- Kocka, J. 著、徐寛模ほか韓国語訳「社会史、構造史、全体社会史」、愼鏞廈編『社会史と社会学』ソウル、創作と批評社、1982年。
- Lipset, S. M. 著、金鐘徳韓国語訳「社会学と歴史学：いくつかの方法論的考察」、同上書。
- Arendt, Hannah, "Truth and Politics", David Spitz, ed., *Political Theory and Social Change* (New York: Atherton Press, 1967).
- Babic, Jovan, "War Crimes: Moral, Legal, or Simply Political?", Aleksandar Jokić, ed., *War Crimes and Collective Wrongdoing——A Reader* (Malden, Massachusetts: Blackwell Publishers, 2001).
- Cassese, Antonio, "Are Human Rights Truly Universal?", The Belgrade Circle, ed., *The Politics of Human Rights* (London and New York: Verso, 1999).
- Chen, Jian, "The Sino-Soviet Alliance and China's Entry into the Korean War", The Woodrow Wilson Center, *Cold War International History Project* (CWIHP), *Working Paper*, No. 1 (1992).
- Cumings, Bruce, "Preface", I. F. Stone, *The Hidden History of the Korean War* (Boston: Little, Brown and Company, 1988, Reprinted ed.).
- Eckert, Carter J., "Epilogue Exorcising Hegel's Ghosts—— Toward a Postnationalist Historiography of Korea", Gi-Wook Shin and Michael Robinson, eds., *Colonial Modernity in Korea* (Cambridge: The Harvard University Asia Center, 1999).
- Eley, Geoff, "The British Model and the German Road: Rethinking the Course of German History before 1914", in David Blackbourn and Geoff Eley, *The Peculiarities of German History: Bourgeois Society and Politics in Nineteenth-Century Germany* (Oxford: Oxford University Press, 1984).
- Fein, Helen, "Genocide, Terror, Life Integrity, and War Crimes: The Case for Discrimination", George J. Andreopoulos, ed., *Genocide: Conceptual and Historical Dimensions* (Philadelphia: University of Pennsylvania Press, 1997).
- Fitzgerald, Garrett, "Toleration or Solidarity", Susan Mendus, ed., *The Politics of Toleration in Modern Life* (Durham: Duke University Press, 2000).

• Gilbert, Felix (1951), "On Machiavelli's Idea of Virtu", John Dunn and Ian Harris, eds., *Machiavelli*, Vol. I (Cheltenham, UK: An Elgar Reference Collection, 1997), pp. 248-252.
• Gupta, Karunakar, "How did the Korean War begin?", *China Quarterly*, No. 52 (October~December, 1972).
• Halliday, Jon,"Secret war of the top guns", *The Observer*, 5 July 1992.
• ──, "Air Operations in Korea: The Soviet Side of the Story", William J. Williams, ed., *A Revolutionary War: Korea and the Transformation of the Postwar World* (Chicago: Imprint Publications, 1993).
• Halperin, Morton H., "Limited War: An Essay on the Development of the Theory and an Annotated Bibliography" (Occasional Papers in International Affairs, No. 3) (Cambridge: Center for International Affairs, Harvard University, 1962).
• ──, "The Limiting Process in the Korean War", Allen Guttmann, eds., *Korea: Cold War and Limited War* (Lexington: D.C. Heath and Company, 1972).
• Hao, Yu fan and Zhai Zhi hai,"China's Decision to Enter the Korean War: History Revisited", *China Quarterly*, No. 121 (Mar. 1990).
• Hexter, J. H. (1964), "The Loom of Language and the Fabric of Imperatives: The Case of II Prince and Utopia", *Machiavelli*, Vol. II, pp. 48-71.
• Hobsbawm, Eric, "The Losers", Hamza Alavi and Teordor Shanin, eds.. *Introduction to the Sociology of "Developing Societies"* (Hong Kong: Macmillan Press, 1970).
• ──, "Peasants and Politics", *Journal of Peasants Studies*, Vol. 1, No. 1 (Oct. 1973).
• Hong, Yong Pyo, "Great Powers' Wartime Management Measures of Occupied Areas: Assessing US Occupation Policy in North Korea", Dong-Sung Kim, Ki-Jung Kim and Hahn-kyu Park, eds., *Fifty Years After the Korean War* (The Korean Association of International Studies, 2000).
• Jervis, Robert, "War and Misperception", Robert I. Rotberg and Theodore K. Rabb, eds., *The Origins and Prevention of Major Wars* (New York: Cambridge University Press, 1989).
• Jonassohn, Kurt and Frank Chalk, "A Typology of Genocide and Some Implications for the Human Rights Agenda", Isidor Wallimann and Michael N. Dobkowski, eds., *Genocide and the Modern Age: Etiology and Case Studies of Mass Death* (Syracuse: Syracuse University Press, 2000).
• Kang, Han-Mu,"The United States Military Government in Korea, 1945~

1948: An Analysis and Evaluation of its Policy", Ph. D. Paper (University of Cincinnati, 1970).

• Kennedy, Helena, "The Politics of Intolerance", Susan Mendus, ed., *The Politics of Toleration in Modern Life* (Durham: Duke University Press, 2000).

• Kim, Kook-Hun, "The North Korean People's Army", A Thesis Submitted for the Degree of Doctor of Philosophy at the University of London, King's College, London (Aug. 1989).

• Kim, Myong-Sup,"Reexamining Cold War History and the Korean Question", *Korea Journal*, Vol. 41, No. 2 (Summer, 2001).

• Kim, Young-Ho,"Power and Prestige: Explaining American Intervention in the Korean War", Ph. D. Dissertation (University of Virginia, May, 1996).

• Lee, Chung Min,"The Strategic Consequences of the Korean War: Implications for Northeast Asia", Dong-Sung Kim, Ki-Jung Kim and Hahn-Kyu Park, eds., *Ftfty Years After the Korean War: From Cold-War Confrontation to Peaceful Coexistence* (Seoul: The Korean Association of International Studies, 2000).

• Lenin, V. I., "Socialism and War", Robert Tucker, ed., *The Lenin Anthology* (New York: W. W. Norton & Company, 1975).

• Lichterman, Martin,"Korea: Problems in Limited War", Gordon B. Turner and Richard Challener, eds., *National Security in the Nuclear Age: Basic Facts and Theories* (New York: Praeger, 1960).

• MacDonald, Callum, "'So Terrible a Liberation': The UN Occupation of North Korea", *Bulletin of Concerned Asian Scholars*, Vol. 23, No. 2 (1991).

• MacIver, Robert M., "Foreword", Karl Polanyi, *The Great Transformation* (Boston :Beacon Press, 1957).

• Mansourov, Alexander Y., "Stalin, Mao, Kim, and China's Decision to Enter the Korean War, September 16~October 15, 1950: New Evidence from the Russian Archives", Woodrow Wilson International Center, *Cold War International History Project* (CWIHP), *Bulletin*, Issues 6-7 (Winter, 1995/1996).

• Merrill, John,"Internal Warfare in Korea", Bruce Cumings ed., *Child of Conflict: The Korean-American Relationship, 1943~1953* (Seattle: University of Washington Press, 1983).

• Paik, Hak-Soon, "North Korean State Formation, 1945~1950", Vol. I • II, Ph. D. Thesis, Political Science Dept. (The University of Pennsylvania, 1993).

• Plamenatz, John (1972),"In Search of Machiavellian Virtù," *Machravelli*, Vol. II, pp. 139-160.

• Park, Myung-Lim, "Democracy, Nationalism and Peace in the Korean Penin-

sula: North and South in Comparison during the Post-Cold War Era", A Paper Presented to the Conference on "Korea: Its International and Comparative Contexts" (The Weatherhead Center for International Affairs, Harvard University, March 2-4, 2000).
• Price, Russel (1977), "The Theme of Gloria in Machiavelli", *Machiavelli*, Vol. II, pp. 161-204.
• Shen, Zhi hua, "The Discrepancy Between the Russian and Chinese Versions of Mao's 2 October 1950 Message to Stalin on Chinese Entry into the Korean War: A Chinese Scholar's Reply", *CWIHP Bulletin*, Vol. 8-9 (Winter, 1996/97).
• Stelmach, Daniel S., "The Influence of Russian Armored Tactics on the North Korean Invasion of 1950", Ph. D. Thesis, Department of History (Saint Louis University, 1973).
• Syn, Song-Kil & Sin Sam-Soon, "Who Started the Korean War", *Korea and World Affairs*, Vol. XIV, No. 2 (Summer, 1990).
• Tilly, Charles, "Reflections on the History of European State-Making", Charles Tilly, ed., *The Formation of National States in Western Europe* (Princeton: Princeton University Press, 1975).
• ──, "War Making and State Making as Organized Crime", Peter B. Evans, D. Rueschmeyer and Theda Skocpol, *Bringing the State Back In* (New York: Cambridge University Press, 1985).
• Tutu, Archbishop Desmond, "Reconciliation in Post-Apartheid South Africa: Experiences of the Truth Commission", Jeffrey Hopkins, *The Art of Peace ── Nobel Peace Laureates Discuss Human Rights, Conflict and Reconciliation* (Ithaca: Snow Lion Publications, 2000).
• Weathersby, Katheryn, "Soviet Aims in Korea and the Origins of the Korean War, 1945~1950: New Evidence from Russian Archives", Woodrow Wilson International Center, *Cold War International History Project* (CWIHP), *Working Paper*, No. 8 (Nov. 1993).
• ──, "New Findings on the Korean War", *CWIHP Bulletin*, Issue No. 3 (Fall, 1993).
• ──, "New Evidence on the Korean War", *CWIHP Bulletin*, Issues 6-7: *The Cold War in Asia* (Winter, 1995/1996).
• ──, "New Russian Documents on the Korean War", *Ibid*.
• ──, "The Soviet Role in the Early Phase of the Korean War: New Documentary Evidence", *The Journal of American-East Asian Relations* (JAEAR), Vol. 2, No. 4 (Winter, 1993).

・Wendt, Alexander E., "The Agent-Structure Problem in International Relations Theory", Andrew Linklater, ed., *International Relations: Critical Concepts in Political Science*, Vol. II (London: Routledge, 2000).
・Yang, Sung Chul, "Book Review: A Convoluted Approach to the Study of the Korean War――Cumings' Search for a Red Heering", *Korea and World Affairs*, Vol. 17, No. 2 (Summer, 1993).

4．定期刊行物

（1）新聞

The New York Times
『高大新聞』、『東亜日報』、『労働新聞』、『毎日新報』、『民主朝鮮』、『ソウル新聞』、『全南日報』、『済民日報』、『朝鮮人民報』、『朝鮮日報』、『中央日報』、『ハンギョレ』、『韓国日報』、『港都日報』、『解放日報』

（2）雑誌

The Observer
『基督教思想』、『旬刊北朝鮮通信』、『月刊明報』、『党熱誠者たちに与える週間報』、『マル』、『煽動員手帖』、『宣伝員手冊』、『世代』、『新東亜』、『歴史批評』、『月刊世代』、『月刊朝鮮』、『週間朝鮮』、『最高会議報』、『ハンギョレ21』、『ハンギル文学』、『現代史』、『中央党史資料』

5．その他

（1）証言録（大韓民国国防部戦史編纂委員会採録）

金錫源、金允文、金載弼、金鍾五、金鍾完、金昌順、金哲駿、金弘壹、朴勝武、朴鍾秉、朴贊周、方禮植、白慶和、白東植（音訳）、宋泳燦（音訳）、申学連、呉基完、呉東起、兪成哲、李範奭、李相燕、李相朝、李瑄根、李成佳、李應俊、張都暎、張福煥、張元善、張昌国、張春権、張興、鄭夋謨、鄭福泳、鄭昇和、鄭震、池基哲、崔東一、崔聖淙、崔在範、崔泓熙、太倫基、河相道、韓信、韓雄震、韓俊明、咸炳周、咸恒然、黄圭冕、黄燁

（2）面談

金雄洙、金兌奎、白善燁、スモルチェコフ（Alexamder Pablovich Smolchekov：

通訳・韓マルクス)、宋玲姫、柴成文（通訳・段超)、呉制道、兪成哲、柳容相（音訳)、李相朝、李淵吉、李亨根、張基和（音訳)、張昌国、丁一権、崔泰煥、河宗九

(3) 映像記録物

・KBS 6・25 40周年特別製作班『ドキュメンタリー韓国戦争』(上)、KBS文化事業団、1991年。
・KBSドキュメンタリー「金日成の参謀たちが明かした6・25秘史」1992年6月23日。
・BBC "Kill'em All"

(4) インターネット・ウェブサイト

http://www.trumanlibrary.org/oralhist/muccio1.htm
http://www.hani.co.kr/h21/data/L000l10/lpbfa4b.html
http://www.wire.ap.org/APpackages/nogunri/・・・・・・・・・
http://www.henryholt.com/nogunri・・・・・・・・
http://monthly.chosun.com/html/1999l1/199911290057_1.html16html.
http://www.unesco.org/general/eng/about/constitution/pre.html

監訳者の後書

　本書は、韓国私立延世大学校地域学協同課程主任教授の朴明林氏による韓国語原書『한국 1950：전쟁과 평화（韓国1950：戦争と平和）』서울、나남出版、2002年の日本語全訳書である。原書は6部15章、総865頁に達する大著ながら、これを1巻として訳出した。

　原書の刊行から既に6年が経過し、朝鮮半島をめぐる情勢は劇的に変化している。だが、その変化を導いた「包容」政策に礎石を置いた原書は、広く深い研究に裏打ちされて、変わることのない豊かな内容と鋭い教示に富んでいる。ここで本書の内容については立ち入らないが、歳月の流れとは関係なく日本の朝鮮現代政治研究が手本とすべき絶好の業績であることは、疑いのないところである。

　著者である朴明林氏については、長年にわたり朝鮮現代政治研究に従事した世界的に著名な中堅の学者で、現在の韓国ばかりか米国や欧州で朝鮮戦争研究の第一人者として高く評価されている。本原書に先立つ韓国語の著書『韓国戦争の勃発と起源』全2巻、ソウル、ナナム出版、1997年により韓国の元老級研究者に送られる月峰著作賞を受賞、若くして一躍その高名が轟いた。また、2003年に本書が韓国政治学会学術賞を受賞した時、それまでで著者が最も若い年齢の研究者だったという経緯もある。さらに、2005年には本書が韓国名著百選にも選ばれ、フランクフルト国際図書にも選定されている。

　そのような数々の業績を持つ著者は、盧武鉉政権時代は韓国問題の専門家としてソウル、金剛山、平壌、北京、瀋陽、ベルリン、ワシントンDCなどで北朝鮮官僚や学者たちとの交渉にも当たった。また、現在も金大中ライブラリーの事実上の責任者として世界各地で講演を行うなど、延世大学校での業務の中に日々いそがしく大活躍されている。

　本来この邦訳の作業は朴明林氏の日本語版への序文にあるとおり、立命館大学教授であられた故中村福治先生の発意により2004年春に開始された。中村先生は、本来は部落解放問題をテーマとして研究なされた方であるが、金石範氏の『火山島』を読破されたことを契機として韓国に関心を抱かれ、韓国語の学習のためにソウルに留学された。そして当時、韓国語研修のため高麗大学校民族学研究所に通われる中で同大学校政経大学教授の崔章集教授と懇意になり、その著書を邦訳される過程で同教授の弟子に当たる朴明林氏と遭遇、信頼と友誼を固くされたと聞く。

中村先生はソウル牛耳洞に自宅を購入されて、日韓の学術交流と友好親善を図りながら、韓国人研究者たちと厚い友情を結ばれた。ところが、2004年11月20日に中村先生は肝臓癌のため急逝なされてしまった。中村先生のご葬儀と一周忌に日韓の数多くの研究者や知人たちが泣き集まったのは、亡き先生のご遺徳を物語る最も良い事実である。また、先生の使われた遺品が韓国聖公会大学校教授の丁海亀氏により同大学校に寄贈、保存されることになったのも先生のご人望を伝えるものだ。
　とは言え、翻訳の中心を喪った結果として暫く翻訳作業が中断したのは、やむなき仕儀であった。2005年の年明けから再開された翻訳作業では、従前の翻訳者とは若干の入れ替わりがあったものの、共同翻訳者のひとり森善宣の呼びかけで有志が中村先生のご遺志を引き継いで邦訳に当たることになった。最終的に本書は、森善宣が監訳として全体の整理作業に当たり、語法や用語の統一、人名や地名など固有名詞の確認、著者との連絡や出版先の選定などを担当した。
　監訳者となった森は、2004年春に長崎で中村先生から翻訳作業を持ちかけられ、本来は原書の一部のみ翻訳を担当するはずだった。だが、中村先生の治療問題に著者の朴明林氏と共に関わった経緯から、先生が「最後の仕事」と語られた作業を推進すべきだという強い意思が働き、われ知らず監訳を担当することになった。朴明林氏と中村先生との関係は、彼が記した序文のとおりである。また、朴明林氏とは監訳者が高麗大学校政経大学に留学中に大学院同期生として知己を得て、現在まで親しく家族ぐるみで親交を温める間柄だ。監訳者は、1999年に朴明林氏が京都の立命館大学に講演に訪れた際、初めて中村先生とお目にかかり、以後ご指導を受けることになった因縁がある。
　ところで、原書の訳出に際しては下のように役割分担を行い、全体を森善宣が監修した上、さらに共同翻訳者に担当部分を中心に修正していただく形で完成校を得た。この経緯から、本書の文責はひとえに監訳者が負い、その他の共同翻訳者にはないことを、ここで明らかにしておきたい。監訳者の非力から誤字、脱字はもちろん、文脈の通らない翻訳箇所や前後の食い違う文章なども少なくないと恥じるところであるが、その原因と責任は全て監訳者ひとりにある。

第　2　章；宮本　悟（聖学院大学・総合研究所・准教授）氏
第　3　章；金　世徳（芦屋大学・講師）氏
第4〜5章；及川　ひろえ（韓国檀国大學校・東洋語学部・教授）氏
第8〜10章；金　美花（北海学園大学／札幌学院大学・非常勤講師）氏
第11〜12章；本多　亮（翻訳当時はソウル大学校・大学院生）氏

序文＋目次＋第1章＋第6〜7章＋第13〜15章＋参考文献＋索引
；森　善宣（佐賀大学・文化教育学部・准教授）

　共同翻訳者のうち、及川ならびに金美花の両氏は中村先生との関係から、宮本ならびに本多の両氏については監訳者との関係から、金世徳氏は宮本氏との関係から、それぞれ翻訳作業に参加していただいた。特に、及川氏は中村先生の愛弟子であり、今回の翻訳への参加そのものに意味がある。なお、本多氏は、翻訳当時はソウル大学校大学院生だったが、現在は日本における対朝鮮半島関連の実務者としてご活躍中である。なお、水野邦彦（北海学園大学・教授）氏にも監訳に当たり多くの貴重なご指摘を賜ったことを記しておく。
　蛇足ながら、日本語版への序文で著者が監訳者の作業に言及している箇所があるが、監訳者は朝鮮戦争を研究する日本人研究者として原書から学ぶ心で事実確認をしただけであり、特別に何も苦労を伴う仕事はしていない。むしろ、原書から得るところの大きかった浅学の輩として、監訳に伴う現地調査を含めて全体の作業そのものが本当に楽しく愉快だった。したがって、本書の刊行に心から祝意を表したいというのが本心である。
　最後に本書は、なかなか出版先が確定できず少なからぬ方々にご迷惑をおかけしたが、幸い監訳者が先に拙著を社会評論社から出版していただいた関係から、同じ出版社から刊行の運びとなった。社長の松田健二氏には体調が優れないにもかかわらず、何度も著者の朴明林氏と親しくご面談くださり、全訳の出版をご快諾いただいた。出版に至るご苦労に対し、改めて松田社長はじめ社会評論社のスタッフの皆様に対して厚く御礼を申し上げると共に、いつまでも監訳作業が終わらずに不本意ながらも待たせてしまう結果となった監訳者の非力と怠慢を心からお詫び申し述べる次第である。

　2009年3月31日　佐賀大学研究室にて

　　　　　　　　　　　　　　　　　　　　監訳者：森　善宣　これを記す

監訳者の後書

本索引は、本書の序文から第15章までの本文と脚注について原書の索引を基本とし、これに修正と補充を加えて作成した。

人名索引

東洋人は日本語の表記に翻訳後、日本語の読みに従いアイウエオ順に、西洋人は英語アルファベット順に並べて索引とした。韓国・朝鮮人の場合は、可能な限り韓国・朝鮮語の原音に近いルビを、中国人の場合は英文で発音表記を丸括弧（　）内に付けた。韓国・朝鮮人で漢字表記が分からない場合は音訳し、その旨を（音訳：○○○）のように記している。中国人名で原書に英文表記がある場合、発音表記の前にそれを記した。

ア
安　在鴻（アンジェホン）　99, 139-140, 149, 185, 189, 191, 193, 408, 413-414
安　承憲（アンスンホン）　194
安　永達（アンヨンダル）　162-163

イ
尹　琦燮（ユンギソプ）　99, 408, 414, 423
尹　吉重（ユンキルジュン）　127
尹　世復（ユンセボク）　190
尹　致暎（ユンチヨン）　184
尹　潽善（ユンポソン）　123, 139, 153

ウ
禹　済玉（ウジェオク）　80
禹　済順（ウジェスン）　462

オ
王　稼祥（Wang Jia-xiang）　532
乙支　文徳（ウルチムンドク）　167

カ
河　永泰（ハヨンテ）　181
賀　晋年（He Jin-nian）　727
解柿然／解方／解如川（Jie Shi-ran/Jie Fang/Jie Ru-chuan）　506, 508-509, 530, 542, 545
韓　一武（ハンイルム）　165
韓　應洙（ハンウンス）　332
韓　景職（ハンギョンジク）　125
韓　圭満（ハンギュマン）　412-413
韓　興国（ハンフングク）　226
韓　俊明（ハンジュンミョン）　553-556, 562-563
韓　昌奉（ハンチャンボン）　406
韓　仁錫（ハンインソク）　190
韓　先楚（Han Xian-chu）　506, 508-509, 530, 533, 539, 545
韓　相亀（ハンサング）　271
韓　相龍（音訳；ハンサンヨン）　106
韓　知希（ハンジフィ）　271
韓　斗圭（ハンドゥギュ）　148-149
韓　鎔源（ハンヨンウォン）　209
咸　貴奉（ハムグィボン）　190

キ
鞠　琦烈（クッキリョル）　180
吉　寛禹（キルグワヌ）　241
吉　成熙（音訳；キルソンフィ）　332
弓　敏周（クンミンジュ）　79
許　雄燕（音訳；ホウンニョン）　82
許　ガイ（ホガイ）　77, 418
許ガイリラ・アレクセイエヴナ（Lila Alexeyevna）　418
許　憲（ホホン）　184, 290
許　憲（音訳；ホホン）　219
許　順玉（ホスノク）　243
許　成澤（ホソンテク）　418
許　永鎬（ホヨンホ）　410
姜　英勲（カンヨンフン）　116
姜　旭中（カンウクチュン）　111, 414
姜　熙正（音訳；カンフィジョン）　273
姜　圭燦（カンギュチャン）　212
姜　健（カンゴン）　77, 405-406, 422
姜　幸遠（音訳；カンヘンウォン）　200
姜　慈遠（音訳；カンジャウォン）　200

657

姜　錫鳳（音訳；カンソクボン）180
姜　舜（カンスン）189
姜　遂昌（カンスチャン）411
姜　泰武（カンテム）210
姜　鎮乾（カンジンゴン）212
姜　東遠（音訳；カンドンウォン）200
姜　乃元（カンネウォン）201
姜　文奉（カンムンボン）117, 141-142, 146, 156
姜　龍洙（音訳；カンヨンス）179, 207, 317, 344
金　一（キミル）165, 422, 539
金　一浩（キミロ）226
金　允実（キムユンシル）411
金　禹植（キムシク）410
金　永一（キヨンイル）462
金　栄訓（キムヨンフン）273
金　暎浩（キムヨンホ）22, 386, 536, 541
金　永才（キムヨンジェ）180
金　栄斗（音訳；キムヨンドゥ）282
金　栄柱（キムヨンジュ）139
金　永南（キムヨンナム）422, 539
金　永佑（音訳；キムヨンウ）180
金　英龍（音訳；キムヨンニョン）253-254
金　應基（キムウンギ）177
金　應燮（キムウンソプ）190
金　億（キモク）410
金　快男（音訳；キムケナム）200
金　佳仁（キムガイン）417-419, 423-424
金　学基（キムハッキ）477
金　学奎（キムハッキュ）190
金　活蘭（キムファルラン）466
金　観植（キムグァンシク）226
金　義煥（キムウィファン）410
金　基鉉（キムギヒョン）244
金　吉信（音訳；キムギルシン）105, 173
金　九（キムグ）190, 413-414, 465
金　京沃（キムギョンオク）116
金　京緑（キムギョンノク）555
金　旭（キムク）190
金　起林（キムギリム）410
金　勲（キムフン）139
金　炯元（キムヒョンウォン）410
金　景道（キムギョンド）410
金　鶏有（キムゲユ）279, 302
金　奎植（キムギュウシク）139, 140, 185, 190-191, 193, 237-238, 408, 413-415, 423
金　元鳳（キムウォンボン）177, 414
金　興（音訳；キム・フン）344
金　弘一／金　弘壹（キムホンイル）74
金　光俠（キムグァンヒョプ）77, 422
金　珖燮（キムグワンソプ）237
金　在郁（キムジェウク）261
金　策（キムチェク）72, 77, 86, 111, 354, 405-406, 413, 516
金　燦植（音訳；キムチャンシク）194
金　始顕（キムシヒョン）99
金　士道（キムサド）87
金　尚河（音訳；キムサンハ）163
金　尚昊（キムサンホ）164
金　尚徳（キムサンドク）412
金　史良（キムサリャン）86-87, 109, 430
金　思朗（音訳；キムサラン）260
金　三龍（キムサムニョン）248, 269
金　時昌（キムシチャン）408
金　若水（キムヤクス）111, 408
金　修奉（音訳；キムスボン）195
金　守評（キムスピョン）181
金　潤根（キムユングン）267
金　昌玉（音訳；キムチャンオク）200
金　昌淑（キムチャンスク）190
金　昌俊（キムチャンジュン）189, 244
金　昌徳（キムチャンドク）412
金　昌鳳（キムチャンボン）341
金　昌龍（キムチャンニョン）282
金　正一（キムジョンイル）226
金　鍾学（キムジョンハク）476
金　正淑（キムジョンスク）116
金　鍾大（キムジョンデ）125
金　正日（キムジョンイル）48-49, 188, 307, 599
金　鍾泌（キムジョンピル）114-117, 151-152, 282
金　世源（キムセウォン）204
金　聖七（キムソンチル）236-237, 267
金　真啓（音訳；キムジンゲ）419, 424
金　性洙（キムソンス）140, 184, 195
金　聖柱（キムソンジュ）462

人名索引

658

金　成柱（キムソンジュ）460-461
金　奭学（キムソクハク）204
金　善玉（音訳；キムソノク）334
金　千萬（キムチョンマン）280
金　宗元（キムジョンウォン）278-280, 462
金　泰奎（音訳；キムテギュ）162, 204
金　大中（キムテジュン）500, 599
金　泰○（キムテ○）244
金　澤一（キムテギル）252
金　達三（キムダルサム）164-165
金　致範（音訳；キムチボム）218
金　仲麟（キムジュンニム）422, 539
金　長興（キムチャンフン）131, 119, 135-136
金　長烈（キムチャンニョル）410
金　定基（キムジョンギ）188, 208, 353, 384, 390, 415-419, 423-424, 497
金　哲洙（キムチョルス）456
金　徹範（キムチョルボム）563
金　天明（キムチョンミョン）408
金　東煥（キムドンファン）410
金　東元（キムドンウォン）410, 412, 414
金　斗煥（キムドゥファン）333, 335, 337-338, 340, 342
金　斗燦（キムドゥチャン）282
金　枓奉（キムトゥボン）76, 545
金　徳三（音訳；キムドクサム）407
金　南均（キムナムギュン）606
金　南植（キムナムシク）165, 204, 423
金　南天（キムナムチョン）190
金　日成（キムイルソン）27, 40, 48-49, 52-54, 68, 72-74, 76-83, 85-86, 88-91, 97-99, 103, 105, 107-109, 112, 120-122, 133, 147, 159-160, 167-168, 171-176, 182-189, 192, 204, 206, 208, 215, 218, 227-228, 241, 243-244, 247, 250, 255, 268, 289, 299, 309-320, 326, 330, 325, 333, 335, 343-347, 349-350, 352-357, 360, 362, 365-374, 379, 381-383, 390-392, 394-407, 409-410, 413, 415-422, 425, 432-433, 452, 460, 467, 481-482, 496, 498, 501, 504-505, 507-508, 516, 519-523, 527-528, 532-533, 536, 540-546, 549-550, 561, 568, 576, 579-582, 584, 588, 592, 599
金　八峰（キムパルボン）203

金　百東（キムベクドン）162-163, 180
金　富吉（キムブギル）243
金　武顕（キムムヒョン）164
金　炳淵（キムビョンヨン）459, 462
金　炳喜（キムビョンヒ）414
金　丙季（キムビョンゲ）116
金　炳元（キムビョンウォン）281
金　炳洙（キムビョンス）406
金　秉会（キムビョンフェ）111, 190
金　秉済（キムビョンジェ）189, 191, 212
金　萬益（キムマニク）341, 406
金　富吉（キムブギル）243
金　朋濬（キムプンジュン）189, 191
金　満金（キムマングム）422, 539
金　雄（キムウン）77, 147, 382, 406
金　雄鎮（キムウンジン）99
金　用鉉（キムヨンヒョン）410
金　勇虎（キムヨンホ）190
金　沃周（キムオクジュ）111, 408
金　容民（音訳；キムヨンミン）195
金　用茂（キムヨンム）99-100, 185, 238, 412, 414
金　龍禹（キムヨンウ）126
金　龍岩（キムヨンアム）215
金　烈（キムニョル）212

ク
郭　海峰（音訳；クァクヘボン）163
郭　燦圭（音訳；クァクチャンギュ）199
郭　義栄（クァクウィヨン）491
具　在洙（クジェス）414
具　慈玉（クジャオク）410
具　中会（クジュンフェ）410

ケ
倪　志亮（Kui Zhi-liang）350, 353, 365
権　延赤（Quan Yan-chi）390
権　英泰（クォニョンテ）225
権　慶燦（クォンギョンチャン）190
権　仲敦（クォンジュンドン）490-492
玄　勲（ヒョンフン）177, 189
玄　七鍾（ヒョンチルチョン）226
玄　相允（ヒョンサンユン）410, 412
玄　武光（ヒョンムグァン）422, 539

元　世勲（ウォンセフン）99, 414
元　容徳（ウォンヨンドク）142
厳　恒燮（オムハンソプ）190, 237, 408, 414-415, 423

コ

呉　緯泳（オウィヨン）467
呉　夏英（オハヨン）99, 139-140, 408, 413-414, 423
呉　振宇（オジヌ）422, 539
呉　振換（オジンファン）462
呉　瑞林（Wu Rui-lin）533
呉　世昌（オセチャン）190
呉　宅烈（オテンニョル）410
呉　白龍（オベンニョン）422, 539
呉　範基（オボムギ）181
呉　明朗（オミョンナン）555
呉　龍国（オリョングク）412
呉　連鎬（オヨンホ）271-273
洪　学智（Hong Xue-zhi）367, 369, 383-384, 387-388, 421, 506-509, 519, 527, 537-539, 542, 545, 548, 560-562
洪　淳英（音訳；ホンスニョン）194
洪　淳玉（ホンスノク）410
洪　性讃（ホンソンチャン）207, 233
洪　増植（ホンジュンシク）414
洪　命憙（ホンミョンヒ）72, 76, 189, 191, 212, 414, 423
黄　圭冕（ファンギュミョン）118-119, 130-132, 135-136, 154-155
高　元勲（コウォヌン）410, 412
高　崗（Gao Gang）314, 361, 365, 367, 381-382, 507, 527, 545-547
高　根弘（コグンホン）280
江　青（Jiang Qing）381
康　良煜（カンニャンウク）422, 539

サ

蔡　周民（チェジュミン）264
蔡　白熙（チェベクヒ）212
蔡　秉徳（チェビョンドク）116-120, 126, 134-135, 144, 152-153, 281
蔡　亨黙（音訳；チェヒョンムク）315
崔　英淳（音訳；チェヨンスン）195
崔　永植（チェヨンシク）190
崔　漢（音訳；チェハン）315
崔　光（チェグワン）337, 341
崔　教得（チェギョドク）189
崔　奎東（チェギュドン）410, 412
崔　璟徳（チェギョンドク）212
崔　賢（チェヒョン）172, 338, 396, 404, 421-422, 522, 539
崔　賢徳（チェヒョンドク）476
崔　国憲（チェグクォン）99
崔　淳周（チェスンジュ）139, 447
崔　仁玉（チェイノク）332
崔　貞熙（チェジョンヒ）238, 268
崔　錫洪（チェソッコン）410
崔　周永（音訳；チェジュヨン）173
崔　章集（チェジャンジプ）22, 60, 605
崔　春国（チェチュングク）406
崔　淳子（音訳；チェスンジャ）260
崔　鍾学（チェジョンハク）261
崔　昌満（チェ・チャンマン）406
崔　宗基（チェジョンギ）190
崔　相善（音訳；チェサンソン）476
崔　大英（チェデヨン）190
崔　東旿（チェドノ）413-415, 423
崔　泰奎（チェテギュ）111, 414
崔　秉洙（チェビョンス）271, 273
崔　丙柱（チェビョンジュ）410
崔　民山（チェミンサン）226
崔　勇進（チェヨンジン）78, 419
崔　庸健（チェヨンゴン）72, 77, 341, 404-405, 422
崔　容達（チェヨンダル）213
崔　用徳（チェヨンドク）280
崔　麟（チェリン）410, 412
崔　林（チェリム）411
柴　成文（Chai Cheng-wen）350, 384, 353, 355, 365, 387, 396-397, 421, 540, 544

シ

師　哲（Shi Zhe）372-373, 387-388
車　相哲（チャサンチョル）304
朱　恩善（チュウンソン）553
朱　徳（Zhu De）314, 360
周　恩来（Zhou En-lai）76, 314, 360-363,

人名索引

365, 368-369, 372, 381, 384, 387-388, 506, 531-532, 547
周　鯨文（Chow Ching-wen; Zhou Jing-wen）　189, 373, 562
蔣　介石（Jiang Jie-shi）　378, 518, 534-535, 586
章　漢夫（Zhang Han-fu）　532
徐　延禧（ソヨンヒ）　412
徐　康白（ソガンベク）　190
徐　相庸（ソサンヨン）　459
徐　鎮英（ソジニョン）　562
徐　東鶴（音訳；ソドンハク）　169
徐　悳淳（ソドクスン）　268
徐　珉濠（ソミンホ）　434
聶　栄臻（Nie Rong-zhen）　361, 369, 386, 547
粟　裕（Su Yu）　361
辛　義卿（シンウィギョン）　189
辛　錫斌（シンソクビン）　410
辛　容勲（シンヨンフン）　410
申　化鳳（シンファボン）　277, 302, 495-496
申　敬完（仮名；シンギョンワン）　408, 423
申　鉉奎（音訳；シンヒョンギュ）　236
申　興雨（シンフンウ）　184
申　成均（シンソンギュン）　111, 190
申　性模（シンソンモ）　118-119, 124, 126, 130-131, 139, 184, 195, 249, 254-255, 267, 280-281, 466
申　善玉（音訳・シンソノク）　332
申　泰英（シンテヨン）　142, 144
申　チョル（シンチョル）　118
申　東雨（シンドンウ）　119
申　南哲（シンナムチョル）　410
申　翼熙（シンイクヒ）　127, 139-140, 184, 464-465, 468

セ
星　湖（Xing Hu）　422
薛　鎮○（ソルジン○）　265
成　周寔（ソンジュシク）　212, 414
全　宇（チョヌ）　78
全　栄善（チョンヨンソン）　206
全　旭（音訳；チョンウク）　260
全　奎弘（チョンギュホン）　123

全　鉉秀（チョンヒョンス）　389
全　仁善（チョニンソン）　411
全　盛鎬（チョンソンホ）　113
全　文燮（チョンムンソプ）　422, 539

ソ
蘇　宣奎（ソソンギュ）　484
曹　正煥（チョジョンファン）　139
曹　晩植（チョマンシク）　248, 412-413, 459
曹　奉岩（チョボンアム）　127, 153, 191, 209, 264, 274
孫　元一（ソンウォニル）　281
孫　大光（音訳；ソンデグァン）　172
孫　晋泰（ソンジンテ）　410, 414
孫　政鎮（音訳；ソンジョンジン）　342
孫　全厚（音訳；ソンジョヌ）　232
宋　錦愛（音訳；ソン・グメ）　163
宋　虎聲（ソンホソン）　144, 156, 192, 414
宋　時輪（Song Shi-lun）　516, 527, 538, 546
宋　斗英（音訳ソンドゥヨン）　169
宋　鳳郁（ソンボンウク）　212

タ
太　倫基（テユンギ）　138, 155, 470-472, 496-497
卓　東春（音訳；タクドンチュン）　477
卓　文洙（音訳；タクムンス）　200

チ
池　基哲（チギチョル）　241, 268
池　春成（音訳；チチュンソン）　219
池　青天（チチョンチョン）　139, 492
張　希（Zhang Xi）　383, 385-387
張　基永（チャンギヨン）　124-125, 447
張　琪華（音訳；チャンギファ）　172, 206
張　基鳳（チャンギボン）　134
張　璟根（チャンギョングン）　139-140, 433-434, 464
張　権（チャングォン）　189
張　建相（チャンゴンサン）　140
張　興（チャンフン）　118
張　順明（チャンスンミョン）　177
張　昌国（チャンチャングク）　116, 118,

144, 152
張　仁駿（音訳；チャンインジュン）333
張　澤相（チャンテクサン）139-140
張　都暎（チャンドヨン）115-118, 123, 144, 152, 156
張　炳旭（チャンビョンウク）269
張　勉（チャンミョン）91, 130, 139-140, 184, 427-429
張　茂環（チャンムファン）40
張　連松（チャンニョンソン）410
趙　琬九（チョワング）185, 189-191, 237, 413, 415, 423
趙　香禄（チョヒャンノク）244
趙　亨杓（チョヒョンピョ）163
趙　玉鉉（チョオッキョン）410
趙　圭高（チョギュソル）99, 410
趙　憲泳（チョホニョン）99, 414
趙　時元（チョシウォン）190
趙　昌浩（チョチャンホ）40, 60
趙　正哲（チョジョンチョル）406
趙　石虎（チョソクホ）408, 423
趙　素昂（チョソアン）99, 190-191, 185, 189, 408, 413-415, 423
趙　重顕（チョジュンヒョン）410
趙　鍾勝（チョジョンスン）410
趙　斗元（チョドゥウォン）165
趙　勇田（Zhao Yong-tian）421, 540
趙　鍾福（チョヨンボク）162
趙　芝薫（チョジフン）236-237, 267
趙　澈（チョチョル）408, 411-413, 423
趙　炳玉（チョビョンオク）130, 139-140, 155, 184, 281, 438, 440-441, 447, 454, 457, 474, 487, 498
趙　亮（音訳；チョリャン）335-336, 341-342
沈　志華（Shen, Zhi-hua；Chen Zhi-hua）386, 471
陳　毅（Chen Yi）372-373
陳　錫聯（Chen Xi-lian）547

テ
丁　一権（チョンイルグォン）134-135, 139, 141, 155, 430-431, 452, 454-456, 466-467, 495-496, 503, 537, 505, 513-514, 524,

538, 540
丁　七星（チョンチルソン）177
丁　世尤（Ding Shi-you）562
鄭　一亨（チョン・イリョン）126
鄭　仁植（チョンインシク）410
鄭　寅普（チョンインボ）410, 412
鄭　英順（チョンヨンスン）244
鄭　恩勇（チョンウニョン）271-272
鄭　吉龍（音訳；チョンギリョン）556
鄭　義和（チョンウィファ）411
鄭　求燾（チョングド）271, 273
鄭　光好（チョングワンホ）410
鄭　競謨（チョングンモ）136
鄭　在浣（チョンジェワン）492
鄭　準澤（チョンジュンテク）72
鄭　東奎（チョンドンギュ）553, 556-558, 563
鄭　東波（チョンドンパ）189
鄭　鳴朝（チョンミョンジョ）204
鄭　求情（チョングジョン）280

ト
杜　平（Du Ping）／杜　豪平（Du Hao-ping）508-509, 538-539, 545
鄧　華（Deng Hua）／鄧　多華（Deng Duo-hua）382, 506-509, 527, 533, 539, 545, 547
姚　旭（Tao Xu）388, 390
陶　勇（Tao Yong）527

ナ
南　基正（ナムギジョン）605
南　相徹（ナムサンフィ）281-282
南　道富（ナムブド）164-165, 205

ニ
任　英彬（イムヨンビン）190
任　興淳（イムフンスン）484,

ハ
裴　重赫（ペジュンヒョク）111, 190
白　永燁（ペクヨンヨプ）459
白　寛洙（ペクグワス）412
白　亨福（ペクヒョンボク）162

白　慶和（ペクギョンファ）117, 152
白　象圭（ペクサンギュ）99, 412
白　仁燁（ペギンヨプ）251
白　性郁（ペクソンウク）138, 184
白　善燁（ペクソニョプ）87-88, 109, 113-114, 152, 503, 513, 537, 563
白　鉄（ペクチョル）239-240, 268
白　斗鎮（ペクトゥジン）139
白　南雲（ペンナムン）190-191
白　楽七（ペンナクチル）315, 320
白　楽濬（ペンナクジュン）447, 466

ヒ
表　武源（ピョムウォン）168
閔　復基（ミンボッキ）119

フ
武　亭（ムジョン）77, 338, 402-403, 405, 413, 421, 582
文　亨淳（ムンヒョンスン）360
文　洪永（ムンホンヨン）263
文　洪漢（ムンホンハン）263
文　洪九（音訳；ムンホング）267
文　錫九（ムンソック）226

ヘ
卞　栄泰（ピョンヨンテ）288-289, 304

ホ
彭　徳懐（Peng De-huai）356, 361-362, 365-369, 379, 381, 383, 386, 388, 396-399, 506-510, 512-516, 519-522, 525-531, 533, 541-552, 562, 588
方　学世（パンハクセ）150, 177
方　漢驥（パンハンジュン）410
方　虎山（パンホサン）114, 142, 546
方　善柱（パンソンジュ）261, 271, 273
朴　一禹（パギルウ）72, 77, 160-161, 336, 339-340, 345, 356, 365, 382, 367, 385, 397, 508, 527, 530
朴　允源（パクユノォン）111, 190
朴　仁求（音訳；パクイング）169
朴　永出（パクヨンチュル）468
朴　栄輔（パクヨンボ）257

朴　鷹道（音訳；パクウンド）106
朴　孝三（パクヒョサム）286
朴　甲東（パッカプトン）390
朴　甲東（音訳；パッカプトン）218
朴　吉龍（パッキルリョン）354-355, 384, 413, 423
朴　近萬（音訳；パククンマン）334
朴　勲一（パクフニル）315, 318, 320, 323, 330, 341
朴　景洙（パクギョンス）226
朴　啓周（パクケジュ）497, 562
朴　憲永（パッコニョン）52, 68, 72, 76-77, 86, 90-91, 97-98, 160, 168, 174-176, 238, 250, 309-310, 325, 347, 349-350, 352-357, 360, 362, 371-373, 379, 384-385, 392-397, 400, 405, 415-416, 418, 421, 425, 433, 478, 482, 507, 544-545, 568, 579, 581-582, 588
朴　元淳（パクウォンスン）269
朴　贅勝（パクチャンスン）210
朴　潤準（パクユンジュン）411
朴　順天（パクスンチョン）99, 190
朴　正愛（パクジョンエ）212
朴　正熙（パクチョンヒ）36, 48-49, 115-116, 122, 152, 162, 599
朴　鍾九（パクジョング）148
朴　勝源（音訳；パクスンウォン）163
朴　勝国（音訳；パクスングク）173
朴　誠淑（音訳；パクソンスク）169
朴　成哲（パクソンチョル）422, 539
朴　長春（パクチャンチュン）406
朴　莫童（パンマクドン）181
朴　文奎（パクムンギュ）212-213, 216
朴　明求（音訳；パンミョング）203
朴　木月（パンモグゥル）236

メ
明　済世（ミョンジェセ）190-191, 410, 412

モ
毛　允淑（モユンスク）496
毛　岸英（Mao An-ying）381, 533
毛　沢東（Mao Ze-dong）26-27, 67, 76, 82-83, 103, 309-310, 314, 347, 350, 352-354, 359-375, 377-383, 385, 390, 395, 398-399,

401, 407, 501-502, 506-512, 516, 519-522, 525, 527-531, 533-534, 541-542, 544-545, 547, 551-552, 560, 562, 581, 584, 587-588

ヤ

山県　有朋　587

ユ

俞　虎濬（ユホジュン）　189
俞　鎮午（ユジノ）　435, 453
俞　穆允（ユモギュン）　180

ヨ

葉　雨蒙（Ye Yu-meng）　384, 386-390, 421, 540-541
楊　開慧（Yang Kai-hui）　381
楊　国鎮（ヤングクジン）　116
楊　立三（Yang Li-san）　547
吉田　茂　581

ラ

羅　最絨（ナチェグァン）　117
羅　鍾一（ナジョンイル）　454, 495

リ

李　允栄（イユニョン）　124-125, 153
李　仁同（イインドン）　212
李　仁模（リインモ）　40
李　雲（イウン）　459
李　英（イヨン）　189
李　永基（イヨンギ）　203
李　栄根（イヨングン）　115, 412, 423
李　永鎬（イヨンホ）　419
李　益興（イイクフン）　244, 251, 270
李　乙雪（リウルソル）　422, 539
李　海文（Li Hai-wen）　387-388
李　学求（イハック）　105, 173
李　河燮（音訳；イハソプ）　173
李　ガプヒ（李ガプヒ）　247
李　観述（イグワンスル）　253
李　揆現（イギュヒョン）　150, 157
李　起夏（イギハ）　209
李　亀河（イグィハ）　464
李　亀洙（イグス）　111, 190, 410, 414
李　求勲（リグフン）　212
李　亨鍾（音訳；リヒョンジョン）　171
李　教善（イギョソン）　99
李　起鵬（イギブン）　130, 155
李　銀橋（Li Yin-qiao）　381
李　圭熙（音訳；イギュヒ）　254
李　憲洙（音訳；リホンス）　481
李　元徳（イウォンドク）　563
李　権武（リクォンム）　147
李　興雨（イフンウ）　274
李　康国（音訳；リカングク）　199
李　昊宰（イホジェ）　426, 496
李　光洙（イグワンス）　410, 412, 423
李　鴻章（Li Hong-zhang）　587
李　康鎮（イガンジン）　163
李　克魯（イグノ）　190-191, 212
李　済九（イジェグ）　199
李　始栄（イシヨン）　139-140
李　舟河（イジュハ）　248, 269
李　重業（リジュンオプ）　163, 165
李　俊九（音訳；イジュング）　195
李　潤（イユン）　108, 239, 268
李　順○（イスン○）　265
李　升基（イスンギ）　408
李　昌好（音訳；イチャンホ）　487
李　鍾甲（リジョンガプ）　177
李　鍾玉（リジョンオク）　422, 539
李　鍾奭（イジョンソク）　22, 386-387, 606
李　舜臣（イスンシン）　167, 238
李　承燁（リスンヨプ）　72, 86, 98, 163, 165, 168, 176, 212, 582
李　承晩（イスンマン）　48, 54, 68, 78, 86, 89-90, 92, 95-97, 115, 118-122, 125, 127, 129-140, 149, 152-154, 166-168, 175, 178-180, 184-185, 188, 192-195, 215, 218-220, 223, 237, 240, 244, 246-247, 249-250, 254-255, 263, 267, 275, 289, 304, 315, 325, 392, 411, 425-426, 427-430, 438-448, 450, 456-457, 465-467, 482, 486-489, 491, 495-496, 503, 514, 542-543, 553, 558-560, 566, 575-576, 580, 592
李　承福（イスンボク）　481
李　承烈（イスンニョル）　243
李　春用（イチュニョン）　212

李　青松（リチョンソン）78
李　善禹（音訳；リソヌ）222, 224, 227
李　宣教（イソンギョ）468-469, 485-486, 488-490
李　瑄根（イソングン）250, 270, 496
李　相基（音訳；イサンギ）200
李　宗聖（イジョンソン）410
李　宗鉉（イジョンヒョン）484, 490
李　相朝（リサンチョ）202, 314, 344
李　相龍（音訳；イサンニョン）229
李　泰雨（音訳；イテウ）236-237
李　譚来（音訳；イダムネ）163
李　致業（イチオプ）118, 152
李　冑相（イジュサン）163
李　哲源（イチョルウォン）135-136
李　道英（イドヨン）262, 273, 282, 302
李　任鉄（リイムチョル）199
李　白水（イベクス）410
李　範奭（イボムソク）124, 139, 184, 195
李　文源（イムノォン）111, 190, 408, 414
李　秉喆（イビョンチョル）238, 268
李　奉用（音訳；イボンヨン）193
李　萬珪（イマンギュ）212
李　明逸（音訳；リミョンイル）328
李　明雨（イミョンウ）410
李　鏞（リヨン）189
李　庸起（イヨンギ）271
劉　亜楼（Liu Ya-lou）547
劉　英俊（リュウヨンジュン）212
劉　少奇（Liu Shao-qi）360
劉　鳳栄（ユボンヨン）267
柳　永益（ユヨンイク）121, 153
柳　驥秀（ユギス）410
柳　京洙（リュウギョンス）147
柳　馨遠（ユヒョンウォン）38, 60
柳　原植（ユウォンシク）463, 495
柳　在甲（ユジェガプ）455
柳　子厚（ユジャフ）410
柳　錫源（音訳；ユソクウォン）169
柳　林（ユリム）189
梁　興初（Liang Xing-chu）521, 539
梁　在厦（ヤンジェハ）99
梁　珣容（ヤンスニョン）40
林　憲一（音訳；リムホニル）403, 422

林　春秋（リムチュンチュ）423, 539
林　正得（イムジョンドク）462
林　鍾明（イムジョンミョン）204
林　柄稷（イムビョンジク）123-124, 134, 139-140, 428, 442
林　彪（Lin Biao）361, 363, 365, 369, 509, 562
林　富澤（イムブテク）117
林　和（リムファ）86, 109

ロ
呂　運弘（ヨウンホン）99, 140
呂　運徹（ヨウンチョル）163
呂　正操（Lu Zheng-zao）710
盧　鎰煥（ノイルファン）111, 408, 411
盧　大郁（ノデウク）190
盧　東雲（ノドンウン）203
盧　民英（音訳；ノミニョン）273

ワ
和田　春樹　93, 110, 174, 206-207, 390, 494-495, 522, 539

A

Acheson, Dean 127, 427, 429, 432, 436, 438, 442-443, 452, 524
Allen, Leven G. 536
Almond, Edward M. 134, 147, 312, 513, 515
Andreopoulos, George J. 607
Appleman, Roy E. 107, 112, 294-295, 305, 537
Arendt, Hannah 29, 43, 59-60, 564, 603, 607
Armstrong, Charles 22
Aron, Raymond 591, 603, 605, 607
Ayres, H. 147

B

Baker, Edward 23
Ball, Howard 607
Bateman, Robert L. 304
Bendix, Reinhard 60
Bismarck, Otto von 29
Blair, Clay 146
Bloch, Ernst 608
Bolte, Charles L. 518
Bond, Niles W. 92
Bradley, Omar 439
Brodie, Bernard 538, 605
Bull, George 603

C

Cadars, Father 252-254
Carr, E. H. 52, 64
Chalk, Frank 607
Chapman, W. F. 472-473, 497, 536, 541
Chen, Jian 385, 388, 561
Chinnery, Philip D. 304
Choe, Sang-Hun 304
Chung, Y. H. 453
Church, John H. 133
Churchill, Winston 514-515, 567, 570-571, 585
Clausewitz, Carl von 28, 59, 107
Clinton, Bill 261
Cohen, William 262
Colles, John 487

Collins, Joseph Lawton 25, 58, 534, 560, 569, 604
Coser, Lewis 471, 608
Crane, Conrad C. 111, 389, 606
Crick, Bernard 603
Cumings, Bruce 23, 26, 59, 65, 204, 254, 257, 270, 272, 291-293, 296, 303-305, 389, 605
Curtis, Donald McB. 146, 157

D

Darrigo, Joseph R. 114
Davis, Horace B. 606
Dean, William F. 147-150, 157
Deane, Philip 252, 270
de Gaulle, Charles Andre 572
Deitchman, Seymour J. 604
Dille, John 389
Djilas, Milovan 373, 378, 389, 585, 606
Dobkowski, Michael N. 304, 607
Dower, John W. 203, 210, 292, 297, 305-306, 538, 605
Drumright, Everett F. 127, 132-133, 442
Dulles, John Foster 132
Dunn, John 603

E

Eckert, Carter 22, 61
Eley, Geoff 303
Emmerson, John K. 435-436, 461
Emmons, Arthur B. 3rd 442

F

Falk, Richard A. 61, 608
Farneworth, Ellis 603
Fein, Helen 607
Fitzgerald, Garrett 608
Franco, Francisco 572
Furet, François 41, 60, 91, 110, 606
Furtrell, Robert F. 110-111, 209, 539

G

Gallean, Georges 487
Galtung, Johan 608

Gayn, Mark 290, 304
Giddens, Anthony 302
Gilbert, Felix 603
Glover, Jonathan 304
Goncharov, Sergei N. 389
Gromyko, Andrei 93, 110, 350, 364, 532
Grad, Andrew J. 217, 232
Grant, Ulysses S. 514, 570
Griffith II, Samuel B. 562
Grutzner, Charles 486
Guttmann, Allen 58

H
Hao, Yufan 388
Halliday, Jon 374, 387-389
Halperin, Morton H. 58
Hanley, Chalres 304
Hanley, James M. 196, 209, 294-296, 305
Harriman, Averell 439
Harris Ian 603
Henderson, Gregory 265, 274
Hexter, J. H. 603
Hickerson, John 92
Hillenkoetter R. H. 123, 174
Hinsley, F. H. 302
Hitler, Adolf 478, 567
Hobsbawm, Eric 65, 588, 606-607
Hodge, John R. 128, 147, 258, 288
Humphrey, Hurbert H. 291

I
Irving, David 604

J
Jessup, Philip C. 92, 439
Johnson. Alexis 92
Jokić, Aleksandar 64, 210
Jonassohn, Kurt 607

K
Kean, William 258
Kennedy, John F. 291
Kessler, George D. 115
Khrushchev, Nikita 79, 353, 372, 384, 388

Kim, Key-Hiuk 606
Kirk, Alan G. 92
Kissinger, Henry A. 373, 389
Kuper, Leo 607

L
Lenin, V. I. 28, 59, 183, 565
Lichterman, Martin 58
Lipset, Seymour Martin 571, 605, 607
Lobov, Georgi 368, 374-375
Lodge, Henry Cabot 293
Lopez, George A. 607
Luttwak, Edward N. 604

M
MacArthur, Douglas 26, 96, 103, 120, 130, 133-137, 145-147, 150, 154, 254-255, 311-312, 349-350, 367, 377, 382, 401, 430-433, 436-448, 461-462, 467, 502, 504-505, 508, 510-525, 528, 532, 534-536, 543, 559-560, 568-571, 573, 588
Macdonald, Callum 303, 425
Machiavelli, Niccolò 53, 64, 603-604
Mansourov. Alexander Y. 386-387
Marshall, George C. 432
Marx, Karl 583, 606
Matloff, Maurice 605
McCann, David 23
McCarthy, Joseph R. 291
Mcphail, Thomas D. 115
Meaders, Fletcher E. 258-259
Mendoza, Martha 304
Mendus, Susan 608
Merrill, John 204
Michelet, Jules 45, 60
Milburn, Frank W. 441, 462, 513, 524
Mitchell, Richard H. 209
Monat, Pawel 376, 389
Moore, Barrington Jr. 217, 232, 607
Muccio, John 91-92, 119, 127-129, 131-134, 137, 143, 146, 249, 254-255, 279, 427, 439

N
Noble, Harold 128, 445

O
Orwell, George 45
Osgood, Robert E. 59, 604
O'Donnell, Emmett 517

P
Pace, Frank 439, 535
Panikar, Sadar K. M. 360, 386, 532
Peach, F. S. B. 143
Pearce, Frank 255
Peter the Great 121
Plamenatz, John 603
Plotnikov, Georgi 374
Potter, Charles E. 291-293
Price, Russel 603

R
Radford, Arthur E. 439
Rankin, R. J. 143
Rawls, John 61, 607
Razuvaev, V. N. 73, 543-544, 548
Rees, David 58
Rhee, Francesca Donner 130-132, 136, 138, 154
Richardson, Brian 603
Ridgway, Matthew 271, 293, 305, 536, 560
Roberts, William L. 143-144
Robertson, Geoffrey 304
Rockwell, Lloyd H. 114
Rogers, Turner 259
Roosevelt, Franklin D. 26, 288, 514-515, 567, 570-571, 585
Roshchin, N. V. 76, 360, 362-364
Rusk, Dean 91-92, 439-440

S
Sams, C. F. 444
Schnabel, James F. 110, 452-455, 537-540
Shtykov, Terentii 70, 76-77, 350, 353, 364, 371, 387
Simmons, Robert R. 606

Skinner, Quentin 603
Smith, Stanton T. 101
Smolchekov, Alexander Pablovich 375, 389
Snow, Edgar 562
Stalin, Joseph V. 26-27, 52, 67, 76, 78-79, 83, 85, 93-94, 100, 103, 121, 175, 182-183, 185-187, 243, 309-310, 347, 349-350, 352-355, 359-383, 387, 433, 474, 501-502, 505-506, 511, 522, 527, 532, 544, 547-548, 567, 572, 577, 581-585, 588-589
Stohl, Michael 607
Stratemeyer, George E. 102, 377, 504, 517, 524
Stueck, William 59, 605
Symington, Stuart 291

T
Taylor, Charles 608
Thompson, Reginald 286-287, 294, 297, 303
Timberlake, Edward J. 259
Tito, Marshal 583
Todd, Jack R. 305
Togliatti, Palmiro 575
Truman, Harry S. 26, 427-428, 432, 439-440, 442-443, 445, 514, 528, 535, 539, 560, 571, 595
Tutu, Desmond 300, 307, 597, 608

U
Ulam, Adam B. 378, 389
Underwood, Horace G. 260, 272, 339, 345

V
Vandenberg, Hyot S. 377
Vander-Heide, H. J. 444
Vasiliev, A. M. 77-79
Vasilevsky, A. 364
Vovelle, Michel 240, 268

W
Walker, Leslie J. 603
Walker, Walton H. 96, 137-138, 151, 254-

668

255, 515, 517, 520, 536
Wallimann, Isidor   304, 607
Walzer, Michael   174, 206, 608
Webb, James E.   436
Wehler, Hans-Ulrich   303
Weigley. Russell F.   605
Weinel, Carey H.   293-295, 305
Whiting, Allen S.   386
Whitney, Courtney   504, 524
Willoughby, Charles A.   513, 524, 536
Winnington, Alan   252-254, 270
Wolfe, Claudius O.   293
Wood, Neal   603
Wright, Edwin K.   312, 504, 524

Z
Zelizer, Barbie   607
Zhai, Zhi-hai   388

事項索引

　原書の表記を日本語に翻訳し、日本語の読みに従ってアイウエオ順に配列した。ただし、「江東政治学院」や「井岡山」といった事項表記の冒頭が地名など固有名詞の場合、丸括弧（　）の中に韓国語あるいは中国語をカタカナか英文で記している。

ア
愛国闘士会　269, 474, 498
アジアのヴィストゥラ（Vistula）　567
アヘン戦争　587

イ
1・4後退　18, 25, 38, 501, 542-543, 552-553, 560
逸脱集団　593
インドシナ　728

ウ
ウェイク島会談　439-440, 442, 514
上からの改革　214, 217

エ
厭戦の情緒　380

オ
鴨緑江（アムノッカン）　370, 372, 376, 397-398, 429, 434, 512, 515, 518, 532

カ
戒厳令　119, 275, 457
開港　55, 574
海州（ヘジュ）反乱事件　411
会寧（フェリョン）軍官学校　162
カイロ（Cairo）　515, 571
階級戦争　27, 246
階級の解放　420
下向式の事業方式　213
カサブランカ（Casablanca）会談　514, 570
管轄権（jurisdiction）　429, 444
咸興（ハムフン）　464, 472, 484
　咸興刑務所　471
　咸興訪問　496
韓国式の道（the Korean way）　300, 598

韓国統一復興対策委員会　492-493
韓国独立党（韓独党）　189-190, 237-238
韓国版ディアスポラ（diaspora）　35
韓国民主党　140
韓国民族民主戦線（韓民戦）　298
漢城（ハンソン）監獄　121, 153, 566
韓米葛藤　443
韓米合意議事録　447
韓米相互防衛条約　31, 447
韓米連合司令部（CFC: Combined Fprces Command）　448-449
寛容（tolerance）　46-48, 62, 299, 597, 601-603
韓露関係　566

キ
北風　241
北朝鮮革命　180
北朝鮮管理／北朝鮮占領　444-445
　北朝鮮行政対策委員会　491
　北朝鮮施政方針　440
　北朝鮮施政要綱　463
　北朝鮮実情調査団　490
　北朝鮮占領構想　461
　北朝鮮対策委員会　491
　北朝鮮地域における統治主権問題　444-446
北朝鮮労働党　166, 574
急進主義　103, 216, 579
休戦
　休戦交渉　571
　休戦協定　528
　休戦体制　31, 598
　休戦ライン　31, 39
急変事態　434
虐殺地図（massacre map）　256
京畿道（キョンギド）防御地域軍事委員会

670

316-317
狂気の瞬間　239
共産主義　31, 41, 45, 120, 133, 159, 186, 220, 244, 284, 287-288, 291, 418-422, 425, 441-442, 450, 460, 473, 480, 514, 553-554, 583
共産主義陣営　68-69, 88, 94, 558, 567-569, 581
供出制度　213
居昌（コチャン）良民虐殺事件　257, 263, 273, 278, 281, 299
キムボール・スミス（Kimball Smith）号　162
義勇　166, 169, 171
　義勇軍　86, 166-172, 174, 243-244, 247, 363
　義勇軍召募事業　167
ギリシャ　378, 585
キリスト教民主同盟　189-190, 244
均等化　32
金日成体制　477
勤労人民党　189
勤労大衆党　189

ク
クムジョン窟　202, 306
クロマイト（Chromite）作戦　312-313
軍事委員会（北朝鮮）　70, 72, 167-169, 181, 205, 225, 411
軍事革命（military revolution）　34
軍事クー・デタ　448
軍事主義　41
軍事と政治　564, 571
　軍事的な勝利　564, 571
軍政（military government）　445-446
軍政統治　469

ケ
警察国家　440, 450
ゲリラ部隊／闘争　161, 164-165, 353, 363, 415-416, 591
元山（ウォンサン）　473-474, 484, 496
　元山虐殺　596
　元山刑務所　471
原子爆弾　535, 552-553
建国憲法　435

憲法　275, 449-450, 456, 463, 540

コ
紅軍　551-552
光州（クァンジュ）民主化抗争　34, 44, 594, 597, 600-601
構造／主体　48, 52-54
江東（カンドン）政治学院　164
興南（フンナム）撤収　535-536
抗日戦争　79, 521
抗米援朝　399, 521, 550, 587
光復同志会　480
後方上陸の脅威　82
国連　80, 87, 93-94, 105, 151, 245, 247, 284, 314, 339, 347, 350, 377, 411, 414, 429, 435, 440, 460, 463, 486, 501, 504-506, 515, 517, 519-520, 523-526, 554, 560-561
国連軍司令部（the United Nations Command）　447-448, 473, 487, 511, 524
国連朝鮮委員団　94-95, 115, 127, 143, 146, 435, 437, 443
国連朝鮮統一復興委員団　439, 446, 484, 491, 492-493, 500
国連臨時朝鮮委員団　436, 439
5・30選挙　193
国家　25, 283, 591-593
　国家性（stateness）　599
　国家統治術（arte della stato）　564-565
　国家と暴力　275
　国家利益　580, 584-585, 595
　国家理性（raison d'etat）　603
　国民国家　57, 420
国家安保（national security）　281
国会スパイ事件　100, 140, 190, 408, 414
国家形成　37, 470-471, 591
国家テロル／国家テロリズム（state terrorism）　281-282, 477, 593
　反動的なテロル　595
　革命的なテロル　195, 474, 595
国家保安法　38, 52, 63, 250-251
国共内戦　380, 420, 521, 568, 587
国際主義　580, 583-585
　国際主義の連帯　595
　国際プロレタリア主義　583, 585, 589

国際プロレタリア連帯　585
国土完整政策　54
国内平定（internal pacification）　282-283
誤認（misperception）／誤判（miscaluculation）　27, 88, 104, 573
　　誤認（misperception）理論　22, 25, 564, 566, 570, 572
国民形成　470-471, 591
　　国民分化　236
国民統合（national integration）　245, 470-471, 484, 489-490, 592
　　負の統合／否定的な統合　248, 284, 303, 470-471, 483-484, 489-490, 497, 592
　　正の統合／肯定的な統合　490
国民防衛軍事件　265-267, 280
国民保導連盟　180-181, 195, 256, 264-265, 271, 282

サ

最下劣等グループ（'pariah' groups）　596
在韓米軍事顧問団（KMAG: Korean Military Advising Group）　114, 127, 205
最高指導性（supremacy）　374
最高人民会議　164, 170, 176-177 210, 408
　　最高人民会議常任委員会　90-91, 179, 205, 213, 406, 481
済州島（チェジュド）4・3事件　44, 61-62, 164, 193, 244, 262-263, 281-282, 299, 594, 597, 600-601
災難への行進　569
在北平和統一促進協議会　408
作戦指揮権（command authority）　447-448, 430, 586
作戦統制権（operational control）　447-449, 451, 456, 586
左右合作　140
サレルノの大転換　575
残酷行為　284-292, 296
暫定妥協（modus vivendi）　378
38度線　26, 67-68, 70, 72, 76, 79, 88, 95, 116, 119, 126, 143, 161, 193, 240, 285, 309, 339, 341-342, 347-349, 351-354, 360, 393, 395, 408, 415, 425, 427-429, 432, 435-438, 442, 444, 449, 451, 459, 461, 474, 468, 504, 506, 513-514, 527-535, 540-541, 551, 586, 570-571, 578
38度線の戦闘　74
38度線の北進問題　429-430
贅出（誠出）制度　225
3大規律・8項注意　550, 552, 562
三面紅旗運動　509

シ

4月革命　34, 122
自己同一性（identity）　598, 602
　　自己同一性認定の政治（a politics of identity-recognition）　602
自首運動　191-195
紙上革命　224
地主－小作の間の葛藤　201
市民戦争／階級戦争／革命戦争　26, 574
社会党　189
社会主義の連帯　584-585
社会民主党　189
集合的な市民の徳性　565
修正主義　22, 25-26, 28, 564, 572-573, 579
終戦方式　571
手段－目的の範疇（the means-end category）　564
首都死守論　124-126
首都撤収論　124-126
自由主義的な改革　216-217
主権（sovereignty）　283, 429, 436-437, 457, 586
　　主権国家　466
　　主権の回復　582
　　北朝鮮に対する主権問題　468
主体　41, 52-54, 295, 306
主体思想　188
蒋介石政府　559
招待工作　415
勝利一辺倒主義　395
植民地国家　17
人権　36-39, 41, 47-48, 51, 54, 50, 63, 284
人種主義　235, 284, 287
人種戦争　293
新進党　189
仁川（インチョン）上陸作戦　30, 86, 105,

145-147, 150-151, 174, 188, 196, 199, 275-
276, 309, 311-315, 319-321, 325, 327-331,
334, 338, 342-343, 346-347, 372, 395, 411,
415, 425, 428, 432, 435, 475, 504, 520, 543,
573
仁川虐殺事件　249-250
仁川防御地区司令部　320, 324
信川（シンチョン）虐殺事件　477, 479-481,
483, 498
信川　479-481
信川博物館　481-482
信託統治　413, 429-430, 469
信託統治紛争　496
清日戦争　586-587
人民委員会　78, 86, 176, 179, 181-182, 200,
207, 226, 229-230, 237, 286, 333, 346, 459,
576-576
人民解放　41
人民義勇軍　168-169
人民裁判　177, 181, 203
人民戦争戦術　522
唇亡歯寒　380, 587

ス
スターリンの膨張戦略　27
スターリングラード攻防戦　567
スペイン　585
スペイン革命　373
スミス部隊　147

セ
井岡山（Jinggangshan）　552
正義　46-47, 287, 299, 597
正義の戦争（just war）　29, 97
制限戦争（limited war）　25-26, 569-570, 604
　制限戦争理論　22, 25, 564, 566, 570-572,
604
政治　25, 564
　政治的な勝利　564
　政治優先の原則（the primacy of politics）
564
清川江（チョンチョンガン）　404, 406, 505,
510, 512, 515, 520
正統性　235, 591

西北青年団／西北青年会　457, 487, 458
世界化した局地戦争（globalized local war）
569
世界（的な）戦争　92, 113, 504, 569, 574
世界分断　67
世界冷戦　31, 67, 202, 567, 574
積極的な徳／積極的な能力（virtu）　53, 564-
565, 603
絶滅主義（exterminism）　204, 297
全国農民組合総連盟（全農）　212, 220, 290
全国儒教連盟　190
戦後体制／7・27体制　18, 63, 598-599
戦時作戦統制権　448-449
戦時状態　72, 448-449
戦前原状回復（status quo ante bellum）431
　戦前の状態（status quo ante）　427
戦争犯罪（war crime）　56, 203, 293, 594, 596
　平和に反する犯罪　56
　ヒューマニティに反する犯罪　56
全体主義　45, 595
宣撫工作　192
占領政策　160

ソ
相互尊重　603
総力戦（total war）　569
ソウル市（臨時）人民委員会　72-73, 176,
187, 189, 191, 237, 316, 408, 470
ソウルの平壌化　178
祖国統一民主主義戦線（祖国戦線）　160,
184, 207, 406, 408, 415
祖国統一民主主義戦線中央委員会拡大常務会
議　406
組織化されたテロル／犯罪　56, 595
ソ連軍事顧問団　73-75, 79-80, 350, 364, 367,
511-512, 572
ソ連の国益優先主義　585, 589
ソ連膨張主義　572

タ
大韓青年団　282
　大韓青年団北韓（北朝鮮）総団部　487
大韓民国臨時政府　237, 414, 465
大田（テジョン）　74, 79-80, 125, 127, 132-

673

138, 141, 147-148, 165, 200, 251-254, 256, 260, 270, 294, 306, 491, 528
大田脱出　137-138
大田虐殺　251-254, 294-295
大田刑務所　250-254, 294, 306
ダイナミックな動態性　54
第2国民兵　266
第2次世界大戦　56, 67, 292, 377, 514-515, 569, 571, 589, 595
第2の北朝鮮革命　160
第2の戦後処理　600
太平洋戦争　433
大楡洞（テユドン）　508, 510, 521, 540
対話的な関係（dialogical relations）　602
台湾解放　378-379
大量虐殺／集団虐殺（genocide）　57, 65, 307, 474, 477, 590, 593-596
他者受容　601-602
脱植民地社会／急進革命　160, 574
脱植民地性　26
脱植民地の課題　216
脱戦後体制　590
ダッハウ（Dachau）　473
多富洞（タブドン）戦闘　81, 87
単一国家形成戦争　55
ダンケルク（Dunkirk）撤収　81, 535-536

チ

築洞（チュクドン）虐殺事件　199-200
地政学　55, 580, 587-588
地方軍政府　72
中華体制　55, 587-589
中国軍／中国人民志願軍　76, 104-105, 192, 309-310, 352, 356, 359-360, 363-365, 368, 370-372, 375, 399, 401-404, 406-407, 418, 432, 446-447, 496, 501, 503, 506-508, 510-518, 520-529, 531-536, 542-544, 546-552, 558-559, 561, 569, 572
中国革命　364, 373, 378, 501, 521, 551, 568, 581, 587, 589
中国革命の帰結としての朝鮮戦争＝米中戦争　380, 390
中国共産党　359-363, 369-371, 397-399, 410, 527, 551, 549

中国の参戦決定　309, 379
中ソの葛藤　585
中朝関係　383
中日戦争　587
忠誠　240, 241-242, 245, 276, 470, 591-592
長津湖（チャンジンホ）　513, 526
長津湖の戦闘　526
朝鮮イェス教長老会総会　189
朝鮮科学技術連盟　190
朝鮮学術院　190
朝鮮義勇軍　86
朝鮮休戦三人委員会　532
朝鮮共産党北朝鮮分局　574
朝鮮建国準備委員会（建準）　181, 576
朝鮮建民会　190
朝鮮人民共和国（人共）　288, 290
朝鮮人民軍／人民軍（隊）　67-68, 70, 72-82, 86, 88, 97-98, 100, 104-105, 113-114, 141-142, 146, 148, 165-166, 170-176, 182, 192, 194, 196, 198, 202, 206, 215, 228, 237, 239, 242-244, 246-247, 249-250, 259-261, 277-278, 295, 312, 314-316, 319, 322-323, 325-327, 334-336, 338-339, 343-344, 346-349, 351-352, 354, 356, 382, 391-394, 396-398, 399-402, 404-406, 411-412, 415-417, 419-420, 435, 483, 522-523, 529, 531, 542-543, 546, 550, 555-557, 562-563, 564
朝鮮人民軍前線司令部　77, 79-80
朝鮮人民軍総司令部　78, 188, 545
人民軍援護事業　171-172
朝鮮人民の声明書　184
朝鮮人民義勇軍　166, 205
朝鮮新聞記者会　190
朝鮮聖書公会　190
朝鮮戦争以後体制（the post-Korean War system）　31, 590
朝鮮農民党　189
朝鮮半島全域収復案　145
朝鮮文化団体総連盟　189
朝鮮民主主義人民共和国　18, 86, 90-91, 98-100, 160, 166, 191, 193, 211, 205, 232, 241, 307, 335, 344, 355, 392, 407, 422-423, 453, 508-509, 528, 540, 549-550, 592
朝鮮民主党　246, 459

事項索引

674

朝鮮問題　18, 120, 366, 428, 431, 492, 547-548, 559, 580, 586, 588
朝鮮労働組合全国評議会（全評）／朝鮮職業同盟全国評議会（全評）　189, 171-172, 184, 206, 418
朝鮮労働党　160, 238, 348, 350, 367, 385, 400, 459, 545, 549-550
　朝鮮労働党ソウル市党　418
　朝鮮労働党中央委員会政治委員会　346, 382, 399-400, 402-404, 406-407
　朝鮮労働党中央委員会　349, 352, 407, 415, 418, 530
朝中両国軍高級幹部会議　545
朝中連合司令部　381-382, 407, 508-509, 527, 544, 586
弔問波動　40

テ
帝国主義　55, 359, 420, 530, 575, 582
転向制度　194
天道教　190
天道教青友党　189
伝統主義　25, 27-28, 564, 572

ト
統一主義　51
動員　160, 166-170, 240-241
道徳主義　571
東京裁判　293
統合指揮権　438
統治主権　457
独立労働党　189
特殊主義　50-51
土地改革　26, 86, 160, 178, 211-212, 214, 216-219, 222, 224, 226, 231, 362, 380, 565, 575, 579
　土地問題　26, 57, 218

ナ
内部植民地（internal colony）　490
ナツィ政権　570
7・4南北共同声明　599
南京（Nanjing）大虐殺　295
南半分土地改革指導委員会　213-214

南方ベルト　587
南北基本合意書　599
南北交易事件　116
南北首脳会談　17, 40, 63, 599

ニ
二重抑止（double deterrence）勢力　451
日本帝国主義　32, 180, 589
ニュルンベルク（Nuremberg）　254, 293, 296, 300
　ニュルンベルク方式　300, 598
人間の安全保障（human security）　281
人間の掃除　593

ノ
農業現物税／現物税制　225-231, 234
農村委員会　213, 215
農地改革　222, 457
農民革命　216-217
農民の問題　57, 178
ノルマンディ（Normandy）上陸作戦　105

ハ
パイオニア・デイル（Pioneer Dale）号　128
バターン（Bataan）　81
白骨部隊　470
反共主義　33-34, 159, 203, 244, 247, 284, 288, 566, 579
反上陸防御命令　346
反動的な警察国家（reactionary police state）　440
反民衆性　26
ハングル文化普及会　190

ヒ
東アジア共産主義の三角連合　76, 359, 581
東アジア3層冷戦構造　590
東アジア勢力均衡体制　589
東アジア地域のヘゲモニー　589
東アジアの地政学　32, 580, 590
東アジアのヘゲモニー国家　589
東アジア反共主義の三角連合　581
非転向長期囚　40
107連隊　315, 317-319, 321, 323, 340-342, 344

百祖一孫虐殺　38, 262-263, 299, 596
平等主義　32

フ

フィリピン　559
附逆（国家反逆）行為　125, 244-245, 276-277
附逆（国家反逆）者　125, 276-277
釜山（プサン）　73, 81, 86-87, 104, 127-128, 132, 135-138, 167, 184, 252, 255, 333, 428, 430, 491, 531, 535, 553
　釜山橋頭堡　68, 81, 86, 142, 146, 567
赴戦湖（プチョンホ）　526
不正義の戦争　29
普遍主義　48, 51-52, 54, 61
ブーヘンヴァルト（Buchenwald）　473
フランス革命　18, 62, 240
ブルーハーツ（Blue Hearts）作戦　312
プロレタリア革命　41
文化宣伝事業規定　181
分割占領　68, 428
分断国家　592
分断主義　51, 54

ヘ

平行社会（parallel society）　490
米国家安全保障会議（NSC：National Security Council）　431-432, 519
米国例外主義（American Exceptionalism）　571
平壌（ピョンヤン）　55, 57, 67, 75, 78-79, 89, 126, 145-146, 149, 164, 170, 175, 244, 255, 339, 354, 356, 362, 370, 396, 398, 408, 410-413, 416-417, 423, 433-434, 464-469, 453, 462, 472, 478-479, 484-486, 488, 495-496, 503-504, 506-507, 516-517, 520, 529, 532, 540, 543, 552, 575, 586, 588
　平壌陥落　133, 505
　平壌奪還　464, 528
　平壌のソウル化　488
平壌会議　412
米中央情報局（CIA）　92-93, 110, 129, 153-154, 174, 206, 504
平和　25, 36-39, 41, 44, 48, 51, 54, 57, 63, 287, 296, 299, 427, 434, 442, 451, 482, 565, 594, 597-600, 602-603
　社会的条件　565
　平和的な手段を通じた平和　599
　平和のための「積極的な徳」　565
ヘゲモニー構築戦略　34
ベトナム戦争　56, 96, 287, 293, 303, 559, 568, 604
ベルゼン（Belsen）　294, 296, 473
ベルリン　67-68, 466
ベルリン封鎖／ベルリン危機　567, 604
ペレストロイカ　374, 377

ホ

北進　517
　北進統一　289, 425
　条件付き北進論　432
包容　600-601
暴力
　暴力の交換体制　591-592
　暴力の悪循環　204
浦項（ポハン）　68, 74, 81, 146, 281, 567
補償　600-601
北方ベルト　587
ポーツマス　288
ボルシェヴィキ革命　52

マ

マルクス－レーニン主義　28, 41, 328, 410, 584
満州ゲリラ派　77, 405

ミ

未収復地区　435
南アフリカ式の道（The South African Way）　300, 598
南朝鮮解放作戦　73
南朝鮮地域の北朝鮮化　178
南朝鮮民主主義青年同盟（民青）　168-171, 333
南朝鮮労働党（南労党）　72, 162, 166, 195, 212, 355, 357, 408, 418
民主基地／革命基地　528, 574
民主国民党　140
民主主義　34-35, 41, 45-46, 50-51, 53-54, 63,

124, 284, 287, 292-293, 299, 301, 450, 460, 482, 484, 554, 594, 600
民主青年党　195
民主宣伝室　183
民主独立党　189
民族解放戦争　246
民族共和党　189
民族国家　55
民族自主連盟（民連）　190, 237-238
民族主義　27, 48-49, 186, 235, 288, 420-421, 451, 470, 480, 574-576, 578, 583
民族的、民衆的な集合意志　576

ム
無条件降伏（unconditional surrender）　18, 349, 432-433, 501, 514-515, 569-572
無償没収・無償分配　211-213, 225, 579
無制限戦争（unlimited war）　570

メ
目には目を、歯には歯を　202, 488

モ
モスクワ　55, 57, 67, 92, 369, 424, 466, 511, 532, 561

ヤ
ヤルタ体制　431

ユ
有償没収・有償分配　213, 457-458, 579
ユーゴスラビア　373, 585

ヨ
予備検束　262, 273, 281-282
48年秩序　188, 191, 217, 289, 425, 444, 477

ラ
ラインホルト（Reinholt）号　128
洛東江（ナクトンガン）　68-69, 80-81, 105, 151, 174, 242, 313, 338, 355, 564, 567-568
　洛東江橋頭堡　138
　洛東江戦線／前線　82, 143

リ
理念
　理念地図（ideological mapping）　593
　理念的な誤認（ideological misperception）　593
　理念的な浄化（ideological purification）　593
　理念的な呼び起こし　579
両群大戦　582

レ
麗水・順天（ヨス・スンチョン）事件　180, 200, 279
冷戦　67, 420, 589-590
歴史との和解　295
烈火の追撃（hot pursuit）　377
連帯（solidarity）　598, 601-602
　部分的な人間の連帯　601

ロ
老斤里（ノグンリ）事件　38, 257-262, 271-272, 304, 596
浪漫的な革命主義　395
6・25記念　62
6・25論議　62
6月抗争　35
廬山（Lushan）会議　509
露日戦争　589

ワ
和解　19, 43-48, 63, 57, 299-301, 482, 597, 599-600, 602
ワルシャワのユダヤ人虐殺　295
湾岸戦争　96

著者紹介
朴　明林（Park Myung-lim）
延世大学校地域学合同課程主任教授、政治学専攻
主要経歴：前高麗大学校アジア問題研究所北韓（北朝鮮）研究室長／前ハーバード大学ハーバード―エンチン研究所合同研究学者／現延世大学校国家管理研究院資料センター長／現延世大学校東西問題研究院東北アジア協力センター所長
主要著書：『韓国戦争の勃発と起源』Ⅰ・Ⅱ、ナナム出版、1997年／『韓国1950：戦争と平和』ナナム出版、2002年
E-mail：mlpark@yonsei.ac.kr

監訳者紹介
森　善宣（モリ　ヨシノブ）
佐賀大学文化教育学部准教授、国際関係論（朝鮮半島地域研究）
主要著書：『6月の雷撃：朝鮮戦争と金日成体制の形成』社会評論社、2007年
E-mail：morizen2@cc.saga-u.ac.jp

戦争と平和：朝鮮半島1950

2009年4月30日　初版第1刷発行

著　者＊朴　明林
監訳者＊森　善宣
装　幀＊桑谷速人
発行人＊松田健二
発行所＊株式会社社会評論社
　　　　東京都文京区本郷2-3-10　tel.03-3814-3861／fax.03-3818-2808
　　　　http://www.shahyo.com/

印刷・製本＊倉敷印刷